Coordenação
Martha El Debs

VADE MECUM CARTÓRIOS

Alagoas – Normas Estaduais – TJAL

2ª edição
Revista, ampliada
e atualizada

Organizadores
Marfisa Oliveira Cacau
Martha El Debs
Pedro Ítalo da Costa Bacelar

2023

EDITORA JusPODIVM
www.editorajuspodivm.com.br

EDITORA *Jus*PODIVM
www.editorajuspodivm.com.br

Rua Canuto Saraiva, 131 – Mooca – CEP: 03113-010 – São Paulo – São Paulo
Tel: (11) 3582.5757
• Contato: https://www.editorajuspodivm.com.br/central-de-relacionamento

Diagramação: Ana Paula Lopes Corrêa *(aninha_lopescorrea@hotmail.com)*

Capa: Ana Caquetti

E37v El Debs, Martha
Vade Mecum Cartórios: Normas Estaduais – TJAL / Martha El Debs / organizado por Marfisa Oliveira Cacau, Martha El Debs e Pedro Ítalo da Costa Bacelar – 2.ed., rev., atual. e ampl. - São Paulo: Editora JusPodivm, 2023.
752 p.

ISBN: 978-85-442-4665-8.

1. Direito Notarial e Registral. 2. Legislação Tributária. I. Debs, Martha El. II. Cacau, Marfisa Oliveira. III. Bacelar Pedro Ítalo da Costa. IV. Título.

CDD 341.411

BIBLIOTECÁRIA RESPONSÁVEL

Ana Carolina Ribeiro Mois – CRB7 – RJ 007348/0

SOBRE OS AUTORES

ORGANIZADORES

MARFISA OLIVEIRA CACAU

Tabeliã de Notas em Jundiaí-SP. Professora Universitária no UniAnchieta. Coordenadora Pedagógica do Notarium. Aprovada em concursos de Delegação de Notas e Registros, destacando-se: em 2019, no 11º Concurso do TJSP, em 7º lugar no grupo de Registro Civil de Pessoas Naturais, em 11º lugar no grupo de Tabelionato de Notas, e em 13º lugar no TJCE (1º lugar na prova oral); e, em 2018, em 6º lugar no TJRO (1º lugar na prova oral). Graduada em Direito pela Universidade Federal do Ceará. Fez especialização em Direito Contratual pela PUC-SP, em Direito Tributário pela FGV-RJ e em Gestão Empresarial pela FGV-RJ. Mestre em Direito pelo Centro Universitário 7 de Setembro.

MARTHA EL DEBS

Tabeliã. Idealizadora E-DREN Cartório (Escola de Direito Notarial, Registral e do Extrajudicial). Palestrante. Coordenadora e professora de Direito Notarial e Registral em pós-graduações e cursos preparatórios. Autora das obras "Legislação Notarial e de Registros Públicos comentada", "Vade Mecum Notarial e Registral – Coletânea de Leis para Cartórios", "Concurso Cartório SP – Código de Normas, jurisprudência, enunciados e questões", "Revisaço Direito Notarial e Registral", "Jurisprudência de Cartórios"; Coautora das obras "Repercussões do Novo CPC – Cartórios", Coordenação de Fredie Didier Jr, "Direito de Laje – Do Puxadinho à Digna Moradia", "Sistema Multiportas – A Mediação e a Conciliação nos Cartórios como Instrumento de Pacificação Social e Dignidade Humana", "O Protesto de Títulos e Outros Documentos de Dívida – Lei nº. 9.492/1997 Comentada", "Revisaço Cartórios", "Revisão Final TJ-MG". Coordenadora das obras "Registro de Imóveis – Temas aprofundados", "O Registro Civil na atualidade – A importância dos Ofícios da Cidadania na construção da sociedade atual", "O Novo Protesto de Títulos e Documentos de Dívida – Os Cartórios de Protesto na Era Digital", "Cartórios 2ª Fase – Guia Prático para Resolução de Questões e Peças Práticas dos Concursos de Cartórios", "O Registro Civil das Pessoas Naturais – Reflexões sobre Temas atuais", "Usucapião Extrajudicial", "Cartórios e Acesso à Justiça", "Tabelionato de Notas – Temas Aprofundados", "Registro Civil das Pessoas Naturais – Temas Aprofundados", "Regime Tributário dos Notários e Registradores", "Caderno de Estudos da Lei Seca - Cartórios", "Questões de Provas Orais Comentadas", "Vade Mecum Cartórios - Normas Estaduais - TJRS", "O Protesto de Títulos e Outros Documentos de Dívida - Lei nº. 9.492/1997 Comentada" e "Vade Mecum Cartórios - Normas Estaduais - TJAL". Tem formação em Programação Neurolinguística (PNL) e Neurociência Aplicada à Educação. Aprovada em diversos concursos na área jurídica, inclusive os de Outorga de Delegação de Notas e de Registro de Imóveis em SP. Mestre em Direito. Especialista em Direito Notarial e Registral, Imobiliário, Civil, Processo Civil, Constitucional e outras áreas.

PEDRO ÍTALO DA COSTA BACELAR

Oficial de Registro de Imóveis, Títulos e Documentos e Pessoas Jurídicas no Estado da Bahia. Graduado em Direito pela Universidade Federal do Acre. Especialista em Direito Imobiliário pela Escola Paulista de Direito. Professor em diversas Pós-Graduações de Direito Imobiliário e de Direito Notarial e Registral. Membro da Comissão do Pensamento Registral Imobiliário do Instituto de Registro Imobiliário do Brasil (CPRI-IRIB). Ministrante de Cursos e Palestras de Direito Notarial e Registral.

COORDENAÇÃO

MARTHA EL DEBS

APRESENTAÇÃO

O *Vade Mecum Cartórios – TJAL* tem como objetivo auxiliar estudantes e profissionais do Direito Notarial e Registral em suas atividades profissionais e em provas. Nesse sentido, ele compila todas as principais legislações do Estado de Alagoas relacionadas à atividade extrajudicial em um único volume.

No entanto, a utilidade desta obra vai além. Reconhecendo a importância da gestão eficiente do tempo nas provas discursivas dos Concursos para Outorga de Delegação de Serventias Extrajudiciais, o livro inclui um índice remissivo que certamente facilitará a consulta no dia decisivo para muitos concurseiros.

Tendo em vista todas essas considerações, a expectativa é de que esta obra contribua de maneira significativa para o seu sucesso profissional e para a realização de seus objetivos nesse campo.

Caio Souza.

LISTA DE ABREVIATURAS

ALMAGIS – Associação Alagoana de Magistrados
ANOREG – Associação de Notários e Registradores
AR – Aviso de Recebimento
ARPEN/AL – Associação dos Registradores de Pessoas Naturais de Alagoas
ART – Anotação de Responsabilidade Técnica
BNMP – Banco Nacional de Monitoramento de Prisão
CAR – Cadastro Ambiental Rural
CAU – Conselho de Arquitetura e Urbanismo
CCAM – Centro de Custódia de Armas e Munições
CCIR – Certificado de Cadastro de Imóvel Rural
CEJUSC – Centro Judiciário de Métodos Consensuais de Solução de Disputas
CENSEC – Central Notarial de Serviços Eletrônicos Compartilhados
CEAPA/AL – Central de Apoio e Acompanhamento de Penas e Medidas Alternativas
CEJAI – Comissão Estadual Judiciária de Adoção Internacional
CEP – Código de Endereçamento Postal
CGJ – Corregedoria-Geral da Justiça
CIBJEC – Central de Informações dos Benefícios dos Juizados Especiais Criminais
CDA – Certidão da Dívida Ativa
CID – Código Internacional de Doenças
CJUS – Centro Judiciário de Solução de Conflitos
CM – Conselho da Magistratura
CMEP – Centro de Monitoramento Eletrônico de Presos
CNA – Cadastro Nacional de Advogados
CNACL – Cadastro Nacional de Adolescentes em Conflito com a Lei
CNAI – Cadastro Nacional de Avaliadores Imobiliários

CND - Certidão Negativa de Débito
CNJ - Conselho Nacional de Justiça
CNNR - Consolidação Normativa Notarial e Registral
CNPJ - Cadastro Nacional de Pessoas Jurídicas
CNS - Código Nacional da Serventia
COJAL - Código de Organização Judiciária do Estado de Alagoas
CONAMA - Conselho Nacional do Meio Ambiente
CPC - Código de Processo Civil
CPF - Cadastro de Pessoas Físicas
CRC - Central de Informações de Registro Civil
CRF - Certidão de Regularidade do FGTS
CREA - Conselho de Engenharia e Agronomia
CTBAC - Centro de Custódia Temporária de Objetos e Bens Apreendidos da Capital
DAAJUC - Diretoria Adjunta de Assuntos Judiciários
DAGP - Diretoria Adjunta de Gestão de Pessoas
DARAD - Diretoria Adjunta Administrativa do Tribunal de Justiça
DARF - Documento Oficial de Arrecadação
DETRAN - Departamento Estadual de Trânsito
DIATI - Diretoria Adjunta de Tecnologia e Informação
DJE - Diário de Justiça Eletrônico
DNA - Ácido Desoxirribonucleico
DNV - Declaração de Nascido Vivo
DO - Declaração de Óbito
ECA - Estatuto da Criança e do Adolescente
EPP - Empresa de Pequeno Porte
ESMAL - Escola Superior da Magistratura do Estado de Alagoas
E-PING - Padrões de Interoperabilidade de Governo Eletrônico
E-RIDFT - Sistema de Registro de Imóveis Eletrônico
FERC - Fundo Especial para o Registro Civil
FGTS - Fundo de Garantia por Tempo de Serviço
FRJ - Fundo de Reaparelhamento da Justiça
FUNAI - Fundação Nacional do Índio
FUNDESMAL - Fundo Especial da Escola Superior da Magistratura do Estado de Alagoas
FUNJURIS - Fundo de Modernização do Poder Judiciário
FUNOREG - Fundo Especial Notarial e Registral
GED - Gerenciamento Eletrônico de Documentos
GIRF - Guia de Recolhimento Judicial e Extrajudicial

GMF/AL – Grupo de Monitoramento e Fiscalização
HCTP – Hospital de Custódia e Tratamento Psiquiátrico
HTTP – Protocolo de Transferência de Hipertexto
HTTPS – Protocolo de Transferência de Hipertexto Seguro
IBGE – Instituto Brasileiro de Geografia e Estatística
ICN – Identificação Civil Nacional
ICP-BRASIL – Infraestrutura de Chaves Públicas Brasileira
INCRA – Instituto Nacional de Colonização e Reforma Agrária
INFOSEG – Rede de Integração Nacional de Informações de Segurança Pública, Justiça e Fiscalização
INPC – Índice Nacional de Preços ao Consumidor
INSS – Instituto Nacional do Seguro Social
IPTU – Imposto Predial e Territorial Urbano
IRPF – Imposto de Renda da Pessoa Física
ITBI – Imposto de Transmissão de Bens Imóveis
ITCD – Imposto Sobre Transmissão de Bens Imóveis Causa Mortis e Doação
ITR – Imposto Territorial Rural
IAC – Incidente de Assunção de Competência
IRDR – Incidente de Resolução de Demandas Repetitivas
ISSQN – Imposto Sobre Serviço de Qualquer Natureza
LOMAN – Lei Orgânica da Magistratura Nacional
ME – Microempresa
NIOJ – Núcleo de Inteligência dos Oficiais de Justiça
NPF – Núcleo de Promoção à Filiação
NUPEMEC – Núcleo Permanente de Métodos Consensuais de Solução de Conflitos
OAB – Ordem dos Advogados do Brasil
PASEP – Programa de Formação do Patrimônio do Servidor Público
PDF – Portable Document Format
PIS – Programa de Integração Social
PROJUDI – Processo Judicial Digital
RANI – Registro Administrativo de Nascimento de Indígena
REMIP – Relatório Mensal de Produtividade do Magistrado
RENAJUD – Sistema de Restrição Judicial de Veículos Automotores
RENAVAM – Registro Nacional de Veículos Automotores
REP – Representativo de Repercussão Geral
RFB – Receita Federal do Brasil
RG – Registro Geral

RRT – Registro de Responsabilidade Técnica
SAC – Sistema de Acompanhamento de Custódia
SAJ – Sistema de Automação de Justiça
SELIC – Sistema Especial de Liquidação e Custódia
SENAD – Secretaria Nacional de Políticas sobre Drogas
SERDIC – Serviço de Distribuição, Informações e Custas
SERIS – Secretaria de Estado de Ressocialização e Inclusão Social
SIRC – Sistema Nacional de Informações de Registro Civil
SNBA – Sistema Nacional de Bens Apreendidos
STF – Supremo Tribunal Federal
STJ – Superior Tribunal de Justiça
STP – Sistema de Títulos e Protesto
SPU – Secretaria de Patrimônio da União
SUMESE – Superintendência de Medidas Socioeducativas
TJ/AL – Tribunal de Justiça do Estado de Alagoas
TSNR – Taxa de Serviços Notariais e Registrais
UPFAL – Unidade Padrão Fiscal do Estado de Alagoas
URC – Unidade de Referência de Custas
URCES – Unidade de Referência de Custas e Emolumentos
VPN – Virtual Private Network
XML – Extensible Markup Language

ÍNDICE SISTEMÁTICO

ÍNDICE REMISSIVO

TÍTULO II CNNR/AL– DO REGISTRO CIVIL DAS PESSOAS NATURAIS: ARTS. 1º a 228-N

TÍTULO V CNNR/AL – DO REGISTRO DE IMÓVEIS:
arts 1º a Art. 250-ZZC

R

R

S

T

PROVIMENTOS

DA CORREGEDORIA GERAL DE JUSTIÇA DO TRIBUNAL DE JUSTIÇA DO ESTADO DE ALAGOAS

CONSOLIDAÇÃO NORMATIVA NOTARIAL E REGISTRAL DA CORREGEDORIA GERAL DA JUSTIÇA DO ESTADO DE ALAGOAS

INSTITUÍDA PELO PROVIMENTO Nº 16/2019 - CGJ

O Desembargador FERNANDO TOURINHO DE OMENA SOUZA, Corregedor-Geral da Justiça, no uso de suas atribuições,

CONSIDERANDO que a Consolidação Normativa, que dispõe sobre os Serviços Notariais e de Registro, desempenha papel orientativo, diretivo e pedagógico na atividade notarial e registral;

CONSIDERANDO a necessidade de aglutinar, sistematizar e facilitar a consulta às normas, legais ou infralegais, que regem a atividade notarial e registral, bem como as interpretações que sobre elas imprime a Corregedoria-Geral da Justiça, otimizando o cumprimento das regras regentes da espécie;

CONSIDERANDO a finalização do trabalho de revisão, estruturação e sistematização, desenvolvido pela Comissão Especial formada, pelos juízes Alexandre Machado de Oliveira e Lorena Carla Santos Vasconcelos Sotto-Mayor;

PROVÊ:

Art. 1º - Fica instituído o texto da Consolidação Normativa Notarial e Registral - CNNR, nele inseridos os principais regramentos administrativos editados até abril de 2019, devendo sua atualização ocorrer continuamente.

Art. 2º - A CNNR é livro obrigatório dos Serviços Notariais e de Registros, constituindo acervo bibliográfico pessoal do titular, cabendo a este acompanhar as atualizações continuamente através do sítio da Corregedoria-Geral da Justiça junto à rede mundial de computadores.

Art. 3º - A CNNR, entrará em vigor trinta dias após sua publicação no Diário de Justiça Eletrônico.

Art. 4º - Revogam-se as disposições em contrário.

PUBLIQUE-SE. CUMPRA-SE.

Maceió, 23 de setembro de 2019.

Desembargador FERNANDO TOURINHO DE OMENA SOUZA

Corregedor-Geral da Justiça.

DESEMBARGADOR FÁBIO JOSÉ BITTENCOURT ARAÚJO

DESEMBARGADOR JOÃO LUIZ AZEVEDO LESSA

DESEMBARGADOR DOMINGOS DE ARAÚJO LIMA NETO

DESEMBARGADOR CELYRIO ADAMASTOR TENÓRIO ACCIOLY

CORREGEDORIA-GERAL DA JUSTIÇA DO ESTADO DE ALAGOAS

CORREGEDOR-GERAL DA JUSTIÇA DES. FERNANDO TOURINHO DE OMENA SOUZA

JUÍZES AUXILIARES DA CORREGEDORIA

Antônio Rafael Wanderley Casado da Silva

João Paulo Martins da Costa

Lorena Carla Santos Vasconcelos Sotto-Mayor

OUVIDOR JUDICIÁRIO

Dr. Diógenes Tenório de Albuquerque

SECRETÁRIA GERAL

Katiane Lamenha Evaristo da Silva

CHEFE DE GABINETE

Mariá Tenório Araújo de Barros

COMISSÃO RESPONSÁVEL PELA ELABORAÇÃO DA CONSOLIDAÇÃO NORMATIVA NOTARIAL E REGISTRAL DO ESTADO DE ALAGOAS

Alexandre Machado de Oliveira

Lorena Carla Santos Vasconcelos Sotto-Mayor

REVISÃO E EDITORAÇÃO ELETRÔNICA

Rodrigo Holanda de Melo Tenório

SERVIDORES DO SETOR – SERVENTIAS EXTRAJUDICIAIS DA CORREGEDORIA-GERAL DA JUSTIÇA DO ESTADO DE ALAGOAS

Adriana Medeiros Mascarenhas

Caroline Cedrim Sampaio Vasconcellos

Guilherme Silva da Cunha Mello

Fábio Barbosa Maciel

Jacqueline de Barros Farias Cavalcanti Manso

Luana Gama Omena

Márcio Grace da Silva

Patrick Nicholas Albuquerque Cavalcante

Silvia da Silva

Rodrigo Holanda de Melo Tenório

Ricardo Felipe de Sena Warderley

Estagiário

Wolney Góes Monte Filho

Estagiário

SUMÁRIO

SEÇÃO VIII - Das disposições finais: art. 39 ao 46

CAPÍTULO V - DA PESSOA JURÍDICA

SEÇÃO I - Da escrituração: art. 47

SEÇÃO II - Do procedimento: arts. 48 a 55

SEÇÃO III - Das Normas Destinadas à Regulamentação, Uniformização, Orientação e Disciplina quanto aos Serviços Notariais e de Registro Prestados sob a forma eletrônica, no âmbito do Estado de Alagoas - Do Sistema de Registro Eletrônico de Títulos e Documentos e Civil de Pessoas Jurídicas (SRTDPJ): art. 56 ao 65

CAPÍTULO VI - DO REGISTRO DE JORNAIS, OFICINAS IMPRESSORAS, EMPRESAS DE RADIOFUSÃO E AGÊNCIAS DE NOTÍCIAS: ARTS. 66 A 69

CAPÍTULO VII - DO REGISTRO E AUTENTICAÇÃO DE LIVROS DE SOCIEDADES CIVIS: ARTS. 70 A 74

CAPÍTULO VIII - DAS DIPOSIÇÕES FINAIS: ARTS. 75 A 77

TÍTULO III DO REGISTRO CIVIL DAS PESSOAS JURÍDICAS: ARTS. 1º A 35

CAPÍTULO I - DAS DISPOSIÇÕES GERAIS: ART. 1º A 3º

CAPÍTULO II - DAS ATRIBUIÇÕES: ART. 4º E 5º

CAPÍTULO III - DOS LIVROS: ARTS. 6º e 7º

CAPÍTULO IV - DO REGISTRO

SEÇÃO I - Das Vedações: arts. 8º e 9º

SEÇÃO II - Dos requisitos: arts. 10 a 19

SEÇÃO III - Dos Procedimentos para registro: arts. 20 ao 27

SEÇÃO IV - Do procedimento de averbação: art. 28 e 29

SEÇÃO V - Do Registro e da Autenticação de Livros: art. 30 ao 33

SEÇÃO VI - Da extinção da Pessoa Jurídica: art. 34 ao 37

SEÇÃO VII - Do arquivamento: art. 38

SEÇÃO VIII - Das disposições finais: art. 39 ao 46

CAPÍTULO V - DA PESSOA JURÍDICA

SEÇÃO I - Da escrituração: art. 47

SEÇÃO II - Do procedimento: arts. 48 a 55

SEÇAO III - Das Normas Destinadas à Regulamentação, Uniformização, Orientação e Disciplina quanto aos Serviços Notariais e de Registro Prestados sob a forma eletrônica, no âmbito do Estado de Alagoas - Do Sistema de Registro Eletrônico de Títulos e Documentos e Civil de Pessoas Jurídicas (SRTDPJ): art. 56 ao 65

CAPÍTULO VI - DO REGISTRO DE JORNAIS, OFICINAS IMPRESSORAS, EMPRESAS DE RADIOFUSÃO E AGÊNCIAS DE NOTÍCIAS: ARTS. 66 A 69

CAPÍTULO VII - DO REGISTRO E AUTENTICAÇÃO DE LIVROS DE SOCIEDADES CIVIS: ARTS. 70 A 74

CAPÍTULO VIII - DAS DIPOSIÇÕES FINAIS: ARTS. 75 A 77

TÍTULO IV DO REGISTRO DE TÍTULOS E DOCUMENTOS: ARTS. 1º A 80

CAPÍTULO I

SEÇÃO I - Da Finalidade e dos Princípios: art. 1º

SEÇAO II - Das Atribuições: art. 2º ao 10

CAPÍTULO II - DOS LIVROS E DA ESCRITURAÇÃO: ARTS. 11 a 26

CAPÍTULO III - DO REGISTRO: ARTS. 27 a 33

CAPÍTULO IV - DA ORDEM DOS SERVIÇOS: ARTS. 34 a 49

CAPÍTULO V - DAS NOTIFICAÇÕES: ARTS. 50 a 58

CAPÍTULO VI - DO CANCELAMENTO: ARTS. 59 a 62

CAPÍTULO VII - DAS DISPOSIÇÕES FINAIS: ARTS. 63 a 80

TÍTULO V DO REGISTRO DE IMÓVEIS: ARTS 1º A 250-ZZC

CAPÍTULO I - DAS DISPOSIÇÕES GERAIS: arts. 1° a 17

CAPÍTULO II - DAS ATRIBUIÇÕES: art. 18

CAPÍTULO III - DOS LIVROS: arts. 19 a 94

SEÇÃO I - Disposições Gerais: arts. 19 a 20

SEÇÃO II - Do Livro n° 1 - Protocolo: arts. 21 a 23

SEÇÃO III - Do Livro n° 2 - Registro Geral: arts. 24 a 25

SEÇÃO IV - Do Livro n° 3 - Registro Auxiliar: art. 26

SEÇÃO V - Do Livro n° 4 - Indicador Real: arts. 27 a 31

SEÇÃO VI - Do Livro n° 5 - Indicador Pessoal: arts. 32 a 34

SEÇÃO VII - Do Livro de Registro de Aquisição de Imóveis Rurais por Estrangeiros: arts. 35 a 36

SEÇÃO VIII - Dos Procedimentos: arts. 37 a 94

SEÇÃO IX - Da Retificação de Registro ou Averbação: arts. 95 a 107

CAPÍTULO IV - DO PARCELAMENTO DO SOLO URBANO: arts. 108 a 159

CAPÍTULO V - DO IMÓVEL RURAL: arts. 160 a 167

CAPITULO VI - DO GEORREFERENCIAMENTO: arts. 168 a 175

CAPÍTULO VII - DO USUFRUTO: arts. 176 a 177

CAPÍTULO VIII - DA DESAPROPRIAÇÃO: arts. 178 a 180

CAPÍTULO IX - DA ALIENAÇÃO FIDUCIÁRIA DE BENS IMÓVEIS: arts. 181 a 190

CAPÍTULO X - DAS INTIMAÇÕES E DA CONSOLIDAÇÃO DA PROPRIEDADE FIDUCIÁRIA: arts. 191 A 210

CAPÍTULO XI - DA USUCAPIÃO ADMINISTRATIVA: arts. 211 a 228

CAPÍTULO XII - DA REGULARIZAÇÃO FUNDIÁRIA: arts. 229 a 247

CAPÍTULO XIII - DA GESTÃO DE DOCUMENTOS: arts. 248 a 250

CAPÍTULO XIII-A - DO CÓDIGO NACIONAL DE MATRÍCULAS - CNM, SISTEMA DE REGISTRO ELETRÔNICO DE IMÓVEIS - SREI, SERVIÇO DE ATENDIMENTO ELETRÔNICO COMPARTILHADO - SAEC E OPERADOR NACIONAL DO SISTEMA DE REGISTRO ELETRÔNICO - ONR: ARTS. 250-A a 250-ZZC

SEÇÃO I - Do Código Nacional de Matrículas: arts. 250-B a 250-G

SEÇÃO II - Do Sistema de Registro Eletrônico de Imóveis - SREI: arts. 250-H a 250-ZA

Subseção I - Do serviço de atendimento eletrônico compartilhado - SAEC: arts. 250-O a 250-W

Subseção II - Das centrais de serviços eletrônicos compartilhados dos Estados e do Distrito Federal: arts. 250-X a 250-ZA

SEÇÃO III - Do acesso às informações do SREI pela Administração Pública Federal: arts. 250-ZB a 250-ZC

SEÇÃO IV - Do estatuto do ONR: arts. 250-ZD a 250-ZF

SEÇÃO V - Disposições Gerais: arts. 250-ZG a 250-ZP

Subseção I - Da vinculação e vedações: arts. 250-ZG a 250-ZI

Subseção II - Do agente regulador: arts. 250-ZJ a 250-ZL

Subseção III - Das atividades de regulação do agente regulador: art. 250-ZM

Subseção IV - Da fiscalização do ONR: arts. 250-ZN A 250-ZP

TÍTULO I
DAS ATIVIDADES NOTARIAIS E DE REGISTROS

CAPÍTULO I
DAS DISPOSIÇÕES GERAIS

Art. 1º - As normas técnicas a serem observadas pelos Notários e Registradores são as estabelecidas nesta Consolidação Normativa como subsidiária à legislação federal sobre a matéria e as decisões emanadas dos juízos competentes.

§ 1º - É dever do Notário e do Registrador manter-se atualizado em relação à legislação aplicável à função, verificando e observando as edições, alterações e revogações das leis e regulamentos, de modo que sejam aplicadas sempre as normas em vigor.

§ 2º - A aplicação de novas normas legais ou regulamentares independe de prévia modificação dos termos desta Consolidação.

§ 3º - Na apuração ou julgamento dos fatos relacionados com os Serviços Notariais e de Registros, o juízo competente levará em consideração as obrigações estabelecidas a Notários e Registradores por esta Consolidação.

§ 4º - Não ficam revogados os provimentos anteriores sobre as matérias tratadas nesta Consolidação no que forem com esta compatíveis, sendo seus "considerandos" meio auxiliar de interpretação das normas aproveitadas por esta Consolidação.

Art. 2º - Exercidos em caráter privado e por delegação do Poder Público, os Serviços Notariais e de Registros são constituídos pelos:

I – Registro Civil das Pessoas Naturais;

II – Registro Civil das Pessoas Jurídicas;

III – Registro de Títulos e Documentos;

IV – Registro de Imóveis;

V – Tabelionato de Notas;

VI – Tabelionato de Protesto de Títulos.

Art. 3º - O titular dos Serviços Notariais ou de Registros denomina-se:

I – Tabelião de Notas;

II – Tabelião de Protestos;

III – Registrador de Imóveis;

IV – Registrador de Títulos e Documentos;

V – Registrador Civil das Pessoas Jurídicas;

VI – Registrador Civil das Pessoas Naturais e de Interdições e Tutelas.

Parágrafo único – Quando houver acumulação de funções, o titular dos Serviços adotará a denominação daquelas que lhe forem próprias.

Art. 4º - O horário de funcionamento das serventias extrajudiciais será de 8hs às 12hs e das 14hs às 17hs.

Art. 5º - Os Serviços Notariais e de Registros devem possuir telefone, com a denominação do Serviço e o nome do titular e garantir, permanentemente, meios para contato direto com os responsáveis e prepostos de forma imediata.

Parágrafo único – Sempre que houver mudança no endereço ou no número do telefone ou de meios de contato do Serviço, o fato deve ser comunicado à Corregedoria-Geral da Justiça e à Direção do Foro local.

Art. 6º - O ingresso na atividade notarial e de registro dá-se por delegação do Tribunal de Justiça, através de concurso público realizado na forma da lei.

Art. 7º - Incumbe aos Notários e Registradores praticar, independentemente de autorização, todos os atos necessários à organização e execução dos serviços, ficando responsáveis pela manutenção dos sistemas informatizados.

Art. 8º - É condição para concurso de remoção, assim como para a expedição do ato de aposentadoria e a renúncia à Delegação, a comprovação, pelo Notário ou Registrador, da regularidade da sua situação em relação às obrigações trabalhistas, fiscais e previdenciárias, apresentando as correspondentes certidões negativas da Fazenda Nacional (Certidão Negativa de Débitos Relativos aos Tributos Federais e à Dívida Ativa da União) e FGTS, bem como os comprovantes de Aviso Prévio dado a todos os prepostos.

Parágrafo único – O descumprimento pelo Oficial de Registro ou Notário do disposto no caput deste artigo impedirá a expedição do ato de Aposentadoria Voluntária, Remoção e Renúncia, configurando Falta Grave prevista no art. 33, III, *in fine*, da Lei nº 8935/94.

Art. 9º - O Notário e o Registrador têm o dever de transmitir ao seu sucessor os livros, papéis, registros, banco de dados e programas de informática instalados, bem como a senha e dados necessários ao acesso de tais programas, garantindo a continuidade da prestação do serviço de forma adequada e sem interrupção.

§ 1º - Fica estabelecido o prazo de trinta dias a partir do ato de delegação para que o Notário ou o Registrador negocie com o proprietário dos demais bens e direitos a transferência ou a substituição daqueles que entender necessários para a transição e a continuidade da prestação do serviço de forma adequada.

§ 2º - Idêntica obrigação será atribuída ao responsável designado, contando-se o prazo do ato da designação.

Art. 10 - No Serviço de que é titular, o Notário e o Registrador não poderão praticar pessoalmente qualquer ato de seu interesse ou de interesse de seu cônjuge ou de parentes, na linha reta ou na colateral, consanguíneos ou afins, até terceiro grau, podendo o ato ser praticado pelo seu substituto.

Art. 10-A - As Serventias Extrajudiciais deverão inserir em seus portais ou sites, se os tiverem, expressamente, a informação de que internalizaram a Agenda 2030, bem como a correspondência dos respectivos assuntos e atos normativos à cada um dos ODS.

§ 1º - As Serventias Extrajudicial devem dar visibilidade à integração de seus atos normativos aos Objetivos de Desenvolvimento Sustentável, da Agenda 2030.

§ 2º - As serventias deverão deixar a referida informação visível para o público nos seus estabelecimentos, na forma como consta do Anexo I da Resolução nº 85/2019 - CNJ - passo a passo para implementar a Agenda 2030 das Nações Unidas.

- *Provimento nº 85/2019 - CNJ.*

CAPÍTULO II
DOS EMOLUMENTOS

Art. 11 - Os Notários e Registradores têm direito à percepção dos emolumentos, fixados no Código de Custas e Emolumentos do Estado de Alagoas, pelos atos praticados, os quais serão pagos pelo interessado na forma da lei, exceto quando constar expressamente a dispensa em mandado ou certidão judicial, em razão do deferimento da Assistência Judiciária Gratuita.

§ 1º - Os emolumentos têm a tipologia e os valores constantes no ANEXO I da presente consolidação normativa.

§ 2º - O valor dos emolumentos, selos, taxas e despesas eventualmente repassadas aos utentes constará do próprio documento, independentemente da expedição de recibo.

§ 3º - Fazem jus ao desconto previsto no art. 290 da Lei nº. 6.015/73 todos os registros, assentamentos e certidões relativos à primeira aquisição imobiliária financiada pelo Sistema Financeiro da Habitação, desde que para fins residenciais, sendo irrelevante para concessão do desconto a existência de registro de imóvel anterior adquirido de forma diversa à prevista neste dispositivo.

- *Provimento nº 29/2020 - CGJ/AL.*

Art. 11-A - É proibida a cobrança de qualquer valor do consumidor final relativamente aos serviços prestados pelas centrais registrais e notariais, de todo o território nacional, ainda que travestidas da denominação de contribuições ou taxas, sem a devida previsão legal.

Parágrafo Único. Os custos de manutenção, gestão e aprimoramento dos serviços prestados pelas centrais devem ser ressarcidos pelos delegatários, interinos e interventores vinculados as entidades associativas coordenadoras.

- *Provimento nº 42/2020 - CGJ/AL.*
- *Provimento nº 109 - CNJ.*

Art. 12 - A gratuidade da justiça compreende os emolumentos devidos a notários ou registradores em decorrência da prática de registro, averbação ou qualquer outro ato notarial ou registral necessário à efetivação de decisão judicial ou à continuidade de processo judicial no qual o benefício tenha sido concedido (art. 98, §1º, IX, do CPC/15).

Parágrafo único - Para a verificação do direito do interessado à isenção, basta aos Notários e Registradores a verificação da existência no título judicial de menção à condição de beneficiário da Assistência Judiciária Gratuita.

Art. 13 - Não serão requisitadas informações ou certidões de atos notariais ou de registros quando a prova deva ser produzida pela parte interessada, salvo se houver obstáculo criado pelo próprio Serviço ou interesse relevante na obtenção da prova em juízo, circunstâncias em que os emolumentos devidos serão cotados para pagamento posterior.

CAPÍTULO III
DOS PREPOSTOS

Art. 14 - Os contratos de trabalho serão celebrados livremente entre os Notários e Registradores e seus prepostos, descabendo ao Juiz Corregedor Permanente sua homologação, bastando àqueles o dever de comunicar o nome do empregado e sua qualificação.

Art. 15 - Os atos praticados pelos auxiliares são de inteira responsabilidade do titular e, na falta ou impedimento deste, de seu substituto legal, sem prejuízo do exercício, pelos últimos, do direito de regresso nos casos de dolo ou culpa dos prepostos.

Art. 16 - O titular do Serviço poderá indicar quantos substitutos entender necessários, devendo o indicado ser pessoa idônea, preferencialmente bacharel em Direito, que tenha comprovada experiência e conhecimento da atividade.

§ 1º - A indicação será feita pelo titular, mediante expedição de ato próprio, que será afixado em local público nas dependências do Serviço, e comunicada ao Juiz de Direito Diretor do Foro, acompanhada de alvará de folha corrida judicial do indicado.

§ 2º - Dentre os substitutos, um deles será indicado para responder pelo respectivo Serviço nas ausências e impedimentos do titular.

§ 3º - As atribuições dos substitutos são as seguintes:

a) praticar, simultaneamente com o titular, todos os atos concernentes aos Serviços, excetuadas as hipóteses em que haja vedação expressa;

b) substituir o titular em suas férias, faltas e impedimentos e responder pela titularidade em caso de vacância, observado tudo o que consta no artigo precedente.

§ 4º - Compete ao titular, em caso de pluralidade de substitutos, organizar a escala de substituições.

CAPÍTULO IV
DA DELEGAÇÃO DE SERVENTIA

SEÇÃO I
DO CONCURSO DE INGRESSO E DE REMOÇÃO

Art. 17 - O Concurso de Ingresso e Remoção na Atividade Notarial e de Registro, no âmbito do Estado de Alagoas, reger-se-á pelo disposto na lei federal n. 8.935/1994, na resolução n. 81/2009–CNJ, nesta Resolução e no respectivo Edital do concurso – naquilo que não contrariar a Constituição da República Federativa do Brasil.

- *Resolução TJAL nº 11/2011*

Art. 18 - As vagas serão preenchidas, alternadamente, duas terças partes por Concurso de Ingresso e uma terça parte por Concurso de Remoção, atendendo-se à ordem da data de vacância ou, quando vagas na mesma data, à data da criação do serviço.

§ 1º - Serão preenchidas todas as serventias vagas informadas por meio de expediente já publicado pela Presidência deste Tribunal de Justiça, ressalvadas aquelas que estiverem amparadas por liminar do Supremo Tribunal Federal, as quais, embora também sejam objeto deste concurso, ficarão sub judice, até que seja julgado o mérito do recurso.

§ 2º - O concurso deverá ser concluído no prazo de 12 (doze) meses, com a outorga das delegações. Esse prazo será contado da primeira publicação do edital de abertura do concurso, sob pena de apuração de responsabilidade, à exceção dos expedientes judiciais que venham a retardar o andamento do certame.

§ 3º - Os concursos serão realizados semestralmente ou, por conveniência da Administração, em prazo inferior, caso estiverem vagas, ao menos, três delegações de qualquer natureza.

SEÇÃO II
DA COMISSÃO DE CONCURSO

Art. 19 - A Comissão de Concurso será composta por 1 (um) desembargador, que será seu presidente, 3 (três) juízes de direito, 1 (um) membro do Ministério Público, 1 (um) representante da Ordem dos Advogados do Brasil, seccional de Alagoas, 1 (um) notário e 1 (um) registrador, todos com seus respectivos suplentes.

§ 1º - O desembargador e os juízes de direito serão designados pelo Presidente do Tribunal de Justiça e aprovados pelo Tribunal Pleno e os representantes dos notários e dos registradores serão indicados pelos respectivos órgãos de classe.

§ 2º - Os representantes do Ministério Público e da Ordem dos Advogados do Brasil serão indicados pelas respectivas entidades.

§ 3º - É vedada mais de uma recondução consecutiva de membros da Comissão de Concurso.

§ 4º - Compete à Comissão de Concurso velar pela realização do certame, sendo de sua responsabilidade a contratação de instituição especializada para confecção, aplicação e correção das provas, bem como para apreciação dos recursos e dos demais atos necessários à execução do concurso.

§ 5º - Caso seja necessário, a Comissão do Concurso poderá requerer ao presidente do Tribunal de Justiça a designação de servidores da Casa para auxiliar nos trabalhos.

SEÇÃO III
DO EDITAL DE ABERTURA

Art. 20 - O edital de abertura do concurso conterá, além de outros quesitos:

I - composição da Comissão de Concurso, com os respectivos suplentes;

II - identificação das delegações vagas, da comarca e da localidade destas, bem como os requisitos e a modalidade de outorga, inclusive a relação das serventias sub judice;

III - requisitos para a inscrição, preenchimento de formulário, valor da taxa e prazo de inscrição que será de, no mínimo, 30 (trinta) dias, contados da data da última publicação do edital no Diário da Justiça Eletrônico;

IV - relação dos documentos necessários;

V - matérias objeto de prova;

VI - relação dos títulos e fixação objetiva da pontuação para os concursos de ingresso e de remoção;

VII - reserva de vagas;

VIII - prazos e recursos;

IX - validade do concurso.

§ 1º - O edital será publicado na página do Tribunal de Justiça, na rede mundial de computadores e, por 3 (três) vezes, no Diário da Justiça Eletrônico, devendo a segunda e a terceira publicações serem realizadas no prazo de 24 (vinte e quatro) e 48 (quarenta e oito) horas, respectivamente, após a publicação do Edital.

§ 2º - Qualquer candidato poderá impugnar o edital, em petição escrita e fundamentada, dirigida ao presidente da Comissão de Concurso, no prazo de 15 (quinze) dias contados da primeira publicação do edital, sob pena de preclusão.

§ 3º - A Comissão de Concurso, no prazo de 15 (quinze) dias, deverá apreciar as eventuais impugnações apresentadas.

SEÇÃO IV
DA RESERVA DE VAGAS

Art. 21 - As pessoas com deficiência poderão concorrer às serventias especialmente reservadas aos candidatos com deficiência, que totalizarão 5% (cinco por cento) das serventias oferecidas no Edital. A cada vinte vagas o edital reservará uma para provimento pelos portadores de necessidades especiais e indicará a data e local de realização de sorteio público das serventias destinadas a estes candidatos, dentre todas as serventias oferecidas no concurso.

§ 1º - Uma vez reservadas as serventias que serão ofertadas aos candidatos portadores de necessidades especiais, todas as demais serventias serão ofertadas àqueles que preencherem os requisitos legais para ingresso ou remoção.

§ 2º - O candidato portador de necessidades especiais aprovado será classificado em lista geral de todos os candidatos e em lista específica de candidatos portadores das necessidades que concorrem às serventias reservadas.

§ 3º - A escolha pelo portador de necessidade especial de vaga destinada aos candidatos em geral implicará em imediata renúncia de sua inclusão na lista dos aprovados para as vagas reservadas aos portadores de necessidades especiais.

§ 4º - As serventias ofertadas aos candidatos portadores de necessidades especiais, que não forem providas por falta de candidato portador de necessidades especiais, por falta de escolha ou outro motivo, poderão ser providas pelos demais candidatos, observada a ordem de classificação.

§ 5º - Para concorrer a uma das vagas reservadas, o candidato deverá:

a) declarar-se portador de deficiência na ficha de inscrição, em campo específico;

b) encaminhar laudo médico original, emitido por órgão oficial, atestando a espécie e o grau ou nível de deficiência, com expressa referência ao Código correspondente da classificação internacional de doenças (CID-10), bem como a provável causa da deficiência;

c) estar ciente das atribuições do cargo para o qual pretende se inscrever e das condições necessárias para a realização das provas.

§ 6º - O candidato portador de deficiência deverá encaminhar o laudo médico original a que se refere a alínea "b" supra para a entidade responsável pela organização do concurso, no período de inscrição.

§ 7º - O fornecimento do laudo médico original é de responsabilidade exclusiva do candidato.

§ 8º - O candidato portador de deficiência, que necessitar de prova em braile ou ampliada, ou ainda de condição especial para a realização da prova, deverá encaminhar requerimento, no período das inscrições, à entidade responsável pela organização do concurso, especificando o tipo de necessidade. Se não o fizer, seja qual for o motivo alegado, deverá realizar a prova nas condições propiciadas aos demais candidatos.

- *Parágrafos 5º a 8º acrescidos pela Resolução 19/2014, caput e demais parágrafos com redação dada pela mesma Resolução.*

SEÇÃO V
DOS REQUISITOS PARA A HABILITAÇÃO

SUBSEÇÃO I
DO INGRESSO

Art. 22 - Para inscrever-se no Concurso de Ingresso, o candidato deverá preencher os seguintes requisitos:

a) nacionalidade brasileira;

b) idade mínima de 18 (dezoito) anos;

c) pleno exercício dos direitos civis e políticos e quitação das obrigações eleitorais e militares;

d) ausência de condenação em processo judicial por crime doloso nos últimos 5 (cinco) anos;

e) bacharelado em Direito ou, até a data da primeira publicação do edital do concurso, 10 (dez) anos de exercício em atividade notarial ou de registro, nos termos do art. 15, § 2º, da Lei n. 8.935/1994;

f) conduta digna para o exercício da atividade delegada.

SUBSEÇÃO II
DA REMOÇÃO

Art. 23 - Para inscrever-se no Concurso de Remoção, o agente delegado deverá preencher os seguintes requisitos:

a) pleno exercício dos direitos civis e políticos e quitação das obrigações eleitorais e militares;

b) exercício da delegação em serviço notarial ou registral por mais de 2 (dois) anos, até a data da primeira publicação do edital do concurso;

c) regularidade dos serviços em sua serventia nos últimos 2 (dois) anos;

d) conduta digna para o exercício da atividade delegada;

e) ausência de condenação em processo judicial por crime doloso nos últimos 5 (cinco) anos.

Parágrafo único – O titular que tiver sido removido deverá observar o interstício de dois anos, até a data da primeira publicação do edital, para candidatar-se a novo certame.

SUBSEÇÃO III
DAS ATRIBUIÇÕES E DA REMUNERAÇÃO DA FUNÇÃO

Art. 24 - As atribuições referentes aos serviços notariais e de registro são as estabelecidas na Lei n. 8.935/1994 e as definidas no Código de Organização Judiciária do Estado de Alagoas.

Art. 25 - Os delegados dos serviços notariais e de registro serão remunerados, exclusivamente, por meio de emolumentos cobrados em razão do ofício, na forma da legislação específica.

SEÇÃO VI
DAS FASES DO CONCURSO

Art.26 - O Concurso de Ingresso e Remoção compreenderá 4 (quatro) fases distintas e sucessivas:

I – Fase eliminatória preliminar:

a) Prova objetiva.

II – Fase eliminatória e classificatória:

a) Prova discursiva e técnica;

b) Prova oral.

III – Fase eliminatória:

a) Investigação de vida funcional e pessoal;

b) Exame de saúde física, mental e aptidão psicológica.

IV – Fase classificatória:

a) Prova de títulos.

§ 1º - Em relação à alínea a do inciso I atribuir-se-á nota de 0,0 (zero) a 10 (dez), considerando-se habilitado o candidato que alcançar nota igual ou superior a 5,0 (cinco vírgula zero).

§ 2º - Em relação à alínea a do inciso II atribuir-se-á nota de 0,0 (zero) a 10 (dez), permitidas as frações, considerando-se habilitado o candidato que alcançar nota igual ou superior a 5,0 (cinco virgula zero).

§ 3º - Em relação à alínea b do inciso II atribuir-se-á nota de 0,0 (zero) a 10 (dez), permitidas as frações, considerando-se habilitado o candidato que obtiver nota igual ou superior a 5,0 (cinco virgula zero).

- *Redação do artigo 10, seus incisos e parágrafos dada pela Resolução nº 11/2013*

SEÇÃO VII
DA INSCRIÇÃO PRELIMINAR

SUBSEÇÃO I
CONSIDERAÇÕES GERAIS

Art. 27 - No ato da inscrição, o candidato, obrigatoriamente, apontará, em uma única ficha de inscrição, quais as opções de sua escolha, quanto aos dois critérios de ingresso (provimento e/ ou remoção).

Art. 28 - A inscrição será requerida ao presidente da Comissão de Concurso pelo interessado, mediante o preenchimento de requerimento de inscrição aprovado pela Comissão e de declaração de que preenche os requisitos para inscrever-se no certame.

§ 1º - Para fins deste artigo, o documento oficial de identificação deverá conter fotografia do portador e sua assinatura.

Art. 29 - Não serão aceitas inscrições condicionais ou encaminhadas por via postal ou por fac-símile.

Parágrafo único – As inscrições poderão ser efetuadas pela internet, a critério da Comissão de Concurso e obedecidas as regras estabelecidas por esta.

Art. 30 - Não haverá dispensa da taxa de inscrição, exceto:

I – em favor do candidato que, mediante requerimento específico, comprovar não dispor de condições financeiras para suportar tal encargo;

II – nos casos previstos em lei.

Parágrafo único – Cabe ao interessado produzir prova da situação que o favorece até o término do prazo para inscrição preliminar, sob pena de preclusão.

Art. 31 - Não haverá devolução do valor pago a título de inscrição, salvo se for cancelada a realização do concurso.

Art. 32 - Vencido o prazo de inscrição, o presidente da Comissão de Concurso fará publicar, uma única vez, no Diário da Justiça Eletrônico, a lista dos candidatos inscritos, havendo-se como inadmitidos os que dela não constarem.

SUBSEÇÃO II
DO CONCURSO DE INGRESSO

Art. 33 - O candidato, ao preencher o requerimento de inscrição para o Concurso de Ingresso, firmará declaração, sob as penas da lei:

a) de possuir nacionalidade brasileira;

b) de estar no pleno exercício dos direitos civis e políticos e quite com as obrigações eleitorais e militares;

c) de possuir conduta digna para o exercício da atividade delegada;

d) de não ter sido condenado em processo judicial por crime doloso nos últimos 5 (cinco) anos;

e) de ser bacharel em Direito ou estar dispensado de apresentar o diploma, nos termos do art. 15, § 2º, da Lei n. 8.935/1994, sob pena de exclusão do processo seletivo;

f) de ter ciência e aceitar as regras pertinentes ao concurso consignadas no edital;

g) se for o caso, de ser pessoa portadora de necessidade especial e de necessitar de condição especial de prova.

SEÇÃO VIII
DO CONCURSO DE REMOÇÃO

Art. 34 - O candidato, ao preencher o requerimento de inscrição para o Concurso de Remoção, firmará declaração, sob as penas da lei:

a) de estar no pleno exercício dos direitos civis e políticos e quite com as obrigações eleitorais e militares;

b) de estar no exercício da delegação em serviço notarial ou registral por mais de 2 (dois) anos e em serventia da mesma natureza da delegação para a qual pretende remover-se;

c) de estar regular com os serviços em sua serventia nos últimos 2 (dois) anos;

d) de estar regular com relação ao recolhimento da Taxa de Serviços Notariais e Registrais - TSNR, o que se comprovará, na sua inscrição definitiva, mediante a apresentação de atestado fornecido pelo Fundo Especial de Modernização do Poder Judiciário - FUNJURIS.

e) de possuir conduta digna para o exercício da atividade delegada e de não ter sido condenado por crime doloso nos últimos 5 (cinco) anos;

f) de ter ciência e aceitar as regras pertinentes ao concurso consignadas no edital.

SEÇÃO IX
CONSIDERAÇÕES GERAIS

Art. 35 - O concurso compreende a inscrição para ambos os critérios de ingresso (provimento ou remoção), e os candidatos poderão se inscrever em uma ou em ambas as opções, compreendendo a inscrição, em cada opção, a totalidade das delegações nela agrupadas.

Art. 36 - O presidente da Comissão de Concurso convocará os candidatos para se submeterem às provas em dia, hora e local determinados, mediante edital publicado no Diário da Justiça Eletrônico, com antecedência mínima de 10 (dez) dias. Em hipótese alguma haverá segunda chamada ou aplicação de prova fora do local e horário determinados.

SUBSEÇÃO I
DA PROVA OBJETIVA

Art. 37 - A prova objetiva, com duração de 6 (seis) horas, de caráter exclusivamente eliminatório, sem consulta, constará de 100 (cem) questões, sendo 10 (dez) questões de cada uma das seguintes disciplinas: Registros Públicos, Direito Constitucional, Direito Administrativo, Direito Tributário, Direito Civil, Direito Processual Civil, Direito Penal, Direito Processual Penal, Direito Comercial e conhecimentos gerais, cujo conteúdo programático será especificado em edital, todas do tipo múltipla escolha, com 5 (cinco) alternativas, existindo apenas uma opção correta.

§1º - Todas as questões terão o mesmo valor.

§2º - Só será convocada a participar da fase posterior a quantidade de candidatos correspondente a 8 (oito) vezes o número de serventias vagas constantes do Edital.

§3º - Caso haja empate, serão convocados todos com igual nota à do último classificado.

SUBSEÇÃO II
DA PROVA DISCURSIVA

Art. 38 - A prova discursiva e técnica, com duração de 6 (seis) horas, consistirá na abordagem de conhecimento, raciocínio jurídico e capacidade de análise sistemática do ordenamento jurídico sobre Registros Públicos, Direito Constitucional, Direito Administrativo e Direito Civil, e constará de:

I – 3 (três) questões discursivas, a cada uma correspondendo nota máxima de 1 (um) ponto;

II – elaboração de uma dissertação, com nota máxima de 3 (três) pontos;

III – elaboração de uma peça prática, com nota máxima de 4 (quatro) pontos;

§ 1º - A prova discursiva e técnica valerá de 0,0 (zero) a 10 (dez) pontos e terá peso 4 (quatro);

§ 2º - Não serão classificados para a prova oral os candidatos que obtiverem, na prova discursiva e técnica, nota inferior a 5 (cinco) pontos.

§ 3º - prova discursiva e técnica será permitida a consulta a códigos e textos legais, desde que não comentados nem anotados, sem remissão a jurisprudência, entendimento doutrinário, súmulas ou enunciados.

§ 4º - Na correção da prova discursiva e técnica será observada a precisão redacional, na conformidade dos preceitos da Língua Portuguesa, nos aspectos morfológicos, sintáticos e gramaticais.

- *Redação do artigo 22, seus incisos e parágrafos dada pela Resolução nº 11/2013*

SUBSEÇÃO III
DA PROVA ORAL

Art. 39 - A prova oral avaliará o conhecimento sobre a matéria e sobre o vernáculo, bem como a desenvoltura e a segurança do candidato sobre os temas propostos.

Art. 40 - Por questões de logística, sendo inviável a arguição de todos os candidatos habilitados para a prova oral no mesmo dia, a Comissão de Concurso poderá dividi-los em grupos.

Art. 41 - A avaliação será feita por matéria e por todos os integrantes da Comissão, atribuindo-se a cada candidato nota de 0 (zero) a 10 (dez), permitindo-se as frações.

Parágrafo único - A nota da prova oral será a média aritmética simples das notas obtidas nas matérias do programa.

Art. 42 - O candidato poderá, a critério da Comissão de Concurso, durante a arguição, consultar códigos ou legislação esparsa não comentados ou anotados.

Art. 43 - As notas serão recolhidas em envelopes individuais, que serão lacrados e rubricados pelos examinadores imediatamente após o término da prova oral.

Art. 44 - A Comissão de Concurso, em sessão pública marcada especialmente para tal fim, calculará a nota da prova oral, considerando-se habilitados para a etapa seguinte os candidatos que obtiverem média não inferior a 5,0 (cinco).

SUBSEÇÃO IV
DA PROVA DE TÍTULOS

Art. 45 - A comprovação dos títulos considerará, para pontuação, aqueles obtidos até a data de publicação do edital de abertura do concurso, como também os comprovadamente iniciados antes desta data e concluídos antes de finda a referida inscrição.

§ 1º É ônus do candidato produzir prova documental idônea de cada título, não se admitindo a concessão de dilação de prazo para esse fim.

§ 2º Somente serão apreciados os títulos dos candidatos que forem entregues no prazo e forma estabelecidos no edital que convocará os candidatos para a inscrição definitiva.

§ 3º De acordo com a pontuação prevista para cada título, a Comissão de Concurso atribuirá ao candidato nota de 0 (zero) a 10 (dez), correspondente ao somatório dos pontos alcançados, sendo 10 (dez) a nota máxima, ainda que a pontuação seja superior.

§ 4º Os títulos deverão ser apresentados em fotocópias autenticadas ou por certidões detalhadas.

§ 5º Os critérios de pontuação deste Capítulo aplicam-se ao Concurso de Ingresso e, no que for cabível, ao Concurso de Remoção.

Art. 46 - Constituem títulos:

I - Exercício da advocacia ou de delegação, cargo, emprego ou função pública privativa de bacharel em Direito, por um mínimo de três anos até a data da primeira publicação do edital do concurso: 2,0 (dois) pontos;

II - Exercício do serviço notarial ou de registro, por não bacharel em direito, por um mínimo de dez anos, até a data da publicação do primeiro edital do concurso (art. 15, §2º, da lei n. 8.935/1994): 2,0 (dois) pontos;

III - Exercício do Magistério Superior na área jurídica pelo período mínimo de 5 (cinco) anos:

a) mediante admissão no corpo docente por concurso ou processo seletivo público de provas e/ou títulos: 1,5 (um e meio) pontos;

b) mediante admissão no corpo docente sem concurso ou processo seletivo público de provas e/ou títulos: 1,0 (um) ponto.

IV - Diplomas em cursos de pós-graduação:

a) doutorado reconhecido ou revalidado em Direito ou em Ciências Sociais e Humanas: 2,0 (dois) pontos;

b) mestrado reconhecido ou revalidado em Direito ou em Ciências Sociais e Humanas: 1,5 (um e meio) pontos;

c) especialização em Direito, na forma da legislação educacional em vigor, com carga horária mínima de trezentos e sessenta (360) horas-aula, cuja avaliação haja considerado monografia de final de curso: 1,0 (um) ponto.

V - Exercício, no mínimo, durante 1 (um) ano, por, ao menos, 16 horas mensais das atribuições de conciliador voluntário em unidades judiciárias, ou na prestação de assistência jurídica voluntária: 0,5 (meio) ponto.

VI - Período igual a 3 (três) eleições, contado uma só vez, de serviço prestado, em qualquer condição, à Justiça Eleitoral. Nas eleições com dois turnos, considerar-se-á um único período, ainda que haja prestação de serviços em ambos: 0,5 (meio) ponto.

VII – Publicação de obras jurídicas na área do direito notarial e de registro:

a) livro jurídico de autoria exclusiva do candidato na área do direito notarial e de registro, com ISBN: 2,0 (dois) pontos por livro, até o limite de 4,0 (quatro) pontos;

b) artigo ou trabalho publicado, de autoria exclusiva do candidato, em obra jurídica coletiva ou revista jurídica, com ISSN, na área do direito notarial e de registro: 1,0 (um) ponto, até o limite de 2,0 (dois) pontos.

VIII – Publicação de obras jurídicas:

a) livro jurídico de autoria exclusiva do candidato, com ISBN: 1,0 (um) ponto por livro, até o limite de 2,0 (dois) pontos;

b) artigo ou trabalho publicado, de autoria exclusiva do candidato, em obra jurídica coletiva ou revista jurídica, com ISSN: 0,5 (meio) ponto, até o limite de 1,0 (um) ponto.

IX – Palestra ministrada em encontros, seminários, simpósios, conferências ou similares, em âmbito nacional, sobre temas na área jurídica, acompanhada da declaração ou certificado do evento e de seu respectivo programa: 0,1 (zero vírgula um) ponto por palestra, até o limite de 0,5 (meio) ponto.

X – Palestra ministrada em encontros, seminários, simpósios, conferências ou similares em âmbito internacional, sobre temas na área jurídica, acompanhada da declaração ou certificado do evento e de seu respectivo programa: 0,25 (zero vírgula vinte e cinco) ponto por palestra, até o limite de 0,75 (zero vírgula setenta e cinco) ponto.

Parágrafo único. As pontuações previstas nos incisos I e II não poderão ser contadas de forma cumulativa.

Art. 47 – O candidato que entender que a contagem de seus títulos se deu de forma equivocada poderá propor impugnação perante a Comissão de Concurso, no prazo de 2 (dois) dias, a partir da sua publicação no Diário da Justiça Eletrônico.

SEÇÃO X
DOS EXAMES DE SAÚDE FÍSICA, MENTAL E APTIDÃO PSICOLÓGICA

Art. 48 – O candidato aprovado será submetido aos exames de saúde física, mental e aptidão psicológica, de caráter eliminatório. O não comparecimento do candidato aos exames importará na desistência do concurso.

§ 1º - Os exames de saúde física, mental e aptidão psicológica, serão elaborados por junta médica do Poder Judiciário.

§ 2º - A Comissão de Concurso poderá, a pedido do candidato, ou se julgar necessário, determinar a realização de outros exames por outros peritos.

Art. 49 – Será dispensado dos exames o candidato servidor público nomeado nos últimos 5 (cinco) anos, o qual haja apresentado tais exames para a posse.

Art. 50 – Todas as despesas provenientes dos exames laboratoriais ou complementares serão custeadas pelos candidatos. (Redação dada pela Resolução 11/2014)

SEÇÃO XI
INVESTIGAÇÃO DA VIDA FUNCIONAL E PESSOAL

Art. 51 – A Comissão de Concurso, por edital, fixará prazo para que os candidatos apresentem a documentação para a verificação da sua vida funcional e pessoal.

Art. 52 – A investigação da vida funcional e pessoal, de caráter eliminatório, será levada a efeito a partir dos documentos entregues na inscrição definitiva.

Parágrafo único – O candidato que for considerado não recomendado pela investigação da vida funcional e pessoal, ou considerado não apto pela Junta Médica do Poder Judiciário, poderá ter vista dos documentos de sua análise dentro de 5 (cinco) dias, a contar da publicação do resultado no Diário da Justiça Eletrônico do Estado. (Redação dada pela Resolução 11/2014)

SEÇÃO XII
DA INSCRIÇÃO DEFINITIVA

Art. 53 – O candidato habilitado nas fases anteriores, após realização dos exames de saúde física e mental, terá 15 (quinze) dias, a contar da publicação de edital no Diário da Justiça Eletrônico, para requerer ao presidente da Comissão de Concurso a complementação do requerimento de inscrição, pessoalmente ou por procurador habilitado com poderes especiais para tal fim, anexando os seguintes documentos:

I – cópia autenticada do documento de identidade e do Cadastro de Pessoa Física (CPF);

II – cópia autenticada do diploma de bacharel em Direito, devidamente registrado, fornecido por instituição de ensino superior reconhecida pelo Ministério da Educação ou certidão do exercício profissional de 10 (dez) anos, no mínimo, firmada pela Secretaria e visada pela respectiva Direção do Foro da comarca na qual exercia o seu múnus, completados até a primeira publicação do edital;

III – certidão negativa de protesto das comarcas em que residiu nos últimos 5 (cinco) anos;

IV – cópia autenticada do título de eleitor e certidão de quitação eleitoral e militar;

SEÇÃO XIII
DOS RECURSOS

Art. 54 – O candidato poderá interpor recurso à Comissão de Concurso em qualquer das fases do concurso, no prazo de 5 (cinco) dias, sem efeito suspensivo, nos seguintes casos:

I – preterição de formalidade essencial prevista nesta Resolução;

II – indeferimento da inscrição preliminar e/ou definitiva.

§ 1º - Contra o gabarito da prova objetiva, bem como contra o conteúdo das questões, caberá impugnação à Comissão de Concurso, a ser oferecida no prazo de 2 (dois) dias, a partir da sua publicação no Diário da Justiça Eletrônico.

§ 2º - Das decisões referentes à recusa de admissão de candidato, ao cancelamento de inscrição, à declaração de inaptidão física e mental, à eliminação fundada em resultado de investigação da vida funcional e pessoal, e à reprovação ou irresignação com a classificação final dos aprovados, caberá recurso administrativo ao Pleno do Tribunal de Justiça, no prazo de 5 (cinco) dias.

§ 3º - É irretratável, em âmbito recursal, a nota atribuída na prova oral, ressalvada a hipótese de a reclamação a ser formulada versar, exclusivamente, sobre questão de legalidade, quando disporá o candidato de 3 (três) dias, contados da proclamação do resultado para fazê-la perante o Pleno do Tribunal de Justiça.

SEÇÃO XIV
DA MÉDIA FINAL DO CONCURSO

Art. 55 – À prova discursiva e prática, atribuir-se-á nota de 0 (zero) a 10 (dez), considerando-se aprovado o candidato que alcançar média igual ou superior a 5,0 (cinco virgula zero), admitidas as frações. À prova oral, atribuir-se-á nota de 0 (zero) a 10 (dez), considerando-se aprovado o candidato que obtiver média igual ou superior a 5,0 (cinco virgula zero), permitidas as frações. (Redação dada pela Resolução 11/2013)

§ 1º - Serão atribuídos às provas os seguintes pesos: (Redação dada pela Resolução 11/2013)

I – Prova discursiva e técnica, peso 4 (quatro); (Redação dada pela Resolução 11/2013)

II – Prova oral, peso 4 (quatro); III – Prova de títulos, peso 2 (dois). (Redação dada pela Resolução 11/2013)

§ 2º - A nota final do candidato será a média ponderada das notas das provas e dos títulos, de acordo com a seguinte fórmula: (Redação dada pela Resolução 19/2014)

NF = {(P1 x 4) + (P2 x 4) + (P3 x 2)} / 8

Sendo: NF = nota final

P1 = prova discursiva e técnica (de zero a dez)

P2 = prova oral (de zero a dez)

P3 = títulos (de zero a dez)

Art. 56 – A classificação final dos candidatos será feita em ordem decrescente de nota final.

Parágrafo único. Ocorrendo empate na classificação final, decidir-se-á pelos seguintes critérios:

I – a maior nota no conjunto das provas ou, sucessivamente, na prova discursiva e técnica, na prova objetiva e na prova oral;

II – exercício na função de jurado;

III – mais idade.

SEÇÃO XV DO PREENCHIMENTO DAS VAGAS

Art. 57 - A Relação Geral de Vacância publicada pelo Tribunal de Justiça do Estado de Alagoas será organizada segundo rigorosa ordem de vacância, nos termos previstos na Resolução n. 80 do CNJ.

§ 1º - As vagas serão numeradas na forma ordinal, em ordem crescente, considerando-se as duas primeiras como vagas destinadas ao concurso de provimento, e a terceira vaga ao concurso de remoção, e assim sucessivamente, sempre duas vagas de provimento e uma de remoção, até o infinito.

§ 2º - A cada nova vacância que ocorrer, o fato será reconhecido pelo Tribunal de Justiça, que fará publicar o ato declaratório da vacância, no prazo de 30 (trinta) dias, mencionando ainda, na própria portaria, o número em que ele ingressará na relação geral de vagas e o critério que deverá ser observado para aquela vaga.

SEÇÃO XVI DA OPÇÃO

Art. 58 - Publicado o resultado final, a Comissão de Concurso, por edital, convocará os candidatos para, pessoalmente, em dia, hora e local previamente determinados, formalizarem sua opção. *(Redação dada pela Resolução TJAL nº 11/2014)*

§ 1º - Os candidatos escolherão pela ordem de classificação as delegações vagas, sendo vedada a inclusão de novas vagas após a publicação do edital de abertura do concurso.

§ 2º - Finda a escolha pelos candidatos aprovados no critério de provimento, será, na mesma sessão, dada a oportunidade aos candidatos aprovados pelo critério de remoção a escolher as vagas remanescentes originalmente oferecidas por provimento.

§ 3º - Finda a escolha pelos candidatos aprovados no critério de remoção, será, na mesma sessão, dada a oportunidade aos candidatos aprovados pelo critério de provimento a escolher as vagas remanescentes originalmente oferecidas por remoção.

§ 4º - As serventias que, ainda assim, permanecerem vagas após o encerramento da sessão de opção, ainda que por renúncia, desistência ou qualquer outro motivo, somente poderão ser preenchidas por ulterior certame.

Parágrafo único – Considerar-se-á como renúncia tácita a ausência do candidato convocado para a sessão de opção. (Redação conforme publicação oficial)

SEÇÃO XVII DA HOMOLOGAÇÃO DO CONCURSO

Art. 59 - Encerrado o certame, a Comissão encaminhará o relatório do concurso ao Tribunal Pleno para homologação do resultado final, quando o seu presidente fará a outorga da respectiva delegação aos aprovados, com observância da ordem de classificação no concurso.

§ 1º - A validade do concurso está condicionada à outorga das delegações.

SEÇÃO XVIII DA POSSE E DO EXERCÍCIO

Art. 60 - Outorgada a delegação, o delegatário tomará posse perante a Corregedoria Geral de Justiça, no prazo máximo de 30 (trinta) dias, prorrogáveis por uma única vez, contados da publicação do ato no Diário da Justiça Eletrônico do Estado, e entrará em exercício perante o Diretor do Foro da respectiva comarca, no prazo de quinze dias contados da data da posse.

§ 1º - É competente para dar exercício ao delegado o Corregedor-Geral de Justiça do Estado ou magistrado por ele designado.

§ 2º - No ato da posse, o serventuário apresentará declaração de bens e prestará o compromisso legal de desempenhar com retidão as funções em que está sendo investido, prometendo cumprir a Constituição da República, a Constituição do Estado e as leis.

§ 3º - No caso de remoção, o exercício deverá ser assumido no prazo de 15 (quinze) dias, contados da publicação do ato.

§ 4º - Havendo motivo justo, os prazos aqui previstos poderão ser prorrogados por mais 15 (quinze) dias, a critério da autoridade competente para o ato.

§ 5º - Se o exercício depender de instalação de serventia, o prazo previsto no parágrafo anterior poderá, a requerimento do interessado, ser prorrogado por mais 60 (sessenta) dias.

§ 6º - Não ocorrendo a posse ou o exercício nos referidos prazos, a outorga da delegação será tornada sem efeito, por ato do Presidente do Tribunal de Justiça.

SEÇÃO XIX
DISPOSIÇÕES FINAIS

Art. 61 - Os atos omissos nesta Resolução serão resolvidos pela Comissão de Concurso, a qual, julgando necessário, poderá solicitar o pronunciamento do Tribunal Pleno do Tribunal de Justiça de Alagoas.

CAPÍTULO V
DA DESIGNAÇÃO DE RESPONSÁVEL INTERINO

Art. 62 - No caso de extinção da delegação, declarada a vacância de serventia extrajudicial, o Corregedor-Geral da Justiça designará o substituto mais antigo para responder interinamente pelo expediente.

- *Provimento nº 77 – CNJ.*

§ 1º - A designação deverá recair no substituto mais antigo que exerça a substituição no momento da declaração da vacância.

§ 2º - A designação de substituto para responder interinamente pelo expediente não poderá recair sobre cônjuge, companheiro ou parente em linha reta, colateral ou por afinidade, até o terceiro grau do antigo delegatário ou de magistrados do tribunal local.

§ 3º - A designação de substituto para responder interinamente pelo expediente não poderá recair sobre pessoa condenada em decisão com trânsito em julgado ou proferida por órgão jurisdicional colegiado, nas seguintes hipóteses:

I – atos de improbidade administrativa;

II – crimes:

a) contra a administração pública;

b) contra a incolumidade pública;

c) contra a fé pública;

d) hediondos;

e) praticados por organização criminosa, quadrilha ou bando;

f) de redução de pessoa à condição análoga à de escravo;

g) eleitorais, para os quais a lei comine pena privativa de liberdade;

h) de lavagem ou ocultação de bens, direitos e valores.

§ 4º - Na mesma proibição dos incisos do § 4º incide aquele que:

a) praticou ato que acarretou a perda do cargo ou emprego público;

b) foi excluído do exercício da profissão por decisão judicial ou administrativa do órgão profissional competente;

c) teve suas contas relativas ao exercício de cargos ou funções públicas rejeitadas por irregularidade insanável que configure ato doloso de improbidade administrativa, por decisão irrecorrível do órgão competente.

d) perdeu a delegação por decisão judicial ou administrativa.

§ 5º - Não se aplicam as vedações do inciso II do § 4º, ao crime culposo ou considerado de menor potencial ofensivo.

§ 6º - Não havendo substituto que atenda aos requisitos, a corregedoria de justiça designará interinamente, como responsável pelo expediente, delegatário em exercício no mesmo município ou no município contíguo que detenha uma das atribuições do serviço vago.

§ 7º - Não havendo delegatário no mesmo município ou no município contíguo que detenha uma das atribuições do serviço vago, o Corregedor-Geral da Justiça designará interinamente, como responsável pelo expediente, substituto de outra serventia bacharel em direito com no mínimo 10 (dez) anos de exercício em serviço notarial ou registral.

§ 8º - A designação de substituto para responder interinamente pelo expediente será precedida de consulta ao juiz corregedor permanente competente pela fiscalização da serventia extrajudicial vaga.

§ 9º - A designação do substituto para responder interinamente pelo expediente deverá ser revogada se for constatado, em procedimento administrativo, o não repasse ao tribunal de justiça do excedente a 90,25% dos subsídios de ministro do Supremo Tribunal Federal.

§ 10 - Os casos omissos serão decididos pelo Corregedor-Geral da Justiça e será comunicado à Corregedoria Nacional de Justiça no prazo de 30 (trinta) dias.

- *Provimento nº 29/2020 - CGJ/AL.*

CAPÍTULO VI
DA FISCALIZAÇÃO DOS ATOS E SERVIÇOS

Art. 63 - A fiscalização das serventias notariais e registrais será exercida pelo Corregedor-Geral da Justiça, nos termos do art. 41 do Código de Organização Judiciária, que delegará poderes aos Juízes Corregedores Permanentes para exercer a atividade fiscalizadora em esfera preventiva e repressiva, nos termos dos arts. 37 e 38 da Lei Federal nº 8.935/94.

- *Provimento nº 29/2020 - CGJ/AL.*

Parágrafo único – A escolha poderá recair sobre o Juiz Diretor ou Superintendente do Foro da Comarca a que pertence o Serviço Notarial ou de Registro, sem prejuízo da atribuição do Corregedor-Geral da Justiça de delegar sua competência administrativa a qualquer outro juiz em exercício no Estado de Alagoas, nos termos da legislação acima referida.

Art. 64 - Caberá aos Juízes Corregedores Permanentes:

I – instaurar processo administrativo pela prática de infrações disciplinares;

II – impor aos notários e registradores, delegatários ou interinos, quando for o caso, a pena disciplinar prevista no art. 32 da Lei nº 8.935/94;

III – suspender preventivamente o Notário ou Oficial de Registro, nos termos da lei; e

IV – informar ao Corregedor-Geral da Justiça da necessidade de designar interventor, na hipótese do inciso anterior, para responder pelo Serviço;

V - impor a pena administrativa seja a de perda da delegação ou quebra de confiança, no caso de responsável interino.

VI – decidir as suscitações de dúvidas, as dúvidas inversas e os pedidos de providência.

Parágrafo único – Os recursos das decisões tomadas pelos Juízes Corregedores Permanentes serão dirigidos à Corregedoria-Geral da Justiça, nos termos da legislação estadual vigente, ou ao Conselho Estadual da Magistratura, na hipótese do inciso VI.

Art. 65 - O Juiz Corregedor Permanente será designado conforme estabelecido no Anexo I do Provimento 03/2019, ou Portarias subsequentes que derroguem suas disposições.

§ 1º - Caso ausente designação específica, os Juízes Corregedores Permanentes se substituirão reciprocamente nas Comarcas em que atuem conjuntamente, ou serão substituídos segundo os mesmos critérios de substituição utilizados para a atividade jurisdicional (substituição automática ou mediante portaria) nos casos de Comarcas distintas.

§ 2º - O disposto no parágrafo anterior não se aplica aos juízes integrantes do FUNJURIS, que atuarão em conjunto ou separadamente.

Art. 66 - O Juiz Corregedor Permanente fiscalizará os Serviços Extrajudiciais situados na comarca, de ofício ou atendendo à reclamação verbal ou escrita, observando a correção dos atos notariais ou registrais, a qualidade dos serviços, o respeito à tabela de custas, taxas judiciárias e emolumentos e a extração das guias, formulários e contas pertinentes, sem prejuízo da fiscalização rotineira da Corregedoria-Geral da Justiça.

Art. 67 - Em caso de suspensão preventiva do titular do Serviço Extrajudicial, havendo necessidade da designação de interventor, a escolha recairá na pessoa do substituto do Notário ou do Registrador, em favor de quem será fixada remuneração adequada às peculiaridades do Serviço, de acordo com a lei.

§ 1º - Quando o substituto também for acusado da falta, ou quando a medida se revelar necessária para a apuração das provas ou conveniente para os Serviços, a designação do interventor recairá em pessoa que já seja detentora da delegação para o mesmo tipo de serviço prestado pelo titular afastado, ou, na ausência desta, em pessoa com bacharelado em Direito.

§ 2º - Em qualquer das hipóteses, a escolha deverá recair sobre pessoa idônea, com reconhecida capacidade na área, fixando-se remuneração atendendo às peculiaridades do Serviço e em conformidade com o disposto na Lei nº 8.935/94.

§ 3º - Deduzidos os encargos com a manutenção dos Serviços e a remuneração do interventor, metade da renda líquida será entregue ao titular afastado, e a outra metade será depositada em conta bancária especial remunerada.

CAPÍTULO VII
DO PROCEDIMENTO DE AÇÃO DISCIPLINAR

Art. 68 - O procedimento de ação disciplinar, para verificação do cumprimento dos deveres e eventual imposição das penalidades previstas na Lei nº 8.935/94, obedecerá às regras nesta estabelecidas, bem como às constantes no § 4º, do art. 8º, da Lei nº 5.763/1995, na Lei Estadual nº 5.247/1991, e na Lei Estadual nº 6.564/2005.

§ 1º - A ação disciplinar prescreverá:

I - em 05 (cinco) anos, quanto às infrações puníveis com perda da delegação;

II - em 02 (dois) anos, quanto à suspensão e à multa;

III - em 180 (cento e oitenta) dias, quanto à advertência.

§ 2º - O prazo de prescrição começa a correr da data em que o fato se tomou conhecido.

§ 3º - Os prazos de prescrição previstos na lei penal aplicam-se às infrações disciplinares capituladas também como crime.

§ 4º - A abertura de sindicância ou a instauração de processo disciplinar interrompe a prescrição, até a decisão final proferida por autoridade competente.

§ 5º - Interrompido o curso da prescrição, o prazo começará a correr a partir do dia em que cessar a interrupção.

- *Provimento nº 29/2020 - CGJ/AL.*

SEÇÃO I
DA AÇÃO DISCIPLINAR

Art. 69 - A autoridade que tiver ciência de irregularidade no serviço público extrajudicial é obrigada a promover a sua apuração imediata, mediante sindicância ou processo administrativo disciplinar, assegurada ao acusado ampla defesa.

Art. 70 - As denúncias sobre irregularidades serão objeto de apuração, desde que contenham a identificação do denunciante e sejam formuladas por escrito ou ainda reduzidas a termo, se oferecidas verbalmente.

Parágrafo Único - No caso de redução a termo, deverá este ser firmado pelo representante e pela autoridade perante a qual for a representação oferecida.

Art. 71 - Quando o fato narrado não configurar evidente infração disciplinar ou ilícito penal, a denúncia será arquivada por falta de objeto.

Art. 72 - Nos casos passíveis de aplicação das penas de repreensão, multa e suspensão, quando confessada a falta, documentalmente provada ou manifestamente evidente, a infringência da sanção, a critério da autoridade competente, independerá de previa sindicância ou inquérito administrativo.

Art. 73 - Tratando-se de irregularidade punível com suspensão por mais de 30 (trinta) dias ou perda da delegação, dispensar-se-á a cautela da investigação sindicante como medida preliminar ao processo administrativo disciplinar, sempre que não pairar qualquer dúvida sobre a identidade do infrator.

SEÇÃO II
DA SINDICÂNCIA ADMINISTRATIVA

Art. 74 - Será procedida a instauração de sindicância administrativa, sempre que, havendo notícia de ato ou fato que represente irregularidade de certa ou ponderável gravidade, inexista certeza ou forte probabilidade de sua ocorrência ou não haja segurança quanto à autoria, ou quando se tratar de apuração sobre possível falta cometida por responsável interino.

§ 1º. Este é o procedimento simplificado cabível para aplicação de penalidades aos responsáveis interinos, desde a repreensão, até a quebra de confiança, devendo ser iniciada também por portaria administrativa, a qual descreverá sucintamente os fatos e objetos de investigação.

§ 2º. Para os fins desta Consolidação Normativa, a penalidade de repreensão será tomada como sinônimo de advertência.

§ 3º. A sindicância poderá ser realizada em caráter sigiloso, a critério da autoridade que determinar sua abertura.

- *Provimento nº 20/2019 - CGJ/AL.*

Art. 75 - É competente para determinar a abertura de sindicância administrativa, sem prejuízo da possibilidade de avocação por parte do Corregedor-Geral da Justiça, o Juiz Corregedor Permanente.

Art. 76 - Na realização da sindicância deverá ser observado o seguinte procedimento:

I - inquirição do autor da representação, havendo, e redução a termo de seu depoimento;

II - exame dos documentos que possam esclarecer a informação;

III – assinação de prazo de 05 (cinco) dias ao demandado para apresentar defesa escrita, arrolar testemunhas e apresentar provas documentais;

IV - instrução com oitiva de peritos, das testemunhas do fato, testemunhas arroladas pelo demandado e interrogatório deste;

V – alegações finais, oralmente, ao cabo da instrução, ou por memoriais, em cinco dias;

VI - relatório circunstanciado e conclusivo, que poderá indicar, no caso de delegatário, a abertura de procedimento administrativo disciplinar ou o arquivamento da sindicância;

VII – decisão, no caso de responsável interino, estipulando a aplicação da penalidade cabível, inclusive a quebra de confiança, ou o arquivamento da sindicância.

Art. 77 - Instaurada a sindicância e indiciado o delegatário ou interino, será chamado a acompanhar o procedimento, mediante notificação pessoal.

§ 1º - Estando o indiciado em lugar incerto e não sabido a convocação será feita por edital, veiculado pelo Diário de Justiça Eletrônico.

§ 2º - Não atendida a convocação por edital, a autoridade designar-lhe-á defensor.

Art. 78 - Em qualquer fase da sindicância poderá a autoridade apuradora, havendo necessidade, promover as diligências e perícias indispensáveis à elucidação da ocorrência.

Parágrafo Único – É admitida a arguição de suspeição, inclusive de peritos, mediante petição fundamentada do indiciado.

Art. 79 - A sindicância será concluída em 30 (trinta) dias.

Parágrafo único. A conclusão fora do prazo legal não implica nulidade do procedimento.

Art. 80 - Da sindicância poderá resultar:

I - arquivamento do processo;

II - aplicação das penalidades de advertência, suspensão até 30 (trinta) dias, multa não excedente a cinco salários-mínimos ou a quebra de confiança, no caso específico dos interinos;

III - instauração de processo disciplinar em face de delegatários.

§ 1º. Havendo aplicação de penalidades a responsáveis interinos, estas serão comunicadas pelo Juiz Corregedor Permanente à Corregedoria-Geral da Justiça;

§ 2º. Tendo sido decretada a quebra de confiança, o Juiz Corregedor Permanente indicará à Corregedoria-Geral da Justiça, no ato de comunicação, pessoa apta a substituir o interino em face do qual aquela foi aplicada.

§ 3º. Diante da impossibilidade de indicação do substituto referido no parágrafo anterior, o Juiz Corregedor Permanente opinará sobre o recolhimento do acervo daquela serventia em outra, explicitando, inclusive, qual das serventias na Comarca tem maior aptidão para o recebimento do acervo, consideradas as características das populações destinatárias dos serviços, nomeadamente quanto ao deslocamento.

§ 4º. Quando se tratar de penalidade administrativa aplicada em processo cuja decisão definitiva for posterior à quebra de confiança, não está a pena de multa limitada ao teto previsto no inciso II deste artigo.

- *Provimento nº 20/2019 – CGJ/AL.*

SEÇÃO III
DO PROCESSO DISCIPLINAR

Art. 81 - O processo disciplinar é o instrumento destinado a apurar responsabilidade de delegatário por infração praticada no exercício de suas atribuições, ou que tenha relação com as atribuições da serventia pela qual seja responsável.

Art. 82 - O processo disciplinar será presidido pelo Juiz Corregedor Permanente designado pelo Corregedor-Geral da Justiça, podendo este último avocar a apuração em qualquer momento.

Parágrafo único. Poderá também, o Corregedor-Geral da Justiça, delegar total ou parcialmente a presidência do processo disciplinar a Juiz de Direito.

Art. 83 - O processo disciplinar compreenderá as fases, a saber:

I - instauração, mediante portaria que sumariará os fatos objeto de apuração;

II - inquérito administrativo, que compreende instrução, defesa e relatório final e conclusivo, este último apenas quando houver delegação parcial do Corregedor-Geral de Justiça apenas para a fase instrutória, ouvida a defesa;

III - julgamento.

Art. 84 - O prazo para a conclusão do processo administrativo disciplinar não excederá 60 (sessenta) dias, contados da data da publicação da Portaria da abertura do inquérito administrativo, admitida a sua prorrogação por igual prazo, quando as circunstâncias o exigirem.

§ 1º - Sempre que necessário a autoridade dedicará tempo integral aos seus trabalhos, ficando dispensada de outros compromissos, até a entrega do relatório final, desde que não haja prejuízos para a prestação jurisdicional e ressalvados os casos urgentes.

§ 2º - Os atos processuais serão registrados em atas que deverão detalhar todos os fatos ocorridos e deliberações adotadas.

SUBSEÇÃO I
DO INQUÉRITO

Art. 85 - O inquérito administrativo obedecerá ao princípio do contraditório, assegurada ao acusado ampla defesa, com a utilização dos meios e recursos admitidos em direito.

Art. 86 - Os autos da sindicância integrarão o processo disciplinar, como peça informativa da instrução.

Parágrafo Único – Na hipótese de o relatório da sindicância concluir que a infração está capitulada como ilícito penal, a autoridade competente encaminhará cópia dos autos ao Ministério Público, independentemente da imediata instauração do processo disciplinar.

Art. 87 - Na fase do inquérito a autoridade promoverá a tomada de depoimentos e promoverá acareações, investigações e diligências cabíveis, objetivando a coleta de prova, recorrendo, quando necessário, a técnicos e peritos, de modo a permitir a completa elucidação dos fatos.

Art. 88 - É assegurado ao delegatário o direito de acompanhar o processo pessoalmente ou por intermédio de procurador, arrolar e reinquirir testemunhas, produzir provas e contraprovas e ainda formular quesitos, quando se tratar de prova pericial.

§ 1º - O presidente da comissão poderá denegar pedidos considerados impertinentes, meramente protelatórios, ou de nenhum interesse para o esclarecimento dos fatos.

§ 2º - Será indeferido o pedido de prova pericial, quando a comprovação do fato independer de conhecimento especial de perito.

Art. 89 - As testemunhas serão intimadas a depor mediante mandado expedido pela autoridade que preside o procedimento, devendo a segunda via, com o ciente do interessado, ser anexada aos autos.

Parágrafo Único – Se a testemunha for o servidor público, a expedição do mandado será imediatamente comunicada ao chefe da repartição onde serve, com a indicação do dia e hora marcados para a inquirição.

Art. 90 - O depoimento será prestado oralmente e reduzido a termo ou arquivado mediante arquivos de áudio e vídeo ou apenas áudio, não sendo lícito à testemunha trazê-lo por escrito.

§ 1º - As testemunhas serão inquiridas separadamente.

§ 2º - Na hipótese de depoimentos contraditórios ou que se infirmem, proceder-se-á a acareação entre os depoentes.

Art. 91 - Concluída a inquirição das testemunhas, a autoridade promoverá o interrogatório do acusado.

§ 1º - No caso de mais de um acusado, cada um deles será ouvido separadamente, e, sempre que divergirem em suas declarações sobre fatos ou circunstâncias, poderá ser promovida a acareação entre eles.

§ 2º - O procurador do acusado poderá assistir ao interrogatório, bem como à inquirição das testemunhas, facultando-se-lhe reinquiri-las, por intermédio da autoridade, sendo-lhe vedada, porém, interferência nas perguntas e respostas.

Art. 92 - Quando houver dúvida sobre a sanidade metal do acusado a autoridade competente fará com que seja submetido a exame por junta médica oficial da qual participe pelo menos um médico psiquiatra.

Parágrafo Único – O incidente de sanidade mental será processado em auto apartado e apenso ao processo principal, após a expedição do laudo pericial.

Art. 93 - O servidor será indiciado com a especificação dos fatos a ele imputados e das respectivas provas, bem como indicação do ilícito por que indiciado.

§ 1º - Instaurado o processo, o indiciado será citado, por mandado expedido pela autoridade, para apresentar defesa escrita no prazo de 10 (dez) dias, sendo-lhe assegurado vista do processo.

§ 2º Havendo dois ou mais indiciados, o prazo será de 20 (vinte) dias, se os autos forem físicos e comum de 10 (dez) dias, se eletrônicos.

§ 3º O prazo de defesa poderá ser prorrogado pelo dobro, para diligências reputadas indispensáveis.

§ 4º No caso de recusa do indiciado em apor o ciente na cópia da citação, o prazo para defesa será contado da data declarada em termo próprio, pelo oficial de justiça que fez a citação, com assinatura de 02 (duas) testemunhas..

Art. 94 - O indiciado que mudar de residência fica obrigado a comunicar à comissão o lugar onde poderá ser encontrado.

Art. 95 - Achando-se o indiciado em lugar incerto e não sabido, será citado por edital, publicado no Diário de Justiça Eletrônico, para apresentar defesa.

Parágrafo Único – Na hipótese desse artigo, o prazo para a defesa será de 15 (quinze) dias, a partir da última publicação do edital.

Art. 96 - Considerar-se-á revel o indiciado que, regularmente citado, não apresentar defesa no prazo legal.

§ 1º - A revelia será declarada, por termo, nos autos do processo e devolverá o prazo para a defesa.

§ 2º - A autoridade instauradora do processo designará, nesta hipótese, defensor dativo.

Art. 97 - Apreciada a defesa, a autoridade cuja delegação se deu apenas para a instrução e recepção de defesa elaborará relatório minucioso onde resumirá as peças principais dos autos e mencionará as provas em que se baseou para formar a sua convicção.

§ 1º - O relatório será sempre conclusivo quanto à inocência ou a responsabilidade do servidor.

§ 2º - Reconhecida a responsabilidade do servidor, a autoridade indicará o dispositivo legal ou regulamentar transgredido, bem como as circunstâncias agravantes ou atenuantes.

Art. 98 - O processo disciplinar, com relatório final da, será remetido à autoridade que determinou a sua instauração, para julgamento.

SUBSEÇÃO II
DO JULGAMENTO

Art. 99 - O julgamento será procedido dentro do prazo de 20 (vinte) dias, contados do recebimento dos autos com relatório final ou da conclusão do feito após a juntada da defesa.

Art. 100 - O julgamento poderá remeter-se ao relatório, adotando sua fundamentação como razões de decidir, inclusive no que tange às suas conclusões.

Art. 101 - Verificada a existência de vício insanável a autoridade julgadora declarará a nulidade ocorrente e ordenará a reconstituição total ou parcial do processo conforme o caso.

Parágrafo único – O julgamento fora do prazo legal não implica nulidade do processo.

Art. 102 - Quando a infração tiver capitulada como crime, o processo disciplinar será remetido ao Ministério Público, para a instauração da ação penal, ficando transladado na repartição.

Art. 103 - O delegatário que responder a processo disciplinar só poderá renunciar à delegação ou aposentar-se voluntariamente, após a conclusão do processo e cumprimento da penalidade, caso aplicada, sem o que será a renúncia convertida em perda da delegação.

SEÇÃO IV
DO AFASTAMENTO PREVENTIVO

Art. 104 - Quando o caso configurar a perda da delegação, a autoridade suspenderá o notário ou oficial de registro, até a decisão final, e informará ao Corregedor-Geral da Justiça que designará interventor, observando-se o disposto no art. 36 da Lei Federal nº 8.935/94.

Art. 105 - Quando, para a apuração de faltas imputadas a notários ou a oficiais de registro, for necessário o afastamento do titular do serviço, poderá ele ser suspenso, preventivamente, pelo prazo de noventa dias, prorrogável por mais trinta.

§ 1º - Na hipótese do caput, o interventor responderá pela serventia, quando o substituto também for acusado das faltas ou quando a medida se revelar conveniente para os serviços.

§ 2º - Durante o período de afastamento, o titular perceberá metade da renda líquida da serventia; outra metade será depositada em conta bancária especial, com correção monetária.

§ 3º - Absolvido o titular, receberá ele o montante dessa conta; condenado, caberá esse montante ao interventor.

CAPÍTULO VIII
DO EXCEDENTE E DAS INFORMAÇÕES À CORREGEDORIA-GERAL DA JUSTIÇA

Art. 106 - Os responsáveis interinamente pelos serviços extrajudiciais, não regularmente providos, não poderão obter remuneração máxima superior a 90,25% (noventa inteiros e vinte e cinco centésimos por cento) dos subsídios do Ministro do Supremo Tribunal Federal.

Parágrafo único. Todos os responsáveis interinos, independentemente de sua remuneração, devem enviar os documentos comprobatórios de suas receitas e despesas, nos moldes deste Provimento.

Art. 107 - Os interinos das serventias extrajudiciais do Estado de Alagoas deverão apresentar prestação de contas mediante a remessa de balancete contábil, preferencialmente assinado por profissional registrado em entidade de classe, até o dia 10 (dez) do mês subsequente ao vencido, à Secretaria da Serventia Extrajudicial desta Corregedoria-Geral da Justiça, via sistema eletrônico, disponível no portal Selo CGJ, menu Prestação de Contas (https://selo.tjal.jus.br/selocgj/index.jsf).

Parágrafo único. O balancete contábil deverá ser preenchido, exclusivamente, no portal Selo CGJ, de acordo com as especificações do Manual Operacional, disponível no dito sistema.

- *Provimento nº 29/2020 - CGJ/AL.*

Art. 108 - O balancete deverá ser instruído com receitas e despesas e vir acompanhado de documentos comprobatórios qualquer que seja a remuneração do interino.

§ 1º - A prestação de contas deverá ser feita com base no ANEXO ÚNICO do Provimento CGJ nº 19/2017, e nas orientações esclarecidas nos manuais divulgados pela CGJ.

§ 2º - Devem ser incluídas nas prestações de contas as seguintes certidões da pessoa física (CPF e/ou CEI) e jurídica (CNPJ):

a) Certificado de regularidade do FGTS - CRF;

b) Certidão negativa de débitos trabalhistas;

c) Certidão de regularidade fiscal da Receita Federal;

d) Certidão negativo de débito Municipal.

Art. 109 - Consideram-se receitas mensais:

I - os emolumentos base percebidos pela respectiva serventia;

II - o valor percebido pelos Registradores Civis das Pessoas Naturais oriundos da compensação pela prática dos atos gratuitos por parte do Fundo de Compensação aos Registradores Civis de Pessoas Naturais; e

III - O rendimento das aplicações financeiras dos emolumentos, os quais se incorporam aos ganhos econômicos e financeiros da serventia;

IV - O valor pago pelo usuário nas despesas com emprego do Selo de Autenticidade dos Atos Notarias e Registrais.

Art. 110 - Consideram-se despesas mensais:

I - As despesas de pessoal: valores destinados, exclusivamente, para quitação da folha de pagamento dos prepostos legalmente vinculados à serventia, bem como os encargos decorrentes das obrigações básicas diretas dos empregadores;

II – As despesas administrativas/gerais: valores relacionados aos gastos com a manutenção da estrutura administrativa e encargos próprios da serventia para prestação de seus serviços;

III – Os investimentos: valores destinados ao crescimento da capacidade produtiva, tais como a aquisição e locação de máquinas, equipamentos, veículos e imóveis;

IV – O valor empregado pelo responsável interino na compra de Selos de Autenticidade dos Atos Notarias e Registrais

Art. 111 – A prestação de contas deverá ser elaborada em duas etapas:

I – em um primeiro momento, deverão ser lançadas todas as receitas e despesas havidas no mês, sem considerar a remuneração do interino;

II – em um segundo momento, será obtida a receita líquida da serventia, a qual equivale à diferença do apurado no item anterior, e verificarão se esse resultado supera ou não o teto remuneratório correspondente a 90,25% (noventa inteiros e vinte e cinco centésimos por cento) dos subsídios dos Ministros do Supremo Tribunal Federal.

§ 1º - Se a receita líquida não ultrapassar o teto remuneratório, esta se reverterá em favor do interino, sendo registrado como despesa da serventia a título de remuneração do interino e, consequentemente, não haverá excedente a ser recolhido, de forma que o saldo de caixa do mês estará zerado.

§ 2º - Se a receita líquida da serventia superar o teto remuneratório, o interino deverá deduzir desta o montante correspondente a 90,25% (noventa inteiros e vinte e cinco centésimos por cento) dos subsídios dos Ministros do Supremo Tribunal Federal, lançando-o como despesa da serventia a título de remuneração do interino, e recolherá o excedente trimestralmente, registrando-o como saldo de caixa do mês.

Art. 112 – O comprovante de remessa dos valores que excederem ao limite de 90,25% do subsídio do Ministro do STF, que deverão ser recolhidos ao FUNJURIS trimestralmente, integrará a prestação de contas.

§ 1º - A guia de recolhimento deverá conter, obrigatoriamente, as seguintes informações:

I – Código Nacional da Serventia – CNS;

II – denominação da serventia;

III – nome e CPF do interino;

IV – período de referência; e

V – o valor a ser recolhido.

§ 2º As guias de recolhimento serão disponibilizadas logo após a finalização da análise trimestral da prestação de contas, por meio do sistema eletrônico do Selo CGJ, em menu próprio, e pagas em até 5 (cinco) dias corridos, contados da data de emissão da respectiva guia. Para fins de controle e emissão, os seguintes meses serão utilizados como base para a emissão da guia de pagamento da prestação de contas:

I - JANEIRO, referente às prestações de contas dos meses de outubro, novembro e dezembro;

II - ABRIL, referente às prestações de contas do meses de janeiro, fevereiro e março;

III - JULHO, referente às prestações de contas do meses de abril, maio e junho;

IV - OUTUBRO, referente às prestações de contas do meses de julho, agosto e setembro

- *Provimento nº 29/2020 – CGJ/AL.*

Art. 113 – Aos interinos é defeso contratar novos prepostos ou aumentar os salários dos já existentes na unidade, bem assim contratar novas locações de bens móveis ou imóveis, de equipamentos ou de serviços, que possam onerar a renda da unidade vaga de modo continuado, sem a prévia aprovação da Corregedoria-Geral da Justiça.

§ 1º - O pedido deverá ser deduzido por escrito e instruído com farta documentação que comprove a necessidade e viabilidade do investimento.

§ 2º - Qualquer pedido de realização de despesa extraordinária encaminhado pelo interino à Corregedoria-Geral da Justiça deverá ser acompanhado de, no mínimo, 03 (três) orçamentos.

§ 3º Fica excepcionalmente dispensada a necessidade de prévia aprovação da Corregedoria-Geral da Justiça quando se tratar da contratação de prepostos com o explícito fim de substituição de funcionários, desde que não haja qualquer aumento de despesa à serventia.

I – Neste caso, deve o interino encaminhar à Corregedoria-Geral da Justiça expediente informativo quanto à contratação e razão da substituição, qualificando ambos os funcionários, para arquivamento em seu acervo;

II – A necessidade de remessa da informação de que trata o inciso "I" não impede a imediata contratação do novo preposto.

- *Provimento nº 42/2020 – CGJ/AL.*

Art. 114 – As despesas ordinárias, tidas por aquelas úteis e necessárias à continuidade do exercício da atividade notarial e registral pelo interino, desde que compatíveis ao volume e ao período de referência, dispensam autorização prévia da Corregedoria-Geral da Justiça, e são passíveis de dedução.

§ 1º - Consideram-se despesas ordinárias:

I – o custeio necessário à manutenção das instalações físicas da serventia, a exemplo de abastecimento de água, aluguel, condomínio, energia elétrica, itens de higiene e limpeza, materiais de conservação e reparos (pintura, itens elétricos e hidráulicos etc);

II – a aquisição de materiais de expediente, a exemplo de papéis, carimbos, tintas para carimbo e impressoras, canetas, toners para impressão, tesouras, lápis, grampeadores e respectivos grampos;

III – a compra de selos de fiscalização extrajudicial;

IV – a aquisição de materiais de copa e cozinha, bem como o pagamento de despesas com postagem e publicações;

V – o pagamento de tributos incidentes sobre o imóvel onde funciona a serventia, tais como o Imposto sobre a Propriedade Predial e Territorial Urbana (IPTU) e a Taxa de Limpeza Pública (TLP), bem como os correlatos à prestação do serviço extrajudicial, a exemplo do valor que for recolhido a título de Imposto Sobre Serviço de Qualquer Natureza (ISSQN), caso seja efetivamente custeado pela serventia;

VI – a contratação de serviços de telefonia e de provedor de internet, bem como a aquisição e manutenção de sistema de automação cartorária;

VII – os valores referentes às despesas de pessoal com os prepostos, tais como salários, férias, décimos terceiros salários, encargos sociais e fiscais correlatos, (v.g. INSS, FGTS, IRRG), contribuição sindical, rescisões, benefícios ofertados, desde que devidamente discriminados (alimentação, transporte, assistência médico odontológica etc);

VIII – o aumento de salários, se em decorrência de ajuste do salário mínimo nacional vigente ou de piso salarial da categoria;

IX – o valor decorrente da despesa de custeio de mensalidade devida a órgão representativo dos notários e registradores, tais como ANOREG, ARPEN, entre outros.

§ 2º - O imposto de renda devido pelo interino não é considerado como despesa da serventia.

§ 3º - As despesas especificadas no § 1º demandarão pedido de autorização sempre que seus valores forem superiores à média dos praticados em mercado, podendo o interino tomar por base as cotações de preços levadas a efeito para compras do Poder Judiciário.

§ 4º - A contratação de profissionais liberais deve necessariamente ser precedida de expressa autorização do Corregedor-Geral da Justiça.

Art. 115 – O balancete, acompanhado de documentos comprobatórios, será autuado pela Secretaria da Serventia Extrajudicial desta Corregedoria-Geral da Justiça, perante o SAJ - Sistema de Automação do Judiciário, nos casos em que houver determinação do Corregedor-Geral da Justiça.

- *Provimento nº 29/2020 – CGJ/AL.*

Art. 116 – Competirá à Corregedoria-Geral da Justiça, através de profissional com conhecimento técnico na área contábil, a avaliação dos balancetes/documentos comprobatórios, emitindo parecer técnico/contábil conclusivo, individualizado e fundamentado. (Redação dada pelo Provimento nº 14, de 18 de junho de 2018)

§ 1º - A competência da Corregedoria-Geral da Justiça não impede ou prejudica a atuação dos juízes corregedores permanentes na mesma aferição, por ocasião das inspeções ou atos fiscalizatórios que realizarem.

§ 2º - Incumbe ao profissional responsável pela avaliação contábil verificar se os documentos comprobatórios, imprescindíveis à emissão de parecer técnico/contábil conclusivo, foram remetidos, requisitando-os, diretamente, aos delegatários interinos, caso constate a ausência de algum deles.

- *Redação dada pelo Provimento nº 14, de 18 de junho de 2018*

Art. 117 - Confeccionado o parecer conclusivo, por profissional com conhecimentos na área contábil, o processo seguirá para homologação do Corregedor-Geral da Justiça, após o que será arquivado, permanecendo à disposição de qualquer interessado para fins de eventuais consultas. (Redação dada pelo Provimento nº 14, de 18 de junho de 2018)

Art. 118 - Verificando-se a necessidade de complementação do valor já recolhido aos cofres públicos, relativamente ao excedente ao teto remuneratório, a serventia extrajudicial deverá ser notificada para, no prazo de 05 (cinco) dias, efetuar o depósito complementar.

§ 1º - Das decisões da Corregedoria-Geral da Justiça que reconheçam originariamente a irregularidade da prestação de contas do interino caberá recurso administrativo, sem efeito suspensivo, ao Conselho Estadual da Magistratura.

§ 2º - Das decisões dos juízes corregedores permanentes que, no curso de inspeções ou atos fiscalizatórios, reconheçam irregularidade da prestação de contas do interino, caberá recurso administrativo, com eventual atribuição de efeito suspensivo, ao Corregedor-Geral da Justiça

§ 3º - Havendo interposição de recurso, serão prestadas informações, por profissional responsável pela avaliação contábil, no prazo de 05 (cinco) dias. (Redação dada pelo Provimento nº 14, de 18 de junho de 2018)

§ 4º - Provido o recurso, o valor será ressarcido pelo órgão arrecadador.

Art. 119 - A ausência ou o atraso na prestação de contas; o não recolhimento do valor devido; o recolhimento a menor ou a falta de documentos aos quais se refere o art. 3º deste Provimento, poderá implicar a adoção de medidas cíveis, administrativas e penais cabíveis à espécie, observados os princípios do devido processo legal, do contraditório e da ampla defesa, previstos no art. 5º, incisos LIV e LV, da Constituição Federal de 1988.

Art. 120 - As serventias extrajudiciais, cuja receita exceda ou não o teto remuneratório, deverão guardar os documentos comprobatórios dos lançamentos da prestação de contas pelo prazo de 05 (cinco) anos, arquivados de forma zelosa e cronológica, podendo o Juiz Corregedor Permanente da Comarca ou a Corregedoria-Geral da Justiça requisitá-los para análise, se julgar necessário.

Art. 121 - O interino que descumprir as obrigações incorrerá na quebra de confiança em que se baseia a designação precária, sujeitando-se à cessação da interinidade, bem como às sanções cíveis, administrativas e penais eventualmente cabíveis, respeitados os preceitos constitucionais do devido processo legal, do contraditório e da ampla defesa, dispostos no art. 5º, incisos LIV e LV da Constituição Federal de 1988.

Art. 122 - Sem embargo da competência plena do Corregedor-Geral da Justiça, as atribuições previstas no presente Provimento poderão ser delegadas, a qualquer momento, aos Juízes Corregedores Permanentes das Comarcas.

§ 1º - Nos prazos previstos no art. 2º do Provimento nº 24/2012 da Corregedoria Nacional de Justiça, os responsáveis interinamente pelas unidades vagas lançarão no sistema "Justiça Aberta", em campos específicos criados para essa finalidade, os valores que excedentários a 90,25% da remuneração do Ministro do Supremo Tribunal Federal que depositarem na conta indicada pelo respectivo Tribunal de Justiça.

- *Provimento CNJ nº 76*

Art. 2º Fica incluído o inciso VI no art. 13 do Provimento da Corregedoria Nacional de Justiça n. 45, de 13 de maio de 2015, com a seguinte redação: (Redação conforme publicação oficial)

§ 2º A periodicidade de recolhimento do valor da renda líquida excedente a 90,25% dos subsídios de Ministro do Supremo Tribunal Federal é trimestral, considerando-se as receitas e despesas do trimestre, não havendo lei estadual que estabeleça periodicidade diversa

- *Provimento CNJ nº 76*

CAPÍTULO IX
DOS LIVROS OBRIGATÓRIOS POR FORÇA DO PROVIMENTO 45 DO CNJ

Art. 123 - Os serviços notariais e de registros públicos prestados mediante delegação do Poder Público possuirão os seguintes livros administrativos, salvo aqueles previstos em lei especial:

a) Visitas e Correições;

b) Diário Auxiliar da Receita e da Despesa;

c) Controle de Depósito Prévio.

Art. 124 - Os livros previstos no Provimento serão abertos, numerados, autenticados e encerrados pelo delegatário, podendo utilizar-se, para esse fim, processo mecânico de autenticação previamente aprovado pela autoridade judiciária competente na esfera estadual ou distrital.

Parágrafo único – O termo de abertura deverá conter o número do livro, o fim a que se destina, o número de folhas que contém, a declaração de que todas as suas folhas estão rubricadas e o fecho, com data, nome do delegatário e assinatura.

Art. 125 - Com exceção do Livro de Visitas e Correições, a responsabilidade pela escrituração dos livros referidos neste provimento é de responsabilidade direta do delegatário, ainda quando escriturado por um seu preposto.

Parágrafo único – O Livro de Visitas e Correições será escriturado pelas competentes autoridades judiciárias fiscalizadoras e conterá cem páginas, respondendo o delegatário pela guarda e integridade do conjunto de atos nele praticados.

Art. 126 - Os delegatários de unidades cujos serviços admitam o depósito prévio de emolumentos manterão livro próprio, especialmente aberto para o controle das importâncias recebidas a esse título, livro em que deverão indicar-se o número do protocolo, a data do depósito e o valor depositado, além da data de sua conversão em emolumentos resultante da prática do ato solicitado, ou, conforme o caso, da data da devolução do valor depositado, quando o ato não for praticado.

Parágrafo único – Considerando a natureza dinâmica do Livro de Controle de Depósito Prévio, poderá este ser escriturado apenas eletronicamente, a critério do delegatário, livro esse que será impresso sempre que a autoridade judiciária competente assim o determinar, sem prejuízo da manutenção de cópia atualizada em sistema de backup ou outro método hábil para sua preservação.

Art. 127 - O Livro Diário Auxiliar observará o modelo usual para a forma contábil e terá suas folhas divididas em colunas para anotação da data, da discriminação da receita e da despesa, além do valor respectivo, devendo, quando impresso em folhas soltas, encadernar-se tão logo encerrado.

Art. 128 - A receita será lançada no Livro Diário Auxiliar separadamente, por especialidade, de forma individualizada, no dia da prática do ato, ainda que o delegatário não tenha recebido os emolumentos, devendo discriminar-se sucintamente, de modo a possibilitar-lhe identificação com a indicação, quando existente, do número do ato, ou do livro e da folha em que praticado, ou ainda o do protocolo.

§ 1º - Para a finalidade prevista no caput deste artigo, considera-se como dia da prática do ato o da lavratura e encerramento do ato notarial, para o serviço de notas; o do registro, para os serviços de registros de imóveis, títulos e documentos e civil de pessoa jurídica; o do registro, para os atos não compensáveis do Registro Civil das Pessoas Naturais, e para seus atos gratuitos, o do momento do recebimento do pagamento efetuado por fundo de reembolso de atos gratuitos e fundo de renda mínima.

§ 2º - Quando o pagamento dos emolumentos para o serviço de protesto de título for diferido em virtude de previsão legal, será considerado como dia da prática do ato o da lavratura do termo de cancelamento, o do acatamento do pedido de desistência e o do pagamento do título, se outra data não decorrer de norma estadual específica.

§ 3º - Os lançamentos relativos a receitas compreenderão os emolumentos previstos no regimento de custas estadual ou distrital exclusivamente na parte percebida como receita do próprio delegatário, em razão dos atos efetivamente praticados, excluídas as quantias recebidas em depósito para a prática futura de atos, os tributos recebidos a título de substituição tributária ou outro valor que constitua receita devida diretamente ao Estado, ao Tribunal de Justiça, a outras entidades de direito, e aos fundos de renda mínima e de custeio de atos gratuitos, conforme previsão legal específica.

Art. 129 - É vedada a prática de cobrança parcial ou de não cobrança de emolumentos, ressalvadas as hipóteses de isenção, não incidência ou diferimento previstas na legislação específica.

Art. 130 - As despesas serão lançadas no dia em que se efetivarem e sempre deverão resultar da prestação do serviço delegado, sendo passíveis de lançamento no Livro Diário Auxiliar todas as relativas investimentos, custeio e pessoal, promovidas a critério do delegatário, dentre outras:

a) locação de bens móveis e imóveis utilizados para a prestação do serviço, incluídos os destinados à guarda de livros, equipamentos e restante do acervo da serventia;

b) contratação de obras e serviços para a conservação, ampliação ou melhoria dos prédios utilizados para a prestação do serviço público;

c) contratação de serviços, os terceirizados inclusive, de limpeza e de segurança;

d) aquisição de móveis, utensílios, eletrodomésticos e equipamentos mantidos no local da prestação do serviço delegado, incluídos os destinados ao entretenimento dos usuários que aguardem a prestação do serviço e os de manutenção de refeitório;

e) aquisição ou locação de equipamentos (hardware), de programas (software) e de serviços de informática, incluídos os de manutenção prestados de forma terceirizada;

f) formação e manutenção de arquivo de segurança;

g) aquisição de materiais utilizados na prestação do serviço, incluídos os utilizados para a manutenção das instalações da serventia;

h) plano individual ou coletivo de assistência médica e odontológica contratado com entidade privada de saúde em favor dos prepostos e seus dependentes legais, assim como do titular da delegação e seus dependentes legais, caso se trate de plano coletivo em que também incluídos os prepostos do delegatário;

i) despesas trabalhistas com prepostos, incluídos FGTS, vale alimentação, vale transporte e quaisquer outros valores que lhes integrem a remuneração, além das contribuições previdenciárias devidas ao Instituto Nacional do Seguro Social - INSS ou ao órgão previdenciário estadual;

j) custeio de cursos de aperfeiçoamento técnico ou formação jurídica fornecidos aos prepostos ou em que regularmente inscrito o titular da delegação, desde que voltados exclusivamente ao aprimoramento dos conhecimentos jurídicos, ou, em relação aos prepostos, à melhoria dos conhecimentos em sua área de atuação;

k) o valor que for recolhido a título de Imposto Sobre Serviço – ISS devido pela prestação do serviço extrajudicial, quando incidente sobre os emolumentos percebidos pelo delegatário;

l) o valor de despesas com assessoria jurídica para a prestação do serviço extrajudicial;

m) o valor de despesas com assessoria de engenharia para a regularização fundiária e a retificação de registro.

Parágrafo único – Serão arquivados os comprovantes das despesas efetuadas, incluindo os de retenção do imposto de renda, pelo prazo mínimo de cinco anos, salvo quando houver expressa previsão de prazo maior.

Art. 131 - Ao final de cada mês serão somadas, em separado, as receitas e as despesas da unidade de serviço extrajudicial, com a apuração do saldo líquido positivo ou negativo do período.

Art. 132 - Ao final de cada exercício será feito o balanço anual da unidade de serviço extrajudicial, com a indicação da receita, da despesa e do líquido mês a mês, e apuração do saldo positivo ou negativo do período.

Art. 133 - Anualmente, até o décimo dia útil do mês de fevereiro, o Livro Diário Auxiliar será visado pela autoridade judiciária competente, que determinará, sendo o caso, as glosas necessárias, podendo, ainda, ordenar sua apresentação sempre que entender conveniente.

Parágrafo único – O requerimento de reexame da decisão que determina exclusão de lançamento de despesa deverá ser formulado no prazo de recurso administrativo previsto na Lei de Organização Judiciária local ou, caso inexista, no prazo de 15 dias contados de sua ciência pelo delegatário.

Art. 134 - É facultativa a utilização do Livro Diário Auxiliar também para fins de recolhimento do Imposto de Renda (IR), ressalvada nesta hipótese a obrigação de o delegatário indicar quais as despesas não dedutíveis para essa última finalidade e também o saldo mensal específico para fins de imposto de renda.

Parágrafo único – A mesma faculdade aplica-se para os fins de cálculo de Imposto Sobre Serviços (ISS), hipótese em que deverá ser observada a legislação municipal.

Art. 135 - As normas impostas por este Provimento aos delegatários de serviços notariais e registrais aplicam-se aos designados para responder interinamente por serventias vagas, observadas as seguintes peculiaridades:

I – Os responsáveis interinamente por delegações vagas de notas e de registro lançarão no Livro Diário Auxiliar o valor da renda líquida excedente a 90,25% dos subsídios de Ministro do Supremo Tribunal Federal que depositarem à disposição do Tribunal de Justiça, indicando a data do depósito e a conta em que realizado, observadas as normas editadas para esse depósito pelo respectivo Tribunal.

II – Ao responsável interinamente por delegação vaga é defeso contratar novos prepostos, aumentar salários dos prepostos já existentes na unidade, ou contratar novas locações de bens móveis ou imóveis, de equipamentos ou de serviços, que possam onerar a renda da unidade vaga de modo continuado, sem a prévia autorização do Corregedor Geral da Justiça.

III - Todos os investimentos que comprometam a renda da unidade vaga deverão ser objeto de projeto a ser encaminhado para a aprovação do Corregedor-Geral da Justiça.

IV - Respeitado o disposto no inciso anterior, para apuração do valor excedente a 90,25% dos subsídios de Ministro do Supremo Tribunal Federal, deve abater-se, como despesas do responsável interinamente pela unidade vaga, as previstas nesta Consolidação Normativa.

V - Nos prazos previstos no art. 2º do Provimento n. 24/2012 da Corregedoria Nacional de Justiça, os responsáveis interinamente pelas unidades vagas lançarão no sistema "Justiça Aberta", em campos específicos criados para essa finalidade, os valores que, nos termos do parágrafo anterior, depositarem mensalmente na conta indicada pelo Tribunal de Justiça de Alagoas.

CAPÍTULO X
DAS INSPEÇÕES ANUAIS

Art. 136 - Anualmente, até o décimo quinto dia do mês de maio de cada ano, o Juiz de Direito com atribuição para o efeito deverá, obrigatoriamente, comparecer à(s) sede(s) onde funcionam os Serviços Notariais e de Registros, com o objetivo de inspecionar e proceder à devida fiscalização.

Art. 137 - A fiscalização a que se refere o artigo anterior deverá ser efetivada nos Serviços de Pessoas Naturais (Registro Civil), Registro de Títulos e Documentos, Registro de Imóveis, Registro Civil de Pessoas Jurídicas, Protestos de Títulos e Tabelionato de Notas.

Parágrafo único – Até o trigésimo dia do mês de maio de cada ano, o Juiz de Direito encaminhará relatório circunstanciado à Corregedoria-Geral da Justiça, conforme modelos constantes do Anexo II do Provimento 03/2019, mencionando na íntegra tudo o que foi inspecionado.

Art. 138 - Nas fiscalizações a serem realizadas, o Juiz de Direito deverá sempre verificar todos os livros referentes a cada serviço praticado pelo Cartório, a saber:

I - Registro Civil de Pessoas Naturais – (art. 33 da Lei nº 6.015/73):

a) Livro "A" - Registro de Nascimento;

b) Livro "B" - Registro de Casamento;

c) Livro "B Auxiliar" - Registro de Casamento religioso para efeitos civis;

d) Livro "C" - Registro de Óbito;

e) Livro "C Auxiliar" - Registro de Natimorto;

f) Livro "D" - Registro de Proclama;

g) Livro "E" - Registro dos demais atos relativos ao estado civil;

- *Provimento nº 42/2020 – CGJ/AL.*

II - Registro Civil de Pessoas Jurídicas – (art. 116 da Lei nº 6.015):

a) Livro "A" - Registro de contratos, atos, estatutos, sociedades civis e outros;

b) Livro "B" - Oficinas impressoras, jornais, periódicos, empresas e outros;

III - Registro de Títulos e Documentos - (art. 132 da Lei nº 6015/73):

a) Livro "A" – Protocolo;

b) Livro "B" - Traslado integral dos títulos e documentos;

c) Livro "C" - Inscrição, por extração de títulos e documentos;

IV - Registro de Imóveis - (art. 173 da Lei nº 6.015/73):

a) Livro " 1 " - Protocolo Geral;

b) Livro " 2 " - Registro Geral;

c) Livro " 3 " - Registro Auxiliar;

V - Registro de Protesto de Títulos – (arts. 32 e 33 da Lei nº 9492/97):

a) Livro de Protocolo;

b) Livro de Registro de Protesto de títulos;

c) (REVOGADO)

d) (REVOGADO)

e); (REVOGADO)

f) (REVOGADO)

• Alíneas "c", "d", "e" e "f" do inciso V revogadas pelo Provimento nº 20/2019 – CGJ/AL.

VI - Serviços de Notas;

a) Livro de Escrituras – compra e venda, doação e outras;

b) Livro de Procurações;

c) Livro de Testamentos;

d) Outros livros autorizados expressamente por esta Consolidação Normativa Notarial e Registral.

• Provimento nº 20/2019 – CGJ/AL.

Art. 139 - Ao realizar a devida inspeção em cada livro, o Juiz de Direito deverá verificar tudo quanto consta no Anexo II do Provimento 03/2019, como também o seguinte:

I - a existência de rasuras, folhas em branco, ausência de assinatura das partes ou testemunhas;

II - se os livros, papéis e documentos da serventia estão guardados em locais seguros;

III - se o responsável pela serventia fez afixar em local visível ao público consumidor a tabela de emolumentos;

IV - se os atos praticados estão de acordo com a lei reguladora dos registros públicos;

V - se os lançamentos nos livros estão atualizados;

VI - se os livros de protocolo (registro de imóveis e protesto de títulos) encontram-se com encerramento diário.

Parágrafo único – Havendo folhas em branco, deverá o Magistrado proceder com a inutilização do espaço identificado.

Art. 140 - Nas Comarcas de Vara única, ao Juiz Titular ou substituto incumbirá a inspeção, a decisão em procedimentos de dúvidas diretas ou inversas ou pedidos de providências, de todas as serventias em funcionamento nos Municípios abrangidos por sua competência territorial.

Parágrafo único – Nas Comarcas de de Arapiraca e Penedo, e em todas as de segunda entrância onde exista mais de uma Unidade Judiciária, as inspeções, a decisão em procedimentos de dúvidas diretas ou inversas ou pedidos de providências, serão realizadas pelos Juízes de acordo com as designações do Corregedor-Geral da Justiça.

Art. 141 - Na Comarca de Maceió as fiscalizações serão realizadas pelos Juízes componentes do Fundo Especial de Modernização do Poder Judiciário - FUNJURIS, em conjunto ou separadamente.

Parágrafo único. Na Comarca de Maceió, os procedimentos de dúvidas e os pedidos de providências, diretos ou inversos, serão encaminhados a uma das varas cíveis residuais da Capital, mediante distribuição.

CAPÍTULO XI
DA RESTAURAÇÃO DE LIVROS EXTRAVIADOS OU DANIFICADOS

Art. 142 - O extravio, ou danificação que impeça a leitura e o uso, no todo ou em parte, de qualquer livro do serviço extrajudicial deverá ser imediatamente comunicado ao Juiz Corregedor Permanente, assim considerado o competente para fiscalização judiciária dos atos notariais e de registro da respectiva comarca do interior ou à Corregedoria-Geral da Justiça, nos casos de serviço extrajudicial da Capital.

Art. 143 - É vedada a abertura de nova matrícula para imóvel tendo como base apenas certidão de matrícula, de transcrição, ou de inscrição expedida pela mesma unidade do serviço extrajudicial de registro de imóveis em que nova matrícula será aberta, sem que se promova a prévia conferência da existência e do inteiro teor da precedente matrícula, transcrição ou inserção contida no próprio livro.

Parágrafo único – Em se tratando de registro anterior de imóvel efetuado em outra circunscrição, aplicar-se-á para a abertura de matrícula o disposto nos artigos 229 e 230 da Lei nº 6.015/1973, com arquivamento da respectiva certidão atualizada daquele registro.

Art. 144 - É vedada a expedição de nova certidão de inteiro teor ou de parte de registro de imóvel (transcrição, inscrição, matrícula e averbação) tendo como única fonte de consulta anterior certidão expedida por unidade do serviço extrajudicial.

Art. 145 - Sendo impossível a verificação da correspondência entre o teor da certidão já expedida e a respectiva matrícula, transcrição ou inscrição mediante consulta do livro em que contido o ato de que essa certidão foi extraída, por encontra-se o livro (encadernado ou escriturado por meio de fichas), no todo ou em parte, extraviado ou deteriorado de forma a impedir sua leitura, deverá o oficial da unidade do registro de imóveis em que expedida a certidão, para realização de novos registros e averbação e para expedição de novas certidões, promover a prévia restauração da matrícula, transcrição ou inscrição.

Parágrafo único – O procedimento de restauração a que se refere o caput deste artigo será precedido de autorização do Juiz Corregedor Permanente da respectiva comarca do interior ou da Corregedoria-Geral da Justiça, nos casos de serviço extrajudicial da Capital.

Art. 146 - A autorização para restauração de livro do serviço extrajudicial, extraviado ou danificado, deverá ser solicitada pelo oficial competente para a restauração ou pelos demais interessados, ao Juiz Corregedor Permanente da respectiva comarca do interior ou a Corregedoria Geral da Justiça, nos casos de serviço extrajudicial da Capital.

Parágrafo único – A restauração poderá ter por objeto o todo ou parte do livro que se encontrar extraviado ou deteriorado, ou registro ou ato notarial específico.

Art. 147 - Se for possível à vista dos elementos constantes dos índices, arquivos das unidades do serviço extrajudicial de notas e registro, e dos traslados, certidões e outros documentos apresentados pelo oficial e demais interessados, a restauração do livro extraviado ou danificado será efetuada desde logo pelo respectivo oficial.

Parágrafo único – O procedimento de restauração a que se refere o caput deste artigo será precedido de autorização do Juiz Corregedor Permanente da respectiva comarca do interior ou da Corregedoria-Geral da Justiça, nos casos de serviço extrajudicial da Capital.

Art. 148 - Para a instrução do procedimento de autorização de restauração poderá o Juiz Corregedor Permanente ou a Corregedoria requisitar, do Oficial, novas certidões e cópias de livros, assim como cópias de outros documentos arquivados na Serventia.

Art. 149 - Quando proveniente de jurisdição diversa, o mandado autorizando a restauração deverá receber o "cumpra-se" do Juiz Corregedor Permanente.

Art. 150 - O descumprimento ao disposto neste Provimento sujeitará o responsável às sanções disciplinares legais.

CAPÍTULO XII
DAS NORMAS DESTINADAS À REGULAMENTAÇÃO, UNIFORMIZAÇÃO, ORIENTAÇÃO E DISCIPLINA QUANTO AOS SERVIÇOS NOTARIAIS E DE REGISTRO PRESTADOS SOB A FORMA ELETRÔNICA, NO ÂMBITO DO ESTADO DE ALAGOAS

SEÇÃO I
DAS DISPOSIÇÕES GERAIS

Art. 151 - Este Capítulo regulamenta a prestação dos serviços notariais e de registros de forma eletrônica no âmbito do Estado de Alagoas, nos termos dos arts. 37 a 41 e 45 da Lei nº 11.977, de 07 de julho de 2009 e demais disposições legais pertinentes.

- *Provimento CGJ nº 14/2016*

Art. 152 - As serventias adotarão, em caráter definitivo, sistemas de informática, para confecção, arquivamento, reprodução, expedição de certidões e traslados, bem como para recepção de títulos de forma eletrônica.

§ 1º - Os sistemas de gerenciamento de banco de dados utilizados para escriturar, consultar, atualizar, organizar, armazenar, recuperar e manter a integridade e a segurança dos dados produzidos nos serviços notariais e de registros públicos serão de livre escolha do notário e registrador e deverão possibilitar a importação dos títulos eletrônicos, bem como a geração de matrícula, de certidão, de registro, de traslados e demais atos concernentes à atividade, e deverão garantir a preservação dos dados, sua interoperabilidade, a segurança jurídica da informação e a manutenção e atualização dos sistemas de forma a preservar a ininterrupta acessibilidade aos dados, presente e futura.

§ 2º - O banco de dados passa a fazer parte do acervo permanente da serventia.

§ 3º - Os livros existentes apenas em meio eletrônico, na forma autorizada por este Provimento e em outros atos da Corregedoria-Geral da Justiça do Estado de Alagoas - CGJ/AL, sob a responsabilidade do titular, garantirão a inviolabilidade de seu conteúdo, atestada pelo titular e pelo profissional que desenvolveu o sistema informatizado.

- *Provimento CGJ nº 14/2016*

Art. 153 - Os documentos apresentados pelos usuários para a prática de atos notariais e de registro poderão ser arquivados exclusivamente na forma eletrônica, mediante processo de digitalização.

- *Provimento CGJ nº 14/2016*

Art. 154 - Os dados relativos aos atos praticados pela serventia e o arquivo eletrônico dos documentos apresentados para a prática do ato notarial ou de registro serão salvos em no mínimo duas cópias eletrônicas: uma, diária, a ser mantida na própria sede do serviço; outra, semanal, a ser guardada em local distinto.

- *Provimento CGJ nº 14/2016*

Art. 155 - O documento em meio físico apresentado para lavratura de ato registral ou notarial será devolvido à parte após sua digitalização ou microfilmagem.

Parágrafo único – No procedimento de digitalização serão observadas as seguintes etapas:

I – o documento relacionado ao ato notarial ou registral que não for originalmente eletrônico deverá ser digitalizado por meio de processo de captura de imagem, a partir do documento apresentado, e deverá obedecer a padrões de documentos eletrônicos autorizados pela CGJ/AL; e

II – a indexação do documento digital ou digitalizado será feita, no mínimo, com referência ao ato (livro, folha e número) em que for utilizado ou em razão do qual foi produzido ou à prenotação, no caso do registro de imóveis, de modo a facilitar sua localização e conferência, pelo Sistema de Gerenciamento Eletrônico de Documentos – GED.

- *Provimento CGJ nº 14/2016*

Art. 156 - Os ofícios e comunicações recebidos, as cópias de ofícios expedidos e as cópias dos recibos poderão ser substituídos por digitalização comum ou arquivamento do nativo digital, dispensada a manutenção em meio físico.

- *Provimento CGJ nº 14/2016*

Art. 157 - O notário e o registrador têm o dever de transmitir ao sucessor os livros, documentos, registros, banco de dados e conhecimento acerca dos programas de informática instalados na serventia, e a senha e os dados necessários ao acesso de tais programas, a fim de garantir a continuidade da prestação do serviço de forma adequada e sem interrupção.

- *Provimento CGJ nº 14/2016*

Art. 158 - Os notários e registradores manterão constante atualização dos arquivos de banco de dados e arquivos eletrônicos dos documentos, originalmente eletrônicos ou digitalizados, de forma a garantir a permanente acessibilidade e leitura dos dados e arquivos.

SEÇÃO II
DO SISTEMA DE REGISTRO ELETRÔNICO DE IMÓVEIS

SUBSEÇÃO I
DA PRENOTAÇÃO ELETRÔNICA

Art. 159 - Será admitida, exclusivamente em dias úteis, a prenotação imediata de qualquer título eletrônico apresentado por intermédio da utilização do Sistema de Registro Eletrônico de Imóveis, mantido e gerido pela Associação dos Notários e Registradores do Estado de Alagoas – ANOREG/AL.

Art. 160 - O documento eletrônico apresentado ao serviço de registro de imóveis para prenotação deverá atender aos requisitos da Infraestrutura de Chaves Públicas Brasileira - ICPBrasil e à arquitetura e-PING (Padrões de Interoperabilidade de Governo Eletrônico), vedada a utilização de outros padrões.

Parágrafo único - Fica excetuada a ordem judicial encaminhada por intermédio do Sistema e-RIDFT, que obedecerá ao padrão estabelecido pela CGJ/AL, conforme consignado em convênio com os registradores de imóveis ou com a ANOREG/AL.

Art. 161 - Serão admitidos a registro os seguintes documentos digitais prenotados de forma eletrônica nos registros de imóveis:

I - traslado ou certidão de escritura pública, inclusive a lavrada em consulado brasileiro, assinado digitalmente conforme os requisitos da Infraestrutura de Chaves Públicas Brasileira - ICP-Brasil;

II - instrumento particular previsto em lei, necessariamente nato digital, e contendo as assinaturas digitais de todos os contratantes e testemunhas, instruído com documentos (certidões e guias obrigatórias) também natos digitais e assinados digitalmente pelos emissores;

III - carta de sentença, formal de partilha, certidão e mandado extraídos de forma eletrônica de autos de processo, assinados digitalmente conforme requisitos estabelecidos pela CGJ/AL.

Parágrafo único - A prenotação de títulos eletrônicos não dispensa a apresentação dos documentos obrigatórios que devem acompanhar os títulos, que deverão ser apresentados em originais eletrônicos ou em meio físico, dentro do prazo de validade da prenotação.

Art. 162 - A prenotação eletrônica de títulos para registro dependerá do prévio recolhimento de emolumentos.

Art. 163 - O documento digital prenotado deverá ser definitivamente arquivado na serventia registral em Sistema de Gerenciamento Eletrônico de Documentos - GED, com indexação vinculada ao protocolo, independentemente de registro ou cancelamento da prenotação.

SUBSEÇÃO II
DA ESCRITURAÇÃO ELETRÔNICA

Art. 164 - A escrituração em meio eletrônico, sem impressão em papel, restringe-se ao Livro de Protocolo, Livro de Registro de Aquisição de Imóveis Rurais por Estrangeiros, aos Indicadores Reais e Pessoais, às certidões e informações registrais, mantidos os Livros nº 02 - Registro Geral (Matrículas) e Livro nº 03 - Registro Auxiliar na forma e modelos previstos na Lei nº 6.015/1973.

Parágrafo único - Os serviços de registro imobiliário do Estado de Alagoas deverão manter cópias digitais ou digitalizadas e atualizadas do Livro nº 02 - Registro Geral (Matrículas) e Livro nº 03 - Auxiliar, mantendo pelo menos uma cópia de segurança em local diverso da instalação física da serventia.

Art. 165 - O oficial de registro de imóveis efetuará o registro ou averbação de ato contido em documento eletrônico (recepcionado eletronicamente) no prazo previsto em lei.

Parágrafo único - Havendo exigências a serem satisfeitas para o registro de título prenotado de forma eletrônica, essas deverão ser formuladas de uma só vez, por escrito, de forma clara, objetiva e fundamentada, em formato eletrônico, com identificação e assinatura do responsável.

Art. 166 - O Sistema e-RIDFT disponibilizará aos interessados módulo de consulta de andamento de título apresentado para registro, que deverá estar disponível no sítio da internet previamente informado, mediante preenchimento pelo interessado do número de protocolo, com visualização da exigência eventualmente formulada.

Parágrafo único - Os registros de imóveis poderão desenvolver ferramenta para informação do andamento dos títulos, mediante envio de mensagem eletrônica (e-mail) ou mensagem de texto a celulares (SMS), sem prejuízo da informação disponível no Sistema e-RIDFT, na forma do caput.

Art. 167 - Registrado o título eletrônico, essa informação estará disponível para consulta pelo apresentante no sítio da internet do Sistema e-RIDFT, previamente informado, devendo ser disponibilizada, no mesmo sistema, uma cópia eletrônica atualizada da matrícula do imóvel, para visualização e arquivamento pelo interessado.

SEÇÃO III
DAS CERTIDÕES ELETRÔNICAS

Art. 168 - Os oficiais de registro de imóveis disponibilizarão serviços de fornecimento de informações e certidões, em meio eletrônico, na forma prevista neste Provimento.

Art. 169 - A certidão digital poderá ser emitida por meio de acesso do usuário a sítio próprio da serventia na internet ou sítio mantido pela ANOREG/AL, do Sistema e-RIDFT, vedada a sua disponibilização em sítios privados ou de intermediários estranhos à classe notarial e de registro.

Art. 170 - Em todas as certidões eletrônicas emitidas constará o Selo Digital do Tribunal de Justiça do Estado de Alagoas, que será utilizado como código de confirmação da autenticidade da certidão em endereço eletrônico fornecido no corpo dessa.

Parágrafo único - A aceitação das certidões eletrônicas ficará condicionada à confirmação de autenticidade, por meio do código fornecido pelo número do Selo Digital do Tribunal de Justiça do Estado de Alagoas, devendo essa advertência constar de forma clara no corpo de cada certidão.

Art. 171 - Os registros de imóveis do Estado de Alagoas fornecerão as certidões ou informações abaixo relacionadas, em forma eletrônica, contemplando os imóveis que sejam objeto de matrícula na serventia, nos termos da Lei 6.015/1973 (excluídas as transcrições e inscrições que ainda não tenham sido convertidas em matrículas):

I - certidão de ônus reais eletrônica;

II - matrícula eletrônica;

III - busca eletrônica de propriedade por CPF e CNPJ.

§ 1º - A certidão de ônus reais eletrônica deverá conter declaração expressa sobre se existe título prenotado, ainda em tramitação, relativos à matrícula, além do número do último ato registrado, vedada a reprodução da matrícula sem essa declaração expressa.

§ 2º - A matrícula eletrônica consistirá na disponibilização de cópia eletrônica da matrícula, com a informação de ser "cópia fiel da matrícula para simples consulta, considerada a data base máxima de 02 dias úteis anteriores a sua consulta, não sendo válida para a prática de atos de transferência ou constituição de direitos reais sobre o imóvel".

§ 3º - Para afastamento de homonímia e medida de resguardo e proteção à privacidade, a busca de propriedade para localização de bens e direitos será feita, exclusivamente, a partir do número de CPF ou CNPJ, e poderá ser realizada por serventia específica ou todas as serventias do Estado de Alagoas.

Art. 172 - No pedido de matrícula eletrônica serão cobrados exclusivamente os emolumentos de uma certidão.

Art. 173 - No pedido de busca eletrônica de propriedade por CPF ou CNPJ serão cobrados, para cada serventia, o valor previsto na tabela de custas e emolumentos vigente no Estado de Alagoas.

Art. 174 - No fornecimento de certidão e informação eletrônica será considerada a data base máxima de 2 (dois) dias úteis anteriores à sua emissão ou consulta, para certificação dos dados ou informações, devendo constar de forma explícita essa explicação.

Art. 175 - A certidão eletrônica fornecida pelos registros de imóveis terá validade de trinta dias, não sendo passível de revalidação.

Art. 176 - Os serviços notariais e de registro receberão exclusivamente os emolumentos correspondentes aos atos praticados, certidões e informações expedidas.

SEÇÃO IV
DAS ORDENS JUDICIAIS ELETRÔNICAS

Art. 177 - O Sistema e-RIDFT destina-se à formalização e ao tráfego de mandados e certidões para fins de registro de penhora, arresto, sequestro, conversão de arrestos em penhora de imóvel e qualquer outra ordem judicial relativa a imóvel, que deva ter acesso ao fólio real imobiliário para sua efetividade, bem como à remessa e recebimento das certidões dos atos praticados ou de exigências a serem cumpridas em decorrência dos títulos encaminhados.

Art. 178 - O mandado judicial e a certidão serão expedidos nos autos respectivos, obrigatoriamente, mediante preenchimento do formulário correspondente, existente no Sistema eRIDFT.

Art. 179 - O Sistema e-RIDFT contém função específica para solicitação de cópia eletrônica de matrícula e para efetivação de pesquisa para localização de titularidade de bens imóveis e direitos em nome de pessoa física ou jurídica determinada, que for parte em processo judicial.

Art. 180 - A pesquisa para localização de bens e consequente solicitação de matrícula eletrônica, diretamente pelo juízo, está restrita às ações em que for concedido o benefício da assistência judiciária gratuita e às de execução fiscal e criminais.

Parágrafo único – Nas hipóteses não previstas no caput deste artigo, a parte interessada deverá informar ao juízo os dados do imóvel, especialmente serventia e número de matrícula, podendo obter as informações e certidões diretamente no sítio de acesso público do Sistema eRIDFT, mediante pagamento de emolumentos.

Art. 181 - A prenotação dos mandados judiciais será realizada de acordo com a ordem de apresentação dos títulos, diretamente por meio do módulo judicial do Sistema e-RIDFT.

Art. 182 - A averbação ou registro da ordem judicial eletrônica somente se realizará após o pagamento dos emolumentos correspondentes, ressalvados os casos de isenção legal, que deverão ser expressamente indicados, segundo fundamentação legal específica e taxativa que legitime a gratuidade, em espaços próprios, no formulário eletrônico de solicitação.

Art. 183 - Caso haja exigência a ser satisfeita, inclusive pagamento de emolumentos, o oficial lançará a nota de exigência no sistema, que ficará disponível para consulta, visualização, impressão e download.

Parágrafo único – A exigência formulada estará disponível ao apresentante/interessado para consulta no sistema de acompanhamento registral online.

Art. 184 - O pagamento dos emolumentos poderá ser feito mediante emissão de boleto bancário, a ser impresso na unidade judicial pelo próprio sistema, ou mediante pagamento direto ao respectivo registro de imóveis, dentro do prazo de 30 (trinta) dias de validade da prenotação.

Parágrafo único – Fica autorizado o cancelamento da prenotação, caso não seja realizado o pagamento até seu vencimento, devendo essa circunstância ser levada ao conhecimento do juízo solicitante, mediante informação a ser inserida de imediato no Sistema e-RIDFT.

Art. 185 - As requisições oriundas dos juízos do Tribunal de Justiça do Estado de Alagoas sobre imóveis situados no Estado de Alagoas, no tocante à pesquisa de titularidade de imóveis, matrículas imobiliárias, bem assim a comunicação de constrições, far-se-ão, exclusivamente, pelo Sistema e-RIDFT, vedada a expedição de mandados, certidões e ofícios em papel.

SEÇÃO V
DO ACESSO POR OUTROS ÓRGÃOS PÚBLICOS

Art. 186 - Todas as pessoas jurídicas de direito público e seus órgãos poderão utilizar o Sistema e-RIDFT, mediante convênio padrão com a ANOREG/AL, pelo qual se ajuste a exclusividade de uso no interesse do serviço público, a indexação da consulta a número de processo interno do órgão ou processo judicial, a responsabilidade do servidor competente pelo uso e a obrigação de o órgão realizar auditoria interna para averiguar a regularidade da utilização.

Parágrafo único – Os serviços a que se refere o caput deste artigo serão isentos de emolumentos, quando assim previsto em lei.

Art. 187 - Para afastamento de homonímia e medida de proteção à privacidade, a pesquisa para localização de imóveis será feita, preferencialmente, a partir do número de CPF ou CNPJ.

Art. 188 - O período abrangido pela pesquisa na base de dados dos registros de imóveis compreenderá, obrigatoriamente, o período entre o advento da matrícula (1º de janeiro de 1976) até 02 (dois) dias úteis imediatamente anteriores à data da pesquisa.

SEÇÃO VI DAS NORMAS DESTINADAS À REGULAMENTAÇÃO, UNIFORMIZAÇÃO, ORIENTAÇÃO E DISCIPLINA QUANTO AOS SERVIÇOS NOTARIAIS E DE REGISTRO PRESTADOS SOB A FORMA ELETRÔNICA, NO ÂMBITO DO ESTADO DE ALAGOAS:

SEÇÃO VI - DO PROCEDIMENTO ELETRÔNICO DE INTIMAÇÃO E CONSOLIDAÇÃO DA PROPRIEDADE FIDUCIÁRIA DE IMÓVEL

- *Seção alterada pelo Provimento nº 10, de 15 de junho de 2022.*

Art. 189. O credor fiduciário poderá formular requerimento para notificação do devedor fiduciante inadimplente, de que trata o §1º, do art. 26, da Lei nº 9.514/1997, de forma eletrônica, por intermédio do Sistema e-RIDFT ou do SRTDPJ, contendo as seguintes informações:

I – número do CPF e nome do devedor fiduciante (e de seu cônjuge, se for casado em regime de bens que exija a notificação), dispensa a indicação de outros dados qualificativos;

II – endereço do imóvel objeto da alienação fiduciária em garantia;

III – outros endereços para entrega da notificação, a critério do credor;

IV – declaração de que decorreu o prazo de carência estipulado no contrato;

V – projeção de valores para pagamento da dívida, dispensada a apresentação de planilhas de cálculo e dispensado o agente notificador de conferir a regularidade dos valores apresentados;

VI – nome e número do CNPJ ou CPF do credor fiduciário, dispensada a indicação de outros dados qualificativos;

VII – comprovante de representação legal do credor fiduciário pelo signatário do requerimento, quando for o caso;

VIII – pedido antecipado de que, não purgada a mora no prazo legal e pago o Imposto Sobre a Transmissão de Bens Imóveis – ITBI, o registrador de imóveis registre a consolidação de propriedade em nome do credor fiduciário.

§1º Todos os documentos necessários à notificação e ao registro de consolidação de propriedade, inclusive os documentos de representação, digitalizados e enviados por ferramenta do Sistema e-RIDFT ou SRTDPJ, serão inseridos pelo credor fiduciário com assinatura digital.

§2º Serão devidos emolumentos para notificação do devedor fiduciante por cada nome e endereço(s), com base na tabela de custas e emolumentos vigente no Estado de Alagoas;

§3º Não ocorrerá a devolução de emolumentos caso não venha a ocorrer a averbação da consolidação da propriedade em nome do credor fiduciário.

§4º Vindo a ocorrer o registro de consolidação de propriedade em nome do credor fiduciário, serão devidos emolumentos com base na tabela "B", VI, de custas e emolumentos vigentes no Estado de Alagoas.

Art. 190. Deverá o oficial de registro de imóveis ou o oficial de registro de títulos e documentos expedir notificação eletrônica a ser cumprida em cada um dos endereços fornecidos pelo credor fiduciário, na qual constarão.

I – a identificação do credor fiduciário;

II – o endereço e matrícula do imóvel objeto da alienação fiduciária.

III – o endereço para diligência da notificação, se diverso do imóvel objeto da alienação fiduciária;

IV – valores da dívida projetados para os 60 (sessenta) dias seguintes (informados pelo credor fiduciário),

V – advertência de que o pagamento do débito deverá ser feito no prazo improrrogável de 15 (quinze) dias, contado da data do recebimento da intimação, junto ao credor fiduciário, ou no cartório de registro de imóveis, consignando-se o seu endereço, dias e horários de funcionamento; e

VI – advertência de que o não pagamento garante o direito de consolidação da propriedade plena do imóvel em favor do credor fiduciário, nos termos do §7º, do art. 26, da Lei nº 9.514/1997.

§1º O oficial de registro de imóveis poderá remeter o documento de notificação eletronicamente ao oficial de registro de títulos e documentos competente;

§2º O oficial de registro de títulos e documentos poderá registrar eletronicamente o documento de notificação ou poderá imprimi-lo e registrá-lo.

§3º Na diligência, será entregue ao notificando uma via da notificação impressa em papel.

Art. 191. A notificação far-se-á pessoalmente ao fiduciante, ao seu representante legal ou ao seu procurador, e poderá ser promovida pelo próprio oficial de registro de imóveis ou por oficial de registro de títulos e documentos.

§1º Quando o registrador de imóveis optar por fazer a notificação por meio do Registro de Títulos e Documentos serão devidos emolumentos também a esse último por cada nome e endereço(s) de devedor a ser notificado, nos termos da tabela de custas e emolumentos vigente no Estado de Alagoas.

§2º Tratando-se de vários devedores ou cessionários, inclusive cônjuge, é necessária a notificação de todos, como requisito à consolidação de propriedade.

§3º A notificação de pessoa jurídica será feita, preferencialmente, ao seu representante legal, indicado pelo credor fiduciário.

§4º Nos casos em que o representante legal não se encontrar na sede ou estabelecimento no momento da diligência, a notificação a que se refere o §3º deste artigo será feita a preposto da pessoa jurídica.

§5º Quando o fiduciante não for encontrado nos endereços indicados pelo credor fiduciário, deverá ser feita tentativa de notificação no imóvel dado em garantia.

§6º Quando realizadas 2 (duas) diligências e o fiduciante não for encontrado, ou quando o oficial ou seu preposto tiver suspeita razoável de que o notificando está se ocultando ou evitando-o, poderá notificá-lo por hora certa, na forma disposta nos artigos 252 a 254 do Código de Processo Civil. Para tanto, o oficial ou preposto notificará qualquer pessoa próxima, parente ou não, do fiduciante, de que voltará a efetuar a notificação em dia e hora que designar.

§7º Caso o fiduciante não esteja presente no horário e local determinados, conforme previsto no art. 40 deste provimento, o oficial ou preposto deixará a carta no endereço com uma pessoa identificada, além de remeter a notificação por AR dos Correios e certificará que a notificação foi cumprida.

§8º Considera-se razoável a suspeita baseada em atos concretos ou em indícios de que o fiduciante está se furtando de ser intimado, circunstâncias essas que deverão ser indicadas e certificadas de forma detalhada pelo oficial ou preposto.

§9º Não se efetuando a intimação pessoal ou por hora certa, o oficial ou preposto certificará o fato, descrevendo as datas e horários das diligências e deixará uma via de inteiro teor da notificação no imóvel e certificará esse fato, e o oficial de registro de imóveis promoverá intimação por edital, publicado por três dias, pelo menos, em um dos jornais de maior circulação do Estado de Alagoas.

§10 Poderá o registrador de imóveis arquivar a prova de publicação dos editais inserida eletronicamente pelo jornal no Sistema e-RIDFT, dispensado o arquivamento de cópias em papel dos jornais impressos.

Art. 192. Falecido o fiduciante, a notificação será feita ao inventariante, devendo o credor fiduciário apresentar certidão de óbito e termo de compromisso de inventariante, ou certidão passada pelo ofício judicial ou tabelião de notas, e seu endereço para notificação.

§1º Recebida a informação de falecimento na realização da diligência de notificação, o notificador certificará o fato e o registrador informará ao credor fiduciário para que, querendo, proceda na forma do caput.

§2º Não se abrindo o inventário no prazo de 2 (dois) meses (art. 611 do CPC), o credor fiduciário indicará e requererá a intimação de todos os herdeiros e legatários do fiduciante, apresentando certidão de óbito, comprovação da negativa de abertura de inventário, endereço para notificação e declaração de responsabilidade pela indicação dos sucessores a serem intimados.

Art. 193. No cumprimento da notificação extrajudicial, serão efetuadas, se necessárias, 2 (duas) diligências, em dia s e horários alternados.

Art. 194. O oficial de registro de títulos e documentos poderá recepcionar requerimento de notificação (do oficial de registro de imóveis ou da parte interessada) por meio eletrônico, imprimi-lo, registrá-lo e entregá-lo ao notificando no endereço indicado pelo requerente.

Art. 195. Purgada a mora perante o registro de imóveis, o oficial entregará recibo ao devedor, depositará o valor recebido em conta bancária previamente indicada pelo credor fiduciário e lhe comunicará esse fato.

Art. 196. Decorrido o prazo legal a partir da notificação sem purgação da mora, o oficial de registro de imóveis lançará certidão de transcurso de prazo, em seus sistemas interinos e também no Sistema e-RIDFT.

Art. 197. Para promover o registro de consolidação da propriedade plena, o credor fiduciário remeterá ao registro de imóveis competente, requerimento fundamentado nos termos do §7º do art. 26 da Lei nº 9.514/97 e guias de informação e recolhimento de ITBI digitalizada, no Sistema, cuja quitação será confirmada pelo oficial de registro de imóveis mediante consulta no sítio da internet da Secretaria Municipal de Finanças. Parágrafo único. Dispensa-se a apresentação impressa dos documentos remetidos por meio do Sistema e-RIDFT quando for possível a confirmação das guias do ITBI no site da Secretaria Municipal de Fianças. Caso contrário será exigido ao credor fiduciário a apresentação das guias originais.

Art. 197-A – Na notificação extrajudicial, os registradores deverão obedecer ao princípio da territorialidade, devendo requisitar dos oficiais do registro, em outros Municípios, as notificações necessárias."

SEÇÃO VII
DOS ATOS NOTARIAIS

SUBSEÇÃO I
DISPOSIÇÕES GERAIS

Art. 198 – O tabelião poderá lavrar ato notarial eletrônico assinado digitalmente por todas as partes e pelo tabelião ou preposto, atendendo aos requisitos da Infraestrutura de Chaves Públicas Brasileira (ICP-Brasil) e à arquitetura e-PING (Padrões de Interoperabilidade de Governo Eletrônico), vedada a utilização de outros padrões.

§ 1º - É dispensada a presença física das partes perante o tabelião ou seu preposto, para a assinatura eletrônica do ato notarial digital.

§ 2º - É permitida a lavratura de ato notarial misto, que consiste na integração, em um único documento notarial, da manifestação das partes expressa em meio eletrônico, assinada digitalmente por uma ou mais partes, e pelo tabelião ou seu preposto, e da mesma manifestação expressa em meio de papel, assinada autograficamente pelas demais partes e pelo tabelião ou seu preposto, que certificará reciprocamente a assinatura de todas as partes.

§ 3º - O tabelião ou preposto pode expedir certidões e traslados digitais, assinados digitalmente, ainda que o ato notarial tenha sido lavrado em papel ou de forma mista.

Art. 199 – Na abertura de ficha padrão de firma e nos atos notariais, o tabelião pode capturar leitura biométrica digital e da imagem facial do interessado no sistema eletrônico.

§ 1º - As assinaturas, o registro e leitura biométrica da impressão digital, para registros de firmas, serão armazenados em meio eletrônico e passarão a integrar o acervo permanente da serventia.

§ 2º - O registro ou leitura biométrica da impressão digital serão colhidos utilizando-se, inicialmente, o dedo indicador, ou, na sua falta, em ordem preferencial, o dedo polegar, médio, anelar e mínimo, da mão direita, ou, em sua falta, da mão esquerda.

Art. 200 – Os atos notariais em meio eletrônico devem respeitar os mesmos requisitos exigidos para a lavratura de atos físicos, especialmente os requisitos de territorialidade, de sorte que será competente para a lavratura do ato:

I – a serventia do lugar da situação do imóvel nos casos em que este for objeto de negócio jurídico ou, de quaisquer deles, quando se tratar de mais de um bem em localizações distintas:

II – a serventia com atuação no endereço do solicitante;

III – a serventia com atuação no local da ocorrência, para a lavratura de ata notarial, ou do lugar do imóvel, nos casos de usucapião extrajudicial;

§1º - a disponibilização do serviço notarial em meio eletrônico fica a critério do notário, o qual não poderá repassar ao usuário quaisquer custos não autorizados por lei.

§2º - As serventias que prestarem serviços de notas por meio eletrônico deverão proceder ao arquivamento dos atos nesse mesmo formato, por assunto, partes, protocolo ou data, protegido por pastas, com arquivos alinhados em ordem crescente a partir do protocolo.

§3º - É obrigatória a disponibilização de acesso ao acervo eletrônico à Corregedoria-Geral da Justiça, para fins de acompanhamento, controle e fiscalização.

§4º - Os atos notariais eletrônicos serão firmados, necessariamente, por assinatura digital.

§5º - Em se tratando de atos eletrônicos, a documentação correspondente à sua lavratura deverá ser arquivada permanentemente em meio eletrônico. (Acrescido pelo Provimento nº 27, de 04 de dezembro de 2018)

SUBSEÇÃO II
DA AUTENTICAÇÃO DE CÓPIA

Art. 201 - O tabelião poderá autenticar cópia digitalizada de documento originalmente em papel, e cópia impressa de documento originalmente eletrônico.

§ 1º - Autenticação eletrônica de cópia digitalizada de original impresso em papel consiste na elaboração de um documento digital assinado eletronicamente pelo tabelião ou seu preposto, composto pela cópia digitalizada de um documento gerado originalmente em papel e do termo de certificação de sua autenticidade;

§ 2º - Autenticação de cópia impressa de documento digital com assinatura eletrônica é a atribuição de autenticidade, pelo tabelião ou preposto, a uma cópia física impressa de documento cujo original foi gerado e assinado eletronicamente;

§ 3º - Autenticação de cópia impressa de documento digitalizado autenticado eletronicamente é a atribuição de autenticidade, pelo tabelião de notas, a uma cópia física (papel) correspondente a determinado documento digitalizado, previamente autenticado eletronicamente pelo próprio tabelião, nos termos do § 1º;

§ 4º - Para certificar conteúdo de página eletrônica disponível na internet, o tabelião de notas deverá lavrar ata notarial, sendo vedada a autenticação de cópia impressa da página.

SEÇÃO VIII
DISPOSIÇÕES FINAIS E TRANSITÓRIAS

Art. 202 - Os notários e registradores deverão adequar seus sistemas, com o intuito de permitir a integração e utilização integral das funcionalidades eletrônicas previstas nesta Consolidação Normativa e as próprias do Sistema e-RIDFT.

Art. 203 - Para efetividade dos serviços eletrônicos e utilização por usuários privados, tendo em vista a inexistência de itens próprios em tabelas de emolumentos e até que seja alterada a legislação de regência, fica fixado que o valor dos emolumentos da certidão de ônus reais eletrônica por cada imóvel será equivalente a uma busca, uma certidão e 3 (três) folhas extras, independentemente da quantidade de folhas ou páginas da certidão.

Art. 204 - O valor dos emolumentos da certidão de busca eletrônica, por cada CPF ou CNPJ, será no montante equivalente a uma busca, uma certidão e 3 (três) folhas extras, independentemente da quantidade de folhas ou páginas da certidão.

Art. 205 - Poderão ser destruídos os documentos em meio físico arquivados nas unidades do serviço, desde que microfilmados ou digitalizados com os requisitos previstos neste Provimento.

Art. 206 - As fichas dos indicadores real e pessoal, confeccionadas anteriormente à implantação do registro eletrônico, poderão ser microfilmadas, ou digitalizadas, ou lançadas em sistema seguro de banco de dados, dispensada a manutenção em meio físico.

Art. 207 - Os ofícios recebidos, as cópias de ofícios expedidos, as cópias dos recibos e contra recibos poderão ser substituídos, a critério do tabelião ou oficial, respeitadas as condições de segurança e preservação das informações durante sua temporalidade, mediante utilização de sistema de digitalização comum ou arquivamento do nativo digital, dispensada a manutenção em meio físico.

CAPÍTULO XIII DA COMUNICAÇÃO FORMULADA POR MAGISTRADOS E CORREGEDORIAS ACERCA DE INDISPONIBILIDADE DE BENS DESTINADAS AOS OFICIAIS DE REGISTRO DE IMÓVEIS DO ESTADO DE ALAGOAS E DO PROCEDIMENTO DE SOLICITAÇÃO REALIZADA POR LIQUIDANTE JUDICIAL E EXTRAJUDICIAL NO QUE TANGE A INFORMAÇÕES SOBRE BENS PORVENTURA REGISTRADOS EM NOME DE PESSOAS FÍSICAS/JURÍDICAS

Art. 208 - A Corregedoria Geral da Justiça do Estado de Alagoas não recepcionará e processará expedientes que contenham:

- *Provimento CGJ nº 27/2011*

I – solicitação para comunicar aos Oficiais Registradores sobre a indisponibilidade de bens decretada, visando a sua inscrição no registro imobiliário; e

II – pedido de informação e encaminhamento, solicitado por magistrado ou liquidante extrajudicial, interventor ou escrivão da falência, objetivando a verificação da existência de bens em nome de pessoas físicas/jurídicas.

Art. 209 - A autoridade judiciária que decretar a indisponibilidade de bens comunicará o correspondente teor de sua decisão diretamente ao Cartório de Registro Imobiliário do Estado de Alagoas, quando se tratar de bem imóvel nele registrado, ou, se for o caso, à serventia extrajudicial de outro Estado, para os fins de correspondente inscrição.

§1º - A comunicação a que se refere o caput deste artigo conterá os dados necessários à efetivação da medida constritiva, a exemplo da individualização do bem e a extensão da indisponibilidade, identificando, inclusive, a pessoa encarregada do pagamento de emolumentos, quando for o caso.

§2º - Havendo exigência a ser feita e não cumprida pelo interessado, o Registrador oporá a dúvida, na forma do art. 198, da Lei nº 6.015/73.

Art. 210 - O liquidante extrajudicial, o interventor e o escrivão da falência, nos moldes do art. 38, da Lei nº 6.024/74, comunicarão diretamente ao registro público competente a indisponibilidade de bens porventura imposta.

Art. 211 - Na eventualidade de persistirem os encaminhamentos de solicitações constantes dos incisos I e II, do art. 2º, deste Provimento, apesar da ampla divulgação deste, inclusive com remessa, mediante ofício-circular, de cópias do correspondente teor aos magistrados do estado e às Corregedorias Gerais, o expediente será devolvido à origem, com cópia deste instrumento, para as providências ora consignadas.

§1º - As solicitações oriundas das autoridades judiciais já recebidas por esta Corregedoria serão processadas, na medida em que os dados informados permitirem a efetivação do procedimento, nos termos do §1º, do artigo 2º deste Provimento, sendo devolvidas, de imediato, aquelas originárias dos agentes mencionados no art. 3º, deste Provimento.

§2º - Insuficientes os dados fornecidos pela autoridade judicial, a comunicação de indisponibilidade ora em tramitação nesta Corregedoria será devolvida imediatamente à origem, na forma do contido no caput deste artigo.

Art. 212 - Somente nos casos de demora ou descumprimento injustificado da medida por parte da serventia extrajudicial é que a Corregedoria Geral da Justiça do Estado de Alagoas, após conhecimento, atuará, de modo a imprimir ou estabelecer a regularidade da atividade cartorária registral, com providências de ordem disciplinar, quando devida.

Art. 213 - As serventias extrajudiciais do Estado de Alagoas e os correspondentes dados que as individualizam e identificam encontram-se disponibilizadas no site da Corregedoria-Geral da Justiça de Alagoas, link "Notários e Registradores".

CAPÍTULO XIII-A DA PREVENÇÃO AOS CRIMES DE LAVAGEM DE DINHEIRO E FINANCIAMENTO AO TERRORISMO

SEÇÃO I DISPOSIÇÕES GERAIS

Art. 213-A - Este Capítulo estabelece normas gerais sobre as obrigações previstas nos arts. 10 e 11 da Lei n. 9.613, de 3 de março de 1998, relativas à prevenção de atividades de lavagem de dinheiro – ou a ela relacionadas – e financiamento do terrorismo.

- *Provimento nº 20/2019 – CGJ/AL.*

Art. 213-B - Este Capítulo aplica-se a:

I - Tabeliães de notas;

II - Tabeliães e oficiais de registro de contratos marítimos;

III - Tabeliães de protesto de títulos;

IV - Oficiais de registro de imóveis;

V - Oficiais de registro de títulos e documentos e civis de pessoas jurídicas;

§ 1º - Ficam sujeitos a este Capítulo os titulares, interventores e interinos dos serviços notariais e registrais.

§ 2º - Para os fins deste Capítulo, qualquer referência aos notários e registradores considera-se estendida às autoridades consulares com atribuição notarial e registral.

- *Provimento nº 20/2019 – CGJ/AL.*

Art. 213-C - Os notários e registradores devem observar as disposições deste Capítulo na prestação de serviços ao cliente, inclusive quando envolver operações por interpostas pessoas, compreendendo todos os negócios e operações que lhes sejam submetidos.

- *Provimento nº 20/2019 – CGJ/AL.*

Art. 213-D - Para os fins deste Capítulo considera-se:

I - cliente do serviço notarial: todo o usuário que comparecer perante um notário como parte direta ou indiretamente interessada em um ato notarial, ainda que por meio de representantes, independentemente de ter sido o notário escolhido pela parte outorgante, outorgada ou por um terceiro;

II - cliente do registro imobiliário: o titular de direitos sujeitos a registro;

III - cliente do registro de títulos e documentos e do registro civil da pessoa jurídica: todos que forem qualificados nos instrumentos sujeitos a registro;

IV - cliente do serviço de protesto de títulos: toda pessoa natural ou jurídica que for identificada no título apresentado, bem como seu apresentante;

V - beneficiário final: a pessoa natural em nome da qual uma transação é conduzida ou que, em última instância, de forma direta ou indireta, possui, controla ou influencia significativamente uma pessoa jurídica, conforme definição da Receita Federal do Brasil (RFB).

- *Provimento nº 20/2019 – CGJ/AL.*

Art. 213-E - Os notários e registradores devem avaliar a existência de suspeição nas operações ou propostas de operações de seus clientes, dispensando especial atenção àquelas incomuns ou que, por suas características, no que se refere a partes envolvidas, valores, forma de realização, finalidade, complexidade, instrumentos utilizados ou pela falta de fundamento econômico ou legal, possam configurar indícios dos crimes de lavagem de dinheiro ou de financiamento do terrorismo, ou com eles relacionar-se.

- *Provimento nº 20/2019 – CGJ/AL.*

Art. 213-F - Os notários e registradores comunicarão à Unidade de Inteligência Financeira – UIF, por intermédio do Sistema de Controle de Atividades Financeiras – Siscoaf, quaisquer operações que, por seus elementos objetivos e subjetivos, possam ser consideradas suspeitas de lavagem de dinheiro ou financiamento do terrorismo.

- *Provimento nº 20/2019 – CGJ/AL.*

SEÇÃO II
DA POLÍTICA DE PREVENÇÃO

Art. 213-G - As pessoas de que trata o art. 213-B, sob a supervisão da Corregedoria Nacional de Justiça e das Corregedorias Estadual da Justiça, devem estabelecer e implementar políticas de prevenção à lavagem de dinheiro e ao financiamento do terrorismo compatível com seu volume de operações e com seu porte, que devem abranger, no mínimo, procedimentos e controles destinados à:

I - realização de diligência razoável para a qualificação dos clientes, beneficiários finais e demais envolvidos nas operações que realizarem;

II - obtenção de informações sobre o propósito e a natureza da relação de negócios;

III - identificação de operações ou propostas de operações suspeitas ou de comunicação obrigatória;

IV - mitigação dos riscos de que novos produtos, serviços e tecnologias possam ser utilizados para a lavagem de dinheiro e para o financiamento do terrorismo; e

V - verificação periódica da eficácia da política e dos procedimentos e controles internos adotados.

§ 1º A política tratada neste artigo deve ser formalizada expressamente por notários e registradores, abrangendo, também, procedimentos para:

I - treinamento dos notários, dos registradores, oficiais de cumprimento e empregados contratados;

II - disseminação do seu conteúdo ao quadro de pessoal por processos institucionalizados de caráter contínuo;

III - monitoramento das atividades desenvolvidas pelos empregados; e

IV - prevenção de conflitos entre os interesses comerciais/empresariais e os mecanismos de prevenção à lavagem de dinheiro e ao financiamento do terrorismo.

§ 2º As pessoas de que trata o art. 2º, inciso III, deste Capítulo cumprirão o disposto nos incisos I e II do *caput* deste artigo, por meio dos dados e informações constantes do título ou documento de dívida apresentado, ou de sua indicação, bem como dos dados fornecidos pelo apresentante, não podendo obstar a realização do ato ou exigir elementos não previstos nas leis que regulam a emissão e circulação dos títulos ou documentos em questão.

- *Provimento nº 20/2019 – CGJ/AL.*

Art. 213-H - Os notários e registradores são os responsáveis pela implantação das políticas, procedimentos e controles internos de prevenção à lavagem de dinheiro e ao financiamento do terrorismo no âmbito da serventia, podendo indicar, entre seus prepostos, oficiais de cumprimento.

§ 1º Em caso de não nomeação de oficial de cumprimento, será considerado como tal o notário ou o registrador responsável pela serventia.

§ 2º São atribuições do oficial de cumprimento, do notário ou registrador, entre outras previstas em instruções complementares:

I - informar à Unidade de Inteligência Financeira – UIF qualquer operação ou tentativa de operação que, pelos seus aspectos objetivos e subjetivos, possam estar relacionadas às operações de lavagem de dinheiro ou financiamento do terrorismo;

II - prestar, gratuitamente, no prazo estabelecido, as informações e documentos requisitados pelos órgãos de segurança pública, órgãos do Ministério Público e órgãos do Poder Judiciário para o adequado exercício das suas funções institucionais, vedada a recusa na sua prestação sob a alegação de justificativa insuficiente ou inadequada;

III - promover treinamentos para os colaboradores da serventia;

IV - elaborar manuais e rotinas internas sobre regras de condutas e sinais de alertas.

§ 3º Os notários e registradores, inclusive interinos e interventores, são solidariamente responsáveis com os Oficiais de Cumprimento na execução dos seus deveres.

§ 4º Os notários e registradores deverão indicar, por *e-mail (JUSTIÇA ABERTA)*, o Oficial de Cumprimento à Corregedoria Nacional de Justiça, no Cadastro Nacional de Serventias, disponibilizando a informação à Unidade de Inteligência Financeira – UIF para fins de habilitação no Siscoaf.

- *Provimento nº 20/2019 – CGJ/AL.*

SEÇÃO III DO CADASTRO DE CLIENTES E DEMAIS ENVOLVIDOS

Art. 213-I - As pessoas de que trata o art. 213-B manterão cadastro dos envolvidos, inclusive representantes e procuradores, nos atos notariais protocolares e de registro com conteúdo econômico:

§ 1º No cadastro das pessoas físicas constarão os seguintes dados:

I - nome completo;

II - número de inscrição no Cadastro de Pessoas Físicas – CPF; e

III - sempre que possível, desde que compatível com o ato a ser praticado pela serventia:

a) número do documento de identificação e nome do órgão expedidor ou, se estrangeiro, dados do passaporte ou carteira civil;

b) data de nascimento;

c) nacionalidade;

d) profissão;

e) estado civil e qualificação do cônjuge, em qualquer hipótese;

f) endereço residencial e profissional completo, inclusive eletrônico;

g) telefones, inclusive celular;

h) dados biométricos, especialmente impressões digitais e fotografia, em padrões a serem estabelecidos pelas instruções complementares;

i) imagens dos documentos de identificação e dos cartões de autógrafo;

j) enquadramento em qualquer das condições previstas no art. 1º da Resolução Coaf n. 31, de 7 de junho de 2019;

- *Provimento nº 90 – CNJ.*

k) enquadramento na condição de pessoa exposta politicamente nos termos da Resolução Coaf n. 29, de 28 de março de 2017.

§ 2º No cadastro da pessoa jurídica constarão os seguintes dados:

I – razão social e nome de fantasia, este quando constar do contrato social ou do Cadastro Nacional de Pessoa Jurídica (CNPJ);

II – número de inscrição no Cadastro Nacional da Pessoa Jurídica (CNPJ);

III – endereço completo, inclusive eletrônico;

IV – sempre que possível, desde que compatível com o ato a ser praticado pela serventia:

a) nome completo, número de inscrição no Cadastro de Pessoas Físicas – CPF, número do documento de identificação e nome do órgão expedidor ou, se estrangeiro, dados do passaporte ou carteira civil de seus proprietários, sócios e beneficiários finais;

b) nome completo, número de inscrição no Cadastro de Pessoas Físicas – CPF, número do documento de identificação e nome do órgão expedidor ou, se estrangeiro, dados do passaporte ou carteira civil dos representantes legais, prepostos e dos demais envolvidos que compareçam ao ato;

c) número do telefone.

§ 3º Constarão do registro a data do cadastro e a de suas atualizações.

§ 4º Os cadastros, as imagens dos documentos e cartões de autógrafos poderão ser mantidos exclusivamente em sistema informatizado, observando-se os padrões mínimos da tecnologia da informação para a segurança, integridade e disponibilidade de dados previstos no Capítulo n. 74/2018 da Corregedoria Nacional de Justiça.

§ 5º As pessoas de que trata o art. 213-B, inciso III, deste Capítulo poderão cumprir o disposto nos §§ 1º e 2º deste artigo pela manutenção de cadastro com base no nome da pessoa física ou na razão social ou nome fantasia da pessoa jurídica que seja informado pelo credor ou apresentante, acompanhados do respectivo CPF ou CNPJ informado e do endereço fornecido pelo apresentante, salvo quando, pelas circunstâncias da apresentação do título ou documento de dívida apresentado, não houver as referidas informações ou ainda quando for do desconhecimento do apresentante.

§ 6º Para os fins de enquadramento do cliente como pessoa exposta politicamente, o notário e o registrador deverão consultar o cadastro eletrônico de Pessoas Expostas Politicamente, por intermédio do Siscoaf, ou colher a declaração das próprias partes sobre essa condição, ressalvados os casos em que seja expressamente prevista uma destas formas de identificação como obrigatória.

§ 7º Aplicam-se ao conceito de beneficiários finais, para os fins deste Capítulo, os critérios definidos por ato normativo da Secretaria da Receita Federal do Brasil (RFB) relativo ao CNPJ.

§ 8º Para os fins de identificação do beneficiário final da operação, o titular da serventia deverá consultar a base de dados do Cadastro Único de Beneficiários Finais, complementando as informações por meio de consulta aos cadastros mencionados e com outras informações que puder extrair dos documentos disponíveis.

§ 9º Quando não for possível identificar o beneficiário final, os notários e registradores devem dispensar especial atenção à operação e colher dos interessados a declaração sobre quem o é, não sendo vedada a prática do ato sem a indicação do beneficiário final.

§ 10 As pessoas de que trata o art. 213-B, inciso III, deste Capítulo cumprirão o disposto nos §§ 6º, 8º e 9º deste artigo por meio de consulta aos cadastros mencionados, de informações constantes do título ou do documento de dívida apresentado, ou de sua indicação, bem como por meio dos dados fornecidos pelo apresentante, não podendo obstar a realização do ato ou exigir elementos não previstos em lei que regulam a emissão e circulação do título ou do documento em questão.

§ 11 Na definição da política de prevenção à lavagem de dinheiro e ao financiamento do terrorismo, a Corregedoria Nacional de Justiça poderá ampliar, por ato próprio, os requisitos dos registros das operações para fins de aplicação da identificação baseada em risco e incluir requisitos mais estritos nos casos de operações que destoam em relação à média.

§ 12 O notário deverá manter cópia do documento de identificação apresentado, bem como dos contratos sociais, estatutos, atas de assembleia ou reunião, procurações e quaisquer outros instrumentos de representação ou alvarás que tenham sido utilizados para a prática do ato notarial.

§ 13 A obrigação de que trata o parágrafo anterior aplica-se aos registradores imobiliários em relação ao registro de instrumento particular.

- *Provimento nº 20/2019 – CGJ/AL.*

Art. 213-J – Para a prestação dos serviços de que trata este Capítulo, os notários e registradores e/ou os oficiais de cumprimento deverão assegurar-se de que as informações cadastrais estejam atualizadas no momento da prestação do serviço.

Parágrafo único. A identificação das partes e de seus representantes e procuradores para fins de atualização do cadastro prevista no art. 9º será promovida quando da prática do respectivo ato notarial ou de registro.

- *Provimento nº 20/2019 – CGJ/AL.*

SEÇÃO IV
DO CADASTRO ÚNICO DE BENEFICIÁRIOS FINAIS

Art. 213-K – Os notários e registradores poderão utilizar o Cadastro Único de Beneficiários Finais – CBF, criado e mantido por suas entidades associativas representativas, que, necessariamente, deverá conter os dados previstos no art. 9º, sujeito à fiscalização da Corregedoria Nacional de Justiça.

§ 1º O Cadastro Único de Beneficiários Finais – CBF conterá o índice único das pessoas naturais que, em última instância, de forma direta ou indireta, possuem controle ou influência significativa nas entidades que pratiquem ou possam praticar atos ou negócios jurídicos nos quais intervenham os notários e registradores.

§ 2º Os dados para a formação e atualização do CBF podem ser obtidos a partir de:

I - outros cadastros da mesma natureza;

II - informações prestadas por outras instituições;

III - declaração das próprias partes;

IV - exame da documentação apresentada;

V - outras fontes julgadas confiáveis pelo notário ou registrador.

- *Provimento nº 20/2019 – CGJ/AL.*

Art. 213-L – As entidades representativas dos notários e registradores poderão firmar convênio com a RFB, as Juntas Comerciais dos estados, o Departamento de Registro Empresarial e Integração (DREI), a Comissão de Valores Mobiliários (CVM) e quaisquer outros órgãos, organismos internacionais ou instituições que detenham dados sobre atos constitutivos, modificativos, extintivos ou que informem participações societárias em pessoas jurídicas, com o objetivo de manter atualizado o cadastro de que trata esta Subseção.

- *Provimento nº 20/2019 – CGJ/AL.*

SEÇÃO V
DO REGISTRO DAS OPERAÇÕES

Art. 213-M – As pessoas de que trata o art. 213-B devem manter o registro eletrônico de todos os atos notariais protocolares e registrais de conteúdo econômico que lavrarem.

§ 1º Do registro eletrônico dos atos notariais e de registro a que se refere o ***caput*** deste artigo constarão os seguintes dados, sempre que cabível, em razão da especialidade da serventia e do ato praticado:

I - a identificação do cliente;

II - a descrição pormenorizada da operação realizada;

III - o valor da operação;

IV - o valor da avaliação para fins de incidência tributária;

V - a data da operação;

VI - a forma de pagamento;

VII - o meio de pagamento;

VIII - o registro das comunicações de que trata o art. 6°;

IX - outros dados nos termos de regulamentos especiais e instruções complementares.

§ 2º As informações de que tratam os incisos III, VI e VII do parágrafo anterior serão as declaradas pelas partes envolvidas, sem prejuízo de o notário ou registrador acrescentar outras que entender pertinentes a partir dos documentos disponíveis.

§ 3º As pessoas de que trata o art. 213-B, inciso III, deste Capítulo cumprirão o disposto nos incisos II a VII do § 1º deste artigo, por meio dos dados e informações constantes do título ou documento de dívida apresentado, ou de sua indicação, bem como dos dados fornecidos pelo apresentante.

· *Provimento nº 20/2019 - CGJ/AL.*

Art. 213-N - Os notários deverão, antes da lavratura de ato notarial, verificar a atualidade dos poderes de uma procuração, abstendo-se da sua prática caso tenham conhecimento de que tenham eles sido revogados ou modificados.

· *Provimento nº 20/2019 - CGJ/AL.*

SEÇÃO VI
DAS COMUNICAÇÕES À UNIDADE DE INTELIGÊNCIA FINANCEIRA - UIF

Art. 213-O - Havendo indícios da prática de crime de lavagem de dinheiro ou de financiamento do terrorismo, ou de atividades a eles relacionadas, conforme critérios estabelecidos neste Capítulo, será efetuada comunicação à Unidade de Inteligência Financeira - UIF no dia útil seguinte ao término do exame da operação ou proposta de operação.

§ 1º O exame de operações ou propostas de operações que independem de análise será concluído em até 45 (quarenta e cinco) dias, contados da operação ou proposta de operação.

§ 2º O exame de operações ou propostas de operações que dependem de análise será concluído em até 60 (sessenta) dias, contados da operação ou proposta de operação.

§ 3º A comunicação será efetuada em meio eletrônico no site da Unidade de Inteligência Financeira - UIF, por intermédio do link siscoaf.fazenda.gov.br/siscoaf-internet, ou posteriores atualizações, garantido o sigilo das informações fornecidas.

· *Provimento nº 90 - CNJ.*

Art. 213-P - Será dedicada especial atenção à operação ou propostas de operação envolvendo pessoa exposta politicamente, bem como com seus familiares, estreitos colaboradores ou pessoas jurídicas de que participem.

Parágrafo único. Em relação às pessoas de que trata o art. 213-B, inciso III, deste Capítulo, será dedicada especial atenção apenas se a condição exposta no ***caput*** puder ser verificada por meio de consulta ao cadastro eletrônico de pessoas expostas politicamente, do Siscoaf, ou se puder ser extraída de informações constantes do título ou do documento de dívida apresentado, ou de sua indicação, bem como dos dados fornecidos pelo apresentante.

· *Provimento nº 20/2019 - CGJ/AL.*

Art. 213-Q - O notário ou registrador, ou seu oficial de cumprimento, informará à esta Corregedoria-Geral da Justiça do Estado de Alagoas, até o dia 10 dos meses de janeiro e julho, a inexistência, nos seis meses anteriores, de operação ou proposta de operação passível de comunicação à Unidade de Inteligência Financeira - UIF.

· *Provimento nº 90 - CNJ.*

Parágrafo único. Esta Corregedoria-Geral da Justiça instaurará procedimento administrativo para apurar a responsabilidade de notário ou registrador que deixar de prestar, no prazo estipulado, a informação prevista no ***caput*** deste artigo.

· *Provimento nº 20/2019 - CGJ/AL.*

Art. 213-R - Os notários, registradores e oficiais de cumprimento devem manter sigilo acerca das comunicações feitas à Unidade de Inteligência Financeira - UIF, sendo vedado o compartilhamento de informação com as partes envolvidas ou terceiros, com exceção do Conselho Nacional de Justiça (CNJ).

· *Provimento nº 20/2019 - CGJ/AL.*

Art. 213-S - A Corregedoria Nacional de Justiça poderá dispor sobre outras hipóteses de comunicação obrigatória e indicativas de operações suspeitas.

· *Provimento nº 20/2019 - CGJ/AL.*

Art. 213-T - Sem prejuízo dos indicativos específicos de cada uma das atividades previstas nas Seções seguintes, podem configurar indícios da ocorrência de crimes de lavagem de dinheiro ou de financiamento do terrorismo, ou com ele relacionar-se:

I - a operação que aparente não resultar de atividades ou negócios usuais do cliente ou do seu ramo de negócio;

II - a operação cuja origem ou fundamentação econômica ou legal não sejam claramente aferíveis;

III - a operação incompatível com o patrimônio ou com a capacidade econômico-financeira do cliente;

IV - a operação cujo beneficiário final não seja possível identificar;

V - as operações envolvendo pessoas jurídicas domiciliadas em jurisdições consideradas pelo Grupo de Ação contra a Lavagem de Dinheiro e o Financiamento do Terrorismo (Gafi) de alto risco ou com deficiências estratégicas de prevenção e combate à lavagem de dinheiro e ao financiamento do terrorismo;

VI - as operações envolvendo países ou dependências considerados pela RFB de tributação favorecida e/ou regime fiscal privilegiado, conforme lista pública;

VII - a operação envolvendo pessoa jurídica cujo beneficiário final, sócios, acionistas, procuradores ou representantes legais mantenham domicílio em jurisdições consideradas pelo Gafi de alto risco ou com deficiências estratégicas de prevenção e combate à lavagem de dinheiro e ao financiamento do terrorismo;

VIII - a resistência, por parte do cliente e/ou dos demais envolvidos, no fornecimento de informações solicitadas para o registro da operação, bem como para o preenchimento dos cadastros;

IX - a prestação, por parte do cliente e/ou dos demais envolvidos, de informação falsa ou de difícil ou onerosa verificação para o registro da operação, bem como para o preenchimento dos cadastros;

X - a operação injustificadamente complexa ou com custos mais elevados, que visem dificultar o rastreamento dos recursos ou a identificação do seu real objetivo;

XI - a operação fictícia ou com indícios de valores incompatíveis com os de mercado;

XII - a operação com cláusulas que estabeleçam condições incompatíveis com as praticadas no mercado;

XIII - qualquer tentativa de burlar os controles e registros exigidos pela legislação de prevenção à lavagem de dinheiro e ao financiamento do terrorismo, através de fracionamento, pagamento em espécie ou por meio de título emitido ao portador;

XIV - o registro de documentos de procedência estrangeira, nos termos do art. 129, 6º, c/c o art. 48 da Lei n. 6.015, de 31 de dezembro de 1973.

XV - a operação que indique substancial ganho de capital em um curto período de tempo;

XVI – a operação que envolva a expedição ou utilização de instrumento de procuração que outorgue poderes de administração, de gerência dos negócios, ou de movimentação de conta corrente vinculada de empresário individual, sociedade empresária ou cooperativa;

XVII – as operações de aumento de capital social quando pelas partes envolvidas no ato, ou as características do empreendimento, verificar-se indícios de que o referido aumento não possui correspondência com o valor ou o patrimônio da empresa;

XVIII - quaisquer outras operações que, considerando as partes e demais envolvidos, os valores, modo de realização e meio e forma de pagamento, ou a falta de fundamento econômico ou legal, possam configurar sérios indícios da ocorrência dos crimes de lavagem de dinheiro ou de financiamento do terrorismo, ou com eles relacionar-se; e

XIX - outras situações designadas em instruções complementares a este Capítulo.

§ 1º As pessoas de que trata o art. 213-B, inciso III, deste Capítulo verificarão a ocorrência das hipóteses previstas no ***caput*** do presente artigo, com base nas informações constantes do título ou do documento de dívida apresentado, ou de sua indicação, bem como dos dados fornecidos pelo apresentante.

§ 2º Ocorrendo quaisquer das hipóteses acima, o notário ou registrador, ou oficial de cumprimento, comunicará a operação à Unidade de Inteligência Financeira – UIF, caso a considere suspeita, no prazo previsto no art. 15.

- *Provimento nº 20/2019 – CGJ/AL.*

SEÇÃO VII
DAS NORMAS APLICÁVEIS AOS TABELIÃES E OFICIAIS DE REGISTRO DE CONTRATOS MARÍTIMOS

Art. 213-U - Aplicam-se ao Registro de Contrato Marítimo as disposições referentes ao Registro de Títulos e Documentos.

- *Provimento nº 20/2019 – CGJ/AL.*

Art. 213-V - Aplicam-se ao Tabelionato de Contrato Marítimo as disposições referentes aos Tabeliães de Notas.

- *Provimento nº 20/2019 – CGJ/AL.*

SEÇÃO VIII
DAS NORMAS APLICÁVEIS AOS TABELIÃES DE PROTESTO

Art. 213-W - O tabelião de protesto de títulos e outros documentos de dívida, ou seu oficial de cumprimento, comunicará obrigatoriamente à Unidade de Inteligência Financeira – UIF, independentemente de análise ou de qualquer outra consideração, a ocorrência das seguintes situações:

I - qualquer operação que envolva o pagamento ou recebimento de valor em espécie, igual ou superior a R$ 30.000,00 (trinta mil reais) ou equivalente em outra moeda, desde que perante o tabelião;

II - qualquer operação que envolva o pagamento ou recebimento de valor, por meio de título de crédito emitido ao portador, igual ou superior a R$ 30.000,00 (trinta mil reais), desde que perante o tabelião.

- *Provimento nº 20/2019 – CGJ/AL.*

Art. 213-X - Podem configurar indícios da ocorrência dos crimes de lavagem de dinheiro ou de financiamento ao terrorismo, ou com eles relacionar-se, pagamentos ou cancelamentos de títulos protestados em valor igual ou superior a R$ 1.000.000,00 (um milhão de reais), não relacionados ao mercado financeiro, mercado de capitais ou entes públicos.

Parágrafo único. Ocorrendo qualquer das hipóteses previstas no ***caput*** deste artigo, o tabelião de protesto, ou oficial de cumprimento, comunicará a operação à Unidade de Inteligência Financeira – UIF, caso a considere suspeita, no prazo previsto no art. 213-O deste capítulo.

- *Provimento nº 20/2019 – CGJ/AL.*

SEÇÃO IX
DAS NORMAS APLICÁVEIS AOS REGISTRADORES DE IMÓVEIS

Art. 213-Y - O oficial de registro de imóveis, ou seu oficial de cumprimento, comunicará obrigatoriamente à Unidade de Inteligência Financeira – UIF, independentemente de análise ou de qualquer outra consideração, a ocorrência das seguintes situações:

I - registro de transmissões sucessivas do mesmo bem, em período não superior a 6 (seis) meses, se a diferença entre os valores declarados for superior a 50%;

II - registro de título no qual constem diferenças entre o valor da avaliação fiscal do bem e o valor declarado, ou entre o valor patrimonial e o valor declarado (superior ou inferior), superiores a 100%;

III - registro de documento ou título em que conste declaração das partes de que foi realizado pagamento em espécie ou título de crédito ao portador de valores igual ou superior a R$ 30.000,00 (trinta mil reais).

- *Provimento nº 20/2019 – CGJ/AL.*

Art. 213-Z - Podem configurar indícios da ocorrência dos crimes de lavagem de dinheiro ou de financiamento do terrorismo, ou com eles relacionar-se, além das hipóteses previstas no art. 20:

I - doações de bens imóveis ou direitos reais sobre bens imóveis para terceiros sem vínculo familiar aparente com o doador, referente a bem imóvel que tenha valor venal atribuído pelo município igual ou superior a R$100.000,00 (cem mil reais);

II - concessão de empréstimos hipotecários ou com alienação fiduciária entre particulares;

III - registro de negócios celebrados por sociedades que tenham sido dissolvidas e tenham regressado à atividade;

IV - registro de aquisição de imóveis por fundações e associações, quando as características do negócio não se coadunem com as finalidades prosseguidas por aquelas pessoas jurídicas.

Parágrafo único. Ocorrendo qualquer das hipóteses previstas neste artigo, o registrador de imóveis, ou oficial de cumprimento, comunicará a operação à Unidade de Inteligência Financeira – UIF, caso a considere suspeita, no prazo previsto no art. 213-O deste capítulo.

- *Provimento nº 20/2019 – CGJ/AL.*

SEÇÃO X
DAS NORMAS APLICÁVEIS AOS OFICIAIS DE REGISTRO DE TÍTULOS E DOCUMENTOS E CIVIS DAS PESSOAS JURÍDICAS

Art. 213-ZA – O oficial de registro de títulos e documentos e civis das pessoas jurídicas, ou seu oficial de cumprimento, comunicará obrigatoriamente à Unidade de Inteligência Financeira – UIF, independentemente de análise ou de qualquer outra consideração, as operações que envolvam o pagamento ou recebimento de valor igual ou superior a R$ 50.000,00 (cinquenta mil reais) ou equivalente em outra moeda, inclusive quando se relacionar à compra ou venda de bens móveis e imóveis.

- *Provimento nº 20/2019 – CGJ/AL.*

Art. 213-ZB – Podem configurar indícios da ocorrência dos crimes de lavagem de dinheiro ou de financiamento do terrorismo, ou com eles relacionar-se, além das hipóteses previstas no art. 20:

I - registro de quaisquer documentos que se refiram a transferências de bens imóveis de qualquer valor, de transferências de cotas ou participações societárias, de transferências de bens móveis de valor superior a R$ 30.000,00;

II - registro de quaisquer documentos que se refiram a mútuos concedidos ou contraídos ou doações concedidas ou recebidas, de valor superior ao equivalente a R$ 30.000,00;

III - registro de quaisquer documentos que se refiram, ainda que indiretamente, a participações, investimentos ou representações de pessoas naturais ou jurídicas brasileiras em entidades estrangeiras, especialmente "trusts" ou fundações;

IV - registro de instrumentos que prevejam a cessão de direito de títulos de créditos ou de títulos públicos de valor igual ou superior a R$ 500.000,00 (quinhentos mil reais);

Parágrafo único. Ocorrendo qualquer das hipóteses previstas neste artigo, o oficial de registros, ou oficial de cumprimento, comunicará a operação à Unidade de Inteligência Financeira – UIF, caso a considere suspeita, no prazo previsto no 213-O deste Capítulo.

- *Provimento nº 20/2019 – CGJ/AL.*

SEÇÃO XI
DAS NORMAS APLICÁVEIS AOS NOTÁRIOS

Art. 213-ZC – É auxiliador desta Corregedoria-Geral da Justiça, como órgão de supervisão auxiliar, na organização e orientação dos notários, o Colégio Notarial do Brasil – Conselho Federal (CNB), que divulgará instruções técnicas complementares para o devido cumprimento desta normativa.

- *Provimento nº 20/2019 – CGJ/AL.*

SUBSEÇÃO I
DO CADASTRO ÚNICO DE CLIENTES DO NOTARIADO-CCN

Art. 213-ZD – O CNB/CF criará e manterá o Cadastro Único de Clientes do Notariado – CCN, que reunirá as informações previstas no art. 9º, além de outros dados que entender necessários, de todas as pessoas cadastradas e qualificadas pelos notários, sejam ou não partes em ato notarial.

§ 1º Os dados para a formação e atualização da base nacional do CCN serão fornecidos pelos próprios notários de forma sincronizada ou com periodicidade, no máximo, quinzenal, e contarão:

I - com dados relativos aos atos notariais protocolares praticados; e,

II - com dados relacionados aos integrantes do seu cadastro de firmas abertas, contendo, no mínimo, todos os elementos do art. 9º, § 1º, inclusive imagens das documentações, dos cartões de autógrafo e dados biométricos.

§ 2º Nos atos notariais que praticar, o notário deverá qualificar a parte comparecente nos exatos termos do CCN ou, havendo insuficiência ou divergência nos dados, segundo o verificado nos documentos que lhe forem apresentados, encarregando-se de providenciar a atualização da base nacional.

§ 3º Para a criação, manutenção ou validação dos dados do CCN, e visando à correta individualização de que trata o art. 9º, os notários e o CNB/CF poderão, mediante convênio, se servir também dos dados do Sistema Nacional de Informações de

Segurança Pública - SINESP, INFOSEG, dos dados das secretarias estaduais e do Distrito Federal de segurança pública, de outras bases de dados confiáveis e de bases biométricas públicas, inclusive as constituídas nos termos da Lei n. 13.444, de 11 de maio de 2017, além de criar e manter uma base de dados biométricos própria.

§ 4º O acesso aos bancos de dados referidos nos parágrafos anteriores restringir-se-á à conferência dos documentos de identificação apresentados.

§ 5º O CCN disponibilizará eletronicamente uma listagem de fraudes efetivas e tentativas de fraude de identificação que tenham sido comunicadas pelos notários.

- *Provimento nº 20/2019 - CGJ/AL.*

SUBSEÇÃO II
DO CADASTRO ÚNICO DE BENEFICIÁRIOS FINAIS

Art. 213-ZE - O CNB/CF criará e manterá o Cadastro Único de Beneficiários Finais - CBF, que conterá o índice único das pessoas naturais que, em última instância, de forma direta ou indireta, possuem controle ou influência significativa nas entidades que pratiquem ou possam praticar atos ou negócios jurídicos em que intervenham os notários.

§ 1º Aplicam-se ao conceito de beneficiários finais, para os fins deste Capítulo, os critérios definidos por ato normativo da Secretaria da Receita Federal do Brasil (RFB) relativo ao CNPJ.

§ 2º Os dados para a formação e atualização do CBF podem ser obtidos a partir de:

I - outros cadastros da mesma natureza;

II - informações prestadas por outras instituições;

III - declaração das próprias partes;

IV - exame da documentação apresentada; e

V - outras fontes confiáveis.

§ 3º Para os fins de identificação do beneficiário final da operação, o notário deverá consultar a base de dados do Cadastro Único de Beneficiários Finais, complementando as informações com outras que puder extrair dos documentos disponíveis.

§ 4º Quando não for possível identificar o beneficiário final, os notários devem dispensar especial atenção à operação e colher dos interessados a declaração sobre quem o é.

- *Provimento nº 20/2019 - CGJ/AL.*

Art. 213-ZF - O CNB/CF poderá firmar convênio com a RFB, as Juntas Comerciais dos estados, o Departamento de Registro Empresarial e Integração (DREI), a Comissão de Valores Mobiliários (CVM), instituições representativas dos registradores civis de pessoas jurídicas e quaisquer outros órgãos, organismos internacionais ou instituições que detenham dados sobre atos constitutivos, modificativos, extintivos ou que informem participações societárias em pessoas jurídicas, com o objetivo de manter atualizado o cadastro de que trata esta Subseção.

- *Provimento nº 20/2019 - CGJ/AL.*

SUBSEÇÃO III
DO REGISTRO DE OPERAÇÕES E DO ÍNDICE ÚNICO DE ATOS NOTARIAIS

Art. 213-ZG - Além do definido em regulamentos especiais, os notários devem manter o registro eletrônico de todos os atos notariais protocolares que lavrarem, independentemente da sua natureza ou objeto, e remeter seus dados essenciais ao CNB/CF por meio eletrônico, de forma sincronizada ou com periodicidade, no máximo, quinzenal.

§ 1º São dados essenciais:

I - a identificação do cliente;

II - a descrição pormenorizada da operação realizada;

III - o valor da operação realizada;

IV - o valor de avaliação para fins de incidência tributária;

V - a data da operação;

VI - a forma de pagamento;

VII - o meio de pagamento; e

VIII - outros dados, nos termos de regulamentos especiais e das instruções complementares.

§ 2º As informações de que tratam os incisos III, VI e VII serão as declaradas pelas partes outorgantes e outorgadas, sem prejuízo de o notário fornecer outras de que tenha tido conhecimento a partir dos documentos disponíveis.

- *Provimento nº 20/2019 - CGJ/AL.*

Art. 213-ZH - O CNB/CF criará e manterá um Índice Único de Atos Notariais, que será composto:

I - pela importação dos dados integrantes da Central Notarial de Serviços Eletrônicos Compartilhados – CENSEC e, por meio de permanente sincronização, dos dados que a ela forem sendo remetidos pelos notários;

II - pela importação dos dados integrantes das centrais estaduais ou regionais de atos notariais e, por meio de permanente sincronização, dos dados que a elas forem sendo remetidos pelos notários;

III - pelos dados remetidos pelos notários na forma deste Capítulo;

IV - por outros dados relevantes.

Parágrafo único. Os notários ficam obrigados a remeter ao CNB/CF as informações que compõem o Índice Único simultaneamente à prática do ato ou em periodicidade não superior a quinze dias, nos termos das instruções complementares.

- *Provimento nº 20/2019 – CGJ/AL.*

SUBSEÇÃO IV
DAS COMUNICAÇÕES À UNIDADE DE INTELIGÊNCIA FINANCEIRA - UIF

Art. 213-ZI – Sem prejuízo das hipóteses elencadas no disposto no art. 20, poderá ser considerada suspeita, com a respectiva comunicação à Unidade de Inteligência Financeira – UIF, a lavratura de procuração que outorgue plenos poderes de gestão empresarial, conferida em caráter irrevogável ou irretratável ou quando isenta de prestação de contas, independentemente de ser em causa própria, ou ainda, de ser ou não por prazo indeterminado.

- *Provimento nº 20/2019 – CGJ/AL.*

Art. 213-ZJ – As operações e propostas de operações nas situações listadas a seguir devem ser comunicadas pelos notários à Unidade de Inteligência Financeira – UIF, independentemente de análise ou de qualquer outra consideração:

I - qualquer operação que envolva o pagamento ou recebimento de valor em espécie igual ou superior a R$ 30.000,00 (trinta mil reais) ou equivalente em outra moeda, em espécie, inclusive a compra ou venda de bens móveis ou imóveis;

II - qualquer operação que envolva o pagamento ou recebimento de valor igual ou superior a R$ 30.000,00 (trinta mil reais), por meio de título de crédito emitido ao portador, inclusive a compra ou venda de bens móveis ou imóveis;

III - qualquer das hipóteses previstas em resolução da Unidade de Inteligência Financeira – UIF que disponha sobre procedimentos a serem observados pelas pessoas físicas e jurídicas por ela reguladas relativamente a operações ou propostas de operações ligadas ao terrorismo ou seu financiamento;

IV - qualquer operação ou conjunto de operações relativas a bens móveis de luxo ou alto valor, assim considerados os de valor igual ou superior a R$ 300.000,00 (trezentos mil reais), ou equivalente em outra moeda;

V - todas as situações listadas no art. 213-Y do presente Capítulo, quando realizadas por escritura pública; e

VI - outras situações designadas em instruções complementares a este Capítulo.

- *Provimento nº 20/2019 – CGJ/AL.*

SEÇÃO XII
DA GUARDA E CONSERVAÇÃO DE REGISTROS E DOCUMENTOS

Art. 213-ZK – O notário e o registrador conservarão os cadastros e registros de que trata este Capítulo, pelo prazo mínimo de cinco anos, contado da prática do ato, sem prejuízo do dever de conservação dos documentos, definido em legislaçao específica.

Parágrafo único. Os documentos poderão ser arquivados em meio eletrônico, respeitadas as regras de conservação.

- *Provimento nº 20/2019 – CGJ/AL.*

SEÇÃO XIII
DAS DISPOSIÇÕES FINAIS

Art. 213-ZL – A utilização de informações existentes em bancos de dados de entidades públicas ou privadas não substitui nem supre as exigências previstas nos arts. Art. 213-I, Art. 213-K, Art. 213-ZD e Art. 213-ZE deste Capítulo, admitindo seu uso para, em caráter complementar, confirmar dados e informações previamente coletados.

- *Provimento nº 20/2019 – CGJ/AL.*

Art. 213-ZM – As comunicações de boa-fé, feitas na forma prevista no art. 11 da Lei n. 9.613, de 3 de março de 1998, não acarretarão responsabilidade civil, administrativa ou penal.

- *Provimento nº 20/2019 - CGJ/AL.*

Art. 213-ZN - O notário ou registrador, interventor e interino, que deixar de cumprir as obrigações deste Capítulo, sujeitam-se às sanções previstas no art. 12 da Lei n. 9.613, de 3 de março de 1998.

§ 1º As sanções serão aplicadas pela Corregedoria Nacional de Justiça ou pela Corregedoria-Geral do Estado de Alagoas, cabendo recurso para o Conselho de Recursos do Sistema Financeiro Nacional-CRSFN, na forma do Decreto 9.889, de 27 de junho de 2019.

§ 2º Enquanto não houver regulamentação específica da Corregedoria Nacional de Justiça, será aplicável o procedimento previsto no Regulamento da Unidade de Inteligência Financeira – UIF.

- *Provimento nº 20/2019 - CGJ/AL.*

Art. 213-ZO - Os notários ou registradores e/ou Oficiais de Cumprimento deverão atender às requisições formuladas pela Unidade de Inteligência Financeira – UIF e pelo Conselho Nacional de Justiça na periodicidade, forma e condições por eles estabelecidas, cabendo-lhe preservar, nos termos da lei, o sigilo das informações prestadas.

- *Provimento nº 20/2019 - CGJ/AL.*

Art. 213-ZP - Não se negará a realização de um ato registral ou protesto por falta de elementos novos ou dados novos, estipulados no presente Capítulo.

- *Provimento nº 90 - CNJ.*

Art. 213-ZQ - Para fins de cumprimento das obrigações previstas neste Capítulo, as entidades representativas dos notários e registradores poderão, por intermédio de convênios e/ou termos de cooperação, ter acesso aos bancos de dados estatais de identificação da Receita Federal e do Tribunal Superior Eleitoral e de outras bases confiáveis, limitando-se a consulta aos dados necessários à confirmação da autenticidade dos documentos de identificação apresentados.

- *Provimento nº 20/2019 - CGJ/AL.*

Art. 213-ZR - Os valores das operações definidos neste Capítulo, como parâmetros para a comunicação automática à Unidade de Inteligência Financeira – UIF, poderão ser atualizados periodicamente pela Corregedoria Nacional de Justiça.

- *Provimento nº 20/2019 - CGJ/AL.*

SEÇÃO XIV DO ENVIO DE DADOS ESTATÍSTICOS PELA CORREGEDORIA-GERAL DA JUSTIÇA DO ESTADO DE ALAGOAS, RELATIVOS À FISCALIZAÇÃO DAS OBRIGAÇÕES IMPOSTAS A NOTÁRIOS E REGISTRADORES PELO PROVIMENTO CNJ Nº 88/2019

Art. 213-ZS - A Corregedoria-Geral da Justiça do Estado de Alagoas enviará, semestralmente, ao Conselho Nacional de Justiça, por meio do Departamento de Pesquisas Judiciárias – DPJ, os dados estatísticos das fiscalizações realizadas nos cartórios extrajudiciais, em cumprimento às obrigações estabelecidas no Provimento n. 88/2019 da Corregedoria Nacional de Justiça e de correlatas sanções que tenham sido aplicadas, na forma do art. 12 da Lei n. 9.613/98.

Parágrafo único. O preenchimento dos dados será efetuado eletronicamente através do link http://www.cnj.jus.br/estatisticas-coaf, observados os seguintes prazos:

I – até 15 de julho, referente às fiscalizações realizadas entre os dias 1º de janeiro e 30 de junho do mesmo ano;

II – até 15 de janeiro, referente às fiscalizações realizadas entre os dias 1º de julho e 31 de dezembro do ano anterior.

- *Provimento nº 42/2020 - CGJ/AL.*
- *Provimento nº 108 - CNJ.*

Art. 213-ZT - Os dados estatísticos deverão indicar:

I - a Corregedoria-Geral do Tribunal de Justiça dos Estados e do Distrito Federal;

II - o universo de pessoas supervisionadas alcançado: quantidade de serventias obrigadas em cada unidade da federação, no âmbito da política de prevenção e combate à lavagem de dinheiro e ao financiamento do terrorismo, cadastradas no CNJ e identificadas no último dia útil de cada período de avaliação;

III - procedimentos de fiscalização cujo escopo tenha abrangido obrigações e deveres disciplinados no Provimento n. 88/2019:

a) presencial: somatório dos procedimentos de fiscalização presenciais realizados no período;

b) remoto: somatório dos procedimentos de fiscalização remotos realizados no período.

IV - processos administrativos sancionadores - PAS: quantidade de PAS instaurados em desfavor de delegatários, interventores ou interinos responsáveis pela serventia, tendo por objeto imputação de descumprimento de obrigação ou dever disciplinado no Provimento n. 88/2019.

V - sanções aplicadas aos delegatários em decorrência dos PAS referidos no inciso IV: quantidade de sanções de cada espécie aplicada no período com fundamento no art. 12 da Lei n. 9.613, de 3 de março de 1998;

VI - observações finais: considerações específicas a critério desta Corregedoria-Geral da Justiça.

Parágrafo único. As sanções referidas no inciso V são aquelas previstas no art. 12 da Lei n. 9.613, de 1998, e que compete às Corregedorias-Gerais de Justiça dos Estados e do Distrito Federal aplicá-las, na forma do disposto no art. 40, § 1º, do Provimento n. 88/2019.

- *Provimento nº 42/2020 - CGJ/AL.*
- *Provimento nº 108 - CNJ.*

Art. 213-ZU - Os dados enviados estarão permanentemente atualizados e disponíveis na forma de painel para a Coordenação-Geral de Fiscalização e Regulação do Coaf (Cofir).

Parágrafo único. Compete à Corregedoria Nacional de Justiça, com o apoio do Departamento de Pesquisas Judiciárias - DPJ, identificar possíveis inconsistências e/ou ausências de dados no sistema.

- *Provimento nº 42/2020 - CGJ/AL.*
- *Provimento nº 108 - CNJ.*

CAPÍTULO XIII-B
DA CONCILIAÇÃO E DA MEDIAÇÃO

Art. 213-ZV - Os procedimentos de conciliação e de mediação nos serviços notariais e de registro serão facultativos e deverão observar os requisitos previstos neste provimento, sem prejuízo do disposto na Lei n. 13.140/2015.

- *Provimento nº 42/2020 - CGJ/AL.*

Art. 213-ZW - A Corregedoria Geral da Justiça do Estado de Alagoas, manterá em seu site listagem pública dos serviços notariais e de registro autorizados para os procedimentos de conciliação e de mediação, indicando os nomes dos conciliadores e mediadores, de livre escolha das partes.

- *Provimento nº 42/2020 - CGJ/AL.*

Art. 213-ZX - O processo de autorização dos serviços notariais e de registro para a realização de conciliação e de mediação deverá ser regulamentado pelo Núcleo Permanente de Métodos Consensuais de Solução de Conflitos (NUPEMEC) e pela Corregedoria Geral da Justiça do Estado de Alagoas.

Parágrafo único - Os serviços notariais e de registro poderão solicitar autorização específica para que o serviço seja prestado, sob supervisão do delegatário, por no máximo cinco escreventes habilitados.

- *Provimento nº 42/2020 - CGJ/AL.*

Art. 213-ZY - Os procedimentos de conciliação e de mediação serão fiscalizados pela CGJ e pelo juiz coordenador do Centro Judiciário de Solução de Conflitos e Cidadania (CEJUSC) da jurisdição a que estejam vinculados os serviços notariais e de registro.

§ 1º - O NUPEMEC manterá cadastro de conciliadores e mediadores habilitados, do qual deverão constar dados relevantes de atuação, tais como o número de causas de que participou, o sucesso ou insucesso da atividade, a matéria sobre a qual versou a controvérsia, além de outras informações que julgar relevantes.

§ 2º - Os dados colhidos na forma do parágrafo anterior serão classificados sistematicamente pelo NUPEMEC, que os publicará, ao menos anualmente, para conhecimento da população e para fins estatísticos e de avaliação da conciliação e da mediação pelos serviços notariais e de registro e de seus conciliadores e mediadores.

- *Provimento nº 42/2020 - CGJ/AL.*

Art. 213-ZZ - Somente poderão atuar como conciliadores ou mediadores aqueles que forem formados em curso para o desempenho das funções, observadas as diretrizes curriculares estabelecidas no Anexo I da Resolução CNJ n. 125/2010, com a redação dada pela Emenda n. 2, de 8 de março de 2016.

§ 1º - O curso de formação mencionado no caput deste artigo será custeado pelos serviços notariais e de registro e será ofertado pelas escolas judiciais ou por instituição formadora de mediadores judiciais, nos termos do art. 11 da Lei n. 13.140/2015, regulamentada pela Resolução ENFAM n. 6 de 21 de novembro de 2016.

§ 2º - Os tribunais de justiça dos Estados e do Distrito Federal e dos Territórios poderão credenciar associações, escolas e institutos vinculados aos serviços notariais e de registro não integrantes do Poder Judiciário para que realizem, sob supervisão, o curso de formação mencionado no caput deste artigo, desde que respeitados os parâmetros estabelecidos pela Resolução ENFAM n. 6/2016.

§ 3º - Os conciliadores e mediadores autorizados a prestar o serviço deverão, a cada 2 (dois) anos, contados da autorização, comprovar à CGJ e ao NUPEMEC a realização de curso de aperfeiçoamento em conciliação e em mediação.

§ 4º - A admissão, como conciliadores ou mediadores, daqueles que comprovarem a realização do curso de formação mencionado no caput deste artigo promovido por entidade não integrante do Poder Judiciário e anterior à edição deste provimento será condicionada a prévio treinamento e aperfeiçoamento (art. 12, § 1º, da Resolução CNJ n. 125/2010).

- *Provimento nº 42/2020 – CGJ/AL.*

Art. 213-ZZA - O conciliador e o mediador observarão os princípios e regras previstos na Lei n. 13.140/2015, no art. 166 do CPC e no Código de Ética de Conciliadores e Mediadores (Anexo III da Resolução CNJ n. 125/2010).

- *Provimento nº 42/2020 – CGJ/AL.*

Art. 213-ZZB - Toda e qualquer informação revelada na sessão de conciliação ou mediação será confidencial, salvo as hipóteses do art. 30 da Lei n. 13.140/2015.

§ 1º - O dever de confidencialidade aplica-se ao conciliador, ao mediador, às partes, a seus prepostos, advogados, assessores técnicos e a outras pessoas que tenham, direta ou indiretamente, participado dos procedimentos.

§ 2º - Não será protegida pela regra de confidencialidade a informação relativa à ocorrência de crime de ação pública.

§ 3º - A confidencialidade não afastará o dever de prestar informações à administração tributária.

§ 4º - Serão vedados para fim diverso daquele expressamente deliberado pelas partes o registro, a divulgação e a utilização das informações apresentadas no curso do procedimento.

- *Provimento nº 42/2020 – CGJ/AL.*

Art. 213-ZZC - Aos que atuarem como conciliadores e mediadores aplicar-se-ão as regras de impedimento e suspeição, nos termos do disposto nos arts. 148, II, 167, § 5º, 172 e 173 do CPC e 5º a 8º da Lei n. 11.340/2015, devendo, quando constatadas essas circunstâncias, ser informadas aos envolvidos, interrompendo-se a sessão.

Parágrafo único – Notários e registradores poderão prestar serviços profissionais relacionados com suas atribuições às partes envolvidas em sessão de conciliação ou de mediação de sua responsabilidade.

- *Provimento nº 42/2020 – CGJ/AL.*

SEÇÃO I
DAS PARTES

Art. 213-ZZD - Podem participar da conciliação e da mediação como requerente ou requerido a pessoa natural absolutamente capaz, a pessoa jurídica e os entes despersonalizados a que a lei confere capacidade postulatória.

§ 1º - A pessoa natural poderá ser representada por procurador devidamente constituído, mediante instrumento público ou particular com poderes para transigir e com firma reconhecida.

§ 2º - A pessoa jurídica e o empresário individual poderão ser representados por preposto, munido de carta de preposição com poderes para transigir e com firma reconhecida, sem necessidade da existência de vínculo empregatício.

§ 3º - Deverá ser exigida da pessoa jurídica a prova de representação mediante a exibição dos seus atos constitutivos.

§ 4º - Os entes despersonalizados poderão ser representados conforme previsto em lei.

- *Provimento nº 42/2020 – CGJ/AL.*

Art. 213-ZZE - As partes poderão ser assistidas por advogados ou defensores públicos munidos de instrumento de mandato com poderes especiais para o ato.

Parágrafo único - Comparecendo uma das partes desacompanhada de advogado ou de defensor público, o conciliador ou mediador suspenderá o procedimento até que todas estejam devidamente assistidas.

- *Provimento nº 42/2020 - CGJ/AL.*

SEÇÃO II
DO OBJETO

Art. 213-ZZF - Os direitos disponíveis e os indisponíveis que admitam transação poderão ser objeto de conciliação e de mediação, o qual poderá versar sobre todo o conflito ou parte dele.

§ 1º - A conciliação e a mediação que envolvam direitos indisponíveis, mas transigíveis, deverão ser homologadas em juízo, na forma do art. 725, VIII, do CPC e do art. 3º, § 2º, da Lei n. 13.140/2015.

§ 2º - Na hipótese do parágrafo anterior, o cartório encaminhará ao juízo competente o termo de conciliação ou de mediação e os documentos que instruíram o procedimento e, posteriormente, em caso de homologação, entregará o termo homologado diretamente às partes.

- *Provimento nº 42/2020 - CGJ/AL.*

SEÇÃO III
DO REQUERIMENTO

Art. 213-ZZG - O requerimento de conciliação ou de mediação poderá ser dirigido a qualquer serviço notarial ou de registro de acordo com as respectivas competências (art. 42 da Lei n. 13.140/2015).

Parágrafo único - Admitir-se-á a formulação de requerimento conjunto firmado pelos interessados.

- *Provimento nº 42/2020 - CGJ/AL.*

Art. 213-ZZH - São requisitos mínimos do requerimento de realização de conciliação ou de mediação:

I - qualificação do requerente, em especial, o nome ou denominação social, endereço, telefone e e-mail de contato, número da carteira de identidade e do cadastro de pessoas físicas (CPF) ou do cadastro nacional de pessoa jurídica (CNPJ) na Secretaria da Receita Federal, conforme o caso;

II - dados suficientes da outra parte para que seja possível sua identificação e convite;

III - a indicação de meio idôneo de notificação da outra parte;

IV - narrativa sucinta do conflito e, se houver, proposta de acordo;

V - outras informações relevantes, a critério do requerente.

§ 1º - Para os fins do caput deste artigo, os serviços notariais e de registro poderão disponibilizar aos usuários, por intermédio da rede mundial de computadores ou presencialmente, um formulário-padrão.

§ 2º - Caberá ao requerente oferecer tantas cópias do requerimento quantas forem as partes interessadas, caso não opte pelo meio eletrônico como forma de notificação.

§ 3º - Serão de inteira responsabilidade do requerente a veracidade e correção dos dados fornecidos relacionados nos incisos I a V deste artigo.

- *Provimento nº 42/2020 - CGJ/AL.*

Art. 213-ZZI - Após o recebimento e protocolo do requerimento, se, em exame formal, for considerado não preenchido algum dos requisitos, o requerente será notificado, preferencialmente por meio eletrônico, para sanar o vício no prazo de 10 (dez) dias, marcando-se nova data para audiência, se necessário.

§ 1º - Persistindo o não cumprimento de qualquer dos requisitos, o conciliador ou o mediador rejeitará o pedido.

§ 2º - A inércia do requerente acarretará o arquivamento do pedido por ausência de interesse.

- *Provimento nº 42/2020 - CGJ/AL.*

Art. 213-ZZJ - No ato do requerimento, o requerente pagará emolumentos referentes a uma sessão de mediação de até 60 (sessenta) minutos.

- *Provimento nº 42/2020 - CGJ/AL.*

Art. 213-ZZK - A distribuição do requerimento será anotada no livro de protocolo de conciliação e de mediação conforme a ordem cronológica de apresentação.

- *Provimento nº 42/2020 - CGJ/AL.*

Art. 213-ZZL - Ao receber o requerimento, o serviço notarial ou de registro designará, de imediato, data e hora para a realização da sessão de conciliação ou de mediação e dará ciência dessas informações ao apresentante do pedido, dispensando-se a notificação do requerente.

§ 1º - A ciência a que se refere o caput deste artigo recairá na pessoa do apresentante do requerimento, ainda que não seja ele o requerente.

§ 2º - Ao apresentante do requerimento será dado recibo do protocolo e de todos os valores recebidos a título de depósito prévio.

- *Provimento nº 42/2020 - CGJ/AL.*

Art. 213-ZZM - A notificação da parte requerida será realizada por qualquer meio idôneo de comunicação, devendo ocorrer preferencialmente por meio eletrônico, por carta com AR ou notificação por oficial de registro de títulos e documentos do domicílio de quem deva recebê-la.

§ 1º - O serviço notarial ou de registro informará ao requerente os meios idôneos de comunicação permitidos e respectivos custos.

§ 2º - O requerente arcará com o custo da notificação; no entanto, se for feita por meio eletrônico, não será cobrada.

§ 3º - O custo do envio da carta com AR não poderá ser superior ao praticado pela Empresa Brasileira de Correios e Telégrafos e o custo da notificação por oficial de registro de títulos e documentos será o previsto na tabela de emolumentos.

- *Provimento nº 42/2020 - CGJ/AL.*

Art. 213-ZZN - O serviço notarial ou de registro remeterá, com notificação, cópia do requerimento à parte requerida, esclarecendo, desde logo, que sua participação na sessão de conciliação ou de mediação será facultativa e concederá prazo de 10 (dez) dias para que, querendo, indique, por escrito, nova data e horário, caso não possa comparecer à sessão designada.

Parágrafo único – Para a conveniência dos trabalhos, o serviço notarial ou de registro poderá manter contato com as partes no intuito de designar data de comum acordo para a sessão de conciliação ou de mediação.

- *Provimento nº 42/2020 - CGJ/AL.*

SEÇÃO IV
DAS SESSÕES

Art. 213-ZZO - Os serviços notariais e de registro manterão espaço reservado em suas dependências para a realização das sessões de conciliação e de mediação durante o horário de atendimento ao público.

§ 1º - Na data e hora designados para a realização da sessão de conciliação ou de mediação, realizado o chamamento nominal das partes e constatado o não comparecimento de qualquer delas, o requerimento será arquivado.

§ 2º - Não se aplicará o disposto no parágrafo anterior se estiverem preenchidos, cumulativamente, os seguintes requisitos:

I – pluralidade de requerentes ou de requeridos;

II – comparecimento de ao menos duas partes contrárias com o intuito de transigir;

III – identificação formal da viabilidade de eventual acordo.

§ 3º – A sessão de conciliação ou de mediação terá eficácia apenas entre as partes presentes.

- *Provimento nº 42/2020 - CGJ/AL.*

Art. 213-ZZP - Obtido o acordo, será lavrado termo de conciliação ou de mediação e as partes presentes assinarão a última folha do termo, rubricando as demais. Finalizado o procedimento, o termo será arquivado no livro de conciliação e de mediação.

Parágrafo único – Será fornecida via do termo de conciliação ou de mediação a cada uma das partes presentes à sessão, que será considerado documento público com força de título executivo extrajudicial, nos termos do art. 784, IV, do CPC.

- *Provimento nº 42/2020 - CGJ/AL.*

Art. 213-ZZQ - A não obtenção de acordo não impedirá a realização de novas sessões de conciliação ou de mediação até que finalizadas as tratativas.

- *Provimento nº 42/2020 - CGJ/AL.*

Art. 213-ZZR - O pedido será arquivado, independentemente de anuência da parte contrária, se o requerente solicitar, a qualquer tempo e por escrito, a desistência do pedido.

§ 1º - Solicitada a desistência, o requerimento será arquivado em pasta própria, não subsistindo a obrigatoriedade de sua conservação quando for microfilmado ou gravado por processo eletrônico de imagens.

§ 2º - Presumir-se-á a desistência do requerimento se o requerente, após notificado, não se manifestar no prazo de 30 (trinta) dias.

- *Provimento nº 42/2020 – CGJ/AL.*

Art. 213-ZZS – Em caso de não obtenção do acordo ou de desistência do requerimento antes da sessão de conciliação ou de mediação, o procedimento será arquivado pelo serviço notarial ou de registro, que anotará essa circunstância no livro de conciliação e de mediação.

- *Provimento nº 42/2020 – CGJ/AL.*

SEÇÃO V
DOS LIVROS

Art. 213-ZZT – Os serviços notariais e de registro optantes pela prestação do serviço criarão livro de protocolo específico para recebimento de requerimentos de conciliação e de mediação.

§ 1º - O livro de protocolo, com trezentas folhas, será aberto, numerado, autenticado e encerrado pelo oficial do serviço notarial e de registro, podendo ser utilizado, para tal fim, processo mecânico de autenticação previamente aprovado pela autoridade judiciária competente.

§ 2º - Do livro de protocolo deverão constar os seguintes dados:

I – o número de ordem, que seguirá indefinidamente nos livros da mesma espécie;

II – a data da apresentação do requerimento;

III – o nome do requerente;

IV – a natureza da mediação.

- *Provimento nº 42/2020 – CGJ/AL.*

Art. 213-ZZU – Os serviços notariais e de registro que optarem por prestar o serviço deverão instituir livro de conciliação e de mediação, cuja abertura atenderá às normas estabelecidas pelas Corregedorias Gerais de Justiça dos Estados e do Distrito Federal e dos Territórios.

§ 1º - Os termos de audiência de conciliação ou de mediação serão lavrados em livro exclusivo, vedada sua utilização para outros fins.

§ 2º - Os livros obedecerão aos modelos de uso corrente, aprovados pelo juízo da vara de registros públicos.

§ 3º - Os números de ordem dos termos de conciliação e de mediação não serão interrompidos ao final de cada livro, mas continuarão indefinidamente nos seguintes da mesma espécie.

§ 4º - Poderá ser adotado simultaneamente mais de um livro de conciliação e de mediação para lavratura de audiências por meio eletrônico.

§ 5º - Deverá ser adotado pelos serviços notariais e de registro livro de carga físico, no qual serão correlacionados os escreventes e os livros quando o serviço utilizar, concomitantemente, mais de um livro de conciliação e de mediação.

§ 6º - O livro sob a responsabilidade de um escrevente é de seu uso exclusivo, permitida a utilização por outro escrevente apenas com autorização prévia do notário e do registrador, lançada e datada no livro de carga.

- *Provimento nº 42/2020 – CGJ/AL.*

Art. 213-ZZV – O livro de conciliação e de mediação terá trezentas folhas, permitido o acréscimo apenas para evitar a inconveniência de cisão do ato.

§ 1º - Além do timbre do serviço notarial e de registro, todas as folhas conterão o número do livro e do termo de conciliação ou de mediação correspondentes, numeradas em ordem crescente por sistema mecânico ou eletrônico.

§ 2º - Eventual erro material na numeração das folhas poderá ser corrigido pelo notário ou registrador, devendo constar do termo de encerramento.

§ 3º - O livro eletrônico somente poderá ser adotado por sistema que garanta a verificação da existência e conteúdo do ato, subordinando-se às mesmas regras de lavratura atinentes ao livro físico.

- *Provimento nº 42/2020 – CGJ/AL.*

Art. 213-ZZW – Nos termos de audiências de conciliação e de mediação lavradas em livro de folhas soltas, as partes lançarão a assinatura no final da última, rubricando as demais.

Parágrafo único – Se os declarantes ou participantes não puderem, por alguma circunstância, assinar, far-se-á declaração no termo, assinando a rogo outra pessoa e apondo-se à margem do ato a impressão datiloscópica da que não assinar.

- *Provimento nº 42/2020 - CGJ/AL.*

Art. 213-ZZX - As folhas soltas utilizadas serão acondicionadas em pasta própria, correspondente ao livro a que pertençam, até a encadernação, que ocorrerá no período de até 60 (sessenta) dias subsequentes à data do encerramento.

Parágrafo único – O encerramento será feito imediatamente após a lavratura do último termo de audiência, ainda que pendente o decurso do prazo previsto no caput deste artigo para ultimação do ato previamente praticado e não subscrito.

- *Provimento nº 42/2020 - CGJ/AL.*

Art. 213-ZZY - O livro de conciliação e de mediação conterá índice alfabético com a indicação dos nomes das partes interessadas presentes à sessão, devendo constar o número do CPF/CNPJ – ou, na sua falta, o número de documento de identidade – e a referência ao livro e folha em que foi lavrado o termo de conciliação ou de mediação.

Parágrafo único – Os índices poderão ser elaborados pelo sistema de fichas, microfichas ou eletrônico, em que serão anotados os dados das partes envolvidas nos procedimentos de mediação ou de conciliação.

- *Provimento nº 42/2020 - CGJ/AL.*

Art. 213-ZZZ - O livro e qualquer documento oriundo de conciliação ou de mediação extrajudicial deverão permanecer no ofício e quaisquer diligências judiciais ou extrajudiciais que exigirem sua apresentação serão realizadas, sempre que possível, no próprio ofício, salvo por determinação judicial, caso em que o documento ou o livro poderá deixar o serviço extrajudicial.

- *Provimento nº 42/2020 - CGJ/AL.*

Art. 213-ZZZA - Os serviços notariais e de registro deverão manter em segurança permanente os livros e documentos de conciliação e de mediação, respondendo pela ordem, guarda e conservação.

Parágrafo único – O livro de conciliação e de mediação poderá ser escriturado em meio eletrônico e o traslado do termo respectivo poderá ser disponibilizado na rede mundial de computadores para acesso restrito, mediante a utilização de código específico fornecido às partes.

- *Provimento nº 42/2020 - CGJ/AL.*

Art. 213-ZZZB - Os documentos eventualmente apresentados pelas partes para a instrução da conciliação ou da mediação serão examinados e devolvidos a seus titulares durante a sessão, devendo os serviços notariais e de registro manter em arquivo próprio, além do requerimento firmado pelas partes, todos os documentos que julgar pertinentes.

- *Provimento nº 42/2020 - CGJ/AL.*

Art. 213-ZZZC - Os serviços notariais e de registro observarão o prazo mínimo de 5 (cinco) anos para arquivamento dos documentos relativos a conciliação e mediação.

Parágrafo único – Não subsistirá a obrigatoriedade de conservação dos documentos microfilmados ou gravados por processo eletrônico de imagens.

- *Provimento nº 42/2020 - CGJ/AL.*

SEÇÃO VI
DOS EMOLUMENTOS

Art. 213-ZZZD - Aplicar-se-á às conciliações e às mediações extrajudiciais a tabela referente ao menor valor cobrado na lavratura de escritura pública sem valor econômico.

§ 1º - Os emolumentos previstos no caput deste artigo referem-se a uma sessão de até 60 (sessenta) minutos e neles será incluído o valor de uma via do termo de conciliação e de mediação para cada uma das partes.

§ 2º - Se excedidos os 60 (sessenta) minutos mencionados no parágrafo anterior ou se forem necessárias sessões extraordinárias para a obtenção de acordo, serão cobrados emolumentos proporcionais ao tempo excedido, na primeira hipótese, e relativos a cada nova sessão de conciliação ou de mediação, na segunda hipótese, mas, em todo caso, poderá o custo ser repartido pro rata entre as partes, salvo se transigirem de forma diversa.

§ 3º - Será considerada sessão extraordinária aquela não prevista no agendamento.

- *Provimento nº 42/2020 - CGJ/AL.*

Art. 213-ZZZE - É vedado aos serviços notariais e de registro receber das partes qualquer vantagem referente à sessão de conciliação ou de mediação, exceto os valores relativos aos emolumentos e despesas de notificação.

- *Provimento nº 42/2020 - CGJ/AL.*

Art. 213-ZZZF - Na hipótese de o arquivamento do requerimento ocorrer antes da sessão de conciliação ou de mediação, 75% (setenta e cinco por cento) do valor recebido a título emolumentos será restituído ao requerente.

Parágrafo único - As despesas de notificação não serão restituídas, salvo se ocorrer desistência do pedido antes da realização do ato.

- *Provimento nº 42/2020 - CGJ/AL.*

Art. 213-ZZZG - Com base no art. 169, § 2º, do CPC, os serviços notariais e de registro realizarão sessões não remuneradas de conciliação e de mediação para atender demandas de gratuidade, como contrapartida da autorização para prestar o serviço.

Parágrafo único - Os tribunais determinarão o percentual de audiências não remuneradas, que não poderá ser inferior a 10% da média semestral das sessões realizadas pelo serviço extrajudicial nem inferior ao percentual fixado para as câmaras privadas.

- *Provimento nº 42/2020 - CGJ/AL.*

SEÇÃO VII DAS DISPOSIÇÕES FINAIS

Art. 213-ZZZH - Será vedado aos serviços notariais e de registro estabelecer, em documentos por eles expedidos, cláusula compromissária de conciliação ou de mediação extrajudicial.

- *Provimento nº 42/2020 - CGJ/AL.*

Art. 213-ZZZI - Aplica-se o disposto no art. 132, caput e § 1º, do Código Civil brasileiro à contagem dos prazos.

- *Provimento nº 42/2020 - CGJ/AL.*

CAPÍTULO XIII-C DO SISTEMA ELETRÔNICO DE APOSTILAMENTO - APOSTIL

Art. 213-ZZZJ - Fica adotado o Sistema Eletrônico de Apostilamento - APOSTIL, disponibilizado, gratuitamente, pelo Conselho Nacional de Justiça, dotado de infraestrutura tecnológica necessária para a confecção, consulta e aposição de apostila, em documento público brasileiro.

- *Provimento nº 42/2020 - CGJ/AL.*
- *Provimento nº 106 - CNJ.*

Art. 213-ZZZK - Somente será admitida como autoridade apostilante, aquela que devidamente cadastrada no sistema eletrônico APOSTIL até o dia 03 de agosto de 2020.

§1° O cadastro no sistema APOSTIL deverá ser realizado através do link https://apostil.cnj.jus.br.

§2° É obrigatório o uso de certificado digital, de acordo com a Infraestrutura de Chaves Públicas Brasileira (ICP).

- *Provimento nº 42/2020 - CGJ/AL.*
- *Provimento nº 106 - CNJ.*

Art. 213-ZZZL - Serão considerados inválidos os apostilamentos realizados fora do sistema eletrônico APOSTIL, após o decurso do prazo previsto no ***caput*** do art. 213-ZZZH.

Parágrafo único. Os apostilamentos realizados até o dia 03 de agosto de 2020, fora do sistema APOSTIL, serão considerados válidos e poderão ser consultados no endereço eletrônico indicado na própria apostila.

- *Provimento nº 42/2020 - CGJ/AL.*
- *Provimento nº 106 - CNJ.*

Art. 213-ZZZM - Dúvidas e esclarecimentos deverão ser encaminhados à central de atendimento do Conselho Nacional de Justiça, através do e-mail sistemasnacionais@cnj.jus.br.

- *Provimento nº 42/2020 - CGJ/AL.*
- *Provimento nº 106 - CNJ.*

TÍTULO II DO REGISTRO CIVIL DAS PESSOAS NATURAIS

CAPÍTULO I DAS DISPOSIÇÕES GERAIS

SEÇÃO I DAS ATRIBUIÇÕES

Art. 1º - Serão registrados ou averbados no Registro Civil das Pessoas Naturais:

a) os nascimentos;

b) os casamentos e a conversão da união estável em casamento;

c) os óbitos;

d) as emancipações por outorga dos pais ou por sentença do Juiz;

e) as interdições por incapacidade absoluta ou relativa;

f) as sentenças declaratórias de ausência e as de morte presumida;

g) as opções de nacionalidade;

h) as sentenças que deferirem adoção de menores;

i) as sentenças de separação, divórcio e restabelecimento da sociedade conjugal.

SEÇÃO II DAS ATRIBUIÇÕES ESPECIAIS

SUBSEÇÃO I DA EXTENSÃO TERRITORIAL

Art. 2º - Os fatos concernentes ao registro civil ocorridos a bordo dos navios de guerra e mercantes, em viagem, e no exército, em campanha, serão imediatamente registrados e comunicados em tempo oportuno, por cópia autêntica, aos respectivos Ministérios, a fim de que, através do Ministério da Justiça, sejam ordenados os assentamentos, notas ou averbações nos livros competentes das respectivas circunscrições, desde que não feito o assentamento conforme legislação de marinha (arts. 64 e 65 da Lei 6.015 de 1973).

SEÇÃO III
DAS TRASLADAÇÕES

SUBSEÇÃO I DAS DISPOSIÇÕES COMUNS

Art. 3º - O traslado de assentos de nascimento, casamento e óbito de brasileiros em país estrangeiro, tomados por autoridade consular brasileira, nos termos do regulamento consular, ou por autoridade estrangeira competente, a que se refere o caput do art. 32, da Lei nº 6.015/1973, será efetuado no Livro "E" do 1º ofício de Registro Civil de Pessoas Naturais da comarca do domicílio do interessado ou do 1º Ofício de Registro Civil de Pessoas Naturais do Distrito Federal, sem a necessidade de autorização judicial.

Art. 4º - Os assentos de nascimento, casamento e óbito de brasileiros lavrados por autoridade estrangeira competente, que não tenham sido previamente registrados em repartição consular brasileira, somente poderão ser trasladados no Brasil se estiverem legalizados por autoridade consular brasileira que tenha jurisdição sobre o local em que foram emitidas.

§ 1º - Antes de serem trasladados, tais assentos também deverão ser traduzidos por tradutor público juramentado, inscrito em junta comercial brasileira.

§ 2º - A legalização efetuada por autoridade consular brasileira consiste no reconhecimento da assinatura de notário/autoridade estrangeira competente aposta em documento original/fotocópia autenticada ou na declaração de autenticidade de documento original não assinado, nos termos do regulamento consular. O reconhecimento, no Brasil, da assinatura da autoridade consular brasileira no documento será dispensado, conforme previsto no art. 2º do Decreto nº 8.742, de 04 de maio de 2016.

§ 3º - Os oficiais de registro civil deverão observar a eventual existência de acordos multilaterais ou bilaterais, de que o Brasil seja parte, que prevejam a dispensa de legalização de documentos públicos originados em um estado a serem apresentados no território do outro estado, ou a facilitação dos trâmites para a sua legalização.

Art. 5º - Sempre que o traslado for indeferido pelo oficial de registro civil, será feita nota com os motivos do indeferimento, cumprindo-se, quando for o caso, o art. 198 c/c o art. 296 da Lei nº 6.015/1973.

Art. 6º - O traslado de certidões de assentos de nascimento, casamento e óbito de brasileiros lavrados em país estrangeiro será efetuado mediante apresentação de documentos originais. Parágrafo único - O arquivamento de tais documentos poderá ser feito por cópia reprográfica conferida pelo oficial de registro civil.

Art. 7º - O oficial de registro civil deverá efetuar o traslado das certidões de assentos de nascimento, casamento e óbito de brasileiros ocorridos em país estrangeiro, ainda que o requerente relate a eventual necessidade de retificação do seu conteúdo. Após a efetivação do traslado, para os erros que não exijam qualquer indagação para a constatação imediata de necessidade de sua correção, o oficial de registro deverá proceder à retificação conforme art. 110 da Lei nº 6.015/1973.

Parágrafo único – Para os demais erros, aplica-se o disposto no art. 109 da referida Lei.

Art. 8º - As certidões dos traslados de nascimento, de casamento e de óbito, emitidas pelos cartórios de 1º Ofício de Registro Civil de Pessoas Naturais deverão seguir os padrões e modelos estabelecidos pelo Provimento CNJ nº 63, de 14 de novembro de 2017, bem como por outros subseqüentes que venham a alterá-lo ou complementá-lo, com as adaptações que se fizerem necessárias.

SUBSEÇÃO II
TRASLADO DE NASCIMENTO

Art. 9º - O traslado de assento de nascimento, lavrado por autoridade consular brasileira, deverá ser efetuado mediante a apresentação dos seguintes documentos:

a) Certidão de assento de nascimento emitida por autoridade consular brasileira;

b) Declaração de domicílio do registrando na comarca ou comprovante de residência/domicílio, a critério do interessado. Na falta de domicílio no Brasil, o traslado deverá ser efetuado no 1º Ofício do Distrito Federal; e

c) Requerimento assinado pelo registrado, por um dos seus genitores, pelo responsável legal ou por procurador.

Parágrafo único - Deverá constar do assento e da respectiva certidão do traslado a seguinte observação: "Brasileiro nato, conforme os termos da alínea C do inciso I do art. 12, in limine, da Constituição Federal.".

Art. 10 - O traslado de assento estrangeiro de nascimento de brasileiro, que não tenha sido previamente registrado em repartição consular brasileira, deverá ser efetuado mediante a apresentação dos seguintes documentos:

a) Certidão do assento estrangeiro de nascimento, legalizada por autoridade consular brasileira e traduzida por tradutor público juramentado;

b) Declaração de domicílio do registrando na comarca ou comprovante de residência/domicílio, a critério do interessado. Na falta de domicílio no Brasil, o traslado deverá ser efetuado no 1º Ofício do Distrito Federal;

c) Requerimento assinado pelo registrado, por um dos seus genitores, pelo responsável legal ou por procurador; e

d) Documento que comprove a nacionalidade brasileira de um dos genitores.

Parágrafo único - Deverá constar do assento e da respectiva certidão do traslado a seguinte observação: "Nos termos do artigo 12, inciso I, alínea "C", in fine, da Constituição Federal, a confirmação da nacionalidade brasileira depende de residência no Brasil e de opção, depois de atingida a maioridade, em qualquer tempo, pela nacionalidade brasileira, perante a Justiça Federal."

Art. 11 - O traslado de assento de nascimento ocorrido em país estrangeiro poderá ser requerido a qualquer tempo.

Art. 12 - Caso não conste o sobrenome do registrando no assento de nascimento ocorrido em país estrangeiro, faculta-se ao requerente a sua indicação, mediante declaração escrita que será arquivada.

Art. 13 - A omissão no assento de nascimento ocorrido em país estrangeiro de dados previstos no art. 54 da Lei nº 6.015/1973 não obstará o traslado.

Parágrafo único – Os dados faltantes poderão ser inseridos posteriormente por averbação, mediante a apresentação de documentação comprobatória, sem a necessidade de autorização judicial.

Art. 14 - Por força da redação atual da alínea "c" do inciso I do art. 12 da Constituição Federal e do art. 95 do ato das disposições constitucionais transitórias (Emenda Constitucional nº 54, de 20 de setembro de 2007), o oficial de registro civil deverá, de ofício ou a requerimento do interessado/procurador, sem a necessidade de autorização judicial, efetuar averbação em traslado de assento consular de nascimento, cujo registro em repartição consular brasileira tenha sido lavrado entre 7 de junho de 1994 e 21 de setembro de 2007, em que se declara que o registrado é: "Brasileiro nato de acordo com o disposto no art. 12, inciso I, alínea "c", in limine, e do artigo 95 dos ADCTS da Constituição Federal".

- *Provimento nº 29/2020 – CGJ/AL.*

Parágrafo único - A averbação também deverá tornar sem efeito eventuais informações que indiquem a necessidade de residência no Brasil e a opção pela nacionalidade brasileira perante a Justiça Federal, ou ainda expressões que indiquem tratar-se de um registro provisório, que não mais deverão constar na respectiva certidão.

SUBSEÇÃO III
TRASLADO DE CASAMENTO

Art. 15 - O traslado do assento de casamento de brasileiro ocorrido em país estrangeiro deverá ser efetuado mediante a apresentação dos seguintes documentos:

a) Certidão de assento de casamento emitida por autoridade consular brasileira ou certidão estrangeira de casamento legalizada por autoridade consular brasileira e traduzida por tradutor público juramentado, ou em conformidade com expedientes que facilitem a legalização;

b) Certidão de nascimento do cônjuge brasileiro, ou certidão de casamento anterior com prova da sua dissolução, para fins do artigo 106 da Lei nº 6.015/1973;

c) Declaração de domicílio do registrando na comarca ou comprovante de residência/domicílio, a critério do interessado. Na falta de domicílio no Brasil, o traslado deverá ser efetuado no 1º Ofício do Distrito Federal; e

d) Requerimento assinado por um dos cônjuges ou por procurador.

§ 1º - Se o assento de casamento a ser trasladado referir-se a brasileiro naturalizado, será obrigatória também a apresentação do certificado de naturalização ou outro documento que comprove a nacionalidade brasileira.

§ 2º - A omissão do regime de bens no assento de casamento, lavrado por autoridade consular brasileira ou autoridade estrangeira competente, não obstará o traslado.

§ 3º - Faculta-se a averbação do regime de bens posteriormente, sem a necessidade de autorização judicial, mediante apresentação de documentação comprobatória.

§ 4º - Deverá sempre constar do assento e da respectiva certidão a seguinte anotação: "Aplica-se o disposto no art. 7º, § 4º, do Decreto-Lei nº 4.657/1942".

§ 5º - Na eventual existência de pacto antenupcial, lavrado perante autoridade estrangeira competente, o oficial de registro civil deverá, antes de efetuar o traslado, solicitar que os interessados providenciem o seu registro em cartório de registro de títulos e documentos no Brasil, alertando-os que o documento deverá estar previamente legalizado por autoridade consular brasileira e tenha jurisdição sobre o local em que foi emitido e traduzido por tradutor público juramentado.

§ 6º - A omissão do(s) nome(s) adotado(s) pelos cônjuges após o matrimônio no assento de casamento ocorrido em país estrangeiro não obstará o traslado.

§ 7º - Nesse caso, deverão ser mantidos os nomes de solteiro dos cônjuges. Faculta-se a averbação posterior, sem a necessidade de autorização judicial, mediante apresentação de documentação comprobatória de que os nomes foram modificados após o matrimônio, em conformidade com a legislação do país em que os nubentes tinham domicílio, nos termos do art. 7 do Decreto-Lei nº 4.657/1942.

§ 8º - A omissão no assento de casamento ocorrido em país estrangeiro de outros dados previstos no art. 70 da Lei nº 6.015/1973, não obstará o traslado.

§ 9º - Os dados faltantes poderão ser inseridos posteriormente por averbação, mediante a apresentação de documentação comprobatória, sem a necessidade de autorização judicial.

§ 10º - Os casamentos celebrados por autoridades estrangeiras são considerados autênticos, nos termos da lei do local de celebração, conforme previsto no caput do art. 32 da Lei nº 6.015/1973, inclusive no que respeita aos possíveis impedimentos, desde que não ofendam a soberania nacional, a ordem pública e os bons costumes, nos termos do art. 17 do Decreto nº 4.657/1942.

§ 11º - O traslado no Brasil, efetuado em cartório de 1º ofício, tem o objetivo de dar publicidade e eficácia ao casamento, já reconhecido válido para o ordenamento brasileiro, possibilitando que produza efeitos jurídicos plenos no território nacional.

SUBSEÇÃO IV
TRASLADO DE ÓBITO

Art. 16 - O traslado do assento de óbito de brasileiro, ocorrido em país estrangeiro, deverá ser efetuado mediante a apresentação da seguinte documentação:

a) Certidão do assento de óbito emitida por autoridade consular brasileira ou certidão estrangeira de óbito, legalizada por autoridade consular brasileira e traduzida por tradutor público juramentado;

b) Certidão de nascimento e, se for o caso, de casamento do falecido, para fins do artigo 106 da Lei nº 6.015/1973, e

c) Requerimento assinado por familiar ou por procurador.

§ 1º - A omissão no assento de óbito ocorrido em país estrangeiro, de dados previstos no art. 80 da Lei nº 6.015/1973, não obstará o traslado.

§ 2º - Os dados faltantes poderão ser inseridos posteriormente por averbação, mediante a apresentação de documentação comprobatória, sem a necessidade de autorização judicial.

SUBSEÇÃO V
REGISTRO DE NASCIMENTO DE NASCIDOS NO BRASIL FILHOS DE PAIS ESTRANGEIROS A SERVIÇO DE SEU PAÍS

Art. 17 - Os registros de nascimento de nascidos no território nacional em que ambos os genitores sejam estrangeiros e em que pelo menos um deles esteja a serviço de seu país no Brasil deverão ser efetuados no Livro "E" do 1º Ofício do Registro Civil da Comarca, devendo constar do assento e da respectiva certidão a seguinte observação: "O registrando não possui a nacionalidade brasileira, conforme art. 12, inciso I, alínea "A", in fine, da Constituição Federal."

SUBSEÇÃO VI
DA OPÇÃO DE NACIONALIDADE

Art. 18 - É competente para o registro da opção de nacionalidade o ofício da residência do optante.

§ 1º - No registro constará:

a) A qualificação completa do optante;

b) A data da sentença homologatória da opção pela nacionalidade brasileira;

c) O nome do juiz prolator do ato jurisdicional;

d) O trânsito em julgado;

e) A assinatura do optante.

§ 2º - Anotar-se-á o registro da opção à margem do registro da trasladação do termo de nascimento do optante, com remissões recíprocas.

CAPÍTULO II
DOS LIVROS, DA ESCRITURAÇÃO E DA ORDEM DE SERVIÇO

SEÇÃO I DOS LIVROS

Art. 19 - Cada Ofício terá os seguintes livros:

a) "A" – de registro de nascimento;

b) "B" – de registro de casamento;

c) "B Auxiliar" – de registro de casamento religioso para efeitos civis;

d) "C" – de registro de óbitos e para o registro de morte presumida;

e) "C Auxiliar" – de registro de natimortos;

f) "D" – de registro de proclama.

§ 1º - Terá, ainda, os livros:

a) tombo;

b) protocolo de Correspondências Recebidas;

c) protocolo de Correspondências Expedidas.

§ 2º - Possuirá, também, classificadores, caixas de arquivos ou microfilmagem, exceto se possuir arquivo eletrônico de Gerenciamento Eletrônico de Documentos – GED, para:

a) petições de registro tardio, mandados e outros documentos a serem cumpridos;

b) cópias de atestados e declarações de óbitos;

c) comunicações recebidas;

d) comprovantes de remessa de mapas estatísticos;

e) procedimentos diversos.

• *Alterado pelo Provimento nº 42/2020 – CGJ/AL.*

Art. 20 - No Ofício de cada comarca, ou no 1º, se houver mais de um, haverá outro livro de inscrição dos demais atos relativos ao estado civil, designado sob a letra "E", com no mínimo 150 (cento e cinquenta) folhas.

Parágrafo único – Nas comarcas de grande movimento, poderá ser desmembrado o Livro "E" em livros especiais, de acordo com a natureza dos atos a serem registrados.

Art. 21 - Findando-se um livro, o imediato tomará o número seguinte, acrescido à respectiva letra.

Art. 22 - Incumbe aos Oficiais de Registro praticar, independentemente de autorização, todos os atos previstos em lei necessários à organização e execução dos serviços, podendo, ainda, adotar sistemas de computação, microfilmagem, disco ótico e outros meios de reprodução.

SEÇÃO II DA ESCRITURAÇÃO

Art. 23 - A escrituração far-se-á em livros encadernados ou em folhas soltas, sujeitos à correção da autoridade judiciária competente.

Art. 24 - O Oficial juntará, a cada um dos livros, índice alfabético dos assentos lavrados pelos nomes das pessoas a quem se referirem.

§ 1º - Além do índice alfabético, a serventia deverá ter indicador pessoal, organizado pelo sistema de fichas ou informatizado, preenchidos os requisitos de segurança, comodidade e pronta busca.

§ 2º - A escrituração far-se-á seguidamente, em ordem cronológica de declarações, sem abreviaturas, nem algarismos.

§ 3º - No fim de cada assento e antes da subscrição e das assinaturas, ressalvar-se-ão as emendas, entrelinhas ou outras circunstâncias suscetíveis de gerarem dúvidas.

§ 4º - Entre um assento e outro, será traçada uma linha de intervalo, e cada um receberá o seu número de ordem.

Art. 25 - Ressalvado o disposto no art. 41 da Lei nº 8.935/94, os livros de registros serão divididos em três colunas:

a) na esquerda, lançar-se-á o número de ordem;

b) na central, o assento;

c) na direita, espaço para notas, averbações e retificações.

Art. 26 - Escriturar-se-ão, cronologicamente, o resumo do consignado nos editais expedidos pelo próprio Ofício ou recebidos de outros, todos assinados pelo Oficial.

Art. 27 - O registro do edital de casamento conterá todas as indicações quanto à época de publicação e aos documentos apresentados, a data da realização do casamento, abrangendo também o edital remetido por outro Oficial.

SEÇÃO III DA ORDEM DE SERVIÇO

SUBSEÇÃO I DAS ASSINATURAS

Art. 28 - As partes ou seus procuradores e as testemunhas, se necessárias à validade e eficácia do ato, assinarão os assentos, inserindo-se neles as declarações feitas de acordo com a lei ou ordenadas por sentença.

§ 1º - As procurações serão arquivadas, declarando-se no termo a data, o livro, a folha e o Ofício em que foram lavradas, quando forem por instrumento público.

§ 2º - Se os declarantes ou as testemunhas não puderem, por qualquer circunstância, assinar, far-se-á declaração no assento, firmando a rogo outra pessoa e colhendo-se a impressão dactiloscópica daquelas, à margem do assento.

§ 3º - Assinarão também o ato duas testemunhas, além daquela que firma a rogo.

SUBSEÇÃO II DA LEITURA DO ASSENTO E RETIFICAÇÕES

Art. 29 - Os assentos serão lidos às partes e às testemunhas, se houver, antes das assinaturas, registrando-se a leitura.

Art. 30 - Verificada omissão ou erro, as adições ou emendas far-se-ão antes da assinatura ou ainda em seguida, mas antes de outro assento, sendo a ressalva novamente por todos assinada.

§ 1º - O oficial retificará o registro, a averbação ou a anotação, de ofício ou a requerimento do interessado, mediante petição assinada pelo interessado, representante legal ou procurador, independentemente de prévia autorização judicial ou manifestação do Ministério Público, nos casos de:

I - erros que não exijam qualquer indagação para a constatação imediata de necessidade de sua correção;

II - erro na transposição dos elementos constantes em ordens e mandados judiciais, termos ou requerimentos, bem como outros títulos a serem registrados, averbados ou anotados, e o documento utilizado para a referida averbação e/ou retificação ficará arquivado no registro no cartório;

III - inexatidão da ordem cronológica e sucessiva referente à numeração do livro, da folha, da página, do termo, bem como da data do registro;

IV - ausência de indicação do Município relativo ao nascimento ou naturalidade do registrado, nas hipóteses em que existir descrição precisa do endereço do local do nascimento;

V - elevação de Distrito a Município ou alteração de suas nomenclaturas por força de lei.

§2º - Fora da retificação feita no ato e da retificação de erros evidentes de grafia e outros erros evidentes, referidos no art. 110 da Lei nº 6.015/73, qualquer outra só poderá efetuar-se em cumprimento de sentença judicial.

- *Provimento nº 29/2020 – CGJ/AL.*

§ 3º - Reputam-se inexistentes e sem efeitos jurídicos quaisquer emendas ou alterações posteriores, não ressalvadas ou lançadas em desacordo com a forma legal indicada.

SUBSEÇÃO III
DAS TESTEMUNHAS IMPRESCINDÍVEIS

Art. 31 - A testemunha deve satisfazer às condições exigidas pela lei civil.

Art. 32 - As partes poderão ser identificadas: pela cédula de identidade fornecida pelos órgãos de identificação civil dos Estados, Distrito Federal e Territórios; pelos serviços de identificação das Forças Armadas; pelos órgãos controladores do exercício profissional criados por lei federal; pelos Ministérios e órgãos subordinados à Presidência da República; pelo Certificado de Reservista que contenha os elementos de identificação do portador; pela Carteira Nacional de Habilitação; pela Carteira de Identidade de Estrangeiro; e pelo Passaporte.

Art. 33 - Observadas as condições exigidas pela lei civil, podem ser testemunhas os parentes, em qualquer grau, do registrando.

Art. 34 - Quando o declarante não souber ou não puder assinar, outro assinará a rogo, devendo o ato ser assistido e assinado por duas testemunhas.

SUBSEÇÃO IV
DO EXPEDIENTE

Art. 35 - O Registro Civil das Pessoas Naturais funcionará todos os dias. Nos dias úteis das 8hs às 12hs e das 14hs às 17hs e aos sábados, domingos e feriados, pelo sistema de plantão, nos horários fixados pelo juízo competente, sendo que o atendimento ao público será das 8hs às 14hs, ininterruptamente.

- *Provimento nº 20/2019 – CGJ/AL.*

Art. 36 - O registro civil das pessoas naturais não poderá ser adiado.

SUBSEÇÃO V
DA INICIATIVA E PRÁTICA DOS ATOS

Art. 37 - Salvo as anotações e as averbações obrigatórias, os atos do registro praticar-se-ão:

I – por ordem judicial;

II – a requerimento verbal ou por escrito dos interessados;

III – a requerimento do Ministério Público, quando a lei autorizar.

SUBSEÇÃO VI
DOS EMOLUMENTOS E DESPESAS

Art. 38 - Os emolumentos com o arquivamento das procurações correrão por conta dos interessados.

Art. 39 - As despesas de publicação de edital serão pagas pelo interessado.

Art. 40 - Não serão cobrados emolumentos pelo registro de nascimento e pelo assento de óbito, bem como pela primeira certidão respectiva.

§ 1º - Os reconhecidamente pobres estão isentos de pagamentos de emolumentos pelas demais certidões extraídas pelo Cartório de Registro Civil.

§ 2º - O estado de pobreza será comprovado por declaração do próprio interessado ou a rogo em se tratando de analfabeto, nesse caso, acompanhada da assinatura de duas testemunhas.

§ 3º - A falsidade da declaração ensejará a responsabilidade civil e criminal do interessado.

§ 4º - Igualmente não serão cobrados emolumentos pelos registros decorrentes de sentença de adoção e pelo fornecimento de certidões respectivas.

§ 5º - Havendo fundada dúvida quanto à condição de pobreza, o notário ou o registrador poderá inquirir o interessado a fim de avaliar a existência ou não da condição declarada, solicitando os documentos que se fizerem necessários à tal prova, por exemplo, a apresentação de CTPS e/ou comprovante de rendimentos.

- *Provimento nº 42/2020 – CGJ/AL.*

§ 6º - Havendo recusa sobre a concessão da gratuidade, e insistindo o interessado na prática do ato em sua forma gratuita, deverá o registrador impugnar o pedido perante o Juiz Corregedor Permanente da Comarca, instruindo-o com documentos que comprovem o alegado ou com indicação de testemunhas, aguardando decisão final para concessão ou não dos benefícios da gratuidade.

- *Provimento nº 42/2020 – CGJ/AL.*

Art. 41 - Não serão cobrados emolumentos pelos atos no Registro Civil das Pessoas Naturais, quando as partes forem beneficiadas pela Assistência Judiciária Gratuita.

Art. 42 - Na hipótese do artigo anterior, é gratuita, também, a certidão correspondente.

Art. 43 - É obrigatória a exposição permanente, nos Serviços de Registro Civil do Estado, em local de acesso público e de forma visível, do inteiro teor do disposto no art. 45 da Lei Federal nº 8.935/94 e pelo art. 30, §§ 1º e 2º, da Lei nº 6.015/73.

Parágrafo único – Os respectivos serviços deverão, para tanto, expor em cada expediente o texto referido no caput deste artigo, por meio de recursos visuais que garantam sua ampla legibilidade e publicidade.

- *Alterado pelo Provimento nº 42/2020 – CGJ/AL.*

Art. 44 - A emancipação será anotada às expensas do interessado.

Art. 45 - As certidões de nascimento ou casamento, quando destinadas ao alistamento eleitoral, serão fornecidas gratuitamente, segundo a ordem de pedidos apresentados em cartório pelos alistandos ou delegados do partido.

§ 1º - O Oficial, dentro de 05 dias da data do pedido, concederá a certidão ou justificará, perante o Juiz Eleitoral, por que deixa de fazê-lo.

§ 2º - A infração ao disposto neste artigo sujeitará o Registrador às penas do art. 293 do Código Eleitoral.

Art. 46 - O casamento é civil, e gratuita sua celebração.

§ 1º - A habilitação para o casamento, o registro e a primeira certidão serão isentos de selos, emolumentos e custas para as pessoas cuja pobreza for declarada, sob as penas da lei.

§ 2º - A declaração do estado de pobreza deverá vir acompanhada de comprovante de renda que justifique a insuficiência econômica dos contraentes para os atos do caput deste artigo.

§ 3º - A celebração do casamento é gratuita quando realizada na sede da serventia registral.

§ 4º - Quando o casamento for realizado com hora marcada pelos interessados, o Juiz de Paz terá direito aos emolumentos previstos no Regimento de Emolumentos.

CAPÍTULO III
DA PUBLICIDADE, DA CONSERVAÇÃO, DA RESPONSABILIDADE E DA FISCALIZAÇÃO

SEÇÃO I DA PUBLICIDADE

Art. 47 - Os Oficiais obrigar-se-ão:

a) a lavrar certidão do que lhes for requerido;

b) a fornecer às partes as informações solicitadas, respeitado o princípio da garantia constitucional da privacidade.

Art. 48 - Qualquer pessoa pode requerer certidão do registro, respeitado o disposto no art. 227, § 6º, da CF.

Art. 49 - O fornecimento de certidões do inteiro teor do registro ou de cópia de documentos concernentes ao fato, salvo quando referentes a dados nominativos pertencentes ao próprio requerente da informação, dependerá de autorização ou de requisição judicial, mediante decisão fundamentada, assegurados garantias, direitos e interesses relevantes da pessoa.

Art. 50 - As certidões, de inteiro teor ou não, serão lavradas independentemente de despacho judicial, ressalvados os casos em que a lei e a Constituição Federal expressamente determinem o sigilo ou a necessidade de autorização judicial para emissão, tais como, o disposto no art. 18 da Lei Federal 6.015/73 e art. 6º, parágrafos 1º e 2º, da Lei Federal 8.560/92.

§ 1º - A certidão de inteiro teor requerida pelo adotado deverá dispor sobre todo o conteúdo registral, mas dela não deverá constar a origem biológica, salvo por determinação judicial (art. 19, § 3º, c/c o art. 95, parágrafo único, da Lei nº 6.015/73).

§ 2° O adotado, maior de idade, tem direito subjetivo, inerente à personalidade, a conhecer sua verdade biológica, tendo livre acesso a essas informações, independentemente de autorização judicial.

§3º - A certidão de nascimento de inteiro teor, quando o registro decorrer de reconhecimento tardio de paternidade, deverá observar o teor do § 1º, deste artigo, a fim de que a referência acerca da origem da paternidade somente seja feita após prévia autorização judicial (Ofício-Circular 21/2018-CNJ).

Art. 51 - O Registro Civil das Pessoas Naturais expedirá unicamente certidões de nascimento redigidas de forma a impossibilitar qualquer interpretação ou identificação se a pessoa houver sido concebida da relação extramatrimonial ou de adoção, segundo a Constituição vigente (art. 5º, inc. X, c/c o art. 227, § 6º, da CF) e o regulado nesta Consolidação.

§ 1º - Não deverá constar, em qualquer caso, o estado civil dos genitores e a natureza da filiação, bem como o lugar e o cartório do casamento.

§ 2º - Ficam ressalvadas autorizações ou requisições judiciais de certidões de inteiro teor, mediante decisão fundamentada, mantendo-se as garantias, os direitos e os interesses relevantes do registrado.

Art. 52 - Na certidão, mencionar-se-ão:

a) o livro do registro ou o documento arquivado no Ofício;

b) a data da lavratura do assento.

c) o número de inscrição, perante o Cadastro de Pessoas Físicas, da pessoa registrada.

d) As certidões de nascimento deverão conter, no campo filiação, as informações referentes à naturalidade, domicílio ou residência atual dos pais do registrando.

e) O número da declaração do nascido vivo, quando houver, será obrigatoriamente lançado em campo próprio da certidão de nascimento.

§ 1º - As certidões de nascimento mencionarão a data em que foi feito o assento, a data, por extenso, do nascimento e, ainda, expressamente, a naturalidade; nas de casamento, o regime de bens constante do assento.

§2º - Não há necessidade de requerimento expresso e específico para que se proceda à averbação da inclusão do CPF, mas, sim, mero pedido de emissão da certidão, o que é suficiente para realização, de ofício, da averbação (consulta nº 0004693-27.2018.2.00.0000 - CNJ).

Art. 53 - Lavrar-se-á a certidão em inteiro teor, em resumo ou em relatório, conforme quesitos, devidamente autenticada.

Art. 54 - A certidão será manuscrita, datilografada ou impressa por meio eletrônico, fornecida em papel e mediante escrita a permitir a sua reprodução por fotocópia ou outro processo equivalente.

§ 1º - No caso do adotar de papéis impressos, preencher-se-ão os claros de forma manuscrita, datilográfica ou grafada eletronicamente.

§ 2º - Sendo de inteiro teor, poderá ser extraída por meio datilográfico ou reprográfico.

Art. 55 - Não se retardará a expedição da certidão por mais de 05 (cinco) dias úteis.

Art. 56 - Ocorrendo recusa ou retardamento da certidão, o interessado poderá reclamar à autoridade competente, e esta, após ouvir o Oficial, decidirá dentro de 05 (cinco) dias.

§ 1º - Se for ilegal a recusa ou injustificada a demora, o Juiz poderá impor ao Oficial multa de 01 (um) a 10 (dez) salários mínimos e lhe ordenar expeça a certidão, no prazo de 24 (vinte e quatro) horas.

§ 2º - Os pedidos de certidão por via postal, telegráfica, bancária ou correio eletrônico serão, obrigatoriamente, atendidos, satisfeitas as despesas postais, bem como os emolumentos devidos.

§ 3º - Para verificar o retardamento, o Oficial, ao receber a petição, fornecerá ao interessado uma nota de entrega autenticada.

Art. 57 - Os modelos únicos de certidão de nascimento, de casamento e de óbito, a serem adotados pelos ofícios de registro civil das pessoas naturais em todo o Brasil, são os especificados na Lei nº 6.015/73.

Art. 58 - Os modelos de certidão implementados até o dia 1º de janeiro de 2018 não precisarão ser substituídas e permanecerão válidas por prazo indeterminado.

SEÇÃO II DA CONSERVAÇÃO

Art. 59 - Os livros de registro e as fichas substitutivas somente sairão do respectivo Ofício por ordem judicial.

Art. 60 - Os papéis serão arquivados com a utilização de processos racionais para facilitarem as buscas.

Parágrafo único – Faculta-se a utilização de microfilmagem e de outros meios mecânicos e eletrônicos de reprodução autorizados em lei e regulamentos.

Art. 61 - Os livros e papéis pertencentes ao arquivo do Ofício ali permanecerão indefinidamente, com as exceções constantes no Provimento nº 50 do CNJ.

Parágrafo único – As perícias processar-se-ão nos Ofícios, ou em juízo, por decisão jurisdicional.

Art. 62 - As declarações de hipossuficiência serão arquivadas em meio físico, na serventia, pelo prazo de um (01) ano (Provimento nº 50 do CNJ). Após este prazo, o titular poderá eliminá-las desde que mantenha cópia digitalizada.

Art. 63 - Criado novo Ofício e enquanto não instalado, os registros continuarão a ser feitos no Ofício sujeito ao desmembramento, sendo desnecessário repeti-los.

Parágrafo único – O arquivo do antigo Ofício continuará a pertencer-lhe.

CAPÍTULO IV
DOS MAPAS ESTATÍSTICOS

Art. 64 - Os Oficiais remeterão à Fundação Instituto Brasileiro de Geografia e Estatística (IBGE), dentro dos primeiros 08 (oito) dias dos meses de janeiro, abril, julho e outubro de cada ano, um mapa dos nascimentos, casamentos e óbitos ocorridos no trimestre anterior.

§ 1º - O IBGE fornecerá mapas para a execução do disposto neste item, podendo requisitar aos Oficiais que façam as correções necessárias.

§ 2º - Os Oficiais que, no prazo legal, não remeterem os mapas, incorrerão na multa de 01 (um) a 05 (cinco) salários mínimos da região, a ser cobrada como dívida da União, sem prejuízo da ação penal cabível.

§ 3º - No mapa de que trata o caput deverá ser informado o número da identificação da Declaração de Nascido Vivo.

§ 4º - Os mapas dos nascimentos deverão ser remetidos aos órgãos públicos interessados no cruzamento das informações do registro civil e da Declaração de Nascido Vivo conforme o regulamento, com o objetivo de integrar a informação e promover a busca ativa de nascimentos.

§ 5º - Os mapas previstos no caput e no § 4º deverão ser remetidos por meio digital quando o registrador detenha capacidade de transmissão de dados.

Art. 65 - Remeterão, ainda, os Oficiais:

§ 1º - À Justiça Eleitoral, até o dia 15 (quinze) de cada mês, a comunicação dos óbitos registrados no mês anterior, por meio do Sistema de Informação de Direito Políticos e Óbitos – INFODIP.

§ 2º - O titular da serventia de registro civil de pessoas naturais deverá aderir ao Sistema Nacional de Informações de Registro Civil – SIRC e informar, os dados de nascimento, casamento, óbito e natimorto registrados no mês, inclusive na hipótese de inexistência de registros, neste último caso observando como prazo máximo o dia 10 do mês subsequente.

§ 3º - O Oficial do Registro remeterá, em até 24 (vinte e quatro) horas, ao Instituto Nacional de Seguridade Social - INSS, pelo Sistema Nacional de Informações de Registro Civil – SIRC ou por outro meio que venha a substituí-lo, a relação dos nascimentos, dos natimortos, dos casamentos e dos óbitos registrados na serventia.

§ 4º - Para os registros de nascimento constarão das informações, obrigatoriamente, o CPF, o gênero, a data e o local de nascimento do registrado, bem como o nome completo, gênero, data e local de nascimento e CPF da filiação, conforme obrigatoriedade prevista no art. 6º do Provimento nº 63, de 14 de novembro de 2017, editado pelo Conselho Nacional da Justiça - CNJ.

§ 5º - Para os registros de natimorto, que serão lavrados no Livro C-Auxiliar, constarão os dados que couberem, podendo ser indicado prenome e sobrenome do registrando pelos pais.

§ 6º - Para os registros de casamento e de óbito, constarão da informação, obrigatoriamente, a filiação, o gênero, o CPF, a data e o local de nascimento, bem como, acaso disponíveis, os seguintes dados:

a) número de inscrição do PIS/PASEP;

b) número de inscrição no Instituto Nacional do Seguro Social - INSS;

c) número de benefício previdenciário - NB, se a pessoa falecida for titular de qualquer benefício pago pelo INSS;

d) número de registro da Carteira de Identidade e respectivo órgão emissor;

e) número do título de eleitor;

f) número e série da Carteira de Trabalho.

§ 7º - É obrigatória a inclusão de qualquer outra informação solicitada pelo Sistema Nacional de Informações de Registro Civil – SIRC que seja de conhecimento do Oficial do Registro.

§ 8º - No caso de não haver sido registrado nenhum nascimento, natimorto, casamento ou óbito no mês, deverá o Titular do Cartório de Registro Civil de Pessoas Naturais, comunicar este fato ao INSS no primeiro dia útil do mês subsequente.

Art. 66 - O descumprimento de qualquer obrigação imposta no artigo anterior, bem como o fornecimento de informação desconforme com os documentos apresentados pelos declarantes e/ou checagens de informações com bases de dados de órgãos oficiais, sujeitará o Titular do Cartório de Registro Civil de Pessoas Naturais, além de outras penalidades previstas, à penalidade prevista no art. 92 da Lei nº 8.212/1991, conforme valores atualizados pela Portaria MPAS nº 4.479, de 04 de junho de 1998.

Art. 67 - Para efetuar registro de nascimentos ocorridos em hospitais, antes do registrando completar 02 (dois) anos, o Registro Civil das Pessoas Naturais deverá solicitar a apresentação da via amarela da Declaração de Nascido Vivo – DNV (emitida pelo hospital) e dela se utilizar para a realização do registro.

§ 1º - Deverão constar do assento de nascimento a apresentação da DNV e o seu número.

§ 2º - Se, por extravio, não for apresentada a via amarela da DNV, deverá o Ofício do Registro Civil das Pessoas Naturais encaminhar o requerente do registro ao hospital ou maternidade onde ocorreu o nascimento da criança, para obtenção de uma segunda via da DNV ou certidão emitida pelo estabelecimento com os dados constantes da DNV.

§ 3º - Na hipótese de informação escrita do aludido estabelecimento no sentido da impossibilidade de fornecimento da 2ª (segunda) via da DNV ou certidão, o registro de nascimento será feito mediante apresentação dos outros documentos referidos na legislação.

§ 4º - O Serviço do Registro Civil das Pessoas Naturais em nenhuma situação emitirá a DNV para nascimentos em hospitais.

§ 5º - No caso de registro de nascimento de crianças com 02 (dois) ou mais anos de idade, o registro será efetuado mediante a apresentação dos documentos previstos na legislação, não sendo obrigatória a apresentação da via amarela da DNV, observando-se, no mais, o Provimento 28/2013 do CNJ.

§ 6º - Para nascimentos domiciliares, sem assistência de profissionais da saúde ou parteiras tradicionais, o Ofício do Registro Civil das Pessoas Naturais deverá emitir a DNV em 03 (três) vias, que será assinada também pelo declarante, o qual se declarará ciente de que o ato será comunicado ao Ministério Público; na hipótese de nascimento domiciliar, com subsequente atendimento hospitalar, deverá o registrador investigar eventual emissão da via amarela da DNV a fim de evitar a duplicidade de registros.

§ 7º - Não constituem motivo para recusa, devolução ou solicitação de retificação da Declaração de Nascido Vivo por parte do registrador civil das pessoas naturais:

a) equívocos ou divergências que não comprometam a identificação da mãe,

b) omissão do nome do recém-nascido ou do nome do pai,

c) divergência parcial ou total entre o nome do recém-nascido constante da declaração e o escolhido em manifestação perante o registrador no momento do registro de nascimento, prevalecendo este último,

d) divergência parcial ou total entre o nome do pai constante da declaração e o verificado pelo registrador nos termos da legislação civil, prevalecendo este último,

e) demais equívocos, omissões ou divergências que não comprometam informações relevantes para o registro de nascimento.

f) O nome do pai constante da Declaração de Nascido Vivo não constitui prova ou presunção da paternidade, somente podendo ser lançado no registro de nascimento quando verificado nos termos da legislação civil vigente.

g) A segunda via (cor amarela) da Declaração de Nascido Vivo – DNV deverá ser arquivada na serventia que lavrou o registro de nascimento.

§ 8º - Quanto às Declarações de Óbitos:

a) o preenchimento far-se-á datilograficamente ou de forma manuscrita, à tinta ou em letra de forma;

b) devem ser evitadas emendas ou rasuras;

c) não podem haver espaços em branco, colocando-se um traço (-) quando desconhecida a informação solicitada ou, conforme o caso, não se aplicar ao item correspondente;

d) deve ser buscada, por todos os meios possíveis, a informação correspondente a cada item do atestado.

e) a ausência da indicação do código da Classificação Internacional de Doenças (CID) da Organização Mundial da Saúde na coluna "CID" do Campo 40 da declaração de óbito, não constitui impedimento para a lavratura do respectivo assento de óbito.

f) compete ao médico responsável pelo preenchimento da declaração de óbito promover a correta descrição do(s) nomes(s) da(s) causa(s) da morte, em conformidade com a terminologia prevista nos volumes 1 a 3 da CID, sendo que o oportuno preenchimento da coluna "CID" do Campo 40 da declaração de óbito será feito de forma independente da lavratura do assento de óbito, por profissional da Secretaria da Saúde, conforme previsto no manual de instruções para o preenchimento da declaração de óbito editado pelo Ministério da Saúde (Brasília: Ministério da Saúde, 2011, p. 24).

§ 9º - À Receita Federal, até o dia 15 (quinze) de cada mês, a comunicação dos óbitos registrados no mês anterior, observados os mapas fornecidos por aquele Órgão ou mapas informatizados por ele aceitos.

CAPÍTULO V DO NASCIMENTO

SEÇÃO I DA FILIAÇÃO

Art. 68 - É proibido aos Ofícios Judiciais e Serviços Notariais e Registrais sujeitar a filiação, advinda, ou não, da relação de casamento, ou por adoção, a tratamento diferenciado.

Art. 69 - Os Oficiais Registradores devem zelar pela efetiva correspondência entre a filiação verdadeira e aquela registrada, e assegurar gratuidade aos reconhecidamente pobres, na forma da lei (art. 5º, inc. LXXVI, da CF).

Art. 70 - É dever dos pais declarar o nascimento dos filhos:

§ 1º - Nas hipóteses previstas nos itens 3º a 6º do art. 52 da Lei nº 6.015/73, deverá o Oficial adotar cautelas necessárias na declaração de nascimento.

§ 2º - Cumpre ao Oficial atentar à presunção do art. 1.597, incs. I e II, do CCB/02 e, se não incidir, observar as normas seguintes.

Art. 71 - Do registro de nascimento, lavrado nos termos da Constituição da República (art. 227, § 6º, da CF), constará o nome dos genitores, desde que:

a) os dois compareçam, pessoalmente ou através de procurador com poderes específicos, ao Ofício do Registro Civil das Pessoas Naturais, para realizar o assento;

b) compareça o pai, independentemente de comparecimento ou declaração da genitora, munido do seu documento de identidade e da Declaração de Nascido Vivo (DNV), além de documento onde conste o nome completo da mãe e dos avós maternos da criança, cujo número sempre que possível se fará constar do registro;

c) compareça apenas a genitora, com a declaração de reconhecimento ou anuência do pai e o documento de identidade deste, além da Declaração de Nascido Vivo (DNV) e de documento de identificação.

§ 1º - Em qualquer das situações previstas – procuração ou anuência – a manifestação de vontade materializar-se-á por instrumento público ou particular, neste caso, exigindo-se o reconhecimento da assinatura por autenticidade.

§ 2º - É dispensada a assistência ao relativamente incapaz para o registro de nascimento e para o reconhecimento de filho.

§ 3º - É desnecessário o reconhecimento de firma do outorgante nas procurações firmadas por detentos em casas prisionais, desde que venha assinada também pelo administrador do presídio e com o carimbo funcional.

Art. 72 - Na hipótese de filho concebido biologicamente por pessoa transgênero, o oficial do RCPN lavrará o registro de nascimento mediante apresentação da Declaração de Nascido Vivo (DNV) da criança e dos documentos de identidade dos(as) requerentes, que constarão no assento como genitores(as) da criança, consoante for declarado.

§ 1º - A opção pelo registro previsto no caput deste artigo será possível somente após a pessoa transgênero formalizar a averbação preconizada nos artigos 114-A a 114-G desta CNNR, a qual será verificada pelo registrador mediante apresentação de certidão de inteiro teor, requerida pelo(a) próprio(a) interessado(a), independentemente de autorização judicial.

§2º - O nome dos(as) genitores(as) constará no registro, desde que:

a) os(as) dois (duas) compareçam, pessoalmente ou através de procurador com poderes específicos, ao Ofício do Registro Civil das Pessoas Naturais, para a realização do assento;

b) compareça um(a) dos(as) genitores(as), independentemente de comparecimento ou declaração do(a) outro(a) genitor(a), munido(a) do seu documento de identidade original e da Declaração de Nascido Vivo (DNV) da criança, além de documento onde conste o nome completo do(a) outro(a) genitor(a) e dos avós da criança, cujo número sempre que possível se fará constar do registro;

c) em qualquer das situações previstas - procuração ou anuência – a manifestação de vontade materializar-se-á por instrumento público ou particular, neste caso exigindo-se o reconhecimento da assinatura por autenticidade.

§ 3º - O registrador do RCPN, para fins do caput deste artigo, presumirá a boa-fé do(a) declarante. Caso haja suspeita de fraude, falsidade, má-fé, vício de vontade ou simulação, fundamentará a recusa e encaminhará o pedido ao Juiz de Direito Diretor do Foro ou à Vara dos Registros Públicos, onde houver.

§ 4º - Far-se-á o registro de nascimento com base na informação do declarante, dispensando-se as testemunhas, por desnecessárias à validez e eficácia do ato.

§ 5º - Quando o Oficial tiver motivo para duvidar da declaração, poderá:

I – ir à casa do recém-nascido verificar sua existência;

II – exigir a atestação do médico ou parteira assistentes do parto;

III – exigir o testemunho de 02 (duas) pessoas que não forem os pais e tiverem visto o recém-nascido.

§ 6º - Na hipótese do inc. II, equivalerá ao atestado o escrito emitido por estabelecimento hospitalar.

SEÇÃO II
DO REGISTRO

Art. 73 - O registro de nascimento conterá:

a) o dia, mês, ano e lugar do nascimento e a hora certa, sendo possível determiná-la, ou aproximada;

b) o sexo do registrando;

c) o fato de ser gêmeo, quando assim tiver acontecido;

d) o prenome e o sobrenome atribuídos à criança;

e) a declaração de que morreu no ato ou logo depois do parto;

f) os prenomes e os sobrenomes, a naturalidade, a profissão dos pais, a idade da genitora do registrando, em anos completos na ocasião do parto;

g) os prenomes e os sobrenomes dos avós paternos e maternos;

h) os nomes e prenomes, a profissão e a residência das duas testemunhas do assento, quando se tratar de parto ocorrido sem assistência médica em residência ou fora de unidade hospitalar ou casa de saúde;

i) a apresentação da Declaração de Nascido Vivo (DNV) e o seu número.

j) o número de inscrição, perante o Cadastro de Pessoas Físicas, da pessoa registrada.

k) a naturalidade do registrando.

§ 1º - A naturalidade poderá ser do Município em que ocorreu o nascimento ou do Município de residência da mãe do registrando na data do nascimento, desde que localizado em território nacional, e a opção caberá ao declarante no ato de registro do nascimento.

§ 2º - Não se fará qualquer referência à natureza da filiação, à sua ordem em relação a outros irmãos do mesmo prenome, exceto gêmeos, ao lugar e Ofício do casamento dos pais e ao estado civil destes.

Art. 74 - No caso de participação pessoal da mãe no ato do registro, incidirá o prazo prorrogado previsto no item 2º do art. 52 da Lei de Registros Públicos.

Art. 75 - Sendo a mãe ou o pai casados, é facultado constar do assento do filho concebido extramatrimonialmente o nome advindo do casamento ou o de solteiro.

Parágrafo único – O Oficial orientará os declarantes da conveniência de inserir o nome de solteiro no nome do registrado.

Art. 76 - Em registro de nascimento de menor apenas com a maternidade estabelecida, o Oficial indagará à mãe sobre a paternidade do menor, esclarecendo-a quanto à voluntariedade, seriedade e fins da declaração, que se destina à averiguação oficiosa de sua procedência, na forma disposta na Lei nº 8.560, de 29 de dezembro de 1992.

§ 1º - Nada constará no assento do registro do menor quanto à alegação da paternidade.

§ 2º - O Oficial redigirá termo de alegação de paternidade em que constem também prenome e sobrenome, profissão, identidade e residência do suposto pai, fazendo referência ao nome do menor e assento de seu registro, em duas vias, a ser assinada pela mãe e também pelo Oficial. Uma via será remetida ao Juiz, outra será arquivada no Ofício, facultando-se ao Oficial a adoção de livro de folhas soltas ou pasta própria, exigindo-se, porém, ordem cronológica.

§ 3º - Serve à caracterização da identidade do suposto pai qualquer carteira, cédula ou título expedido por órgão público. Não sabendo a mãe informar a respeito, o Oficial poderá consignar outros dados que sirvam à identificação do suposto pai.

§ 4º - A fim de ser averiguada oficiosamente a alegação de paternidade, o Oficial remeterá ao Juízo da Direção do Foro ou à Vara dos Registros Públicos, onde houver, certidão integral do registro de nascimento do menor e a primeira via do termo de alegação de paternidade.

§ 5º - Não se vencem emolumentos pela lavratura do termo em referência, nem pela diligência e remessa a juízo.

§ 6º - Na hipótese da genitora não manifestar interesse em declarar o nome do suposto pai, o Oficial colherá declaração neste sentido, na qual conste que a declarante foi alertada com relação ao que lhe faculta a Lei nº 8.560/92, e arquivará em pasta própria.

Art. 77 - Deve-se proceder à anotação do número do registro de nascimento na DNV e no "Cartão da Criança" sempre que o declarante portar, no ato do registro, tal documento.

SUBSEÇÃO I
REGISTRO DE INDÍGENA

Art. 78 - O assento de nascimento de indígena no registro civil é facultativo, e sua inscrição se fará no Livro "A" com os requisitos e condições dos artigos 101 a 105 desta Consolidação.

§ 1º - O RANI – Registro Administrativo de Nascimento Indígena – apresentado pelo declarante ou pelo próprio registrando é documento hábil para proceder ao registro civil, sempre que contiver todos os elementos necessários para o registro de nascimento.

§ 2º - Todo o assento de nascimento de indígena realizado pelo registrador deverá ser imediatamente comunicado à FUNAI, para as providências necessárias ao registro administrativo, caso ainda não tenha sido feito.

Art. 79 - O assento de nascimento de indígena não integrado no Registro Civil das Pessoas Naturais é facultativo.

Art. 80 - Não se registrarão prenomes suscetíveis de expor ao ridículo os seus portadores, todavia, devem os registradores considerar a identidade étnica do registrando.

Art. 81 - No assento de nascimento do indígena, integrado ou não, deve ser lançado, a pedido do apresentante, o nome indígena do registrando, de sua livre escolha, não sendo caso de aplicação do art. 55, parágrafo único, da Lei Nº. 6.015/73.

§ 1º - No caso de registro de indígena, a etnia do registrando pode ser lançada como sobrenome, a pedido do interessado.

§ 2º - A pedido do interessado, a aldeia de origem do indígena e a de seus pais poderão constar como informação a respeito das respectivas naturalidades, juntamente com o município de nascimento.

§ 3º - A pedido do interessado, poderão figurar, como observações do assento de nascimento, a declaração do registrando como indígena e a indicação da respectiva etnia.

§ 4º - Em caso de dúvida fundada acerca do pedido de registro, o registrador poderá exigir o registro administrativo de nascimento do indígena - RANI, ou a presença de representante da FUNAI.

§ 5º - Se o oficial suspeitar de fraude ou falsidade, submeterá o caso ao Juiz de Direito Corregedor Permanente, comunicando-lhe os motivos da suspeita.

§ 6º - O oficial deverá comunicar imediatamente à FUNAI o assento de nascimento do indígena, para as providências necessárias ao registro administrativo.

Art. 82 - Quando se tratar de registro tardio de indígena e o registrando ou o declarante comparecer com duas testemunhas, ao menos uma delas deverá ser conhecida do registrador ou ser representante da FUNAI ou, ainda, líder tribal idôneo.

Art. 83 - O indígena já registrado no Serviço de Registro Civil das Pessoas Naturais poderá solicitar, na forma do art. 57 da Lei Nº. 6.015/73, pela via judicial, a retificação do seu assento de nascimento, pessoalmente ou por representante legal, inclusive para inclusão das informações sobre a (inclusão da) etnia em seu sobrenome.

§ 1º - Caso a alteração decorra de equívocos que não dependem de maior indagação para imediata constatação, bem como nos casos de erro de grafia, a retificação poderá ser procedida na forma prevista no art. 110 da Lei Nº. 6.015/73.

§ 2º - Nos casos em que haja alterações de nome no decorrer da vida em razão da cultura ou do costume indígena, tais alterações podem ser averbadas à margem do registro na forma do art. 57 da Lei Nº. 6.015/73, sendo obrigatório constar em todas as certidões do registro o inteiro teor destas averbações, para fins de segurança jurídica e de salvaguarda dos interesses de terceiros.

Art. 84 - O registro tardio do indígena poderá ser realizado:

I – Mediante a apresentação do RANI;

II – Mediante apresentação dos dados, em requerimento, por representante da Fundação Nacional do Índio – FUNAI a ser identificado no assento; ou

III – Na forma do art. 46 da Lei Nº. 6.015/73.

§ 1º - Em caso de dúvida fundada acerca da autenticidade das declarações ou de suspeita de duplicidade de registro, o registrador poderá exigir a presença de representante da FUNAI e apresentação de certidão negativa de registro de nascimento das serventias de registro que tenham atribuição para os territórios em que nasceu o interessado, onde é situada sua aldeia de origem e onde esteja atendido pelo serviço de saúde.

§ 2º - Persistindo a dúvida ou a suspeita, o registrador submeterá o caso ao Juiz de Direito Diretor do Foro da Comarca, comunicando-lhe os motivos.

§ 3º - O oficial deverá comunicar o registro tardio de nascimento do indígena imediatamente à FUNAI, a qual informará o juízo competente quando constatada duplicidade, para que sejam tomadas as providências cabíveis.

SUBSEÇÃO II
REGISTRO DE NASCIMENTO DE CRIANÇAS GERADAS POR REPRODUÇÃO ASSISTIDA

Art. 85 - O assento de nascimento de filho havido por técnicas de reprodução assistida será inscrito no Livro A, independentemente de prévia autorização judicial e observada a legislação em vigor no que for pertinente, mediante o comparecimento de ambos os pais, munidos de documentação exigida por esta subseção.

§ 1º - Se os pais forem casados ou conviverem em união estável, poderá somente um deles comparecer ao ato de registro, desde que apresente a documentação referida no artigo 86 desta CNNR.

§ 2º - No caso de filhos de casais homoafetivos, o assento de nascimento deverá ser adequado para que constem os nomes dos ascendentes, sem referência a distinção quanto à ascendência paterna ou materna.

Art. 86 - Será indispensável, para fins de registro e de emissão da certidão de nascimento, a apresentação dos seguintes documentos:

I – declaração de nascido vivo (DNV);

II – declaração, com firma reconhecida, do diretor técnico da clínica, centro ou serviço de reprodução humana em que foi realizada a reprodução assistida, indicando que a criança foi gerada por reprodução assistida heteróloga, assim como o nome dos beneficiários;

III – certidão de casamento, certidão de conversão de união estável em casamento, escritura pública de união estável ou sentença em que foi reconhecida a união estável do casal.

§ 1º - Na hipótese de gestação por substituição, não constará do registro o nome da parturiente, informado na declaração de nascido vivo, devendo ser apresentado termo de compromisso firmado pela doadora temporária do útero, esclarecendo a questão da filiação.

§ 2º - Nas hipóteses de reprodução assistida post mortem, além dos documentos elencados nos incisos do caput deste artigo, conforme o caso, deverá ser apresentado termo de autorização prévia específica do falecido ou falecida para uso do material biológico preservado, lavrado por instrumento público ou particular com firma reconhecida.

§ 3º - O conhecimento da ascendência biológica não importará no reconhecimento do vínculo de parentesco e dos respectivos efeitos jurídicos entre o doador ou doadora e o filho gerado por meio da reprodução assistida.

Art. 87 - Será vedada aos oficiais registradores a recusa ao registro de nascimento e à emissão da respectiva certidão de filhos havidos por técnica de reprodução assistida, nos termos desta subseção.

§ 1º - A recusa prevista no caput deverá ser comunicada ao Juiz de Direito Diretor do Foro da Comarca que pertencer a Serventia, para as providências disciplinares cabíveis.

§ 2º - Todos os documentos referidos no artigo anterior deverão permanecer arquivados no ofício em que foi lavrado o registro civil.

Art. 88 - O oficial de registro civil das pessoas naturais não poderá exigir a identificação do doador de material genético como condição para a lavratura do registro de nascimento de criança gerada mediante técnica de reprodução assistida.

Art. 89 - Os registradores deverão observar as normas legais referentes à gratuidade dos atos.

SEÇÃO III
DOS REGISTROS NOS POSTOS AVANÇADOS DE ATENDIMENTO

Art. 90 - Poderá ser celebrado convênio com os Municípios, com a finalidade de instalar postos avançados de atendimento do RCPN em hospitais municipais, realizando registro de nascimento no local do parto e evitando assim o sub-registro civil.

Parágrafo único. O convênio a que se refere o ***caput*** deste artigo poderá abranger também o registro de óbitos.

Art. 91 - A celebração de convênio entre os Registros Civis das Pessoas Naturais e os estabelecimentos de saúde que realizam partos, com o objetivo de instalar ou aderir a "Unidades Interligadas", para emissão de certidão de nascimento, prescinde de autorização; todavia, deverá ser observada a regulamentação disposta no Provimento nº 13 da Corregedoria Nacional de Justiça.

SEÇÃO IV
DO NOME

Art. 92 - Quando o declarante não indicar o nome completo do registrando, o Oficial lançará adiante do prenome escolhido o nome da mãe e do pai, respectivamente, e, na falta deste, somente o da mãe.

§ 1º - Não se registrarão prenomes suscetíveis de expor ao ridículo os seus portadores.

§ 2º - Quando os pais não se conformarem com a recusa do Oficial, este submeterá por escrito o caso, independente da cobrança de quaisquer emolumentos, à decisão do Juiz competente.

Art. 93 - O interessado, no primeiro ano após ter atingido a maioridade civil, poderá, pessoalmente ou por procurador, alterar o nome, se não prejudicar os apelidos de família, averbando-se e publicando-se a alteração pela imprensa.

Parágrafo único – A publicação far-se-á pelo menos uma vez no Diário Oficial do Estado, podendo sê-lo, a requerimento escrito do interessado, por mais vezes, no mesmo ou em outro jornal.

Art. 94 - A alteração posterior de nome, somente por exceção e motivadamente, após audiência do Ministério Público, será permitida por sentença do Juiz a que estiver sujeito o registro, arquivando-se o mandado e publicando-se a alteração pela imprensa, ressalvadas as hipóteses do art. 110 da Lei 6.015/73.

Parágrafo único – Poderá, também, averbar-se, nos mesmos termos, o nome abreviado, usado como firma comercial registrada ou em qualquer atividade profissional.

Art. 95 - A mulher ou o homem solteiro, separado, divorciado ou viúvo, a viver, respectivamente, com homem ou mulher solteira, separada, divorciada ou viúva, e havendo motivo ponderável, poderão requerer ao Juiz competente que defira a averbação, no registro de nascimento, do patronímico do seu companheiro ou companheira, sem prejuízo dos apelidos próprios, de família, havendo, ou não, impedimento legal para o casamento.

Parágrafo único – O Juiz competente somente processará o pedido se houver expressa concordância do companheiro ou companheira, e se da vida em comum houver decorrido prazo razoável, caracterizando a intenção de constituir família ou existirem filhos da união.

- *Alterado pelo Provimento nº 42/2020 – CGJ/AL.*

Art. 96 - Tanto o aditamento quanto o cancelamento da averbação processar-se-ão em segredo de justiça.

Art. 97 - O prenome será definitivo, admitindo-se, todavia, a sua substituição por apelidos públicos e notórios.

§ 1º - Não se admite a adoção de apelidos proibidos em Lei.

§ 2º - Em caso de erro evidente, o Oficial poderá, a requerimento da parte interessada, retificar o nome, fundamentado em documentos que comprovem tal erro, de acordo com o art. 110 da Lei nº 6.015/73.

Art. 97-A - Poderá ser requerida, perante o Oficial de Registro Civil competente, a averbação do acréscimo do patronímico de genitor ao nome do filho menor de idade, quando:

I - Houver alteração do nome do genitor em decorrencia de separação, divórcio ou viuvez;

II - O filho tiver sido registrado apenas com o patronímico do outro genitor.

- *Provimento nº 82 – CNJ.*

Art. 97-B - O procedimento administrativo previsto no artigo anterior não depende de autorização judicial.

§ 1º - Se o filho for maior de dezesseis anos, o acréscimo do patronímico exigirá seu consentimento;

§ 2º - Somente será averbado o acréscimo do patronímico ao nome do filho menor de idade, quando o nome do genitor for alterado no registro de nascimento, nos termos do art. 209 deste Título II, da presente Consolidação Normativa;

§ 3º - A certidão de nascimento será emitida com o acréscimo do patronímico do genitor ao nome do filho no respectivo campo, sem fazer menção expressa sobre a alteração ou seu motivo, devendo fazer referência no campo 'observações' ao parágrafo único do art. 21 da lei 6.015, de 31 de dezembro de 1973.

- *Provimento nº 82 – CNJ.*

SUBSEÇÃO I
DA AVERBAÇÃO DA ALTERAÇÃO DO PRENOME E SEXO DE TRANSGÊNEROS

Art. 98 - Toda pessoa maior de 18 anos completos habilitada à prática de todos os atos da vida civil poderá requerer ao ofício do RCPN a alteração e a averbação do prenome e do gênero no registro de nascimento, a fim de adequá-los à identidade autopercebida, independentemente de autorização judicial.

§ 1º - A alteração referida no caput deste artigo poderá abranger a inclusão ou a exclusão de agnomes indicativos de gênero ou de descendência, mediante requerimento da parte na ocasião do pedido;

§ 2º - A alteração referida no caput não compreende a alteração dos nomes de família e não pode ensejar a identidade de prenome com outro membro da família;

§ 3º - A alteração referida no caput poderá ser desconstituída na via administrativa, mediante autorização do Juiz de Direito Corregedor Permanente, ou ainda na via judicial.

Art. 99 - O requerimento poderá ser feito junto a qualquer Registro Civil das Pessoas Naturais do Estado, que encaminhará o pedido ao Registro Civil do local do registro de nascimento para realização da averbação e anotações, via malote digital ou Central do Registro Civil –CRC.

Parágrafo único - Serão aceitos requerimentos encaminhados por outros Registros Civis das Pessoas Naturais de outros Estados da Federação e do Distrito Federal.

Art. 100 - O procedimento será realizado com base na autonomia da pessoa requerente, que deverá declarar, perante o registrador do RCPN, a vontade de proceder à adequação da identidade mediante a averbação do prenome, do gênero ou de ambos.

§ 1º - O atendimento do pedido apresentado ao registrador independe de prévia autorização judicial ou da comprovação de realização de cirurgia de redesignação sexual e/ou de tratamento hormonal ou patologizante, assim como de apresentação de laudo médico ou psicológico;

§ 2º - O registrador deverá identificar a pessoa requerente mediante coleta, em termo próprio, de sua qualificação e assinatura, além de conferir os documentos pessoais originais;

§ 3º - O requerimento será assinado pela pessoa requerente na presença do registrador do RCPN, indicando a alteração pretendida;

§ 4º - A pessoa requerente deverá declarar a inexistência de processo judicial que tenha por objeto a alteração pretendida;

§ 5º - A opção pela via administrativa na hipótese de tramitação anterior de processo judicial cujo objeto tenha sido a alteração pretendida será condicionada à comprovação de arquivamento do feito judicial;

§ 6º - A pessoa requerente deverá apresentar ao ofício do RCPN, no ato do requerimento, os seguintes documentos:

I – certidão de nascimento atualizada;

II – certidão de casamento atualizada, se for o caso;

III – cópia do registro geral de identidade (RG);

IV – cópia da identificação civil nacional (ICN), se for o caso;

V – cópia do passaporte brasileiro, se for o caso;

VI – cópia do cadastro de pessoa física (CPF) no Ministério da Fazenda;

VII – cópia do título de eleitor;

VIII – cópia de carteira de identidade social, se for o caso;

IX – comprovante de endereço;

X – certidão do distribuidor cível do local de residência dos últimos cinco anos (estadual/federal);

XI – certidão do distribuidor criminal do local de residência dos últimos cinco anos (estadual/federal);

XII – certidão de execução criminal do local de residência dos últimos cinco anos (estadual/federal);

XIII – certidão dos tabelionatos de protestos do local de residência dos últimos cinco anos;

XIV – certidão da Justiça Eleitoral do local de residência dos últimos cinco anos;

XV – certidão da Justiça do Trabalho do local de residência dos últimos cinco anos;

XVI – certidão da Justiça Militar, se for o caso.

§ 7º - Além dos documentos listados no parágrafo anterior, é facultado à pessoa requerente juntar ao requerimento, para instrução do procedimento previsto no presente provimento, os seguintes documentos:

I – laudo médico que ateste a transexualidade/ travestilidade;

II – parecer psicológico que ateste a transexualidade/ travestilidade;

III – laudo médico que ateste a realização de cirurgia de redesignação de sexo.

§ 8º - A falta de documento listado no § 6º impede a alteração indicada no requerimento apresentado ao ofício do RCPN;

§ 9º - Ações em andamento ou débitos pendentes, nas hipóteses dos incisos XI, XII, XIII, XIV, XV, XVI e XVII do § 6º, não impedem a averbação da alteração pretendida, que deverá ser comunicada aos juízos e órgãos competentes pelo ofício do RCPN onde o requerimento foi formalizado.

Art. 101 - A alteração de que trata o presente provimento tem natureza sigilosa, razão pela qual a informação a seu respeito não pode constar das certidões dos assentos, salvo por solicitação da pessoa requerente ou procurador com poderes específicos e firma do outorgante reconhecida por autenticidade, ou ainda por determinação judicial, hipóteses em que a certidão deverá dispor sobre todo o conteúdo registral.

Art. 102 - Os registradores deverão observar, no atendimento às pessoas abrangidas por esta subseção, a presunção de boa-fé, com imediato tratamento no gênero pelo qual se identifica, com acolhimento e respeito.

Parágrafo único – Suspeitando de fraude, falsidade, má-fé, vício de vontade ou simulação quanto ao desejo real da pessoa requerente, o registrador do RCPN fundamentará a recusa e encaminhará o pedido ao Juiz de Direito Corregedor Permanente.

Art. 103 - Todos os documentos referidos no art. 100 deverão permanecer arquivados indefinidamente, de forma física ou eletrônica, tanto no ofício do RCPN em que foi lavrado originalmente o registro civil quanto naquele em que foi lavrada a alteração, se diverso do ofício do assento original.

Parágrafo único. O ofício do RCPN deverá manter índice em papel e/ou eletrônico de forma que permita a localização do registro tanto pelo nome original quanto pelo nome alterado.

Art. 104 - Finalizado o procedimento de alteração no assento, o ofício do RCPN no qual se processou a alteração, às expensas da pessoa requerente, comunicará o ato oficialmente aos órgãos expedidores do RG, ICN, CPF e Passaporte, bem como ao Tribunal Regional Eleitoral (TRE).

§ 1º - A pessoa requerente deverá providenciar a alteração nos demais registros que digam respeito, direta ou indiretamente, à sua identificação nos documentos pessoais;

§ 2º - A subsequente averbação da alteração do prenome e do gênero no registro de nascimento dos descendentes da pessoa requerente dependerá da anuência deles quando relativamente capazes ou maiores, bem como da de ambos os pais;

§ 3º - A subsequente averbação da alteração do prenome e do gênero no registro de casamento dependerá da anuência do cônjuge;

§ 4º - Havendo discordância dos pais ou do cônjuge quanto à averbação mencionada nos parágrafos anteriores, deverá o consentimento ser suprido judicialmente;

§ 5º - Será realizado um ato de averbação pela alteração do prenome e sexo;

§ 6º - Será realizada uma averbação para inclusão do CPF, sendo sempre gratuita e ressarcível;

§ 7º - Será realizado um ato de anotação para inclusão da carteira de identidade e título de eleitor;

§ 8º O registrador do RCPN, para os fins dos atos em relevo, deverá observar as normas legais referentes à gratuidade de atos.

§ 9º - Enquanto não editadas, no âmbito dos Estados e do Distrito Federal, normas específicas relativas aos emolumentos, observadas as diretrizes previstas pela Lei n. 10.169, de 29 de dezembro de 2000, aplicar-se-á às averbações a tabela referente ao valor cobrado na averbação de atos do registro civil.

SEÇÃO V
DO REGISTRO DE NATIMORTO

Art. 105 - Nascendo morta a criança, ou morrendo na ocasião do parto, far-se-á o assento com os elementos adequados e com remissão ao do óbito.

§ 1º - Nascendo morta, realizar-se-á o registro no Livro "C Auxiliar".

§ 2º - Morrendo na ocasião do parto, mas se respirou, efetuar-se-ão os dois assentos, o de nascimento e o de óbito, com remissões recíprocas.

§ 3º - No registro no Livro C Auxiliar, poderá, a critério do declarante, ser lançado o nome do natimorto.

SEÇÃO VI
DO REGISTRO TARDIO

Art. 106 - As declarações de nascimento feitas após o decurso do prazo previsto no art. 50 da Lei nº. 6.015/73 serão registradas nos termos dos artigos seguintes.

Parágrafo único – O Procedimento de registro tardio previsto nesta Seção não se aplica para a lavratura de assento de nascimento de indígena no registro civil das pessoas naturais, regulamentado pela Resolução Conjunta nº. 03, de 19 de abril de 2012, do Conselho Nacional de Justiça e do Conselho Nacional do Ministério Público, e não afasta a aplicação do previsto no art. 102 da Lei nº. 8.069/90.

Art. 107 - O requerimento de registro será direcionado ao oficial de registro civil das pessoas naturais do lugar de residência do interessado e será assinado por 2 (duas) testemunhas, sob as penas da lei.

Parágrafo único – Não tendo o interessado moradia ou residência fixa, será considerado competente o oficial de registro civil das pessoas naturais do local onde se encontrar.

Art. 108 - Do requerimento constará:

a) o dia, mês, ano e lugar do nascimento e a hora certa, sempre que possível determiná-la;

b) o sexo do registrando;

c) seu prenome e seu sobrenome;

d) o fato de ser gêmeo, quando assim tiver acontecido;

e) os prenomes e os sobrenomes, a naturalidade, a profissão dos pais e sua residência atual, inclusive para apuração de acordo com esta Consolidação Normativa;

f) indicação dos prenomes e os sobrenomes dos avós paternos e maternos que somente serão lançados no registro se o parentesco decorrer da paternidade e maternidade reconhecidas;

g) a atestação por 2 (duas) testemunhas entrevistadas pelo oficial de registro, ou preposto expressamente autorizado, devidamente qualificadas (nome completo, data de nascimento, nacionalidade, estado civil, profissão, residência, números de documento de identidade e, se houver, número de inscrição no CPF), sob responsabilidade civil e criminal, da identidade do registrando, bem como do conhecimento de quaisquer dos outros fatos relatados pelo mesmo;

h) fotografia do registrando e, quando possível, sua impressão datiloscópica, obtidas por meio material ou informatizado, que ficarão arquivadas na serventia, para futura identificação se surgir dúvida sobre a identidade do registrando.

§ 1º - O requerimento poderá ser realizado mediante preenchimento de formulário, que deverá ser fornecido pelo oficial.

§ 2º - O oficial certificará a autenticidade das firmas do interessado ou do seu representante legal, bem como das testemunhas, que forem lançadas em sua presença ou na presença de preposto autorizado.

§ 3º - Caso se trate de interessado analfabeto sem representação, será exigida a aposição de sua impressão digital no requerimento, assinado, a rogo, na presença do oficial.

§ 4º - A ausência das informações previstas nas alíneas D, E, F e H deste artigo não impede o registro, desde que fundamentada a impossibilidade de sua prestação.

§ 5º - Ausente a identificação dos genitores, será adotado o sobrenome indicado pelo registrando, se puder se manifestar, ou, em caso negativo, pelo requerente do registro tardio.

§ 6º - O registrador poderá dispensar o requerimento desde que as testemunhas compareçam ao ato de registro, sejam qualificadas no próprio registro e assinem juntamente com o declarante e o registrador, substituto ou escrevente autorizado.

Art. 109 - Se a declaração de nascimento se referir a pessoa que já tenha completado doze anos de idade, as duas testemunhas deverão assinar o requerimento na presença do oficial, ou de preposto expressamente autorizado, que examinará seus documentos pessoais e certificará a autenticidade de suas firmas, entrevistando-as, assim como entrevistará o registrando e, sendo o caso, seu representante legal, para verificar, ao menos:

a) se o registrando consegue se expressar no idioma nacional, como brasileiro;

b) se o registrando conhece razoavelmente a localidade declarada como de sua residência (ruas principais, prédios públicos, bairros, peculiaridades, etc.);

c) quais as explicações de seu representante legal se for caso de comparecimento deste, a respeito da não realização do registro no prazo devido;

d) se as testemunhas realmente conhecem o registrando, se dispõem de informações concretas e se têm idade compatível com a efetiva ciência dos fatos declarados no requerimento, preferindo-se as mais idosas do que ele;

e) quais escolas o registrando já frequentou; em que unidades de saúde busca atendimento médico quando precisa;

f) se o registrando tem irmãos e, se positivo, em que cartório eles estão registrados; se o registrando já se casou e, se positivo, em que cartório; se o registrando tem filhos e, se positivo, em que cartório estão registrados;

g) se o registrando já teve algum documento, como carteira de trabalho, título de eleitor, documento de identidade, certificado de batismo, solicitando, se possível, a apresentação desses documentos;

Parágrafo único – A ausência de alguma das informações previstas neste artigo não impede o registro, desde que justificada a impossibilidade de sua prestação.

Art. 110 - Cada entrevista será feita em separado e o oficial, ou preposto que expressamente autorizar, reduzirá a termo as declarações colhidas, assinando-o juntamente com o entrevistado.

Art. 111 - Das entrevistas realizadas o oficial, ou preposto expressamente autorizado, lavrará minuciosa certidão acerca dos elementos colhidos, decidindo fundamentadamente pelo registro ou pela suspeita.

Parágrafo único – O requerente poderá apresentar ao oficial de registro documentos que confirmem a identidade do registrando, se os tiver, os quais serão arquivados na serventia, em seus originais ou cópias, em conjunto com o requerimento apresentado, os termos das entrevistas das testemunhas e as outras provas existentes.

Art. 112 - Sendo o registrando menor de 12 (doze) anos de idade, ficará dispensado o requerimento escrito e o comparecimento das testemunhas mencionadas nos artigos anteriores, se for apresentada pelo declarante a Declaração de Nascido Vivo – DNV instituída pela Lei nº 12.662, de 5 de junho de 2012, devidamente preenchida por profissional da saúde ou parteira tradicional.

Parágrafo único – No registro de nascimento de criança com menos de 3 (três) anos de idade, nascida de parto sem assistência de profissional da saúde ou parteira tradicional, a Declaração de Nascido Vivo será preenchida pelo oficial de registro civil que lavrar o assento de nascimento e será assinada também pelo declarante, o qual se declarará ciente de que o ato será comunicado ao Ministério Público.

Art. 113 - O oficial, nos cinco dias após o registro do nascimento ocorrido fora de maternidade ou estabelecimento hospitalar, fornecerá ao Ministério Público da comarca os dados da criança, dos pais e o endereço onde ocorreu o nascimento.

Art. 114 - A maternidade será lançada no registro de nascimento por força da Declaração de Nascido Vivo – DNV, quando for apresentada.

§ 1º - O estabelecimento da filiação poderá ser feito por meio de reconhecimento espontâneo dos genitores, nos termos do artigo 1.609, I do Código Civil Brasileiro, independentemente do estado civil dos pais.

§ 2º - O Provimento nº 16 do Conselho Nacional de Justiça aplica-se aos registros de nascimento lavrados de forma tardia, tanto para o reconhecimento da paternidade como para o da maternidade.

§ 3º - A paternidade ou maternidade também poderá ser lançada no registro de nascimento por força da presunção estabelecida no art. 1.597 do Código Civil, mediante apresentação de certidão do casamento com data de expedição posterior ao nascimento.

§ 4º - Se o genitor que comparecer para o registro declarar, sob as penas da lei, que estava separado de fato de seu cônjuge ao tempo da concepção, não se aplica a presunção prevista no parágrafo anterior.

§ 5º - Se não houver elementos nos termos do presente artigo para se estabelecer ao menos um dos genitores, o registro deverá ser lavrado sem a indicação de filiação.

Art. 115 - Admitem-se como testemunhas, além das demais pessoas habilitadas, os parentes em qualquer grau do registrando (artigo 42 da Lei 6.015/73), bem como a parteira tradicional ou profissional da saúde que assistiu o parto.

Parágrafo único – Nos casos em que os declarantes e testemunhas já firmaram o requerimento de registro, fica dispensada nova colheita de assinaturas no livro de registro de nascimentos.

Art. 116 - Em qualquer caso, se o oficial suspeitar da falsidade da declaração, poderá exigir provas suficientes.

§ 1º - A suspeita poderá ser relativa à identidade do registrando, à sua nacionalidade, à sua idade, à veracidade da declaração de residência, ao fato de ser realmente conhecido pelas testemunhas, à identidade ou sinceridade destas, à existência de registro de nascimento já lavrado, ou a quaisquer outros aspectos concernentes à pretensão formulada ou à pessoa do interessado.

§ 2º - As provas exigidas serão especificadas em certidão própria, da qual constará se foram, ou não, apresentadas.

§ 3º - As provas documentais, ou redutíveis a termos, ficarão anexadas ao requerimento.

Art. 117 - Persistindo a suspeita, o oficial encaminhará os autos ao Juiz Corregedor Permanente.

Parágrafo único – Sendo infundada a dúvida, o juiz ordenará a realização do registro; caso contrário, exigirá justificação ou outra prova idônea, sem prejuízo de ordenar, conforme o caso, as providências penais cabíveis.

Art. 118 - Nos casos em que o registrando for pessoa incapaz internada em hospital psiquiátrico, hospital de custódia e tratamento psiquiátrico (HCTP), instituição de longa permanência (ILP), hospital de retaguarda, serviços de acolhimento em abrigos institucionais de longa permanência, ou instituições afins, poderá o Ministério Público, independente de prévia interdição, requerer o registro diretamente ao oficial de registro civil competente, fornecendo os elementos previstos esta Consolidação, no que couber.

§ 1º - O Ministério Público instruirá o requerimento com cópias dos documentos que possam auxiliar a qualificação do registrando, tais como prontuário médico, indicação de testemunhas, documentos de pais, irmãos ou familiares.

§ 2º - Quando ignorada a data de nascimento do registrando, poderá ser atestada por médico a sua idade aparente.

§ 3º - O registro de nascimento será lavrado com a anotação, à margem do assento, de que se trata de registro tardio realizado na forma do art. 13 do Provimento 28 do Conselho Nacional de Justiça – CNJ, sem, contudo, constar referência ao fato nas certidões de nascimento que forem expedidas, exceto nas de inteiro teor.

Art. 119 - O Ministério Público poderá solicitar o registro tardio de nascimento atuando como assistente, ou substituto, em favor de pessoa tutelada pelo Estatuto do Idoso, ou em favor de incapaz submetido à interdição provisória ou definitiva, sendo omisso o curador, aplicando-se, no que couber, o disposto no art. 108.

Art. 120 - Lavrado o assento no respectivo livro, haverá anotação, com indicação de livro, folha, número de registro e data, no requerimento que será arquivado em pasta própria, juntamente com os termos de declarações colhidas e as demais provas apresentadas.

§ 1º - O oficial fornecerá ao Ministério Público, ao Instituto Nacional do Seguro Social – INSS e à autoridade policial informações sobre os documentos apresentados para o registro e sobre os dados de qualificação das testemunhas, quando for solicitado em decorrência da suspeita de fraude ou de duplicidade de registros sem prejuízo de fornecimento de certidão nos demais casos previstos em lei.

§ 2º - O oficial, suspeitando de fraude ou constatando a duplicidade de registros depois da lavratura do registro tardio de nascimento, comunicará o fato ao Juiz de Direito Diretor do Foro, que, após ouvir o Ministério Público, adotará as providências que forem cabíveis.

Art. 121 - Constatada a duplicidade de assentos de nascimento para a mesma pessoa, decorrente do registro tardio, será cancelado o assento de nascimento lavrado em segundo lugar, com transposição, para o assento anterior, das anotações e averbações que não forem incompatíveis.

§ 1º - O cancelamento do registro tardio por duplicidade de assentos poderá ser promovido de ofício pelo Juiz de Direito Diretor do Foro competente para a fiscalização judiciária dos atos notariais e de registro, em procedimento em que será ouvido o Ministério Público, ou a requerimento do Ministério Público ou de qualquer interessado, dando-se ciência ao atingido.

§ 2º - Havendo cancelamento de registro tardio por duplicidade de assentos de nascimento, será promovida a retificação de eventuais outros assentos do registro civil das pessoas naturais abertos com fundamento no registro cancelado, para que passem a identificar corretamente a pessoa a que se referem.

Art. 122 - Os menores de 18 anos e maiores de 16 anos poderão, pessoalmente, requerer o registro de seu nascimento, observados o contido nesta Seção.

Art. 123 - Se o oficial do registro civil recusar ou retardar qualquer registro, averbação ou anotação, o interessado poderá reclamar à autoridade competente, e esta, após ouvir o Oficial, decidirá dentro de 05 (cinco) dias.

SEÇÃO VII DO REGISTRO DO EXPOSTO E DO MENOR EM ESTADO DE ABANDONO

SUBSEÇÃO I DO DIREITO AO NOME E AO REGISTRO

Art. 124 - O registro do nascimento é um imperativo legal (art. 50 da Lei nº 6.015/73) e um direito inerente à pessoa humana.

Art. 125 - Todo menor em situação irregular deverá ter seu registro de nascimento, com a atribuição de prenome e sobrenome.

SUBSEÇÃO II DA COMPETÊNCIA PARA DETERMINAR O REGISTRO

Art. 126 - O Juiz com jurisdição da infância e juventude é competente para determinar, em medida incidental, a expedição de mandado para o registro do nascimento.

SUBSEÇÃO III DOS ATOS DE REGISTRO

Art. 127 - Quando se tratar de exposto ou de criança em estado de abandono e na impossibilidade de precisar sua qualificação na apresentação à autoridade judicial, lavrar-se-á termo circunstanciando o fato e declaração de dia, mês e ano, lugar, hora, idade aparente, sinais característicos e todos os objetos com ele(a) encontrados.

§ 1º - Caberá ao Juiz determinar as provas e diligências necessárias ao instruir o processo.

§ 2º - Em sua intervenção, o agente do Ministério Público também poderá sugerir o nome a adotar.

§ 3º - Na decisão, o Juiz atribuirá o prenome e sobrenome ao infante e aos seus pais, com o encaminhamento de mandado ao Ofício do Registro Civil das Pessoas Naturais para lavratura do assento.

§ 4º - O mandado deverá especificar as circunstâncias determinantes do registro, para averbação à margem.

§ 5º - Feito o registro, deverá o Oficial remeter certidão para juntar aos autos.

Art. 128 - Os atos inerentes à instrução do registro integram os autos de verificação da situação da criança ou adolescente.

SUBSEÇÃO IV DA IMPOSIÇÃO DO NOME

Art. 129 - O prenome atribuído deverá ser entre os da onomástica comum e mais usual brasileira; no sobrenome devem ser consideradas as circunstâncias locais, históricas e pessoais com o fato (v. g., nomes de árvores, praças, ruas, pássaros, flores, datas, frutas, vultos históricos, etc.).

§ 1º - O deferimento do nome ao menor poderá importar, também, em atribuição, de forma fictícia, da paternidade e maternidade, com igual sobrenome, cabendo ao juiz aquilatar tal possibilidade de acordo com o melhor interesse da criança, desde que não atribua paternidade/maternidade a pessoa determinada sem o devido reconhecimento.

§ 2º - Os prenomes dos pais, se atribuídos, serão entre os da onomástica comum e mais usual brasileira.

§ 3º - Fica vedado a atribuição de nomes suscetíveis de expor ao ridículo, ou a possibilitar o pronto reconhecimento do motivo do registro, ou relacioná-los com pessoas de projeção social, política ou religiosa, ou a quaisquer outras de fácil identificar, suscitando constrangimento.

CAPÍTULO VI
DO RECONHECIMENTO DE FILHO

Art. 130 - O reconhecimento de filho é ato personalíssimo e envolve direitos indisponíveis do estado da pessoa, podendo ser realizado, modo voluntário:

a) no próprio termo de nascimento, ex vi das disposições do Capítulo V, deste Título;

b) por declaração efetuada através de escritura pública ou escrito particular, com assinatura reconhecida por autenticidade;

c) por testamento, ainda que incidentalmente manifestado;

d) por manifestação expressa e direta perante o Juiz, ainda que o reconhecimento não haja sido o objeto único e principal do ato que o contém.

§ 1º - É dispensado o comparecimento do outro genitor no ato de reconhecimento de filho, por tratar-se de ato personalíssimo.

§ 2º - O reconhecimento não pode ser revogado, nem mesmo quando feito em testamento.

Art. 131 - É vedado legitimar e reconhecer filho no ato do casamento, por constituir forma de discriminação e ato contrário à dignidade da pessoa.

Parágrafo único – Fica ressalvada a averbação da alteração do patronímico materno ou paterno, em decorrência do casamento, no termo de nascimento de filho, à vista da respectiva certidão.

Art. 132 - O filho maior não pode ser reconhecido sem o seu consentimento.

Art. 133 - A averbação do reconhecimento de filho será concretizada diretamente pelo Oficial da serventia em que lavrado o assento de nascimento, independentemente de manifestação do Ministério Público ou decisão judicial, mas dependerá de anuência escrita do filho maior, ou, se menor, da mãe.

§ 1º - A colheita dessa anuência poderá ser efetuada não só pelo Oficial do local do registro, como por aquele, se diverso, perante o qual comparecer o reconhecedor.

§ 2º - Na falta da mãe do menor, ou impossibilidade de manifestação válida desta ou do filho maior, o caso será apresentado ao Juiz de Direito Diretor do Foro da Comarca ou Juiz da Vara dos Registros Públicos, onde houver.

§ 3º - Sempre que qualquer Oficial de Registro de Pessoas Naturais suspeitar de fraude, falsidade ou má-fé, não praticará o ato pretendido e submeterá o caso ao magistrado, comunicando, por escrito, os motivos da suspeita.

SEÇÃO I
DA PATERNIDADE OU MATERNIDADE SOCIOAFETIVA

Art. 134 - As regras deste Capítulo aplicam-se, no que couber, ao reconhecimento de filho socioafetivo.

Art. 135 - O reconhecimento voluntário da paternidade ou da maternidade socioafetiva de pessoa maior de 12 anos será autorizado perante os oficiais de registro civil das pessoas naturais.

- *Provimento nº 83 – CNJ.*

§ 1º - O reconhecimento voluntário da paternidade ou maternidade será irrevogável, somente podendo ser desconstituído pela via judicial, nas hipóteses de vício de vontade, fraude ou simulação.

§ 2º - Poderão requerer o reconhecimento da paternidade ou maternidade socioafetiva de filho os maiores de dezoito anos de idade, independentemente do estado civil.

§ 3º - Não poderão reconhecer a paternidade ou maternidade socioafetiva os irmãos entre si nem os ascendentes.

§ 4º - O pretenso pai ou a pretensa mãe será pelo menos dezesseis anos mais velho(a) que o filho a ser reconhecido.

- *Provimento nº 20/2019 - CGJ/AL.*

Art. 136 - O reconhecimento da paternidade ou maternidade socioafetiva será processado perante o oficial de registro civil das pessoas naturais, ainda que diverso daquele em que foi lavrado o assento, mediante a exibição de documento oficial de identificação com foto do requerente e da certidão de nascimento do filho, ambos em original e cópia, sem constar do traslado menção à origem da filiação.

§ 1º - O registrador deverá proceder à minuciosa verificação da identidade do requerente, mediante coleta, em termo próprio, por escrito particular, de sua qualificação e assinatura, além de proceder à rigorosa conferência dos documentos pessoais;

§ 2º - O registrador, ao conferir o original, manterá em arquivo cópia de documento de identificação do requerente, juntamente com o termo assinado;

§ 3º - Constarão do termo, além dos dados do requerente, os dados do campo FILIAÇÃO e do filho que constam no registro, devendo o registrador colher a assinatura do pai e da mãe do reconhecido, caso este seja menor;

§ 4º - Se o filho for menor de dezoito anos, o reconhecimento da paternidade ou maternidade socioafetiva exigirá seu consentimento;

§ 5º - A coleta da anuência tanto do pai quanto da mãe e do filho menor de dezoito anos deverá ser feita pessoalmente perante o oficial de registro civil das pessoas naturais ou escrevente autorizado;

- *Provimento nº 20/2019 - CGJ/AL.*

§ 6º - Na falta da mãe ou do pai do menor, na impossibilidade de manifestação válida destes ou do filho, quando exigido, o caso será apresentado ao Juiz corregedor permanente;

§ 7º - Serão observadas as regras da tomada de decisão apoiada quando o procedimento envolver a participação de pessoa com deficiência (Capítulo III, do Título IV, do Livro IV, do Código Civil);

§ 8º - O reconhecimento da paternidade ou da maternidade socioafetiva poderá ocorrer por meio de documento público ou particular de disposição de última vontade, desde que seguidos os demais trâmites previstos nesta seção.

Art. 136-A - A paternidade ou a maternidade socioafetiva deve ser estável e deve estar exteriorizada socialmente.

§ 1º - O registrador deverá atestar a existência do vínculo afetivo da paternidade ou maternidade socioafetiva mediante apuração objetiva por intermédio da verificação de elementos concretos.

§ 2º - O requerente demonstrará a afetividade por todos os meios em direito admitidos, bem como por documentos, tais como: apontamento escolar como responsável ou representante do aluno; inscrição do pretenso filho em plano de saúde ou em órgão de previdência; registro oficial de que residem na mesma unidade domiciliar; vínculo de conjugalidade - casamento ou união estável - com o ascendente biológico; inscrição como dependente do requerente em entidades associativas; fotografias em celebrações relevantes; declaração de testemunhas com firma reconhecida.

§ 3º - A ausência destes documentos não impede o registro, desde que justificada a impossibilidade, no entanto, o registrador deverá atestar como apurou o vínculo socioafetivo. Eventual dúvida referente ao registro deverá ser remetida ao juízo competente para dirimí-la. §4º - Os documentos colhidos na apuração do vínculo socioafetivo deverão ser arquivados pelo registrador (originais ou cópias) juntamente com o requerimento.

- *Provimento nº 83 - CNJ*

Art. 136-B - Atendidos os requisitos para o reconhecimento da paternidade ou maternidade socioafetiva, o registrador encaminhará o expediente ao representante do Ministério Público para parecer.

§ 1º - O registro da paternidade ou maternidade socioafetiva será realizado pelo registrador após o parecer favorável do Ministério Público;

§ 2º - Se o parecer for desfavorável, o registrador não procederá o registro da paternidade ou maternidade socioafetiva e comunicará o ocorrido ao requerente, arquivando-se o expediente;

§ 3º - Eventual dúvida referente ao registro deverá ser remetida ao Juiz Corregedor Permanente para dirimí-la.

Art. 136-C - Somente é permitida a inclusão de um ascendente socioafetivo, seja do lado paterno ou materno.

Parágrafo único – A inclusão de mais de um ascendente socioafetivo deverá tramitar pela via judicial.

- *Provimento nº 83 – CNJ.*

Art. 137 - Suspeitando de fraude, falsidade, má-fé, vício de vontade, simulação ou dúvida sobre a configuração do estado de posse de filho, o registrador fundamentará a recusa, não praticará o ato e encaminhará o pedido ao Juiz Corregedor Permanente.

Art. 138 - A discussão judicial sobre o reconhecimento da paternidade ou de procedimento de adoção obstará o reconhecimento da filiação pela sistemática estabelecida nesta seção. Parágrafo único - O requerente deverá declarar o desconhecimento da existência de processo judicial em que se discuta a filiação do reconhecendo, sob pena de incorrer em ilícito civil e penal.

Art. 139 - O reconhecimento da paternidade ou maternidade socioafetiva somente poderá ser realizado de forma unilateral.

- *Provimento nº 20/2019 – CGJ/AL.*

Art. 140 - O reconhecimento espontâneo da paternidade ou maternidade socioafetiva não obstaculizará a discussão judicial sobre a verdade biológica.

CAPÍTULO VII DO CASAMENTO

SEÇÃO I DA HABILITAÇÃO

Art. 141 - Os nubentes, ou procurador, apresentando os documentos exigidos pela Lei Civil, requererão ao oficial do distrito da residência de um deles a expedição da certidão declarando-os habilitados para se casar.

§ 1º - O requerimento, caso forem analfabetos os contraentes, deverá ser assinado a rogo, colhendo-se a impressão digital destes e sendo assinada por quatro testemunhas, quando não puderem ou não souberem assinar os contraentes.

§ 2º - O consentimento de pais analfabetos, para que seus filhos possam casar, dar-se-á por meio de procurador constituído por instrumento público, ou através de termo de consentimento, nos autos da habilitação, subscrito pelo Oficial e por uma pessoa a rogo do analfabeto, colhendo-se a impressão digital destes na presença de duas testemunhas, qualificadas, que deverão assinar o termo.

§ 3º - Os pais devem conceder ou negar consentimento aos filhos menores para casar.

§ 4º - O consentimento deve ser dado por ambos os pais, mesmo sendo o casal separado ou divorciado ou que tenha sido o seu casamento anulado, de acordo com o art. 1.634, inc. III, do CCB.

§ 5º - A denegação do consentimento pode ser suprida pelo Juiz.

§ 6º - Ausente um dos pais, o outro deverá requerer o suprimento do consentimento para casar, perante o juízo competente, salvo se a ausência já tiver sido declarada judicialmente.

§ 7º - Para efeito do inciso I do art. 1.525 do CCB – Código Civil Brasileiro, vale a certidão de nascimento ou casamento, em primeira ou segunda via original, devidamente atualizada (expedida há menos de 60 dias, contados da autuação do processo de habilitação), e acompanhada dos documentos mencionados no art. 66, ou documento equivalente, nos termos da legislação vigente. Excepcionalmente, na hipótese em que o casamento se realizar no âmbito do projeto Justiça Itinerante, será admitida certidão de nascimento ou casamento expedida há menos de 120 (cento e vinte) dias.

- *Provimento nº 35/2021 – CGJ/AL.*

§ 8º - Se o consentimento para casar não for firmado pelos pais, perante o Oficial do Registro ou seu substituto, será exigido o reconhecimento autêntico das assinaturas.

§ 9º - Não será, também, exigido inventário negativo, suprindo-se, sob as penas da lei, com a declaração de inexistência de bens, no patrimônio do cônjuge falecido ou divorciado, mediante manifestação escrita feita pelo cônjuge supérstite ou divorciado nos autos da habilitação de casamento.

§ 10º - Quando o casamento se seguir a uma comunhão de vida entre os nubentes, existente antes de 28-06-77, e haja perdurado por 10 (dez) anos consecutivos, ou gerado filhos, o regime matrimonial de bens será estabelecido livremente, não se aplicando o disposto no art. 1.641 do CCB - Código Civil Brasileiro.

§ 11º - Em relação à união estável prevista no parágrafo anterior, nenhuma prova será exigida previamente; bastará a declaração dos requerentes, como ocorre com as demais informações impostas pelo art. 1.525, inc. IV, do CCB – Código Civil Brasileiro.

§ 12º - Quando divorciados, devem apresentar certidão de casamento com averbação do divórcio.

Art. 142 - O estrangeiro (refugiado ou não) em situação regular no país (visto válido, ou protocolo de pedido de refúgio, nos termos da legislação vigente) poderá fazer prova de idade, estado civil e filiação por quaisquer dos seguintes documentos:

I – Cédula especial de identidade de estrangeiro, emitida pela Polícia Federal do Brasil;

II – Passaporte;

III – Atestado consular;

IV – Certidão de nascimento ou casamento com averbação de divórcio traduzida e registrada em Registro de Títulos e Documentos.

§ 1º - Serão aceitos também quaisquer documentos oficiais que comprovem a idade, o estado civil e a filiação, de acordo com a legislação do país de origem, traduzidos e registrados em Registro de Títulos e Documentos;

§ 2º - É desnecessária a apresentação de certidão atualizada de nascimento.

Art. 143 - Se qualquer interessado não souber o idioma nacional, e o delegatário não compreender aquele em que se expressa, deverá comparecer tradutor público para servir de intérprete ou, não o havendo na localidade, outra pessoa capaz que, a juízo do delegatário, tenha idoneidade e conhecimento suficiente para tanto.

Parágrafo único. No corpo do ato, será identificado o tradutor e o respectivo número de registro na Junta Comercial, se público, ou o termo de compromisso, se indicado pelo delegatário.

Art. 144 - É dever do Oficial do Registro esclarecer aos nubentes a respeito dos fatos que podem ocasionar a invalidade do casamento, bem como sobre os diversos regimes de bens.

Parágrafo único – Qualquer dos nubentes, querendo, poderá acrescer ao seu o sobrenome do outro.

Art. 145 - Autuada a petição com os documentos, o oficial afixará proclama de casamento em lugar ostensivo de seu ofício, abrindo, em seguida, vista ao Ministério Público.

§ 1º - Poderá ser dispensada, nas habilitações de casamento, a publicação de edital de proclama na imprensa local, onde houver, em caso de comprovada hipossuficiência de recursos dos nubentes, quando o casamento se celebrar no âmbito do projeto Justiça Itinerante, ou em caso de urgência, a requerimento dos interessados e ouvido o Órgão do Ministério Público, sendo certa, contudo, a necessidade de publicação do aludido edital no mural do Cartório com atribuição para realização de casamentos.

- *Provimento nº 35/2021 – CGJ/AL.*

§ 2º - No processo de habilitação inexistem partes, e sim interessados, e sua jurisdição é a voluntária.

§ 3º - As autoridades, a atuarem nos processos de habilitação para o casamento, atentarão ao preceituado no art. 226, § 3º, in fine, da CF, de forma a permitir o casamento com maior facilidade.

§ 4º - Caso haja impugnação do oficial, do Ministério Público ou de terceiro, a habilitação será submetida ao Juiz de Direito Diretor do Foro ou da Vara dos Registros Públicos, onde houver.

Art. 146 - Decorrido o prazo de 15 (quinze) dias, a contar da afixação do proclama no Ofício, não havendo oposição de impedimento, ou rejeitada a impugnação do Ministério Público, serão os autos remetidos para homologação judicial. Após, o Oficial certificará a circunstância na habilitação e entregará aos nubentes certidão declarando-os habilitados para se casarem dentro do prazo previsto na lei.

Parágrafo único. Se o casamento ocorrer na mesma serventia e não residindo os nubentes em circunscrição diversa será dispensável a entrega de certidão aos nubentes, bastando a certificação no autos do processo.

Art. 147 - Decorrido o prazo de 15 (quinze) dias, a contar da afixação do proclama no Ofício, não havendo oposição de impedimento, ou se houver impugnação do Ministério Público, oficial ou de terceiro e o Juiz Diretor do Foro ou Vara dos Registros Públicos, onde houver, homologar a habilitação, o oficial certificará a circunstância na habilitação e entregará aos nubentes certidão declarando-os habilitados para se casarem dentro do prazo previsto na lei.

Parágrafo único - A eficácia da habilitação será de 90 dias a contar da data em que foi extraída a certidão de habilitação matrimonial.

Art. 148 - Residindo os nubentes:

I - em diferentes distritos, em ambos publicar-se-á o edital;

II - na mesma cidade, mas em diversas circunscrições, divulgar-se-á um só edital, pelo Ofício processante da habilitação de casamento.

§ 1º - Na hipótese do inc. I, o Oficial somente expedirá a certidão de habilitação depois de receber e juntar aos autos a similar provinda do outro distrito, observado o disposto no artigo anterior.

§ 2º - No caso do inc. II, se o casamento não for realizado na zona do Ofício processante da habilitação, o Oficial expedirá a correspondente certidão, para que o ato o seja pelo Ofício da zona escolhida pelos contraentes.

Art. 149 - Ocorrendo apresentação de impedimento, oposto em declaração escrita e assinada, instruída com prova do fato alegado ou com a indicação do lugar onde possa ser obtida, o Oficial dará ciência do fato aos nubentes, para indicação das provas a serem produzidas, e remeterá os autos ao Juiz.

Art. 150 - Quando o casamento se realizar em circunscrição diferente daquela da habilitação, o Oficial da primeira comunicará ao da segunda o fato, com os elementos necessários às anotações nos respectivos autos.

Art. 151 - O Oficial não poderá nomear Promotor ***ad hoc*** nos processos de habilitação, devendo, em se tratando de Ofícios localizados fora da sede do juízo, indicar à Promotoria de Justiça da comarca, através do Juiz Corregedor Permanente, para fins de designação, pessoa idônea para oficiar naqueles atos.

Art. 152 - O Oficial, mediante despacho da autoridade competente, à vista dos documentos exigidos em lei e independentemente de edital, fornecerá certidão de habilitação, quando:

I - ocorrer motivo urgente a justificar a imediata celebração do casamento;

II - algum dos contraentes estiver em iminente risco de vida.

SEÇÃO II
DO REGISTRO DA CELEBRAÇÃO

Art. 153 - Celebrar-se-á o casamento no dia, hora e lugar previamente designados pela autoridade que houver de presidir o ato, mediante petição dos contraentes devidamente habilitados, com observância das formalidades previstas na legislação civil.

Parágrafo único - O Juiz de Paz, ou seus suplentes, deverão atender, na medida do possível, pedidos formulados pelos contraentes no sentido de celebração de casamentos aos sábados, ou em locais diversos daqueles usualmente utilizados para tais atos. Para esse fim, poderão eles fixar um número máximo de celebrações em tais circunstâncias, a serem atendidas na ordem cronológica dos pedidos, não devendo tal número ser inferior a quatro por sábado.

Art. 154 - Celebrado o casamento, lavrar-se-á o registro, assinado pelo presidente do ato, os cônjuges, as testemunhas e o Oficial, consignando-se:

I - os nomes, prenomes, nacionalidade, naturalidade, data de nascimento, estado civil, profissão, domicílio e residência atual dos cônjuges;

II - o prenome, sobrenome, nacionalidade, data de nascimento ou de morte, domicílio e residência atual dos pais;

III - o prenome, sobrenome do cônjuge precedente e a data da dissolução do casamento anterior, quando for o caso;

IV - a data da publicação do proclama e da celebração do casamento;

V - a relação dos documentos apresentados ao Oficial;

VI - o prenome, sobrenome, nacionalidade, profissão, domicílio e residência atual das testemunhas;

VII - o regime de casamento com declaração da data e do tabelionato onde foi lavrada a escritura antenupcial, quando o regime não for o da comunhão parcial ou o obrigatoriamente estabelecido;

VIII – o nome que os cônjuges adotarão em virtude do casamento;

IX – à margem do termo, a impressão digital do contraente se não souber ou não puder assinar o nome.

X – número de inscrição, perante o Cadastro de Pessoas Físicas, dos nubentes.

SEÇÃO III
DO REGISTRO DO CASAMENTO RELIGIOSO PARA EFEITOS CIVIS

Art. 155 - Os nubentes habilitados previamente para o casamento poderão pedir ao Oficial que lhes forneça a respectiva certidão para se casarem perante autoridade religiosa.

Parágrafo único – Na certidão, mencionar-se-á o prazo de 90 (noventa) dias de validade da habilitação.

Art. 156 - No prazo de 90 (noventa) dias, a contar da realização do casamento, estando os nubentes previamente habilitados, o celebrante ou qualquer interessado no registro poderão, apresentando a respectiva certidão de casamento religioso, solicitar ao Oficial o registro do casamento religioso para efeitos civis.

§ 1º - O registro será feito no prazo de 24 (vinte e quatro) horas, a contar da data da entrada do requerimento.

§ 2º - A firma da autoridade religiosa, na certidão de casamento religioso, deverá estar reconhecida por semelhança.

Art. 157 - O casamento religioso, celebrado sem a prévia habilitação perante o Oficial, poderá ser registrado no Registro Civil das Pessoas Naturais, a qualquer tempo e mediante prévia habilitação, para gerar efeitos civis.

§ 1º - Os nubentes devem apresentar com o requerimento de registro a certidão do ato religioso e os documentos exigidos pela lei civil, suprindo eles eventual falta de requisitos no termo da celebração.

§ 2º - Processada a habilitação com a publicação do edital, e certificada a inexistência de impedimentos, far-se-á o registro de acordo com a prova do ato e os dados constantes no processo, observado o disposto no art. 141.

SEÇÃO IV
DA TRANSFORMAÇÃO DA UNIÃO ESTÁVEL EM CASAMENTO

Art. 158 - A transformação da união estável em casamento será procedida mediante pedido ao Oficial do Registro Civil das Pessoas Naturais, o qual fará exame preliminar da documentação, atentando em especial para as exigências do art. 1.525 e incisos, do Código Civil Brasileiro. Uma vez autuada e estando em ordem a documentação, o Oficial remeterá ao Juiz competente, que designará audiência para ouvir os requerentes e duas testemunhas – não impedidas ou suspeitas.

Art. 159 - O Juiz indagará sobre a configuração da convivência pública, contínua e duradoura e estabelecida com o objetivo de constituição de família, e sobre os impedimentos referidos nos §§ 1º e 2º do art. 1.723 do Código Civil Brasileiro.

Art. 160 - A audiência oral poderá ser dispensada desde que os requerentes comprovem a união estável mediante documentos e declarem de próprio punho, com firma reconhecida por autenticidade, a inexistência dos impedimentos antes mencionados.

Art. 161 - A petição inicial será instruída com a certidão de nascimento ou documento equivalente (art. 1.525, I, do CCB) e, se for o caso, com o documento referido no art. 1.525, II, do Código Civil Brasileiro. Deverá constar a opção quanto ao regime de bens e referência ao sobrenome.

Art. 162 - O Juiz, a pedido dos requerentes, poderá fixar o prazo a partir do qual a união estável restou caracterizada.

Art. 163 - O Ministério Público será obrigatoriamente intimado, sob pena de nulidade absoluta.

Art. 164 - É facultada a intervenção no processo a quem conhecer algum dos impedimentos elencados no art. 1.521, com exceção do inc. VI, do Código Civil Brasileiro (art. 1.723, § 1º, do CCB).

Art. 165 - Os proclamas e os editais ficam dispensados.

Art. 166 - Homologada a conversão (art. 1.726 do CCB), o Juiz ordenará o registro para que o Oficial proceda ao assento no Livro "B".

- *Alterado pelo Provimento nº 42/2020 – CGJ/AL.*

Art. 167 - Na transformação da união estável em casamento, qualquer dos contraentes, querendo, poderá acrescer ao seu o sobrenome do outro.

SEÇÃO V
DA ALTERAÇÃO/MODIFICAÇÃO DO REGIME DE BENS DO CASAMENTO

Art. 168 - A alteração/modificação do regime de bens do casamento decorrerá de pedido manifestado por ambos os cônjuges, em procedimento de jurisdição voluntária, devendo o juízo competente publicar edital com prazo de 30 (trinta) dias, a fim de imprimir a devida publicidade à mudança, visando a resguardar direitos de terceiros.

Art. 169 - A intervenção do Ministério Público é obrigatória para a validade da mudança.

Art. 170 - Antes de homologar o pedido de alteração/modificação para um regime de bens que exige o pacto antenupcial, o magistrado deverá exigir a apresentação de escritura pública de pacto nupcial, nos termos do parágrafo único do art. 1.640 do Código Civil Brasileiro, ou determinará a lavratura de termo judicial, para posterior registro e eficácia perante terceiros (art. 1.657 do CCB).

Art. 171 - Após o trânsito em julgado da sentença, serão expedidos mandados de averbação aos Serviços de Registro Civil das Pessoas Naturais e de Imóveis e, caso qualquer dos cônjuges seja empresário, ao Registro Público de Empresas Mercantis.

Art. 172 - A modificação do regime de bens é de competência do Juízo da Vara de Família da respectiva comarca onde se processar a mudança.

CAPÍTULO VIII
DA SEPARAÇÃO E DO DIVÓRCIO

Art. 173 - É desnecessário o registro de escritura pública decorrente da Lei nº 11.441/2007 no Livro "E" do Ofício de Registro Civil das Pessoas Naturais.

Art. 174 - O traslado da escritura pública de separação e divórcio consensuais será apresentado ao Oficial de Registro Civil do respectivo assento de casamento, para a averbação necessária, independente de autorização judicial e de audiência do Ministério Público.

Art. 175 - O Oficial de Registro Civil que averbar a escritura pública de separação e divórcio consensual no assento de casamento também anotará no respectivo assento de nascimento dos cônjuges, se de sua serventia, ou, se de outra, comunicará ao Oficial competente para a necessária anotação.

Art. 176 - As sentenças judiciais de separação e divórcio serão averbadas no Livro B e anotadas no Livro A, não havendo necessidade do Registro no Livro E.

Art. 177 - O disposto neste Capítulo aplica-se às sentenças judiciais e escrituras públicas de restabelecimento da sociedade conjugal.

Art. 178 - O Ofício do Registro Civil das Pessoas Naturais que realizar averbação da separação, divórcio e restabelecimento da sociedade conjugal, comunicará ao Registro Civil das Pessoas Naturais onde está registrado o nascimento do(s) nubente(s), para efeitos de anotação.

§ 1º - O Ofício que realizou a averbação nada cobrará pela comunicação, ressalvadas as despesas postais com a remessa.

§ 2º - O Ofício que realizar a anotação no(s) nascimento(s) titulará direito a exigir emolumentos referentes à anotação, que serão cobrados pelo Ofício que realizou a averbação e remetidos junto com a comunicação, incluindo o valor do selo digital de fiscalização.

§ 3º - No Ofício onde estiver lavrado o assento de nascimento, recebida a comunicação, far-se-á a devida anotação.

§ 4º - Se a comunicação for oriunda de Registro Civil das Pessoas Naturais de outro Estado da Federação ou encaminhada a outro Estado da Federação, não se aplicará este dispositivo, sendo realizada a anotação ou a comunicação sem cobrança ou remessa de emolumentos.

CAPÍTULO IX
DO ÓBITO

Art. 179 - Nenhum sepultamento será feito sem certidão do oficial de registro do lugar do falecimento ou do lugar de residência do de cujus, quando o falecimento ocorrer em local diverso do seu domicílio, extraída após a lavratura do assento de óbito, em vista do atestado de médico, se houver no lugar, ou em caso contrário, de duas pessoas qualificadas que tiverem presenciado ou verificado a morte.

§ 1º - Antes de proceder ao assento de óbito de criança de menos de 01 (um) ano, o Oficial verificará se houve registro de nascimento e, inexistindo, o fará previamente.

§ 2º - O registro prévio de nascimento normatizado no parágrafo antecedente será feito pelo Ofício competente do registro de óbito, independentemente do lugar do nascimento, fundamentado na Declaração de Nascido Vivo, e, não sendo esta apresentada, o registro será realizado com base na declaração dos pais, sob as penas da lei.

§ 3º - Os Oficiais do Registro Civil não deverão aceitar, para efeito do assento de óbitos, Declarações de Óbito (DO) sem a variável raça/cor.

§ 4º - Deverão também os Oficiais de Registro Civil fiscalizar o correto preenchimento das Declarações de Óbito, devendo as incompletas, abreviadas e/ou rasuradas, principalmente no campo "causa da morte", serem devolvidas ao médico responsável pelo preenchimento, para que este complete as informações faltantes.

Art. 180 - Na impossibilidade de fazer o registro no prazo de 24 (vinte e quatro) horas do falecimento, pela distância ou qualquer outro motivo relevante, lavrar-se-á o assento depois, com a maior urgência, e dentro dos prazos fixados no art. 50 da Lei nº 6.015/73.

Art. 181 - São obrigados a fazer a declaração de óbito:

I - o homem ou a mulher, a respeito de seu cônjuge/companheiro(a), filhos(as), hóspedes, agregados(as) e empregados(as);

II - o filho, referentemente ao pai ou à mãe; o irmão, relativamente aos irmãos e demais pessoas de casa, indicadas no inc. I; parente mais próximo, maior e presente;

III - o administrador, diretor ou gerente de qualquer estabelecimento público ou particular, em referência aos que nele falecerem, salvo se estiver presente algum parente em grau supra-indicado;

IV - na falta de pessoa competente, nos termos dos incisos anteriores, a que tiver assistido aos últimos momentos do finado, o médico, o sacerdote ou vizinho a saber do falecimento;

V - a autoridade policial, a respeito de pessoas encontradas mortas.

Parágrafo único - A declaração poderá ser feita por mandatário, devidamente constituído, devendo constar no referido instrumento de procuração os elementos necessários ao assento de óbito.

Art. 182 - O registro de óbito conterá:

I - a hora, se possível, dia, mês e ano do falecimento;

II - o lugar do falecimento, com indicação precisa;

III - o prenome, nome, sexo, idade, cor, estado civil, profissão, naturalidade, domicílio e residência do morto;

IV - O nome do cônjuge ou companheiro(a);

a) em se tratando de casamento, mencionar-se-á o nome do cônjuge sobrevivente, mesmo quando separado, bem como a serventia em que realizado o casamento;

b) em se tratando de óbito de pessoa viúva, mencionar-se-á o nome do cônjuge pré-morto, bem como a serventia em que realizado o casamento;

c) em se tratando de união estável, mencionar-se-á o nome do(a) companheiro(a) sobrevivente, consignando-se a circunstância da união estável dissolvida ou extinta pela morte de um dos companheiros.

V - os nomes, prenomes, profissão, naturalidade e residência dos pais;

VI - se o morto faleceu com testamento conhecido;

VII - se deixou filhos, nomes e idade de cada um;

VIII - se a morte foi natural ou violenta, e a causa conhecida, com os nomes dos atestantes;

IX - o lugar do sepultamento;

X - se deixou bens e herdeiros menores ou interditos;

XI - se era eleitor;

XII - pelo menos uma das informações a seguir arroladas: número de inscrição do PIS/PASEP; número de inscrição do Instituto Nacional do Seguro Social - INSS, se contribuinte individual; número do benefício previdenciário - NB, se a pessoa falecida for titular de qualquer benefício pago pelo INSS; número do CPF; número de registro da carteira de identidade e respectivo órgão emissor; número do título de eleitor; número do registro de nascimento, com informação do livro, da folha e do termo; número e série da carteira de trabalho;

XIII – a apresentação da declaração de óbito (DO) e o seu número.

Art. 183 - Sendo o finado desconhecido, o registro conterá declaração de estatura ou medida, se for possível, cor, sinais aparentes, idade presumida, vestuário e qualquer outra indicação que possa auxiliar no futuro o seu reconhecimento.

§ 1º - No caso de haver sido encontrado morto, mencionar-se-á esta circunstância, o lugar onde se achava e o da necropsia, se houver.

§ 2º - Nessa hipótese, extrair-se-á a individual dactiloscópica, se no local existir esse serviço.

Art. 184 - Quando for impossível constar do registro de óbito todos os elementos referidos no art. 182, o Oficial mencionará o desconhecimento pelo declarante dos elementos faltantes.

Art. 185 - O registro será assinado pela pessoa que proceder à comunicação, ou por alguém a seu rogo, se não souber ou não puder assinar, acompanhado de duas testemunhas.

Art. 186 - Se o registro for posterior ao enterro, faltando atestado de médico ou de duas pessoas qualificadas, assinarão com o declarante duas testemunhas que assistiram o falecimento ou o funeral e puderem atestar, por conhecimento próprio ou por informações colhidas, a identidade do cadáver.

CAPÍTULO X DA EMANCIPAÇÃO, DA INTERDIÇÃO E DA AUSÊNCIA

SEÇÃO I DA EMANCIPAÇÃO

Art. 187 - Em cada comarca, em relação aos menores nela domiciliados, registrar-se-ão no Livro "E" do Ofício, ou no 1º Ofício, se houver mais de um, as sentenças de emancipação e os atos dos pais que a concederem.

Parágrafo único – O Oficial poderá registrar emancipação mediante escritura pública, concedida por apenas um dos progenitores, instruída com a declaração da falta ou impedimento do outro, prevista nos arts. 4º, I; 5º, I; 1.570 e 1.631 do CCB.

Art. 188 - O registro será feito mediante trasladação da sentença oferecida em certidão, ou da escritura pública, limitando-se nesta às referências da data, livro, folha e tabelionato da lavratura.

Parágrafo único – O registro, em qualquer caso, independerá da presença de testemunhas, mas conterá a assinatura do apresentante.

Art. 189 - Constarão do registro:

I – a data do registro e da emancipação;

II – o prenome, sobrenome, idade, filiação, profissão, naturalidade e residência do emancipado; data e Ofício do registrar o seu nascimento;

III – o prenome, sobrenome, profissão, naturalidade e residência dos pais ou do tutor;

IV – a data da sentença, nome do Juiz prolator, comarca e vara, ou as referências da data, do livro, folha e tabelionato da lavratura do instrumento público.

Art. 190 - A emancipação concedida através de sentença judicial será comunicada de ofício ao Oficial, se não constar dos autos haver sido feito o registro dentro de 08 (oito) dias.

SEÇÃO II DA INTERDIÇÃO

Art. 191 - Em cada comarca, em relação aos interditos nela domiciliados, registrar-se-ão no Livro "E" do Ofício, ou no 1º Ofício, se houver mais de um, as sentenças de interdição, declarando-se:

I – a data do registro;

II – o prenome, sobrenome, idade, estado civil, profissão, naturalidade, domicílio e residência do interdito, data e ofícios do registrar o nascimento e o casamento, e nome do cônjuge, se for casado;

III – a data da sentença, nome do Juiz prolator, comarca e vara;

IV – o nome, profissão, estado civil, domicílio e residência do curador;

V – o nome do requerente da interdição e causa desta;

VI – os limites da curadoria, quando for parcial a interdição;

VII – o lugar onde está internado o interdito.

Art. 192 - A comunicação, com os dados necessários, acompanhados de certidão de sentença, será remetida pelo Juiz ao Ofício, para registro, se o curador ou promovente não o tiver feito dentro de 08 (oito) dias.

Parágrafo único – Antes de registrada a sentença, não poderá o curador assinar o respectivo termo.

SEÇÃO III
DA AUSÊNCIA

Art. 193 - O registro das sentenças declaratórias de ausência, a nomearem curador, far-se-á no Ofício do domicílio anterior do ausente, com as mesmas cautelas e efeitos do registro de interdição, declarando-se:

I – a data do registro;

II – o prenome, sobrenome, estado civil, profissão e domicílio anterior do ausente, data e Ofícios do registro de nascimento e do casamento, bem como nome do cônjuge, se for casado;

III – o tempo de ausência até a data da sentença;

IV – o nome do autor;

V – a data da sentença, nome do Juiz prolator, comarca e vara;

VI – o nome, estado civil, profissão, domicílio e residência do curador e limites da curatela.

SEÇÃO IV
DA MORTE PRESUMIDA

Art. 194 - A morte presumida será declarada, quanto aos ausentes, nos casos em que a lei autorizar a abertura da sucessão definitiva, e, declarada sem a decretação de ausência, quando for extremamente provável a morte de quem estava em perigo de vida ou se alguém, desaparecido em campanha ou feito prisioneiro, não for encontrado até dois anos após o término da guerra.

Art. 195 - A morte presumida será registrada no Livro "C" – registro de óbitos.

Art. 196 - Os requisitos para o registro da morte presumida serão os mesmos do registro de óbito.

CAPÍTULO XI
DA ADOÇÃO

Art. 197 - O filho adotivo titula mesmos direitos e qualificações da filiação biológica (art. 227, § 6º, da CF).

SEÇÃO I
DA ADOÇÃO DE MENORES

Art. 198 - O ato constitutivo da adoção de menores, emanado de decisão judicial do Juizado da Infância e da Juventude, será averbado, e concomitantemente cancelado o registro primitivo do adotado, e registrado no Ofício de domicílio dos adotantes, no Livro "A", na forma e exigências do art. 47 da Lei nº 8.069/90:

§ 1º - Se o assento primitivo houver sido lavrado em Ofício de outra comarca, o Juiz que conceder a adoção determinará expedição de mandado de averbação e cancelatório àquele Ofício, o qual só será submetido à jurisdição do Juiz Corregedor Permanente designado.

§ 2º - O registro de adoção será efetivado como se tratasse de lavratura fora de prazo, mediante a apresentação do mandado por qualquer um dos adotantes, em conformidade com o art. 1.618 e ss. do Código Civil Brasileiro.

Art. 199 - Os mandados de registro e averbação da adoção serão registrados e averbados independente da presença dos adotantes, bastando sua remessa pelo Juiz da Infância e Juventude da comarca e dispensada a indicação do declarante no respectivo termo.

SEÇÃO II
DA ADOÇÃO DE MAIORES

Art. 200 - A adoção de maiores será realizada nos termos do Estatuto da Criança e do Adolescente, face às disposições da Lei nº 12.010/2009.

CAPÍTULO XII
DA AVERBAÇÃO

Art. 201 - A averbação será feita:

a) pelo oficial do cartório em que constar o assento à vista da carta de sentença, de mandado ou de petição acompanhada de certidão ou documento legal e autêntico, bem como, de termos de audiência, de sentenças/mandado, de termos de entendimento homologados, ou qualquer outro documento judicial com efeito de mandado;

b) mediante petição acompanhada de certidão ou documento legal e autêntico, após audiência do Ministério Público.

§ 1º - O ato será feito à margem do assento e, quando não houver espaço, no livro correspondente, com notas e remissões recíprocas, para facilitarem a busca.

§ 2º - Indicar-se-á, minuciosamente, a sentença ou o ato que determina a averbação.

§ 3º - Os mandados oriundos de outras comarcas e os mandados emanados da Justiça Federal somente serão submetidos à jurisdição do Juiz Corregedor Permanente, quando houver razão impeditiva do cumprimento da ordem, cabendo ao Oficial suscitar o incidente de dúvida, independentemente de requerimento.

§ 4º - Nas hipóteses em que o oficial suspeitar de fraude, falsidade ou má-fé nas declarações ou na documentação apresentada para fins de averbação, não praticará o ato pretendido e submeterá o caso ao representante do Ministério Público para manifestação, com a indicação, por escrito, dos motivos da suspeita.

Art. 202 - Nos assentos de nascimento, casamento e óbito poderá ser averbado o número de CPF, de forma gratuita.

SEÇÃO I
DA AVERBAÇÃO NO NASCIMENTO

Art. 203 - No Livro de Nascimentos averbar-se-á:

a) a alteração de nome;

b) o reconhecimento de filho;

c) a retificação de nome e de outros dados do registro;

d) a perda ou suspensão do poder familiar;

e) a alteração de sobrenome materno ou paterno em decorrência de casamento, no termo de nascimento do filho;

f) a adoção unilateral;

g) a sentença que declarar a negativa de paternidade ou de maternidade;

h) o cancelamento de registro.

Art. 203-A - Poderá ser requerida, perante o Oficial de Registro Civil competente, a averbação no registro de nascimento das alterações de patronímico dos genitores em decorrência de casamento, separação e divórcio, mediante a apresentação da certidão respectiva.

§ 1º - O procedimento administrativo previsto no caput deste artigo não depende de autorização judicial;

§ 2º - A certidão de nascimento será emitida com o nome mais atual, sem fazer menção sobre a alteração ou o seu motivo, devendo fazer referência no campo 'observações' ao parágrafo único art. 21 da lei 6.015, de 31 de dezembro de 1973;

§ 3º - Por ocasião do óbito do(a) cônjuge, poderá o(a) viúvo(a) requerer averbação para eventual retorno ao nome de solteiro(a)

- *Provimento nº 82 - CNJ.*

SEÇÃO II
DA AVERBAÇÃO NO CASAMENTO

Art. 204 - No Livro de Casamentos averbar-se-á:

a) a escritura pública e a sentença de separação, divórcio e de restabelecimento da sociedade conjugal;

b) a sentença de nulidade ou de anulação de casamento;

c) a alteração/modificação do regime de bens, posterior ao casamento, à vista do mandado judicial, instruído com escritura pública de pacto nupcial ou termo judicial, nos casos em que a lei exigir;

d) as retificações e alterações de nome e outros dados do registro;

e) o cancelamento do registro.

f) a sentença estrangeira de divórcio ou separação judicial, devidamente homologada pelo Superior Tribunal de Justiça - STJ, independentemente de seu cumprimento ou execução em Juízo Federal, para os casos em que haja disposição sobre guarda de filhos, alimentos e/ou partilha de bens. Caso a sentença estrangeira seja de divórcio consensual simples ou puro, não haverá necessidade de homologação pelo STJ ou de prévia manifestação de qualquer outra autoridade judicial brasileira, nos termos do Provimento 53/2016 do CNJ.

Art. 204-A - Poderá ser requerida, perante o Oficial de Registro Civil competente, a averbação no registro de casamento das alterações de patronímico dos genitores em decorrência de casamento, separação e divórcio, mediante a apresentação da certidão respectiva.

§ 1º - O procedimento administrativo previsto no caput deste artigo não depende de autorização judicial;

§ 2º - A certidão de casamento será emitida com o nome mais atual, sem fazer menção sobre a alteração ou o seu motivo, devendo fazer referência no campo 'observações' ao parágrafo único art. 21 da lei 6.015, de 31 de dezembro de 1973.

- *Provimento nº 82 – CNJ.*

Art. 205 - A averbação da sentença de nulidade ou anulação de casamento, da separação ou do divórcio deve declarar a data da prolação da sentença pelo Tribunal ou Juiz, os nomes das partes e do trânsito em julgado.

§ 1º - As sentenças de nulidade ou anulação de casamento não se averbarão enquanto não qualificadas pela coisa julgada.

§ 2º - Nas ações julgadas em grau de recurso, a averbação far-se-á à vista da carta de ordem, subscrita pelo Presidente do Tribunal ou Relator e com os requisitos previstos em lei.

§ 3º - O Oficial do Registro comunicará, dentro de 48 (quarenta e oito) horas, o lançamento da averbação respectiva ao Juiz que houver subscrito a carta de ordem mediante ofício sob registro postal.

SEÇÃO III
DA AVERBAÇÃO NA EMANCIPAÇÃO, INTERDIÇÃO E AUSÊNCIA

Art. 206 - No Livro de Emancipações, Interdições e Ausências averbar-se-ão:

I – as sentenças a anular, a desconstituir ou a por termo à interdição;

II – as substituições dos curadores de interditos ou ausentes;

III – as alterações dos limites da curatela;

IV – a cessação ou mudança de internação;

V – a cessação de ausência pelo aparecimento do ausente;

VI – a sentença de abertura de sucessão provisória do ausente, após o trânsito em julgado, com referência especial ao testamento do ausente, se houver, e indicação de seus herdeiros habilitados.

SEÇÃO IV
DA AVERBAÇÃO DE SENTENÇA ESTRANGEIRA DE DIVÓRCIO CONSENSUAL

Art. 207 - A averbação direta no assento de casamento da sentença estrangeira de divórcio consensual simples ou puro, bem como da decisão não judicial de divórcio, que pela lei brasileira tem natureza jurisdicional, deverá ser realizada perante o Oficial de Registro Civil das Pessoas Naturais.

§ 1º - A averbação direta de que trata o caput desse artigo independe de prévia homologação da sentença estrangeira pelo Superior Tribunal de Justiça e/ou de prévia manifestação de qualquer outra autoridade judicial brasileira.

§ 2º - A averbação direta dispensa a assistência de advogado ou defensor público.

§ 3º - A averbação da sentença estrangeira de divórcio consensual, que, além da dissolução do matrimônio, envolva disposição sobre guarda de filhos, alimentos e/ou partilha de bens – aqui denominado divórcio consensual qualificado – dependerá de prévia homologação pelo Superior Tribunal de Justiça.

Art. 208 - Para averbação direta, o interessado deverá apresentar, no Registro Civil das Pessoas Naturais junto ao assento de seu casamento, cópia integral da sentença estrangeira, bem como comprovação do trânsito em julgado, acompanhada de tradução oficial juramentada e de chancela consular.

Art. 209 - Havendo interesse em retomar o nome de solteiro, o interessado na averbação direta deverá demonstrar a existência de disposição expressa na sentença estrangeira, exceto quando a legislação estrangeira permitir a retomada, ou quando o interessado comprovar, por documento do registro civil estrangeiro a alteração do nome.

Art. 210 - Serão arquivados pelo Oficial de Registro Civil de Pessoas Naturais, em meio físico ou mídia digital segura, os documentos apresentados para a averbação da sentença estrangeira de divórcio, com referência do arquivamento à margem do respectivo assento.

CAPÍTULO XIII
DA ANOTAÇÃO

Art. 211 - Sempre que o Oficial fizer algum registro ou averbação, no prazo de 05 (cinco) dias, deverá anotá-lo nos atos anteriores, com remissões recíprocas, se lançados em seu Ofício, ou fará comunicação, com resumo do assento, ao Oficial em cujo Ofício estiverem os registros primitivos, obedecendo-se, sempre, à forma prescrita no art. 185.

Parágrafo único – As comunicações far-se-ão mediante cartas protocoladas ou por mensagens eletrônicas, sendo impresso o respectivo comprovante e anotando-se à margem ou sob o ato noticiado o número do protocolo, as quais ficarão arquivadas no Ofício a recebê-las.

Art. 212 - Nos assentos de nascimento, casamento e óbito poderão ser anotados o número do DNI ou RG, título de eleitor e outros dados cadastrais públicos relativos à pessoa natural, mediante conferência.

SEÇÃO I
DA ANOTAÇÃO NO NASCIMENTO

Art. 213 - Anotar-se-á no Livro de Nascimentos:

a) o casamento;

b) a separação, o divórcio e o restabelecimento da sociedade conjugal;

c) a alteração de sobrenome em virtude do casamento, no respectivo termo de nascimento do(a) nubente;

d) a dissolução ou a anulação do casamento;

e) a emancipação, a interdição, a ausência;

f) o óbito e a morte presumida.

SEÇÃO II
DA ANOTAÇÃO NO CASAMENTO

Art. 214 - Anotar-se-á no Livro de Casamentos:

a) a emancipação, a interdição, a ausência;

b) o óbito e a morte presumida.

SEÇÃO III
DA ANOTAÇÃO NA EMANCIPAÇÃO, INTERDIÇÃO E AUSÊNCIA

Art. 215 - Anotar-se-á no Livro de Emancipações, Interdições e Ausências:

a) o casamento;

b) o óbito.

Art. 216 - Os Oficiais, além das penas disciplinares, são responsáveis civil e criminalmente pela omissão ou atraso na remessa de comunicação a outros Ofícios.

CAPÍTULO XIV
DAS RETIFICAÇÕES, DAS RESTAURAÇÕES E DOS SUPRIMENTOS

Art. 217 - O oficial retificará o registro, a averbação ou a anotação, de ofício ou a requerimento do interessado, mediante petição assinada pelo interessado, representante legal ou procurador, independentemente de prévia autorização judicial ou manifestação do Ministério Público, nos casos de:

I – erros que não exijam qualquer indagação para a constatação imediata de necessidade de sua correção;

II – erro na transposição dos elementos constantes em ordens e mandados judiciais, termos ou requerimentos, bem como outros títulos a serem registrados, averbados ou anotados, e o documento utilizado para a referida averbação e/ou retificação ficará arquivado no registro no cartório;

III – inexatidão da ordem cronológica e sucessiva referente à numeração do livro, da folha, da página, do termo, bem como da data do registro;

IV – ausência de indicação do Município relativo ao nascimento ou naturalidade do registrado, nas hipóteses em que existir descrição precisa do endereço do local do nascimento;

V – elevação de Distrito a Município ou alteração de suas nomenclaturas por força de lei.

Parágrafo único – Nos casos em que a retificação decorra de erro imputável ao oficial, por si ou por seus prepostos, não será devido pelos interessados o pagamento de selos e taxas."

Art. 218 - Fora da retificação feita no ato, qualquer outra só poderá ser efetuada nos termos dos arts. 109 a 112 da Lei 6.015/73.

Art. 219 - Nenhuma justificação em matéria de registro civil, para retificação, restauração ou abertura de assento, será entregue à parte.

CAPÍTULO XV
DO REGISTRO DA UNIÃO ESTÁVEL

Art. 220 - É facultativo o registro da união estável prevista nos artigos 1.723 a 1.727 do Código Civil, mantida entre o homem e a mulher, ou entre duas pessoas do mesmo sexo.

Art. 221 - O registro da sentença declaratória de reconhecimento e dissolução, ou extinção, bem como da escritura pública de contrato e distrato envolvendo união estável, será feito no Livro "E", pelo Oficial do Registro Civil das Pessoas Naturais da Sede, ou, onde houver, no 1º Subdistrito da Comarca em que os companheiros têm ou tiveram seu último domicílio, devendo constar:

a) a data do registro;

b) o prenome e o sobrenome, a data de nascimento, a profissão, a indicação da numeração da Cédula de Identidade, o domicílio e residência de cada companheiro, e o CPF se houver;

c) prenomes e sobrenomes dos pais;

d) a indicação das datas e dos Ofícios de Registro Civil das Pessoas Naturais em que foram registrados os nascimentos das partes, os seus casamentos ou uniões estáveis anteriores, assim como os óbitos de seus anteriores cônjuges ou companheiros, quando houver, ou os respectivos divórcios ou separações judiciais ou extrajudiciais se foram anteriormente casados;

e) data do trânsito em julgado da sentença ou do acórdão, número do processo, Juízo e nome do Juiz que a proferiu ou do Desembargador que o relatou, quando o caso;

f) data da escritura pública, mencionando-se no último caso, o livro, a página e o Tabelionato onde foi lavrado o ato;

g) regime de bens dos companheiros, ou consignação de que não especificado na respectiva escritura pública ou sentença declaratória;

h) o nome que os companheiros passam a ter, em virtude da união estável.

Art. 222 - Serão arquivados pelo Oficial de Registro Civil, em meio físico ou mídia digital segura, os documentos apresentados para o registro da união estável e de sua dissolução, com referência do arquivamento à margem do respectivo assento, de forma a permitir sua localização.

Art. 223 - Quando o estado civil dos companheiros não constar da escritura pública, deverão ser exigidas e arquivadas as respectivas certidões de nascimento, ou de casamento com averbação do divórcio ou da separação judicial ou extrajudicial, ou de óbito do cônjuge se o companheiro for viúvo, exceto se mantidos esses assentos no Registro Civil das Pessoas Naturais em que registrada a união estável, hipótese em que bastará sua consulta direta pelo Oficial de Registro.

Art. 224 - O registro de união estável decorrente de escritura pública de reconhecimento ou extinção produzirá efeitos patrimoniais entre os companheiros, não prejudicando terceiros que não tiverem participado da escritura pública.

Parágrafo único – O registro da sentença declaratória da união estável, ou de sua dissolução, não altera os efeitos da coisa julgada.

Art. 225 - O Oficial deverá anotar o registro da união estável nos atos anteriores, com remissões recíprocas, se lançados em seu Registro Civil das Pessoas Naturais, ou comunicá-lo ao Oficial do Registro Civil das Pessoas Naturais em que estiverem os registros primitivos dos companheiros.

§ 1º - O Oficial averbará, no registro da união estável, o óbito, o casamento, a constituição de nova união estável e a interdição dos companheiros, que lhe serão comunicados pelo Oficial de Registro que realizar esses registros, se distinto, fazendo constar o conteúdo dessas averbações em todas as certidões que forem expedidas.

§ 2º - As comunicações previstas neste artigo poderão ser efetuadas por meio eletrônico seguro, com arquivamento do comprovante de envio, ou por outro meio previsto em norma da Corregedoria Geral da Justiça para as comunicações de atos do Registro Civil das Pessoas Naturais.

Art. 226 - Não é exigível o prévio registro da união estável para que seja registrada a sua dissolução, devendo, nessa hipótese, constar do registro somente a data da escritura pública de dissolução.

§ 1º - Se existente o prévio registro da união estável, a sua dissolução será averbada à margem daquele ato.

§ 2º - Contendo a sentença em que declarada a dissolução da união estável a menção ao período em que foi mantida, deverá ser promovido o registro da referida união estável e, na sequência, a averbação de sua dissolução.

Art. 227 - Não poderá ser promovido o registro, no Livro E, de união estável de pessoas casadas, ainda que separadas de fato, exceto se separadas judicialmente ou extrajudicialmente, ou se a declaração da união estável decorrer de sentença judicial transitada em julgado, podendo ainda o rompimento da vida em comum decorrer de constatação retratada em ata notarial.

Art. 228 - Em todas as certidões relativas ao registro de união estável no Livro "E" constará advertência expressa de que esse registro não produz os efeitos da conversão da união estável em casamento.

CAPÍTULO XV-A - DA AUTORIZAÇÃO ELETRÔNICA DE VIAGEM NACIONAL E INTERNACIONAL DE CRIANÇAS E ADOLESCENTES DE ATÉ 16 (DEZESSEIS) ANOS DESACOMPANHADOS DE AMBOS OU UM DE SEUS PAIS

SEÇÃO I
DA AUTORIZAÇÃO ELETRÔNICA DE VIAGEM

Art. 228-A - Fica instituída a Autorização Eletrônica de Viagem – AEV, nacional e internacional, de crianças e adolescentes até 16 (dezesseis) anos desacompanhados de ambos ou um de seus pais, a ser emitida, exclusivamente, por intermédio do Sistema de Atos Notariais Eletrônicos – e-Notariado, acessível por meio do ***link*** www.e-notariado.org.br.

- *Provimento nº 42/2020 – CGJ/AL.*
- *Provimento nº 103 – CNJ.*

Art. 228-B - A Autorização Eletrônica de Viagem obedecerá a todas as formalidades exigidas para a prática do ato notarial eletrônico previstas no Provimento n. 100/2020 da Corregedoria Nacional de Justiça, bem como na Resolução CNJ n. 131, de 26 de maio de 2011, e na Resolução CNJ n. 295, de 13 de setembro de 2019.

Parágrafo único: O ato eletrônico emitido com a inobservância dos requisitos estabelecidos nos atos normativos previstos no ***caput*** deste artigo é nulo de pleno direito, independentemente de declaração judicial.

- *Provimento nº 42/2020 – CGJ/AL.*
- *Provimento nº 103 – CNJ.*

Art. 228-C - A emissão de Autorização Eletrônica de Viagem – AEV é facultativa, permanecendo válidas as autorizações de viagens emitidas em meio físico.

- *Provimento nº 42/2020 – CGJ/AL.*
- *Provimento nº 103 – CNJ.*

SEÇÃO II
DO PROCEDIMENTO

Art. 228-D - Os pais ou responsáveis, nas hipóteses em que não seja necessária a autorização judicial, poderão autorizar a viagem da criança e do adolescente por instrumento particular eletrônico, com firma reconhecida por um tabelião de notas, nos termos do art. 8º da Resolução CNJ n. 131, de 26 de maio de 2011, e do art. 2º da Resolução CNJ n. 295, de 13 de setembro de 2019.

- *Provimento nº 42/2020 – CGJ/AL.*
- *Provimento nº 103 – CNJ.*

Art. 228-E - O requerimento eletrônico de autorização de viagem será efetuado, exclusivamente, por meio de eventuais modelos ou formulários produzidos, divulgados e disponibilizados por meio de ***links*** pelo Poder Judiciário ou órgãos governamentais nos termos do parágrafo único do art. 11 da Resolução CNJ nº 131/2011.

Parágrafo único: Os formulários deverão constar do Sistema de Atos Notariais Eletrônicos – e-Notariado, a fim de que o interessado possa, gratuitamente, efetuar o seu ***download.***

- *Provimento nº 42/2020 – CGJ/AL.*
- *Provimento nº 103 – CNJ.*

Art. 228-F - Para a assinatura da Autorização Eletrônica de Viagem é imprescindível a realização de videoconferência notarial para captação do consentimento das partes sobre os termos do ato jurídico, a concordância com o ato notarial, a utilização da assinatura digital notarizada pelas partes e a assinatura do Tabelião de Notas com o uso do certificado digital, segundo a Infraestrutura de Chaves Públicas Brasileira – ICP.

Parágrafo único. Os interessados poderão obter, gratuitamente, do tabelião de notas responsável pela lavratura da autorização de viagem, certificado digital notarizado, para uso exclusivo e por tempo determinado, na plataforma e-Notariado e demais plataformas autorizadas pelo Colégio Notarial Brasil – CF.

- *Provimento nº 42/2020 – CGJ/AL.*
- *Provimento nº 103 – CNJ.*

Art. 228-G – A Autorização Eletrônica de Viagem firmada pelos pais ou responsáveis possui o mesmo valor do instrumento particular emitido de forma física e poderá ser apresentada à Polícia Federal e às empresas de transporte rodoviário, marítimo ou aeroportuário.

- *Provimento nº 42/2020 – CGJ/AL.*
- *Provimento nº 103 – CNJ.*

Art. 228-H – É competente para a lavratura da autorização de viagem eletrônica o tabelião de notas do domicílio dos pais ou dos responsáveis pela criança ou adolescente.

Parágrafo único. Se os pais ou responsáveis possuírem domicílio distintos, o tabelião de notas de qualquer dos domicílios poderá lavrar o ato.

- *Provimento nº 42/2020 – CGJ/AL.*
- *Provimento nº 103 – CNJ.*

Art. 228-I – A Autorização Eletrônica de Viagem conterá, em destaque, a chave de acesso e *QR Code* para consulta e verificação da autenticidade na internet.

§ 1º O ***QR Code*** constante da Autorização Eletrônica de Viagem poderá ser validado sem a necessidade de conexão com a internet.

§ 2º A versão impressa da autorização eletrônica de viagem poderá ser apresentada pelo interessado, desde que observados os requisitos do ***caput.***

§ 3º Autorização Eletrônica de Viagem poderá ser apresentada em aplicativo desenvolvido pelo CNB-CF, Polícia Federal, empresas de transporte aéreo, rodoviário e marítimo.

- *Provimento nº 42/2020 – CGJ/AL.*
- *Provimento nº 103 – CNJ.*

Art. 228-J – O Colégio Notarial do Brasil – Conselho Federal promoverá acordos de cooperação técnica com órgãos públicos e empresas de transporte para a viabilização da apresentação e validação da Autorização Eletrônica de Viagem pelos interessados.

- *Provimento nº 42/2020 – CGJ/AL.*
- *Provimento nº 103 – CNJ.*

Art. 228-K – A Autorização Eletrônica de Viagem poderá contemplar a necessidade de hospedagem do menor, em caso de emergência decorrente de atrasos, alterações ou cancelamentos de voos ou viagens, nos termos art. 82 do Estatuto da Criança e do Adolescente.

Parágrafo único: O tabelião deverá indagar aos pais ou responsáveis acerca da hipótese prevista no *caput*, a fim de consigná-la na autorização eletrônica de viagem.

- *Provimento nº 42/2020 – CGJ/AL.*
- *Provimento nº 103 – CNJ.*

Art. 228-L – A Autorização Eletrônica de Viagem disciplinada neste provimento poderá ser expedida pelo prazo ou evento a ser indicado pelos pais ou responsáveis da criança ou adolescente.

Parágrafo único. Os documentos de autorizações eletrônicas dadas pelos pais ou responsáveis deverão fazer constar o prazo de validade, compreendendo-se, em caso de omissão, que a autorização é válida por dois anos.

- *Provimento nº 42/2020 – CGJ/AL.*
- *Provimento nº 103 – CNJ.*

CAPÍTULO XV-B
DO ENVIO DE DADOS REGISTRAIS, DAS PESSOAS EM ESTADO DE VULNERABILIDADE SOCIOECONÔMICA, PELO CARTÓRIOS DE REGISTRO CIVIL DE PESSOAS NATURAIS, DIRETAMENTE OU POR INTERMÉDIO DA CENTRAL DE INFORMAÇÕES DE REGISTRO CIVIL DE PESSOAS NATURAIS- CRC, AOS INSTITUTOS DE IDENTIFICAÇÃO DOS ESTADOS E DO DISTRITO FEDERAL, PARA FINS EXCLUSIVOS DE EMISSÃO DE REGISTRO GERAL DE IDENTIDADE

Art. 228-M – Os Cartórios de Registro Civil de Pessoas Naturais, diretamente ou por intermédio da Central de Informações de Registro Civil de Pessoas Naturais- CRC, enviarão aos Institutos de Identificação dos Estados e do Distrito Federal, gratuitamente, os dados registrais das pessoas em estado de vulnerabilidade socioeconômica, para fins exclusivos de emissão de registro geral de identidade.

Parágrafo único. Os cartórios de registro civil ou a Central de Informações de Registro Civil de Pessoas Naturais- CRC deverão enviar, eletronicamente, os dados registrais das pessoas em estado de vulnerabilidade socioeconômica, em até 48 (quarenta e oito) horas, a contar do recebimento da solicitação Institutos de Identificação dos Estados e do Distrito Federal.

- *Provimento nº 42/2020 – CGJ/AL.*
- *Provimento nº 104 – CNJ.*

Art. 228-N - Considera-se em estado de vulnerabilidade socioeconômica:

I - população em situação de rua, definida no Decreto n. 7.053/2009;

II - povos e comunidades tradicionais, hipossuficientes, definidos no Decreto n. 6.040/2007;

III - pessoa beneficiada por programas sociais do governo federal;

IV - pessoa com deficiência ou idosa incapaz de prover sua manutenção, cuja renda familiar, per capta, seja igual ou inferior a ¼ do salário mínimo;

V - migrantes, imigrantes e refugiados sem qualquer identidade civil nacional.

§ 1° A comprovação de quaisquer das hipóteses previstas neste artigo será efetuada pelos órgãos públicos, inclusive de assistência social dos Estados e Municípios, no momento em que formularem a solicitação aos institutos de identificação.

§ 2° Incorrerá em crime, o agente público que, falsamente, atestar a existência de estado de vulnerabilidade socioeconômica inexistente.

- *Provimento nº 42/2020 – CGJ/AL.*
- *Provimento nº 104 – CNJ.*

TÍTULO III
DO REGISTRO CIVIL DAS PESSOAS JURÍDICAS

CAPÍTULO I
DAS DISPOSIÇÕES GERAIS

- *Capítulo alterado pelo Provimento nº 10, de 15 de junho de 2022.*

Art. 1º - O – Registro Civil das Pessoas Jurídicas está sujeito ao regime jurídico estabelecido na Constituição Federal, no Código Civil, na Lei nº 6.015/73, na Lei nº 8.935/94 e demais atos que definam sua organização, competência, atribuição e funcionamento.

Art. 2º - Aos oficiais de registro civil das pessoas jurídicas cumpre prestar os serviços a seu cargo de modo adequado, observando rigorosamente os deveres próprios da delegação pública de que estão investidos, de modo a garantir a autenticidade, publicidade, segurança e eficácia dos atos jurídicos.

Art. 3º - Os oficiais de registro civil de pessoas jurídicas adotarão boas práticas procedimentais e aquelas determinadas pela Corregedoria-Geral de Justiça do Estado de Alagoas, observando os princípios da continuidade e da anterioridade, necessários à segurança jurídica dos atos que alterem ou afetem as pessoas jurídicas.

CAPÍTULO II
DAS ATRIBUIÇÕES

- *Capítulo alterado pelo Provimento nº 10, de 15 de junho de 2022.*

Art. 4º - A existência legal das pessoas jurídicas só começa com o registro de seus atos constitutivos no local de sua sede.

Art. 5º - Aos Oficiais de Registro Civil das Pessoas Jurídicas compete:

I – registrar os atos constitutivos ou os estatutos das associações, das organizações religiosas, pias, morais, partidos políticos, científicas ou literárias, dos sindicatos, das fundações e das cooperativas.;

II – registrar os atos constitutivos dos empreendedores e sociedades simples, independente do seu objeto;

III – matricular jornais e demais publicações periódicas, oficinas impressoras, empresas de radiofusão responsáveis por serviços de notícias, reportagens, comentários, debates e entrevistas, e empresas responsáveis por agenciamento de notícias;

IV – averbar, nas respectivas inscrições e matrículas, todas as alterações, atos ou documentos que possam interessar as pessoas jurídicas registradas ou que importem em modificações das circunstâncias constantes do registro, atendidas as exigências das leis específicas em vigor;

V – fornecer certidões dos atos praticados em papel ou digitalmente; e

VI – registrar e autenticar os livros das sociedades simples, fazendo a verificação do livro anterior e demais atos registrados, arquivando o termo de encerramento digitalmente ou por cópia, na serventia.

CAPÍTULO III
DOS LIVROS

- *Capítulo alterado pelo Provimento nº 10, de 15 de junho de 2022.*

Art. 6º – Além dos obrigatórios e comuns a todos os serviços, o Registro Civil de Pessoas Jurídicas manterá os livros:

a) "A", para os fins indicados no art. 211, letras a e b, com 300 folhas;

b) "B", para a matrícula de oficinas impressoras, jornais e periódicos, empresas de radiofusão e agências de notícias, com 150 folhas;

Parágrafo único. O número de folhas dos livros "A" e "B" poderá ser reduzido, a pedido do oficial.

Art. 7º – Os oficiais farão índices, pela ordem cronológica e alfabética, de todos os registros e arquivamentos, podendo adotar o sistema de fichas, mas ficando sempre responsável por qualquer erro ou omissão.

CAPÍTULO IV
DO REGISTRO

- *Capítulo alterado pelo Provimento nº 10, de 15 de junho de 2022.*

SEÇÃO I
DAS VEDAÇÕES

- *Seção alterada pelo Provimento nº 10, de 15 de junho de 2022.*

Art. 8º – É vedado ao Oficial de RCPJ:

I – O registro e a averbação de quaisquer atos relativos às pessoas jurídicas cujos atos constitutivos não estejam registrados naquela serventia ou não tenham sede na circunscrição para a qual o oficial tenha recebido a delegação;

II – o registro, na mesma serventia, de sociedade simples, associações, organizações religiosas, sindicatos e fundações com idêntica denominação;

III – o registro de alteração de sede em nova serventia sem que tenha sido previamente averbada à margem do registro original, verificada mediante certidão de breve relato mencionando o último ato;

IV – o registro e a averbação dos serviços concernentes ao Registro de Empresas, por expressa vedação legal;

V – o registro e a averbação, em qualquer serviço, de sociedade com objetivo jurídico-profissional;

VI – o registro ou a alteração de atos constitutivos e suas alterações, de entidade que inclua em seu respectivo objeto, firma ou denominação social, as expressões "investimento" sem determinar o ramo da atividade econômica ou sem indicar a atividade que exija manifestação favorável de órgãos competentes e "financiamento";

VII – o registro ou a alteração de atos constitutivos de pessoas jurídicas privadas cuja nomenclatura apresente as palavras "tribunal", "cartório", "registro", "notário", "tabelionato" ou "ofício", suas derivações ou quaisquer outras que possam induzir a coletividade a erro quanto ao exercício das atividades desenvolvidas por entidades privadas, confundindo-as com órgãos judiciais, serviços notariais e de registro ou entidades representativas dessas classes;

VIII – o registro ou a averbação de ato relativo a condomínio;

IX – o registro, sem a prévia autorização do Banco Central do Brasil, das sociedades que tenham por objeto, ainda que de maneira acessória, a prática de operações aludidas no art. 17 da Lei 4.585/64, e nos artigos 8º, 11 e 12 da Lei nº 4.728/65;

X – o registro ou a alteração de contrato, ato constitutivo, estatutos ou compromissos de sociedade e entidade não mencionadas no art. 114, da Lei nº 6.015/73; e

XI – o registro de organizações não governamentais que incluam ou reproduzam, em sua composição, siglas ou denominações de órgãos públicos da Administração Direta e de organismos nacionais e internacionais;

XII – o registro dos atos de pessoas jurídicas privadas com nome idêntico ou semelhante a outro já existente, ou que inclua ou reproduza em sua composição siglas ou denominações de órgãos públicos, da administração pública direta ou indireta, bem como de organismos internacionais, e aquelas consagradas em lei e atos regulamentares emanados do Poder Público;

XIII – o registro de estatuto de fundação privada ou pública de natureza privada, ou a averbação de sua alteração, sem a devida aprovação ou anuência do Ministério Público;

XIV – o registro ou a averbação de alteração de atos constitutivos de sociedades cooperativas;

XV – o registro filial com sede em nova serventia sem que tenha sido previamente averbada à margem do registro original, verificada mediante certidão de breve relato mencionando o último ato.

§1º Nos casos dos incisos VI e VII deste artigo, o oficial de registro entregrará ao requerente nota devolutiva, fundamentando a recusa na prática do ato e orientando-o quanto a necessidade de adequação da nomenclatura.

§2º Na última hipótese do inciso IV deste artigo, o oficial de registro entregará ao requerente nota devolutiva, fundamentando a recusa na prática do ato e orientando-o quanto à necessidade de registro na Junta Comercial do Estado de Alagoas.

Art. 9º - Não poderão ser registrados os atos constitutivos de pessoas jurídicas, quando o seu objeto ou circunstâncias relevantes indiquem destino ou atividades ilícitos, ou contrários, nocivos ou perigosos ao bem público, à segurança do Estado e da coletividade, à ordem pública ou social, à moral e aos bons costumes.

Parágrafo único. Ocorrendo qualquer dos motivos previstos neste artigo, o oficial do registro, de ofício ou por provocação de qualquer autoridade, sobrestará o processo de registro e suscitará dúvida para o juiz, que a decidirá.

SEÇÃO II
DOS REQUISITOS

- *Seção alterada pelo Provimento nº 10, de 15 de junho de 2022.*

Art. 10 - A exigência de aprovação ou autorização para a constituição ou para o funcionamento de sociedade, prévia ao registro, deverá constar, expressamente, em lei federal.

Parágrafo único. Quando o funcionamento da sociedade depender de aprovação da autoridade, sem esta não poderá ser feito o registro.

Art. 11 - O registro de ato de sociedade simples sujeita a controle de órgão de fiscalização de exercício profissional, não dependerá da aprovação prévia desse órgão.

Art. 12 - Os contratos sociais das sociedades simples e os estatutos das associações , das organizações religiosas, dos sindicatos e das fundações, só se admitirão a registro e arquivamento, quando visados por advogados legalmente inscritos, excetuadas as hipóteses previstas em lei.

Art. 13 - O registro de fundação de direito público será deferido com base no ato que a tenha instituído.

Art. 14 - Para o registro das fundações e averbações das alterações de seus estatutos, exigir-se-á aprovação prévia do Ministério Público.

Art. 15 - O registro dos estatutos das entidades de previdência privada, inclusive quanto aos integrantes de seus órgãos, depende de prévia aprovação do Ministério da Fazenda, cuidando-se de entidade aberta, ou do Ministério da Previdência e Assistência Social, se de natureza fechada, as inscrições e averbações de modificações estatutárias.

Art. 16 - Somente se efetuarão os registros dos atos constitutivos das empresas especializadas em prestação de serviço de vigilância armada ou desarmada, e dos cursos de formação de vigilantes, se estiverem de acordo com as determinações legais.

Art. 17 - No registro de atos constitutivos e estatutos de entidades sindicais, o controle da unicidade sindical e da base territorial não será feito pelo registrador, cabendo ao Ministério do Trabalho zelar pela observância do princípio da unicidade, nos termos da Súmula nº 677, do Supremo Tribunal Federal.

Art. 18 - Participando pessoa estrangeira de sociedade ou entidade, deverá ser apresentada prova de sua permanência legal no País.

Art. 19 - Participando pessoa jurídica de sociedade ou entidade, será indicado seu CNPJ, sede e os dados do seu registro no órgão competente.

SEÇÃO III
DOS PROCEDIMENTOS PARA REGISTRO

- *Seção alterada pelo Provimento nº 10, de 15 de junho de 2022.*

Art. 20 - Para o registro serão apresentadas duas vias do estatuto, compromisso ou contrato, pelas quais se fará o registro mediante petição do representante legal da sociedade, lançando o oficial, nas duas vias, a competente certidão do registro, com o respectivo número de ordem, livro e folha. Uma das vias será entregue ao representante e a outra arquivada em cartório, rubricando o oficial as folhas em que estiver impresso e contrato, compromisso ou estatuto.

§1º Tratando-se de sociedade simples, tanto na sua forma típica quanto se adotando uma das formas das sociedades empresárias, as folhas do contrato social serão, obrigatoriamente, rubricadas por todos os sócios e testemunhas, e conterão as firmas dos sócios reconhecidas por autenticidade, dispensando-se o reconhecimento das firmas das testemunhas.

§2º Se for apresentada apenas uma via do documento original, essa via ficará arquivada na serventia, facultando-se ao usuário requerer, no mesmo ato ou em momento posterior, a emissão de certificado de registro, mediante pagamento dos respectivos emolumentos.

§3º Será dispensado o reconhecimento de firma se as partes assinarem na presença do registrador, certificando-se a conferência do documento.

§4º Os documentos recebidos eletronicamente deverão ser assinados nos moldes da Infraestrutura de Chaves Públicas Brasileira – ICP-Brasil e da arquitetura dos Padrões de Interoperabilidade de Governo Eletrônico (e-Ping).

§5º Os documentos recebidos eletronicamente deverão ter a via originária preservada e armazenada de maneira a conservar as assinaturas eletrônicas, podendo ser replicados de maneira que a execução dos serviços seja feita em cópia que não prejudique a autenticidade da origem.

Art. 21 - O registro declarará:

I – a denominação, os fins, a sede, o tempo de duração e o fundo social, quando houver;

II – o nome e a individualização dos fundadores ou instituidores, e dos diretores;

III – o modo por que se administra e representa, ativa e passivamente, judicial e extrajudicialmente;

IV – se o ato constitutivo é reformável no tocante à administração, e de que modo;

V – se os membros respondem, ou não, subsidiariamente, pelas obrigações sociais;

VI – as condições de extinção da pessoa jurídica e o destino de seu patrimônio, nesse caso.

§1º Além dos requisitos enumerados no *caput*, o registro também declarará todos os demais requisitos exigidos pela legislação específica da pessoa jurídica registrada.

§2º Para o registro deverão ser apresentados documento de identificação válido no território nacional, contendo o CPF do representante legal, dos sócios ou do titular.

§3º Se um dos sócios, o representante legal ou o titular for representado por procurador, deverá o oficial exigir cópia do mandato.

Art. 22 - O registro das sociedades, fundações e partidos políticos consistirá na declaração, feita em livro, pelo oficial, do número de ordem, da data da apresentação e da espécie do ato constitutivo, com as indicações enumeradas nos incisos I a VI do artigo 120 da Lei nº 6.015/73.

Parágrafo único. Para o registro de partidos políticos, serão obedecidos, além dos requisitos deste artigo, os estabelecidos em lei especifica.

Art. 23 - São livres a criação, a organização, a estruturação interna e o funcionamento das organizações religiosas, sendo vedado ao poder público negar-lhe reconhecimento ou registro dos atos constitutivos e necessários ao seu fornecimento.

Art. 24 - Pelo ato constitutivo será feito o registro, lançando o Oficial, nas 02 (duas) vias, a competente certidão, com o respectivo número de ordem, livro e folha.

Art. 25 - Os exemplares de contratos, atos, estatutos e publicações registrados serão arquivados e encadernados, digitalizados ou microfilmados, identificados por período certo, com índice em ordem cronológica e alfabética, permitida a adoção do sistema de fichas.

§1º Será elaborado idêntico índice ou fichas para todos os registros lavrados.

§2º Entende-se como período certo, para fins do caput, o ano civil ou meses nele compreendidos.

§3º Os exemplares de contratos, atos, estatutos e publicações e demais documentos apresentados poderão ser armazenados em banco de dados, em forma de arquivos digitalizados, vinculados aos registros de que fazem parte e capturados com qualidade de imagem que permita sua reimpressão e restauração, caso em que fica dispensado o arquivamento da via original, que deverá ser devolvida para o apresentante após o registro.

Art. 26 - Uma das vias será entregue ao apresentante, e a outra, após capeada juntamente com o requerimento e demais documentos apresentados, formando um expediente, com suas folhas numeradas e rubricadas pelo Oficial, será arquivada na serventia física ou eletronicamente.

§1º As demais vias originais apresentadas, devidamente numeradas e rubricadas, serão entregues ao apresentante, certificando-se nelas o respectivo registro, devendo ser cobrado além dos emolumentos próprios do ato, o valor das respectivas certidões.

§2º Tratando-se de documento eletrônico, após a importação da cópia do arquivo para o sistema e procedido o registro, o documentos poderá ser materializado para adoção das cautelas de praxe, tais como aposição de selos, número de ordem, carimbos e etiquetas e após deverá ser digitalizado e devolvido com a assinatura eletrônica do oficial de registro.

Art. 27 - Todos os documentos que posteriormente autorizem averbações serão juntados ao expediente originário do registro, com a respectiva certidão do ato realizado.

Parágrafo único. Arquivadas separadamente do expediente original, suas alterações deverão ser reportadas a este, com remissões recíprocas.

SEÇÃO IV
DO PROCEDIMENTO DE AVERBAÇÃO

- *Seção alterada pelo Provimento nº 10, de 15 de junho de 2022.*

Art. 28 - Para a averbação de alterações estatutárias ou contratuais será exigido requerimento do representante legal da pessoa jurídica, associado ou legitimamente interessado, que deverá ser instruído com os documentos comprobatórios das alterações, entre eles aqueles que demonstrem o cumprimento dos requisitos legais, contratuais ou estatutários para promoção das alterações, todos devidamente assinados e visados por advogado inscrito regularmente na Ordem dos Advogados do Brasil.

§1º Para o registro deverão ser apresentados documento de identificação válido no território nacional, contendo o CPF do representante legal, dos sócios ou do titular.

§2º Se um dos sócios, o representante legal ou o titular for representado por procurador, deverá o oficial exigir cópia do mandato.

Art. 29 - Para averbação de alterações relativas a fundações privadas ou fundações públicas de natureza privada, toda a documentação deverá conter comprovação da anuência ou aprovação do Ministério Público.

SEÇÃO V
DO REGISTRO E DA AUTENTICAÇÃO DE LIVROS

- *Seção incluída pelo Provimento nº 10, de 15 de junho de 2022.*

Art. 30 - Sem prejuízo da competência da Secretaria da Receita Federal, os Oficiais de Registro Civil de Pessoas Jurídicas poderão registrar, certificar e autenticar os livros contábeis obrigatórios, fichas ou microfilmes substitutivos dos livros de pessoas jurídicas, inclusive de partidos políticos e seus diretórios, cujos atos constitutivos estejam registrados na serventia.

§1º A autenticação de novo livro far-se-á mediante a verificação do registro de livro imediatamente anterior.

§2º Deverá ser apresentada ocorrência policial no caso de perda ou extravio de livro, que impeça a comprovação da continuidade dos registros.

§3º Para fins deste artigo, serão registrados no Livro A do RCPJ a reprodução integral das imagens dos Termos de Abertura e Encerramento dos Livros Contábeis, devendo, quando for o caso, ser verificada a existência de registro dos Livros anteriores, condição para o registro dos demais livros.

Art. 31 - A escrituração dos livros será feita em idioma e moeda corrente nacionais e em forma contábil, por ordem cronológica de dia, mês e ano, sem intervalos em branco, nem entrelinhas, borrões, rasuras, emendas ou transportes para as imagens.

Art. 32 - A escrituração ficará sob a responsabilidade de contabilista legalmente habilitado. Parágrafo único. Não havendo contabilista legalmente habilitado na localidade, a parte interessada deverá declarar, sob as penas da lei, a inexistência de referido profissional, devendo o livro ser assinado pelo representante legal.

Art. 33 - Os livros emitidos por ECD – Escrituração Contábil Digital, após transmitidos à Receita Federal através do Sistema Público de Escrituração Digital (SPED), poderão, sem prejuízo da competência da Receita Federal do Brasil, ser eletronicamente autenticados nos serviços de RCPJ, com registro dos termos de abertura e encerramento.

§1º Os arquivos poderão ser recebidos através do SRTDPJ. §2º A aposição de assinatura eletrônica do Oficial nos arquivos registrados e nos arquivos de retorno equivalem à incumbência de rubrica em todas as folhas dos livros físicos.

SEÇÃO VI
DA EXTINÇÃO DA PESSOA JURÍDICA

- *Seção incluída pelo Provimento nº 10, de 15 de junho de 2022.*

Art. 34 - O requerimento de cancelamento de pessoa jurídica será instruído com:

I – distrato social ou, no caso de pessoa jurídica sem fim econômicos, da ata de dissolução;

II – publicações feitas pelo liquidante, conforme disposto nos artigos 1.103, I c/c 1.152, §1º c/c 51, §2º do Código Civil.

§1º Nos instrumentos de distrato, além da declaração da importância repartida entre os sócios e a referência à pessoa ou pessoas a assumirem o ativo e o passivo da empresa, serão indicados o motivo da dissolução.

§2º Serão dispensada as publicações se a entidade não possuir patrimônio, nenhum ativo ou passivo, não havendo, portanto, objeto para liquidação ou nomeação de liquidante.

§3º Para ocorrer a dispensa do parágrafo anterior, deverá ser apresentada declaração do representante legal ou interessado, sob as penas da lei, informando a inexistência de objeto para liquidação da pessoa jurídica.

Art. 35 - A conferência da exatidão as certidões negativas expedidas por meio da internet é obrigatório, devendo ser feita pelo registrador, por meio do acesso ao site do órgão fiscalizador, vencendo-se emolumentos par ao ato.

Art. 36 - Faculta-se o uso de chancela para a rubrica dos livros, devendo, no entanto, contar do termo o nome do funcionário responsável pelo ato.

Art. 37 - Para o registro e a rubrica de livros já escriturados, o interessado deverá requerer por escrito.

SEÇÃO VII
DO ARQUIVAMENTO

- *Seção incluída pelo Provimento nº 10, de 15 de junho de 2022.*

Art. 38 - Será arquivada, em conjunto com seu respectivo requerimento, uma via de cada contrato, ato, publicação ou estatuto registrados ou averbados no Ofício de Registro, ou, ainda, outros documentos a pedido do interessado, identificados por período certo, digitalizados ou microfilmados, com índice em ordem cronológica e alfabética, sendo, para tanto, permitida a adoção do sistema de fichas ou eletrônico.

§1º O oficial de registro manterá índice nos mesmos termos do caput deste artigo, em meio físico ou digital, para os registros e as averbações lavrados.

§2º Todos os documentos poderão ser conservados em meio eletrônico, conforme previsão expressa constante do §3º do art. 1º da Lei nº 6.015/73, obedecidos os padrões tecnológicos estabelecidos pela Corregedoria Geral de Justiça do Estado de Alagoas, bem como na presente consolidação normativa.

SEÇÃO VIII
DAS DISPOSIÇÕES FINAIS

- *Seção incluída pelo Provimento nº 10, de 15 de junho de 2022.*

Art. 39 - No caso de transferência de sede da pessoa jurídica para outra comarca ou para a Junta Comercial, promover-se-á primeiro a averbação de transferência na comarca de origem e, posteriormente, a inscrição dos atos na nova sede.

§1º O RCPJ do registro primitivo titulará direito a exigir emolumentos referentes à averbação.

§2º O RCPJ da nova sede poderá exigir certidão de breve relato mencionando o último ato.

Art. 40 - No caso de registro de filial, o ato que autorizou a abertura de filial, sucursal ou agenda, primeiro será realizada a averbação no registro da sede para, após, ser promovida a inscrição na circunscrição do RCPJ da filial, sucursal ou agencia.

Parágrafo único. O ato de criação da filial deverá conter seu endereço completo, assim como disciplinar sua forma de representação, se esta for distinta daquela da matriz.

Art. 41 - A serventia do novo registro por transferência ou de filial cobrará emolumentos como registro inicial.

Art. 42 - A certidão emitida pela Junta Comercial ou pelo registro de RTD ou RCPJ tem valor de original, substituindo a apresentação de via original do documento.

Art. 43 - Caso a alteração de sede da pessoa jurídica ocorra devido a desmembramento de comarcas, a partir da data de instalação de nova serventia, fica o RCPJ de origem proibido de realizar registros e averbações relativos às pessoas jurídicas que tenham passado a pertencer à nova circunscrição.

Art. 44 - Protocolizado o título, proceder-se-á ao registro dentro de 30 (trinta) dias, salvo disposição legal em contrário.

§1º O Oficial de Registro deverá examinar a legalidade, a qualificação e a validade do título, nos 15 (quinze) primeiros dias corridos do prazo previsto no caput.

§2º Aceita a qualificação, o título será registrado.

Art. 45 - Havendo exigência a ser satisfeita, o Oficial, nos 15 (quinze) primeiros dias, indicá-la-a por escrito ao representante que, no prazo de 30 (trinta) dias, contados do seu lançamento no protocolo, poderá satisfazê-la ou requerer a suscitação de dúvida.

§1º As exigências deverão ser formuladas de uma só vez, de forma clara, objetiva e fundamentada, indicando o dispositivo legal, com a identificação e assinatura do oficial ou escrevente autorizado.

§2º Presentes fundadas razões, ao Oficial facultar-se-á fazer novas exigências para a devida adequação do instrumento às necessidades fático-legais, excepcionalmente, desde que essas não pudessem ser formuladas no momento da apresentação do título.

§3º Na hipótese de dúvida, o Oficial anotará no Livro de Protocolo, encaminhando-a com as devidas razões, ao Juízo da Vara de Registros Públicos, dando ciência de seus termos ao apresentante ou seu preposto, fornecendo-lhe cópia da suscitação e notificando-o para impugna-la, perante o Juízo da Vara de Registros Públicos, no prazo de 15 (quinze) dias.

§4º O procedimento de dúvida, suscitada pelo Oficial, impedirá o cancelamento, ex officio, da prenotação, a contar da data em que foi suscitada.

§5º A nota de devolução constará na capa do registro que envolva a documentação apresentada e a movimentação de entrada e saída da documentação para cumprimento de exigências será feira mediante apresentação do protocolo ou recibo do depósito inicial, podendo a comunicação ser feita por via eletrônica.

§6º A ocorrência da devolução à parte com exigência bem como o reingresso de título sem cumprimento de exigências ou fora do prazo, poderá ser anotada eletronicamente ou por lançamento no livro de protocolo.

Art. 46 - Os contratos e atos registrados no RCPJ são documentos hábeis para transferência no Registro de Imóveis, dos bens e direitos sobre imóveis como o que o sócio tiver contribuído para formação ou aumento do capital social.

CAPÍTULO V
DA PESSOA JURÍDICA

- *Capítulo alterado pelo Provimento nº 10, de 15 de junho de 2022.*

SEÇÃO I DA ESCRITURAÇÃO

- *Seção alterada pelo Provimento nº 10, de 15 de junho de 2022.*

Art. 47 - Para o registro das associações, organizações religiosas, sindicatos, fundações e sociedades simples, o representante legal da pessoa jurídica formulará petição ao Oficial, acompanhada de 02 (dois) exemplares do estatuto, compromisso ou contrato.

Parágrafo único. Tratando-se de sociedade simples, tanto na sua forma típica quanto se adotando uma das formas das sociedades empresárias, as folhas do contrato social serão, obrigatoriamente, rubricadas por todos os sócios e conterão as firmas dos sócios reconhecidas por autenticidade e das testemunhas.

SEÇÃO II
DO PROCEDIMENTO

- *Seçao alterada pelo Provimento nº 10, de 15 de junho de 2022.*

Art. 48 - Pelo ato constitutivo será feito o registro, lançando o Oficial, nas 02 (duas) vias, a competente certidão, com o respectivo número de ordem, livro e folha.

Art. 49 - Uma das vias será entregue ao apresentante, e a outra, após capeada juntamente com o requerimento e mais documentos apresentados, formando um expediente, com suas folhas numeradas e rubricadas pelo Oficial, será arquivada no Serviço.

Art. 50 - O registro das associações, organizações religiosas, sindicatos, fundações e sociedades consistirá da declaração feita no livro, pelo Oficial, do número de ordem, data da apresentação e espécie do ato constitutivo, com as seguintes indicações:

I – a denominação, os fins, a sede, o tempo de duração e o fundo social, quando houver;

II – o modo por que se administra e representa a sociedade, a associação, organizações religiosas, sindicatos e fundações, ativa e passivamente, judicial e extrajudicialmente;

III – se o estatuto, o contrato ou o compromisso é reformável quanto à administração, e de que modo;

IV – se os membros respondem, ou não, subsidiariamente, pelas obrigações sociais;

V – as condições de extinção da pessoa jurídica e, nesse caso, o destino do seu patrimônio;

VI – os nomes dos fundadores ou instituidores e dos membros da diretoria, provisória ou definitiva, com a individualização de cada um deles, e residência do apresentante.

Parágrafo único. Tratando-se de registro de associações, deverá ser observado, também, os arts. 54 e ss. do CCB, com as alterações introduzidas pela Lei nº 11.127/05.

Art. 51 - Todos os documentos a posteriormente autorizarem averbações serão juntados ao expediente originário do registro, com a respectiva certidão do ato realizado. Parágrafo único. Arquivadas separadamente do expediente original, suas alterações reportar-se-ão obrigatoriamente a ele, com referências recíprocas.

Art. 52 - Havendo sócio estrangeiro, será apresentada a prova de sua permanência legal no País.

§ 1º Participando pessoa solteira na associação, organização religiosa, sindicato ou sociedade simples, exigir-se-á declaração a respeito de sua capacidade civil, relativamente à idade.

§ 2º Participando pessoa jurídica da associação, organização religiosa, sindicato ou sociedade simples levada a registro, indicar-se-ão os dados do seu assento no órgão de registro competente.

Art. 53 - Para a averbação de alterações estatutárias ou contratuais, exigir-se-á requerimento do representante legal da associação, organização religiosa, sindicato, fundação ou sociedade, o qual deverá ser instruído com os documentos comprobatórios das alterações, cópia da ata ou alteração contratual, devidamente assinadas, e mais:

I – comprovação da condição de inscrito no CNPJ, obtida através da página da SRF na Internet www.receita.fazenda.gov.br;

II – publicação da ata da assembleia que alterou e aprovou a redução de capital social das sociedades no Diário Oficial do Estado e em jornal de grande circulação.

§ 1º Nas averbações, aplica-se o disposto no art. 20 e seus parágrafos.

§ 2º No caso de transferência de sede da associação ou sociedade para outra comarca, promover-se-á primeiro a inscrição dos atos na nova sede, acompanhada da certidão de inteiro teor dos atos registrados, com o posterior cancelamento na comarca de origem.

§ 3º A conferência da exatidão das certidões negativas expedidas por meio da Internet é obrigatória, devendo ser feita pelo registrador, através do acesso ao site do órgão fiscalizador, vencendo-se emolumentos pelo ato.

Art. 54 – Quando for o caso de transferência de pessoa jurídica em virtude de criação de nova serventia registral, aplica-se o §2º do art. 21, sendo que a certidão para transferência será expedida com os requisitos estabelecidos nesta Consolidação Normativa, não havendo necessidade de certidão de inteiro teor dos documentos arquivados.

Parágrafo único. Somente será expedida certidão de inteiro teor a requerimento expresso do representante legal da pessoa jurídica.

Art. 55 – O requerimento do cancelamento do registro da associação, organização religiosa, sindicato, fundação ou sociedade simples será instruído com a cópia da ata de dissolução ou do distrato social;

§ 1º Nos instrumentos de distrato, além da declaração da importância repartida entre os sócios e a referência à pessoa ou pessoas a assumirem o ativo e o passivo da empresa, indicar-se-ão os motivos da dissolução.

§ 2º A conferência da exatidão das certidões negativas expedidas por meio da Internet é obrigatória, devendo ser feita pelo registrador, através do acesso ao site do órgão fiscalizador, vencendo-se emolumentos pelo ato.

SEÇÃO III
DAS NORMAS DESTINADAS À REGULAMENTAÇÃO, UNIFORMIZAÇÃO, ORIENTAÇÃO E DISCIPLINA QUANTO AOS SERVIÇOS NOTARIAIS E DE REGISTRO PRESTADOS SOB A FORMA ELETRÔNICA, NO ÂMBITO DO ESTADO DE ALAGOAS - DO SISTEMA DE REGISTRO ELETRÔNICO DE TITULOS E DOCUMENTOS E CIVIL DE PESSOAS JURÍDICAS (SRTDPJ)

- *Seção incluída pelo Provimento nº 10, de 15 de junho de 2022.*

Art. 56 – O sistema de registro eletrônico de títulos e documentos e civil de pessoas jurídicas (SRTDPJ) deve ser integrado, obrigatoriamente, por todos os oficiais de registro de títulos e documentos e civil de pessoas jurídicas do Estado de Alagoas, nos termos do Provimento CNJ nº 48, de 16 de março de 2016, com alterações pelo Provimento CNJ nº 59, de 03 de maio de 2017.

Parágrafo único. Enquanto não criada a Central de serviços eletrônicos do Estado de Alagoas, os oficiais de registro de títulos e documentos e civil de pessoas jurídicas deverão integrar, obrigatoriamente, a Central Nacional de serviços eletrônicos – Central RTDPJBrasil a fim de consolidar a universalização da prestação dos serviços por meio eletrônico pretendida pelo Provimento CNJ nº 48/2016.

Art. 57 – O SRTDPJ compreende:

I – o intercambio de documentos eletrônicos e de informações entre os ofícios de registro de títulos e documentos e civil de pessoas jurídicas, o Poder Judiciário, a Administração Pública e o Público em geral;

II – a recepção e o envio de títulos em formato eletrônico;

III – a expedição de certidões e a prestação de informações em formato eletrônico;

IV – a formação de repositório registral eletrônico para o acolhimento de dados e o armazenamento de documentos eletrônicos; e

V – a recepção de títulos em formato físico (papel) para fins de inserção no próprio sistema, objetivando enviá-los para o registro em cartório de outra comarca.

§1º Recepcionados documentos físicos (papel) por serventia de registro de títulos e documentos e/ou civil de pessoas jurídicas para envio a comarca diversa, o envio se dará por meio magnético e mediante a utilização de assinatura eletrônica, observados os procedimentos para digitalização previstos nessa consolidação normativa e no Provimento CGJ nº 14/2016.

§2º Para o envio de documentos para outra comarca, os oficiais de RTDPJ recepcionarão o título em meio físico, farão seu lançamento no livro de protocolo e, em seguida, providenciarão a digitalização e a inserção na central eletrônica de serviços compartilhados, o que se dará mediante o envio de arquivo assinado digitalmente que contenha certidão relativa a todo o procedimento e imagem eletrônica do documento.

§3º Ao apresentar o documento e declarar a finalidade de remessa para registro em outra serventia, o interessado preencherá requerimento em que indicará, além dos seus dados pessoais e endereço eletrônico (e-mail), a comarca competente para registro.

§4º Após o procedimento previsto nos parágrafos anteriores, a cada envio realizado, a serventia devolverá ao interessado o documento físico apresentado e lhe entregará recibo com os valores cobrados e a indicação do sítio eletrônico em que deverá acompanhar a tramitação do pedido, no qual também poderá visualizar o arquivo com a certidão enviada.

§5º O cartório destinatário, por meio de SRTJDPJ, informará ao usuário eventuais exigências, valores devidos de emolumentos e taxas e, por fim, lhe facultará o download do título registrado em meio eletrônico.

Art. 58 - Em todas as operações do SRTDPJ serão obrigatoriamente respeitados os direitos à privacidade, à proteção dos dados pessoais e ao sigilo das comunicações privadas e, se houver, dos registros.

Art. 59 - A central de serviço eletrônico deve observar os padrões e requisitos de documentos, de conexão e de funcionamento, da Infraestrutura de Chaves Públicas Brasileira - ICP e da arquitetura dos Padrões de Interoperabilidade de Governo Eletrônico (e-Ping), ou qualquer outra admitida pela legislação vigente.

Art. 60 - Todas as solicitações feitas por meio das centrais de serviços eletrônicos compartilhados serão enviadas ao ofício de registro de títulos e documentos e civil de pessoas jurídicas competente, que será o único responsável pelo processamento e atendimento.

Parágrafo único. Os oficiais de registro de títulos e documentos e/ou de registro civil de pessoas jurídicas escriturarão e manterão, sem segurança e sob seu exclusivo controle, os indicadores, documentos e dados eletrônicos, bem como os livros físicos, segundo a Lei nº 6.015/73, respondendo, indefinida e permanentemente, por sua guarda e conservação.

Art. 61 - Os documentos eletrônicos apresentados aos ofícios de registro de títulos e documentos e civil das pessoas jurídicas, ou por eles expedidos, serão assinados com uso de certificado digital, segundo a Infraestrutura de Chaves Públicas Brasileira - ICP, e observarão a arquitetura dos Padrões de Interoperabilidade de Governo Eletrônico (e-Ping), ou qualquer outra admitida pela legislação vigente.

Art. 62 - Os livros do registro de títulos e documentos e civil de pessoas jurídicas serão escriturados e mantidos segundo a Lei nº 6.015, de 31 de dezembro de 1973, podendo, para este fim, ser adotados os sistemas de computação, microfilmagem, disco óptico e outros meios de reprodução, nos termos do art. 41 da Lei nº 8.935, de 18 de novembro de 1994, e conforme as normas editadas pela Corregedoria Geral de Justiça do Estado de Alagoas, sem prejuízo da escrituração eletrônica em repositórios registrais eletrônicos.

Art. 63 - Os repositórios registrais eletrônicos receberão os dados relativos a todos os atos de registro e aos títulos e documentos que lhes serviram de base.

Art. 64 - Aos oficiais de registro de títulos e documentos e civil de pessoas jurídicas é vedado:

I - recepcionar ou expedir documentos eletrônicos por e-mail ou serviços postais ou de entrega;

II - postar ou baixar (download) documentos eletrônicos e informações em sites que não sejam o da Central de Serviço Eletrônico do Estado de Alagoas ou da Central RTDPJBrasil;

III - prestar os serviços eletrônicos referidos nessa Consolidação normativa, diretamente ou por terceiros, em concorrência com a Central Eletrônica local ou nacional, ou fora delas.

Art. 65 - Os títulos e documentos eletrônicos, devidamente assinados com o uso de certificado digital, segundo a Infraestrutura de Chaves Públicas Brasileiras – ICP, e observada a arquitetura dos Padrões de Interoperabilidade de Governo Eletrônico (e-Ping), ou qualquer outro admitida pela legislação vigente, podem ser recepcionados diretamente no balcão do cartório, caso o usuário assim requeira e compareça na serventia com a devida mídia eletrônica.

Parágrafo único. Nos casos em que o oficial recepcionar quaisquer títulos e documentos diretamente no cartório, ele deverá, no mesmo dia da prática do ato registral, enviar esses títulos e documento para a central de serviços eletrônicos compartilhados para armazenamento dos indicadores, sob pena de infração administrativa.

CAPÍTULO VI
DO REGISTRO DE JORNAIS, OFICINAS IMPRESSORAS, EMPRESAS DE RADIODIFUSÃO E AGÊNCIAS DE NOTÍCIAS

- *Capítulo alterado pelo Provimento nº 10, de 15 de junho de 2022.*

Art. 66 - Os pedidos de matrícula conterão as informações e documentos seguintes:

I – Em relação a jornais e outros periódicos:

a) título do jornal ou periódico, sede da redação, administração e oficinas impressoras, esclarecendo, quanto a estas, se são próprias ou de terceiros, indicando, neste caso, os respectivos proprietários;

b) nome, idade, residência e prova de nacionalidade do diretor ou redator-chefe e do proprietário;

c) se propriedade de pessoa jurídica, exemplar do respectivo estatuto ou contrato social, e nome, idade, residência e prova de nacionalidade dos diretores, gerentes e sócios da pessoa jurídica proprietária.

II – Se forem oficinas impressoras:

a) nome, nacionalidade, idade e residência do gerente e do proprietário, se pessoa física;

b) sede da administração, lugar, rua e número onde funcionam as oficinas e denominação destas;

c) exemplar do contrato ou estatuto social, se pertencentes a pessoa jurídica.

III – Cuidando de empresas de radiodifusão:

a) designação da emissora, sede de sua administração e local das instalações do estúdio;

b) nome, idade, residência e prova de nacionalidade do diretor, ou redator-chefe responsável pelos serviços, reportagens, comentários, debates e entrevistas.

IV – Em caso de empresa noticiosa:

a) nome, nacionalidade, idade e residência do gerente e do proprietário, se pessoa física;

b) sede da administração;

c) exemplar do contrato ou estatuto social, se pessoa jurídica.

Art. 67 - As alterações nas informações ou documentos serão averbadas na matrícula, no prazo de 08 (oito) dias e, a cada declaração a ser averbada, corresponderá um requerimento.

Art. 68 - Verificando o Oficial a intempestividade dos requerimentos de averbação, ou que os pedidos de matrícula se referem a publicações já em circulação, representará ao Juiz competente, para considerar sobre a aplicação de multa.

Parágrafo único. As multas aplicadas com base no art. 124, § 1º, da Lei nº 6.015/73 (Lei dos Registros Públicos) devem ser recolhidas para crédito da União Federal sob a rubrica "multa de outras origens".

Art. 69 - O pedido de matrícula, mediante requerimento com firma reconhecida, conterá as informações e documentos exigidos no art. 24, apresentadas as declarações em 02 (duas) vias, ficando uma via arquivada no processo e a outra devolvida ao requerente após o registro.

Parágrafo único. O Oficial rubricará as folhas e certificará os atos praticados.

CAPÍTULO VII
DO REGISTRO E AUTENTICAÇÃO DE LIVROS DE SOCIEDADES CIVIS

- *Capítulo alterado pelo Provimento nº 10, de 15 de junho de 2022.*

Art. 70 - Sem prejuízo da competência da Secretaria da Receita Federal, os Oficiais poderão registrar e certificar os livros contábeis obrigatórios da associação, organização religiosa, sindicato, fundação ou sociedade, ou as fichas ou microfilmes substitutivos dos livros, cujos atos constitutivos estejam registrados na comarca do Serviço.

Parágrafo único. A autenticação de novo livro far-se-á mediante a exibição do livro anterior a ser registrado.

Art. 71 - Sem prejuízo da competência da Secretaria da Receita Federal, os Oficiais poderão registrar, certificar e autenticar os livros contábeis obrigatórios da associação, organização religiosa, sindicato, fundação ou sociedade simples, ou as fichas ou microfilmes substitutivos dos livros, cujos atos constitutivos estejam registrados na comarca do Serviço.

§ 1º A autenticação de novo livro será feita mediante a exibição do livro ou registro anterior a ser encerrado.

§ 2º Em substituição ao registro dos atos constitutivos, os diretórios municipais e estadual dos partidos políticos apresentarão a certidão de composição de órgão partidário expedida pelo Tribunal Superior Eleitoral através de seu site.

§ 3º O Oficial registrador cotejará os dados da certidão de composição de órgão partidário apresentada com a informação constante do endereço eletrônico indicado no parágrafo anterior, para fins de confirmação da atualidade da certidão.

§ 4º O registro da certidão de composição de órgão partidário e a concomitante certificação da autenticação de seus livros contábeis serão inscritos no Livro "B" do Serviço de Registro de Títulos e Documentos e considerados como um único ato, para fins de cobrança de emolumentos.

Art. 72 - Faculta-se o uso de chancela para a rubrica dos livros, mas constará do termo o nome do funcionário responsável pelo ato.

Art. 73 - É necessária petição fundamentada solicitando o registro e a rubrica de livros já escriturados.

Art. 74 - Transcrever-se-ão, integralmente, os termos de abertura e encerramento no Livro "B" do Registro de Títulos e Documentos, facultado o adotar de fichário especial pelo nome das sociedades, cujos livros foram submetidos a registro e autenticação.

CAPÍTULO VIII
DAS DISPOSIÇÕES FINAIS

- *Capítulo alterado pelo Provimento nº 10, de 15 de junho de 2022.*

Art. 75 - É fixado em até 15 (quinze) dias úteis o prazo para os Oficiais procederem ao exame da documentação apresentada para registro e cálculo dos respectivos emolumentos.

Art. 76 - Os Serviços adotarão um talonário, que poderá ser substituído por controle informatizado, destinado a fornecer ao interessado uma nota de entrega dos pedidos de certidão e dos documentos apresentados.

Art. 77 - É competente para conhecer de reclamação sobre recusa ou retardamento na expedição de certidão o Juiz Corregedor Permanente."

TÍTULO IV
DO REGISTRO DE TÍTULOS E DOCUMENTOS

CAPÍTULO I

- *Capítulo alterado pelo Provimento nº 10, de 15 de junho de 2022.*

SEÇÃO I - DA FINALIDADE E DOS PRINCÍPIOS

- *Seção alterada pelo Provimento nº 10, de 15 de junho de 2022.*

Art. 1º - O Registro de Títulos e Documentos (RTD) é o serviço de organização técnica e administrativa que tem por finalidade assegurar a autenticidade, segurança, publicidade e eficácia dos atos e negócios jurídico, constituindo ou declarando direitos e obrigaçoes, bem como servir para prova da existência e da data de documentos em geral, permitindo a conservação perpétua do seu conteúdo.

Parágrafo único. São princípio informadores do Registro de Títulos e Documentos, entre outros gerais de Direito Público, os da segurança jurídica, da legalidade, da finalidade, da territorialidade e da boa-fé.

SEÇÃO II - DAS ATRIBUIÇÕES

- *Seção alterada pelo Provimento nº 10, de 15 de junho de 2022.*

Art. 2º - No Registro de Títulos e Documentos será feita a transcrição:

I – dos instrumentos particulares, para a prova das obrigações convencionais de qualquer valor;

II – do penhor comum sobre coisas móveis;

III - da caução de títulos de crédito pessoal e da dívida pública federal, estadual ou municipal, ou de Bolsa ao portador;

IV - do contrato de penhor de animais, não compreendidos nas disposições do art. 10 da Lei nº 492, de 30 de agosto de 1934;

V - do contrato de parceria agrícola ou pecuária;

VI - do mandato judicial de renovação do contrato de arrendamento para sua vigência, quer entre as partes contratantes, quer em face de terceiros.

VII - facultativamente, de quaisquer documentos ou imagens, para sua conservação.

VIII - a constituição do patrimônio de afetação;

IX - do contrato de arrendamento rural.

§1º As pessoas plenamente capazes, independente da identidade ou oposição de sexo, que vivam uma relação de fato duradoura, em comunhão afetiva, com ou sem compromisso patrimonial, poderão registrar documentos que digam respeito a tal relação. As pessoas que pretendam constituir uma união afetiva na forma anteriormente referida também poderão registrar os documentos que a isso digam respeito.

§2º Caberá ao Registro de Títulos e Documentos, exclusivamente, a competência residual para registros não expressamente atribuídos a outros serviços, seja por meio físico ou eletrônico.

Art. 2º-A. No carimbo ou em outra qualquer indicação em documento registrado ou expedido por Serviços anexados, constará, expressamente, em qual deles praticou-se o ato.

Art. 2º-B. Caberá ao Registro de Títulos e Documentos a realização de qualquer registro não atribuído expressamente a outro Serviço, incluído o registro de documentos eletrônicos. (Lei nº 6.015/73, art. 127).

Art. 3º - Estão sujeitos a registro, no Registro de Títulos e Documentos, para surtir efeitos em relação a terceiros:

I - os contratos de locação de prédios, sem prejuízo do disposto no art. 167, I, nº 3 da Lei nº 6.015/73;

II - os documentos decorrentes de depósitos, ou de caução feitos em garantia de cumprimento de obrigações contratuais, ainda que em separado dos respectivos instrumentos;

III - as cartas de fiança, em geral, feitas por instrumento particular, seja qual for a natureza do compromisso por elas abonado;

IV - os contratos de locação de serviços não atribuídos a outras repartições;

V - os contratos de compra e venda em prestações com reserva de domínio ou não, qualquer que seja a forma que se revistam, os de alienação ou de promessas de venda referentes a bens móveis e os de alienação fiduciária;

VI - todos os documentos de procedência estrangeira, acompanhados das respectivas traduções, para produzirem efeitos em repartições da União, dos Estados, do Distrito Federal e dos Municípios ou em qualquer instância, juízo ou tribunal;

VII - as quitações, recibos e contratos de compra e venda de automóveis, bem como o penhor destes, qualquer que seja a forma que revistam;

VIII - os atos administrativos expedidos para cumprimento de decisões judiciais, sem trânsito em julgado, pelas quais foi determinada a entrega, pelas alfândegas e mesas de renda, de bens e mercadorias procedentes do exterior;

IX - os instrumentos de cessão de direitos e de créditos, de sub-rogação e de dação em pagamento.

X - as cédulas de crédito a consignarem a garantia de alienação fiduciária de bens móveis, sem prejuízo de seu registro no Registro Imobiliário.

Art. 4º - Também compete ao Registro de Títulos e Documentos o registro:

I - do contrato de cessão dos créditos operacionais futuros de concessionárias (Lei nº 8.987/95, art. 28-A, I);

II - do contrato de alienação fiduciária de bens móveis (art. 1.361, §1º do Código Civil);

III - do penhor comum (art. 1.432 do Código Civil);

IV - do penhor de direito (art. 1.452 do Código Civil);

V - do penhor de veículos (art. 1.462 do Código Civil);

VI - do contrato de locação de bens móveis para validade da Cláusula de Vigência (art. 576, §1º do Código Civil);

VII - do consórcio simplificado de produtores rurais (art. 25-A da Lei nº 8.212/91);

VIII – do arrendamento, comodato e suas respectivas renovações (art. 95, IV e V da Lei nº 4.504/64 c/c art. 127, VI da Lei nº 6.015).

Art. 4º-A – A requerimento dos interessados, os Oficial de Registro de Títulos e Documentos registrarão todos os documentos de curso legal no País, observada sua competência registral.

§1º O interessado será informado, quando do requerimento, que o registro para fins de conservação não produzirá efeitos atribuídos a outros Ofícios de Registro, opondo-se no ato a seguinte observação: Registro para conservação – Lei nº 6.015/73, art. 127, VII.

§2º Os documentos cujo registro obrigatório seja atribuição de outro ofício ou órgão só poderão ser registrados para fins de conservação após seu registro no respectivo ofício ou órgão.

Art. 4º-B – As garantias de bens móveis constituídas em cédulas de crédito, à exceção dos penhores rural, industrial e comercial ou mercantil, serão registradas em Registro de Títulos e Documentos.

Art. 4º-C – Em se tratando de documentos que tenham por objeto a transmissão, constituição ou extinção de direitos reais sobre imóveis, poderá ser feito o seu registro, desde que consignado expressamente que este se destina unicamente à conservação e fixação da data, não gerando a constituição de domínio ou outro direito real. Parágrafo único. Em tal hipótese, deve o Oficial fazer comunicação ao Juiz Corregedor Permanente, que encaminhará expediente ao Ministério Público.

Art. 4º-D – O índice dos acervos eletrônicos e documentos digitais relativos a operações de comércio eletrônico de bens ou serviços ao consumidor final somente será registrado para fins de conservação, devendo a escrituração de seu registro seguir os requisitos previstos na legislação em vigor.

Art. 4º-E – Os instrumentos particulares declaratórios de união estável e da respectiva dissolução poderão ser registrados no Registro de Títulos e Documentos do domicílio dos conviventes, para fazer prova das obrigações convencionais e para a validade contra terceiros.

Art. 4º-F – A emissão de duplicata sob a forma escritural far-se-á mediante lançamento em sistema eletrônico de escrituração a cargo da Central Nacional de Registro de Títulos e Documentos (Central RTDPJBrasil) nos termos do art. 3º, §2º da Lei nº 13.775/2018.

Art. 4º-G – Para produzir efeitos legais no Brasil, os documentos emitidos em países estrangeiros devem, assim como suas respectivas traduções, ser registrados em Registro de Títulos e Documentos.

Art. 5º. Compete privativamente aos Registradores de Títulos e Documentos do domicílio das partes (pessoa física ou jurídica), mencionado no título, o registro obrigatório para eficácia contra terceiros dos documentos originais previstos nos artigos 127 e 129 da Lei nº 6.015/73, cujo suporte seja papel, microfilme e mídias óticas, analógicas, eletrônicas ou digitais, bem como elaborados sob qualquer outra forma tecnológica.

§1º Os registros de títulos e documentos que tenham por finalidade surtir efeitos em relação a terceiros ou conservação estão sujeitos ao princípio da territorialidade, devendo o ato ser praticado pelos registradores competentes.

§2º Quando as partes estiverem domiciliadas em circunscrições territoriais diversas, far-se-á registro em cada uma delas.

- Provimento nº 10/2020 – CGJ/AL.

Art. 5º-A – O registro exclusivamente para fins de mera conservação deverá ser feito em livro específico, com lançamento do ato em índice também específico, em que constarão apenas a data e número do registro, os dados de identificação do apresentante e o título ou a descrição resumida do documento ou do conjunto de documentos.

- Provimento nº 10/2020 – CGJ/AL.

§1º No caso de registro realizado na forma do caput, procedido no interesse do apresentante, em suporte físico ou eletrônico, sem qualquer eficácia contra terceiros, o Oficial de escolha livre do requerente fará constar no texto do registro de cada página do documento de forma clara e visível:

- Provimento nº 10/2020 – CGJ/AL.

a) O fato de se tratar de original ou cópia, que será admitida apenas se esta tiver sido anexada ao documento original apresentado;

- Provimento nº 10/2020 – CGJ/AL.

b) A seguinte declaração: "Registro efetuado, nos termos do art. 127, VII, da Lei dos Registros Públicos, apenas para fins de conservação; prova apenas a existência, a data e o conteúdo do documento, não gerando publicidade e efeitos em relação a terceiros".

- Provimento nº 10/2020 - CGJ/AL.

Art. 6º - Os atos enumerados no art. 5 serão registrados, dentro de 20 (vinte) dias da sua assinatura pelas partes, no domicílio dos contratantes e, quando residam em circunscrições territoriais diversas, no domicílio de todos.

Art. 7º - Registrar-se-ão, ainda, os documentos apresentados depois de findo o prazo, para produzirem efeitos a partir da data de apresentação.

Art. 8º - Todos os registros serão feitos independentemente de prévia distribuição.

Art. 9º - À margem dos respectivos registros, serão averbados quaisquer atos ou fatos constitutivos ou desconstitutivos, inovadores ou modificadores, seja em relação às obrigações, quer no atinente às pessoas participantes dos atos, inclusive quanto à prorrogação dos prazos.

Art. 10. Apresentada pela parte a Certidão Negativa de Débito (CND) do INSS, no caso de pedido de registro de contrato de alienação de bens móveis, quando esses estiverem incorporados ao ativo imobilizado na contabilidade da empresa devedora, a alienar ou onerá-los, procederá o Oficial de acordo com o parágrafo seguinte. (REVOGADO)

Parágrafo único. Nesta hipótese, arquivar-se-á a certidão, após sua conferência no endereço do INSS na Internet, obedecendo à ordem do registro dos documentos. (REVOGADO)

- (Artigo revogado pelo Provimento nº 29/2020 - CGJ/AL)

CAPÍTULO II
DOS LIVROS E DA ESCRITURAÇÃO

Art. 11 - Além dos obrigatórios e comuns a todos os Serviços, no Registro de Títulos e Documentos, haverá os seguintes livros, com 300 (trezentas) folhas:

I - "A", protocolo para apontamentos de todos os títulos, documentos e papéis apresentados, diariamente, visando ao registro ou averbação;

II - "B", para trasladação integral de títulos e documentos, sua conservação, validade e eficácia contra terceiros, embora registrados, por extrato, em outros livros ou microfilme;

III - "C", para inscrição, por extrato, de títulos e documentos, a fim de surtir efeitos em relação a terceiros, e autenticação da data;

IV - "D", indicador pessoal, em livro ou microfilme.

Art. 12 - Facultar-se-á o desdobramento dos livros, para escrituração das várias espécies de atos, sem prejuízo da unidade do protocolo e de sua numeração, com menções recíprocas.

Parágrafo único - Os livros desdobrados serão indicados pelos símbolos do alfabeto, em ordem seqüencial, a partir da letra "E".

Art. 13 - O Livro "A" conterá colunas para constarem o número de ordem, contínuo até o infinito, dia e mês, natureza do título e qualidade do lançamento, nome do apresentante, completo ou abreviado, e anotações e averbações.

Art. 14 - O Livro "A" poderá ser escriturado pelo sistema de folhas soltas.

Art. 15 - Em seguida ao registro, far-se-á, no protocolo, remissão ao número da página do livro em que foi lançado.

Parágrafo único - Serão mencionados, ainda, o número e a página de outros livros a conterem qualquer nota ou declaração concernente ao mesmo ato.

Art. 16 - No Livro "B", lançar-se-ão, antes de cada registro, o número de ordem, a data do protocolo e o nome do apresentante.

Parágrafo único - Haverá colunas para as declarações do número de ordem, dia e mês, transcrição, anotações e averbações.

Art. 17 - O registro integral no Livro "B" poderá realizar-se através de folhas soltas, mediante processo reprográfico ou digitalizado, a lhe assegurar legibilidade permanente.

Art. 18 - Declarar-se-á, no registro e nas certidões, se for o caso, que, além do registro feito, ficou arquivado o original ou imagem do documento registrado em mídia que possibilite a sua impressão a qualquer tempo.

Art. 19 - O Livro "C" conterá colunas para a declaração do número de ordem, dia e mês, espécie e resumo do título, anotações e averbações.

Art. 20 - O Livro "D" dividir-se-á, alfabeticamente, para a indicação do nome de todas as pessoas, ativa ou passivamente, individual ou coletivamente, a figurarem nos livros de registro.

Parágrafo único – Indicar-se-á, se possível, o número da CI e o do CPF, e far-se-á referência aos números de ordem e às páginas dos outros livros e anotações.

Art. 21 - Na escrituração do Livro "D", facultar-se-á o adotar de um sistema de fichas, ou a elaboração de índice, mediante processamento eletrônico de dados, em papel ou microfichas, ou a substituição do fichário pela sua microfilmagem anual.

Parágrafo único – A escolha ficará a critério e sob a responsabilidade do Oficial, cumprindo-lhe fornecer, com presteza, as certidões pedidas pelos nomes das partes a figurarem nos livros de registro.

Art. 22 - Se a pessoa já estiver mencionada no indicador pessoal, somente se fará, na coluna de anotações, uma referência ao número de ordem, à página e ao número do livro a conter o registro ou averbação.

Art. 23 - Figurando mais de uma pessoa, ativa ou passivamente, no mesmo registro ou averbação, lançar-se-á, distintamente, no indicador, com referência recíproca na coluna de anotações, o nome de cada uma delas.

Art. 24 - Permitir-se-á ao Oficial efetuar o registro por meio de microfilmagem contanto que, por lançamentos remissivos, com menção ao protocolo, ao nome dos contratantes, à data e à natureza dos documentos apresentados, sejam os microfilmes havidos como partes integrantes dos livros de registro, nos seus termos de abertura e encerramento.

§ 1º - O Oficial poderá contratar, para a consecução dos serviços, empresas especializadas, devidamente aprovadas pelo Ministério da Justiça.

§ 2º - Para fins de incineração, destruição ou outro processo de desintegração de documento arquivado, na hipótese de adoção do sistema de microfilmagem ou digitalizado, é necessária autorização do Corregedor-Geral da Justiça.

Art. 25 - Protocolizar-se-ão os documentos pela ordem de apresentação no Livro "A", microfilmando-os ou digitalizando-os em seguida.

§ 1º - Os fotogramas constituirão os respectivos registros.

§ 2º - A declaração de integração dos microfilmes aos livros de registro será lavrada no Livro "A", nos termos de abertura e encerramento.

§ 3º - Os lançamentos remissivos, indicados no art. 268, efetuar-se-ão no Livro "D", ou nos índices a substituí-lo.

§ 4º - Far-se-ão remissões das averbações procedidas através de microfilmagem ou digitalização na coluna de anotação do Livro "A" ou somente no Livro "D", ou nos índices.

Art. 26 - Os Livros "B" e "C", no sistema de folhas soltas, quando não microfilmados ou digitalizados, terão 24cm de largura por 35,5cm de altura, com margens interiores e superiores de 4cm, exteriores de 1,5cm e inferiores de 2cm.

CAPÍTULO III
DO REGISTRO

Art. 27 - O registro consistirá na trasladação integral dos documentos, por meio datilografado, cópia reprográfica, microfilmado ou digitalizado, com igual ortografia e pontuação, referência às entrelinhas, acréscimos, alterações, defeitos ou vícios existentes no original apresentado e menção às suas características exteriores e às formalidades legais.

§1º – Uma vez adotado pelo Oficial a transcrição do documento pelos meios acima mencionados, dispensar-se-á a exigência de requerimento escrito das partes para registro integral.

- *Provimento nº 10/2020 – CGJ/AL.*

§2º – Caso seja apresentado para registro algum documento em cópia, essa circunstância deverá ser expressamente esclarecida tanto na certidão do registro como individualmente em cada página do registro referente a documento que tenha sido apresentado em cópia.

Art. 28 - Registro dos documentos mercantis poderá fazer-se na mesma disposição gráfica em que estiverem escritos, se o interessado assim o desejar.

- *Provimento nº 10/2020 – CGJ/AL.*

Art. 28 - Registro dos documentos mercantis poderá fazer-se na mesma disposição gráfica em que estiverem escritos, se o interessado assim o desejar.

Art. 29 - Feita a trasladação no Livro "B", não se deixará, em seguida, nenhum espaço em branco, procedendo-se ao encerramento na última linha. Parágrafo único – Após, lançar-se-á, por inteiro, o termo de encerramento, a data e a assinatura do Oficial, seu substituto legal ou Escrevente designado.

Art. 30 - Quando o documento for impresso e idêntico a outro já anteriormente registrado integralmente, poderá o registro limitar-se ao consignar dos nomes das partes-contratantes, das características do objeto e dos demais dados constantes dos claros preenchidos, fazendo-se remissão, quanto ao restante, àquele já registrado.

Art. 31 - O registro resumido consistirá na declaração da natureza do título, documento ou papel, valor, prazo, lugar de formalizar, nome e condição jurídica das partes, nome das testemunhas, data da assinatura e do reconhecimento de firma, com indicação do Ofício, da data e do autor do ato notarial, o nome do apresentante, o número de ordem e da data do protocolo, da averbação, a importância e a qualidade do imposto pago.

Parágrafo único – O registro resumido será datado, rubricado e encerrado pela mesma forma prevista para o registro integral.

Art. 32 - Para o registro de contrato de constituição de sociedade simples, no Livro "B" de Títulos e Documentos, exigir-se-á a comprovação do registro da própria sociedade no órgão competente.

§ 1º - Regularmente registrada a pessoa jurídica, dispensa-se o registro integral do contrato de constituição.

§ 2º - Por nenhuma forma far-se-á o registro do contrato constitutivo, desconstitutivo ou qualquer alteração contratual, quando a sociedade não estiver regularmente registrada no Registro Civil das Pessoas Jurídicas ou na Junta Comercial.

Art. 33 - O registro de contratos de penhor, caução e parceria efetivar-se-á com a declaração do nome, profissão e domicílio do credor e do devedor, valor da dívida, juros, penas, vencimentos e especificações dos objetos apenhados, da pessoa depositária, da espécie do título, das condições do contrato, data e número de ordem.

§ 1º - Nas hipóteses acima mencionadas, recomendável o registro no Livro "B".

§ 2º - Para fim de registro, nos contratos de parceria, considerar-se-á credor o parceiro proprietário, e devedor o parceiro cultivador, criador ou de qualquer modo exercente da atividade produtiva.

CAPÍTULO IV
DA ORDEM DOS SERVIÇOS

Art. 34 - Apresentado o título, documento por meio escrito ou eletrônico para registro ou averbação, anotar-se-ão, no protocolo, a data da apresentação, sob o número de ordem imediatamente seguinte, a natureza do instrumento, a espécie de lançamento a executar e o nome do apresentante.

§ 1º - Reproduzir-se-ão, no título, documento ou certidão, as declarações relativas ao número de ordem, à data e à espécie de lançamento.

§ 2º - As anotações poderão ser expressas nos seguintes moldes: "Apresentado no dia . . . . , para registro (ou averbação) . . . ., apontado sob número de ordem . . . . no Protocolo, no dia . . . . Data e Assinatura".

§ 3º - As anotações poderão constar datilografadas ou digitadas no documento ou etiqueta adesiva, admitindo-se, também, o uso de carimbo e chancela mecânica.

Art. 35 - Feito o registro no livro próprio, firmar-se-á a declaração no corpo do título, documento ou papel, e consignar-se-á sempre o número de ordem e a data do procedimento no livro correspondente.

Parágrafo único – Far-se-á a declaração de forma semelhante à prevista para as anotações subsequentes à protocolização, assinada pelo servidor incumbido de firmar o registro.

Art. 36 - Os títulos, documentos ou papéis escritos em língua estrangeira, se adotados os caracteres comuns, poderão ser registrados, no original, no Livro "B", para o efeito de sua conservação ou perpetuidade.

Parágrafo único – Para o registro no Livro "C", serão sempre apresentados regularmente traduzidos.

Art. 37 - Os documentos de procedência estrangeira, para produzirem efeitos legais no País e para valerem contra terceiros (art. 249, inc. VI), deverão ser vertidos em vernáculo, e registrada a tradução.

§ 1º - Observar-se-á igual procedimento quanto às procurações lavradas em língua estrangeira.

§ 2º - Nos documentos legalizados por autoridade consular, é inexigível o reconhecimento da respectiva firma.

Art. 38 - Concluídos os lançamentos nos livros respectivos, consignar-se-á, no protocolo, a referência ao número de ordem relativo ao registro ou à averbação.

Art. 39 - O apontamento do título, documento por meio escrito ou eletrônico, no protocolo, far-se-á, seguida e imediatamente, um após o outro. Parágrafo único – Serão lançados no protocolo, englobadamente, sem prejuízo da numeração individual de cada um, os diversos documentos de idêntica natureza, apresentados, simultaneamente, pelo mesmo interessado, para registro de igual espécie.

Art. 40 - No fim do expediente diário, lavrar-se-á o termo de encerramento, de próprio punho do Oficial, por ele datado e assinado.

Parágrafo único – No termo mencionar-se-ão, pelos respectivos números, os títulos apresentados, cujos registros ficaram adiados, com declaração dos motivos do protelamento.

Art. 41 - Encerrado o expediente, mesmo se prolongando o funcionamento do Serviço para ultimação de serviços, nenhuma nova apresentação será admitida.

Art. 42 - Os registros e averbações lançar-se-ão nos livros respectivos, seguidamente, em obediência à ordem de prioridade dos apontamentos.

§ 1º - Excetuam-se os lançamentos obstados por ordem judicial competente, ou por dúvida superveniente.

§ 2º - Nas hipóteses previstas no parágrafo anterior, seguir-se-ão os registros ou averbações dos títulos, documentos ou papéis protocolizados imediatamente após, sem prejuízo da data autenticada do apontamento daquele obstado.

Art. 43 - O registro ou averbação será, encerrada a transcrição, datado e assinado, por inteiro, pelo Oficial, seu substituto legal ou Escrevente designado, separando-se-os por meio de uma linha horizontal.

Art. 44 - Os títulos receberão sempre um número diferente, segundo a ordem de apresentação, embora referentes à mesma pessoa.

Art. 45 - O registro e a averbação serão imediatos.

§ 1º - Ressalvam-se as hipóteses de acúmulo de serviço, obedecido, no entanto, prazo razoável e sem prejuízo da ordem de prenotação.

§ 2º - Em qualquer caso, fornecer-se-ão ao apresentante, após a protocolização e o lançamento das declarações contidas no corpo do título, nota de entrega onde conste a data da apresentação, número de ordem no protocolo e a indicação do dia para a entrega do título devidamente legalizado.

§ 3º - A nota de entrega será restituída pelo apresentante mediante a devolução do título.

Art. 46 - Recusar-se-á o registro de título, documento ou papel não revestido das formalidades legais exigíveis.

Art. 47 - Havendo indícios de falsificação, o Oficial poderá sobrestar o registro e, depois de protocolizar o título, documento ou papel, notificará o apresentante sobre as causas do suspender o ato.

Parágrafo único – Evidenciada a falsificação, encaminhar-se-á o documento, após protocolado, ao Juiz da Vara dos Registros Públicos, na Comarca da Capital, ou ao Juiz Corregedor Permanente, para as providências cabíveis.

Art. 48 - Quando o título, registrado por extrato, for também registrado integralmente, mencionar-se-á essa circunstância no lançamento posterior.

§ 1º - Idêntico procedimento adotar-se-á no caso de o apresentante exigir, simultaneamente, o duplo registro.

§ 2º - Nas anotações do protocolo, far-se-ão, igualmente, referências recíprocas, para verificação das diversas espécies de lançamento do mesmo título.

Art. 49 - As procurações levadas a registro trarão, sempre, as firmas reconhecidas dos outorgantes.

CAPÍTULO V
DAS NOTIFICAÇÕES

Art. 50 - O Oficial, requerendo o apresentante, notificará do registro ou da averbação os demais interessados, figurantes no título, documento ou papel exibido, e os terceiros indicados.

Art. 51 - As notificações restringem-se à entrega de carta ou de cópia de documentos registrados, não permitindo a anexação, para entrega ao destinatário, de objetos ou de documentos originais.

Parágrafo Único – As notificações de que trata o § 2º do art. 2º do Decreto-Lei 911/69 poderão ser realizadas através de carta registrada com aviso de recebimento, bastando a entrega do documento no endereço do devedor ou garante mencionado no contrato.

Art. 52 - Poderá o Oficial solicitar aos Registradores de outras comarcas ao proceder das notificações necessárias.

§ 1º - Para efetuar a notificação, o Oficial procederá ao registro do documento, averbando, à margem, o cumprimento da diligência ou a impossibilidade de sua realização e devolverá ao Serviço remetente o documento com a certidão.

§ 2º - Recebendo a notificação, o Serviço remetente fará a averbação devida à margem do seu registro e prestará contas ao requerente, fornecendo-lhe os comprovantes das despesas dos atos praticados.

Art. 53 - As certidões de notificações ou de entrega de registro serão lavradas na coluna de anotações, no livro competente, à margem dos respectivos registros.

Art. 54 - Poderão realizar-se notificações de avisos e denúncias, na forma estabelecida nos itens anteriores, se inexigível a intervenção judicial.

Art. 55 - A primeira diligência de notificação realizar-se-á no prazo máximo de 15 (quinze) dias, e as demais, em número não inferior a 03 (três), efetuar-se-ão, preferencialmente, em horários diferentes.

§ 1º - Excepcionalmente, naqueles casos em que as diligências para a efetivação da notificação restarem inexitosas, poderão ser realizadas diligências em horário diverso daquele do funcionamento da serventia, compreendendo o horário entre seis horas e vinte e duas horas.

§ 2º - Independentemente das diligências pessoais, poderá o destinatário ser convidado, por carta, para comparecer no Serviço onde dar-se-lhe-á ciência da notificação, pessoalmente, por procurador ou por outra pessoa devidamente autorizada.

Art. 56 - Em qualquer tempo, se lhe for solicitado, o Oficial obrigar-se-á a certificar o inteiro teor da notificação, a ciência do destinatário ou sua recusa em recebê-la, como, ainda, as diligências de resultado negativo.

Art. 57 - As notificações e demais diligências poderão ser realizadas por Escreventes designados pelo Oficial.

Art. 58 - O Serviço organizará sistema de controle, de modo a permitir, com segurança, a comprovação de entrega das notificações.

CAPÍTULO VI
DO CANCELAMENTO

Art. 59 - O cancelamento de registro ou averbação far-se-á em razão de sentença judicial, documento autêntico de quitação ou exoneração do título registrado.

Art. 60 - Apresentado o documento hábil, o Oficial certificará, na coluna das averbações do livro respectivo, o cancelamento e a sua razão, mencionará o documento autorizador, datará e assinará a certidão.

§ 1º - Idêntico procedimento fará nas anotações do protocolo.

§ 2º - Sendo insuficiente o espaço na coluna das averbações, proceder-se-á a novo registro, com referências recíprocas, na coluna própria.

Art. 61 - Para o cancelamento do registro, exigir-se-á a quitação do credor, com firma reconhecida se o respectivo documento exibido for particular.

Art. 62 - Os requerimentos de cancelamento serão arquivados, digitalizados ou microfilmados, juntamente com os documentos a instruí-los.

CAPÍTULO VII
DAS DISPOSIÇÕES FINAIS

Art. 63 - É fixado em 15 (quinze) dias úteis o prazo para os Oficiais procederem ao exame dos documentos e ao cálculo dos respectivos emolumentos.

Art. 64 - O Serviço adotará um talonário destinado a fornecer ao interessado uma nota de entrega dos pedidos de certidão e dos documentos apresentados.

Art. 65 - O prazo máximo para a expedição de certidão é de 05 (cinco) dias úteis, salvo se, no período de busca, forem encontrados diversos registros envolvendo a mesma pessoa e não houver o interessado indicado expressamente o documento de seu interesse.

Art. 66 - Para efeito do cálculo de emolumentos de registro de contratos sem valor expresso que tenham por objeto a negociação de mercadorias, o valor do contrato será obtido através da multiplicação das quantidades contratadas pelo valor unitário fixado pela Bolsa e publicado em jornal do dia da apresentação, ou, na falta, do constante de declaração passada por cooperativa do ramo do negócio, a ser apresentada pela parte.

Parágrafo único - Do registro deverá constar a menção expressa do valor unitário na data da apresentação, sem ônus para o apresentante.

Art. 67 - O registro de declarações de bens dos candidatos a cargos eletivos é gratuito.

Arts. 68 ao 80 - *Artigos revogados pelo Provimento nº 10, de 15 de junho de 2022.*

TÍTULO V
DO REGISTRO DE IMÓVEIS

CAPÍTULO I
DAS DISPOSIÇÕES GERAIS

Art. 1º - O Registro de Imóveis é atividade exercida em caráter privado por profissionais do Direito, mediante delegação do Poder Judiciário, outorgada por meio de concurso público de provas e títulos, e está sujeito ao regime jurídico e procedimentos estabelecidos na Constituição Federal, na legislação, e, subsidiariamente, nos atos normativos os quais definem sua competência, atribuições, organização e funcionamento.

Art. 2º - Ao Oficial do Registro de Imóveis cumpre prestar os serviços a seu cargo de modo adequado, observando rigorosamente os deveres próprios da delegação pública em que estão investidos, a fim de garantir a autenticidade, publicidade, segurança, disponibilidade e eficácia dos atos jurídicos constitutivos, translativos ou extintivos de direitos reais sobre imóveis e atividades correlatas.

Art. 3º - Serviço prestado de modo adequado é o que atende ao interesse público e corresponde às exigências de qualidade, continuidade, regularidade, eficiência, atualidade, generalidade, modicidade, cortesia e segurança.

Art. 4º - Entende-se por atualidade do serviço o uso de métodos, instalações e equipamentos que correspondam a padrões de modernidade e avanço tecnológico, bem como a sua ampliação, na medida das necessidades dos usuários e em apoio ao labor jurídico do registrador e seus prepostos.

Art. 5º - Para os fins do disposto no item anterior, os Oficiais de Registro de Imóveis adotarão boas práticas de governança corporativa do setor público administrativo e aquelas disseminadas pelas entidades de representação institucional.

Art. 6º - Para atender ao princípio da eficiência na prestação do serviço público delegado, deverá o Oficial do Registro de Imóveis encontrar soluções para dar celeridade e rapidez ao trâmite da documentação a seu cargo, liberando-a em prazos inferiores aos máximos assinalados.

Art. 7º - O gerenciamento administrativo e financeiro dos serviços registrais é de responsabilidade exclusiva do respectivo titular, inclusive no que diz respeito às despesas de custeio, investimento e pessoal, cabendo-lhe estabelecer normas, condições e obrigações relativas às atribuições de funções e de remuneração de seus prepostos de modo a obter a melhor qualidade na prestação dos serviços.

Art. 8º - Aos designados para responderem por unidade vaga, é defeso contratar novos prepostos em nome da unidade, aumentar salários dos prepostos já existentes na unidade, ou contratar novas locações de bens móveis e imóveis, de equipamentos ou de serviços, que possam onerar de modo continuado a renda da unidade vaga, sem a prévia autorização do Juiz Corregedor Permanente. Todos os investimentos que comprometam a renda da unidade vaga deverão ser objeto de projeto a ser encaminhado à aprovação do Juiz Corregedor Permanente, ressalvada a contratação e majoração de salários de prepostos quando registrados no nome pessoal do designado, contratos de trabalho esses que deverão ser encerrados no término de sua designação.

Art. 9º - Os oficiais de Registro de Imóveis gozam de independência jurídica no exercício de suas funções e exercem essa prerrogativa quando interpretam disposição legal ou normativa. A responsabilização pelos danos causados a terceiros, na prática de atos próprios da serventia, independe da responsabilização administrativa. Somente será considerada falta disciplinar, a ser punida na forma lei, a conduta dolosa, ou praticada com imprudência, negligência ou imperícia.

Art. 10 - Quando a tramitação do título depender de informações disponíveis na própria unidade de serviço ou em serviços de informações de órgãos oficiais publicadas na Internet, deverá o Oficial obtê-las e certificar a fonte que acessou, evitando-se a devolução do título para cumprimento de exigências. Havendo incidência de taxas ou emolumentos, o pagamento deverá ser feito na retirada do título, desde que a busca das informações onerosas tenha sido previamente autorizada pelo apresentante.

Art. 11 - Não será exigido reconhecimento de firma nos requerimentos submetidos ao oficial, senão havendo fundada dúvida quanto à legitimidade documental ou de seu apresentante, ocasião em que a medida poderá ser exigida pelo registrador, a fim de garantir maior grau de segurança jurídica ao ato praticado. Também não serão exigidas certidões negativas tributárias outras, que não as que guardarem pertinência direta com o ato a ser praticado pelo registrador, com observância das dispensas legais.

§1º - Se o interessado pessoalmente apresentar documento dotado de fé pública e assinar o requerimento na serventia, deverá ser certificado que o ato foi requerido por pessoa comprovadamente identificada e anexada cópia do documento ao título apresentado.

§2º - Representado o interessado por advogado identificado pelo oficial, bastará o reconhecimento da firma do mandante no instrumento de mandato, prescindível a do mandatário, desde que possua poderes específicos.

§3º - Se o requerimento for apresentado por terceiro, deverá conter o reconhecimento da firma do respectivo subscritor, ainda que o terceiro/portador apresente a via original de documento do requerente.

§4º - Fica dispensado o reconhecimento de firma no caso de requerimento apresentado em meio virtual, desde que assinado com uso de certificado digital.

§5º - Se o requerimento for assinado na presença do oficial registrador fica dispensado o reconhecimento de firma.

§6º - Os títulos arquivados no registro de imóveis, desde que não sigilosos, podem ser disponibilizados em cópias autenticadas.

- *Alterado pelo Provimento nº 42/2020 – CGJ/AL.*

Art. 12 - Salvo vedação legal, e desde que formalizado requerimento específico pelo interessado, poderá o oficial cindir o título, com a prática do ato solicitado.

Art. 13 - Nos atos que envolvam projetos elaborados por profissionais regularmente inscritos nas respectivas Entidades de Classe referentes à espécie, é obrigatória a apresentação da Anotação de Responsabilidade Técnica (ART), o Registro de Responsabilidade Técnica (RRT) ou o Termo de Responsabilidade Técnica (TRT).

- *Alterado pelo Provimento nº 05/2021 – CGJ/AL.*

Parágrafo único – Excluem-se da exigência as cédulas hipotecárias e os títulos de crédito cujos projetos técnicos tenham sido, de forma expressa e inequívoca, dispensados pelo credor.

Art. 14 - É dever do Oficial autenticar cópia reprográfica dos documentos arquivados na serventia.

Parágrafo único – Mediante requerimento expresso, deverá certificar ter sido a reprodução extraída, conforme o caso, de documento original, ou cópia simples, ou, ainda, cópia autenticada.

Art. 15 - O título apresentado para mero exame e cálculo dos respectivos emolumentos dependerá de requerimento escrito do interessado, no qual deverá estar consignada sua ciência de que a recepção do título não gera os efeitos da prenotação.

§1º - O oficial fornecerá ao solicitante comprovante de depósito do título, com descrição dos documentos que eventualmente tenham sido com ele apresentados e arquivará o requerimento na serventia.

§2º - É facultada ao oficial a elaboração de formulário-padrão para auxiliar os interessados.

Art. 16 - É vedada a cobrança de emolumentos no ato do requerimento ou apresentação de título ingressado exclusivamente para exame e/ou cálculo.

Art. 17 - Os títulos e documentos extraídos ou derivados de processo em que a parte interessada tenha obtido o benefício da Justiça Gratuita, nos termos da Lei nº 1.060/50, serão registrados ou averbados sem a antecipação de emolumentos, nos termos do art. 98, § 3º do Código de Processo Civil.

CAPÍTULO II
DAS ATRIBUIÇÕES

Art. 18 - No Registro de Imóveis, além da matrícula, serão feitos:

a) o registro de:

1) de instituição de bem de família (Livros 2 e 3);

2) de hipotecas legais, judiciais e convencionais (Livro 2);

3) de contratos de locação de prédios, nos quais tenha sido consignada cláusula de vigência no caso de alienação da coisa locada (Livro 2);

4) de penhor de máquinas e de aparelhos utilizados na indústria, instalados e em funcionamento, com os respectivos pertences ou sem eles (Livro 3);

5) de penhoras, arrestos e sequestros de imóveis (Livro 2);

6) de servidões em geral (Livro 2);

7) de usufruto e uso sobre imóveis, e o da habitação, quando não resultarem do direito de família (Livro 2);

8) de rendas constituídas sobre imóveis ou a eles vinculadas por disposição de última vontade (Livro 2);

9) de contratos de compromisso de compra e venda, de cessão deste e de promessa de cessão, com ou sem cláusula de arrependimento, que tenham por objeto imóveis não loteados, cujo preço tenha sido pago no ato de sua celebração, ou deva sê-lo a prazo, de uma só vez ou em prestações (Livro 2);

10) de enfiteuse (Livro 2);

11) de anticrese (Livro 2);

12) de convenções antenupciais (Livro 3);

13) *Revogado pelo Provimento nº 42/2020 – CGJ/AL.*

14) de cédulas de crédito industrial, à exportação e comercial (Livro 3);

15) penhor rural (Livro 3);

16) de empréstimos por obrigações ao portador, inclusive as conversíveis em ações (Livro 3);

17) de incorporações (Livro 2), instituições (Livro 2) e convenções de condomínio (Livro 3);

18) de contratos de promessa de venda, cessão ou promessa de cessão de unidades autônomas condominiais a que alude a Lei n. 4.591, de 16 de dezembro de 1964, quando a incorporação ou a instituição de condomínio se formalizar na vigência da Lei n. 6.015/73 (Livro 2);

19) de loteamentos urbanos e rurais e desmembramentos urbanos (Livro 2);

20) de contratos de promessa de compra e venda, cessão e promessa de cessão de terrenos loteados ou desmembrados na forma do Decreto-Lei n. 58, de 10 de dezembro de 1937, e da Lei n. 6.766, de 19 de dezembro de 1979, não compreendidos no n. 3, 2ª parte, deste item (Livro 2);

21) de citações de ações reais ou pessoais reipersecutórias, relativas a imóveis (Livro 2);

22) de fideicomisso (Livro 2);

23) de julgados e atos jurídicos entre vivos que dividirem imóveis ou os demarcarem, inclusive nos casos de incorporações que resultarem em constituições de condomínio e atribuírem uma ou mais unidades aos incorporadores (Livro 2);

24) de sentenças que, nos inventários, arrolamentos e partilhas, adjudicarem bens de raiz em pagamento das dívidas de herança (Livro 2);

25) de atos de entrega de legados de imóveis, formais de partilha e sentenças de adjudicação em inventário ou arrolamento, quando não houver partilha (Livro 2);

26) de arrematação e adjudicação em hasta pública (Livro 2);

27) de sentenças declaratórias de usucapião (Livro 2);

28) de compra e venda, pura e condicional (Livro 2);

29) de permuta (Livro 2);

30) de dação em pagamento (Livro 2);

31) de transferência de imóvel à sociedade, quando integrar quota social (Livro 2);

32) de doação entre vivos (Livro 2);

33) de desapropriação amigável e sentenças que, em processo de desapropriação, fixarem o valor da indenização (Livro 2);

34) de alienação fiduciária em garantia de coisa imóvel;

35) de imissão provisória na posse, e respectiva cessão e promessa de cessão, quando concedida a União, Estados, Distrito Federal, Municípios ou suas entidades delegadas, para a execução de parcelamento popular, com finalidade urbana, destinado às classes de menor renda;

36) da constituição de direito de superfície de imóvel urbano;

37) do contrato de concessão de direito real de uso de imóvel público;

38) dos termos administrativos ou das sentenças declaratórias de concessão de uso especial para fins de moradia;

39) de legitimação de posse;

40) conversão da legitimação de posse em propriedade;

41) certidão de regularização fundiária (CRF);

42) legitimação fundiária.

b) a averbação de:

1) convenções antenupciais e dos regimes de bens diversos do legal, nos registros referentes a imóveis ou a direitos reais pertencentes a qualquer dos cônjuges, inclusive os adquiridos posteriormente ao casamento;

2) extinção dos ônus e direitos reais, por cancelamento;

3) contratos de promessa de compra e venda, cessões e promessas de cessão a que alude o Decreto-Lei n. 58/37, quando o loteamento se tiver formalizado anteriormente à vigência da Lei n. 6.015/73;

4) mudança de denominação e de numeração dos prédios, edificação, reconstrução, demolição e desmembramento de imóveis;

5) alteração de nome por casamento ou por separação judicial, ou, ainda, por outras circunstâncias que, de qualquer modo, tenham influência no registro e nas pessoas nele interessadas;

6) atos pertinentes a unidades autônomas condominiais a que alude a Lei n. 4.591/64, quando a incorporação tiver sido formalizada anteriormente à vigência da Lei n. 6.015/73;

7) cédulas hipotecárias;

8) caução e cessão fiduciária de direitos relativos a imóveis;

9) restabelecimento da sociedade conjugal;

10) cláusulas de inalienabilidade, impenhorabilidade e incomunicabilidade impostas a imóveis, bem como constituição de fideicomisso;

11) decisões, recursos e seus efeitos, que tenham por objeto atos ou títulos registrados ou averbados;

12) nomes dos logradouros, decretados pelo Poder Público;

13) sentenças de separação judicial, divórcio, nulidade ou anulação de casamento, quando nas respectivas partilhas existirem imóveis ou direitos reais sujeitos a registro;

14) rerratificação do contrato de mútuo com pacto adjeto de hipoteca em favor de entidade integrante do Sistema Financeiro da Habitação, ainda que importando elevação da dívida, desde que mantidas as mesmas partes e que inexista outra hipoteca registrada em favor de terceiros;

15) contrato de locação, para os fins de exercício de direito de preferência;

16) Termo de Securitização de créditos imobiliários, quando submetidos a regime fiduciário;

17) notificação para parcelamento, edificação ou utilização compulsórios de imóvel urbano;

18) extinção da concessão de uso especial para fins de moradia;

19) extinção do direito de superfície do imóvel urbano;

20) cessão de crédito imobiliário;

21) fusão, cisão e incorporação de sociedades;

22) arquivamento de documentos comprobatórios de inexistência de débitos para com a Previdência Social;

23) indisponibilidade dos bens que constituem reservas técnicas das Companhias Seguradoras;

24) tombamento provisório ou definitivo de bens imóveis promovido pelo órgão competente, federal, estadual ou municipal, do serviço de proteção do patrimônio histórico e artístico, ou por ato legislativo ou decisão judicial;

25) restrições próprias dos imóveis reconhecidos como integrantes do patrimônio cultural, por forma diversa do tombamento, em decorrência de ato administrativo ou legislativo ou decisão judicial específico;

26) auto de demarcação urbanística;

27) extinção da legitimação de posse;

28) restrições próprias dos imóveis situados na vizinhança dos bens tombados ou reconhecidos como integrantes do patrimônio cultural;

29) certidão expedida para fins averbação premonitória (art. 828 do CPC/2015);

30) mandados judiciais que determinem a indisponibilidade de bens imóveis.

Parágrafo único – Todos os atos acima enumerados são obrigatórios e deverão ser efetuados no Cartório da situação do imóvel, ressalvadas as averbações, que serão efetuadas na matrícula ou à margem do registro a que se referirem, ainda que o imóvel tenha passado a pertencer a outra circunscrição, e os registros relativos a imóveis situados em comarcas ou circunscrições limítrofes, que serão feitos em todas elas, devendo os Registros de Imóveis fazer constar dos registros tal ocorrência.

CAPÍTULO III
DOS LIVROS

SEÇÃO I
DISPOSIÇÕES GERAIS

Art. 19 - Haverá no Registro de Imóveis, além dos livros comuns a todas as serventias, os seguintes:

a) Livro de Recepção de Títulos;

b) Livro nº 1 – Protocolo;

c) Livro nº 2 – Registro Geral;

d) Livro nº 3 – Registro Auxiliar;

e) Livro nº 4 – Indicador Real;

f) Livro nº 5 – Indicador Pessoal;

g) Livro de Registro de Aquisição de Imóveis Rurais por Estrangeiros.

Art. 20 - No registro de imóveis, os Livros 2, 3, 4, e 5 poderão ser substituídos por fichas, e poderá ser adotado para todos eles o sistema informatizado, desde que contenham os requisitos legais e administrativos.

§1º - As fichas deverão possuir dimensões que permitam a extração de cópias reprográficas e facilitem o manuseio, a boa compreensão da sequência lógica dos atos e o arquivamento.

§2º - Os atos deverão ser assinados por quem os tenha praticado.

§3º - Os Livros 1, 4 e 5 poderão ser mantidos apenas em meio eletrônico, desde que o sistema de automação assegure a integridade das respectivas informações.

SEÇÃO II
DO LIVRO Nº 1 - PROTOCOLO

Art. 21 - O Livro de Protocolo servirá para apontamento de todos os títulos apresentados diariamente e será escriturado em colunas, das quais constarão, pelo menos, os seguintes elementos:

I – o número de ordem, que começará pelo algarismo 1 (um) e seguirá ao infinito;

II – o nome do apresentante, que será grafado por extenso, ressalvadas as abreviaturas usuais das pessoas jurídicas;

III – a natureza formal do título e, se escritura pública, a unidade da federação em que ela foi lavrada; se título judicial, a espécie (formal de partilha, carta de adjudicação, carta de arrematação, etc.);

IV – os atos formalizados, resumidamente lançados, com menção de sua data;

V – a ocorrência de devolução com exigência, se houver, e a sua data; e

VI – a data de reingresso do título, se na vigência da prenotação.

Parágrafo único – Entre um número de ordem e outro deverá ser traçada uma linha divisória, a fim de facilitar a leitura do livro.

Art. 22 - Deve ser lavrado, ao final do expediente diário, o termo de encerramento do Livro de Protocolo, no qual será mencionado o número de títulos protocolizados e de ocorrências.

Parágrafo único - O termo de encerramento será lavrado diariamente, ainda que não tenham sido apresentados títulos para apontamento.

Art. 23 - Para efeitos de escrituração do Livro de Protocolo, consideram-se apresentantes as pessoas para quem o registro criar direitos, extingui-los ou publicá-los, assim:

I - o adquirente, no ato translativo da propriedade;

II - o credor ou devedor, no ato constitutivo de direito real;

III - o autor ou requerente, no registro de citação, penhora, arresto e sequestro;

IV - o locador e locatário, nos atos relacionados à locação;

V - o incorporador, construtor ou condomínio requerente, na individualização;

VI - o condomínio, nos atos atinentes à respectiva convenção;

VII - o instituidor, na instituição do bem de família;

VIII - o requerente, na averbação; e

IX - o emitente, nas cédulas rurais, industriais, etc.

Parágrafo único - No contrato de doação com reserva de usufruto, ou com imposição de cláusula de incomunicabilidade, inalienabilidade ou impenhorabilidade, poderá figurar como apresentante o doador, desde que haja prova da aceitação do beneficiado.

SEÇÃO III
DO LIVRO Nº 2 - REGISTRO GERAL

Art. 24 - O Livro de Registro Geral será destinado à matrícula dos imóveis e ao registro ou à averbação dos atos não atribuídos ao Livro de Registro Auxiliar.

Parágrafo único - Inexistindo previsão legal diversa, será indevido qualquer lançamento por certidão ou "observação".

Art. 25 - No caso de serem utilizadas fichas:

I - se esgotar o espaço no anverso da ficha e for necessária a utilização do verso, deverá o oficial:

a) consignar ao final da ficha a expressão: "continua no verso";

b) fazer constar, no verso, a indicação: "continuação da matrícula n. ..."; e

c) assinalar, no verso, o mesmo número de ficha, seguido da expressão "verso" (ex.: ficha n. 1-verso, ficha n. 2-verso,...), ou da abreviação "v." (ex.: ficha n. 1v., ficha n. 2v.);

II - se necessário o transporte para nova ficha, deverá o oficial:

a) usar, na base do verso da ficha anterior, a expressão: "continua na ficha n. ...."; e

b) fazer constar, no canto superior direito da nova ficha, a expressão: "continuação da matrícula n. ...", ladeada pela ordem sequencial correspondente.

SEÇÃO IV
DO LIVRO Nº 03 - REGISTRO AUXILIAR

Art. 26 - O Livro de Registro Auxiliar se destina ao registro dos atos que, sendo atribuídos ao registro de imóveis por disposição legal, não digam respeito diretamente a imóveis matriculados.

SEÇÃO V
DO LIVRO Nº 04 - INDICADOR REAL

Art. 27 - O Indicador Real constitui o repositório de todos os imóveis a figurarem nos demais livros, e deve conter a identificação deles, a referência aos números de ordem dos outros livros e as anotações necessárias.

Parágrafo único - O indicador deverá ser escriturado de forma a identificar os imóveis por suas denominações, organizado pela denominação das ruas, quando se tratar de imóveis urbanos, e pelos nomes identificadores da sua situação, quando rurais, de modo que facilite a busca.

Art. 28 - Na escrituração do Indicador Real deverão ser observados critérios uniformes, de tal forma que imóveis assemelhados não tenham indicações discrepantes.

Art. 29 - Tratando-se de imóvel localizado em esquina, devem ser abertas indicações para todas as ruas confluentes.

Art. 30 - Sempre que for averbada a mudança da denominação do logradouro para o qual o imóvel faça frente, a construção de prédio ou a mudança de sua numeração deverá ser feita indicação no livro.

Parágrafo único – Se forem utilizadas fichas, será aberta outra e conservada a anterior, com remissões recíprocas.

Art. 31 - Os imóveis rurais deverão ser indicados no livro não só por sua denominação, mas também por todos os demais elementos disponíveis para permitir a sua precisa localização.

§1º - Os elementos atinentes a acidentes geográficos conhecidos e mencionados nas respectivas matrículas deverão ser indicados.

§2º - A menção do número de inscrição no cadastro do Instituto Nacional de Colonização e Reforma Agrária (INCRA) é obrigatória e, em casos de omissão, deve ser incluída sempre quando realizado novo assentamento.

SEÇÃO VI
DO LIVRO Nº 05 - INDICADOR PESSOAL

Art. 32 - O Indicador Pessoal, dividido alfabeticamente, conterá os nomes de todas as pessoas que, individual ou coletivamente, ativa ou passivamente, direta ou indiretamente, figurarem nos demais livros, e fará referência aos respectivos números de ordem.

Art. 33 - Para facilitar as buscas, é recomendável que nas indicações do livro figure, ao lado do nome do interessado, o número de inscrição no CPF, ou do Registro Geral da cédula de identidade, ou a filiação respectiva, quando se tratar de pessoa física; ou o número de inscrição no CNPJ, quando pessoa jurídica.

Art. 34 - Após a averbação de casamento, deve ser indicado, se for o caso, o nome adotado pelo cônjuge, com remissão ao nome antigo, cuja indicação será mantida.

SEÇÃO VII
DO LIVRO DE REGISTRO DE AQUISIÇÃO DE IMÓVEIS RURAIS POR ESTRANGEIROS

Art. 35 - O Livro de Cadastro de Aquisição de Imóvel Rural por Estrangeiro servirá para cadastro especial das aquisições de terras rurais por pessoas estrangeiras.

Art. 36 - Trimestralmente, o Oficial remeterá à Corregedoria Geral de Justiça e ao Ministério da Agricultura relação das aquisições de áreas rurais por pessoas estrangeiras, da qual constem os dados estabelecidos em lei.

§1º - Quando se tratar de imóvel situado em área indispensável à segurança nacional, a relação mencionada neste artigo deverá ser remetida também à Secretaria Geral do Conselho de Segurança Nacional.

§2º - Caso não haja aquisições no período considerado, fica dispensada a realização de comunicação.

SEÇÃO VIII
DO PROCEDIMENTO

Art. 37 - O título será apontado no Livro de Protocolo no dia de sua apresentação, de forma sequencial e imediata ao lançamento mais recente.

§1º - A cada título corresponderá um número de ordem do protocolo, independentemente da quantidade de atos que o gerar.

§2º - Para o apontamento de títulos não haverá atendimento prioritário, assegurado ao beneficiário a pronta informação quanto aos procedimentos adotados na serventia.

§3º - A ordem judicial, quando apresentada por oficial de justiça, terá recepção prioritária, mas seu lançamento seguirá o fluxo dos demais títulos, vinculado à próxima senha de atendimento comum disponível.

Art. 38 - Ainda que várias sejam as vias do título, o número do protocolo será único.

Art. 39 - O oficial deverá instituir controle rigoroso de tramitação simultânea de títulos contraditórios sobre o mesmo imóvel.

Art. 40 - No caso de prenotações sucessivas de títulos contraditórios ou excludentes se criará uma fila de precedência.

§1º - Cessados os efeitos da prenotação, o título poderá retornar à fila, mas após os outros que nela já se encontravam no momento da cessação.

§2º - O exame do segundo título se subordina ao resultado do procedimento de registro do título que goza de prioridade, de forma que somente será inaugurado procedimento registrário ao cessarem os efeitos da prenotação do primeiro.

Art. 41 - Deverá ser fornecido ao interessado comprovante de protocolo de todos os documentos ingressados, com numeração de ordem idêntica à lançada no Livro de Protocolo, a qual, necessariamente, constará anotada, ainda que por cópia do mencionado recibo, nos títulos em tramitação.

Parágrafo único – O comprovante deverá conter, necessariamente:

I - nome do apresentante;

II - natureza do título;

III - data limite para a qualificação do título;

IV - data limite para a prática do ato;

V - data em que cessarão automaticamente os efeitos da prenotação; e

VI - número do protocolo.

Art. 42 – Excetuados os casos específicos regrados em lei ou por força de decisão judicial, o prazo geral de 30 (trinta) dias para exame, qualificação e devolução do título, com exigências ou registro, será contado da data em que ingressou na serventia e terá dinâmica temporal própria.

§1º - Será de 15 (quinze) dias o prazo para qualificação do título, até o qual deve o registrador, no caso de qualificação positiva, dar seguimento ao ato nos termos deste artigo, ou, no caso de qualificação negativa, expedir a competente nota de exigência(s).

- *Alterado pelo Provimento nº 42/2020 – CGJ/AL.*

§2º - No caso de qualificação positiva, o ato será praticado até o 30º (trigésimo) dia da data do protocolo.

§3º - Caso a qualificação seja negativa, as exigências assinaladas deverão ser satisfeitas pelo interessado no prazo que restar entre a data da notificação e o termo final dos 30 (trinta) dias, contados da data do protocolo, sob pena de cessação de seus efeitos.

§4º - Superadas as exigências apresentadas, o oficial disporá, para fins da prática do ato perseguido, de todo o período que restar entre a data do cumprimento das solicitações por parte do usuário e o transcurso dos 30 (trinta) dias, assegurado ao registrador, em qualquer hipótese, o prazo mínimo de 5 (cinco) dias para a tomada da providência requerida, independentemente do trintídio mencionado no caput deste artigo.

Art. 43 – O título judicial será submetido à qualificação formal.

Art. 43-A – É obrigatória a consulta prévia à Secretaria do Patrimônio da União – SPU em Alagoas, a ser efetivada pelos registradores de imóveis do Estado de Alagoas nos atos de registro ou averbação de títulos, preferencialmente por meio eletrônico, para aferir a titularidade ou interesse da União sobre imóveis que possivelmente se encontram em área de terreno de marinha ou acrescidos.

- *Acrescido pelo Provimento nº 07/2022 – CGJ/AL.*

Art. 44 – O oficial, sempre que vislumbrar indícios de irregularidade, verificará a autenticidade do título de natureza pública que lhe foi apresentado para registro ou averbação.

Art. 45 – Eventuais exigências relacionadas a título judicial serão submetidas ao juízo prolator da decisão, de forma a auxiliá-lo na efetivação do provimento judicial e no cumprimento da legislação.

§1º - O prazo do protocolo será conservado até a prolação de nova decisão.

§2º - Se houver retardo na manifestação judicial, eventual prejudicado poderá comparecer aos autos e requerer a impulsão do processo.

Art. 46 – No caso de registro de arresto ou penhora decorrente de execuções fiscais, eventuais exigências deverão ser comunicadas ao Juiz competente, para que a Fazenda Pública, intimada, possa diretamente perante a serventia satisfazê-las ou requerer a suscitação de dúvida.

Art. 47 – Cessarão automaticamente os efeitos da prenotação, salvo prorrogação por previsão legal ou normativa, se, decorridos 30 (trinta) dias do seu lançamento no livro protocolo, o título não tiver sido registrado por omissão do interessado em atender às exigências legais.

§1º - Eventual cumprimento parcial das exigências dentro do prazo de eficácia do protocolo não cessará os efeitos da prenotação, desde que as indicações faltantes sejam atendidas dentro do referido prazo.

§2º - Será prorrogado o prazo da prenotação nos casos dos arts. 189, 198, 213, II, §2º, e 260, todos da Lei 6.015/73, como também do art. 18 da Lei 6.766/79, art. 26, §1º, da Lei 9.514/97 e ainda no caso de usucapião extrajudicial.

Art. 48 – Não será aberta matrícula com base em título público ou particular que contenha omissões quanto à perfeita caracterização do imóvel a que se referir ou em que as medidas ou áreas sejam enunciadas de forma imprecisa, mediante a utilização de expressões tais como "mais ou menos", "aproximadamente" e "cerca de".

Parágrafo único – As alterações de área ou medidas de imóvel matriculado nessas condições somente serão admitidas por meio do processo de retificação previsto na Lei 6.015/73.

Art. 49 - Não será considerado imperfeito o título que corrija omissões ou atualize os nomes dos titulares dos imóveis confrontantes, com referência expressa aos anteriores e aos que os substituíram.

§1º - Sempre que possível, nos títulos devem ser mencionados como confrontantes, os proprietários e os próprios prédios, mediante indicação do número da matrícula ou do lote, desde que integrante de loteamento aprovado, ou da edificação.

§2º - Se não constar, por qualquer motivo, do título, da certidão ou do registro anterior os elementos indispensáveis à matrícula, o interessado poderá completá-los exclusivamente com documentos oficiais, como, por exemplo, certidão municipal.

§3º - Fica dispensada a observância das disposições da Lei 6.015/73 para o registro de título despido dos requisitos por ela estabelecidos se a lei não os exigia à época da constituição do negócio.

Art. 50 - O registro de título de transferência de imóvel urbano em que não conste menção ou transcrição das certidões negativas de tributos incidentes sobre referido bem somente será admitido quando o adquirente dispensar, no instrumento, a exibição de tais documentos e assumir a responsabilidade daí decorrente.

Art. 51 - Os elementos de qualificação do interessado previstos na Lei 6.015/73 não serão exigidos quando se tratar:

I – de título lavrado na vigência da referida lei, em que o interessado seja representado por procurador constituído à época da celebração de contrato de compromisso, este firmado antes de o citado diploma produzir seus efeitos; e

II – de formal de partilha, carta de adjudicação ou de arrematação e outros atos judiciais com relação somente ao falecido ou aos réus.

Art. 52 - O oficial não exigirá nova apresentação de expedientes que já se encontrem descritos ou com apresentação certificada em escritura pública.

§1º - Será exigida a apresentação de documentos quando forem essenciais à prática do ato registral ou na hipótese de o oficial possuir fundada dúvida a respeito da fidedignidade das informações transcritas no título.

§2º - As razões da dúvida ficarão arquivadas na serventia.

Art. 53 - Praticado o ato, a devolução do título será documentada mediante documento comprobatório da entrega ao interessado.

§1º - A entrega do título registrado fica condicionada à exibição do comprovante de protocolo.

§2º - Na ausência de tal documento, a entrega fica vinculada à verificação de o solicitante figurar como apresentante do título ou possuir autorização para retirada, a qual ficará arquivada junto como comprovante de entrega, dispensado o reconhecimento de firma.

Art. 54 - O cancelamento do protocolo pelo interessado submeter-se-á às mesmas exigências relativas a requerimento.

Art. 55 - Exceto nas hipóteses legais ou em caso de dúvida, não se exigirá reconhecimento de firma nos documentos que acompanham o requerimento do interessado ou nos títulos.

Parágrafo único – A dúvida relativa ao reconhecimento de firma deve ser justificada pelo oficial em expediente que ficará arquivado na serventia.

Art. 56 - Incumbe ao oficial impedir acesso ao fólio imobiliário de título incapaz de satisfazer os requisitos exigidos pela lei, quer seja ele consubstanciado em instrumento público ou particular, quer em ato judicial.

Parágrafo único – Para o registro de título judicial, é vedado ao oficial opor exigências relativas à quitação de débitos para com a Fazenda Pública, ressalvada a hipótese de recolhimento dos tributos incidentes e do laudêmio.

Art. 57 - É dever do oficial providenciar o arquivamento:

I - de uma via do título original e dos documentos que o acompanham, nas hipóteses em que o ato registral decorrer de instrumento particular; e

II - de uma cópia do instrumento, em se tratando de ato decorrente de título de natureza pública, a qual poderá ser arquivada apenas em via digital.

Parágrafo único - Apresentado em uma só via, o título de natureza particular será arquivado na serventia, com o fornecimento, a pedido do interessado, de cópia autenticada do expediente.

Art. 58 - A matrícula poderá ser aberta a requerimento.

Art. 59 - É facultada a abertura, de ofício, de matrícula por interesse do serviço, desde que não acarrete despesas ao interessado.

Parágrafo único - Na hipótese de criação de nova serventia, poderá o delegatário, de ofício, abrir as matrículas da sua circunscrição, fazendo-o por intermédio de certidão expedida pela serventia de origem, e sem qualquer ônus para os interessados.

Art. 60 - Registrada a incorporação, a instituição de condomínio, o loteamento ou o desmembramento, o oficial abrirá matrícula para os lotes e as unidades autônomas.

Art. 61 - O oficial fica autorizado a inserir na matrícula mapa do imóvel, desde que elaborado por profissional habilitado correspondente à descrição da propriedade imobiliária.

Art. 62 - É vedada a abertura de matrícula para:

I - parte ideal de imóvel;

II - parte do imóvel sobre a qual tenha sido instituída servidão; e

III - parcela do imóvel que tenha sido onerada.

Art. 63 - A abertura de matrícula derivada de pretérita será comunicada à serventia de origem em até 3 (três) dias.

Parágrafo único - A comunicação recebida será lançada no livro de protocolo, respeitado o prazo de 30 (trinta) dias para a averbação de encerramento na respectiva matrícula.

Art. 64 - Eventuais ônus ou ações constantes do registro anterior deverão ser averbados na matrícula aberta, com menção à natureza e ao valor, exceto nos casos de aquisição originária.

§1º - A exceção, nos casos de aquisição originária, não abrange o usucapião administrativo (extrajudicial);

§2º - Por tais averbações de transporte não são devidos emolumentos.

Art. 65 - Na hipótese de imunidade ou isenção de emolumentos, a determinação judicial recebida por serventia não mais competente para prática do ato deverá ser instruída com as indispensáveis certidões e remetida ao ofício da nova circunscrição, para abertura de matrícula.

§1º - O oficial deverá comunicar a autoridade requisitante da referida remessa.

§2º - Se a determinação judicial aportar na serventia da nova circunscrição desacompanhada das devidas certidões, caberá ao oficial competente requerer tais documentos.

Art. 66 - Aberta matrícula, não mais serão realizadas averbações à margem do registro de transcrição anterior.

Art. 67 - Não deverá constar, na descrição do imóvel, referência a lotes e respectivos números, quando não se trate de loteamento ou desmembramento registrado ou regularizado, ou, ainda, de subdivisão de imóvel objeto de planta arquivada na serventia anteriormente à Lei 6.766/79.

Art. 68 - Ao se abrir matrícula para registro de sentença de usucapião, será mencionado, se houver, o registro anterior.

Art. 69 - A abertura de matrícula para registro de terras indígenas demarcadas será promovida pela União Federal, em seu nome, ocasião em que será realizada simultânea averbação, a requerimento e diante da comprovação, no processo demarcatório, da existência de domínio privado nos limites do imóvel.

Art. 70 - Na divisão de imóvel será aberta matrícula para cada uma das partes resultantes e, em cada matrícula, registrado o título da divisão.

Parágrafo único - O encerramento será averbado na matrícula originária, com a transferência de eventuais ações e ônus existentes.

Art. 71 - No caso de fusão ou unificação, o oficial deverá verificar as características, as confrontações, a localização e a individualização de cada um dos imóveis, a fim de evitar retificações sem a observância do procedimento legal ou efeitos só alcançáveis mediante processo de usucapião.

§1º - Recomenda-se que o requerimento, nesse caso, seja instruído com prova da autorização do município, que poderá ser a aprovação da planta da edificação a ser erguida no imóvel resultante da fusão.

§2º - Para unificação de diversas transcrições e matrículas, não deve ser aceito requerimento formulado por apenas um dos vários titulares de partes ideais.

§3º - A fusão e a unificação não devem ser admitidas quando o requerimento vier acompanhado de simples memorial, cujos dados dificultam a verificação da regularidade do ato pretendido.

§4º - No caso de registro de transcrição, somente serão abertas matrículas individuais se houver necessidade de prévia retificação ou aperfeiçoamento da descrição dos imóveis envolvidos.

Art. 72 - A identificação e a caracterização do imóvel compreendem:

I – se urbano:

a) localização e nome do logradouro para o qual faz frente;

b) o número, quando se tratar de prédio; ou, sendo terreno, se fica do lado par ou ímpar do logradouro, em que quadra e a que distância métrica da edificação ou da esquina mais próxima; ou o número do lote e da quadra, se houver; e

c) a designação cadastral, se houver.

II – se rural, o código do imóvel e os dados constantes do Certificado de Cadastro de Imóvel Rural (CCIR), número de inscrição no ITR, número de inscrição no Cadastro Ambiental Rural (CAR), a localização e denominação;

III – o distrito em que se situa o imóvel;

IV – as confrontações, com menção correta do lado em que se situam, inadmitidas expressões genéricas, tais como "com quem de direito", ou "com sucessores" de determinadas pessoas; e

V – a área do imóvel.

Art. 73 - Apresentado para registro título relativo a fração ideal de imóvel ainda não matriculado no seu todo - e desde que não seja fração ideal vinculada à unidade autônoma de que trata a Lei 4.591/64 - abrir-se-á matrícula da totalidade do imóvel, tomando-se por base os elementos contidos no próprio título e nos registros anteriores das partes dos condôminos, para, na matrícula assim formalizada, proceder-se ao registro do título apresentado.

Art. 74 - Apresentados mandados ou certidões para registro de penhora, arresto, sequestro, citação de ação real ou pessoal reipersecutória relativa a imóvel, ou qualquer outra medida de exceção, e não houver possibilidade de se abrir matrícula com todos os requisitos exigidos pela Lei 6.015/73, no que tange à completa e perfeita caracterização do imóvel, o oficial abrirá, somente nesses casos e exclusivamente para esses fins, uma matrícula provisória do imóvel com os elementos existentes, para efetuar o registro pretendido.

§1º - A matrícula provisória será encerrada por ocasião da definitiva, por meio de averbaçao da qual conste o número da matrícula e o livro para o qual foi transferida.

§2º - Na nova matrícula, far-se-á referência àquela encerrada, como registro anterior, e averbar-se-á a existência de eventual ônus ou ação judicial.

§3º - O mandado, o ofício ou a certidão que contiver elementos diferentes dos constantes do registro anterior, com relação à caracterização do imóvel ou à qualificação do respectivo proprietário, inviabilizará a formalização da matrícula.

Art. 75 - Nas escrituras e atos relativos a imóveis, os interessados serão identificados pelos seus nomes, e não serão admitidas referências dúbias ou não coincidentes com as que constem dos registros anteriores.

Art. 76 - O registro de título relativo a imóvel adquirido com financiamento pelo Sistema Financeiro de Habitação, para fins residenciais, será realizado mediante declaração escrita do interessado, da qual constará, caso a circunstância não esteja inserta no próprio título, se a situação contempla, ou não, primeira aquisição.

Parágrafo único – A declaração subscrita pelo interessado deverá permanecer arquivada na serventia.

Art. 77 - É dever do oficial fazer constar do registro o número e a data do protocolo do documento apresentado.

Art. 78 - A sentença de separação judicial ou divórcio, de nulidade ou de anulação de casamento que versar sobre a divisão de bens será objeto de registro independentemente do percentual que tocar a cada um dos cônjuges por força da partilha.

Parágrafo único – Será, porém, apenas caso de averbação da alteração do estado civil sempre que não houver decisão sobre a partilha de bens.

Art. 79 - Além dos requisitos legais exigidos, o registro de título judicial deverá conter:

I – a identificação do juízo, o nome do Juiz, das partes, e, quando for o caso, do depositário;

II – o número e a natureza do processo; e

III – o valor da causa, da dívida ou da avaliação do bem, que servirão para o cálculo dos emolumentos e das respectivas taxas.

Art. 80 - A cédula de crédito – comercial, industrial e à exportação – será registrada no Livro de Registro Auxiliar e, quando for garantida por hipoteca, esta será registrada no Livro de Registro Geral, com remissões recíprocas.

§1º - Na hipótese de cédula de crédito rural, dispensa-se seu registro no Livro de Registro Auxiliar, sem prejuízo do registro da respectiva garantia no Livro de Registro Geral.

§2º - Na hipótese de a cédula – comercial, industrial ou à exportação – ser garantida por hipotecas de imóveis localizados na mesma circunscrição, será realizado apenas um registro auxiliar, sem prejuízo do registro das garantias no Livro de Registro Geral.

§3º - Os penhores cedulares serão inscritos, quando cabíveis, no Livro 3 - Registro Auxiliar das serventias das circunscrições em que estão localizados os objetos da garantia.

- *Alterado pelo Provimento nº 42/2020 – CGJ/AL.*

Art. 81 - É dever do Oficial fazer constar da averbação o número e a data do protocolo do documento apresentado.

Art. 82 - Além das previsões legais específicas, averbar-se-ão, na matrícula ou no registro de transcrição, para mera publicidade:

I – o tombamento definitivo e o provisório declarado por ato administrativo ou legislativo ou decisão judicial específicos;

II – as restrições às propriedades circunvizinhas de bem tombado definitiva ou provisoriamente;

III – as restrições a imóvel reconhecido como integrante do patrimônio cultural, por forma diversa do tombamento, em decorrência de ato administrativo, legislativo ou decisão judicial específicos;

IV – o decreto que declarar imóvel como de utilidade ou necessidade pública, para fim de desapropriação;

V – o contrato de comodato, satisfeitas as condições gerais de conteúdo e forma;

VI – a existência de área contaminada sob investigação ou sob intervenção, conforme classificação da Resolução 420, de 28 de dezembro de 2009, do Conselho Nacional do Meio Ambiente (Conama), declaradas por órgãos ambientais;

VII – a existência de contaminação de água subterrânea que torne o imóvel área de restrição e controle de uso de água subterrânea, nos termos da Resolução CONAMA 396, de 3 de abril de 2008, declaradas por órgãos ambientais;

VIII – a escritura pública e a sentença de constituição ou dissolução de união estável;

IX – o contrato de arrendamento rural, desde que preencha os requisitos definidos na Lei 6.015/73; e

X – a declaração de indisponibilidade de bens, na forma prevista em lei.

Parágrafo único – Na hipótese do inciso X deste artigo, o oficial, lavrado o ato, remeterá certidão comprobatória ao Juiz prolator da decisão.

Art. 83 - Serão também averbadas na matrícula do imóvel a obra de construção civil, a reconstrução, a demolição e reforma ou ampliação de prédios.

§1º - A averbação deverá ser realizada a requerimento do interessado, com firma reconhecida, instruído com:

a) prova da anotação de responsabilidade técnica no respectivo conselho de fiscalização profissional do projeto e execução, subscrito pelo interessado e pelos responsáveis técnicos, com firma reconhecida;

b) projeto arquitetônico aprovado pela Prefeitura, assinado pelo interessado e pelos responsáveis técnicos; e

c) certidão de características, "habite-se" e alvará de construção, expedidas pelo órgão municipal competente;

d) certidão negativa de débitos relativa ao cadastro específico do INSS, vinculado à respectiva obra, salvo as exceções legais;

§2º - A construção e suas variantes, a ART ou RRT, CND do INNS e "habite-se" serão objeto de averbações autônomas.

§3º - A prévia averbação de construção regular é condição para o registro do negócio jurídico.

§4º - No caso de construção irregular, o título será cindido para que se faça o registro do negócio jurídico, sem prejuízo da averbação da necessidade de regularização da situação como condição.

§5º - Para a averbação de construção em imóvel situado em zona rural, não se exigirá "habite-se" ou alvará de conservação, mas tão somente declaração do proprietário de que, no imóvel matriculado ou transcrito, realizou-se a edificação; documentação técnica que ateste a sua viabilidade e segurança e Certidão Negativa de Débito do Instituto Nacional de Seguridade Social (INSS).

- *Alterado pelo Provimento nº 42/2020 – CGJ/AL.*

Art. 83-A – É dispensado o habite-se expedido pela prefeitura municipal para a averbação de construção residencial urbana unifamiliar de um só pavimento finalizada há mais de 5 (cinco) anos em área ocupada predominantemente por população de baixa renda, inclusive para o fim de registro ou averbação decorrente de financiamento à moradia.

- *Lei Federal nº 13.865/2019.*

Art. 84 – O cancelamento de averbação da certidão comprobatória de ajuizamento da execução poderá ser feito à vista de requerimento expresso assinado pelo exequente ou por seu procurador, independentemente de ordem judicial.

§1º - Em se tratando de procurador extrajudicial, será indispensável no instrumento de mandato o reconhecimento de firma do mandante e a transmissão de poderes específicos, exigências dispensáveis em se cuidando de procurador judicial.

§2º - Provar-se-á a condição de procurador judicial do exequente por meio do instrumento original do mandato ou de cópia autenticada pelo escrivão.

Art. 85 – É obrigatória a averbação da convenção antenupcial e do regime de bens diverso do legal, no registro referente a imóvel ou direito real pertencente a qualquer dos cônjuges, mesmo o adquirido posteriormente ao casamento.

Parágrafo único – No ato de transmissão, o oficial deverá tomar as providências necessárias para que se proceda, quando for o caso, à averbação das convenções antenupciais tanto do comprador quanto do vendedor, a fim de garantir a segurança jurídica do negócio.

Art. 86 – O oficial deve estar atento à completa identificação do titular de direito real e à perfeita descrição da propriedade imobiliária.

§1º - Com relação à qualificação de cada proprietário, a averbação deverá ser feita em ato único, ainda que faça referência a vários elementos; será também esse o procedimento nos casos em que a averbação disser respeito à identificação do imóvel.

§2º - É proibida a averbação que, ao mesmo tempo, se refira à identificação do proprietário e do imóvel.

§3º - As demais averbações deverão ser efetuadas individualmente tão somente quando a ocorrência tratar de fato posterior ao registro.

§4º - Se a falta de informação decorrer da precariedade do registro anterior, seja em relação à qualificação subjetiva ou objetiva, dever-se-á aperfeiçoar o ato registral precedente, resultando, neste caso, em apenas um ato de averbação.

§5º - Não serão, porém, devidos os emolumentos sempre que verificado que dita precariedade decorra exclusivamente de conduta omissiva ou comissiva do oficial ou seu antecessor.

§6º - Poderá o oficial requerer prova de dados meramente declarados, a exemplo do estado civil.

Art. 87 – A cláusula resolutiva deve ser mencionada de forma destacada no corpo do registro.

Parágrafo único – O cumprimento da cláusula será averbado a requerimento do interessado.

Art. 88 - A averbação da transformação de imóvel rural em urbano sem a prévia especialização da reserva legal deverá ser comunicada ao Ministério Público.

Parágrafo único – A ausência de especialização será averbada na matrícula do imóvel.

Art. 89 - A certidão solicitada com base no Indicador Real somente será expedida depois de realizadas buscas com os elementos de indicação constantes da descrição do imóvel.

Art. 90 - A certidão se for o caso, mencionará:

I – a data em que o imóvel passou a pertencer ou deixou de integrar a circunscrição da serventia que expediu o documento; e

II – a circunscrição a que pertencia ou passou a pertencer o imóvel indicado no documento.

Art. 91 - Ao expedir certidão, o oficial deverá mencionar eventuais prenotações, desde que em vigor o prazo de sua eficácia, ainda quando o expediente se referir a assentos anteriores à Lei 6.015/73.

Art. 92 - Nas certidões relativas a livro anterior à Lei 6.015/73, o oficial mencionará os ônus, as prestações ou os gravames existentes, seja qual for a data de sua constituição, e indicará outros atos, já registrados ou averbados, capazes de alterar a situação jurídica do imóvel.

Parágrafo único – Eventual ausência de tais elementos fará com que o instrumento não seja apto a comprovar a propriedade atual do imóvel e a inexistência de ônus reais, gravames ou prestações, mesmo nos casos de certidão de inteiro teor de determinada transcrição ou inscrição.

Art. 93 - Ao expedir certidão que tenha por objeto atestar a inexistência de assento registral relativo a imóvel, deverá o oficial atentar para todos os dados indicados como parâmetro de busca, comparando-os com aqueles constantes do fólio imobiliário.

Parágrafo único – Parcial discrepância entre qualquer das informações oferecidas pelo interessado e aquelas constantes do registro público não impede a expedição de certidão negativa, desde que ressalvada expressamente a ocorrência de eventual conformidade entre os elementos, os quais devem ser explicitados em pormenor no próprio documento.

Art. 94 - O prazo de validade da certidão é de 30 (trinta) dias e será, obrigatoriamente, nela consignado.

SEÇÃO IX
DA RETIFICAÇÃO DE REGISTRO OU AVERBAÇÃO

Art. 95 - O procedimento de retificação previsto no art. 213 da Lei 6.015/73, além das prescrições legais, será regido pelas disposições contidas nos artigos subsequentes.

Art. 96 - Não será caso de retificação extrajudicial se o erro decorrer do título e envolver preço, objeto ou outro elemento essencial do negócio jurídico, situação em que deverá o oficial devolvê-lo ao apresentante para o indispensável fim de retificação do instrumento.

Art. 97 - Se do título constar omissão passível de convolação por documentos de natureza pública, o oficial poderá exigir sua apresentação em substituição à rerratificação do título, salvo se versar sobre elemento essencial ao negócio jurídico ali praticado.

Art. 98 - O requerimento de retificação deverá ser subscrito pelo proprietário, com firma reconhecida por semelhança, acompanhado do georreferenciamento e certificação do INCRA.

Parágrafo único – Toda retificação rural deverá ser comunicada ao Ministério Público, o qual adotará providências que entender cabíveis.

Art. 99 - Na planta e no memorial descritivo, constarão os números das matrículas ou dos registros de transcrição dos imóveis confrontantes, bem como as assinaturas, reconhecidas por semelhança, do confinante tabular, do possuidor do imóvel, do requerente da retificação e do responsável técnico, com indicação dos nomes e qualidades dos seus respectivos subscritores.

Parágrafo único – Caso o imóvel confrontante não tenha matrícula ou registro de transcrição, deverá ser indicado na planta e no memorial descritivo que se trata de área de posse.

Art. 100 - No caso de imóvel urbano, deve ser averbada na matrícula ou no registro de transcrição a atualização dos imóveis confrontantes, por meio de requerimento instruído por certidão fornecida pelo município ou outro documento hábil para as alterações pretendidas.

Art. 101 - Na manifestação de anuência, ou para efeito de notificação:

I – se os proprietários ou ocupantes dos imóveis contíguos forem casados entre si e incidindo sobre o imóvel comunhão ou composse, bastará a manifestação de anuência ou a notificação de um dos cônjuges;

II – na hipótese de o casamento ser regido pelo regime da separação de bens ou de o imóvel não estar sujeito à comunhão decorrente do regime de bens ou à composse, será suficiente a notificação do cônjuge que tenha a propriedade ou a posse exclusiva; e

III – a União, o Estado, o Município, suas autarquias e fundações poderão ser notificadas por intermédio de sua Advocacia-Geral ou Procuradoria que tiver atribuição para receber citação em ação judicial.

Parágrafo único – As pessoas de direito público listadas no inciso III deste artigo poderão indicar, previamente, ao respectivo magistrado os procuradores responsáveis pelo recebimento das notificações e o endereço para o qual deverão ser encaminhadas.

Art. 102 - Se necessário à retificação, o oficial deverá:

I – realizar, mediante justificação prévia arquivada em serventia, diligências e vistorias externas, com a certificação do resultado nos autos do procedimento;

II – utilizar documentos e livros mantidos na serventia, com a juntada aos autos de certidão dos assentos consultados; e

III – intimar, por meio de ato fundamentado, o requerente e o profissional habilitado para que esclareçam dúvidas e complementem ou corrijam a planta e o memorial descritivo do imóvel quando os apresentados contiverem erro ou lacuna.

§1º - As atividades externas, assim como a conferência do memorial e da planta, poderão ser realizadas, sob a responsabilidade do oficial, por preposto ou técnico contratado, desde que o autor da diligência ou vistoria seja identificado e subscreva o documento resultante.

§2º - Se a prova complementar consistir na simples confrontação do requerimento apresentado com elementos contidos em documentos e livros mantidos no acervo da própria serventia, competirá ao oficial promovê-la de ofício.

§3º - No caso dos incisos II e III deste artigo, será vedada a cobrança de emolumentos, ressalvada a necessidade de audiência de conciliação/mediação;

Art. 103 - O protocolo do requerimento de retificação gera prioridade - e impede qualificação, registro ou averbação - apenas em relação a títulos que excluam ou contradigam o direito do proponente.

Art. 104 - Na hipótese de ser apresentado, no curso do procedimento retificatório, título transmissivo de domínio dotado de descrição imobiliária diversa da pretendida com a retificação, deverá o adquirente ser notificado para, em 15 (quinze) dias, falar nos autos.

Parágrafo único – A manifestação do adquirente não extingue a obrigação de se realizar a correção de informação constante no registro.

Art. 105 - Atendidos os requisitos legais e normativos, o oficial averbará a retificação no prazo máximo de 60 (sessenta) dias, contados da data do protocolo do requerimento, ressalvados os casos de exijam a contratação de serviços, pelo oficial, para verificação da questão técnica, em virtude da complexidade dos documentos juntados ou da extensão da área.

Art. 106 - O oficial negará a retificação sempre que:

I – não puder verificar que o registro corresponde ao imóvel descrito na planta e no memorial descritivo;

II – não conseguir identificar todos os confinantes tabulares do registro a ser retificado; e

III – implicar transposição, para o registro retificando, de imóvel ou parcela de imóvel de domínio público, ainda que não seja impugnada.

§1º - Para os fins do disposto neste artigo, não basta a anuência das pessoas identificadas pelo interessado como confinantes do imóvel, nem a existência de posse quando desacompanhada do domínio, sendo dever do oficial lançar mão das diligências necessárias para verificação da efetiva localização geodésica e dos concretos limites tabulares de cada um dos imóveis envolvidos.

§2º - Recusada a retificação, o oficial devolverá ao interessado, por meio de ato fundamentado, os documentos apresentados e produzidos por eventuais diligências.

Art. 107 - Na retificação das divisas ou medidas é facultado ao oficial a abertura de matrícula, com o encerramento da anterior e a averbação dos ônus existentes.

CAPÍTULO IV
DO PARCELAMENTO DO SOLO URBANO

Art. 108 - Os loteamentos e desmembramentos de imóveis urbanos são regidos pela Lei 6.766/79 e demais normas municipais aplicáveis.

Art. 109 - O desmembramento, também denominado desdobro, a que se refere o art. 167, II, item 4, da Lei 6.015/73, não está sujeito ao registro especial previsto no art. 18 da Lei 6.766/79.

§1º - Para a averbação do desdobro de que trata este artigo, o proprietário apresentará, ao Cartório de Registro de Imóveis da situação do lote, requerimento com firma reconhecida contendo, a descrição completa do imóvel primitivo e a dos resultantes do desmembramento, juntamente com planta aprovada pela Prefeitura local e cópia autenticada da Anotação de Responsabilidade Técnica - ART, do responsável técnico que subscreveu a planta.

§2º - Nos desmembramentos, o Oficial, sempre com o propósito de obstar expedientes ou artifícios que visem a afastar a aplicação da Lei 6.766/79, deverá examinar, com seu prudente critério e baseado em elementos de ordem objetiva, especialmente na quantidade de lotes parcelados, se se trata ou não de hipótese de incidência do registro especial. Na dúvida, submeterá o caso à apreciação do Juiz competente.

Art. 110 - O parcelamento de imóvel rural para fins urbanos deve ser precedido de:

I - lei municipal que o inclua na zona urbana ou de expansão urbana do Município; e

II - averbação de alteração de destinação do imóvel, de rural para urbano, com apresentação de certidão expedida pelo INCRA;

III - cancelamento ou protocolo do pedido de cancelamento no ITR;

IV - apresentação da certidão de inscrição no IPTU.

Art. 111 - Aprovado o projeto de loteamento ou de desmembramento, o loteador deverá submetê-lo ao Registro Imobiliário dentro de 180 (cento e oitenta) dias, sob pena de caducidade da aprovação, acompanhado dos seguintes documentos:

I - título de propriedade do imóvel ou certidão da matrícula.

II - histórico dos títulos de propriedade do imóvel, abrangendo os últimos 20 (vinte) anos, acompanhado dos respectivos comprovantes;

III - certidões negativas:

a) de tributos federais, estaduais e municipais incidentes sobre o imóvel;

b) de ações reais referentes ao imóvel, pelo período de 10 (dez) anos; e

c) de ações penais com respeito ao crime contra o patrimônio e contra a Administração Pública;

IV - Certidões:

a) dos Cartórios de Protestos de Títulos, em nome do loteador, pelo período de 10 (dez) anos;

b) de ações pessoais relativas ao loteador, pelo período de 10 (dez) anos;

c) de ônus reais relativos ao imóvel;

d) de ações penais contra o loteador, pelo período de 10 (dez) anos; e

e) da Secretaria do Patrimônio da União, se tratar de terreno de Marinha;

V - cópia do ato de aprovação do loteamento e comprovante do termo de verificação pela Prefeitura Municipal, da execução das obras exigidas por legislação municipal, que incluirão, no mínimo, a execução das vias de circulação do loteamento, demarcação dos lotes, quadras e logradouros e das obras de escoamento das águas pluviais ou da aprovação de um cronograma, com a duração máxima de quatro anos, acompanhado de competente instrumento de garantia para a execução das obras;

VI – exemplar do contrato-padrão de promessa de venda ou de cessão ou de promessa de cessão, do qual constarão, obrigatoriamente, as indicações previstas no art. 26 da Lei 6.766/79;

VII – declaração do cônjuge do requerente de que consente no registro do loteamento;

VIII – aprovação da Gerência do Patrimônio da União, quando se tratar de terreno de Marinha.

§1º - Os períodos referidos nos incisos III, b e IV, a, b e d deste artigo tomarão por base a data do pedido de registro do loteamento, devendo todas elas ser extraídas em nome daqueles que, nos mencionados períodos, tenham sido titulares de direitos reais sobre o imóvel.

§2º - A existência de protestos, de ações pessoais ou de ações penais, exceto as referentes a crime contra o patrimônio e contra a administração, não impedirá o registro do loteamento, se o requerente comprovar que esses protestos ou ações não poderão prejudicar os adquirentes dos lotes.

§3º - A declaração a que se refere o inciso VII deste artigo não dispensará o consentimento do declarante para os atos de alienação ou promessa de alienação de lotes, ou de direitos a eles relativos, que venham a ser praticados pelo seu cônjuge.

§4º - O título de propriedade será dispensado quando se tratar de parcelamento popular, destinado às classes de menor renda, em imóvel declarado de utilidade pública, com processo de desapropriação judicial em curso e imissão provisória na posse, desde que promovido pela União, Estados, Municípios ou suas entidades delegadas, autorizadas por lei a implantar projetos de habitação.

§5º - No caso de que trata o §4º, o pedido de registro do parcelamento, além dos documentos mencionados nos incisos V e VI deste artigo será instruído com cópias autênticas da decisão que tenha concedido a imissão provisória na posse, do decreto de desapropriação, do comprovante de sua publicação na imprensa oficial e, quando formulado por entidades delegadas, da lei de criação e de seus atos constitutivos.

Art. 112 - Examinada a documentação e encontrada em ordem, o Oficial do Registro de Imóveis encaminhará comunicação à Prefeitura e fará publicar, em resumo e com pequeno desenho de localização da área, edital do pedido de registro em 3 (três) dias consecutivos, podendo este ser impugnado no prazo de 15 (quinze) dias contados da data da última publicação.

§1º - Findo o prazo sem impugnação, será feito imediatamente o registro.

§2º - Se houver impugnação de terceiros, o Oficial do Registro de Imóveis intimará o requerente e a Prefeitura Municipal, para que sobre ela se manifestem no prazo de 5 (cinco) dias, sob pena de arquivamento do processo.

§3º - Com as manifestações previstas no parágrafo antecedente, o processo será enviado ao Juiz competente para decisão.

§4º - Ouvido o Ministério Público no prazo de 5 (cinco) dias, o Juiz decidirá de plano ou após instrução sumária, devendo remeter o interessado as vias ordinárias caso a matéria exija maior indagação.

§5º - Na Capital, a publicação do edital se fará no Diário Oficial do Estado e num dos jornais de circulação diária e, nos demais Municípios, a publicação se fará apenas num dos jornais locais, se houver ou, não havendo, em jornal da região.

§6º - O Oficial do Registro de Imóveis que efetuar, dolosamente, o registro em desacordo com as exigências da Lei 6.766/79 ficará sujeito à multa equivalente a 10 (dez) vezes os emolumentos regimentais fixados para o registro, na época em que for aplicada a penalidade pelo Juiz corregedor permanente, sem prejuízo das sanções penais e administrativas cabíveis.

§7º Registrado o loteamento, o Oficial de Registro comunicará o seu registro à Prefeitura.

Art. 113 - Quando a área loteada estiver situada em mais de uma circunscrição imobiliária, o registro será requerido, primeiramente, perante aquele Cartório de Registro de Imóveis em que estiver localizada a maior parte da área loteada.

§1º - Procedido o registro nessa circunscrição, o interessado requererá, sucessivamente, o registro do loteamento em cada uma das demais, comprovando perante cada qual o registro efetuado na anterior, até que o loteamento seja registrado em todas.

§2º - Denegado o registro em qualquer das circunscrições, essa decisão será comunicada, pelo Oficial do Registro de Imóveis, às demais para efeito de cancelamento dos registros feitos, salvo se ocorrer a hipótese prevista no §6º deste artigo.

§3º - Nenhum lote poderá situar-se em mais de uma circunscrição.

§4º - Não é permitido ao interessado processar, simultaneamente, perante diferentes circunscrições, pedidos de registro do mesmo loteamento, sendo nulos os atos praticados com infração a esta norma.

§5º - Enquanto não procedidos todos os registros de que trata este artigo, será considerado como não registrado o loteamento para os efeitos da Lei 6.766/79.

§6º - O indeferimento do registro do loteamento em uma circunscrição não determinará o cancelamento do registro procedido em outra, se o motivo do indeferimento naquela não se estender à área situada sob a competência desta, e desde que o interessado requeira a manutenção do registro obtido, submetido o remanescente do loteamento a uma aprovação prévia perante a Prefeitura Municipal.

Art. 114 - Qualquer alteração ou cancelamento parcial do loteamento registrado dependerá de acordo entre o loteador e os adquirentes de lotes atingidos pela alteração, bem como da aprovação pelos órgãos públicos que aprovaram o parcelamento, devendo ser depositada no Registro de Imóveis, em complemento ao projeto original, com a devida averbação.

Art. 115 - Os loteamentos ou desmembramentos requeridos pelas entidades político administrativas, como União, Estado e Municípios, estão sujeitos ao processo do registro especial, dispensando-se, porém, os documentos mencionados no art. 18, incisos II, III, IV e VII, da Lei 6.766/79.

Art. 116 - Os projetos de loteamentos de imóveis rurais serão acompanhados de aprovação ambiental e deverão atender a todas as demais exigências do Decreto-Lei 58/37 e seu regulamento e alterações posteriores, e também, da Lei 4.504/64.

Parágrafo único – No caso de áreas florestadas de loteamentos rurais e urbanos, estes ficarão sujeitos às normas da Lei 12.651/12, no que couber.

Art. 117 - Para a averbação dos conjuntos habitacionais edificados pelas pessoas jurídicas referidas no art. 8º da Lei 4380/64, deverão ser atendidos os requisitos básicos para assegurar, dentre outros, aspectos urbanísticos, ambientais, jurídicos, registrários e protetivos dos adquirentes.

Art. 118 - Entende-se como conjunto habitacional o empreendimento em que o parcelamento do imóvel urbano, com ou sem abertura de ruas, é feito para alienação de unidades habitacionais já edificadas pelo próprio empreendedor.

Art. 119 - Os empreendimentos promovidos por particulares, embora referentes a conjuntos habitacionais, subordinam-se ao art. 18 da Lei 6.766/79, ainda que financiados com recursos do Sistema Financeiro da Habitação.

Art. 120 - Quando, eventualmente, o loteamento abranger vários imóveis do mesmo proprietário, com transcrições e matrículas diversas, é imprescindível que se proceda previamente à sua unificação.

Art. 121 - Será sempre indispensável a correspondência da descrição e da área do imóvel a ser loteado com as que constarem da transcrição ou da matrícula respectiva, exigindo-se, caso contrário, prévia retificação.

Art. 122 - Quando o loteador for pessoa jurídica, incumbirá ao oficial verificar, com base no estatuto ou contrato social, a regularidade da representação societária, especialmente se quem requer o registro tem poderes para tanto.

Art. 123 - Os documentos apresentados para registro do loteamento deverão vir, sempre que possível, no original, podendo ser aceitas, porém, cópias reprográficas, desde que autenticadas.

Art. 124 - Se o oficial suspeitar da autenticidade de qualquer delas, poderá exigir a exibição do original.

Art. 125 - As certidões de ações pessoais e penais, inclusive da Justiça Federal, e as de protestos devem referir-se ao loteador e a todos aqueles que, no período de 10 (dez) anos, tenham sido titulares de direitos reais sobre o imóvel; serão extraídas, outrossim, na Comarca da situação do imóvel e, se distintas, naquelas onde domiciliados o loteador e os antecessores abrangidos pelo decênio, exigindo-se que as certidões não tenham sido expedidas há mais de 3 (três) meses.

Art. 126 - Tratando-se de pessoa jurídica, as certidões dos distribuidores criminais deverão referir-se, também, aos representantes legais da loteadora.

Art. 127 - Tratando-se de empresa constituída por outras pessoas jurídicas, tais certidões deverão referir-se, também, aos representantes legais destas últimas.

Art. 128 - Para as finalidades previstas no art. 18, §2º, da Lei 6.766/79, sempre que das certidões pessoais e reais constar a distribuição de ações cíveis, deve ser exigida certidão complementar, esclarecedora de seu desfecho ou estado atual.

Art. 129 - A fim de possibilitar conhecer a relevância econômica das lides relacionadas ou pertinência com o imóvel objeto da incorporação, as certidões positivas do Distribuidor Forense serão complementadas com a do juízo respectivo na qual conste o objeto da demanda, o valor da causa e a posição do processo, acompanhada de declaração subscrita pelo contador do loteador, com firma reconhecida, informando as ações existentes com os respectivos valores e afirmando que o patrimônio líquido do loteador, excluído o imóvel a que se refere o loteamento, é suficiente para suportar eventual condenação.

Art. 130 - No caso de imóvel urbano que, há menos de 5 (cinco) anos, era considerado rural, deve ser exigida certidão negativa de débito para com o Instituto Nacional de Colonização e Reforma Agrária - INCRA e a do Imposto Territorial Rural - ITR.

Art. 131 - É indispensável, para o registro de loteamento ou desmembramento de áreas localizadas em municípios integrantes da região metropolitana ou, nas hipóteses previstas no art. 13 da Lei 6.766/79, a anuência do órgão estadual de gerenciamento da respectiva região metropolitana (lei complementar estadual nº 18/1998).

Art. 132 - Para o registro dos loteamentos e desmembramentos, o oficial exigirá prova de licença de instalação por parte do órgão competente, não sendo suficiente a mera licença prévia.

Art. 133 - Desde que o registro do loteamento ou desmembramento seja requerido apenas com o cronograma de execução das obras, o cartório também providenciará, conforme o caso, o registro ou a averbação da garantia real oferecida, nas matrículas dos imóveis ou lotes correspondentes.

Art. 134 - A circunstância também será, de forma resumida, averbada na matrícula em que registrado o loteamento ou desmembramento.

Art. 135 - É dever do oficial proceder a exame cuidadoso do teor de todas as cláusulas do contrato-padrão, a fim de se evitar contenham estipulações frontalmente contrárias aos dispositivos, a esse respeito, em especial aos arts. 26, 31, §§ 1º e 2º, 34 e 35 da Lei 6.766/79.

Art. 136 - Tratando-se de loteamento urbano em Maceió e Arapiraca, a publicação do edital se fará no Diário Oficial do Estado e num dos jornais de circulação diária.

Parágrafo único – Nos demais municípios, a publicação se fará apenas num dos jornais locais, se houver ou, não havendo, em jornal da região.

Art. 137 - Nos loteamentos rurais, a publicação do edital continua sendo obrigatória no Diário Oficial, mesmo para aqueles situados fora da Capital.

Art. 138 - Todas as restrições presentes no loteamento, impostas pelo loteador ou pelo Poder Público, deverão ser, obrigatoriamente, mencionadas no registro para conhecimento público, não cabendo ao Oficial, porém, fiscalizar sua observância.

Art. 139 - No registro do loteamento não será necessário descrever todos os lotes, com suas características e confrontações, bastando elaborar um quadro resumido, indicando o número de quadras e a quantidade de lotes que compõem cada uma delas.

Art. 140 - Aplicam-se aos loteamentos de imóveis rurais, no que couberem, as disposições constantes neste Código de normas.

Art. 141 - Para os fins previstos nos arts. 32 e 36, III, da Lei 6.766/79, os oficiais somente aceitarão e farão intimações de compromissários compradores, ou cessionários, se o respectivo loteamento ou desmembramento estiver regularmente registrado e os correspondentes contratos de compromisso de venda e compra ou cessão dos lotes, averbados ou registrados.

Art. 142 - Do requerimento do loteador e das intimações devem constar, necessária e discriminadamente, o valor da dívida, incluindo juros e despesas, e o prazo para o pagamento, além da informação de que este deverá ser efetuado em cartório, cujo endereço completo será destacado.

Art. 143 - Constarão, também, o valor do contrato, o número das parcelas pagas e o seu montante, para que o cartório possa, ao efetuar o eventual cancelamento, proceder na forma do disposto no art. 35 da Lei 6.766/79.

Art. 144 - As intimações devem ser efetuadas, pessoalmente, pelo Oficial, seu substituto ou escrevente regularmente autorizado, por meio dos Cartórios do Registro de Títulos e Documentos da Comarca da situação do imóvel ou do domicílio dos intimados ou por intimações postais, desde que por carta com aviso de recebimento.

Art. 145 - Cuidando-se de vários compromissários compradores ou cessionários, inclusive esposas, necessária a promoção da intimação individual de todos eles.

Art. 146 - As intimações às pessoas jurídicas serão feitas aos seus representantes legais, exigindo-se a apresentação, pelo loteador, de certidão atualizada do contrato ou estatuto social, fornecida pela Junta Comercial ou pelo Cartório do Registro Civil das Pessoas Jurídicas.

Art. 147 - As intimações de compromissário comprador ou cessionário, que não for encontrado no endereço indicado no requerimento, deverão ser feitas mediante procura do interessado no endereço de seu domicílio, constante do próprio contrato e, ainda, no do respectivo lote.

Art. 148 - Recusando-se o destinatário a recebê-la, ou a dar recibo, ou, ainda, sendo desconhecido o seu paradeiro, a intimação, devidamente certificada a circunstância, será feita por edital, publicado, por 3 (três) dias consecutivos, na Comarca da situação do imóvel.

§1º - Em Maceió e Arapiraca, a publicação far-se-á no Diário Oficial e em um dos jornais de circulação diária.

§2º - Nas demais Comarcas bastará a publicação em um dos jornais locais ou, não havendo, em jornal da região.

§3º - Se o jornal local não for diário, a publicação nele será feita em 3 (três) dias consecutivos de circulação.

Art. 149 - Tratando-se de loteamento rural, o edital será publicado na forma do Decreto 3.079/38, que regulamentou o Decreto-Lei 58/37.

Art. 150 - No edital, individual ou coletivo, deverão constar, de modo discriminado, o valor da dívida incluindo juros e despesas, o prazo para pagamento, além da informação de que este deverá ser efetuado em cartório, o valor do contrato, o número das parcelas, o seu montante, o número do registro do loteamento ou desmembramento, o número do registro ou averbação do compromisso de venda e compra, ou da cessão, bem como o nome, a nacionalidade, o estado civil, o número do CPF ou CNPJ, caso constantes do registro, e o local de residência do intimado.

Art. 151 - Decorridos 10 (dez) dias da última publicação, devidamente certificado o fato pelo oficial, considerar-se-á aperfeiçoada a intimação.

Art. 152 - O cancelamento só se fará mediante requerimento do loteador, se o compromissário comprador, ou cessionário, não efetuar o pagamento até 30 (trinta) dias depois do aperfeiçoamento da intimação.

Art. 153 - Os prazos serão contados a partir do primeiro dia útil seguinte ao do aperfeiçoamento da intimação e, recaindo o último em sábado, domingo ou feriado, serão prorrogados até o primeiro dia útil.

Art. 154 - A averbação de cancelamento do registro, por inadimplemento do comprador, deverá consignar se ocorreu, ou não, a hipótese prevista no art. 35 da Lei 6.766/79.

Art. 155 - As despesas decorrentes da intimação, a cargo do interessado, são as estabelecidas na Lei de Custas e Emolumentos.

Art. 156 - Os cartórios deverão adotar sistema adequado e eficiente para arquivamento das intimações efetuadas, de modo a garantir a segurança de sua conservação e a facilidade de buscas, de preferência através de programa eletrônico.

Art. 157 - A restituição ou o depósito previsto no art. 35 da Lei 6.766/79 será feito sem qualquer acréscimo, não importando o tempo transcorrido da data do cancelamento do registro ou da averbação.

Art. 158 - Os juros e a correção monetária só têm incidência na hipótese do depósito efetuado na forma do §2º do art. 35 da referida lei.

Art. 159 - Nesse caso, o depósito será feito em conta bancária, preferencialmente em estabelecimento de crédito oficial, em nome do cartório, e somente será movimentada com autorização do Juízo.

CAPÍTULO V
DO IMÓVEL RURAL

Art. 160 - O registro de atos de transferência, desmembramento, parcelamento ou remembramento de imóveis rurais dependerá de apresentação de memorial descritivo elaborado, executado e assinado por profissional habilitado e com a devida Anotação de Responsabilidade Técnica - ART, contendo as coordenadas dos vértices definidores dos limites dos imóveis rurais, georreferenciadas ao Sistema Geodésico Brasileiro e com precisão posicional estabelecida pelo Instituto Nacional de Colonização e Reforma Agrária - INCRA, nos termos da Lei 10.267/04.

§1º O memorial descritivo certificado pelo INCRA será arquivado em classificador próprio, com índice no qual haverá remissão à matrícula correspondente.

§2º - Para os fins e efeitos do §2º do art. 225 da Lei 6.015/73, uma vez apresentado o memorial descritivo segundo os ditames do §3º do art. 176 e do §3º do art. 225 da mesma Lei, o registro de subsequente transferência da totalidade do imóvel independerá de novo memorial descritivo.

§3º - Os serviços de registro de imóveis ficam obrigados a encaminhar ao INCRA, mensalmente, as modificações ocorridas nas matrículas imobiliárias decorrentes de mudanças de titularidade, parcelamento, desmembramento, loteamento, remembramento, retificação de área, reserva legal e particular do patrimônio natural e outras limitações e restrições de caráter ambiental, envolvendo os imóveis rurais, inclusive os destacados do patrimônio público.

Art. 161 - A prova de quitação do Imposto Territorial Rural - ITR será feita mediante apresentação de comprovantes de pagamentos dos 5 (cinco) últimos exercícios ou, na sua falta, de certidão de regularidade fiscal de imóvel rural, expedida pela Receita Federal, ressalvados os casos de inexigibilidade e dispensa prevista no art. 20 da Lei 9.393/96.

Art. 162 - O registrador não exigirá a comprovação do pagamento do ITR ou a CND no registro da carta de arrematação, nem no da carta de adjudicação.

- *Provimento nº 29/2020 - CGJ/AL.*
- *Incisos I e II revogados pelo Provimento nº 29/2020 - CGJ/AL.*

Art. 163 - O registrador não exigirá o CCIR do INCRA, desde que já conste da matrícula do imóvel, da carta de arrematação ou da carta de adjudicação.

Art. 164 - O registrador não exigirá a comprovação do pagamento do ITR nos seguintes casos:

I – registro das penhoras, arrestos e sequestros de imóveis;

II – registro da sentença que em processo de desapropriação fixar o valor da desapropriação; e

III – registro das citações de ações reais ou pessoais reipersecutórias, relativas a imóveis.

Art. 165 - O Oficial observará as normas legais relativas à necessidade de apresentação do CCIR - Certificado de Cadastro de Imóvel Rural - para os títulos submetidos a registro.

Art. 166 - Sem a apresentação do CCIR - Certificado de Cadastro de Imóvel Rural, não poderão os proprietários, sob pena de nulidade, desmembrar, arrendar, hipotecar, vender ou prometer vender ou homologar partilha amigável ou judicial que tenha por objeto imóveis rurais.

Art. 167 - Na impossibilidade de apresentação do certificado de cadastro CCIR expedido pelo INCRA, relativo ao último exercício, em substituição, será exigido o protocolo de encaminhamento do cadastramento ou recadastramento, acompanhado, na última hipótese, do certificado de cadastro anterior.

Parágrafo único – Não obstará a realização do ato eventual divergência existente entre os certificados emitidos pelo INCRA e os documentos emitidos pela Receita Federal para comprovação da exação do ITR.

CAPÍTULO VI
DO GEORREFERENCIAMENTO

Art. 168 - O georreferenciamento obedecerá ao disposto no art. 176, §§ 3º a 7º, da Lei 6.015/73, no Decreto 4.449/02, e em suas modificações posteriores.

Art. 169 - O georreferenciamento deverá ser averbado em cada matrícula, mesmo que mais de uma matrícula tenha sido, ao mesmo tempo, certificada pelo INCRA.

Art. 170 - Juntamente com o requerimento de georreferenciamento serão apresentados, pelo interessado, os seguintes documentos:

I - planta e memorial de cada matrícula a ser georreferenciada, elaborados, executados e assinados por profissional habilitado, e certificados pelo INCRA, com o número da certificação expedida, contendo as coordenadas dos vértices definidores dos limites dos imóveis rurais, georreferenciadas ao Sistema Geodésico Brasileiro, e com precisão posicional a ser estabelecida em ato normativo, inclusive em manual técnico, expedido pelo INCRA;

II - ART, com prova de sua quitação;

III - declarações expressas dos confinantes, com reconhecimento de firma, de que os limites divisórios foram respeitados;

IV - a certificação do INCRA de que a poligonal objeto do memorial descritivo não se sobrepõe a nenhuma outra constante de seu cadastro georreferenciado e que o memorial atende às exigências técnicas, conforme ato normativo próprio;

V - declaração conjunta do proprietário e do responsável técnico, firmada sob pena de responsabilidade civil e criminal, de que não houve alteração das divisas do imóvel registrado e que foram respeitados os direitos dos confrontantes;

VI - CCIR, com prova de sua quitação; e

VII - certidão negativa de débitos relativos ao ITR ou guias e respectivos comprovantes de recolhimento do ITR dos últimos 5 (cinco) exercícios fiscais.

Art. 171 - A averbação do georreferenciamento provocará, em ato contínuo, a abertura de uma nova matrícula, que conterá, além dos requisitos do art. 176, §1º, II, da Lei dos Registros Públicos, o número da certificação expedida pelo INCRA.

Parágrafo único - Com a averbação do georreferenciamento, será encerrada a matrícula anterior no Ofício de Registro de Imóveis competente.

Art. 172 - Para os fins e efeitos do §2º do art. 225 da Lei dos Registros Públicos, a primeira apresentação do memorial descritivo segundo os ditames do §3º do art. 176 e do §3º do art. 225 da mesma lei, e nos termos do Decreto 4.449/02, respeitados os direitos de terceiros confrontantes, não caracterizará irregularidade impeditiva de novo registro, desde que presente o requisito do §13 do art. 213 da Lei dos Registros Públicos, devendo, no entanto, os subsequentes estar rigorosamente de acordo com o referido §2º, sob pena de incorrer em irregularidade sempre que a caracterização do imóvel não for coincidente com a constante do primeiro registro de memorial georreferenciado, excetuadas as hipóteses de alterações expressamente previstas em lei.

Parágrafo único - Realizado o georreferenciamento das matrículas, novos desmembramentos, parcelamentos e/ou fusões das áreas das matrículas georreferenciadas exigirão nova certificação do INCRA.

Art. 173 - A certificação do memorial descritivo pelo INCRA não implicará reconhecimento do domínio ou a exatidão dos limites e confrontações indicados pelo proprietário.

Art. 174 - Para o registro de mandados judiciais oriundos de processos que versem sobre imóveis rurais, inclusive ações de usucapião, além dos requisitos da matrícula nos termos da Lei dos Registros Públicos, devem constar informações sobre a localização, os limites e as confrontações do imóvel objeto da lide; e, caso não haja, deverão ser apresentados planta e memorial descritivo assinados por profissional habilitado e com devida ART contendo as coordenadas dos vértices definidores dos limites dos imóveis rurais georreferenciadas ao Sistema Geodésico Brasileiro e com precisão posicional a ser fixada pelo INCRA.

Art. 175 - Havendo requerimento de fusão ou desmembramento de matrículas, juntamente com o requerimento de georreferenciamento será inicialmente averbado o georreferenciamento em cada matrícula, para que, somente então, possa ser realizado o ato de fusão ou o de desmembramento requeridos.

§1º - A certificação do INCRA não dispensará, nos casos previstos no *caput*, a observância obrigatória dos princípios regentes do registro de imóveis, em especial os princípios da continuidade e da especialidade objetiva.

§2º - O requerimento de georreferenciamento e desmembramento será acompanhado, além dos documentos elencados no art. 173 deste Código, do memorial descritivo da parte do imóvel a ser desmembrada e do memorial descritivo da parte remanescente do imóvel.

§3º - O requerimento de georreferenciamento e fusão será acompanhado, além dos documentos elencados no art. 173, do memorial descritivo das partes a serem fundidas em uma única matrícula e do memorial descritivo da área resultante da fusão.

§4º - Verificada a falta de algum documento para a fusão e/ou para o desmembramento das matrículas, o oficial de registro exigirá os documentos faltantes do técnico responsável pelo levantamento topográfico, dispensando-se o carimbo da certificação do INCRA nos novos documentos, desde que a situação final de registro seja exatamente aquela expressa na planta e nos memoriais certificados pelo INCRA.

CAPÍTULO VII
DO USUFRUTO

Art. 176 - Instituir-se-á o usufruto mediante registro, independentemente de ordem judicial.

Art. 177 - O registro do usufruto será cancelado por averbação:

I – a requerimento do interessado mediante:

a) apresentação da certidão de óbito do usufrutuário;

b) demonstração da extinção do direito pela realização do termo de duração incondicional; e

c) comprovação suficiente do implemento de condição resolutiva, que deverá constar do registro;

II – a requerimento do usufrutuário e do nu-proprietário, se acordes na extinção do direito, pela realização do termo de duração subordinada a condição;

III – em face de escritura pública, quando houver extinção do usufruto pela renúncia ou consolidação; e

IV – à vista de sentença ou acórdão judicial transitados em julgado, nas demais hipóteses de extinção.

§1º - O requerimento de cancelamento do registro do usufruto, instruído com documentos comprobatórios dos fatos alegados, será processado em âmbito extrajudicial ou judicial; neste, regido pelas disposições gerais dos procedimentos especiais de jurisdição voluntária do Código de Processo Civil (arts. 720-724 do NCPC).

§2º - Se processado na via extrajudicial, o requerimento será deduzido por simples petição dirigida ao oficial, que conferirá as provas manejadas e providenciará, se cabível, o cancelamento.

CAPÍTULO VIII
DA DESAPROPRIAÇÃO

Art. 178 - O oficial registrará nas matrículas as escrituras públicas de desapropriação e as sentenças judiciais respectivas.

§1º - Para realização de tal registro, o oficial, se necessário, exigirá prévio aperfeiçoamento da descrição tabular e, ainda, a precisa identificação da área desapropriada e daquela remanescente da intervenção.

§2º - Mesmo no caso de escritura de desapropriação, fica dispensada a apresentação de CCIR e do comprovante de quitação do Imposto Territorial Rural (ITR).

§3º - O oficial não exigirá requerimento de desmembramento em caso de desapropriação.

Art. 179 - Quando se tratar de escritura pública de desapropriação de posse, abrir-se-á matrícula e proceder-se-á ao registro correspondente.

Art. 180 - Será averbada, na matrícula respectiva, a ação desapropriatória, desde a concessão de sua imissão provisória, mesmo em caso de posse, quando será aberta matrícula prévia.

CAPÍTULO IX
DA ALIENAÇÃO FIDUCIÁRIA DE BENS IMÓVEIS

Art. 181 - A alienação fiduciária, regulada pela Lei 9.514/97 e suas alterações, é o negócio jurídico pelo qual o devedor, ou fiduciante, com o escopo de garantia, contrata a transferência da propriedade resolúvel de coisa imóvel ao credor, ou fiduciário, que pode ser contratada por qualquer pessoa, física ou jurídica, e não é privativa das entidades que operam no Sistema de Financiamento Imobiliário (SFI).

Art. 182 - A alienação fiduciária será constituída mediante registro do contrato na matrícula do imóvel.

Parágrafo único - Reputando-se que a alienação fiduciária em garantia transfere ao credor o domínio resolúvel e a posse indireta da coisa móvel alienada, tornando-se o alienante ou devedor em possuidor direto e depositário com todas as responsabilidades e encargos que lhe incumbem de acordo com a lei civil e penal, os emolumentos decorrentes do seu registro se darão com base no valor do contrato firmado entre as partes.

Art. 183 - Com a constituição da propriedade fiduciária, dá-se o desdobramento da posse da coisa imóvel, tornando-se o fiduciante, possuidor direto, e o fiduciário, possuidor indireto.

Art. 184 - Os atos e contratos referidos na Lei 9.514/97, ou resultantes da sua aplicação, mesmo aqueles que visem à constituição, transferência, modificação ou renúncia de direitos reais sobre imóveis, poderão ser celebrados por escritura pública ou por instrumento particular com efeitos de escritura pública.

Parágrafo único - As entidades vinculadas ao Sistema Financeiro da Habitação estão dispensadas do reconhecimento de firma.

Art. 185 - O contrato que serve de título ao negócio fiduciário deverá conter os requisitos previstos no art. 24 da Lei 9.514/97:

I - o valor do principal da dívida;

II - o prazo e as condições de reposição do empréstimo ou do crédito do fiduciário;

III - a taxa de juros e os encargos incidentes;

IV - a cláusula de constituição da propriedade fiduciária, com a descrição do imóvel objeto da alienação fiduciária e a indicação do título e modo de aquisição;

V - a cláusula que assegura ao fiduciante, enquanto adimplente, a livre utilização, por sua conta e risco, do imóvel objeto da alienação fiduciária;

VI - a indicação, para efeito de venda em público leilão, do valor do imóvel e dos critérios para a respectiva revisão;

VII - a cláusula que dispõe sobre os procedimentos do eventual leilão do imóvel alienado fiduciariamente; e

VIII - o prazo de carência a ser observado antes que seja expedida intimação para purgação de mora ao devedor, ou fiduciante, inadimplente.

Art. 186 - O termo de quitação emitido pelo credor fiduciário é o título hábil para averbar a reversão da propriedade plena para o nome do devedor fiduciante, mediante cancelamento do registro da propriedade fiduciária, só substituível por quitação constante de escritura pública, ou de instrumento particular com força de escritura pública, ou por sentença judicial, transitada em julgado.

Art. 187 - O devedor fiduciante, com anuência expressa do credor fiduciário, poderá transmitir seu direito real de aquisição sobre o imóvel objeto da alienação fiduciária em garantia, assumindo o cessionário adquirente as respectivas obrigações, na condição de novo devedor fiduciante.

Art. 188 - O título que instrumenta a transferência de direitos e obrigações deverá ingressar para ato de averbação na matrícula do imóvel, cabendo ao Oficial observar a regularidade do recolhimento do imposto de transmissão.

Art. 189 - A cessão do crédito objeto da alienação fiduciária implicará a transferência ao cessionário de todos os direitos e obrigações inerentes à propriedade fiduciária em garantia e independe de anuência do devedor fiduciante.

§1º - Havendo cessão da posição do credor fiduciário, indispensável prévia averbação dessa circunstância na matrícula do imóvel, para fins de substituição do credor e proprietário fiduciário originário da relação contratual pelo cessionário, o qual fica integralmente sub-rogado nos direitos e obrigações do contrato de alienação fiduciária.

§2º - Nos casos de transferência de financiamento para outra instituição financeira, com a sub-rogação de dívida, da respectiva garantia fiduciária ou hipotecária e da alteração das condições contratuais, em nome do credor que venha a assumir tal condição, a averbação será realizada em ato único, mediante apresentação conjunta instrumento firmado pelo mutuário com o novo credor e documento de quitação do anterior, dispensada a assinatura do mutuário neste último.

Art. 190 - Dispensável a averbação da cessão de que trata o artigo anterior no caso de crédito negociado no mercado secundário de créditos imobiliários, representado por Cédula de Crédito Imobiliário sob a forma escritural, hipótese em que o credor será o indicado pela entidade custodiante mencionada na cédula.

CAPÍTULO X
DAS INTIMAÇÕES E DA CONSOLIDAÇÃO DA PROPRIEDADE FIDUCIÁRIA

Art. 191 - Do requerimento do credor fiduciário devem constar as seguintes informações:

I - número do CPF e nome do devedor fiduciante (e de seu cônjuge, se for casado em regime de bens que exija a intimação), dispensada a indicação de outros dados qualificativos;

II - endereço residencial atual e anterior, se houver;

III - endereço comercial, se houver;

IV - declaração de que decorreu o prazo de carência estipulado no contrato;

V - demonstrativo do débito e projeção de valores para pagamento da dívida, ou do valor total a ser pago pelo fiduciante por períodos de vencimento;

VI - número do CPF e nome do credor fiduciário, dispensada a indicação de outros dados qualificativos; e

VII - comprovante de representação legal do credor fiduciário pelo signatário do requerimento, quando for o caso.

§1º - No demonstrativo do débito ou na projeção da dívida, é vedada a inclusão de valores que correspondam ao vencimento antecipado da obrigação.

§2º - Não cabe ao Oficial examinar a regularidade do cálculo, salvo a hipótese do parágrafo anterior.

§3º - O terceiro que prestou a garantia também será intimado para pagamento em caso de mora do fiduciante (art. 26, §1º, da Lei 9.514/97).

Art. 192 - O requerimento poderá ser apresentado em uma única via, dispensado o reconhecimento de firma quando se tratar de entidade vinculada ao Sistema Financeiro da Habitação.

Art. 193 - Prenotado e encontrando-se em ordem, o requerimento deverá ser autuado com as peças que o acompanharam, formando um processo para cada execução extrajudicial.

Art. 194 - Poderá ser exigido, no ato do requerimento, depósito prévio dos emolumentos e demais despesas estabelecidas em lei, importância que deverá ser reembolsada ao apresentante, por ocasião da prestação de contas, quando ressarcidas pelo devedor fiduciante.

Parágrafo único - As despesas deverão ser cotadas, de forma discriminada.

Art. 195 - O requerimento de intimação deverá ser lançado no controle geral de títulos contraditórios, a fim de que, em caso de expedição de certidão da matrícula, seja consignada a existência da prenotação do requerimento.

Parágrafo único - O prazo de vigência da prenotação ficará prorrogado até a finalização do procedimento.

Art. 196 - Incumbirá ao Oficial verificar a regularidade da representação e, especialmente, se quem requer a intimação tem poderes para tanto.

Art. 197 - Deverá o Oficial expedir intimação a ser cumprida em cada um dos endereços fornecidos pelo credor fiduciário, da qual constarão:

I - os dados relativos ao imóvel e ao contrato de alienação fiduciária;

II - o demonstrativo do débito decorrente das prestações vencidas e não pagas e das que se vencerem até a data do pagamento, os juros convencionais, as penalidades e os demais encargos contratuais, os encargos legais, inclusive tributos e as contribuições condominiais imputáveis ao imóvel, bem como a projeção da dívida, em valores atualizados, para purgação da mora;

III - a indicação dos valores correspondentes às despesas de cobrança e de intimação;

IV - a informação de que o pagamento poderá ser efetuado no Cartório de Registro de Imóveis, consignando-se o seu endereço, dias e horários de funcionamento, ou por boleto bancário, que acompanhará a intimação ou poderá ser retirado na serventia;

V – a advertência de que o pagamento do débito deverá ser feito no prazo improrrogável de 15 (quinze) dias, contado da data do recebimento da intimação; e

VI – a advertência de que o não pagamento garante o direito de consolidação da propriedade plena do imóvel em favor do credor fiduciário, nos termos do §7º do art. 26 da Lei 9.514/97.

Art. 198 - A intimação far-se-á pessoalmente ao fiduciante, ou ao seu representante legal ou ao procurador regularmente constituído, podendo ser promovida, por solicitação do oficial do Registro de Imóveis, por oficial de Registro de Títulos e Documentos da Comarca da situação do imóvel ou do domicílio de quem deva recebê-la, ou pelo correio, com aviso de recebimento.

Art. 199 - Preferencialmente, a intimação deverá ser feita pelo serviço extrajudicial. Optando-se pela via postal, deverá utilizar-se de Sedex registrado, com aviso de recebimento (AR), e do serviço denominado "mão própria" (MP), a afim de que a correspondência seja entregue, exclusivamente, ao destinatário.

Art. 200 - Ocorrendo o comparecimento espontâneo do devedor em cartório, a notificação será feita diretamente pelo Oficial do Registro de Imóveis ou seu preposto, ficando as despesas circunscritas aos emolumentos referentes à prenotação e à notificação, vedada a cobrança de despesas postais ou com diligências. Ocorrendo o pronto pagamento, ficarão excluídos, também, os emolumentos relativos à intimação.

Art. 201 - Cuidando-se de vários devedores, ou cessionários, inclusive cônjuges, necessária a promoção da intimação individual e pessoal de todos eles.

§1º - Na hipótese de falecimento do devedor, a intimação será feita ao inventariante, devendo ser apresentadas cópias autênticas da certidão de óbito e do termo de compromisso de inventariante, ou certidão passada pelo ofício judicial ou Tabelião de notas.

§2º - Na hipótese de falecimento do devedor, não tendo havido abertura de inventário, serão intimados todos os herdeiros e legatários do devedor, os quais serão indicados pelo credor-fiduciário. Neste caso, serão apresentadas cópias autênticas da certidão de óbito e do testamento, quando houver.

§3º - As intimações de pessoas jurídicas serão feitas aos seus representantes legais, indicados pelo credor-fiduciário.

§4º - Quando o devedor não for encontrado nos endereços indicados pelo credor, tentativa de intimação deverá ser feita no endereço do imóvel dado em garantia.

§5º - Considerar-se-á intimado o devedor que, encontrado, se recusar a assinar a intimação, caso em que o Oficial certificará o ocorrido.

Art. 202 - Quando o devedor, seu representante legal, ou procurador se encontrar em local incerto ou não sabido, o Oficial incumbido da intimação certificará o fato, e o Oficial do Registro de Imóveis promoverá intimação por edital, publicado por 3 (três) dias, pelo menos, em um dos jornais de maior circulação local ou noutro de Comarca de fácil acesso, se no local não houver imprensa diária.

Art. 203 - Purgada a mora perante o Registro de Imóveis, o Oficial entregará recibo ao devedor e, nos 3 (três) dias seguintes, comunicará esse fato ao credor fiduciário para recebimento na serventia das importâncias recebidas, ou procederá à transferência diretamente ao fiduciário.

Art. 204 - Decorrido o prazo da intimação sem purgação da mora, o Oficial do Registro de Imóveis lançará CERTIDÃO DE TRANSCURSO DE PRAZO SEM PURGAÇÃO DA MORA e dará ciência ao requerente.

Art. 205 - A consolidação da plena propriedade será feita à vista da prova do pagamento do imposto de transmissão "inter vivos" e, se for o caso, do laudêmio. Para tais fins, será considerado o preço ou valor econômico declarado pelas partes ou o valor tributário do imóvel, independentemente do valor remanescente da dívida.

Parágrafo único – Decorrido o prazo de 120 (centro e vinte) dias sem as providências elencadas no *caput*, os autos serão arquivados. Ultrapassado esse prazo, a consolidação da propriedade fiduciária exigirá novo procedimento de execução extrajudicial.

Art. 206 - O fiduciante pode, com anuência do fiduciário, dar seu direito eventual ao imóvel em pagamento da dívida, dispensada a realização do leilão.

Art. 207 - A dação em pagamento enseja o recolhimento do imposto de transmissão de bens imóveis, calculado sobre o valor do saldo devedor e demais encargos, ou sobre o valor venal do imóvel, prevalecendo o maior, podendo ser adotada a forma pública ou particular.

Art. 208 - Uma vez consolidada a propriedade em nome do fiduciário, este deverá promover a realização de leilão público para venda do imóvel, nos 30 (trinta) dias subsequentes, contados da data da averbação da consolidação da propriedade, não cabendo ao Oficial do Registro de Imóveis o controle desse prazo.

Parágrafo único – Havendo lance vencedor, a transmissão do imóvel ao licitante será feita por meio de registro de contrato de compra e venda, por instrumento público ou particular, no qual deverá figurar, de um lado, como vendedor, o antigo credor fiduciário e, de outro, como comprador, o licitante vencedor.

Art. 209 - A averbação dos leilões negativos será feita a requerimento do credor fiduciário ou de pessoa interessada, instruído com cópias autênticas das publicações dos leilões e dos autos negativos, assinados por leiloeiro oficial.

Art. 210 - Na contagem dos prazos do contrato de alienação fiduciária, exclui-se o dia do começo e inclui-se o dia do vencimento. Encerrando-se o prazo regulamentar em sábado, domingo ou feriado, prorroga-se para o primeiro dia útil subsequente.

CAPÍTULO XI
DA USUCAPIÃO ADMINISTRATIVA

Art. 211 - Admitir-se-á o pedido de reconhecimento extrajudicial de usucapião, sem prejuízo da demanda na via jurisdicional, que será processado diretamente perante o Serviço de Registro de Imóveis da Comarca em que estiver encravado o imóvel usucapiendo, independentemente de que este possua origem tabular, nos termos do que estabelece o art. 216-A da Lei 6.015, de 31 de dezembro de 1973, com a redação determinada pela Lei 13.105, de 16 de março de 2015.

Art. 212 - O requerimento deverá ser subscrito pelo advogado, pelo usucapiente, e se for ocaso, pelo seu cônjuge ou companheiro, com firma reconhecida, e instruído com os seguintes documentos:

I – ata notarial lavrada por Tabelião, atestando o valor aproximado do imóvel, o tempo de posse do requerente e seus antecessores, conforme o caso e suas circunstâncias;

II – planta e memorial descritivo assinados, e com firma reconhecida, por profissional legalmente habilitado, com prova de Anotação de Responsabilidade Técnica (ART) ou Registro de Responsabilidade Técnica (RRT) no respectivo conselho de fiscalização profissional, e pelos titulares de direitos reais e de outros direitos registrados ou averbados na matrícula do imóvel usucapiendo e na matrícula dos imóveis confinantes, desde que haja relevância no procedimento de reconhecimento da usucapião;

III – certidões negativas dos distribuidores da justiça estadual e federal, da Comarca da situação do imóvel e do domicílio do requerente, expedidas em nome:

a) do usucapiente e do respectivo cônjuge, se houver;

b) do requerido e do respectivo cônjuge, se houver;

c) de todos os demais possuidores e dos respectivos cônjuges, se houver, em caso de sucessão de posse, que é somada à do usucapiente para se completar o período aquisitivo de usucapião;

IV – justo título ou quaisquer outros documentos que demonstrem a origem, a continuidade, a natureza e o tempo da posse, tais como o pagamento dos tributos que incidirem sobre o imóvel;

V – descrição georreferenciada, nas hipóteses previstas na Lei 10.267, de 28 de agosto de 2001, e nos seus decretos regulamentadores;

VI – procuração outorgada ao advogado, por instrumento público, ou particular, com firma reconhecida.

§1º - Os documentos a que se refere o *caput* deste artigo serão apresentados no original.

§2º - Apenas para a prenotação do requerimento de reconhecimento extrajudicial de usucapião de imóvel rural é dispensada a comprovação de certificação de georreferenciamento pelo Instituto Nacional de Colonização e Reforma Agrária - INCRA. Entretanto essa certificação deverá ser apresentada previamente ao ato de registro da usucapião.

Art. 213 - O requerimento do usucapiente contendo o pedido de reconhecimento extrajudicial de usucapião atenderá, no que couber, aos requisitos da petição inicial, estabelecidos pelo art. 319 do Código de Processo Civil, bem como indicará:

I – a modalidade de usucapião requerida:

a) ordinária (artigos 1.242 e 1.379 do Código Civil), inclusive em sua modalidade com prazo reduzido (parágrafo único do art. 1.242 do Código Civil);

b) extraordinária (art. 1.238 do Código Civil), inclusive em sua modalidade com prazo reduzido (parágrafo único do art. 1.238 do Código Civil);

c) constitucional (artigos 183 e 191 da Constituição da República, reproduzidos nos artigos 1.239 e 1.240 do Código Civil e nos artigos 9º a 12 da Lei 10.257, de 10 de julho de 2001); ou

d) familiar, entre cônjuges, ou por abandono do lar (art. 1.240-A do Código Civil);

II – eventual edificação, benfeitoria ou qualquer acessão existentes no imóvel usucapiendo;

III – o nome e a qualificação completa de todos os possuidores anteriores cujo tempo de posse tiver sido somado à do usucapiente para completar o período aquisitivo;

IV – o número da matrícula da área onde se encontra inserido o imóvel usucapiendo, ou a informação de que não se encontra matriculado;

V – o valor atribuído ao imóvel usucapiendo; e

VI – o nome, o número de inscrição na respectiva seccional da Ordem dos Advogados do Brasil (OAB), o endereço completo em que recebe notificações, o número do telefone e o endereço de ***e-mail*** do advogado que representa o usucapiente.

Parágrafo único – A denominada *usucapião familiar, entre cônjuges ou por abandono do lar*, prevista pelo art. 1.240-A do Código Civil dependerá da apresentação de sentença, com certidão de trânsito em julgado, reconhecendo o abandono do lar pelo ex-cônjuge ou ex-companheiro do usucapiente e de prova da propriedade em comum perante o registro de imóveis, além do atendimento dos demais requisitos legais para seu reconhecimento.

Art. 214 - O requerimento, juntamente com todos os documentos que o instruírem, será autuado pelo oficial de registro de imóveis competente, prorrogando-se os efeitos da prenotação até o acolhimento ou a rejeição do pedido.

§1º - Todas as notificações destinadas ao usucapiente serão feitas na pessoa de seu advogado, preferencialmente por meio eletrônico.

§2º - O não atendimento às notificações, cumulado com a paralisação do procedimento por mais de 30 (trinta) dias, poderão caracterizar omissão do usucapiente em atender às exigências que lhe forem formuladas, acarretando o arquivamento do pedido, com o cancelamento dos efeitos da prenotação, nos termos do art. 205 da Lei 6.015, de 31 de dezembro de 1973.

§3º - O requerimento rejeitado por inércia do interessado poderá ser renovado, iniciando-se novo procedimento, com nova prenotação e nova autuação, e será submetido à nova qualificação registral, podendo ser aproveitados, conforme o caso, os documentos e os atos regularmente praticados anteriormente, caso não haja prejuízo a terceiros.

Art. 215 - A ata notarial para fins de reconhecimento extrajudicial de usucapião será lavrada por Tabelião de Notas, de livre escolha da parte, nos termos do art. 8º da Lei 8.935/94.

§1º - Além do tempo de posse do interessado e de seus antecessores, da ata notarial prevista no *caput* deverá constar:

I – o nome do atual possuidor do imóvel usucapiendo;

II – a identificação do imóvel usucapiendo, suas características, localização, área e eventuais acessões e/ou benfeitorias nele edificadas ou introduzidas;

III – os nomes dos confrontantes e, se possível, de eventuais titulares de direitos reais e de outros direitos incidentes sobre o imóvel usucapiendo e sobre os imóveis confinantes;

IV – a forma de aquisição da posse do imóvel usucapiendo pelo usucapiente;

V – eventual questionamento ou impedimento ao exercício da posse pelo usucapiente;

VI – a continuidade e a durabilidade do exercício da posse pelo usucapiente;

VII – o exercício da posse com ânimo de dono pelo usucapiente;

VIII – quem é reconhecido como dono do imóvel usucapiendo.

§2º - Para a lavratura da ata notarial, o Tabelião poderá se deslocar até o imóvel e verificar a exteriorização da posse, diante das circunstâncias do caso, às expensas do requerente.

§3º - Os documentos apresentados para a lavratura do instrumento notarial serão arquivados na serventia extrajudicial em pastas individualizadas, identificadas com o número do livro e da(s) folha(s) em que tais atos foram lavrados.

Art. 216 - Para o reconhecimento extrajudicial de usucapião de unidade autônoma integrante de condomínio edilício regularmente constituído e com construção averbada, será exigida a anuência do síndico do condomínio, dispensando-se a anuência dos titulares das demais unidades condominiais; tratando-se de condomínio geral, qualquer dos condôminos poderá anuir.

Parágrafo único – Na hipótese de a unidade autônoma usucapienda localizar-se em condomínio edilício constituído de fato, ou seja, sem o respectivo registro do ato de incorporação, ou sem a devida averbação de construção, será exigida a anuência de todos os titulares de direito constantes da matrícula do terreno.

Art. 217 - Admite-se o reconhecimento extrajudicial de usucapião promovido por mais de um usucapiente, nos casos de exercício comum da posse.

§1º - É admissível o reconhecimento extrajudicial de usucapião de imóvel não matriculado, devendo, o oficial de registro de imóveis, adotar todas as cautelas necessárias para certificar-se de que não se trata de imóvel público.

§2º - É inadmissível o reconhecimento extrajudicial de usucapião de lote ou loteamento irregular, devendo o oficial dar ciência imediata ao Ministério Público para fins de responsabilização civil e penal do loteador faltoso.

Art. 218 - A existência de ônus real ou de gravame na matrícula do imóvel usucapiendo não impede o reconhecimento extrajudicial de usucapião, hipótese em que o título de propriedade será registrado respeitando-se aqueles direitos, ressalvado o cancelamento mediante anuência expressa do respectivo titular de tais direitos.

Parágrafo único – Na hipótese de algum titular de direitos reais e de outros direitos registrados ou averbados na matrícula do imóvel usucapiendo e na matrícula dos imóveis confinantes ser falecido, pelo princípio da ***saisine***, poderão assinar a planta e memorial descritivo seus herdeiros legais, desde que apresentem uma escritura pública declaratória de únicos herdeiros com nomeação de inventariante.

Art. 219 - Na Serventia de Registro de Imóveis o pedido será autuado, prorrogando-se o prazo da prenotação até o acolhimento ou a rejeição do pedido.

Art. 220 - Se a planta não contiver a assinatura de qualquer um dos titulares de direitos reais e de outros direitos registrados ou averbados na matrícula do imóvel usucapiendo e na matrícula dos imóveis confinantes, esse será notificado pessoalmente pelo Oficial de Registro de Imóveis competente ou pelo Oficial de Registro de Títulos e Documentos ou, ainda, pelos Correios com aviso de recebimento, para manifestar seu consentimento expresso no prazo de 15 (quinze) dias, interpretado o seu silêncio como concordância.

§1º - Na hipótese de notificação de titular de direito real na forma do *caput* deste artigo, será considerada a concordância quando o notificado manifestar, no ato da notificação, de modo inequívoco, que não apresenta qualquer óbice ao requerimento, desde que a circunstância conste do documento que comprova a notificação.

§2º - Em caso de falecimento daquele que deveria manifestar consentimento, estará legitimado a fazê-lo o inventariante ou, inexistindo inventário, a manifestação caberá aos herdeiros, com autorização dos respectivos cônjuges ou companheiros.

§3º - Para fins de notificação de confrontante será observado, no que couber, o disposto no §2º do art. 213 e seguintes da Lei 6.015, de 31 de dezembro de 1973.

Art. 221 - Considera-se outorgado o consentimento, dispensando a notificação prevista no *caput* do artigo anterior, quando for apresentado pelo requerente, título ou instrumento que demonstre a existência de relação jurídica entre o titular registral e o usucapiente, acompanhada de prova de quitação das obrigações e certidão do distribuidor cível demonstrando a inexistência de ação judicial contra o usucapiente ou seus cessionários.

§1º - São exemplos de títulos ou instrumentos a que se refere o *caput*:

a) Compromisso de compra e venda,

b) Cessão de direitos e promessa de cessão;

c) Pré-contrato;

d) Proposta de compra;

e) Reserva de lote ou outro instrumento no qual conste a manifestação de vontade das partes, contendo a indicação da fração ideal, do lote ou unidade, o preço, o modo de pagamento e a promessa de contratar;

f) Procuração pública com poderes de alienação para si ou para outrem, especificando o imóvel;

g) Escritura de cessão de direitos hereditários especificando o imóvel; e

h) Documentos judiciais de partilha, arrematação ou adjudicação.

§2º - Em qualquer dos casos deverá ser justificado o óbice que impede a correta escrituração das transações, de forma a ser evitado o uso da usucapião como meio de burla aos requisitos legais do sistema notarial e registral e à tributação dos impostos de transmissão incidentes sobre os negócios imobiliários.

§3º - A prova de quitação será feita por meio de declaração escrita, ou com apresentação da quitação da última parcela do preço avençado, ou recibo assinado pelo proprietário, contendo a firma reconhecida.

§4º - A análise dos documentos citados neste artigo e seus parágrafos será feita pelo registrador que proferirá decisão fundamentada, conforme seu livre convencimento, acerca da veracidade e idoneidade de seu conteúdo e da inexistência de lide relativa ao negócio objeto de regularização pela usucapião.

Art. 222 - Estando o requerimento regularmente instruído com todos os documentos exigidos, o Oficial de Registro de Imóveis dará ciência à União, ao Estado e ao Município, pessoalmente, por intermédio do oficial de registro de títulos e documentos, ou pelo correio com aviso de recebimento, para que se manifestem, em 15 (quinze) dias, sobre o pedido.

Parágrafo único – A inércia dos órgãos públicos à notificação de que trata este artigo não impede o regular andamento do procedimento e o eventual reconhecimento extrajudicial de usucapião.

Art. 223 - Cumpridas as diligências elencadas nos artigos anteriores, o Oficial de Registro de Imóveis promoverá, a expensas do requerente, a publicação de edital em jornal de grande circulação, onde houver, para a ciência de terceiros eventualmente interessados, que poderão se manifestar em 15 (quinze) dias.

§1º - O edital de que trata o *caput* deste artigo conterá:

I – o nome e a qualificação completa do usucapiente;

II – a identificação do imóvel usucapiendo, indicando o número da matrícula, quando houver, sua área superficial e eventuais acessões ou benfeitorias nele existentes;

III – os nomes dos titulares de direitos reais e de outros direitos registrados ou averbados na matrícula do imóvel usucapiendo e na matrícula dos imóveis confinantes; e

IV – o tipo de usucapião e o tempo de posse alegado pelo usucapiente.

§2º - Em comarca onde não houver jornal local, o edital de que trata o *caput* deste artigo poderá ser publicado em jornal de outra localidade que tenha grande circulação naquela Comarca.

§3º - Nas Comarcas onde não houver jornal de grande circulação, a publicação mencionada no *caput* poderá ser realizada em jornal que tenha circulação regular no âmbito da Comarca mais próxima da sede da Serventia Extrajudicial.

Art. 224 - Transcorridos os prazos sem pendência de diligências, achando-se em ordem a documentação e não havendo impugnação, o oficial de registro de imóveis emitirá nota fundamentada de deferimento e registrará a aquisição do imóvel com as descrições apresentadas, sendo permitida a abertura de matrícula, se for o caso.

§1º - Na hipótese do *caput* deste artigo, o registro do reconhecimento extrajudicial de usucapião de imóvel rural somente será realizado após a apresentação:

I – do recibo de inscrição do imóvel rural no Cadastro Ambiental Rural (CAR) de que trata o art. 29 da Lei 12.651, de 25 de maio de 2012, emitido por órgão ambiental competente, esteja ou não a reserva legal averbada na matrícula imobiliária, fazendo-se expressa referência, na matrícula, ao número de registro e à data de cadastro constantes daquele documento;

II – do Certificado de Cadastro de Imóvel Rural (CCIR) mais recente, emitido pelo Instituto Nacional de Colonização e Reforma Agrária (INCRA), devidamente quitado;

III – da certificação expedida pelo INCRA de que a poligonal objeto do memorial descritivo não se sobrepõe a nenhuma outra constante de seu cadastro georreferenciado e de que o memorial atende às exigências técnicas, conforme as áreas e os prazos previstos na Lei 10.267, de 28 de agosto de 2001, e nos seus decretos regulamentadores.

§2º - Caso ocorra diferença entre o memorial georreferenciado apresentado pelo requerente e aquele objeto de certificação pelo INCRA, a diferença poderá ser relevada se acompanhada de declaração do responsável técnico informando que decorre da utilização de técnicas diferentes de medição, mas que as descrições se referem ao mesmo imóvel, do ponto de vista físico, hipótese em que prevalecerá o memorial certificado pelo INCRA.

§3º - Na hipótese de o imóvel usucapiendo encontrar-se matriculado e o pedido referir-se à totalidade do bem, o registro do reconhecimento extrajudicial de usucapião será feito na própria matrícula existente.

§4º - Caso o reconhecimento extrajudicial de usucapião atinja fração de imóvel matriculado ou imóveis constantes, total ou parcialmente, de duas ou mais matrículas, será aberta nova matrícula para o imóvel usucapiendo, devendo, conforme o caso, ser encerradas as matrículas atingidas, ou receberem as averbações dos respectivos desfalques ou destaques, dispensada, para esse fim, a apuração da área remanescente.

§5º - Se houver edificação no imóvel usucapiendo, será aberta matrícula para o imóvel com a edificação, independentemente de apresentação de "habite-se" ou certidão previdenciária.

§6º - Tratando-se de usucapião de unidade autônoma (sala, apartamento, etc.) localizada em condomínio edilício objeto de incorporação, mas ainda não instituído ou sem a devida averbação de construção, a matrícula será aberta para a respectiva fração ideal, mencionando-se a unidade a que se refere.

Art. 225 - Em qualquer caso é lícito ao interessado suscitar o procedimento de dúvida, nos termos do art. 198 da Lei 6.015/73.

Art. 226 - Ao final das diligências, se a documentação não estiver em ordem, o Oficial de Registro de Imóveis rejeitará o pedido, mediante nota fundamentada.

Parágrafo único – A rejeição do pedido extrajudicial não impede o ajuizamento de ação de usucapião.

Art. 227 - Em caso de impugnação do pedido de reconhecimento extrajudicial de usucapião apresentada por qualquer das partes interessadas, deduzidas por escrito perante a Serventia de Registro de Imóveis, o Registrador tentará conciliar as partes e, não havendo acordo, remeterá os autos ao juízo competente da Comarca da situação do imóvel, cabendo ao requerente emendar a petição inicial para adequá-la ao procedimento comum.

§1º - As manifestações dos interessados ou impugnações deverão ser deduzidas por escrito e protocoladas perante o Ofício de Registro de Imóveis.

§2º - No caso da remessa de que trata o *caput*, o registrador lavrará, para fins de controle interno e sem ônus ao interessado, certidão da qual constarão todas as informações relevantes do expediente.

Art. 228 - Em caso de rejeição do requerimento que visa ao reconhecimento da usucapião extrajudicial, os valores depositados previamente pelo requerente junto ao Ofício de Registro de Imóveis competente serão restituídos à parte, deduzida a quantia correspondente às buscas, certidões expedidas, editais e prenotação.

CAPÍTULO XII
DA REGULARIZAÇÃO FUNDIÁRIA

Art. 229 - Compreende-se como regularização fundiária de interesse social a ação administrativa que tem por fim promover a regularidade jurídica de assentamentos ocupados de modo irregular, predominantemente, por pessoas de baixa renda.

Art. 230 - O procedimento extrajudicial visando à regularização fundiária de interesse social, instituído pela Lei 13.465/2017, regula-se, no que couber, por este Provimento e demais normas aplicáveis à espécie.

Art. 231 - São legitimados a requerer a Regularização Fundiária Urbana:

I - a União, os Estados, o Distrito Federal e os Municípios, diretamente ou por meio de entidades da administração pública indireta;

II - os seus beneficiários, individual ou coletivamente, diretamente ou por meio de cooperativas habitacionais, associações de moradores, fundações, organizações sociais, organizações da sociedade civil de interesse público ou outras associações civis que tenham por finalidade atividades nas áreas de desenvolvimento urbano ou regularização fundiária urbana;

III - os proprietários de imóveis ou de terrenos, loteadores ou incorporadores;

IV - a Defensoria Pública, em nome dos beneficiários hipossuficientes; e

V - o Ministério Público.

§ 1º - Os legitimados poderão promover todos os atos necessários à regularização fundiária, inclusive requerer os atos de registro.

§ 2º - Nos casos de parcelamento do solo, de conjunto habitacional ou de condomínio informal, empreendidos por particular, a conclusão da Regularização Fundiária Urbana confere direito de regresso àqueles que suportarem os seus custos e obrigações contra os responsáveis pela implantação dos núcleos urbanos informais.

§ 3º - O requerimento de instauração da Regularização Fundiária Urbana por proprietários de terreno, loteadores e incorporadores que tenham dado causa à formação de núcleos urbanos informais, ou os seus sucessores, não os eximirá de responsabilidades administrativa, civil ou criminal.

Art. 232 - O projeto de regularização fundiária conterá, no mínimo:

I - levantamento planialtimétrico e cadastral, com georreferenciamento, subscrito por profissional competente, acompanhado de Anotação de Responsabilidade Técnica (ART) ou Registro de Responsabilidade Técnica (RRT), que demonstrará as unidades, as construções, o sistema viário, as áreas públicas, os acidentes geográficos e os demais elementos caracterizadores do núcleo a ser regularizado;

II - planta do perímetro do núcleo urbano informal com demonstração das matrículas ou transcrições atingidas, quando for possível;

III - estudo preliminar das desconformidades e da situação jurídica, urbanística e ambiental;

IV - projeto urbanístico;

V - memoriais descritivos;

VI - proposta de soluções para questões ambientais, urbanísticas e de reassentamento dos ocupantes, quando for o caso;

VII - estudo técnico para situação de risco, quando for o caso;

VIII - estudo técnico ambiental, para os fins previstos nesta Lei, quando for o caso;

IX - cronograma físico de serviços e implantação de obras de infraestrutura essencial, compensações urbanísticas, ambientais e outras, quando houver, definidas por ocasião da aprovação do projeto de regularização fundiária; e

X - termo de compromisso a ser assinado pelos responsáveis, públicos ou privados, pelo cumprimento do cronograma físico definido no inciso IX deste artigo.

Parágrafo único - O projeto de regularização fundiária deverá considerar as características da ocupação e da área ocupada para definir parâmetros urbanísticos e ambientais específicos, além de identificar os lotes, as vias de circulação e as áreas destinadas a uso público, quando for o caso.

Art. 233 - O projeto urbanístico de regularização fundiária deverá conter, no mínimo, indicação:

I - das áreas ocupadas, do sistema viário e das unidades imobiliárias, existentes ou projetadas;

II - das unidades imobiliárias a serem regularizadas, suas características, área, confrontações, localização, nome do logradouro e número de sua designação cadastral, se houver;

III - quando for o caso, das quadras e suas subdivisões em lotes ou as frações ideais vinculadas à unidade regularizada;

IV - dos logradouros, espaços livres, áreas destinadas a edifícios públicos e outros equipamentos urbanos, quando houver;

V - de eventuais áreas já usucapidas;

VI - das medidas de adequação para correção das desconformidades, quando necessárias;

VII - das medidas de adequação da mobilidade, acessibilidade, infraestrutura e relocação de edificações, quando necessárias;

VIII - das obras de infraestrutura essencial elencadas no art. 36, § 1° da lei n° 13.465/2017;

IX - de outros requisitos que sejam definidos pelo Município.

Art. 234 - O registro da Certidão de Regularização Fundiária e do projeto de regularização fundiária aprovado será requerido diretamente ao oficial do cartório de registro de imóveis da situação do imóvel e será efetivado independentemente de determinação judicial ou do Ministério Público.

Parágrafo único - Em caso de recusa do registro, o oficial do cartório do registro de imóveis expedirá nota devolutiva fundamentada, na qual indicará os motivos da recusa e formulará exigências nos termos da lei n° 13.465/2017.

Art. 235 - Na hipótese de a Regularização Fundiária Urbana abranger imóveis situados em mais de uma circunscrição imobiliária, o procedimento será efetuado perante cada um dos oficiais dos cartórios de registro de imóveis.

Parágrafo único - Quando os imóveis regularizados estiverem situados na divisa das circunscrições imobiliárias, as novas matrículas das unidades imobiliárias serão de competência do oficial do cartório de registro de imóveis em cuja circunscrição estiver situada a maior porção da unidade imobiliária regularizada.

Art. 236 - Recebida a Certidão de Regularização Fundiária, cumprirá ao oficial do cartório de registro de imóveis prenotá-la, autuá-la, instaurar o procedimento registral e, no prazo de quinze dias, emitir a respectiva nota de exigência ou praticar os atos tendentes ao registro.

§ 1º - O registro do projeto Regularização Fundiária Urbana aprovado importa em:

I - abertura de nova matrícula, quando for o caso;

II - abertura de matrículas individualizadas para os lotes e áreas públicas resultantes do projeto de regularização aprovado; e

III - registro dos direitos reais indicados na Certidão de Regularização Fundiária junto às matrículas dos respectivos lotes, dispensada a apresentação de título individualizado.

§ 2º - Quando o núcleo urbano regularizado abranger mais de uma matrícula, o oficial do registro de imóveis abrirá nova matrícula para a área objeto de regularização, conforme previsto no inciso I do § 1º deste artigo, destacando a área abrangida na matrícula de origem, dispensada a apuração de remanescentes.

§ 3º - O registro da Certidão de Regularização Fundiária dispensa a comprovação do pagamento de tributos ou penalidades tributárias de responsabilidade dos legitimados.

§ 4º - O registro da Certidão de Regularização Fundiária aprovado independe de averbação prévia do cancelamento do cadastro de imóvel rural no Instituto Nacional de Colonização e Reforma Agrária (Incra).

§ 5º - O procedimento registral deverá ser concluído no prazo de sessenta dias, prorrogável por até igual período, mediante justificativa fundamentada do oficial do cartório de registro de imóveis.

§ 6º - O oficial de registro fica dispensado de providenciar a notificação dos titulares de domínio, dos confinantes e de terceiros eventualmente interessados, uma vez cumprido esse rito pelo Município, conforme o disposto no art. 31 da lei n° 13.465/2017.

§ 7º - O oficial do cartório de registro de imóveis, após o registro da Certidão de Regularização Fundiária, notificará o Incra, o Ministério do Meio Ambiente e a Secretaria da Receita Federal do Brasil para que esses órgãos cancelem, parcial ou totalmente, os respectivos registros existentes no Cadastro Ambiental Rural (CAR) e nos demais cadastros relacionados a imóvel rural, relativamente às unidades imobiliárias regularizadas.

Art. 237 - Quando se tratar de imóvel sujeito a regime de condomínio geral a ser dividido em lotes com indicação, na matrícula, da área deferida a cada condômino, o Município poderá indicar, de forma individual ou coletiva, as unidades imobiliárias correspondentes às frações ideais registradas, sob sua exclusiva responsabilidade, para a especialização das áreas registradas em comum.

Parágrafo único – Na hipótese de a informação prevista no *caput* deste artigo não constar do projeto de regularização fundiária aprovado pelo Município, as novas matrículas das unidades imobiliárias serão abertas mediante requerimento de especialização formulado pelos legitimados de que trata a lei nº 13.465/2017, dispensada a outorga de escritura pública para indicação da quadra e do lote.

Art. 238 - Para atendimento ao princípio da especialidade, o oficial do cartório de registro de imóveis adotará o memorial descritivo da gleba apresentado com o projeto de regularização fundiária e deverá averbá-lo na matrícula existente, anteriormente ao registro do projeto, independentemente de provocação, retificação, notificação, unificação ou apuração de disponibilidade ou remanescente.

§ 1º - Se houver dúvida quanto à extensão da gleba matriculada, em razão da precariedade da descrição tabular, o oficial do cartório de registro de imóveis abrirá nova matrícula para a área destacada e averbará o referido destaque na matrícula matriz.

§ 2º - As notificações serão emitidas de forma simplificada, indicando os dados de identificação do núcleo urbano a ser regularizado, sem a anexação de plantas, projetos, memoriais ou outros documentos, convidando o notificado a comparecer à sede da serventia para tomar conhecimento da Certidão de Regularização Fundiária com a advertência de que o não comparecimento e a não apresentação de impugnação, no prazo legal, importará em anuência ao registro.

§ 3º - Na hipótese de o projeto de regularização fundiária não envolver a integralidade do imóvel matriculado, o registro será feito com base na planta e no memorial descritivo referentes à área objeto de regularização e o destaque na matrícula da área total deverá ser averbado.

Art. 239 - Os padrões dos memoriais descritivos, das plantas e das demais representações gráficas, inclusive as escalas adotadas e outros detalhes técnicos, seguirão as diretrizes estabelecidas pela autoridade municipal ou distrital competente, as quais serão consideradas atendidas com a emissão da Certidão de Regularização Fundiária.

Parágrafo único – Não serão exigidos reconhecimentos de firma nos documentos que compõem a Certidão de Regularização Fundiária ou o termo individual de legitimação fundiária quando apresentados pela União, Estados, Distrito Federal, Municípios ou entes da administração indireta.

Art. 240 - O registro da Certidão de Regularização Fundiária produzirá efeito de instituição e especificação de condomínio, quando for o caso, regido pelas disposições legais específicas, hipótese em que fica facultada aos condôminos a aprovação de convenção condominial.

Art. 241 - O registro da Certidão de Regularização Fundiária será feito em todas as matrículas atingidas pelo projeto de regularização fundiária aprovado, devendo ser informadas, quando possível, as parcelas correspondentes a cada matrícula.

Art. 242 - Nas matrículas abertas para cada parcela, deverão constar dos campos referentes ao registro anterior e ao proprietário:

I – quando for possível, a identificação exata da origem da parcela matriculada, por meio de planta de sobreposição do parcelamento com os registros existentes, a matrícula anterior e o nome de seu proprietário;

II – quando não for possível identificar a exata origem da parcela matriculada, todas as matrículas anteriores atingidas pela Regularização Fundiária Urbana e a expressão "proprietário não identificado", dispensando-se nesse caso os requisitos dos itens 4 e 5 do inciso II do art. 167 da Lei de Registros Públicos.

Art. 243 - Qualificada a Certidão de Regularização Fundiária e não havendo exigências nem impedimentos, o oficial do cartório de registro de imóveis efetuará o seu registro na matrícula dos imóveis cujas áreas tenham sido atingidas, total ou parcialmente.

Parágrafo único – Não identificadas as transcrições ou as matrículas da área regularizada, o oficial do cartório de registro abrirá matrícula com a descrição do perímetro do núcleo urbano informal que constar da Certidão de Regularização Fundiária e nela efetuará o registro.

Art. 244 - Registrada a Certidão de Regularização Fundiária, será aberta matrícula para cada uma das unidades imobiliárias regularizadas.

Parágrafo único. Para os atuais ocupantes das unidades imobiliárias objeto da Regularização Fundiária Urbana, os compromissos de compra e venda, as cessões e as promessas de cessão valerão como título hábil para a aquisição da propriedade, quando acompanhados da prova de quitação das obrigações do adquirente, e serão registrados nas matrículas das unidades imobiliárias correspondentes, resultantes da regularização fundiária.

Art. 245 - Com o registro da Certidão de Regularização Fundiária, serão incorporados automaticamente ao patrimônio público as vias públicas, as áreas destinadas ao uso comum do povo, os prédios públicos e os equipamentos urbanos, na forma indicada no projeto de regularização fundiária aprovado.

Parágrafo único – A requerimento do Município, o oficial de registro de imóveis abrirá matrícula para as áreas que tenham ingressado no domínio público.

Art. 246 - As unidades desocupadas e não comercializadas alcançadas pela Regularização Fundiária Urbana terão as suas matrículas abertas em nome do titular originário do domínio da área.

Parágrafo único – As unidades não edificadas que tenham sido comercializadas a qualquer título terão suas matrículas abertas em nome do adquirente, conforme procedimento previsto nos arts. 84 e 98 da lei nº 13.465/2017.

- *Provimento nº 29/2020 – CGJ/AL.*

Art. 247 - Não serão cobradas custas, taxas, emolumentos ou contribuições de quaisquer natureza para o lançamento dos seguintes atos registrais decorrentes da regularização fundiária de interesse social:

a) auto de demarcação urbanística;

b) parcelamento do solo urbano;

c) título de legitimação de posse; e

d) conversão dos títulos de legitimação de posse em títulos definitivos de propriedade.

CAPÍTULO XIII
DA GESTÃO DE DOCUMENTOS

Art. 248 - As serventias deverão, obrigatoriamente, adotar sistema de backup, que será atualizado com periodicidade não superior a 30 (trinta) dias e terá ao menos uma de suas vias arquivada em local distinto da serventia, facultado o uso de servidores externos localizados em território nacional ou qualquer espécie de sistema de mídia eletrônica ou digital que contenha requisitos de segurança.

Art. 249 - Os livros, fichas, documentos, recibos e demais papéis mantidos fisicamente na serventia serão arquivados digitalmente mediante utilização de processos que facilitem as buscas.

Art. 250 - Todos os mapas, documentos, notificações, informações, instruções, anexos, dados e imagens que tenham pertinência com o registro de imóveis serão arquivados eletronicamente e deverão ser mantidos em banco de dados internos, localizados em território nacional, devendo ser armazenados de forma segura e eficiente, que garanta fácil acesso, preservação e integridade dos documentos.

§ 1º - Deverá ser formado e mantido arquivo de segurança dos documentos eletrônicos que integrarem o acervo do serviço notarial ou de registro, mediante backup em mídia eletrônica, digital ou outro método hábil à sua preservação.

§ 2º - Os arquivos eletrônicos, os backups e o banco de dados integrarão o acervo da serventia e deverão ser transmitidos ao novo titular da delegação em caso de extinção da delegação anterior, ou ao novo responsável pelo serviço, em conjunto com os softwares que permitam o seu pleno uso e atualização.

CAPÍTULO XIII-A
DO CÓDIGO NACIONAL DE MATRÍCULAS - CNM, SISTEMA DE REGISTRO ELETRÔNICO DE IMÓVEIS - SREI, SERVIÇO DE ATENDIMENTO ELETRÔNICO COMPARTILHADO - SAEC E OPERADOR NACIONAL DO SISTEMA DE REGISTRO ELETRÔNICO - ONR

Art. 250-A - O Código Nacional de Matrículas - CNM, previsto no art. 235-A da Lei n. 6.015/1973, o Sistema de Registro Eletrônico de Imóveis (SREI), previsto no art. 76 da Lei n. 13.465/2017, o Serviço de Atendimento Eletrônico Compartilhado - SAEC, o acesso da Administração Pública Federal às informações do Sistema de Registro Eletrônico de Imóveis - SREI e o estatuto do Operador Nacional do Sistema de Registro Eletrônico - ONR deverão observar as normas previstas neste provimento.

- *Provimento nº 42/2020 - CGJ/AL.*
- *Provimento nº 89 - CNJ.*

SEÇÃO I
DO CÓDIGO NACIONAL DE MATRÍCULAS

Art. 250-B - Fica instituído o Código Nacional de Matrícula (CNM), que corresponderá à numeração única de matrículas imobiliárias em âmbito nacional e será constituído de 15 (quinze) dígitos, organizados em 4 (quatro) campos obrigatórios, observada a estrutura CCCCC.L.NNNNNNN-DD, assim distribuídos:

I - o primeiro campo (CCCCC) será constituído de 5 (cinco) dígitos e identificará o Código Nacional da Serventia (CNS), atribuído pelo Conselho Nacional de Justiça (CNJ), e determinará a unidade de registro de imóveis onde o imóvel está registrado;

II - o segundo campo (L), separado do primeiro por um ponto, será constituído de 1 (um) dígito e indicará com o algarismo 2 tratar-se de registro no Livro n. 2 - Registro Geral;

III - o terceiro campo (NNNNNNN), separado do segundo por um ponto, será constituído de 7 (sete) dígitos e determinará o número de ordem da matrícula no Livro n. 2 a que se refere o art. 176, inciso II, da Lei n. 6.015, de 31 de dezembro de 1973; e

IV - o quarto campo (DD), separado do terceiro por um hífen, será constituído de 2 (dois) dígitos e conterá os dígitos verificadores, gerados pela aplicação do algoritmo Módulo 97 Base 10, conforme Norma ISO 7064:2003.

§ 1º Caso o código a que se refere o inciso III do caput seja constituído de menos de sete dígitos, deverão ser atribuídos zeros à esquerda, até que se complete o número de dígitos do terceiro campo do CNM.

§ 2º O CNM referente à matrícula encerrada ou cancelada não poderá ser reutilizado.

- *Provimento nº 42/2020 - CGJ/AL.*
- *Provimento nº 89 - CNJ.*

Art. 250-C - A partir da data de implantação do SREI, os oficiais de registro de imóveis devem implantar numeração única para as matrículas que forem abertas e renumerar as matrículas existentes quando do primeiro ato a ser lançado na matrícula ou na hipótese de extração de certidão.

Parágrafo Único. Serão gratuitos o ato de averbação de renumeração das matrículas existentes, bem como a comunicação da abertura de nova matrícula à serventia originária, sendo o caso.

- *Provimento nº 42/2020 - CGJ/AL.*
- *Provimento nº 89 - CNJ.*

Art. 250-D - O Operador Nacional do Sistema de Registro Eletrônico - ONR disponibilizará aos oficiais de registro de imóveis e aos usuários mecanismos de geração dos dígitos verificadores do CNM e de autenticação para verificar sua validade e autenticidade.

- *Provimento nº 42/2020 - CGJ/AL.*
- *Provimento nº 89 - CNJ.*

Art. 250-E - A abertura de matrícula decorrente de desmembramento da circunscrição imobiliária deverá ser comunicada à serventia de origem para a averbação, de ofício, da baixa na matrícula originária.

Parágrafo Único. Para prevenir duplicidade de matrículas decorrente da ausência de baixa da matrícula originária relativamente aos desmembramentos de circunscrição imobiliária, ocorridos anteriormente à edição deste regulamento, deverá a serventia nova comunicar, de ofício, à serventia de origem a abertura da nova matrícula para fins de baixa da originária, quando do primeiro ato a ser lançado na matrícula ou na hipótese de extração de certidão.

- *Provimento nº 42/2020 - CGJ/AL.*
- *Provimento nº 89 - CNJ.*

Art. 250-F - Aplicam-se aos registros do Livro n. 3 - Registro Auxiliar, no que couber, as disposições relativas à numeração da matrícula.

- *Provimento nº 42/2020 - CGJ/AL.*
- *Provimento nº 89 - CNJ.*

Art. 250-G - Os casos omissos relativos à implantação do CNM serão submetidos ao crivo desta CGJ/AL, que comunicará a decisão à Corregedoria Nacional de Justiça no prazo de 30 (trinta) dias.

- *Provimento nº 42/2020 - CGJ/AL.*
- *Provimento nº 89 - CNJ.*

SEÇÃO II
DO SISTEMA DE REGISTRO ELETRÔNICO DE IMÓVEIS - SREI

Art. 250-H - O Sistema de Registro Eletrônico de Imóveis - SREI tem como objetivo a universalização das atividades de registro público imobiliário, a adoção de governança corporativa das serventias de registros de imóveis e a instituição do sistema de registro eletrônico de imóveis previsto no art. 37 da Lei n. 11.977/2009.

§ 1º O SREI deve garantir a segurança da informação e a continuidade da prestação do serviço público de registro de imóveis, observando os padrões técnicos, critérios legais e regulamentares, promovendo a interconexão das serventias.

§ 2º Na interconexão de todas as unidades do serviço de registro de imóveis, o SREI deve prever a interoperabilidade das bases de dados, permanecendo tais dados nas serventias de registro de imóveis sob a guarda e conservação dos respectivos oficiais.

§ 3º São elementos do Sistema de Registro Eletrônico de Imóveis – SREI:

I – o registro imobiliário eletrônico;

II – os repositórios registrais eletrônicos formados nos ofícios de registro de imóveis para o acolhimento de dados e para o armazenamento de documentos eletrônicos;

III – os serviços destinados à recepção e ao envio de documentos e títulos em formato eletrônico para o usuário que fez a opção pelo atendimento remoto, prestados pelo SAEC e pelas centrais de serviços eletrônicos compartilhados nos estados e no Distrito Federal;

IV – os serviços de expedição de certidões e de informações, em formato eletrônico, prestados aos usuários presenciais e remotos;

V – o intercâmbio de documentos eletrônicos e de informações entre os ofícios de registro de imóveis, o Poder Judiciário e a administração pública.

- *Provimento nº 42/2020 - CGJ/AL.*
- *Provimento nº 89 - CNJ.*

Art. 250-I - O Sistema de Registro Eletrônico de Imóveis - SREI será implementado e operado pelo Operador Nacional do Sistema de Registro Eletrônico – ONR.

Parágrafo Único. São integrantes do Sistema de Registro Eletrônico de Imóveis – SREI, sob coordenação do ONR:

I - os oficiais de registro de imóveis de cada estado e do Distrito Federal;

II - o Serviço de Atendimento Eletrônico Compartilhado - SAEC, de âmbito nacional;

III - as centrais de serviços eletrônicos compartilhados, criadas pelos respectivos oficiais de registro de imóveis em cada Estado e no Distrito Federal, mediante ato normativo da Corregedoria-Geral de Justiça local.

- *Provimento nº 42/2020 - CGJ/AL*
- *Provimento nº 89 - CNJ.*

Art. 250-J - Para viabilizar a implantação do registro imobiliário eletrônico, os ofícios de registro de imóveis deverão adotar os seguintes parâmetros e rotinas operacionais:

I – numeração única de identificação do pedido para o atendimento presencial e remoto, que identifica a serventia, o tipo de pedido e o número do pedido na própria serventia, sem prejuízo às regras de prioridade e precedência existentes na legislação;

II – o processamento do pedido apresentado presencialmente também deve ser realizado em meio eletrônico, devendo os documentos apresentados serem digitalizados e assinados no início do processo;

III – estabelecimento da "primeira qualificação eletrônica" com o objetivo de permitir a migração de um registro de imóvel existente efetuado no livro em papel, seja transcrição ou matrícula, para o formato de registro eletrônico denominado matrícula eletrônica;

IV – anotação, na matrícula eletrônica, da situação jurídica atualizada do imóvel (descrição do imóvel, direitos reais sobre o imóvel e restrições existentes) após cada registro e averbação;

V – utilização de objetos que representam a pessoa física ou jurídica e o imóvel envolvido na transação imobiliária como alternativa aos indicadores pessoal e real;

VI – registrar os eventos relevantes da operação interna do cartório, considerando como evento cada interação realizada em decorrência de um pedido, tais como, a entrada do pedido, entrada do título de suporte, recebimento e devolução de valores, comunicação de exigências, entrega da certidão, dentre outros;

VII – a matrícula eletrônica deve conter dados estruturados que podem ser extraídos de forma automatizada, contendo seções relativas aos controles, atos e situação jurídica do imóvel, constituindo-se em um documento natodigital de conteúdo estruturado.

Parágrafo Único. O Operador Nacional do Sistema de Registro Eletrônico – ONR disponibilizará aos oficiais de registro de imóveis mecanismos de geração da numeração única de identificação do pedido.

- *Provimento nº 42/2020 – CGJ/AL.*
- *Provimento nº 89 – CNJ.*

Art. 250-K – Os oficiais de registro de imóveis continuam com a obrigação de manter em segurança e sob seu exclusivo controle, indefinida e permanentemente, os livros, classificadores, documentos e dados eletrônicos, respondendo por sua guarda e conservação, inclusive após a implementação do registro imobiliário eletrônico.

- *Provimento nº 42/2020 – CGJ/AL.*
- *Provimento nº 89 – CNJ.*

Art. 250-L – Os documentos eletrônicos apresentados aos ofícios de registro de imóveis, ou por eles expedidos, serão assinados com uso de certificado digital, segundo a Infraestrutura de Chaves Públicas Brasileira – ICP, e observarão a arquitetura dos Padrões de Interoperabilidade de Governo Eletrônico (e-Ping).

- *Provimento nº 42/2020 – CGJ/AL.*
- *Provimento nº 89 – CNJ.*

Art. 250-M – Para a criação, atualização, manutenção e guarda permanente dos repositórios registrais eletrônicos deverão ser observados:

I – a especificação técnica do modelo de sistema digital para implantação de sistemas de registro de imóveis eletrônico, segundo a Recomendação n. 14, de 2 de julho de 2014, da Corregedoria Nacional de Justiça;

II – as Recomendações para Digitalização de Documentos Arquivísticos Permanentes de 2010, baixadas pelo Conselho Nacional de Arquivos – Conarq, ou outras que a sucederem; e

III – os atos normativos editados pela Corregedoria Nacional de Justiça e por esta CGJ/AL.

- *Provimento nº 42/2020 – CGJ/AL.*
- *Provimento nº 89 – CNJ.*

Art. 250-N – O SREI deve viabilizar a utilização de novas tecnologias de informação e de comunicação, possibilitando a maior eficiência na prestação dos serviços com base em tecnologia aplicada e redução de prazos e custos, aumentando a segurança e celeridade do serviço público prestado ao cidadão usuário.

- *Provimento nº 42/2020 – CGJ/AL.*
- *Provimento nº 89 – CNJ.*

SUBSEÇÃO I
DO SERVIÇO DE ATENDIMENTO ELETRÔNICO COMPARTILHADO – SAEC

Art. 250-O – O Serviço de Atendimento Eletrônico Compartilhado – SAEC será implementado e gerido pelo Operador Nacional do Sistema de Registro Eletrônico – ONR.

- *Provimento nº 42/2020 – CGJ/AL.*
- *Provimento nº 89 – CNJ.*

Art. 250-P - O Serviço de Atendimento Eletrônico Compartilhado - SAEC é destinado ao atendimento remoto dos usuários de todas as serventias de registro de imóveis do País por meio da internet, à consolidação de dados estatísticos sobre dados e operação das serventias de registro de imóveis, bem como ao desenvolvimento de sistemas de apoio e interoperabilidade com outros sistemas.

Parágrafo Único. O SAEC constitui-se em uma plataforma eletrônica centralizada que recepciona as solicitações de serviços apresentadas pelos usuários remotos e as distribui às serventias competentes.

- *Provimento nº 42/2020 - CGJ/AL.*
- *Provimento nº 89 - CNJ.*

Art. 250-Q - Compete, ainda, ao SAEC:

I - desenvolver indicadores de eficiência e implementar sistemas em apoio às atividades das Corregedorias-Gerais de Justiça e da Corregedoria Nacional de Justiça que permitam inspeções remotas das serventias;

II - estruturar a interconexão do SREI com o SINTER - Sistema Nacional de Gestão de Informações Territoriais e com outros sistemas públicos nacionais e estrangeiros;

III - promover a interoperabilidade de seus sistemas com as Centrais de Serviços Eletrônicos Compartilhados dos Estados e do Distrito Federal.

- *Provimento nº 42/2020 - CGJ/AL.*
- *Provimento nº 89 - CNJ.*

Art. 250-R - O SAEC deverá oferecer ao usuário remoto os seguintes serviços eletrônicos imobiliários a partir de um ponto único de contato na internet:

I – consulta de Informações Públicas como a relação de cartórios, circunscrição, tabela de custas e outras informações que podem ser disponibilizadas com acesso público e irrestrito;

II – solicitação de pedido que será protocolado e processado pela serventia competente, que compreende:

a) Informação de Registro.

b) Emissão de Certidão.

c) Exame e Cálculo.

d) Registro.

III – acompanhamento do estado do pedido já solicitado;

IV – cancelamento do pedido já solicitado, desde que não tenha sido efetivado;

V – regularização do pedido quando há necessidade de alteração ou complementação de títulos ou pagamentos referentes a pedido solicitado quando permitido pela legislação;

VI – obtenção dos resultados do pedido, que compreende dentre outros:

a) Certidão.

b) Nota de Exigência.

c) Nota de Exame e Cálculo.

Parágrafo Único. Todas as solicitações feitas pelos usuários remotos por meio do SAEC serão enviadas ao Oficial de Registro de Imóveis competente, que será o único responsável pelo processamento e atendimento.

- *Provimento nº 42/2020 - CGJ/AL.*
- *Provimento nº 89 - CNJ.*

Art. 250-S - São classes de pedidos eletrônicos no âmbito do SAEC:

I – Classe Tradicional, compreendendo os seguintes tipos de pedido eletrônico:

a) informação de registro que será utilizada para o serviço de informação sobre situação da matrícula, pacto antenupcial ou outra;

b) emissão de certidão que será utilizada para o serviço de emissão de certidão;

c) exame e cálculo que serão utilizados para o serviço de exame e cálculo

d) registro que será utilizada para o serviço de registro.

II – Classe Ofício, com o tipo de pedido Ofício Eletrônico, que será utilizada para o serviço de tratamento de ofício eletrônico;

III – Classe Penhora, compreendendo os seguintes tipos de pedido eletrônico, todos para serem utilizados no serviço de penhora de imóvel:

a) consulta de penhora.

b) inclusão de penhora.

c) exclusão de penhora.

IV – Classe Indisponibilidade, compreendendo os seguintes tipos de pedido eletrônico, todos para serem utilizados no serviço de indisponibilidade de bens imóveis:

a) consulta de indisponibilidade.

b) inclusão de indisponibilidade.

c) exclusão de indisponibilidade.

V – Consulta de Inexistência de Propriedade, com o tipo de pedido Consulta de Inexistência de Propriedade, para ser utilizado no serviço de consulta de inexistência de propriedade a partir do CPF, notadamente pelos agentes financeiros imobiliários.

- *Provimento nº 42/2020 – CGJ/AL.*
- *Provimento nº 89 – CNJ.*

Art. 250-T – O SAEC deverá manter as seguintes bases de dados:

I – Base Estatística contendo os dados estatísticos sobre a operação das serventias de registro de imóveis, objetivando a consolidação de dados de tais serventias;

II – Base de Indisponibilidade de Bens contendo, de forma atualizada, os pedidos de indisponibilidade de bens encaminhados às serventias possivelmente relacionadas ao pedido, possibilitando a consulta quando do exame de um registro;

III – Base de CPF/CNPJ contendo o número do cadastro na Receita Federal do titular do direito real imobiliário, objetivando a otimização da identificação de propriedade.

- *Provimento nº 42/2020 – CGJ/AL.*
- *Provimento nº 89 – CNJ.*

Art. 250-U – Todos os ofícios de registro de imóveis devem possuir um sistema eletrônico que possibilite realizar interações com o SAEC e com as centrais de serviços eletrônicos compartilhados para suportar o atendimento aos serviços eletrônicos, bem como o encaminhamento de estatísticas de operação.

- *Provimento nº 42/2020 – CGJ/AL.*
- *Provimento nº 89 – CNJ.*

Art. 250-V – Em todas as operações do SAEC serão obrigatoriamente respeitados os direitos à privacidade, à proteção dos dados pessoais e ao sigilo das comunicações privadas e, se houver, dos registros.

- *Provimento nº 42/2020 – CGJ/AL.*
- *Provimento nº 89 – CNJ.*

Art. 250-W – O SAEC deve observar os padrões e requisitos de documentos, de conexão e de funcionamento, da Infraestrutura de Chaves Públicas Brasileira – ICP e da arquitetura dos Padrões de Interoperabilidade de Governo Eletrônico (e-Ping).

- *Provimento nº 42/2020 – CGJ/AL.*
- *Provimento nº 89 – CNJ.*

SUBSEÇÃO II
DAS CENTRAIS DE SERVIÇOS ELETRÔNICOS COMPARTILHADOS DOS ESTADOS E DO DISTRITO FEDERAL

Art. 250-X – As centrais de serviços eletrônicos compartilhados são criadas pelos respectivos oficiais de registro de imóveis, mediante ato normativo desta Corregedoria-Geral da Justiça.

§ 1º Haverá uma única central de serviços eletrônicos compartilhados neste Estado;

§ 2º Caso não seja possível ou conveniente a criação e manutenção de serviços próprios, o tráfego eletrônico far-se-á mediante central de serviço eletrônico compartilhado que funcione em outro Estado ou no Distrito Federal ou exclusivamente pelo SAEC.

§ 3º O SAEC exerce a coordenação e o monitoramento das centrais de serviços eletrônicos compartilhados com a finalidade de universalização do acesso ao tráfego eletrônico e para que se prestem os mesmos serviços em todo o País, velando pela interoperabilidade do sistema.

- *Provimento nº 42/2020 – CGJ/AL.*
- *Provimento nº 89 – CNJ.*

Art. 250-Y – Compete às centrais de serviços eletrônicos compartilhados, em conjunto com o SAEC e na forma do regulamento do SREI:

I – o intercâmbio de documentos eletrônicos e de informações entre os ofícios de registro de imóveis, o Poder Judiciário, a administração pública e o público em geral;

II – a recepção e o envio de títulos em formato eletrônico;

III – a expedição de certidões e a prestação de informações em formato eletrônico.

Parágrafo Único. Todas as solicitações feitas por meio das centrais de serviços eletrônicos compartilhados serão enviadas ao ofício de registro de imóveis competente, que é o único responsável pelo processamento e atendimento.

- *Provimento nº 42/2020 - CGJ/AL.*
- *Provimento nº 89 - CNJ.*

Art. 250-Z - As centrais de serviços eletrônicos compartilhados conterão indicadores somente para os ofícios de registro de imóveis que as integrem.

- *Provimento nº 42/2020 - CGJ/AL.*
- *Provimento nº 89 - CNJ.*

Art. 250-ZA - Em todas as operações das centrais de serviços eletrônicos compartilhados serão respeitados os direitos à privacidade, à proteção dos dados pessoais e ao sigilo das comunicações privadas e, se houver, dos registros.

Parágrafo Único. Deverão ser observados, no âmbito das operações desenvolvidas pelas centrais de serviços eletrônicos compartilhados, os padrões e requisitos de documentos, de conexão e de funcionamento, da Infraestrutura de Chaves Públicas Brasileira - ICP e da arquitetura dos Padrões de Interoperabilidade de Governo Eletrônico (e-Ping).

- *Provimento nº 42/2020 - CGJ/AL.*
- *Provimento nº 89 - CNJ.*

SEÇÃO III
DO ACESSO ÀS INFORMAÇÕES DO SREI PELA ADMINISTRAÇÃO PÚBLICA FEDERAL

Art. 250-ZB - O acesso da administração pública federal às informações do Sistema de Registro Eletrônico de Imóveis - SREI se operacionaliza através do Sistema Nacional de Gestão de Informações Territoriais - SINTER.

Parágrafo único. O Operador Nacional do Sistema de Registro Eletrônico - ONR deverá estruturar, através do SAEC, a interconexão do SREI com o Sistema Nacional de Gestão de Informações Territoriais (SINTER).

- *Provimento nº 42/2020 - CGJ/AL.*
- *Provimento nº 89 - CNJ.*

Art. 250-ZC - O Manual Operacional do Sistema Nacional de Gestão de Informações Territoriais - SINTER, submetido ao Conselho Nacional de Justiça para a sua eficácia em face dos registradores de imóveis e notários, deve objetivar a harmonia e operacionalidade do SINTER com o Sistema de Registro Eletrônico de Imóveis - SREI.

Parágrafo Único. Deverá ser prevista no Manual Operacional a forma de disponibilização aos registradores de imóveis e aos notários do acesso à ferramenta gráfica de visualização dos polígonos limítrofes de imóveis sobrepostos às imagens georreferenciadas, para permitir-lhes obter informações cadastrais e geoespaciais de interesse para os atos praticados em suas serventias.

- *Provimento nº 42/2020 - CGJ/AL.*
- *Provimento nº 89 - CNJ.*

SEÇÃO IV
DO ESTATUTO DO ONR

Art. 250-ZD - O Estatuto do Operador Nacional do Sistema de Registro Eletrônico - ONR deverá ser aprovado pelos oficiais de registros de imóveis de todo o território nacional, reunidos em assembleia geral.

Parágrafo Único. A assembleia geral que trata este artigo será previamente convocada pelas entidades representativas dos oficiais de registros de imóveis, de caráter nacional, alcançando os filiados e não filiados, devendo ser realizada no prazo de 30 dias da convocação, sob supervisão da Corregedoria Nacional de Justiça.

- *Provimento nº 42/2020 - CGJ/AL.*
- *Provimento nº 89 - CNJ.*

Art. 250-ZE - O Estatuto do ONR deverá observar as seguintes diretrizes:

I - A pessoa jurídica, constituída exclusivamente pelos oficiais de registros de imóveis, na forma prevista no art. 44 do Código Civil na modalidade de entidade civil sem fins lucrativos, deverá ser mantida e administrada conforme deliberação da assembleia geral dos oficiais de registro de imóveis, somente podendo fazer parte de seu quadro diretivo os delegatários que estejam em pleno exercício da atividade;

II - Deverá constar dentre as atribuições do ONR:

a) implantação e coordenação do SREI, visando o seu funcionamento uniforme, apoiando os oficiais de registro de imóveis e atuando em cooperação com a Corregedoria Nacional de Justiça e as Corregedorias-Gerais de Justiça;

b) implantação e operação do Serviço de Atendimento Eletrônico Compartilhado - SAEC, como previsto em Recomendação da Corregedoria Nacional de Justiça, com a finalidade de prestar serviços e criar opção de acesso remoto aos serviços prestados pelas unidades registrais de todo País em um único ponto na Internet;

c) coordenação e monitoramento das operações das centrais de serviços eletrônicos compartilhados, através do SAEC, para garantir a interoperabilidade dos sistemas e a universalização do acesso às informações e aos serviços eletrônicos;

d) apresentação de sugestões à Corregedoria Nacional de Justiça para edição de instruções técnicas de normalização aplicáveis ao SREI para propiciar a operação segura do sistema, a interoperabilidade de dados e documentos e a longevidade de arquivos eletrônicos, como também a adaptação eletrônica dos requisitos jurídico-formais implicados nos serviços, visando garantir a autenticidade e segurança das operações realizadas com documentos informáticos;

e) fornecimento de elementos aos órgãos públicos competentes para auxiliar a instrução de processos que visam o combate ao crime organizado, à lavagem de dinheiro, à identificação e à indisponibilidade de ativos de origem ilícita;

f) viabilização de consulta unificada das informações relativas ao crédito imobiliário, ao acesso às informações referentes às garantias constituídas sobre imóveis;

g) formulação de indicadores de eficiência e implementação de sistemas em apoio às atividades das Corregedorias-Gerais de Justiça e da Corregedoria Nacional de Justiça, que permitam inspeções remotas das serventias.

III – Deverá constar previsão de observância:

a) dos princípios da legalidade, integridade, impessoalidade, moralidade, publicidade, representatividade, eficiência, razoabilidade, finalidade, motivação e interesse público, realizando e apoiando o Conselho Nacional de Justiça nas ações necessárias ao desenvolvimento jurídico e tecnológico da atividade registral.

b) das normas que regem o segredo de justiça, os sigilos profissional, bancário e fiscal, bem como a proteção de dados pessoais e do conteúdo de comunicações privadas, além das disposições legais e regulamentares.

c) do cumprimento das leis, regulamentos, normas externas e internas, convênios e contratos, notadamente as normas editadas pela Corregedoria Nacional de Justiça, seu agente regulador, como previsto no art. 76, § 4º, da Lei n. 13.465/2017.

d) da proibição de obtenção de quaisquer benefícios ou vantagens individuais por seus gestores em decorrência da participação em processos decisórios.

- *Provimento nº 42/2020 – CGJ/AL.*
- *Provimento nº 89 – CNJ.*

Art. 250-ZF – O Estatuto aprovado pela Assembleia-Geral e suas posteriores modificações deverão ser submetidos à Corregedoria Nacional de Justiça para homologação no exercício de sua função de agente regulador.

- *Provimento nº 42/2020 – CGJ/AL.*
- *Provimento nº 89 – CNJ.*

SEÇÃO V
DISPOSIÇÕES GERAIS

SUBSEÇÃO I – DA VINCULAÇÃO E VEDAÇÕES

Art. 250-ZG – Aos ofícios de registro de imóveis é vedado:

I – recepcionar ou expedir documentos eletrônicos por e-mail ou serviços postais ou de entrega;

II – postar ou baixar (download) documentos eletrônicos e informações em sites que não sejam os das respectivas centrais de serviços eletrônicos compartilhados ou do SAEC;

III – prestar os serviços eletrônicos referidos neste provimento, diretamente ou por terceiros, fora do Sistema de Registro Eletrônico de Imóveis – SREI.

- *Provimento nº 42/2020 – CGJ/AL.*
- *Provimento nº 89 – CNJ.*

Art. 250-ZH – Esta Corregedoria-Geral da Justiça do Estado de Alagoas fiscalizará a efetiva vinculação dos oficiais de registro de imóveis ao SREI e a observância das normas previstas neste provimento, expedindo as normas complementares que se mostrarem necessárias.

- *Provimento nº 42/2020 - CGJ/AL.*
- *Provimento nº 89 - CNJ.*

Art. 250-ZI - O procedimento administrativo e os atos de registro decorrentes da Reurb serão feitos pelos oficiais de registro de imóveis preferencialmente por meio eletrônico, na forma de regulamento próprio.

- *Provimento nº 42/2020 - CGJ/AL.*
- *Provimento nº 89 - CNJ.*

SUBSEÇÃO II
DO AGENTE REGULADOR

Art. 250-ZJ - O serviço público de registro de imóveis eletrônico é regido pelos princípios que disciplinam a administração pública em geral e os serviços públicos delegados, em especial, os princípios da legalidade, integridade, impessoalidade, moralidade, representatividade, razoabilidade, finalidade, motivação, interesse público, eficiência, segregação de funções, segurança, adequação, regularidade, continuidade, atualidade, generalidade, publicidade, autenticidade e cortesia na prestação dos serviços.

- *Provimento nº 42/2020 CGJ/AL.*
- *Provimento nº 89 - CNJ.*

Art. 250-ZK - Fica adotado por este Estado de Alagoas o Agente Regulador do Operador Nacional do Sistema de Registro Eletrônico de Imóveis (ONR), órgão da Corregedoria Nacional de Justiça encarregado de exercer a competência reguladora prevista no art. 76, § 4º, da Lei nº 13.465/2017.

Parágrafo único. Compete ao ONR implementar e operar o Sistema de Registro Eletrônico de Imóveis (SREI), em consonância com norma específica da Corregedoria Nacional de Justiça, organizando e desenvolvendo as suas atividades estatutárias sob permanente regulação do Agente Regulador.

- *Provimento nº 42/2020 - CGJ/AL.*
- *Provimento nº 89 - CNJ.*

Art. 250-ZL - O Agente Regulador funcionará por meio dos seguintes órgãos internos:

I - Secretaria Executiva;

II - Câmara de Regulação; e

III - Conselho Consultivo.

- *Provimento nº 42/2020 - CGJ/AL.*
- *Provimento nº 89 - CNJ.*

SUBSEÇÃO III
DAS ATIVIDADES DE REGULAÇÃO DO AGENTE REGULADOR

Art. 250-ZM - Competem ao Agente Regulador, observados os princípios regentes do serviço público de registro de imóveis eletrônico, as seguintes atribuições de regulação:

I - regular as atividades relacionadas à implementação e à operação do SREI pelo ONR;

II - propor diretrizes para o funcionamento do ONR;

III - formular propostas ao planejamento estratégico do ONR, sempre visando atingir os seus fins estatutários;

IV - aprovar as diretrizes nacionais e monitorar a execução do planejamento estratégico do ONR;

V - zelar pelo cumprimento do estatuto do ONR e pelo alcance de suas finalidades para as quais foi instituído;

VI - avaliar e, se for o caso, aprovar as minutas de Instruções Técnicas de Normalização (ITN) aplicáveis ao SREI propostas pelo ONR;

VII - homologar o Regimento Interno do ONR;

VIII - disciplinar os requisitos e homologar os nomes que sejam propostos para candidatura aos órgãos diretivos do ONR, inclusive para o Comitê de Normas Técnicas, a fim de zelar pelo cumprimento de seus fins estatutários e objetivos legais, segundo as exigências que sejam estabelecidas em ato próprio proposto pela Câmara de Regulação;

IX - participar da elaboração dos indicadores estatísticos pertinentes à atividade registral imobiliária, zelando sempre pela aplicação da Lei Geral de Proteção de Dados Pessoais, quando for o caso;

X - regular as atividades do ONR, quando necessário, por meio de atos próprios propostos pela Câmara de Regulação, sempre com o objetivo de zelar pelo cumprimento dos seus fins estatutários e para o estrito cumprimento das finalidades legais do ONR;

XI - aperfeiçoar, implementar e zelar pela aplicação do projeto SREI especificado e aprovado pelo Conselho Nacional de Justiça, nos termos da Recomendação n. 14/2014.

XII - aprovar as alterações estatutárias e regimentais do ONR;

XIII - elaborar e aprovar o Regimento Interno próprio do Agente Regulador; e

XIV -respondera consultas concernentes à adequada interpretação do Estatuto do ONR.

Parágrafo único. Das decisões do Agente Regulador não cabe recurso administrativo.

- *Provimento nº 42/2020 - CGJ/AL.*
- *Provimento nº 89 - CNJ.*

SUBSEÇÃO IV
DA FISCALIZAÇÃO DO ONR

Art. 250-ZN - A fiscalização do ONR será exercida diretamente pela Corregedoria Nacional de Justiça ou por meio do Agente Regulador, ao qual caberá:

I - fiscalizar a gestão administrativa e financeira do ONR, buscando sempre assegurar a sua sustentabilidade e o cumprimento de seus fins estatutários;

II - exercer a atividade correcional, por meio de visitas, inspeções, correições ordinárias e extraordinárias, inclusive intervenções previstas na Lei Federal 8.935/1994, com vistas a assegurar o estrito respeito às finalidades do ONR.

- *Provimento nº 42/2020 - CGJ/AL.*
- *Provimento nº 109 - CNJ.*

Art. 250-ZO - Ao ONR são aplicáveis, no que couber, as disposições dos artigos 36 a 39 da Lei Federal 8.935/1994.

- *Provimento nº 42/2020 - CGJ/AL.*
- *Provimento nº 109 - CNJ.*

Art. 250-ZP - O ONR poderá celebrar convênio, acordos de cooperação, contratos e instrumentos congêneres com pessoa física ou com pessoa jurídica para promoção das atividades previstas na Lei Federal n. 11.977/2009 e em normas baixadas pelo Conselho Nacional de Justiça, desde que as despesas correspondentes estejam vinculadas às finalidades institucionais e ao interesse público.

§ 1º O ONR deverá publicar, em local com destaque de seu sítio na rede mundial de computadores, o inteiro teor de instrumentos de contratos e de quaisquer outros ajustes, onerosos ou não, juntamente com cópias, também integrais, das respectivas planilhas de custos e de formação de preços.

§ 2º Ao receber notícias de irregularidades, o ONR providenciará rigorosa apuração e submeterá as conclusões obtidas ao conhecimento do Agente Regulador que poderá, de ofício, revisar todo o processo e aplicar, se for o caso, as medidas que julgar adequadas à satisfação do interesse público.

§ 3º No exercício de funções de planejamento, fiscalização e controle, o Agente Regulador poderá atuar de ofício.

- *Provimento nº 42/2020 - CGJ/AL.*
- *Provimento nº 109 - CNJ.*

SEÇÃO VI
DOS ÓRGÃOS INTERNOS DO AGENTE REGULADOR

SUBSEÇÃO I
DA SECRETARIA EXECUTIVA

Art. 250-ZQ - São atribuições da Secretaria Executiva do Agente Regulador do ONR:

I - receber e processar os procedimentos administrativos de competência do Agente Regulador;

II - elaborar a pauta das reuniões e secretariar os trabalhos de competência da Câmara de Regulação e do Conselho Consultivo, formalizando a convocação, a pedido dos respectivos coordenadores desses órgãos internos, e lavrando as atas das reuniões;

III - secretariar os trabalhos de fiscalização do Agente Regulador do ONR, de competência da Corregedoria Nacional de Justiça, quando for o caso, lavrando as respectivas atas;

IV - outras atividades que lhe sejam atribuídas pela Câmara de Regulação, pelo Conselho Consultivo, ou pelo Regimento Interno do Agente Regulador.

Parágrafo único. A Coordenadoria de Gestão de Serviços Notariais e de Registro da Corregedoria

Nacional de Justiça (CONR) funcionará como Secretaria Executiva do Agente Regulador.

- *Provimento nº 42/2020 - CGJ/AL.*
- *Provimento nº 109 - CNJ.*

SUBSEÇÃO II
DA CÂMARA DE REGULAÇÃO

Art. 250-ZR - A Câmara de Regulação do Agente Regulador será integrada por 7 (sete) membros, designados pelo Corregedor Nacional de Justiça.

§ 1º A coordenação da Câmara de Regulação competirá a um Juiz Auxiliar da Corregedoria designado pelo Corregedor Nacional de Justiça.

§ 2º Um dos integrantes da Câmara de Regulação poderá ser Juiz Auxiliar da Presidência indicado pelo Presidente do Conselho Nacional de Justiça.

§ 3º Serão designados dois suplentes que se revezarão, quando possível, para atuar nos impedimentos dos membros titulares, inclusive naqueles ocasionados por necessidade de serviço.

- *Provimento nº 42/2020 - CGJ/AL.*
- *Provimento nº 109 - CNJ.*

Art. 250-ZS - Compete à Câmara de Regulação discutir e deliberar sobre todas as atividades do Agente Regulador, especialmente aquelas do elenco dos artigos 4º e 5º deste Provimento, assim como propor soluções e ações para promover os objetivos do ONR.

§ 1º As deliberações, propostas de portarias, ordens de serviço, ofícios circulares e decisões administrativas com caráter normativo da Câmara de Regulação serão submetidas ao Corregedor Nacional de Justiça para homologação.

§ 2º Cabe ao Corregedor Nacional de Justiça, por ato próprio, delegar a juiz auxiliar da Corregedoria Nacional a homologação dos atos deliberativos e a assinatura dos atos correspondentes, no todo ou em parte.

- *Provimento nº 42/2020 - CGJ/AL.*
- *Provimento nº 109 - CNJ.*

Art. 250-ZT - Os atos e decisões propostos pela Câmara de Regulação, uma vez homologados, serão publicados no Diário Oficial Eletrônico para que se dê publicidade e tenham vigência.

- *Provimento nº 42/2020 - CGJ/AL.*
- *Provimento nº 109 - CNJ.*

SUBSEÇÃO III
DO CONSELHO CONSULTIVO

Art. 250-ZU - O Conselho Consultivo do Agente Regulador será integrado por 9 (nove)membros designados pelo Corregedor Nacional de Justiça.

§ 1º A coordenação do Conselho Consultivo competirá a um Juiz Auxiliar da Corregedoria designado pelo Corregedor Nacional de Justiça.

§ 2º As designações recairão, preferencialmente, sobre nomes com notório saber nas áreas do direito registral imobiliário, da administração, da gestão estratégica e da tecnologia da informação.

§ 3º Na forma do Regimento Interno do Agente Regulador, a função do Conselho será planejar e propor diretrizes para o funcionamento do ONR, além de sugerir estratégias e formular propostas em geral, a fim de que sejam apreciadas pela Câmara de Regulação do Agente Regulador, sempre visando aos fins estatutários do ONR.

- *Provimento nº 42/2020 - CGJ/AL.*
- *Provimento nº 109 - CNJ.*

SEÇÃO VII
DAS DISPOSIÇÕES FINAIS

SUBSEÇÃO I
DA SUSTENTABILIDADE DO ONR

Art. 250-ZV - O ONR observará as disposições estatutárias e as orientações gerais baixadas pela Corregedoria Nacional de Justiça para composição de receitas e execução de despesas, bem como prestará contas anuais, devidamente acompanhadas de pareceres produzidos por auditoria independente, aos respectivos órgãos internos e ao Agente Regulador.

§ 1º A prestação de contas e os pareceres deverão ser apresentados sempre que solicitado pelo Agente Regulador, na forma estabelecida do Regimento Interno do Agente Regulador.

§ 2º Aos Oficiais de Registro de Imóveis titulares de delegação será facultado aderir a uma contribuição voluntária, na condição de contribuinte-cotista optante, destinada ao financiamento de sistemas e plataformas compartilhadas, na forma estabelecida por ato próprio da Câmara de Regulação do Agente Regulador, salvo disposição legal diversa.

§ 3º Os interinos responsáveis pelo expediente das unidades vagas são tidos como contribuintes-cotistas necessários, e participarão do financiamento de sistemas e plataformas desenvolvidos pelo ONR, enquanto perdurar a vacância com a reversão do exercício do serviço da unidade para o Poder Público.

§ 4º Os contribuintes-cotistas, optantes ou necessários, escriturarão, no Livro Diário Auxiliar da Receita e da Despesa, a cota de contribuição como despesa compartilhada para a implantação do registro eletrônico, na forma que for estabelecida no ato próprio a que se refere o § 2º deste artigo.

- *Provimento nº 42/2020 – CGJ/AL.*
- *Provimento nº 109 – CNJ.*

Art. 250-ZW – O ONR apresentará ao Agente Regulador relatórios semestrais de gestão, sem prejuízo dos demais deveres tratados neste Provimento e nos atos próprios da Câmara de Regulação.

- *Provimento nº 42/2020 – CGJ/AL.*
- *Provimento nº 109 – CNJ.*

SUBSEÇÃO II DO REGIME DISCIPLINAR

Art. 250-ZX – Os integrantes dos órgãos diretivos do ONR, na qualidade de registradores no exercício de função reservada aos que exercem a atividade do serviço de registro de imóveis, ficam sujeitos ao Regime Disciplinar próprio previsto na Lei Federal 8.935/1994, a que estão sujeitos os titulares de delegação.

Parágrafo único. Os interinos que exerçam qualquer função no ONR, e que não estejam sujeitos ao regime disciplinar próprio, nos casos de infrações disciplinares, podem ser substituídos da função no ONR, sem prejuízo do afastamento da função de confiança que exerçam nas respectivas unidades vagas e por cujo expediente respondam interinamente, observado o devido processo legal.

- *Provimento nº 42/2020 – CGJ/AL.*
- *Provimento nº 109 – CNJ.*

SUBSEÇÃO III DAS CENTRAIS ELETRÔNICAS REGIONAIS DE SERVIÇOS COMPARTILHADOS

Art. 250-ZY – As Centrais Eletrônicas Regionais de Serviços Compartilhados previstas e reguladas pelo Provimento n. 89/2019 da Corregedoria Nacional de Justiça, que estão sob coordenação do ONR, enquanto existirem, podem prestar os serviços eletrônicos compartilhados de responsabilidade dos registradores de imóveis, conforme disciplinado pelo Operador Nacional, que mantém a coordenação dessas centrais.

- *Provimento nº 42/2020 – CGJ/AL.*
- *Provimento nº 109 – CNJ.*

Art. 250-ZZ – As disposições deste Provimento, naquilo em que forem compatíveis, inclusive a fiscalização e o regime disciplinar próprio, aplicam-se às Centrais Eletrônicas Regionais de Serviços Compartilhados a que se refere o art. 250-ZY.

- *Provimento nº 42/2020 – CGJ/AL.*
- *Provimento nº 109 – CNJ.*

SUBSEÇÃO IV DA REMUNERAÇÃO PELOS SERVIÇOS PRESTADOS

Art. 250-ZZA – Ao Operador Nacional do Sistema de Registro Eletrônico de Imóveis (ONR), assim como às Centrais Eletrônicas Regionais de Serviços Eletrônicos Compartilhados coordenadas pelo ONR, é vedado cobrar aos usuários do serviço público delegado valores, a qualquer título e sob qualquer pretexto, pela prestação de serviços eletrônicos relacionados com a atividade dos registradores de imóveis, inclusive pela intermediação dos próprios serviços, conforme disposto no art. 25, caput, da Lei Federal 8.935/1994, sob pena de ficar configurada infração administrativa prevista no artigo 31, I, II, III e V, da mesma Lei Federal.

- *Provimento nº 42/2020 – CGJ/AL.*
- *Provimento nº 109 – CNJ.*

Art. 250-ZZB – Os registradores de imóveis Alagoanos deverão prestar o serviço de registro de imóveis pelos meios eletrônicos, assim como prescrito em lei, nas normas administrativas regulamentares e nas instruções técnicas de normalização do ONR homologadas pela Corregedoria

Nacional de Justiça, na forma e nos prazos estabelecidos, cumprindo que desenvolvam os sistemas e plataformas interoperáveis e os integrem ao SREI.

§ 1º Facultativamente, poderão os titulares de delegações de registro de imóveis inscrever-se como contribuintes-cotistas optantes do ONR, participando do financiamento dos sistemas e plataformas compartilhadas, na forma definida em ato próprio da Câmara de Regulação, quando assim for entendido mais conveniente.

§ 2º Os registradores contribuintes-cotistas optantes que exercerem a opção ficam exonerados do dever do caput deste artigo e compartilharão dos sistemas e plataformas do ONR.

- *Provimento nº 42/2020 – CGJ/AL.*
- *Provimento nº 109 – CNJ.*

Art. 250-ZZC – Não são remunerados quaisquer dos serviços prestados pelos integrantes da Câmara de Regulação e do Conselho Consultivo do Agente Regulador, constituindo suas atividades serviço público voluntário e de relevante interesse público.

- *Provimento nº 42/2020 – CGJ/AL.*
- *Provimento nº 109 – CNJ.*

TÍTULO VI
DO TABELIONATO DE NOTAS

CAPÍTULO I
DAS DISPOSIÇÕES GERAIS

SEÇÃO I
DA FUNÇÃO NOTARIAL

Art. 1º – Ao Tabelião é atribuída a função de:

a) conferir fé pública às relações de direito privado, exceto as de competência exclusiva dos órgãos jurisdicionais;

b) colher, interpretar e formalizar juridicamente a vontade das partes;

c) intervir nos negócios jurídicos a que as partes devam ou pretendam dar forma legal ou autenticidade, redigindo e autorizando os instrumentos adequados, conservando os originais e expedindo cópias fidedignas;

d) conferir autenticidade a documentos avulsos;

e) autenticar fatos.

- CPC, art. 411; Lei nº 8.935/94, art. 6º.

SEÇÃO II
DA COMPETÊNCIA

Art. 2º – Compete ao Tabelião:

I – formalizar juridicamente a vontade das partes;

II – autenticar fatos por atas notariais, autenticação de cópias, reconhecimento de firma, extração de certidões de instrumentos públicos e de documentos arquivados, bem como traslados dos instrumentos públicos lavrados no tabelionato, por meio reprográfico, datilográfico ou eletrônico;

III – autenticar fatos por certificação digital, reconhecimento de firma digital impressa, reconhecimento de servidor, reconhecimento de página eletrônica segura, registro de assinatura eletrônica, registro e reconhecimento de chancela mecânica ou eletrônica, autenticação eletrônica ou decorrente de qualquer meio digital e/ou de sistema de computação, de microfilmagem, de gravação eletrônica de imagem e as de quaisquer outros meios de reprodução em Direito admitidos, autenticação de fonte de documentos;

IV – autenticar fatos por qualquer outro meio em Direito permitido.

Art. 3º – Aos Tabeliães de Notas compete com exclusividade e excetuadas as previsões legais em sentido contrário:

I – lavrar escrituras e procurações públicas;

II – lavrar testamentos públicos e aprovar os cerrados;

III – lavrar atas notariais;

IV – autenticar cópias, mediante conferência com os respectivos originais;

V – reconhecer letras, firmas e chancelas;

VI – confeccionar, conferir e concertar públicas formas;

VII – registrar assinaturas mecânicas.

Parágrafo único – É facultado aos Tabeliães de Notas, realizar todas as gestões e diligências necessárias ou convenientes ao preparo dos atos notariais, requerendo o que couber, sem ônus maiores que os emolumentos devidos pelo ato.

Art. 4º - As públicas formas passadas por um Tabelião serão conferidas e concertadas por outro e, onde houver um só, por outro Tabelião designado.

Art. 5º - É vedada aos Tabeliães a lavratura sob a forma de instrumento particular, de atos estranhos às suas atribuições, previstos nesta consolidação.

Parágrafo único – Os Tabeliães de Notas deverão dar publicidade quanto ao teor do disposto no art. 108 do Código Civil Brasileiro, devendo seu texto ser transcrito em forma de cartaz e afixado no mural da serventia, à vista do público.

Art. 6º - Os atos de competência do Tabelião poderão ser praticados, simultaneamente com este, pelos substitutos do tabelionato.

- *Provimento nº 10/2020 – CGJ/AL.*

Art. 7º - Integra a atividade notarial:

a) avaliar a identidade, capacidade, presentação e representação legal das partes;

b) assessorar e orientar, com imparcialidade e independência, os interessados, instruindo-os sobre a natureza e as conseqüências do ato a realizar;

c) redigir, em estilo correto, conciso e claro, os instrumentos de sua competência, utilizando os meios jurídicos mais adequados à obtenção dos fins visados;

d) apreciar, em negócios imobiliários, a prova dominial.

Art. 8º - Cumpre ao Tabelião:

a) remeter, logo após sua investidura, conforme disciplina legal e normativa, aos órgãos e serviços públicos delegados, ficha com sua assinatura e sinal público, incumbindo igual obrigação aos seus substitutos;

b) prover fichário de cartões de autógrafos;

c) manter, pelo patronímico das partes, fichas, microfichas ou banco eletrônico de dados referentes aos atos lavrados;

d) exigir pagamento dos impostos devidos em atos notariais e circunstanciar o recolhimento, de conformidade com as leis respectivas;

e) consignar a aprovação de testamentos cerrados;

f) lançar, em livro de registro correspondente, por arquivamento do próprio documento ou cópia reprográfica, as procurações, os alvarás e as autorizações judiciais e documentos de representação legal aludidos em atos notariais, neles referindo a indicação do respectivo registro;

g) autenticar, com sinal público e raso, os atos expedidos em razão do ofício;

h) legalizar os livros do tabelionato, mediante lavratura dos termos de abertura e encerramento, e rubricar as respectivas folhas.

Art. 9º - O Tabelião, como autor do instrumento público, não está vinculado a minutas, podendo revisá-las ou negar-lhes curso.

Art. 10 - É facultado ao Tabelião requerer e ou realizar, ante repartições públicas em geral e registros públicos, as gestões e diligências convenientes ou necessárias ao preparo, à validez e eficácia dos atos notariais, requerendo o que couber, sem ônus maiores que os emolumentos devidos pelo ato.

Art. 11 - O Tabelião guardará sigilo sobre os fatos referentes ao ato ou negócio jurídico, e as confidências dos interessados, embora estas não estejam diretamente ligadas às manifestações de vontade e ou ao objeto do ajuste.

Art. 12 - É livre às partes, independente do seu domicílio ou do lugar da situação dos bens objeto do ato ou negócio, a escolha do Tabelião de sua confiança.

Art. 13 - O Tabelião só poderá exercer suas funções dentro dos limites do território do Município ou do indicado no ato da delegação das funções.

Parágrafo único – Os titulares de Serviços Notariais e de Registros, nos distritos, carecerão de fé pública fora dos limites do distrito, ou dos indicados no ato delegatório das funções.

Art. 14 - No Serviço de que é titular, o Tabelião não poderá praticar, pessoalmente, qualquer ato em que ele, seu cônjuge, ou parentes, na linha reta ou colateral, consangüíneos ou afins, até o 3º grau, figurem como parte, beneficiário, procurador ou representante legal.

Art. 15 - O Tabelião que infringir os deveres de sua função responderá pessoal, penal e civilmente pelos danos causados.

Art. 16 - É vedada a distribuição de ficha-padrão para fins de reconhecimento de firma em estabelecimentos comerciais (imobiliárias, revenda de veículos e outros); bem como é vedado o preenchimento por pessoas não vinculadas ao delegatário.

Art. 17 - É vedado efetuar desconto de emolumentos ou pagamento de comissão para fins de captação de serviço notarial.

CAPÍTULO II
DOS ATOS NOTARIAIS

SEÇÃO I
DAS DISPOSIÇÕES GERAIS

Art. 18 - São requisitos formais do ato notarial:

a) a redação na língua portuguesa;

b) a localidade e a data de sua realização;

c) a nomeação ou qualificação das partes e demais comparecentes;

d) a assinatura das partes e demais comparecentes, quando for o caso;

e) a assinatura do Tabelião ou seu substituto, encerrando o ato.

Art. 19 - Os Tabeliães só poderão lavrar ou autenticar, inclusive através de reconhecimento de firmas, atos conformes com a lei, o direito e a justiça.

Art. 20 - Em todos os atos expedidos será datilografado, digitado ou aposto mediante carimbo o nome do subscritor, se não declarado no texto.

SEÇÃO II
DA ESCRITURA PÚBLICA

SUBSEÇÃO I
DAS DISPOSIÇÕES GENÉRICAS

Art. 21 - Além de outros requisitos previstos em lei especial, a escritura pública conterá:

a) a data e lugar de sua realização;

b) reconhecimento da identidade e capacidade das partes e de quantos hajam comparecido ao ato;

c) nome, nacionalidade, estado civil, profissão, domicílio e residência das partes e demais comparecentes, com a indicação, quando necessário, do regime de bens do casamento, nome do cônjuge e filiação;

d) manifestação de vontade das partes e dos intervenientes;

e) declaração de haver sido lida às partes e demais comparecentes, ou de que todos a leram. Se a leitura não for em voz alta, o Tabelião só poderá registrar quem declarou lê-la;

f) assinatura das partes, dos demais comparecentes, e do Tabelião ou de seu substituto legal, encerrando o ato.

- *Provimento nº 10/2020 - CGJ/AL.*

Art. 22 - Se algum dos comparecentes não puder ou não souber assinar, outra pessoa capaz assinará por ele, a seu rogo.

Art. 23 - Se as partes e demais comparecentes não puderem assinar o ato no mesmo

momento, deverão mencionar ao lado de sua assinatura a data e hora do lançamento.

§ 1º - Transcorrido o prazo de 30 (trinta) dias a contar da lavratura do ato, se este não estiver assinado por todas as partes, o Tabelião deverá declará-lo sem efeito, certificará as causas e motivos, datará e assinará o ato, sendo exigíveis os emolumentos respectivos se atribuível a culpa às partes.

§ 2º - Na ausência de assinatura de uma das partes, o Tabelião declarará incompleta a escritura e consignará, individuando, as assinaturas faltantes, mas pelo ato serão devidos emolumentos, se imputável a falta a qualquer das partes.

Art. 24 - Uma só pessoa pode assinar por diversas, mas há de ser idêntico o interesse delas; se não o for, devem intervir tantas pessoas quantos sejam individualmente ou em grupos com interesses opostos e ainda em relação às impossibilidades de assinar, inclusive por não saber.

Art. 25 - Se algum dos comparecentes não souber a língua portuguesa e o Tabelião não compreender o idioma em que se expressa, comparecerá tradutor público para servir de intérprete; ou, não o havendo na localidade, atuará outra pessoa capaz, com idoneidade e conhecimentos bastantes, a juízo do Tabelião.

Art. 26 - Se algum dos comparecentes não for conhecido do Tabelião, nem puder identificar-se através de documento atualizado, participarão do ato, atestando sua identidade, pelo menos duas testemunhas, devidamente identificadas pelo Tabelião.

- *Provimento nº 10/2020 - CGJ/AL.*

SUBSEÇÃO II
DAS DISPOSIÇÕES RELATIVAS A IMÓVEIS

Art. 27 - Nas escrituras relativas a imóveis consignar-se-á, ainda:

I – o pagamento do Imposto de Transmissão Causa Mortis e Doação, quando incidente sobre o ato, ou o reconhecimento da exoneração pela autoridade fazendária, nos casos de imunidade, isenção ou não incidência, exceto nos casos em que a lei ou ato administrativo da Secretaria da Fazenda dispense o reconhecimento da desoneração, cuja guia física ficará arquivada pelo prazo mínimo de vinte (20) anos; após cinco (05) anos poderá ser eliminada a guia física, desde que mantida arquivada em meio eletrônico (digitalização).

- *Provimento nº 12/2021 - CGJ/AL.*

II – as certidões fiscais, assim qualificadas:

a) em relação aos imóveis urbanos, as referentes aos tributos incidentes sobre o imóvel, quando houver transferência de domínio, podendo ser dispensadas pelo adquirente, que, nesse caso, responderá pelo pagamento dos débitos fiscais existentes;

b) no pertinente aos imóveis rurais, o Certificado de Cadastro de Imóvel Rural – CCIR, com a prova de quitação do Imposto Territorial Rural - ITR referente aos cinco últimos exercícios. O imposto não incide sobre pequenas glebas rurais (até 30ha), quando exploradas, só ou com sua família, pelo proprietário que não possua outro imóvel;

III – a certidão de inteiro teor da matrícula e a certidão de ônus reais e de ações reais e/ou pessoais reipersecutórias relativa ao imóvel, expedidas pelo Registro de Imóveis competente, cujo prazo de validade, para este fim, será de 30 (trinta) dias;

IV – a declaração do outorgante, sob pena de responsabilidade civil e penal, da existência, ou não, de outras ações reais e pessoais reipersecutórias, relativas ao imóvel, e de outros ônus reais incidentes sobre o mesmo;

V – a prova da regularidade fiscal para com a Fazenda Nacional, quando for o caso, conforme previsto na Lei nº 8.212/91 e Portaria Conjunta RFB/PGFN nº 1.751, de 02 de outubro de 2014.

VI – a prova de quitação das obrigações do alienante para com o respectivo condomínio, nas alienações e transferências de direitos de unidade ou declaração do alienante ou seu procurador, sob as penas da lei, da inexistência de débitos, inclusive multas; a declaração do alienante poderá ser substituída pela assunção expressa por parte do adquirente, de eventuais débitos;

VII – a autorização judicial, no original, quando necessária;

VIII – a identificação do imóvel, feita mediante indicação de suas características e confrontações, localização, nomes dos confrontantes, área, designação cadastral, se houver, logradouro e número, se urbano, ou denominação, se rural, assim como, em se tratando só de terreno, se fica do lado par ou ímpar do logradouro, identificação da quadra e a distância métrica da edificação ou da esquina mais próxima. Se o imóvel rural estiver sujeito ao georreferenciamento, a identificação do mesmo se dará de acordo com o memorial descritivo correspondente;

IX – na qualificação das partes, além do que previsto para todas as escrituras públicas, mais:

a) se for pessoa física, o número de inscrição no CPF ou do Registro Geral da Cédula de Identidade, ou, à falta deste, sua filiação;

a.1) o número de inscrição no CPF é de menção obrigatória nas operações imobiliárias, obedecido o disposto na legislação federal;

b) tratando-se de pessoa jurídica, a sede social e o número de inscrição no CNPJ;

X – a matrícula ou o número do registro anterior, e o Serviço;

XI – o pagamento do laudêmio, quando se tratar de transmissão de domínio útil.

Art. 28 - Na escritura pública relativa a imóvel urbano cuja descrição e caracterização conste da Certidão do Registro de Imóveis, o instrumento poderá consignar, a critério do Tabelião, exclusivamente o número do registro ou matrícula no Registro de Imóvel, sua completa localização, logradouro, número, bairro, cidade, Estado.

Parágrafo único – Na escritura pública relativa a imóvel rural, já submetido ao georreferenciamento, cuja descrição e caracterização conste da Certidão do Registro de Imóveis, o instrumento poderá consignar, a critério do Tabelião, exclusivamente o número do registro ou matrícula no Registro de Imóvel, sua localização, confrontações gerais, cidade, Estado.

SUBSEÇÃO III
DAS DISPOSIÇÕES RELATIVAS A IMÓVEIS RURAIS

Art. 29 - O Tabelião não poderá, sob pena de responsabilidade, lavrar escrituras de desmembramento de imóvel rural se as áreas resultantes não forem iguais ou superiores à fração mínima de parcelamento ou módulo, o que for menor, impressa no certificado de cadastro correspondente.

§ 1º - O disposto neste artigo não se aplica à alienação destinada, comprovadamente, à anexação a outro imóvel rural confinante e desde que a área remanescente seja igual ou superior à fração mínima de parcelamento.

§ 2º - Não estão sujeitos às restrições do parágrafo anterior os desmembramentos previstos no art. 2º do Decreto nº 62.504, de 08-04-68. § 3º – Nessas situações, o Tabelião consignará, no instrumento, o inteiro teor da autorização emitida pelo INCRA, e esta será averbada no registro de título no Registro de Imóveis.

Art. 30 - Aplicam-se ao arrendamento todos os limites, restrições e condições aplicáveis à aquisição de imóveis rurais por estrangeiros, constantes na Lei Federal nº 5.709/71 e artigo 23 da Lei Federal nº 8.629/93.

Art. 31 - A pessoa física estrangeira somente poderá adquirir imóvel rural não excedente a 50 (cinquenta) módulos de exploração indefinida, em área contínua ou descontínua. (Redação conforme publicação oficial)

Art. 33 - A aquisição será livre, independentemente de qualquer autorização ou licença, se o imóvel contiver área não superior a 03 (três) módulos, ressalvados, no entanto, os imóveis situados em área considerada indispensável à segurança nacional, que dependerão de assentimento prévio do Conselho de Defesa Nacional; e Faixas de Fronteiras. (Redação conforme publicação oficial)

Art. 34 - A aquisição por pessoa física estrangeira será livre, independentemente de qualquer autorização ou licença, se o imóvel contiver área não superior a 03 (três) módulos, ressalvados, no entanto, os imóveis situados em área considerada indispensável à segurança nacional, que dependerão de assentimento prévio do Conselho de Defesa Nacional, e faixas de fronteiras.

Art. 35 - A aquisição de imóveis rurais entre 03 (três) e 50 (cinqüenta) módulos de exploração indefinida dependerá de autorização do INCRA (art. 7°, § 2º, do Decreto 74.965/75).

Parágrafo único – O Ministério da Agricultura será chamado para avaliar o projeto quando se tratar de pessoa jurídica (art. 5º, § 1°, da Lei 5.709/71).

Art. 36 - Dependerá também de autorização a aquisição, por uma pessoa física estrangeira, de mais de um imóvel com área não superior a 03 (três) módulos.

Art. 37 - Caso o adquirente estrangeiro não seja proprietário de outro imóvel com área não superior a 03 (três) módulos, constará do instrumento declaração dele nesse sentido e sob sua responsabilidade.

Art. 38 - A pessoa jurídica estrangeira, autorizada a funcionar no Brasil, ou a pessoa jurídica brasileira, com participaçao, a qualquer título, de pessoas estrangeiras, físicas ou jurídicas, com a maioria do seu capital social e residente ou com sede no exterior, somente poderão adquirir imóveis rurais, seja qual for a extensão, mediante a aprovação do Ministério da Agricultura.

Art. 39 - A soma das áreas rurais pertencentes a pessoas estrangeiras, físicas ou jurídicas, não ultrapassará 1/4 (um quarto) ou 25% (vinte e cinco por cento) da superfície dos Municípios onde se situem, comprovada por certidão do Registro de Imóveis.

Art. 40 - As pessoas de mesma nacionalidade não poderão ser proprietárias, em cada Município, de mais de 40% (quarenta por cento) dessa área de 1/4 (um quarto) da propriedade de mais de 10% (dez por cento) da superfície do Município.

Art. 41 - Ficam excluídas das restrições do artigo anterior as aquisições de áreas rurais:

I – inferiores a 03 (três) módulos;

II – objeto de compra e venda, de promessa de compra e venda, de cessão ou de promessa de cessão; mediante escritura pública ou instrumento particular devidamente protocolado no registro competente, e que houverem sido cadastrados no INCRA, em nome do promitentecomprador, antes de 10-03-69;

III – quando o adquirente tiver filho brasileiro ou foi casado com pessoa brasileira, sob o regime de comunhão de bens.

Art. 42 - Da escritura relativa à aquisição de imóvel rural por pessoa física estrangeira constará, obrigatoriamente, o documento de identidade do adquirente, prova de sua residência no território nacional e, quando for o caso, a autorização do INCRA.

Art. 43 - É de 30 (trinta) dias o prazo de validade da autorização para a lavratura da escritura.

Art. 44 - Quando o adquirente de imóvel rural for pessoa jurídica estrangeira, ou a ela equiparada, constará, obrigatoriamente, da escritura: a aprovação pelo Ministério da Agricultura, os documentos comprobatórios de sua constituição e de licença para seu funcionamento no Brasil e a autorização do Presidente da República, nos casos previstos no § 3º do art. 5º do Decreto nº 74.965, de 26-11-74.

Parágrafo único – Considera-se pessoa jurídica estrangeira a pessoa jurídica brasileira da qual participem, a qualquer título, pessoas estrangeiras físicas ou jurídicas que tenham a maioria do seu capital social e residam ou tenham sede no exterior.

Art. 45 - Se a adquirente for sociedade anônima brasileira, constará a prova de adoção de forma nominativa de suas ações.

Art. 46 - O prazo de validade do deferimento do pedido é de 30 (trinta) dias, dentro do qual deverá ser lavrada a escritura.

Art. 47 - O Tabelião que lavrar escritura com infringência das prescrições legais atinentes à aquisição de imóveis rurais por pessoas estrangeiras responderá civil e penalmente pelo ato.

Art. 48 - Para a prática dos atos de transmissão, alienação ou oneração previstos nos arts. 167 e 168 da Lei nº 6.015, relacionados a imóveis rurais, é obrigatória a comprovação do pagamento do ITR, referente aos cinco últimos exercícios.

§ 1º - Na falta dos recibos de pagamento, essa comprovação poderá ser feita através de Certidão de Quitação de Tributos e Contribuições Federais.

§ 2º - O imposto não incide sobre pequenas glebas rurais (até 30 hectares), quando exploradas, só ou com sua família, pelo proprietário que não possua outro imóvel.

§ 3º - Quando se tratar de imóveis com área inferior a duzentos hectares, a comprovação do pagamento poderá ser substituída por declaração firmada pelo próprio interessado ou procurador bastante, sob as penas da lei, informando não existir débito relativo ao imóvel objeto do negócio, referente aos cinco últimos exercícios, ou que o débito se acha pendente de decisão administrativa ou judicial.

§ 4º - O Tabelião encaminhará essa declaração à Unidade Local da Secretaria da Receita Federal, até o dia 10 do mês subseqüente, para fins de verificação da veracidade.

§ 5º - Sem apresentação do Certificado de Cadastro de Imóvel Rural – CCIR, não poderão os proprietários, sob pena de nulidade, desmembrar, arrendar, hipotecar, vender ou prometer em venda imóveis rurais.

§ 6º - A apresentação do Certificado de Cadastro de Imóvel Rural – CCIR, exigida no parágrafo anterior, far-se-á, sempre, acompanhada da prova de quitação do imposto sobre a Propriedade Territorial Rural – ITR, correspondente aos últimos cinco exercícios, ressalvados os casos de inexigibilidade e dispensa previstos no art. 20 da Lei nº. 9.393, de 19-12-1996.

§ 7º - Além dos requisitos previstos no art. 215, § 1º, do CCB e na Lei nº 7.433, de 18-12-85, os Serviços Notariais são obrigados a mencionar nas escrituras os seguintes dados do CCIR:

I – código do imóvel;

II – nome do detentor;

III – nacionalidade do detentor;

IV – denominação do imóvel;

V – localização do imóvel.

SUBSEÇÃO IV
DAS DISPOSIÇÕES RELATIVAS À PARTILHA DE BENS

Art. 49 - A partilha amigável de bens, entre herdeiros maiores e capazes, e a adjudicação, quando houver herdeiro único, podem ser promovidas por escritura pública, nos termos do art. 2.015 do CCB e art. 610 do CPC.

- *Provimento nº 10/2020 – CGJ/AL.*

Parágrafo único – Admitem-se inventário e partilha extrajudiciais com viúvo(a) ou herdeiro(s) capazes, inclusive por emancipação, representado(s) por procuração formalizada por instrumento público com poderes especiais.

Art. 50 – A renúncia de herdeiro poderá constar na própria escritura de partilha e, se comprovada em declaração anterior, judicialmente ou por escritura pública, dispensará a presença do renunciante quando da lavratura do ato.

Art. 51 – Quando se tratar de partilha por direito de representação ou contemplar herdeiros da classe posterior na ordem da vocação hereditária, será exigida certidão de óbito do representado e dos herdeiros pré-mortos.

Art. 52 – O meeiro e os herdeiros poderão, antes da confecção de escritura pública definitiva de partilha, prestar declarações por meio de instrumento público, nomeando representante ao espólio com poderes para representar este perante estabelecimentos bancários e instituições fiscais, seja para possibilitar o acesso a dados bancários e fiscais que possam ser relevantes à partilha, seja para tornar viável a transferência de titularidade de conta bancária da pessoa falecida.

Parágrafo único – A escritura referida no caput conterá o comprometimento do meeiro e dos herdeiros de realizarem a escritura pública de partilha definitiva em prazo máximo de dois (02) meses.

Art. 53 – É facultada aos interessados a opção pela via judicial ou extrajudicial, podendo ser solicitada, a qualquer momento, a suspensão, pelo prazo de 30 dias, ou a desistência da via judicial, para promoção da via extrajudicial.

Parágrafo único – A escritura pública deverá conter declaração expressa das partes e do advogado assistente ou defensor público, sob as penas da lei, de que não tramita inventário e partilha na via judicial ou, se for o caso, de que o processo está suspenso para a promoção do inventário e partilha na via extrajudicial.

Art. 54 – A escritura pública de partilha, que será antecedida do pagamento do tributo correspondente, deverá conter os requisitos estabelecidos pelo art. 610, §§ 1º e 2º, do CPC.

Art. 55 – Deverão constar da escritura as certidões negativas da Fazenda Federal, Estadual e Municipal.

Art. 56 – Incumbe ao Tabelião solicitar, quando da lavratura da escritura pública, além de outros documentos exigidos em lei:

a) Carteira de Identidade e número do CPF das partes e do autor da herança;

b) Certidão de óbito;

c) Certidão do pacto antenupcial, se houver;

d) Documentos que comprovem a propriedade e os direitos sobre o patrimônio inventariado;

e) Declaração de inexistência de testamento.

Art. 57 – A escritura pública de partilha constituirá título hábil para o registro imobiliário, desde que todas as partes interessadas estejam assistidas por advogado comum ou advogado de cada uma delas ou por defensor público, cuja qualificação e assinatura constarão do ato notarial.

Parágrafo único – Deverá ser providenciada, previamente, a avaliação dos bens.

- *Provimento nº 12/2021 – CGJ/AL.*

Art. 58 – Os emolumentos pela lavratura de escritura pública de partilha de bens serão cobrados como sendo um único ato com conteúdo financeiro, tendo como base de cálculo a soma do valor de todos os bens que constituirão o monte mor, limitado ao valor correspectivo da Tabela de Emolumentos.

Art. 59 – Cada herdeiro, apresentando o traslado da escritura pública de partilha, poderá requerer o Registro Imobiliário.

Art. 60 – Havendo testamento ou interessado incapaz, proceder-se-á ao inventário judicial.

Art. 61 – – Havendo testamento, e efetuado o registro, o inventário será judicial, mas a partilha de bens poderá ser feita por instrumento público e deverá ser homologada judicialmente de acordo com o artigo 610 e seguintes do CPC e 2.015 do CC.

- *Provimento nº 10/2020 – CGJ/AL.*

Parágrafo único – O pedido de homologação judicial da escritura pública de partilha a que se refere o caput será acompanhado da certidão de óbito do inventariado.

Art. 62 - Homologada a escritura pública de partilha, ficam dispensados os respectivos formais, expedindo-se apenas certidão da decisão judicial.

SUBSEÇÃO V
DA SEPARAÇÃO CONSENSUAL E DO DIVÓRCIO CONSENSUAL

Art. 63 - A separação consensual e o divórcio consensual, não havendo filhos menores ou incapazes do casal, e observados os requisitos legais, poderão ser realizados por escritura pública, da qual constarão as disposições relativas à descrição e à partilha dos bens comuns e à pensão alimentícia e, ainda, ao acordo quanto à retomada pelo cônjuge de seu nome de solteiro ou à manutenção do nome adotado quando se deu o casamento.

§ 1º - A existência de filhos emancipados não obsta a separação consensual e o divórcio consensual.

§ 2º - As escrituras públicas de inventário e partilha, separação e divórcio consensuais não dependem de homologação judicial e são títulos hábeis para o registro civil e o registro imobiliário, para a transferência de bens e direitos, bem como para promoção de todos os atos necessários à materialização das transferências de bens e levantamento de valores (DETRAN, Junta Comercial, Registro Civil de Pessoas Jurídicas, instituições financeiras, companhias telefônicas, etc.).

§ 3º - O tabelião somente lavrará a escritura se os contratantes estiverem assistidos por advogado comum ou advogados de cada um deles ou por defensor público, cuja qualificação e assinatura constarão do ato notarial.

§ 4º - O comparecimento pessoal das partes é dispensável à lavratura de escritura pública de separação e divórcio consensuais, quando houver dificuldade ponderável para o seu deslocamento de onde se encontrar comprovadamente residindo, sendo admissível, neste caso, ao(s) separando(s) ou ao(s) divorciando(s), se fazer representar por mandatário constituído, desde que por instrumento público com poderes especiais, descrição das cláusulas essenciais e prazo de validade de trinta dias.

§ 5º - A falta de anuência de uma das partes quanto a qualquer das cláusulas apresentadas, ou a recusa de alguma pretensão que objetivava ver consignada, impedirá a realização do ato, devendo, então, ser informada pelo tabelião a possibilidade de ingresso na via judicial.

§ 6º - É possível a lavratura de escritura pública de conversão da separação judicial em divórcio consensual, com ou sem partilha de bens, mesmo que existam filhos menores ou incapazes do casal, desde que não haja nenhuma alteração do que foi convencionado e homologado na separação judicial em relação aos direitos dos filhos menores ou incapazes.

Art. 64 - A escritura pública de separação e divórcio especificará, além de outros requisitos legais:

a) o regime matrimonial de bens;

b) os bens comuns e a partilha quando esta não for ressalvada para momento posterior à dissolução da sociedade conjugal ou do casamento;

c) sobre qual das partes recairá a responsabilidade por obrigações pendentes e será atribuída a titularidade de direitos e ações;

d) nome e data de nascimento dos filhos;

e) o prazo de duração da obrigação alimentar, condições e critérios de atualização, e, se for o caso, a sua dispensa provisória.

Parágrafo único – Na escritura pública de separação e divórcio deverá constar declaração expressa das partes de que o cônjuge virago não se encontra em estado gravídico, ou ao menos, que não tenha conhecimento sobre esta condição.

Art. 65 - Na partilha de bens do casal, se houver transferência de patrimônio entre as partes, será exigido o respectivo pagamento do imposto de transmissão.

Parágrafo único – Havendo fundados indícios de prejuízo a um dos cônjuges ou existindo dúvida sobre a declaração de vontade, impõe-se a negativa à lavratura da escritura pública de separação ou divórcio.

Art. 66 - Poderá ser lavrada escritura pública de divórcio direto.

Art. 67 - Para a separação consensual e divórcio serão exigidos, além de outras cautelas e documentos previstos em lei:

a) certidão de casamento;

b) carteira de identidade e CPF;

c) certidão de nascimento dos filhos para conferência da idade;

d) pacto antenupcial, se houver;

e) documentação comprobatória da propriedade ou direitos sobre os bens;

f) identificação do assistente através da carteira da OAB.

Art. 68 - Poderão ser lavrados por escritura pública o restabelecimento da sociedade conjugal e a conversão da separação consensual em divórcio.

Art. 69 - O valor dos emolumentos pela lavratura de escritura pública de separação consensual e divórcio consensual sem partilha de bens é o mesmo valor do ato sem conteúdo econômico.

Parágrafo único – Se houver partilha de bens, serão cobrados emolumentos como um único ato com conteúdo financeiro, sobre a soma do valor de todos os bens que constituirão o monte mor.

Art. 70 - As partes poderão escolher livremente o Tabelionato para a lavratura da escritura de inventário, partilha ou adjudicação, separação, divórcio e de restabelecimento da sociedade conjugal, independentemente do domicílio dos interessados ou do lugar de situação dos bens objeto do ato.

Art. 71 - Será destinado local, no tabelionato, que preserve o direito à reserva dos cônjuges, durante toda a prática do ato, ressalvada a possibilidade de fornecimento de certidão a qualquer pessoa que manifestar interesse.

Art. 72 - O Tabelião ou substituto realizará, pessoalmente, todos os atos atinentes à separação, divórcio, partilha de bens e restabelecimento da sociedade conjugal.

Art. 73 - Os Tabeliães de Notas remeterão à Fundação Instituto Brasileiro de Geografia e Estatística (IBGE), dentro dos primeiros 08 (oito) dias dos meses de janeiro, abril, julho e outubro de cada ano, um mapa das escrituras de Separação e Divórcio realizadas no trimestre anterior.

Parágrafo único – O IBGE fornecerá os mapas ou programa informatizado, para a execução do disposto neste item, podendo requisitar aos Tabeliães que façam as correções necessárias.

Art. 74 - Os Tabeliães de Notas deverão encaminhar a relação das escrituras públicas de que trata a Lei Federal nº 11.441/07, lavradas em sua serventia, à CENSEC, até o dia 5 de cada mês subsequente aos atos praticados na segunda quinzena do mês anterior e até o dia 20, os atos praticados na primeira quinzena do mesmo mês.

Parágrafo único - A remessa será feita via Internet, acessando a página: www.censec.org.br.

SUBSEÇÃO VI
DAS PROCURAÇÕES EM CAUSA PRÓPRIA

Art. 75 - As procurações em causa própria relativas a imóveis deverão conter os requisitos da compra-e-venda (a coisa, o preço e o consentimento), e por suas normas serão regidas.

Art. 76 - *Revogado pelo Provimento nº 12/2021 - CGJ/AL.*

Art. 77 - Os emolumentos são os da escritura com valor determinado.

SUBSEÇÃO VII
DA TRANSFERÊNCIA DE EMBARCAÇÕES

Art. 78 - Os atos relativos às promessas, cessões, compra-e-venda e outra qualquer modalidade de transferência de propriedade de embarcações sujeitas a registro serão feitos por escritura pública, se na comarca não existir tabelionato privativo de contratos marítimos.

Art. 79 - As embarcações brasileiras, exceto as da Marinha de Guerra, serão inscritas na Capitania dos Portos ou órgão subordinado, em cuja jurisdição for domiciliado o proprietário ou armador ou onde for operar a embarcação.

Parágrafo único – Será obrigatório o registro da propriedade no Tribunal Marítimo, se a embarcação possuir arqueação bruta superior a cem toneladas, para qualquer modalidade de navegação.

Art. 80 - Se o outorgante for casado, exceto no regime da separação total de bens, é indispensável o consentimento de seu cônjuge.

Art. 81 - O registro da propriedade de embarcações será deferido, exceto nos casos previstos na lei, a brasileiro nato ou à sociedade constituída de acordo com a lei brasileira, com sede no Brasil, administrada por brasileiros natos, cujo capital votante pertença em pelo menos 60% (sessenta por cento) a brasileiros natos e controlada por brasileiros natos ou por pessoa moral brasileira a satisfazer as exigências acima.

SUBSEÇÃO VIII
DAS DOAÇÕES

Art. 82 - Se o donatário for absolutamente incapaz, dispensa-se a aceitação, desde que se trate de doação pura.

Parágrafo único – O menor relativamente incapaz poderá aceitar doações sem encargo, independente da assistência de seus representantes legais.

SEÇÃO III
DA ATA NOTARIAL

Art. 83 - Ata Notarial é a narração objetiva de uma ocorrência ou fato, presenciado ou constatado pelo Tabelião.

Art. 84 - A Ata Notarial conterá:

a) local, data de sua lavratura e hora;

b) nome e qualificação do solicitante;

c) narração circunstanciada dos fatos;

d) declaração de haver sido lida ao solicitante, e, sendo o caso, às testemunhas;

e) assinatura do solicitante, ou de alguém a seu rogo, e, sendo o caso, das testemunhas;

f) assinatura e sinal público do Tabelião.

Art. 85 - A ata notarial será lavrada em livro próprio.

§ 1º - Quando se referir a documentos, o seu teor será transcrito integralmente na ata; a transcrição do documento poderá ser substituída pela inserção de sua imagem diretamente no livro mediante cópia reprográfica ou gravação eletrônica.

§ 2º - Nas atas notariais poderão ser anexados documentos, inclusive eletrônicos, e serão arquivados em pastas próprias, numerados sequencialmente.

SEÇÃO IV
DA APROVAÇÃO DE TESTAMENTO CERRADO

Art. 86 - Apresentado testamento cerrado ao Tabelião, na presença de pelo menos duas testemunhas, este, depois de ouvir do testador ser aquele o seu testamento, e de o afirmar como bom, firme e valioso, e declarar querer seja aprovado, iniciará, imediatamente após a última palavra do texto, o instrumento de aprovação, pela forma manuscrita ou datilografada.

§ 1º - Se o apresentante não fizer, por iniciativa própria, aquelas declarações, o Tabelião inquiri-lo-á a fim de obter dele a confirmação dos fatos e da vontade.

§ 2º - O Tabelião examinará o testamento, para verificar se contém emendas, rasuras, borrões, riscaduras ou entrelinhas, e consignará no instrumento.

§ 3º - As folhas em que estiver redigido o testamento serão rubricadas pelo Tabelião.

§ 4º - Não havendo espaço na última folha, o Tabelião nela aporá seu sinal público e iniciará o instrumento em folha anexa, fazendo disso menção no termo.

§ 5º - Lavrado o instrumento, o Tabelião o lerá ao testador e testemunhas, e após o testador o assinará, se puder, com as testemunhas e o Tabelião.

§ 6º - Não podendo o testador assinar, uma das testemunhas, por ele indicada, firmará a seu rogo, declarando fazê-lo por aquele não saber ou não poder assinar.

§ 7º - Após as assinaturas, o Tabelião passará a cerrar e coser o testamento, pingando lacre derretido nos pontos onde a linha atravessar o papel e consignará, em face externa, o nome do testador, com a advertência de importar, a abertura, na ineficácia do ato.

§ 8º - Em seguida, após entregar o testamento ao testador, o Tabelião lançará no livro de testamento nota do lugar, dia, mês e ano da aprovação e da entrega do testamento e consignará o nome do testador.

SEÇÃO V
DO TRASLADO E CERTIDÃO

Art. 87 - Os traslados e certidões extraídos por Tabelião fazem a mesma prova do original.

Art. 88 - Traslado é a primeira cópia integral e fiel da escritura pública, extraída com a mesma data.

Art. 89 - Utilizado o livro de folhas soltas, poderá constituir traslado do ato a cópia obtida por decalque em carbono, por meio reprográfico ou por meio eletrônico.

§ 1º - A cópia, com as mesmas características do instrumento original, reproduzirá o inteiro teor do ato e os números das folhas e do livro, conterá a menção "traslado" e será autenticada mediante a assinatura do Tabelião em todas as folhas, inutilizados os espaços em branco, e a aposição do sinal público e do sinal raso no encerramento.

§ 2º - Quando extraído decalque em carbono ou por meio reprográfico reproduzirá inclusive as assinaturas e quando por meio eletrônico poderá ser expedido com a certificação da existência das assinaturas constantes do ato notarial.

Art. 90 - Certidão é a cópia integral ou resumida de escrito existente em livro ou arquivo do tabelionato.

Art. 91 - A certidão poderá ser feita por meio reprográfico ou eletrônico, certificando-se reproduzir a cópia, extraída do livro ou arquivo, com fidelidade o original, indicada com precisão a localização.

Parágrafo único - Se a certidão por meio reprográfico ou eletrônico contiver mais de uma folha, o certificado será aposto na última, mencionando-se a quantidade de folhas, devidamente numeradas, rubricadas e coladas ou grampeadas, de modo a caracterizar sua unidade.

Art. 92 - Qualquer pessoa poderá requerer certidão, verbalmente, sem importar as razões de seu interesse.

§ 1º - Enquanto vivo o testador, só a este ou a procurador com poderes especiais poderão ser fornecidas informações ou certidões de testamento.

§ 2º - Para o fornecimento de informação e de certidão de testamento, no caso de o testador ser falecido, o requerente deverá apresentar ao tabelião a certidão de óbito do testador.

SEÇÃO VI
DA AUTENTICAÇÃO DE DOCUMENTOS AVULSOS E ELETRÔNICOS

SUBSEÇÃO I
DA DISPOSIÇÃO GERAL

Art. 93 - Para fins desta Consolidação, entende-se como documento eletrônico ou digital toda informação armazenada em um dispositivo eletrônico (disco rígido, disquete, "CD-ROM", etc.) ou transmitida através de meio eletrônico.

Art. 94 - Sempre que um Tabelião de Notas identificar e qualificar pessoas, atestar a capacidade e enviar dados para autoridades certificadoras digitais, o certificado digital gerado a partir destes dados será válido, e sua correspondente utilização conterá a presunção de veracidade.

SUBSEÇÃO II
DA AUTENTICAÇÃO DE CÓPIAS REPROGRÁFICAS E ELETRÔNICAS

Art. 95 - Ao Tabelião de Notas compete com exclusividade autenticar as cópias de documentos públicos ou particulares a ele apresentadas ou por ele geradas.

Art. 96 - As cópias autenticadas pelo Tabelião, em meio digital ou em papel, têm o mesmo valor probante que os originais, e para todos os efeitos legais fazem prova plena.

Parágrafo único - Impugnada a autenticidade de cópia conferida e autenticada por tabelião de notas, cabe à parte que a contesta provar a falsidade.

Art. 97 - A autenticação será feita após a conferência da cópia com o documento originário, existente no tabelionato ou exibido pelo apresentante, ou ainda se for conferida por outro tabelião.

§ 1º - O Tabelião, ao autenticar cópias reprográficas ou eletrônicas, não deverá restringir-se à mera conferência da reprodução com o original, mas verificar se o documento copiado contém rasuras ou quaisquer outros sinais indicativos de possíveis fraudes.

§ 2º - Constatada rasura ou adulteração, recusará a autenticação ou, se a fizer a pedido da parte, descreverá minuciosamente o verificado.

Art. 98 - Somente serão autenticadas cópias de documentos originais, defeso expressamente a autenticação de reprodução reprográfica de cópia.

Parágrafo único – Não estão sujeitas a essa restrição a cópia ou conjunto de cópias reprográficas emanadas do próprio ou outro Tabelião, de autoridade ou repartição pública e por elas autenticadas ou assinadas, a constituírem documento originário, como cartas de ordem, de sentença, de arrematação, de adjudicação, formais de partilha, certidões positivas de registros públicos e de protestos, certidões da Junta Comercial.

Art. 99 - Para a autenticação usar-se-ão fórmulas específicas: uma, para a autenticação das cópias reprográficas ou digitais extraídas no próprio tabelionato; outra, para a autenticação de cópias extraídas por terceiros; outra para a autenticação de cópias conferidas pelo próprio ou outro Tabelião.

Art. 100 - A cada face de documento reproduzida deverá corresponder uma autenticação, ainda que diversas reproduções sejam feitas na mesma folha.

Parágrafo único – Sempre que possível, a autenticação será feita no anverso do documento.

Art. 101 - O Tabelião poderá autenticar microfilmes de documentos ou cópias ampliadas de imagem microfilmada, conferidas mediante aparelho leitor apropriado.

Parágrafo único – Para o exercício dessa atividade, o tabelionato deverá estar registrado no Departamento de Justiça do Ministério da Justiça, obedecendo às prescrições do Decreto nº 1.799/96.

SUBSEÇÃO III
DO RECONHECIMENTO DE LETRAS, FIRMAS E CHANCELAS

Art. 102 - Reconhecimento de letra é a declaração, pelo Tabelião, da autoria de dizeres manuscritos em documento particular, lançados em sua presença, ou que o autor, sendo conhecido do Tabelião ou por ele identificado, lhe declare tê-lo escrito.

Art. 103 - Reconhecimento de firma é a declaração da autoria de assinatura em documento.

§ 1º – O reconhecimento de firma será:

a) autêntico, se o autor for conhecido ou identificado através de documento pelo Tabelião e assinar em sua presença;

b) por semelhança, quando o Tabelião confrontar a assinatura com outra existente em seus livros ou cartões de autógrafos e verificar a similitude.

§ 2º - No reconhecimento de firma mencionar-se-á expressamente a sua espécie – se autêntico ou por semelhança – e o nome ou nomes das pessoas indicadas, vedada a substituição por outras expressões, como supra, retro, infra, etc.

§ 3º - Se eventualmente não for feita restrição quanto à espécie do reconhecimento, entender-se-á ser por semelhança.

§ 4º - O reconhecimento da razão social declarará a firma lançada e o nome de quem a lançou, e far-se-á somente após o registro do ato constitutivo da sociedade.

§ 5º - Impõe-se o reconhecimento autêntico de firma nos contratos ou documentos de natureza econômica de valor apreciável, na transferência de veículos automotores de qualquer valor, observando-se quando se tratar de pessoa jurídica, igual exigência relativamente ao seu representante legal.

a) A transcrição do documento de transferência de veículo no Ofício de Títulos e Documentos só se dará após exame quanto à observância das cautelas acima mencionadas.

§ 6º - Todavia, se impossibilitado ou recusar-se o firmatário a viabilizar o reconhecimento autêntico exigido por lei ou por terceiro interessado, o Tabelião poderá fazer o reconhecimento por semelhança, mas declarará a causa e os motivos.

§ 7º - Em documentos firmados por pessoa cega, se capaz e alfabetizada, o reconhecimento deverá ser feito por autenticidade, observado o seguinte:

a) o Tabelião deverá fazer a leitura do documento ao signatário, verificando as suas condições pessoais para compreensão de seu conteúdo;

b) alertá-lo-á sobre as possíveis fraudes de que pode ser vítima, ao assumir a autoria de um escrito;

c) será anotada na ficha de autógrafo a circunstância de ser cego o autor.

Art. 104 - Se o Tabelião perceber tratar-se de pessoa analfabeta, que, contudo, saiba escrever o nome, proceder conforme o § 7º do artigo anterior.

Art. 105 - O reconhecimento de firma é ato pessoal e de competência exclusiva do Tabelião, não podendo ser constrangido a fazê-lo por qualquer meio ou forma.

Art. 106 - O registro de firmas, para fins de reconhecimento, far-se-á através de fichas.

Parágrafo único – Os Tabeliães poderão extrair, a expensas dos interessados, cópia reprográfica do documento de identidade apresentado para preenchimento da ficha-padrão, e aquelas serão arquivadas devidamente, a fim de possibilitar os atos de comparar e verificar.

Art. 107 - Sem o antecedente necessário de lei autorizadora, ao Tabelião é defeso o reconhecimento de chancela, mas poderá declarar a existência do registro da assinatura mecânica.

Art. 108 - O Tabelião poderá recusar-se a efetuar o reconhecimento de letra ou firma em papel em branco ou parcialmente preenchido, ou, se o fizer a pedido da parte, descreverá o verificado, indicando os espaços não preenchidos.

Art. 109 - O Tabelião reconhecerá a firma em documento avulso escrito em língua portuguesa.

Parágrafo único – Poderá o Tabelião reconhecer firma em documento redigido em idioma estrangeiro, acompanhado de tradução oficial; ou, excepcionalmente, se dispuser de conhecimentos para compreender o seu conteúdo, certificando esta circunstância.

SEÇÃO VII
DA CERTIFICAÇÃO DIGITAL

SUBSEÇÃO I
DAS DISPOSIÇÕES GERAIS

Art. 110 - Para a prática de atos notariais no meio eletrônico, os Notários deverão observar as normas técnicas do Instituto Nacional de Tecnologia da Informação – ITI e da Infraestrutura de Chaves Públicas Brasileira – ICP-Brasil e legislação pertinente à matéria.

Art. 111 - Os Notários deverão dispor de um endereço postal eletrônico e de certificados digitais para o exercício de suas atividades no meio eletrônico.

§ 1º - Os certificados digitais deverão ser emitidos por autoridade certificadora digital com sede no país.

a) Para os documentos assinados digitalmente com certificados emitidos fora do âmbito da Infraestrutura de Chaves Públicas Brasileira – ICP-Brasil, a validade jurídica dependerá da aceitação das partes envolvidas.

§ 2º - O documento eletrônico assinado digitalmente por Notário goza de fé pública.

Art. 112 - Os atos notariais formados em meio eletrônico, e consequentemente seus arquivos, constituem informação autêntica.

Art. 113 - O documento notarial eletrônico assinado digitalmente satisfaz os requisitos da forma escrita.

Art. 114 - Os livros e documentos notariais podem ser formados e conservados em forma eletrônica, garantida a segurança e a preservação dos dados.

Art. 115 - O certificado e a assinatura digital do Notário são válidos, independentemente de selo, carimbo, tipo, marca ou autoridade certificadora emissora do certificado.

Art. 116 - O ato notarial assinado é valido e goza de fé pública derivada de lei, independentemente de carimbo ou tipo de ferramenta mecânica ou eletrônica utilizada para sua lavratura.

Art. 117 - Sempre que um Tabelião de Notas identificar e qualificar pessoas, atestar a capacidade e enviar dados para autoridades certificadoras digitais, o certificado digital gerado a partir destes dados será valido e sua correspondente utilização conterá a presunção de veracidade.

SUBSEÇÃO II
DOS ATOS NOTARIAIS NO MEIO ELETRÔNICO

Art. 118 - O Tabelião de Notas poderá efetuar atos notariais eletrônicos utilizando tecnologia de certificação digital, exclusivamente por meio de utilização do Sistema e-Notariado, nos termos do Provimento CNJ nº 100/2019, e eventuais atualizações.

- *Provimento nº 42/2020 - CGJ/AL.*
- *Provimento nº 100 - CNJ.*

Art. 118-A - São requisitos da prática do ato notarial eletrônico:

I - videoconferência notarial para captação do consentimento das partes sobre os termos do ato jurídico;

II - concordância expressada pela partes com os termos do ato notarial eletrônico;

III - assinatura digital pelas partes, exclusivamente através do e-Notariado;

IV - assinatura do Tabelião de Notas com a utilização de certificado digital ICP-Brasil;

IV - uso de formatos de documentos de longa duração com assinatura digital;

Parágrafo único: A gravação da videoconferência notarial deverá conter, no mínimo:

a) a identificação, a demonstração da capacidade e a livre manifestação das partes atestadas pelo tabelião de notas;

b) o consentimento das partes e a concordância com a escritura pública;

c) o objeto e o preço do negócio pactuado;

d) a declaração da data e horário da prática do ato notarial; e

e) a declaração acerca da indicação do livro, da página e do tabelionato onde será lavrado o ato notarial.

- *Provimento nº 42/2020 - CGJ/AL.*
- *Provimento nº 100 - CNJ.*

Art. 118-B - Para a lavratura do ato notarial eletrônico, o notário utilizará exclusivamente a plataforma e-Notariado, através do link www.e-notariado.org.br, com a realização da videoconferência notarial para captação da vontade das partes e coleta das assinaturas digitais.

- *Provimento nº 42/2020 - CGJ/AL.*
- *Provimento nº 100 - CNJ.*

Art. 119 - Entender-se-á por atos notariais eletrônicos, dentre outros, os seguintes, a saber:

a) registro de assinatura eletrônica e de certificado digital é o arquivamento no Tabelionato de Notas de certificado digital de pessoa física ou jurídica e respectiva assinatura eletrônica;

b) reconhecimento de firma digital impressa é a declaração, pelo Tabelião de Notas, que a representação em papel de determinada assinatura digital, é correspondente a certo certificado digital;

c) reconhecimento de firma digital em documento eletrônico é a declaração, pelo Tabelião de Notas, que determinado documento eletrônico foi assinado digitalmente com a utilização de um certificado digital emitido para certa pessoa física ou jurídica;

d) autenticação de cópia eletrônica é a atribuição de autenticidade, pelo Tabelião de Notas, a um documento eletrônico digitalizado, cujo original é papel, ou, ainda, é a atribuição de autenticidade a cópia eletrônica cujo original é um documento eletrônico digital;

e) autenticação de cópia de documento com assinatura eletrônica é a atribuição de autenticidade, pelo Tabelião de Notas, a uma cópia física (papel) cujo original é/foi gerado e assinado eletronicamente;

f) autenticação de cópia expedida em meio digital é a atribuição de autenticidade, pelo Tabelião de Notas, a determinada cópia de documento eletrônico digital ou digitalizado, expedida por ele digitalmente;

g) autenticação de cópia impressa de documento eletrônico web, é a atribuição de autenticidade, pelo Tabelião de Notas, a uma cópia física (papel) cujo original é uma página eletrônica disponível na rede mundial de computadores (Internet);

h) autenticação de cópia impressa de documento eletrônico digitalizado é a atribuição de autenticidade, pelo Tabelião de Notas, a uma cópia física (papel) correspondente a determinado documento eletrônico digitalizado, previamente conferido e autenticado por Notário;

i) reconhecimento de página eletrônica por Tabelião de Notas, é a declaração através de ato notarial, da existência de determinada página eletrônica na rede mundial de computadores (Internet) e seus respectivos responsáveis.

Art. 120 - O Tabelião de Notas poderá solicitar e cobrar busca por certidões ou informações de outros Serviços Notariais ou Registrais, em seu nome ou para terceiros por meio eletrônico.

SUBSEÇÃO II-A
DOS ATOS PRATICADOS POR MEIO DO SISTEMA E-NOTARIADO

Art. 120-A - As partes comparecentes ao ato notarial eletrônico aceitam a utilização da videoconferência notarial, das assinaturas eletrônicas notariais, da assinatura do tabelião de notas e, se aplicável, biometria recíprocas.

- *Provimento nº 42/2020 - CGJ/AL.*
- *Provimento nº 100 - CNJ.*

Art. 120-B - A identificação, o reconhecimento e a qualificação das partes, de forma remota, será feita pela apresentação da via original de identidade eletrônica e pelo conjunto de informações a que o tabelião teve acesso, podendo utilizar-se, em especial, do sistema de identificação do e-Notariado, de documentos digitalizados, cartões de assinatura abertos por outros notários, bases biométricas públicas ou próprias, bem como, a seu critério, de outros instrumentos de segurança.

§ 1º O tabelião de notas poderá consultar o titular da serventia onde a firma da parte interessada esteja depositada, devendo o pedido ser atendido de pronto, por meio do envio de cópia digitalizada do cartão de assinatura e dos documentos via correio eletrônico.

§ 2º O armazenamento da captura da imagem facial no cadastro das partes dispensa a coleta da respectiva impressão digital quando exigida.

- *Provimento nº 42/2020 - CGJ/AL.*
- *Provimento nº 100 - CNJ.*

Art. 120-C - Ao tabelião de notas da circunscrição do imóvel ou do domicílio do adquirente compete, de forma remota e com exclusividade, lavrar as escrituras eletronicamente, por meio do e-Notariado, com a realização de videoconferência e assinaturas digitais das partes.

§ 1º Quando houver um ou mais imóveis de diferentes circunscrições no mesmo ato notarial, será competente para a prática de atos remotos o tabelião de quaisquer delas.

§ 2º Estando o imóvel localizado no mesmo estado da federação do domicílio do adquirente, este poderá escolher qualquer tabelionato de notas da unidade federativa para a lavratura do ato.

§ 3º Para os fins desta Subseção, entende-se por adquirente, nesta ordem, o comprador, a parte que está adquirindo direito real ou a parte em relação à qual é reconhecido crédito.

- *Provimento nº 42/2020 - CGJ/AL.*
- *Provimento nº 100 - CNJ.*

Art. 120-D - Ao tabelião de notas da circunscrição do fato constatado ou, quando inaplicável este critério, ao tabelião do domicílio do requerente compete lavrar as atas notariais eletrônicas, de forma remota e com exclusividade por meio do e-Notariado, com a realização de videoconferência e assinaturas digitais das partes.

Parágrafo único. A lavratura de procuração pública eletrônica caberá ao tabelião do domicílio do outorgante ou do local do imóvel, se for o caso.

- *Provimento nº 42/2020 - CGJ/AL.*
- *Provimento nº 100 - CNJ.*

Art. 120-E - A comprovação do domicílio, em qualquer das hipóteses deste provimento, será realizada:

I - em se tratando de pessoa jurídica ou ente equiparado: pela verificação da sede da matriz, ou da filial em relação a negócios praticados no local desta, conforme registrado nos órgãos de registro competentes.

II - em se tratando de pessoa física: pela verificação do título de eleitor, ou outro domicílio comprovado.

Parágrafo único. Na falta de comprovação do domicílio da pessoa física, será observado apenas o local do imóvel, podendo ser estabelecidos convênios com órgãos fiscais para que os notários identifiquem, de forma mais célere e segura, o domicílio das partes.

- *Provimento nº 42/2020 - CGJ/AL.*
- *Provimento nº 100 - CNJ.*

Art. 120-F - A desmaterialização será realizada por meio da CENAD nos seguintes documentos:
I - na cópia de um documento físico digitalizado, mediante a conferência com o documento original ou eletrônico; e

II - em documento híbrido.

§ 1º Após a conferência do documento físico, o notário poderá expedir cópias autenticadas em papel ou em meio digital.

§ 2º As cópias eletrônicas oriundas da digitalização de documentos físicos serão conferidas na CENAD.

- *Provimento nº 42/2020 – CGJ/AL.*
- *Provimento nº 100 – CNJ.*

Art. 120-G – Compete, exclusivamente, ao tabelião de notas:

I- a materialização, a desmaterialização, a autenticação e a verificação da autoria de documento eletrônico;

II - autenticar a cópia em papel de documento original digitalizado e autenticado eletronicamente perante outro notário;

III - reconhecer as assinaturas eletrônicas apostas em documentos digitais; e

IV - realizar o reconhecimento da firma como autêntica no documento físico, devendo ser confirmadas, por videoconferência, a identidade, a capacidade daquele que assinou e a autoria da assinatura a ser reconhecida.

§ 1º Tratando-se de documento atinente a veículo automotor, será competente para o reconhecimento de firma, de forma remota, o tabelião de notas do município de emplacamento do veículo ou de domicílio do adquirente indicados no Certificado de Registro de Veículo - CRV ou na Autorização para Transferência de Propriedade de Veículo - ATPV.

§ 2º O tabelião arquivará o trecho da videoconferência em que constar a ratificação da assinatura pelo signatário com expressa menção ao documento assinado, observados os requisitos previstos no parágrafo único do art. 118-A deste Capítulo.

§ 3º A identidade das partes será atestada remotamente nos termos do art. 120-B desta Subseção.

- *Provimento nº 42/2020 – CGJ/AL.*
- *Provimento nº 100 – CNJ.*

Art. 120-H – Em todas as escrituras e procurações em que haja substabelecimento ou revogação de outro ato deverá ser devidamente informado o notário, livro e folhas, número de protocolo e data do ato substabelecido ou revogado.

- *Provimento nº 42/2020 – CGJ/AL.*
- *Provimento nº 100 – CNJ.*

Art. 120-I – Deverá ser consignado em todo ato notarial eletrônico de reconhecimento de firma por autenticidade que a assinatura foi aposta no documento, perante o tabelião, seu substituto ou escrevente, em procedimento de videoconferência.

- *Provimento nº 42/2020 – CGJ/AL.*
- *Provimento nº 100 – CNJ.*

Art. 120-J – Fica autorizada a realização de ato notarial híbrido, com uma das partes assinando fisicamente o ato notarial e a outra, a distância, nos termos desse provimento.

- *Provimento nº 42/2020 – CGJ/AL.*
- *Provimento nº 100 – CNJ.*

Art. 120-K – É permitido o arquivamento exclusivamente digital de documentos e papéis apresentados aos notários, seguindo as mesmas regras de organização dos documentos físicos.

- *Provimento nº 42/2020 – CGJ/AL.*
- *Provimento nº 100 – CNJ.*

Art. 120-L – A comunicação adotada para atendimento a distância deve incluir os números dos telefones da serventia, endereços eletrônicos de ***e-mail***, o uso de plataformas eletrônicas de comunicação e de mensagens instantâneas como WhatsApp, Skype e outras disponíveis para atendimento ao público, devendo ser dada ampla divulgação.

- *Provimento nº 42/2020 – CGJ/AL.*
- *Provimento nº 100 – CNJ.*

Art. 120-M – Os dados das partes poderão ser compartilhados somente entre notários e, exclusivamente, para a prática de atos notariais, em estrito cumprimento à Lei n. 13.709/2018 (Lei Geral de Proteção de Dados Pessoais).

- *Provimento nº 42/2020 – CGJ/AL.*
- *Provimento nº 100 – CNJ.*

Art. 120-N – Outros atos eletrônicos poderão ser praticados com a utilização do sistema e-Notariado, observando-se as disposições gerais desta Subseção.

- *Provimento nº 42/2020 – CGJ/AL.*
- *Provimento nº 100 – CNJ.*

SUBSEÇÃO II-B
DA REMESSA DE INFORMAÇÕES AO COLÉGIO NOTARIAL DO BRASIL – CNB

Art. 120-O – É obrigatório o fornecimento de dados para formação e atualização da base nacional do Cadastro Único de Clientes do Notariado – CCN, diretamente pelos notários, de forma sincronizada ou com periodicidade, no máximo, quinzenal, com:

I - dados relativos aos atos notariais protocolares praticados; e

II - dados relacionados aos integrantes do seu cadastro de firmas abertas:

a) para as pessoas físicas: indicação do CPF; nome completo; filiação; profissão; data de nascimento; estado civil e qualificação do cônjuge; cidade; nacionalidade; naturalidade; endereços residencial e profissional completos, com indicação da cidade e CEP; endereço eletrônico; telefones, inclusive celular; documento de identidade com órgão emissor e data de emissão; dados do passaporte ou carteira civil, se estrangeiro; imagem do documento; data da ficha; numero da ficha; imagem da ficha; imagem da foto; dados biométricos, especialmente impressões digitais e fotografia; enquadramento na condição de pessoa exposta politicamente, nos termos da Resolução COAF n. 29, de 28 de março de 2017; e enquadramento em qualquer das condições previstas no art. 1º da Resolução Coaf n. 31, de 7 de junho de 2019; e

b) para as pessoas jurídicas: indicação do CNPJ; razão social e nome de fantasia, este quando constar do contrato social ou do Cadastro Nacional de Pessoa Jurídica (CNPJ); número do telefone; endereço completo, inclusive eletrônico; nome completo, número de inscrição no Cadastro de Pessoas Físicas - CPF, número do documento de identificação e nome do órgão expedidor ou, se estrangeiro, dados do passaporte ou carteira civil dos seus proprietários, sócios e beneficiários finais; nome completo, número de inscrição no Cadastro de Pessoas Físicas - CPF, número do documento de identificação e nome do órgão expedidor ou, se estrangeiro, dados do passaporte ou carteira civil dos representantes legais, prepostos e dos demais envolvidos que compareçam ao ato, nome dos representantes legais, prepostos e dos demais envolvidos que compareçam ao ato.

§ 2º Os notários ficam obrigados a remeter ao CNB-CF, por sua central notarial de serviços eletrônicos compartilhados - CENSEC, os dados essenciais dos atos praticados que compõem o Índice Único, em periodicidade não superior a quinze dias, nos termos das instruções complementares. (Redação conforme publicação oficial)

§ 3º São dados essenciais:

I - a identificação do cliente;

II - a descrição pormenorizada da operação realizada;

III - o valor da operação realizada;

IV - o valor de avaliação para fins de incidência tributaria;

V - a data da operação;

VI - a forma de pagamento;

VII - o meio de pagamento; e

VIII - outros dados, nos termos de regulamentos especiais, de instruções complementares ou orientações institucionais do CNB-CF.

- *Provimento nº 42/2020 – CGJ/AL.*
- *Provimento nº 100 – CNJ.*

CAPÍTULO III (REVOGADO)
DA CONCILIAÇÃO E DA MEDIAÇÃO

- *Revogado pelo Provimento nº 42/2020 – CGJ/AL.*

Arts. 121 a 160. *Revogados pelo Provimento nº 42/2020 – CGJ/AL.*

- *Revogado pelo Provimento nº 42/2020 – CGJ/AL.*

CAPÍTULO IV
DOS LIVROS NOTARIAIS

Art. 161 – O tabelionato terá os livros de:

I – contratos;

II – transmissões;

III – procurações, para escrituras públicas de procurações e substabelecimento;

IV – termos de reconhecimentos de firmas por autenticidade;

V – recebimento de requerimentos de conciliação e de mediação, se ofertarem tais serviços

VI – registro de Procurações, Autorizações Judiciais e documentos de representação legais, para o registro das procurações e autorizações judiciais e documentos de representação legais, aludidas nas escrituras;

VII – testamentos, para escrituras públicas de testamento, suas revogações e para o registro das aprovações de testamento cerrado;

VIII – atas notariais, para escrituras públicas de ata notarial.

Art. 162 - É facultada a especificação dos seguintes livros:

I – contratos: em os de contratos, sociedades, hipotecas e quitações;

II – transmissões: nos de transmissões diversas e compra e venda;

III – procurações: em procurações e substabelecimentos.

Art. 163 - Os Livros de Contratos, Hipotecas e Quitações, Compra e Venda, Transmissões, Procurações, Registro de Procurações, Autorizações Judiciais e documentos de representação legais e Ata notarial poderão ser desdobrados em séries, até o máximo necessário estipulado pelo Tabelião, para uso simultâneo, aditando-se ao respectivo número as letras iniciais do alfabeto.

Art. 164 - Poderá ser adotado livro de folhas soltas para testamentos.

§ 1º - Aberto o livro de folhas soltas, que terá todas as suas folhas rubricadas pelo titular do tabelionato.

§ 2º - Fica mantido o livro tradicional, podendo ambos ser utilizados simultaneamente.

§ 3º - A numeração dos livros será individual e diferenciada, como segue:

a) o livro tradicional manuscrito será denominado LT-1, o seguinte, LT-2, e assim sucessivamente;

b) o livro de testamentos mecanizado será denominado LTM-1, o seguinte, LTM-2, e assim sucessivamente;

c) a numeração dos atos de cada livro será independente.

Art. 165 - Os testamentos públicos, suas revogações e as aprovações de testamentos cerrados poderão ser escritos mecanicamente, com a utilização de máquina de escrever ou sistema informatizado.

Art. 166 - Lavrado o testamento pelos meios mecânicos, desde logo, será fornecida uma cópia ao testador.

Art. 167 - Os livros de folhas soltas, para escrituração mecânica, conterão 200 folhas numeradas e rubricadas pelo Tabelião.

§ 1º - Na margem lateral externa, a folha disporá de linhas verticais, destinadas às assinaturas.

§ 2º - O Tabelião e as partes assinarão à margem em todas as folhas utilizadas no ato, mas na última subscreverão no fecho.

§ 3º - Os livros de folhas soltas, concluído o seu uso, serão encadernados.

Art. 168 - Integrará cada livro, a final, um índice alfabético, pelos nomes das partes.

Art. 169 - O Livro de Registro de Procurações, Autorizações Judiciais e documentos de representação legais poderá ser constituído pelo arquivamento dos próprios documentos, em original ou cópia reprográfica, mas com os termos de abertura e encerramento, encadernado, uma vez coletadas 200 (duzentas) folhas.

§ 1º - Em cada um desses documentos aplicar-se-á, no canto superior direito, os dizeres: Livro número ...... de Registro de Procurações, Autorizações Judiciais e documentos de representação legais.

Folha nº: Número do registro: Data: Assinatura do Tabelião:

§ 2º - O índice será organizado por ordem alfabética dos outorgantes das procurações, ou das pessoas especificadas nas autorizações judiciais e demais documentos de representação legais.

Art. 170 - Os livros, fichas, documentos, papéis, microfilmes e sistemas de computação deverão permanecer sempre sob a guarda e responsabilidade do titular do Serviço Notarial, que zelará por sua ordem, segurança e conservação.

Parágrafo único – Se houver necessidade de serem periciados, o exame deverá ocorrer na própria sede do Serviço, em dia e hora adrede designados, com ciência do titular e autorização do juízo competente.

CAPÍTULO V
DA LAVRATURA DOS ATOS NOTARIAIS

SEÇÃO I DAS DISPOSIÇÕES PRELIMINARES

Art. 171 - Antes da lavratura de quaisquer atos, os Tabeliães e quantos exerçam funções notariais deverão:

I – identificar, por qualquer meio admitido em Direito, as partes e demais comparecentes;

II – exigir, quando sejam partes pessoas jurídicas, os documentos comprobatórios da sua existência legal, das respectivas representação e presentação;

III – examinar as procurações e substabelecimentos, quando algum dos comparecentes for representado por procurador, para verificar a legitimidade da representação e se os poderes são suficientes para a prática do ato, registrando-as no livro próprio;

IV – aferir os documentos relativos à propriedade dos imóveis e exigir a apresentação de certidão atualizada do Registro de Imóveis, cujo prazo de validade, para este fim, será de 30 (trinta) dias da data da expedição;

V – exigir a apresentação de alvará para os atos sujeitos à autorização judicial, como no caso de subrogação de gravames, ou quando sejam partes espólio, massa falida, concordatária, herança jacente ou vacante, incapazes, etc., registrando-o no livro próprio;

VI – impor a exibição, quando devida, de certidões fiscais e comprovantes de pagamento do laudêmio e do imposto de transmissão, ressalvando que o ITBI só será exigido para a efetiva transferência da propriedade imobiliária, que se dá mediante o registro.

- *Provimento nº 12/2021 – CGJ/AL.*

VII – Exigir a prova da regularidade fiscal para com a Fazenda Nacional nos casos previstos na Lei nº 8.212/91 e Portaria Conjunta RFB/PGFN nº 1.751, de 02 de outubro de 2014.

VIII – exigir a apresentação, nos atos relativos a imóveis rurais, dos Certificados de Cadastro, acompanhados das provas de quitação do imposto territorial rural referente aos cinco últimos exercícios;

IX – na aquisição de imóveis rurais por estrangeiros, solicitar, quando obrigatória, a autorização das autoridades competentes.

Parágrafo único – Para fins de cautela, capaz de propiciar publicidade à relação negocial encetada em negócios imobiliários, a parte interessada ou o Tabelião, quando da solicitação da certidão da situação jurídica do imóvel, poderão requerê-la ao Oficial do Registro de Imóveis por escrito, assinalando sua finalidade, se para alienação ou oneração, indicando as partes contratantes e a natureza do negócio, com vistas à protocolização e averbação na matrícula ou à margem da transcrição do imóvel.

Art. 172 – A procuração outorgada para a prática de atos em que seja exigível o instrumento público também deve revestir a forma pública.

Art. 173 – Para a lavratura de escrituras relativas a imóveis, o título anterior deve estar registrado no Registro de Imóveis, a fim de preservar o princípio da continuidade registral.

Art. 174 – A lavratura de escrituras públicas independe do recolhimento do Imposto de Transmissão de Bens Imóveis (ITBI), sendo exigido, no entanto, o recolhimento do referido tributo para a efetiva transferência da propriedade imobiliária, que se dá mediante o registro.

- *Provimento nº 12/2021 – CGJ/AL.*

Art. 175 – Não será exigida apresentação da prova de pagamento de imposto de transmissão nas escrituras públicas declaratórias previstas em programas de regularização fundiária legalmente instituídos, bem como nos atos notariais, quando utilizadas para retificação de imóvel rural, nos termos da Lei nº 10.931/04, ainda que haja acréscimo de área em relação ao existente na matrícula, por não se tratar de transmissão, e sim forma originária de aquisição da propriedade.

Parágrafo único – Dois ou mais confrontantes poderão, por meio de escritura pública, alterar ou estabelecer as divisas entre si e, se houver a transferência de área, com o recolhimento do devido imposto de transmissões e desde que preservada, se rural o imóvel, a fração mínima de parcelamento e, quando urbano, a legislação urbanística.

Art. 176 – Para a lavratura de escritura de cessão de direitos hereditários, relativos a bem imóvel certo e determinado, dispensa-se a prova do prévio recolhimento do imposto de transmissão.

Parágrafo único - A prova de pagamento do imposto de transmissão só pode ser exigida a partir do momento em que verificado o fato gerador do tributo, que é a transferência do imóvel, aperfeiçoada com o registro.

- *Provimento nº 12/2021 – CGJ/AL.*

Art. 177 – Para a transferência onerosa entre vivos de domínio de terrenos da União (aforamento), ou de direitos sobre benfeitorias neles construídas (ocupação), ou cessão de direitos a eles relativos, o alienante, foreiro ou ocupante, inscrito no Serviço do Patrimônio da União, quando constante do título de domínio, deverá:

I – comprovar o pagamento do laudêmio, à taxa de 5% do valor declarado, equivalente ao valor do domínio pleno do terreno e das benfeitorias nele existentes;

II – apresentar ao tabelionato o contrato de aforamento, a averbação ou o Termo de Transferência e, em caso de ocupação, a Certidão de Inscrição, em que figure o alienante como foreiro ou ocupante, e o DARF de recolhimento de laudêmio devidamente quitado;

III – apresentar a autorização da Secretaria do Patrimônio da União.

Art. 178 - No caso de transmissão de domínio útil (aforamento) de imóvel do Estado, quando inscrito no departamento de Patrimônio do Estado e constante do título de domínio, será exigível também a prova do pagamento do laudêmio e da concessão da licença, se devido.

Art. 179 - Os Tabeliães devem abster-se de lavrar escrituras correlativas a negócios jurídicos de alienação de frações ideais, quando, à base de dados objetivos, constatarem ocorrência de fraude e infringência à Lei nº 6.766, de 19-12-79.

§ 1º - Tipifica-se como fração ideal a resultante do desdobramento do imóvel em partes não localizadas e a permanecerem contidas dentro da área original, mas em razão da alienação acarretam a formação de condomínio.

§ 2º - As frações podem estar expressas, indefinidamente, em percentuais, frações decimais ou ordinárias ou em área (metros quadrados, hectares, etc.).

§ 3º - Entre outros fatores objetivos a serem considerados, há os da disparidade entre a área fracionada e a do todo maior, forma do pagamento do preço em prestações, critérios de rescisão contratual, de sorte que a interpretação de dados autorize reconhecer configuração de loteamento dissimulado.

§ 4º - O disposto neste item não se aplica aos condomínios institutivos e constituídos sob a égide da Lei nº 4.591/64, mas apenas aos previstos na Lei 6.766/79, para evitar burla aos seus comandos.

Art. 180 - A formação de condomínios por atos inter vivos sobre imóveis rurais somente será admitida se conservada a destinação rural do imóvel, para fins de exploração agropecuária ou extrativa.

Art. 181 - Se houver indícios suficientes ou evidência de loteamento de fato, aos Notários cumpre encaminhar notícia ao representante do Ministério Público, anexando documentação disponível.

SEÇÃO II
DA ESCRITURAÇÃO

Art. 182 - A numeração das escrituras da mesma espécie jurídica não será interrompida ao fim de cada livro, continuando indefinidamente.

Parágrafo único – Nos livros desdobrados, os instrumentos serão lavrados alternadamente em cada uma das séries, observadas dúplice numeração: a ordinal, do livro, e a geral, do Serviço, para as escrituras de cada espécie.

Art. 183 - Se, pela sua extensão, os instrumentos exigirem a utilização de folhas excedentes do livro em que foram iniciadas, as últimas receberão numeração acrescida de letras alfabéticas, fazendo-se menção do fato no termo de encerramento.

Art. 184 - É defeso o fracionamento dos instrumentos em livros sucessivos, também nos manuscritos, especialmente nos de testamento.

Art. 185 - Os atos notariais serão redigidos em língua portuguesa e em caracteres de fácil leitura, manuscritos, datilografados, impressos ou fotocopiados, utilizando-se meios mecânicos, químicos ou eletrônicos de escrita ou reprográfica com símbolos indeléveis e insuscetíveis a adulterações.

§ 1º - A tinta, ou outro elemento de escrita utilizado, será azul-preta ou preta, fixa, permanente.

§ 2º - São admitidas cópias a carbono dos atos datilografados.

§ 3º - Para a autenticação de documentos avulsos e para outros atos a comportarem-nos, poderão ser utilizados carimbos, com os claros datilografados, manuscritos de modo legível ou etiquetas autocolantes para os sistemas informatizados, ressalvada a opção pela impressão do selo digital com QR Code no próprio documento, quando possível.

Art. 186 - A redação será em linguagem clara, precisa e lógica, em ordem cronológica.

§ 1º - As palavras serão empregadas no sentido usual, corrente, de modo a facilitar a compreensão e não originar dúvidas.

§ 2º - A escrituração deve ser seguida, sem claros ou espaços em branco.

§ 3º - Não são admitidas abreviaturas em palavras ou nomes de pessoas, senão quando autorizadas por lei.

§ 4º - A data da escritura e os números representativos de dimensões ou quantidades serão grafados por extenso, com a repetição em algarismos, para maior clareza.

§ 5º - As medidas serão expressas em unidades do sistema métrico decimal, sob pena de nulidade do ato.

§ 6º - As emendas, rasuras, borrões, riscaduras e entrelinhas serão ressalvados no fim do texto e antes da subscrição, com referência à sua natureza e localização.

§ 7º - Se o defeito ou omissão for verificado após a assinatura, em havendo espaço a seguir, será feita a corrigenda "em tempo", e nova subscrição; mas, se não existir, deverá ser feita retificação em ato próprio, com a participação de todos os anteriores intervenientes no ato.

Art. 187 - Os quinhões ideais de imóveis serão expressos em fração decimal, ordinária, ou equivalência em medida de superfície, vedada a sua especificação em valor pecuniário.

Art. 188 - Não é admissível inserir nos livros notariais documentos avulsos, exceto no de atas notariais, como orçamentos, mapas, etc., mas serão transcritos na própria escritura, ou, se estiverem registrados no Registro de Títulos e Documentos, consignar-se-á na escritura o número do registro.

Art. 189 - Os alvarás judiciais, as procurações e substabelecimentos e os documentos de representação legais serão registrados no Livro de Registro de Procurações, Autorizações Judiciais e documentos de representação legais, mencionando-se na escritura o livro e o número de registro.

Art. 190 - Utilizado instrumento de mandato de origem estrangeira, será feita referência, no ato, ao livro e à folha do Registro de Títulos e Documentos onde foi registrado.

Art. 191 - Em relação ao imposto de transmissão devido, nas escrituras certificar-se-á a avaliação.

Parágrafo único – Sobre o recolhimento e quitação do imposto, registrar-se-á de forma clara a sua ocorrência.

Art. 192 - Nos casos de transferência onerosa entre vivos de domínio útil de terrenos da União (aforamento), ou de direitos sobre benfeitorias neles construídas (ocupação), ou de cessão de direitos a eles relativos, constará no corpo da escritura a referência aos documentos apresentados, ficando nela especificados, quanto ao documento oficial de arrecadação (DARF), o seu valor e data de quitação, e a individuação do banco e agência arrecadadora.

SEÇÃO III
DAS DISPOSIÇÕES FINAIS

Art. 193 - De todos os atos lavrados pelos Tabeliães serão organizadas fichas, microfichas ou banco eletrônico de dados pelo patronímico das partes, independentemente da obrigatoriedade dos índices dos livros.

Art. 194 - Os documentos transcritos nas escrituras são arquivados no tabelionato, de forma a assegurar pronto acesso e consulta.

Art. 195 - Poderão ser incinerados ou eliminados, pela forma mais conveniente, a critério do Tabelião, os comprovantes de tributos, as certidões negativas relativas a escrituras e os talonários de emolumentos dos últimos cinco (05) anos, observados os termos da Resolução nº 3/83 e nº 136/94 do Conselho da Magistratura, salvo obrigação de conservá-los, por força da legislação tributária.

Art. 196 - As escrituras públicas, como atos formados exclusivamente em decorrência da vontade das partes, só poderão ser retificadas ou aditadas através de outra escritura pública.

Art. 197 - É obrigatória a comunicação da lavratura de escritura pública de revogação de procuração e de escritura pública de rerratificação, pelo notário que as lavrar, ao notário que houver lavrado a escritura de procuração revogada, ou a escritura pública do negócio jurídico objeto da rerratificação, com a realização das anotações remissivas correspondentes, em todas as escrituras, pelo remetente e pelo destinatário.

§ 1º - A anotação será realizada na lateral da folha nas linhas para assinatura. Quando não houver espaço neste local deverá ser realizada em outro local, a critério do titular, ou em outra folha do mesmo livro ou do livro atual em uso, com remissões recíprocas.

§ 2º - As certidões destes atos deverão mencionar o conteúdo da anotação.

Art. 198 - Mediante ato aditivo, só por ele subscrito, e se na forma e substância não for alterada a vontade das partes, o Tabelião poderá suprir omissões e corrigir enganos ou erros de grafia cometidos em escritura pública.

Art. 199 - Nas escrituras declaradas sem efeito, o Tabelião certificará as causas e motivos, datará e assinará o ato, sendo exigíveis os emolumentos respectivos se atribuíveis a culpa às partes.

§ 1º - Na ausência de assinatura de uma das partes, o Tabelião declarará incompleta a escritura e consignará, individuando, as assinaturas faltantes, mas pelo ato serão devidos emolumentos, se imputável a qualquer das partes.

§ 2º - Na situação descrita é proibido fornecer certidão ou traslado sem ordem judicial.

Art. 200 - O Tabelião comunicará à Secretaria da Receita Federal, mediante preenchimento da "Declaração Sobre Operação Imobiliária", alienações ou aquisições de imóveis, na forma prescrita em lei ou através de Instrução da Secretaria da Receita Federal.

Art. 201 - Os Tabelionatos de Notas deverão, no prazo máximo de três dias contados da data da expedição do documento, encaminhar à respectiva Junta Comercial, para averbação junto aos atos constitutivos da empresa, cópia do instrumento de procuração outorgando poderes de administração, de gerência dos negócios, ou de movimentação de conta corrente vinculada de empresário individual, sociedade empresária ou cooperativa (Provimento nº 42/2014 CNJ).

TÍTULO VII
DO TABELIONATO DE PROTESTO DE TÍTULOS

CAPÍTULO I
DA APRESENTAÇÃO DO DOCUMENTO

Art. 1º - Qualquer documento representativo de obrigação econômica pode ser levado a protesto, para prova da inadimplência; para fixação do termo inicial dos encargos, quando não houver prazo assinado; ou para interromper o prazo de prescrição.

Parágrafo único – Incluem-se entre os títulos sujeitos a protesto as certidões de dívida ativa da União, dos Estados, do Distrito Federal, dos Municípios, das respectivas autarquias e fundações públicas e os títulos executivos emitidos pelo Tribunal de Contas do Estado.

Art. 1º-A - Os títulos e outros documentos de dívida podem ser apresentados, mediante simples indicação do apresentante, desde que realizados exclusivamente por meio eletrônico, segundo os requisitos da "Infraestrutura de Chaves Públicas Brasileira – ICP Brasil" ou outro meio seguro disponibilizado pelo Tabelionato, autorizado pela Corregedoria-Geral da Justiça do Estado de Alagoas, e com a declaração do apresentante, feita sob as penas da lei, de que a dívida foi regularmente constituída e que os documentos originais ou suas cópias autenticadas, comprobatórios da causa que ensejou a apresentação para protesto, são mantidos em seu poder, comprometendo-se a exibi-los sempre que exigidos no lugar onde for determinado, especialmente se sobrevier sustação judicial do protesto.

- *Provimento nº 87/2019 – CNJ.*

Art. 1º-B - Os tabeliães de protesto, os responsáveis interinos pelo expediente e, quando for o caso, os oficiais de distribuição de protesto estão autorizados a negar seguimento a títulos ou outros documentos de dívida, bem como às suas respectivas indicações eletrônicas sobre os quais recaia, segundo sua prudente avaliação, fundado receio de utilização do instrumento com intuito emulatório do devedor ou como meio de perpetração de fraude ou de enriquecimento ilícito do apresentante.

- *Provimento nº 87/2019 – CNJ.*

Art. 1º-C - Somente podem ser protestados os títulos e os documentos de dívidas pagáveis ou indicados para aceite ou devolução nas praças localizadas no território de competência do Tabelionato de Protesto.

§ 1º - Para fins de protesto, a praça de pagamento será o domicílio do devedor, segundo a regra geral do §1º do art. 75 e do art. 327 da Lei nº 10.406, de 10 de janeiro de 2002 (Código Civil), aplicando-se, subsidiariamente, somente quando couber, a legislação especial em cada caso.

§ 2º - Respeitada a praça de pagamento do título ou do documento de dívida para a realização do protesto, segundo a regra do § 1º, a remessa da intimação poderá ser feita por qualquer meio e sempre dentro do limite da competência territorial do Tabelionato, desde que seu recebimento fique assegurado e comprovado por protocolo, aviso de recebimento – AR, ou documento equivalente, podendo ser efetivada por portador do próprio Tabelião.

§ 3º - A intimação deverá conter ao menos o nome, CPF ou CNPJ e endereço do devedor, os nomes do credor e do apresentante, com respectivos CPF e/ou CNPJ, elementos de identificação do título ou documento de dívida e o prazo limite para cumprimento da obrigação no Tabelionato, bem como o número do protocolo e o valor a ser pago, exceção à intimação por edital que se limitará a conter o nome e a identificação do devedor.

§ 4º O tabelião de protesto poderá utilizar meio eletrônico para a intimação quando autorizado pelo devedor e assim declarado pelo apresentante.

§ 5º - No caso excepcional do intimando domiciliado fora da competência territorial do tabelionato, o tabelião de protesto providenciará a expedição de uma comunicação ou recibo equivalente no endereço fornecido pelo apresentante, noticiando-lhe os elementos identificadores do título ou do documento de dívida, bem como as providências possíveis para o pagamento de tal título ou documento, além da data da publicação da intimação por edital, que deverá ser fixada no prazo de dez dias úteis contados da data de protocolização, observando-se, neste caso, o prazo para a lavratura do protesto consignado no art. 13 da Lei nº 9.492, de 10 de setembro de 1997.

- *Provimento nº 87/2019 – CNJ.*

Art. 1º-D – Nenhum valor será devido pelo exame do título ou documento de dívida devolvido ao apresentante por motivo de irregularidade formal.

- *Provimento nº 86/2019 – CNJ.*

Art. 2º – (REVOGADO) pelo Provimento nº 20/2019 – CGJ/AL.

Art. 3º – O apontamento das Certidões de Dívida Ativa – CDAs e dos contratos administrativos emitidos pela União, Estados, Municípios, Autarquias ou pelos representantes, Fundações Públicas, pelos órgãos legais de representação destes entes Públicos e pelo Tribunal de Contas do Estado, independe de prévio depósito de emolumentos ou de quaisquer outras despesas.

Art. 4º – Nas comarcas onde existem Central de Distribuição de Buscas de Protesto de Títulos será obedecido o critério de distribuição.

Parágrafo Único – Inexistindo centrais de distribuição de títulos, o encaminhamento deverá ser feito diretamente ao Tabelionato de Protesto de Títulos competente.

Art. 5º – Nas hipóteses de desistência, ou retirada do título antes de protesto pelos apresentantes, bem como nos casos de cancelamentos decorrentes de ato não atribuível ao devedor, assim reconhecido por decisão judicial, não incidirão emolumentos e, nas hipóteses em que o título for retirado por acordo entre as partes, deve o próprio acordo consignar a quem caberá o pagamentos dos emolumentos.

Art. 6º – O protesto das CDAs e dos contratos administrativos será realizado no Tabelionato de Protesto de Títulos do domicílio do devedor.

Art. 7º – São de inteira responsabilidade do apresentante os dados fornecidos aos Tabelionatos de Protesto de Títulos, cabendo a estes a mera instrumentalização das CDAs, bem como a verificação dos caracteres formais extrínsecos, não devendo imiscuir-se nas causas que ensejaram a criação da CDA, em conformidade com o parágrafo único do artigo 8º da Lei nº 9.492/97.

Art. 8º – Quando do pagamento por parte do devedor, nos casos em que o procedimento adotado não levar ao pagamento direto ao ente público credor, os Tabelionatos de Protesto de Títulos ficam obrigados a efetuar a quitação da Guia de arrecadação e encaminhar o respectivo comprovante de pagamento à unidade do órgão legal de representação do ente público apresentante do título.

- *Provimento nº 10/2020 – CGJ/AL.*

Art. 9º – A decisão judicial transitada em julgado poderá ser levada a protesto, nos termos da lei, depois de transcorrido o prazo para pagamento voluntário previsto no art. 523 da Lei Federal nº 13.105/2015.

§ 1º - Para efetivar o protesto, incumbe ao exequente apresentar certidão de teor da decisão.

§ 2º - A certidão de teor da decisão deverá ser fornecida no prazo de 3 (três) dias e indicará o nome e a qualificação do exequente e do executado, o número do processo, o valor da dívida, a data de decurso do prazo para pagamento voluntário e se há ou não deferimento de Assistência Judiciária Gratuita no processo judicial.

§ 3º - Havendo deferimento de Assistência Judiciária Gratuita não serão cobrados emolumentos pelo protesto de sentença judicial transitada em julgado.

§ 4º - O executado que tiver proposto ação rescisória para impugnar a decisão exequenda pode requerer, a suas expensas e sob sua responsabilidade, a anotação da propositura da ação à margem do título protestado.

§ 5º - A requerimento do executado, o protesto será cancelado por determinação do juiz, mediante ofício a ser expedido ao cartório, no prazo de 3 (três) dias, contado da data de protocolo do requerimento, desde que comprovada a satisfação integral da obrigação, devendo ser realizado o correspondente pagamento dos emolumentos cartorários, segundo hipóteses contidas no artigo 2º do Provimento CNJ nº 86/2019.

• *Provimento nº 10/2020 – CGJ/AL.*

Art. 10 - No cumprimento de sentença que condene ao pagamento de prestação alimentícia ou de decisão interlocutória que fixe alimentos, o juiz, a requerimento do exequente, mandará intimar o executado pessoalmente para, em 3 (três) dias, pagar o débito, provar que o fez ou justificar a impossibilidade de efetuá-lo.

Parágrafo único. Caso o executado, no prazo referido no caput, não efetue o pagamento, não prove que o efetuou ou não apresente justificativa da impossibilidade de efetuá-lo, o juiz mandará protestar o pronunciamento judicial, dispensando-se a intimação de que trata o artigo 26 e seguintes desta Consolidação, e aplicando-se, no que couber, o disposto no art. 517 da Lei Federal nº 13.105/2015.

• *Provimento nº 29/2020 – CGJ/AL.*

Art. 11 - É necessária a apresentação da planilha atualizada do débito, para o protesto de contratos administrativos.

Art. 12 - Na especialidade de Tabelionato de Protestos de Títulos, poderá haver postergação do pagamento dos emolumentos, mediante convênio celebrado com entidade de classe ou associação civil da representação categorial dos notários e registradores, com interveniência/anuência do Tribunal de Justiça e publicado mediante extrato no Diário da Justiça Eletrônico do Estado de Alagoas. Ficam ressalvados os convênios com entes cuja postergação decorra de Lei ou Ato Normativo expedido por autoridade competente.

• *Provimento nº 29/2020 – CGJ/AL.*

§1º - Para o caso de postergação do pagamento de emolumentos, a prestação de contas do Selo Digital deverá ser realizada na data da utilização do selo digital, com informação enviada pelo sistema nos moldes pré-estabelecidos.

§2º - Quando realizado o pagamento dos emolumentos e selos digitais, deverá ser emitida a respectiva nota de emolumentos e a prestação de contas dos selos, fazendo-se remissão às informações anteriormente prestadas.

Art. 13 - O documento será apresentado ao Tabelião de Protesto do lugar do pagamento nele declarado, ou, na falta de indicação, do lugar do domicílio do devedor, segundo se inferir do título.

§ 1º - Se houver mais de um devedor, com domicílios distintos, e o documento não declarar o lugar do pagamento, a apresentação far-se-á no lugar do domicílio de qualquer um deles.

§ 2º - O cheque poderá ser apontado no lugar do pagamento ou do domicílio do emitente, sendo obrigatória a sua apresentação prévia ao banco sacado, salvo se for alegada a necessidade de fazer prova contra o próprio banco.

Art. 14 - O documento apresentado deverá revestir-se dos requisitos formais previstos na legislação própria.

§ 1º - Não cabe ao Tabelião investigar a origem da dívida ou a falsidade do documento, nem a ocorrência de prescrição ou de caducidade.

§ 2º - É vedado o protesto de cheques devolvidos pelo banco sacado por motivo de furto, roubo ou extravio de folhas ou talonários, ou por fraude, nos casos dos motivos números 20, 25, 28, 30 e 35, da Resolução 1.682, de 31.01.1990, da Circular 2.313, de 26.05.1993, da Circular 3.050, de 02.08.2001, e da Circular 3.535, de 16 de maio de 2011, do Banco Central do Brasil, desde que os títulos não tenham circulado por meio de endosso, nem estejam garantidos por aval.

§ 3º - Havendo endosso ou aval, o apontamento e protesto de cheques, em qualquer hipótese acima referida, serão permitidos com a declaração de tratar-se de emitente desconhecido, ficando proibida a menção ao nome ou qualquer outro dado identificador do titular da conta bancária.

Art. 15 - Quando o cheque for apresentado para protesto mais de um ano após sua emissão será obrigatória a comprovação, pelo apresentante, do endereço do emitente.

§ 1º - Igual comprovação poderá ser exigida pelo Tabelião quando o lugar de pagamento do cheque for diverso da comarca em que apresentado (ou do município em que sediado o Tabelião), ou houver razão para suspeitar da veracidade do endereço fornecido.

§ 2º - A comprovação do endereço do emitente, quando a devolução do cheque decorrer dos motivos correspondentes aos números 11, 12, 13, 14, 21, 22 e 31, previstos nos diplomas mencionados no art. 2º do Provimento nº 30 CNJ, será realizada mediante apresentação de declaração do Banco sacado, em papel timbrado e com identificação do signatário, fornecida nos termos do artigo 6º da Resolução nº 3.972, de 28 de abril de 2011, do Banco Central do Brasil. Certificando o Banco sacado que não pode fornecer a declaração, poderá o apresentante comprovar o endereço do emitente por outro meio hábil.

§ 3º - Devolvido o cheque por outro motivo, a comprovação do endereço poderá ser feita por meio da declaração do apresentante, ou outras provas documentais idôneas.

Art. 16 - Na hipótese prevista da apresentação do cheque a protesto mais de um ano após sua emissão, o apresentante de título para protesto preencherá formulário de apresentação, a ser arquivado na serventia, em que informará, sob sua responsabilidade, as características essenciais do título e os dados do devedor.

§ 1º - O formulário será assinado pelo apresentante ou seu representante legal, se for pessoa jurídica, ou, se não comparecer pessoalmente, pela pessoa que exibir o título ou o documento de dívida para ser protocolizado, devendo constar os nomes completos de ambos, os números de suas cédulas de identidade, de seus endereços e telefones.

§ 2º - Para a recepção do título será conferida a cédula de identidade do apresentante, visando a apuração de sua correspondência com os dados lançados no formulário de apresentação.

§ 3º - Sendo o título exibido para recepção por pessoa distinta do apresentante ou de seu representante legal, além de conferida sua cédula de identidade será o formulário de apresentação instruído com cópia da cédula de identidade do apresentante, ou de seu representante legal se for pessoa jurídica, a ser arquivada na serventia.

§ 4º - Onde houver mais de um Tabelião de Protesto, o formulário de apresentação será entregue ao distribuidor de títulos, ou ao serviço de distribuição de títulos.

§ 5º - O formulário poderá ser preenchido em duas vias, uma para arquivamento e outra para servir como recibo a ser entregue ao apresentante, e poderá conter outras informações.

Art. 17 - O Tabelião recusará o protesto de cheque quando tiver fundada suspeita de que o endereço indicado como sendo do devedor é incorreto.

Parágrafo único - O Tabelião de Protesto comunicará o fato à Autoridade Policial quando constatar que o apresentante, agindo de má-fé, declarou endereço incorreto do devedor.

Art. 18 - No ato da apresentação do documento, que não deve conter rasura ou emenda modificadora de suas características, o apresentante declarará expressamente e sob sua exclusiva responsabilidade os seguintes dados:

a) o seu nome ou o da empresa que representa, e o próprio endereço;

b) o nome do devedor, como grafado no título;

c) o número de inscrição do devedor no Cadastro de Pessoas Físicas (CPF) ou Cadastro Nacional de Pessoas Jurídicas (CNPJ) da Secretaria da Receita Federal;

d) o endereço atual do devedor para o qual será expedida a intimação, devendo ser alertado que o fornecimento proposital de endereço incorreto poderá acarretar sanções civis, administrativas e penais;

e) o valor do documento com seus acréscimos legais ou convencionais, o qual não sofrerá variação entre a data do apontamento e a do eventual pagamento ou protesto, salvo o acréscimo dos emolumentos e despesas devidas ao tabelionato;

f) se deseja o protesto para os fins da Lei de Falências.

§ 1º - O Tabelião ficará obrigado a adotar o endereço declarado pelo apresentante na remessa da intimação ao devedor, ainda que seja diferente do grafado no documento apresentado.

§ 2º - O valor do documento declarado pelo apresentante corresponderá a seu respectivo valor original, que poderá ser acrescido:

a) - dos juros de mora de 6% (seis por cento) ao ano, se outra taxa não estiver convencionada entre as partes;

b) - dos encargos expressamente convencionados, vedada a acumulação de correção monetária e comissão de permanência;

c) - da atualização monetária do valor do cheque;

d) - da atualização cambial, nos contratos em moeda estrangeira.

Art. 19 - Os dados contidos nos documentos a protestar poderão, também, ser apresentados ao tabelionato em meio magnético ou transmitidos via Internet, desde que o apresentante:

a) declare em meio papel, ou eletrônico protegido por assinatura digital do apresentante ou por outro meio de comprovação assegurado por login e senha, ser responsável pela veracidade dos dados gravados, que devem conter todos os requisitos enumerados no art. 18;

b) ao enviar reprodução digitalizada do documento de dívida, firme declaração garantindo a origem e integridade do documento digitalizado, bem como sua posse, comprometendo-se a exibi-lo sempre que exigido, especialmente na hipótese de sustação judicial do protesto.

§ 1º - O apresentante é responsável pela veracidade dos dados fornecidos, ficando a cargo do tabelionato a mera instrumentalização dos mesmos, devendo ser mantida a integridade da gravação pelo prazo mínimo de trinta dias.

§ 2º - Quando transmitidos via Internet, os dados deverão estar protegidos pela assinatura digital do apresentante, no âmbito do ICPBrasil, ou outro meio de comprovação assegurado por login e senha.

§ 3º - Sempre que haja previsão legal, o documento poderá ser protestado por indicações do apresentante, que se limitarão a conter os mesmos requisitos lançados pelo credor ao tempo da emissão do título, vedada a exigência de qualquer outra formalidade não prevista na legislação própria.

§ 4º - O documento redigido em língua estrangeira deverá estar acompanhado da tradução feita por tradutor público juramentado e da certidão de seu registro no Serviço de Títulos e Documentos.

Art. 20 - Os títulos emitidos no País não poderão estipular pagamento em ouro, moeda estrangeira ou, por alguma forma, restringir ou recusar o curso legal da moeda brasileira, ressalvados:

a) contratos e títulos referentes à importação ou exportação de mercadorias;

b) contratos de financiamento ou de prestação de garantias relativos às operações de exportação de bens de produção nacional, vendidos a crédito para o exterior;

c) empréstimos e quaisquer outras obrigações de compra e venda de câmbio em geral;

d) contratos de mútuo e quaisquer outros contratos cujo credor ou devedor seja pessoa residente e domiciliada no exterior, excetuados os contratos de locação de imóveis situados no território nacional;

e) contratos que tenham por objeto a cessão, transferência, delegação, assunção ou modificação das obrigações referidas no item anterior, ainda que as partes contratantes sejam pessoas residentes ou domiciliadas no País;

f) contratos de locação de bens móveis, desde que registrados no Banco Central do Brasil.

Art. 21 - Ao apresentante será entregue:

a) comprovante contendo as características essenciais do documento apresentado;

b) recibo contendo o valor dos emolumentos adiantados;

c) arquivo-retorno contendo os dados dos incisos anteriores, em meio magnético ou transmitido via Internet, quando a apresentação tenha sido realizada por algum desses meios.

Art. 22 - Nas cidades onde houver mais de um Tabelionato de Protesto, a apresentação do documento será feita na Central de Distribuição de Títulos.

Parágrafo único - Os documentos deverão ser recebidos, distribuídos e entregues na mesma data aos Tabelionatos de Protesto, obedecidos os critérios de quantidade e qualidade.

CAPÍTULO II
DO APONTAMENTO

Art. 23 - Todos os documentos apresentados para protesto deverão ser apontados no Livro Protocolo, no prazo de vinte e quatro horas de seu recebimento pelo Tabelionato de Protesto, obedecida a ordem cronológica de entrega.

Parágrafo único – O apontamento mediante gravação dos dados do documento diretamente por processo eletrônico dispensa a existência do Livro Protocolo e independe de autorização.

Art. 24 - O Livro Protocolo poderá ser escriturado mediante processo manual, mecânico, eletrônico ou informatizado, em folhas soltas e com colunas destinadas às seguintes anotações: número de ordem, natureza do documento, valor, apresentante, devedor e ocorrências.

Parágrafo único – A escrituração será diária, constando do termo de encerramento o número de documentos apresentados no dia, sendo a data do apontamento a mesma do termo diário de encerramento.

Art. 25 - Serão averbados no Livro Protocolo a data e a forma do cumprimento da intimação, assim como a data do pagamento, da sustação judicial do protesto, da devolução ou do protesto do documento.

CAPÍTULO III
DA INTIMAÇÃO

Art. 26 - Nas vinte e quatro horas que se seguirem ao apontamento, o tabelionato expedirá intimação ao devedor, no endereço fornecido pelo apresentante do documento.

§ 1º – Compreende-se como devedor:

a) o emitente de nota promissória ou cheque;

b) o sacado na letra de câmbio e duplicata;

c) a pessoa indicada pelo apresentante ou credor como responsável pelo cumprimento da obrigação.

§ 2º - Havendo mais de um devedor, a intimação a qualquer deles autoriza o protesto do documento de responsabilidade solidária.

Art. 27 - A intimação deverá conter nome e endereço do tabelionato e do devedor, elementos de identificação do documento apontado, número do protocolo, valor a ser pago, forma de realização do pagamento e prazo limite para cumprimento da obrigação.

Parágrafo único – Além dos requisitos acima, a intimação deverá conter a assinatura do responsável pelo tabelionato, caso emitida por processo não informatizado.

Art. 28 - A remessa da intimação, mesmo que endereçada para cidade estranha à sede do tabelionato, poderá ser feita por qualquer meio, desde que o recebimento fique assegurado e comprovado por protocolo, aviso de recepção ou documento equivalente. Parágrafo único – Somente será dispensada a remessa da intimação quando:

a) o devedor tiver declarado expressamente a recusa ao aceite ou pagamento;

b) o devedor seja objeto de concurso de credores ou falência;

c) o apresentante tenha solicitado expressamente o protesto por edital, por desconhecer o endereço atual do devedor.

Art. 29 - A intimação será considerada cumprida quando comprovada a sua entrega no endereço fornecido pelo apresentante.

§ 1º - A intimação poderá ser entregue ao destinatário em qualquer lugar, dia ou hora, salvo expressa determinação do Juiz Corregedor Permanente que, mediante portaria, considerando as peculiaridades da comarca, estabeleça horário certo para cumprimento da intimação.

§ 2º - A intimação do protesto, para requerimento de falência da empresa devedora, exige a identificação da pessoa que a recebeu.

Art. 30 - A intimação por edital, em qualquer caso, poderá ser feita:

a) se o devedor ou seu endereço for desconhecido;

b) se o devedor estiver em lugar incerto ou ignorado;

c) se o devedor for residente ou domiciliado fora da sede do tabelionato, desde que não tenha sido intimado pela forma prevista no art. 28;

d) se não houver pessoa capaz que se disponha a receber a intimação no endereço fornecido pelo apresentante.

§ 1º – Nos casos que autorizem a intimação por edital, o apresentante do documento deverá autorizar a medida por escrito, de forma genérica, relativamente a todos os títulos apresentados ou específica, ou retirar o documento apontado.

§ 2º – O edital será afixado no tabelionato e publicado pela imprensa local, onde houver jornal de circulação diária.

§ 3º - A publicação de que trata o § 2º supra poderá também ser feita em sítio virtual da rede mundial de computadores mantido e custeado pelo IEPRO (Instituto de Estudos sobre Protestos), com a indicação do endereço físico do Tabelionato de Protestos de origem, sem prejuízo da afixação dos apontamentos nas dependências das respectivas serventias, dispensada, neste caso, a publicação pelo jornal impresso.

§ 4º - Não haverá cobrança pela publicação prevista no parágrafo anterior.

Art. 31 - O protesto lavrado em decorrência de decisão judicial independe de nova intimação.

CAPÍTULO IV
DA DESISTÊNCIA E SUSTAÇÃO DO PROTESTO

Art. 32 - O protesto poderá ser sustado pelo apresentante do título ou por ordem judicial.

Art. 33 - Não serão concedidas sustações prévias e genéricas de protesto, por impossibilidade material de seu cumprimento.

Art. 34 - O título cujo protesto tenha sido sustado judicialmente:

a) permanecerá no tabelionato, à disposição do juízo competente;

b) somente poderá ser pago, protestado ou retirado com autorização judicial;

c) será encaminhado ao juízo respectivo quando haja dúvida sobre a quem o entregar, ou não tenha sido retirado pela parte autorizada no prazo de 30 dias.

Art. 35 - Na solução final dos processos de sustação de protesto, o Juiz de Direito expedirá correspondência ao Tabelionato de Protesto, determinando a efetivação do protesto ou a restituição do título, sendo a decisão averbada no Livro Protocolo.

Art. 35-A - A desistência do protesto poderá ser formalizada por meio eletrônico, com a utilização de certificado digital no âmbito da ICP Brasil ou de outro meio seguro disponibilizado pelo Tabelionato ao apresentante, autorizado pela Corregedoria-Geral da Justiça.

- Provimento nº 87/2019 – CNJ.

CAPÍTULO V
DO PAGAMENTO

Art. 36 - Respeitado o horário geral de funcionamento dos estabelecimentos bancários locais, o pagamento do título não poderá ser recusado, desde que oferecido no prazo legal, no Tabelionato de Protesto competente ou em estabelecimento bancário autorizado.

Art. 37 - O valor a pagar será o declarado pelo apresentante, na data do apontamento, dos emolumentos devidos ao Tabelião e do ressarcimento das despesas com porte postal, publicação do edital e do imposto incidente sobre o pagamento ou a prestação de contas ao apresentante do título.

Art. 38 - O valor do pagamento poderá:

a) ser representado por ordem bancária nominativa e não cancelável, emitida em favor do apresentante do documento, entregue ao tabelionato até o encerramento do prazo para protesto;

b) ser recebido diretamente por estabelecimento bancário com o qual o tabelionato mantenha convênio para arrecadação e prestação de contas aos apresentantes dos documentos;

c) ser recebido, nas dependências do tabelionato, desde que em forma de cheque, emitido contra banco ou instituição financeira que lhe seja equiparada, conforme art. 3º da Lei nº 7.357/85.

- *Provimento nº 10/2020 – CGJ/AL.*

§ 1º - É vedado o pagamento em moeda corrente no tabelionato, salvo em relação aos emolumentos e ressarcimento das despesas previstas no artigo anterior.

- *Provimento nº 10/2020 – CGJ/AL.*

§ 2º - A responsabilidade pelo recebimento e liquidação do crédito perante o tabelionato, dentro do tríduo legal, é do estabelecimento no qual foi realizado o pagamento.

- *Provimento nº 10/2020 – CGJ/AL.*

§ 3º - O pagamento do título não poderá ser recusado desde que oferecido, no prazo legal, ao estabelecimento bancário autorizado, respeitado o horário geral de funcionamento destes.

- *Provimento nº 10/2020 – CGJ/AL.*

§ 4º - O Tabelião de Protesto deverá adotar, como forma ordinária de pagamento, o uso de boleto bancário ou guia para depósito em conta bancária especialmente aberta pela serventia para arrecadação e prestação de contas aos apresentantes dos documentos.

- *Provimento nº 10/2020 – CGJ/AL.*

§ 5º - Quando do pagamento ainda subsistirem parcelas vincendas, será dada quitação da parcela paga em apartado, devolvendo-se o original ao apresentante.

- *Provimento nº 10/2020 – CGJ/AL.*

§ 6º - Sempre que o tabelião adotar sistema de recebimento do pagamento por meio de cheque, a quitação fica condicionada à efetiva liquidação.

- *Provimento nº 10/2020 – CGJ/AL.*

§ 7º - A não compensação do cheque implica protesto do título no primeiro dia útil posterior à sua devolução.

- *Provimento nº 10/2020 – CGJ/AL.*

§ 8º - Nos casos em que figurem como apresentantes dos títulos ou dos documentos de dívida as Instituições Financeiras representadas pelo Instituto de Estudos de Protestos de Títulos do Brasil – IEPTB/BR, deverá o pagamento ser exclusivamente realizado por meio de boleto bancário extraído pelo Instituto de Estudos de Protestos de Títulos do Brasil – IEPTB/BR junto ao sistema da Central de Protestos – CENPROT para que o Tabelião faça a entrega ao devedor para quitação.

- *Provimento nº 10/2020 – CGJ/AL.*

§ 9º - O valor dos emolumentos devidos em razão da prática do ato deverá ser incluído pelo Tabelião no ato da emissão do boleto descrito no parágrafo anterior e será repassado ao Tabelionato quando este encaminhar o arquivo retorno e o mesmo ser processado pelo Instituto de Estudos de Protestos de Títulos do Brasil – IEPTB/BR.

- *Provimento nº 10/2020 – CGJ/AL.*

Art. 39 – A quitação será dada pelo tabelionato no ato do recebimento do crédito bancário, ressalvada a efetiva liquidação do documento de crédito eventualmente recebido.

Parágrafo único - Quando houver parcela vincenda no título apontado, a quitação da parcela paga poderá ser dada em documento separado, sendo o título apontado devolvido ao apresentante.

Art. 40 – O valor devido será colocado à disposição do apresentante no primeiro dia útil que se seguir ao do recebimento.

§ 1º - A responsabilidade pelo recebimento do valor expresso na ordem bancária é do apresentante, salvo a ocorrência de dolo ou de culpa do Tabelião.

§ 2º – Na hipótese de pagamento por meio de cheque, tal montante será disponibilizado no dia útil posterior à confirmação, pelo banco ou instituição financeira, da sua efetiva liquidez.

Art. 40-A – A apresentação, distribuição e todos os atos procedimentais pertinentes às duplicatas escriturais (eletrônicas) e demais títulos e outros documentos de dívidas encaminhados a protesto por Banco, Financeira ou pessoa jurídica fiscalizada por órgãos do Sistema Financeiro Nacional, na qualidade de credor ou apresentante, independem de depósito ou pagamento prévio dos emolumentos e dos demais acréscimos legais e das despesas que estão contemplados no art. 1º deste título, cujos valores devidos serão exigidos dos interessados, de acordo com a tabela de emolumentos e das despesas reembolsáveis vigentes na data:

§ 1º - da protocolização, quando da desistência do pedido do protesto, do pagamento elisivo do protesto ou do aceite ou devolução de devedor;

§ 2º - do pedido de cancelamento do registro do protesto ou da recepção de ordem judicial para a sustação ou cancelamento definitivo do protesto ou de seus efeitos;

§ 3º - Os valores destinados aos Ofícios de distribuição ou outros serviços extrajudiciais, aos entes públicos ou entidades, a título de emolumentos, custas, taxa de fiscalização, contribuições, custeio de atos gratuitos, tributos, ou de caráter assistencial, serão devidos na forma prevista no *caput* deste artigo, e repassados somente após o efetivo recebimento pelo Tabelião de Protesto;

§ 4º - Os emolumentos devidos pela protocolização dos títulos e documentos de dívida que foram protestados nas hipóteses definidas neste artigo são de propriedade do tabelião de protesto ou do oficial de distribuição, quando for o caso, que à época praticou o respectivo ato;

§ 5º - Ficam os tabeliães de protesto ou os responsáveis interinos pelo expediente da serventia autorizados a conceder parcelamento de emolumentos e demais acréscimos legais aos interessados, através de cartão de débito ou de crédito, desde que sejam cobrados na primeira parcela os acréscimos legais que estão contemplados no caput do art. 1º deste título;

§6º Nas hipóteses de postergação do pagamento dos emolumentos e demais acréscimos legais e despesas previstas neste artigo, deve também restar postergada a aposição de todos os selos de autenticidade dos atos cartorários, devendo os tabeliães aguardarem o cancelamento do protesto ou pagamento da dívida, ocasião em que serão imediatamente apostados os selos referentes a todos os atos do procedimento de protesto.

- *Provimento nº 20/2019 – CGJ/AL.*

Art. 40-B – As disposições do artigo anterior aplicam-se:

§ 1º - Às pessoas jurídicas fiscalizadas por agências que regulam as atividades de serviços públicos que são executados por empresas privadas sob concessão, permissão ou autorização, na qualidade de credoras, bem como aos credores ou apresentantes de decisões judiciais transitadas em julgado oriundas da Justiça Estadual, da Justiça Federal ou da Justiça do Trabalho e à União Federal, aos Estados, ao Distrito Federal, aos Municípios e às suas respectivas Autarquias e Fundações Públicas no que concerne às suas certidões da dívida ativa.

§ 2º - A qualquer pessoa física ou jurídica desde que o vencimento do título ou do documento de dívida não ultrapasse o prazo de 1 (um) ano no momento da apresentação para protesto.

- *Provimento nº 86/2019 – CNJ.*

CAPÍTULO VI
DA LAVRATURA E REGISTRO DO PROTESTO

Art. 41 – O protesto será lavrado e registrado:

I – dentro de três dias úteis, contados da data da intimação do devedor;

II – no primeiro dia útil subseqüente, quando o protesto sustado por ordem judicial deva ser lavrado ou quando o pagamento do título não se tenha consumado, por devolução do cheque pela Câmara de Compensação.

§ 1º – Na contagem do prazo, exclui-se o dia do apontamento e inclui-se o do vencimento.

§ 2º – Não será considerado útil o dia em que o expediente bancário para o público não obedeça ao horário normal.

Art. 42 – O protesto deverá conter:

a) seu próprio número, com a indicação do número do livro e página em que foi lavrado;

b) a data e o número do protocolo;

c) o nome e endereço do apresentante e do credor originário;

d) a transcrição do documento;

e) a certidão das intimações feitas e das respostas oferecidas;

f) a indicação dos intervenientes voluntários e das firmas por eles honradas;

g) a aquiescência do portador ao aceite por honra;

h) a identificação do devedor (nome, endereço e número de inscrição na Secretaria da Receita Federal);

i) a motivação do protesto;

j) o tipo de protesto, quando lavrado para fins especiais;

k) a natureza do endosso;

l) a data e a assinatura do Tabelião, de seu substituto ou escrevente autorizado.

Art. 43 - O protesto será transcrito no Livro Registro de Protestos ou arquivado por processamento eletrônico de dados.

§ 1º - O Livro de Registro de Protestos será aberto e encerrado pelo Tabelião, seu substituto ou escrevente autorizado, e terá suas folhas numeradas e rubricadas.

§ 2º - O Livro de Registro de Protestos, quando em folhas soltas, será encadernado em volume contendo duzentas folhas, ou microfilmado, ou digitalizado.

§ 3º - A microfilmagem ou a gravação do protesto diretamente por processo eletrônico dispensa a existência do Livro de Registro de Protestos e independe de autorização.

Art. 44 - A transcrição do documento pode ser dispensada quando sua imagem for conservada no arquivo do tabelionato mediante cópia reprográfica, micrográfica ou gravação eletrônica, procedimentos cuja adoção independe de autorização, desde que garantida, pelo registrador, a segurança do meio de arquivamento, com a feitura de cópias de segurança em meio eletrônico e demais cuidados recomendados à espécie.

Art. 45 - A resposta escrita do devedor constará do protesto, seu instrumento ou certidões, por cópia autêntica ou certidão narratória.

Parágrafo único – A resposta será numerada e arquivada, integrando o ato, para todos os efeitos.

Art. 46 - Na motivação do protesto, o Tabelião informará se o mesmo foi lavrado por falta de pagamento, de aceite ou de devolução.

§ 1º – Sempre que o título estiver vencido, o protesto será lavrado por falta de pagamento.

§ 2º – O protesto por falta de aceite será lavrado quando o título não estiver vencido, após o decurso do prazo legal para o aceite ou a devolução.

§ 3º – O contrato de câmbio poderá ser protestado por falta de cumprimento, se não houver valor a pagar.

Art. 47 - Somente será lavrado protesto para fim falimentar quando o devedor estiver sujeito àquela legislação.

Art. 48 - O deferimento do processamento de recuperação judicial não impede o protesto.

Art. 49 - Os protestos poderão ser indexados por sistema de fichas, de microfichas ou de arquivo informatizado.

Parágrafo único – O índice conterá os dados necessários à recuperação da informação do apontamento e do protesto.

Art. 50 - O instrumento de protesto estará à disposição do apresentante, acompanhado do documento protestado quando tiver sido apresentado em meio físico, dentro de três dias úteis, contados da data da lavratura, podendo ser enviado, no mesmo prazo, por meio eletrônico, a critério do apresentante.

CAPÍTULO VII
DA AVERBAÇÃO E ANOTAÇÃO DO PROTESTO

Art. 51 - A retificação do protesto, em razão de erro material cometido pelo tabelionato, poderá ser efetuada de ofício ou a requerimento da parte, sendo indispensável a apresentação do instrumento do protesto expedido e de documento que comprove o erro.

Parágrafo único – Quando se tratar de retificação de dado pessoal do devedor constante do protesto, poderá ser dispensada a apresentação do respectivo instrumento.

Art. 52 - Nos casos de determinação ou comunicação da autoridade competente, na qual concede tutela antecipada, sustando os efeitos do protesto, o Tabelião de Protestos procederá à anotação das referidas determinações, mesmo que provisória, na margem do registro de protesto, devendo ser fornecida a certidão narrativa, mencionando todos elementos constantes do registro de protesto, inclusive a referida anotação.

CAPÍTULO VIII
DO CANCELAMENTO DO PROTESTO

Art. 53 - O cancelamento do protesto será solicitado ao tabelionato por qualquer interessado, mediante apresentação:

a) do documento protestado, cuja cópia ficará arquivada;

b) de documento de anuência firmado pelo credor, originário ou por endosso translativo;

c) de documento de anuência firmado pelo credor endossante, no caso de endosso-mandato;

d) de requerimento do apresentante ou credor confessando erro na apresentação do documento;

e) de requerimento do titular da conta-corrente bancária, acompanhado de documento comprobatório, no caso de protesto de cheque nas circunstâncias previstas no § 2º do art. 14.

§ 1º - O documento de anuência deverá conter a identificação do credor e sua assinatura, reconhecida por semelhança.

§ 2º - A comprovação dos poderes de representação do signatário do documento de quitação poderá ser exigida perante o Tabelionato de Protesto.

§ 3º - O documento de anuência pode ser recepcionado por meio eletrônico, com assinatura digital, em conformidade com o disposto no art. 10 da Medida Provisória 2200-2 de 24 de agosto de 2001.

Art. 53-A - É admitido o pedido de cancelamento do protesto pela internet, mediante anuência do credor ou apresentante do título assinada eletronicamente.

- *Provimento nº 87/2019 – CNJ.*

Art. 53-B - O cancelamento do protesto pode ser requerido diretamente ao tabelião mediante apresentação, pelo interessado, dos documentos que comprovem a extinção da obrigação.

- *Provimento nº 87/2019 – CNJ.*

Art. 54 - O cancelamento do protesto fundamentado em outro motivo somente será realizado por determinação judicial.

Art. 55 - Quando a extinção da obrigação decorrer de processo judicial, em substituição ao título poderá ser apresentada certidão declaratória expedida pelo juízo processante, com menção ao trânsito em julgado.

Art. 56 - O cancelamento será feito no registro do protesto ou em documento separado, pelo Tabelião, seu substituto ou escrevente autorizado.

CAPÍTULO IX
DAS CERTIDÕES

Art. 57 - A certidão deverá ser expedida dentro do prazo de cinco dias úteis e abranger o período de cinco anos contado da data do pedido, salvo se for referente a um protesto específico ou a um período maior, por solicitação expressa do requerente.

§ 1º - Toda informação ou certidão sobre título protestado mencionará a eventual resposta escrita do devedor.

§ 2º - As certidões que compreendam mais de cinqüenta ou de duzentos protestos poderão ser fornecidas em até dez ou quinze dias úteis, respectivamente.

§ 3º - As certidões não retiradas após trinta dias da data marcada para a entrega poderão ser inutilizadas, com perda do pagamento dos emolumentos.

Art. 58 - É vedada a exclusão ou omissão de nomes e de protestos, ainda que em caráter provisório ou parcial, salvo quando decorrente do cancelamento do protesto.

Art. 59 - Os protestos cancelados não constarão de certidão, salvo a pedido expresso do devedor, por ordem judicial ou nos casos previstos para entidades representativas do comércio e da indústria.

Art. 60 - Sempre que a homonímia puder ser verificada com segurança a partir de elementos de identificação que constem dos assentamentos, o tabelião de protesto expedirá certidão negativa.

- *Provimento nº 87/2019 – CNJ.*

§ 1º - Se houver indícios convincentes de que o protesto pertença à mesma pessoa, independentemente da diferença no número de identificação constante do protesto, a certidão negativa poderá ser negada.

§ 2º - A certidão narrativa em favor de pessoa que tenha protesto cujos efeitos estejam suspensos por ordem judicial, fará expressa menção a essa determinação.

- *Provimento nº 20/2019 – CGJ/AL.*

Art. 61 - Somente será fornecida certidão de título não protestado por solicitação do devedor, por ordem judicial ou quando se tratar de intimação por edital.

§ 1º - É vedado recusar certidão negativa a devedor de título não protestado.

§ 2º - A certidão do Livro de Protocolo não pode ser fornecida, salvo se a pedido do apresentante, do credor, do devedor ou por ordem judicial.

Art. 61-A - Os tabeliães de protesto podem fornecer, por solicitação dos interessados, certidão da situação do apontamento do título, dos protestos lavrados e não cancelados, individuais ou em forma de relação.

- *Provimento nº 87/2019 - CNJ.*

Art. 61-B - Os tabeliães de protesto podem prestar a qualquer pessoa que requeira informações e fornecer cópias de documentos arquivados relativas a protestos não cancelados.

- *Provimento nº 87/2019 - CNJ.*

Art. 61-C - Os pedidos de informações simples ou complementares, de certidões e de cópias podem ser realizados pela internet, bem como atendidos e expedidos pelos Tabelionatos por meio eletrônico, mediante assinatura eletrônica.

- *Provimento nº 87/2019 - CNJ.*

Art. 61-D - As certidões individuais serão fornecidas pelo tabelião de protesto de títulos, no prazo máximo de 5 (cinco) dias úteis, mediante pedido escrito ou verbal de qualquer pessoa interessada, abrangendo período mínimo dos cinco anos anteriores ao pedido, salvo quando solicitado período maior ou referente a protesto específico.

- *Provimento nº 87/2019 - CNJ.*

Art. 61-E - Decorridos 30 (trinta) dias, contados da expedição, os tabeliães de protesto ficam autorizados a inutilizar as certidões caso o interessado não compareça para retirá-las no Tabelionato ou, onde houver, no serviço de distribuição, circunstância que deverá ser informada ao interessado no ato do pedido.

- *Provimento nº 87/2019 - CNJ.*

Art. 62 - Os Tabelionatos de Protesto poderão implantar sistema de processamento de dados que permita a troca de informações eletrônicas assinadas digitalmente, visando à expedição de certidões ou informações em tempo real, cujos aspectos técnicos de eficiência e segurança serão de inteira responsabilidade dos seus titulares.

Parágrafo único – Da implantação e dos destinatários das informações deverá ser cientificada a Corregedoria-Geral da Justiça.

Art. 63 - (REVOGADO).

- *Provimento nº 20/2019 - CGJ/AL.*

Art. 62-A – Na localidade onde houver mais de um Tabelionato de Protesto de Títulos deverá ser organizado, instalado e mantido, a cargo deles, um serviço centralizado para prestação de informações e fornecimento de certidões.

Parágrafo único - Esse serviço será custeado pelos próprios tabeliães, preferencialmente no mesmo local onde também funcionar o serviço de distribuição, ressalvado o repasse das tarifas bancárias e dos correios para os usuários que optarem pela prestação por essa via de atendimento, além do pagamento dos emolumentos, custas e contribuições e das despesas previstos em lei.

- *Provimento nº 87/2019 - CNJ.*

CAPÍTULO X
DAS CERTIDÕES A ENTIDADES DE CLASSE

Art. 64 - O fornecimento de certidão, em forma de relação, às entidades representativas do comércio e da indústria, ou àquelas vinculadas à proteção do crédito, ficará condicionado ao seguinte:

a) a certidão deve referir-se apenas a protestos e cancelamentos realizados;

b) a informação deve ser reservada, não podendo ser objeto de publicidade pela imprensa, nem mesmo parcialmente;

c) a informação deve ser integrada ao banco de dados do recebedor dentro de 24 (vinte e quatro) horas de seu recebimento.

Parágrafo único - Para manutenção da integridade dos cadastros de tais entidades, deverão as mesmas obter obrigatoriamente certidão dos atos que modifiquem a situação de seu banco de dados, tais como retificações e averbações no registro do protesto, ou expedição e revogação de ordens judiciais, tais como suspensão dos efeitos do protesto e similares.

Art. 65 - As certidões, informações e relações serão elaboradas pelo nome dos devedores, devidamente identificados, e abrangerão todos os protestos, vedada a exclusão ou omissão de nomes e de registros, ainda que provisória ou parcial.

Art. 66 - Será suspenso o fornecimento de novas certidões à entidade que desatender o caráter sigiloso da mesma, fornecer informação de protesto cancelado ou descumprir qualquer das obrigações previstas no art. 64.

CAPÍTULO XI
DA GUARDA DOS LIVROS, ARQUIVOS E DOCUMENTOS

Art. 67 - Os comprovantes de entrega de pagamentos ou títulos aos apresentantes serão mantidos por 30 (trinta) dias.

Art. 68 - As intimações e editais referentes a títulos pagos ou retirados serão mantidos por 06 (seis) meses.

Art. 69 - Os documentos de cancelamento de protesto e as intimações e editais referentes a títulos protestados serão mantidos por 01 (um) ano.

Art. 70 - Os livros e arquivos magnéticos correspondentes ao Livro Protocolo serão mantidos por 03 (três) anos.

Art. 71 - Os livros e arquivos magnéticos correspondentes ao Livro de Registro de Protestos e respectivos títulos serão mantidos por 10 (dez) anos.

Art. 72 - Os documentos entregues ao Tabelionato de Protesto pelos apresentantes e não procurados poderão ser destruídos após o decurso do prazo de 03 (três) anos da data do protesto.

Art. 73 - Os livros e documentos que forem microfilmados ou digitalizados não necessitam ser conservados.

Art. 74 - O documento apontado que tenha sido microfilmado ou digitalizado, objeto de ação de sustação de protesto já arquivada, sem a comunicação a que se refere os arts. 34 e 35, não necessita ser conservado.

CAPÍTULO XII
DOS EMOLUMENTOS

Art. 75 - Os emolumentos devidos pela prática dos atos nos Tabelionatos de Protesto serão pagos pelas partes, na forma fixada em lei, exceto no cumprimento de ordem judicial em favor das partes beneficiadas pela Assistência Judiciária Gratuita.

Art. 75-A - Pelos atos que praticarem os Tabeliães de Protesto de Títulos ou os responsáveis interinos pelo expediente perceberão diretamente das partes, a título de remuneração, os emolumentos integrais a eles destinados, fixados pela lei da respectiva unidade da Federação, além do reembolso dos tributos, tarifas, demais despesas e dos acréscimos instituídos por lei a título de taxa de fiscalização do serviço extrajudicial, custas, contribuições, custeio de atos gratuitos, e à entidade previdenciária ou assistencial, facultada a exigência do depósito prévio.

- *Provimento nº 86/2019 - CNJ.*

Art. 76 - Poderá ser exigido depósito prévio dos emolumentos e demais despesas devidas, que deverão ser reembolsados ao apresentante quando ressarcidos pelo devedor.

Art. 77 - Os emolumentos deverão ser cotados por suas parcelas componentes.

Art. 78 - A cobrança de emolumentos relativos à microfilmagem ou digitalização de documento estará condicionada:

a) ao efetivo protesto do documento;

b) à microfilmagem ou digitalização de uma única face do documento, salvo se houver na outra face alguma declaração relevante para o protesto.

Art. 79 - Para efeito de cobrança de emolumentos, a digitalização equipara-se à microfilmagem.

Art. 80 - Não são devidos emolumentos pela averbação de retificação do protesto, salvo quando resulte de erro provocado pelo apresentante.

Art. 81 - O cancelamento do registro do protesto, se fundado em outro motivo que não no pagamento do título ou documento de dívida, será efetivado por determinação judicial, independentemente do prévio pagamento dos emolumentos devidos, os quais serão de responsabilidade do apresentante.

CAPÍTULO XII-A
DA CENTRAL NACIONAL DE SERVIÇOS ELETRÔNICOS DOS TABELIÃES DE PROTESTO DE TITULOS - CENPROT

Art. 81-A - Os tabeliães de protesto de títulos de todo território estadual instituirão, no prazo de 30 (trinta dias), a CENPROT – Central Nacional de Serviços Eletrônicos dos Tabeliães de Protesto, para prestação de serviços eletrônicos.

Parágrafo único. É obrigatória a adesão de todos os tabeliães de protesto do estado ou responsáveis interinos pelo expediente à CENPROT de que trata o caput deste artigo, à qual ficarão vinculados, sob pena de responsabilização disciplinar nos termos do inciso I do caput do art. 31 da Lei n° 8.935, de 18 de novembro de 1994.

- *Provimento nº 87/2019 – CNJ.*

Art. 81-B – A CENPROT será operada, mantida e administrada conforme deliberação da assembleia geral dos tabeliães de protesto de títulos, podendo ser delegada à entidade nacional representativa da categoria.

§1º - Poderão ser instituídas CENPROT seccionais na forma e locais definidos pela assembleiageral dos tabeliães de protesto de títulos.

§2º - A CENPROT e as seccionais instaladas se subordinam às normas, auditagem e à fiscalização da Corregedoria Nacional de Justiça e da Corregedoria-Geral da Justiça de Alagoas.

- *Provimento nº 87/2019 – CNJ.*

Art. 81-C – A CENPROT deve disponibilizar, por meio da rede mundial de computadores (internet) pelo menos, os seguintes serviços:

I – acesso a informações sobre quaisquer protestos válidos lavrados pelos Tabeliães de Protesto de Títulos dos Estados ou do Distrito Federal;

II – consulta gratuita às informações indicativas da existência ou inexistência de protesto, respectivos tabelionatos e valor;

III – fornecimento de informação complementar acerca da existência de protesto e sobre dados ou elementos do registro, quando o interessado dispensar a certidão;

IV – fornecimento de instrumentos de protesto em meio eletrônico;

V – recepção de declaração eletrônica de anuência para fins de cancelamento de protesto;

VI – recepção de requerimento eletrônico de cancelamento de protesto;

VII – recepção de títulos e documentos de dívida, em meio eletrônico, para fins de protesto, encaminhados por órgãos do Poder Judiciário, procuradorias, advogados e apresentantes cadastrados;

VIII – recepção de pedidos de certidão de protesto e de cancelamento e disponibilização da certidão eletrônica expedida pelas serventias do Estado ou do Distrito Federal em atendimento a tais solicitações.

Parágrafo único. Na informação complementar requerida pelo interessado, acerca da existência de protesto, poderão constar os seguintes dados:

I – nome do devedor, e quando constar do registro, endereço completo, endereço eletrônico e telefone;

II – se pessoa física, número de inscrição no Cadastro de Pessoas Físicas (CPF) – se pessoa jurídica, número de inscrição no Cadastro Nacional de Pessoas Jurídicas (CNPJ);

III – tipo, número e folha do livro de protesto, ou número do registro sequencial do protesto;

IV – tipo de ocorrência e respectiva data;

V – nome do apresentante do título ou documento de dívida, nome do endossatário (cedente), e tipo do endosso;

VI – nome, número do CPF ou CNPJ do credor (sacador), e quando constar do registro, endereço completo, endereço eletrônico e telefone;

VII – data e número do protocolo, espécie, número do título ou documento de dívida, data de emissão, data de vencimento, valor original, valor protestado, valor das intimações e, quando houver, valor do edital, com indicação de motivo;

Art. 81-D – As informações enviadas pelos Tabeliães de Protesto de Títulos à CENPROT, na forma e no prazo estabelecido pela Central, não geram o pagamento aos Tabelionatos de Protesto de emolumentos ou de quaisquer outras despesas decorrentes do envio.

Parágrafo Único. Será de responsabilidade exclusiva do Tabelião de Protesto de Títulos as consequências pela eventual omissão de informação que deveria ter sido enviada à CENPROT.

- *Provimento nº 87/2019 – CNJ.*

Art. 81-E – Os tabeliães de protesto, ainda que representados por sua entidade escolhida, poderão realizar auditoria, com monitoramento automático do descumprimento de prazos, horários e procedimentos incumbidos aos tabeliães de protesto, atividade denominada "Autogestão *on line*" com a geração de relatórios a serem encaminhados ao juízo competente e, quando for o caso, à Corregedoria Nacional de Justiça e à Corregedoria-Geral do Estado de Alagoas.

Parágrafo único. A atuação prevista no caput será preventiva, com o propósito de autogestão da atividade, notificando os tabeliães que incorram em excesso de prazo ou não observância de procedimentos legais e normativos, antes do envio de relatórios aos órgãos correcionais.

- *Provimento nº 87/2019 – CNJ.*

Art. 81-F - A prestação de serviços a terceiros com a utilização de dados existentes na CENPROT se dará mediante convênio/termo de adesão que deverá conter cláusulas de responsabilidade recíprocas, contendo forma, prazo e taxas administrativas livremente ajustadas entre as partes.

- *Provimento nº 87/2019 – CNJ.*

CÓDIGO DE NORMAS DAS SERVENTIAS JUDICIAIS DA CORREGEDORIA GERAL DA JUSTIÇA DO ESTADO DE ALAGOAS

PROVIMENTO Nº 13, DE 24 DE MAIO DE 2023

(ALTERAÇÕES: PROVIMENTO Nº 14, DE 06 DE JUNHO DE 2023; PROVIMENTO Nº 16, DE 26 DE JULHO DE 2023; PROVIMENTO Nº 17, DE 02 DE AGOSTO DE 2023 E PROVIMENTO Nº 23, DE 28 DE AGOSTO DE 2023)

REVISÃO GERAL DO CÓDIGO DE NORMAS DAS SERVENTIAS JUDICIAIS DA CORREGEDORIA-GERAL DA JUSTIÇA DO ESTADO DE ALAGOAS

Gestão 2023/2024

Texto Original – Gestão 2019/2020

Corregedor-Geral da Justiça

Des. Fernando Tourinho de Omena Souza

Juízes Auxiliares

Antônio Rafael Wanderley Casado da Silva Lorena Carla Santos Vasconcelos Sotto-Mayor João Paulo Martins da Costa

Elaboração

Juiz Presidente da Comissão

Antônio Rafael Wanderley Casado Da Silva

Juízes Integrantes da Comissão Ewerton Luiz Chaves Carminati Filipe Ferreira Munguba

João Paulo Martins da Costa

Servidores Integrantes da Comissão

Bianka Fernanda Duarte Lessa Ferreira dos Santos Karina Nakai de Carvalho Barros

Magno Vitório de Farias Fragoso Nelmont de Bulhoes Braga Junior Valda Rabelo de Moraes Cordeiro

Revisão e Editoração Eletrônica Mirian Ferreira Alves

Texto de Revisão – Gestão 2023/2024

Corregedor-Geral da Justiça

Des. Domingos de Araújo Lima Neto

Juízes Auxiliares

Anderson Santos dos Passos Phillippe Melo Alcântara Falcão Marcella W. C. Pontes Garcia

Elaboração

Comissão de Revisão do Código de Normas das Serventias Judiciais da Corregedoria-Geral da Justiça do Estado de Alagoas, instituída pela Portaria nº 445, de 31 de janeiro de 2023 (alterada pela Portaria nº 485, de 03 de fevereiro de 2023).

Juiz Presidente da Comissão Vinícius Garcia Modesto

Juiz Integrante da Comissão Filipe Ferreira Munguba

Servidores Integrantes da Comissão

Bianka Fernanda Duarte Lessa Ferreira dos Santos Karla Quintiliano Cabral Silva

Klistenes Silva Lessa Santos Nilo Brandão Meireles Júnior Patrícia Falcão Silveira Barros

Valda Rabelo de Moraes Cordeiro

SUMÁRIO

PROVIMENTO Nº 13, DE 24 DE MAIO DE 2023.

Revisa o Código de Normas das Serventias Judiciais da Corregedoria-Geral da Justiça do Estado de Alagoas e dá outras providências.

O DESEMBARGADOR DOMINGOS DE ARAÚJO LIMA NETO, CORREGEDOR-GERAL DA JUSTIÇA DO ESTADO DE ALAGOAS, no uso de suas atribuições legais,

CONSIDERANDO o preceituado no art. 5º, LXXVIII, da CF/88, no qual se determina que a todos é assegurada a razoável duração do processo e os meios que garantam a celeridade de sua tramitação no âmbito judicial e administrativo, bem como as diretrizes decorrentes do princípio da eficiência albergado no art. 37 da CF/88;

CONSIDERANDO a necessidade de acompanhar a legislação em vigor e observar as normas expedidas pelo Conselho Nacional de Justiça - CNJ;

RESOLVE revisar o Código de Normas das Serventias Judiciais da Corregedoria-Geral da Justiça do Estado de Alagoas, que passa a vigorar nos termos abaixo consignados.

TÍTULO I
DAS NORMAS PRELIMINARES

Art. 1º O Código de Normas das Serventias Judiciais da Corregedoria-Geral da Justiça do Estado de Alagoas consolida, de maneira sistemática e uniforme, os provimentos, portarias, circulares, despachos normativos, instruções, orientações, ordens de serviço, comunicações e qualquer outro ato de caráter geral e abstrato emitido dentro das atribuições do órgão com o objetivo de disciplinar relações entre partes, servidores, juízes e terceiros, bem como procedimentos.

Art. 2º São princípios que regem o presente Código:

I - prestação jurisdicional como objetivo: as normas deste Código visam a possibilitar a prestação jurisdicional por todas as unidades, não podendo ser indevidamente invocadas como forma de obstáculo à satisfação de direitos;

II - unicidade: salvo quando regulando situações específicas, as normas deste Código se aplicam a todas as unidades judiciais, independentemente da entrância da Comarca a que pertencem, da natureza da matéria de sua competência ou do tipo de vínculo ou atribuições dos agentes públicos que compõem sua lotação;

III - uniformização: as unidades judiciais devem, sempre que possível, uniformizar os procedimentos e rotinas, observando as peculiaridades regulamentadas de forma específica;

IV - profissionalização: as normas previstas neste Código devem ser empregadas como instrumento de trabalho, a fim de evitar o desempenho de atividades funcionais de forma atécnica;

V - eficiência: as disposições deste Código devem ser atendidas com o mínimo de dispêndio de recursos materiais e pessoais possível;

VI - desburocratização: os procedimentos e rotinas adotados pelas unidades judiciais devem ser úteis a um determinado fim, devendo ser revistos, atualizados ou, se for o caso, abandonados sempre que se mostrarem destituídos de finalidade lícita;

VII - distinção entre órgão e agente: os atores que aplicam o presente Código o fazem enquanto membros de uma estrutura funcional hierárquica, não se confundindo a pessoa que desempenha a função e o órgão a que pertence;

VIII - colaboração: os agentes públicos responsáveis pela aplicação deste Código deverão cooperar para a rápida, eficiente e escorreita prestação jurisdicional, evitando retardar ou deixar de praticar ato ao argumento de não estar preenchida formalidade que não seja essencial para o ato, ou de existir questão pessoal ou subjetiva entre os agentes envolvidos;

IX - responsabilidade compartilhada: aos servidores do Poder Judiciário não compete suprir as faltas ou carência de órgãos ou entidades estranhas ao Poder Judiciário, bem como diligenciar a obtenção de informações que possam ser obtidas diretamente pelos interessados.

Parágrafo único. Os princípios previstos neste artigo não excluem e devem ser aplicados em consonância com aqueles previstos ou decorrentes de normas de hierarquia superior.

Art. 3º Salvo disposição em contrário, as atribuições apontadas por este Código como sendo do juiz da vara ou unidade judicial se aplicam ao juiz titular, auxiliar ou substituto.

Parágrafo único. Considera-se unidade judicial:

I - a comarca de ofício único;

II - a vara, nas comarcas em que haja mais de uma;

III - o juizado, nas comarcas em que houver;

IV - qualquer outra unidade de atuação prevista em lei com competência jurisdicional.

Art. 4º Os juízes de direito e juízes substitutos, na titularidade, em substituição eventual ou em substituição plena, se submetem, quando do desempenho de funções administrativas ou em relação a procedimentos, às disposições previstas neste Código.

§ 1º Os juízes referenciados no caput deste artigo somente poderão deixar de aplicar as normas previstas neste Código, em atos decisórios proferidos dentro de processos judiciais, mediante fundamentação acerca de sua contrariedade com norma de hierarquia superior.

§ 2º Ao proceder na forma do § 1º, o juiz deverá comunicar de imediato à Corregedoria-Geral da Justiça para reanálise da necessidade de anulação ou revogação de disposições deste Código.

Art. 5º Os juízes poderão editar portarias disciplinando o funcionamento dos serviços das respectivas unidades judiciais, naquilo em que este Código não tenha exaurido a matéria, tenha facultado tal edição ou tenha sido omisso.

§ 1º Toda portaria editada com o fim disposto no caput deverá ser enviada à Corregedoria-Geral da Justiça, no prazo de 5 (cinco) dias, a contar de sua edição, para fins de análise de sua conformidade ao presente Código.

§ 2º Os atos não enviados à Corregedoria-Geral da Justiça no prazo estabelecido no § 1º, bem como aqueles não ratificados pelo Corregedor-Geral ficam sem efeitos, desde o dia de sua edição.

§ 3º As ordens de menor importância ou de execução imediata ou exaurível em um só ato podem ser emitidas de forma verbal, certificando o servidor, se necessário, o fato.

Art. 6º Salvo disposição em contrário, as atribuições apontadas por este Código como sendo do chefe de secretaria são também aplicáveis aos analistas judiciários e técnicos judiciários que o substituírem.

Art. 7º Salvo disposição em contrário, as atribuições apontadas por este Código como sendo de servidor se aplicam, indistintamente, a servidores efetivos, comissionados e cedidos ao Poder Judiciário, bem como estagiários e voluntários.

TÍTULO II
DA ESTRUTURA ADMINISTRATIVA E CORREICIONAL

CAPÍTULO I
DA CORREGEDORIA-GERAL DA JUSTIÇA

SEÇÃO I
DA ESTRUTURA DA CORREGEDORIA-GERAL DA JUSTIÇA

Art. 8º A Corregedoria-Geral da Justiça, órgão de orientação, controle e fiscalização disciplinar dos serviços forenses, com atribuição em todo o Estado, compõe-se de um desembargador denominado Corregedor-Geral da Justiça e de Juízes Auxiliares.

Art. 9º As atribuições e as competências do Corregedor-Geral da Justiça e dos respectivos Juízes Auxiliares estão definidas no Código de Organização e Divisão Judiciárias, no Regimento Interno do Tribunal de Justiça do Estado de Alagoas e no Regimento Interno da Corregedoria-Geral da Justiça do Estado de Alagoas.

SEÇÃO II
DOS ATOS DO CORREGEDOR-GERAL DA JUSTIÇA

Art. 10. Os atos do Corregedor-Geral da Justiça serão:

I - provimento: ato de caráter normativo, com a finalidade de:

a) regulamentar, esclarecer ou interpretar a aplicação de dispositivos genéricos de lei;

b) aprovar ou expedir regulamentos e regimentos internos dos organismos e estruturas administrativas;

II - portaria: ato de caráter não normativo, que visa aplicar, em casos concretos, os dispositivos legais atinentes ao regime jurídico dos servidores da Justiça, bem como autorizar e regulamentar as correições do foro;

III - circular: instrumento em que se divulga matéria normativa ou administrativa, para conhecimento geral;

IV - ordem de serviço: ato de providência interno e circunscrito ao plano administrativo;

V - decisão: solução da controvérsia prolatada em autos;

VI - ofício: ato de comunicação externa;

VII - ofício circular: forma de comunicação em caráter específico, de menor generalidade que as circulares, destinado ao ordenamento do serviço.

Art. 11. Será publicada apenas a parte dispositiva das decisões proferidas em procedimentos de natureza disciplinar ou em processos de dúvida, podendo o Corregedor-Geral da Justiça, se entender necessário, determinar a publicação dessas decisões na íntegra.

SEÇÃO III DAS INSPEÇÕES E CORREIÇÕES

SUBSEÇÃO I DAS DISPOSIÇÕES GERAIS

Art. 12. As inspeções e correições são procedimentos administrativos destinados a fiscalizar, auditar e orientar o funcionamento das atividades jurisdicionais da Justiça de primeiro grau.

§ 1º Todas as unidades judiciárias do Estado de Alagoas serão inspecionadas/correicionadas de forma virtual, anualmente. Desta forma, em cada gestão, as unidades serão virtualmente inspecionadas, duas vezes, no mínimo.

§ 2º Serão inspecionadas/correicionadas, anualmente, pelo menos 50% (cinquenta por cento) das unidades judiciárias do Estado de Alagoas, de forma presencial, com análise também virtual dos processos, de modo que, no período de 2 (dois) anos, reste garantido uma análise presencial para cada unidade, no mínimo.

§ 3º As inspeções/correições ordinárias, abrangerão os gabinetes e as secretarias das unidades judiciárias.

§ 4º Após a realização das inspeções/correições ordinárias, será elaborado relatório, no prazo máximo de 30 (trinta) dias, que deverá conter as ações que deverão ser implementadas pelo magistrado responsável pela unidade analisada (determinações, recomendações, plano de trabalho, termo de compromisso, etc.), cujo cumprimento deverá ser acompanhado pela Corregedoria-Geral da Justiça, por meio de procedimento próprio.

SUBSEÇÃO II DAS INSPEÇÕES

Art. 13. O Corregedor-Geral da Justiça realizará inspeção nos juízos sob a sua jurisdição, com a finalidade de examinar, quantitativa e qualitativamente, a produção jurisdicional e a continuidade das atividades judiciais, havendo ou não evidências de irregularidades.

Parágrafo único. A inspeção poderá ser realizada diretamente pelo Corregedor-Geral da Justiça ou mediante delegação aos Juízes Auxiliares, bem como aos titulares, designados e substitutos legais.

Art. 14. A inspeção realizar-se-á, independente de prévio aviso, na comarca ou vara, examinando os processos judiciais em andamento ou arquivados, bem como quaisquer documentos e papéis.

§ 1º A inspeção nos processos virtuais poderá ser realizada remotamente da sede da Corregedoria-Geral da Justiça e, nos físicos, nas sedes das respectivas comarcas e varas.

§ 2º Em situações de grande complexidade, os processos físicos poderão ser conduzidos para a sede da Corregedoria-Geral da Justiça para fins de inspeção.

§ 3º O resultado da inspeção será encaminhado, por ofício ou outro documento hábil, ao juiz da unidade judiciária inspecionada para o devido cumprimento, fazendo-se de tudo relatório circunstanciado aos Juízes Auxiliares da Corregedoria e ao Corregedor-Geral da Justiça.

Art. 15. Nas inspeções serão aplicadas as normas das correições, previstas neste Código de Normas das Serventias Judiciais e no Regimento Interno da Corregedoria-Geral da Justiça, no que for cabível.

Art. 16. Nas inspeções compete ao Corregedor-Geral da Justiça verificar, ainda, no que couber:

I - se há cumprimento, por parte dos juízes e servidores, com exatidão, de todos os seus deveres e no desempenho das atribuições;

II - se há ausência injustificada e não permitida em lei, por parte dos juízes e servidores;

III - se as audiências designadas são realizadas com regularidade, incluindo as Sessões do Tribunal do Júri;

IV - se os juízes e servidores têm prática de vida privada compatível com as funções públicas que desempenham;

V - se a estrutura física e de pessoal da unidade judiciária proporcionam o efetivo cumprimento da missão do Poder Judiciário;

VI - o estado geral de conservação, limpeza e o tombamento dos mobiliários e equipamentos utilizados;

VII - os corretos recebimento, armazenamento, salvaguarda e destinação dos bens apreendidos, armas, munições e acessórios, quando em momento processual próprio para este fim;

VIII - a devida incineração dos entorpecentes apreendidos, quando em momento processual próprio a este fim;

IX - a realização de inspeções nas Serventias Extrajudiciais, quando for o caso.

Parágrafo único. No caso dos incisos V e VI, as deficiências encontradas que não puderem ser solucionadas pela Corregedoria-Geral da Justiça serão comunicadas ao órgão competente do Tribunal de Justiça, para fins de ciência e oportuno saneamento.

SUBSEÇÃO III DA INSPEÇÃO POR TITULARIDADE

Art. 17. A inspeção por titularidade será realizada pelo juiz, ao assumir definitivamente a unidade judiciária, devendo enviar relatório circunstanciado, por ofício, ao Corregedor-Geral da Justiça, no prazo máximo de 90 (noventa) dias, constando a análise da estrutura física e de servidores, bem como os processos:

I - em que haja réu preso ou adolescente apreendido;

II - incluídos nas Metas instituídas pelo Conselho Nacional de Justiça, ainda pendentes de julgamento;

III - com mais de 100 (cem) dias sem movimentação;

IV - autos elencados como prioritários pelas leis vigentes;

V - com pessoas albergadas conforme disposto na Lei nº 9.807/99;

VI - que versem sobre improbidade administrativa e as ações penais relacionadas a crimes contra a Administração Pública;

VII - feminicídios e violência doméstica e familiar contra a mulher;

VIII - ações coletivas;

IX - processos de adoção e ações que versem sobre a perda ou destituição do poder familiar.

SUBSEÇÃO IV DA AUTOINSPEÇÃO

Art. 18. A autoinspeção será realizada pelos juízes, sendo titular ou designado, bem como pelo substituto legal, em suas respectivas unidades judiciais

Parágrafo único. Nas Turmas Recursais dos Juizados Especiais, as autoinspeções serão realizadas pelo Juiz Presidente na Secretaria Judicial e pelos juízes integrantes do colegiado nos respectivos gabinetes.

Art. 19. A autoinspeção terá como escopo sanear a unidade judiciária, procurando aferir a regularidade do processamento dos feitos judiciais, a observância dos prazos, o esclarecimento das situações de fato, o aprimoramento da prestação jurisdicional, a celeridade de processamento dos feitos, a gestão administrativa e proativa da unidade judiciária, abstendo-se de expedir despachos que não impulsionem o feito ou decisões sem conteúdo decisório.

Art. 20. O magistrado deverá, no primeiro semestre de cada ano, proceder à autoinspeção nos feitos determinados no ANEXO V, que se encontrem tramitando nas respectivas unidades.

Parágrafo único. O titular da unidade que estiver com férias programadas para o mês de junho, deverá, obrigatoriamente, concluir a autoinspeção até o mês antecedente.

Art. 21. Na autoinspeção a ser realizada na 16ª Vara Criminal da Comarca da Capital – Execuções Penais – pelo magistrado responsável, deverão ser examinados todos os processos de presos cumprindo pena no regime fechado em relação aos quais o SEEU aponte preenchimento do requisito objetivo para concessão de benefícios previstos na Lei de Execuções Penais que possam implicar em alteração de regime, concessão de liberdade ou extinção da pena.

Art. 22. A autoinspeção no âmbito das unidades judiciárias que utilizam o Sistema Eletrônico de Execução Unificado – SEEU é de caráter obrigatório, na periodicidade estabelecida no art. 20 deste Código.

§ 1º A autoinspeção dos processos que tramitam no Sistema Eletrônico de Execução Unificado – SEEU deverá observar os parâmetros estabelecidos neste Código, assim como as normativas estabelecidas pelo Conselho Nacional de Justiça sobre o processamento da execução penal em formato eletrônico.

§ 2º Diante das especificidades do Sistema Eletrônico de Execução Unificado – SEEU, o juiz responsável pela autoinspeção examinará, obrigatoriamente, os processos e expedientes que se enquadrem nas hipóteses abaixo descritas:

I - com prioridade de tramitação estabelecida em lei, pelo Conselho Nacional de Justiça, Corregedoria Nacional de Justiça, Tribunal de Justiça ou e/ou Corregedoria-Geral da Justiça;

II - com pedido de urgência pendente de apreciação;

III - com benefícios vencidos e a vencer, indicados pelo Sistema Eletrônico de Execução Unificado – SEEU;

IV - no aguardo de devolução de Carta Precatória e de resposta de ofícios;

V - aptos a serem encaminhados ao Tribunal de Justiça;

VI - paralisados há mais de 100 (cem) dias no gabinete;

VII - com juntadas não analisadas há mais de 10 (dez) dias;

VIII - com inconsistências apontadas nas estatísticas do Sistema Eletrônico de Execução Unificado – SEEU;

IX - com pendência de somatório de pena.

§ 3º Durante a autoinspeção, o juiz verificará os trabalhos desenvolvidos pelos servidores que lhe são subordinados, no tocante ao cumprimento das atribuições previstas nas leis e atos normativos, em especial:

I - se há conferência pela secretaria da unidade judiciária de todos os dados e documentos da guia, com o posterior lançamento de certidão referente à implantação no Sistema Eletrônico de Execução Unificado – SEEU;

II - se a secretaria da unidade judiciária designa audiência de justificação, dentro do prazo de 120 (cento e vinte) dias, a contar da comunicação de conclusão de processo administrativo disciplinar pela unidade prisional ou do descumprimento de alguma das condições;

III - se há conferência de existência de execução em trâmite ou início de cadastro no sistema, antes de realizar novo cadastro no SEEU;

IV - se há duplicidade de guias da mesma pena ou a execução simultânea do mesmo reeducando em processos diversos;

V - se as unidades prisionais estão instruindo, com atestado de conduta carcerária e atestado de dias trabalhados, estudados e de leitura, os incidentes para concessão de benefício;

VI - se há entrega ao sentenciado de cópia do atestado de penas a cumprir e do relatório de situação processual executória, alterado o cumprimento da pena, bem como no mês de janeiro de cada ano;

VII - se há pendência de remessa do recurso e das peças indicadas pelos interessados ao Tribunal de Justiça do Estado de Alagoas para registro, distribuição e julgamento;

VIII - se há pendência de acórdão e certidão de trânsito em julgado para anexação ao Sistema Eletrônico de Execução Unificado – SEEU, seguindo-se o arquivamento dos autos do recurso em meio físico;

IX - se as determinações constantes em provimentos e relatórios emitidos em decorrência de inspeções e correições pregressas foram observadas;

X - se as comunicações ao Instituto de Identificação e a Justiça Eleitoral estão sendo realizadas adequadamente, diante da declaração de extinção da punibilidade, transitada em julgado;

XI - se há pendência de resposta de expedientes oriundos da Ouvidoria Judiciária do Tribunal de Justiça do Estado de Alagoas;

XII - se os diretores e assessores jurídicos das unidades prisionais exclusivamente realizam suas comunicações pelo Sistema Eletrônico de Execução Unificado – SEEU;

XIII - se há carta precatória de outro Estado da Federação ainda não integrada ao Sistema Eletrônico de Execução Unificado – SEEU, para fiscalização e cumprimento de penas.

§ 4º O cumprimento das pendências constatadas no § 3º deverá ser realizado dentro do prazo fixado pelo juiz e antes de encerrada a autoinspeção.

§ 5º O juiz procederá ao exame de todos os feitos de verificação obrigatória e, se atingido o percentual mínimo de 20% (vinte por cento) do acervo processual do SEEU, dar-se-á por satisfatório o procedimento inspecional.

§ 6º Estão sujeitasobrigatoriamente à autoinspeção, dentre outros itens cuja relevância venha a ser reconhecida pelo juiz, as hipóteses elencadas no § 2º deste artigo.

§ 7º Caso não se obtenha o percentual de 20% (vinte por cento) do acervo, após o exame dos feitos de verificação obrigatória, deverá o juiz complementar o procedimento inspecional, por meio da análise por amostragem dos demais processos de execução penal, até que se atinja o patamar mínimo.

Art. 23. Os magistrados responsáveis pela autoinspeção deverão informar ao Departamento Central de Assuntos Judiciários (DCAJ) desta Corregedoria-Geral da Justiça, única e exclusivamente via Intrajus, com antecedência mínima de 05 (cinco) dias, a data provável de início e término das correspondentes atividades, para fins de registro, acompanhamento e ulterior fiscalização.

§ 1º O prazo para realização das atividades da autoinspeção não deverá ultrapassar 20 (vinte) dias, ressalvados os casos devidamente justificados.

§ 2º As autoinspeções deverão ser realizadas sem prejuízo das atividades normais da unidade e dentro do horário regimental, evitando-se a realização de serviços extraordinários, sendo vedado terminantemente o fechamento da unidade.

Art. 24. O magistrado extrairá relação do respectivo Sistema de Automação da Justiça (SAJ), na qual constarão todos os feitos que se encontrem elencados no ANEXO V sob sua responsabilidade.

§ 1º A relação de que trata o **caput** deverá registrar, no mínimo, os seguintes parâmetros:

I - data da distribuição;

II - número dos autos;

III - natureza da ação;

IV - situação processual (último andamento);

V - número de referência, conforme quadro de correlação constante no ANEXO VI deste Código;

VI - indicação de processo físico ou eletrônico.

§ 2º Encerradas as atividades concernentes à autoinspeção, a unidade judiciária encaminhará relatório único, em conformidade com o Modelo de Relatório de Autoinspeção contido no ANEXO VIII deste Código ou modelo similar, ao DCAJ, via Intrajus, no prazo máximo de 10 (dez) dias.

§ 3º Constatado o não encaminhamento do relatório ou o encaminhamento de relatório em desacordo com o contido no ANEXO VIII deste Código, o Corregedor-Geral da Justiça será informado para adoção das medidas necessárias.

§ 4º Recebido o relatório em conformidade com este ato normativo, a Corregedoria-Geral da Justiça avaliará a autoinspeção da unidade em prazo de 90 (noventa) dias.

§ 5º No caso da 16ª Vara Criminal da Comarca da Capital – Execuções Penais, a relação de que trata o **caput** deste artigo deverá conter o número dos autos e o nome do apenado e o relatório de inspeção obedecerá ao modelo apresentado no ANEXO IX deste Código.

Art. 25. Os magistrados farão acostar aos autos do processo 1 (uma) das opções do despacho disposto no formulário constante do ANEXO VII, devidamente preenchido, conforme o caso, e assinado.

Parágrafo único. O formulário de que trata o caput deste artigo constará no banco de modelos de despachos concernentes ao respectivo Sistema de Automação da Justiça (SAJ), com a denominação "VISTO EM AUTOINSPEÇÃO", devendo ser confirmada a movimentação para fins de visualização nos autos, porém, sem servir como movimentação de impulso do feito.

Art. 26. Os magistrados deverão abster-se de determinar à conclusão os processos que já se encontrem nesta situação, devendo realizar o ato necessário para o andamento processual.

SUBSEÇÃO V DAS CORREIÇÕES

Art. 27. As correições poderão ser gerais ou parciais e serão realizadas pelo Corregedor-Geral da Justiça, diretamente ou por delegação aos Juízes Auxiliares, por iniciativa própria ou por determinação do Conselho Nacional de Justiça, acaso seja verificada ou noticiada eventual prática de ato contrário à lei ou ao Código de Ética da Magistratura ou Código de Ética do Servidor Público Civil do Estado de Alagoas ou ao ordenamento jurídico, com a finalidade de apurar a responsabilidade de magistrados e servidores.

SUBSEÇÃO VI
DA CORREIÇÃO ORDINÁRIA

Art. 28. A correição ordinária configura atividade de rotina da Corregedoria-Geral da Justiça, realizada pelos Juízes Auxiliares, por delegação do Corregedor-Geral da Justiça, mediante despachos apostos em processos virtuais remotamente e na própria vara ou na sede da comarca em caso de processos físicos.

Art. 29. A realização da correição ordinária independe da expedição de ato administrativo prévio.

Art. 30. As correições ordinárias examinarão se os autos são distribuídos, processados e arquivados na forma da lei.

Art. 31. Durante a correição ordinária os Juízes Auxiliares fixarão prazo razoável para:

I - o julgamento dos processos conclusos com excesso de prazo;

II - o cumprimento de expediente a cargo da secretaria da Vara ou Comarca com excesso de prazo;

III - emenda de erros, abusos ou omissões verificadas;

IV - retificação de cadastros de processos;

V - correção do recolhimento das custas processuais;

VI - análise de petição inicial e de tutelas de urgência em prazo razoável.

Art. 32. Durante a correição ordinária, os Juízes Auxiliares abster-se-ão de:

I - imiscuir-se no julgamento dos feitos, quanto ao mérito ou momento de prolatação de sentença;

II - determinar providências que já foram adotadas pelo juiz da unidade judicial.

Art. 33. Para realização das correições ordinárias, todos os fluxos de trabalhos existentes nos Sistemas SAJ deverão conter fila denominada "PROCESSOS CORRECIONADOS - CGJ".

Parágrafo único. Quando lançado o despacho nos autos, o processo será automaticamente copiado para a fila "PROCESSOS CORRECIONADOS - CGJ", permanecendo, dessa forma, em todas as outras filas em que já estava.

Art. 34. Os juízes, na qualidade de gestores das unidades judiciais, deverão observar diariamente a fila de trabalho "PROCESSOS CORRECIONADOS - CGJ", a fim de cumprir as determinações contidas no despacho de correição, promovendo a regular tramitação do processo.

Art. 35. A movimentação atribuída ao documento de correição não deverá ser alterada, em nenhum momento, pela unidade judicial.

Art. 36. Na fila "PROCESSOS CORRECIONADOS - CGJ" constarão as atividades de emitir despacho, decisão e sentença, para possibilitar ao juiz a promoção do andamento do feito.

§ 1º Na emissão de quaisquer documentos das categorias mencionadas no **caput** deste artigo, o processo sairá da fila, e acaso seja necessário, o juiz poderá realizar consulta avançada dos processos, por meio do parâmetro movimentação e utilizar o código 60195.

§ 2º Quando da realização da consulta a que se refere o § 1º deste artigo, o sistema retornará todos os processos que tiveram a movimentação durante o período informado.

Art. 37. A Corregedoria-Geral da Justiça extrairá mensalmente do Sistema SAJ, relatório circunstanciado dos processos correicionados, a fim de verificar se a unidade judicial efetivamente cumpriu as determinações contidas no despacho de correição.

Parágrafo único. Para cada unidade judicial a ser objeto de correição ordinária, deverá ser registrada a abertura de processo administrativo no Sistema SAJ, no âmbito da Corregedoria- Geral da Justiça, que conterá, obrigatoriamente, relatório de correição, conforme modelo previamente aprovado pelo Corregedor-Geral da Justiça.

Art. 38. Durante a correição ordinária, se verificado que a unidade judicial não está atendendo a determinações contidas em atos normativos da Corregedoria-Geral da Justiça do Estado de Alagoas ou do Conselho Nacional de Justiça, ou procedendo de forma indevida indistintamente, será extraído relatório circunstanciado e determinada a abertura de processo administrativo disciplinar, no âmbito da Corregedoria-Geral da Justiça, para acompanhamento e fiscalização das pendências encontradas.

SUBSEÇÃO VII
DA CORREIÇÃO EXTRAORDINÁRIA

Art. 39. As correições extraordinárias serão realizadas nas varas ou nas sedes das comarcas ou na Corregedoria-Geral da Justiça, nos casos de processos virtuais, mediante expedição de portaria do Corregedor-Geral da Justiça, devidamente publicada no Diário da Justiça Eletrônico, convocando, previamente, o Juiz Auxiliar e os servidores com indicação do dia, horário e local em que os trabalhos serão realizados.

Parágrafo único. Cópias da portaria a que se refere o caput deverão ser afixadas no pátio do Fórum, nas sedes das Comarcas, nas entradas do Gabinete e da Secretaria das unidades judiciárias e enviadas, mediante ofício, à Presidência do Tribunal de Justiça do Estado de Alagoas.

Art. 40. As correições terão por objetivo a averiguação dos fatos que as determinaram e as que surgirem durante a sua execução.

Art. 41. A correição dos serviços judiciais consiste na fiscalização, por parte da Corregedoria- Geral da Justiça, de autos processuais, livros, papéis, arquivos, documentos em meio físico ou digital e atos submetidos a exame judicial, sistemas de informática e outros aspectos que possibilitem o exame da regularidade na prestação dos serviços pelas unidades judiciárias.

Art. 42. Durante a correição extraordinária serão verificados, além de outros cuja relevância venha a ser reconhecida pelo Corregedor-Geral da Justiça, os aspectos listados no art. 17 deste Código, além dos abaixo elencados:

I - estrutura física e estrutura de pessoal da unidade judicial;

II - assiduidade e produtividade dos servidores e juízes;

III - correta destinação dos bens apreendidos, armas, munições e acessórios, inclusive a incineração de drogas;

IV - prática de expedientes cartorários relevantes ao controle e ao impulso dos feitos;

V - se a unidade judicial observa o término dos prazos de suspensão/sobrestamento dos processos;

VI - gestão administrativa eficiente e proativa da unidade judicial;

VII - observância das normas editadas pelo Conselho Nacional de Justiça, Corregedoria Nacional de Justiça, Tribunal de Justiça do Estado de Alagoas e Corregedoria-Geral da Justiça do Lstado de Alagoas, inclusive a regularidade da alimentação dos sistemas do Conselho Nacional de Justiça.

Art. 43. Será observado, ainda, nas correições extraordinárias, o local destinado ao funcionamento da unidade judicial, sob os aspectos de conservação e limpeza, a adequação das dependências aos serviços nelas desempenhados e o estado geral de conservação e limpeza dos mobiliários e equipamentos utilizados.

§ 1º Durante a correição, o Corregedor-Geral da Justiça ou os Juízes Auxiliares, receberão as reclamações e queixas, escritas ou verbais, que lhe forem dirigidas por auxiliares da justiça ou qualquer pessoa, mandando reduzir a termo as que forem formuladas verbalmente, em sala própria, individualmente.

§ 2º Na realização da correição extraordinária não haverá suspensão ou interrupção dos prazos, paralisação da distribuição, transferência ou cancelamento de audiências já designadas, nem qualquer prejuízo aos trabalhos rotineiros na unidade judiciária.

§ 3º Durante o período de correição, deverá ser elaborada escala de trabalho dos servidores, de tal forma que haja observância da jornada diária de trabalho e presença de, no mínimo, um servidor na unidade judicial correcionada, entre 8h e 18h.

Art. 44. Findos os trabalhos da correição será expedida uma ata em que serão especificadas as ocorrências da correição, os exames feitos e as irregularidades verificadas.

Art. 45. A Divisão de Inspeção e Correição expedirá relatório circunstanciado que será submetido aos Juízes Auxiliares da Corregedoria para parecer e encaminhado ao Corregedor- Geral da Justiça para análise e decisão.

Art. 46. O Corregedor-Geral da Justiça ou os Juízes Auxiliares, por delegação, poderão voltar à Vara ou à Sede da Comarca, a qualquer tempo, para verificação do cumprimento das recomendações, orientações e provimentos expedidos.

Art. 47. Para cada unidade judicial a ser objeto de correição extraordinária deverá ser registrada a abertura de processo administrativo no Sistema SAJ, no âmbito da Corregedoria-Geral da Justiça.

Parágrafo único. O procedimento administrativo individualizado de correição extraordinária conterá obrigatoriamente os seguintes documentos:

I -portaria do Corregedor-Geral da Justiça;

II - relatório de correição, conforme modelo previamente aprovado pelo Corregedor-Geral da Justiça.

Art. 48. Findos os trabalhos de correição extraordinária, será elaborado relatório, devidamente preenchido com a inserção dos dados mínimos indicados, contendo, especificada e objetivamente, as ocorrências verificadas, o apontamento das irregularidades encontradas e as sugestões quanto às medidas necessárias para saneamento dos problemas detectados.

Parágrafo único. Os relatórios deverão ser publicados no site do Tribunal de Justiça do Estado de Alagoas, na página da Corregedoria-Geral da Justiça; e, no Diário da Justiça Eletrônico, bem como enviado ao juiz da unidade judicial, via Intrajus.

Art. 49. O Corregedor-Geral da Justiça ou os Juízes Auxiliares da Corregedoria-Geral da Justiça farão acostar, aos autos do procedimento administrativo analisado, um despacho onde constarão todas as determinações a serem observadas pelo juízo.

SEÇÃO IV
DAS DISPOSIÇÕES FINAIS

Art. 50. O Corregedor-Geral da Justiça, nos exames a que proceder, verificará se as recomendações determinadas nas inspeções e correições foram cumpridas.

Parágrafo único. Observado o não cumprimento das recomendações determinadas na forma do caput deste artigo o Corregedor-Geral da Justiça baixará portaria de abertura de sindicância ou processo administrativo disciplinar para apuração do fato.

Art. 51. Fica terminantemente vedada a realização de atividades de mudanças de filas de trabalho ou realização de movimentações processuais com a finalidade de burlar a constatação de retardamento da marcha processual, conduta que será objeto de apuração específica para fins de adoção das medidas disciplinares cabíveis.

Art. 52. Nas hipóteses em que a Corregedoria-Geral da Justiça constatar uma deficiência de qualificação dos servidores de uma determinada unidade judicial, poderá determinar a realização de cursos de aperfeiçoamento para posterior avaliação de desempenho.

CAPÍTULO II
DOS JUÍZES DE DIREITO

SEÇÃO I
DAS FUNÇÕES ADMINISTRATIVAS

Art. 53. Os juízes instruirão seus respectivos servidores sobre a devida organização dos processos e filas e a correta lavratura de todos os documentos.

Art. 54. Ao juiz de direito, com o auxílio do chefe de secretaria, compete a direção superior da unidade judicial, fazendo valer as leis e determinações administrativas do Conselho Nacional de Justiça, da Presidência do Tribunal de Justiça e da Corregedoria-Geral da Justiça.

Art. 55. Compete a todos os juízes de primeiro grau no âmbito da unidade judicial a que esteja vinculado:

I - exercer a direção superior da unidade judicial;

II - fazer valer as leis, bem como as determinações administrativas do Conselho Nacional de Justiça, da Presidência do Tribunal de Justiça e da Corregedoria-Geral da Justiça;

III - inspecionar, permanentemente, os serviços a cargo dos cartórios e secretarias, dando- lhes melhor coordenação, prevenindo e emendando erros ou abusos, provendo sobre a regularidade dos autos e papéis, observando se estão sendo cumpridos os provimentos e determinações das autoridades judiciais e verificando se os serventuários mantêm os referidos cartórios e secretarias em ordem;

IV - apurar as faltas e aplicar as penas disciplinares de sua competência aos servidores que lhes sejam subordinados, provocando, quando for o caso, a intervenção da Corregedoria-Geral da Justiça;

V - autorizar férias a servidores e serventuários do respectivo juízo;

VI - exercer outras atribuições que lhe forem conferidas em lei e em outros atos normativos;

VII - verificar diariamente seu Intrajus;

VIII - fiscalizar as informações constantes nos sistemas informatizados locais, especialmente com relação aos dados de classes processuais, pessoas nos processos e procedimentos, com nome e filiação completos, mandados de prisão e alvarás de soltura, determinando aos servidores a correta alimentação;

IX - abrir e encerrar os livros dos respectivos cartórios, se ainda existentes;

X - informar à Corregedoria-Geral da Justiça, a cada início de semestre, de preferência até o dia 15 de fevereiro e o dia 15 de agosto de cada ano, o exercício de atividade docente no ano anterior, se existente;

XI - preencher o sistema no site do Tribunal de Justiça do Estado de Alagoas quanto às atividades docentes, observando o disposto na Resolução nº 34/2007, do Conselho Nacional de Justiça.

SEÇÃO II
DO VITALICIAMENTO SUBSEÇÃO I
DA ORIENTAÇÃO, DO ACOMPANHAMENTO E DA AVALIAÇÃO

Art. 56. O período de avaliação do juiz substituto do Estado de Alagoas, necessário à aquisição da vitaliciedade, inicia-se a contar do exercício no cargo.

Parágrafo único. A orientação, o acompanhamento e a avaliação dos juízes vitaliciandos constituem atribuição do Corregedor-Geral da Justiça, coadjuvado por Juízes de Direito Formadores.

Art. 57. A Corregedoria-Geral da Justiça formará prontuários individuais em que serão reunidas informações para a avaliação do juiz vitaliciando.

Parágrafo único. O processo de vitaliciamento compreende todo o período de avaliação, ao término do qual já deverá ter iniciado a fase conclusiva daquele processo.

SUBSEÇÃO II
DOS JUÍZES FORMADORES

Art. 58. O Juiz Formador terá as seguintes atribuições, sem prejuízo de outras que lhe forem delegadas:

I - acompanhar a atuação do juiz vitaliciando durante o período de avaliação;

II - orientar a atuação do juiz vitaliciando no que diz respeito à conduta profissional e atuação junto às partes, procuradores, servidores, público em geral e outros juízes;

III - avaliar a atuação do juiz vitaliciando mediante a elaboração de relatórios semestrais e do relatório da avaliação final, a serem encaminhados ao Corregedor-Geral da Justiça.

Art. 59. O Juiz Formador será designado pelo Corregedor-Geral da Justiça, que dará ciência do ato ao juiz vitaliciando.

§ 1º Os Juízes Formadores deverão contar com mais de 5 (cinco) anos na carreira, conduta profissional exemplar e ausência de sanção disciplinar.

§ 2º Cada Juiz Formador poderá acompanhar, de forma simultânea, o processo de vitaliciamento de até 10 (dez) juízes.

SUBSEÇÃO III
DOS CRITÉRIOS DE AVALIAÇÃO

Art. 60. A avaliação do desempenho do juiz no período de aquisição da vitaliciedade terá como foco suas aptidões, inclusive idoneidade moral, a adaptação ao cargo e às funções (desempenho profissional), destacadamente:

I - o cumprimento com independência, serenidade e exatidão das disposições legais e atos de ofício;

II - o cumprimento dos prazos legais para proferir decisões e adequação das providências adotadas para a sua efetivação;

III - o trato respeitoso dispensado aos membros do Ministério Público, advogados, partes, testemunhas, servidores e auxiliares de Justiça;

IV - a assiduidade e pontualidade nos dias e horários de expediente forense e plantões judiciários;

V - a conduta ilibada na vida pública e particular;

VI - a aptidão para a judicatura e experiência adquirida;

VII - a idoneidade, probidade, zelo e cautela;

VIII - o interesse e dedicação à atividade jurisdicional;

IX - a relação harmônica e respeitosa com os demais colegas juízes;

X - o preparo técnico-profissional;

XI - a disciplina e eficiência no exercício da magistratura;

XII - a adaptação funcional e social;

XIII - a probidade;

XIV - a produtividade;

XV - o aproveitamento em curso de formação e aperfeiçoamento de juízes promovido pela Escola Superior da Magistratura.

Art. 61. A avaliação da aptidão do juiz vitaliciando levará em conta o cumprimento do regime próprio da Magistratura, os relatórios produzidos pelo Juiz Formador e demais elementos levados ao conhecimento do Corregedor-Geral da Justiça.

Parágrafo único. Poderá ser considerada, para fins de avaliação da aptidão, a participação do vitaliciando em atividades de aperfeiçoamento profissional promovidas ou sugeridas pelo Tribunal, consoante os critérios que fixar.

Art. 62. O desempenho jurisdicional do juiz vitaliciando comportará avaliação quantitativa e qualitativa.

§ 1º A avaliação quantitativa será realizada por meio do Relatório Mensal de Produtividade do Magistrado - REMIP, a ser juntado ao processo administrativo de vitaliciamento, pelo setor da Corregedoria-Geral da Justiça responsável pela sua extração, até o décimo dia do mês subsequente.

§ 2º A avaliação qualitativa se dará segundo critérios definidos pelo Juiz Formador, podendo consistir na análise de sentenças, decisões e relatórios semestrais a serem confeccionados pelos juízes vitaliciandos.

§ 3º A análise das decisões e sentenças apresentadas observará os seguintes critérios:

I - a redação;

II - a clareza;

III - a objetividade;

IV - a pertinência de doutrina e jurisprudência, quando citadas;

V - o respeito às súmulas do Supremo Tribunal Federal e dos Tribunais Superiores.

§ 4º Os documentos e peças a que se refere o § 2º deste artigo, deverão ser encaminhados diretamente ao respectivo Juiz Formador.

Art. 63. O juiz vitaliciando deverá encaminhar ao Juiz Formador, no final de cada semestre, e, obrigatoriamente, via Intrajus, relatório circunstanciado de sua atuação profissional, observando o modelo previsto no ANEXO I deste Código.

SUBSEÇÃO IV
DO PROCESSO DE VITALICIAMENTO

Art. 64. A Divisão de Juízes da Corregedoria-Geral da Justiça autuará procedimento administrativo virtual individualizado por juiz vitaliciando, onde constarão suas informações pessoais e os relatórios cuja elaboração ou extração for determinada neste Capítulo.

Art. 65. A Divisão de Juízes deverá juntar ao processo de vitaliciamento cada portaria que designar ou revogar a designação do juiz vitaliciando para atuação em determinada unidade judicial, a fim de possibilitar a consulta estatística nas unidades judiciais e nos períodos em que houve a atuação.

Parágrafo único. A Divisão de Juízes deverá extrair do Sistema SAJ Estatística/INSIGHTS, relativamente ao período de atuação do juiz vitaliciando em determinada unidade, as seguintes informações:

I - acervo e distribuição mensal;

II - se houve, no mesmo período, atuação de outro juiz na mesma unidade;

III - quantidade de audiências agendadas, realizadas e adiadas;

IV - quantidade de decisões interlocutórias proferidas por mês;

V - quantidade de sentenças com resolução do mérito, sem resolução do mérito e homologatórias proferidas por mês;

VI - quantidade de processos conclusos há mais de 100 dias, quando a atuação do juiz vitaliciando exceder a tal período na mesma unidade;

VII - quantidade de sentenças dadas em audiência por mês;

VIII - se houve, no período, o cumprimento das metas estabelecidas pelo Conselho Nacional de Justiça que se aplicarem à unidade judicial onde houve a atuação;

IX - quantidade de réus presos e a situação dos respectivos processos;

X - quantidade de menores apreendidos e a situação dos respectivos processos;

XI - quantidade de júris realizados.

Art. 66. O Corregedor-Geral da Justiça poderá solicitar informações sobre a conduta funcional e social do juiz vitaliciando à Ordem dos Advogados do Brasil, ao Ministério Público e a Juízes, bem como a outros órgãos ou entidades que entender necessários, preservando o caráter sigiloso da informação.

Art. 67. Poderá o Corregedor-Geral da Justiça, mediante autorização do Tribunal, determinar que o juiz vitaliciando seja submetido à avaliação psicológica ou psiquiátrica por junta especializada.

Art. 68. Em até 60 (sessenta) dias antes do fim do período de prova, o Juiz Formador elaborará relatório final acerca da atuação do juiz vitaliciando.

Art. 69. À vista da documentação apresentada, o Corregedor-Geral da Justiça elaborará a avaliação conclusiva do juiz vitaliciando, a fim de ser submetida ao órgão colegiado competente.

SEÇÃO III
DO REGIME DE PLANTÃO SUBSEÇÃO I
DA COMPETÊNCIA

Art. 70. O serviço de plantão na Justiça de primeiro grau visa ao atendimento de medidas judiciais urgentes, sendo consideradas aquelas destinadas a evitar o perecimento de direito ou assegurar a liberdade de locomoção, nos dias e horas em que não houver expediente forense normal.

Parágrafo único. O plantão judiciário destina-se, exclusivamente, ao exame das seguintes matérias:

I - pedidos de **habeas corpus** e mandados de segurança em que figurar como coator autoridade submetida à competência jurisdicional do juiz plantonista;

II - medida liminar em dissídio coletivo de greve;

III - comunicações de prisão em flagrante e a apreciação dos pedidos de concessão de liberdade provisória, bem como, na forma e casos previstos neste Código, a realização de audiência de custódia;

IV - em caso de justificada urgência, de representação da autoridade policial ou do Ministério Público visando à decretação de prisão preventiva ou temporária;

V - pedidos de busca e apreensão de pessoas, bens ou valores, desde que objetivamente comprovada a urgência;

VI - medida cautelar, de natureza cível ou criminal, que não possa ser realizada no horário normal de expediente, ou de caso em que, da demora, possa resultar risco de grave prejuízo ou de difícil reparação;

VII - medidas urgentes, cíveis ou criminais, da competência dos juizados especiais a que se referem as Leis nº 9.099/95 e nº 10.259/01, limitadas às hipóteses acima enumeradas.

Art. 71. A jurisdição em plantão exaure-se na apreciação do pedido de tutela de urgência formulado, não vinculando ou tornando prevento o juiz para os demais atos processuais, a não ser que seja ele o juiz natural da causa, devendo proceder-se livremente à distribuição dos processos no primeiro dia útil subsequente ao término do plantão.

Art. 72. A competência do juízo plantonista é fixada pelo horário do protocolo da petição, ainda que a decisão e a execução das medidas determinadas se alonguem, excepcionalmente, para além do início do expediente forense regular.

§ 1º Na hipótese tratada no **caput**, a decisão deverá ser tomada dentro do horário de expediente forense do dia em que terminar o plantão e antes de qualquer outra providência do juiz plantonista em sua unidade de origem.

§ 2º Em sendo o caso de realização de diligências antes da decisão, o juiz plantonista as requisitará e remeterá o processo, imediatamente, ao juízo natural, onde a decisão deverá ser tomada.

Art. 73. É vedada a apreciação, no plantão judiciário, de:

I - reiteração de pedido já apreciado ou pendente de apreciação no órgão judicial de origem ou em plantão anterior;

II - pedido de reconsideração ou reexame;

III - pedido de prorrogação de autorização judicial para escuta telefônica;

IV - pedido de levantamento de importância em dinheiro ou valores;

V - pedido de liberação de bens apreendidos, salvo quanto aos perecíveis sujeitos à deterioração.

§ 1º As medidas de comprovada urgência que tenham por objeto o depósito de importância em dinheiro ou valores só poderão ser ordenadas por escrito pela autoridade judiciária competente e serão executadas durante o expediente bancário, por servidor designado para tal fim.

§ 2º A parte que induzir o juiz plantonista à apreciação vedada pelos incisos I e II deste artigo, estará sujeita a responder por litigância de má-fé.

~~**Art. 74.** Sem prejuízo do disposto no Capítulo I do Título V deste Código, a realização, pelo juízo plantonista, de audiências de custódia decorrentes de prisões provisórias por fatos havidos durante o plantão observará o disposto neste artigo.~~

~~§ 1º A realização da audiência de custódia é atribuição do juízo plantonista, ressalvado o disposto nos parágrafos seguintes quanto aos processos protocolados no último dia do plantão, entre o encerramento do plantão presencial pelos servidores a que alude o art. 150 deste Código e o início do expediente forense do dia seguinte.~~

~~§ 2º Na Comarca da Capital, deverá ser adotado o seguinte procedimento:~~

~~I - os processos mencionados no § 1º terão a audiência realizada pela Central de Audiências de Custódia;~~

~~II - o juízo plantonista deverá remeter os processos a que alude o § 1º à Central de Audiências de Custódia até as 8h do dia de início do expediente forense;~~

~~III - os processos não remetidos até o horário previsto no inciso II terão a audiência realizada pelo juízo plantonista.~~

~~§ 3º Nas Comarcas do Interior, deverá ser adotado o seguinte procedimento:~~

~~I - os processos mencionados no § 1º terão a audiência realizada pelo juízo plantonista;~~

~~II - caso os processos mencionados no § 1º tenham sido indevidamente protocolados no juízo natural, este tem até as 8h do dia de início do expediente forense para remeter o processo ao juízo plantonista;~~

~~III - os processos não remetidos na forma do inciso II terão a audiência de custódia realizada pelo juízo natural.~~

Art. 74. Sem prejuízo do disposto no Capítulo I do Título V deste Código, a realização, pelo juízo plantonista, de audiências de custódia decorrentes de prisões provisórias por fatos havidos durante o plantão observará o disposto neste artigo. (Redação dada pelo Provimento nº 16, de 26 de julho de 2023)

§ 1º A realização da audiência de custódia é atribuição do juízo plantonista criminal.

~~§ 2º Na Comarca da Capital, a audiência de custódia decorrente de prisão civil de devedor de alimentos será efetivada pelo juízo plantonista cível.~~

§ 2º A audiência de custódia decorrente de prisão civil de devedor de alimentos será efetivada, na Comarca da Capital, pelo juízo plantonista cível, e nas comarcas do interior, pelo juiz plantonista responsável pela circunscrição do local onde efetuada a prisão. (Redação dada pelo Provimento nº 17, de 02 de agosto de 2023)

§ 3º Quanto aos processos protocolados no último dia do plantão, entre o encerramento do plantão presencial e o início do expediente forense do dia seguinte, observar-se-á o disposto nos §§ 4º e 5º deste artigo.

§ 4º Na Comarca da Capital, quanto aos casos mencionados no § 3º deste artigo, deverá ser observado o seguinte:

I - os processos terão a audiência realizada pela Central de Audiências de Custódia no dia útil seguinte ao término do plantão;

II - o juízo plantonista deverá remeter os processos à Central de Audiências de Custódia até às 8h do dia de início do expediente forense;

III - os processos não remetidos até o horário previsto no inciso II terão a audiência realizada pelo juízo plantonista;

IV - nos casos relativos à prisão civil de devedor de alimentos, a que se refere o § 2º deste artigo, observar-se-á as disposições contidas no art. 702 deste Provimento.

§ 5º Nas Comarcas do interior, os processos mencionados no § 3º terão a audiência realizada pelo juízo plantonista.

§ 6º Caso a unidade judicial verifique que, durante o plantão judicial, foram indevidamente protocolados autos de prisão em flagrante no juízo natural, este tem até às 8:00h do dia de início do expediente forense para remeter o processo ao juízo plantonista, no caso do interior, ou à Central de Audiências de Custódia no caso da Capital.

SUBSEÇÃO II
DOS DIAS, LOCAIS E HORÁRIOS

Art. 75. O plantão judiciário será realizado nas dependências do Fórum do juízo plantonista, ou em outro local designado especialmente para tal finalidade.

Parágrafo único. Excetua-se a regra prevista no caput deste artigo para os plantões judiciários criminais da Capital, que deverão ser realizados nas dependências da Central de Custódia da Capital.

Art. 76. O plantão judiciário será prestado, nos dias em que não houver expediente forense (sábados, domingos, feriados, recesso forense e pontos facultativos), bem como nas respectivas vésperas do primeiro dia da convocação do juízo, a partir do término do expediente anterior, ou em outro horário que vier a ser estabelecido pelo Tribunal de Justiça e, nos dias úteis, iniciará após o encerramento dos trabalhos forenses, perdurando até o início das atividades laborativas do dia subseqüente.

§ 1º A Corregedoria-Geral da Justiça estabelecerá escalas e períodos de plantão especial, em caráter excepcional, nas situações em que existam peculiaridades locais, como festas tradicionais ou prolongada ausência de expediente normal.

§ 2º Excepcionalmente, poderá a Corregedoria-Geral da Justiça admitir a prorrogação do horário do expediente para o fim exclusivo de cumprimento efetivo de diligência iniciada durante o horário regular do plantão.

§ 3º O juiz escalado para o plantão não dará início às suas férias, o que ficará postergado para o primeiro dia útil subsequente.

§ 4º O plantão presencial no Estádio Rei Pelé somente ocorrerá nas datas de realização de eventos esportivos de grande porte, quando assim previamente designado pelo Corregedor- Geral da Justiça, mediante portaria a ser publicada com antecedência mínima de 10 (dez) dias.

§ 5º O juiz designado para o plantão no Estádio Rei Pelé, deverá comparecer à praça esportiva duas horas antes do início do evento, retirando-se após a realização de todas as audiências preliminares.

SUBSEÇÃO III
DO JUIZ PLANTONISTA

Art. 77. O atendimento do serviço de plantão, em primeiro grau, será prestado mediante escala elaborada pela Corregedoria-Geral da Justiça, na qual constará a designação dos juízos plantonistas por até seis meses.

Art. 78. A designação para o período de plantão referente a cada circunscrição ou grupo de circunscrições será feita com observância de escalas diferenciadas, uma delas referente aos plantões no carnaval e final de semana que lhe anteceder, da semana santa e dos recessos forenses e a outra para os finais de semana e demais feriados, garantindo-se ao juiz plantonista a compensação na escala de plantão para fins de futuras designações, observando-se, ainda, os seguintes critérios:

I - a ordem de designação dos juízos plantonistas será a estabelecida nos termos da Resolução TJAL nº 10, de 24, de abril de 2018, dividida de acordo com as circunscrições ou grupos de circunscrições que especifica;

II - o juiz designado para prestar jurisdição no plantão forense somente poderá ser convocado para novo período de plantão atinente a finais de semana, recessos e feriados longos, de acordo com as respectivas escalas, depois que todos os demais juízes que estiverem em exercício da atividade judicante na respectiva circunscrição ou grupo de circunscrições também já o tenham sido;

III - quando o percentual de vacância no tocante às unidades jurisdicionais do Estado, em sua totalidade, for igual ou superior a 10% (dez por cento), somente serão incluídos nas escalas de plantão os juízos nos quais exista juiz titular ou substituto no exercício da titularidade;

IV - com exceção dos feriados da semana santa, do carnaval e dos recessos forenses, responderão pelos plantões referentes a feriados que ocorram nas segundas ou terças- feiras os juízes designados para o plantão do final de semana imediatamente anterior e, nos demais dias, quais sejam, quartas, quintas e sextas-feiras, os juízes designados para plantão do final de semana seguinte;

V - os juízes que passarem a integrar circunscrição ou grupo de circunscrições diversos do que integravam anteriormente, em razão de promoção, remoção ou permuta, serão designados para o primeiro plantão da escala seguinte à sua posse no novo juízo;

VI - caso haja promoção, remoção ou permuta de juiz dentro da mesma circunscrição ou grupo de circunscrições estabelecido para fins de plantão, esse permanecerá na mesma posição da escala, alterando-se apenas a sede do plantão, salvo se a remoção ou permuta ocorra dentro da Comarca da Capital e implique em mudança de competência cível para criminal e vice-versa, situação a qual se aplicará o disposto no inciso anterior;

VII - após o retorno à atividade judicante no primeiro grau, os juízes que forem convocados pelo Tribunal de Justiça, tiverem auxiliado a Corregedoria Geral da Justiça, a Presidência do Tribunal de Justiça de Alagoas, o Conselho Nacional de Justiça ou os Tribunais Superiores, bem como exercido a presidência do Fundo de Modernização do Poder Judiciário – FUNJURIS, ou de entidade de classe, serão designados para o primeiro plantão da escala seguinte ao seu retorno;

VIII - inexistirá designação de plantão para os juízos onde o respectivo juiz titular esteja com férias previstas para gozar ou de licença, e, caso a sua vez de prestar o plantão ocorra durante os citados períodos, deverá esse ser designado para o plantão imediato após o seu retorno, dentro da mesma escala, se possível, ou para o primeiro plantão da escala seguinte;

IX - não havendo possibilidade de o juiz prestar jurisdição em plantão anteriormente designado para ele por motivo justo ou em razão de promoção, remoção ou permuta para circunscrição ou grupo de circunscrições diverso do que integrava anteriormente, será designado para responder pelo plantão aquele juiz que tenha prestado plantão há mais tempo na respectiva circunscrição ou grupo de circunscrições e, em caso de impedimento desse, o seguinte e assim sucessivamente;

X - o plantão atinente aos recessos forenses (junho e dezembro de cada ano), nas Comarcas do interior, será dividido em dois períodos cada, respondendo um juiz por período e, na Capital, será prestado por quatro juízes, dois na área cível e dois na área criminal;

XI - nos feriados municipais no interior, que não coincidam com o recesso forense ou final de semana, responderá pelo plantão judiciário o juiz designado para o plantão na respectiva circunscrição ou grupo de circunscrições do final de semana anterior ou seguinte, observando o disposto no inciso IV.

Art. 79. Na Comarca da Capital serão elaboradas duas escalas de plantão independentes, obedecendo aos critérios definidos no art. 78, de modo que sempre responderão pelo plantão dois juízes, um na esfera cível e outro na criminal.

§ 1º Pelo plantão cível responderão os juízes titulares das varas cíveis da Capital e da 31ª Vara Cível/Fazenda Pública Estadual e Juizado Especial Adjunto da Fazenda Pública; e, pelo plantão criminal os juízes titulares das varas criminais e dos demais juizados especiais da Capital.

§ 2º Também integrarão os plantões a que se refere o § 1º deste artigo os juízes designados para responder por unidade judicial com prejuízo das funções.

§ 3º O juiz designado para responder pelo plantão criminal da Capital ficará responsável, cumulativamente, pelo plantão do Estádio Rei Pelé, observados os termos previstos no § 4º do art. 76.

§ 4º Ocorrendo o evento em dia de expediente forense, ficará escalado para o plantão no Estádio Rei Pelé o juiz designado para o plantão criminal da semana subsequente ao evento, observados os termos previstos no § 4º do art. 76.

§ 5º O juiz designado para o plantão de que trata o § 3º deste artigo, não ficará vinculado ao processo, cabendo-lhe, depois de findas as atividades próprias de plantão, encaminhar os autos para o Juizado Especial Criminal e do Torcedor da Capital.

Art. 80. Será dada ciência das escalas de plantão aos juízes por meio do Intrajus, com antecedência mínima de 60 (sessenta) dias da data de início do período de plantão.

Art. 81. A divulgação do nome dos juízes plantonistas, endereço e telefone do serviço de plantão, para o público externo, se dará 5 (cinco) dias antes do plantão, no site do Tribunal de Justiça de Alagoas, e também, no mesmo prazo, será publicado no Diário da Justiça Eletrônico, de forma a garantir pleno conhecimento aos advogados, jurisdicionados e demais autoridades.

SUBSEÇÃO IV
DA FORMA DE SERVIÇO

Art. 82. Nos dias em que não houver expediente forense, o juiz plantonista cumprirá a escala de plantão, devendo informar à Divisão de Juízes da Corregedoria-Geral da Justiça e aos servidores designados para tal fim, seu telefone de contato por meio do qual poderá ser localizado, viabilizando o atendimento.

§ 1º O acesso ao juiz plantonista será feito por intermédio dos servidores plantonistas, nas respectivas unidades.

§ 2º No sentido de viabilizar as disposições contidas no § 1º, a Corregedoria-Geral da Justiça manterá cadastro dos números dos telefones dos juízes, chefes de secretaria e respectivos substitutos, os quais serão fornecidos por esses, anualmente, no mês de fevereiro ou quando ocorrer mudança.

§ 3º Quando da necessidade da presença do juiz para atendimento das demandas propostas no período de plantão, notadamente quando a questão posta à apreciação judicial não puder ser solucionada por intermédio dos meios de comunicação virtual, esse deve comparecer às dependências do Fórum, ou em outro local designado para tal finalidade, até o término do plantão, ressalvada a situação prevista na letra a, do art. 3º da Resolução nº 2/2008 do Tribunal de Justiça.

§ 4º Se por qualquer razão o juiz plantonista não comparecer ao local do plantão, ou o fizer além do tempo acima mencionado, o chefe de secretaria ou seu substituto, certificará o fato, noticiando-se à Corregedoria-Geral da Justiça.

Art. 83. Nos dias úteis, antes ou após o expediente normal, será responsável pelo plantão, sob o regime de sobreaviso, o juiz titular, substituto ou designado da unidade judicial para a qual o processo, petição ou documento tenha sido distribuído e ou encaminhado pelo setor competente do fórum, quando então adotará, nos casos do parágrafo único do art. 70, as medidas necessárias à solução da demanda.

SUBSEÇÃO V
DO IMPEDIMENTO, DA SUSPEIÇÃO, DA IMPOSSIBILIDADE DE COMPARECIMENTO, DA PERMUTA E DA COMPENSAÇÃO

Art. 84. Nos casos de impedimento ou suspeição de um dos juízes plantonistas da Capital, o feito deverá ser imediatamente encaminhado à apreciação do outro juiz que se encontra escalado para o plantão do mesmo período, e, em se tratando de um dos juízes plantonistas do interior do Estado, a apreciação caberá ao juiz que estiver de plantão na circunscrição mais próxima.

Art. 85. O juiz que não puder comparecer ao plantão por motivo justo comunicará o fato, antecipadamente, ao seu respectivo substituto direto na escala e, em seguida, à Corregedoria- Geral da Justiça, compensando a falta, assumindo o plantão no lugar daquele que o substituiu.

§ 1º Se ao juiz plantonista restar impossibilitada a comunicação antecipada, conforme o disposto no caput deste artigo, deverão ser aplicadas as regras previstas no art. 84.

§ 2º Nos casos do § 1º deste artigo, o juiz deverá comunicar a falta à Corregedoria-Geral da Justiça, no prazo de 2 (dois) dias úteis, para que seja definido novo período de plantão.

Art. 86. As situações previstas no art. 84 e no art. 85 não implicam em alteração da equipe de servidores plantonistas.

Art. 87. É admissível a permuta consensual de plantão entre juízes, desde que seja comunicada à Divisão de Juízes, com antecedência mínima de 05 (cinco) dias do seu início.

Parágrafo único. A permuta prevista neste artigo importará, também, na alteração da equipe de servidores plantonistas, a quem deverá ser comunicada a alteração.

Art. 88. Aos juízes que participarem do plantão será feita a compensação dos dias trabalhados, segundo os critérios estabelecidos pelo Tribunal de Justiça do Estado de Alagoas.

SUBSEÇÃO VI
DAS DISPOSIÇÕES FINAIS

Art. 89. O Corregedor-Geral da Justiça designará um dos Juízes Auxiliares da Corregedoria para responder pela coordenação do plantão judiciário.

Parágrafo único. Durante os plantões judiciários, a Corregedoria-Geral da Justiça manterá um Juiz Auxiliar de sobreaviso, a fim de promover o apoio necessário aos juízes plantonistas, quando solicitado.

Art. 90. Os atos praticados nos feitos submetidos ao regime excepcional do plantão judiciário deverão ser executados, exclusivamente, pelo juiz e servidores escalados.

Art. 91. As regras contidas neste Código atinentes ao plantão judicial não se aplicam à 17ª Vara Criminal da Capital, dada a sua especificidade, até ulterior deliberação.

Art. 92. São desnecessárias a elaboração e a remessa de relatórios relativos ao ocorrido durante o plantão, observado o disposto no art. 248 deste Código.

SEÇÃO IV
DO REGIME DE SUBSTITUIÇÃO

Art. 93. A substituição de juízes nas hipóteses de impedimentos, suspeições, licenças, férias ou qualquer outra ausência legalmente autorizada se submete ao que dispõe a Resolução nº 10/18 e respectivas alterações, sendo os casos excepcionais disciplinados neste Código, por força da delegação operada em decorrência do disposto no Ato Normativo nº 02/2017, da Presidência deste Tribunal.

Art. 94. As designações excepcionais de juiz para substituição levarão em consideração:

I - a competência das unidades judiciais dos juízes substituído e substituto;

II - a distância geográfica entre um e outro;

III - a entrância em que estejam enquadrados;

IV - a existência de outras substituições em andamento pelo mesmo juiz.

SEÇÃO V
DO REQUERIMENTO DE AFASTAMENTO PARA APERFEIÇOAMENTO PROFISSIONAL

Art. 95. Os juízes, quando da formulação do pedido de afastamento para aperfeiçoamento profissional, dirigido ao Corregedor-Geral da Justiça, nos termos definidos pela Resolução nº 64/08 do Conselho Nacional de Justiça, deverão observar a antecedência mínima de 30 (trinta) dias em relação a data de início do curso ou evento.

CAPÍTULO III
DOS OUTROS ÓRGÃOS

SEÇÃO I
DO CENTRO DE CUSTÓDIA DE ARMAS E MUNIÇÕES

Art. 96. O Centro de Custódia de Armas e Munições é o órgão da Corregedoria-Geral da Justiça responsável pelo armazenamento das armas de fogo, armas brancas e munições apreendidas em processos criminais do Estado de Alagoas.

Parágrafo único. É vedado o encaminhamento de qualquer outro material ao referido Centro.

Art. 97. A entrega do material bélico a que se refere o art. 96 deste Código só poderá ser feita após a elaboração de laudo pericial para juntada aos respectivos autos.

Art. 98. Compete ao Centro de Custódia de Armas e Munições:

I - observar estritamente os termos da Resolução nº 134/11 do Conselho Nacional de Justiça;

II - receber os materiais elencados no art. 96, cadastrando-os no Sistema SAJ de acordo com o processo a que se refiram;

III - manter os materiais em suas dependências, de modo a possibilitar sua imediata localização, só os retirando por determinação judicial;

IV - dar a destinação aos materiais conforme determinado pelo juiz do processo a que se refiram, providenciando a baixa no Sistema SAJ.

Art. 99. O cadastro de armas é de inteira responsabilidade do Centro de Custódia de Armas e Munições.

Parágrafo único. O cadastramento das informações das armas e munições apreendidas deverá observar o disposto no TÍTULO III, CAPÍTULO XVIII, deste Código.

Art. 100. Não compete ao Centro de Custódia de Armas e Munições exercer juízo de valor sobre as ordens judiciais a respeito das armas apreendidas.

SEÇÃO II
DO CENTRO DE CUSTÓDIA TEMPORÁRIA DE OBJETOS E BENS APREENDIDOS DA CAPITAL

Art. 101. O Centro de Custódia Temporária de Objetos e Bens Apreendidos da Capital – CTBAC se destina a custodiar temporariamente os objetos e bens apreendidos vinculados às ações judiciais, atuando com responsabilidade institucional e social nos seus procedimentos inerentes ao recebimento, guarda, acondicionamento e destinação.

Parágrafo único. O Coordenador e seu substituto legal estão desobrigados de assumir a responsabilidade de ser depositário fiel de bens imóveis.

Art. 102. O CTBAC funcionará nos dias e horários previstos para o Fórum da Capital.

Art. 103. O CTBAC é subordinado à Corregedoria-Geral da Justiça, e possui a seguinte estrutura organizacional:

I - Juiz de Direito Supervisor;

II - Coordenador e correspondente substituto;

III - servidores auxiliares.

§ 1º O CTBAC será dirigido pelo Juiz de Direito Supervisor, auxiliado pelo Coordenador e respectivo substituto.

§ 2º O Juiz de Direito Supervisor será designado pelo Presidente do TJ/AL, após consulta prévia ao Corregedor-Geral da Justiça.

§ 3º O Coordenador e correspondente substituto, além dos servidores auxiliares lotados na CTBAC, serão designados pelo Corregedor-Geral da Justiça e estão imediatamente subordinados ao respectivo Juiz de Direito Supervisor.

Art. 104. O servidor responsável pelo recebimento de objetos ou bens ficará desobrigado a receber os sobreditos materiais quando houver divergência na quantificação e/ou na descrição constante no termo de entrega.

§ 1º A regra disposta no caput deste artigo também se aplica aos casos em que documentos pessoais autênticos e cópias não servirem de provas materiais em processos judiciais em tramitação.

§ 2º O servidor responsável deverá certificar o motivo do não recebimento e cancelamento do aludido termo.

Art. 105. O servidor responsável terá até 3 (três) dias úteis, a contar da data de recebimento do objeto ou bem, para realizar o respectivo cadastramento no Sistema SAJ, inserindo nas informações do processo a existência de material apreendido.

Art. 106. Após o cadastramento do material custodiado, o Coordenador do CTBAC informará no prazo máximo de 3 (três) dias úteis, por meio de Intrajus, ao magistrado responsável pela unidade judicial de proveniência do processo, o recebimento do objeto ou bem e a sua condição física.

Parágrafo único. As informações a que se refere o caput deste artigo deverão ser prestadas em consonância com as constantes no termo de encaminhamento de objetos ou bens apreendidos.

Art. 107. Na hipótese de redistribuição para a Capital, dos processos com objetos ou bens apreendidos que tramitam no âmbito das unidades do interior, deverá o juízo de proveniência da ação, cumprir os seguintes procedimentos:

I - encaminhar os objetos ou bens por meio de termo de entrega, acompanhado de cópia do despacho prolatado pelo juiz, inerente à determinação de redistribuição da ação judicial;

II - juntar ao processo o termo de entrega de objetos ou bens apreendidos;

III - encaminhar para a Distribuição o processo a ser redistribuído.

Parágrafo único. Caberá às unidades judiciais do interior adotar as medidas necessárias para o encaminhamento dos objetos ou bens relativos às redistribuições processuais ao Centro de Custódia Temporária de Objetos e Bens Apreendidos da Capital – CTBAC.

Art. 108. No caso de redistribuição dos processos com objetos ou bens apreendidos pela Justiça Federal ou de proveniência de outros Estados, o juízo de origem da ação deverá cumprir os procedimentos contidos no art. 107.

Art. 109. O distribuidor somente redistribuirá os processos quando houver a juntada nos autos do termo de entrega de objetos ou bens apreendidos nos casos especificados no art. 107e no art. 108 deste Código.

Parágrafo único. Após a redistribuição dos processos, o distribuidor oficiará ao responsável pelo CTBAC informando em qual juízo está tramitando os autos distribuídos, para a vinculação dos objetos ou bens apreendidos e custodiados temporariamente.

Art. 110. Caberá ao Coordenador do CTBAC solicitar ao juiz responsável pela unidade judicial de proveniência do processo, uma análise acerca da possibilidade de destinação imediata do objeto ou bem, visando evitar a deterioração, depreciação, desvalorização ou descaracterização pelo tempo.

Art. 111. O Coordenador do CTBAC deverá, quanto à destinação de objetos ou bens, adotar o seguinte:

I - monitorar, diariamente, por meio do Intrajus, as destinações;

II - operacionalizar os procedimentos institucionais necessários ao cumprimento dessas destinações;

III - manter contato com instituições responsáveis pela remoção e reciclagem de materiais e equipamentos provenientes da destruição.

§ 1º Nos casos em que o Coordenador estiver impossibilitado de cumprir alguma determinação judicial quanto ao aqui previsto, comunicará o fato à Corregedoria-Geral da Justiça, com as devidas justificativas, para adoção das medidas administrativas cabíveis.

§ 2º Após, o Coordenador informará ao juiz do feito as providências adotadas referentes à sua determinação.

§ 3º A correta alimentação do Sistema SAJ quanto à entrada e saída de bens dispensa a necessidade de extração de relatórios.

§ 4º A Corregedoria-Geral da Justiça efetuará, semestralmente, inspeção no CTBAC, objetivando auditar e aferir as conformidades nos procedimentos de recebimento, custódia, conservação e destinação de objetos ou bens apreendidos.

Art. 112. O cadastro dos bens apreendidos será feito na forma do TÍTULO III, CAPÍTULO XVIII, deste Código.

SEÇÃO III
DAS CENTRAIS DE APOIO E ACOMPANHAMENTO DE PENAS E MEDIDAS ALTERNATIVAS

Art. 113. As Centrais de Apoio e Acompanhamento de Penas e Medidas Alternativas – CEAPA auxiliarão na fiscalização e controle de suspensões condicionais do processo e da pena, quando fixada medida de prestação de serviços à comunidade.

Art. 114. O auxílio a que se refere esta Seção será feito mediante elaboração de documento com base nos modelos de categoria 11, Códigos 1808 e 1809, sendo vedada a expedição de guia de execução para tal fim.

Parágrafo único. Os documentos mencionados no caput deverão ser encaminhados à CEAPA acompanhados de cópia da sentença.

Art. 115. Caberá à Central de Apoio e Acompanhamento de Penas e Medidas Alternativas - CEAPA/AL:

I - cadastrar e credenciar entidades públicas e programas comunitários que se prestem ao cumprimento de penas e medidas restritivas de direitos relativas à prestação de serviços à comunidade, com os quais firmar convênio, sob a supervisão do juiz da Execução Penal da respectiva Comarca;

II - designar entidades públicas ou programas comunitários, detalhando local, dia e horário para o cumprimento de penas e medidas restritivas de direitos relativas à prestação de serviços à comunidade, bem como a forma de fiscalização.

Parágrafo único. Em face da CEAPA/AL possuir quadro de psicólogos e assistentes sociais treinados para este fim e entidades cadastradas, fica facultado ao juiz deixar ao encargo da mencionada Central o direcionamento do réu para a entidade onde deverá cumprir pena ou prestar medidas restritivas de direitos relativas à prestação de serviços à comunidade.

Art. 116. O encaminhamento dos documentos para a execução das medidas será feito, de acordo com o domicílio de quem deva cumprir as medidas, à CEAPA de:

I - Maceió, em relação ao Município de Maceió;

II - Arapiraca, em relação aos Municípios de Arapiraca, Maribondo, Feira Grande, Limoeiro de Anadia, Igaci, Junqueiro, Teotônio Villela, São Sebastião e Girau do Ponciano;

III - Palmeira dos Índios, em relação aos Municípios de Palmeira dos Índios, Paulo Jacinto, Quebrangulo, Mar Vermelho, Tanque D´Arca, Estrela de Alagoas e Belém;

IV - Penedo, em relação aos Municípios de Penedo, Igreja Nova, Feliz Deserto, Piaçabuçu, Coruripe e Jequiá da Praia;

V - Santana do Ipanema, em relação aos Municípios de Santana do Ipanema, Maravilha, Major Izidoro, Olho D´Água das Flores, Carneiros, Inhapi e Mata Grande;

VI - Matriz de Camaragibe, em relação aos Municípios de Matriz de Camaragibe, Flexeiras, São Luiz do Quitunde, Barra de Santo Antônio, Paripueira, Porto Calvo e Maragogi;

VII - Delmiro Gouveia, em relação aos Municípios de Delmiro Gouveia, Pariconha, Água Branca, Olho D´Água do Casado, Piranhas, São José da Tapera e Pão de Açúcar;

VIII - União dos Palmares, em relação aos Municípios de União dos Palmares, São José da Laje, Branquinha, Ibateguara, Joaquim Gomes, Murici e Colônia Leopoldina.

SEÇÃO IV
DAS CENTRAIS DE MANDADOS

SUBSEÇÃO I
DA ESTRUTURA ORGANIZACIONAL

Art. 117. As Centrais de Mandados, órgãos de gerenciamento, coordenação, fiscalização e supervisão das atividades dos oficiais de justiça no desempenho de suas funções sãosubordinadas à Corregedoria-Geral da Justiça, e possuem a seguinte estrutura organizacional:

I - Juiz de Direito Supervisor;

II - Coordenador;

III - Chefe de Secretaria (Subcoordenador) e correspondente substituto;

IV - oficiais de justiça;

V - servidores auxiliares.

§ 1º A Central de Mandados será supervisionada por um juiz de direito, dirigida pelo Coordenador da Central de Mandados, pelo Chefe de secretaria e respectivo substituto, todos indicados pelo Corregedor-Geral da Justiça

§ 2º O Juiz de Direito Supervisor de que trata o § 1º deste artigo será escolhido dentre os magistrados titulares em efetiva atuação no Foro da Comarca, designado pelo Corregedor-Geral da Justiça.

§ 3º O Coordenador da Central de Mandados, o Chefe de secretaria e o substituto serão escolhidos nos moldes da legislação vigente dentre os oficiais de justiça com formação em Direito e com pelo menos 3 (três) anos de lotação na Comarca onde estabelecida a Central de Mandados.

§ 4º A regra a que se refere o § 3º deste artigo poderá ser excepcionada, com designação de outro servidor, nas situações em que não exista oficial de justiça que preencha os requisitos previstos, ou ainda, em caso de recusa de todos os oficiais de justiça lotados na Comarca.

SUBSEÇÃO II
DA FISCALIZAÇÃO DAS ATIVIDADES

Art. 118. A fiscalização das atividades dos oficiais de justiça será efetuada ordinariamente pelo respectivo Coordenador e Chefe de secretaria da Central de Mandados, e ainda, por determinação das seguintes autoridades:

I - Corregedor-Geral da Justiça;

II - Juiz Auxiliar da Corregedoria-Geral da Justiça;

III - juiz de direito ou juiz substituto que preside os feitos;

IV - Juiz de Direito Supervisor da Central de Mandados.

§ 1º Verificada a existência de irregularidades no serviço, o Coordenador ou o Chefe de Secretaria da Central de Mandados deverá adotar as providências necessárias à efetivação do serviço e notificar o oficial de justiça para sanar a irregularidade.

§ 2º Os casos não solucionados pela medida adotada no parágrafo anterior deverão ser apresentados em forma de termo de ocorrência ao Juiz de Direito Supervisor, sob pena de responsabilidade por omissão.

§ 3º O termo de ocorrência a que se refere o § 2º deste artigo será arquivado na Central de Mandados em pasta própria, preferencialmente em meio eletrônico, para fins de controle e avaliação.

§ 4º A Central de Mandados efetuará cobrança periódica aos oficiais de justiça expedindo, por meio do Sistema SAJ, notificações com os relatórios de mandados não cumpridos no prazo, para a sua devolução.

SUBSEÇÃO III DAS ATRIBUIÇÕES

Art. 119. São atribuições do Juiz de Direito Supervisor, precipuamente:

I - zelar pela aplicação deste Código, no que concerne às Centrais de Mandado e aos oficiais de justiça;

II - analisar as solicitações dos juízes, no que se refere a mandados reputados urgentes e não elencados no rol das matérias de urgência previstas neste Código;

III - analisar e responder às solicitações e ocorrências por parte da Coordenação da Central de Mandados;

IV - fiscalizar os servidores do quadro interno e os oficiais de justiça da Central de Mandados.

Art. 120. Ao Coordenador e ao Chefe de secretaria da Central de Mandados compete:

I - prestar apoio aos juízes;

II - gerenciar e supervisionar as atividades dos oficiais de justiça, a distribuição de mandados, bem como o cumprimento das normas de serviço atinentes à espécie;

III - gerenciar o zoneamento e lotação dos oficiais de justiça nas respectivas zonas;

IV - realizar reuniões periódicas com os oficiais de justiça e servidores auxiliares integrantes da Central, encaminhando posteriormente a lista dos presentes e faltosos ao Juiz Supervisor pelo Intrajus;

V - determinar as providências operacionais e administrativas necessárias à solução dos problemas existentes;

VI - encaminhar ao Juiz de Direito Supervisor, por meio de termo de ocorrência, possíveis faltas e irregularidades dos oficiais de justiça;

VII - elaborar anualmente relatório de produtividade dos oficiais de justiça lotados na respectiva Central de Mandados;

VIII - elaborar a escala de férias dos oficiais de justiça e dos servidores auxiliares lotados na respectiva Central de Mandados;

IX - elaborar a escala de plantão dos oficiais de justiça, em conformidade com as regras previstas neste Código;

X - expedir e assinar, em caso de demora injustificada no cumprimento dos mandados, as notificações para os oficiais de justiça;

XI - efetuar, de ofício ou por determinação dos juízes, a busca de mandados e outros documentos extraviados durante a fase de cumprimento;

XII - suspender a distribuição de mandados a oficiais de justiça, nos termos deste Código;

XIII - dirimir os casos omissos, pertinentes à Central de Mandados e às atividades dos oficiais de justiça;

XIV - requisitar funcionários, material de expediente e equipamentos necessários para o bom desempenho da Central de Mandados;

XV - devolver às unidades judiciais os mandados com defeitos, que impeçam seu cumprimento e que estejam em desacordo com disposições legais e ou regulamentares;

XVI - notificar os servidores responsáveis pelas unidades judiciais, para fins de recolhimento de mandados cumpridos que se encontrem na respectiva Central.

Parágrafo único. Persistindo a omissão de que trata o inciso XIII deste artigo, caberá a decisão ao Juiz de Direito Supervisor.

Art. 121. São atribuições dos servidores lotados na Central de Mandados:

I - receber e analisar os mandados oriundos dos cartórios, exarando aceite na guia de "carga/remessa" e promovendo o recebimento eletrônico dos mandados;

II - recusar lote de remessas de mandados que possua alguma irregularidade;

III - distribuir, remeter e entregar os mandados aos oficiais de justiça, mediante recibo gerado pelo Sistema SAJ ou por meio da remessa eletrônica;

IV - receber e conferir os mandados devolvidos pelos oficiais de justiça;

V - remeter os mandados devolvidos e certificados para os cartórios de origem;

VI - verificar diariamente o cumprimento das escalas de plantão;

VII - controlar o recebimento, distribuição e devolução dos mandados de jurados, que não sejam distribuídos por meio eletrônico;

VIII - verificar diariamente o Intrajus para responder ou encaminhar os expedientes recebidos;

IX - zelar pela boa conservação dos mandados, livros, equipamentos, documentos e materiais sob sua responsabilidade;

X - informar ao Coordenador ou Chefe de secretaria a carência de materiais de expediente essenciais ao regular desempenho das atividades;

XI - comunicar a coordenação a respeito de possíveis falhas dos oficiais de justiça;

XII - exercer as atividades pertinentes que lhes forem determinadas pelo Coordenador e Chefe de secretaria.

Art. 122. A disciplina dos serviços dos oficiais de justiça está prevista no TÍTULO III,CAPÍTULO XIV e, dos oficiais plantonistas, no TÍTULO II, CAPÍTULO IV, Seção III,Subseção IV, todos deste Código.

SUBSEÇÃO IV
DO NÚCLEO DE INTELIGÊNCIA DOS OFICIAIS DE JUSTIÇA

Art. 123. Núcleo de Inteligência dos Oficiais de Justiça – NIOJ/CGJ-AL é o órgão vinculado à Corregedoria-Geral da Justiça, com o objetivo de realizar gestão de ações e procedimentos de segurança para cumprimento de ordens judiciais, prestar apoio aos oficiais de justiça em diligências com elevado grau de periculosidade e ou complexidade, realizar análises e pesquisas com o fim de conferir maior efetividade aos processos cíveis e criminais por meio de métodos de inteligência associados a convênios e ou parcerias com ainiciativa privada e a Administração Pública.

§ 1º O Núcleo de Inteligência dos Oficiais de Justiça funcionará vinculado à Central de Mandados da Capital.

§ 2º As ações e procedimentos de segurança serão desenvolvidas dentro dos limites de sua extensão e conforme o uso de técnicas e meios aplicáveis dentro dos parâmetros de segurança, com irrestrita observância aos direitos e garantias individuais.

Art. 124. O Núcleo de Inteligência dos Oficiais de Justiça será composto por oficiais de justiça e supervisionado pelo juiz de direito Supervisor da Central de Mandados da Capital, podendo ter em sua composição agentes da estrutura da segurança pública do Estado.

Art. 125. A organização, estrutura e limites de atuação do Núcleo de Inteligência dos Oficiais de justiça do Estado de Alagoas, serão definidos por ato da Corregedoria.

Art. 126. O oficial de justiça, para fins de cumprimento de ordens judiciais em locais nos quais exista dificuldade de acesso ou risco a sua segurança, poderá buscar a cooperação voluntária dos representantes das associações de moradores do local ou de outra assemelhada.

Art. 127. Poderá o oficial de justiça, ainda, manter contato com os representantes locais, para que possibilitem a intermediação com o diligenciado, agendando data, hora e local para prática do ato.

Parágrafo único. Os oficiais de justiça deverão certificar detalhadamente o ocorrido.

Art. 128. Frustrados os procedimentos a que se referem o art. 126 e o art. 127, fica facultado ao oficial de justiça enviar correspondência (física ou eletrônica), convidando o diligenciado para que compareça em dia, hora e local certos, preferencialmente nas proximidades do endereço original e, não sendo possível, no endereço de sua lotação.

§ 1º É vedada a expedição de correspondências com textos intimidativos ou constrangedores.

§ 2º A correspondência a que se refere o caput deste artigo deverá, preferencialmente, ser expedida em papel timbrado e com informações que possibilitem contato com o oficial de justiça.

Art. 129. Se as medidas elencadas no art. 126 ao art. 128 forem insuficientes ao cumprimento da ordem, deverá o oficial de justiça comparecer ao Batalhão de Polícia Militar responsável pelo policiamento da área ou à Delegacia de Polícia da circunscrição, a fim de solicitar apoio para o cumprimento da diligência.

Parágrafo único. Diante da informação acerca da impossibilidade de prestar apoio ou de que a operação policial implica em elevado risco à integridade física do oficial de justiça e/ou da população local, deverá ser lavrada certidão circunstanciada sobre o fato, com indicação da autoridade policial que tenha fornecido tal informação.

Art. 130. Verificando o oficial de justiça risco concreto para sua segurança pessoal, poderá suspender a diligência, certificando motivadamente todo o ocorrido.

SUBSEÇÃO V
DO ZONEAMENTO E DAS CENTRAIS DE MACEIÓ E ARAPIRACA

Art. 131. A área urbana do município ou municípios onde houver Central de Mandados será dividida em zonas de trabalho, às quais se vincularão tantos oficiais de justiça quantos a coordenação da Central entenda como necessários.

§ 1º A composição das zonas de trabalho atenderá aos princípios da eficiência e da racionalidade do trabalho, levando em consideração a densidade demográfica e as peculiaridades de relevo e acessibilidade do local a ser zoneado.

§ 2º Visando a melhores índices de eficiência, o Coordenador da Central de Mandados, poderá, em caráter experimental e por período de até 6 (seis) meses, unir ou subdividir zoneamentos, a fim de realizar estudo prático e diagnóstico quanto à viabilidade de modificações, mediante prévia comunicação e autorização da Corregedoria-Geral da Justiça.

§ 3º Cada oficial de justiça permanecerá, preferencialmente, vinculado a uma determinada zona.

§ 4º A vinculação do oficial de justiça a determinada zona não gera direito subjetivo.

§ 5º O oficial de justiça que apresentar baixo índice de produtividade em relação aos demais da mesma zona poderá ser lotado em zoneamento diverso.

§ 6º Para efeitos de aferição da produtividade, será considerada a quantidade de mandados devidamente cumpridos no prazo e o quantitativo de mandados em atraso, sempre em comparação à média de produção apresentada pelos demais oficiais de justiça do mesmo zoneamento.

Art. 132. O Coordenador da Central de Mandados deverá estabelecer os ajustes de lotação nas referenciadas zonas de trabalho, quando necessários ao seu regular funcionamento, comunicando-os à Corregedoria-Geral da Justiça.

Art. 133. A área de trabalho dos oficiais de justiça compreenderá a zona a qual estão vinculados, bem como os endereços isolados não vinculados (fazendas, chácaras, sítios, etc.), conforme normatização da coordenação da Central.

Art. 134. A transferência de zona poderá ser procedida pelo Coordenador, em caso de necessidade do serviço ou por permuta requerida pelos interessados.

§ 1º Em caso de transferência de zona por necessidade do serviço, o Coordenador deverá observar o previsto no § 5º e no § 6º do art. 131.

§ 2º Havendo equilíbrio de produtividade entre os oficiais de justiça lotados na mesma zona, a escolha para a transferência por necessidade do serviço se dará por sorteio.

Art. 135. A Central de Mandados da Capital, instalada no Fórum Central de Maceió, é dividida em zonas de trabalho cuja abrangência é a seguinte:

ZONA 01:

Bairros: Bom Parto, Mutange, Flexal de Baixo, Flexal de Cima, Bebedouro, Chã de Bebedouro, Chã da Jaqueira, Santa Amélia, Medeiros Neto, Colina dos Eucaliptos e Jardim Petrópolis II, Chã Nova, Rio Novo, Fernão Velho, Vila ABC, Goiabeiras, Clima Bom I e II;

ZONA 02:

Bairros: Tabuleiro Novo, Mocambo, Santa Lúcia, Cidade Universitária, Eustáquio Gomes e Santos Dumont;

ZONA 03:

Bairros: Pontal da Barra, Trapiche, Vergel do Lago, Ponta Grossa, Prado, Levada, Brejal, Cambona e Centro;

ZONA 04:

Bairros: Feitosa, Jacintinho, Barro Duro e Sítio São Jorge. Conjuntos e Loteamentos: Vale do Reginaldo, Conj. Santa Madalena I e II, Conj. Caramurus, Conj. Girassol, Conj. Iguaçu, Conj. Verde Vale, Piabas, Conj. Tabapuã, Conj. José da Silva Peixoto, Conj. Pau D'arco, Grota do Estrondo, Grota do Cigano, Grota do Rafael, Grota do Moreira, Conj. Claudionor Sampaio, Morro do Ari, Residencial Artemísia, Lot. Valparaíso, Lot. Eldorado, Lot. Bariloche, Conj. Vale do Feitosa, Parque Residencial Miramar, Conj. Bosque das Aroeiras, Conj. Antônio Magalhães e Conj. Parque dos Coqueiros, Conj. Melo Costa, Conj. Fraternidade;

ZONA 05:

Bairros: Farol, Sanatório, Pitanguinha, Pinheiro, Gruta de Lourdes, Santo Amaro, Canaã, Jardim Petrópolis I, Ouro Preto, Murilópolis e Novo Mundo. Conjuntos e Loteamentos: Alto do Céu, Vila Saem, Conj. Jardim Alagoas, Cond. Aldebaran e Jardim do Horto. Logradouros: Av. Fernandes Lima e Av. Rotary;

ZONA 06:

Bairros: Complexo Benedito Bentes, Antares e Serraria;

ZONA 07:

Bairros: Jaraguá, Poço, Pajuçara, Ponta da Terra, Ponta Verde, Jatiúca, Stella Maris, Mangabeiras, Cruz das Almas, Jacarecica, Guaxuma, Garça Torta, Riacho Doce, Mirante da Sereia, Pescaria, Distrito de Saúde, Ipioca e Sauaçuhy.

ZONAS ESPECIALIZADAS:

ZONA 08: Plantão;

ZONA 09: Tribunais do Júri; ZONA 10: Sistema Prisional;

ZONA 11: Cumprimento Eletrônico; ZONA 12: Avaliação de Bens;

ZONA 13: NUCAP – Núcleo de Cumprimento de Ações Possessórias; ZONA 14: GOE – Grupo de Operações Especializadas;

ZONA 15: NUCOJ – Núcleo de Conciliação dos Oficiais de justiça – CEJUSC; ZONA 16: NIOJ – Núcleo de Inteligência e Apoio dos Oficiais de justiça.

Parágrafo único. Pertencem:

I - ao Município de Rio Largo as localidades denominadas Tabuleiro do Pinto, Complexo Brasil Novo, Forene e Conjunto Parque dos Eucaliptos;

II - ao Município de Satuba, a localidade denominada Conjunto Margarida Procópio.

Art. 136. São vinculadas à Central de Mandados de Maceió as seguintes unidades judiciais:

I - 1ª a 13ª e 30ª Varas Cíveis Residuais de Maceió;

II - 14ª a 18ª Varas Cíveis (Fazendas Municipal e Estadual) de Maceió;

III - 20ª e 21ª Varas Cíveis (Sucessões) de Maceió;

IV - 22ª a 27ª Varas Cíveis (Família) de Maceió;

V - 31ª Vara Cível (Fazenda Pública Estadual e Juizado Especial Adjunto da Fazenda Pública) de Maceió;

VI - 2ª a 4ª, 6ª, 10ª e 12ª Varas Criminais Residuais de Maceió;

VII - 7ª a 9ª Varas Criminais (Tribunal do Júri) de Maceió;

VIII - 11ª e 15ª Vara Criminal (Entorpecentes) de Maceió;

IX - 14ª Vara Criminal (Crimes contra Populações Vulneráveis) de Maceió;

X - 16ª Vara Criminal (Execuções Penais) de Maceió;

XI - 17ª Vara Criminal (Crimes praticados por Organização Criminosa) de Maceió;

XII - Juizado de Violência Doméstica e Familiar Contra a Mulher;

XIII - 1º a 3º, 5º ao 11º Juizados Especiais Cíveis de Maceió;

XIV - Juizado Especial Cível e Criminal de Acidentes de Trânsito de Maceió;

XV - Juizado Especial Criminal e do Torcedor da Capital;

XVI - Núcleo de Promoção da Filiação;

XVII - Centro Judiciário de Solução de Conflitos e Cidadania.

Art. 137. A Central de Mandados de Arapiraca, instalada no Fórum de Arapiraca, é dividida em zonas de trabalho cuja abrangência é feita da seguinte forma:

I - zona 01:

Bairros e Loteamentos: Baixa Grande, Cavaco, COHAB VELHA, Jardim Esperança, Senador Nilo Coelho I, Barriguda, Locatelle, Planalto, Ponta Verde, Sonho Verde;

Sítios: Bom Nome II, Canaã, Campestre, Capim, Capim do Umbuzeiro, Corredor, Esporão, Lagoa Nova, Mundo Novo, Umbuzeiro, Vila São Vicente (Vila do Galo, Baixa Grande de Cima);

II - zona 02:

Bairros e Loteamentos: Brisa do Lago, Cacimbas, João Paulo II, Olho D'água dos Cazuzinhos, Padre Antônio Lima Neto, Primavera, São Lourenço, Vale da Perucaba;

Sítios: Baraúnas, Lagoa de Dentro, Lagoa da Pedra, Mulungu, Olho D'Água do Brejão, Pau Ferro das Laranjeiras;

III - zona 03:

Bairros e Loteamentos:, Boa Esperança, Brasiliana, Caititus, Capiatã, Jardim de Maria, Santa Edwirges, Santa Esmeralda, Senador Teotônio Vilela;

Sítios: Caraibinha, Corcundas, Jenipapo, Lagoa D'água, Lagoa do Poção, Medroso, Poção, Poço de Pedra, Salgado, Tinguí, Vai Não Torna, Vila Aparecida, Volta da Telha;

IV - zona 04:

Bairros e Loteamentos: Boa Vista, Guaribas, São Luiz I e São Luiz II, Verdes Campos;

Sítios: Al 110, Alazão, Baixa da Onça, Baixa da Hora, Barro Vermelho (vizinho ao Baixa da Onça), Batingas, Furnas, Martins, Mata da Umbeira, Pau D'arco, Riacho Fundo (vizinho ao Sapucaia), Sapucaia, Sítio Perucaba, Tapera, Taquara;

V - zona 05 (Município de Craíbas): Bonito, Sítio Alto Grande, Cabaceiro, Campestre, Cerca da Vara, Chã do Riacho da Onça, Charco, Cupira, Esporão, Folha Miúda, Gila, Ipojuca, Jurubeba, Lagoa da Angélica, Lagoa da Areia, Lagoa da Cruz, Lagoa da Cupira, Lagoa da Lage, Lagoa do Curral, Lagoa do Mel, Lagoa Nova, Lagoa Torta, Marruais, Minador, Pau Ferro, Pichilinga, Poço da Pedra, Riachão, Santa Rosa, Salgado, São José, Serrote do Algodão, Serrote dos Neris, Serrote Grande, Serrotinho, Tingui, Torrões, Travessão, Umbuzeiro;

VI - zona 06: Brasília, Centro, Jardim Tropical, Ouro Preto, Casa de Custódia, IML;

VII - zona 07:

Bairros e Loteamentos: Baixão, Eldorado, Jardim da Paineiras (Senador Nilo Coelho II), Manoel Teles, Zélia Barbosa (antigo Sítio Poço Frio);

Sítios: Alto dos Galdinos, Breu, Fernandes, Lagoa Cavada, Poço Frio (atual bairro Zélia Barbosa), Serrote do João Dias, Vila São Francisco;

VIII - zona 08:

Bairros e Loteamentos: Agreste, Aroeira, Bom Sucesso, COHAB NOVA, Massaranduba, Nossa Sra Aparecida, Quati;

Sítios: Água Salgada, Barreiras, Bom Nome I, Carrasco, Fazenda Velha, Itapicuru, Olho D'água de Cima, Sementeira, Tabela, Vila São José (Lagoa do Rancho), Xexeu;

IX - zona 09: Presídio do Agreste;

X - zona 10:

Bairros e Loteamentos: Alto do Cruzeiro, Deputado Nezinho, Itapoã, Mangabeiras, Novo Horizonte, Senador Arnon de Melo, 3º BPM;

Sítios: Baixa do Capim, Cachumba, Gaspar, Minador, Mocó, Oitizeiro, Pedra Preta, Pimenteira, Pitombeira, Porcos (Povoado Santa Mônica), Rio dos Bichos, Serra dos Ferreiras;

XI - zona 11:

Bairros e Loteamentos: Canafístula, Nova Esperança;

Sítios: Al 110, Bálsamo, Bananeira, Barro Vermelho (vizinho ao Cangandu), Barrocão, Bom Jardim I e II, Cajarana, Cangandu, Cedro, Fazenda Santa Bárbara, Flexeiras, Gruta D'água, Ingazeira, Lagoa do Mato, Lagoa dos Porcos, Laranjal, Pé Leve Velho, Piauí, Poço de Santana, Poço de Baixo, Riacho Seco, Santa Terezinha, São Bernardes, Sítio Novo,

Sítio Ponto Novo, Taboquinha, Terra Fria, Vargem do Araçá, Varginha.

Art. 138. São vinculadas à Central de Mandados de Arapiraca as seguintes unidades judiciais:

I - 1ª Vara Infância, Juventude e Família de Arapiraca;

II - 2ª a 4ª, 6ª, 7ªe 10ª Varas Cíveis de Arapiraca;

III - 5ª, 8ª e 9ª Varas Criminais de Arapiraca;

IV - Juizado Especial Criminal e de Violência Doméstica e Familiar Contra a Mulher de Arapiraca;

V - 1º e 2º Juizados Especiais Cíveis de Arapiraca.

SEÇÃO VI
DO NÚCLEO DE MONITORAMENTO DE PERFIL DE DEMANDAS E ESTATÍSTICA – NUMOPEDE

Art. 139. O Núcleo de Monitoramento de Perfil de Demandas e Estatística – NUMOPEDE, é órgão da Corregedoria-Geral da Justiça do Estado de Alagoas que visa a projetar estratégias tendentes à otimização do gerenciamento do estoque de processos e de entradas nas unidades judiciais e, também, voltadas a impedir ou eliminar eventual uso predatório da jurisdição.

§ 1º O NUMOPEDE terá as seguintes atribuições:

I - extrair e tratar os dados estatísticos disponibilizados pelos sistemas dos diversos setores da estrutura do Poder Judiciário e aqueles fornecidos por órgãos externos para subsidiar seus trabalhos, assim como atos decisórios;

II - extrair e tratar os dados correcionais referentes às atividades das unidades de primeiro grau, incluídos, àqueles referentes aos magistrados e servidores;

III - proceder à criação e à implementação de indicadores de desempenho, voltados ao planejamento e à gestão da atividade jurisdicional;

IV - monitorar as demandas dos serviços judiciários;

V - Identificar demandas fraudulentas ou predatórias, por procedimento instaurado de ofício ou mediante recebimento de notícias e comunicações;

VI - sugerir ao Corregedor-Geral da Justiça o envio de comunicados direcionados aos órgãos do Poder Judiciário, de caráter informativo e orientativo, tendo por objeto as informações mencionadas no inciso V;

VII - propor ao Corregedor-Geral da Justiça a realização de diligências, bem como a comunicação, junto às autoridades competentes, de fatos que exijam investigação;

VIII - apurar as boas práticas relacionadas à sua competência;

IX - sugerir ao Corregedor-Geral da Justiça o estabelecimento de cooperação técnica, científica e operacional:

a) com outros órgãos do Poder Judiciário;

b) com o Ministério Público, a Defensoria Pública, a Ordem dos Advogados do Brasil, o Tribunal de Contas do Estado, a Receita Federal do Brasil, as polícias judiciárias e outras instituições;

X - elaborar os relatórios, planilhas e painéis para demonstração analítica de suas atividades;,

XI - realizar outras atividades correlatas atribuídas pelo Corregedor-Geral da Justiça.

§ 2º Compõem o NUMOPEDE, após nomeação pelo Corregedor-Geral da Justiça, mediante portaria:

I - 2 (dois) juízes Auxiliares da Corregedoria-Geral da Justiça, dentre os quais será escolhido o coordenador;

II - 2 (dois) juízes de direito;

III - 2 (dois) servidores.

§ 3º As demandas submetidas ao NUMOPEDE pelos setores internos e externos serão processadas e analisadas mediante decisão do Corregedor-Geral da Justiça, que poderá delegar a função ao respectivo coordenador.

§ 4º O NUMOPEDE encaminhará relatórios, planilhas e painéis, com o detalhamento das ações e trabalhos realizados, quando requisitados pelo Corregedor Geral da Justiça.

§ 5º Enquanto não dotado das estruturas físicas e humanas específicas para suas atividades, o NUMOPEDE funcionará sob a forma de programa permanente, conduzido mediante reuniões de frequência mínima trimestral, visando à definição do rol das demandas consideradas repetitivas ou de grande repercussão e elaboração dos respectivos relatórios, planilhas e painéis.

§ 6º Os demais setores e núcleos especializados da Corregedoria-Geral da Justiça, dentro das suas competências, atuarão em auxílio ao NUMOPEDE, quando necessário.

§ 7º Os fatos que tiverem interface total ou parcial com as atribuições de órgãos julgadores ou do Núcleo de Gerenciamento de Precedentes - NUGEP serão a estes comunicados, para as providências que reputarem convenientes, nos seus respectivos âmbitos de atuação.

CAPÍTULO IV DOS SERVIDORES

SEÇÃO I
DAS DISPOSIÇÕES PRELIMINARES

Art. 140. O regime jurídico dos servidores do Poder Judiciário do Estado de Alagoas é aquele previsto na legislação que organiza os cargos e carreiras respectivos.

Art. 141. Nenhum servidor se exime da observância das normas previstas neste Código sob a alegação de que as desconhece.

Art. 142. A interpretação das atribuições dos servidores previstas neste Código deve ser feita em observância ao que dispõe o TÍTULO I deste Código.

Art. 143. É vedado aos servidores comunicar via Intrajus, por ofício circular, o gozo de férias ou a existência de feriados municipais, devendo comunicar apenas à DIATI e à Diretoria Adjunta de Gestão de Pessoas – DAGP.

SEÇÃO II
DOS IMPEDIMENTOS E DAS SUSPEIÇÕES

Art. 144. Os servidores são impedidos e suspeitos de funcionar nos processos nas mesmas hipóteses em que o ordenamento jurídico assim estabelece para os juízes.

§ 1º O servidor impedido ou suspeito deverá certificar nos autos tal condição e remeter os autos à conclusão.

§ 2º Ressalvado o disposto no § 1º, a movimentação de processo por servidor impedido ou suspeito que gere benefício ou prejuízo indevido enseja responsabilização funcional.

§ 3º Caso todos os servidores de uma unidade judicial sejam suspeitos ou impedidos, o juiz oficiará à Corregedoria-Geral da Justiça para designação de outro(s) servidor(es) para atuar especificamente no feito em questão.

SEÇÃO III
DOS SERVIDORES PLANTONISTAS

SUBSEÇÃO I
DA DESIGNAÇÃO DE SERVIDORES PLANTONISTAS

Art. 145. A escala de plantão será integrada por no máximo 4 (quatro) servidores, observado o contido no art. 146 deste Código de Normas.

§ 1º A designação pelo juiz plantonista deverá recair, preferencialmente, sob 2 (dois) servidores de secretaria, 1 (um) assessor e 1 (um) oficial de justiça.

§ 2º Quanto ao previsto no caput deste artigo é possível, a critério do juiz plantonista, a convocação de mais 1 (um) servidor para funcionar nos plantões criminais da Capital.

Art. 146. Atenderão ao plantão com o juiz plantonista os servidores definidos no artigo antecedente, sempre vinculados ao juízo a que pertencerem, ou os que auxiliarem os juízes designados para o plantão.

Parágrafo único. Salvo motivo justo, os servidores plantonistas não poderão ausentar-se do Cartório ou Vara durante o horário do plantão judiciário, na forma do art. 150.

Art. 147. Aos servidores que participarem do plantão será feita a compensação dos dias trabalhados ou pagamento de horas extras, segundo os critérios estabelecidos pelo Tribunal de Justiça do Estado de Alagoas.

Art. 148. Os servidores designados deverão, no dia anterior ao início do plantão, checar o funcionamento dos equipamentos cujo uso se fará necessário durante o plantão.

SUBSEÇÃO II
DA FORMA DE SERVIÇO

Art. 149. Os servidores que forem escalados para o plantão ficarão de sobreaviso, a partir do final do expediente do dia imediatamente anterior àquele que não houver expediente forense.

Art. 150. Nos dias em que não houver expediente forense (sábados, domingos, feriados, recesso forense e pontos facultativos), os servidores plantonistas deverão se apresentar ao plantão judiciário às 7h30 e permanecer nas dependências do Fórum até às 13h30.

SUBSEÇÃO III
DA UTILIZAÇÃO DO SISTEMA SAJ E DO PETICIONAMENTO ELETRÔNICO

Art. 151. As unidades jurisdicionais em regime de plantão deverão utilizar o SAJ, por meio dos foros plantonistas, para recebimento de processos, petições, decisões e documentos manejados no serviço de plantão.

Parágrafo único. Nos feitos de competência criminal, em sendo necessário expedir mandado de prisão ou alvará de soltura deverá ser utilizado o BNMP com lotação no respectivo órgão plantonista, nos termos dos arts. 533 e seguintes deste Código.

Art. 152. Ao término do plantão, a unidade jurisdicional deverá redistribuir todos os feitos ao setor de distribuição, onde houver, ou aos respectivos juízos naturais, sendo vedada a manutenção de qualquer processo no fluxo do plantão.

§ 1º Ao término do plantão, os eventuais mandados de prisão/internação expedidos no BNMP que tenham sido assinados pelo juiz plantonista também devem ser redistribuídos para o juiz natural.

§ 2º Para efetivar o disposto no §1º, cabe à unidade plantonista redistribuir os mandados de prisão/internação do BNMP para o juízo natural, salvo se o foro de destino possuir setor de distribuição, hipótese em que caberá a este setor realizar a mudança de competência de eventuais peças assinadas no BNMP.

§ 3º Para fins de efetivar a determinação do §2º, nos foros em que exista setor de distribuição, os respectivos servidores terão perfil ativo no BNMP no órgão plantonista de sua respectiva circunscrição.

§ 4º É proibido que, ao término do plantão, restem peças no BNMP pendentes de assinatura, devendo servidor e magistrado plantonista conferirem se todos os documentos estão assinados ou, em não sendo caso de assinatura, que os documentos sejam excluídos.

§ 5º O processo no SAJ somente pode ser encaminhado para redistribuição se todas as peças eventualmente expedidas no BNMP estejam devidamente assinadas ou excluídas.

§ 6º Caso o juiz natural ou o setor de distribuição verificarem que há peças no BNMP pendentes de assinatura, a unidade plantonista, assim como o magistrado plantonista, devem ser comunicados via intrajus para regularização no prazo de 24h (vinte e quatro horas), sob pena de comunicação à Corregedoria Geral de Justiça para as providências administrativas cabíveis. Havendo a assinatura e regularização no BNMP, cabe à unidade plantonista proceder de imediato com a devida mudança de competências das peças para o juízo natural.

Art. 153. É vedada a baixa de processos ou procedimentos dentro do foro plantonista, devendo a decisão que os determinar ser efetivada, exclusivamente, no juízo natural, após a redistribuição mencionada no caput.

Art. 154. A Divisão de Juízes da Corregedoria-Geral da Justiça realizará, mensalmente, fiscalização nos foros plantonistas, até o 5º (quinto) dia útil do mês subsequente, objetivando verificar a escorreita utilização do referido sistema.

Parágrafo único. Sendo detectadas inconsistências no foro plantonista, tal fato deverá ser comunicado, imediatamente, ao Corregedor-Geral da Justiça, para adoção das providências administrativas cabíveis à espécie.

Art. 155. A Divisão de Juízes da Corregedoria Geral da Justiça informará à Diretoria Adjunta de Tecnologia da Informação – DIATI, até o dia 25 de cada mês, via Intrajus, a escala de juízes designados para os plantões do mês posterior, para que seja programado o acesso do juiz plantonista juntamente com seus servidores ao sistema correspondente.

Parágrafo único. Havendo modificações na escala de plantão, a DIATI deve ser comunicada de pronto.

Art. 156. As unidades jurisdicionais deverão utilizar, no período de plantão, os meios e mecanismos inerentes ao processo eletrônico.

Parágrafo único. O peticionamento será feito eletronicamente, na forma do TÍTULO III, CAPÍTULO V deste Código.

Art. 157. Serão considerados não recebidos os processos, petições e documentos manejados no serviço de plantão, quando não observadas as disposições constantes do parágrafo único do art. 156.

§ 1º Admitir-se-á, excepcionalmente, o peticionamento físico ou a redução a termo das pretensões formuladas pelas partes:

I - nas causas que, por determinação legal, não for exigida capacidade postulatória, e desde que não haja assistência de advogado;

II - nos casos em que o sistema eletrônico estiver em manutenção ou indisponível.

§ 2º Nos casos a que se refere o parágrafo anterior, o peticionamento físico deverá ser efetuado no local designado para a realização do Plantão Judiciário, no horário compreendido entre às 7h30 e 13h30 horas, cabendo ao servidor responsável providenciar a imediata digitalização das peças e autuar o feito no Sistema SAJ, que tramitará exclusivamente na forma digital.

§ 3º As petições físicas, após digitalizadas, devem ser devolvidas aos representantes, que assinarão recibo de entrega.

§ 4º Caso seja tecnicamente inviável a digitalização dos documentos, em razão do grande volume ou por motivo de ilegibilidade, ou, ainda, por se tratar de objeto incompatível com esta atividade digital, e sendo os referidos documentos essenciais à causa, serão apresentados em meio físico à correspondente unidade judicial plantonista, observado o horário estabelecido no § 2º deste artigo, que ficará responsável pela sua guarda até o término do plantão, procedendo em seguida à remessa ao juízo para o qual os autos originais forem distribuídos.

§ 5º Fora das hipóteses do § 1º, não é admitido o peticionamento físico sobre a alegação, por parte do peticionante, de problema específico de seu e-token.

Art. 158. Na Capital e nas Comarcas onde haja setor de protocolo que funcione em horário mais amplo ou diverso do expediente forense normal, os serviços desses órgãos, fora do expediente normal, não é considerado plantão e não supre a necessidade de peticionamento eletrônico pelo interessado.

Parágrafo único. Os servidores lotados nos órgãos mencionados no caput, durante o horário destinado ao plantão judiciário, limitar-se-ão ao recebimento de feitos e petições que não demandem apreciação de urgência, os quais deverão ser posteriormente encaminhados ao juízo competente, bem como a atualização de serviços que, porventura, estejam atrasados.

Art. 159. Quando houver solicitação de certidões cíveis e criminais positivas, a unidade plantonista entrará em contato com o juiz Auxiliar da Corregedoria que estiver de plantão, para que este adote as medidas administrativas cabíveis à espécie.

SUBSEÇÃO IV
DO PLANTÃO DOS OFICIAIS DE JUSTIÇA

Art. 160. Nas Comarcas onde houver Central de Mandados instalada, caberá ao Coordenador da referenciada central, até o dia 25 de cada mês, comunicar ao Coordenador do Sistema SAJ, via Intrajus, o nome dos oficiais designados para os plantões do mês subsequente, para fins de inclusão no foro plantonista.

Art. 161. Os oficiais de justiça, estejam lotados na Central de Mandados ou nas unidades judiciais, quando do recebimento de mandados oriundos do regime de plantão, deverão devolvê-los devidamente cumpridos ou certificados com as razões do não cumprimento, no prazo máximo de 24 (vinte quatro) horas, a contar do término do plantão, sob pena de aplicação das medidas administrativas cabíveis.

SEÇÃO IV
DA APURAÇÃO E PENALIZAÇÃO DE FALTAS FUNCIONAIS

SUBSEÇÃO I
DAS DISPOSIÇÕES GERAIS

Art. 162. O processo administrativo disciplinar, no âmbito do Poder Judiciário do Estado de Alagoas, destina-se à apuração e ou confirmação dos ilícitos sob responsabilidade do servidor de 1ª (primeira) e 2ª (segunda) instâncias, para verificação do descumprimento dos deveres e das obrigações funcionais e para aplicação das penas legalmente previstas, assegurada ampla defesa, com os meios e recursos inerentes.

SUBSEÇÃO II DA COMPETÊNCIA

Art. 163. O juiz de direito titular, auxiliar ou substituto em exercício, será competente, no âmbito da jurisdição da respectiva Comarca, Vara ou juizado, para apuração de faltas, omissões, erros e insubordinações cometidos pelos servidores da justiça ou funcionários do Poder Judiciário, quando no desempenho de suas funções, estando estes lotados ou em exercício no respectivo juízo.

§ 1º Nos casos em que servidores estejam lotados nas direções dos fóruns, centrais de mandados e setores de distribuição, a competência para apuração dos fatos é do juiz que coordena as respectivas atividades.

§ 2º Nos casos relativos aos oficiais de justiça lotados na Comarcas a que se referem os arts. 458

e 460, a competência para apuração dos fatos é do diretor do foro correspondente.

§ 3º Nos casos em que servidores estejam lotados na Turmas Recursais, a competência para apuração dos fatos é do respectivo Juiz Presidente.

§ 4º Nos casos em que o juiz vislumbrar a possibilidade de aplicação de demissão ou suspensão por mais de 30 dias, deverá relatar os fatos ao Corregedor-Geral da Justiça, competente para a apuração de tais faltas.

Art. 164. Se o servidor for removido ou redistribuído após a prática da infração, mantém-se a competência do local do fato.

Art. 165. O Corregedor-Geral da Justiça será competente, para apuração de faltas, omissões, erros e insubordinações cometidos pelos servidores da justiça ou funcionários do Poder Judiciário, quando no desempenho de suas funções, estando estes lotados ou em exercício no Tribunal de Justiça, na Corregedoria-Geral da Justiça e na Escola Superior da Magistratura, podendo ainda avocar a apuração dos procedimentos albergados pelo art. 163.

Parágrafo único. O Corregedor Geral da Justiça poderá delegar a juiz de direito ou a Comissão de Servidores Efetivos a apuração de que trata o caput deste artigo, quando necessário para elucidação dos fatos.

Art. 166. O Procedimento Administrativo em face do servidor conduzido por juiz de direito deverá ser cadastrado no Sistema SAJ com a Competência "94 - Disciplinar Servidores", Classe "1298 - Processo Administrativo" e com o Assunto "50056 - Em face de Servidor do TJAL".

SUBSEÇÃO III
DA RECLAMAÇÃO DISCIPLINAR

Art. 167. Qualquer pessoa, tomando conhecimento de fato supostamente irregular praticado por servidor lotado nas unidades judiciais, poderá denunciar, verbalmente ou por escrito, ao juiz responsável pela unidade judicial na qual o servidor está lotado ou encontra-se em exercício, ou diretamente ao Corregedor-Geral da Justiça, devendo ser instaurado o competente procedimento administrativo.

§ 1º A reclamação feita verbalmente será tomada a termo por servidor designado pelo juiz.

§ 2º A reclamação disciplinar, nos casos previstos no art. 165 deste Código, deverá ser feita diretamente à Corregedoria-Geral da Justiça.

Art. 168. As denúncias sobre irregularidades serão objeto de apuração, desde que contenham a identificação do denunciante.

Parágrafo único. A denúncia verbal será recebida e reduzida a termo pela Ouvidoria do Poder Judiciário, subscrita pelo denunciante, ou caso não possa ou não saiba assinar, por duas testemunhas.

Art. 169. A reclamação ou denúncia será liminarmente arquivada se manifestamente improcedente, em decisão fundamentada.

SUBSEÇÃO IV
DO AFASTAMENTO PREVENTIVO

Art. 170. O Corregedor-Geral da Justiça poderá decretar, em qualquer fase da apuração, como medida cautelar e a fim de que o servidor processado não venha a influir na apuração dos fatos, o seu afastamento preventivo do exercício do cargo, pelo prazo de vinte dias, sem prejuízo da remuneração.

§ 1º Os juízes, quando entenderem pela necessidade de afastamento preventivo nos casos apurados sob a sua competência, encaminharão ao Corregedor-Geral da Justiça pedido fundamentado e com indicação expressa do motivo.

§ 2º O período de afastamento será computado na pena de suspensão, se esta vier a ser aplicada.

SUBSEÇÃO V
DA INVESTIGAÇÃO PRELIMINAR

Art. 171. Recebida a reclamação disciplinar, será procedida a notificação do servidor a quem é imputado a autoria, para que no prazo de 10 (dez) dias, apresente manifestação escrita.

Art. 172. A critério da autoridade competente poderão ser realizadas diligências para instrução do feito.

Art. 173. Na investigação preliminar, autoriza-se o acesso aos autos apenas dos envolvidos e de seus advogados.

Art. 174. Concluída a fase de investigação preliminar, a autoridade competente poderá:

I - arquivar o procedimento, ao concluir que o fato não existiu ou, se existiu, não configurou ilícito administrativo;

II - instaurar a sindicância;

III - instaurar o processo administrativo disciplinar.

SUBSEÇÃO VI
DA SINDICÂNCIA ADMINISTRATIVA

Art. 175. Poderá ser instaurada sindicância administrativa, somente nos casos em que, havendo notícia de ato ou fato que represente irregularidade de certa ou ponderável gravidade, inexista certeza de sua ocorrência ou não haja segurança quanto à autoria.

Art. 176. Aplica-se à sindicância, no que couber, os procedimentos relativos ao processo administrativo disciplinar, previstos neste Código.

Art. 177. Os autos da sindicância, quando houver, integrarão o processo administrativo disciplinar, como peça informativa da instrução.

SUBSEÇÃO VII
DO PROCESSO ADMINISTRATIVO DISCIPLINAR

Art. 178. O processo administrativo disciplinar será instaurado mediante portaria, que conterá, no mínimo, a identificação pessoal e funcional do acusado, a descrição dos atos ou fatos, a indicação das possíveis infrações a serem punidas, o respectivo enquadramento legal e, no caso de procedimento em trâmite no âmbito da Corregedoria-Geral da Justiça, os nomes dos integrantes da comissão processante, a qual será expedida:

I - pelo juiz, na hipótese prevista no art. 163;

II - pelo Corregedor-Geral da Justiça, nos termos do art. 165.

§ 1º A portaria prevista no caput deste artigo será publicada no Diário da Justiça Eletrônico.

§ 2º O processo administrativo disciplinar poderá ser realizado em caráter sigiloso, a critério da autoridade que determinar a sua abertura.

§ 3º Nos casos de sigilo, na identificação do acusado, constará somente as iniciais do seu nome.

Art. 179. O Processo administrativo disciplinar será conduzido pelo juiz, nos casos previstos no art. 163, devendo este comunicar à Corregedoria Geral da Justiça a instauração; e por comissão processante, composta de 3 (três) membros, nas hipóteses elencadas no art. 165.

§ 1º A comissão processante será presidida por um dos seus membros, à escolha do Corregedor-Geral da Justiça.

§ 2º A comissão processante será secretariada por um dos seus membros, à escolha do seu presidente.

§ 3º Não poderá participar da comissão processante o cônjuge, companheiro ou parente do acusado, consanguíneo ou afim, em linha reta ou colateral, até o terceiro grau.

§ 4º As reuniões da comissão serão registradas em atas que deverão detalhar todos os fatos ocorridos e deliberações adotadas.

Art. 180. A instrução do processo administrativo disciplinar será regida pelos princípios da ampla defesa, da oficialidade e do contraditório.

Parágrafo único. No curso do processo, a autoridade ou comissão processante poderá determinar a realização de qualquer diligência, de ofício ou a requerimento da parte interessada.

Art. 181. A autoridade ou comissão processante exercerá as suas atividades com independência e imparcialidade, assegurado o sigilo necessário à elucidação do fato ou exigido pelo interesse público, podendo tomar depoimentos, realizar acareações, diligências e investigações e adotar outras providências pertinentes, objetivando a coleta de provas, recorrendo, quando necessário, a técnicos e peritos.

Art. 182. Instaurado o processo administrativo disciplinar será notificado, preferencialmente, via Intrajus, o servidor processado para responder à acusação, por escrito, no prazo de até 10 (dez) dias.

§ 1º O indiciado que mudar de residência fica obrigado a comunicar à comissão o lugar onde poderá ser encontrado.

§ 2º A notificação do servidor processado que estiver em lugar incerto ou não sabido será feita por edital publicado no Diário da Justiça Eletrônico.

§ 3º Será considerado revel o indiciado que, regularmente notificado, não apresentar defesa no prazo legal.

§ 4º Frustrada a notificação por edital, deverá ser designado defensor para apresentar defesa.

Art. 183. No processo administrativo disciplinar, não é obrigatória a defesa técnica por advogado.

Art. 184. Esgotado o prazo previsto no art. 182, apresentada ou não resposta pelo servidor processado ou defensor, nos casos em que couber, a comissão processante poderá, alternativamente:

I - propor, fundamentadamente, à autoridade instauradora o arquivamento do processo administrativo disciplinar quando verificar:

a) a existência manifesta de causa excludente da ilicitude do fato;

b) a existência manifesta de causa excludente da culpabilidade do servidor processado;

c) que o fato narrado evidentemente não constitui descumprimento dos deveres e das obrigações funcionais; ou

d) prescrição da ação disciplinar; ou

II - prosseguir na instrução do processo, se não verificada qualquer das hipóteses previstas no inciso I deste artigo.

Art. 185. É assegurado ao servidor processado o direito de acompanhar a instrução do processo administrativo disciplinar pessoalmente ou por intermédio de procurador, arrolar até 3 (três) testemunhas, produzir provas e contraprovas e formular quesitos, quando se tratar de prova pericial.

§ 1º Ao arrolar testemunhas e requerer perícias, o servidor processado deverá demostrar, fundamentadamente, a relevância e a pertinência para a elucidação do caso.

§ 2º A autoridade ou o presidente da comissão processante poderá, fundamentadamente, indeferir pedidos impertinentes, desnecessários, protelatórios, ou de nenhum interesse para o esclarecimento dos fatos.

Art. 186. O procurador do acusado poderá assistir ao interrogatório, bem como à inquirição das testemunhas, sendo-lhe vedado interferir nas perguntas e respostas, podendo, porém, reinquiri-las, por intermédio do presidente da comissão processante.

Art. 187. Quando houver dúvida sobre a sanidade mental do acusado, este se submeterá a exame por junta médica oficial da qual participe pelo menos um médico psiquiatra.

§ 1º A providência a que se refere o caput deste artigo será determinada pela autoridade processante ou proposta pela comissão ao Corregedor-Geral da Justiça.

§ 2º O incidente de insanidade mental será processado em auto apartado e apenso ao processo principal, após a expedição do laudo pericial.

Art. 188. Concluída a instrução do Processo administrativo disciplinar, o servidor acusado ou seu defensor será notificado, preferencialmente, via Intrajus, para apresentar, por escrito, alegações finais, no prazo de 10 (dez) dias.

Art. 189. Esgotado o prazo para a apresentação das alegações finais, tenha ou não sido apresentada, a autoridade ou comissão processante apreciará a defesa produzida, os depoimentos prestados e as provas colhidas nos autos, devendo apresentar o relatório conclusivo, que deverá ser redigido com clareza e exatidão, noticiando de forma circunstanciada e completa todas as fases do processo.

SUBSEÇÃO VIII
DA CELEBRAÇÃO DE TERMO DE AJUSTAMENTO DE CONDUTA

Art. 190. Nos casos de infração administrativa disciplinar de menor potencial ofensivo, antes da instauração de procedimento administrativo para apuração de falta funcional, os órgãos responsáveis pela aplicação de penalidade poderão celebrar Termo de Ajustamento de Conduta – TAC como forma consensual de resolução de conflitos.

Parágrafo único. Considera-se infração administrativa disciplinar de menor potencial ofensivo a conduta punível com advertência ou suspensão de até 30 (trinta) dias.

Art. 191. O TAC somente será celebrado quando o investigado:

I - não tenha registro vigente de penalidade disciplinar em seus assentamentos funcionais;

II - não tenha firmado TAC nos últimos dois anos, contados desde a publicação do instrumento;

III - tenha ressarcido, ou se comprometido a ressarcir, eventual dano causado à Administração Pública.

Parágrafo único. O eventual ressarcimento ou compromisso de ressarcimento de dano causado à Administração Pública deverá ser comunicado à Diretoria-Adjunta de Gestão de Pessoas do TJ/AL - DAGP.

Art. 192. Por meio do TAC o agente público interessado se compromete a ajustar sua conduta e a observar os deveres e proibições previstos na legislação vigente.

Art. 193. A celebração do TAC será realizada pela autoridade competente para instauração do respectivo procedimento disciplinar.

Art. 194. A proposta de TAC poderá:

I - ser oferecida de ofício pela autoridade competente para instauração do respectivo procedimento disciplinar;

II - ser sugerida pela comissão responsável pela condução do procedimento disciplinar;

III - ser apresentada pelo agente público interessado.

§ 1º Em procedimentos disciplinares em curso, o pedido de TAC poderá ser feito pelo interessado à autoridade instauradora em até 10 (dez) dias após o recebimento da notificação de sua condição de acusado.

§ 2º O pedido de celebração de TAC apresentado por comissão responsável pela condução de procedimento disciplinar ou pelo interessado poderá ser, motivadamente, indeferido.

§ 3º O prazo estabelecido no § 1º deste artigo, se aplica às hipóteses de oferecimento de ofício do TAC pela autoridade competente para instauração do respectivo procedimento disciplinar, que fixará no mesmo ato o prazo para a manifestação do investigado.

Art. 195. O TAC deverá conter:

I - a qualificação do agente público envolvido;

II - os fundamentos de fato e de direito para sua celebração;

III - a descrição das obrigações assumidas;

IV - o prazo e o modo para o cumprimento das obrigações;

V - a forma de fiscalização das obrigações assumidas.

§ 1º As obrigações estabelecidas pela Administração devem ser proporcionais e adequadas à conduta praticada, visando mitigar a ocorrência de nova infração e compensar eventual dano.

§ 2º As obrigações estabelecidas no TAC poderão compreender, dentre outras:

I - reparação do dano causado;

II - retratação do interessado;

III - participação em cursos visando à correta compreensão dos seus deveres e proibições ou à melhoria da qualidade do serviço desempenhado;

IV - acordo relativo ao cumprimento de horário de trabalho e compensação de horas não trabalhadas;

V - cumprimento de metas de desempenho;

VI - sujeição a controles específicos relativos à conduta irregular praticada.

§ 3º O prazo de cumprimento do TAC não poderá ser superior a 2 (dois) anos.

§ 4º A inobservância das obrigações estabelecidas no TAC ensejará a abertura de processo administrativo disciplinar.

Art. 196. Após celebração do TAC, será publicado extrato no Diário da Justiça Eletrônico, contendo:

I - o número do processo;

II - o nome do servidor celebrante;

III - a descrição genérica do fato.

§ 1º A celebração do TAC deverá ser comunicada à Divisão de Processos Disciplinares desta da CGJ/AL - DPD, com o envio de cópia do termo, para acompanhamento do seu efetivo cumprimento.

§ 2º O TAC terá acesso restrito até o seu efetivo cumprimento ou até a conclusão do processo disciplinar decorrente de seu descumprimento.

Art. 197. O TAC será registrado nos assentamentos funcionais do agente público na Diretoria Adjunta de Gestão de Pessoas do TJ/AL - DAGP.

§ 1º Declarado o cumprimento das condições do TAC pela autoridade competente, não será instaurado procedimento disciplinar pelos mesmos fatos objeto do ajuste.

§ 2º No caso de descumprimento do TAC, a autoridade competente adotará imediatamente as providências necessárias à instauração ou continuidade do respectivo procedimento disciplinar, sem prejuízo da apuração relativa à inobservância das obrigações previstas no ajustamento de conduta.

§ 3º A celebração do TAC suspende a prescrição até o recebimento pela autoridade processante da declaração a que se refere o § 1º deste artigo.

SUBSEÇÃO IX DA APLICAÇÃO DAS PENAS DISCIPLINARES

Art. 198. Na aplicação das penas disciplinares, deve-se observar o seguinte:

I - a pena de advertência deve ser aplicada reservadamente, por escrito, no caso de negligência no cumprimento dos deveres do cargo;

II - a pena de censura deve ser aplicada reservadamente, por escrito, no caso de reiterada negligência no cumprimento dos deveres do cargo ou no do procedimento incorreto, se a infração não justificar punição mais grave;

III - a pena de multa, que não se confunde com a de restituição, será aplicada nos casos previstos em lei ou quando o servidor da Justiça ou funcionário do Poder Judiciário receber custas indevidas ou além das previstas, conforme disciplinado pelo Fundo Especial de Modernização do Poder Judiciário - FUNJURIS;

IV - a pena de suspensão deve ser aplicada quando a falta for intencional ou de natureza grave e nos casos de reincidência em falta já punida com censura; e, ainda, nos casos previstos em lei.

§ 1º Os juízes comunicarão ao Corregedor-Geral da Justiça, por meio da Chefia de Gabinete do Corregedor-Geral, a instauração dos procedimentos disciplinares, bem como a decisão final proferida, após seu trânsito em julgado.

§ 2º Em caso de aplicação de pena, a informação deve vir acompanhada, obrigatoriamente do número do Cadastro de Pessoa Física - CPF do apenado, de cópia da sentença ou decisão e da certidão do trânsito em julgado.

Art. 199. Se a pena a ser aplicada for de suspensão por prazo superior a trinta dias ou outras mais graves, o processo deve ser encaminhado à Corregedoria-Geral da Justiça, que o conduzirá e relatará, encaminhando-o ao Conselho da Magistratura do Estado de Alagoas.

Art. 200. Havendo mais de um indiciado e diversidade de sanções, o julgamento caberá à autoridade competente para a imposição de pena mais grave.

Art. 201. Quando o relatório da comissão contrariar as provas dos autos, a autoridade julgadora poderá, motivadamente, agravar a penalidade proposta, abrandá-la ou isentar o servidor de responsabilidade.

Art. 202. Nos casos passíveis de aplicação das penas de advertência, censura ou suspensão, quando confessada a falta, documentalmente provada ou manifestamente evidente, a infringência da sanção, a critério da autoridade competente, independerá de prévia investigação preliminar e sindicância.

SUBSEÇÃO X DOS RECURSOS

Art. 203. O recurso contra decisão que arquivar a representação ou que impuser pena disciplinar deverá ser interposto, perante:

I - o Conselho da Magistratura do Estado de Alagoas, no caso de decisão proferida pelo Corregedor-Geral da Justiça; ou

II - perante o Corregedor-Geral da Justiça, no caso de decisão proferida pelos juízes.

Parágrafo único. O recurso será interposto no prazo de dez dias, contados da ciência pelo interessado ou da divulgação oficial da decisão.

Art. 204. O recurso administrativo terá efeito suspensivo e interromperá a prescrição.

SUBSEÇÃO XI DAS DISPOSIÇÕES FINAIS

Art. 205. O servidor que responder a processo disciplinar só poderá ser exonerado a pedido, ou aposentado voluntariamente, após a conclusão do processo e cumprimento da penalidade, caso aplicada, sem o que será a exoneração convertida em demissão.

Art. 206. Na hipótese de verificação na sindicância ou no processo administrativo disciplinar, que a falta cometida, também está capitulada como ilícito penal, a autoridade competente encaminhará cópia dos autos ao Ministério Público, e à autoridade policial competente, sem prejuízo da apuração das penalidades disciplinares cabíveis.

Art. 207. Os atos, notificações, diligências e procedimentos previstos neste Capítulo, serão realizados, preferencialmente, por meio eletrônico.

§ 1º Será considerada realizada a notificação no dia em que o servidor efetivar a consulta eletrônica ao teor da notificação, certificando-se nos autos a sua realização.

§ 2º Na hipótese do § 1º deste artigo, nos casos em que a consulta se dê em dia não útil, a intimação será considerada como realizada no primeiro dia útil seguinte.

§ 3º A consulta referida nos §§ 1º e 2º, deverá ser feita em até 10 (dez) dias corridos contados da data do envio da notificação, sob pena de considerar-se a notificação automaticamente realizada na data de término desse prazo, certificando-se nos autos o ocorrido.

TÍTULO III
DOS OFÍCIOS DE JUSTIÇA EM GERAL

CAPÍTULO I
DO EXPEDIENTE FORENSE E DE SUA PRORROGAÇÃO

Art. 208. O expediente forense segue o disposto na Resolução nº 01/2010 do Tribunal de Justiça.

Art. 209. O expediente do Setor de Distribuição do Fórum da Capital observará, de segunda a quinta-feira, os horários a saber:

I - das 7h30 (sete horas e trinta minutos) às 13h00 (treze horas), para atividade interna;

II - das 13h00 (treze horas) às 19h00 (dezenove horas), para atividade de atendimento às unidades judiciárias e ao público em geral.

§ 1º A atividade prevista no inciso I deste artigo, a ser realizada por pelo menos 1 (um) servidor lotado no Setor de Distribuição do Fórum da Capital, será, em regra, cumprida de forma presencial, podendo ser autorizado o trabalho remoto.

§ 2º O expediente às sextas-feiras obedecerá o disposto no art. 208 deste Código.

Art. 210. O juiz pode determinar a prorrogação do expediente ordinário de sua unidade judicial, quando a necessidade do serviço exigir, comunicando à Corregedoria-Geral da Justiça.

§ 1º Os pontos facultativos que forem decretados pela União, pelo Estado ou pelo Município não impedirão quaisquer atos da vida forense, salvo determinação expressa do Presidente do Tribunal de Justiça ou do juiz diretor do foro, com anuência daquele.

§ 2º Nos demais casos o juiz deverá apenas comunicar ao Corregedor-Geral da Justiça o fechamento do fórum, no dia do feriado municipal, não havendo necessidade de baixar portaria para tal fim ou de se expedir comunicação a todas as unidades jurisdicionais do Estado via Intrajus.

CAPÍTULO II
DAS ATRIBUIÇÕES ADMINISTRATIVAS DOS SERVIDORES E DA DISTRIBUIÇÃO DAS ATIVIDADES

SEÇÃO I
DAS ATRIBUIÇÕES DO CHEFE DE SECRETARIA

Art. 211. Ao chefe de secretaria ou seu substituto legal, nos impedimentos, faltas justificadas e férias, cabe:

I - dirigir e fiscalizar os serviços da unidade judicial;

II- conferir expedientes;

III - esclarecer dúvidas dos outros servidores;

IV - levar ao conhecimento do juiz irregularidades ocorridas nos serviços e no cartório, aí incluídas faltas funcionais dos servidores.

Art. 212. O chefe de secretaria é, ainda, responsável por identificar, dar andamento e monitorar o processamento dos processos de sua unidade judicial, zelando pelo rápido andamento dos processos em que haja prioridade legal e pelo cumprimento das metas estabelecidas pelo Conselho Nacional de Justiça eventualmente aplicáveis à unidade.

Art. 213. Cabe ao chefe de secretaria conferir, por amostragem, e encaminhar para assinatura do juiz, pelo Sistema SAJ ou fisicamente, conforme o caso, os documentos que exijam sua assinatura.

§ 1º O fato de o documento ser encaminhado diretamente do servidor que o emitiu para a fila de "aguardando assinatura do juiz" ou, de outra forma, diretamente ao juiz, não exime a responsabilidade do chefe de secretaria de zelar pela sua correção.

§ 2º Quando verificar a reiteração de determinada incorreção por servidor, o chefe de secretaria encaminhará, via Intrajus, as correções que se façam necessárias, para adoção em situações futuras.

Art. 214. Cabe ao chefe de secretaria disciplinar, por escrito, a distribuição do serviço entre os servidores do cartório, mantendo-se, sempre que possível, igual quantidade de processos para cada um dos servidores.

§ 1º A distribuição de processos entre os servidores poderá ser distinta entre os processos físicos e digitais, se basear em matérias, etapas, sequenciais, numerações ou qualquer outro critério objetivamente aferível, a critério do chefe de secretaria e observadas as disposições do caput.

§ 2º O chefe de secretaria deverá designar substitutos nas eventuais faltas justificadas dos servidores.

§ 3º A forma de distribuição do serviço é passível de alteração a qualquer tempo, por escrito, com efeitos para o futuro.

Art. 215. Ochefe de secretaria estabelecerá, por escrito, a distribuição do atendimento ao público entre os servidores, de maneira a, sempre que possível, destinar igual quantidade de atendimentos para cada um dos servidores.

Parágrafo único. É permitida a distribuição do serviço de modo que determinado servidor fique com maior número de processos a cumprir ou maior número de atendimentos a realizar, desde que isso não implique trabalho em excesso ou a menor para algum dos servidores.

Art. 216. O chefe de secretaria não permitirá a entrada e permanência de pessoas estranhas aos quadros do Poder Judiciário nas dependências internas do cartório, destinadas exclusivamente aos servidores, exceto cedidos, estagiários e voluntários, salvo se autorizado pelo juiz.

Art. 217. Se autorizado por escrito pelo juiz, por meio de portaria, ainda que genérica, o chefe de secretaria poderá proceder a abertura de correspondências encaminhadas ao juízo e, independentemente de despacho, realizar a sua juntada física ou digitalizada aos autos correlatos.

§ 1º A autorização a que se refere o caput deste artigo não engloba correspondências particulares encaminhadas ao juiz ou servidores ou documentos confidenciais.

§ 2º Para os fins deste artigo, não se considera pessoal a correspondência endereçada ao juiz com referência a seu cargo.

Art. 218. O chefe de secretaria deverá zelar pelo correto e integral recolhimento das custas, quando devidas, advertindo os servidores que sistematicamente tenham deixado de proceder na forma determinada no CAPÍTULO XX e levando o fato ao conhecimento do juiz, quando tal advertência não for suficiente.

Art. 219. Não havendo vedação expressa, os chefes de secretaria poderão delegar, pontualmente, aos servidores no geral, as atribuições que este Código lhe imponha, desde que não implique em renúncia à atividade gerencial da unidade judicial que lhe é própria.

Parágrafo único. O chefe de secretaria não se exime de responsabilidade apontada como sua por este Código sob a alegação de ter delegado determinada atribuição a servidor subordinado, ainda que seja ela permitida.

SEÇÃO II
DAS ATRIBUIÇÕES DOS SERVIDORES DO CARTÓRIO DA UNIDADE JUDICIAL

Art. 220. Cada servidor é responsável pela prática de todos os atos processuais dos processos a ele distribuídos, se o serviço não foi distribuído de forma diversa, devendo zelar pelo correto e diligente cumprimento das determinações judiciais e não concorrer para a ocorrência de nulidades nos processos, levando ao conhecimento do chefe de secretaria eventuais irregularidades na tramitação que possam implicar na nulidade de atos.

Art. 221. Os servidores são também responsáveis pela execução material de atos que o chefe de secretaria determinar no exercício de sua atividade gerencial da unidade judicial.

Art. 222. São deveres dos servidores atender com urbanidade e presteza àqueles que solicitam seus serviços e observar rigorosamente o horário de trabalho.

Art. 223. A pontualidade e a frequência dos servidores serão estabelecidas na forma prevista em Resolução do Tribunal de Justiça.

Art. 224. Os servidores poderão expedir, independentemente de despacho, documento para a obtenção de endereços quando requerido pela parte.

§ 1º A parte deverá diligenciar na obtenção dos endereços conforme os destinatários dos documentos, não sendo necessário que o servidor remeta o expediente.

§ 2º Não serão tomadas as diligências referidas no caput quando:

I - o destinatário do documento estiver impedido de prestar informações sem autorização judicial; ou

II - o requerimento for do representante da própria parte que alterou seu domicílio sem comunicar o juízo.

Art. 225. É vedada a utilização do telefone da unidade judicial para tratar de assuntos particulares.

CAPÍTULO III
DA GESTÃO DE PROCESSOS ELETRÔNICOS

SEÇÃO I
DOS AUTOS DO PROCESSO DIGITAL

Art. 226. Constituem os autos do processo digital ou eletrônico, as petições e os documentos de origem externa e aqueles produzidos no Sistema SAJ pelos juízes e servidores.

§ 1º Cada documento ou petição é denominado "peça" no processo eletrônico, que em conjunto formam a "pasta digital".

§ 2º A pasta digital é destituída de capa ou folha de rosto e suas páginas serão numeradas, automática e sequencialmente, a partir da primeira página do documento inicial, que se constituirá na página "número um" dos autos do processo eletrônico.

§ 3º As peças seguirão, na pasta digital, a ordem cronológica dos fatos, ressalvado o disposto no art. 781.

§ 4º Considera-se peça de origem externa, para os efeitos deste Código, qualquer documento encaminhado por pessoa que não mantenha vínculo funcional, ainda que transitório e sem remuneração, com o Poder Judiciário.

SEÇÃO II
DA ATUALIZAÇÃO DOS DADOS CADASTRAIS

Art. 227. Sem prejuízo do disposto no art. 295 e no art. 608, os servidores deverão atualizar, tão logo ocorra, toda e qualquer alteração havida nas informações relevantes ao processo em seu cadastro junto ao Sistema SAJ, tais como alterações de partes, de endereço, de advogados, de testemunhas, de valores, ou quando sobrevierem maiores informações quanto a pessoa até então não plenamente identificada nos autos.

Art. 228. A desídia ou omissão reiterada da obrigação constante do artigo anterior ensejará a responsabilização funcional do servidor.

SEÇÃO III
DA ASSINATURA DAS PEÇAS E DA VERIFICAÇÃO DE SUA AUTENTICIDADE

Art. 229. Todas as peças do processo eletrônico serão assinadas eletronicamente pelo seu subscritor.

§ 1º Serão assinadas e liberadas nos autos digitais, pelos servidores da justiça:

I - as peças produzidas pelo juízo, observado o disposto no art. 318;

II - as peças de origem externa recebidas, excepcionalmente, em formato físico e digitalizadas pelos servidores.

§ 2º A garantia de autenticidade das peças se dá com a assinatura eletrônica de seu signatário, na forma estabelecida em lei.

§ 3º A autenticidade das peças de origem externa recebidas, excepcionalmente, em formato físico e digitalizadas pelos servidores é aferida pelo autor no momento em que apõe sua assinatura na peça entregue.

Art. 230. As peças de origem interna ou externa em que haja divergência entre a assinatura eletrônica e a física lançada nos autos será certificada para fins de análise de sua validade pelo juiz.

SEÇÃO IV
DA DIGITALIZAÇÃO DE AUTOS FÍSICOS

Art. 231. Os processos iniciados antes da implantação da tramitação e peticionamento eletrônicos serão, sempre que viável, digitalizados.

Art. 232. Os processos cuja tramitação deva ser feita de forma física seguirá o disposto no TÍTULO VIII, CAPÍTULO I e, subsidiariamente, as disposições deste Título.

Art. 233. Ocorrendo conexão, continência ou outro motivo que determine a reunião de processos que tramitem em formato diverso, será dada preferência à digitalização do feito físico.

§ 1º Realizada a digitalização dos autos do processo, deve-se observar, obrigatoriamente, os seguintes procedimentos:

I - a versão física dos autos será acondicionada em caixa de arquivo devidamente identificada e encaminhada ao setor de arquivo da Comarca;

II - na versão eletrônica dos autos será feita a categorização das peças digitalizadas, liberando-se como última página do processo eletrônico uma certidão cartorária ou ato ordinatório, previamente elaborado(a), com indicação da data em que o processo se tornou eletrônico e o modo pelo qual podem ser localizados os autos físicos;

III - proceder à intimação dos procuradores das partes, por meio do Diário de Justiça e, pessoalmente, se for o caso, das Procuradorias Federais, Estaduais e Municipais, acerca da conversão do processo físico em eletrônico e de que, doravante, o feito só receberá peticionamento encaminhado por meio do portal de serviços deste Tribunal de Justiça.

§ 2º A intimação a que se refere o inciso III do § 1º será feita por portal eletrônico, quando o destinatário já tiver acesso à funcionalidade.

Art. 234. O processo que tramita em formato físico, bem como seus apensos, na hipótese de redistribuição para outro juízo no âmbito do Estado, será convertido em eletrônico pela unidade judicial, sendo digitalizadas e corretamente categorizadas todas as suas peças antes da sua remessa.

Parágrafo único. A versão física dos autos será remetida, via correios, ao juízo ao qual foi redistribuída e neste ficará acondicionada em caixa devidamente identificada, com informação de sua localização no processo eletrônico, sendo desnecessária a manutenção de cópias no juízo que remete o processo.

Art. 235. Em se tratando de redistribuições/declínios de competências para outras unidades ou Tribunais da Federação, deve-se baixar o processo em PDF e encaminhá-lo via Malote Digital ou e-mail.

Parágrafo único. Após o procedimento previsto no caput deste artigo, os autos devem ser arquivados, certificando o ocorrido e, em seguida, deve-se materializar o processo digital.

Art. 236. Equiparam-se os autos físicos de processos que foram digitalizados, para fins de guarda e depósito, aos processos físicos arquivados.

SEÇÃO V
DA MATERIALIZAÇÃO DE AUTOS DIGITAIS

Art. 237. A materialização de autos consiste na conversão de autos eletrônicos em físicos, com a impressão integral das peças produzidas digitalmente bem como a exclusão do processo do fluxo de trabalho, o qual não mais receberá peças digitalizadas.

§ 1º Serão materializados os autos para remessa definitiva a outro juízo que não disponha de sistema compatível, sendo indispensável, para tanto, o decurso do prazo para a interposição de eventual recurso da decisão declinatória da competência, assim como o prazo previsto para a parte informar ao juízo da sua interposição.

§ 2º A materialização de autos depende de determinação judicial e o servidor responsável pela sua execução deverá cientificar as partes, por meio do Diário de Justiça, da conversão dos autos para o novo formato e que, a partir da conversão, o peticionamento será exclusivamente físico.

§ 3º Nos casos indicados no § 1º, a ciência às partes acerca da materialização deverá ocorrer na mesma oportunidade em que forem intimadas da decisão que determinou a remessa definitiva dos autos.

§ 4º As páginas impressas serão autuadas e ao final constará certidão com a informação da origem dos documentos impressos, bem como a forma pela qual o banco de dados poderá ser acessado para aferir a autenticidade das peças e das respectivas assinaturas digitais.

SEÇÃO VI
DA IMPRESSÃO DE PEÇAS OU PROCESSOS

Art. 238. A impressão consiste no ato de imprimir total ou parcialmente as páginas do processo digital, permanecendo os autos eletrônicos dentro do fluxo de trabalho.

§ 1º A impressão das peças dos processos eletrônicos será realizada pelo próprio interessado, por meio do sítio do Tribunal de Justiça de Alagoas.

§ 2º É vedado o fornecimento de cópia impressa do processo eletrônico aos advogados, procuradores ou às partes, bem como aos membros do Ministério Público e da Defensoria Pública, ainda que parcial.

SEÇÃO VII
DO DESENTRANHAMENTO DE PEÇAS

Art. 239. Quando o desentranhamento de documentos for determinado pelo juiz, o servidor deverá tornar sem efeito a peça no Sistema SAJ, fazendo menção, na certidão que o substituir, à decisão que o determinou.

Parágrafo único. É desnecessária a prévia extração de cópia ou guarda dos documentos tornados sem efeito em formato PDF ou qualquer outro meio.

SEÇÃO VIII
DO APENSAMENTO, DESAPENSAMENTO E UNIFICAÇÃO DE PROCESSOS

Art. 240. O apensamento ou desapensamento de processos só será feito nos casos de:

I - conexão;

II - continência que não implique extinção de um dos processos;

III - distribuição por dependência;

IV - determinação judicial;

V - nas demais hipóteses previstas no ordenamento jurídico e neste Código.

Art. 241. O fato de mais de um processo ter a(s) mesma(s) parte(s) não enseja, por si só, a necessidade de apensamento.

Art. 242. A unificação de processos deverá ser feita no caso de reunião de processos que determine a tramitação de apenas um deles, sob sua numeração, como no caso a que alude o art. 28 da Lei nº 6.830/80.

SEÇÃO IX DAS TARJAS

Art. 243. Os processos serão obrigatoriamente identificados com as tarjas que indiquem prioridade de tramitação e, facultativamente, com outras que auxiliem o seu gerenciamento.

§ 1º São tarjas que indicam a prioridade de tramitação:

I - ato infracional com internação provisória;

II - réu preso provisório;

III - réu preso em execução provisória;

IV - réu procurado com mandado de prisão em aberto;

V - habeas corpus;

VI - mandado de segurança;

VII - criança/adolescente com acolhimento familiar/institucional;

VIII - ECA - Cível e Ato Infracional;

IX - idoso maior de 80 anos;

X - estatuto do idoso;

XI - doença grave;

XII - meta 2;

XIII - meta 4;

XIV - meta 6;

XV - liminar/antecipação de tutela;

XVI - tramitação prioritária;

XVII - pedido de diligência;

XVIII - indígena;

XIX - gestante/lactante;

XX - pessoas em situação de rua.

§ 2º São tarjas informativas, que não implicam prioridade de tramitação:

I - justiça gratuita;

II - segredo de justiça;

III - sigilo externo;

IV - sigilo absoluto;

V - participação do Ministério Público;

VI - participação da Defensoria Pública;

VII - cadastro de penhora no rosto dos autos;

VIII - análise de penhora;

IX - penhora on-line;

X - parte com vários endereços;

XI - competência delegada;

XII - repercussão geral (STF);

XIII - representativo de repercussão geral (REP/STF);

XIV - recurso repetitivo (STJ);

XV - representativo de recurso repetitivo (STJ);

XVI - controvérsia no STF (CONT/STF);

XVII - controvérsia no STJ (CONT/STJ);

XVIII - demandas repetitivas (IRDR);

XIX - assunção de competência (IAC);

XX - falência e incidentes relacionados;

XXI - saúde;

XXII - guia de execução definitiva;

XXIII cumprir audiência;

XXIV - processo sentenciado;

XXV - confirmação da sentença;

XXVI - reforma total da sentença;

XXVII – reforma parcial da sentença;

XXVIII - processo em fase de execução;

XXIX - perícia;

XXX - mutirão carcerário;

XXXI - mutirão de medidas socioeducativas;

XXXII - mutirão de audiências;

XXXIII - histórico de partes conferido;

XXXIV - processo com bens ou objetos vinculados;

XXXV - processos com armas e bens cadastrados;

XXXVI - processo com objetos ou bens apreendidos;

XXXVII - réu monitorado com tornozeleira;

XXXVIII - violação de monitoração;

XXXIX - DNA realizado;

XL - justiça restaurativa;

XLI - patrulha Maria da Penha;

XLII - acervo SPU;

XLIII - processo correicionado;

XLIV - parte ativa intimada por aplicativo de celular;

XLV - parte passiva intimada por aplicativo de celular.

§ 3º É proibida a baixa de processos sem a retirada das tarjas previstas nos incisos II a IV do § 1º deste artigo.

Art. 244. A Coordenação do Sistema SAJ, de ofício ou mediante requerimento, e após autorização do Corregedor-Geral da Justiça, inserirá novas tarjas no sistema, sempre que surgirem outras prioridades legais ou informações de destaque, além das relacionadas nos artigos anteriores, prescindindo, para tanto, de alteração normativa.

SEÇÃO X
DAS CLASSES, ASSUNTOS E MOVIMENTOS DOS PROCESSOS

Art. 245. As Tabelas Processuais Unificadas do Poder Judiciário, compreendendo classes, assuntos e movimentos, previstas na Resolução nº 46, de 18 de dezembro de 2007 do Conselho Nacional de Justiça são de observância obrigatória em todos os órgãos que compõem o 1º Grau do Poder Judiciário do Estado de Alagoas.

§ 1º A classe e o assunto, quando cadastrados erroneamente, devem ser sanados por meio da Correção de Classe do Sistema SAJ.

§ 2º A evolução de classe do Sistema SAJ só deverá ser utilizada quando houver alteração da classe do processo durante seu curso e, em caso de cumprimento de sentença, deverá ser alterada a situação dos processos para "Em andamento".

Art. 246. Todas as movimentações existentes no processo deverão ser alimentadas no Sistema SAJ.

§ 1º Quando a movimentação não decorrer automaticamente do documento utilizado, deve ser retificada pelo juiz ou servidor que der causa à movimentação impertinente, vedado o lançamento manual de nova movimentação sobre o mesmo acontecimento.

§ 2º Nenhum servidor ou magistrado lançará no Sistema SAJ movimentação cujo objetivo seja exclusivamente simular o andamento do feito para dificultar, maquiar ou de qualquer outro modo interferir no controle estatístico da unidade judicial, sob pena de responsabilização funcional.

§ 3º Os juízes e assessores não expedirão documentos que alterem a situação do processo no Sistema SAJ para "Julgado", salvo:

I - quando o ordenamento jurídico preveja ser o caso de prolatação de sentença; ou

II - nas demais hipóteses autorizadas por este Código.

§ 4º Não havendo, no Sistema SAJ, movimentação específica a ser aplicada para a decisão interlocutória que encerra o incidente, fica permitida a utilização de movimentações de sentença, para fins estatísticos.

§ 5º Para fins de alimentação do Sistema SAJ, não se considera sentença o ato que decida matéria que ensejaria a prolatação de sentença apenas se fosse a única a ser decidida, notadamente nos seguintes casos:

I - ato que homologue acordo parcial ou em relação a só uma das partes, quando várias;

II - o ato decisório que não encerra a fase de conhecimento ou execução, ou ação cautelar que tramite em apartado;

III - ato que resolva parcialmente o mérito;

IV - ato que extinga a punibilidade de um dos réus ou em relação a um dos crimes;

V - a decisão de pronúncia.

Art. 247. O ato decisório de embargos de declaração interposto contra decisão interlocutória deverá ser alimentado com a movimentação "Decisão Proferida" e o relativo ao interposto contra sentença deverá ser alimentado com as seguintes movimentações:

I - acolhimento dos embargos de declaração: quando os embargos forem providos, ainda que sem efeitos infringentes;

II - não acolhimento de embargos de declaração: quando os embargos não forem conhecidos ou providos; ou

III - acolhimento em parte dos embargos de declaração: quando os embargos forem providos em parte.

Art. 248. A correta alimentação do Sistema SAJ dispensa a necessidade de manutenção de livros de controle pela unidade judicial.

CAPÍTULO IV
DO ACESSO E CONSULTA AOS AUTOS DO PROCESSO POR SERVIDORES, PARTES, REPRESENTANTES E TERCEIROS

SEÇÃO I
DO SISTEMA DE AUTOMAÇÃO DA JUSTIÇA – SAJ

Art. 249. O acesso ao Sistema SAJ é exclusivo para juízes e servidores do Poder Judiciário.

Parágrafo único. Sob nenhum pretexto será conferido acesso do Sistema SAJ a pessoas não mencionadas no **caput**, nem mesmo para órgãos e entidades da Administração Pública direta ou indireta.

Art. 250. As pessoas não abrangidas pelo artigo anterior, para a utilização de ferramentas compatíveis com o Sistema SAJ, deverão:

I - no caso de advogados e peritos, se valer do portal de serviços existente no sítio eletrônico do Tribunal de Justiça;

II - nos demais casos, celebrar convênio para utilização do portal eletrônico.

Art. 251. Os níveis de acesso às informações e o respectivo credenciamento (senha) dos servidores, para operação do Sistema SAJ, serão estabelecidos em expediente interno pela Corregedoria Geral da Justiça, por meio da Coordenação do Sistema SAJ.

§ 1º É vedado a juízes e servidores credenciados ceder a respectiva senha ou permitir que outrem, funcionário ou não, use-a para acessar indevidamente o sistema informatizado, sob pena de responsabilização funcional.

§ 2º Os chefes de secretaria comunicarão prontamente à Coordenação do Sistema SAJ as alterações no quadro funcional da unidade, para o processamento da revogação ou novo credenciamento.

Art. 252. As alterações, exclusões e retificações feitas de modo geral nos dados registrados pelo sistema serão definidas por níveis de criticidade, cujo acesso a Corregedoria-Geral da Justiça estabelecerá.

Parágrafo único. Os dados retificados, alterados ou excluídos serão conservados pelo sistema e todas as operações realizadas vinculadas ao usuário que as realiza.

Art. 253. Cessado o vínculo do servidor ou juiz com o Poder Judiciário do Estado de Alagoas, deverá ser imediatamente encerrado seu acesso ao sistema.

Parágrafo único. A Corregedoria-Geral da Justiça solicitará periodicamente ao Tribunal de Justiça a relação de servidores que atenderam aos recadastramentos para os quais foram convocados, com o fim de eliminar acessos indevidos ao Sistema SAJ.

Art. 254. Salvo disposição em contrário, as menções feitas neste Código, genericamente, ao Sistema SAJ dizem respeito ao módulo de primeiro grau.

SEÇÃO II
DO ACESSO E CONSULTA POR TERCEIROS NÃO RELACIONADOS AO PROCESSO

Art. 255. A consulta aos dados básicos dos processos judiciais eletrônicos será disponibilizada no portal do Tribunal de Justiça, assegurado o direito de acesso à informação processual a toda e qualquer pessoa, independentemente de prévio cadastramento ou de demonstração de interesse, exceto nos casos de processos que tramitem em segredo de justiça ou lhe seja conferido caráter de sigilo.

Parágrafo único. Os dados básicos do processo são:

I - número, classe e assuntos do processo;

II - nomes das partes e de seus advogados;

III - movimentação processual;

IV - inteiro teor das decisões, sentenças, votos e acórdãos.

SEÇÃO III
DO ACESSO E CONSULTA PELA PARTE E SEU ADVOGADO

Art. 256. A parte e seu advogado terão acesso a todo o conteúdo do processo eletrônico, ressalvadas as hipóteses de sigilo admitidas no ordenamento jurídico.

§ 1º Os documentos digitalizados e liberados em autos de processo eletrônico estarão disponíveis para acesso por meio da rede externa para as respectivas partes processuais, mediante senha pessoal e intransferível que será fornecida pela unidade judicial, respeitadas as situações de sigilo.

§ 2º A senha de acesso para a parte poderá ser solicitada a qualquer momento à unidade judicial, mediante prévia identificação formal, que lhe entregará pessoalmente, ou ao seu advogado com procuração nos autos.

§ 3º O fornecimento de senha de acesso aos autos do processo não será feito por telefone.

§ 4º É permitido o envio da senha ao **e-mail** cadastrado no processo para parte ou seu advogado, ainda que requerido por telefone.

§ 5º Os demais pedidos relacionados à entrega de senha serão analisados pelo juiz.

§ 6º O titular da senha é inteiramente responsável pela sua utilização indevida por terceiros.

SEÇÃO IV
DO ACESSO E CONSULTA PELO MINISTÉRIO PÚBLICO, DEFENSORIA PÚBLICA E FAZENDA PÚBLICA

Art. 257. A intimação e a vista para a Defensoria Pública, o Ministério Público e as Procuradorias da Fazenda Pública conveniadas serão realizadas via portal eletrônico, ato que gera automaticamente a movimentação pertinente e dá início à contagem do prazo de visualização na forma do art. 4º, § 3º da Lei nº 11.419/06.

Art. 258. As citações, intimações, notificações e remessas que autorizem o acesso à íntegra do processo correspondente serão consideradas vista pessoal do interessado para todos os efeitos legais.

Parágrafo único. As comunicações de atos processuais destinadas às procuradorias que não sejam conveniadas para utilização do portal e que não possuam acesso ao processo eletrônico, serão realizadas por via postal, com Aviso de Recebimento, das quais constarão as seguintes informações:

I - número dos autos;

II - prazo para manifestação;

III - disponibilidade dos autos no Portal do Tribunal de Justiça.

Art. 259. Quando a comunicação dos atos processuais se der por meio diverso do eletrônico, o documento correspondente será digitalizado e posteriormente eliminado.

Art. 260. Para a realização de atos por meio do portal eletrônico no Sistema SAJ, o servidor deverá sempre selecionar a pessoa ou entidade com cadastro controlado, pouco importando se, no processo, figure ela como parte, representante ou terceiro.

Art. 261. Aplica-se às pessoas elencadas no art. 257 o disposto no art. 268.

SEÇÃO V
DA EXPANSÃO DA UTILIZAÇÃO DO PORTAL ELETRÔNICO

Art. 262. Sempre que o interesse público exigir, a utilização do portal eletrônico deverá ser expandida para outros agentes que atuem diretamente com processos judiciais, especialmente nos seguintes casos:

I - nas hipóteses dos arts. 246, §§ 1º e 2º, e 270, parágrafo único, do Código de Processo Civil;

II - nas comunicações para órgãos e entidades da Administração Pública que, embora não sejam parte no processo, devam, rotineiramente, prestar informações ao Poder Judiciário.

§ 1º A utilização pelas pessoas mencionadas no inciso I do **caput** é obrigatória e será progressivamente implementada, a critério da Corregedoria-Geral da Justiça, levando-se em consideração:

I - a quantidade de processos em que a pessoa ou entidade é parte;

II - a viabilidade técnica da utilização do portal;

III - a economia gerada com a inclusão da pessoa ou entidade.

§ 2º A utilização pelas pessoas referidas no inciso II do **caput** é facultativa e condicionada à autorização da Corregedoria-Geral da Justiça, a qual, discricionariamente, verificará a existência de interesse público na inclusão, levando-se em consideração os parâmetros do § 1º.

Art. 263. As intimações de todas as serventias extrajudiciais de todos o Estado de Alagoas dar- se-ão por meio do portal eletrônico, devendo para tanto, a unidade elaborar, independentemente de existir despacho/decisão do magistrado, ato ordinatório de código 2057, do qual constará, explicitamente, o motivo da intimação.

Art. 264. Para a inclusão de pessoa ou entidade no portal, é necessário o preenchimento e assinatura por certificação digital do formulário eletrônico existente no sítio eletrônico do Tribunal de Justiça, onde deverão constar os seguintes dados:

I - em se tratando de pessoa jurídica de direito privado:

a) nome completo;

b) número do Cadastro Nacional de Pessoa Jurídica - CNPJ;

c) número da inscrição estadual;

d) número da inscrição municipal;

e) contrato social e eventuais alterações;

f) endereço completo;

g) endereço de e-mail;

h) nome, número do Cadastro de Pessoas Físicas – CPF e documento de identidade dos diretores;

i) nome completo, endereço e documentação pessoal relativos à pessoa física que estará autorizada a receber as comunicações via portal, em nome da pessoa ou entidade a ser incluída;

II - em se tratando de pessoa jurídica de direito público ou órgão público:

a) nome completo;

b) número do Cadastro Nacional de Pessoa Jurídica - CNPJ;

c) endereço completo;

d) endereço de **e-mail**;

e) nome, número do Cadastro de Pessoas Físicas – CPF e documento de identidade do representante legal, bem como termo de posse ou instrumento congênere que comprove os poderes de representação;

f) nome completo, endereço e documentação pessoal relativos à pessoa física que estará autorizada a receber as comunicações via portal, em nome da pessoa ou entidade a ser incluída.

Parágrafo único. Para os efeitos da alínea "i" do inciso I e da alínea "f" do inciso II, é permitida a indicação de até 5 (cinco) pessoas.

Art. 265. O cadastro de pessoas e entidades utilizadoras do portal deverá ser unificado e controlado pela Coordenação do Sistema SAJ, sendo os servidores do primeiro grau proibidos de alterar qualquer dado a eles relativos.

Parágrafo único. Quando do cadastro da pessoa ou entidade, o campo "Administrador" deverá ser preenchido com os dados do servidor responsável pelo cadastro, não devendo, em qualquer hipótese, ser preenchido com os dados apresentados na forma do art. 264.

Art. 266. Os cadastros eventualmente existentes no Sistema SAJ em relação a pessoas e entidades que passem a utilizar o portal serão consolidados em um único cadastro, o qual passará a ser controlado na forma do **caput**.

Art. 267. Qualquer alteração cadastral necessária deverá ser encaminhada na forma do art. 264, com as informações e documentos relativos ao que foi alterado.

§ 1º A manutenção dos dados atualizados é de inteira responsabilidade da pessoa ou entidade, considerando-se válidas as comunicações feitas de acordo com os dados até então informados.

§ 2º Quando a prática demonstrar que, pela constante alteração dos dados, a manutenção da utilização do portal for inviável, a pessoa ou entidade poderá ser excluída da funcionalidade.

Art. 268. Quando direcionadas a órgãos e entidades da Administração Pública, a comunicação via portal não será encaminhada a qualquer de seus agentes públicos individualmente considerados, cabendo ao destinatário tomar as providências que julgar necessárias para a eventual divisão interna das atribuições no órgão ou entidade.

Art. 269. Realizado o cadastro, os entes públicos e privados receberão as comunicações processuais exclusivamente por intermédio do portal eletrônico disponibilizado no sítio do Tribunal de Justiça de Alagoas.

Art. 270. A Corregedoria-Geral da Justiça divulgará para os usuários internos, bem como manterá em seu sítio eletrônico, a lista atualizada do código de cadastro único de cada pessoa jurídica registrada.

Art. 271. Não se aplica o disposto nesta seção à intimação dos advogados das partes, que deverá ser feita por publicação no Diário da Justiça Eletrônico.

SEÇÃO VI
DO ACESSO E CONSULTA PELO PERITO, TRADUTOR E INTÉRPRETE

SUBSEÇÃO I
DAS DISPOSIÇÕES GERAIS

Art. 272. A Corregedoria-Geral da Justiça, por meio do Departamento Central de Assuntos Judiciários - DCAJ, gerenciará o Banco de Peritos, Tradutores e Intérpretes no âmbito do Tribunal de Justiça do Estado de Alagoas.

Art. 273. Não havendo profissional ou órgão detentor da especialidade necessária com cadastro ou quando indicado conjuntamente pelas partes, o juiz poderá nomear profissional ou órgão não cadastrado.

§ 1º Na hipótese do caput, o profissional ou órgão será notificado, no mesmo ato que lhe der ciência da nomeação, para que, no prazo de 30 (trinta) dias do recebimento da notificação, proceda ao cadastro no supracitado Banco, condicionado seu credenciamento ao preenchimento dos requisitos constantes no art. 275, sob pena de não processamento do pagamento pelos serviços prestados.

§ 2º O perito consensual, indicado pelas partes, na forma do art. 471 do Código de Processo Civil, fica sujeito às mesmas normas e deve reunir as mesmas qualificações exigidas do perito judicial.

SUBSEÇÃO II
DO CREDENCIAMENTO

Art. 274. O credenciamento dos profissionais será instituído, por meio de cadastro eletrônico, em ferramenta disponibilizada no site da Corregedoria-Geral da Justiça.

Art. 275. Cada profissional ou responsável pelo órgão a ser credenciado deverá preencher os seguintes requisitos:

I - ter diploma de ensino superior;

II - comprovar a especialidade na matéria sobre a qual deverá opinar;

III - estar devidamente cadastrado no Instituto Nacional de Seguro Social – INSS, declarando, inclusive, que já é contribuinte e que se encontra regular com suas contribuições previdenciárias, não havendo necessidade de futuras retenções quando demostrado que já realiza o recolhimento pelo teto previdenciário;

IV - comprovar, por meio de certidão, a regularidade perante a entidade profissional a que estiver vinculado;

V - ter certificado digital, preferencialmente;

VI - comprovar, por meio da apresentação de certidões negativas, a sua regularidade fiscal, nos âmbitos federal, estadual e municipal;

VII - apresentar certidões negativas cível e criminal, no âmbito estadual e federal;

VIII - anexar declaração de idoneidade.

§ 1º As certidões a que se referem os incisos IV, VI e VII deste artigo, deverão ser expedidas no máximo 30 (trinta) dias antes do credenciamento.

§ 2º O requisito previsto no inciso I deste artigo não se aplica aos Corretores de Imóveis habilitados no Cadastro Nacional de Avaliadores Imobiliários – CNAI.

§ 3º No ato de credenciamento, os profissionais deverão anexar currículo profissional, bem como cópia do documento de identificação com foto e comprovante de Cadastro de Pessoa Física (CPF).

§ 4º O diploma ou certificado de curso realizado no exterior deverá estar validado no Brasil.

§ 5º O sistema, no prazo de 5 (cinco) dias, rejeitará os cadastros efetivados sem a juntada de todas as documentações exigidas no caput, podendo o profissional, a qualquer tempo, anexar as documentações faltantes.

SUBSEÇÃO III DA DESIGNAÇÃO

Art. 276. A designação de perito, tradutor ou intérprete é competência exclusivamente do juiz da causa, conforme os profissionais credenciados no Tribunal de Justiça, sendo-lhe vedado nomear cônjuge, companheiro(a) e parente, em linha reta ou colateral, até o terceiro grau.

§ 1º A regra contida no caput deste artigo também deverá ser observada em relação aos servidores do juízo.

§ 2º Poderá o juiz, ainda, substituir o perito, tradutor ou intérprete, desde que o faça de forma fundamentada.

Art. 277. Quando nomeados para atuar em processo, os peritos judiciais serão cadastrados no Sistema SAJ como "Perito", devendo suas manifestações serem protocoladas no processo por meio do portal "e-SAJ", mediante assinatura eletrônica.

SUBSEÇÃO IV DO DESCREDENCIAMENTO

Art. 278. O profissional já cadastrado, poderá pedir sua exclusão do cadastro a qualquer tempo.

Parágrafo único. A solicitação para descredenciamento deverá ser comunicada pelo e-mail: auxiliaresdajustica@tjal.jus.br, de forma expressa, para a suspensão do cadastro, evitando futuras designações.

Art. 279. A Corregedoria-Geral da Justiça poderá descredenciar os profissionais nas seguintes hipóteses:

I - desinteresse da Administração;

II - práticas de atos ou omissões lesivas às partes e ao Poder Judiciário, assim como das atividades correlacionadas à perícia quando informado pelo juiz titular da causa; ou

III - descumprimento do contido neste Código e demais normas que regem a matéria.

SUBSEÇÃO V DOS HONORÁRIOS PERICIAIS

Art. 280. O pagamento dos honorários periciais, de tradutor ou intérprete, nos casos de justiça gratuita, será efetuado mediante determinação do Presidente do Tribunal de Justiça, após requisição expedida pelo juiz do feito, mediante Processo Administrativo, observando-se a ordem cronológica de apresentação destas e as deduções das cotas previdenciárias e fiscais, sendo o valor líquido depositado em conta bancária indicada pelo perito.

§ 1º Para fins de deduções das cotas previdenciárias a que refere o caput deste artigo, o perito deverá informar eventual contribuição que tenha realizado junto ao Regime Geral da Previdência Social - RGPS, sob pena de dedução integral.

§ 2º Para fins de regularidade fiscal quanto à prestação de serviços, ficam dispensados da emissão de Nota Fiscal de Serviços os profissionais autônomos com situação regular junto às municipalidades.

§ 3º No caso de descredenciamento do perito, seja por decisão do Corregedor-Geral da Justiça, seja por solicitação do profissional, a Diretoria-Adjunta de Contabilidade e Finanças - DICONF do Tribunal de Justiça de Alagoas, solicitará uma declaração à CGJ para efetivar o pagamento dos honorários referentes às perícias realizadas antes do descredenciamento.

Art. 281. As requisições serão formalizadas mediante processo administrativo, por intermédio do Sistema Administrativo Integrado - SAI, ou outro que o substitua, e deverão conter:

I - o número do processo;

II - o nome das partes e respectivos números de inscrição no Cadastro de Pessoas Físicas - CPF ou Cadastro Nacional de Pessoas Jurídicas - CNPJ;

III - o valor dos honorários, especificando se de adiantamento ou se finais;

IV - os dados bancários para crédito;

V - a natureza e característica da perícia;

VI - declaração expressa de reconhecimento, pelo magistrado, do direito à justiça gratuita;

VII - certidão do trânsito em julgado e da sucumbência na perícia, se for o caso;

VIII - endereço e telefone do perito, intérprete ou tradutor;

IX - inscrição no Instituto Nacional de Seguro Social - INSS do perito, intérprete ou tradutor;

X - certidões negativas válidas comprovando a regularidade fiscal, nos âmbitos federal, estadual e municipal.

SUBSEÇÃO VI
DO IMPEDIMENTO E DA SUSPEIÇÃO

Art. 282. Quando da nomeação de peritos, tradutores e intérpretes deverão ser observadas, no que couber, as regras contidas nos arts. 144 a 147 do Código de Processo Civil (Lei nº 13.105/2015), em obediência ao disposto no art. 148, II do mesmo diploma legal.

SEÇÃO VII
DO SIGILO DOS PROCESSOS EM GERAL

Art. 283. Todo processo judicial é público, ressalvadas as hipóteses em que o ordenamento jurídico determine a tramitação em sigilo.

Parágrafo único. O servidor só colocará o processo sob sigilo:

I - em havendo determinação legal para tanto, independentemente de ordem do juiz; ou

II - se houver determinação judicial.

Art. 284. Sempre que não haja prejuízo para o direito tutelado pelo sigilo, este recairá exclusivamente sobre a peça processual e não sobre o processo todo.

Parágrafo único. Quando a ordem judicial for sigilosa, os documentos que se destinam ao seu cumprimento também o deverão ser.

Art. 285. O sigilo do processo, no Sistema SAJ, deve ser assegurado por meio das seguintes ferramentas:

I - segredo de justiça: quando o conhecimento dos atos processuais tiver de ser dado apenas às partes envolvidas, subtraído o conhecimento público;

II - sigilo externo: quando a vedação de acesso aos atos processuais tiver de ser imposta, inclusive, a alguma das partes do processo; ou

III - sigilo absoluto: quando o acesso ao processo tiver de ser dado exclusivamente ao juiz e às pessoas por ele indicadas.

Parágrafo único. Nas hipóteses de sigilo legal e nos sigilos determinados pelo juiz que não especifique a utilização de alguma das ferramentas em questão, deve ser utilizado o segredo de justiça.

Art. 286. O sigilo absoluto de processo deverá ser levantado tão logo a causa que o determine deixe de existir.

Parágrafo único. Não sendo ordenado pelo juiz o levantamento ou não sendo possível determinar o momento de cessação da causa, o sigilo absoluto deverá ser cessado com o trânsito em julgado.

CAPÍTULO V
DAS PEÇAS DE ORIGEM EXTERNA

SEÇÃO I
DAS DISPOSIÇÕES GERAIS

Art. 287. As partes, ao protocolarem suas manifestações, deverão se atentar ao disposto neste Código, sendo de sua inteira responsabilidade a correção do protocolo.

Art. 288. O protocolamento feito fora dos parâmetros estabelecidos neste Código não surte efeitos no processo, salvo quando o ordenamento jurídico estabelecer que o erro não prejudica a parte.

Art. 289. Os servidores não serão obrigados a proceder ao desentranhamento de peças para formação de novos autos, quando a parte protocolar nos mesmos autos manifestação que este Código determina que seja feito de forma diversa.

§ 1º Os servidores cientificarão a parte de que o protocolo foi feito de forma indevida, a fim de que a parte, querendo, o faça da forma correta.

§ 2º A cientificação a que se refere o § 1º não reabre prazo peremptório.

§ 3º Protocolada corretamente a peça, aquela que foi protocolada de forma indevida poderá ser tornada sem efeito, certificando-se nos autos.

Art. 290. O servidor certificará nos autos a ocorrência de qualquer irregularidade constatada nas petições liberadas automaticamente.

SEÇÃO II
DO PROTOCOLO DE PETIÇÕES INICIAIS

Art. 291. As petições iniciais serão encaminhadas, exclusivamente, por meio eletrônico, pelo portal de serviços deste Tribunal de Justiça.

Parágrafo único. O mesmo se aplica às cartas precatórias distribuídas pela parte, na forma do § 1º do art. 496.

Art. 292. Nenhum juiz ou servidor será obrigado a acessar o conteúdo de links, QR-Codes ou meios similares insertos no corpo de petições, devendo a parte interessada juntar aos autos o conteúdo a que se referem ou, em se tratando de mídias cuja juntada pretende que seja feita aos autos, observar o disposto no art. 300, § 3º deste Código.

Art. 293. A correta formação do processo eletrônico é de responsabilidade do peticionário, que deverá:

I - preencher os campos obrigatórios contidos no formulário eletrônico pertinentes ao tipo de petição, ao foro para o qual será endereçada, à competência, à classe processual, ao assunto principal, ao valor da ação e à qualificação das partes;

II - fornecer, quando couber, com relação às partes, o número no cadastro de pessoas físicas ou jurídicas perante a Secretaria da Receita Federal do Brasil e o endereço eletrônico;

III - fornecer a qualificação dos procuradores;

IV - carregar as peças essenciais e documentos complementares da petição em arquivos distintos e na ordem em que deverão aparecer no processo;

V - comprovar o recolhimento das custas, quando devidas.

§ 1º É vedado o cadastramento de petição inicial com a classe "petição".

§ 2º Nos autos do processo eletrônico fica estipulado o tamanho de folha A-4 (vinte e um centímetros de largura por vinte e nove centímetros e sete milímetros de altura), respeitando- se uma margem de 3 (três) cm à esquerda e à direita, para petições e documentos, sendo vedadas reduções em tamanho inferior ao estipulado.

§ 3º Caso verifique irregularidade na formação do processo que impeça ou dificulte sua análise, o juiz poderá abrir prazo de 5 (cinco) dias para que se promova novo peticionamento nos próprios autos com as correções necessárias, cujo não atendimento poderá implicar em cancelamento da distribuição.

Art. 294. Nas execuções de título executivo extrajudicial e, no geral, nas ações em que a cártula do título, enquanto documento físico, tem relevância jurídica, a parte que o portar deverá se abster de praticar qualquer ato jurídico com o documento, tal como se a cártula estivesse entranhada nos autos eletrônicos.

Art. 295. Não havendo disciplinamento diverso, por escrito, estabelecido pelo juiz da unidade judicial, incumbe ao primeiro servidor que tiver contato com os autos:

I - verificar se foram informados o foro competente, a qualificação completa das partes, a classe e o assunto da ação em conformidade com a tabela estabelecida pela Resolução nº 46/2007 do Conselho Nacional de Justiça;

II - verificar se o recolhimento das custas está de acordo com os valores estabelecidos na legislação vigente;

III - conferir se os documentos indicados na petição inicial estão todos digitalizados, e, em caso negativo, certificar a ocorrência e liberar a certidão nos autos;

IV - em caso de suspeita de duplicidade de cadastro de petição inicial eletrônica, certificar a ocorrência para conhecimento do juiz, a quem compete analisar e determinar as providências que entender necessárias.

§ 1º O cumprimento do disposto no caput será feito mediante conferência da fila "Conferir/Ratificar Cadastro" no fluxo do Sistema SAJ, não podendo o processo permanecer nessa fila:

I - por mais de 48 (quarenta e oito) horas, tendo o peticionante o cadastrando com algum elemento indicativo de urgência;

II - por mais de 5 (cinco) dias, nos demais casos.

§ 2º O servidor responsável pela conferência não será responsável pelo descumprimento do prazo previsto no inciso I do § 1º se o processo, a despeito de urgente, não tiver sido cadastrado adequadamente pelo peticionante e os erros ou omissões de cadastro impedirem a pronta detecção da urgência.

SEÇÃO III
DO PROTOCOLO DE PETIÇÕES INTERMEDIÁRIAS

Art. 296. As petições intermediárias protocoladas serão automaticamente juntadas aos autos, salvo disposição em contrário neste Código.

§ 1º O peticionante deverá observar, se for o caso, o disposto na Seção IV.

§ 2º É de exclusiva responsabilidade do peticionante o direcionamento da petição para o juízo ou instância no qual tramita o processo na data do protocolo.

Art. 297. Para os efeitos desta subseção, considera-se petição intermediária, sem prejuízo de outras assim consideradas pelo ordenamento jurídico, a reconvenção e a impugnação ao cumprimento de sentença.

Art. 298. Salvo nos processos que tramitam sob sigilo, o peticionamento importa em habilitação automática do advogado subscritor como procurador da parte para recebimento de publicações no Diário da Justiça Eletrônico, cabendo ao servidor corrigir ou excluir a habilitação, se ela não for devida ou requerida.

Art. 299. O sistema de transmissão de dados e imagens tipo fac-símile (fax) para a prática de atos processuais não se aplica aos processos que tramitam eletronicamente.

Art. 300. É vedado o recebimento de petições de advogados das partes ou manifestações pessoais das partes ou terceiros por e-mail pelo servidor da unidade judicial, ainda que o funcional.

§ 1º O peticionamento eletrônico não objeto de juntada automática, se encaminhado em desrespeito às normas e procedimentos estabelecidos pela Corregedoria, deverá ser certificado pelo servidor responsável pelo processo obrigatoriamente antes da conclusão ao juiz, a quem caberá determinar as providências pertinentes para supressão da irregularidade.

§ 2º O juiz determinará o desentranhamento de peças juntadas indevidamente aos autos.

§ 3º Quando deferida pelo juiz a juntada de mídias ao processo, a sua apresentação pela parte poderá ser feita por e-mail ou fisicamente na unidade judicial.

Art. 301. Às petições intermediárias aplica-se, no que couber, a disciplina do protocolo de petições iniciais.

SEÇÃO IV
DO PROTOCOLO DE INCIDENTES PROCESSUAIS, CUMPRIMENTOS DE SENTENÇA E AÇÕES AUTÔNOMAS COM DISTRIBUIÇÃO POR DEPENDÊNCIA

Art. 302. Os incidentes processuais deverão tramitar em autos dependentes, cadastrados como petição intermediária com o número do processo principal, acrescido de um número sequencial, salvo as exceções estabelecidas nesta Seção.

§ 1º Para os efeitos desta Seção, são considerados incidentes processuais, sem prejuízo de outros que a lei assim trate, as exceções, pedidos de restituição de veículo e o incidente de desconsideração da personalidade jurídica.

§ 2º Nos incidentes, uma vez precluída a decisão, deverá ser trasladada, independentemente de despacho, cópia da decisão para os autos principais, arquivando- se o incidente na sequência.

Art. 303. As ações autônomas que devam ser distribuídas por dependência deverão ser cadastradas como petições iniciais.

Parágrafo único. Para os efeitos desta subseção, são consideradas ações autônomas, sem prejuízo de outras assim reputadas pela lei, os embargos de devedor e as ações conexas.

Art. 304. O requerimento de apreensão de veículo a que se refere o art. 3º, § 12, do Decreto- Lei nº 911/69 deverá ser cadastrado como petição inicial, com a classe "Requerimento de apreensão de veículo (Código 12137)."

Art. 305. Quando tiver de ser distribuído requerimento destinado à satisfação de decisão ou sentença proferida em ação coletiva ou, no geral, em juízo diverso, deverá a petição ser cadastrada como inicial, na classe cumprimento de sentença.

Art. 306. Os embargos de declaração serão cadastrados na forma do art. 302 para o fim de atendimento às Tabelas Processuais Unificadas do Conselho Nacional de Justiça, todavia, as respectivas peças serão juntadas, automaticamente, pelo SAJ nos autos do processo principal, onde deverão tramitar.

§ 1º O sequencial gerado em razão do peticionamento dos embargos de declaração não deverá ser movimentado.

§ 2º Após o julgamento dos embargos de declaração, nos autos principais, o cartório deverá proceder à baixa do sequencial no SAJ, por meio da alimentação da data e Situação do Provimento, na aba "Cadastro> Petições Intermediárias e Processos Dependentes.

Art. 307. O cumprimento de sentença, provisório e definitivo, poderá tramitar nos próprios autos ou em apartado, mediante sequencial, na forma disciplinada neste artigo.

§ 1º O cumprimento provisório de sentença ou decisão será feito por intermédio do sequencial, com a tramitação em separado, salvo quando o processo principal estiver em grau de recurso, ocasião em que deverá ser cadastrado por meio de petição inicial e distribuído por dependência.

§ 2º O requerimento de cumprimento definitivo de sentença poderá tramitar nos autos do processo principal ou em apartado, mediante sequencial, a critério do juiz.

§ 3º Nos casos de cumprimento de sentença definitivo que tramitem nos autos do processo principal, deverá ser procedida a devida evolução de classe para cumprimento de sentença, bem como reativado os autos para a situação "em andamento".

§ 4º Nos casos em que o juiz determinar o cadastro do cumprimento definitivo de sentença em apartado, poderão ser abertos tantos sequenciais quantos sejam necessários para a promoção da organização e celeridade do feito, notadamente nos casos de execução de obrigações de naturezas diversas e/ou de pluralidade de exequentes e/ ou executados, situação em que o processo principal, uma vez encerradas todas as pendências, deverá ser baixado.

§ 5º Nas demandas em que se pleiteiam prestações de trato sucessivo, tais como naquelas em que se pedem medicamentos contra pessoas jurídicas de direito público, a informação acerca do descumprimento de liminar eventualmente deferida deve ser cadastrada como cumprimento provisório de sentença ou decisão, com autuação em apartado, mediante sequencial.

§ 6º Na hipótese do § 5º, sendo a informação protocolada dentro dos autos principais, o juiz determinará que a parte cadastre a petição na forma determinada no referido parágrafo, no prazo de 5 (cinco) dias.

§ 7º Escoado o prazo, com ou sem a manifestação da parte, o servidor responsável tornará sem efeito as peças do requerimento.

Art. 308. Quando o processo de conhecimento tiver tramitado integralmente de forma física e já estiver arquivado, é facultado que o credor protocole o cumprimento de sentença na forma de processo autônomo, observando o disposto na seção II.

§ 1º O cumprimento de sentença protocolado na forma deste artigo deverá ser instruído com o cálculo atualizado do débito, bem como com cópia:

I - da decisão exequenda;

II - das decisões posteriores que confirmaram, total ou parcialmente, a decisão exequenda;

III - da certidão de trânsito em julgado;

IV - dos documentos que permitam a análise dos marcos iniciais da incidência de juros e correção monetária;

V - das procurações outorgadas pelas partes;

VI - dos comprovantes de pagamentos parciais eventualmente realizados;

VII - outros documentos que a parte repute necessários ao processamento do cumprimento de sentença.

§ 2º No caso disciplinado neste artigo, é desnecessária a digitalização do processo de conhecimento arquivado ou o seu apensamento nos autos do cumprimento de sentença.

§ 3º O juiz poderá determinar que sejam juntados outros documentos existentes nos autos físicos do processo de conhecimento, não sendo necessário, para tanto, o seu desarquivamento.

Art. 309. Quanto à evolução de classe das ações monitórias, em atendimento à determinação constante no art. 701, § 2º, do CPC, o cartório, após certificar a não apresentação dos embargos à ação monitória, deverá proceder a evolução da classe processual para "156 - Cumprimento de Sentença".

SEÇÃO V
DO PROTOCOLO FÍSICO

Art. 310. Será admitido, excepcionalmente em formato físico, o recebimento de petições iniciais e o protocolo de petições intermediárias relacionadas aos processos eletrônicos, nos seguintes casos:

I - períodos de manutenção do sistema;

II - durante o plantão e o feriado forense, nos casos previstos no § 1º do art. 157;

III - envio de documentos cuja digitalização seja tecnicamente inviável pelo volume ou ilegibilidade.

§ 1º Nos períodos de manutenção do sistema, as petições intermediárias e documentos protocolados por meio físico serão digitalizados e juntados à pasta digital pelo servidor da unidade judicial na qual o processo tramita.

§ 2º Comprovada a situação do inciso III pela parte interessada, a juntada poderá ser feita independentemente de autorização judicial, sem prejuízo de posterior averiguação da impossibilidade do protocolamento eletrônico pelo juiz.

§ 3º A situação do inciso III não abrange as indisponibilidades reguladas pela Resolução nº 15/15 do Tribunal de Justiça.

§ 4º Os pedidos que dispensam a representação por advogado, tais como os requerimentos de sentenciado em execução penal, **habeas corpus**, e de alvará judicial para entrada e permanência de menores, poderão ser recepcionados por meio físico, pelo serviço de protocolo ou de distribuição, conforme o caso.

Art. 311. Os procedimentos de digitalização, assinatura digital e a liberação nos autos de petições e documentos recepcionados fisicamente, serão de responsabilidade dos seguintes serviços:

I - distribuição, onde houver, para o caso das petições iniciais, quando admitido o protocolo físico; ou

II - unidade judicial em que tramita o feito, para as petições intermediárias, nos processos que tramitam fisicamente ou quando admitido o protocolo físico.

Art. 312. Quando admitidas, as petições intermediárias e os documentos físicos protocolizados que se refiram a processos eletrônicos serão digitalizados e liberados por meio de ferramenta própria pelo cartório, que, na sequência, realizará sua efetiva juntada nos autos, a fim de baixar a pendência gerada no sistema.

§ 1º Após a digitalização dos documentos físicos, o servidor deve proceder conforme segue:

I - as petições e os ofícios desacompanhados de documentos originais serão descartados, assegurada a inutilização da informação; ou

II - o procurador da parte será intimado a comparecer em cartório, no prazo de 30 (trinta) dias, para retirada dos documentos originais, devendo mantê-los sob sua guarda e conservação até o trânsito em julgado.

§ 2º Os documentos serão restituídos mediante termo de entrega, devidamente assinado, que será digitalizado e liberado nos autos digitais.

§ 3º Decorrido o prazo de trinta dias sem manifestação da parte ou procurador:

I - em se tratando de documento cuja segunda via pode ser obtida pela parte, o documento será inutilizado e eliminado; ou

II - não sendo o caso do inciso anterior, será certificado o prazo e submetidos os documentos à apreciação do juiz quanto à destinação a ser dada.

§ 4º É vedado o descarte nos seguintes casos:

I - documento original da parte;

II - documento original de caráter público;

III - documento objeto de perícia; ou

IV - títulos de crédito.

§ 5º Os documentos que se enquadrem nas hipóteses do § 4º devem ser arquivados com a indicação, nos autos do processo eletrônico, do local exato onde se encontram acondicionados.

§ 6º As mídias apresentadas pelas partes deverão, para os efeitos deste artigo, ter o mesmo tratamento de documento original da parte.

Art. 313. Os documentos cuja digitalização seja tecnicamente inviável pelo volume ou ilegibilidade, e aqueles que por determinação do juiz devem ficar depositados em cartório, permanecerão sob a guarda e responsabilidade da serventia, acondicionados de forma a facilitar a sua localização e manuseio.

Parágrafo único. Os documentos serão registrados por meio da certidão de categoria 13, Código 1811 e, quando de sua destinação, pela certidão de categoria 13, Código 1810.

Art. 314. As peças externas, quando admitido o protocolo físico, serão liberadas nos autos digitais pelos servidores.

SEÇÃO VI
DO TEMPO DO PROTOCOLO

Art. 315. Os atos processuais serão considerados realizados no dia e na hora de sua integral transmissão com emissão de recibo eletrônico de protocolo.

§ 1º Para fins de contagem de prazo, o peticionamento será considerado tempestivo quando a petição for integralmente transmitida até as 23h59min59s do seu último dia, considerado o horário oficial do Estado de Alagoas.

§ 2º Se o sistema de peticionamento ficar indisponível por motivo técnico do portal de serviços, informado no sítio do Tribunal de Justiça, o prazo fica automaticamente prorrogado para o primeiro dia útil seguinte à solução do problema.

§ 3º Durante o feriado forense, ainda que suspensos os prazos processuais, será admitido o envio de petições em geral, por meio do portal e-SAJ.

CAPÍTULO VI
DA EXPEDIÇÃO DE DOCUMENTOS

SEÇÃO I
DAS DISPOSIÇÕES GERAIS

Art. 316. A expedição de mandados, certidões, alvarás, autos, cartas, cartas precatórias, cartas rogatórias, cartas de ordem, ofícios, termos, editais, atos ordinatórios, formais de partilha, despachos, decisões e sentenças deverá ser feita, exclusivamente, pelo Sistema SAJ, por meio do fluxo do processo, observado o disposto no ordenamento jurídico e neste Código.

§ 1º Quando o sistema estiver indisponível e a expedição do documento for urgente, é permitida que ela seja feita fora do sistema, devendo o servidor responsável, tão logo o problema esteja resolvido, incluir o documento no gerenciador de arquivos do Sistema SAJ, com o mesmo conteúdo do efetivamente expedido.

§ 2º É vedada a utilização do menu "Emissão de Documentos" de forma avulsa, se a expedição pelo fluxo de trabalho for possível.

§ 3º Não se considera impossibilidade de emissão pelo fluxo a falta de opção, no sistema, da categoria do documento, se decorrente exclusivamente da inobservância anterior da escorreita tramitação pelo fluxo por quem movimentou o processo, devendo ele, nesse caso, sanar as pendências que impedem a emissão.

Art. 317. Sempre que este Código determinar a utilização de modelo específico para determinado fim, é vedado ao servidor se valer de outro, ainda que sob a alegação de ser mais adequado.

§ 1º Salvo em situações excepcionais e justificadas, quando o documento a ser expedido tiver de ser remetido aos Correios e importar na emissão de aviso de recebimento (AR), só será permitida a utilização de modelo de instituição no Sistema SAJ e que esteja identificado em sua nomenclatura com "AR DIGITAL".

§ 2º É facultado aos servidores que devam se valer dos modelos mencionados no caput propor a sua adequação, se a praxe demonstrar que eles podem ser simplificados, que os campos que deles constam podem ser melhor alimentados ou que as informações neles constantes são insuficientes.

§ 3º A Coordenação do Sistema SAJ deverá zelar pela permanente e constante atualização dos modelos de instituição no sistema, criando outros modelos, caso resulte em maior automação das rotinas e excluindo ou tornando fora de uso aqueles que regulam situações não mais previstas no ordenamento jurídico.

§ 4º Quando o modelo de instituição disciplinar situação específica de determinada unidade judicial, a sua alteração ou exclusão só será feita mediante requerimento ou autorização do juiz respectivo.

§ 5º Quando a criação e utilização dos modelos de grupo ou de usuário for autorizada, deverá conter todos os campos dos modelos de instituição destinados ao mesmo fim, bem como as mesmas movimentações vinculadas, podendo conter outras informações que a unidade judicial considerar necessária.

Art. 318. Qualquer servidor efetivo, comissionado ou cedido ao Poder Judiciário pode expedir e assinar documentos em geral, salvo quando o ordenamento jurídico exija que seja expedida pelo ocupante de determinado cargo.

§ 1º Se o documento for de assinatura privativa de determinado cargo, qualquer servidor poderá o expedir ou minutar, remetendo-o, na sequência, ao detentor do cargo para conferência e assinatura.

§ 2º Os estagiários e voluntários só expedirão os documentos autorizados pelo juiz ou chefe de secretaria da unidade judicial.

§ 3º Serão criados perfis de acesso ao Sistema SAJ que deixem à disposição do usuário, tão somente, as ferramentas necessárias para a expedição dos documentos que lhe cabem.

§ 4º Compete ao juiz assinar, vedada a delegação:

I - mandados de prisão;

II - alvarás de soltura;

III - cartas precatórias;

V - guias de execução, internação, tratamento, acolhimento e congêneres; (redação conforme publicação oficial)

VI - mandados, ofícios e alvarás para levantamento ou transferência de depósito;

VII - comunicações dirigidas a tribunais, juízos e autoridades de hierarquia superior em relação à autoridade judiciária;

VIII - mandados qualificados como de alta complexidade, na forma do inciso III do art. 329;

IX - ordem implícita ou explícita de arrombamento;

X - ordem que necessite de reforço policial para cumprimento.

§ 5º Excetua-se o disposto no § 4º em relação aos mandados de busca e apreensão de veículos em alienação fiduciária.

Art. 319. Quando o conteúdo do documento a ser expedido for objeto de publicação no Diário da Justiça Eletrônico ou deva constar do portal eletrônico ou das informações sobre o andamento do processo, o servidor responsável por sua expedição deverá se utilizar da ferramenta "Complemento da Movimentação" no Sistema SAJ, selecionando apenas o trecho do documento que deva constar desses atos.

Art. 320. Será priorizado o cumprimento de atos e a emissão de expedientes relativos a processos em que haja prioridade legal, na forma do § 1º do art. 243, bem como quando determinado pelo juiz.

SEÇÃO II DOS MANDADOS

Art. 321. Mandado é o documento processual que consubstancia ordem do juiz para a realização de determinado ato ou diligência.

Art. 322. A expedição de mandados deve assegurar o cumprimento fidedigno da ordem judicial a que diga respeito e a distribuição equânime do trabalho entre os oficiais de justiça da Comarca.

Art. 323. Nos mandados deverão constar:

I - todos os dados existentes nos autos e, eventualmente, do Sistema SAJ, relativos à pessoa a que se refere a diligência e que auxiliem o seu cumprimento;

II - o endereço detalhado de onde se deva realizar a diligência;

III - o local e data de realização da audiência, se for o caso;

IV - a indicação precisa do local em que estiver custodiado o réu preso, se for ele o destinatário do mandado;

V - o tipo penal, nos processos que versem sobre delitos.

Art. 324. Os mandados judiciais serão expedidos acompanhados do número de cópias suficientes ao fiel cumprimento da ordem.

Art. 325. As unidades judiciais e as Centrais de Mandados deverão expedir um mandado para cada:

I - destinatário, salvo em relação àqueles que devam ser cumpridos no mesmo endereço; ou

II - bem a ser avaliado, restituído, devolvido, imitido, apreendido ou reintegrado.

Parágrafo único. Nas Comarcas referidas no caput, poderá ser feito um mandado para aintimação de todos os jurados, independentemente de seu endereço.

Art. 326. A expedição de mandados, quando seu objeto é a comunicação de atos processuais, só deve ser feita quando não for o caso de utilização do portal eletrônico, de carta ou carta precatória, ressalvado o disposto no art. 356.

Art. 327. Os mandados que devam ser cumpridos pela autoridade policial ou com seu auxílio, tais como os de prisão e de busca e apreensão de menores e os de registro ou averbação em registros civis, devem ser expedidos ainda que o seu cumprimento deva se dar fora dos limites territoriais da Comarca, acompanhados, quando for o caso, de outro documento de encaminhamento.

Parágrafo único. Os mandados a que se referem este artigo deverão ser expedidos por meio da categoria "Mandados Sem Vínculo com a Central de Mandados", salvo os mandados de prisão, que observarão o disposto no TÍTULO V, CAPÍTULO IV, deste Código.

Art. 328. É permitida a utilização de cópia da sentença, decisão ou despacho como mandado, desde que nelas constem todos os dados necessários ao cumprimento da diligência, devendo o servidor responsável utilizar, no Sistema SAJ, o modelo de categoria 01, Código 1822, exclusivamente para controle da distribuição dos mandados aos oficiais de justiça.

Art. 329. Para os fins de aferição de produtividade, criação de modelos e qualquer outra finalidade estabelecida neste código, os mandados se classificam da seguinte forma:

I - de baixa complexidade:

a) os mandados que veiculem mera cientificação do destinatário, independentemente da quantidade de atos;

b) os mandados que tenham por objeto um único ato a ser praticado pelo oficial de justiça;

II - de média complexidade:

a) os mandados que tenham por objeto o cumprimento de dois atos, ressalvado o disposto na alínea "a" do inciso I deste artigo;

b) os mandados de condução coercitiva;

c) os mandados de constatação/verificação;

III - de alta complexidade:

a) os mandados que tenham por objeto o cumprimento de mais de dois atos;

b) o mandado de busca e apreensão de menor;

c) o mandado de prisão civil;

d) o mandado de reintegração de posse;

e) o mandado de despejo;

f) o mandado de arrombamento;

g) o mandado de constatação/verificação;

h) o mandado de afastamento do lar;

i) o mandado de avaliação;

j) o mandado de internação.

Parágrafo único. Considera-se um ato cada uma das seguintes atividades:

I - citação;

II - intimação;

III - notificação;

IV - penhora;

V - levantamento de penhora;

VI - avaliação;

VII - busca;

VIII - apreensão;

IX - entrega;

X - constatação;

XI - imissão na posse;

XII - averbação;

XIII - registro;

XIV - cancelamento de registro;

XV - retificação de registro;

XVI - arresto;

XVII - sequestro;

XVIII - internação;

XIX - remoção.

Art. 330. Aplica-se aos mandados, no mais, as disposições constantes do CAPÍTULO XIV, bem como do TÍTULO IV, CAPÍTULO IV, deste Código.

SEÇÃO III DAS CERTIDÕES

Art. 331. Certidão é o documento expedido por servidor que se destina a comprovar ato ou assentamento constante de processo, livro ou documento que se encontre na unidade judicial, ou fato havido dentro de suas dependências.

Art. 332. Havendo requerimento, o servidor deverá, independentemente de despacho, passar certidão de qualquer ato do processo às partes e seus procuradores e, não sendo o processo sigiloso, também a terceiros, no prazo de 5 (cinco) dias, a contar da data do recebimento do requerimento.

Parágrafo único. Sendo o processo sigiloso, deverá o chefe de secretaria proceder na forma do art. 189, § 1º, do Código de Processo Civil.

Art. 333. Não se expedirá certidão a respeito da mera habilitação de advogado ou procurador nos autos que não tramitem em segredo de justiça, devendo o interessado observar o disposto no art. 255 deste Código.

Art. 334. Havendo requerimento, o servidor deverá expedir, no prazo de 2 (dois) dias úteis, certidão acerca da presença do interessado na unidade judicial, por meio do modelo de categoria 13, Código 1812, fazendo constar as seguintes informações:

I - o dia e o horário do comparecimento;

II - se houve intimação do interessado para comparecer ou se o comparecimento se deu pela própria vontade do interessado;

III - se o interessado é parte, testemunha, procurador ou terceiro no processo, ou se não há processo relativo ao atendimento.

Parágrafo único. As certidões que não digam respeito a mero ato havido no processo, ao mero comparecimento ou quando o interessado pretenda que nela conste qualquer outra informação, deverão ser requeridas por escrito nos autos, cabendo ao juiz decidir a respeito.

Art. 335. As certidões de ações cíveis e criminais observarão, ainda, o disposto no CAPÍTULO XIX.

SEÇÃO IV DOS ALVARÁS

Art. 336. Alvará é o documento que consubstancia autorização do juiz para realização de determinado ato ou diligência.

Art. 337. A expedição do alvará deverá observar o fidedigno cumprimento da autorização, devendo sua redação evitar dúvidas quanto ao objeto e limites daquilo que se permite.

Art. 338. Os alvarás de soltura deverão observar, além das disposições deste código, o disciplinamento do Conselho Nacional de Justiça relativo ao Banco Nacional de Monitoramento de Prisão - BNMP.

Parágrafo único. Nos casos de soltura não decorrente de relaxamento do flagrante ou concessão de fiança, as autoridades judiciárias deverão zelar pela correta vinculação do alvará ao mandado de prisão a ser revogado no BNMP, observadas ainda as disposições dos arts. 533 a 537 deste Código de Normas.

Art. 339. Os alvarás para levantamento de valores serão expedidos, sempre que possível, de forma eletrônica, na forma de convênio celebrado pelo Tribunal de Justiça.

Art. 340. Se, por qualquer motivo, não for possível a utilização de alvará eletrônico, não será exigida assinatura física nos alvarás para levantamento de valores que tenham sido assinados eletronicamente pelo juiz, em observância aos arts. 1º, § 2º, III, "a" da Lei nº 11.419/06 e 10 da Medida Provisória nº 2.200-2/01, devendo tal informação constar expressamente dos alvarás expedidos.

Parágrafo único. A veracidade do alvará poderá ser verificada pelas instituições financeiras no sítio eletrônico do Tribunal de Justiça.

Art. 341. Se, por qualquer motivo, tiver de ser expedido novo alvará para levantamento de quantia, em razão de problema ou alteração de dados constantes do primeiro, deverá ser tornado sem efeito o primeiro alvará expedido.

Art. 341-A. Os juízos de primeiro grau, quando das expedições de alvará para levantamento de valores, farão constar em suas observações que o respectivo objeto apenas estará apto a ser liberado/entregue ao beneficiário ou representante expressamente indicados.

Art. 341-B. Quando a obrigação for de natureza personalíssima, notadamente nos casos relacionados ao fornecimento de tratamento médico ou medicamento, constará na decisão que determinar a expedição do alvará, e no próprio alvará, que na hipótese de mudança da situação que originou a concessão, a parte/exequente ou seu representante deverão se abster de apresentá-lo para cumprimento.

Parágrafo único. A situação a que se refere o caput deste artigo deverá ser comunicada pela parte/exequente ou seu representante, ao juízo processante/exequente, no prazo de até 10 (dez) dias úteis.

SEÇÃO V DOS AUTOS

Art. 342. Auto é o documento que registra acontecimentos externos ao processo ou que tenham repercussões de direito material, tais como a arrematação, a adjudicação, a constatação, o arrolamento e avaliação de bens, a entrega e o depósito.

Art. 343. Quando retratar fato, o auto deverá relatar todos os acontecimentos que lhe digam respeito, com todas as circunstâncias que possam ter implicação no processo.

Art. 344. Quando se referir a bens e direitos, o auto deverá conter elementos suficientes para a perfeita individualização do seu objeto.

Art. 345. Aplicam-se aos autos, subsidiariamente e no que couber, as disposições relativas aos formais de partilha.

SEÇÃO VI DAS CARTAS

Art. 346. Define-se carta como:

I - o documento de comunicação de atos processuais, quando o seu cumprimento tiver de ser dado pelo serviço de Correios; ou

I - o conjunto de documentos extraídos do processo com o objetivo de comprovar a titularidade de bens ou direitos ou de ser levado a registro, pela parte, em serventia extrajudicial. (redação conforme publicação oficial)

Art. 347. A citação e a intimação pessoal de partes e testemunhas será realizada por carta com aviso de recebimento, sempre que possível, salvo se presentes as hipóteses da Seção IV e da Seção V do CAPÍTULO IV, se o destinatário tiver aderido à intimação de que trata CAPÍTULO XI, ou se existir disposição legal ou determinação judicial em sentido contrário.

§ 1º Entende-se por determinação judicial ou legal em sentido contrário a determinação de que a comunicação seja feita por modo diverso, não sendo necessária a vedação expressa à utilização da carta.

§ 2º Frustrada a citação ou intimação por carta, é possível a expedição de mandado ou carta precatória.

Art. 348. Não serão realizadas por carta:

I - a citação do acusado em ações penais;

II - as diligências urgentes, salvo se o seu cumprimento por carta não prejudicar a efetivação da medida.

III - as diligências que não se resumam à comunicação de atos processuais, na forma do art. 329.

Parágrafo único. A situação prevista no inciso I do caput não abrange a intimação do autor do fato para a audiência preliminar nos Juizados Especiais Criminais.

Art. 349. As cartas de sentença, de arrematação e de adjudicação deverão observar, no que couber, as disposições relativas aos formais de partilha.

SEÇÃO VII DAS CARTAS PRECATÓRIAS, ROGATÓRIAS E DE ORDEM

Art. 350. Esta Seção regula a expedição de cartas precatórias no juízo deprecante.

Parágrafo único. O cumprimento de cartas precatórias no juízo deprecado deverá observar o disposto no CAPÍTULO XV e no TÍTULO IV, CAPÍTULO IV, todos deste Código.

Art. 351. As cartas precatórias, rogatórias e de ordem deverão observar os requisitos do art. 260 da Lei nº 13.105/15 (Código de Processo Civil) e indicar eventuais informações ou advertências que se façam necessárias.

Art. 352. Em se tratando de cartas precatórias entre unidades judiciárias do Poder Judiciário do Estado de Alagoas, o cálculo e o pagamento das custas da missiva serão feitos no juízo deprecante, devendo o comprovante ser remetido ao juízo deprecado juntamente com os demais documentos necessários ao cumprimento da diligência.

Art. 353. Nas cartas precatórias que tenham por objeto a realização de audiência de instrução e julgamento em processos criminais:

I - deverão constar dados suficientes para a identificação e intimação do advogado do acusado, ou a informação de ser ele assistido pela Defensoria Pública;

II - deverá o servidor do juízo deprecante intimar a defesa da expedição da carta precatória.

Art. 354. Nas cartas precatórias deverão constar todos os dados constantes dos autos e, eventualmente, do Sistema SAJ, relativos à pessoa a que se refere a diligência.

Art. 355. Não será necessária a expedição de cartas precatórias por meio de modelos que emitam aviso de recebimento, salvo se destinadas a juízos deprecados que não contem com serviço de malote digital.

Art. 356. As cartas precatórias que tenham por objeto a mera comunicação de atos processuais, quando endereçadas a unidade judicial do Poder Judiciário do Estado de Alagoas, poderão ser substituídas por mandados, devendo o servidor responsável pela sua expedição selecionar, quando do preenchimento do campo relativo à Zona do Mandado, a Comarca de destino do documento.

Art. 357. As cartas precatórias serão remetidas ao juízo deprecado conforme o disposto nos arts. 500 a 502 deste Código e, nos demais casos, conforme regulado pelo tribunal do juízo deprecado.

Art. 358. As cartas rogatórias e de ordem deverão ser expedidas no Sistema SAJ por meio de modelos da categoria de cartas precatórias e observarão, no que couber, os seus requisitos, bem como o disposto neste Código.

Art. 359. Sempre que uma carta rogatória for devolvida pelo juízo rogado por descumprimento de requisito formal, o servidor responsável pelo processo deverá comunicar a Corregedoria- Geral da Justiça, para fins de análise da necessidade de alteração dos modelos constantes do Sistema SAJ.

Art. 360. As cartas rogatórias deverão observar os seguintes requisitos quando da correspondente elaboração:

I - a indicação dos juízos rogante e rogado;

II - o inteiro teor da petição, do despacho judicial e do instrumento do mandato conferido ao advogado;

III - o endereço do juízo rogado;

IV - a descrição detalhada da medida solicitada;

V - as finalidades para as quais as medidas são solicitadas;

VI - o nome e endereço completos da pessoa a ser citada, notificada, intimada ou inquirida na jurisdição do juízo rogado, e, se possível, sua qualificação, especialmente o nome da genitora, data de nascimento, lugar de nascimento e o número do passaporte;

VII- o encerramento com a assinatura do juiz;

VIII - qualquer outra informação que possa ser de utilidade ao juízo rogado para efeitos de facilitar o cumprimento da carta rogatória.

§ 1º É requisito, também, quando cabível, nome e endereço completos do responsável pelo pagamento das despesas processuais decorrentes do cumprimento da carta rogatória no país destinatário, salvo as extraídas das ações:

I - que tramitam com os benefícios da justiça gratuita;

II - de prestação de alimentos no exterior, para os Países vinculados à Convenção de Nova Iorque, promulgada no Brasil pelo Decreto nº 56.826, de 2 de setembro de 1965 (vide art. 26 da Lei nº 5.478, de 25 de julho de 1968); ou

III - da competência da justiça da infância e da juventude, consoante arts. 141, §§ 1º e 2º, e 148, incisos I a VII, parágrafo único, letras "a" a "h", da Lei nº 8.069, de 13 de junho de 1990 - Estatuto da Criança e do Adolescente.

§ 2º Para interrogatório de réu ou oitiva de testemunha, as cartas rogatórias deverão também incluir:

I- texto dos quesitos a serem formulados pelo juízo rogado;

II - designação de audiência com antecedência mínima de 240 (duzentos e quarenta) dias, a contar da expedição da carta rogatória pelo juízo rogado.

Art. 361. São documentos que acompanham as cartas rogatórias:

I - a petição inicial, quando se tratar de matéria civil;

II - a denúncia ou queixa, caso se trate de matéria penal;

III - os documentos instrutórios;

IV - o despacho judicial que ordene sua expedição;

V - o original da tradução oficial ou juramentada da carta rogatória e dos documentos que a instruem;

VI - as outras peças consideradas indispensáveis pelo juízo rogado, conforme a natureza da ação.

§ 1º Quanto aos documentos instrutórios a que se refere a alínea "c" do caput deste artigo, deverão ser encaminhados somente os considerados essenciais.

§ 2º Os documentos deverão ser encaminhados sempre em 2 (duas) vias, por pessoa a ser notificada ou citada, ressalvado os casos em que diploma legal interno ou de Direito Internacional disponha de forma diversa.

§ 3º Quando o objeto da carta rogatória for exame pericial sobre documento, este deverá ser remetido em original, ficando cópia nos autos do processo.

Art. 362. As cartas rogatórias deverão ser remetidas ao juízo rogado por meio das vias diplomáticas, conforme estabelecido pelo Ministério das Relações Exteriores, na Portaria nº 26/90 ou instrumento legal que eventualmente a substitua.

Art. 363. A nomeação de tradutor juramentado é atribuição do juiz e deve ser feita de acordo com o Banco de Peritos a que se refere a Seção VI do CAPÍTULO IV deste Código.

§ 1º O pagamento, quando de responsabilidade da parte, deve ser feito antes da remessa da carta.

§ 2º Os casos de justiça gratuita se regulam pelo disposto no art. 280.

SEÇÃO VIII DOS OFÍCIOS

Art. 364. Ofício é a correspondência oficial quando seu destinatário for autoridade ou órgão público.

Parágrafo único. É permitida a expedição de ofícios cujos destinatários sejam particulares, quando a praxe demonstrar que tal método não prejudica o atendimento da finalidade do expediente.

Art. 365. Os ofícios deverão ser numerados na ordem de sua expedição, com a indicação do ano em que expedido.

§ 1º A ordem de expedição pode se referir:

I - aos ofícios expedidos dentro de um mesmo processo, quando então o número do processo deverá preceder à numeração do ofício; ou

II - aos ofícios expedidos pela unidade judicial no ano.

Art. 366. Quando da criação de modelos de ofícios no Sistema SAJ, só deverá ser utilizado o vínculo "número do ofício" quando o documento emita aviso de recebimento.

Art. 367. Embora expedidos no Sistema SAJ, o encaminhamento dos ofícios deverá ser feito de acordo com a seguinte ordem preferencial:

I - por Intrajus, entre as unidades judiciais do Estado;

II - por malote digital;

III - por e-mail funcional ou outro meio acordado com o destinatário, desde que assegurada a identificação do recebedor e a data de recebimento;

IV - pelos Correios, observado o disposto no § 1º do art. 317;

V - por oficial de justiça.

Parágrafo único. O cumprimento por oficial de justiça:

I - só é cabível quando for impossível o encaminhamento nas demais formas previstas ou quando a diligência for urgente;

II - deverá observar o disposto no art. 329 quanto à distribuição equânime do serviço;

III - independe de o documento ser expedido na categoria mandado ou mandado sem vínculo com a central de mandados, bem como da nomenclatura que se lhe dê.

Art. 368. É permitida a expedição de ofício fora do Sistema SAJ quando o seu objeto não se refira a processo judicial específico.

Parágrafo único. O chefe de secretaria arquivará os ofícios expedidos na forma estabelecida neste artigo em pasta própria, na ordem cronológica de expedição, sendo permitida a utilização de arquivamento em pasta de computador.

SEÇÃO IX DOS TERMOS

Art. 369. Termo é o documento expedido para retratar o acontecimento de algum ato processual, para registrar declaração de ciência ou vontade ou para a conferência de determinados poderes processuais.

Art. 370. A expedição de termo dispensa a de auto com a mesma finalidade.

Art. 371. O servidor responsável deverá observar, para a expedição do termo:

I - de renúncia de herança, a completa identificação do autor da herança e do herdeiro renunciante, sendo desnecessária a menção aos bens que compõem o espólio;

II - de guarda provisória e definitiva, a identificação do(s) guardião(ões), da criança paciente e a menção aos direitos e deveres constantes do art. 33 do Estatuto da Criança e do Adolescente;

III - de curatela provisória e definitiva, a identificação do(s) curador(es) e do curatelado, bem como a obrigação de zelar pelos interesses da pessoa interditada, bem como os limites da curatela, conforme fixado na sentença ou decisão;

IV - de inventariante, o disposto nos arts. 618 e 619 do Código de Processo Civil;

V - de juntada, a discriminação sucinta da peça juntada, e a data em que o ato é realizado;

VI - de compromisso de testemunha; a identificação da testemunha e a cientificação de que deve dizer a verdade sob pena de incorrer em crime;

VII - de fiel depositário, a identificação completa do bem confiado e da pessoa em poder de quem ele ficará;

VIII - de penhora, a identificação completa do bem ou direito constrito;

IX - de pedido, o disposto nos arts. 14 a 17 da Lei nº 9.099/95.

Parágrafo único. As situações não previstas neste artigo seguem o disposto no ordenamento jurídico para cada caso em que a expedição de termo é determinada e, não havendo indicação expressa de seus requisitos, o que for determinado pelo juiz.

Art. 372. É dispensada a expedição:

I - de termo de juntada em processos eletrônicos;

II - de compromisso de testemunha, quando a efetiva tomada do compromisso constar de gravação de vídeo e ou de áudio;

III - de termo de compromisso de inventariante, em processos de arrolamento sumário.

Art. 373. Não incumbe ao Poder Judiciário a expedição de termo de tomada de decisão apoiada.

SEÇÃO X DOS EDITAIS

Art. 374. Edital é o aviso oficial destinado à afixação em repartição pública, publicação na imprensa oficial ou na plataforma de editais do Conselho Nacional de Justiça.

Art. 375. Denomina-se prazo de dilação o período em que o edital deverá permanecer afixado ou publicado para a produção dos efeitos que lhe são próprios.

§ 1º O prazo que o interessado tem para a prática do ato constante do edital só começa a correr quando encerrado o prazo de dilação.

§ 2º Quando o juiz não discriminar em suas manifestações se o prazo a que se refere é o de dilação ou o para a prática do ato, o servidor o deverá interpretar como sendo o de dilação.

§ 3º Não havendo prazo de dilação estabelecido em lei ou pelo juiz, este será de 5 (cinco) dias.

Art. 376. Quando o ordenamento jurídico não dispuser de modo diverso, basta a publicação do edital uma única vez para a produção de seus efeitos.

Art. 377. É vedada a citação por edital sem determinação expressa do juiz.

SEÇÃO XI
DOS TERMOS DE AUDIÊNCIA OU ASSENTADAS

Art. 378. Os termos ou atas de audiência ou assentadas serão expedidos por meio da categoria "Audiência" no Sistema SAJ.

Art. 379. O servidor responsável pelo secretariado da audiência deverá alimentar as propriedades do documento, dedicando especial atenção:

I - ao agente, assim entendido o juiz ou conciliador que se faz presente ao ato;

II - ao status da audiência, não devendo ela constar como "pendente" se já passada a data para a qual foi designada;

III - à celebração ou não de acordo;

IV - à presença do membro do Ministério Público;

V - à quantidade de pessoas ouvidas, assim entendida aquelas que foram inquiridas, excluídas as manifestações processuais das partes;

VI - à movimentação, quando da audiência resultar prolatação de despacho, decisão ou sentença;

VII - ao complemento da movimentação.

Art. 380. Considera-se a audiência:

I - pendente: quando ainda não advieram o dia e a hora designados para sua realização;

II - cancelada: quando, antes do advento do dia e hora designados, já se sabe que a audiência não se realizará;

III - suspensa: quando a audiência teve seu início, mas, por alguma circunstância, não foi possível o seu encerramento;

IV - realizada: quando, advindo o dia e a hora designados, o juiz ou conciliador se fizeram presentes para o ato, cujo fim foi integralmente atingido;

V - parcialmente realizada quando:

a) destinada a mais de um ato, apenas em relação a um ou alguns deles se verificar a situação do inciso IV; ou

b) advindo o dia e a hora designados, o juiz ou conciliador se fizeram presentes para o ato, mas este, por questão outra, não pode ser realizado;

VI - Não realizada: quando, advindo o dia e a hora designados, o juiz ou conciliador não se fizerem presentes para presidir o ato.

§ 1º A redesignação importa, para todo os efeitos, em cancelamento da primeira audiência e designação de uma nova.

§ 2º A situação do inciso V, "b", não engloba a impossibilidade causada pelo próprio Poder Judiciário que impeça a realização da audiência, ocasião em que ela deverá ser marcada como "não realizada".

Art. 381. Todos os documentos cuja emissão se faça necessária por ocasião da realização de sessão do Tribunal do Júri poderão ser concentrados em um único documento da categoria "Audiências" no Sistema SAJ.

Art. 382. Aplica-se, no mais, o disposto no CAPÍTULO VIII.

SEÇÃO XII
DOS ATOS ORDINATÓRIOS

Art. 383. Ato ordinatório é o instrumento por meio do qual o servidor dá impulsionamento ao feito, quando isso não depender de ato do juiz.

Art. 384. Sempre que o andamento do feito depender de ato de mero expediente, sem conteúdo decisório, o servidor responsável deverá se valer de ato ordinatório, independentemente de despacho nesse sentido, especialmente nos seguintes casos:

§ 1º Em relação à petição inicial:

I - intimação da parte autora para esclarecer divergência entre a qualificação constante da petição inicial e os documentos que a instruem, no prazo de 5 (cinco) dias;

II - retificação dos dados das partes, quando necessário;

III - intimação da parte para recolher custas judiciais, inclusive as remanescentes;

IV - juntada de procuração ou de substabelecimento, e atualização dos dados e endereços dos procuradores e das partes no sistema informatizado;

V - fazer a conferência determinada pelo art. 268.

§ 2º Em face da frustração do ato de citação ou intimação:

I - expedição de mandado ou carta precatória, na hipótese de a carta postal de citação ou intimação haver retornado com a observação "recusado", "ausente", ou "não atendido";

II - intimação da parte autora para manifestação em 15 (quinze) dias quando a carta postal de citação ou intimação retornar com a observação "mudou-se", "desconhecido", "endereço inexistente", "endereço insuficiente", "inexiste número" e "outras";

III - reiteração de citação, por carta, quando indicado novo endereço;

IV - reiteração de intimação, por carta, na hipótese de mudança de endereço da testemunha, quando indicado novo endereço;

V - devolvido mandado ou carta precatória não cumprida, abertura de vista à parte que requereu a expedição para manifestar-se em 5 (cinco) dias.

§ 3º Em relação à resposta do réu:

I - no processo de conhecimento, apresentada a contestação, se alegadas preliminares ou apresentados documentos, intimar o autor para manifestação no prazo de 15 (quinze) dias;

II - havendo reconvenção, intimar o autor reconvindo, na pessoa de seu advogado, para contestar, no prazo legal, ressalvada a hipótese de pedido liminar;

§ 4º Em face dos atos instrutórios, dos expedientes cartorários, dos requerimentos das partes e do impulsionamento do feito:

I - intimação da parte contrária para manifestar-se em 5 (cinco) dias, sempre que forem juntados novos documentos;

II - intimação das partes para se manifestarem sobre a proposta de honorários periciais e sobre o laudo do perito, em 15 (quinze) dias;

III - intimação da parte contrária para apresentar o cálculo, quando for o caso, ou para manifestar-se acerca do cálculo apresentado pela outra parte, em 5 (cinco) dias;

IV - intimação das partes para se manifestarem sobre respostas a ofícios relativos a diligências determinadas pelo juízo, em 5 (cinco) dias;

V - intimação do perito para apresentar o laudo e, se for o caso, devolver os autos em 24 (vinte e quatro) horas, na hipótese de estar vencido o prazo fixado pelo juiz;

VI - intimação das testemunhas pelo correio, quando possível, sempre que apresentado tempestivamente o rol e não seja o caso de a parte ser obrigada legalmente a levá-las independente de intimação, promovendo-se, desde logo, a expedição do mandado nas hipóteses em que não seja viável o uso do correio ou quando o AR retornar negativo;

VII - nas Comarcas em que não haja Central de Mandados, intimação do oficial de justiça ou do avaliador para devolver, em 5 (cinco) dias, mandado cujo prazo de entrega tenha decorrido;

VIII - expedição, quando necessário, de carta precatória da inquirição ou intimação de parte ou testemunha, quando não residente na Comarca;

IX - expedir as guias de depósito requeridas pelas partes;

X - intimação do interessado para apresentação, em 5 (cinco) dias, de dados bancários para transferência de valores, número de documentação pessoal da parte interessada ou outro dado não resguardado por sigilo;

XI - intimar a parte interessada para dar prosseguimento ao feito, decorrido o prazo de suspensão sem sua manifestação, no prazo de 5 (cinco) dias;

XII - desarquivar processos, observado o disposto Seção V do CAPÍTULO XVII;

XIII - certificar, nas ações de tutela cautelar requeridas em caráter antecedente, após decorridos 30 (trinta) dias da efetivação da medida, se o autor deduziu o pedido principal, fazendo os autos conclusos na sequência.

§ 5º Em face da renúncia ao mandato judicial:

I - nos feitos cíveis, intimar o advogado para dar ciência à parte da renúncia ao mandato a fim de ela nomear o substituto, se a comunicação por ele feita ao juiz estiver sem o ciente dela;

II - nos feitos criminais, intimar o réu para constituição de novo patrono, sob pena de nomeação de defensor dativo pelo juiz.

§ 6º Em face das cartas precatórias, ressalvado o disposto no art. 386:

I - cumprir as cartas precatórias citatórias e intimatórias, as quais servirão como mandado;

II - nas comarcas em que haja central de mandados, dar cumprimento aos mandados expedidos pelas unidades judiciais de todo o Estado de Alagoas;

III - tratando-se de carta precatória de citação, penhora avaliação e demais atos de execução, comunicar ao juízo deprecante, por e-mail, Intrajus ou qualquer outro meio eletrônico, a citação do executado;

IV - quando deprecada a citação do executado e recebida a comunicação, por meio eletrônico, da realização do ato, juntar a comunicação aos autos a fim de iniciar-se a contagem do prazo para oferecimento de embargos;

V - responder ao juízo deprecante sempre que solicitadas informações acerca do andamento de carta precatória;

VI - remeter a carta precatória ao juízo deprecante devidamente cumprida, ou com as razões por que não o pode ser;

VII - remeter para o destino carta precatória cujo cumprimento deva dar-se em Comarca diversa, com ciência do juízo deprecante;

VIII - solicitar informações sobre a devolução de carta precatória após verificação de eventual excesso de prazo para o seu cumprimento;

IX - intimar a parte interessada para, querendo, retirar a carta precatória, em 5 (cinco) dias e comprovar a distribuição no juízo deprecado, no prazo de 30 (trinta) dias, sem prejuízo da remessa imediata por malote digital, se necessário;

X - manter os autos baixados, quando eles já houverem sido devolvidos ao juízo deprecante, informando ao advogado que o peticionamento lá deve ser feito para análise do que for requerido.

XI - devolver a carta precatória quando não acompanhada do comprovante do recolhimento de custas, se exigíveis.

§ 7º Em face de execução ou cumprimento de sentença:

I - abrir vista ao exequente quando o executado nomear bens à penhora, quando houver depósito para pagamento do débito, ou houver penhora on-line e quando não houver oposição de embargos pelo devedor;

II - lavrar termo de penhora e depósito quando o bem oferecido pelo devedor for aceito pelo exequente, intimando-se, quando houver, o procurador do devedor pelo Diário de Justiça para que providencie o comparecimento do executado em cartório para firmar o termo, em 5 (cinco) dias;

III - quando qualquer das partes indicar imóvel à penhora, intimá-la para juntar certidão em que conste a matrícula atualizada do Registro de Imóveis;

IV - apresentada certidão do Registro de Imóveis, lavrar termo de penhora nos autos e intimar o executado, na pessoa de seu advogado (pelo Diário de Justiça), ou pessoalmente, caso não tenha procurador constituído, com a observação de que ele foi constituído, se for o caso, depositário do juízo;

V - quando for deferida penhora sobre imóvel, intimar também o cônjuge do executado;

VI - se o bem penhorado for de terceiro garantidor, intimar também este da penhora;

VII - providenciar o necessário para o registro da penhora, quando efetivada por termo;

VIII - quando a parte exequente indicar veículo à penhora, intimá-la para juntar certidão atualizada do DETRAN;

IX - intimar as partes, por meio de seu advogado e pelo Diário de Justiça, da avaliação dos bens penhorados;

X - oferecida impugnação à avaliação, vista à parte contrária para se manifestar, no prazo de 5 (cinco) dias;

XI - quando os bens penhorados forem levados à hasta pública, além da publicação de edital, intimar o executado, na pessoa de seu advogado, ou pessoalmente se não tiver procurador nos autos, bem como o terceiro garantidor, o terceiro com garantia real ou com penhora registrada e os condôminos;

XII - intimar o credor, quando a hasta pública for negativa, para, no prazo de 5 (cinco) dias, manifestar-se sobre o prosseguimento da execução, inclusive quanto ao interesse na adjudicação do bem ou em promover a alienação por iniciativa privada;

XIII - decididos os embargos à execução e ou impugnações, ou sendo estes recebidos sem efeito suspensivo, intimar o exequente para se manifestar quanto ao interesse na adjudicação dos bens penhorados ou em promover a alienação por iniciativa particular;

XIV - intimar do requerimento de adjudicação, para se manifestarem em 5 (cinco) dias, o proprietário, os terceiros com garantia real ou com penhora registrada e os condôminos, se for o caso.

§ 8º Em face dos recursos:

I - recebida apelação, intimar o apelado para apresentação de contrarrazões, dar vista ao Ministério Público, quando for o caso, e enviar os autos ao órgão recursal competente, observado o disposto no art. 1.010, §§ 2º e 3º, do Código de Processo Civil;

II - intimar as partes do retorno dos autos da instância superior e lançar a precisa movimentação no sistema correspondente, alterando para julgado ou em andamento;

III - providenciar o necessário para o cálculo das custas pendentes e, após, intimar as partes que não sejam beneficiárias da gratuidade judiciária para pagamento das custas, sob pena de inscrição na dívida ativa;

IV – no caso de embargos de declaração, deverá ser intimada a parte embargada para o oferecimento de contrarrazões, no prazo de 05 (dias).

§ 9º Em face do trânsito em julgado:

I - expedir todos os documentos e cumprir todas as determinações constantes da sentença;

II - arquivar os autos após procedidas as comunicações, anotações, inscrições, registros, cancelamentos, cobranças e demais atos necessários.

Art. 385. Os prazos fixados no art. 384 deste Código só serão aplicados caso não haja prazo distinto fixado em lei ou Resolução do Tribunal de Justiça do Estado de Alagoas.

Art. 386. Independe de despacho do juízo deprecado o cumprimento da missiva, salvo em caso de dúvida do servidor responsável ou provocação de parte ou terceiro.

Art. 387. As providências mencionadas no art. 386 deste Código terão como prazo 5 (cinco) dias, se não houver prazo específico assinalado neste Código ou no despacho ou decisão correlatos.

Art. 388. Qualquer ato ordinatório pode ser revisto de ofício ou a requerimento das partes.

SEÇÃO XIII
DOS FORMAIS DE PARTILHA

Art. 389. Formal de partilha é o documento de natureza pública expedido pelo juízo competente para regular o exercício de direitos e deveres decorrentes da extinção de relações jurídicas entre pessoas nas ações de inventário, separação, divórcio, anulação e nulidade do casamento.

Art. 390. São requisitos:

I - do formal de partilha:

a) termo de inventariante e título de herdeiros ou o nome e qualificação completa dos separados ou divorciados, conforme o caso;

b) avaliação dos bens que constituíram o quinhão do herdeiro, separado ou divorciado;

c) pagamento do quinhão hereditário, se for o caso;

d) quitação dos impostos;

e) sentença.

II - do auto de adjudicação, as assinaturas elencadas no art. 877, § 1º, do Código de Processo Civil;

III - da carta de adjudicação:

a) a descrição do imóvel, com remissão à sua matrícula e aos seus registros;

b) a cópia do auto de adjudicação;

c) prova de quitação do imposto de transmissão.

IV - do auto de arrematação, a indicação dos bens arrematados e dos processos a que se referem, devendo o mesmo documento ser expedido em cada um dos processos a que diga respeito, se for o caso;

V - da carta de arrematação:

a) a descrição do imóvel, com remissão à sua matrícula ou individuação e aos seus registros;

b) a cópia do auto de arrematação;

c) a prova de pagamento do imposto de transmissão;

d) a indicação da existência de eventual ônus real ou gravame.

VI - da carta de sentença, a individualização das pessoas envolvidas no processo e dos bens que restarão a cada uma delas.

Art. 391. Os documentos indicados nesta subseção deverão ser expedidos por meio da categoria "Documentos".

Art. 392. O formal de partilha, a carta de adjudicação, de sentença e de arrematação ou qualquer outro documento que, por sua natureza, deva ser instruído com peças dos autos do processo eletrônico serão expedidos pelo servidor e, depois de assinados, liberados na pasta digital.

Parágrafo único. A parte interessada será intimada por meio do Diário de Justiça sobre a disponibilidade do documento na pasta digital e, cientificada de que poderá proceder à impressão do documento e das peças necessárias à sua instrução ou comparecer em cartório para essa finalidade.

SEÇÃO XIV
DOS DESPACHOS, DECISÕES E SENTENÇAS

Art. 393. Os despachos, decisões e sentenças deverão conter o número e classe dos autos a que digam respeito e o nome das partes do processo.

Art. 394. Além do disposto no art. 393 deste Código, as sentenças deverão conter os requisitos formais mínimos estabelecidos no ordenamento jurídico, observado, se for o caso, o disposto no art. 411.

Art. 395. O conteúdo material dos despachos, decisões e sentenças segue, no mais, o que for determinado pelo juiz da unidade judicial.

Art. 396. As movimentações que importem em alteração da situação do processo para "Julgado" no Sistema SAJ só serão utilizadas quando da efetiva prolatação de sentença nos autos, na forma estabelecida pelo ordenamento jurídico, observado o disposto no § 4º do art. 246.

Art. 397. Não se aplica o disposto no art. 396:

I - à devolução dos autos da instância superior em que o processo deva constar como "Julgado";

II - ao desarquivamento de processos;

III - a reativação de processos baixados ou suspensos que já estivessem na condição de "Julgados".

Art. 398. É desnecessária a utilização da ferramenta Registro de Sentença dentro do Sistema SAJ.

CAPÍTULO VII
DAS PUBLICAÇÕES NO DIÁRIO DE JUSTIÇA

Art. 399. A intimação de advogado será efetuada pelo Diário de Justiça, salvo disposição contrária.

Art. 400. A publicação poderá ser feita em nome de qualquer dos advogados das partes.

§ 1º Havendo requerimento de que a publicação se dê em nome de determinado advogado, deve a publicação ser feita na forma requerida.

§ 2º Ainda que do requerimento conste que a publicação deva ser exclusiva, o fato de constar o nome de outros advogados além daquele em nome de quem a publicação foi requerida não vicia o ato.

§ 3º As intimações também poderão ser realizadas em nome da sociedade de advogados, desde que registrada na Ordem dos Advogados do Brasil e requerida pelo peticionante.

Art. 401. Na publicação de sentenças e, no que couber, das decisões interlocutórias, deverá ser publicada tão somente a parte dispositiva.

§ 1º Caso o juiz entenda necessária a publicação na íntegra, o deverá fazer fundamentadamente.

§ 2º Os juízes e servidores tomarão as providências necessárias a evitar a publicação de dados pessoais ou informação confidencial nos processos em que se requeira sigilo.

Art. 402. A publicação deve ser renovada, independentemente de despacho ou de reclamação da parte, quando houver erro ou omissão.

§ 1º O prazo constante da publicação, se equivocado, não impede a prática do ato pela parte interessada no prazo correto, ainda que superior ao constante da publicação.

§ 2º A mera incorreção do prazo na forma do caput não torna necessária nova publicação e nem reabre prazo peremptório.

§ 3º O servidor que, por omissão no preenchimento dos campos necessários, der ensejo a reiteradas publicações com o prazo incorreto, estará sujeito a responsabilidade funcional.

Art. 403. Os editais para publicação dos atos judiciais serão elaborados no cartório respectivo e observarão os modelos existentes no Sistema SAJ, bem como o disposto na Seção X do CAPÍTULO VI.

CAPÍTULO VIII
DA DESIGNAÇÃO, DA REALIZAÇÃO E DO REGISTRO DE AUDIÊNCIAS

Art. 404. A designação de audiências é atribuição do juiz, que poderá, mediante portaria, delegar aos servidores, desde que estabeleça critérios objetivos para a organização da pauta.

Parágrafo único. Havendo delegação, a audiência deverá ser efetivamente pautada no prazo de 30 (trinta) dias.

Art. 405. O servidor encarregado dos registros e audiências examinará, ao menos 5 (cinco) dias antes das datas designadas para audiências, os respectivos processos, para verificar se todas as providências de intimação ou requisição de partes e testemunhas foram tomadas.

§ 1º O prazo previsto no caput poderá ser superior, a critério do juiz, conforme a necessidade da unidade judicial.

§ 2º Havendo irregularidade ou omissão, o servidor responsável pela audiência fará imediata comunicação ao servidor responsável pelo andamento do processo, para as medidas necessárias.

Art. 406. Os atos praticados em audiência serão registrados no sistema eletrônico com a identificação do usuário, a data e o horário de sua realização, observado o disposto na Seção XI do CAPÍTULO VI.

§ 1º Na ata de audiência constará informação sobre as presenças e ausências, bem como a assinatura digital do juiz ou conciliador, dos representantes do Ministério Público, da Defensoria Pública, dos advogados e das partes envolvidas, salvo se estes não portarem certificado digital ou não houver, no local da audiência, instrumento que permita a assinatura, caso em que bastará a assinatura digital do juiz ou do conciliador, conforme o caso.

§ 2º A critério do juiz, o termo de assentada poderá também ser impresso e assinado por todos os presentes, sendo, neste caso, digitalizado, categorizado e liberado na pasta digital na sequência do termo emitido no sistema.

Art. 407. Aos termos de assentada produzidos no sistema serão vinculadas as movimentações relacionadas a despacho, decisão ou sentença, quando nela proferidos.

Parágrafo único. É vedado o lançamento manual posterior das movimentações relacionadas no caput, caso já computadas, sob alegação de prejuízo à produtividade.

Art. 408. As partes presentes são consideradas cientes dos atos havidos em audiência, independentemente de consignação expressa de tal informação no termo de assentada respectivo.

Art. 409. Todos os depoimentos, oitivas, interrogatórios e manifestações formais das partes ocorridas em audiência serão registrados por meio de gravação de áudio e vídeo.

§ 1º A gravação será feita diretamente pelo Sistema SAJ ou, não sendo possível, por ferramenta e em formato que permitam a sua posterior importação, que deverá ser realizada tão logo encerrada a audiência.

§ 2º Havendo motivo de direito relevante, como a segurança de quem depõe, será permitida a gravação apenas do áudio dos depoimentos.

§ 3º A gravação determinada no caput deverá ser realizada de forma a facilitar a futura análise de seu conteúdo, dispensando-se a gravação de intervalos, pregões e, no geral, de momentos que não se refiram à produção da prova ou à manifestação formal das partes.

§ 4º O servidor responsável pela realização da audiência identificará cada um dos arquivos de mídia contendo as gravações da audiência com o nome de quem está sendo ouvido e o tipo de sua participação no processo.

§ 5º É dispensada a lavratura de termo de depoimento onde conste o compromisso da testemunha em dizer a verdade, se o compromisso constar da gravação realizada.

§ 6º É dispensada a transcrição dos depoimentos e manifestações registrados na forma estabelecida neste artigo.

§ 7º Não sendo possível a realização dos registros na forma estabelecida neste artigo, os depoimentos serão tomados por termo, devendo neles constar, tanto quanto possível, as exatas palavras e expressões de quem depõe, ainda que impróprias.

Art. 410. As contestações e documentos apresentados em audiência serão entregues em formato PDF, por meio de pen drive ou dispositivo similar que, após deferida a juntada e liberados os documentos no processo eletrônico, se for o caso, serão restituídos à parte.

§ 1º O servidor responsável pelo secretariado da audiência deverá franquear acesso ao documento juntado por uma parte à outra.

§ 2º A compatibilidade do dispositivo apresentado com o computador utilizado na sala de audiências e a integridade dos arquivos nele constantes é de inteira responsabilidade da parte ou seu procurador.

Art. 411. Sempre que possível, o juiz deverá proferir sentença em audiência.

§ 1º É permitida a prolatação de sentença oral, desde que o seu dispositivo conste, na íntegra, do termo de audiência.

§ 2º Em nenhuma hipótese se descartará a gravação do registro da sentença, não se lhe aplicando as disposições deste Código a respeito.

Art. 412. A realização de audiência por videoconferência em processos onde haja réu preso e adolescentes internados segue o que dispuser, por Resolução, o Tribunal de Justiça.

Parágrafo único. Nos demais casos, os juízes poderão realizar as audiências por videoconferência, desde que não haja prejuízo às partes ou à realização do ato.

CAPÍTULO IX
DA INTIMAÇÃO PESSOAL DE PARTES

Art. 413. A intimação pessoal de partes só será feita:

I - quando o ordenamento jurídico o determinar expressamente;

II - por determinação expressa do juiz; ou

III - quando a parte deva comparecer a ato do processo, como audiências e perícias.

§ 1º Não se enquadra na hipótese do inciso III do caput as audiências cuja presença da parte seja meramente facultativa e a ausência não importe em imposição de penalidades, renúncia ou perda de direitos materiais ou de faculdades processuais.

§ 2º O requerimento feito pela Defensoria Pública na forma do art. 186, § 2º do Código de Processo Civil não interfere no prazo para interposição de recurso, quando já intimado o Defensor Público da decisão ou sentença.

CAPÍTULO X
DO COMPARECIMENTO DE INTERESSADOS À UNIDADE JUDICIAL

Art. 414. Esta seção regula o conjunto de providências que deverá ser tomado pelo servidor que realizar o atendimento da parte e, no que couber, dos demais interessados que compareçam à unidade judicial.

Art. 415. Os servidores darão atendimento prioritário às pessoas portadoras de deficiência, aos idosos, às gestantes, às lactantes e às pessoas acompanhadas por crianças de colo, mediante garantia de lugar privilegiado em filas, distribuição de senhas com numeração adequada ao atendimento preferencial, alocação de espaço para atendimento exclusivo no balcão, ou implantação de qualquer outro sistema que, observadas as peculiaridades existentes, assegure a prioridade.

Art. 416. Os servidores, a cada atendimento de parte ou testemunha realizado, deverão indagar sobre a atualização dos endereços constantes do Sistema SAJ, procedendo-se à atualização, se for o caso.

Art. 417. Verificando o servidor que aquele que compareceu deve ser citado ou intimado no processo, deverá ele, imediatamente, expedir certidão com referido fim, consignando sua própria assinatura e a daquele que compareceu.

§ 1º A certidão assinada pela pessoa que comparece deverá ser digitalizada e liberada nos autos digitais, com o posterior descarte ou entrega à pessoa da certidão física.

§ 2º O servidor solicitará à Central de Mandados ou, onde não houver, ao oficial de justiça, a devolução do mandado com mesmo objeto que esteja em seu poder para cumprimento, salvo se no mandado devam ser cumpridos também outros atos.

Art. 418. Sendo de conhecimento do servidor a existência de ordem de prisão contra a pessoa que comparece, deverá ele, discretamente, acionar a pessoa que deva dar cumprimento à ordem para efetivar a medida.

Art. 419. A expedição de certidão de comparecimento segue o disposto no art. 334 e o comparecimento de apenados e beneficiados por transação penal, suspensão condicional do processo ou suspensão condicional da pena, o disposto no TÍTULO V, CAPÍTULO XV, deste Código.

CAPÍTULO XI
DAS INTIMAÇÕES POR APLICATIVOS E CELULARES

SEÇÃO I
DAS DISPOSIÇÕES INICIAIS

Art. 420. É permitida, no âmbito do Poder Judiciário do Estado de Alagoas, a intimação de partes, terceiros, testemunhas, auxiliares da justiça e jurados mediante a utilização do aplicativo de mensagens whatsApp ou aplicativo de envio de mensagens eletrônicas similar, obedecidos os procedimentos estabelecidos neste Código.

Parágrafo único. Não se aplicam as disposições contidas no caput deste artigo às comunicações dos demais atos processuais em que não haja a necessidade de intimação pessoal, as quais deverão ser realizadas pelos demais meios previstos no ordenamento jurídico.

Art. 421. As intimações por aplicativo de envio de mensagens eletrônicas serão encaminhadas a partir do número e aparelho celular destinado à unidade judiciária exclusivamente para essa finalidade, ficando autorizado, ainda, o envio por meio da utilização do Programa whatsApp web, mediante liberação de acesso pela DIATI.

§ 1º Os aparelhos telefônicos serão gradativamente entregues à unidades judiciárias indicadas pela Corregedoria-Geral da Justiça, que, ato contínuo, passarão a aplicar este normativo.

§ 2º A entrega dos aparelhos às unidades deverá ser comunicada imediatamente a esta Corregedoria pela Diretoria Adjunta Administrativa do Tribunal de Justiça - DARAD.

SEÇÃO II
DA PORTARIA INSTITUIDORA

Art. 422. A adesão pelas partes e interessados ao procedimento de intimação por aplicativo de envio de mensagens eletrônicas é voluntária, podendo ser feita no início ou durante o processo.

§ 1º A parte autora poderá na petição inicial requerer a adesão ao procedimento a que se refere este Capítulo para as suas intimações, bem como das testemunhas que arrolar, informando os números respectivos e que está ciente das disposições contidas no § 4º deste artigo.

§ 2º A adesão no curso do processo será feita mediante requerimento expresso em simples petição, com a indicação do número de telefone e da ciência das disposições contidas no § 4º deste artigo.

§ 3º Nos casos em que as partes não estão assistidas por advogado, a adesão se dará por meio da assinatura do Termo constante no ANEXO II deste Código, a ser entregue pela Secretaria da respectiva unidade judiciária, devendo nele constar, obrigatoriamente, o número de telefone respectivo.

§ 4º Ao aderir ao procedimento de intimação por aplicativo de envio de mensagens eletrônicas, o aderente declarará que:

I - concorda com os termos da intimação por meio de aplicativo de envio de mensagens eletrônicas;

II - possui aplicativo de envio de mensagens eletrônicas instalado em seu celular, tablet ou computador, e que manterá ativa, nas opções de privacidade, a opção de recibo/confirmação de leitura;

III - foi informado do número que será utilizado pela unidade judiciária para o envio das intimações;

IV foi cientificado de que o Poder Judiciário do Estado de Alagoas, em nenhuma hipótese, solicita dados pessoais, bancários ou qualquer outro de caráter sigiloso, limitando-se o procedimento para a realização de atos de intimação;

V - foi cientificado de que as dúvidas referentes à intimação deverão ser tratadas, exclusivamente, na Secretaria da respectiva unidade judiciária, e que, na hipótese de intimação para comparecimento, deverá dirigir-se às dependências do fórum respectivo.

§ 5º Os oficiais de justiça deverão, obrigatoriamente, no momento da citação da parte demandada ou outro ato de comunicação, indagar acerca da adesão à intimação por WhatsApp, explicando o procedimento respectivo e, caso aceito, colher assinatura ao Termo de Adesão, entregando-lhe uma via e certificando a ocorrência nos autos, bem como certificando em caso de negativa.

SEÇÃO III
DA ALTERAÇÃO DO NÚMERO DE TELEFONE PELO ADERENTE

Art. 423. Se houver mudança do número do telefone, o aderente deverá informá-lo de imediato à respectiva unidade judiciária, reputando-se eficazes as intimações enviadas ao telefone anteriormente cadastrado, na ausência de comunicação da mudança.

SEÇÃO IV
DO TEMPO E MODO DAS INTIMAÇÕES

Art. 424. No ato da intimação, o servidor responsável, designado pelo magistrado, além de esclarecer a finalidade da intimação, encaminhará pelo aplicativo de envio de mensagens eletrônicas a imagem do pronunciamento judicial (despacho, decisão ou sentença), com a identificação do processo e das partes.

§ 1º As intimações com o uso do aplicativo WhatsApp serão remetidas durante o expediente forense.

§ 2º A contagem dos prazos obedecerá ao estabelecido na legislação de regência.

Art. 425. Será considerada realizada a intimação no momento em que o ícone do aplicativo de envio de mensagens eletrônicas demonstrar que a mensagem foi devidamente entregue, independentemente de sua visualização, certificando nos autos o ocorrido, por meio do modelo de categoria 13, Código 393.

§ 1º A certidão a que se refere esse artigo pode ser substituída pela liberação nos autos de captura de tela na qual foi evidenciada a intimação.

§ 2º Caso a parte tenha dificuldade na leitura, poderá optar que sua intimação seja feita mediante o envio de áudio pelo aplicativo WhatsApp, ocasião em que obrigatoriamente, deverá ser expedida a certidão dando conta de que a intimação foi realizada.

Art. 426. Se não houver a entrega da mensagem no prazo de 48 (quarenta e oito) horas, a unidade judiciária providenciará a intimação por outro meio idôneo, conforme o caso.

§ 1º Haverá imediato desligamento dos serviços àquele que enviar textos, imagens ou vídeos com finalidade diversa da tratada no presente Código.

§ 2º No caso de Sessão do Tribunal do Júri, a testemunha arrolada com cláusula de imprescindibilidade (art. 461 do Código de Processo Penal) deverá ser intimada necessariamente por mandado.

Art. 427. Os que não aderirem ao procedimento de intimação por intermédio do aplicativo WhatsApp ou outro aplicativo de envio de mensagens eletrônicas serão intimados pelos demais meios previstos em lei.

Parágrafo único. Os advogados, procuradores, membros do Ministério Público e Defensores Públicos serão intimados pelos meios regulares previstos no ordenamento jurídico.

SEÇÃO V
DA INTIMAÇÃO POR LIGAÇÃO TELEFÔNICA

Art. 428. O número cadastrado pelo aderente poderá ser utilizado, também, para recebimento de intimações por meio de ligação telefônica, por meio do qual o servidor explicará o conteúdo do ato da intimação.

Parágrafo único. Realizada a intimação na forma deste artigo, o servidor certificará o ato nos autos, constando o dia e horário da ligação.

SEÇÃO VI
DOS LIMITES PARA UTILIZAÇÃO DA LINHA TELEFÔNICA

Art. 429. A linha telefônica utilizada pela serventia para o disposto nessa seção terá como fim a realização das intimações, o atendimento do balcão virtual e o atendimento do plantão judiciário, na forma do Ato Normativo nº 03/2021.

Art. 430. Quando a intimação necessitar ser acompanhada por outros documentos, poderá ser enviada senha de acesso do processo ao número cadastrado.

SEÇÃO VII
DA DESVINCULAÇÃO

Art. 431. A qualquer tempo, a pessoa que tenha aderido à intimação na forma estabelecida nesta Sessão poderá requerer a sua desvinculação à funcionalidade, por meio de requerimento dirigido à unidade judiciária, ou pelo próprio aplicativo, por manifestação inequívoca.

SEÇÃO VIII
DAS DISPOSIÇÕES FINAIS

Art. 432. Caberá ao setor responsável do Tribunal de Justiça do Estado de Alagoas atualizar, no site oficial do Tribunal, os dados cadastrais da unidade judiciária que gradativamente receberem o aparelho telefônico, com inclusão do número destinado às intimações e atuação nos plantões para consulta ao público em geral, bem como disponibilizar para download o Termo de Adesão que integra o ANEXO II deste Código.

CAPÍTULO XII
DA CONCLUSÃO DE AUTOS AO JUIZ

Art. 433. Antes de efetuar a conclusão dos autos ao juiz, o servidor responsável pelo processo deverá verificar se todas as determinações acaso contidas em despacho, decisão ou sentença anterior foram cumpridas, salvo em caso de dúvida, que deverá ser certificada nos autos.

Art. 434. É vedado que o processo que deva ser remetido à conclusão tramite por filas paralelas.

§ 1º No caso da dúvida a que se refere o art. 433, não deverão ser encerrados os atos cujo cumprimento ensejaram a dúvida, podendo, nesse caso, o processo tramitar paralelamente nas filas de conclusão e na fila "aguardando encerramento do ato".

§ 2º O processo poderá tramitar por outras filas se, remetido à conclusão, forem juntadas novas peças que ensejem a movimentação do processo.

§ 3º Quando o processo estiver concluso e a petição posteriormente juntada ensejar nova conclusão dos autos, na mesma ou em outra fila, o servidor poderá lançar a movimentação de código "51" no menu "Andamento", "Movimentação Unitária".

§ 4º Os processos conclusos em que haja juntada de peças serão copiados para a fila "juntada realizada em processo concluso", para fins de controle, de onde serão excluídos ao ser proferido despacho, decisão ou sentença.

Art. 435. Será considerada como data de conclusão para todos os fins legais a data em que o processo foi remetido, no sistema, para fila do gabinete do juiz, sendo irrelevantes as movimentações internas realizadas pelos servidores da assessoria entre as filas de despacho, decisão, sentença e urgências, ou qualquer outra cuja finalidade seja, exclusivamente, a organização dos autos conclusos.

CAPÍTULO XIII
DO ENVIO E DEVOLUÇÃO DOS AUTOS
DA INSTÂNCIA SUPERIOR

SEÇÃO I
DA REMESSA DOS AUTOS À INSTÂNCIA SUPERIOR PARA APRECIAÇÃO DE RECURSO

Art. 436. A remessa de processo eletrônico para apreciação de recurso pelo Tribunal de Justiça ou pela Turma Recursal se dará mediante envio dos autos digitais ao segundo grau por integração dos sistemas.

Art. 437. Para análise de recurso, enquanto não houver a integração entre os sistemas respectivos, os autos digitais de processos de competência delegada da Justiça Federal serão enviados ao Tribunal Regional Federal da 5ª Região por meio de sistema próprio ou, não havendo disciplinamento, por meio de e-mail institucional ou malote digital, em formato PDF.

Art. 438. Nas situações do art. 436 e do art. 437, enquanto pendente a apreciação do recurso, o processo deverá aguardar na fila "remetidos ao tribunal", com a situação "em grau de recurso" e não deverá ser movimentado por servidores do primeiro grau.

Art. 439. Durante a tramitação do recurso fica mantido o acesso ao processo eletrônico por meio do sítio do Tribunal de Justiça.

Art. 440. Quando o feito contar com autos principais e dependentes e qualquer deles já estiver em grau de recurso, a remessa dos autos que ainda não o estiverem, em caso de impossibilidade no Sistema SAJ, será feita mediante cadastro excepcional de processos, devendo o servidor responsável utilizar a certidão de modelo 1938 para documentar o ocorrido.

Parágrafo único. O servidor responsável pela remessa de processos à superior instância deverá sempre enviar os autos principais, salvo se o recurso for específico de algum dos dependentes.

Art. 441. Em se tratando de agravo de instrumento no qual a parte recorrente se valer da faculdade prevista no art. 1.017, § 2º, II, do Código de Processo Civil, a remessa dos autos do instrumento deverá ser feita mediante extração de cópia das peças pertinentes e remessa, via Intrajus, ao Tribunal de Justiça, juntando-se aos autos principais o comprovante de remessa.

SEÇÃO II

DO RECEBIMENTO DOS AUTOS DA INSTÂNCIA SUPERIOR APÓS JULGAMENTO DO RECURSO

Art. 442. Quando os autos retornarem da instância superior, o servidor do primeiro grau deverá fazer constar a sua situação como:

I - "em andamento": quando a sentença proferida houver sido anulada e o processo for devolvido para a prolatação de outra ou processamento regular do feito;

II - "julgado": quando houver a confirmação ou reforma, no todo ou em parte, da sentença proferida ou, se anulada, o próprio juízo da instância superior proferir outra em seu lugar.

SEÇÃO III

DO CUMPRIMENTO DE PEDIDO DE DILIGÊNCIA

Art. 443. Esta Seção regula a baixa, sem julgamento, dos autos para o primeiro grau, com o objetivo de se cumprir diligência requisitada pela instância superior.

Art. 444. Os processos baixados da instância superior serão identificados com a tarja "pedido de diligência" e constarão das filas "processos recebidos do 2º grau" e "integração SG x PG – cumprir diligências".

Parágrafo único. É permitida a exclusão do processo da fila "processos recebidos do 2º grau".

Art. 445. O servidor responsável movimentará o processo para as filas que se fizerem necessárias ao cumprimento da diligência.

§ 1º Providenciado o cumprimento da diligência, o servidor deverá mover o processo para a fila "Ag. Análise do cartório", caso nela ainda não se encontre e encerrar todas as pendências eventualmente existentes.

§ 2º Encerradas as pendências, deverá ser selecionada a atividade "Devolução do Pedido de Diligência", assinando-se eletronicamente.

SEÇÃO IV

DO CUMPRIMENTO DE PEDIDO DE INFORMAÇÕES

Art. 446. Esta Seção regula a baixa, sem julgamento, dos autos para o primeiro grau, com o objetivo de solicitar informações ao juízo de primeiro grau.

Art. 447. Os processos baixados da instância superior constarão das filas "processos recebidos do 2º grau" e "integração SG x PG – Cumprir Diligências".

§ 1º O pedido de informação constará da fila "Ag. Análise – Petições Intermediárias" do subfluxo "Petições Intermediárias" e deverá ser juntado manualmente pelo servidor.

§ 2º Feita a juntada, é permitida a exclusão do processo da fila "processos recebidos do 2º grau".

Art. 448. A resposta ao pedido de informação deve ser lançada no Sistema SAJ por meio da categoria "326 – resposta ao pedido de informação", a qual deverá ser juntada posteriormente ao pedido de informações.

Parágrafo único. Caso o juiz dê a resposta por categoria diversa, o servidor deverá lançar manualmente o documento com a categoria mencionada no caput.

Art. 449. Dada a resposta, o servidor deverá acessar a aba "Andamento", selecionar "Envio de Processo ao 2º Grau" e, na sequência, "Devolução do Pedido de Informações".

Parágrafo único. O servidor, então, deverá preencher as informações do processo e selecionar para envio a peça com a categoria "326 – resposta ao pedido de informação", assinando-se eletronicamente na sequência.

CAPÍTULO XIV
DO CUMPRIMENTO DE MANDADOS JUDICIAIS

SEÇÃO I
DOS OFICIAIS DE JUSTIÇA

SUBSEÇÃO II DAS ATRIBUIÇÕES

Art. 450. São deveres do oficial de justiça, além da atribuição própria do cargo previstas em lei, sob pena de apuração disciplinar:

I - comparecer à unidade judicial ou Central de Mandados, onde houver, a fim de receber e devolver mandados, a critério do chefe imediato, dispensado o registro de presença, nos termos da Resolução nº 03/2023 do TJAL;

II - comparecer ao plantão judicial determinado em escala publicada pela Corregedoria-Geral da Justiça;

III - promover o recebimento eletrônico imediato do mandado entregue pela Central de Mandados ou unidade judicial;

IV - comunicar à Central de Mandados, imediatamente, a existência de mandados em cargas que não foram entregues fisicamente;

V - cumprir apenas os mandados entregues pela Central a que estejam vinculados, sob pena de responsabilidade, ressalvados os casos previstos neste Código;

VI - fazer pessoalmente as citações, intimações, prisões, penhoras, arrestos, avaliações e as demais diligências próprias do ofício, certificando no mandado o ocorrido, com menção ao local, dia e hora;

VII - cumprir, no prazo fixado, as ordens judiciais que lhe forem entregues;

VIII - certificar, em mandado, proposta de autocomposição apresentada por qualquer das partes, na ocasião de realização de ato de comunicação que lhe couber;

IX - zelar pela boa conservação dos mandados sob sua responsabilidade, sendo vedado o lançamento de anotações, cotas marginais ou interlineares, à margem ou no corpo do mandado;

X - devolver o mandado logo depois de cumprido devidamente certificado;

XI - promover a remessa eletrônica do mandado a ser entregue à Central de Mandados ou, na impossibilidade inicial, efetuar carga com recebimento da Central por meio manual;

XII - comparecer no dia e horário a todas as reuniões em que for convocado pela coordenação;

XIII - proceder de modo compatível com a dignidade e o decoro do cargo;

XIV - apresentar os mandados que se encontram sob sua responsabilidade, quando em licença ou afastamento, para apreciação da coordenação da Central de Mandados;

XV - verificar diariamente o Intrajus para ciência e respostas aos ofícios e memorandos encaminhados;

XVI - zelar e cumprir as determinações previstas neste Código e no ordenamento jurídico;

XVII - verificar se o mandado está em consonância com o presente Código e se contém os documentos que devam acompanhá-lo;

XVIII - devolver os mandados que possuam irregularidades que impossibilitem o cumprimento, certificando os motivos;

XIX - cumprir, prioritariamente, os mandados que acompanhem decisões liminares ou de antecipação de tutela;

XX - dar cumprimento a mandados relativos a atos que digam respeito a bens, como penhora e avaliação, se os achar, ainda que a pessoa em poder de quem se os encontrem alegar não ser proprietária ou não ter direito sobre a coisa.

Art. 451. Quando houver julgamento pelo Tribunal do Júri, o juízo oficiará à Central de Mandados com antecedência mínima de 10 (dez) dias úteis à instalação da reunião, para que a coordenação escale oficiais de justiça para atuarem na sessão até o término do julgamento, obedecendo a ordem alfabética dos mesmos para designação, que serão responsáveis por todos os atos oriundos daquela sessão.

Art. 452. É vedada a designação de oficiais de justiça ad hoc pelos juízes.

SUBSEÇÃO III DAS FÉRIAS

Art. 453. As férias dos oficiais de justiça lotados na Central de Mandados serão programadas anualmente pelo correspondente coordenador.

Art. 454. As unidades judiciais ou as Centrais de Mandados suspenderão a distribuição de mandados 10 (dez) dias antes do início do gozo das férias do oficial de justiça que possuir férias deferidas por prazo igual ou superior a 20 (vinte) dias.

Art. 455. Os oficiais de justiça que possuírem férias integrais ou fracionadas na forma do art. 454 deste Código deverão devolver os mandados sob sua responsabilidade antes do gozo das férias, devidamente cumpridos e certificados, sob pena de suspensão das férias.

Art. 456. Os oficiais de justiça continuarão recebendo mandados até o início das férias, quando fracionadas em período inferior a 20 (vinte) dias, permanecendo com os mandados com prazo prorrogado por igual período.

SEÇÃO II
DA REMESSA À CENTRAL DE MANDADOS OU A OFICIAL DE JUSTIÇA

Art. 457. A unidade judicial remeterá os mandados para cumprimento pelos oficiais de justiça:

I - à Central de Mandados, onde houver; ou

II - ao oficial de justiça a quem foi distribuído o mandado, onde não houver Central de Mandados.

Art. 458. Os mandados judiciais relativos às Comarcas de Coruripe, Marechal Deodoro, Porto Calvo e Delmiro Gouveia serão distribuídos, equitativamente, entre todos os oficiais de justiça lotados na mesma Comarca.

Art. 459. Não haverá, em consequência do disposto nos art. 458, mudança de lotação, permanecendo, assim, as questões concernentes à vida funcional dos respectivos oficiais de justiça, como justificativa de ponto, ciclos de progressão funcional e autorização de férias sob a responsabilidade do gestor de cada unidade judiciária às quais estejam vinculados.

Parágrafo único. No sentido de otimizar as disposições contidas no caput deste artigo, deverá ser elaborada escala de férias conjunta entre as unidades judiciárias de cada Comarca.

Art. 460. Os mandados judiciais relativos às Comarcas Palmeira dos Índios, União dos Palmares, Penedo, Rio Largo, Santana do Ipanema e São Miguel dos Campos serão distribuídos, equitativamente, entre todos os oficiais de justiça lotados na mesma Comarca.

Art. 461. Não haverá, em consequência do disposto nos art. 460, mudança de lotação, permanecendo, assim, as questões concernentes à vida funcional dos respectivos oficiais de justiça, como justificativa de ponto, plantões, ciclos de progressão funcional e autorização de férias sob a responsabilidade do gestor de cada unidade judiciária às quais estejam vinculados.

§ 1º No sentido de otimizar as disposições contidas no caput deste artigo, deverá o Juiz Diretor do Fórum elaborar a escala de férias concernente aos oficiais de justiça, encaminhando-a aos demais magistrados para fins de liberação no sistema.

§ 2ª Na elaboração da escala a que se refere o § 1º deste artigo, deverá ser observada a liberação simultânea de até um terço dos oficiais de justiça de cada Comarca.

§ 3º Todos os oficiais de justiça da respectiva Comarca participarão da escala do júri de acordo com escala a ser elaborada pelo juiz competente para a realização de júris.

§ 4º Todos os oficiais de justiça da respectiva Comarca participarão de escala para fins de atos urgentes, a ser elaborada pelo juiz diretor do foro.

Art. 462. Os mandados com texto incompleto, incorreto, com endereço insuficiente para distribuição ou com falta de peças necessárias serão devolvidos ao cartório independentemente do grau de urgência neles contido.

Art. 463. É vedada aos oficiais de justiça lotados na Central de Mandados a retirada de mandados diretamente em cartório, salvo durante o plantão judicial, fora do horário de expediente, bem como nos casos previstos neste Código.

Art. 464. Os mandados de penhora de um mesmo processo deverão ser remetidos à Central de Mandados na mesma carga de remessa, visando à distribuição ao mesmo oficial de justiça e excluindo a possibilidade de excesso de penhora.

Art. 465. Os servidores das unidades judiciais farão a imediata comunicação à Central de Mandados e ou ao oficial de justiça, ao tomarem conhecimento:

I - de despacho que influencie no cumprimento de mandados já remetidos; ou

II - de alterações em relação a ordens já remetidas para cumprimento, solicitando a devolução sem cumprimento e enviando novo mandado em substituição.

Art. 466. As unidades judiciais deverão enviar, diariamente, à Central de Mandados, com antecedência de pelo menos 1 (uma) hora do encerramento do expediente forense, os mandados a serem cumpridos.

Parágrafo único. Apenas os mandados que devam ser cumpridos em regime de urgência poderão ser remetidos até o encerramento do expediente forense.

SEÇÃO III
DA DISTRIBUIÇÃO E REDISTRIBUIÇÃO DE MANDADOS

Art. 467. Nas Comarcas em que não haja Central de Mandados, a distribuição dos mandados será feita automaticamente pelo Sistema SAJ ao oficial que o deva cumprir.

Art. 468. A distribuição dos mandados efetuada pela Central de Mandados será automática, pelo Sistema SAJ, correlacionando o endereço neles contidos com a respectiva zona.

§ 1º Os mandados deverão ser distribuídos por sorteio de acordo com o local da diligência.

§ 2º Havendo dois ou mais mandados que possuam mesmo endereço, o primeiro mandado a ser distribuído deverá ser por sorteio e os demais por direcionamento ao mesmo oficial de justiça.

§ 3º Os mandados judiciais de um mesmo processo e que pertençam ao mesmo zoneamento, poderão ser distribuídos ao mesmo oficial de justiça, sendo o primeiro mandado distribuído por sorteio e os demais por direcionamento.

§ 4º Havendo dois ou mais mandados de execução de um mesmo processo e dentre os destinatários pessoa jurídica, primeiramente será feita a distribuição por sorteio do mandado da pessoa jurídica e os demais mandados, por direcionamento ao mesmo oficial de justiça, independentemente do zoneamento, visando a evitar o excesso de penhora.

§ 5º Havendo dois ou mais mandados de execução do mesmo processo e todos destinados a pessoas físicas, será distribuído por sorteio o mandado judicial da localidade mais distante da sede do Fórum, e, posteriormente os demais, por direcionamento para o mesmo oficial de justiça, independentemente do zoneamento, visando a evitar o excesso de penhora.

Art. 469. Os mandados poderão ser redistribuídos:

I - quando o destinatário se encontrar preso em estabelecimento prisional pertencente a outro zoneamento;

II - quando o destinatário tiver sido liberado e encontrar-se em endereço pertencente a outro zoneamento;

III - quando o local informado no mandado estiver fora dos limites de seu zoneamento, devendo ser devolvido à Central, no prazo de 72 (setenta e duas) horas de seu recebimento, sob pena de cumprimento, independentemente do local da diligência;

IV - quando o oficial de justiça, nos primeiros 10 (dez) dias de prazo de cumprimento, constatar mudança de endereço do destinatário da ordem para local pertencente a outro zoneamento, certificando o ocorrido com informação do novo endereço, excetuando os mandados oriundos de processos de réu preso e de audiência com data inferior a 30 (trinta) dias; ou

V - antes do início das férias do oficial de justiça, nas hipóteses do art. 481, para fins de complementação de prazo.

§ 1º Identificadas as hipóteses de redistribuição, salvo nos casos de erro na distribuição, os oficiais de justiça deverão devolver os mandados devidamente certificados, anexando a certidão na frente dos mandados, sob pena de cumprimento, independentemente do local da diligência.

§ 2º Nas hipóteses dos incisos III e IV, não se fará a redistribuição quando o endereço se localizar em área limítrofe ao zoneamento em que ocorreu a distribuição, assim considerada a área dentro do raio de um quilômetro da zona adjacente, salvo se o local for de difícil acesso.

SEÇÃO IV
DOS PRAZOS PARA CUMPRIMENTO E DEVOLUÇÃO DE MANDADOS

Art. 470. Para fins de contagem do prazo de cumprimento de mandados não serão considerados os dias de recesso forense.

Art. 471. Os mandados deverão ser cumpridos e devolvidos à Central de Mandados, onde houver, ou à unidade judicial em até:

I - 30 (trinta) dias corridos, quando não houver regra específica;

II - 5 (cinco) dias corridos, em se tratando de intimações em processos com pessoa presa ou mandados urgentes, assim considerados as liminares e tutelas antecipadas em matéria de saúde, concursos públicos, matrículas, liberação de mercadorias perecíveis, busca e apreensão de pessoas, medidas de proteção da Lei nº 11.340/06, medidas cautelares diversas da prisão, os casos em que a urgência é necessária a fim de evitar a perda do objeto e os mandados cuja urgência tenha sido declarada expressamente pelo juiz;

III - 2 (dois) dias antes da realização da audiência, nas intimações necessárias à sua realização.

Parágrafo único. O prazo previsto no inciso II poderá ser diminuído pelo juiz, na decisão proferida, desde que devidamente fundamentada, não cabendo revisão do mérito da urgência pela Central de Mandados ou oficial de justiça, onde não houver.

Art. 472. Os alvarás de soltura deverão ser cumpridos imediatamente.

Art. 473. Salvo disposição em contrário, as unidades judiciais deverão enviar os mandados aos oficiais de justiça ou à Central de Mandados, onde houver, com prazo mínimo de 30 (trinta) dias corridos antes da realização da audiência.

Parágrafo único. Nos juizados especiais da capital e do Interior, os mandados que digam respeito a audiências cíveis ou criminais com réus soltos deverão ser entregues ao oficial de justiça com um prazo mínimo de 15 (quinze) dias anteriores à data designada para audiência, em decorrência do art. 16, da Lei nº 9.099/95, e os mandados concernentes a audiências criminais com réus presos, com o prazo mínimo de 5 (cinco) dias corridos antes da realização da audiência.

Art. 474. Em se tratando de carta precatória, nos casos de audiência designada, os juízos deprecantes observarão o prazo mínimo de 45 (quarenta e cinco) dias anteriores à correspondente data para realização do ato, para fins de recebimento e cumprimento do mandado judicial pelo juízo deprecado, excepcionando-se os de réu(s) preso(s), que deverá(ão) obedecer ao limite de antecedência mínima de 30 (trinta) dias.

§ 1º Inobservados os prazos contidos no caput deste artigo, deverá o responsável pela unidade jurisdicional deprecada, ou a quem este delegar, entrar em contato com o juízo deprecante, por intermédio do meio mais célere, solicitando nova data para realização da audiência.

§ 2º Na impossibilidade de efetivação do contato de que trata o parágrafo anterior, tal fato deverá ser certificado nos autos, devolvendo-se a carta precatória ao juízo deprecante, mencionando-se o presente Código.

Art. 475. Nos casos do inciso I do art. 471, quando não for possível o cumprimento dentro do prazo previsto neste Código, os mandados serão cumpridos com dilação de prazo de até 20 (vinte) dias, a critério do Coordenador da Central de Mandados ou do Juiz de Direito Supervisor da Central de Mandados, onde houver, ou do juiz de direito titular ou substituto, sempre que tal medida se fizer necessária.

Parágrafo único. A prorrogação de prazo deverá ser solicitada pelo oficial de justiça, discriminando as diligências já realizadas e as circunstâncias que justifiquem a dilação do prazo, encaminhando-a para a coordenação da Central de Mandados, onde houver, ou ao juiz de direito titular ou substituto, até o vencimento do prazo regular.

Art. 476. Não havendo a devolução do mandado no prazo estabelecido, o oficial de justiça será notificado pelo coordenador da Central de Mandados ou substituto, ou pelo Juiz de Direito Supervisor, onde houver, ou pelo juiz de direito titular ou substituto, para efetuar a respectiva devolução, no prazo máximo de 72 (setenta e duas) horas, devidamente cumprido ou justificado, sob pena de responsabilidade funcional.

Parágrafo único. Transcorrido o prazo constante do caput deste artigo e não sendo devolvido o mandado devidamente cumprido e certificado, o coordenador da Central de Mandados ou substituto deverá registrar a ocorrência por meio de relatório circunstanciado, comunicando ao Juiz de Direito Supervisor para que sejam adotadas as medidas administrativas cabíveis.

SEÇÃO V
DAS MEDIDAS PROTETIVAS DE PESSOAS E DE CONSTRIÇÃO DE BENS

Art. 477. Compete às partes fornecer os meios necessários para cumprimento de busca e apreensão de pessoas, arrestos, despejos, imissão, reintegração de posse, busca e apreensão de bens, liberação e devolução de veículos e outras medidas coercitivas previstas em lei.

§ 1º Para fins de cumprimento das disposições contidas no caput deste artigo, a unidade judicial providenciará a intimação das partes, pelos meios previstos para a intimação de seus advogados ou representantes, esclarecendo os dados e elementos que devem ser fornecidos.

§ 2º As regras previstas no caput e no § 1º deste artigo deverão ser observadas, também, quando da expedição de cartas precatórias.

Art. 478. Os juízos que ordenarem medidas previstas no art. 477 farão constar no mandado todos os dados indispensáveis à identificação e localização da pessoa ou do bem, assim como do(s) requerente(s) ou representante legal, consignando expressamente, ainda, ordem de arrombamento e uso da força pública.

Art. 479. O cumprimento pelos oficiais de justiça dos mandados mencionados no art. 477 se dará à medida em que o requerente viabilize a logística indispensável à concretização da medida judicial.

Parágrafo único. Todas as despesas com a logística mencionada no caput serão custeadas pela parte interessada, sendo vedada a intermediação de contratação de serviço por qualquer servidor do Poder Judiciário do Estado de Alagoas.

Art. 480. As unidades judiciais deverão fazer constar, nos mandados de busca e apreensão de pessoas ou bens e demais medidas possessórias, a qualificação completa e endereço do beneficiário ou do depositário nomeado pelo juízo.

§ 1º A ausência dos requisitos constantes do caput deste artigo implicará na devolução dos mandados sem cumprimento, independente do grau de urgência.

§ 2º Quando a parte interessada informar a alteração do depositário após a expedição e remessa do mandado ao oficial de justiça, o servidor responsável pelo processo poderá informar, via Intrajus, a alteração havida, devendo o oficial de justiça cumprir o mandado com o dado atualizado.

Art. 481. Nos mandados destinados ao cumprimento de busca e apreensão de veículos, os oficiais de justiça que não obtiverem, no prazo de 30 (trinta) dias corridos, o contato do(s) autor(es) ou de seu representantes, com o fim de serem disponibilizadas as condições disciplinadas no art. 477, devolverão os mandados sem cumprimento e devidamente certificados.

§ 1º O autor, ou seu representante, para obter o contato telefônico do oficial de justiça designado para cumprimento dos mandados disciplinados no art. 477, deverão se dirigir às Centrais de Mandados ou às unidades judiciais, onde não houver.

§ 2º O não cumprimento reiterado de mandados pelos motivos elencados no caput deste artigo será reputado como desídia do autor para os fins de direito.

Art. 482. Os oficiais de justiça responsáveis pelo cumprimento dos mandados constantes do art. 477, quando necessário, devem estar acompanhados da parte autora, representante legal ou depositário nomeado pelo juízo.

Art. 483. É proibida em qualquer hipótese, aos oficiais de justiça responsáveis pelo cumprimento de mandados, a realização do transporte do respectivo bem apreendido, inclusive a condução de veículos automotores.

Art. 484. Após a efetivação da medida, o bem móvel será entregue ao depositário fiel nomeado pelo juízo ou, conforme determinado pelo juízo processante, a depósito público, se houver disponibilidade.

SEÇÃO VI DOS PLANTÕES

Art. 485. A Corregedoria-Geral da Justiça manterá diariamente, inclusive, nos fins de semana, feriados e recesso forense, oficiais de justiça plantonistas, designados em portaria, devendo estes permanecerem no plantão para o fiel cumprimento dos mandados.

§ 1º Os plantões diários obedecerão à ordem alfabética dos oficiais de justiça da Central de Mandados.

§ 2º Os plantões de fim de semana e recesso judiciário obedecerão à ordem alfabética dos oficiais de justiça da região.

§ 3º O oficial de justiça plantonista deverá, obrigatoriamente, apresentar-se à Central de Mandados ou ao juízo plantonista e lá permanecer, por todo o período do expediente forense, comprovado por meio do ponto eletrônico, nos dias e horários constantes da escala de plantão, sob pena de responsabilidade funcional.

§ 4º O atraso injustificado que causar prejuízo ao cumprimento de ordem expedida em plantão, deverá ser comunicado ao Juiz Supervisor da Central de Mandados.

§ 5º O oficial de justiça terá 24 (vinte e quatro) horas para dar cumprimento ao mandado de plantão a partir do seu recebimento e 48 (quarenta e oito) horas para sua devolução, podendo, em casos excepcionais, desde que justificado por ofício, serem estendidos os referidos prazos.

§ 6º A ausência ao plantão será considerada falta grave, registrada na ficha de avaliação e representada ao Corregedor-Geral da Justiça para as providências legais, salvo se a ausência ocorrer por motivo justificado e devidamente comprovado no prazo máximo de 72 (setenta e duas) horas.

§ 7º Quando ocorrer ausência ao plantão, por qualquer motivo, deverá o ausente informar à Central de Mandados ou ao juízo plantonista, a fim de possibilitar, em tempo, a sua substituição.

Art. 486. Os mandados judiciais reputados urgentes, na forma do inciso III do art. 471, serão distribuídos para os oficiais de justiça plantonistas.

§ 1º São também considerados urgentes os alvarás de soltura, acompanhados de mandados de citação e ou intimação.

§ 2º Caso haja necessidade de cumprimento urgente e o número de oficiais de justiça seja insuficiente, a coordenação da Central de Mandados, onde houver, ou o magistrado poderá deslocar quantos oficiais de justiça, sob sua subordinação, entender necessário à sua efetivação.

§ 3º Os mandados urgentes serão cumpridos pelo oficial de justiça, seguindo o seu grau de urgência.

Art. 487. Nos mandados de urgência que dependam da parte para o cumprimento, a Central de Mandados aguardará o comparecimento do interessado pelo prazo máximo de 72 (setenta e duas) horas para realizar a distribuição.

Parágrafo único. Transcorrido o prazo, deverá o mandado ser devolvido sem cumprimento, com certidão informando a ausência.

SEÇÃO VII
DO CUMPRIMENTO DE MANDADOS DE MANUTENÇÃO, IMISSÃO E REINTEGRAÇÃO DE POSSE COM PLURALIDADE DE RÉUS OU RÉUS VINCULADOS A MOVIMENTOS ORGANIZADOS

Art. 488. Sem prejuízo do disposto no TÍTULO II, CAPÍTULO III, Seção V, Subseção IV, tratando- se de ações de manutenção, imissão e de reintegração de posse em que existam pluralidade de réus, ou quando os réus estiverem vinculados a movimentos organizados, será determinado na liminar ou na sentença que seja expedido mandado de verificação ou constatação da situação do local.

Parágrafo único. Deverá ser expedida comunicação para o Comandante-Geral da Polícia Militar, para que este preste apoio aos oficiais de justiça no cumprimento do mandado de verificação ou constatação.

Art. 489. Após apreciação do juízo do auto de constatação ou verificação, será expedido mandado possessório e comunicação para os seguintes órgãos ou entidades:

I - Secretaria de Segurança Pública;

II - Comando-Geral da Polícia Militar;

III - Presidência do Conselho de Defesa dos Direitos Humanos de Alagoas;

IV - Conselho Tutelar da circunscrição;

V - Secretaria de Assistência Social;

VI - Secretaria de Infraestrutura;

VII - Centro de Controle de Zoonoses;

VIII - outros órgãos e entidades necessárias ao fiel cumprimento da ordem, segundo critério do magistrado.

Parágrafo único. As comunicações deverão assegurar acesso à decisão.

Art. 490. Ao serem cumpridas as medidas constantes do disposto no art. 488 e no art. 489, de imediato, o juízo processante deverá comunicar a Coordenação da Central de Mandados, onde houver, e concomitantemente ao Centro de Gerenciamento de Crises e Direitos da Polícia Militar de Alagoas.

Parágrafo único. A Coordenação da Central de Mandados, após a comunicação a que se refere o caput, indicará 2 (dois) oficiais de justiça, se necessário, além do titular do mandado, para participarem, juntamente com a Polícia Militar, de todos os atos preparatórios ao cumprimento do ato.

Art. 491. Os meios necessários e a logística indispensável à concretização do ato será mensurada pelos oficiais de justiça que participarem dos atos preparatórios.

§ 1º Ao serem estabelecidos os meios necessários e a logística indispensável, será lavrado termo de compromisso, ao qual assinarão os oficiais de justiça, o oficial da Polícia Militar respectivo e o representante da parte interessada.

§ 2º O termo, que fará parte dos autos, deverá indicar o endereço do depósito dos bens que necessitarem de guarda, bem como a qualificação completa do depositário particular.

Art. 492. O oficial de justiça titular do mandado deverá comunicar a Coordenação da Central de Mandados, onde houver, o quantitativo de oficiais necessários ao bom e fiel cumprimento do ato.

§ 1º A indicação dos oficiais de justiça pela respectiva Coordenação para atuar na execução do mandado não deverá prejudicar o bom andamento dos trabalhos do setor.

§ 2º A Coordenação da Central de Mandados solicitará à Corregedoria-Geral da Justiça a expedição de portaria para efetivação do disposto no caput deste artigo.

§ 3º Quando o ato a ser cumprido for em Comarca onde não haja Central de Mandados, a Corregedoria-Geral da Justiça designará os oficiais de justiça que irão atuar, dentre aqueles lotados nas Comarcas da mesma circunscrição.

Art. 493. Efetivadas e comprovadas nos autos as cautelas previstas nos artigos precedentes e não desocupado, voluntariamente, o imóvel, será executado o competente mandado, com o auxílio da força pública, em data acordada entre os oficiais de justiça, Polícia Militar e parte interessada.

SEÇÃO VIII
DO CUMPRIMENTO DE MANDADOS POR MEIO ELETRÔNICO

Art. 494. Os oficiais de justiça poderão realizar os atos de comunicação processual citação/intimação/notificação) por meio eletrônico, independentemente de expressa determinação judicial.

§ 1º Caso o Oficial de Justiça Avaliador opte pelo cumprimento do mandado por meio eletrônico e não obtenha êxito, deverá cumpri-lo presencialmente dentro do prazo regulamentar, nos termos do art. 471 deste Código.

§ 2º Os atos de comunicação processual realizados por qualquer meio eletrônico serão encaminhados ao destinatário da ordem judicial, em formato portátil de documento (pdf), para o número de telefone, e-mail ou aplicativo de mensagem indicados no mandado judicial ou fornecido pelo interessado.

§ 3º Quando do envio da ordem judicial em formato portátil de documento (pdf), deverá o Oficial de Justiça Avaliador informar em sua mensagem eletrônica o seu nome completo, número de matrícula, unidade organizacional de lotação, o número do processo a que se refere o mandado e informação de que junto ao Portal do Tribunal de Justiça poderá ser verificada a autenticidade do documento enviado.

§ 4º O Oficial de Justiça Avaliador deverá solicitar e confirmar o endereço eletrônico, os telefones de contato, documento oficial com foto, confirmação por escrita ou outro meio idôneo que assegure a identidade, bem como o endereço físico constante da ordem judicial e consignar todos os dados obtidos em certidão.

§ 5º Devem ser anexados às certidões positivas os comprovantes de recebimento da ordem judicial pelo diligenciado, tais como: print de tela do aplicativo de mensagem eletrônica utilizado ou a resposta enviada pelo diligenciado.

§ 6º É proibido o cumprimento eletrônico das citações, intimações e notificações referentes aos mandados judiciais direcionados aos custodiados em unidades prisionais.

§ 7º Não sendo possível o cumprimento eletrônico dos atos de comunicação processual, os oficiais de Justiça imprimirão o mandado judicial e seus anexos, e se dirigirão ao endereço indicado na ordem.

§ 8º No caso de adesão expressa da parte ou terceiro ao procedimento previsto no Capítulo XI do Título III deste Código, fica dispensada a adoção das formalidades previstas neste artigo.

CAPÍTULO XV
DO CUMPRIMENTO DE CARTAS PRECATÓRIAS, ROGATÓRIAS, DE ORDEM E ARBITRAIS

Art. 495. Nenhuma carta precatória será cumprida sem comprovação do recolhimento das custas ou de ser o caso de justiça gratuita.

Art. 496. O servidor responsável deverá adotar as providências necessárias para que a carta precatória seja distribuída no juízo deprecado.

§ 1º É permitido que a parte interessada, a fim de dar agilidade ao andamento do feito, distribua a carta precatória no juízo deprecado, devendo, nesse caso, instruí-la com toda a documentação necessária à efetivação do objeto da missiva, observado o disposto no parágrafo único do art. 291.

§ 2º A parte que proceder na forma do § 1º deverá informar no juízo deprecante a distribuição da carta precatória no juízo deprecado, com referência ao número que lá tomou, a fim de possibilitar o controle quanto ao cumprimento.

§ 3º Não se responsabilizará o servidor do juízo deprecante responsável pelo processo:

I - se a parte informou que distribuiria a carta precatória no juízo deprecado sem, contudo, o fazer;

II - se a parte deixar de informar nos autos a distribuição da carta precatória;

III - se a informação prestada pela parte não possibilitar a consulta do andamento da carta precatória, tais como nos casos de insuficiência ou incorreção de dados;

IV - se a parte distribuir a carta precatória em juízo equivocado e este não remeta, por conta própria, para o correto; ou

V - se o cumprimento da carta precatória restar prejudicado por falta de juntada dos documentos necessários pela parte.

§ 4º O comportamento da parte em relação ao disposto neste artigo não repercute nas custas eventualmente devidas.

Art. 497. Nas cartas precatórias para oitiva de pessoas oriundas de outro Estado da Federação, o acesso ao conteúdo das mídias de gravação, no juízo deprecante, será assegurado mediante disponibilização de senha de acesso no sítio eletrônico do Tribunal de Justiça, sendo desnecessária a gravação e encaminhamento em CD, pen-drive ou qualquer dispositivo semelhante.

Parágrafo único. Quando oriundas do Estado de Alagoas, o cumprimento e devolução das cartas precatórias deverão ser feitos por meio do Sistema SAJ.

Art. 498. As cartas arbitrais deverão ser protocoladas pelo árbitro por meio do sítio eletrônico do Tribunal de Justiça.

Art. 499. As cartas precatórias que tenham por objeto o cumprimento de ordem de prisão ou busca e apreensão de pessoas deverão ser devolvidas caso, diligenciado no endereço fornecido, não for encontrada a pessoa a que se refere a ordem.

Art. 500. As cartas precatórias expedidas por outros tribunais para cumprimento na 1ª instância do Tribunal de Justiça de Alagoas deverão ser encaminhadas pelo órgão deprecante, exclusivamente, pelo peticionamento eletrônico inicial disponível no Portal e-SAJ.

§ 1º A regra contida no caput deste artigo também se aplica às cartas precatórias encaminhadas entre as unidades judiciárias do Poder Judiciário de Alagoas.

§ 2º A expedição a que se refere o caput deste artigo deve observar as cautelas previstas nos arts. 264 e 265 do Código de Processo Civil e nos arts. 354 e 356 do Código de Processo Penal, assim como as disposições contidas no manual que integra o ANEXO XI deste Código.

§ 3º A forma de peticionamento a que se refere o manual do ANEXO XI deste Código substitui, obrigatoriamente, o envio por meio do sistema de "Malote Digital", salvo nos casos previsto no art. 502.

Art. 501. Advogados, convênios e demais peticionantes que necessitarem protocolizar cartas precatórias, deverão utilizar, exclusivamente, o peticionamento eletrônico inicial disponível no Portal e-SAJ, observado o disposto no art. 496 e seus parágrafos.

Art. 502. Excetua-se do envio pelo Portal e-SAJ as cartas precatórias expedidas para intimação ou oitiva de vítimas/testemunhas protegidas, que deverão ser encaminhadas pelo Sistema Malote Digital, sendo vedada, nesses casos, a inserção de documento ou dados da vítima/testemunha protegida na pasta digital.

CAPÍTULO XVI
DOS SISTEMAS DE INFORMAÇÃO, DA OBRIGATORIEDADE DE ACESSO E DA DELEGAÇÃO DE ACESSO

SEÇÃO I
DA OBRIGATORIEDADE E DA DELEGAÇÃO

Art. 503. É obrigatória a utilização de sistemas de informação postos à disposição das unidades judiciais em geral, nos casos e para os fins disciplinados no ordenamento jurídico e neste Código.

Parágrafo único. A ausência de menção nominal ao sistema neste Código não desobriga os juízes e servidores à sua utilização.

Art. 504. O acesso aos sistemas de informação será efetivado mediante o preenchimento dos formulários e o encaminhamento da documentação necessária, conforme informado, caso a caso, pela DIATI.

Art. 505. Fica vedada a remessa de expediente em meio físico (papel) às pessoas, órgãos ou instituições que se relacionem com o sistema de informação, para os fins de cumprimento de ordens judiciais, ressalvados o caso de inoperância técnica do sistema, cujas informações sobre a data e hora do problema deverão constar no ofício formulado.

§ 1º É admitida a delegação de acesso a servidores, conforme permitido por cada um dos sistemas.

§ 2º O juiz deverá comunicar à DIATI o encerramento do vínculo do servidor delegado com o Poder Judiciário para fins de bloqueio de acesso.

§ 3º Quando a delegação imprescindir da obtenção de e-token pelo servidor delegatário, ou de determinado nível de acesso a ele respectivo, o juiz o solicitará ao órgão competente do Tribunal de Justiça e, caso a falta de tal ferramenta esteja interferindo no funcionamento da unidade, também à Corregedoria-Geral da Justiça.

SEÇÃO II
DO SISTEMA BACENJUD

Art. 506. O Sistema SISBAJUD será o meio exclusivo para fins de encaminhamento, às instituições integrantes do Sistema Financeiro Nacional, de ordens judiciais de bloqueio, desbloqueio e transferência de valores existentes em contas correntes, de investimento e de poupança, depósitos a prazo, aplicações financeiras e outros ativos passíveis de bloqueio, de pessoas físicas e jurídicas.

Parágrafo Único. O Sistema SISBAJUD devera também ser utilizado para requisitar, às Instituições financeiras, informações relativas a saldos, extratos e endereços de pessoas físicas ou jurídicas clientes do Sistema Financeiro Nacional – SFN.

Art. 507. O juiz requisitará, por meio do Sistema SISBAJUD, informações sobre a existência de ativos em nome do executado, determinando, no mesmo ato, sua indisponibilidade, até o limite do valor indicado na execução, incluídas as custas processuais e demais acréscimos legais.

§ 1º A disponibilização das informações pelas Instituições financeiras ocorrerá até o 3º (terceiro) dia útil após o protocolamento da ordem.

§ 2º Após o bloqueio a que se refere o caput deste artigo, o juiz determinará, em até 5 (cinco) dias úteis, o desbloqueio de valores que ultrapassem o limite determinado, transferência de valores, ou transferência de valores e desbloqueio de saldos remanescentes, conforme o caso.

Art. 508. Nas investigações criminais em que seja deferida a quebra de sigilo bancário, é permitida a requisição das informações por ofício, quando a resposta deva ser dada diretamente à autoridade policial ou ao Ministério Público, ou por peculiaridade outra que justifique a não utilização do Sistema SISBAJUD.

SEÇÃO III
DO SISTEMA RENAJUD

Art. 509. As ordens judiciais para restrição ou averbação de penhoras dirigidas ao Departamento Estadual de Trânsito - DETRAN serão efetivadas, com exclusividade, por intermédio do Sistema RENAJUD.

Art. 510. O Sistema será empregado para consulta, inclusão e retirada de:

I - restrição de transferência;

II - restrição de licenciamento;

III - restrição de circulação;

IV - registro de penhora.

Art. 511. Os atos elencados no art. 510 deste Código deverão ser efetivados pelo juízo do processo, vedada a sua deprecação para o do local do bem.

Art. 512. A restrição judicial que tenha sido encaminhada em meio físico (Ofício em papel), somente poderá ser retirada por ordem judicial remetida por idêntica via, ante a indisponibilidade técnica do Sistema RENAJUD para tal finalidade, até a eliminação do passivo existente.

SEÇÃO IV
DO SISTEMA DE MALOTE DIGITAL

Art. 513. O malote digital é o meio obrigatório de comunicação, recepção e remessa de documentos entre as serventias extrajudiciais e as unidades administrativas e judiciais do Poder Judiciário do Estado de Alagoas, bem como entre estas e outras entidades eventualmente cadastradas no sistema respectivo.

§ 1º O chefe de secretaria verificará diariamente a existência de documentos recebidos pelo malote digital.

§ 2º Os prazos são contados:

I - a partir da visualização do malote digital; ou

II - a partir de 3 (três) dias, caso não haja a visualização.

Art. 514. O envio de informações e documentos pelo sistema do malote digital deve ser feita mediante a digitalização de um único arquivo de documentos referentes a determinado assunto ou processo, em formato PDF.

Parágrafo único. Quando o envio for feito em desacordo com o que determina este artigo, o destinatário deverá proceder, por meio do próprio sistema, à imediata devolução do malote, salvo se o vício não prejudicar a finalidade da diligência.

Art. 515. Não será utilizado o sistema do malote digital:

I - em caso de inoperância técnica do sistema, cuja justificativa deverá constar no respectivo expediente formulado;

II - quando houver necessidade de remessa de documentos originais ou físicos; ou

III - envio e recebimento de documentos de entidades não cadastradas no sistema.

Art. 516. Os documentos enviados pelo malote digital deverão ser assinados física ou digitalmente.

SEÇÃO V
DO SISTEMA SERASAJUD

Art. 517. O Sistema SERASAJUD será o meio obrigatório e exclusivo para o encaminhamento de solicitações ou retirada de restrições disponíveis no Sistema da Serasa Experian.

Parágrafo único. As solicitações realizadas por meio físico não serão recebidas e processadas pela SERASA, devendo tais tentativas serem informadas a esta Corregedoria-Geral da Justiça, para as providências cabíveis.

Art. 518. O Sistema SERASAJUD permite o intercâmbio de informações perante a SERASA S.A., apresentando as seguintes funcionalidades:

I - inclusão de restrição, levantamento temporário ou definitivo de restrição nos cadastros, solicitação de informações cadastrais, dentre outras solicitações disponíveis no manual e sistema;

II - designação de usuário "Dirigente da Unidade";

III - gestão de afastamento do usuário "Magistrado" ou "Servidor Designado".

Art. 519. A utilização do SERASAJUD pressupõe:

I - o cadastro do magistrado (com certificação digital);

II - a rigorosa observância do convênio firmado entre o Conselho Nacional de Justiça e a SERASA S.A., disponível em https://www.cnj.jus.br/transparencia-cnj/acordos-de-cooperacao- tecnica/termo-de-cooperacao-tecnica-n-011-2019/;

III - a prévia decisão do juiz nos autos.

§ 1º Ao usuário do perfil "magistrado" será permitido:

I - cadastrar ofícios (incluir restrição, levantamento temporario ou definitivo de restriçao nos cadastros);

II - solicitar informações cadastrais e demais tipos de ordens judiciais, disponíveis no manual e sistema;

III - acompanhar o atendimento das ordens judiciais (todas as informações serão acompanhadas no próprio sistema, vinculadas ao perfil do usuário);

IV - gestão de afastamentos (informar o período que o usuário não estará vinculado ao sistema);

V - administrar cadastro (incluir ou excluir serventuário solicitante, com certificação digital e autorizado pelo magistrado a incluir solicitação em seu nome);

§ 2º Ao usuário do perfil "Servidor Designado" será permitido atuar em nome do magistrado, praticando todas as atividades do perfil de juiz da unidade, desde que cadastrado e autorizado pelo juiz da unidade.

§ 3º É permitido o cadastro no perfil "Servidor Designado" somente de servidores efetivos.

§ 4º Ao usuário do perfil "Dirigente da unidade", atribuído às chefias das unidades, será permitido:

I - cadastrar ofícios (incluir restrição, levantamento temporário ou definitivo de restrição nos cadastros);

II - solicitar informações cadastrais e demais tipos de ordens judiciais, disponíveis no manual e sistema;

III - acompanhar o atendimento das ordens judiciais (todas as informações serão acompanhadas no próprio sistema, vinculadas ao perfil do usuário);

IV - administrar cadastro de magistrados (incluir e/ou vincular novos magistrados à vara solicitante).

§ 5º Para inclusão de novo "Dirigente da unidade" ou alteração de lotação dos dirigentes já cadastrados, a Diretoria Adjunta de Tecnologia da Informação – DIATI deverá ser acionada pela respectiva unidade judiciária.

Art. 520. Dúvidas relativas à operacionalização do SERASAJUD, deverão ser direcionadas ao SERASA S.A., por meio do canal de atendimento disponível em https://www.serasaexperian.com.br/serasajud.

Art. 521. O Manual do Usuário do SERASAJUD pode ser acessado via INTRAJUS (http://www.intranet.tjal.jus.br/index.php?pag=serasajud/serasajud).

SEÇÃO VI
DO SISTEMA DE ADMINISTRAÇÃO PENITENCIÁRIA DE PRESOS

Art. 522. As solicitações de acesso e uso do Sistema de Administração Penitenciária de Presos pelos magistrados do Poder Judiciário de Alagoas deverão ser feitas diretamente à Secretaria de Estado de Ressocialização e Inclusão Social, com o preenchimento do Termo de Responsabilidade que pode ser acessado por meio do endereço eletrônico http://www.seris.al.gov.br/sistemas/formulario-de-criacao-de-usuario (Sistemas de Tecnologia da Informação – Formulário de Criação de Usuário – Novo Formulário de Cadastro de Usuários Internos).

§ 1º O Termo de Responsabilidade a que se refere o caput deste artigo, após o preenchimento, poderá ser entregue no Setor de Protocolo da Secretaria de Estado de Ressocialização e Inclusão

Social, ou enviado pelo endereço de e-mail seris@seris.al.gov.br.

§ 2º O acesso será individual, vinculado ao CPF do solicitante e a senha de uso pessoal e intransferível.

§ 3º A autorização de acesso terá sua validade definida pela Secretaria de Estado de Ressocialização e Inclusão Social, devendo nova solicitação ser realizada após a respectiva expiração, observando-se o procedimento previsto no caput deste artigo.

Art. 523. O acesso e uso do Sistema de Administração Penitenciária de Presos, pelos magistrados do Poder Judiciário de Alagoas deverão observar, no que couber, as disposições contidas na Portaria nº 770/SERIS/2017, que integra o ANEXO X deste Código.

SEÇÃO VII DO SISTEMA ELETRÔNICO DE EXECUÇÃO UNIFICADO - SEEU

SUBSEÇÃO I DAS DISPOSIÇÕES GERAIS

Art. 524. O Sistema Eletrônico de Execução Unificado – SEEU, instituído pelo Conselho Nacional de Justiça, fica definido como único meio eletrônico para tramitação dos processos judiciais de execução penal no âmbito da Justiça Comum e Militar de Primeiro Grau do Estado de Alagoas.

Parágrafo único. Devem tramitar no SEEU todas as execuções penais, as medidas de segurança e os acordos de não persecução penal, excluindo-se as transações penais e as suspensões condicionais do processo e da pena.

Art. 525. Para cada réu condenado formar-se-á um único processo de execução penal, individual e indivisível, que reunirá todas as condenações que lhe forem impostas, inclusive aquelas que vierem a ocorrer durante a tramitação da execução, ressalvado o arquivamento anterior por cumprimento da pena ou prescrição da pretensão executória.

Art. 526. Os processos de execução da pena serão cadastrados no SEEU pelo juízo sentenciante, e cadastrados e implantados pelos juízos de execução.

§ 1º Considera-se cadastro do processo de execução da pena a inserção dos dados da parte e a juntada de todos os documentos obrigatórios, conforme disposto no art. 106 da Lei de Execuções Penais e do art. 1º da Resolução n.º 113/2010 do Conselho Nacional de Justiça - CNJ, a saber:

I - Guia de recolhimento de execução, provisória ou definitiva;

II - Denúncia;

III - Sentença condenatória, assim como eventuais acórdãos proferidos pelas instâncias superiores;

IV - Certidão do trânsito em julgado;

V - Mandado de prisão e alvará de soltura devidamente cumpridos;

VI - Outras peças do processo reputadas indispensáveis ao adequado tratamento penitenciário.

§ 2º Antes do cadastramento da guia, a unidade jurisdicional sentenciante deverá realizar consulta à base de dados do SEEU para verificar se o apenado já possui processo de execução com pena a cumprir no Estado de Alagoas ou em outro Estado da Federação, ficando vedado o cadastramento de nova execução em caso de já existir processo ativo no SEEU.

§ 3º Ao realizar o cadastramento de novo processo de execução, a guia e os demais documentos obrigatórios elencados no § 1º deste artigo, deverão ser juntados individualmente, em arquivos distintos, com a respectiva nomenclatura, expedindo no SEEU, ao final, certidão "TJAL – Certidão de Juntada de Documentos e Requisitos Obrigatórios", que deverá conter:

I – O resultado da consulta prevista no § 2º deste artigo, especificando quando da existência de processos arquivados;

II - A lista dos documentos juntados, consoante § 1º deste artigo.

§ 4º Feito o cadastramento, deverá ser realizada comunicação do número do processo de execução protocolado ao juízo sentenciante, seja por intrajus, dentro do Estado de Alagoas, ou através de outro meio eletrônico oficial, quando se tratar de Juízo de outro estado da federação.

§ 5º Considera-se implantação a inserção dos dados da condenação, dados de prisão e soltura e qualquer informação ocorrida durante o processo de conhecimento que venha a influenciar no cumprimento da pena, em conformidade ao disposto no Manual para Servidores e Magistrados disponível no SEEU no endereço eletrônica "https://docs.seeu.pje.jus.br/manual-usuarios- internos/cartilha_usuarios_internos.html", devendo ser efetuada as alimentações nas abas:

I - Processos criminais:

a) sua numeração, vara de origem, data da autuação, entre outros;

b) a pena, que inclui a pena total, o regime fixado na sentença e eventuais recursos e modificações posteriores da pena, em revisão criminal, por exemplo;

c) para cada pena, deve-se lançar os artigos (desmembramentos da pena) a que o sentenciado fora condenado, detalhando a pena para cada artigo, e informando a fração a ser considerada para progressão de regime e livramento condicional, bem como a data do fato, se o sentenciado é reincidente, ente outros;

II - Eventos: alimentação das datas de prisão, e eventual soltura ou fuga.

III - Incidentes concedidos: inclusão dos Incidentes de Fixação / Harmonização / Alteração de Regime - Motivo Regime Inicial.

SUBSEÇÃO II
DO USO DO SEEU NAS VARAS CRIMINAIS DO INTERIOR DO ESTADO DE ALAGOAS

Art. 527. Nas Comarcas do Poder Judiciário do interior do Estado de Alagoas em que o réu tenha sido condenado a um regime inicial aberto, e não existindo qualquer outra execução penal em curso, os processos de execução da pena observarão o art. 526 e tramitarão em suas respectivas comarcas através do SEEU.

Art. 528. Nas Comarcas do Poder Judiciário do interior do Estado de Alagoas em que o réu tiver sido condenado a um regime inicial fechado ou semiaberto, estando preso ou residindo no Estado de Alagoas e não existindo qualquer outra execução penal em curso, deverá ser cadastrada e implantada na própria comarca uma nova execução no SEEU referente a essa condenação, com a competência da própria unidade judiciária cadastrante, mesmo que restrita ao regime aberto, com a classe processual "386 - Execução da Pena" e o assunto principal "7791 - Pena Privativa de Liberdade", seguindo as determinações deste regulamento, em especial ao art. 526 e, ao término, redistribuída à 16ª Vara Criminal da Capital, onde acontecerá sua tramitação.

§ 1º Deverá o juízo sentenciante certificar nos autos do processo de conhecimento o cadastramento da execução penal com o seu respectivo número.

§ 2º Sendo necessário o encaminhamento dos autos a outra unidade da Federação que utiliza o SEEU, o processo será remetido ao distribuidor para ser promovida a redistribuição ao destinatário, via sistema.

Art. 529. Cabe as Comarcas do interior de Alagoas cadastrar e implantar a guia de execução penal no SEEU, nos casos em que o apenado resida ou esteja preso em outro Estado da Federação em que o SEEU já esteja em vigor, e redistribuir ao Juízo competente da execução penal por meio do próprio sistema.

Parágrafo único. Mesmo nos casos em que o Juízo competente da execução penal não possua SEEU, deverá ser realizado o cadastramento e implantação para, em seguida, a guia de execução e os demais documentos constantes no art. 526 serem encaminhados via malote digital ou outro meio eletrônico disponível, sendo juntado o comprovante ao processo de execução, e após, os autos deverão ser encaminhados para a distribuição a fim de que sejam redistribuídos, marcando a opção "serventia destino não atendido pelo SEEU", inserido a informação da comarca destino, para haver a baixa automática.

Art. 530. Serão processadas no SEEU todas as cartas precatórias encaminhadas pela 16ª Vara Criminal da Capital ou por outra unidade da Federação para acompanhamento do regime semiaberto no interior do Estado de Alagoas ou qualquer outra finalidade concernente aos processos em tramitação no SEEU, como intimação, citação, penhora, etc.

Parágrafo Único. As cartas precatórias, após concluídas, deverão ser arquivadas pelo Juízo Deprecado no SEEU para que retorne automaticamente ao juízo deprecante.

SUBSEÇÃO III
DO USO DO SEEU NAS VARAS CRIMINAIS DA CAPITAL

Art. 531. Nas Varas Criminais da Comarca da Capital em que o réu tiver sido condenado a um regime inicial fechado, semiaberto ou aberto, e não existindo qualquer outra execução penal em curso, deverá ser cadastrada pela respectiva unidade jurisdicional nova execução no SEEU referente a essa condenação, através de perfil de distribuidor com a competência da 16º Vara Criminal da Capital, com a classe processual "386 - Execução da Pena" e o assunto principal "7791 - Pena Privativa de Liberdade", seguindo as determinações deste regulamento, em especial ao art. 526 e, ao término, redistribuída à 16ª Vara Criminal da Capital, onde serão implantados.

§ 1º As Varas Criminais da Capital deverão certificar nos autos do processo de conhecimento o cadastramento da execução penal com o seu respectivo número do SEEU.

§ 2º Verificada a existência de processo de execução cadastrado no SEEU tramitando na 16ª Vara de Execução Penal, sobrevindo nova condenação pelas Varas Criminais da Capital de Alagoas, o respectivo juízo sentenciante deverá juntar a nova guia de execução, bem como as demais peças processuais listadas no § 1º do art. 526, por meio de perfil de distribuidor, no processo já existente, com o tipo de documento "Guia de Execução/Recolhimento".

§ 3º A guia definitiva, encaminhada posteriormente à guia provisória, deverá ser juntada pelo juízo sentenciante nos respectivos autos de execução, acompanhada das peças complementares, como certidão de trânsito em julgado e eventuais Acórdãos, nos moldes do caput deste artigo.

§ 4º Verificada a existência de processo de execução cadastrado no SEEU em comarca do interior de Alagoas ou em outro Estado da Federação, a guia de execução deverá ser encaminhada através do Sistema de Malote Digital, ou outro meio eletrônico que atinja a finalidade do ato, juntamente com os documentos do art. 526, §1º, e após juntado o comprovante aos autos do processo criminal que deu origem a guia.

Art. 532. A 16ª Vara Criminal da Capital de Alagoas será responsável pela tramitação de todos os processos de execução penal no SEEU concernentes ao regime fechado e semiaberto no âmbito estadual e ao regime aberto em âmbito municipal.

§ 1º Sendo necessário o encaminhamento dos autos a outro local para cumprimento da pena, o processo será redistribuído pelo servidor às Comarcas do interior do Estado de Alagoas ou remetido ao Distribuidor do SEEU para ser promovida a redistribuição, via sistema, no caso de outra unidade da Federação que já utilize o SEEU.

§ 2º Constatado que o novo local de cumprimento da pena ainda não utiliza o SEEU, a redistribuição será efetivada via malote digital, correios ou outro meio eletrônico disponível, sendo juntado o comprovante à PEC, e após os autos deverão ser encaminhados para a distribuição a fim de que sejam redistribuídos, marcando a opção "serventia destino não atendido pelo SEEU", inserido a informação da comarca destino, para haver a baixa automática.

§ 3º Quando houver remessa de carta precatória para acompanhamento e fiscalização de cumprimento de pena pelas unidades de outros estado da federação à 16ª Vara Criminal da Capital, a secretaria deverá solicitar ao juízo remetente o envio integral, no prazo de 30 (trinta) dias, do processo de execução, via SEEU, ou, caso o juízo não utilize o referido sistema, por meio de malote digital.

§ 4ª Também compete a 16ª Vara Criminal da Capital de Alagoas, no mês de janeiro de cada ano e sempre que houver alteração no cumprimento da pena, remeter à unidade penal em que o preso encontrar-se recluso, para que a ele seja entregue cópia do atestado de pena a cumprir ou do relatório de situação processual executória, juntando-se o comprovante da entrega nos autos.

§ 5ª As intimações de réus presos que devam tomar conhecimento de atos do processo, inclusive de sentença, serão feitas pessoalmente nos próprios estabelecimentos onde se encontrarem recolhidos.

§ 6º O encaminhamento das intimações aos estabelecimentos penais poderá ser realizado por meio do malote digital, do SEEU ou por intermédio de analista judiciário de área fim com atribuição em serviço externo (oficial de justiça), conforme o caso.

§ 7º Na hipótese de ser inviável o envio de intimação, pelos sistemas eletrônicos disponíveis, aos réus recolhidos em estabelecimentos prisionais situados fora da comarca, poderá ser realizado o ato intimatório por meio de carta precatória.

SEÇÃO VIII
DO BANCO NACIONAL DE MONITORAMENTO DE PRISÕES – BNMP

Art. 533. O Banco Nacional de Monitoramento e Prisões – BNMP, instituído pelo CNJ, é o meio obrigatório para geração, tramitação, cumprimento e armazenamento de documentos e informações relativas a ordens judiciais referentes à imposição de medidas cautelares, medidas protetivas, alternativas penais, condenações e restrições de liberdade de locomoção das pessoas naturais.

§ 1º As peças e documentos a que se referem o caput deste artigo deverão ser assinadas eletronicamente pelo(a) servidor(a) que as elaborou, assim como pelo(a) magistrado(a) vinculado à unidade judiciária prolatora da decisão.

§ 2º A autenticidade do documento poderá ser confirmada pela autoridade responsável pela custódia, conforme orientações gravadas na própria peça apresentada (https://portalbnmp.cnj.jus.br/).

§ 3ª As disposições contidas nesta Seção são aplicáveis, no que couber, à Secretaria de Estado da Ressocialização e Inclusão Social do Estado de Alagoas - SERIS e à Polícia Civil do Estado de Alagoas, conforme definido no Ato Conjunto nº 01/2023.

Art. 534. Os servidores e magistrados devem zelar pela alimentação precisa do BNMP, promovendo a alimentação de mandados de prisão, contramandados, alvarás de soltura, certidões de cumprimento, guias de recolhimento e certidões de extinção da punibilidade por óbito imediatamente após a ordem judicial de origem da peça.

§ 1º É obrigatória a manutenção dos cadastros de pessoas no BNMP de forma completa e atualizada, cabendo à autoridade judicial certificar-se de que houve o devido preenchimento dos campos relacionados à qualificação da pessoa e da inexistência de registro em duplicidade relativo a pessoa já cadastrada.

§ 2º Em caso de indisponibilidade excepcional e momentânea do BNMP, não regularizada até o fim do expediente em que a peça foi expedida, fica autorizada a expedição de mandado de prisão e alvará de soltura em contingência, por meio da utilização do modelo institucional aprovado pela Corregedoria-Geral da justiça do Estado de Alagoas.

§ 3º Na hipótese prevista no § 2º deste artigo, o referido documento deve ser acompanhado de certidão da unidade judiciária que ateste a referida impossibilidade.

§ 4º Expedida a peça em contingência prevista no § 2º deste artigo, tal situação será devidamente certificada nos autos, com geração de pendência com alerta ao usuário, devendo ser promovida a regularização junto ao BNMP assim que superado o incidente técnico, no prazo máximo de 72h (setenta e duas horas), sob pena de responsabilização administrativa.

§ 5º Após a expiração do prazo a que ser refere o § 4º deste artigo, a SERIS verificará se foi promovida a regularização do mandado ou alvará no BNMP, e, em caso negativo, comunicará à Corregedoria-Geral da Justiça do Estado de Alagoas para adoção das medidas administrativas cabíveis.

Art. 535. A redistribuição das peças cadastradas no BNMP decorrente de modificação de competência deverá ser realizada pela unidade de origem, com a indicação do órgão do destino, inclusive quando for efetivada remessa para unidade com competência exclusiva de execução penal.

Art. 536. Após o cumprimento das ordens de prisão preventiva, definitiva, temporária e civil, a entrada de pessoas nas unidades de privação de liberdade somente será admitida se com elas for apresentado o respectivo mandado produzido e assinado eletronicamente no BNMP.

§ 1º Nos casos de documentos expedidos com data anterior à vigência do Ato Conjunto nº 01/2023 e que, eventualmente, não estejam cadastrados no BNMP, a SERIS deve receber o preso e comunicar ao magistrado responsável pela decisão judicial para regularização do BNMP em 24h (vinte e quatro horas), sob pena de responsabilização administrativa. Caso o magistrado ultrapasse esse prazo, imediatamente, a Corregedoria-Geral da Justiça do Estado de Alagoas deve ser comunicada para as providências cabíveis.

§ 2º Na hipótese do § 1º, em sendo realizada a audiência de custódia por juiz plantonista, a comunicação da SERIS ao juiz natural deve acontecer no primeiro dia útil subsequente, momento em que terá início o prazo de 24h (vinte e quatro horas) para regularização.

§ 3º Após a entrada de pessoas nas unidades de privação de liberdade em razão de prisão em flagrante, a manutenção delas no cárcere somente será permitida se, após a realização da audiência de custódia ou análise judicial do APF, for imediatamente apresentado o respectivo mandado de conversão de flagrante em preventiva, produzido e assinado eletronicamente no BNMP.

§ 4º As autoridades responsáveis pela custódia somente darão cumprimento à soltura se o documento apresentado for produzido e assinado eletronicamente no BNMP.

§ 5º A autoridade responsável pela custódia deverá observar se o documento de liberação tem informações sobre mandados de prisão cumpridos não alcançados pela ordem recebida, caso em que a soltura não poderá ser concretizada.

§ 6º Caso inexista informação no documento de liberação referente a outros mandados cumpridos e não alcançados em desfavor do beneficiário, este deverá imediatamente ser colocado em liberdade, independentemente de verificação de outros sistemas processuais.

§ 7º A soltura de pessoa presa em virtude de prisão temporária e de prisão civil por dívida alimentícia deverá ser efetivada independentemente de alvará de soltura, tão logo expirado o prazo registrado no respectivo mandado prisional.

§ 8º A autoridade de custódia poderá recusar:

I - a manutenção da pessoa em privação de liberdade após audiência de custódia ou análise de APF, se o documento apresentado não for o expedido pelo BNMP e não se configurar a hipótese dos arts. 3º, § 2º, e 5º, §1º.

II - o cumprimento da soltura, se o documento apresentado não tiver sido expedido pelo BNMP e não se configurar a hipótese do art. 3º, § 2º.

§ 9º Nas hipóteses dos incisos I e II do § 8º deste artigo, a autoridade responsável pela custódia oficiará ao juízo respectivo para regularização, e, caso haja recusa ou demora injustificada em expedir e apresentar o documento confeccionado no BNMP que ocasione irregularidade superior a 24 horas, a instituição responsável pela custódia deverá comunicar o fato à Corregedoria-Geral da Justiça do Estado de Alagoas para providências cabíveis.

Art. 537. A SERIS, nos casos de presos oriundos de outros Estados das Federação, deve receber o preso e, verificada a desatualização do BNMP, entrar em contato, imediatamente, com o juízo natural e/ou com a Corregedoria-Geral da Justiça do estado de origem; não havendo êxito em atualização do BNMP em 24h (vinte e quatro horas), deve comunicar o fato à Corregedoria-Geral da Justiça do Estado de Alagoas para as providências cabíveis.

Art. 537-A. A cada nova peça expedida no BNMP e assinada pelo magistrado, o cartório deverá fazer a conferência com a realidade fática no SAJ e lançar no histórico de partes o evento "conferido com o BNMP" (código 736), além dos eventos de praxe como "prisão" e "alvará de soltura". (Incluído pelo Provimento nº 14, de 06 de junho de 2023)

Parágrafo único. Caso as peças no BNMP tenham sido expedidas durante o plantão judiciário, é obrigação do juízo natural, após receber o processo, realizar a devida conferência entre a realidade fática no SAJ e o BNMP, assim como conferir a alimentação no histórico de partes. (Incluído pelo Provimento nº 14, de 06 de junho de 2023)

SEÇÃO IX
DOS OUTROS SISTEMAS

Art. 538. Os outros sistemas a que tenham acesso os juízes e servidores deverão ser utilizados de acordo com as finalidades para os quais foram instituídos.

Parágrafo único. Os juízes e servidores poderão utilizar os sistemas a que tenham acesso, mencionados ou não neste Código, para a obtenção de endereços de partes, testemunhas e outras pessoas que devam ser localizadas no interesse do juízo.

CAPÍTULO XVII
DA SUSPENSÃO, DO ARQUIVAMENTO PROVISÓRIO, DO ARQUIVAMENTO

DEFINITIVO, DO DESARQUIVAMENTO E DO CANCELAMENTO DE PROCESSOS

SEÇÃO I
DAS DISPOSIÇÕES GERAIS

Art. 539. A suspensão e o arquivamento de processos só serão feitos quando expressamente determinados em sentença, decisão ou despacho, ou quando autorizado por lei ou por este Código.

§ 1º A utilização da suspensão e do arquivamento onde fique constatada a finalidade de manipular, ocultar, dificultar o controle ou favorecer os dados estatísticos da unidade judicial ensejará a responsabilização funcional.

§ 2º Considera-se indício de manipulação o arquivamento do processo quando o ordenamento jurídico determina a sua mera suspensão, bem como a utilização de suspensão ou arquivamento fora das hipóteses legais.

SEÇÃO II DA SUSPENSÃO

Art. 540. A suspensão deve ser utilizada pelo servidor sempre que o ordenamento jurídico a prever como efeito de determinado ato e será sempre precedida de determinação judicial.

Art. 541. Quando o juiz determinar a suspensão com base no art. 366 do Código de Processo Penal, deverá consignar em sua decisão a data final da suspensão.

Art. 542. O juiz poderá autorizar, mediante portaria, que nos cumprimentos de sentenças e execuções, havendo requerimento de suspensao formulado pelo exequente, desde que o prazo não seja superior a 06 (seis) meses e o feito não esteja incluído em meta de julgamento do Conselho Nacional de Justiça ou outro órgão superior, e, ainda, se não houver determinação diversa nos autos, o processo poderá ser suspenso, independentemente de despacho.

§ 1º O requerimento de suspensão de execução ou cumprimento de sentença não engloba o de eventuais embargos e impugnações ou de qualquer outro processo que tramite em apenso.

§ 2º Transcorrido o prazo da suspensão, a parte deverá ser intimada para dar andamento ao feito e, havendo novo requerimento de suspensão, deverá ser feita a conclusão dos autos.

§ 3º O disposto neste artigo não se aplica se a parte ainda não tiver sido citada.

SEÇÃO III
DO ARQUIVAMENTO PROVISÓRIO

Art. 543. O arquivamento provisório deverá ser utilizado sempre que o ordenamento jurídico determinar o arquivamento do feito sem que tenha sido prolatada sentença, como nos casos do art. 921, § 2º, do Código de Processo Civil e 40, § 2º, da Lei de Execuções Fiscais.

§ 1º Ao arquivamento provisório se aplica, no que couber, as disposições atinentes à suspensão.

§ 2º Não há cobrança de custas no arquivamento provisório.

SEÇÃO IV
DO ARQUIVAMENTO DEFINITIVO

Art. 544. O arquivamento definitivo deverá ser utilizado sempre que a tramitação do processo tiver fim, após o trânsito em julgado da sentença, com o lançamento da movimentação de "baixa".

Art. 545. Antes do arquivamento dos autos judiciais, o chefe de secretaria deverá, obrigatoriamente, certificar:

I - a existência ou não de custas a recolher;

II - a inexistência de armas, munições, bens ou objetos apreendidos ou penhorados pendentes de destinação, observando-se, se for o caso, o art. 553.

§ 1º Inexistindo custas a recolher, o modelo de certidão a ser elaborado será o de Código 1701, na categoria 13.

§ 2º Existindo custas a recolher, a parte será intimada para efetuar o recolhimento e, se não o fizer no prazo legal, deverá ser encaminhada Certidão de Débito ao Fundo Especial de Modernização do Poder Judiciário – FUNJURIS.

§ 3º Somente após a realização do procedimento a que se refere o § 2º deste artigo, o chefe de secretaria expedirá a certidão de código 1702, na categoria 13.

§ 4º Quando a pessoa responsável pelo pagamento das custas tiver sido citada por edital, é desnecessária a expedição de novo edital para pagamento por ocasião da sentença.

§ 5º Quando a parte beneficiária de justiça gratuita for condenada em custas, deverá ser encaminhada ao FUNJURIS a certidão de existência de custas a recolher, com a informação de que sua exigibilidade está suspensa, conforme a certidão de código 1792, na categoria 13.

§ 6º A certidão de que trata este artigo poderá ser encaminhada independentemente de prévia intimação da parte devedora para pagamento.

§ 7º As atribuições a que se refere este artigo poderão ser delegadas, a critério do chefe de secretaria, a outros servidores, nos moldes previstos no art. 219 deste Código.

Art. 546. Quando a parte tiver advogado constituído nos autos, é desnecessária a intimação pessoal para recolhimento de custas.

SEÇÃO V
DO DESARQUIVAMENTO

Art. 547. O requerimento de desarquivamento deverá ser instruído, quando o caso, do comprovante de recolhimento das custas respectivas.

§ 1º O servidor responsável deverá dar vista dos autos àquele que requereu o desarquivamento, desde que seja parte ou tenha procuração nos autos ou, sendo terceiro, desde que o feito não tenha tramitado em segredo de justiça e tenha juntado procuração, devendo, em ambas as hipóteses e se for o caso, serem as custas recolhidas antes de ser dada a vista.

§ 2º Se o requerimento de desarquivamento importar em retorno do feito à tramitação, deverá ele ser reativado no Sistema SAJ, com a situação processual havida antes do arquivamento.

§ 3º Proceder-se-á ao retorno dos autos ao arquivo se, requerido o desarquivamento, nada for requerido em 05 (cinco) dias.

Art. 548. Não será necessário o desarquivamento no Sistema SAJ em razão de requerimento feito pela parte que não implique em cumprimento de sentença ou, no geral, em movimentações de decisão ou sentença.

Art. 549. Não se procederá ao desarquivamento de cartas precatórias que já tenham sido devolvidas ao juízo deprecante, bem como de processos que tenham sido redistribuídos a outros juízos e que, por falta de integração entre sistemas computacionais, constem como arquivados no Sistema SAJ.

Parágrafo único. O juiz não conhecerá de requerimentos peticionados em processos e cartas precatórias que se encontrem na situação tratada neste artigo.

SEÇÃO VI
DO CANCELAMENTO

Art. 550. O cancelamento de processos só será feito nos casos:

I - em que o ordenamento jurídico determina expressamente o cancelamento da distribuição; ou

II - tenha sido gerado número de processo equivocadamente, por servidor, que não corresponda a demanda ajuizada.

Art. 551. Ressalvadas as disposições do art. 550, o processo, ainda que ajuizado erroneamente pelas partes, deverá ser extinto por decisão ou sentença e, oportunamente, arquivado.

CAPÍTULO XVIII
DO REGISTRO, GUARDA E DESTINAÇÃO DE ARMAS E BENS APREENDIDOS

SEÇÃO I
DAS DISPOSIÇÕES GERAIS

Art. 552. O juiz de processos dos quais existam objetos ou bens apreendidos deve manter, desde a data do efetivo recebimento, rigoroso acompanhamento do estado da coisa ou bem, diretamente ou por um responsável formalmente designado, determinando sua destinação nos prazos e formas da legislação penal vigente e nos moldes deste Código.

Parágrafo único. Para os fins deste Capítulo, não são bens os dados em CDs ou DVDs, fitas magnéticas de áudio e vídeo ou outros instrumentos que devem se incorporar permanentemente aos autos, considerados, na definição legal e ampla, como prova documental.

Art. 553. Os autos de que constem objetos ou bens apreendidos somente poderão ser arquivados com baixa definitiva, após a correspondente destinação, na forma da legislação vigente e deste Código.

Art. 554. A doação e a destinação provisória de bens constantes de processos criminais, sempre que possível e respeitada a legislação em vigência, deverão ser realizadas em prol de entidades educacionais, de órgãos ligados à segurança pública estadual e das Forças Armadas.

Art. 555. Toda arma, munição, veículo, imóvel, título ou outro bem que tenha sido, conforme o caso, penhorado ou apreendido, deverão ser registrados no Sistema SAJ, fazendo constar, no registro, o local físico em que se encontram e o depositário ou responsável pela custódia.

Art. 556. O registro mencionado no art. 555será atualizado sempre que o bem for:

I - alienado ou adjudicado: conforme o resultado de hasta pública;

II - devolvido: quando tenha sido restituído à pessoa de quem se o apreendeu ou penhorou;

III - doado: quando dado gratuitamente a pessoa diversa daquele de quem se o apreendeu ou penhorou;

IV - eliminado: quando houver a eliminação física do bem;

V - excluído: quando o cadastro do bem tiver se dado por equívoco;

VI - remetido: quando houver a alteração de sua localização física; ou

VII - penhorado no rosto dos autos: quando o bem for objeto de um processo e sobrevier ordem de penhora oriunda de processo diverso.

Art. 557. A custódia física de armas e munições e, em relação a processos da Capital, de outros bens apreendidos deverá observar o disposto, respectivamente, no TÍTULO II, CAPÍTULO III, Seção II e Seção III deste Código.

SEÇÃO II
DO RECEBIMENTO E GUARDA

SUBSEÇÃO I
DAS DISPOSIÇÕES GERAIS

Art. 558. É vedado às unidades judiciais da Capital e do Interior, o recebimento de objetos ou bens que não estejam vinculados a processos devidamente registrados no Sistema SAJ.

Parágrafo único. Os objetos ou bens apreendidos, recepcionados na forma do caput deste artigo, serão cadastrados pelos servidores responsáveis pela guarda dos referidos materiais no Sistema SAJ, e ulteriormente no Sistema Nacional de Bens Apreendidos – SNBA do CNJ, pelos servidores das unidades judiciais designados para tal fim.

Art. 559. Os objetos ou bens apreendidos, ressalvadas as exceções contidas neste Código, serão recolhidos aos correspondentes locais destinados para tal nas unidades judiciais, sob a responsabilidade do juiz Diretor do Fórum, devendo ser mantidos identificados até a correspondente destinação.

Parágrafo único. Na Comarca da Capital, o Coordenador do Centro de Custódia Temporária de Objetos e Bens Apreendidos da Capital – CTBAC manterá contato com as unidades judiciais, quando necessário, para fins de regularização de recebimento, transferência e devolução de objetos ou bens vinculados aos processos judiciais.

Art. 560. O responsável pelo recebimento de materiais apreendidos ficará desobrigado a receber objetos ou bens oriundos de ações de despejo e litígios relativos a processos de inventário, divórcio e separação judicial.

Parágrafo único. O magistrado responsável pelo processamento do feito determinará a imediata entrega dos materiais a que se refere o caput deste artigo às partes respectivas.

SUBSEÇÃO II DAS VEDAÇÕES

Art. 561. É vedado ao Setor de Distribuição, aos depósitos judiciários e às unidades judiciais das Comarcas da Capital e do interior do Estado de Alagoas, o recebimento e guarda de quaisquer objetos integrantes de procedimentos inquisitoriais, que possam trazer risco à integridade física de pessoas e das correspondentes instalações, em especial, armas de fogo e branca, munições, alimentos, material tóxico ou explosivo e drogas.

§ 1º Os objetos a que se refere o caput deste artigo permanecerão depositados no órgão competente, até determinação judicial para respectiva destruição ou doação, na forma da legislação em vigência.

§ 2º Os feitos concernentes à esfera criminal que façam referência a objetos mencionados no caput deste artigo serão distribuídos às unidades judiciais respectivas, acompanhados, apenas, dos correspondentes laudos periciais e demais documentos necessários.

§ 3º É vedada, durante o processo ou inquérito, qualquer tipo de carga, cessão ou depósito, em mãos alheias, de armas de fogo, munições, materiais explosivos e tóxicos apreendidos.

§ 4º No tocante aos alimentos referidos no caput deste artigo, a autoridade policial poderá oficiar ao juízo da necessidade de destinação imediata desse material em decorrência da possibilidade de perecimento.

Art. 562. O recebimento de objetos ou bens inerentes aos ilícitos criminais previstos na Lei nº 11.343/06, conforme o determina o caput de seu art. 62, ficarão sob custódia da autoridade de Polícia Judiciária, excetuando-se armas e munições, que seguem o disposto no TÍTULO II, CAPÍTULO III, Seção II deste Código.

Art. 563. Em consonância com o Ato Normativo nº 90, de 11 de maio de 2010, da Presidência do Tribunal de Justiça de Alagoas, o responsável pelo recebimento e guarda de materiais apreendidos, ficará desobrigado de receber qualquer tipo de medicamento ou substância que possam ser consideradas "matéria-prima" destinada à preparação de entorpecentes e afins, que causem dependência física ou psíquica.

Art. 564. As substâncias alucinógenas, como também os petrechos para acondicionamento de drogas, devem ficar custodiados nas unidades policiais, devendo ser destruídas por determinação da autoridade judicial competente, preservando-se porção suficiente à realização da prova pericial e da contraprova.

Parágrafo único. Os juízes das varas criminais deverão autorizar a incineração cautelar de todos os entorpecentes que forem apreendidos pela autoridade policial, em inquéritos sob a jurisdição deste Estado, quando já tiverem sido realizados laudos de exames definitivos, e, em relação às amostras de contraprova quando ocorrer o trânsito em julgado da sentença.

SEÇÃO III DA DESTINAÇÃO

SUBSEÇÃO I DISPOSIÇÕES GERAIS

Art. 565. O juiz, no prazo máximo de 90 (noventa) dias do cadastramento dos objetos ou bens no Sistema SAJ, deverá adotar as providências necessárias à destinação desses, determinando, no que couber e na forma da lei, dentre outras:

I - doação;

II - devolução;

III - alienação;

IV - perdimento em favor do Estado;

V - destruição (em consonância com aspectos legais no tocante ao impacto ambiental).

§ 1º O juiz definirá na sentença um prazo para a parte ou interessado receber o objeto/bem, bem como fará constar outra possibilidade de destinação no caso do não recebimento no prazo previsto.

§ 2º Constará também da sentença, que as expensas de retirada do material ficarão a cargo do destinatário.

§ 3º Recomenda-se aos juízes que priorizem a destinação dos veículos automotores para leilão, respeitadas as disposições legais existentes quanto à matéria.

Art. 566. O quantum auferido com a venda dos bens, deduzidas as despesas, será depositado em conta administrada por instituição bancária oficial, à disposição do juízo competente, podendo ser levantada, devidamente corrigida, pela parte credora munida de autorização judicial.

SUBSEÇÃO II DA DOAÇÃO

Art. 567. Os procedimentos no tocante à doação são:

I - doar os materiais apreendidos não sujeitos a fácil deterioração quando for constatado o desinteresse na restituição do objeto ou bem apreendido;

II - doar os materiais apreendidos sujeitos a fácil deterioração ou perecíveis, no prazo de 48 (quarenta e oito) horas do recebimento do ofício emitido pelo responsável pela custódia;

III - doar os objetos ou bens apreendidos de baixo valor econômico, que não ultrapasse o equivalente a 02 (dois) salários-mínimos, desde que dispensáveis à instrução e julgamento de processos criminais ainda pendentes.

Parágrafo único. A doação de bens deverá ser feita por meio do termo, expedido conforme o modelo de categoria 10, Código 1814.

Art. 568. O juiz, baseado na comunicação sobre o recebimento e a condição física dos materiais custodiados, e considerando a condição para doação, enviará ao Centro de Acompanhamento de Penas Alternativas - CEAPA a relação dos materiais a serem doados e determinará, no prazo de 48 (quarenta e oito) horas, a indicação de entidade assistencial sem fins lucrativos para a doação.

Art. 569. O magistrado, com a confirmação do interesse da entidade para a doação, determinará por sentença ou decisão a doação dos sobreditos materiais à instituição indicada.

Art. 570. O responsável pela custódia, e condicionado à determinação judicial, solicitará aoCEAPA que comunique aentidade indicada o local e a data do agendamento para a doação.

SUBSEÇÃO III
DA DEVOLUÇÃO

Art. 571. Os requisitos a serem observados para a devolução são:

I - apresentar decisão judicial e ou alvará;

II - apresentar documento de identificação com foto (ou cópia autenticada) da parte, terceiro interessado ou inscrição da OAB, no caso específico de advogado;

III - realizar o preenchimento do Termo de Agendamento para Devolução de Objetos ou bens, conforme modelo de categoria 10, Código 1815.

Art. 572. Podem ser utilizados, alternativamente, os seguintes meios para agendamento de devolução dos bens ou objetos:

I - eletrônico: enviar e-mail (centrodecustodiatemporaria@tjal.jus.br);

II - solicitando data para a devolução e anexando os documentos digitalizados referidos nos itens I e II do Art. 509;

III - apresentar documentos referidos nos itens I e II do art. 571.

Art. 573. Não havendo o comparecimento na data agendada para a devolução dos objetos ou bens haverá a necessidade de um novo agendamento.

Art. 574. A devolução de objetos ou bens ocorrerá no local onde estão custodiados, mediante assinatura do Termo de Devolução, conforme modelo de categoria 10, Código 1816, que será digitalizado e enviado, via Intrajus, à unidade judicial de proveniência do processo judicial para a efetiva baixa no Sistema SAJ.

Art. 575. O servidor responsável pela devolução disporá de até 05 (cinco) dias úteis contados do requerimento para efetuar o agendamento.

§ 1º A parte, terceiro interessado ou advogado (devidamente habilitado), disporá de 05 (cinco) dias úteis, contados do agendamento, prorrogável por igual período, considerando as condições desfavoráveis de acesso e localização, para recebimento dos objetos ou bens que se encontram custodiados.

§ 2º Havendo a impossibilidade de cumprimento do determinado no caput deste artigo, o servidor comunicará o fato à Corregedoria-Geral da Justiça do Estado de Alagoas, com as devidas justificativas, para adoção das medidas administrativas cabíveis.

SUBSEÇÃO IV DA ALIENAÇÃO

Art. 576. Na alienação de objetos ou bens apreendidos, o juiz deverá observar a conveniência ou a necessidade de realização de leilão, conforme a legislação que rege a matéria e as diretrizes preconizadas no Manual de Bens Apreendidos do Conselho Nacional de Justiça - CNJ.

Art. 577. Aos juízes com competência para processar e julgar os feitos relacionados aos delitos de tráfico de drogas é recomendado que, no prazo de 30 (trinta) dias, contados da comunicação da apreensão de bens pela autoridade de polícia judiciária, seja determinada a alienação antecipada dos ativos apreendidos em processos criminais, podendo, para tanto, serem utilizados os leiloeiros contratados pela Secretaria Nacional de Políticas sobre Drogas do Ministério da Justiça e Segurança Pública (SENAD/MJSP).

§ 1º A utilização dos leiloeiros deverá ser solicitada à SENAD/MJSP, em cada caso concreto, mediante o preenchimento, no Sistema Eletrônico de Informações – SEI do Ministério da Justiça e Segurança Pública, do formulário de peticionamento eletrônico denominado "SENAD: Pedido Judicial de Alienação de Bens Apreendidos".

§ 2º Aplica-se o disposto no caput, inclusive, aos ativos apreendidos em processos criminais que não tenham relação com o tráfico de drogas, desde que os bens estejam sujeitos a perdimento em favor da União, por força do que prevê o Decreto nº 9.662/2019, com as alterações introduzidas pelo Decreto nº 10.073/2019, cujos valores auferidos com a alienação de tais bens continuarão a ser depositados na sistemática anterior e destinados, após o trânsito em julgado, para os respectivos fundos legalmente estabelecidos.

§ 3º O juiz poderá deixar de realizar a alienação antecipada de que trata este artigo quando:

I - houver elementos que indiquem que o bem apreendido pertence a lesado ou terceiro de boa-fé;

II - o bem móvel apreendido for de pequeno valor, nas hipóteses em que seja possível presumir a falta de interessados na sua aquisição ou deduzir que os custos da alienação sejam a ele superiores.

Art. 578. Os valores auferidos em decorrência de alienação antecipada ou de numerários apreendidos em processos criminais relacionados ao tráfico de drogas serão depositados junto à Caixa Econômica Federal, mediante o recolhimento de Guia DJE (Documento para Depósitos Judiciais ou Extrajudiciais), sob o código de receita nº 5680 e operação 635.

Parágrafo único. Os valores atualmente depositados em contas judiciais, decorrentes de alienação antecipada ou de apreensão em processos criminais relacionados ao tráfico de drogas deverão ser transferidos para a Caixa Econômica Federal observando-se a sistemática descrita no caput.

Art. 579. Antes do encaminhamento dos bens à SENAD/MJSP, recomenda-se:

I - às Secretarias de Fazenda e aos órgãos de registro e controle, que efetuem as averbações necessárias, caso não tenham sido realizadas antes da apreensão;

II - aos Cartórios de Registro de Imóveis, que realizem o registro da propriedade em favor da União nos termos do caput e do parágrafo único do art. 243 da Constituição Federal, afastada a responsabilidade de terceiros prevista no inciso VI do caput do art. 134 da Lei nº 5.172, de 25 de outubro de 1966 (Código Tributário Nacional), bem como à Secretaria de Coordenação e Governança do Patrimônio da União a incorporação e entrega do imóvel, tornando-o livre e desembaraçado de quaisquer ônus para sua destinação.

Art. 580. O Manual de Avaliação e Alienação Definitiva e Cautelar de Bens e o Fluxo do Processo de Alienação estão disponibilizados na página do Ministério da Justiça e Segurança Pública na internet (https://www.justica.gov.br/sua-protecao/politicas-sobre-drogas).

Art. 581. O envio de documentos ao Ministério da Justiça e Segurança Pública ocorrerá, preferencialmente, mediante peticionamento eletrônico no Sistema Eletrônico de Informações – SEI.

SUBSEÇÃO V DO PERDIMENTO

Art. 582. No perdimento em favor da União dos materiais apreendidos, o magistrado deverá adotar os procedimentos dispostos no Manual de Bens Apreendidos do Conselho Nacional de Justiça – CNJ.

SUBSEÇÃO VI DA DESTRUIÇÃO

Art. 583. Caberá ao magistrado, ouvido o Ministério Público, determinar a destruição dos materiais apreendidos nos seguintes casos:

I - materiais deteriorados (com data de validade vencida) ou sujeitos a deterioração, tornando- se impossível a doação ou leilão;

II - materiais apreendidos que possuem valor irrisório ou na condição de inservíveis;

III - nos casos em que não houver condição de destinar para doação, devolução, perdimento ou alienação.

Parágrafo único. A destruição será feita mediante lavratura de termo, conforme modelo de categoria 10, Código 1817.

SEÇÃO IV
DOS BENS EM ESPÉCIE

SUBSEÇÃO I
DAS ARMAS E MUNIÇÕES

Art. 584. As armas e munições deverão observar o seguinte cadastramento no Sistema SAJ:

I - arma apreendida sob responsabilidade da polícia: quando o bem ainda não ingressou na custódia do Poder Judiciário;

II - arma apreendida sob responsabilidade do CCAM com perícia: quando o bem estiver no Centro de Custódia de Armas e Munições, com informação de que já foi periciado;

III - arma apreendida sob responsabilidade do CCAM sem perícia: quando o bem estiver no Centro de Custódia de Armas e Munições, sem informação de que já foi periciado;

IV - encaminhado ao Exército: quando o bem tiver sido encaminhado para destruição;

V - devolvido ao proprietário: quando o bem tiver sido restituído a seu titular por determinação judicial;

VI - encaminhada à unidade judicial: quando o bem estiver temporariamente em poder da unidade judicial onde tramita o processo, em razão de necessidade lá reconhecida.

Art. 585. As armas deverão observar o disposto no TÍTULO II, CAPÍTULO III, Seção II deste Código.

SUBSEÇÃO II
DAS MÁQUINAS "CAÇA-NÍQUEIS" OU SIMILARES

Art. 586. É vedado o recebimento e guarda de máquina tipo "caça-níquel" ou similar nas dependências das unidades judiciais da Capital e do Interior do Estado de Alagoas, bem como nos depósitos judiciais, onde existentes, devendo apenas ser recepcionados os respectivos laudos periciais, para fins dos registros necessários, ressalvado o disposto na alínea "d" do inciso II, do art. 587.

Art. 587. Realizado o recebimento e cadastramento de laudo referente à máquina "caça- níquel" ou similar, deverá o juiz, constatando ser instrumento utilizado para a prática delituosa, após ouvido o Ministério Público, determinar à autoridade policial:

I - a remessa da máquina à autoridade administrativa da Receita Federal, se for o caso, para análise de eventual decreto de perdimento, na conformidade do Decreto-Lei nº 37/66, arts. 94 e 96, II, e Instrução Normativa SRF nº 309/2003;

II - em não sendo o caso de decreto de perdimento na forma do inciso I deste artigo, deverá ser determinada a retirada dos respectivos componentes eletrônicos, a exemplo de CPUs, placas, monitores, transformadores/estabilizadores, destruindo-se aquilo que não se enquadrar nas referenciadas características em consonância com os procedimentos abaixo:

a) o procedimento de destruição deverá ser realizado em local, data e hora determinados pelo juízo, preferencialmente onde se encontrem guardados, mediante presença de pelo menos 2 (dois) servidores do Poder Judiciário, devidamente designados para acompanhamento do correspondente ato, os quais registrarão o ocorrido sob a forma de termo de destruição, juntando-o aos correspondentes autos;

b) o termo de destruição de que trata a alínea deste inciso deverá conter, além do número do laudo pericial, a descrição do objeto e demais dados necessários à identificação do processo;

c) a destinação dos componentes eletrônicos será realizada em consonância com o disposto no art. 935, devendo ser adotada, preferencialmente, nos casos em que couber, a doação e a destinação provisória a instituições de ensino e de segurança pública;

d) para os fins do contido no art. 159, § 6º, I, do Código de Processo Penal, com redação dada pela Lei nº 11.690/2008, fica ressalvado a manutenção de 1 (um) exemplar de cada lote apreendido, para eventual reexame a pedido das partes, o qual, após o trânsito em julgado do correspondente feito, deverá ser destruído na forma do inciso II, a e b deste artigo.

Parágrafo único. O procedimento previsto no caput deste artigo pode ser excepcionado por decisão fundamentada do magistrado, que comunicará o caso, imediatamente, à Corregedoria- Geral da Justiça do Estado de Alagoas.

SUBSEÇÃO III
DOS TÍTULOS FINANCEIROS E DE CRÉDITOS, JOIAS, CÉDULAS, MOEDAS E PRODUTOS FALSIFICADOS OU ADULTERADOS

Art. 588. No depósito e guarda dos bens a seguir descritos, apreendidos em procedimentos criminais, ou de atos infracionais, deverão ser adotadas as seguintes cautelas, sem prejuízo de outras estabelecidas na legislação específica:

I - os títulos financeiros e de créditos serão custodiados perante a entidade pública, devendo ser resgatados tão logo seja possível, mediante decisão judicial precedida de manifestação do Ministério Público, adotando-se, quanto ao valor apurado, o que vier a ser deliberado em instrumento normativo próprio;

II - as joias (qualquer objeto caro e trabalhado com arte), pedras e metais preciosos serão acautelados em instituição financeira pública, sempre que possível;

III - as cédulas e moedas falsas serão encaminhadas ao Banco Central ou Instituição Financeira que o represente oficialmente, onde permanecerão custodiadas até ser determinada sua inutilização pelo magistrado, juntando-se ao processo o respectivo auto de destruição;

IV - os produtos falsificados, ou adulterados, serão encaminhados ao órgão administrativo competente pela fiscalização, para inutilização, ou outra destinação prevista em lei, juntando- se ao processo o auto de destruição, ou comprovante da destinação.

§ 1º Os produtos falsificados ou adulterados, enquanto não forem periciados, deverão permanecer custodiados no órgão policial que efetuou a apreensão, cabendo ao referido órgão, encaminhá-los diretamente ao Instituto de Criminalística.

§ 2º Após a elaboração do laudo pericial, a autoridade policial irá enviá-lo para a unidade judicial objetivando a sua juntada aos autos em tramitação.

§ 3º As cédulas e moedas falsificadas grosseiramente, utilizadas na prática do crime de estelionato, poderão ser destruídas no cartório judicial, devendo ser picotadas, de modo que o resíduo seja encaminhado para reciclagem sem perigo de uso indevido, conforme o Manual de Bens Apreendidos do CNJ.

§ 4º As instituições descritas nos incisos III e IV deste artigo, serão meras depositárias, devendo a liberação, ou destruição dos bens sob sua guarda, ocorrer somente por intermédio de ordem judicial.

CAPÍTULO XIX
DA OBTENÇÃO DE CERTIDÕES DE AÇÕES

SEÇÃO I
DAS DISPOSIÇÕES PRELIMINARES

Art. 589. Este Capítulo regulamenta a obtenção de certidões de ações cíveis e criminais, sem prejuízo do disposto na Seção III do CAPÍTULO VI deste Código.

Art. 590. As certidões cíveis e criminais negativas poderão ser emitidas por via eletrônica ou na sede da própria Comarca.

§ 1 º As certidões cíveis e criminais positivas somente poderão ser emitidas na sede da própria Comarca.

§ 2º As certidões emitidas por via eletrônica dispensam a assinatura de servidores.

Art. 591. A solicitação de certidão, por via eletrônica, será efetivada mediante acesso à página do Tribunal de Justiça do Estado de Alagoas, no respectivo ícone constante do sítio eletrônico (www.tjal.jus.br).

§ 1º Para emissão da certidão, o solicitante deverá preencher, sob sua inteira responsabilidade, os dados obrigatórios de sua identificação, nos campos apropriados.

§ 2º A autenticidade da certidão emitida por meio eletrônico poderá ser confirmada, pelo solicitante ou terceiro interessado, por intermédio do conjunto numérico denominado de "Conferência de Certidão", obtido mediante acesso à página do Tribunal de Justiça do Estado de Alagoas na internet, e o consequente preenchimento dos dados especificados.

§ 3º Na sede da Comarca a certidão será fornecida:

I - pelo distribuidor, nas Comarcas com mais de uma unidade judicial;

II - pelo chefe de secretaria, nas Comarcas de vara única.

Art. 592. A certidão judicial deverá conter, em regra, em relação à pessoa a respeito da qual se certifica:

I - a relação dos feitos distribuídos em tramitação contendo os números, suas classes e os juízos da tramitação originária, quando houver;

II - se pessoa natural:

a) nome completo;

b) nacionalidade;

c) estado civil;

d) números do Cadastro de Pessoa Física - CPF, do documento de identidade com o respectivo órgão expedidor;

e) filiação;

f) o endereço residencial ou domiciliar.

II - se pessoa jurídica ou assemelhada: (Redação conforme publicação oficial)

a) razão social;

b) endereço da sede;

c) o número do Cadastro Nacional de Pessoa Jurídica - CNPJ.

Parágrafo único. A ausência de dados não impedirá a expedição da certidão negativa se não houver dúvida quanto à identificação.

Art. 593. A certidão emitida terá prazo de validade de 30 (trinta) dias a contar da data de sua emissão.

Art. 594. As certidões concernentes aos feitos cadastrados no Sistema PROJUDI serão emitidas pela Coordenação dos juizados Especiais, localizada na sede do Tribunal de Justiça do Estado de Alagoas.

Art. 595. As Certidões Judiciais Cíveis e Criminais relativas aos processos que tramitam em 2ª Instância deverão ser solicitadas ao Setor de Distribuição do Tribunal de Justiça do Estado de Alagoas.

SEÇÃO II
DAS CERTIDÕES CRIMINAIS

Art. 596. A certidão judicial criminal será negativa:

I - quando não houver feito em tramitação contra a pessoa a respeito da qual foi solicitado;

II - quando nela constar a distribuição de termo circunstanciado, inquérito ou processo em tramitação e não houver sentença condenatória transitada em julgado;

III - em caso de gozo do benefício de sursis (art. 163, § 2º da Lei nº 7.210/84) ou a pena já tiver sido extinta ou cumprida integralmente.

§ 1º Igualmente deverá ser expedida certidão negativa quando, estando suficientemente identificada a pessoa a respeito da qual se solicitou a certidão, houver registro de processo referente a homônimo e a individualização dos processos não puder ser feita por carência de dados do Poder Judiciário, caso em que deverá constar, obrigatoriamente, essa observação.

§ 2º Quanto à observação de que trata o § 1º, o Setor de Distribuição, nas Comarcas com mais de uma unidade judicial, de posse de certidão emitida pela unidade judicial na qual tramita o processo relativo ao homônimo, explicitando a inexistência de dados que identifiquem o requerente como autor da ação, expedirá certidão negativa sem ressalva.

§ 3º Nas Comarcas de Vara Única caberá ao chefe de secretaria certificar, se for o caso, a inexistência de dados que identifiquem o requerente como autor da ação, e expedir certidão negativa sem ressalva.

Art. 597. O requerente de certidão negativa poderá, na hipótese do inciso II, do art. 596, solicitar à unidade judicial onde tramita o processo, a inclusão do resumo da sentença absolutória ou que determinou o arquivamento.

Art. 598. A certidão requisitada mediante determinação judicial deverá informar todos os registros constantes em nome da pessoa.

SEÇÃO III
DAS CERTIDÕES CÍVEIS

Art. 599. A certidão judicial cível será negativa quando não houver feito em tramitação contra a pessoa a respeito da qual foi solicitada.

Art. 600. A requerimento do interessado poderão ser expedidas certidões individualizadas de Falência, Recuperação Judicial ou Concordata e de Execução Fiscal, respeitadas as disposições constantes do art. 590.

CAPÍTULO XX
DOS PROCEDIMENTOS PARA RECOLHIMENTO DE CUSTAS

Art. 601. A parte que deva satisfazer as custas as deverá recolher no prazo de 15 (quinze) dias, a contar da intimação.

Art. 602. O servidor deverá intimar a parte para satisfação das custas no prazo do art. 601 deste Código, sempre que verificar, cumulativamente:

I - que não houve o recolhimento;

II - que não houve o deferimento da justiça gratuita de forma expressa a quem as deva recolher;

III - que a ação, por sua natureza, não seja gratuita.

§ 1º Ainda assim não havendo o recolhimento, os autos deverão ir conclusos.

§ 2º A intimação de que trata esse artigo deverá ser realizada pelo servidor por ato ordinatório, independentemente de despacho e da fase em que se encontrar o processo.

§ 3º A desídia ou negligência do servidor na verificação do recolhimento das custas enseja sua responsabilização funcional.

Art. 603. Quando a pessoa responsável pelo pagamento das custas tiver sido citada por edital, é desnecessária a expedição de novo edital para pagamento por ocasião da sentença.

Art. 604. As custas nos processos criminais em que haja condenação observarão o disposto no art. 809.

Art. 605. Aplica-se, quanto ao recolhimento de custas finais, o disposto no art. 545.

CAPÍTULO XXI
DOS CÁLCULOS JUDICIAIS

Art. 606. Não havendo índice de correção monetária estabelecido na sentença, lei ou resolução do Tribunal de Justiça, deverá ser utilizado o Índice Nacional de Preços ao Consumidor - INPC, apurado pelo Instituto Brasileiro de Geografia e Estatística - IBGE, nos cálculos relativos a processos em trâmite no Tribunal de Justiça do Estado de Alagoas.

CAPÍTULO XXII
DAS ROTINAS CARTORÁRIAS

Art. 607. O chefe de secretaria deverá adotar rotinas cartorárias que permitam o controle dos processos e documentos da unidade judicial, o rápido atendimento às prioridades legais, a solução de questões de baixa complexidade e o cumprimento de metas estabelecidas pelo Conselho Nacional de Justiça, pela Presidência do Tribunal de Justiça ou pela Corregedoria- Geral da Justiça do Estado de Alagoas.

Art. 608. Sem prejuízo de adoção facultativa de outras rotinas que atendam ao disposto no art. 607, o chefe de secretaria deverá, observado o disposto no art. 219:

I - diariamente:

a) cumprir os processos reputados urgentes;

b) verificar as petições juntadas, dando o devido andamento nos processos respectivos;

c) analisar o cadastro dos processos distribuídos à unidade judicial, providenciando as correções eventualmente necessárias;

d) verificar a existência de pareceres devolvidos pela Câmara Técnica de Saúde;

e) conferir seu Intrajus e o e-mail da unidade judicial;

f) dar o andamento dos processos que estejam na fila "Ag. Análise Inicial Cartório";

g) dar andamento aos processos devolvidos pela instância superior;

h) dar andamentos aos processos baixados para diligência;

i) verificar a existência de documentos a serem recebidos no sistema do malote digital.

II - semanalmente:

a) analisar os mandados com prazo de cumprimento vencido, comunicando à Central de Mandados ou ao oficial de justiça para imediata devolução;

b) certificar o decurso dos prazos vencidos;

c) analisar as cartas precatórias e de ordem pendentes de cumprimento;

d) dar cumprimento aos processos com audiência pendente;

III - mensalmente:

a) dar andamento aos processos parados há mais de 100 dias;

b) dar andamento aos processos com a situação "Julgado" ou "Julgado/Transitado" no Sistema SAJ, bem como realizar seu arquivamento tão logo possível, observado o disposto na Seção IV do CAPÍTULO XVII;

c) dar andamentos aos 10 (dez) processos mais antigos da unidade judicial;

d) dar andamento aos processos elencados no art. 17;

IV - semestralmente: analisar os processos suspensos, reativando-o e dando o devido andamento, se for o caso;

V - anualmente, até o mês de novembro: informar à Corregedoria-Geral da Justiça do Estado de Alagoas os feriados locais do ano seguinte, para fins de configuração da contagem de prazos no Sistema SAJ, salvo quando houver mais de uma unidade judicial na Comarca, ocasião em que a comunicação deverá ser feita pelo Diretor do Foro.

§ 1º Os prazos estabelecidos para as rotinas cartorárias só poderão ser excedidos caso a movimentação a ser dada no processo esteja condicionada a evento futuro, previsto para acontecer em data que extrapole o prazo da rotina.

§ 2º No caso do § 1º, o chefe de secretaria deverá manter, mediante ferramenta que permita a imediata visualização, a data em que o processo estará apto a ser movimentado.

§ 3º A atribuição elencada no inciso I, alínea "c" do caput não exclui aquela prevista no art. 295.

§ 4º O chefe de secretaria não se exime de responsabilidade funcional pelo descumprimento das outras disposições deste Código ao argumento de que cumpria todas as rotinas cartorárias que lhe competiam.

TÍTULO IV
DOS OFÍCIOS CÍVEIS

CAPÍTULO I
DAS DISPOSIÇÕES GERAIS

Art. 609. Sempre que uma parte juntar documentos, ainda que de idêntico teor a outros já constantes dos autos, a parte contrária e, se for o caso, o Ministério Público, deverão ser intimados para manifestação a respeito, no prazo de 15 (quinze) dias, nos termos do art. 437, § 1º, do Código de Processo Civil, independentemente de despacho.

Parágrafo único. Não será necessária a intimação da parte contrária se os documentos juntados forem exclusivamente documentos pessoais ou atos constitutivos de parte, carta de preposição e procuração outorgada a seu patrono.

Art. 610. Se o feito tramitar pelo procedimento comum e a parte ré, na contestação, suscitar preliminares, alegar fatos impeditivos, modificativos ou extintivos do direito do autor e ou apresentar documentos, a parte autora deverá ser intimada para manifestação em 15 (quinze) dias, independentemente de despacho (arts. 350, 351 e 437, § 1º do Código de Processo Civil).

Art. 611. Nos processos em que há intervenção do Ministério Público na qualidade de fiscal da lei, este deverá ter vista dos autos após cada requerimento das partes e para parecer final, se as partes requererem o julgamento antecipado ou depois do prazo para memoriais.

Parágrafo único. Manifestando-se o Ministério Público pelo seu desinteresse no feito, será desnecessária a sua intimação dos demais atos processuais.

Art. 612. Os autos de processo de execução deverão tramitar normalmente, caso os embargos interpostos não tenham sido recebidos com efeito suspensivo.

Parágrafo único. Havendo interposição de recurso nos embargos sem efeito suspensivo, e havendo necessidade de remessa dos autos ao Tribunal, os autos serão desapensados da execução, que permanecerá no primeiro grau.

Art. 613. Os servidores só realizarão a intimação de parte revel por determinação expressa do juiz, não sendo suficiente para tanto a determinação genérica de intimação das partes.

Art. 614. Nas sentenças de homologação de partilha, em sede de arrolamento sumário, caberá aos magistrados de primeiro grau disporem sobre a intimação da Secretaria da Fazenda do Estado de Alagoas, para ciência e adoção das providências cabíveis no âmbito administrativo.

CAPÍTULO II
DAS AUDIÊNCIAS DE CONCILIAÇÃO E MEDIAÇÃO

Art. 615. Observadas as disposições do art. 334 e parágrafos do Código de Processo Civil, o juiz designará audiência de conciliação que será realizada pelo conciliador judicial ou por ele próprio, se não houver conciliador disponível.

§ 1º Na data designada para audiência, o juiz ou o conciliador:

I - receberá as partes e esclarecerá a elas as vantagens da autocomposição do litígio (declaração de abertura);

II - verificará se o conflito pode ser resolvido por conciliação e, caso positivo, realizará desde logo os procedimentos, buscando o consenso;

III - caso o tempo não seja suficiente para realizar a conciliação, designará outra data, visando à autocomposição, nos termos do art. 334, § 2º, do Código de Processo Civil, mas sem exceder o prazo de 2 (dois) meses, contado da data da primeira sessão;

IV - obtida a conciliação, lavrará o respectivo termo, com os demais procedimentos de praxe e, no caso do conciliador, o submeterá ao juiz para homologação;

V - verificando que a causa deve ser submetida à mediação, oferecerá o serviço às partes, esclarecendo como será o procedimento, e havendo aceitação:

a) lavrará o termo de aceitação da mediação e do(s) mediador(es);

b) informará às partes sobre os custos da mediação, se for o caso, e qual(quais) o(s) mediador(es) que será(serão) responsável(eis) pela mediação e esclarecerá que elas têm direito de escolher outro(s) de comum acordo, inclusive que não esteja(m) cadastrado(s) no tribunal (art. 168 e §§ do Código de Processo Civil);

c) se a(s) parte(s) recusar(em) o(s) mediador(es), mas não indicar outro(s), apresentará o cadastro para que faça(m) a escolha ou, caso não queira(m) escolher, simplesmente indicará novo(s) mediador(es) cadastrado(s);

d) agendará a data, local e horário da primeira sessão de mediação, segundo a pauta dos Centros Judiciais de Solução de Conflitos - CJUSC/AL, intimando as partes para comparecimento, fazendo constar a intimação do termo de audiência.

VI - se não for possível a autocomposição por conciliação ou mediação, encerrará a audiência, lavrará o termo consignando tal impossibilidade e devolverá os autos à unidade judicial para aguardar o decurso do prazo para contestação.

§ 2º As partes arcarão com as despesas relativas aos honorários do mediador (Código de Processo Civil, art. 169), exceto nos processos acobertados pela assistência judiciária gratuita, devendo o juiz, desde logo, informá-las da existência dessa despesa.

§ 3º Mesmo quando realizadas por conciliadores, as audiências poderão ocorrer nas salas de audiência das próprias varas judiciais.

§ 4º Quando a audiência de conciliação for realizada pelo juiz, as partes poderão requerer, de comum acordo, a designação de outra a ser conduzida por conciliador a sua escolha, cadastrado ou não no tribunal (art. 168, § 1º, do Código de Processo Civil) e pago por elas (art. 169 do Código De Processo Civil).

§ 5º Ocorrendo a hipótese prevista no § 4º deste artigo, o juiz suspenderá a audiência ou designará sua continuação, desde logo indicando a data, local e horário de sua realização, saindo as partes intimadas.

Art. 616. Sendo o caso de mediação judicial, a sessão ocorrerá, preferencialmente, nos Centros Judiciais de Solução de Conflitos - CEJUSC/AL, salvo se não houver espaço adequado e suficiente, hipótese em que poderá ser utilizada a sala de audiência da própria unidade judicial.

§ 1º O local de realização das sessões de mediação, na forma do caput, será ajustado entre o juiz da respectiva unidade judicial e o Juiz Coordenador dos Centros Judiciais de Solução de Conflitos - CJUSC/AL.

§ 2º No caso de mediação judicial custeada pelas partes, as sessões poderão ser realizadas em espaço apropriado, disponibilizado pelo mediador designado para o caso, que perceberá sua remuneração conforme for ajustado com as partes.

Art. 617. Até que sejam devidamente aparelhados com a estrutura física e de pessoal necessária, os Centros Judiciais de Solução de Conflitos - CEJUSC/AL das demais Comarcas do Estado de Alagoas realizarão apenas as audiências processuais de mediação de que trata o art. 334 do Código de Processo Civil, conforme sua disponibilidade de pauta.

Parágrafo único. As audiências de conciliação e mediação pré-processuais serão feitas exclusivamente pelos Centros Judiciais de Solução de Conflitos - CEJUSC/AL, podendo, excepcionalmente, ser realizadas nos próprios juizados ou varas designadas, desde que sejam por conciliadores e mediadores cadastrados no Tribunal de Justiça de Alagoas e supervisionados pelo juiz Coordenador do Centro (art. 8º, § 1º, da Resolução nº 125/2010 do Conselho Nacional de Justiça e art. 11 da Resolução nº 10/2011 do Tribunal de Justiça do Estado de Alagoas.

Art. 618. Quando a Comarca não contar com o serviço da Defensoria Pública, ou por qualquer razão ele não estiver disponível, o juiz Coordenador dos Centros Judiciais de Solução de Conflitos - CEJUSC/AL poderá nomear defensor dativo para atendimento nos casos pré- processuais, em cumprimento ao disposto no art. 10, parágrafo único, da Lei nº 13.140/2015 (Lei de Mediação).

Art. 619. Na ata das audiências a que se refere o art. 334 da Lei 13.105/15 (Código de Processo Civil), o servidor responsável fará constar, exclusivamente, as presenças e ausências e questões afetas a proposta, aceitação, recusa, condições ou impossibilidade de realização do acordo, bem como requerimentos de desistência.

§ 1º O servidor não será obrigado a fazer constar, em ata, qualquer alegação feita sobre matéria de defesa, devendo o interessado o fazer na forma prevista na legislação de regência.

§ 2º Quanto à obrigatoriedade de estar a parte assistida por advogado, deverá ser observado o disposto no § 9º do art. 334 do Código de Processo Civil.

CAPÍTULO III DAS PERÍCIAS

SEÇÃO I
DAS DISPOSIÇÕES GERAIS

Art. 620. Os peritos servirão independentemente de compromisso, sendo desnecessária a expedição de termo com esse fim.

Art. 621. O procedimento para nomeação e concessão de acesso dos autos a perito nomeado e, nos casos de justiça gratuita, também para pagamento, segue o disposto TÍTULO III, CAPÍTULO IV, Seção VI, deste Código.

SEÇÃO II
DA REALIZAÇÃO DE EXAMES GENÉTICOS (DNA)

Art. 622. A realização de prova pericial (exame genético - DNA) nos processos de investigação ou averiguação de paternidade deve se dar exclusivamente por meio do Gerenciador Eletrônico de Exames de DNA, de iniciativa da Escola Superior da Magistratura do Estado de Alagoas - ESMAL/AL.

Parágrafo único. O gerenciador mencionado no caput deve ser utilizado também, no que couber, pelas unidades administrativas do Tribunal de Justiça.

Art. 623. As solicitações, autorizações e resultados dos exames de DNA serão encaminhadas exclusivamente pelo fluxo do Gerenciador Eletrônico de Exames de DNA, cabendo aos interessados a habilitação prévia no sistema, mediante login e senha.

Art. 624. Ficará a cargo do Núcleo de Promoção à Filiação - NPF, Gestor do Contrato de Exames de DNA, a realização de instruções e disponibilização de ferramentas uniformizadas com vistas à utilização do gerenciador.

Art. 625. Serão previamente definidas no sistema, mensalmente, as franquias dos exames de DNA para cada unidade judicial ou administrativa, com base no número de exames realizados no mesmo período do ano anterior.

Parágrafo único. Na hipótese de necessidade superior à franquia autorizada, o responsável pela unidade judicial ou administrativa poderá solicitar complementação ao gestor do contrato de Exames de DNA, com a respectiva justificativa, sem prejuízo de eventuais atualizações de ofício.

Art. 626. Será admitida a colheita de material genético para Exames de DNA por dois meios:

I - mediante raspado bucal com utilização de swab, na própria unidade jurisdicional ou administrativa; ou

II - excepcionalmente, mediante colheita de sangue, em laboratório contratado pelo Tribunal de Justiça de Alagoas, localizado em Maceió.

Art. 627. Na hipótese de coleta de material por raspado bucal (via swab), o ato deverá ocorrer sempre em audiência, para a qual serão intimadas as partes interessadas, seus respectivos procuradores e, se houver interesse de menor, do órgão do Ministério Público, consignando-se em ata todas as ocorrências.

Parágrafo único. Para colheita do material biológico, recomenda-se que o responsável pela unidade judicial ou administrativa requisite a presença de técnico de enfermagem, ou outro profissional habilitado, com escopo de garantir a segurança biológica.

Art. 628. O material biológico colhido por raspado bucal deverá ser encaminhado ao laboratório contratado pelo Tribunal de Justiça pelos Correios, por Sedex com Aviso de Recebimento/AR.

Art. 629. Os resultados dos exames serão encaminhados pelo laboratório no prazo máximo de 30 (trinta) dias após a chegada dos swabs ou da colheita do sangue, por intermédio do Gerenciador Eletrônico de Exames de DNA, em arquivo eletrônico (PDF assinado digitalmente), desde que o material esteja em perfeitas condições de análise.

Parágrafo único. Nos casos de refazimento dos exames por insuficiência do material genético colhido ou por necessidade de estender a pesquisa genética a outros familiares, ficará esta providência a cargo exclusivo da unidade de origem e do laboratório contratado, com comunicação dentro do fluxo do gerenciador.

SEÇÃO III
DO DESCARTE DAS AMOSTRAS BIOLÓGICAS

Art. 630. Estabelecer o prazo de 1 (um) ano, contado da realização do exame pericial, para armazenamento na Central de Custódia de Vestígios do Instituto de Criminalística das amostras biológicas destinadas aos exames biológicos e toxicológicos, bem como de suas contraprovas, cujos laudos periciais já tiverem sido emitidos e disponibilizados à Justiça.

Art. 631. Salvo decisão judicial em contrário, após o prazo estabelecido no art. 630, deverá ser procedido o descarte dos vestígios de natureza biológica destinados à análise biológica e toxicológica pela Central de Custódia de Vestígios do Instituto de Criminalística.

Art. 632. Os vestígios biológicos e fontes da molécula de ácido desoxirribonucleico (DNA) destinadas à extração de perfil genético, bem como as suas contraprovas, serão armazenados na Central de Custódia de Vestígios do Instituto de Criminalística pelo prazo de 1 (um) ano, contado da extração do perfil genético, devendo ser descartados após esse período, salvo determinação judicial em contrário.

§ 1º O objeto suporte do vestígio de natureza biológica fonte de DNA será imediatamente descartado após registros fotográficos e coleta do vestígio necessário para exame e contraprova, caso a autoridade ou instituição pericial requisitante não manifeste o interesse legal de sua manutenção no ofício de requisição de exame pericial.

§ 2º Serão de descarte imediato, após coleta de contraprova, os materiais úmidos ou provenientes de cadáveres em decomposição, fluído corporal, produto de gestação e peças anatômicas com peso menor de 500g (quinhentos gramas) e/ou comprimento menor de 25 cm (vinte e cinco centímetros), que a autoridade requisitante não manifeste interesse na custódia e guarda desse material.

§ 3º O Ministério Público do Estado de Alagoas deverá ser cientificado quanto aos procedimentos de descarte previstos neste artigo.

Art. 633. Havendo necessidade de guarda das amostras biológicas, por interesse da investigação ou da instrução processual, por prazo superior aos dispostos neste Código, o juiz competente deverá proferir decisão fundamentada a respeito e informar à Central de Custódia de Vestígios do Instituto de Criminalística para proceder com a sua manutenção.

Parágrafo único. Cessada a necessidade de guarda da amostra, poderá o magistrado, a qualquer tempo, informar à Central de Custódia para proceder com a sua destruição.

Art. 634. Verificada, desde logo, a inutilidade e/ou deterioração das amostras biológicas apresentadas, o magistrado deverá, após a oitiva do Ministério Público, determinar a sua destruição.

Art. 635. O prazo de guarda e custódia do material biológico periciado deverá constar no laudo pericial emitido pelo Órgão de Perícia.

Art. 636. Os descartes serão procedidos pela Central de Custódia de Vestígios do Instituto de Criminalística, com os dados devidamente registrados em sistema próprio, observando-se também a legislação sanitária e o plano de gerenciamento de vestígios adotado pela Perícia Oficial do Estado de Alagoas.

CAPÍTULO IV
DOS MANDADOS E CARTAS PRECATÓRIAS DE PRISÃO CONTRA DEVEDOR DE ALIMENTOS E RESPECTIVO ALVARÁ DE SOLTURA

Art. 637. A expedição de mandados de prisão contra devedor de alimentos deve observar o disposto no TÍTULO III, CAPÍTULO VI, Seção II e no TÍTULO V, CAPÍTULO IV, todos deste Código.

Art. 638. Deverá constar no mandado de prisão civil o prazo da prisão, que não se confunde com a validade do mandado, bem como a informação de que, decorrido o prazo, a pessoa deverá ser posta em liberdade independentemente de nova ordem judicial, salvo se por outro motivo deva permanecer presa.

Art. 639. O alvará de soltura deverá observar o disposto no TÍTULO III, CAPÍTULO VI,Seção IV e no TÍTULO V, CAPÍTULO V, todos deste Código.

Art. 640. Os atos necessários ao cumprimento da carta precatória, nos casos de prisão civil, devem ser expedidos e remetidos pelo juízo deprecante.

Art. 641. É vedada a remessa de mandado de prisão civil diretamente à autoridade policial para cumprimento.

§ 1º Os mandados deverão ser cumpridos por oficial de justiça, se necessário com o auxílio de força policial.

§ 2º A unidade judicial responsável pela confecção deverá, para melhor atendimento da finalidade do mandado, anexar ao expediente, além dos requisitos indispensáveis, os documentos necessários para o cumprimento.

§ 3º Quanto às parcelas já vencidas, o mandado deverá especificar precisamente o valor do débito cujo inadimplemento enseja a ordem de prisão e o período a que este débito se refere.

§ 4º No tocante às parcelas vincendas, deverá constar do mandado o valor da parcela mensal e a data de vencimento da obrigação alimentícia.

Art. 642. Nos casos em que o devedor de alimentos, ou quem o represente, tenha apresentado prova inequívoca do pagamento das prestações vencidas, e a carta precatória ainda não tenha sido devolvida, o alvará de soltura será expedido pelo juízo deprecado, devendo o juízo deprecante promover a regularização da situação da pessoa presa no BNMP.

Art. 643. A carta precatória não poderá ser devolvida ao juízo de origem sem que haja juntada aos autos da certidão expedida pelo oficial de justiça quanto ao cumprimento, ou não, do mandado expedido.

Art. 644. Nos casos de urgência e premente necessidade, o alvará de soltura poderá ser enviado diretamente ao diretor do local onde o executado estiver custodiado, por qualquer meio hábil, inclusive por e-mail ou malote digital.

Parágrafo único. O servidor da respectiva unidade judicial deverá verificar se houve cumprimento, ou não, da ordem judicial de soltura, certificando nos autos o ocorrido.

CAPÍTULO V
DAS HASTAS PÚBLICAS

SEÇÃO I
DAS DISPOSIÇÕES GERAIS

Art. 645. O presente Capítulo regula as hastas dos processos de execução, aplicando-se às hastas individuais, no que couber, as disposições sobre as hastas unificadas.

Art. 646. Os bens constritos em execução pelas unidades judiciais de uma mesma Comarca poderão ser reunidos e alienados, a critério do juízo, em hasta pública unificada.

Art. 647. A hasta pública unificada será presidida pelo juiz Diretor do Fórum, sem prejuízo das suas demais atribuições, podendo o Corregedor Geral da Justiça designar outro juiz para substituí-lo.

Parágrafo único. O juiz designado para presidir a hasta pública unificada será considerado auxiliar das varas participantes, apenas no tocante aos atos relativos à hasta pública.

Art. 648. Cabe ao juiz Diretor do Fórum ou ao juiz designado para substituí-lo determinar as datas e horários para a realização do ato, mediante a publicação de edital.

Art. 649. Compete às unidades judiciais participantes, após ordem do respectivo juiz:

I - arrolar os bens que serão levados à alienação, com a devida qualificação;

II - intimar todas as partes e terceiros necessários à válida execução da alienação, inclusive, dando ciência de que não sendo arrematado o bem ou não podendo este ser incluído no primeiro edital publicado, o bem estará automaticamente incluído na próxima ou nas próximas hastas públicas a serem realizadas no ano;

III - elaborar o edital de leilão e publicá-lo, com a antecedência mínima de 30 (trinta) dias da sua realização, encaminhando ao Setor do Depósito Judicial e ao juiz Diretor do Fórum ou juiz designado para substituí-lo, cópias do respectivo edital e dos cálculos contendo os créditos individualizados e atualizados de cada processo, mantendo consigo os autos dos processos envolvidos;

IV - expedir e cumprir os mandados de entrega dos bens expropriados ou adjudicados, observando, onde houver, a competência da Central de Mandados;

V - praticar os demais atos que se fizerem necessários à válida realização da hasta pública.

Art. 650. Compete ao juiz diretor do fórum ou ao juiz designado para substituí-lo:

I - elaborar o edital complementar de alienação, unificando as informações necessárias dos demais editais publicados pelas secretarias das varas com a definição de detalhes especificamente relativos ao ato de alienação judicial;

II - prezar pela regularidade das hastas públicas;

III - realizar as praças e leilões, divulgando-os amplamente.

Art. 651. Ao Setor do Depósito Judicial, sob o comando do juiz diretor do fórum ou do juiz designado para substituí-lo, caberá a execução dos serviços administrativos necessários à realização das hastas públicas.

Art. 652. Os incidentes anteriores e posteriores à hasta pública serão apreciados e decididos pelo juízo da execução que deverá, imediatamente, informar ao juiz Diretor do Fórum ou ao juiz designado para substituí-lo, quando houver exclusão de algum bem constante no edital do leilão.

Art. 653. Existindo bens para alienação por indicação das unidades judiciais, as hastas públicas unificadas devem ocorrer 3 (três) vezes ao ano, preferencialmente nos meses de março, julho e novembro, em datas previamente fixadas, para que as intimações do leilão, a serem realizadas pelas unidades judiciais, já comuniquem as possíveis datas em que o bem estará disponível à arrematação.

Parágrafo único. Não sendo arrematado o bem ou não podendo ser incluído no primeiro edital publicado, as partes deverão já estar cientificadas de que o bem estará automaticamente incluído nas próximas hastas públicas a serem realizadas.

SEÇÃO II DAS HASTAS

Art. 654. A hasta pública unificada será realizada nas dependências do Fórum ou, excepcionalmente, em local determinado pelo juiz Diretor do Fórum ou pelo juiz designado para substituí-lo.

Art. 655. Compete ao juiz responsável para presidir a hasta pública:

I - receber e determinar o encaminhamento, ao juízo da execução, para deliberações, das petições e demais expedientes relativos aos processos em pauta;

II - fiscalizar a atividade do leiloeiro e manter a ordem no decorrer da realização da hasta.

Art. 656. Os bens serão anunciados um a um, ou em lotes, indicados os valores da avaliação e do lanço mínimo, nas condições e estado em que se encontrem, conforme descrição constante do lote anunciado no respectivo edital.

§ 1º Estão impedidas de participar da hasta pública, além daquelas definidas na lei, as pessoas físicas e jurídicas que deixaram de cumprir suas obrigações em hastas anteriores, bem como aquelas que criaram embaraços, como arrematantes, em processo desta natureza, de quaisquer Comarcas ou varas do Estado.

§ 2º O credor que não adjudicar os bens constritos perante o juízo da execução, antes da publicação do edital, só poderá adquiri-los em hasta pública unificada na condição de arrematante, mas com preferência na hipótese de igualar o maior lance.

§ 3º Os bens que não forem objeto de arrematação, quando postos à alienação, poderão ser novamente apregoados ao final, na mesma data e a critério do juiz que preside a hasta pública.

Art. 657. Se a arrematação se der pelo credor e se o valor do lance for superior ao do crédito, a ele caberá depositar a diferença, em 3 (três) dias contados da realização da hasta, sob pena de se tornar sem efeito a arrematação ou, então, de se atribuí-la ao licitante concorrente.

Parágrafo único. Ao credor, na condição de arrematante, caberá pagar a comissão do leiloeiro, ainda que o valor da arrematação seja inferior ao crédito.

Art. 658. O bem que tenha sido objeto de várias penhoras será sujeito a uma única venda judicial em hasta pública, observada a precedência legal.

Art. 659. Os autos negativos de praça e leilão serão emitidos ao final e subscritos pelo leiloeiro e pelo juiz que presidir a sessão, e, os de arrematação, emitidos no ato, serão assinados apenas pelo leiloeiro e pelo arrematante, a quem será entregue cópia, e depois encaminhados à consideração do juiz da execução.

Art. 660. O resultado da hasta pública e eventuais incidentes serão circunstanciados em ata, no encerramento dos trabalhos, subscrita pelo juiz presidente da hasta pública, pelo leiloeiro, e, facultativamente, por qualquer participante.

Art. 661. Não serão levados à hasta os bens em relação aos quais o juízo da execução comunicar ao leiloeiro a suspensão da alienação, por escrito, até as 18h do dia anterior ao evento.

SEÇÃO III DOS LEILOEIROS

Art. 662. Os leiloeiros interessados em promover a hasta pública unificada deverão providenciar o credenciamento junto ao Banco de Leiloeiros e Corretores Públicos do Poder Judiciário do Estado de Alagoas e só atuarão após assinar termo de compromisso.

Art. 663. São requisitos para o credenciamento do leiloeiro:

I - exercício efetivo da atividade de leiloeiro oficial por mais de cinco anos, mediante declaração com firma reconhecida subscrita por 2 (duas) testemunhas;

II - apresentação de currículo de sua atuação como leiloeiro;

III - comprovação de regularidade do registro na Junta Comercial do Estado de Alagoas, na atividade de leiloeiro, mediante certidão;

IV - comprovação de inscrição junto à Previdência Social, acompanhada de certidão negativa de débitos;

V - prova de regularidade junto às Fazendas Federal, Estadual e Municipal do seu domicílio, com a apresentação das respectivas certidões;

VI - apresentação de cópias reprográficas autenticadas de documento oficial de identificação e de inscrição no Cadastro de Pessoas Físicas do Ministério da Fazenda, bem como comprovante de residência atualizado e certidões negativas cível e criminal nas esferas estadual e federal;

VII - declaração com firma reconhecida, sob as penas da lei, de não ser cônjuge ou convivente, parente, consanguíneo ou afim, em linha reta ou na colateral até o terceiro grau, do juiz responsável pelo leilão, bem assim dos juízes titulares e substitutos das varas cujos bens estão sendo apregoados;

VIII - declaração de que dispõe de depósito ou galpões cobertos e seguros, destinados à guarda e conservação dos bens removidos, com área suficiente para atender ao movimento judiciário da Comarca em que pretende atuar;

IX - declaração de que possui condições para ampla divulgação da alienação judicial, com a utilização de todos os meios possíveis de comunicação, tais como, publicações em jornais de grande circulação, rede mundial de computadores e mala direta, dentre outros.

Parágrafo único. As certidões a que se referem este artigo, deverão ser expedidas no máximo 15 (quinze) dias antes do credenciamento.

Art. 664. Formada a relação de leiloeiros credenciados e em situação regular, eles atuarão em sistema de rodízio e por sorteio realizado pelo juiz Diretor do Fórum ou juiz designado para substituí-lo.

Parágrafo único. Um dos leiloeiros credenciados, preferencialmente aquele que se incumbirá da hasta seguinte, será nomeado pelo juízo da execução para remover bens e atuar como depositário judicial, caso necessário.

Art. 665. Incumbe ao leiloeiro, pessoalmente:

I - providenciar ampla divulgação da hasta e comunicar ao Setor de Depósito Judicial, por escrito, até 07 (sete) dias antes do ato, todos os procedimentos e meios de comunicação utilizados;

II - informar, para que seja publicado no edital de alienação judicial, quando for o caso, a descrição dos bens penhorados, com suas características, e, tratando-se de imóvel, a respectiva situação e divisas, com remissão à matrícula e registros;

III - informar, para que conste do edital de hasta pública, o lugar onde estiverem os móveis, veículos e semoventes;

IV - remover, armazenar e zelar pelos bens, sempre que o juízo da execução assim o determinar, caso em que assumirá, mediante compromisso, a condição e os deveres de depositário judicial;

V - responder, de imediato, a todas as indagações formuladas pelos juízos da execução e, na impossibilidade, justificá-la;

VI - comparecer ao local da hasta pública que estiver a seu cargo com antecedência mínima de 1 (uma) hora;

VII - permitir a visitação pública dos bens removidos, em horário comercial;

VIII - exibir, no ato da hasta pública, as fotos digitais dos bens a serem alienados; IX - excluir bens da hasta pública sempre que assim determinar o juiz da execução;

IX - participar imediatamente ao juiz da execução qualquer dano, avaria ou deterioração do bem removido, mesmo após a realização da hasta pública, sob pena de responder com perda da remuneração, no limite dos prejuízos;

X - comparecer a todas as reuniões e eventos designados pelo Setor de Depósito Judicial;

XI - manter seus dados cadastrais atualizados.

Parágrafo único. O não cumprimento de quaisquer das obrigações contidas neste artigo implicará no descredenciamento.

Art. 666. O leiloeiro deverá comunicar ao juiz Diretor do Fórum ou ao juiz designado para substituí-lo, com antecedência mínima de 15 (quinze) dias, a impossibilidade de comparecer à hasta.

Parágrafo único. Comunicada a impossibilidade de comparecimento do leiloeiro, o juiz Diretor do Fórum ou o juiz designado para substituí-lo suspenderá o leilão ou convocará o próximo leiloeiro na ordem de credenciamento.

Art. 667. Constituirá remuneração do leiloeiro a comissão de 5% (cinco por cento) do valor da arrematação, a cargo do arrematante.

§ 1º O percentual referido no **caput** poderá ser reduzido, a critério do juiz que preside a hasta pública, para alguns ou todos os lotes, hipótese em que tal condição deverá constar do edital de convocação do certame.

§ 2º Anulada a arrematação, o arrematante será ressarcido do valor pago ao leiloeiro a título de comissão.

SEÇÃO IV
DA ARREMATAÇÃO

SUBSEÇÃO I
DAS DISPOSIÇÕES GERAIS

Art. 668. Havendo interposição de embargos à arrematação, o arrematante poderá requerer a desistência da aquisição, caso em que o juiz determinará de imediato a liberação do depósito e da comissão do leiloeiro.

Art. 669. No leilão realizado na 1ª praça os bens disponíveis só poderão ser arrematados por preço igual ou superior ao valor da avaliação.

Art. 670. No leilão realizado na 2ª praça os bens móveis só poderão ser arrematados por, no mínimo, 40% (quarenta por cento) do preço da avaliação, ao passo em que os bens imóveis não poderão alcançar valor menor do que 50% (cinquenta por cento) do valor da avaliação, desde que não seja considerado preço vil.

Art. 671. Constitui ônus do interessado em participar dos leilões verificar, em até 48 (quarenta e oito) horas antes das datas designadas para os leilões, as condições dos bens que serão objeto de hasta pública.

§ 1º No caso de imóveis rurais ou urbanos, cabe ao interessado verificar os limites, áreas, confrontações, situação jurídica, despesas de condomínio, etc., não podendo se escusar a efetuar o pagamento do lance sob a alegação de que o bem arrematado não se encontra nas condições que imaginava.

§ 2º No caso de bens móveis que não estejam sob a posse e guarda do leiloeiro público oficial ou em depósito judicial, se o eventual interessado não conseguir ver o bem de seu interesse antes do leilão, deve solicitar ao juiz responsável pela hasta pública as providências necessárias para que o fiel depositário disponibilize o bem à visitação.

Art. 672. Correrão por conta do arrematante as despesas relativas à desmontagem, remoção, transporte e transferência patrimonial dos bens arrematados, e, dependendo do que for determinado pelo juízo, também as despesas de armazenagem, nos casos de demora na retirada dos bens do depósito.

Art. 673. O aperfeiçoamento da alienação dos bens arrematados se dará mediante a expedição da carta de arrematação, adjudicação ou mandado de entrega, após a assinatura do auto de arrematação e pago o preço ou prestada garantia pelo arrematante.

Art. 674. Salvo nos casos de nulidades previstas em lei, em nenhuma hipótese será aceita reclamação e ou desistência para eximir os arrematantes/adjudicantes das obrigações geradas.

SUBSEÇÃO II
DOS ÔNUS DO ARREMATANTE

Art. 675. Correrá por conta do arrematante:

I - no ato do leilão:

a) para homologação da arrematação, o depósito do valor do lanço integral ou caução de 30% (trinta por cento) sobre o valor do lanço;

b) a comissão de leiloeiro correspondente a 5% (cinco por cento) sobre o valor do lanço;

c) o depósito do saldo restante, em caso de lanço à vista, no prazo de 48 (quarenta e oito) horas.

II - após o leilão:

a) para expedição da carta de arrematação, o pagamento de despesas processuais;

b) do ITBI - Imposto sobre Transmissão de Bens Imóveis;

c) de laudêmios nos casos de enfiteuse (domínio útil sobre imóveis), se houver.

II - após o recebimento da carta de arrematação:

a) para entrega do bem ou imissão de posse, a baixa da penhora relativa apenas ao processo em que ocorrer a arrematação;

b) o registro da carta de arrematação;

c) a constituição da hipoteca legal, no caso de arrematação parcelada sobre bens imóveis;

d) a averbação de construções não registradas pelo proprietário anterior;

e) a constituição do penhor legal, no caso de arrematação parcelada sobre bens imóveis;

f) o termo de parcelamento da arrematação, quando for o caso.

Parágrafo único. As taxas e valores cíveis de natureza real e não-tributária, tais como as taxas de condomínio, foros e laudêmios são de responsabilidade do adquirente.

SUBSEÇÃO III
DAS FORMAS DE PAGAMENTO DA ARREMATAÇÃO

Art. 676. A arrematação dos bens móveis se fará mediante o pagamento imediato pelo preço arrematado ou no prazo de 48 (quarenta e oito) horas, com caução mínima de 30% (trinta por cento).

Art. 677. A arrematação de bens imóveis, além das condições do art. 676 deste Código, também poderá ser feita em prestações, bastando que o arrematante apresente proposta, indicando o prazo, que não poderá ser superior a 24 (vinte e quatro) meses e com pelo menos 30% (trinta por cento) do valor a ser pago à vista.

§ 1º Feita a opção, pelo arrematante, do pagamento em parcelas, conforme previsto no caput deste artigo, em hipótese alguma o valor ofertado poderá ser inferior ao valor da avaliação, independentemente da praça em que seja apresentada.

§ 2º O pagamento das parcelas da arrematação ficará garantido por hipoteca sobre o próprio bem arrematado, até a sua quitação.

SUBSEÇÃO IV
DAS DESPESAS E MULTAS

Art. 678. O executado ou o remitente, em caso de remição da execução, pagamento ou parcelamento dos débitos efetivados nos 5 (cinco) dias úteis que antecederem a 1ª ou a 2ª praças da hasta pública, deverá depositar em juízo, os seguintes valores:

I - as custas processuais, em conformidade com a legislação pertinente;

II - a comissão do leiloeiro no percentual de 2% (dois por cento) sobre o menor dos seguintes valores: montante do débito exequendo constante do edital de leilão ou valor atribuído ao bem na última avaliação, também constante no edital de leilão.

Parágrafo único. A comissão a que se refere o item II deste artigo está limitada ao mínimo de R$ 200,00 (duzentos reais) e ao máximo de R$ 5.000,00 (cinco mil reais).

CAPÍTULO VI
DOS ADMINISTRADORES JUDICIAIS

SEÇÃO I
DAS DISPOSIÇÕES GERAIS

Art. 679. A Corregedoria-Geral da Justiça do Estado de Alagoas, por meio do Departamento Central de Assuntos Judiciários - DCAJ, manterá Banco de Administradores Judiciais no âmbito do Tribunal de Justiça do Estado de Alagoas, para atuarem em processos de falência e recuperação judicial.

§ 1º Poderão integrar o Banco de Administradores Judiciais pessoas naturais ou jurídicas.

§ 2º A pessoa jurídica deverá ser preferencialmente sociedade constituída para o fim de exercer as funções de Administrador Judicial e declarará, nos termos do art. 21, parágrafo único da Lei nº 11.101/2005, o nome de profissional responsável pela representação da empresa.

Art. 680. É vedado ao detentor de cargo público, no âmbito do Poder Judiciário, integrar o cadastro para o exercício da função de administrador judicial.

SEÇÃO II
DO CREDENCIAMENTO

Art. 681. O credenciamento de pessoas naturais ou jurídicas será instituído, por meio de cadastro eletrônico, em ferramenta disponibilizada no endereço eletrônicoda Corregedoria: https://cgj.tjal.jus.br/.

Art. 682. Serão exigidos dos profissionais que pretendam se cadastrar as seguintes informações e documentos:

I - da pessoa natural:

a) nome completo;

b) número de registro civil (RG);

c) número de inscrição no Cadastro de Pessoas Físicas (CPF);

d) número de inscrição no Instituto Nacional do Seguro Social (INSS);

e) número de inscrição no respectivo órgão de classe;

d) certidão de regularidade junto ao órgão de classe, expedida, no máximo, há 30 (trinta) dias; (Redação conforme publicação oficial)

e) curriculum vitae; (Redação conforme publicação oficial)

II - da pessoa jurídica:

a) contrato ou estatuto social;

b) número de inscrição no Cadastro Nacional de Pessoa Jurídica (CNPJ), além do nome do profissional responsável, que deverá apresentar os dados e documentos relacionados no inciso I do art. 4º;

III - endereços residencial e comercial, contendo:

a) o nome do logradouro;

b) número;

c) complemento, se houver;

d) bairro;

e) cidade;

f) estado;

g) Código de Endereçamento Postal (CEP);

IV - números de telefone fixo residencial e comercial e de telefone móvel, além de endereço de correspondência eletrônica (e-mail);

V - área geográfica de interesse na atuação;

VI - certidões de inexistência de débito tributário Municipal, Estadual e Federal da pessoa física e jurídica;

VII - certidões de distribuições de processos criminais da Justiça Federal e Estadual ou Distrital;

~~VIII - indicação de processos de recuperação judicial e falência em que tenha sido nomeado nos 2 (dois) anos anteriores ao pedido de cadastramento, devendo informar a comarca, o número do pro-~~

~~cesso e o nome do magistrado que promoveu a nomeação, bem como indicar os casos em que tenha deixado de exercer a função e o respectivo motivo.~~

VIII - indicação, quando houver, dos casos em que tenha deixado de exercer a função e o respectivo motivo. (Redação dada pelo Provimento nº 23, de 28 de agosto de 2023)

§ 1º Os cadastros devem ser renovados anualmente.

§ 2º Para a renovação, bastará ao interessado que confirme os dados já constantes do cadastro, promovendo a atualização das certidões listadas nos incisos VI e VII.

§ 3º Todas as informações registradas são de inteira responsabilidade do profissional, que é garantidor de sua autenticidade e veracidade, sob as penas da lei.

§ 4º A documentação deverá ser apresentada de forma eletrônica.

§ 5º O cadastramento ou a efetiva atuação do profissional não gera vínculo empregatício ou estatutário, ou obrigação de natureza previdenciária com o Tribunal de Justiça.

§ 6º Faculta-se ao profissional a indicação de processos de recuperação judicial e falência em que tenha sido nomeado nos 2 (dois) anos anteriores ao pedido de cadastramento, devendo informar a comarca, o número do processo e o nome do magistrado que promoveu a nomeação. (Incluído pelo Provimento nº 23, de 28 de agosto de 2023)

SEÇÃO III DO DESCREDENCIAMENTO

Art. 683. O profissional ou empresa especializada poderá pedir sua exclusão do cadastro a qualquer tempo.

Art. 684. A Corregedoria-Geral da Justiça do Estado de Alagoas poderá descredenciar os profissionais ou empresas especializadas nas seguintes hipóteses:

I - por práticas de atos ou omissões lesivas às partes e ao Poder Judiciário, assim como das atividades correlacionadas à administração judicial quando informado pelo juiz titular da causa; ou

II - descumprimento das disposições deste Código e demais normas que regem a matéria, especialmente o contido na Lei nº 11.101/2005.

SEÇÃO IV DA DESIGNAÇÃO

Art. 685. A designação do administrador judicial compete ao magistrado, nos feitos de sua competência, mas é recomendado que a escolha recaia preferencialmente sobre profissionais de sua confiança que já estejam listados no Cadastro de Administradores Judiciais.

§ 1º Recomenda-se que o administrador promova a sua inscrição cadastral nos 30 (trinta) dias seguintes à nomeação na hipótese em que o magistrado nomeie profissional ainda não cadastrado.

§ 2º Se o profissional não preencher os requisitos ou não apresentar a documentação exigida nos termos do § 1º do art. 5º, recomenda-se que a escolha recaia sobre outro profissional.

§ 3º Deve ser observado o critério equitativo de nomeações, em se tratando de profissionais da mesma especialidade, não podendo ser escolhido o mesmo profissional, simultaneamente, em mais de quatro recuperações judiciais, ou extrajudiciais, e de quatro falências.

§ 4º A limitação prevista no § 3º do art. 5º deverá considerar a divisão de processos entre magistrados quando a Vara for atendida por mais de um magistrado.

Art. 686. É vedada, em qualquer hipótese, a nomeação de profissional que configure a prática de nepotismo, nos termos da Resolução CNJ nº 7/2005, devendo o profissional declarar, se for o caso, seu impedimento ou suspeição.

Art. 687. É dever dos administradores judiciais cadastrados:

I - atuar com diligência no desempenho das funções de Administrador Judicial;

II - observar fielmente as obrigações legais impostas em razão do desempenho das funções de Administrador Judicial;

III - manter seus dados cadastrais devidamente atualizados, devendo informar ao tribunal, no prazo de 15 (quinze) dias da sua nomeação, qualquer nova indicação apontando a comarca, o número do processo e o nome do magistrado que promoveu a nomeação;

IV - prestar toda e qualquer informação que julgue relevante à sua atuação como administrador judicial, de forma a garantir transparência no que se refere às relações profissionais mantidas com as partes do processo.

SUBSEÇÃO V
DO IMPEDIMENTO E DA SUSPEIÇÃO

Art. 688. Quando da nomeação dos Administradores Judiciais deverão ser observadas as regras contidas no art. 30 e seu § 1º, da Lei nº 11.101/05, bem assim, no que couber, o consignado nos arts. 144 a 147 do Código de Processo Civil (Lei 13.105/2015), em obediência ao disposto no art. 148, II do mesmo diploma legal.

CAPÍTULO VII
DA EXPEDIÇÃO DE PRECATÓRIOS

Art. 689. A expedição do ofício de requisição a que se refere a Resolução n.º 01/2019 do Tribunal de Justiça, segue, no primeiro grau, o disposto neste capítulo, sem prejuízo do disposto na mencionada Resolução.

Parágrafo único. A tramitação dos precatórios, no setor de precatórios do Tribunal de Justiça, segue o que for por este estabelecido.

Art. 690. Determinada a expedição de precatório pelo juiz, o servidor responsável deverá:

I - caso tais dados não constem do processo, intimar a parte credora para informar:

a) nome completo;

b) número do Cadastro de Pessoa Física – CPF;

c) endereço completo;

d) telefone(s);

e) endereço de e-mail;

f) dados bancários do credor (Banco, Agência, Conta Corrente e, se a conta for Caixa Econômica Federal, Operação).

II - cadastrar no Sistema SAJ novo procedimento, com a classe "Processo Administrativo" (Código 1298), o assunto "Pagamento" (Código 11924), na árvore do assunto-pai "Precatório" e, como credor, devedor e representantes, as partes assim estabelecidas no processo.

§ 1º Para cada credor deverá ser cadastrado um procedimento.

§ 2º Os honorários contratuais serão cadastrados no mesmo procedimento do crédito principal.

§ 3º Os honorários sucumbenciais serão sempre cadastrados em procedimento distinto daquele destinado ao crédito principal.

Art. 691. Nos autos criados, o servidor expedirá e encaminhará, para assinatura do juiz, ofício por meio do modelo de categoria 11, Código 1818, fazendo constar as informações elencadas no art. 6º da Resolução n.º 01/2019 do Tribunal de Justiça para a satisfação do débito.

Art. 692. Após a assinatura do ofício pelo juiz, o servidor deverá copiar as seguintes peças dos autos originários:

I - petição inicial;

II - procuração;

III - documentos pessoais;

IV - mandado de citação com certidão de cumprimento;

V - sentença;

VI - acórdão ou certidão de que não houve recurso;

VII - certidão de trânsito em julgado;

VIII - execução ou cumprimento de sentença ou acórdão;

IX - impugnação ao cumprimento de sentença ou acórdão ou certidão de que não houve a interposição de tal peça;

X - sentença ou acórdão dos embargos, impugnação ou homologação, se for o caso;

XI - certidão de trânsito em julgado dos embargos ou certidão do decurso do prazo para sua oposição;

XII - demonstrativo de cálculo que contenham todas as atualizações realizadas no crédito objeto da requisição, com o valor do principal e dos juros de forma individualizada, bem como do percentual dos juros aplicados e do período de incidência;

XIV - eventuais outros documentos considerados indispensáveis ao processamento da requisição. (Redação conforme publicação oficial)

Art. 693. Concluídas as etapas mencionadas no art. 690 ao art. 692, o servidor deverá remeter os autos ao Tribunal de Justiça, na forma do TÍTULO III, CAPÍTULO XIII,Seção I, deste Código.

Art. 694. O disposto neste capítulo não se considera, para qualquer fim, como protocolo ou autuação do ofício de requisição, atos esses que serão realizados na forma do Capítulo I do Título II da Resolução n.º 01/2019 do Tribunal de Justiça.

CAPÍTULO VIII DAS ROTINAS CARTORÁRIAS

Art. 695. Sem prejuízo do disposto no TÍTULO III, CAPÍTULO XXI, deverão os chefes de Secretaria dos Ofícios Cíveis, mensalmente, verificar a existência de pendências, marcadas como cumprida ou não, de petições intermediárias cadastradas como "Pedido de Arquivamento", "Pedido de Extinção", Pedido de Desistência" e "Pedido de Expedição de Alvará".

TÍTULO V DOS OFÍCIOS CRIMINAIS

CAPÍTULO I DAS AUDIÊNCIAS DE CUSTÓDIA

Art. 696. As audiências de custódia seguem o disposto na Resolução nº 213/2015 do Conselho Nacional de Justiça, Resolução n.º 02/2018 do Tribunal de Justiça e no Ato Normativo nº 14/2019 da Presidência do Tribunal de Justiça e, subsidiariamente, ao disposto neste Código.

Art. 697. Toda pessoa presa em flagrante delito, independentemente da motivação ou natureza do ato, será obrigatoriamente apresentada, em até 24 (vinte e quatro) horas da comunicação do flagrante, à autoridade judicial competente, e ouvida sobre as circunstâncias em que se realizou sua prisão.

§ 1º A apresentação à autoridade judicial no prazo de 24 (vinte e quatro) horas também será assegurada às pessoas presas em decorrência de cumprimento de mandados de prisão preventiva, temporária ou definitiva para o início do cumprimento da pena e de prisões cíveis, inclusive do devedor de alimentos, aplicando-se, no que couber, os procedimentos previstos neste Código.

§ 2º A comunicação da prisão em flagrante à autoridade judicial, que se dará por meio do encaminhamento do auto de prisão em flagrante, de acordo com as rotinas previstas nos arts. 704 e 705 deste Código, não supre a apresentação determinada no caput.

§ 3º Na Comarca da Capital, para os casos de pessoa presa em flagrante delito, entende-se por autoridade judicial competente aquela assim designada para presidir as audiências de custódia na respectiva circunscrição, conforme a escala a que se refere o art. 698 deste Código, incluído o juiz plantonista em dias em que não há expediente forense.

§ 4º Nas Comarcas do interior, entende-se por autoridade judicial competente:

I - nos dias em que há expediente forense, o juízo natural competente para a apreciação do flagrante;

II - nos flagrantes havidos em dias em que não há expediente forense, o foro plantonista da respectiva circunscrição.

Art. 698. As audiências de custódia serão presididas, na comarca da Capital, pelos juízes de direito que estejam respondendo pelas 2ª, 3ª, 4ª, 6º, 7º, 8ª, 9ª, 10ª, 11º, 12º, 13ª, 14ª, 15ª e 17ª Varas Criminais da Capital na forma prevista neste artigo.

§ 1º A jurisdição em relação aos atos previstos no caput exaure-se com a realização da audiência de custódia e prolação de decisão referente à prisão em flagrante, bem como não vincula ou torna prevento o magistrado para os demais atos processuais, devendo-se proceder livremente à distribuição dos processos em momento oportuno.

§ 2º A Corregedoria-Geral da Justiça do Estado de Alagoas elaborará e publicará, trimestralmente, a escala para realização das audiências de custódia.

§ 3º As audiências de custódia, na Comarca da Capital, serão realizadas pela Central de Custódia quando se tratar de prisão em flagrante e durante o horário regular de expediente forense. Quando se tratar de prisão diversa de flagrante, a custódia será realizada pelo juízo que expediu o mandado.

Art. 699. Excetua-se da previsão do § 3º do art. 698 a 17ª Vara Criminal da Capital, que será responsável, com exclusividade, por realizar as audiências de custódia, decorrentes das prisões que envolvam matéria de sua competência, cujos atos se realizarão na sede da unidade, independentemente do dia da semana.

Parágrafo único. Em razão da diferenciação de regime, nos termos do art. 5º, § 4º da Resolução nº 03/2006 do Tribunal de Justiça, os magistrados e servidores da 17ª Vara Criminal da Capital terão direito à compensação dos dias trabalhados, quando as audiências de custódia ou a prática de atos processuais urgentes forem realizados nos sábados, domingos e feriados nacionais e estaduais, nos limites da referida Resolução, dispensando-se, para os servidores, a apresentação da portaria prevista no art. 5º, I.

Art. 700. A designação de juiz de direito para realização das audiências de custódia na comarca da Capital será feita com observância de escala semanal, atentando-se para os seguintes critérios:

I - o juiz designado ficará responsável pela realização das audiências de custódia a ocorrerem de segunda-feira a sexta-feira de uma mesma semana, salvo nos dias em que não houver expediente forense, observado o disposto no § 2º do Art. 62-A deste Código;

II - a ordem de designação dos juízes será feita em observância à ordem crescente dos juízos dos quais sejam titulares;

III - o juiz somente será novamente designado para realizar audiências de custódia após serem convocados todos os demais magistrados titulares que estiverem em exercício da atividade judicante nas unidades Judiciais previstas no caput;

IV - Inexistirá designação, para fins de elaboração da escala semanal das audiências de custódias, dos juízes de direito que estejam em gozo de férias ou de licença, hipóteses em que o magistrado será designado para presidir as audiências de custódia a serem realizadas na semana subsequente ao seu retorno às atividades, dentro da mesma escala trimestral, se possível, ou da escala trimestral seguinte;

V - se em razão da observância das normas previstas nos incisos anteriores resultar justaposição entre a escala de plantão e a escala para realização das audiências de custódia, a Corregdoria-geral da justiça promoverá os ajustes necessários para que haja interstício mínimo de duas semanas entre as escalas;

VI - os juízes de direito titulares da 17ª Vara Criminal da Comarca da Capital que estejam no exercício da jurisdição serão designados para escalas semanais distintas;

§ 1° Caso não seja possível ao magistrado, por motivo justo ou em razão de promoção, remoção ou permuta, prestar jurisdição em período para o qual foi designado, realizará as audiências de custódia, como substituto, o juiz de direito que seria convocado na primeira semana do trimestre seguinte, cujo nome já será divulgado juntamente com a escala do trimestre em curso.

§ 2° O juiz de direito que não puder realizar as audiências de custódia por motivo justo ou em razão de promoção, remoção ou permuta comunicará o fato, antecipadamente, ao substituto imediato na escala e à Corregedoria-Geral da Justiça do Estado de Alagoas.

§ 3º A impossibilidade de comunicação antecipada prevista no § 2º não impede a aplicação da regra do § 1º

§ 4º O juiz que realizar as audiências de custódia deverá comunicar o fato à Corregedoria-Geral da Justiça do Estado de Alagoas para fins de adequação das futuras escalas.

§ 5º Os dias laborados pelo juiz de direito designado em substituição na forma prevista no § 1º deste artigo deverão ser compensados, posteriormente, pelo substituído, no primeiro período seguinte da escala para realização de audiências de custódia que couber ao juiz de direito que atuar como substituto.

§ 6º Será dada ciência das escalas para realização das audiências de custódia aos magistrados por meio do Sistema Intrajus, com antecedência mínima de 30 (trinta) dias da primeira semana do trimestre seguinte, ressalvada a primeira divulgação.

§ 7º A divulgação do nome dos juízes designados, para o público externo, dar-se-á 5 (cinco) dias antes do período de realização das audiências de custódia no site do Tribunal de Justiça de Alagoas e, também, no mesmo prazo, por meio de publicação no Diário da Justiça Eletrônico - DJE, de forma a garantir pleno conhecimento aos advogados, à

Defensoria Pública, ao Ministério Público, aos jurisdicionados e demais autoridades.

§ 8º Nos casos de impedimento ou suspeição do juiz designado para realizar audiências de custódia, os atos deverão ser praticados pelo magistrado escalado para realizar as audiências de custódia na semana subsequente, que deverá ser cientificado para tanto.

§ 9º É admissível a permuta consensual de períodos para realização de audiências de custódia, desde que devidamente comunicada à Divisão de Juízes com antecedência de 03 (três) dias.

Art. 701. A Divisão de Juízes da Corregedoria-Geral da Justiça do Estado de Alagoas informará à Diretoria Adjunta de Tecnologia da Informação - DIATI, até o dia 25 de cada mês, via Intrajus, a escala de juízes designados para presidir as audiências de custódia no mês posterior, para que seja programado o acesso aos sistemas correspondentes.

Parágrafo único. Havendo modificações na escala de realização das audiências de custódia, o fato deverá ser comunicado de pronto à DIATI.

Art. 702. A audiência de custódia decorrente do cumprimento de mandado de prisão civil de alimentos, dentro do Estado de Alagoas, será realizada pelo juízo que expediu o mandado de prisão.

§ 1º A realização da audiência de custódia decorrente do cumprimento de mandado de prisão civil de alimentos oriundo de outro Estado da Federação ou do Distrito Federal, nos termos do art. 640 deste Código, será de competência do juízo deprecado.

§ 2º Na hipótese do mandado de prisão civil de alimentos oriundo de outro Estado da Federação ser cumprido em desacordo com o previsto no art. 641 deste Código, a competência para realização da audiência de custódia será do juízo de família do local em que ocorreu a prisão.

Art. 703. Nos casos de cumprimento de mandados de prisões temporárias, preventivas ou derivadas de condenações definitivas oriundos dos juízos do Estado de Alagoas, o detido deverá ser apresentado ao juízo de direito que determinou a prisão.

§ 1º Nas situações em que o decreto prisional seja efetivado em dia ou horário em que não haja expediente forense, a audiência de custódia ou a apresentação do detido dar-se-á perante o juízo plantonista, aplicando-se, no que couber, o disposto no art. 74 deste Código.

§ 2º Nos casos de cumprimento de mandados de prisões temporárias, preventivas ou derivadas de condenações definitivas oriundos de outro Estado da Federação ou do Distrito Federal, a responsabilidade (competência) para realização da audiência de custódia será do juízo criminal do local em que ocorreu a prisão.

Art. 704. Na Comarca da Capital, os autos de prisão em flagrante deverão ser sempre protocolados pela autoridade policial no foro "Central de Audiências de Custódia – Foro de Maceió".

Art. 705. Nas comarcas do interior, os autos de prisão em flagrante deverão ser protocolados pela autoridade policial:

I - nos dias em que há expediente forense, no juízo natural competente para a apreciação do flagrante;

II - nos flagrantes havidos em dias em que não há expediente forense, no foro plantonista da respectiva circunscrição.

Parágrafo único. Se por qualquer razão não for realizada a audiência de custódia pelo juiz de plantão, o servidor plantonista deverá remeter os autos para o juízo natural, para que este proceda à realização do ato.

Art. 706. Os juízes e servidores não serão penalizados pela inobservância de prazos para a realização da audiência de custódia, quando ela derivar exclusivamente da inobservância, pela autoridade policial, do foro correto para o protocolo dos autos da prisão em flagrante.

Art. 707. A realização de audiências de custódia decorrentes de fatos havidos em plantão judiciário segue o disposto no art. 74 deste Código, quanto à competência e, no mais, o disposto neste CAPÍTULO.

Art. 708. No caso de prisão em flagrante delito da competência originária do Tribunal de Justiça, a apresentação do preso poderá ser feita ao juiz que o Presidente do Tribunal ou Relator designar para esse fim.

Art. 709. Estando a pessoa presa acometida de grave enfermidade, ou havendo circunstância comprovadamente excepcional que a impossibilite de ser apresentada ao juiz no prazo do caput, deverá ser assegurada a realização da audiência no local em que ela se encontre e, nos casos em que o deslocamento se mostre inviável, deverá ser providenciada a condução para a audiência de custódia imediatamente após restabelecida sua condição de saúde ou de apresentação.

Art. 710. O deslocamento da pessoa presa em flagrante delito ao local da audiência e desse, eventualmente, para alguma unidade prisional específica, no caso de aplicação da prisão preventiva, será de responsabilidade da Secretaria Estadual de Administração Penitenciária ou da Secretaria Estadual de Segurança Pública.

§ 1º Poderão ser celebrados convênios de modo a viabilizar a realização da audiência de custódia fora da unidade judiciária correspondente.

§ 2º Se, por qualquer motivo, não houver juiz na comarca até o final do prazo do art. 697, a pessoa presa será levada imediatamente ao substituto legal.

Art. 711. As audiências de custódia poderão ser realizadas presencialmente ou por videoconferência.

§ 1º Na realização das audiências de custódia por videoconferência deverão ser utilizadas as estruturas de informática implantadas nas Delegacias Regionais de Polícia do interior do Estado e na Central de Flagrantes da Capital, que receberão os custodiados para a prática do ato.

§ 2º Será garantido o direito de entrevista prévia e reservada entre o custodiado e advogado ou defensor, tanto presencialmente quanto por videoconferência, telefone ou qualquer outro meio de comunicação, conforme o caso.

§ 3º O espaço disponibilizado na Delegacia a partir de onde o custodiado será ouvido deverá ser adequado para garantir a higidez do ato, facultado ao Defensor Público ou particular estar no mesmo ambiente físico do preso por ocasião da audiência.

§ 4º O próprio juiz, o Ministério Público e a Defesa poderão certificar-se presencialmente quanto à adequação do espaço para a oitiva do investigado preso, devendo agir perante o Poder Executivo caso necessário.

§ 5º A direção da Delegacia Regional deverá separar sala ou salas exclusivas para as audiências de custódia por videoconferência.

§ 6º Nos dias em que houver realização de audiências de custódia na modalidade virtual, o Cartório do Ofício competente deverá disponibilizar o link de acesso à Delegacia Regional respectiva, ao Ministério Público, ao Defensor Público ou Advogado, com antecedência de, pelo menos, 30 (trinta) minutos do início das audiências.

§ 7º Deverão as forças de segurança pública encaminhar os presos a uma das Delegacias de Polícia que estejam habilitadas à realização de audiência de custódia por videoconferência ou apresentar os custodiados na forma presencial ao juízo competente.

§ 8º Na hipótese de apresentação presencial do preso, poderá ser utilizada a sala passiva instalada nas dependências dos Fóruns do Estado de Alagoas.

Art. 712. A audiência de custódia será realizada na presença do Ministério Público e da Defensoria Pública, caso a pessoa detida não possua defensor constituído no momento da lavratura do flagrante.

§ 1º O juiz intimará o Ministério Público e a Defensoria Pública acerca do horário da realização do ato e, passados 15 (quinze) minutos do horário designado, não comparecendo o Promotor de Justiça ou o Defensor Público, o ato será realizado independentemente da presença destes, devendo o magistrado comunicar o ocorrido à Corregedoria do Poder Judiciário e dos respectivos Órgãos.

§ 2º É vedada a presença dos agentes policiais responsáveis pela prisão ou pela investigação durante a audiência de custódia.

Art. 713. Se a pessoa presa em flagrante delito constituir advogado até o término da lavratura do auto de prisão em flagrante, o Delegado de polícia deverá notificá-lo, pelos meios mais comuns, tais como correio eletrônico, telefone ou mensagem de texto, para que compareça à audiência de custódia, consignando nos autos.

§ 1º Não havendo defensor constituído, a pessoa presa será atendida pela Defensoria Pública.

§ 2º Antes da apresentação da pessoa presa ao juiz, será assegurado seu atendimento prévio e reservado por advogado por ela constituído ou defensor público, sem a presença de agentes policiais, sendo esclarecidos por funcionário credenciado os motivos, fundamentos e ritos que versam a audiência de custódia.

§ 3º Será reservado local apropriado visando à garantia da confidencialidade do atendimento prévio com advogado ou defensor público.

Art. 714. A pessoa presa devidamente qualificada e identificada, o auto de prisão em flagrante e o resultado da audiência de custódia serão obrigatoriamente cadastrados no BNMP.

§ 1º A apresentação da pessoa presa em flagrante delito em juízo acontecerá após o protocolo e distribuição do auto de prisão em flagrante e respectiva nota de culpa perante a unidade judiciária correspondente, dela constando o motivo da prisão, o nome do condutor e das testemunhas do flagrante, perante a unidade responsável para operacionalizar o ato.

§ 2º O auto de prisão em flagrante subsidiará as informações a serem registradas no BNMP, conjuntamente com aquelas obtidas a partir do relato da própria pessoa autuada.

Art. 715. Na audiência de custódia, a autoridade judicial entrevistará a pessoa presa em flagrante, devendo:

I - esclarecer o que é a audiência de custódia, ressaltando as questões a serem analisadas pela autoridade judicial;

II - assegurar que a pessoa presa não esteja algemada, salvo em casos de resistência e de fundado receio de fuga ou de perigo à integridade física própria ou alheia, devendo a excepcionalidade ser justificada por escrito;

III - dar ciência sobre seu direito de permanecer em silêncio;

IV - questionar se lhe foi dada ciência e efetiva oportunidade de exercício dos direitos constitucionais inerentes à sua condição, particularmente o direito de consultar-se com advogado ou defensor público, o de ser atendido por médico e o de comunicar-se com seus familiares;

V - indagar sobre as circunstâncias de sua prisão ou apreensão;

VI - perguntar sobre o tratamento recebido em todos os locais por onde passou antes da apresentação à audiência, questionando sobre a ocorrência de tortura e maus tratos e adotando as providências cabíveis;

VII - verificar se houve a realização de exame de corpo de delito, determinando sua realização nos casos em que:

a) não tiver sido realizado;

b) os registros se mostrarem insuficientes;

c) a alegação de tortura e maus tratos referir-se a momento posterior ao exame realizado;

d) o exame tiver sido realizado na presença de agente policial, observando-se a Resolução CNJ no 414/2021 quanto à formulação de quesitos ao(à) perito(a);

VIII - abster-se de formular perguntas com finalidade de produzir prova para a investigação ou ação penal relativas aos fatos objeto do auto de prisão em flagrante;

IX - adotar as providências a seu cargo para sanar possíveis irregularidades;

X - averiguar, por perguntas e visualmente, hipóteses de gravidez, existência de filhos ou dependentes sob cuidados da pessoa presa em flagrante delito, histórico de doença grave, incluídos os transtornos mentais e a dependência química, para analisar o cabimento de encaminhamento assistencial e da concessão da liberdade provisória, sem ou com a imposição de medida cautelar.

§ 1º Após a oitiva da pessoa presa em flagrante delito, o juiz deferirá ao Ministério Público e à defesa técnica, nesta ordem, reperguntas compatíveis com a natureza do ato, devendo indeferir as perguntas relativas ao mérito dos fatos que possam constituir eventual imputação, permitindo-lhes, em seguida, requerer:

I - o relaxamento da prisão em flagrante;

II - a concessão da liberdade provisória sem ou com aplicação de medida cautelar diversa da prisão;

III - a decretação de prisão preventiva;

IV - a adoção de outras medidas necessárias à preservação de direitos da pessoa presa.

§ 2º A oitiva da pessoa presa será registrada, preferencialmente, em mídia, dispensando-se a formalização de termo de manifestação da pessoa presa ou do conteúdo das postulações das partes, e ficará arquivada na unidade responsável pela audiência de custódia.

§ 3º A ata da audiência conterá, apenas e resumidamente, a deliberação fundamentada do magistrado quanto à legalidade e manutenção da prisão, cabimento de liberdade provisória sem ou com a imposição de medidas cautelares diversas da prisão, considerando-se o pedido de cada parte, como também as providências tomadas, em caso da constatação de indícios de tortura e maus tratos.

§ 4º Concluída a audiência de custódia, cópia da sua ata será entregue à pessoa presa em flagrante delito, ao Defensor e ao Ministério Público, tomando-se a ciência de todos, e apenas o auto de prisão em flagrante, com antecedentes e cópia da ata, seguirá para livre distribuição.

§ 5º Proferida a decisão que resultar no relaxamento da prisão em flagrante, na concessão da liberdade provisória sem ou com a imposição de medida cautelar alternativa à prisão, ou quando determinado o imediato arquivamento do inquérito, a pessoa presa em flagrante delito será prontamente colocada em liberdade, mediante a expedição de alvará de soltura, e será informada sobre seus direitos e obrigações, salvo se por outro motivo tenha que continuar presa.

§ 6º É vedada a imposição de regresso da pessoa a quem foi concedida a liberdade na audiência de custódia ao estabelecimento penal ou a qualquer outra repartição para o trato de questões burocráticas.

§ 7º Na hipótese do § 5º, a autoridade policial será cientificada e se a vítima de violência doméstica e familiar contra a mulher não estiver presente na audiência, deverá, nos termos do art. 21, caput, da Lei nº 11.340/2006, ser notificada da decisão, sem prejuízo da intimação do seu advogado ou do seu defensor público.

Art. 716. A aplicação de medidas cautelares diversas da prisão previstas no Art. 319 do Código de Processo Penal deverá compreender a avaliação da real adequação e necessidade das medidas, com estipulação de prazos para seu cumprimento e para a reavaliação de sua manutenção, observando-se o Protocolo I da Resolução nº 213, de 15 de dezembro de 2015, do Conselho Nacional de Justiça.

§ 1º O acompanhamento das medidas cautelares diversas da prisão determinadas judicialmente ficará a cargo dos serviços de acompanhamento de alternativas penais, denominados Centrais Integradas de Alternativas Penais, estruturados preferencialmente no âmbito do Poder Executivo estadual, contando com equipes multidisciplinares, responsáveis, ainda, pela realização dos encaminhamentos necessários à Rede de Atenção à Saúde do Sistema Único de Saúde (SUS) e à rede de assistência social do Sistema Único de Assistência Social (SUAS), bem como a outras políticas e programas ofertados pelo Poder Público, sendo os resultados do atendimento e do acompanhamento comunicados regularmente ao juízo ao qual for distribuído o auto de prisão em flagrante após a realização da audiência de custódia.

§ 2º Identificadas demandas abrangidas por políticas de proteção ou de inclusão social implementadas pelo Poder Público, caberá ao juiz encaminhar a pessoa presa em flagrante delito ao serviço de acompanhamento de alternativas penais, ao qual cabe a articulação com a rede de proteção social e a identificação das políticas e dos programas adequados a cada caso ou, nas Comarcas em que inexistirem serviços de acompanhamento de alternativas penais, indicar o encaminhamento direto às políticas de proteção ou inclusão social existentes, sensibilizando a pessoa presa em flagrante delito para o comparecimento de forma não obrigatória.

§ 3° O juiz deve buscar garantir às pessoas presas em flagrante delito o direito à atenção médica e psicossocial eventualmente necessária, resguardada a natureza voluntária desses serviços, a partir do encaminhamento ao serviço de acompanhamento de alternativas penais, não sendo cabível a aplicação de medidas cautelares para tratamento ou internação compulsória de pessoas autuadas em flagrante que apresentem quadro de transtorno mental ou de dependência química, em desconformidade com o previsto no art. 4º da Lei nº 10.216, de 6 de abril de 2001, e no art. 319, inciso VII, do Código de Processo Penal.

Art. 717. A aplicação da medida cautelar diversa da prisão prevista no art. 319, inciso IX, do Código de Processo Penal, será excepcional e determinada apenas quando demonstrada a impossibilidade de concessão da liberdade provisória sem cautelar ou de aplicação de outra medida cautelar menos gravosa, sujeitando-se à reavaliação periódica quanto à necessidade e adequação de sua manutenção, sendo destinada exclusivamente a pessoas presas em flagrante delito por crimes dolosos puníveis com pena privativa de liberdade máxima superior a 4 (quatro) anos ou condenadas por outro crime doloso, em sentença transitada em julgado, ressalvado o disposto no inciso I do caput do art. 64 do Código Penal, bem como pessoas em cumprimento de medidas protetivas de urgência acusadas por crimes que envolvam violência doméstica e familiar contra a mulher, criança, adolescente, idoso, enfermo ou pessoa com deficiência, quando não couber outra medida menos gravosa.

Parágrafo único. Por abranger dados que pressupõem sigilo, a utilização de informações coletadas durante a monitoração eletrônica de pessoas dependerá de autorização judicial, em atenção ao art. 5°, XII, da Constituição Federal.

Art. 718. Havendo declaração da pessoa presa em flagrante delito de que foi vítima de tortura e maus tratos ou entendimento da autoridade judicial de que há indícios da prática de tortura, será determinado o registro das informações, adotadas as providências cabíveis para a investigação da notícia e a preservação da segurança física e psicológica da vítima, que será encaminhada para atendimento médico e psicossocial especializado.

§ 1º Com o objetivo de assegurar o efetivo combate à tortura e maus tratos, a autoridade jurídica e funcionários deverão observar o Protocolo II da Resolução nº 213, de 15 de dezembro de 2015, do Conselho Nacional de Justiça, com vistas a garantir condições adequadas para a oitiva e coleta idônea de depoimento das pessoas presas em flagrante delito na audiência de custódia, a adoção de procedimentos durante o depoimento que permitam a apuração de indícios de práticas de tortura e de providências cabíveis em caso de identificação de práticas de tortura.

§ 2º O funcionário responsável pela coleta de dados da pessoa presa em flagrante delito deve cuidar para que sejam coletadas as seguintes informações, respeitando a vontade da vítima:

I - identificação dos agressores, indicando sua instituição e sua unidade de atuação;

II - locais, datas e horários aproximados dos fatos;

III - descrição dos fatos, inclusive dos métodos adotados pelo agressor e a indicação das lesões sofridas;

IV - identificação de testemunhas que possam colaborar para a averiguação dos fatos;

V - verificação de registros das lesões sofridas pela vítima;

VI - existência de registro que indique prática de tortura ou maus tratos no laudo elaborado pelos peritos do Instituto Médico Legal;

VII - registro dos encaminhamentos dados pela autoridade judicial para requisitar investigação dos relatos;

VIII - registro da aplicação de medida protetiva ao autuado pela autoridade judicial, caso a natureza ou gravidade dos fatos relatados coloque em risco a vida ou a segurança da pessoa presa em flagrante delito, de seus familiares ou de testemunhas.

§ 3º Os registros das lesões poderão ser feitos em modo fotográfico ou audiovisual, respeitando a intimidade e consignando o consentimento da vítima.

§ 4º Averiguada pela autoridade judicial a necessidade da imposição de alguma medida de proteção à pessoa presa em flagrante delito, em razão da comunicação ou denúncia da prática de tortura e maus tratos, será assegurada, primordialmente, a integridade pessoal do denunciante, das testemunhas, do funcionário que constatou a ocorrência da prática abusiva e de seus familiares, e, se pertinente, o sigilo das informações.

§ 5º Os encaminhamentos dados pela autoridade judicial e as informações deles resultantes deverão ser comunicadas ao juiz responsável pela instrução do processo.

§ 6º A comunicação, às Polícias Civil e Militar, da hipótese mencionada no caput deverá ser feita por meio do ofício de modelo 2058.

Art. 719. O termo da audiência de custódia será apensado ao inquérito ou à ação penal.

CAPÍTULO II
DA TRAMITAÇÃO DE INQUÉRITOS

Art. 720. As disposições deste Capítulo disciplinam os procedimentos relativos aos inquéritos policiais junto ao Sistema SAJ, sem prejuízo do que dispõe a Resolução n. 24/16 do Tribunal de Justiça deste Estado e das disposições atinentes às audiências de custódia.

Art. 721. Os inquéritos policiais devem ser protocolados pela autoridade policial, ou, se for o caso, diretamente pelo Ministério Público, com a qualificação possível e a indicação do endereço do indiciado, do ofendido, das testemunhas e de todos aqueles que, de alguma forma, participaram do apurado.

Parágrafo único. Para a correta alimentação do Sistema SAJ, deverá ser observado pelo peticionante o seguinte:

I - a autoridade policial deverá ser cadastrada como "Indiciante", como "parte ativa" do inquérito, por meio do Código de cada instituição conveniada;

II - a pessoa investigada deverá ser cadastrada como "Indiciado", como parte passiva do inquérito; não sendo a pessoa em questão identificada, deverá constar no polo passivo "a apurar".

III - a pessoa ofendida deverá ser cadastrada como "Vítima", como parte terceira do inquérito;

IV - as testemunhas deverão ser cadastradas como "Declarantes" ou "testemunhas", conforme prestem ou não o compromisso de dizer a verdade, na forma da legislação aplicável.

Art. 722. Compete ao primeiro servidor que tiver contato com o inquérito protocolado conferir as informações constantes do caput e proceder, se for o caso, às adequações necessárias.

Parágrafo único. O servidor deverá, ainda:

I - certificar, nos autos do inquérito, se houve, previamente ao seu protocolo, tramitação de auto de prisão em flagrante, representação por prisão preventiva ou temporária, medidas cautelares ou qualquer outro procedimento relativo ao mesmo fato;

II - apensar os autos do inquérito com o de eventuais procedimentos anteriores relativos ao mesmo fato, tais como auto de prisão em flagrante, medida protetiva, liberdade provisória e restituição de bens apreendidos.

Art. 723. O membro do Ministério Público deverá protocolar suas petições intermediárias da seguinte forma:

I - "denúncia", quando houver o oferecimento de tal peça;

II - "pedido de arquivamento", quando houver o oferecimento de tal peça;

III - "manifestação do promotor", nos demais casos.

CAPÍTULO III
DA MONITORAÇÃO ELETRÔNICA

SEÇÃO I
DAS DISPOSIÇÕES GERAIS

Art. 724. Considera-se monitoração eletrônica a vigilância telemática posicional à distância de pessoas presas sob medida cautelar ou condenadas por sentença transitada em julgado, executada por meios técnicos que permitam indicar a sua localização.

Parágrafo único. O equipamento de monitoração eletrônica deverá ser utilizado de modo a respeitar a integridade física, moral e social da pessoa monitorada.

Art. 725. A monitoração se dará pela afixação ao corpo do apenado de dispositivo (tornozeleira) não ostensivo de monitoração eletrônica que indique a distância, o horário e a localização em que se encontra, além de outras informações úteis à fiscalização judicial do cumprimento de suas condições.

Art. 726. O sistema de monitoramento será estruturado de modo a preservar o sigilo dos dados e das informações da pessoa monitorada.

Art. 727. O acesso aos dados e informações da pessoa monitorada ficará restrito às autoridades e servidores integrantes da Justiça, do Ministério Público e da Polícia que, em razão de suas atribuições, necessitem ter conhecimento sobre os mesmos.

Art. 728. Os equipamentos de monitoração eletrônica serão disponibilizados pela Secretaria de Estado de Ressocialização e Inclusão Social de

Alagoas para utilização pelas unidades judiciais criminais e de execução penal do Poder Judiciário do Estado de Alagoas.

Art. 729. O planejamento da utilização e da distribuição equitativa dos equipamentos de monitoração eletrônica disponibilizados ao Poder Judiciário será realizado pelo Centro de Monitoramento Eletrônico de Presos - CMEP.

Art. 730. Antes de conceder o benefício da monitoração eletrônica, o juízo deverá consultar a disponibilidade dos aparelhos necessários junto ao Centro de Monitoramento Eletrônico de Presos - CMEP.

Parágrafo único. Não havendo disponibilidade da tornozeleira, o juízo contatará o Grupo de Monitoração e Fiscalização - GMF/AL para que este solicite o equipamento.

Art. 731. A responsabilidade pela administração, execução e controle da monitoração eletrônica caberá ao Centro de Monitoramento Eletrônico de Presos - CMEP, a este incumbindo também:

I - verificar o cumprimento dos deveres legais e das condições especificadas na decisão judicial que autorizar a monitoração eletrônica;

II - encaminhar relatório circunstanciado sobre a pessoa monitorada ao juiz competente na periodicidade estabelecida ou, a qualquer momento, quando por este determinado ou quando as circunstâncias assim o exigirem;

III - adequar e manter programas e equipes multiprofissionais de acompanhamento e apoio à pessoa monitorada;

IV - orientar a pessoa monitorada no cumprimento de suas obrigações e auxiliá-la na reintegração social, se for o caso;

V - comunicar, imediatamente, ao juiz competente sobre fato que possa dar causa à revogação da medida ou modificação de suas condições.

Art. 732. A elaboração e o envio de relatório circunstanciado poderão ser feitos pelo portal eletrônico.

Parágrafo único. Enquanto não integrados os sistemas do Poder Judiciário e do Centro de Monitoramento Eletrônico de Presos - CMEP, as comunicações entre referidas entidades deverão ser feitas por correio eletrônico, juntando-se nos autos a prova da comunicação.

Art. 733. A fiscalização do cumprimento das condições estabelecidas pelo juiz para a monitoração eletrônica será realizada pelo Centro de Monitoramento Eletrônico de Presos - CMEP.

Art. 734. O juiz terá acesso ao Sistema de Acompanhamento de Custódia 24 horas (SAC24) da Central de Monitoramento Eletrônico mediante prévio cadastramento de "login" e "senha" a serem disponibilizados pelo Centro de Monitoramento Eletrônico de Presos - CMEP, após solicitação do juiz interessado.

SEÇÃO II
DO CABIMENTO DA MONITORAÇÃO ELETRÔNICA

Art. 735. A monitoração eletrônica antes do oferecimento da denúncia ou queixa ou no curso da ação penal poderá ser utilizada:

I - como medida cautelar diversa da prisão, nos termos do inciso IX do art. 319 do Código de Processo Penal;

II - para monitoramento da prisão domiciliar determinada nos termos dos art. 317 e 318 do Código de Processo Penal ou de recolhimento domiciliar no período noturno, finais de semana e feriados quando o investigado ou acusado tenha residência e trabalho fixos, estipulados nos termos do inciso V do art. 319 do Código de Processo Penal.

§ 1º Na hipótese de ter sido revogada a prisão preventiva e concedida a medida cautelar de monitoração eletrônica, deverá ser expedido pelo Sistema SAJ o contramandado de prisão e o mandado de monitoração eletrônica.

§ 2º Na hipótese do parágrafo anterior, o servidor deverá alterar, no Sistema SAJ, o motivo da prisão para prisão domiciliar com monitoração eletrônica ou recolhimento domiciliar noturno, nos finais de semana e nos feriados, com monitoração eletrônica.

Art. 736. O prazo máximo de uso do equipamento de monitoração eletrônica pelos monitorados será de 180 (cento e oitenta) dias, podendo ser renovado quantas vezes forem necessárias, desde que justificada a renovação por meio de decisão fundamentada.

§ 1º Caso a decisão pela renovação do monitoramento tenha ocorrido antes de expirado o prazo do mandado de monitoramento, deverá ser anotado no Sistema SAJ o novo prazo, sem a expedição de outro mandado.

§ 2º Na hipótese de a decisão de renovação ter ocorrido após expirado o prazo do mandado de monitoramento deverá ser expedido novo mandado de monitoração.

§ 3º A data a ser levada em consideração para o início da monitoração é o do dia da instalação da tornozeleira, e para o final é a do término do prazo estipulado pelo juiz ou a data da determinação da retirada.

§ 4º Na hipótese de fuga do monitorado, no caso de retirada indevida ou de violação que inviabilize o funcionamento da tornozeleira, será considerada a data da ocorrência.

Art. 737. A monitoração eletrônica durante a execução da pena poderá ser utilizada:

I - para presos em regime domiciliar, nos termos dos arts. 117 e 146-B, IV, da Lei nº 7.210/1984;

II - para presos em regime semiaberto:

a) na hipótese de saída temporária autorizada pelo juiz;

b) na harmonização do regime semiaberto, ou seja, na hipótese de inexistência de vaga nas unidades penitenciárias de regime semiaberto do Sistema Penitenciário do Estado, a critério do juiz.

Parágrafo único. Para implantação do monitoramento eletrônico nos presos do regime semiaberto, terão preferência aqueles que já estejam implantados nas unidades penitenciárias de regime semiaberto.

Art. 738. Nas Comarcas onde houver equipe multidisciplinar, a utilização do monitoramento eletrônico deverá ser precedida de estudo psicossocial do reeducando, que atestará se o perfil do apenado corresponde às possibilidades e expectativas do projeto, ante os fins ressocializadores da pena previstos na Lei de Execução Penal.

Art. 739. O prazo da monitoração corresponderá:

I - ao tempo de prisão domiciliar a ser cumprido pelo condenado na hipótese prevista no inciso I do art. 737 deste Código;

II - ao tempo de duração da saída temporária autorizada pelo juiz, na hipótese prevista na alínea "a" do inciso II do art. 737 deste Código;

III - ao tempo de cumprimento de pena no regime semiaberto, na hipótese prevista na alínea "b" do inciso II do art. 737 deste Código.

Art. 740. A monitoração eletrônica poderá ser utilizada para monitoramento de medidas protetivas de urgência aplicadas para pessoas acusadas por crime que envolva violência doméstica e familiar contra a mulher, criança ou adolescente, idoso, enfermo ou pessoa com deficiência.

Art. 741. O prazo de duração do monitoramento eletrônico, na hipótese em que for aplicado exclusivamente como medida protetiva para fiscalização de área de exclusão, ou seja, área onde o monitorado não pode frequentar ou dela se aproximar (limite de aproximação), será de até 6 (seis) meses, salvo se de forma diversa estabelecer o juiz em decisão fundamentada.

SEÇÃO III
DA CONCESSÃO DO BENEFÍCIO DA MONITORAÇÃO ELETRÔNICA

Art. 742. No primeiro grau de jurisdição, a concessão do benefício da monitoração eletrônica será concedida:

I - pelo juiz criminal competente para aplicação da medida cautelar, da medida protetiva de urgência ou da prisão domiciliar monitorada; ou

II - pelo juiz da execução quando a monitoração eletrônica for aplicada no processo de execução penal.

Art. 743. O juiz fará constar na decisão concessiva da fiscalização por meio do monitoramento eletrônico:

I - se o monitorado está preso ou solto, e quando preso, especificar se é preso provisório ou definitivo;

II - o motivo da concessão do benefício;

III - o prazo da monitoração eletrônica, observado o disposto no art. 736, no art. 739 e no art. 741;

IV - áreas de inclusão domiciliar, com especificação precisa do local de residência, do raio de circulação em metros e ainda:

a) se o recolhimento domiciliar é noturno e ou diurno e se há ou não autorização de saída da área delimitada;

b) na hipótese de ser autorizada a saída da área delimitada, deverá ser definida, com precisão, a área que o monitorado estará autorizado a frequentar;

c) se o recolhimento domiciliar deverá ou não ocorrer aos finais de semana e feriados, com determinação precisa dos dias e horários em que a saída da residência está autorizada;

d) se há autorização de saída para o trabalho, com especificação precisa do endereço do local de trabalho e os horários de deslocamentos autorizados;

e) se há autorização para estudo, com especificação precisa do local de estudo e os horários de deslocamentos autorizados;

V - área de exclusão (locais em que o monitorado não poderá ir ou dele se aproximar, tais como a residência e o local de trabalho da vítima), devendo constar, em metros, a distância mínima de aproximação;

VI - as seguintes condições a serem impostas ao monitorado, entre outras que julgar compatíveis com as circunstâncias do caso e a situação pessoal do monitorado:

a) fornecimento do endereço onde estabelecerá sua residência e, se for o caso, do endereço de seu local de trabalho ou aquele onde poderá ser encontrado durante o período em que se submeterá à monitoração eletrônica;

b) o recolhimento à residência no período noturno, finais de semana e feriados, se for o caso;

c) comunicação prévia ao juízo que concedeu o benefício de eventual alteração do endereço residencial e ou endereço comercial e ou do horário de trabalho e ou estudo.

VII - A advertência de que o monitorado deverá observar os deveres previstos no art. 747deste Código.

Art. 744. Ao deferir o benefício, o juiz deverá determinar no Sistema SAJ a expedição de alvará de soltura ou contramandado de prisão, com a indicação expressa da imposição da medida cautelar, o qual será encaminhado ao Centro de Monitoramento Eletrônico de Presos - CMEP.

§ 1º A decisão concessiva da monitoração eletrônica deverá ser cadastrada pelo servidor no Sistema SAJ.

§ 2º Havendo alteração de condição, esta deverá ser comunicada pelo juízo ao Centro de Monitoramento Eletrônico de Presos - CMEP.

Art. 745. O juiz poderá ter acesso permanente ao sistema de monitoramento de presos mediante solicitação à Secretaria de Estado de Ressocialização e Inclusão Social - SERIS.

SEÇÃO IV
DO PROCEDIMENTO PARA INSTALAÇÃO E RETIRADA DA TORNOZELEIRA ELETRÔNICA

Art. 746. Se o beneficiado da monitoração eletrônica:

I - estiver solto, deverá ser intimado pessoalmente para comparecer no prazo de 24 (vinte e quatro) horas, contado da ciência da decisão concessiva do benefício, na unidade penitenciária indicada pelo Centro de Monitoramento Eletrônico de Presos - CMEP, para instalação da tornozeleira;

II - estiver preso, a autoridade policial responsável pela sua custódia deverá encaminhá- lo para a unidade penitenciária indicada pelo Centro de Monitoramento Eletrônico de Presos - CMEP, para instalação da tornozeleira eletrônica.

Art. 747. Por ocasião da instalação da tornozeleira, a pessoa monitorada será instruída quanto ao período de vigilância, aos procedimentos a serem observados durante a monitoração e aos cuidados que deverá adotar com o equipamento eletrônico, bem como acerca dos seguintes deveres:

I - fornecer um número de telefone ativo;

II - assinar o termo de monitoramento eletrônico;

III - receber visitas do servidor responsável pela monitoração eletrônica, responder a seus contatos e cumprir suas orientações;

IV - abster-se de remover, romper, violar, modificar ou danificar, de qualquer forma, o dispositivo de monitoração eletrônica, nem permitir que outrem o faça;

V - informar de imediato qualquer falha no equipamento de monitoração;

VI - recarregar o equipamento, de forma correta, diariamente, e jamais permitir que o equipamento descarregue por completo;

VII - manter atualizada a informação de seu endereço residencial ou comercial;

VIII - entrar em contato imediatamente com a Central de Monitoramento Eletrônico, por via eletrônica ou pelos telefones indicados no termo de monitoramento eletrônico assinado, caso tenha que sair do perímetro estipulado em virtude de doença, ameaça de morte, inundação, incêndio, ou outras situações imprevisíveis e inevitáveis;

IX - obedecer aos horários de permanência em locais permitidos, bem como respeitar as áreas de inclusão e exclusão e todas as determinações estabelecidas em decisão judicial;

X - fornecer o endereço onde estabelecerá sua residência e, se for o caso, do endereço de seu local de trabalho ou aquele onde poderá ser encontrado durante o período em que se submeterá à monitoração eletrônica;

XI - informar à unidade judicial competente e ao Centro de Monitoração Eletrônico de Presos – CMPE eventual alteração do número de telefone ou dos endereços residencial e comercial ou, ainda, mudança nos horários de trabalho e ou estudo.

Art. 748. O monitorado não poderá manter contato direto com as empresas participantes do projeto, devendo, em caso de necessidade, contatar o Centro de Monitoramento Eletrônico de Presos – CMEP.

Art. 749. O beneficiário é responsável direto pelos equipamentos recebidos da Direção da unidade penitenciária, ficando sujeito, na hipótese de dano a estes em decorrência das condutas previstas no inciso IV do art. 747, ao ressarcimento e a eventual configuração do crime de dano qualificado (art. 163, parágrafo único, inciso III, do Código Penal).

Art. 750. Após a cientificação do monitorado, nos termos do Art. 652. deste Código, será lavrado, na unidade penitenciária onde foi realizada a instalação da tornozeleira, o termo de monitoramento eletrônico, que será assinado pelo beneficiário e pelo Diretor da unidade penitenciária e impresso em duas vias.

§ 1º A primeira via ficará arquivada na respectiva unidade penitenciária, e a segunda será entregue, mediante recibo, ao beneficiário do monitoramento eletrônico.

§ 2º O Diretor da unidade penitenciária encaminhará cópia digitalizada do termo de monitoramento ao juízo que concedeu o benefício e ao Centro de Monitoramento Eletrônico de Presos - CMEP.

§ 3º Recebido o termo de monitoramento, este deverá ser juntado pelo servidor aos autos em que foi proferida a decisão concessiva do benefício da monitoração eletrônica.

Art. 751. O servidor deverá anotar no Sistema SAJ a data de início e do término previsto para controle do prazo de duração da monitoração eletrônica.

Art. 752. A violação das condições estabelecidas no art. 747ou na decisão que impôs o monitoramento eletrônico poderá acarretar, a critério do juiz, ouvidos o Ministério Público e a defesa:

I - a regressão do regime;

II - a revogação do regime semiaberto harmonizado monitorado;

III - a revogação da autorização de saída temporária;

IV - a substituição da medida cautelar, a imposição de outra em cumulação, ou, em último caso, a decretação da prisão preventiva (art. 312, parágrafo único, do Código de Processo Penal), na hipótese de ter sido aplicado o monitoramento eletrônico como medida cautelar, nos termos do inciso IX do art. 319 do Código de Processo Penal;

V - a decretação da prisão preventiva, na hipótese de a medida de monitoramento ter sido aplicada como medida protetiva de urgência; ou

VI - advertência, por escrito, para todos os casos em que o juiz que concedeu o benefício não decida aplicar alguma das medidas acima previstas.

§ 1º Na hipótese do inciso I deste artigo, deverá ser ouvido previamente o monitorado.

§ 2º Os policiais federais, militares e civis, bem assim as autoridades policiais e seus agentes e os agentes penitenciários poderão efetuar a apreensão em flagrante do monitorado que estiver descumprindo uma das condições impostas pelo juiz que determinou a monitoração eletrônica.

§ 3º A autoridade/agente que efetuar a apreensão do monitorado deverá lavrar termo circunstanciado, no qual especificará qual(is) a(s) condição(ões) está(ão) sendo descumprida(s) pelo monitorado.

§ 4º A autoridade/agente que proceder ao recolhimento do monitorado deverá encaminhá-lo, até o 1º dia útil subsequente, ao juízo competente, a quem caberá a análise acerca da medida a ser aplicada.

§ 5º Quando for detectada a violação do equipamento de monitoração eletrônica, a autoridade/agente deverá comunicar o fato, no prazo de 48 (quarenta e oito) horas, ao magistrado que estabeleceu a medida, a fim de que este verifique a necessidade ou não de sua revogação.

Art. 753. O Centro de Monitoramento Eletrônico de Presos - CMEP deverá comunicar, imediatamente, ao juízo competente a inobservância das áreas de inclusão e exclusão fixadas, bem como o descumprimento das demais condições impostas na decisão que determinou o monitoramento eletrônico e, ainda, a violação aos deveres previstos no art. 747ou qualquer fato que possa dar causa à revogação da medida ou modificação de suas condições.

Art. 754. No caso da prática de novo crime em situação de flagrância, o responsável pela prisão deverá conduzir o beneficiado à Delegacia de Polícia da respectiva circunscrição para as providências necessárias, bem como comunicar o fato ao juiz responsável pela concessão do benefício e ao Centro de Monitoramento Eletrônico de Presos - CMEP.

Art. 755. Ao receber notícia sobre eventual descumprimento das condições do monitoramento eletrônico, a secretaria do juízo deverá inserir tarja correspondente a "suposta violação de monitoramento eletrônico de presos" nos processos virtuais e imediatamente remeter os autos conclusos ao gabinete.

Art. 756. A monitoração eletrônica poderá ser revogada:

I - quando se tornar desnecessária ou inadequada; ou

II - se o acusado ou condenado violar os deveres a que estiver sujeito durante a sua vigência ou cometer falta grave.

Parágrafo único. Revogada a monitoração eletrônica, deverá ser expedido contramandado de monitoração eletrônica no Sistema SAJ, sem prejuízo da expedição de mandado de prisão, quando houver a regressão de regime, a revogação do regime semiaberto harmonizado monitorado, a revogação da prisão domiciliar ou a decretação da prisão preventiva.

Art. 757. Decorrido o prazo de monitoração, sem renovação, o respectivo mandado perderá a vigência, e a tornozeleira deverá ser retirada independentemente de ordem judicial.

§ 1º Nos demais casos, a retirada da tornozeleira eletrônica deverá ser precedida de prévia e expressa autorização judicial, a qual deverá ser proferida por escrito nos autos em que foi prolatada a decisão concessiva do benefício.

§ 2º Determinado pelo juiz a retirada da tornozeleira, o servidor expedirá contramandado de monitoração eletrônica.

Art. 758. O beneficiário da decisão deverá ser encaminhado à unidade penitenciária mais próxima de sua residência para que seja desinstalada a tornozeleira.

Parágrafo único. Na hipótese de não existir unidade penitenciária na Comarca onde reside o beneficiário, este deverá se apresentar à Delegacia de Polícia local, que providenciará o transporte até a unidade penitenciária mais próxima para a retirada do aparelho e o retorno até a sua residência.

Art. 759. Antes de proceder a retirada da tornozeleira, o responsável pela unidade penitenciária deverá consultar o Centro de Monitoramento Eletrônico de Presos – CMEP, para certificar-se da possibilidade de retirada do referido aparelho de monitoração eletrônica.

Art. 760. Retirada a tornozeleira, o Centro de Monitoramento Eletrônico de Presos - CMEP informará ao respectivo juízo.

Art. 761. Nos casos de rompimento da tornozeleira e ou dispositivo desligado, por um período superior a 10 (dez) dias sem contato com o monitorado, o Supervisor do Centro de Monitoramento Eletrônico de Presos adotará as seguintes medidas:

I - informará ao juízo competente, para que esse decida acerca da situação do monitorado;

II - procederá a desativação do sistema de monitoramento eletrônico de presos, após 05 (cinco) tentativas de contato telefônico com o monitorado, informando ao juízo competente esse procedimento.

Art. 762. Eventuais dúvidas acerca dos procedimentos relacionados à monitoração eletrônica poderão ser dirimidas perante o Centro de Monitoramento Eletrônico de Presos - CMEP.

CAPÍTULO IV
DOS MANDADOS DE PRISÃO

Art. 763. A expedição de mandados de prisão será feita com a devida alimentação no Banco Nacional de Monitoramento de Prisões, devendo ser observada a Resolução nº 417/2021 do CNJ.

§ 1º É obrigatório que o destinatário do mandado de prisão esteja cadastrado como parte do processo, sendo vedada a quebra de vínculo para inclusão de dados, devendo ser feita a atualização cadastral quando necessário.

§ 2º Considera-se o prazo de validade do mandado de prisão:

I - a data em que ocorrer a prescrição da pretensão executória da reprimenda irrogada, nos processos criminais com sentença transitada em julgado;

II - a data em que ocorrer a prescrição em abstrato nas ordens de prisões cautelares (prisão preventiva e prisão temporária); ou

III - de 1 (um) ano, no caso de mandado que tenha por objeto a prisão civil.

Art. 764. Havendo necessidadedealteraçãodos dados cadastrais, deveráser providenciado o cancelamento do mandado de prisão e a emissão de um novo.

Art. 765. Todo mandado de prisão deverá conter, expressamente, a determinação para que, no momento de seu cumprimento, a pessoa presa seja imediatamente apresentada à autoridade judicial que determinou a expedição da ordem de custódia ou, nos casos em que forem cumpridos fora da jurisdição do juiz processante ou em dias em que não há expediente forense, à autoridade judicial competente do local da prisão ou ao juiz plantonista, respectivamente.

Art. 766. O mandado de prisão emitido sem data de validade deverá ser cancelado e um novo emitido, com o preenchimento desse dado.

Art. 767. O chefe de secretaria certificará o cancelamento do mandado.

Art. 768. Os mandados de prisão serão devidamente alimentados no Banco Nacional de Monitoramento de Prisões - BNMP e ao Sistema Nacional de Segurança Pública – INFOSEG, observadas, no que couber, as disposições dos arts. 533 a 537 deste Código de Normas.

Parágrafo único. A inclusão nos sistemas se dará no momento em que o mandado de prisão for liberado nos autos digitais ou quando, após a assinatura do juiz, sua movimentação for confirmada, para processos físicos.

Art. 769. A responsabilidade pela atualização das informações do Banco Nacional de Monitoramento de Prisões, assim como pelo conteúdo disponibilizado, é, exclusivamente, das autoridades judiciárias responsáveis pela expedição dos mandados de prisão.

§ 1º O chefe de secretaria deverá atualizar as informações contidas no mandado de prisão no prazo de 24 (vinte quatro) horas, a contar da superveniência de dados complementares, certificando-se nos autos.

§ 2º Cumprido o mandado de prisão, ou no caso de prisão em flagrante de pessoa a respeito da qual esteja pendente essa ordem judicial, o juízo deverá comunicar a autoridade que a expediu, no prazo de 24 (vinte e quatro) horas.

Art. 770. Sem prejuízo da remessa automática a que se refere o art. 768, o juízo poderá deprecar o seu cumprimento a outra Comarca, quando tiver notícias do possível paradeiro da pessoa que se procura.

§ 1º O juízo que deprecar ordem de prisão deverá expedir o mandado e instruir a carta com cópia, bem como com cópia da decisão que determinou a prisão.

§ 2º É vedada a expedição de mandado de prisão em carta precatória.

§ 3º O cumprimento da carta precatória a que se refere este artigo observará o disposto no art. 499 deste Código.

Art. 771. Só será dado cumprimento à carta precatória com o objeto de prender pessoa oriunda de outro Estado da Federação que esteja instruída com os documentos elencados no § 1º do art. art. 770.

Parágrafo único. Todas as providências para inclusão do mandado no Banco Nacional de Monitoramento de Prisões deverão ser providenciadas pelo juízo deprecante.

CAPÍTULO V
DOS ALVARÁS DE SOLTURA

Art. 772. O juízo competente para processar e julgar a pessoa segregada em primeiro grau de jurisdição será responsável pela expedição e cumprimento do respectivo alvará de soltura, de forma imediata.

§ 1º O preso em favor do qual for expedido o alvará de soltura será colocado imediatamente em liberdade, salvo se estiver preso por outro motivo ou houver mandado de prisão expedido em seu desfavor.

§ 2º Ainda que outros motivos justifiquem a manutenção da prisão, conforme disposto no § 1º deste artigo, o alvará de soltura deverá ser expedido e encaminhado para cumprimento, para baixa nos registros competentes em relação ao processo ou inquérito a que se refere.

Art. 773. O servidor responsável deverá alimentar, em no máximo 05 (cinco) dias, a informação da soltura da pessoa no Histórico de Partes, à vista do alvará cumprido.

Parágrafo único. Não havendo nos autos a informação de que o alvará foi cumprido no prazo estabelecido no caput, o fato deverá ser comunicado ao juiz.

Art. 774. No alvará de soltura deverão ser consignados os elementos indispensáveis para a segura identificação da pessoa a ser liberada.

Art. 775. Os alvarás de soltura serão cumpridos pelos meios a seguir estabelecidos, em ordem de preferência:

I - portal eletrônico, por meio de convênio com o gestor do sistema prisional, se houver;

II - malote digital;

III - e-mail institucional;

IV - oficial de justiça.

§ 1º Nas hipóteses dos incisos I a III, o servidor responsável deverá providenciar a devolução de cópia do alvará devidamente cumprido, inclusive mediante contato telefônico, se necessário for.

§ 2º Na hipótese do inciso IV, o oficial de justiça deverá certificar a data, local e horário do cumprimento do alvará de soltura, o estabelecimento prisional e o respectivo diretor, bem como se resultou ou não na soltura do preso e as razões que eventualmente justificaram a manutenção da prisão.

Art. 776. Caso o preso esteja custodiado em estabelecimento de outra unidade da Federação, o alvará de soltura, endereçado diretamente à autoridade administrativa responsável pela custódia, será enviado pelo meio mais célere, preferencialmente eletrônico.

Parágrafo único. A autoridade remetente tomará as precauções necessárias para confirmar o recebimento da ordem, certificando nos autos a data, o horário, o nome e o cargo de quem recepcionou a comunicação.

Art. 777. Ainda que o juiz faça constar em decisão ou ata de audiência que a cópia do instrumento serve como alvará de soltura, o servidor fará a comunicação da prisão em flagrante e posterior colocação em liberdade no histórico de partes do Sistema SAJ, bem como no BNMP.

Art. 777-A. Nos termos do art. 316, parágrafo único, do Código de Processo Penal, decretada a prisão preventiva, o magistrado deverá revisar a necessidade de sua manutenção a cada 90 (noventa) dias e, após a decisão fundamentada que mantiver a segregação cautelar, o histórico de partes no SAJ deve ser alimentado pelo cartório ou gabinete com o evento "manutenção da prisão" (código 735). (Incluído pelo Provimento nº 14, de 06 de junho de 2023)

CAPÍTULO VI
DO REEXAME DAS PRISÕES PROVISÓRIAS

Art. 778. Os juízes de primeiro grau não revisarão prisões preventivas em processos em grau de recurso.

CAPÍTULO VII
DA PRISÃO DE ESTRANGEIROS

Art. 779. A autoridade judiciária deverá exercer e fiscalizar a notificação consular decorrente da aplicação do Art. 36 da Convenção de Viena sobre Relações Consulares, de 1963, que impõe às autoridades brasileiras que cientifiquem, sem demora, a autoridade consular do País a que pertence o estrangeiro, sempre que este for preso, qualquer que seja a modalidade de prisão.

§ 1º A comunicação de que trata o caput será acompanhada dos seguintes documentos:

I - na hipótese de prisão definitiva, cópia da sentença penal condenatória ou do acórdão transitado em julgado; ou

II - na hipótese de prisão provisória, cópia da decisão que manteve a prisão em flagrante ou que decretou a prisão provisória.

§ 2º Incumbe à autoridade judiciária, após a realização das perícias pertinentes, encaminhar o passaporte do preso estrangeiro à respectiva autoridade consular ou, na sua falta, ao Ministério das Relações Exteriores, no prazo máximo de 05 (cinco) dias.

§ 3º Caberá ao juiz da execução penal comunicar à autoridade consular do Estado de origem do preso estrangeiro ou, na sua falta, ao Ministério das Relações Exteriores, e ao Ministério da Justiça, no prazo máximo de 05 (cinco) dias:

I - a progressão ou regressão de regime;

II - a concessão de livramento condicional;

III - a extinção da punibilidade.

§ 4º A comunicação de que trata este artigo será acompanhada da respectiva decisão.

CAPÍTULO VIII
DO CADASTRO DA AÇÃO PENAL

Art. 780. Nenhum procedimento será cadastrado como ação penal, independentemente do rito que deva seguir, sem que tenha havido o recebimento de denúncia ou queixa- crime.

Art. 781. Imediatamente após o recebimento da denúncia, deverá o servidor responsável:

I - evoluir a classe do procedimento, independentemente de qual seja, para ação penal, com a especificação do rito que deva seguir, segundo as disposições contidas no art. 394, § 1º, do Código de Processo Penal e na Tabela de Classes do Conselho Nacional de Justiça;

II - alimentar o histórico de partes com o evento de recebimento de denúncia;

III - mover a peça da denúncia ou queixa-crime de modo que figure como o primeiro documento da pasta digital.

Art. 782. As vítimas identificadas na denúncia ou queixa e as testemunhas de processo criminal, de acusação, defesa ou comuns, terão suas qualificações lançadas no Sistema SAJ, exceto quando, ao darem conta de coação ou grave ameaça, após deferimento do juiz, pedirem para não haver identificação de seus dados de qualificação e endereço.

Art. 783. O servidor terá responsabilidade funcional pelo prejuízo ou benefício que der a pessoas acusadas em razão de não ter procedido na forma estabelecida neste Capítulo.

CAPÍTULO IX
DO HISTÓRICO DE PARTES

Art. 784. O servidor responsável deverá manter a alimentação do histórico de partes sempre atualizada.

Art. 785. As movimentações a serem lançadas e os casos em que se aplicam estão disciplinadas na tabela constante do sítio eletrônico da Corregedoria-Geral da Justiça do Estado de Alagoas.

Art. 786. Nenhum servidor fará a conclusão dos autos ao juiz antes de alimentar integralmente o histórico de partes no Sistema SAJ.

Art. 787. A necessidade de alimentação do histórico de partes a que se refere esta seção não se aplica a cartas precatórias e rogatórias.

CAPÍTULO X
DOS PROCEDIMENTOS SIGILOSOS

Art. 788. Esta seção disciplina o protocolo e o processamento dos pedidos de natureza cautelar, em matéria criminal, formulados em procedimentos investigatórios e ou no curso da instrução processual penal, bem como qualquer procedimento que, por sua natureza, deva ser processado em sigilo.

Art. 789. O sigilo dos procedimentos é responsabilidade do peticionante e se garante por meio da utilização das classes processuais e procedimentos estabelecidos neste Código.

Parágrafo único. Embora não se responsabilize o servidor pelo peticionamento indevido que não garanta o sigilo dos procedimentos, a ele incumbe, tão logo verificado que está disponível à consulta pública procedimento que, por sua natureza ou por determinação judicial, deva tramitar em sigilo, providenciar o necessário para sanar a irregularidade, observado, se for o caso, o disposto no TÍTULO III, CAPÍTULO IV, Seção VII, deste Código.

Art. 790. Para a tramitação sigilosa automática, o peticionante deverá protocolar o requerimento como petição inicial, com alguma das seguintes classes, conforme o objeto do pedido:

I - pedido de busca e apreensão criminal;

II - pedido de quebra de sigilo de dados e ou telefônico;

III - medidas investigatórias sobre organização criminosa;

IV - pedido de prisão preventiva;

V - pedido de prisão temporária;

VI - medidas protetivas de urgência (Lei Maria da Penha);

VII - medidas protetivas – Estatuto do Idoso; ou

VIII - cautelar inominada criminal.

Art. 791. Quando já houver procedimento não sigiloso relativo aos mesmos fatos em andamento, tal como inquérito ou ação penal, a medida sigilosa deverá ser protocolada como petição inicial e distribuída por dependência ao procedimento que já tramita.

Parágrafo único. Indeferida a medida ou, se deferida, cumprida sua finalidade, será trasladada cópia dos documentos aos autos principais e arquivado o procedimento sigiloso.

Art. 792. Havendo indícios de que o peticionante se valeu de alguma das classes processuais referidas nesta seção com o fim exclusivo de atribuir sigilo a processo que, objetivamente, não se enquadre nas situações ali retratadas, deverá o juiz, ao tomar conhecimento do fato, comunicar o órgão sensor a que esteja o peticionante submetido.

CAPÍTULO XI
DOS TRIBUNAIS DO JÚRI

Art. 793. Quando encerrada a fase a que se refere o Art. 422 do Código de Processo Penal, o juiz deverá providenciar para que a sessão do júri se realize dentro dos 06 (seis) meses subsequentes, devendo organizar sua pauta, tanto quando possível, para que a realização se dê no Mês Nacional do Júri.

Art. 794. Todos os documentos cuja emissão se faça necessária por ocasião da realização de sessão do Tribunal do Júri poderão ser concentrados em um único documento da categoria "Audiências" no Sistema SAJ.

Art. 795. No casos de desaforamento, os feitos somente deverão ser remetidos quando contiverem o relatório previsto no art, 423, II, do Código de Processo Penal.

Paráfrafo único. Finalizada a sessão plenária, os autos deverão voltar imediatamente para o juízo de origem, a quem compete a prática atos processuais subsequentes até o arquivamento.

Art. 796. Aplica-se, à sessão do júri, o disposto no TÍTULO III, CAPÍTULO VI, SeçãoXI, e CAPÍTULO VIII, deste Código.

CAPÍTULO XII
DOS RECURSOS EM SENTIDO ESTRITO

~~**Art. 797.** Ainda que na hipótese do art. 583 do Código de Processo Penal, deverá ser atribuído sequencial para a tramitação do recurso, permanecendo suspenso no primeiro grau os autos principais.~~

~~Parágrafo único. É vedada a movimentação dos autos principais enquanto pender o julgamento do recurso em sentido estrito na hipótese tratada no **caput**, salvo se este for inadmitido e for interposto recurso ao Superior Tribunal de Justiça sem efeito suspensivo.~~

Art. 797. Em sendo hipótese de um único réu (art. 583 do Código de Processo Penal), deverá ser atribuído sequencial para a tramitação do recurso em sentido estrito, permanecendo suspenso no primeiro grau os autos principais.

Parágrafo único. É vedada a movimentação dos autos principais enquanto pender o julgamento do recurso em sentido estrito na hipótese tratada no caput, salvo se este for inadmitido e for interposto recurso ao Superior Tribunal de Justiça sem efeito suspensivo. (Redação dada pelo Provimento nº 17, de 02 de agosto de 2023)

~~**Art. 798.** Quando no processo criminal houver mais de um réu e só um deles tiver interposto recurso em sentido estrito, o traslado a que se refere o art. 583, parágrafo único, do Código de Processo Penal será feito da seguinte forma:~~

~~I - será atribuído novo número de processo em relação aos réus que não tiverem recorrido, anotando-se tal fato no histórico de partes do processo que até então tramita;~~

~~II - no antigo processo, subirão os autos do sequencial do recurso e os autos principais deverão ficar suspensos;~~

~~III - com o retorno dos autos, deve ser dada baixa aos autos do incidente do recurso e o processo principal deverá retornar à sua tramitação.~~

~~Parágrafo único. O procedimento previsto neste artigo será também utilizado quando um réu apresentar apelação e o outro, recurso em sentido estrito.~~

Art. 798. Quando no processo criminal houver mais de um réu e só um ou alguns deles tiver(em) interposto recurso em sentido estrito, o traslado a que se refere o art. 583, parágrafo único, do Código de Processo Penal será feito da seguinte forma: (Redação dada pelo Provimento nº 17, de 02 de agosto de 2023)

I - será feito desmembramento dos autos principais em relação aos réus que não tiveram recorrido, sendo automática a alimentação do histórico de partes em relação a esse evento;

II - o recurso em sentido estrito será remetido ao TJAL no sequencial que está vinculado ao processo principal e o processo principal ficará suspenso aguardando o julgamento do recurso e obedecido o previsto no art. 797, parágrafo único;

III - com o julgamento do recurso em sentido estrito e o retorno dos autos, deve ser dada baixa no sequencial.

§ 1º A baixa do sequencial a que se refere o inciso III deste artigo será dada no SAJ por meio do menu "cadastro", "petições intermediárias e processos dependentes", incluindo se houve ou não o provimento e a sua respectiva data de julgamento.

§ 2º O procedimento previsto neste artigo será também utilizado quando um réu apresentar apelação e o outro, recurso em sentido estrito.

CAPÍTULO XIII
DA EXPEDIÇÃO DE GUIAS DE EXECUÇÃO DE PENA E DE MEDIDA DE SEGURANÇA

Art. 799. A expedição de guias para a execução de penas e medidas de segurança deverá observar a Resolução n.º 113/10 do Conselho Nacional de Justiça, bem como o disposto neste Código.

Art. 800. O servidor responsável deverá alimentar o Histórico de Partes do Sistema SAJ com as movimentações que influenciam na execução da pena, fazendo constar datas em que ocorreram os fatos a que dizem respeito.

§ 1º Poderá o juiz determinar que sejam lançadas, além das mencionadas nos incisos do caput, outras movimentações que auxiliem no controle da situação do condenado.

§ 2º Finda a alimentação, o servidor extrairá documento para a formação dos autos da execução, instruindo-os com as informações elencadas no art. 1º da Resolução 113/10 do Conselho Nacional de Justiça que tenham relação com a hipótese analisada e observando, conforme o caso, o disposto neste Capítulo.

Art. 801. Não será expedido qualquer documento tendente à execução provisória:

I - de processos em que não haja réu preso; ou

II - de penas restritivas de direito.

Art. 802. Em se tratando de réu preso deverá ser extraída guia de recolhimento provisório sempre que for recebido recurso, com o imediato cadastro no juízo da execução.

§ 1º Será também extraída a guia de recolhimento provisório sempre que o acusado vier a ser capturado enquanto pende a apreciação de recurso.

§ 2º Logo após o cadastro da guia de recolhimento provisório no SEEU, o servidor do juízo da condenação deverá lançar no histórico de partes o evento 730 (baixa da prisão no processo da condenação) no Sistema SAJ e, imediatamente, incluir a tarja "réu preso em execução provisória", assim como efetuar a mudança de competência das peças no BNMP para o juízo da execução competente.

§ 3º O juiz do processo de conhecimento deverá comunicar o da execução o retorno dos autos da instância superior, bem como se houve manutenção ou alteração da pena imposta, com os dados da alteração, se for o caso.

§ 4º Uma vez transitada em julgado a sentença condenatória, a expedição da guia definitiva será feita mediante a mera remessa da Ficha do Réu, expedida no Sistema SAJ, para o juízo da execução, momento em que deverá ser retirada a tarja "réu preso em execução provisória".

§ 5º Em se tratando de réu preso e não havendo expedição de guia de recolhimento provisória, com o cadastro da guia de recolhimento definitiva no SEEU deverá ser inserido o evento 730 (baixa da prisão no processo da condenação) no histórico de partes no Sistema SAJ, assim como efetuada a mudança de competência das peças no BNMP.

Art. 803. Quando houver condenação em regime fechado ou semiaberto com trânsito em julgado, sendo o juízo da execução diferente do da condenação, e estando o réu foragido, deverá ser observado o seguinte:

I - a unidade expedirá mandado de prisão definitiva no BNMP;

II - os autos de conhecimento deverão ser arquivados provisoriamente (movimento 14997- arquivamento provisório – aguardando captura do réu condenado);

III - após a captura do réu será expedida a Guia Definitiva no BNMP, efetuando-se a remessa imediata ao juízo de execução e a baixa definitiva do processo de conhecimento.

Parágrafo único. Após o cadastramento da guia de execuçao definitiva no Sistema SEEU, o juízo da condenação deverá lançar no histórico de partes o evento 730 (baixa da prisão no processo da condenação) no Sistema SAJ, assim como efetuar a mudança de competência das peças no BNMP.

Art. 804. Os autos para a execução da pena deverão ser formados ainda que tenha havido a substituição a que se refere o art. 44 do Código Penal.

Art. 805. No caso da suspensão condicional da pena a que se refere o art. 77 do Código Penal, não deverá ser expedida guia de execução, devendo os autos do processo de conhecimento ficarem com a situação "suspenso" até o transcurso do prazo da suspensão ou, em caso de descumprimento, de determinação pelo juiz do cumprimento efetivo da pena.

Art. 806. Ressalvado o disposto no art. 805, as audiências admonitórias, quando cabíveis, deverão ser realizadas nos autos da execução.

Art. 807. Não serão expedidas guias de execução para a fiscalização do cumprimento de benefícios da Lei 9.099/95, devendo o controle ser feito nos próprios autos do processo de conhecimento.

Art. 808. As unidades judiciais remeterão cópias das principais peças processuais – denúncia, interrogatório, sentença condenatória, acórdão(s) e da certidão de trânsito em julgado – ao Procurador-Geral de Justiça, nas hipóteses de condenações de militares à pena privativa de liberdade superior a dois anos, com trânsito em julgado, para fins de representação para perda do posto e da patente dos oficiais ou da graduação das praças.

Art. 809. O juízo da condenação deverá proceder aos cálculos das custas finais do processo criminal, elaborando o respectivo documento e o encaminhando, junto com a guia de recolhimento ou guia de execução, à vara competente para a execução penal (modelo de certidão 2102).

CAPÍTULO XIV
DA MOVIMENTAÇÃO DE PRESOS NO SISTEMA CARCERÁRIO

Art. 810. Qualquer movimentação de preso no sistema penitenciário, seja transferência ou recambiamento, independentemente dos locais de origem e destino, é de incumbência do Poder Executivo.

Art. 811. Quando a movimentação estiver sujeita à reserva de jurisdição, será apreciada pelo juízo da execução penal, nos termos do art. 4º, da Resolução Nº 404 de 02/08/2021, do CNJ.

§ 1º Quando se tratar de preso provisório, o juiz solicitante, advogado ou defensor público deverá autuar processo administrativo no fluxo "processos administrativos" do SEEU pertencente à 16ª Vara Criminal da Capital – Execuções Penais, com classe processual "12728 – transferência entre estabelecimentos penais", e assunto "10907 – transferência de preso".

§ 2º Quando se tratar de preso definitivo ou que já possua processo de execução, deverá ser a solicitação realizada diretamente nos autos da execução da pena.

§ 3º Para os fins do disposto neste artigo, considera-se reserva de jurisdição as hipóteses em que a lei expressamente prevê que a matéria deva ser decidida por autoridade judicial.

§ 4º Não se considera sujeita a reserva de jurisdição matéria que a lei preveja como sendo de atribuição do diretor de estabelecimento prisional.

CAPÍTULO XV
DO CONTROLE DE APRESENTAÇÃO DE APENADOS

Art. 812. O controle de apresentação de apenado, quando esta for necessária ao cumprimento da pena, será feito exclusivamente por meio de registro biométrico, pelo Sistema SAJ.

§ 1º Nas hipóteses de indisponibilidade eventual do sistema e nos casos em que o apenado não possuir nenhuma impressão digital apta a ser captada pelo sistema de registro biométrico previsto no caput deste artigo, o controle da apresentação será realizado mediante o comparecimento do apenado na Secretaria, devendo o servidor certificar tal ocorrência, bem como proceder a atualização do histórico de partes no Sistema SAJ.

§ 2º A ferramenta a que se refere o caput deste artigo, será utilizada, com exclusão de qualquer outra, para o controle de livramento condicional, pena restritiva de direitos, suspensão condicional da pena, suspensão condicional do processo, transação penal, prisão em regime aberto e semiaberto e liberdade provisória.

§ 3º O servidor, ao realizar o cadastro do apenado no Sistema SAJ, deverá colher os registros de imagem facial e biométrico.

CAPÍTULO XVI
DA NOTÍCIA DA MORTE DE RÉU

Art. 813. Os servidores das Varas Criminais, quando noticiado nos autos o falecimento de réu por meio da juntada de certidão de óbito, deverão realizar consulta para identificar se há outros processos tramitando contra ele no âmbito das unidades judiciais do Estado de Alagoas e, se for o caso, proceder a devida comunicação.

Parágrafo único. A comunicação a que se refere o caput desde artigo deve estar devidamente acompanhada de cópia da certidão de óbito do réu.

CAPÍTULO XVII
DAS ROTINAS CARTORÁRIAS

Art. 814. Sem prejuízo do disposto no TÍTULO III, CAPÍTULO XXI, deverão os chefes de secretaria dos ofícios criminais:

I - diariamente:

a) dar andamento aos processos em que haja réu preso;

b) analisar os mandados de prisão e alvarás de soltura que se encontrem em contingência no Banco Nacional de Monitoramento de Prisões.

II - trimestralmente, analisar os mandados de prisão pendentes de cumprimento, dando o necessário andamento;

III – trimestralmente, nos processos de conhecimento em que haja réu preso provisoriamente, verificar a data da última revisão da prisão preventiva decretada, enviando os autos à conclusão caso já tenham transcorrido 90 (noventa) dias desde então.

CAPÍTULO XVIII DA EXECUÇÃO PENAL

SEÇÃO I
DAS DISPOSIÇÕES GERAIS

Art. 815. As consultas públicas aos processos em trâmite no Sistema Eletrônico de Execução Unificado – SEEU deverão ser feitas por meio de acesso ao sítio eletrônico https://seeu.pje.jus.br/seeu/.

Parágrafo único. As unidades judiciárias que pretendam ter acesso ao inteiro teor dos processos em trâmite na 16ª Vara Criminal da Capital deverão solicitar ao Administrador do Sistema Eletrônico de Execução Unificado – SEEU, o perfil de "Consultor VEP", ressalvadas os casos que tramitam em segredo de justiça, cujas informações deverão ser solicitadas diretamente ao Juízo da 16ª Vara Criminal da Capital.

Art. 816. Caberá à Distribuição do Fórum da Capital a emissão de certidão judicial criminal que verse sobre a existência ou inexistência de processo em trâmite na 16ª Vara Criminal da Capital, observadas as disposições da Resolução nº 121/2010, do Conselho Nacional de Justiça.

Art. 817. Os mandados emitidos pela Secretaria da 16ª Vara Criminal da Comarca da Capital deverão ser remetidos, acompanhados de cópia dos documentos necessários ao seu cumprimento, à Central de Mandados via ofício, por meio do sistema intrajus, e devolvidos pelo mesmo meio, observados a forma e os prazos do art. 417 e seguintes deste Código.

Art. 818. As cartas precatórias deverão ser emitidas e recebidas por meio do sistema SEEU, e nos caso de órgãos judiciais de outros Estados da Federação que não façam uso do referido sistem, por malote digital.

Art. 819. O juízo da 16ª Vara Criminal da Capital deverá atender as solicitações de informações envolvendo processo de execução por meio do sistema intrajus, caso tenham por destino ou origem órgãos judiciais do Estado de Alagoas, ou por malote digital, nos demais casos.

Art. 820. Nos atos judiciais de competência da 16ª Vara Criminal da Capital, após deliberação prévia, constarão o nome de, ao menos, dois juízes, sem referência a voto divergente de qualquer membro, inclusive em audiência.

§ 1º Os processos judiciais serão divididos equitativamente entre os magistrados integrantes do órgão, de forma que cada um deles deverá proferir despachos de mero expediente ou relatar aos demais, para decisão ou sentença, o conteúdo dos processos sob sua responsabilidade.

§ 2º Os despachos de mero expediente e todos aqueles sem conteúdo decisório poderão ser assinados por qualquer dos juízes.

§ 3º As audiências poderão ser presididas por um só dos magistrados.

Art. 821. A gestão e fiscalização dos atos realizados pela Secretaria da 16ª Vara Criminal da Capital ficará sob a responsabilidade de um dos juízes titulares que a integram.

§ 1º O Juízo da 16ª Vara Criminal da Capital deverá informar à Corregedoria-Geral da Justiça do Estado de Alagoas, até o 10º (décimo) dia útil de janeiro de cada ano, qual o juiz gestor e seus respectivos substitutos em caso de férias, afastamentos, licenças ou impedimentos.

§ 2º Caberá ao juiz responsável pela gestão e fiscalização dos atos realizados pela Secretaria a realização de autoinspeção nos processos em trâmite na unidade, salvo em relação aos processos que estejam nos gabinetes, que competirá aos respectivos magistrados.

SEÇÃO II
DA INSPEÇÃO MENSAL NOS ESTABELECIMENTOS PRISIONAIS

Art. 822. As inspeções nos estabelecimentos prisionais do Estado de Alagoas, a que se refere o art. 66, VII, da Lei nº 7.210, de 11 de julho de 1984 (Lei de Execução Penal), serão realizadas mensalmente entre os juízes integrantes da 16ª Vara Criminal da Capital, devendo ser elaborada escala semestral e remetida a Corregedoria Geral da Justiça até o 10º (décimo) dia útil de janeiro e julho de cada ano.

Art. 823. O juiz responsável pela inspeção no sistema prisional preencherá o Cadastro Nacional de Inspeções em Estabelecimentos Penais (CNIEP) no site do Conselho Nacional de Justiça e elaborará relatório sobre as condições de cada estabelecimento prisional, remetendo-o à Corregedoria-Geral da Justiça do Estado de Alagoas até o dia 05 (cinco) do mês subsequente à inspeção, sem prejuízo das providências imediatas necessárias ao funcionamento de cada instituição.

§ 1° O relatório observará planilha de dados definida pelo Departamento de Pesquisas Judiciárias (DPJ) do CNJ, devendo constar em campo próprio:

I - localização, destinação, natureza e estrutura do estabelecimento penal;

II - dados relativos ao cumprimento do disposto no Título IV da Lei nº 7.210, de 11 de julho de 1984;

III - dados relevantes da população carcerária e da observância dos direitos dos presos assegurados na Constituição Federal e na Lei nº 7.210/84;

IV- medidas adotadas para o funcionamento adequado do estabelecimento.

§ 2° A atualização do relatório será periódica, indicando-se somente as alterações, inclusões e exclusões processadas após a última remessa de dados.

SEÇÃO III
DOS REQUERIMENTOS ADMINISTRATIVOS FORMULADOS POR PESSOAS PRESAS, FAMILIARES OU TERCEIROS À 16ª VARA CRIMINAL DA CAPITAL

Art. 824. Os pedidos administrativos direcionados ao juízo da 16ª Vara Criminal da Capital serão apreciados, salvo hipóteses urgentes ou excepcionais, preferencialmente após devidamente apresentados à Direção da unidade prisional ou autoridade competente da Administração Penitenciária e versarão, entre outras questões, sobre:

I - autorização de visita a preso;

II - entrada de eletrodomésticos, eletroeletrônicos, alimentos, bens, valores e outros objetos nos estabelecimentos prisionais;

III - permissão de saída de preso – falecimento ou doença grave do cônjuge, companheiro(a), ascendente, descendente ou irmão e necessidade de tratamento médico (parágrafo único do art. 4º - LEP);

IV - transferência entre módulos e unidades prisionais do Sistema Penitenciário alagoano.

§ 1º A Direção da unidade prisional ou autoridade competente da Administração Penitenciária deverá fornecer ao requerente registro do protocolo e cópia de eventual decisão proferida e, ainda, deverá promover a juntada de cópia de todo o procedimento ao prontuário do preso.

§ 2º A decisão administrativa da Direção da unidade prisional ou autoridade competente da Administração Penitenciária deverá ser proferida em até 30 (trinta) dias, podendo o prazo ser prorrogado por igual período, conforme art. 49 da Lei Estadual nº 6.161, de 26 de maio de 2000.

§ 3º Nos caso de não cumprimento do prazo a que se refere o parágrafo anterior ou após resposta da Administração Penitenciária, a parte interessada poderá apresentar o pedido ao juízo da 16ª Vara Criminal da Capital, acostando cópia do requerimento e documentos apresentados à autoridade competente do sistema penitenciário, ou, ainda, dos documentos referidos no § 1º

§ 4º No caso de descumprimento do disposto nesta Seção por parte dos Diretores das unidades Prisionais ou demais servidores, serão tomadas as medidas cabíveis para apuração de responsabilidades administrativas, cíveis e criminais.

Art. 825. A Administração Penitenciária deverá procurar, sempre que possível, elaborar modelos ou formulários padronizados para assuntos que importem pretensões equivalentes e poderá utilizar meio mecânico que reproduza os fundamentos das decisões na solução de vários assuntos da mesma natureza, desde que não prejudique direito ou garantia dos interessados (art. 7º e art. 5º, § 2°, da Lei Estadual n° 6.161/00).

Art. 826. Os pedidos administrativos serão formulados diretamente nos autos do processo de execução da pena, quando se tratar de execução provisória ou definitiva e, caso se refira a preso provisório não condenado, deverão ser autuados e registrados no Sistema Eletrônico de Execução Unificado – SEEU, em "TJAL – 16ª Vara Criminal da Capital – Administrativo", com a classe "1199 - pedido de providências", e assunto "12463 – providência".

Parágrafo único. Apenas quando verificada a impossibilidade técnica de protocolação do pedido nos termos do caput deste artigo, a Secretaria da 16ª Vara Criminal da Capital receberá os pedidos administrativos por meio físico, diretamente na respectiva unidade, por malote digital ou endereço eletrônico.

SEÇÃO IV
DOS DEMAIS PEDIDOS E EXPEDIENTES ADMINISTRATIVOS

Art. 827. Os pedidos administrativos que não se enquadrem nas hipóteses previstas no art. 824 e os expedientes diversos direcionados ao juízo da 16ª Vara Criminal da Capital, inclusive remetidos via intrajus ou malote digital, serão apreciados pelo juiz responsável pela realização das inspeções no sistema prisional, a quem caberá, após prévia discussão e deliberação entre todos os magistrados integrantes do juízo, adotar as providência devidas ou determinar a autuação e registro dos documentos no Sistema SEEU, na forma prevista no art. 826.

Parágrafo único. Fica dispensada a deliberação prévia entre os juízes integrantes da 16ª Vara Criminal da Capital quando o tema versar sobre matéria já pacificada entre os magistrados ou quando o ato não envolver conteúdo decisório.

CAPÍTULO XIX DAS QUESTÕES ADMINISTRATIVAS ATINENTES AO SISTEMA PRISIONAL ALAGOANO

SEÇÃO I DA DEFINIÇÃO DO ESTABELECIMENTO PRISIONAL NO QUAL O PRESO FICARÁ DETIDO

Art. 828. Cabe ao Secretário de Estado de Ressocialização e Inclusão Social a definição do estabelecimento prisional onde permanecerão os presos provisórios ou aqueles já condenados definitivamente.

§ 1º A situação a que se refere o caput deste artigo poderá ser revista pelo Juízo da 16º Vara Criminal da Capital.

§ 2º Não compete ao juízo de conhecimento determinar onde o preso deverá permanecer custodiado, ressalvadas as hipóteses legais.

SEÇÃO II DA MOVIMENTAÇÃO INTERNA DE PRESOS ENTRE AS UNIDADES PRISIONAIS, PERMISSÃO DE SAÍDA E ENTRADA DE PRESOS NO SISTEMA PRISIONAL

Art. 829. Compete à Secretaria de Estado de Ressocialização e Inclusão Social a transferências de presos entre unidades do sistema penitenciário de Alagoas, que devem ser informadas, no prazo improrrogável de 5 (cinco) dias, ao Juízo da 16ª Vara Criminal da Capital.

§ 1º A situação a que se refere o caput deste artigo poderá ser revista pelo Juízo da 16º Vara Criminal da Capital.

§ 2º Não compete ao juízo de conhecimento apreciar pedidos de transferência de preso entre unidades do sistema penitenciário , ressalvadas as hipóteses legais.

Art. 830. A permissão de saída de preso do sistema prisional dar-se-á mediante autorização judicial do Juízo da 16ª Vara Criminal da Capital, ressalvadas as hipóteses previstas nos arts. 14, § 2°, 37, 120, I, II e seu parágrafo único, da Lei n° 7210/84, e art. 5° da Resolução n° 108, de 06 de abril de 2010, do Conselho Nacional de Justiça.

Art. 831. O ingresso de preso no sistema prisional far-se-á, exclusivamente, com autorização do Juízo da 16ª Vara Criminal da Capital, excluídas as hipóteses de preso acompanhado de guia de recolhimento, provisória ou definitiva, e aquela relativa à realização de exames de incidente de insanidade mental e cessação de periculosidade.

SEÇÃO III DO INGRESSO E DA TRANSFERÊNCIA DE PRESOS PARA O CENTRO PSIQUIÁTRICO

Art. 832. Caberá à Secretaria de Ressocialização e Inclusão Social providenciar a internação de presos no Centro Psiquiátrico Judiciário Pedro Marinho Suruagy – CPJ, quando houver determinação de cumprimento de medida de segurança ou na hipótese de presos submetidos a exame de sanidade mental.

Parágrafo único. A situação a que se refere o caput deste artigo deverá ser comunicada, no prazo de 24 (vinte e quatro) horas, ao Juízo da 16ª Vara Criminal da Capital, que poderá revê-la.

Art. 833. É vedado o ingresso no Centro Psiquiátrico Judiciário Pedro Marinho Suruagy – CPJ de pessoas submetidas a internamento compulsório para tratamento de dependência química ou de crianças e adolescentes infratores.

SEÇÃO IV DO CUMPRIMENTO DE ALVARÁS DE SOLTURA E DA REMESSA DO RELATÓRIO DE VIDA CARCERÁRIA – RVC

Art. 834. O preso em favor do qual for expedido alvará de soltura será colocado imediatamente em liberdade, salvo se estiver preso por outro motivo.

Art. 835. O Relatório de Vida Carcerária deverá ser expedido no prazo determinado pelo Juízo da 16º Vara Criminal da Capital.

§ 1º A Secretaria da 16ª Vara Criminal deverá solicitar remessa do Relatório de Vida Carcerária atualizado do apenado 60 (sessenta) dias antes do prazo previsto para progressão de regime, livramento condicional ou indulto, devendo a Administração Penitenciária enviar o referido relatório no prazo de 05 (cinco) dias.

§ 2º Com a juntada do Relatório de Vida Carcerária, a Secretaria da 16ª Vara Criminal intimará as partes para apresentarem manifestação no prazo legal, após o que os autos devem seguir para a devida apreciação pelos magistrados.

SEÇÃO V
DA OITIVA DE DETENTOS

Art. 836. Os detentos poderão ser ouvidos, em procedimentos investigatórios ou administrativos, dentro do Sistema prisional em espaço providenciado pela Secretaria de Estado de Ressocialização e Inclusão Social.

Art. 837. O pedido para oitiva de presos fora do estabelecimento prisional deverá ser formulado diretamente à Secretaria de Estado de Ressocialização e Inclusão Social.

Parágrafo único. Na hipótese prevista no caput deste artigo, o regresso do preso ao estabelecimento prisional deve ser obrigatoriamente precedido da realização do exame de corpo de delito.

CAPÍTULO XX
DA APRESENTAÇÃO PARA EXECUÇÃO DOS ACORDOS DE NÃO PERSECUÇÃO PENAL

Art. 838. Homologado judicialmente o acordo de não persecução penal, o juiz do processo de conhecimento devolverá os autos ao Ministério Público para que inicie sua execução perante o juízo de execução penal.

Art. 839. A apresentação do pedido de execução do acordo de não persecução penal – ANPP, ao juízo das execuções penais, deverá ser feita pelo Ministério Público, por meio do Sistema SEEU, mediante utilização das ferramentas disponíveis.

§ 1º Após o recebimento inicial pelo magistrado o cartório deverá:

I - oficiar ao juízo do processo de conhecimento, informando a distribuição da ação de execução do ANPP e o número correlato;,

II - intimar o beneficiado para que dê início ao cumprimento das condições impostas.

§ 2º Cumprido o ANPP, o cartório remeterá o processo ao Ministério Público e, a seguir, ao magistrado, para avaliação acerca da declaração da extinção de punibilidade do beneficiado.

§ 3º Declarada extinta a punibilidade, após as intimações de praxe, o cartório oficiará ao juízo de origem, remetendo cópia da sentença e da certidão de trânsito em julgado.

§ 4º Não sendo cumprido o ANPP, o cartório deverá:

I - certificar e remeter os autos com vista ao MP e posterior conclusão ao magistrado, para análise da pertinência da rescisão do acordo;,

II - havendo rescisão do ANPP, oficiar ao juízo de origem encaminhando-lhe a decisão.

§ 5º Inobservada a regra prevista no caput deste artigo, o juízo das execuções penais devolverá o acordo de não persecução penal e todos os documentos que o acompanham ao remetente, mencionando os motivos da devolução.

§ 6º A apresentação do pedido previsto no caput deste artigo será feita pela Promotoria atuante perante o juízo das execuções penais ou por outro órgão do Ministério Público responsável, conforme normas internas que disciplinam a divisão interna de atribuições.

Art. 840. Caso seja verificado, pela Secretaria do juízo das execuções penais, impropriedade ou erro no cadastramento, os autos serão devolvidos ao Ministério Público, independentemente de determinação judicial, para a devida correção, com menção aos equívocos detectados, e, se não houver correção no prazo de 30 (trinta) dias, serão arquivados e baixados com referência à razão determinante e a este Código, intimando-se o Ministério Público.

TÍTULO VI
DOS OFÍCIOS DA INFÂNCIA E DA JUVENTUDE

CAPÍTULO I
DOS CADASTROS NACIONAIS

Art. 841. Os juízes que atuam na infância e juventude deverão solicitar à Corregedoria-Geral da Justiça do Estado de Alagoas usuário e senha de acesso, via Intrajus, dos seguintes sistemas:

I - Sistema Nacional de Adoção e Acolhimento - SNA;

II - Cadastro Nacional de Crianças e Adolescentes Acolhidos – CNCA;

III - Cadastro Nacional de Adolescentes em Conflito com a Lei – CNACL.

Art. 842. O juiz deverá promover a regular alimentação dos sistemas mencionados no art. 841.

Parágrafo único. É permitida a delegação da atribuição prevista no caput deste artigo, mediante portaria do respectivo juízo.

CAPÍTULO II
DA ADOÇÃO E DA HABILITAÇÃO DE PRETENDENTES À ADOÇÃO

SEÇÃO I
DAS DISPOSIÇÕES GERAIS

Art. 843. O juiz da infância e da juventude deverá promover campanhas de incentivo à realização de adoção, conscientizando as pessoas quanto à importância de habilitarem-se como candidatas à adoção.

Art. 844. Todo alvará de viagem ou de expedição de passaporte para criança ou adolescente adotado por brasileiro ou estrangeiro, residente e domiciliado fora do Brasil, antes de ser acatado pelo Departamento da Polícia Federal, deverá receber um visto expedido pelo Presidente da Comissão Estadual Judiciária de Adoção Internacional – CEJAI-AL.

Parágrafo único. Os juízes da infância e da juventude do Estado de Alagoas deverão enviar à CEJAI-AL, após o trânsito em julgado, cópia da sentença proferida nos autos das ações de adoção internacional.

Art. 845. Os juízes que atuam na infância e juventude deverão observar o previsto no art. 47, § 10, da Lei 8.090, de 13 de julho de 1990, quanto ao prazo máximo de 120 (cento e vinte) dias para conclusão das ações de adoção, podendo esse prazo ser prorrogado, uma única vez, por igual período, mediante decisão fundamentada.

Parágrafo único. Nos casos em que forem extrapolados os prazos assinalados no caput deste artigo, o juízo deverá comunicar tal fato ao Departamento Central de Assuntos Judiciários da Corregedoria-Geral da Justiça – DCAJ, explicitando os motivos que ensejaram o retardamento.

SEÇÃO II
DA HABILITAÇÃO E DA ADOÇÃO NACIONAL

Art. 846. Sem prejuízo do disposto no CAPÍTULO V, ao cadastrar pretendente habilitado ou crianças e adolescentes disponíveis, o usuário deverá promover imediatamente a busca específica de crianças e adolescentes disponíveis ou de pretendentes, respectivamente, no perfil desejado.

Art. 847. O procedimento para habilitação de pretendentes à adoção de crianças e adolescentes deverá obedecer ao disposto nos arts. 197-A e seguintes da Lei 8.069/90 - Estatuto da Criança e do Adolescente - ECA.

Art. 848. O pretendente à adoção deverá utilizar formulário próprio, padronizado pelo Conselho Nacional de Justiça e disponibilizado por meio do sítio eletrônico do Tribunal de Justiça, como requerimento inicial do procedimento de habilitação, devendo apresentá- lo no cartório da unidade judicial, acompanhado dos documentos enumerados no art. 197- A do Estatuto da Criança e do Adolescente.

§ 1º Na hipótese de o pretendente à adoção não comparecer à unidade judicial munido do documento referido no caput, o servidor deverá acessar o sítio eletrônico, providenciando o preenchimento do cadastro e impressão para dar início ao processo de habilitação.

§ 2º O requerimento de habilitação deverá ser realizado por meio de peticionamento eletrônico, quando a parte estiver assistida por advogado ou defensor, observado o disposto no TÍTULO III, CAPÍTULO V, Seção II, deste Código.

§ 3º Os documentos necessários à habilitação poderão ser apresentados em cópia autenticada, exceto as certidões de antecedentes criminais, cujas autenticidades dar-se-ão por meio dos respectivos endereços eletrônicos que originaram as certidões.

Art. 849. Ao receber o pedido de habilitação, a vara da infância e da juventude deverá fazer uma consulta pelo número do Cadastro de Pessoa Física - CPF do requerente no Sistema Nacional de Adoção e Acolhimento para evitar duplicidade de cadastros.

Parágrafo único. A comprovação dos requisitos para a habilitação, quando destinada à adoção de criança ou adolescente específico, poderá ser feita dentro dos próprios autos da ação de adoção.

Art. 850. A habilitação poderá ser requerida por brasileiro ou estrangeiro residente e domiciliado no Brasil, desde que resida na Comarca onde pretende adotar.

Parágrafo único. O estrangeiro residente no Brasil deverá provar ser portador do Visto de Permanência.

Art. 851. Recebido o pedido de habilitação, os autos serão encaminhados ao membro do Ministério Público para manifestação, e, ato contínuo, o juiz determinará a participação do postulante em programa de preparação psicossocial e jurídica, bem como a realização de estudo psicossocial pela equipe interprofissional a serviço do juízo da infância e juventude.

§ 1º A participação dos pretendentes em programa de preparação psicossocial e jurídica deverá ocorrer na Comarca onde tramita o procedimento de habilitação à adoção, permitida a participação em Comarca próxima.

§ 2º Após a conclusão do programa de preparação psicossocial e jurídica e do estudo psicossocial a ser elaborado pela equipe interprofissional, será dada nova vista dos autos ao membro do Ministério Público para manifestação.

§ 3º Resolvidas eventuais diligências requeridas pelo membro do Ministério Público, ou sendo essas indeferidas, e não havendo necessidade de audiência de instrução, o juiz decidirá acerca do pedido de habilitação, por sentença, considerando o requerente apto, inapto, idôneo ou inidôneo para adoção.

Art. 852. Transitada em julgado a sentença, considerado apto e idôneo para adoção, terá o pretendente seu nome incluído no Sistema Nacional de Adoção e Acolhimento, conforme dispõe o art. 50, § 5º, do Estatuto da Criança e do Adolescente, bem como, disposição contida da Resolução nº 54/2008, alterada pela Resolução nº 190/2014, ambas do Conselho Nacional de Justiça.

§ 1º Caso seja considerado inapto, ou tenha apresentado requisitos insuficientes ou não se encontre suficientemente preparado para adotar, poderá o pretendente ser encaminhado para algum serviço de que disponha o juizado da Infância e da Juventude, tais como, acompanhamento, apoio e reflexão sobre adoção, de modo que possa ser reavaliado posteriormente pelo juízo competente.

§ 2º O candidato será considerado inidôneo se ficar comprovado que cometeu falta ou delito grave, ou, ainda, que represente riscos para o adotando, situação em que não poderá ser habilitado, podendo o status de inidoneidade ser comprovado a qualquer tempo, mesmo que o pretendente já tenha sido incluído no Sistema Nacional de Adoção e Acolhimento, hipótese em que será excluído do sistema.

Art. 853. As crianças e adolescentes considerados adotáveis são aqueles cujos pais:

I - são desconhecidos;

II - são falecidos;

III - tenham consentido com a adoção; ou

IV - tiverem sido destituídos do poder familiar, mediante sentença transitada em julgado.

§ 1º A manifestação de consentimento se dará por meio de declaração expressa, nos termos do art. 45 do ECA, ou em audiência, na presença do juiz e do representante do Ministério Público, da qual se lavrará termo.

§ 2º Estando a criança ou adolescente apto para adoção, o juiz ou quem por ele for designado, deverá incluir os seus respectivos dados pessoais no Sistema Nacional de Adoção e Acolhimento;

§ 3º O juízo da infância e da juventude deverá estabelecer como critério de preferência, consultando o Sistema Nacional de Adoção e Acolhimento, o seguinte:

I - pretendentes habilitados na mesma Comarca em que se encontra a criança ou adolescente apto para adoção;

II - pretendentes habilitados nas demais Comarcas do Estado de Alagoas;

III - pretendentes habilitados na Região Nordeste;

IV - pretendentes habilitados em outro Estado das demais regiões do país.

Art. 854. Nas ações que visem à perda do poder familiar relativa à criança ou adolescente que esteja abrigado, havendo probabilidade do direito e risco de perda de chances de colocação em família substituta, o juiz poderá determinar, fundamentadamente, a inclusão do menor como apto à adoção, de forma provisória, unicamente com o objetivo de agilizar a busca por pretendentes.

§ 1º A efetiva adoção depende do trânsito em julgado da sentença que determina a perda do poder familiar.

§ 2º Revogada a decisão a que se refere o caput, deverá tal fato ser comunicado nos processos ou procedimentos que se originaram da inclusão provisória.

Art. 855. A adoção deverá ser deferida aos pretendentes previamente habilitados para adoção, desde que já estejam habilitados no Sistema Nacional de Adoção e Acolhimento, exceto nos casos previstos no art. 50, § 13, do Estatuto da Criança e do Adolescente.

Art. 856. Inexistindo, no Sistema Nacional de Adoção e Acolhimento, pretendente nacional que faça opção pela criança ou adolescente apto para adoção, o juiz, de ofício, por meio do Intrajus, comunicará o fato à CEJAI-AL para a possibilidade de adoção internacional, nos termos do art. 31 do Estatuto da Criança e do Adolescente.

§ 1º Nos casos de comunicação à CEJAI-AL para a colocação de criança ou adolescente em família substituta cuja residência habitual seja no exterior, o juiz deverá anexar ao ofício, formulário devidamente preenchido, contendo todas as informações da criança ou adolescente apto para adoção internacional, conforme previsão do art. 16, do Decreto Federal nº 3.087/99, que ratificou a Convenção de Haia de 1993.

§ 2º A CEJAI-AL disponibilizará aos juízos da infância e da juventude, quando necessário, modelo de formulário contendo as informações previstas no parágrafo anterior.

Art. 857. Na indicação de criança ou adolescente à pretendente habilitado no Sistema Nacional de Adoção e Acolhimento, o juiz da infância e da juventude não permitirá a separação de irmãos, salvo se preceder estudo psicossocial, elaborado por equipe técnica interdisciplinar, que demonstre a viabilidade da separação, ou diante da impossibilidade de serem adotados conjuntamente.

SEÇÃO III
DA HABILITAÇÃO E DA ADOÇÃO INTERNACIONAL

Art. 858. O pedido de habilitação de pretendente brasileiro ou estrangeiro, cuja residência habitual seja no exterior, se fará perante à Comissão Estadual Judiciária de Adoção Internacional – CEJAI-AL, conforme disciplinado pela Presidência do Tribunal de Justiça.

SEÇÃO IV
DO ACOLHIMENTO FAMILIAR E INSTITUCIONAL

Art. 859. Esta seção regula as medidas de proteção previstas no art. 101, VII e VIII, do Estatuto da Criança e do Adolescente.

Art. 860. Aplicada medida protetiva de acolhimento institucional ou familiar, deverá ser expedida a respectiva guia de acolhimento no Cadastro Nacional de Crianças Acolhidas - CNCA, documento hábil para o encaminhamento da criança ou adolescente à entidade ou programa competente, bem como lançar, no Sistema SAJ a tarja a que se refere o inciso V do § 1º do art. 243.

Parágrafo único. Os juízes que atuam na infância e juventude deverão realizar, trimestralmente, a reavaliação das crianças e adolescentes em situação de acolhimento institucional ou familiar.

Art. 861. Determinado o desligamento da criança ou adolescente, deverá ser expedida a respectiva guia de desligamento no CNCA, procedimento necessário para a saída da criança ou adolescente da entidade ou programa competente, bem como retirar a tarja a que se refere o inciso V do § 1º do art. 243.

Art. 862. Outras mudanças referentes à situação da criança ou adolescente, no decurso do acolhimento, também deverão ser registradas no CNCA.

Art. 863. Nenhuma criança ou adolescente será retirado de sua família natural ou extensa sem autorização judicial, ressalvado o disposto nesta Seção.

Art. 864. Quando a submissão da apreciação da necessidade de acolhimento institucional ou familiar pelo juiz importar em risco de dano irreparável ou de difícil reparação aos interesses do menor, nas hipóteses tratadas no art. 101, § 2º, do Estatuto da Criança e do Adolescente, tais medidas poderão ser tomadas, pelo Conselho Tutelar e pelas entidades responsáveis por tais medidas protetivas, independentemente de autorização judicial.

Parágrafo único. Qualquer medida adotada sem autorização judicial deverá ser comunicada ao juiz no prazo de 24 (vinte e quatro) horas.

Art. 865. O Poder Público deverá manter local para acolhimento de crianças e adolescentes de ambos os sexos ou, não sendo possível, providenciar para que a medida seja executada em Município próximo, preferencialmente em entidades públicas.

§ 1º Embora se realize a busca e apreensão da criança ou adolescente por oficial de justiça, o seu deslocamento para a entidade acolhedora, se situada em Comarca diversa, deve ser feito pelo Conselho Tutelar.

§ 2º Quando o Município mantiver convênio com entidade acolhedora fora de seu território, é desnecessária a expedição de carta precatória ao juízo do local onde se situa a entidade.

§ 3º Na impossibilidade de cumprimento do disposto no caput deste artigo, a criança ou adolescente poderá ficar confiado à pessoa idônea, escolhida pelo juiz, mediante termo de responsabilidade, até que sua situação jurídica seja resolvida.

Art. 866. A criança ou adolescente colocado em entidade de acolhimento, família acolhedora ou casa-lar, deverá permanecer de forma provisória e excepcional, de modo que não seja privado de sua liberdade, considerando ser a modalidade de acolhimento local de transição para a sua reinserção à família natural ou a colocação em família substituta, nos termos do parágrafo único do art. 101, do Estatuto da Criança e do Adolescente.

Art. 867. O juízo da infância e da juventude de Comarca onde haja entidade de acolhimento, família acolhedora ou casa-lar, realizará, preferencialmente nos meses de abril e outubro, de forma obrigatória, as Audiências Concentradas, cujas informações serão inseridas no Cadastro Nacional de Crianças Acolhidas, em cumprimento à Resolução nº 32/2013, e art. 7º do Provimento nº 36/2014, ambas do Conselho Nacional de Justiça.

Art. 868. O juiz da infância e da juventude determinará aos diretores de hospitais, casas de saúde, maternidades e similares, existentes na Comarca de sua jurisdição, que estes, tomando conhecimento do abandono de qualquer criança pelos pais, lhe comuniquem o fato, no prazo de 24 (vinte e quatro) horas, sob as penalidades da lei, a fim de evitar que crianças, principalmente as recém-nascidas, sejam entregues à pessoa não habilitada no cadastro de adotantes.

Art. 869. Os conselhos tutelares das respectivas unidades judiciais deverão ser orientados pelo juízo da infância e da juventude a fiscalizar o cumprimento do disposto no art. 826, devendo manter o juiz sempre informado sobre os casos que chegarem ao seu conhecimento, e mediante a expedição da guia de acolhimento, expedida pelo juiz, entregar a criança ou adolescente em entidade de acolhimento, família acolhedora ou casa-lar, até que a situação jurídica do infante seja definida, o mais rápido possível, pelo juízo competente.

CAPÍTULO III DO PROCESSO DE APURAÇÃO DE ATO INFRACIONAL

Art. 870. O procedimento investigativo para apuração de ato infracional deverá ser cadastrado no Sistema SAJ de acordo com as Tabelas Processuais Unificadas do Conselho Nacional de Justiça.

Art. 871. Uma vez recebida a representação, deverá o servidor responsável evoluir a classe para "Processo de Apuração de Ato Infracional" e mover a petição inicial para o início da pasta digital no Sistema SAJ.

Art. 872. Os mandados de busca e apreensão de criança ou adolescente terão validade de 06 (seis) meses, podendo ser renovados.

CAPÍTULO IV DA INTERNAÇÃO

SEÇÃO I DAS DISPOSIÇÕES GERAIS

Art. 873. Nenhum adolescente poderá ingressar ou permanecer em unidade de internação sem ordem escrita da autoridade judiciária competente.

Art. 874. A internação, decretada ou mantida pela autoridade judiciária, não poderá ser cumprida em estabelecimento prisional.

§ 1º Inexistindo entidade para a internação na Comarca, nos termos do art. 123 do Estatuto da Criança e do Adolescente, o adolescente deverá ser imediatamente transferido para a localidade mais próxima.

§ 2º Sendo impossível a pronta transferência, o adolescente aguardará a sua remoção em repartição policial, desde que em local isolado dos adultos e com instalações apropriadas, não podendo ultrapassar o prazo máximo de 5 (cinco) dias, sob pena de responsabilidade.

§ 3º O juízo de conhecimento ou plantonista, se for o caso, no âmbito das respectivas competências, deverá determinar a remoção do adolescente para unidade de internação.

Art. 875. Os adolescentes apreendidos poderão ser encaminhados à Superintendência de Medidas Socioeducativas – SUMESE em qualquer dia, útil ou não, desde que até as 15 horas.

Art. 876. A internação provisória pode ser determinada pelo prazo máximo e improrrogável de 45 (quarenta e cinco) dias.

§ 1º Expirado o prazo previsto no caput deste artigo e não concluído o processo para apuração do ato infracional, deverá o juiz do processo de conhecimento determinar a imediata liberação do adolescente.

§ 2º É de responsabilidade do juízo que decretou a internação provisória eventual excesso de prazo, nos termos do que dispõe o § 1º do art. 45 da Lei nº 12.594/12.

§ 3º No 40º (quadragésimo) dia do prazo máximo de internação provisória, sem comunicação sobre decisão judicial definitiva no processo de conhecimento, o juiz da execução deverá expedir ofício ao juízo do processo de conhecimento e respectivo chefe de secretaria, por meio do Intrajus, para que seja providenciado o julgamento do processo ou a desinternação do representado.

§ 4º O juízo da execução, verificando que o prazo máximo da internação provisória foi extrapolado e que não houve julgamento e ou revogação da decisão que decretou a internação do menor, deverá comunicar o fato à Corregedoria-Geral da Justiça do Estado de Alagoas, para apuração de eventual falta funcional.

Art. 877. Liberado o adolescente por qualquer motivo, antes de expirado o prazo referido no caput do art. 876, a renovação da internação provisória não poderá ultrapassar o período que faltar para transcurso do prazo máximo legal de 45 (quarenta e cinco) dias.

Art. 878. O prazo a que se refere o art. 876 deve ser contado a partir da data em quem for efetivada a apreensão do adolescente.

SEÇÃO II
DA GUIA DE INTERNAÇÃO PROVISÓRIA

Art. 879. Para os fins deste Código, guia de internação provisória é aquela que se refere ao decreto de internação cautelar (art. 183 do Estatuto da Criança e do Adolescente).

Parágrafo único. A guia a que se refere o caput deste artigo deve ser extraída, exclusivamente, do Cadastro Nacional de Adolescente em Conflito com a Lei – CNACL, no sítio eletrônico do Conselho Nacional de Justiça.

Art. 880. O ingresso do adolescente em unidade de internação só ocorrerá mediante a apresentação de guia de internação provisória, devidamente instruída, expedida pelo juízo do processo de conhecimento ou pelo juízo plantonista, quando a internação se der durante o plantão judicial.

§ 1º O juízo do processo de conhecimento ou o plantonista, conforme o caso, deverá manter no processo para apuração da prática de ato infracional cópia da guia expedida.

§ 2º Diante da impossibilidade, devidamente comprovada nos autos, do juízo plantonista expedir a guia de internação provisória, o juízo do processo de conhecimento deverá ser comunicado no primeiro dia útil após o término do plantão judicial.

§ 3º O juízo de conhecimento, no caso de internação decretada por juízo plantonista, ao receber os autos, observará se as determinações previstas no caput desde artigo e no § 2º e § 3º do art. 752 foram cumpridas e, em caso negativo, deverá efetivá-las de pronto.

Art. 881. Será expedida uma guia de internação provisória para cada adolescente, independentemente do número de adolescentes que sejam parte no processo de apuração de ato infracional.

Art. 882. O juízo do processo de conhecimento ou o plantonista, se for o caso, no prazo de 24 (vinte e quatro) horas, deverá remeter a guia de internação provisória, devidamente instruída, ao juízo com competência executória, a quem competirá formar o devido processo para execução e fiscalização da medida de internação provisória.

Art. 883. Recebido o menor com a respectiva guia, o gestor do sistema socioeducativo, no prazo de 24 (vinte e quatro) horas, comunicará a internação do adolescente ao juízo da execução.

Art. 884. A guia de internação provisória, devidamente extraída do CNACL, será instruída, obrigatoriamente, com os seguintes documentos, além de outros considerados pertinentes pela autoridade judicial:

I - cópia dos documentos de caráter pessoal do adolescente, existente no processo de conhecimento, especialmente os que comprovem sua idade;

II - cópia da representação e do pedido de internação provisória;

III - cópia da certidão de antecedentes;

IV - cópia da decisão que determinou a internação.

Art. 885. Findo o prazo de 45 (quarenta e cinco) dias da internação provisória ou determinada a liberação do adolescente antes de expirado o referido prazo, serão observados os seguintes procedimentos:

I - o juízo do processo de conhecimento remeterá, imediatamente, cópia da decisão proferida:

a) ao gestor da unidade de atendimento, por meio eletrônico ou oficial de justiça;

b) ao juízo responsável pela fiscalização da unidade de atendimento, via Intrajus;

II - o juiz do processo de conhecimento deverá providenciar a imediata baixa da guia no Sistema CNACL.

SEÇÃO III
DAS GUIAS DE EXECUÇÃO PROVISÓRIA E DEFINITIVA

Art. 886. Para fins desta Seção, define-se que:

I - guia de execução provisória de medida socioeducativa de internação ou semiliberdade é a que se refere à internação definitiva ou semiliberdade decorrente de aplicação de medida socioeducativa decretada por sentença não transitada em julgado;

II - guia de execução provisória de medida socioeducativa em meio aberto é a que se refere à aplicação de prestação de serviço à comunidade ou de liberdade assistida por sentença não transitada em julgado;

III - guia de execução definitiva de medida socioeducativa de internação ou semiliberdade é a que se refere à privação de liberdade decorrente de sentença ou acórdão transitado em julgado;

IV - guia de execução definitiva de medida socioeducativa em meio aberto é a que se refere à aplicação de prestação de serviço à comunidade ou de liberdade assistida por sentença ou acórdão transitado em julgado.

Parágrafo único. As guias a que se referem este artigo devem ser extraídas, exclusivamente, pelo Cadastro Nacional de Adolescentes em Conflito com a Lei – CNACL, no sítio eletrônico do Conselho Nacional de Justiça.

Art. 887. O ingresso do adolescente em unidade de internação e semiliberdade, ou serviço de execução de medida socioeducativa em meio aberto (prestação de serviço à comunidade ou liberdade assistida), somente ocorrerá mediante a apresentação de guia de execução, devidamente instruída e retirada do CNACL, no sítio eletrônico do Conselho Nacional de Justiça, expedida pelo juiz do processo de conhecimento.

Parágrafo único. Independentemente do número de adolescentes que sejam parte no processo de apuração de ato infracional e do tipo de medida socioeducativa aplicada a cada um deles, será expedida a guia de execução para cada adolescente.

Art. 888. É vedado o processamento da execução,provisória ou definitiva, por carta precatória.

Art. 889. Prolatada a sentença e mantida a medida socioeducativa privativa de liberdade, o juízo de conhecimento, no prazo de 24 (vinte e quatro) horas, deverá remeter a guia de execução provisória ao juízo da execução, a quem competirá formar o devido processo de execução.

Parágrafo único. A guia sobre a qual trata o caput deste artigo deverá ser instruída dos seguintes documentos, além de outros considerados pertinentes pela autoridade judicial:

I - cópia dos documentos de caráter pessoal do adolescente, existentes no processo de conhecimento, especialmente os que comprovem sua idade;

II - cópia da certidão de antecedentes;

III - cópia da sentença que decretou a respectiva medida socioeducativa;

IV - cópia dos estudos técnicos realizados durante a fase de conhecimento;

V - cópia do histórico escolar, caso existente.

Art. 880. Não estando o adolescente apreendido, prolatada a sentença com decretação de medida socioeducativa de internação ou semiliberdade, o juiz de conhecimento, na própria sentença, determinará a busca e apreensão do adolescente. (Redação conforme publicação oficial)

§ 1º Efetivada a apreensão, deverá o juiz de conhecimento expedir e remeter a guia de execução, provisória ou definitiva, ao juízo da execução.

§ 2º Assim que expedida a guia de execução, provisória ou definitiva, o processo de conhecimento deverá ser arquivado.

§ 3º Enquanto o menor não for apreendido, o processo de conhecimento ficará sobrestado até.

I - a apreensão do adolescente;

II - o advento da idade de 21 (vinte e um) anos ao infrator; ou

III - o advento de causa extintiva da pretensão executória, como morte ou prescrição.

Art. 891. A guia de execução, provisória ou definitiva, a ser encaminhada pelo juízo do processo de conhecimento ao juízo da execução, na hipótese do art. 768, deverá ser instruída com os documentos elencados no parágrafo único do art. 767, além da cópia das decisões posteriores que mantiveram, ainda que parcialmente, a sentença, bem como com cópia da certidão de trânsito em julgado.

Art. 892. A guia de execução provisória, quando existente, será convertida em guia de execução definitiva, mediante simples comunicação do trânsito em julgado pelo juízo de conhecimento, acompanhada dos documentos mencionados no art. 769, devendo o juiz da execução atualizar a informação no Sistema CNACL, reimprimindo a guia.

Art. 893. Compete ao juízo da execução comunicar ao órgão gestor da medida socioeducativa aplicada toda e qualquer alteração processual ocorrida em relação ao adolescente.

Art. 894. A decisão que extinguir a medida socioeducativa de internação ou semiliberdade deverá ser, na mesma data, comunicada ao órgão gestor da unidade para liberação imediata do adolescente, devendo o juiz da execução providenciar a imediata baixa da guia de execução no Sistema CNACL.

SEÇÃO IV
DA GUIA DE EXECUÇÃO DE INTERNAÇÃO SANÇÃO

Art. 895. Para fins desta seção, fica definido que a guia de execução de internação sanção se refere ao decreto de internação previsto no art. 122, inciso III, do Estatuto da Criança e do Adolescente.

Art. 896. Cabe ao juiz que decretar a internação sanção, expedir a respectiva guia, retirada diretamente do CNACL, fixando, desde já, o prazo da medida, observando o disposto no art. 122, III, § 1º, do Estatuto da Criança e do Adolescente.

CAPÍTULO V
DOS AGENTES DE PROTEÇÃO

SEÇÃO I
DAS DISPOSIÇÕES PRELIMINARES

Art. 897. Ao servidor voluntário, auxiliar da justiça, dos Juízos da Infância e da Juventude das comarcas do Estado de Alagoas, se m remuneração, denominado Agente de Proteção (Lei Estadual nº 6.564, de 05/01/2005), incumbe, além de outras atribuições legais:

I - zelar para que sejam garantidos a crianças e adolescentes, com absoluta prioridade, os direitos previstos na legislação vigente, prevenindo-lhes a ocorrência de ameaça ou violação;

II - realizar fiscalizações em bares, restaurantes, boates ou estabelecimentos congêneres, autuando os que afrontem regras de proteção à criança e ao adolescente;

III - realizar fiscalizações em entidades de atendimento à criança e ao adolescente, apresentando os respectivos relatórios;

§ 1º A critério do juiz da Infância e da Juventude, o Agente de Proteção poderá proceder a notificações previstas em lei.

§ 2º As atividades dos Agentes de Proteção serão fiscalizadas pelo juiz da Infância e da Juventude, por servidor efetivo ou por pessoa idônea, credenciada, de confiança do magistrado.

SEÇÃO II
DO PROCESSO SELETIVO

Art. 898. O candidato a Agente de Proteção voluntário preencherá requerimento de admissão constante no ANEXO XII deste Código, que será autuado e registrado no respectivo Juízo da Infância e da Juventude, e submeter-se-á, ato contínuo, a processo seletivo individualizado, composto das seguintes etapas:

I - apresentação dos documentos indispensáveis:

a) certidão de nascimento, de casamento ou cédula de identidade;

b) CPF;

c) prova de estar quite com o serviço militar (sexo masculino);

d) título de eleitor e prova de quitação com a Justiça;

e) comprovante de residência ou de domicílio na correspondente unidade jurisdicional;

f) certidões negativas da Justiça Estadual e da Justiça Federal;

g) foto 3 x 4 colorida e digitalizada (paletó e gravata para homem).

II - realização de teste sobre o Estatuto da Criança e do Adolescente, no qual deverá obter a nota mínima 6,0 (seis);

III - efetivação de teste psicotécnico, onde será avaliada sua personalidade.

§ 1º O teste psicotécnico a que se refere o inciso III deste artigo deverá ter sido realizado até 2 (dois) anos antes da data de requerimento para ingresso no quadro dos Agentes de Proteção.

§ 2º Para renovação do cadastramento do Agente de Proteção não se faz necessária a apresentação de novo teste psicotécnico.

SEÇÃO III
DA NOMEAÇÃO DO AGENTE DE PROTEÇÃO VOLUNTÁRIO

Art. 899. Cumpridas as exigências dispostas no art. 898 deste Código, o juiz da Infância e da Juventude, titular ou substituto, entendendo ser o candidato apto ao exercício das funções de Agente de Proteção, sob sua responsabilidade, baixará portaria de nomeação e determinará o preenchimento da Planilha constante no ANEXO XIII deste instrumento normativo, e o encaminhamento dos autos à apreciação do Corregedor-Geral da Justiça.

§ 1º A nomeação tratada no caput deste artigo será submetida ao "visto" do Corregedor-Geral da Justiça que, em o apondo, ato contínuo determinará:

a) a confecção da correspondente identidade funcional;

b) a efetivação dos registros necessários;

c) a devolução dos autos à unidade jurisdicional de origem, para fins de arquivamento.

§ 2º Fica impossibilitada a nomeação para Agente de Proteção de pessoa menor de 21 (vinte e um) anos ou que possua parentesco com magistrado ou servidor na forma da Resolução nº 07/2008 do Conselho Nacional de Justiça.

SEÇÃO IV
DO QUANTITATIVO DE AGENTES DE PROTEÇÃO

Art. 900. Os Juízes da Infância e da Juventude, no que concerne ao número de Agentes de Proteção, observarão o seguinte:

I - nas comarcas de 3ª entrância poderão ser nomeados até 60 (sessenta) servidores voluntários por cada juízo da comarca de Maceió, e até 30 (trinta) Agentes de Proteção nas Comarcas de Arapiraca e Penedo;

II - nas comarcas de 2ª entrância poderão ser nomeados até 20 (vinte) servidores voluntários;

III - nas comarcas de 1ª entrância poderão ser nomeados até 10 (dez) servidores voluntários.

Art. 901. Dentro do prazo de 30 (trinta) dias deverá cada Juízo da Infância e da Juventude providenciar exclusão dos Agentes de Proteção que excedam as quantidades estabelecidas no art. 900 deste Código, encaminhando à Corregedoria-Geral da Justiça do Estado de Alagoas as providências adotadas e ainda a relação dos Agentes de Proteção do quadro remanescente.

SEÇÃO V
DA IDENTIDADE FUNCIONAL

Art. 902. A identidade funcional de Agente de Proteção tem validade de 2 (dois) anos e é restrita à jurisdição de cada unidade jurisdicional, devendo ser apresentada em todas as oportunidades em que o servidor for realizar as fiscalizações.

§ 1º O Agente de Proteção somente poderá atuar e fazer diligência, munido de mandado judicial específico, expedido, em cada caso, pela autoridade judiciária competente.

§ 2º A identidade funcional de Agente de Proteção não autoriza, por si só, o porte de arma nem a prática de atividade típica de agente policial.

Art. 903. A renovação da identidade funcional de Agente de Proteção se dará mediante solicitação enviada pelo juiz da Infância e da Juventude ao Corregedor-Geral da Justiça, a qual deverá vir acompanhada da carteira vencida, bem como de toda documentação elencada no item I do art. 898 deste Código.

Art. 904. O modelo de Cédula de Identificação de Agentes de Proteção é o constante do ANEXO XIV deste Código para as unidades jurisdicionais da justiça da infância e juventude da Capital e do interior do Estado de Alagoas.

Parágrafo único. As Cédulas de Identificação tratadas neste Código serão assinadas pelo Corregedor-Geral da Justiça e pelo juiz da infância e da juventude da respectiva unidade jurisdicional.

SEÇÃO VI
DAS DISPOSIÇÕES FINAIS

Art. 905. Sempre que houver notícia de irregularidade praticada por Agente de Proteção, no exercício da função, inclusive por se valer abusivamente da respectiva identidade funcional, o juiz competente, sem embargo das providências que adotar, comunicará o fato ao Corregedor-Geral da Justiça.

Parágrafo único. A pessoa que for flagrada, fazendo uso da Cédula de Identificação de Agente de Proteção em desacordo com as normas deste Código, será responsabilizada na forma da legislação penal vigente.

Art. 906. Os Juízes da Infância e da Juventude das Comarcas do interior do Estado de Alagoas adotarão as medidas necessárias ao recadastramento, no prazo máximo de 30 (trinta) dias, daqueles Agentes de Proteção que já possuam identificação funcional.

§ 1º O resultado do recadastramento tratado no caput deste artigo deverá ser encaminhado à Corregedoria-Geral da Justiça do Esstado de Alagoas e embasará determinação para confecção de novas identificações, com vistas à substituição daquelas utilizadas antes da publicação deste Código.

§ 2º Acompanharão o relatório de que trata o § 1º deste artigo, as identidades funcionais que se encontrem em desacordo com o modelo constante neste Código, para fins de incineração.

§ 3º Ficam sem validade, desde já, as cédulas de identificação utilizadas nas comarcas do interior que se encontrem fora dos padrões adotados neste Código.

CAPÍTULO VI
DAS ROTINAS CARTORÁRIAS

Art. 907. Sem prejuízo do disposto no TÍTULO III, CAPÍTULO XXI, os chefes de secretaria dos ofícios da infância e juventude deverão:

I - diariamente, consultar os processos em que há adolescente internado, providenciando o imediato andamento, quando possível, e enviando à conclusão, na fila de processos urgentes, aqueles em que a internação já dure 40 (quarenta) dias;

II - a cada 30 (trinta) dias:

a) extrair relatório dos processos de adoção, habilitação para adoção, suspensão do poder familiar e destituição do poder familiar em andamento e sem movimentação há mais de 30 (trinta) dias, providenciando o imediato andamento;

b) extrair relatório dos processos elencados na alínea "a" e distribuídos há mais de 6 (seis) meses, providenciando o imediato andamento;

c) promover buscas, no Sistema Nacional de Adoção e Acolhimento, para os pretendentes e crianças e adolescentes ainda não vinculados, sem prejuízo do disposto no art. 846.

CAPÍTULO VII DA FUNCIONALIDADE DO SISTEMA NACIONAL DE ADOÇÃO E ACOLHIMENTO – SNA

SEÇÃO I DAS DISPOSIÇÕES PRELIMINARES

Art. 908. Os magistrados e servidores que atuam nas varas da infância e da juventude deverão utilizar o Sistema Nacional de Adoção e Acolhimento - SNA, obrigatoriamente, seguindo o estabelecido na Resolução nº 289/2019, do Conselho Nacional de Justiça e neste Código.

Parágrafo único. A alimentação do sistema a que se refere o caput deste artigo deve abranger todos os dados relativos à criança e ao adolescente, inclusive em casos de acolhimento, guarda e, especialmente, adoção, ainda que se trate de adoção intuitu personae.

Art. 909. O cadastramento de pretendentes habilitados, bem como de crianças e adolescentes disponíveis para adoção, deve ser promovido no Sistema Nacional de Adoção e Acolhimento - SNA, o qual funciona simultaneamente como cadastro local, estadual e nacional.

Art. 910. O Sistema Nacional de Adoção e Acolhimento deverá ser atualizado com o registro das vinculações entre pretendentes e crianças ou adolescentes, no caso de processo de adoção, bem como das inativações dos cadastros, nas hipóteses cabíveis.

SEÇÃO II DA HABILITAÇÃO PARA ADOÇÃO

Art. 911. O pretendente interessado em iniciar o processo de habilitação poderá realizar seu pré-cadastro no Sistema Nacional de Adoção e Acolhimento - SNA, por meio de formulário eletrônico e se dirigir à Vara da Infância e Juventude da comarca de seu domicílio para protocolar o pedido de habilitação para adoção.

Parágrafo único. O pretendente somente será considerado habilitado após a sentença de deferimento proferida no procedimento de habilitação.

Art. 912. Se o pretendente apresentar perfil de adotando de difícil colocação em família substituta, o magistrado deverá dar prioridade à tramitação da habilitação.

Art. 913. Nos pedidos de habilitação para adoção, as Varas da Infância e da Juventude deverão verificar se o requerente possui residência habitual naquela comarca.

Art. 914. O pretendente é responsável pela atualização de seus dados pessoais e meios de contato perante a Vara da Infância e Juventude, podendo alterá-los diretamente em área exclusiva do Sistema Nacional de Adoção e Acolhimento - SNA ou presencialmente.

§ 1º Em caso de mudança de domicílio, o pretendente deverá dar imediata ciência à Vara da Infância e Juventude, devendo juntar comprovante do novo endereço nos autos do processo original ou requerer pessoalmente a remessa dos autos na vara com competência em infância e juventude do novo endereço.

§ 2º Caso eventual desatualização dos dados venha a ensejar impossibilidade de comunicação com o pretendente, tal fato será considerado recusa injustificada do habilitado à adoção de crianças ou adolescentes, com as consequências do art. 197-E, § 4º, do ECA.

Art. 915. Havendo mudança de endereço do pretendente, o magistrado da comarca da nova residência verificará a necessidade de nova avaliação psicossocial, podendo suspender o processo.

Parágrafo único. A inclusão dos novos dados do pretendente no sistema não altera a data-base de habilitação inicial.

Art. 916. No caso de separação dos pretendentes, havendo interesse de qualquer deles ou de ambos em permanecer no sistema, deverão ser renovadas as avaliações, mantida, para efeito de ordem no cadastro, a mesma data-base da habilitação do casal.

Art. 917. A renovação da habilitação, para manutenção da ordem de preferência no sistema, deverá ser solicitada pelo postulante com antecedência de 120 (cento e vinte) dias.

Art. 918. O pretendente poderá solicitar a suspensão de consultas para adoção pelo prazo máximo de 6 (seis) meses, nos termos do art. 313, II, e § 4º, do Código de Processo Civil.

Art. 919. O sistema inativará a habilitação dos pretendentes à adoção nos seguintes casos:

I - transcorridos 30 (trinta) dias do vencimento do processo de habilitação, caso não haja pedido de renovação;

II - trânsito em julgado de sentença que deferir pedido de adoção na forma pretendida pelo postulante;

III - mediante decisão judicial.

Parágrafo único. Inativada a habilitação, o pretendente não será consultado para novas adoções e deverá se submeter a um novo processo de habilitação.

Art. 920. Os casos omissos ou que suscitarem dúvidas deverão ser decididos pelo juiz do processo de habilitação ou, existindo mais de um, pela Corregedoria local, se na mesma unidade federativa, ou pela Corregedoria Nacional de Justiça, quando envolver unidades federativas diversas.

Art. 921. As comunicações com o pretendente serão realizadas preferencialmente por meio eletrônico.

Art. 922. O procedimento da habilitação não se destina à verificação de condições para a adoção de criança ou adolescente específico, mas sim à inclusão no Sistema Nacional de Adoção e Acolhimento.

SEÇÃO III
DA VINCULAÇÃO ENTRE CRIANÇAS OU ADOLESCENTES E PRETENDENTES

Art. 923. Compete ao órgão julgador responsável pela criança ou adolescente vinculado a um pretendente dar início ao processo de aproximação entre os envolvidos.

§ 1º O pretendente, após formalmente consultado, terá o prazo de 2 (dois) dias úteis para manifestar interesse em conhecer a criança ou adolescente.

§ 2º Em caso de omissão ou desinteresse do pretendente em conhecer a criança ou adolescente, será iniciada nova busca por pretendente habilitado.

§ 3º Manifestada, por qualquer meio, a anuência em conhecer o adotando, o pretendente deverá comparecer ao juízo que o convocou em até 5 (cinco) dias, prorrogáveis a juízo do magistrado e mediante justificação adequada, para dar início aos procedimentos prévios à adoção.

§ 4º Caso o pretendente não se apresente em até 5 (cinco) dias ao juízo que o convocou, o magistrado cancelará a vinculação no sistema e determinará a consulta ao próximo pretendente habilitado.

TÍTULO VII
DOS OFÍCIOS DOS JUIZADOS ESPECIAIS CÍVEIS E CRIMINAIS

CAPÍTULO I
DA APRESENTAÇÃO DE PEDIDOS

Art. 924. Os termos de apresentação de pedidos deverão conter todos os requisitos estabelecidos no art. 14, § 1º, da Lei nº 9.099/95, devendo ser utilizado, preferencialmente, o modelo de "categoria 10, Código 1819".

Art. 925. É vedado ao juízo limitar abstratamente o número de pedidos que serão reduzidos a termo em sua unidade judicial por dia, mês ou qualquer outra periodicidade.

CAPÍTULO II
DOS TERMOS CIRCUNSTANCIADOS

Art. 926. O protocolo de termos circunstanciados segue, no que couber, o disposto no TÍTULO V, CAPÍTULO II, deste Código.

Art. 927. As unidades judiciais poderão recepcionar termo circunstanciado de ocorrência lavrados por policial militar ou rodoviário federal com atuação no Estado, desde que assinados por oficiais das respectivas instituições policiais, observado o disposto no art. 926.

§ 1º Para os fins previstos no art. 69, da Lei nº 9.099/95, entende-se por autoridade policial, apta a tomar conhecimento da ocorrência, lavrando o termo circunstanciado, encaminhado imediatamente, ao Poder Judiciário, o agente do Poder Público investido legalmente para intervir na vida da pessoa natural, atuando no policiamento ostensivo ou investigatório.

§ 2º Havendo necessidade da confecção de exame pericial urgente, o policial militar ou rodoviário federal poderá providenciar a realização do aludido exame, desde que legalmente autorizado por sua instituição, devendo em seguida encaminhar o resultado à Justiça.

CAPÍTULO III
DA CONCESSÃO DE TRANSAÇÃO PENAL

Art. 928. Toda concessão do benefício da transação penal, a que se refere o art. 76 da Lei nº 9.099/95 será precedida de consulta, pelo servidor responsável, por meio do Sistema SAJ:

I - de concessão anterior do mesmo benefício nos últimos 5 (cinco) anos;

II - de antecedentes criminais.

§ 1º Quando for concedida a transação penal, o servidor deverá lançar no histórico de partes a movimentação "201 – Concessão de Transação Penal".

§ 2º Quando transitada em julgado a sentença que homologou a transação penal, deverá ser lançada a movimentação "209 – Trânsito em Julgado/ transação penal".

§ 3º Quando proferida sentença ou decisão que reconheça como cumpridas as condições da transação, deverá ser lançada a movimentação "202 – Extinção pelo cumprimento da transação penal".

§ 4º Quando proferida sentença ou decisão que reconheça como não cumpridas as condições da transação, com a sua consequente revogação, deverá ser lançada a movimentação "203 – Revogação da transação penal".

§ 5º As movimentações de que tratam este artigo deverão ser lançadas tão logo aconteçam os eventos que as ensejam.

Art. 929. O servidor terá responsabilidade funcional pelo prejuízo ou benefício que der a autores do fato em razão de não ter procedido na forma estabelecida neste Capítulo.

Art. 930. A obtenção de dados relativos a processos que não tramitem no Poder Judiciário do Estado de Alagoas deverá ser feita por meio de consulta ao Sistema INFOSEG.

CAPÍTULO IV
DA CONCESSÃO DE SUSPENSÃO CONDICIONAL DO PROCESSO

Art. 931. Toda concessão do benefício da suspensão condicional do processo, a que se refere o art. 89 da Lei nº 9.099/95, será precedida de consulta, pelo servidor responsável, por meio do Sistema SAJ:

I - das ações penais distribuídas;

II - dos antecedentes criminais.

Art. 932. A obtenção de dados relativos a processos que não tramitem no Poder Judiciário do Estado de Alagoas deverá ser feita por meio de consulta ao Sistema INFOSEG.

CAPÍTULO V
DO RECOLHIMENTO E UTILIZAÇÃO DE RECURSOS PROVENIENTES DE PRESTAÇÕES PECUNIÁRIAS

SEÇÃO I
DAS DISPOSIÇÕES PRELIMINARES

Art. 933. Os valores decorrentes de pena de prestação pecuniária deverão ser recolhidos em conta judicial vinculada à unidade gestora, entendendo-se esta última como o juízo da execução da pena ou medida alternativa de prestação pecuniária.

§ 1º Cabe à unidade gestora recebedora dos recursos a abertura de conta corrente junto à instituição financeira competente, exclusiva para o recolhimento de tais valores, com movimentação autorizada, única e exclusivamente, por meio de alvará judicial,vedando- se o recolhimento diretamente no cartório ou secretaria.

§ 2º A conta corrente a que se refere o parágrafo anterior deverá ser aberta em instituição financeira conveniada com o Tribunal de Justiça de Alagoas.

§ 3º Ao requisitar a abertura de conta judicial à instituição financeira, o juiz deverá expor no ofício enviado que a movimentação da conta se dará tão somente por meio de alvará judicial, e que, até o décimo dia de cada mês, deverá a instituição remeter ao juízo solicitante extrato bancário discriminado, constando toda a movimentação de entrada e saída de recursos ocorrida na conta.

Art. 934. A unidade gestora deverá ser auxiliada pela Central de Apoio e Acompanhamento de Penas e Medidas Alternativas – CEAPA/AL, no tocante aos procedimentos previstos neste Código.

Art. 935. Os valores depositados, quando não destinados às vítimas ou aos seus dependentes, serão, preferencialmente, destinados à entidade pública ou privada com finalidade social, previamente conveniada, ou para atividades de caráter essencial à segurança pública, educação e saúde, desde que estas atendam às áreas vitais de relevante cunho social, a critério da unidade gestora.

Art. 936. A receita da conta vinculada irá financiar projetos apresentados pelas entidades citadas no caput do artigo anterior, priorizando-se o repasse desses valores as que:

I - mantenham, por maior tempo, número expressivo de cumpridores de prestação de serviços à comunidade ou entidade pública;

II - atuem diretamente na execução penal, assistência à ressocialização de apenados, assistência às vítimas de crimes e prevenção da criminalidade, incluídos os conselhos da comunidade;

III - prestem serviços de maior relevância social;

IV - apresentem projetos com viabilidade de implementação, segundo a utilidade e a necessidade, obedecendo-se aos critérios estabelecidos nas políticas públicas específicas.

Parágrafo único. É vedada a escolha aleatória das entidades, devendo ser motivada a decisão do juiz que legitimar o seu ingresso entre os beneficiários da unidade gestora.

Art. 937. A concessão do benefício se dará após a análise de projeto apresentado pela entidade beneficiária, respeitado o disposto no art. 940.

Art. 938. É vedada a destinação de recursos:

I - ao custeio do Poder Judiciário;

II - para promoção pessoal de juízes ou integrantes das entidades beneficiadas e, no caso destas, para pagamento de quaisquer espécies de remuneração aos seus membros;

III - para fins político-partidários; ou

IV - as entidades que não estejam regularmente constituídas, obstando a responsabilização caso haja desvio de finalidade.

Parágrafo único. É vedada, ainda, a destinação de todo o recurso arrecadado a uma única entidade, em havendo outras cadastradas, ou a um grupo reduzido de entidades, dando-se uma distribuição equânime dos valores, de acordo com o número de entidades interessadas, a abrangência e relevância social de cada projeto apresentado.

SEÇÃO II
DO CADASTRAMENTO DAS ENTIDADES BENEFICIÁRIAS

Art. 939. Cada juízo responsável por administrar verbas decorrentes de prestações pecuniárias deverá efetuar divulgação dos termos deste Capítulo:

I - na respectiva Comarca, pelos meios de comunicação local mais utilizados;

II - fixar em local apropriado no cartório ou secretaria do juízo;

III - por meio de Edital a cada 2 (dois) anos, preferencialmente no mês de janeiro, com as especificações pertinentes, fixando prazo inicial e final para a apresentação dos projetos pelas entidades, os quais serão submetidos à apreciação do juiz para fins de cadastro perante a unidade judicial responsável pela destinação dos recursos.

§ 1º As entidades que pretenderem a obtenção dos benefícios deverão se cadastrar na unidade gestora, no prazo previsto no Edital a que se refere o caput deste artigo, por meio de formulário próprio constante no ANEXO III do presente Código.

§ 2º A análise e aprovação do projeto e de suas condições pelo juiz responsável deverá ser precedida de prévio parecer do Ministério Público, que deverá ser cientificado de todo o processo de escolha.

§ 3º A alocação de recursos à(s) entidade(s) escolhida(s) fica condicionada ao montante disponível na conta judicial no período de 2 (dois) anos, a contar da data da abertura do edital.

§ 4º A critério do juiz, poderá ser aberto mais de um edital no período previsto no inciso III deste artigo, caso assim exija a demanda local.

Art. 940. O projeto a ser apresentado pela entidade que pretende obter o cadastramento deverá seguir o Roteiro de Projeto Técnico, que integra o ANEXO IV deste Código, e conter as seguintes especificações:

I - apresentação de documentos que comprovem a regular constituição da pessoa jurídica que se propõe a ser beneficiada;

II - identificação completa (nome, registro geral, Cadastro de Pessoa Física - CPF, estado civil, naturalidade e residência, com respectivos comprovantes) do dirigente responsável pela entidade e da pessoa responsável pela elaboração e execução do projeto, caso não coincida com o dirigente da entidade;

III - a destinação da verba;

IV - comprovação de que atende a uma ou algumas das condições contidas no **caput** do art. 935.

V - justificativa para a implementação do projeto apresentado;

VI - discriminação dos recursos materiais e humanos necessários à execução do projeto, com a identificação (registro geral, cadastro de pessoa Física - CPF e comprovante de residência) das pessoas que irão participar da respectiva execução;

VII - justificativa sobre a viabilidade de execução do projeto com a contrapartida financeira oferecida pelo Judiciário e os recursos materiais e humanos disponíveis os últimos, indicados pela entidade;

VIII - valor total do projeto;

IX - cronograma de execução e de liberação de recursos financeiros a ser observado durante a implementação do projeto;

X - prazo inicial e final da execução do projeto;

XI - a exposição da relevância social do projeto.

§ 1º Havendo a apresentação de projeto em desconformidade com as especificações aqui previstas, será a entidade notificada, para sanar a irregularidade, no prazo de 15 (quinze) dias.

§ 2º Não obedecido ao disposto no parágrafo anterior, a entidade será excluída do cadastro da unidade judicial responsável pela destinação dos recursos aqui previstos.

SEÇÃO III
DA EXECUÇÃO DO PROJETO

Art. 941. Escolhida(s) a(s) entidade(s), haverá a formação de um banco de dados no juízo e, a partir do momento em que houver a disponibilidade de recursos suficientes para atender ao(s) projeto(s) apresentado(s), será feita a destinação do numerário respectivo, atendendo a uma ordem de prioridade previamente estabelecida pelo juízo a partir do recebimento (data do protocolo) dos projetos apresentados.

Parágrafo único. Fica ressalvado ao juízo a possibilidade de cadastrar entidades localizadas em outros municípios sede ou termos de outras Comarcas, caso não haja projeto viável a ser implementado nas cidades submetidas à sua jurisdição, podendo, nessa hipótese, valer-se da utilização do cadastro de entidades já existente na Comarca para onde haverá a migração do recurso.

Art. 942. Feita a destinação do recurso ao projeto, o juiz responsável pela unidade gestora deverá estabelecer o critério para o acompanhamento da execução do cronograma apresentado, fiscalizando o cumprimento do prazo inicialmente proposto em atendimento à exigência contida nos incisos IX e X do art. 940.

Art. 943. O prazo para a conclusão do projeto poderá ser prorrogado por até 30 (trinta) dias desde que, em até 10 (dez) dias antes do término do prazo inicialmente estabelecido, seja feito, pelo interessado, requerimento justificado ao juiz responsável pela unidade judicial destinadora do recurso que, após apreciação do Ministério Público, decidirá sobre a viabilidade da prorrogação.

SEÇÃO IV
DA PRESTAÇÃO DE CONTAS

Art. 944. Finalizado o projeto, a entidade beneficiada deverá prestar contas da verba recebida, no prazo de 15 (quinze) dias, enviando à unidade gestora relatório que deverá conter:

I - planilha detalhada dos valores gastos, observando o cronograma de execução e de liberação de dispêndios previsto no inciso IX do art. 940;

II - notas fiscais de todos os produtos e serviços custodiados com os recursos destinados pelo Poder Judiciário, visadas pela pessoa responsável pela execução do projeto, conforme incisos II e III do art. 940;

III - relatório pormenorizado contendo o resultado obtido com a realização do projeto.

§ 1º O prazo a que se refere o **caput** deste artigo, poderá ser prorrogado, por uma única vez, por mais 10 (dez) dias, a requerimento da entidade beneficiada.

§ 2º A entidade que deixar de entregar o relatório no prazo determinado ficará impedida de participar do certame subsequente.

§ 3º O impedimento do § 2º também se aplica aos casos em que a apresentação do projeto ocorra sem alguma das especificações obrigatórias e não seja atendido o disposto § 1º do art. 940.

Art. 945. Apresentada a prestação de contas, esta será submetida à homologação judicial, após o prévio parecer do Ministério Público.

SEÇÃO V
DAS DISPOSIÇÕES FINAIS

Art. 946. O manejo e a destinação dos recursos decorrentes de pena de prestação pecuniária, em desconformidade com o disposto neste Código, será objeto de apuração pela Corregedoria- Geral da Justiça do Estado de Alagoas, que adotará as medidas cabíveis à espécie.

CAPÍTULO VI
DO CONTROLE DE APRESENTAÇÃO DE BENEFICIADOS

Art. 947. O controle de apresentação de autores do fato beneficiados com transação penal ou suspensão condicional do processo será feita na forma do TÍTULO V, CAPÍTULO XV, deste Código.

TÍTULO VIII
DAS DISPOSIÇÕES FINAIS E TRANSITÓRIAS

CAPÍTULO I
DA CELEBRAÇÃO DE CASAMENTOS POR JUÍZES DE DIREITO

Art. 948. Até que se regulamente a Justiça de Paz no Poder Judiciário do Estado de Alagoas, os juízes de direito e substitutos continuarão a celebrar casamentos.

Art. 949. Nas comarcas do interior do Estado de Alagoas, nas quais houver mais de uma unidade judicial, a celebração de casamento caberá aos juízes das Varas Cíveis com competência para processar e julgar ações que versem sobre Direito de Família.

§ 1º Quando houver mais de um juízo com competência para processar e julgar ações atinentes ao Direito de Família, deverá ser adotado o sistema de revezamento mensal para celebração de casamentos.

§ 2º Se todos os juízes titulares das Varas com competência para apreciar matéria relativa ao Direito de Família estiverem no gozo de férias ou afastados ou, ainda, se esses juízos estiverem vagos, o(s) casamento(s) deverá(rão) ser celebrado(s) pelo juiz que estiver atuando no órgão com competência prevista no caput deste artigo cuja nomenclatura tenha a menor numeração ordinal.

Art. 950. Os casamentos poderão ser realizados por juízes aposentados do Estado de Alagoas, com esteio no art. 112, § 3º da Lei Orgânica da Magistratura Nacional, salvo aqueles aposentados compulsoriamente em decorrência da aplicação de penalidade em processo administrativo disciplinar, salvo nos casos em que transcorridos 15 (quinze) anos do ato de publicação da referida penalidade.

§ 1º Caberá aos juízes de direito em exercício, bem como aos titulares e responsáveis interinos dos Registros Civis de Pessoas Naturais com atribuição para habilitação e registro de casamentos, contatar diretamente o juiz aposentado, a fim de aferir sua disponibilidade para a celebração do ato, podendo recorrer à Associação Alagoana de magistrados para identificar magistrados aposentados que se predisponham a realizar os matrimônios.

§ 2º Os casamentos celebrados por juízes aposentados não prejudicarão a pauta regular de casamentos existente na Capital ou Interior do Estado.

§ 3º Mediante entendimento entre o juiz aposentado e o ativo, poderá o primeiro substituir o último na pauta regular, pelo tempo e periodicidade livremente convencionados.

§ 4º Os casamentos poderão ser realizados presencial ou virtualmente, conforme preferência da autoridade celebrante.

§ 5º Os casamentos poderão ser individuais ou coletivos, a critério do juiz aposentado celebrante, observadas as normas excepcionais que visem a atender situações de saúde pública emergenciais.

§ 6º A celebração de casamentos é ato voluntário e gratuito, constituindo serviço social relevante por parte do celebrante.

CAPÍTULO II
DA CONSULTA À CENTRAL DE INFORMAÇÕES DOS BENEFÍCIOS DOS JUIZADOS ESPECIAIS CRIMINAIS – CIBJEC

Art. 951. A consulta à Central de Informações dos Benefícios dos Juizados Especiais Criminais – CIBJEC de que trata o Provimento nº 24/2016 da Corregedoria-Geral da Justiça do Estado de Alagoas continuará a ser realizada pelos servidores dos juizados especiais por 2 (anos) anos, a contar da vigência deste Código, salvo se as comunicações lá constantes forem migradas em prazo inferior para o Sistema SAJ, do que serão comunicados os servidores por ofício circular no Intrajus.

CAPÍTULO III
DAS DEMAIS DISPOSIÇÕES

Art. 952. A Corregedoria-Geral da Justiça do Estado de Alagoas providenciará a elaboração de manuais sobre os procedimentos estabelecidos por este Código, para consulta permanente dos responsáveis por sua aplicação e para a utilização em capacitações realizadas pela Escola Superior da Magistratura - ESMAL.

Art. 953. Revogam-se:

I - Provimento nº 15, de 02 de setembro de 2019;

II - Provimento nº 04, de 30 de março de 2011.

Art. 954. Este Código entra em vigor na data de sua publicação.

Maceió, 24 de maio de 2023.

Des. Domingos de Araújo Lima Neto Corregedor-Geral da Justiça

REVISÃO GERAL DO CÓDIGO DE NORMAS DAS SERVENTIAS JUDICIAIS DA CORREGEDORIA-GERAL DA JUSTIÇA DO ESTADO DE ALAGOAS

ANEXOS
ANEXO I
RELATÓRIO SEMESTRAL DE JUIZ VITALICIANDO

1. IDENTIFICAÇÃO		
Nome do juiz:		
Matrícula:		
Início do exercício no cargo:		
Semestre do relatório:		
2. ESTRUTURA DE TRABALHO		
2.1 UNIDADES JURISDICIONAIS QUE ATUOU NO PERÍODO		
MÊS	**UNIDADE**	**PORTARIA Nº**
1.		
2.		
3.		
4.		
5.		
6.		

2.2 COMPARTILHOU AS ATIVIDADES DA UNIDADE COM OUTRO MAGISTRADO?		
EM CASO POSITIVO, INDICAR O PERIODO EM CADA UNIDADE QUE ATUOU:		
MÊS	UNIDADE	NOME DO MAGISTRADO COM QUEM ATUOU
1.		
2.		
3.		
4.		
5.		
6.		
2.3 ACERVO E DISTRIBUIÇÃO DAS UNIDADES QUE ATUOU		
UNIDADE 1:		
MÊS	QUANTIDADE DE PROCESSOS DISTRIBUÍDOS	ACERVO
1.		
2.		
3.		
4.		
5.		
6.		
UNIDADE 2:		
MÊS	QUANTIDADE DE PROCESSOS DISTRIBUÍDOS	ACERVO
1.		
2.		
3.		
4.		
5.		
6.		
2.4 O MAGISTRADO EXERCEU ATIVIDADE CUMULADA?		

EM CASO POSITIVO, INDICAR O PERÍODO DE CADA UNIDADE QUE ATUOU:		
MÊS/PERÍODO	UNIDADE	PORTARIA
1.		
2.		

3.		
4.		
5.		
6.		
2.5 COMPETÊNCIA E TIPO DE JUÍZO:		
UNIDADE(S):	**COMPETÊNCIA:**	
2.6 ESTRUTURA DE FUNCIONAMENTO DE CADA UNIDADE ONDE O JUIZ ATUOU NO PERÍODO:		
UNIDADE 1		
2.6.1 RECURSOS HUMANOS		
A) Quantidade de servidores efetivos:		
B) Quantidade de servidores cedidos:		
C) Quantidade de servidores comissionados:		
D) Quantidade de estagiários:		
E) Quantidade de terceirizados:		
2.6.2 TECNOLOGIA		
A) SISTEMAS PROCESSUAIS EXISTENTES:		
Processos físicos	[ ] sim [ ] não - Quantidade:	
Processos eletrônicos	[ ] sim [ ] não - Quantidade:	
B) EQUIPAMENTO S À DISPOSIÇÃO	[ ] suficiente [ ] regular [ ] escasso OBS:	
C) O SISTEMA APRESENTA INSTABILIDADE?		[ ] sim [ ] não
2.6.3 INSTALAÇÕES FÍSICAS		
A) O espaço é suficiente para o desenvolvimento das atividades do juízo?		[ ] sim [ ] não
		OBS:
B) Possui acessibilidade?		[ ] sim [ ] não

C) Estrutura Física:	[ ] ótima [ ] boa [ ] regular [ ] ruim
2.6.4 RECURSOS MATERIAS	
A) Mobiliário:	[ ] suficiente [ ] insuficiente
B) Estado de conservação do mobiliário:	[ ] bom [ ] regular [ ] péssimo
C) Há falta de material de expediente?	[ ] sim [ ] não
3. VOLUME DE PRODUÇÃO	
3.1 NÚMERO DE AUDIÊNCIAS	
UNIDADE 1	

MÊS	AGENDADAS	REALIZADAS	ADIADAS
1			
2			
3			
4			
5			
6			
3.2 NÚMERO DE DECISÕES INTERLOCUTÓRIAS PROFERIDAS:			
UNIDADE 1			

MÊS	QUANTITATIVO	
1		
2		
3		
4		
5		
6		
3.3 NÚMERO DE SENTENÇAS PROLATADAS:		
UNIDADE 1		

MÊS	COM RESOLUÇÃO DO MÉRITO	SEM RESOLUÇÃO DO MÉRITO	HOMOLOGATÓRIA

1			
2			
3			
4			
5			
6			

4. CELERIDADE NA PRESTAÇÃO JURISDICIONAL	
UNIDADE 1	
A) TEMPO MÉDIO DE DURAÇÃO DO PROCESSO NA VARA (DISTRIBUIÇÃO ATÉ A SENTENÇA)	
B) QUANTIDADE DE PROCESSOS CONCLUSOS HÁ MAIS DE 100 DIAS	
MÊS	**QUANTIDADE**
1	
2	
3	
4	
5	
6	
C) QUANTIDADE DE SENTENÇAS PROFERIDAS EM AUDIÊNCIA	QUANTIDADE
MÊS	
1	
2	
3	
4	
5	
6	

5 CUMPRIMENTO DE METAS DO CNJ	
	CUMPRIMENTO (SIM/ NÃO)
5.1 META 1/2017 (julgar quantidade maior de processos de conhecimento do que os distribuídos em 2017)	

OBS:	
5.2 META 2/2017 (identificar e julgar até 31/12/2017 80% dos processos distribuídos até 31/12/2013 no 1º grau, e 100% dos processos distribuídos até 31/12/2014 nos juizados especiais)	
OBS:	
5.3 META 4/2017 (identificar e julgar até 31/12/2017 70% das ações de improbidade administrativa e das ações penais relacionadas a crimes contra a administração pública distribuídas até 31/12/2014)	
OBS:	
5.4 META 5/2017 (estabelecer política de desjudicialização e de enfrentamento do estoque de processos de execução fiscal, até 31/12/2017)	
5.4 META 6/2017 (identificar e julgar até 31/12/2017 60% das ações coletivas distribuídas até 31/12/2014)	
OBS:	
5.5 META 8/2017 (fortalecer a rede de enfrentamento à violência doméstica e familiar contra as mulheres, até 31/12/2017)	

6 OUTROS ACOMPANHAMENTOS		
UNIDADE 1		
6.1 PROCESSOS DE RÉUS PRESOS		
MÊS	**QUANTITATIVO**	**SITUAÇÃO/FASE DO PROCESSO**
1	1	1
2	2	2
3	3	3
4	4	4
5	5	5
6	6	6

6.2 PROCESSOS DE MENORES APREENDIDOS		
MÊS	**QUANTITATIVO**	**SITUAÇÃO/FASE DO PROCESSO**
1	1	1
2	2	2
3	3	3
4	4	4
5	5	5
6	6	6
6.3 PROCESSOS DA META ENASP		
MÊS	**QUANTITATIVO**	**SITUAÇÃO/FASE DO PROCESSO**
1	1	1
2	2	2
3	3	3
4	4	4
5	5	5
6	6	6
6.4 JURIS		
MÊS	**QUANTITATIVO**	**SITUAÇÃO/FASE DO PROCESSO**
1	1	1
2	2	2
3	3	3
4	4	4
5	5	5
6	6	6

ANEXO II

TERMO DE ADESÃO À INTIMAÇÃO

POR APLICATIVO DE CELULAR

Processo nº ______

Eu,________________________________, portador do RG nº______, e do CPF nº______, residente na

________, Município

________, declaro meus dados pessoais, bem como que aceito receber informações e intimações processuais, pelo aplicativo WhatsApp', advindas do número exclusivo da respectiva unidade judiciária no meu acesso telefônico de número

________, esclarecendo que:

I - concordo com os termos da intimação por meio do aplicativo "WhatsApp";

II - comprometo-me a manter o aplicativo "WhatsApp" instalado em meu celular, tablet ou computador;

III - comprometo-me a manter ativa, nas opções de privacidade do aplicativo "WhatsApp", a opção de recibo/confirmação de leitura;

IV - fui informado sobre o número de telefone que será utilizado pela unidade judiciária, para o envio das intimações pelo aplicativo "WhatsApp";

V - fui cientificado de que o Poder Judiciário do Estado de Alagoas não solicita, em nenhuma hipótese, dados pessoais, bancários ou quaisquer outros de caráter sigiloso, limitando-se o procedimento à realização de atos de intimação;

VI - fui cientificado de que as dúvidas referentes à intimação deverão ser tratadas, exclusivamente, no Fórum, e que, na hipótese de intimação para comparecimento, deverei me dirigir às dependências do fórum respectivo;

VII - comunicarei imediatamente à unidade judiciária se houver mudança do número do telefone, devendo assinar novo termo, reputando-se eficazes as intimações enviadas ao telefone anteriormente cadastrado, na ausência de comunicaçao da mudança.

OBSERVAÇÕES (se houver):

________/AL,_____de______de______.

Assinatura

ANEXO III
FORMULÁRIO DE CADASTRO DE ENTIDADES PARA RECEBIMENTO DE RECURSOS

FICHA DE CADASTRAMENTO DE INSTITUIÇÕES	
Nome/Razão Social:	
CNPJ: Natureza Jurídica:	
Atividade Principal:	
Dirigente(s):	
Endereço:	
Bairro:	
CEP:	
Município:	
Telefone(s):	
E-mail:	

ANEXO IV
ROTEIRO DE PROJETO TÉCNICO

1. Título do Projeto
2. Apresentação (Resumo da proposta/Sinopse do projeto): Resumo de todas as informações relevantes do projeto, tais como as demandas que serão atendidas, juntamente com as necessidades e expectativas para a implantação das ações pleiteadas ou aquisição de determinado bem e os resultados que se pretende alcançar.
3. Identificação da instituição solicitante: Apresentar, de forma clara e objetiva, todos os dados da instituição proponente, quais sejam, nome da instituição, endereço completo, número de telefone e fax, e-mail para contato, nome do responsável, cargo, número da identidade e do CPF, do CPNJ.
4. Identificação da instituição executora/beneficiada: Quando o projeto apresentar como órgão executor/beneficiário instituição diferente do proponente será necessária a apresentação de todos os dados solicitados acima, referentes ao órgão executor/beneficiário.
5. Justificativa: Espaço destinado para que o beneficiário aponte claramente qual(is) o(s) problema(s), suas causas e como eles foram identifi-

cado(s), apresentando solução(ões) para ele(s). O solicitante terá que justificar a pertinência do pedido e mostrar que a solução do problema tem consequências diretas junto ao espaço ou ao pessoal por ele contemplado. Apresentar, se possível, dados e/ou estatísticas consolidadas que justifiquem a demanda solicitada.

6. Público beneficiado: Descrever objetivamente o público-alvo direto e o indireto, informando, inclusive, a estimativa do número das pessoas que serão diretamente beneficiadas.
7. Equipe responsável pelo projeto: Tratando-se de projeto a ser executado, apresentar de forma clara e sucinta, a composição da equipe que será responsável pela respectiva execução, destacando a qualificação profissional necessária para o exercício da referida função, as ações que serão realizadas e a carga horária que será cumprida por cada integrante.
8. Localização geográfica das ações / Estrutura Disponível: Identificar o local contemplado com as ações ou com determinado bem. Em se tratando da primeira hipótese, informar o espaço físico e a infraestrutura disponível, bem como a estimativa do número de pessoas que serão atendidas no local, o número de funcionários existentes e as facilidades que o projeto pode encontrar quanto à sua execução.
9. Objetivo geral do projeto: Deve, em conformidade com a Resolução nº 154, de 13 de julho de 2012:

a) ser destinado a atividades de caráter essencial ao sistema penitenciário, à segurança pública, educação e saúde, desde que em atendimento a áreas vitais de

relevante cunho social, a critério da unidade gestora;

b) manter, por maior tempo, um número expressivo de cumpridores de prestação de serviços à comunidade ou entidade pública;

c) atuar diretamente na execução penal, assistência à ressocialização de apenados, de assistência às vítimas de crimes e prevenção da criminalidade, incluídos os conselhos da comunidade.

10. Objetivos específicos do projeto: Apontar, em forma de tópicos, os resultados esperados com o recurso pleiteado.
11. Metas (para projetos de execução): Quantificar os resultados esperados, de modo a permitir a verificação de seu cumprimento.
12. Metodologia (para projetos de execução): Explicar, detalhadamente, a viabilidade, exequibilidade e a sustentabilidade do projeto, além de apresentar informações sobre os procedimentos e as estratégias a serem adotados para a realização de cada meta.
13. Detalhamento dos custos: Estimar os custos, justificando-os no projeto e relacionando-os com as metas (se para execução). Apresentá-los por itens de despesa em tabelas distintas, conforme modelos que seguem:

TABELA I

Especificação de Equipamentos (Material Permanente)			
Material (exemplo)	**Quantidade**	**Valor unitário**	**Total**
Acervo Bibliográfico		R$	R$
Computador (inserir configuração)		R$	R$

TABELA II

Especificação do Material de Consumo			
Material (exemplo)	**Quantidade**	**Valor unitário**	**Total**
Resma de Papel A4		R$	R$
Canetas Esferográficas		R$	R$

TABELA III

Profissionais Contratados (exemplo)	Quantidade	Valor unitário	Total
Palestrante		R$	R$
Recreador		R$	R$

TABELA IV

Especificação dos Serviços de Terceiro – Pessoa Jurídica			
Serviços Contratados (exemplo)	**Quantidade**	**Valor unitário**	**Total**
Cópias para confecções de Apostilas		R$	R$
Confecção de Cartilhas		R$	R$

Observações importantes:

* Ao término das descrições nas planilhas, informar o valor final do projeto.
* Nos casos em que o objeto do convênio demandar a aquisição de material permanente e/ou de consumo, é imprescindível a apresentação de três orçamentos do comércio local, que devem ser encaminhados anexos, para fonte de referência.
* Não serão objeto de financiamento projeto ou material a ser adquirido, cujos valores se apresentem superestimados/superdimensionados em relação ao objeto proposto.

14. Prazo de execução (quando se tratar de projeto de execução): Detalhar a duração, fixando o número de meses previstos para a execução do projeto, constando a data inicial e final para a execução.

ANEXO V
PROCESSOS QUE DEVERÃO SER AUTOINSPECIONADOS:

- Processos com réus presos;
- Processos com adolescentes apreendidos;
- Adoção;
- Suspensão e destituição do Poder Familiar;
- Com mais de 10 (dez) anos de tramitação;
- Com partes idosas e portadoras de deficiência física;
- Processos que versem sobre Improbidade Administrativa;
- Pessoas albergadas pelo disposto na Lei 9.807/99;
- Processos incluídos nas metas instituídas pelo Conselho Nacional de Justiça, ainda pendentes de julgamento;
- Autos com mais de 100 (cem) dias sem movimentação;
- Cartas Precatórias.

ANEXO VI
QUADRO DE CORRELAÇÃO PARA APOSIÇÃO NO RELATÓRIO

DESPACHO		Nº DE REFERÊNCIA PARA APOSIÇÃO LATERAL
PROCESSO EM ORDEM, NADA A PROVER		1
À CONCLUSÃO PARA:	DESPACHO	2.1
	DECISÃO	2.2
	SENTENÇA	23
COBRE-SE	A DEVOLUÇÃO DE PRECATÓRIA	31
	A DEVOLUÇÃO DE MANDADO	32
CUMPRA-SE O DESPACHO DE FLS.		4
REITERE-SE O DESPACHO DE FLS.		5
MANTENHA-SE O FEITO SOBRESTADO		6
ARQUIVE-SE, APÓS BAIXA NA DISTRIBUIÇÃO		7
AUTUE-SE		8
REMETA-SE	AO TRIBUNAL DE JUSTIÇA	9.1
	À CONTADORIA	9.2
	À DISTRIBUIÇÃO	9.3
EXPEÇA-SE CERTIDÃO AO FUNJURIS		10
COLOQUE-SE NA PAUTA DE AUDIÊNCIA:	CONCILIAÇÃO	11.1
	INSTRUÇÃO	11.2
	OUTRA	11.3

DESPACHO		Nº DE REFERÊNCIA PARA APOSIÇÃO LATERAL
ABRA-SE VISTA AO ADVOGADO:	DO AUTOR	12.1
	DO RÉU	12.2
	DAS PARTES	12.3
ABRA-SE VISTA AO DEFENSOR PÚBLICO		13
ABRA-SE VISTA AO MINISTÉRIO PÚBLICO		14
JUNTE-SE PETIÇÃO		15
CUMPRA-SE O ATO PROCESSUAL DETERMINADO		16
REITERE-SE OFÍCIO		17
EXPEÇA-SE:	ATO ORDINATÓRIO	18.1
	EDITAL	18.2
	PRECATÓRIA	18.3
	OFÍCIO	18.4
	MANDADO	18.5
	CARTA	18.6
	ALVARÁ	18.7
PUBLIQUE-SE:	ATO ORDINATÓRIO	19.1
	DESPACHO	19.2
	DECISÃO	19.3
	SENTENÇA	19.4
CERTIFIQUE-SE O DECURSO DO PRAZO		20
DEVOLVA-SE CARTA PRECATÓRIA		21
RETORNEM OS AUTOS AO ARQUIVO		22

AGUARDE-SE O PRAZO DE SUSPENSÃO	23
OUTROS	24

ANEXO VII
QUADRO DE DESPACHOS

PROCESSO Nº:

PARTES:

VISTO EM "AUTO INSPEÇÃO"

DESPACHO	
( ) PROCESSO EM ORDEM, NADA A PROVER	
( ) À CONCLUSÃO PARA:	( ) DESPACHO
	( ) DECISÃO
	( ) SENTENÇA
( ) COBRE-SE	( ) A DEVOLUÇÃO DE PRECATÓRIA
	( ) A DEVOLUÇÃO DE MANDADO
( ) CUMPRA-SE O DESPACHO DE FLS.	
( ) REITERE-SE O DESPACHO DE FLS.	
( ) MANTENHA-SE O FEITO SOBRESTADO	
( ) ARQUIVE-SE, APÓS BAIXA NA DISTRIBUIÇÃO	
( ) AUTUE-SE	
( )REMETA-SE	( ) AO TRIBUNAL DE JUSTIÇA
	( ) À CONTADORIA
	( ) À DISTRIBUIÇÃO
( ) EXPEÇA-SE CERTIDÃO AO FUNJURIS	
( ) COLOQUE-SE NA PAUTA DE AUDIÊNCIA:	( ) CONCILIAÇÃO
	( ) INSTRUÇÃO
	( ) OUTRA
( ) ABRA-SE VISTA AO ADVOGADO:	( ) DO AUTOR
	( ) DO RÉU
	( ) DAS PARTES
() ABRA-SE VISTA AO DEFENSOR PÚBLICO	
() ABRA-SE VISTA AO MINISTÉRIO PÚBLICO	
() JUNTE-SE PETIÇÃO	
() CUMPRA-SE O ATO PROCESSUAL DETERMINADO	
( ) REITERE-SE OFÍCIO	
( ) EXPEÇA-SE:	( ) ATO ORDINATÓRIO
	( ) EDITAL
	( ) PRECATÓRIA
	( ) OFÍCIO
	( ) MANDADO
	( ) CARTA

	( ) ALVARÁ
( ) PUBLIQUE-SE:	( ) ORDINATÓRIO
	( ) DESPACHO
	( ) DECISÃO
	( ) SENTENÇA
( ) CERTIFIQUE-SE O DECURSO DO PRAZO	
( ) DEVOLVA-SE CARTA PRECATÓRIA	
( ) RETORNEM OS AUTOS AO ARQUIVO	
( ) AGUARDE-SE O PRAZO DE SUSPENSÃO	
( ) OUTROS	

Local e data.

Nome do Magistrado

ANEXO VIII
MODELO RELATÓRIO DE AUTOINSPEÇÃO

DATA DA DISTRIBUIÇÃO	Nº DOS AUTOS	NATUREZA DA AÇÃO	SITUAÇÃO PROCESSUAL (ÚLTIMO ANDAMENTO ANTES DA AUTOINSPEÇAO)	NÚMERO DE REFERÊNCIA	FÍSICO/ ELETRÔNICO

DATA DA DISTRIBUIÇÃO	Nº DOS AUTOS	NATUREZA DA AÇÃO	SITUAÇÃO PROCESSUAL (ÚLTIMO ANDAMENTO ANTES DA AUTOINSPEÇAO)	NÚMERO DE REFERÊNCIA	FÍSICO/ ELETRÔNICO

ANEXO IX
MODELO RELATÓRIO DE AUTOINSPEÇÃO - SEEU

Nº DOS AUTOS	NOME DA PARTE	NÚMERO DE REFERÊNCIA

PORTARIA Nº 770/SERIS/2017

ANEXO X

DISPÕE SOBRE A REGULAMENTAÇÃO DOS PROCEDIMENTOS OPERACIONAIS DE ACESSO E USO DO SISTEMA DE ADMINISTRAÇÃO PENITENCIÁRIA DE PRESOS E DÁ OUTRAS PROVIDÊNCIAS.

O SECRETÁRIO DE ESTADO DE RESSOCIALIZAÇÃO E INCLUSÃO SOCIAL, no uso de suas atribuições e prerrogativas legais, com supedâneo na Lei Delegada nº 47, de 10 de agosto de 2015 em seu art. 7°, com base na Lei nº 7.210, de 11 de julho de 1984 - Lei de Execuções Penais, no Decreto nº 38.295 de 14 de fevereiro de 2000 - Regulamento do Sistema Penitenciário, no Decreto nº 49.051, de 22 de junho de 2016 - Regimento Interno da Secretaria de Estado de Ressocialização e Inclusão Social - SERIS, na Lei nº 8.666, de 21 de junho de 1993, e pelas considerações abaixo:

Considerando as solicitações feitas por órgãos da Segurança Pública e do Judiciário e dos órgãos auxiliares e essenciais a justiça do Estado de Alagoas para o acesso e uso ao Sistema de Administração Penitenciária;

Considerando a necessidade da adequada execução e do controle dos procedimentos adotados no âmbito de acesso às informações e consequentemente as melhorias dos procedimentos de informações entre os órgãos envolvidos na execução das penas privativas de liberdade;

Considerando a necessidade de aplicação da Lei nº 7.210 de 11 de julho de 1984 - Lei de Execuções Penais e as alterações oriundas da Lei nº 12.258 de 15 de junho de 2010, a qual prever a possibilidade de utilização de equipamento de vigilância indireta pelo condenado nos casos em que especifica;

Considerando que o princípio da transparência, da eficácia e da publicidade dos dados inseridos no Sistema de Administração Penitenciário -SAP, servirão como aporte desenvolvedor das ações jurídicas no que tange a celeridade na busca de dados dos custodiados;

Considerando que o Sistema de Administração Penitenciária desenvolvido para otimizar o trabalho e agrupar qualitativamente maiores informações e que resulta na qualidade do serviço dos órgãos envolvidos;

RESOLVE

Art. 1º. Regulamentar os procedimentos operacionais de acesso e uso ao Sistema de Administração Penitenciária de Presos e dá outras providências.

Art. 2º Poderão solicitar acesso ao Sistema de Administração Penitenciária de presos os seguintes órgãos:

I - Secretaria de Estado de Ressocialização e Inclusão Social;

II - Secretaria de Estado da Segurança Pública;

III - Polícia Militar do Estado de Alagoas;

IV - Polícia Civil do Estado de Alagoas;

V - Tribunal de Justiça de Alagoas;

VI - Ministério Público do Estado de Alagoas;

VII - Defensoria Pública do Estado de Alagoas;

VIII - Conselho Estadual de Segurança Pública.

Parágrafo Único - O acesso, quando disponibilizado, será individual, vinculado ao CPF do solicitante e de uso pessoal e intransferível.

Art. 3º - O acesso ao Sistema de Administração Penitenciária se dará de acordo com os seguintes níveis:

I - Administradores - servidores e funcionários da Seris lotados na Chefia Especial de Gestão Prisional e integrantes da Chefia Executiva de Tecnologia da Informação;

II - Operadores de Sistema - servidores e funcionários da Seris que exerçam função de cadastradores de presos nas unidades prisionais;

III - Portaria - servidores e funcionários responsáveis pela entrada e saída de visitantes nas unidades prisionais;

IV- Consulta Externa - funcionários e servidores da Seris com acesso apenas para consulta e servidores e Funcionários dos órgãos previstos no Art. 2º desta portaria.

Art. 4º - Na Secretaria de Estado de Ressocialização e Inclusão Social terão acesso ao SAP:

I - Os Agentes Penitenciários que se encontrarem em cargos de gestão na Secretaria de Esta do de Ressocialização e Inclusão Social - SERIS;

II - Os Prestadores de Serviço que trabalhem como prontuaristas nas unidades prisionais, Serviços Penais, Balcão Cidadão e Centro Administrativo das Unidades prisionais;

III - Os Agentes Penitenciários que não se encontram em cargos de gestores desde que comprovada à necessidade de acesso.

§ 1º As solicitações de acesso devem ser feitas ao Secretário de Estado de Ressocialização e Inclusão Social que encaminhará a Chefia Especial de Gestão Penitenciária e a Chefia Executiva de Tecnologia da Informação para análise do pedido e definição do nível de acesso.

§ 2º Os servidores e funcionários que tenham nível de acesso definido como cadastradores somente poderão alterar, incluir ou excluir dados referente a unidade prisional que estiver lotado, sendo vetado o acesso de outra unidade prisional, exceto para consultas.

§3° As operações de bloqueio e desbloqueio de visitantes será realizada pela Chefia de Serviços Penais após solicitação justificada da unidade prisional.

§ 4° Todos que desejarem ter acesso ao Sistema Administração Penitenciária, deverão preencher formulário conforme ANEXO - I (Termo de Responsabilidade), encaminhar para Secretaria de Estado de Ressocialização e Inclusão Social, para análise e decisão.

Art. 5° – Na Secretaria de Segurança Publica de Alagoas, Polícia Militar do Estado de Alagoas e Polícia Civil do Estado de Alagoas poderão ter acesso ao SAP:

I - Todos os Agentes de Segurança Pública que ocupem cargos de gestão, somente para consulta de reeducando e visitantes.

Parágrafo Único - Todos que desejarem terem acesso ao Sistema Administrativo Penitenciário, deverão preencher formulário conforme ANEXO - I (Termo de Responsabilidade), encaminhar para Secretaria de Estado de Ressocialização e Inclusão Social, para análise e decisão.

Art. 6° - Nos órgão do Poder Judiciário, do Ministério Público, da Defensoria Pública e do Conselho Estadual de Segurança Pública poderão ter acesso ao SAP:

I - Os servidores Públicos, Funcionários, Assessores, somente para consulta de reeducando e visitantes. Parágrafo Único - Todos que desejarem ter acesso ao Sistema Administrativo Penitenciário, deverão preencher formulário conforme ANEXO - I (Termo de Responsabilidade), encaminhar para Secretaria de Estado de Ressocialização e Inclusão Social, para análise e decisão.

Art. 7° Aos que descumprirem o Termo de Responsabilidade, acesso no Sistema de Administração Penitenciaria - SAP estarão sujeitos as penalidades constante em legislação específica.

Art. 8° O servidor deverá declarar, na solicitação, que tem ciência das penalidades civis, administrativas e criminais quanto à prestação de informações inverídicas, notadamente quanto ao preenchimento do Termo de responsabilidade.

Art. 9° O prazo de validade da senha ao acesso ao Sistema de Administração Penitenciária, terá uma duração de 06 (seis) meses. Em caso de transferência de servidor, automaticamente será cancelado o acesso, tendo que iniciar novamente o processo de renovação.

Art. 10 Os pedidos de consulta de reeducandos e visitantes oriundos de outros Estados da Federação devem ser encaminhados ao Secretário de Estado de Ressocialização e Inclusão Social que determinará o cumprimento.

Art. 11 A Chefia Executiva de Tecnologia da Informação auditará periodicamente o uso do Sistema de Administração Penitenciária e identificando discrepância entre o nível de acesso autorizado e a utilização do SAP solicitará ao usuário esclarecimento no prazo de 48 (quarenta e oito) horas. Parágrafo único – A negativa de esclarecimentos ou a confirmação de uso indevido do SAP acarretará a suspensão imediata do acesso daquele usuário e encaminhamento da informação ao Secretário de Estado de Ressocialização e Inclusão Social.

Art. 12 – Em caso de descumprimento das normas desta Portaria por servidores e funcionários da SERIS acarretará a abertura de processo Administrativo Disciplinar, no caso de descumprimento por integrantes de órgão externos a SERIS o Secretário de Estado encaminhará informação ao gestor do órgão com pedido de abertura de procedimento disciplinar.

Art. 13 – As violações de uso do Sistema de Administração Penitenciária – SAP podem ainda se configurar como tipos penais previstos em legislação específica, a saber:

I – Divulgação de Segredo – Art. 153, § 1° do Código Penal Brasileiro;

II – Falsidade Ideológica – Art. 299 do Código Penal Brasileiro

III – Inserção de Dados Falsos em Sistema de Informações – Art. 313-A do Código Penal Brasileiro;

IV – Modificação ou Alteração não autorizada de Sistema de Informações – Art. 313-B do Código Penal Brasileiro;

V - Violação De Sigilo Funcional - Art. 325 do Código Penal Brasileiro.

DISPOSIÇÕES FINAIS

Art. 14 - Os casos omissos a esta Portaria serão analisados pelo Chefe Especial de Gestão Penitenciária e posteriormente informados ao Secretário de Estado de Ressocialização e Inclusão Social que decidirá quanto ao caso.

Art. 15 - Essa Portaria entre em vigor na data de sua publicação.

DÊ-SE CIÊNCIA, PUBLIQUE-SE E CUMPRA-SE.

GABINETE DO SECRETÁRIO DE ESTADO DE RESSOCIALIZAÇÃO E INCLUSÃO SOCIAL, em

Maceió 31 de outubro de 2017.

MARCOS SÉRGIO DE FREITAS SANTOS - Cel. QOC PM

Secretário de Estado de Ressocialização e Inclusão Social

ANEXO XI
MANUAL PARA O PETICIONAMENTO DE CARTAS PRECATÓRIAS NO ÂMBITO PARA O TRIBUNAL DE JUSTIÇA DO ESTADO DE ALAGOAS

VISÃO GERAL

Os procedimentos narrados neste manual são exclusivos para Servidores de outros Tribunais que necessitem peticionar carta precatória para o TJAL, em substituição ao sistema de "Malote Digital". As orientações aqui informadas não se enquadram para Advogados/Convênios e demais peticionantes.

Acessar o site do Tribunal de Justiça do Estado de Alagoas (www.tjal.jus.br) e clicar em algum serviço que remeta ao Portal e-SAJ (Peticionamento Eletrônico, Consulta Processual, dentre outros):

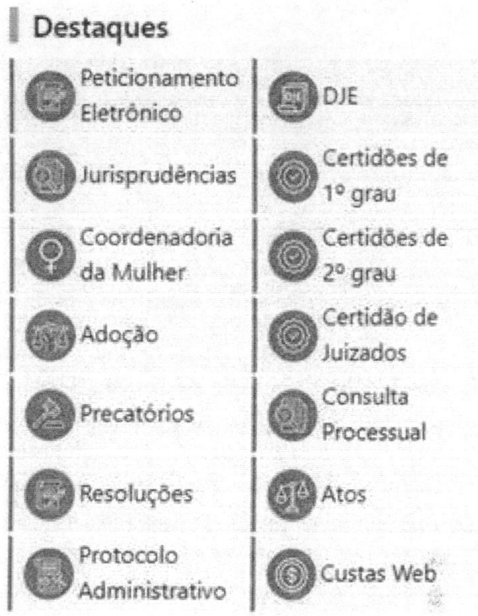

Ao acessar o serviço, do lado direito, há a opção de "identificar-se":

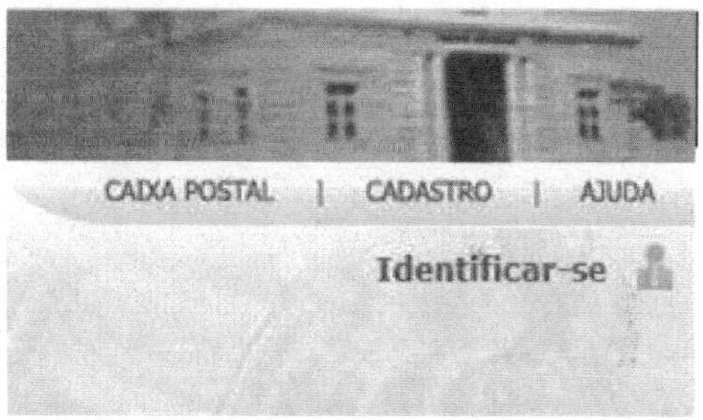

Ao clicar nessa opção, há o link de "Não estou habilitado":

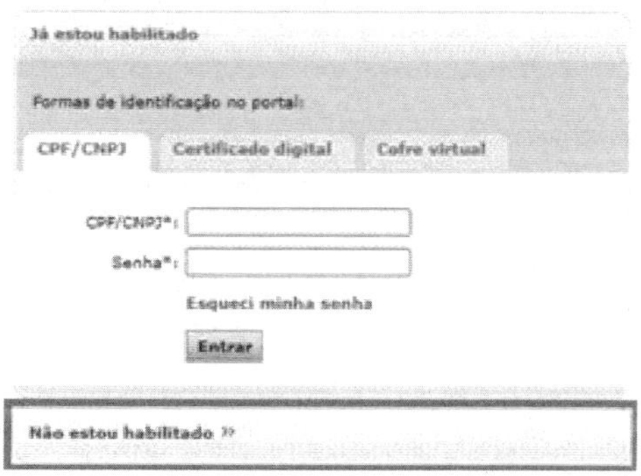

Deve-se clicar nessa opção, inserir o número do CPF e iniciar o cadastro:

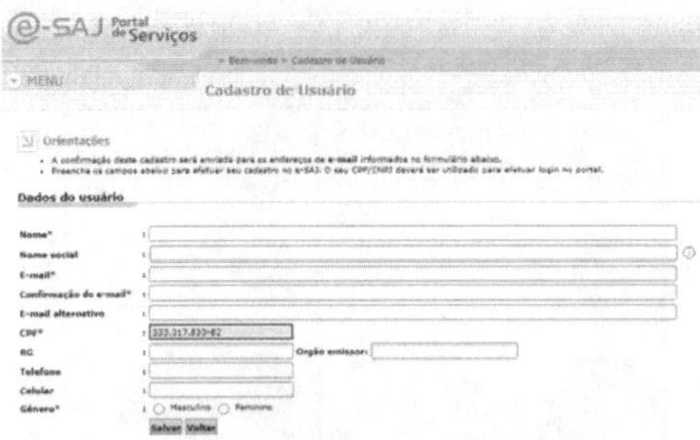

IMPORTANTE: O usuário deve ter bastante cuidado ao preencher o e-mail, pois nele chegará um link para efetivar seu cadastro. O preenchimento de e-mail de forma equivocada impedirá o usuário de prosseguir e será necessário o contato com o Suporte SAJ do TJAL para regularizar a situação.

Com os dados preenchidos, no e-mail será recebido um link para criação de senha. O link direcionará o usuário para a página do Tribunal de Justiça de Alagoas. Após salvar a senha, o cadastro inicial do usuário estará concluído.

Após, o usuário deve se identificar no portal e-SAJ. Nesse momento, a identificação pode ser por CPF e senha (a senha recém criada) ou por certificado digital. O login por certificado digital só estará disponível depois que o usuário fizer o cadastro e cadastrar sua senha.

Ao logar no Portal e-SAJ, o usuário deve ir à opção "Cadastro - Gerenciamento de Perfis", conforme imagens abaixo:

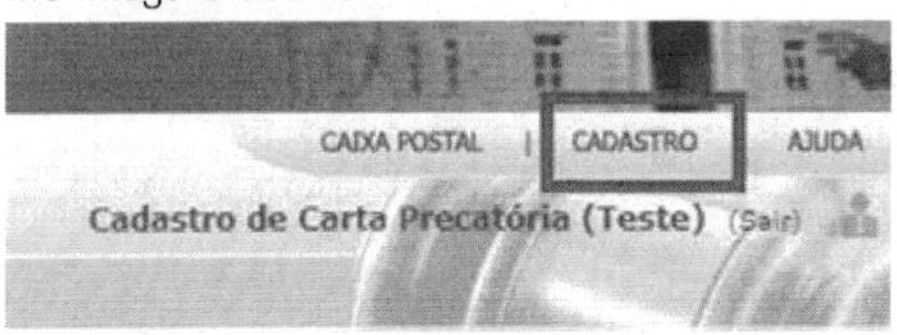

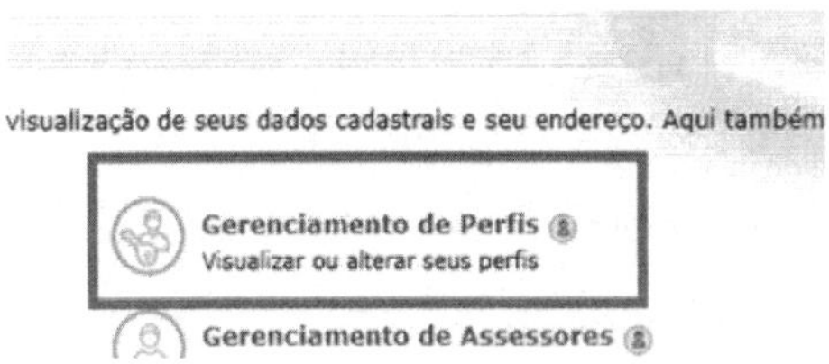

Dentre os perfis disponíveis, há o perfil "Servidor/Cartas Precatórias outros Tribunais":

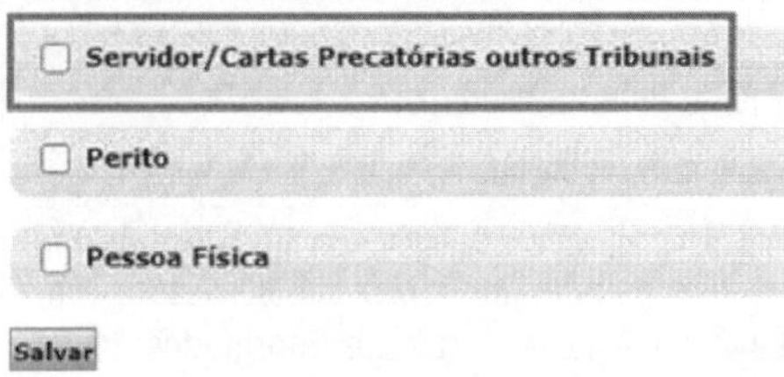

Ao selecioná-lo, deve-se clicar na opção "salvar". Ao tentar, será aberta uma janela para validação com certificado digital:

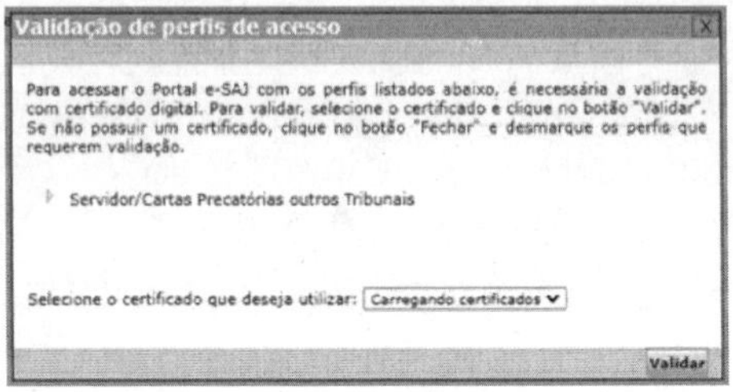

Ao validar, o perfil estará apto para peticionamento de cartas precatórias para os foros disponíveis no Estado de Alagoas.

Se nesse momento o usuário já pretender peticionar sua carta precatória ao Tribunal de Alagoas, deve-se fazer o logoff do Portal e-SAJ e fazer um novo login para que o portal valide o novo perfil vinculado.

PETICIONAMENTO ELETRÔNICO

O serviço a ser utilizado para peticionamento de cartas precatórias é o serviço de "Peticionamento Eletrônico de 1º Grau":

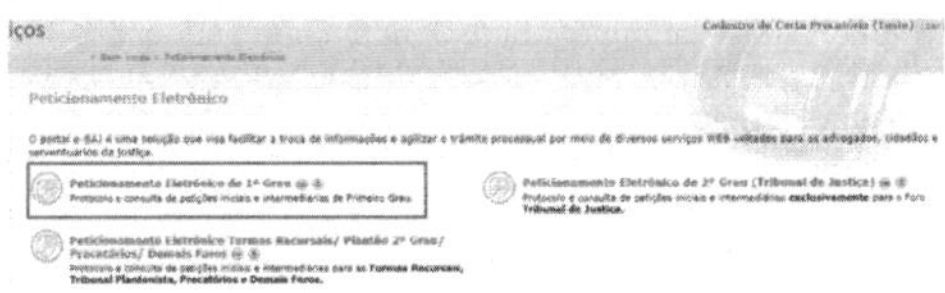

Nele, há as opções de peticionamento inicial ou intermediário:

O peticionamento inicial seria para uma nova carta precatória a ser enviada ao Tribunal de Alagoas. O serviço de peticionamento intermediário seria para um complemento de documentação a ser enviada ou para resposta de alguma decisão.

Seguem algumas explicações do peticionamento inicial:

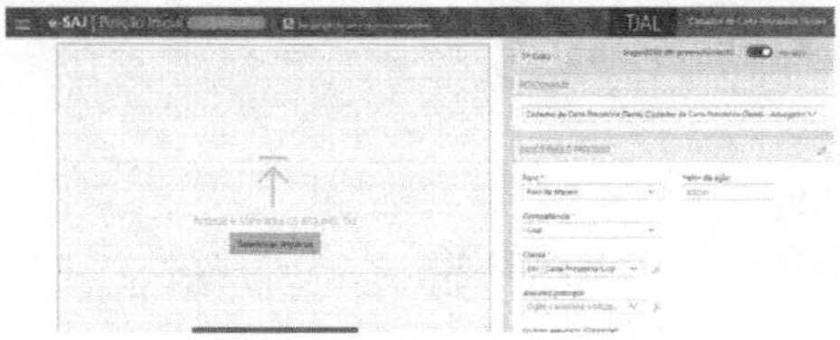

Do lado esquerdo da tela, devem ser anexados os documentos que comporão o processo de carta precatória. Podem ser anexados documentos em PDF ou outros formatos também (m3, mp4, avi). Sempre um documento do tipo PDF é obrigatório.

Do lado direito, no campo "Foro", deve ser buscada pela comarca que irá cumprir aquela carta precatória. No campo "Competência" deve ser escolhida as listadas de acordo com a área do processo (Cível, Família, Criminal, Violência Doméstica). No campo "Classe" temos as classes disponíveis para peticionamento eletrônico. Deve ser escolhida a classe "261 - Carta Precatória Cível". Após, deve-se escolher o assunto principal do processo.

Após, tem-se mais algumas informações a serem alimentadas. Deve-se marcar o tipo de Distribuição "Sorteio" e no campo "Custas Processuais", o usuário peticionante deve seguir o que regra o Código de Normas da Corregedoria-Geral do Estado de Alagoas:

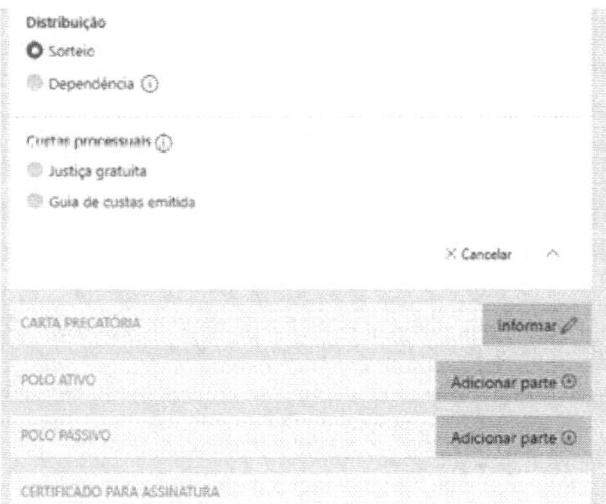

Os campos "Carta Precatória", "Polo Ativo" e "Polo Passivo" devem ser alimentados. Em linhas gerais, o polo ativo seria o Juízo Deprecante e o polo passivo a pessoa a ser intimada/citada que resida naquela comarca.

Depois de anexados todos os documentos e alimentadas todas as informações necessárias, o usuário deve clicar na opção "Protocolar", disponível do lado direito da tela:

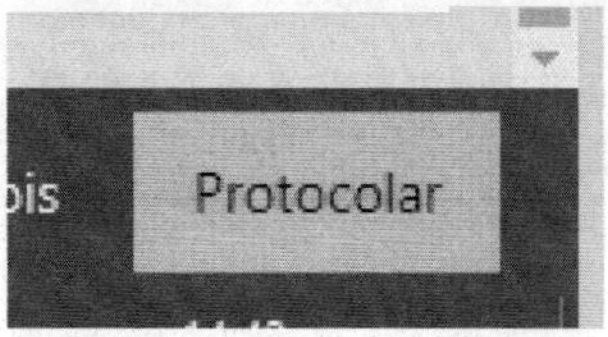

Ao concluir, as informações de protocolo gerado serão apresentadas, podendo ser salvas ou impressas.

Adicionalmente, o usuário poderá acessar o serviço "Push" disponível no Portal e-SAJ e incluir o número da Carta Precatória que acabou de ser protocolada, para que possa acompanhar suas movimentações. Esse serviço encaminhará as movimentações do processo para o e-mail do usuário que se cadastrou no Portal e-SAJ.

- Informações sobre Custas Processuais:

Contadoria – (82) 4009-3541

- Suporte e-SAJ (Dúvidas sobre cadastro no e-SAJ e Peticionamento): Corregedoria-Geral da Justiça – (82) 4009-3833/3834/3835/3836/3838

ANEXO XII
REQUERIMENTO DE ADMISSÃO PARA AGENTES DE PROTEÇÃO

EXMO. SR. JUIZ (A) DE DIREITO DA ________VARA DA COMARCA

________, Vem requerer que seja concedida sua admissão no quadro de Agente de Proteção, dessa Vara, como voluntário, a fim de colaborar no desempenho das atribuições inerentes a esse Juízo.

Seguem anexas, cópias dos seguintes documentos:

( ) certidão de nascimento. ( ) certidão de Casamento. ( ) carteira de identidade.

( ) CPF.

( ) título de eleitor.

( ) comprovante de quitação com a Justiça Eleitoral.

( ) 03 (três) fotos 3x4 colorida e digitalizada (paletó e gravata para homem). ( ) comprovante de residência.

( ) comprovante de conclusão de ensino fundamental. ( ) certidões negativas da Justiça Estadual.

( ) certidões negativas da Justiça Federal .

( ) certificado de reservista (caso masculino).

Nestes termos, Pede deferimento.

Local: , de de

REQUERENTE

ANEXO XIII
PLANILHA DE NOMEAÇÃO DE AGENTE DE PROTEÇÃO

FOTO 3X4 Digitalizada

Nome:		
Endereço c/ ponto de referência: CEP		
CPF:	RG:	CNH:
Filiação:		
Telefones: Residencial.	Celular:	
Título de eleitor nº	Zona:	Seção:
Data de Nascimento:	Naturalidade:	Estado civil:
Números de filhos:	Tipo sanguíneo:	
Nome do Cônjuge:		
Grau de instrução:		
Profissão:		
Outras ocupações:		
Setor: Transporte de Adolescentes ( ), Setor Técnico ( ), Fiscalização ( ), Assessoria ( ), Administração ( ), Escrivania ( ), Outros ( ) descrição .		

ANEXO XIV
MODELO DA CARTEIRA DE AGENTE DE PROTEÇÃO

PODER JUDICIÁRIO DE ALAGOAS

CGJ
CORREGEDORIA-GERAL DA JUSTIÇA DE ALAGOAS

Nº. de Série: BM 001/2017.

VÁLIDA APENAS NESTA COMARCA

Foto 3x4

Comarca:

Nome:

Ident. Civil:

C.P.F.:

Cargo:

Assinatura do Agente:

Assinatura do Juiz de Direito da Comarca:

Tipo sanguineo:

Naturalidade:

Data de nascimento:

Filiação
Pai:
Mãe:

O portador da presente está a serviço da Justiça da Infância e da Juventude - Lei Nº: 8069/90 (Estatuto da Criança e do Adolescente).

O Agente de Proteção somente poderá atuar ou realizar diligência munido de mandado específico, expedido em cada caso pela autoridade competente, exceto nos casos de flagrância de ato infracional ou flagrante delito contra o menor.

Outras autoridades deverão prestar ao portador desta identidade todo apoio para o cumprimento das suas atribuições legais.

Emitida em: __________ Validade:__________

Assinatura do Corregedor Geral da Justiça:

REGIMENTOS INTERNOS

REGIMENTO INTERNO DO TRIBUNAL DE JUSTIÇA DO ESTADO DE ALAGOAS

(ATUALIZADO ATÉ A EMENDA REGIMENTAL Nº 15/2022)

ÍNDICE

DISPOSIÇÕES PRELIMINARES

Art. 1º Este regimento dispõe sobre o funcionamento do Tribunal de Justiça, estabelece a competência de seus órgãos, regula a instrução e julgamento dos processos e recursos que lhes são atribuídos pelas leis e institui a disciplina de seus serviços.

TÍTULO I
DA ORGANIZAÇÃO E DA COMPETÊNCIA

CAPÍTULO I
DA COMPOSIÇÃO

SEÇÃO I
DO TRIBUNAL DE JUSTIÇA

Art. 2º O Tribunal de Justiça do Estado de Alagoas, com sede na Capital do Estado e jurisdição em todo o território estadual, tem o seu quantitativo de Desembargadores definido pelo Código de Organização Judiciária – COJAL e funciona em Plenário, em Seção Especializada Cível e em Câmaras isoladas, sendo quatro cíveis e uma criminal (Artigo com redação determinada pela Emenda Regimental n.º 12, de 17 de dezembro de 2021).

Art. 3º A direção do Tribunal de Justiça incumbe ao Presidente, ao Vice-Presidente e ao Corregedor-Geral da Justiça.

Art. 4º O Conselho Estadual da Magistratura e a Corregedoria-Geral da Justiça funcionam como órgãos de finalidade específica do Tribunal de Justiça.

Parágrafo único. O Conselho Estadual da Magistratura tem sua composição regida pelo Código de Organização Judiciária do Estado de Alagoas - COJAL.

SEÇÃO II
DO PLENO

Art. 5º O Tribunal de Justiça compõe-se da totalidade dos Desembargadores, funciona em sessão plenária, sendo presidido pelo respectivo Presidente e, nos seus impedimentos, sucessivamente, pelo Vice-Presidente e pelo Desembargador mais antigo.

§ 1º Para o cálculo de quorum será computado o número total de cargos existentes no Tribunal, excetuando-se os cargos que se encontrem vagos.

§ 2º São considerados no cálculo do quorum os cargos, cujos titulares que se declararem impedidos ou suspeitos, ou que se encontrem afastados em razão de férias, licenças ou outros motivos temporários.

§ 3º Aplica-se a fórmula de cálculo do quorum estabelecida no presente artigo para a instauração e julgamento de procedimentos administrativos disciplinares contra magistrados.

SEÇÃO III
DAS CÂMARAS E DA SEÇÃO ESPECIALIZADA CÍVEL

Art. 6º A composição e o quorum mínimo das Câmaras Isoladas e da Seção Especializada Cível são os definidos pelo Código de Organização Judiciária do Estado de Alagoas – COJAL.

Parágrafo único. Para o funcionamento da Seção Especializada Cível, além do quorum mínimo disposto na forma do caput deste artigo, será exigida a representatividade das quatro Câmaras Cíveis. (Parágrafo único com redação determinada pela Emenda Regimental n.º 12, de 17 de dezembro de 2021).

CAPÍTULO II
DAS ELEIÇÕES E DO EXERCÍCIO

SEÇÃO I
DOS CARGOS DIRETIVOS

Art. 7º A eleição do Presidente, do Vice-Presidente e do Corregedor-Geral da Justiça reger-se-á pela Lei Orgânica da Magistratura Nacional - LOMAN e ocorrerá até o mês de agosto do último ano do mandato em curso.

Art. 8º O Presidente, o Vice-Presidente e o Corregedor têm mandato de dois anos, a contar da posse, eleitos pelo Plenário, dentre os magistrados mais antigos, na conformidade do disposto no art. 102 da Lei Complementar n.º 35/79 (Lei Orgânica da Magistratura Nacional).

§ 1º Primeiramente será realizada a eleição para o cargo de Presidente e, após, para o cargo de Vice-Presidente, seguida da eleição para o cargo de Corregedor-Geral da Justiça.

§ 2º Se a vaga se der no cargo de Presidente e vier a ser eleito para a sucessão membro integrante da mesa diretiva, na mesma sessão eleger-se-á o sucessor deste.

§ 3º Cada Desembargador poderá manifestar a sua recusa até antes da eleição, devendo a mesma ser apreciada pelo Plenário antes do escrutínio.

§ 4º Na hipótese de recusa quanto à aceitação de algum dos cargos de direção, ou de todos eles, integrará a lista o nome do Desembargador que se seguir em ordem de antiguidade e estiver desimpedido.

§ 5º Não havendo recusa quanto à totalidade dos cargos de direção, pelo Desembargador mais antigo, aquele que vier a integrar a lista será elegível apenas para o cargo ou os cargos em relação aos quais tenha havido manifestação de recusa do mais antigo, figurando este como elegível para os demais cargos.

§ 6º Esgotados todos os nomes, na ordem de antiguidade, deixarão de subsistir os impedimentos para a elegibilidade.

§ 7º Se nenhum dos candidatos obtiver mais da metade dos votos dos presentes, realizar-se-á nova escolha entre os dois mais votados, e, havendo empate, a decisão procederá observando-se o critério de antiguidade no Tribunal.

§ 8º A eleição também poderá ser feita por aclamação.

Art. 9º São elegíveis, para os cargos de direção do Tribunal de Justiça, os participantes do Tribunal Regional Eleitoral que estejam no exercício de mandato, devendo renunciar ao período restante até a data da posse, caso eleitos.

Parágrafo único. O Presidente e o Vice-Presidente do Tribunal de Justiça, bem como o Corregedor-Geral, não poderão participar do Tribunal Regional Eleitoral, inclusive como suplentes.

Art. 10. Surgindo vaga para quaisquer cargos diretivos do Tribunal, é necessária a realização de eleição, dentro do prazo de dez dias, a contar da data da vacância, independentemente do prazo restante para o fim do mandato interrompido.

§ 1º Ao Desembargador eleito para completar o mandato de seu antecessor não se aplica o impedimento previsto no art. 102 da Lei Orgânica da Magistratura Nacional - LOMAN, mesmo que o mandato a se cumprir seja de até a um ano, e o escolhido não esteja fazendo parte da cúpula diretiva.

§ 2º Não configura impedimento se o exercício do cargo deu-se eventualmente, na condição de substituto, seja como Vice-Presidente, seja em razão da ordem de antiguidade.

Art. 11. Os mandatos do Presidente, do Vice-Presidente, do Corregedor-Geral da Justiça e dos demais membros do Conselho Estadual da Magistratura, estender-se-ão até a posse dos respectivos sucessores, se marcada para data excedente do biênio.

SEÇÃO II
DO CONSELHO ESTADUAL DA MAGISTRATURA

Art. 12. A eleição para o Conselho Estadual da Magistratura ocorrerá na mesma oportunidade em que forem eleitos os titulares dos cargos diretivos do Tribunal, e será regida pelas normas contidas no Código de Organização Judiciária de Alagoas.

Art. 13. O período de duração do mandato é de dois anos, sendo vedada a reeleição.

Art. 14. A posse e respectivo exercício do Desembargador eleito dar-se-ão simultaneamente a daqueles eleitos para cúpula diretiva do Tribunal de Justiça.

Art. 15. As substituições dar-se-ão utilizando como parâmetro o critério de antiguidade.

SEÇÃO III
DA SEÇÃO ESPECIALIZADA CÍVEL E DAS CÂMARAS ISOLADAS

Art. 16. A forma de eleição para presidência das Câmaras Isoladas e da Seção Especializada Cível, nesta última quando couber, é definida nos termos do Código de Organização Judiciária de Alagoas.

Parágrafo único. A eleição dar-se-á na primeira sessão do órgão fracionário ocorrida após a sessão de posse dos cargos diretivos.

CAPÍTULO III
DOS DESEMBARGADORES

SEÇÃO I
DA POSSE E DA ANTIGUIDADE NO TRIBUNAL

Art. 17. O magistrado tomará posse no cargo de Desembargador perante o Presidente do Tribunal de Justiça, prestando compromisso, nos termos e prazos definidos pelo Código de Organização Judiciária de Alagoas.

Art. 18. A antiguidade dos Desembargadores conta-se da data da posse no respectivo cargo.

Parágrafo único. Havendo mais de uma posse no mesmo dia, deverá ser considerado mais antigo o Desembargador com maior idade.

SEÇÃO II
DAS PROIBIÇÕES, DAS INCOMPATIBILIDADES, DOS IMPEDIMENTOS E DAS SUSPEIÇÕES

Art. 19. As proibições, incompatibilidades e impedimentos afetos aos Desembargadores encontram-se dispostos na legislação de regência.

Art. 20. O Desembargador que se julgar suspeito ou impedido deverá declará-lo nos autos.

§ 1º Se o Desembargador que alegar suspeição for Relator, determinará que sejam os autos remetidos para nova distribuição; se Revisor em demanda criminal, determinará a remessa dos autos para a secretaria, que remeterá os autos ao substituto.

§ 2º O Desembargador vogal que reconheça sua suspeição ou impedimento, deverá declará-la na sessão de julgamento, registrando-se na ata a declaração.

§ 3º Em caso de inaceitabilidade do impedimento ou da suspeição pelo substituto, a divergência será dirimida pelo Tribunal Pleno, tendo como Relator o Presidente.

§ 4º O disposto no parágrafo anterior não será aplicado quando a suspeição for de natureza de foro íntimo.

Art. 21. Nos casos em que o Presidente do Tribunal se der por suspeito ou impedido, competirá ao seu substituto designar dia para o julgamento e presidi-lo.

Art. 22. Quando se tratar de recurso de decisão do Conselho Estadual da Magistratura, não se consideram impedidos os Desembargadores que nele tenham funcionado.

SEÇÃO III
DAS LICENÇAS E DAS FÉRIAS

Art. 23. Os procedimentos para concessão de licenças e férias serão regulamentados por Resolução do Tribunal de Justiça do Estado de Alagoas.

Art. 24. Durante os períodos de licença e férias, salvo contraindicação médica, o Desembargador poderá proferir decisões e comparecer a sessão de julgamento, inclusive virtual, para proferir votos em processos que lhe hajam sido enviados em razão de pedido de vista, ou tenham recebido o seu visto como Relator ou Revisor em demanda criminal, vedada, no entanto, qualquer nova distribuição.

§ 1º O comparecimento de Desembargador, nas hipóteses previstas no caput, não acarretará nenhuma interferência ou compensação quanto ao período de férias ou licença.

§ 2º Não se aplicam as hipóteses elencadas no caput deste artigo quando o Desembargador licenciado ou no gozo de férias não puder se fazer presente no momento do julgamento, inclusive virtual, pelo órgão colegiado.

§ 3º O Desembargador em férias ou em gozo de licença, exceto se houver contraindicação médica, poderá participar de julgamentos nas sessões administrativas, inclusive encaminhando voto por escrito ao Presidente do Tribunal, quando não for possível sua presença.

CAPÍTULO IV
DAS SUBSTITUIÇÕES E DAS CONVOCAÇÕES

Art. 25. As substituições de Desembargadores nas licenças, faltas, suspeições e impedimentos, operar-se-ão dentre os próprios membros do Tribunal, somente havendo convocação de juiz de direito em caso de impossibilidade, a qualquer título, daqueles membros.

Art. 26. A substituição por juiz de direito dar-se-á, apenas, se o afastamento for superior a trinta dias ininterruptos ou nos casos de vacância do cargo de Desembargador, observados os critérios de antiguidade e merecimento, e deverá perdurar durante todo o período de afastamento.

Parágrafo único. Não se admitirá o funcionamento de Câmaras quando compostas apenas por juízes de direito convocados.

Art. 27. O Presidente do Tribunal será substituído pelo Vice-Presidente, e este e o Corregedor-Geral da Justiça, pelos demais membros, na ordem decrescente de antiguidade.

§ 1º A substituição, por período superior a três dias, ocorrerá mediante edição de ato normativo de transmissão de cargo, devidamente publicado no Diário da Justiça Eletrônico.

§ 2º Os substitutos, nos casos a que se refere o caput deste artigo, revestem-se dos impedimentos e peculiaridades inerentes ao cargo que ocuparem interinamente, salvo as exceções previstas neste Regimento.

§ 3º No período da substituição haverá suspensão de distribuição processual para os Desembargadores substitutos, procedendo-se, posteriormente, à devida compensação.

Art. 28. No período da substituição, exceto quando o substituído for o Vice- Presidente, haverá suspensão de distribuição processual para os Desembargadores substitutos, procedendo-se, posteriormente, à devida compensaçao.

Parágrafo único. Para fins de cumprimento do contido no caput, o respectivo gabinete comunicará à unidade responsável pela distribuição de feitos, acerca do período de afastamento do Desembargador.

Art. 29. Os Presidentes das Câmaras Isoladas e da Seção Especializada Cível, nas licenças, faltas, suspeições e impedimentos, serão substituídos pelos Desembargadores mais antigos no Tribunal e que integrem os respectivos órgãos judicantes.

Art. 30. O Desembargador que funcione como vogal em Câmara Cível, quando ausente, no gozo de férias ou licença, afastado ou impedido, e desde que não tenha sido substituído por juiz convocado, será substituído, por sessão e mediante sorteio, por integrante das outras Câmaras Cíveis.

§ 1º Na hipótese de impossibilidade de participação do Desembargador sorteado, será realizado novo sorteio.

§ 2º Nas licenças, faltas ou impedimentos ocasionais, os Desembargadores da Câmara Criminal serão substituídos, por sessão e mediante sorteio, pelos Desembargadores das Câmaras Cíveis.

Art. 31. O Presidente e o Corregedor-Geral apenas atuarão, mediante sorteio, na substituição de outros Desembargadores em julgamentos nos órgãos fracionados quando nenhum outro membro do Tribunal puder participar.

Art. 32. O Desembargador Revisor, em demanda criminal, será substituído pelo Desembargador do mesmo órgão judicante que lhe seguir na ordem decrescente de antiguidade.

Parágrafo Único. Quando na Câmara Criminal tiver de se proceder à substituição de Revisor, em face de impedimento dos demais membros integrantes, a convocação recairá em Desembargador de Câmara Cível, mediante sorteio.

Art. 33. Constatada, previamente, na forma deste Regimento, eventual impossibilidade de comparecimento de Desembargadores à sessão de julgamento da Seção Especializada Cível, de modo a comprometer o quorum de instalação, serão convocados Desembargadores que integrem a Câmara Criminal, mediante sorteio a ser realizado com antecedência mínima de quarenta e oito horas.

Art. 34. Havendo, por qualquer motivo, a substituição do Presidente da sessão de julgamento no Plenário, o Desembargador que passar a exercer a Presidência somente votará nos casos em que for admissível o voto do Presidente, salvo nos feitos dos quais seja Relator.

Art. 35. Nos casos de afastamento por período igual ou superior a três dias, o pedido de redistribuição dos feitos que reclamem solução urgente, deverá ser avaliado pelo Desembargador Presidente do Tribunal, que analisará a existência da efetiva urgência alegada.

Parágrafo único. Em caso de deferimento do pedido, será realizada a redistribuição entre os membros do colegiado competente para o julgamento, respeitando-se a prevenção do órgão julgador.

Art. 36. Nas demandas criminais, em caso de substituição definitiva do Relator, será também substituído o Revisor.

Art. 37. A escolha de juiz convocado ocorrerá mediante procedimento estabelecido em Resolução do Tribunal de Justiça, observadas as exigências contidas na Lei Orgânica da Magistratura Nacional – LOMAN.

§ 1º Os juízes convocados ficam afastados da jurisdição de suas respectivas unidades durante todo o período de convocação, e não poderão aceitar ou exercer outro encargo jurisdicional ou administrativo durante o período de convocação.

§ 2º Não poderão ser convocados juízes que acumulem qualquer outra atribuição jurisdicional ou administrativa, nos termos da Resolução do Conselho Nacional de Justiça.

Art. 38. O juiz de direito convocado para substituir membro do Tribunal de Justiça, por mais de trinta dias, além de integrar o quorum previsto neste artigo, funcionará com jurisdição plena, sendo vedada sua participação nas matérias de ordem administrativa.

§ 1º O juiz de direito na condição estabelecida no caput, salvo motivo de força maior, lançará relatório ou visto, conforme o caso, nos feitos que lhe forem encaminhado, antes do término do período da respectiva substituição, devendo colocá-los em julgamento no prazo máximo de sessenta dias, sob pena de ser vedada nova convocação.

§ 2º Ultrapassado o prazo mencionado no parágrafo anterior, devidamente comunicado pela Secretaria à Diretoria Adjunta de Assuntos Judiciários - DAAJUC, será realizada a redistribuição automática do feito ao Desembargador substituído.

§ 3º Não haverá redistribuição de processo aos juízes convocados, salvo vacância do cargo ou situações de urgência devidamente reconhecida pelo próprio magistrado convocado.

§ 4º Em nenhuma hipótese serão convocados magistrados de primeiro grau para completar o quorum de instalação, salvo nas exceções legalmente estabelecidas.

§ 5º Nas demandas criminais, será Revisor do juiz convocado o Desembargador que seguir a antiguidade do Desembargador substituído, inclusive no caso de vacância.

Art. 39. O Desembargador titular comunicará à Distribuição seu retorno para fins de registro no sistema, assumindo, automaticamente, a relatoria dos feitos distribuídos ou redistribuídos ao juiz convocado, ressalvados os processos em que este tenha exarado relatório, em caso de atuação como Relator, e os que tenha lançado visto, como Revisor em demandas criminais.

Art. 40. Os sorteios objetivando as substituições que ocorrerem exclusivamente nos órgãos fracionários serão realizados pelos respectivos Presidentes.

CAPÍTULO V
DA TRANSFERÊNCIA ENTRE GABINETES OU ÓRGÃOS JULGADORES

Art. 41. Os Desembargadores têm direito a transferência para outro gabinete ou Câmara, onde haja vaga, antes da posse de novo Desembargador, ou, em caso de permuta, para qualquer outro gabinete ou órgão fracionário, ciente o Tribunal, observado o disposto pelo Conselho Nacional de Justiça sobre a distribuição e redistribuição de feitos.

§ 1º Ocorrendo vacância, o Presidente do Tribunal publicará edital, pelo prazo de 5 (cinco) dias, para que os desembargadores interessados requeiram transferência para o lugar vago.

§ 2º Havendo mais de um pedido, terá preferência o do desembargador mais antigo no Tribunal.

Art. 42. O Desembargador, ao se transferir para outro órgão fracionário ou gabinete, assumirá os processos respectivos e receberá, na nova atuação, idêntica ou superior quantidade de processos da unidade anterior.

§ 1° No caso disposto no caput deste artigo, o Desembargador manterá sua vinculação à parcela mais antiga dos processos que já possuía, incluídas as prevençoes, de modo que tenha volume de trabalho compatível com a situação a que estava vinculado antes da transferência, incluídos no cálculo aqueles em que tenha produzido relatório ou lançado visto. (Parágrafo com redação determinada pela Emenda Regimental n.º 15, de 13 de setembro de 2022)

§ 2° Em caso de transferência ou permuta para outro órgão fracionário de competência diversa da originária, o Desembargador assumirá o acervo processual existente na vaga do correspondente órgão de destino, permanecendo vinculado, no órgão de origem, apenas, aos processos em que tenha lançado relatório ou pedido vista, bem como às ações originárias cuja instrução esteja concluída. (Parágrafo acrescido pela Emenda Regimental n.º 15, de 13 de setembro de 2022)

CAPÍTULO VI
DAS COMPETÊNCIAS

SEÇÃO I
DO TRIBUNAL PLENO

Art. 43. Respeitado o disposto nas Constituições Federal e Estadual, e nas normas infraconstitucionais de regência, compete ao Tribunal Pleno:

I – aprovar, por maioria absoluta de seus membros, os Regimentos Internos do Tribunal, do Conselho Estadual da Magistratura e da Corregedoria-Geral da Justiça e, nas mesmas condições, as correspondentes emendas regimentais;

II – dispor sobre a organização e regulamentação das atividades dos seus correspondentes órgãos e secretarias, inclusive no que concerne à estrutura administrativa organizacional do Tribunal e às atribuições de seus cargos.

III – aprovar a proposta de orçamento do Poder Judiciário;

IV – propor ao Poder Legislativo a alteração da organização e da divisão judiciária;

V – organizar as listas para acesso ao Tribunal e de remoção ou promoção de juízes, por meio do seu respectivo órgão de administração;

VI – compete, ainda, ao plenário:

a) solicitar a intervenção federal no Estado, e requisitar a deste em município, para garantir o livre exercício do Poder Judiciário ou para prover a execução de decisão judiciária, nos termos da Constituição da República;

b) determinar exames e outras diligências necessárias ao esclarecimento dos processos submetidos ao seu julgamento;

c) comunicar ao órgão competente, indícios de faltas disciplinares praticadas por advogados, inclusive públicos, ou membros do Ministério Público;

d) decretar medidas de segurança e interdição de direitos em processos de sua competência;

e) conhecer dos incidentes de falsidade em processos de sua competência.

VII – decidir sobre:

REGIMENTOS

a) a criação de unidades jurisdicionais de competência privativa;

b) a modificação nas competências processuais no primeiro e segundo graus de jurisdição;

c) a necessidade de concursos para investidura nos cargos iniciais da carreira da magistratura e de servidores do Poder Judiciário;

d) a prorrogação, observado o limite legal máximo, dos prazos de validade de concursos públicos realizados pelo Poder Judiciário;

e) os pedidos de aposentadoria e exonerações de magistrados e servidores apresentados à Presidência da Corte;

f) o afastamento de magistrado, sem prejuízo de seus vencimentos e vantagens, para frequência a cursos ou seminários de aperfeiçoamento e estudos, pelo prazo máximo estipulado nas normas de regência;

g) a aquisição de bens imóveis.

VIII – deliberar sobre:

a) a permuta de Desembargadores nas Câmaras ou a transferência de uma para outra;

b) remoção voluntária ou a permuta entre magistrados que lhe são vinculados;

c) as medidas propostas pelo Presidente do Tribunal ou pelo Corregedor-Geral da Justiça, inclusive em seus relatórios anuais.

IX – Processar e julgar, originariamente:

a) a técnica de ampliação de julgamento da Seção Especializada Cível em ação rescisória, quando o resultado for a rescisão da sentença;

b) os embargos de declaração opostos aos seus próprios acórdãos;

c) as ações rescisórias opostas aos seus próprios acórdãos;

d) os conflitos de atribuição e os conflitos de competência entre desembargadores e entre órgãos do Tribunal de Justiça;

e) as ações de Reclamação;

f) os habeas corpus, quando o paciente for Juiz Estadual, Membro do Ministério Público Estadual, Procurador de Estado, Defensor Público Estadual, Prefeito, Secretário de Estado, Deputado Estadual e o Procurador-Geral do Estado;

g) os habeas data e os mandados de segurança contra atos do Governador do Estado, da Assembleia Legislativa, bem como de membros da respectiva mesa, do Tribunal de Contas, do próprio Tribunal de Justiça ou de atos de seus membros, do Procurador-Geral do Estado, do Procurador-Geral de Justiça, do Corregedor-Geral da Justiça, do Defensor Público- Geral do Estado e do Corregedor-Geral da Defensoria Pública;

h) os mandados de injunção, quando a elaboração ou iniciativa da norma regulamentadora for atribuição do Governador, da Assembleia Legislativa ou respectiva Mesa Diretora, do Tribunal de Contas ou do próprio Tribunal de Justiça;

i) a restauração de autos extraviados, quando a causa estiver na segunda instância e o julgamento for de sua competência;

j) os procedimentos administrativos disciplinares instaurados em desfavor de Desembargador ou magistrado de 1º grau;

k) as incompatibilidades, as suspeições e os impedimentos, opostos e não reconhecidos, aos Desembargadores, magistrados de 1º grau e Procuradores de Justiça;

l) as revisões criminais;

m) os embargos infringentes que forem opostos, quando couber, às decisões da Câmara Criminal;

n) os pedidos de revisão e reabilitação, relativamente às condenações que houver proferido;

o) as habilitações em feitos pendentes do seu julgamento;

p) os agravos dos atos do Presidente ou dos Relatores, quando da competência do Tribunal Pleno;

q) os procedimentos referentes à perda do cargo, pela maioria absoluta de seus membros, na hipótese prevista no art. 95, I, da Constituição Federal;

r) a execução dos acórdãos ou decisões proferidas em causas de sua competência originária;

s) a exceção da verdade, quando o querelante, por prerrogativa de função deva ser julgado originariamente pelo Tribunal;

t) a reclamação destinada a dirimir divergência entre acórdão de Turma Recursal e a jurisprudência do Superior Tribunal de Justiça sumulada ou consolidada em julgamento de recurso repetitivo, incidente de assunção de competência e incidente de resolução de demandas repetitivas.

X – julgar:

a) os recursos interpostos da aplicação, em instância originária, de pena disciplinar contra servidor, pelo Conselho Estadual da Magistratura, na forma que a lei ou este Regimento dispuser;

b) os recursos interpostos das decisões do Presidente, em feitos contenciosos ou administrativos;

XI – exercer quaisquer outras atribuições conferidas em lei.

SEÇÃO II
DO CONSELHO ESTADUAL DA MAGISTRATURA

Art. 44. O Conselho Estadual da Magistratura, com sede no Tribunal de Justiça, é o órgão superior de inspeção e disciplina das atividades judiciárias na primeira instância, bem assim de planejamento da organização da administração judiciária da primeira e da segunda instâncias.

Art. 45. Os Desembargadores que proferiram voto perante o Conselho Estadual da Magistratura não poderão figurar como Relator do recurso interposto ao Plenário, participando do julgamento como vogal.

SEÇÃO III
DA SEÇÃO ESPECIALIZADA CÍVEL

Art. 46. Compete à Seção Especializada Cível processar e julgar:

I – os incidentes de assunção de competência e de resolução de demandas repetitivas, bem como o deslocamento de competência previstos no Código de Processo Civil;

II – os embargos de declaração opostos aos seus próprios acórdãos;

III – as ações rescisórias dos julgamentos de primeiro grau, da própria Seção ou das respectivas Câmaras;

IV – os mandados de segurança quando a autoridade coatora for juiz de direito.

SEÇÃO IV
DAS CÂMARAS ISOLADAS

SUBSEÇÃO I
DAS CÂMARAS CÍVEIS

Art. 47. Compete às Câmaras Cíveis:

I – julgar os recursos contra as decisões dos juízes de primeiro grau que atuam nas unidades jurisdicionais não-criminais, bem como os agravos contra decisões monocráticas de seus membros e os embargos de declaração decorrentes dos seus acórdãos;

II – promover a restauração de autos, nos feitos de sua competência;

III – julgar os recursos contra as decisões de natureza cível proferidas em sede de juízo da infância e da juventude, bem como as penas de multa aplicadas administrativamente nessa esfera;

IV – julgar os habeas corpus, quando se tratar de prisão civil;

V – os conflitos de competência em feitos cíveis que tramitam em primeiro grau, inclusive os oriundos das varas da infância e da juventude.

SUBSEÇÃO II
DA CÂMARA CRIMINAL

Art. 48. Compete à Câmara Criminal:

I – julgar, originariamente, os processos oriundos do Conselho de Justificação da Polícia Militar do Estado e relativos a oficiais da mesma Corporação;

II – julgar os recursos das sentenças e decisões dos juízes criminais e do Tribunal do Júri;

III – julgar os pedidos de habeas corpus quando o coator for alguma das autoridades descritas na letra 'f' do inciso IX do art. 43 deste Regimento, ou quando houver iminente perigo de consumar-se a violência antes de que o juiz de direito competente possa conhecer da espécie.

IV – ordenar o exame acerca do pedido de extinção da medida de segurança, contido no Código de Processo Penal;

V – promover a restauração de autos relativos a feitos submetidos ao seu julgamento;

VI – julgar os pedidos de desaforamento;

VII – julgar os recursos contra decisões proferidas pelos juízes das Varas da Infância e da Juventude, em matéria de natureza infracional;

VIII – os conflitos de competência entre magistrados de 1º grau em matéria criminal;

IX – executar, no que couber, as suas decisões.

Art. 49. Quando necessário, será Revisor o Desembargador que se seguir ao Relator, na ordem decrescente de antiguidade, competindo-lhe:

I - confirmar, completar ou retificar o relatório;

II - pedir dia para julgamento dos feitos nos quais estiver habilitado a proferir voto;

III - sugerir ao Relator a realização de diligências.

Paragrafo único. Entendendo desnecessária a diligência mencionada no inciso III deste artigo, o Relator determinará o retorno dos autos ao Revisor, que, após seu visto, solicitará dia para julgamento, podendo suscitar a necessidade da realização da diligência, no momento do seu voto no órgão colegiado.

Art. 50. Nos casos de revisão, o Revisor deverá se manifestar em até dez dias.

Art. 51. A designação de Revisor poderá ocorrer na própria sessão de julgamento, nos termos deste Regimento.

CAPÍTULO VII
DAS ATRIBUIÇÕES

SEÇÃO I
DO PRESIDENTE DO TRIBUNAL DE JUSTIÇA

Art. 52. Respeitado o disposto nas Constituições Federal e Estadual, e na legislação infraconstitucional de regência, especialmente no Código de Organização Judiciária de Alagoas, são atribuições do Presidente do Tribunal de Justiça:

I - nomear e conferir posse aos Desembargadores, juízes substitutos e aos servidores do Poder Judiciário;

II - convocar as sessões extraordinárias do Tribunal Pleno e do Conselho Estadual da Magistratura;

III - elaborar a proposta orçamentária do Poder Judiciário e as leis financeiras especiais, atendido o que dispuser este Regimento;

IV - remeter ao Governador do Estado a lista para a nomeação de Desembargadores nas vagas destinadas aos Membros do Ministério Público e aos Advogados;

V - propor ao Tribunal Pleno a criação e extinção de órgãos de assessoramento da presidência;

VI - apreciar os expedientes relativos aos servidores da justiça de primeira e segunda instâncias, ressalvadas as competências do Conselho Estadual da Magistratura e da Corregedoria-Geral da Justiça;

VII - proceder, respeitada a competência da Corregedoria-Geral da Justiça, a correição dos órgãos e das respectivas unidades do Tribunal de Justiça, no tocante às atividades administrativas e jurisdicionais;

VIII - despachar petição de recurso interposto de decisão originária do Conselho Estadual da Magistratura para o Tribunal Pleno;

IX - esclarecer, mediante decisão fundamentada, as dúvidas suscitadas pelo órgão competente do Tribunal sobre a forma a ser procedida na distribuição de feitos específicos;

X - designar:

a) magistrado que deva integrar comissão examinadora de concurso no âmbito do Poder Judiciário ou fora dele;

b) membros de comissões eventualmente formadas para questões administrativas;

c) (Revogado pela Emenda Regimental n.º 03/2016, disponibilizada no DJE em 20 de dezembro de 2016, fl. 90)

d) (Revogado pela Emenda Regimental n.º 03/2016, disponibilizada no DJE em 20 de dezembro de 2016, fl. 90)

e) os magistrados que exercerão as funções de juízes-auxiliares da Presidência;

f) os magistrados indicados pelo Corregedor-Geral da Justiça para exercer as funções de juiz-corregedor e de juízes-auxiliares da Corregedoria-Geral da Justiça;

g) Desembargador para presidir a audiência de leitura da sentença de suspensão condicional da pena, quando concedida pelo Tribunal Pleno.

XI - expedir:

a) ordens de pagamento;

b) ordem avocatória do feito, nos termos do Código de Processo Penal;

c) as ordens que não dependerem de acórdão ou não forem de privativa competência de outros Desembargadores.

XII - compete, ainda, ao Presidente do Tribunal:

a) providenciar o andamento, a entrega e a cobrança de autos, ressalvados os casos da competência dos Relatores;

b) conhecer das petições de recursos para os Tribunais Superiores, decidindo os incidentes suscitados;

c) conhecer das suspeições opostas a servidores da Secretaria do Tribunal antes da distribuição do feito;

d) designar o Desembargador responsável pela redação de acórdão julgado pelo Plenário, nos termos deste Regimento;

e) relatar a medida cautelar que visa conferir efeito suspensivo a recursos para os Tribunais Superiores, nos casos em que ainda não tenha sido proferido o juízo de admissibilidade;

f) conceder ou revogar o benefício da justiça gratuita, se o feito ainda não possuir Relator, salvo se já concedida e não revogada em primeiro grau;

g) no Tribunal Pleno, votar em matéria administrativa, na proposta de edição, revisão e cancelamento de enunciado de súmula do Tribunal e de súmula vinculante do Supremo Tribunal Federal, nas ações e incidentes de controle de constitucionalidade, nos incidentes de uniformização de jurisprudência, nos deslocamentos de competência para fins de prevenção ou composição de divergência, nos habeas corpus e nas questões de ordem, tendo, quando necessário, voto de desempate, na forma deste Regimento;

h) encaminhar as cartas rogatórias ao juiz competente, para cumprimento;

i) decidir os pedidos de urgência em ações e recursos ainda não distribuídos, inclusive nas hipóteses de dúvida suscitada pelo órgão de distribuição no Tribunal, e nos feitos já distribuídos, cujos requerimentos sejam apresentados durante os dias em que não houver expediente forense.

XIII – fazer publicar:

a) a tabela dos dias em que não haverá expediente forense;

b) anualmente, a lista de antiguidade dos magistrados por ordem decrescente na entrância e na carreira.

Art. 53. O Desembargador que deixar o cargo de Presidente do Tribunal de Justiça ocupará, nas Câmaras, o lugar daquele que for eleito para a respectiva Presidência.

SEÇÃO II
DO VICE-PRESIDENTE DO TRIBUNAL DE JUSTIÇA

Art. 54. As atribuições do Vice-Presidente são aquelas estabelecidas pelo Código de Organização Judiciária de Alagoas e por Resoluções do Tribunal de Justiça, inclusive nas hipóteses de atribuições de caráter administrativo que lhe sejam delegadas pelo Presidente.

Parágrafo único. Em caso de faltas, impedimentos e suspeições, observada a ordem de antiguidade prevista neste Regimento, o Vice-Presidente será substituído pelo Desembargador mais antigo.

SEÇÃO III
DO CORREGEDOR-GERAL DA JUSTIÇA

Art. 55. As atribuições da Corregedoria-Geral da Justiça encontram-se elencadas no Código de Organização Judiciária de Alagoas – COJAL.

Art. 56. Ao Corregedor-Geral da Justiça, além das atribuições dispostas no instrumento normativo mencionado no artigo anterior, caberá:

a) elaborar projetos do Regimento Interno da Corregedoria-Geral da Justiça e das respectivas atualizações, submetendo-os à aprovação pelo Tribunal Pleno, sendo facultado aos Desembargadores apresentar emendas, na forma deste Regimento;

b) apresentar, na primeira sessão plenária de cada ano, relatório das atividades realizadas no ano anterior.

c) designar magistrado de 1º grau, Titulares ou Substitutos, para servir, excepcionalmente, em Comarca, Vara, ou Circunscrição diferente da sua; (Incluído pela Emenda Regimental n.º 03/2016, disponibilizada no DJE em 20 de dezembro de 2016, fls. 90/91).

d) definir substituto aos magistrados de primeiro grau quando, excepcionalmente, verificar-se falta, impedimento ou outro motivo relevante de substituto na ordem prevista em Resolução. (Incluído pela Emenda Regimental n.º 03/2016, disponibilizada no DJE em 20 de dezembro de 2016, fls. 90/91).

Art. 57. O Corregedor-Geral da Justiça, nas suas faltas, impedimentos e suspeições, será substituído pelo Desembargador que lhe seguir na ordem de antiguidade.

Art. 58. O Desembargador que deixar o cargo de Corregedor ocupará, nas Câmaras, o lugar daquele que for eleito para a Corregedoria-Geral da Justiça.

SEÇÃO IV
DOS PRESIDENTES DOS ÓRGÃOS JULGADORES

Art. 59. Aos Presidentes dos órgãos julgadores compete:

I - dirigir e manter a regularidade dos trabalhos e a polícia das sessões pela forma determinada neste Regimento;

II - exigir dos funcionários da correspondente secretaria o cumprimento dos atos necessários ao regular funcionamento das sessões e a execução de suas determinações, sem ofensa das prerrogativas do Presidente do Tribunal;

III - aprovar minuta da pauta confeccionada pelo Secretário do respectivo órgão julgador e designar dia para julgamento;

IV - ordenar a exclusão do recinto de julgamento de advogado ou pessoas outras que faltarem ao devido decoro;

V - relatar o procedimento de restauração de autos, nos casos em que o Relator originário não mais integrar o órgão julgador;

VI - decidir pedido de urgência, nos casos em que, havendo prevenção de um Desembargador, esteja este afastado da distribuição, temporariamente, por motivo de férias ou licença, cabendo-lhe, em seguida, remeter os autos para distribuição ao julgador prevento;

VII - designar o Desembargador responsável para redigir do acórdão julgado pelo órgão que preside, nos termos deste Regimento.

Art. 60. O Presidente da Seção Especializada Cível não funcionará como Relator nos processos de competência do referido órgão, cabendo-lhe apenas o voto de desempate, salvo nos incidentes que instaurar e nas hipóteses do parágrafo único deste artigo.

Parágrafo único. O Presidente da Seção Especializada Cível, nas licenças, faltas e impedimentos, será substituído na forma deste Regimento, e o substituto manterá os impedimentos inerentes ao cargo que ocupar interinamente, salvo se for o Relator do feito.

SEÇÃO V
DOS RELATORES

Art. 61. São atribuições dos Desembargadores Relatores:

I - ordenar e dirigir os processos que lhes forem distribuídos, e neles proferir os atos jurisdicionais necessários;

II - determinar às autoridades judiciárias e administrativas providências relativas ao andamento e à instrução do processo, bem assim à execução de seus comandos, exceto se forem de competência do Plenário, da Seção Especializada Cível, das Câmaras isoladas ou de seus Presidentes;

III - submeter ao Plenário, à Câmara ou aos respectivos Presidentes, conforme a competência, questões de ordem para o bom andamento dos processos, bem como o incidente de assunção de competência e o incidente de resolução de demandas repetitivas, nos termos do Código de Processo Civil;

IV - requisitar os autos originais, quando necessário;

V - delegar atribuições a outras autoridades judiciárias, nos casos previstos em lei e neste Regimento;

VI - processar as habilitações incidentes;

VII - conceder ou revogar o benefício da justiça gratuita, salvo se já concedida e não revogada em primeiro grau;

VIII - julgar as desistências ou as deserções dos recursos;

IX - processar e apresentar para julgamento os agravos internos e os embargos de declaração opostos aos acórdãos que houver lavrado, salvo se não estiver mais integrando o órgão julgador, hipótese na qual os recursos serão julgados pelo Relator subsequente;

X - mandar riscar as expressões injuriosas escritas, em autos, pelos advogados;

XI - fazer correição nos feitos em que estiverem funcionando;

XII - conceder fiança;

XIII - determinar a realização, em geral, dos atos de instrução, bem como, quando entender conveniente, audiências de conciliação entre as partes nos feitos de sua relatoria que tiverem de ser processados no Tribunal Pleno, na Seção Especializada Cível ou nas Câmaras, podendo utilizar-se de órgão próprio para conciliação, nos termos de Resolução deste Tribunal;

XIV – pedir dia para julgamento dos feitos nos quais estiver habilitado a proferir voto;

XV – apresentar em mesa, para julgamento, os feitos que independam de pauta, nos termos da legislação de regência;

XVI – determinar o arquivamento de inquérito, quando o Procurador-Geral de Justiça o requerer;

XVII – lavrar os acórdãos nos feitos, quando outro não for designado, assiná-los digitalmente e determinar sua publicação;

XVIII – delegar ao chefe de seu gabinete, a prática de atos de mero expediente, sem conteúdo decisório, necessários ao regular trâmite processual;

XIX – homologar a transação das partes, nos feitos pendentes do seu julgamento, inclusive quando a conciliação for alcançada perante o CJUS – 2º grau;

XX – decidir, monocraticamente, o incidente de desconsideração da personalidade jurídica, quando instaurado, originariamente, no Tribunal;

XXI – solicitar ou admitir, em decisão irrecorrível, a participação de amicus curiae na demanda.

XXII – decidir sobre a dilatação dos prazos processuais, desde que ainda não encerrado o prazo regular, e sobre a alteração da ordem de produção dos meios de prova, adequando-os às necessidades do conflito de modo a conferir maior efetividade à tutela do direito.

XXIII – exercer o controle da validade das convenções previstas no art. 190 do Código de Processo Civil, bem como fixar, quando for o caso, calendário para a prática dos atos processuais, de comum acordo com as partes.

Art. 62. O Relator decidirá, monocraticamente, recurso que haja perdido seu objeto, podendo negar provimento a recurso que for contrário a súmula do Supremo Tribunal Federal, do Superior Tribunal de Justiça ou do próprio tribunal, a acórdão proferido pelo Supremo Tribunal Federal ou pelo Superior Tribunal de Justiça em julgamento de recursos repetitivos, a entendimento firmado em incidente de resolução de demandas repetitivas ou de assunção de competência, cabendo, contra essa decisão, recurso de agravo ao órgão competente para o julgamento do recurso, no prazo legalmente estipulado.

Parágrafo único. O contido no caput deste artigo não se aplica para o julgamento das ações de competência originária do Tribunal de Justiça, salvo para as decisões que, extinguindo o feito, não adentre em seu mérito, bem como nos casos onde houver legislação processual assegurando tal atribuição.

Art. 63. Os pedidos de urgência formulados em dia de expediente forense, sendo que fora do horário de funcionamento do Tribunal, serão apreciados pelo correspondente Desembargador Relator.

Paragrafo único. Estando impossibilitado de apreciar o pedido, o mesmo será analisado pelo Presidente do órgão julgador ou, se este também estiver impossibilitado, a apreciação caberá ao Presidente do Tribunal de Justiça.

TÍTULO II
DAS ATIVIDADES JURISDICIONAIS E ADMINISTRATIVAS

CAPÍTULO I
DOS ATOS E FORMALIDADES

SEÇÃO I
DAS DISPOSIÇÕES GERAIS

Art. 64. As atividades no Tribunal de Justiça serão desenvolvidas nos períodos de 02 de janeiro a 22 de junho e 02 de julho a 19 de dezembro.

Art. 65. O Tribunal de Justiça iniciará e encerrará seus trabalhos com a realização de sessão plenária, designada, respectivamente, para a primeira terça-feira, após a suspensão prevista no art. 220 do CPC/2015 e o último dia de expediente forense ordinário (Artigo com redação dada pela Emenda Regimental n.º 10, de 1º de dezembro de 2020).

Art. 66. O Tribunal de Justiça adotará o uso de sistema de processo eletrônico na tramitação dos feitos, em substituição ao tradicional processo físico.

§ 1º Processo eletrônico é o conjunto de arquivos eletrônicos correspondentes às peças, documentos e atos processuais que tramitam por meio eletrônico, nos termos da Lei n.º 11.419/2006.

§ 2º Caberá ao Pleno do Tribunal de Justiça a escolha e a regulamentação, mediante Resolução, do sistema de tramitação de processos judiciais, comunicação de atos e transmissão de peças processuais.

Art. 67. Os atos processuais serão autenticados, conforme o caso, mediante a assinatura eletrônica dos Desembargadores ou dos servidores qualificados para tal fim.

§ 1º Utilizar-se-á, preferencialmente, a respectiva assinatura eletrônica na correspondência administrativa oficial.

§ 2º Na impossibilidade de utilização de instrumento eletrônico próprio, serão abertos livros necessários ao expediente, os quais deverão ser rubricados pelo Presidente do Tribunal de Justiça ou por servidor designado.

Art. 68. As intimações efetuam-se de ofício, em processos pendentes, e consideram-se feitas pela publicação dos atos no Diário de Justiça Eletrônico - DJe, sendo, todavia, as intimações do Ministério Público, da Defensoria Pública, da Procuradoria de Estado e da Fazenda Municipal, realizadas pessoalmente ou em portal próprio.

§ 1º Da publicação do expediente de cada processo constarão, além do número do correspondente feito, os nomes das partes e de seus advogados, suficientes para sua identificação.

§ 2º Quando o advogado, constituído perante o Tribunal, requerer que figure também o seu nome, a Secretaria correspondente adotará as medidas necessárias ao atendimento.

§ 3º É suficiente a indicação do nome de um dos advogados, quando a parte houver constituído mais de um, ou o constituído substabelecer a outro com reserva de poderes.

Art. 69. A retificação de publicação no órgão oficial com efeito de intimação, decorrente de incorreções ou omissões, será providenciada:

I - de ofício, pela respectiva secretaria, devidamente certificado o motivo, quando ocorrer:

a) omissão total do nome ou supressão parcial do prenome ou sobrenome do Advogado constituído;

b) erro grosseiro na grafia do nome da parte ou do Advogado, de forma a tornar impossível a identificação;

c) omissão ou erro no número do processo.

II - mediante despacho do Presidente do Tribunal, da Seção Especializada Cível ou de Câmara isolada, ou do Relator, inclusive para corrigir, de ofício ou a requerimento da parte, inexatidões materiais ou erros de cálculo.

Art. 70. A publicação da pauta de julgamento antecederá de 5 (cinco) dias úteis, pelo menos, à sessão em que os processos tenham de ser julgados.

Art. 71. Ressalvada a hipótese de manifesta urgência, circunstanciadamente demonstrada pelo Presidente do Tribunal de Justiça, ou outro Desembargador, no ensejo do correspondente encaminhamento, e mediante aprovação da maioria dos integrantes do colegiado, a apreciação de qualquer matéria de índole administrativa, pelo Plenário do Tribunal de Justiça, fica condicionada à prévia cientificação, aos integrantes do colegiado, com antecedência mínima de vinte e quatro horas.

Parágrafo único. A prévia cientificação tratada no caput deste artigo presume-se efetivada mediante a remessa de expediente, via intrajus, aos integrantes do Tribunal Pleno.

Art. 72. A pauta de julgamento será afixada na entrada do edifício sede do Tribunal de Justiça.

Art. 73. Nos feitos que tramitam em meio físico, a vista às partes transcorre na correspondente secretaria, podendo o advogado retirar os autos nos casos e pelos prazos previstos em lei.

§ 1º Os autos serão remetidos com vista ao Ministério Público, à Defensoria Pública e à Procuradoria do Estado, nos casos em que estes órgãos tenham de oficiar, e a contagem dos prazos tem início com a entrada dos autos no órgão ou no instante de sua retirada na secretaria do Tribunal, devidamente certificados.

§ 2º Excedido o prazo pelos órgãos mencionados no parágrafo imediatamente anterior, inclusive nos processos eletrônicos, o Relator requisitará os autos e dará andamento ao processo.

Art. 74. Aos Desembargadores que tenham de participar do julgamento será distribuída, antecipadamente, cópia do relatório, na ação rescisória e em casos outros, quando a lei assim o determinar.

Parágrafo único. Nas arguições de inconstitucionalidade de lei ou de ato normativo do poder público e nos casos de pronunciamento prévio do Tribunal acerca de interpretação do direito prevista no Código de Processo Civil, caberá à correspondente secretaria distribuir a todos os Desembargadores cópia do Acórdão que na Câmara ou na Seção Especializada Cível houver acolhido a alegação de inconstitucionalidade ou reconhecido a divergência de interpretação.

Art. 75. Terão prioridade de tramitação:

I - as demandas criminais e, dentre estas, as de réus presos;

II - os processos em que figure como parte ou interessado pessoa com idade igual ou superior a 60 (sessenta) anos ou portadora de doença grave, assim compreendida qualquer das enumeradas no art. 6o, inciso XIV, da Lei no 7.713, de 22 de dezembro de 1988, bem como o menor de idade e portador de deficiência física;

III - as ações de habeas corpus e de mandado de segurança;

IV - os recursos ajuizados em feitos que, em primeiro grau, tramitaram no rito sumário; e

V - as demandas que tenham qualquer outro tipo de prioridade estabelecida em lei ou em metas estabelecidas pelo Conselho Nacional de Justiça.

Parágrafo único. A prioridade deverá ser registrada na capa dos processos físicos ou nos cadastros dos feitos eletrônicos, de modo a permitir sua rápida identificação.

Art. 76. As petições de juntada de procurações, para atuar nos processos em tramitação no Tribunal, depois de protocolizadas, serão encaminhadas imediatamente à respectiva Secretaria, para a adoção do seguinte procedimento:

I - se os autos estiverem com vista, reter-se-á a petição, para juntada na oportunidade da devolução e conclusão ao Relator;

II - se conclusos ao Relator, solicitar-se-ão os autos respectivos para juntada imediata;

III - caso em mesa para julgamento, com pauta publicada em data anterior ou posterior à protocolização do requerimento, juntarão a petição imediatamente aos autos, comunicando ao gabinete do Relator, para a adoção das providências cabíveis;

IV - estando julgado o feito, providenciarão sua juntada antes da publicação.

Parágrafo único. A juntada de nova procuração implicará, no que couber, na retificação da autuação, competindo à respectiva secretaria promover a devida atualização cadastral.

SEÇÃO II
DO PLANTÃO

Art. 77. O plantão judicial de segundo grau, regulamentado em Resolução do Tribunal de Justiça, realizar-se-á nas dependências do correspondente edifício-sede e funcionará presencialmente:

I - nos dias em que não houver expediente forense, no horário das 07h:30min às 13h:30min, respeitadas as normas deste Regimento Interno;

II - nos dias úteis, no horário das 13h30min às 17h.

Art. 78. Durante o plantão jurisdicional serão analisadas as demandas de tutela de urgência, criminais ou cíveis, que, sob pena de prejuízos graves ou de difícil reparação, reclamarem apreciação excepcional, observadas as disposições do Conselho Nacional de Justiça.

§ 1º As petições e documentos que devam ser apreciados pelo Desembargador de plantão serão recebidos eletronicamente, nos moldes disciplinados em Resolução do Tribunal de Justiça, salvo as disposições legais em contrário.

§ 2º O serviço de plantão registrará todas as ocorrências e diligências havidas com relação aos fatos apreciados no correspondente sistema de automação.

§ 3º Eventual complementação de cadastro e a respectiva distribuição dos feitos, após o ato judicial do plantonista, serão realizados pela unidade competente, no primeiro dia útil subsequente.

Art. 79. A competência decorrente do plantão exaure-se com apreciação sobre a tutela de urgência, não vinculando o magistrado para os demais atos processuais, devendo proceder-se à distribuição dos processos, na forma deste Regimento.

Parágrafo único. O Agravo interno contra decisão proferida no próprio plantão deve ser analisado pelo Desembargador que receber o feito após a distribuição, devendo, se for o caso, exercer o juízo de retratação.

Art. 80. O recurso de agravo interno deve ser direcionado ao Desembargador Presidente, caso ainda não tenha havido a distribuição do feito ao Relator.

Art. 81. Durante o plantão é vedado proferir decisão sobre as matérias estabelecidas em instrumentos normativos editados pelo Conselho Nacional de Justiça que tratem sobre o tema.

Parágrafo único. Havendo a incidência da vedação contida no caput deste artigo ou nos casos em que constatada a ausência de prejuízo ou do caráter de urgência, decidirá o Desembargador Plantonista pelo imediato encaminhamento dos autos à distribuição.

Art. 82. Nos casos de impedimento ou suspeição do Presidente e Vice-Presidente do Tribunal de Justiça ou, ainda, em ocorrendo caso fortuito ou força maior, responderá pelo Plantão o Desembargador mais antigo, e assim sucessivamente.

SEÇÃO III
DO REGISTRO E DA CLASSIFICAÇÃO DOS FEITOS

Art. 83. Os autos, as petições e os documentos remetidos ou entregues ao Tribunal de Justiça serão registrados por meio do sistema de automação processual, no dia da entrada.

Parágrafo único. O envio de petições e de recursos por meio eletrônico serão admitidos mediante uso de assinatura eletrônica, através do portal do Tribunal de Justiça na rede mundial de computadores.

Art. 84. O registro far-se-á em numeração única de processos, conforme as regras estabelecidas pelo Conselho Nacional de Justiça.

Art. 85. Na classificação dos feitos serão observadas as Tabelas Processuais Unificadas de classe, assunto e movimentação processuais do Conselho Nacional de Justiça.

Art. 86. Os inquéritos criminais originários do Tribunal de Justiça receberão número específico e classificação própria, somente passando-se a ser classificados como ação penal após o recebimento da denúncia.

Parágrafo único. Nos processos criminais, registrar-se-ão, também, a data da infração, a data do recebimento da denúncia ou da queixa e a data da prisão e da sentença, se houver ocorrido.

Art. 87. Proceder-se-á, ao final de cada expediente, à publicação da Ata de Distribuição no Diário da Justiça Eletrônico - DJe.

Art. 88. Caberá ao Grupo Gestor das Tabelas Unificadas ou, na sua ausência, à Corregedoria-Geral da Justiça, a administração e gerência da implantação, manutenção e aperfeiçoamento das tabelas processuais, conforme as regras estabelecidas pelo Conselho Nacional de Justiça.

SEÇÃO IV
DO PREPARO

Art. 89. No ato de interposição do recurso, o recorrente comprovará, nos termos da legislação pertinente, o respectivo preparo, inclusive porte de remessa e de retorno, sob pena de deserção.

Art. 90. Quando autor e réu recorrerem, cada recurso estará sujeito a preparo integral.

§ 1º Tratando-se de litisconsortes necessários, bastará que um dos recursos seja preparado, para que todos sejam julgados, ainda que não coincidam suas pretensões.

§ 2º O disposto no parágrafo anterior é extensivo ao assistente.

§ 3º O terceiro prejudicado que recorrer fará o preparo do seu recurso, independentemente do preparo dos recursos que, porventura, tenham sido interpostos pelo autor ou pelo réu.

Art. 91. O preparo das ações originárias será feito por ocasião da propositura, sendo a guia emitida pelo protocolo judiciário ou através do sítio eletrônico do Tribunal de Justiça.

Art. 92. O pagamento dos valores cobrados, quando couber, pelo fornecimento de cópias, autenticadas ou não, ou de certidões por fotocópia ou meio equivalente será antecipado e em consonância com tabela aprovada pelo Plenário do Tribunal de Justiça, devendo o respectivo comprovante ser apresentado na correspondente secretaria.

SEÇÃO V
DA DISTRIBUIÇÃO

Art. 93. Tendo-se procedido ao cadastro no sistema de processamento eletrônico, serão os autos analisados, informados, distribuídos e conclusos ao Relator, pelo Diretor da Distribuição dos Feitos

Judiciários ou seu substituto legal, por delegação do Presidente do Tribunal de Justiça.

Paragrafo único. Nos casos de incompatibilidade ou imprecisão entre o disposto nas normas de regência e o cadastramento inicial efetivado pela parte peticionante, o Presidente do Tribunal de Justiça, ou servidor delegado para tanto, intimará o requerente para promover as correções necessárias, remetendo-se, em seguida, o feito ao Relator, a quem caberá decidir sobre o recebimento da petição.

Art. 94. A distribuição, que se procederá mediante sorteio pelo sistema de processamento eletrônico, será obrigatória e alternada em cada classe ou assunto de processos, ressalvadas as exceções previstas neste Regimento.

Art. 95. Participarão da distribuição todos os Desembargadores, exceto o Presidente do Tribunal, o Corregedor-Geral da Justiça, e aqueles que estejam no gozo de férias ou licença, devidamente deferidas, independentemente do prazo, ressalvadas as hipóteses de prevenção do julgador e demais exceções previstas neste Regimento.

Parágrafo único. Os feitos distribuídos após o afastamento, mas antes do deferimento da licença ou das férias, permanecerão sob a relatoria do Desembargador sorteado, e somente serão redistribuídos na hipótese de ser identificada a urgência da medida pleiteada, nos termos deste Regimento.

Art. 96. Ao Desembargador que se deva aposentar, por implemento de idade, não serão distribuídos feitos durante os noventa dias anteriores à aposentação, salvo as hipóteses de prevenção do julgador.

§ 1º Não concorrerá à distribuição o Desembargador que tiver requerido sua aposentadoria, desde a data em que for protocolado seu pedido.

§ 2º Na hipótese do parágrafo imediatamente anterior, em não ocorrendo a aposentação pleiteada no prazo de sessenta dias, o Desembargador voltará a concorrer à distribuição de feitos na forma deste Regimento, promovendo-se a devida compensação.

Art. 97. Realizada a distribuição, os autos deverão ser remetidos aos gabinetes, no prazo máximo de vinte e quatro horas, conferindo-se prioridade aos feitos de natureza urgente, consoante disposto neste Regimento.

Art. 98. Distribuído ou redistribuído o feito a determinado Desembargador, ficará automaticamente firmada sua prevenção para todos os recursos e incidentes subsequentes, inclusive para os processos acessórios, ajuizados ou interpostos no mesmo processo ou em processo conexo.

§ 1º Se o relator deixar o Tribunal ou se transferir de órgão fracionário, bem como se assumir a Presidência ou a Corregedoria, a prevenção permanece no órgão julgador originário, cabendo a distribuição ao seu sucessor, observadas as regras de conexão.

§ 2º Para fins de definição da prevenção nas hipóteses de conexão previstas no parágrafo anterior, deve ser considerada a data da distribuição do feito para o julgador sucedido.

§ 3º A prevenção, se não for reconhecida de ofício, poderá ser arguida por qualquer das partes ou pelo Ministério Público, até o início do julgamento.

§ 4º Prevalece o disposto neste artigo, ainda que a ação, o recurso ou algum de seus incidentes tenha sido submetida ao julgamento do Plenário.

Art. 99. Vencido o Relator, a prevenção dar-se-á ao Desembargador designado para lavrar o acórdão, inclusive se houver participado do julgamento em substituição a outro Desembargador, sem que tal medida acarrete a alteração do órgão julgador para a apreciação dos feitos que lhe sejam distribuídos pela prevenção.

Art. 100. Quando da chegada simultânea de processos nos quais ficar evidenciada a reunião, em conexão, pelo juízo de primeiro grau, deverá ocorrer o apensamento dos feitos e a remessa a um único Relator.

Art. 101. Vislumbrada a conexão ou a continência a outro processo já distribuído, cuja competência já esteja firmada a um Desembargador afastado da distribuição por motivo de férias ou licença, havendo pedido de providências urgentes, serão os autos encaminhados ao Presidente do órgão julgador, que devolverá os autos, após apreciar o pedido, para distribuição ao Relator prevento.

Art. 102. Em caso de impedimento ou suspeição do Relator, a quem o feito houver sido distribuído, proceder-se-á à nova distribuição, entre todos os demais Desembargadores habilitados, ficando sem efeito a anterior, operando-se, oportunamente, a compensação.

Parágrafo único. Na redistribuição decorrente do contido no caput deverá ser observada a prevenção eventualmente existente, redistribuindo-se o feito entre os Desembargadores da Câmara preventa.

Art. 103. O Relator será substituído em caso de aposentadoria, renúncia ou morte:

I - pelo Desembargador nomeado para a sua vaga;

II - pelo Desembargador Presidente do órgão julgador respectivo, para analisar petições e adotar as providências cabíveis nos processos que se encontravam vinculados ao Relator;

III - por juiz convocado, nos termos do presente Regimento.

Art. 104. O Desembargador eleito Presidente do Tribunal ou Corregedor-Geral da Justiça continuará vinculado aos processos em que tiver lançado o relatório, pedido dia para julgamento, ou com vista dos autos. (Redação dada pela Emenda Regimental n.º 04/2017, disponibilizada no DJE em 25 de janeiro de 2017, fls. 21/22).

Art. 105. Ao deixar a Presidência do Tribunal Pleno ou a Corregedoria-Geral da Justiça, o Desembargador receberá os processos daquele que passar a ocupar a vaga no respectivo órgão judicante.

Art. 106. A distribuição de feitos criminais torna preventa a competência do Relator para todos os recursos posteriores, tanto na ação, quanto na execução referente ao mesmo processo, desde que integrante da Câmara Criminal.

Parágrafo único. A distribuição do inquérito, sindicância e a distribuição realizada para efeito da concessão de fiança ou de decretação de prisão preventiva ou de qualquer diligência anterior à denúncia ou queixa, prevenirá a da ação penal.

Art. 107. Os feitos de competência da Seção Especializada Cível serão distribuídos aos Desembargadores que a compõe, com exceção do seu Presidente, salvo nos incidentes que este houver instaurado e nas demais exceções previstas neste Regimento.

Art. 108. O Presidente da Seção Especializada Cível, ao assumir o cargo, terá os processos de sua relatoria transferidos automaticamente ao Desembargador que o antecedeu ou o que vier a ocupar a vaga, ressalvados aqueles em que tenha apresentado Relatório.

Art. 109. As arguições de suspeição ou impedimento de Desembargador serão distribuídas, por encaminhamento, ao Presidente do Tribunal de Justiça, competente para relatar o feito.

Art. 110. A petição de restauração de autos, em tramitação no Tribunal, será distribuída ao órgão em que se processava o feito e, sempre que possível, ao Relator dos autos extraviados.

Art. 111. Nos feitos cíveis, a execução será de competência do Relator do Acórdão exequendo, salvo se não mais integrar o órgão julgador e, não sendo possível, será distribuída para o Desembargador que proferiu o primeiro voto acompanhando o vencedor, salvo se não mais integrar o órgão julgador; mantendo-se a impossibilidade, será distribuída por sorteio a quem tenha participado do julgamento.

Art. 112. Os embargos declaratórios terão como Relator o Desembargador que houver lavrado o Acórdão, salvo se não mais integrar o órgão julgador.

Art. 113. O recurso de agravo interno terá como Relator o Desembargador que houver proferido a decisão agravada, salvo se não for mais o Relator do feito.

Art. 114. Sempre que possível, não se distribuirão os embargos infringentes criminais e os embargos de nulidade a Desembargador que tiver proferido decisão ou participado do julgamento colegiado atacado.

Parágrafo único. O Desembargador que tenha proferido qualquer decisão ou participado do julgamento colegiado atacado, poderá participar do julgamento na condição de vogal.

Art. 115. Não será distribuída a ação de revisão criminal, nem atuará como Revisor, o Desembargador que tenha proferido qualquer decisão ou participado do julgamento colegiado atacado, salvo na hipótese em que todos os desembargadores que integram a Câmara criminal se enquadrem nessa situação.

Parágrafo único. O Desembargador que tenha proferido qualquer decisão ou participado do julgamento colegiado atacado, poderá participar do julgamento na condição de vogal.

Art. 116. A escolha do Relator recairá, sempre que possível, em magistrado que não haja participado do julgamento rescindendo.

Parágrafo único. A restrição do caput não impede a participação do Desembargador no julgamento colegiado na condição de vogal.

Art. 117. O mandado de segurança será distribuído para um dos integrantes das Câmaras Cíveis, salvo quando o ato atacado possuir natureza criminal ou tenha sido proferido por autoridade no exercício de jurisdição criminal.

Art. 118. Sempre que se reconhecer, em definitivo, que determinado feito, anteriormente distribuído, devesse caber, por conexão ou continência, a outro Relator ou a outra Câmara Cível, dar-se-á baixa na distribuição, operando-se, oportunamente, a devida compensação.

Art. 119. Surgindo dúvida sobre a forma de se realizar a distribuição em feito específico, poderá o órgão competente solicitar esclarecimento, mediante expediente a ser apreciado pelo Desembargador Presidente do Tribunal que, no prazo de quarenta e oito horas, indicará, em decisão escrita e fundamentada, a forma a ser procedida.

Parágrafo único. Cópia da decisão mencionada no caput será encaminhada para a Comissão de Organização e Atualização Regimental, para eventual proposta de modificação no Regimento Interno do Tribunal de Justiça.

SEÇÃO VI
DAS ATAS E DAS PAUTAS DE JULGAMENTO

Art. 120. As atas consignarão, de modo sucinto, o que se passar nas sessões, e serão submetidas à aprovação na sessão seguinte, adiando-se a aprovação para outra oportunidade, na hipótese de circunstâncias de ordem relevante e, depois de aprovadas pelos presentes, serão publicadas.

Art. 121. As atas serão distribuídas, conforme o caso, aos Desembargadores componentes do Plenário, da Seção Especializada Cível ou das Câmaras Isoladas, até vinte e quatro horas antes do início da sessão subsequente, considerando-se aprovada se, após consulta do Presidente, nenhum interessado lhes fizer objeção.

§ 1º Havendo objeção, prevalecerá o entendimento da maioria dos Desembargadores presentes que tenham participado da sessão relativa à ata.

§ 2º Sendo aprovada, deve a ata ser disponibilizada no Diário da Justiça Eletrônico – DJe.

Art. 122. Contra erro contido em ata, poderá o interessado reclamar, até o início da sessão subsequente à da aprovação, em manifestação dirigida ao Presidente do respectivo órgão julgador.

§ 1º Não se admitirá a reclamação a pretexto de modificar o julgado.

§ 2º Se o pedido for julgado procedente, far-se-á retificação da ata, seguindo-se com a respectiva disponibilização no Diário da Justiça Eletrônico – DJe.

Art. 123. Entre a data de publicação da pauta e a da sessão de julgamento decorrerá, pelo menos, o prazo de 5 (cinco) dias, incluindo-se em nova pauta os processos que não tenham sido julgados, salvo aqueles cujo julgamento tiver sido expressamente adiado para a primeira sessão seguinte.

Art. 124. Independem de pauta:

I – o julgamento de conflito de competência e de atribuições;

II – as arguições de incompetência;

III – as exceções de suspeição e de impedimento;

IV – as questões de ordem sobre a tramitação dos processos;

V – os embargos de declaração quando julgados na sessão subsequente ao seu ajuizamento;

VI – o julgamento do habeas corpus, salvo quando houver requerimento da parte impetrante ou do paciente para a correspondente inclusão; e

Art. 125. Achando-se presentes ao menos um dos advogados das partes, não obstará ao julgamento qualquer defeito, omissão ou intempestividade na publicação da pauta.

Art. 126. O material referente aos processos incluídos na pauta de julgamento, extraído para dar ciência aos demais gabinetes, será remetido eletronicamente, via intrajus.

Paragrafo único. Caso o material de que trata o caput deste artigo venha a ser impresso e uma vez não ocorrendo o julgamento de determinado processo, deverá esse ser armazenado para utilização quando da realização de novo julgamento.

CAPÍTULO II DAS SESSÕES E DAS AUDIÊNCIAS

SEÇÃO I DAS SESSÕES ORDINÁRIAS, EXTRAORDINÁRIAS E SOLENES

Art. 127. O Presidente da sessão manterá a disciplina no recinto, procedendo-se às medidas necessárias e cabíveis para esse fim.

Art. 128. Os Desembargadores usarão obrigatoriamente, nas sessões solenes e de julgamento, trajes formais, de modelo aprovado pelo Tribunal.

Art. 129. O Tribunal Pleno, a Seção Especializada Cível e as Câmaras isoladas reunir-se-ão, ordinariamente, nos dias designados, e, extraordinariamente, mediante convocação especial.

Art. 130. As sessões extraordinárias terão início à hora designada e serão encerradas quando cumprido o fim a que se destinarem, devendo ser convocadas com antecedência mínima de quarenta e oito horas, salvo deliberação diversa adotada por maioria absoluta do órgão julgador.

Art. 131. Reunir-se-ão, ordinariamente:

I – o Tribunal Pleno, às terças-feiras;

II – a Primeira Câmara Cível, às quartas-feiras;

III – a Segunda Câmara Cível, às quintas-feiras;

IV – a Terceira Câmara Cível, às quintas-feiras

V – a Quarta Câmara Cível, às sextas-feiras; (Inciso com redação determinada pela Emenda Regimental n.º12, de 17 de dezembro de 2021)

VI – a Câmara Criminal, às quartas-feiras; (Inciso com redação determinada pela Emenda Regimental n.º12, de 17 de dezembro de 2021)

VII – a Seção Especializada Cível, na 1ª segunda-feira de cada mês. (Inciso acrescido pela Emenda Regimental n.º12, de 17 de dezembro de 2021)

§ 1º As sessões de julgamento dispostas no caput, iniciar-se-ão às 09 horas, salvo se outro horário for definido pelo Presidente do órgão.

§ 2º Cada uma das Câmaras Cíveis deverá realizar, no mínimo, uma sessão por mês para o julgamento das demandas em que seja necessária a aplicação da técnica de ampliação de julgamento, prevista no art. 942 do Código de Processo Civil.

§ 3º Os julgamentos previstos no parágrafo anterior acontecerão, ordinariamente, da seguinte forma:

I – Na Primeira Câmara Cível, na 2ª segunda-feira de cada mês.

II – Na Segunda Câmara Cível, na 2ª segunda-feira de cada mês; (Inciso com redação determinada pela Emenda Regimental n.º12, de 17 de dezembro de 2021)

III – Na Terceira Câmara Cível, na 3ª segunda-feira de cada mês; (Inciso com redação determinada pela Emenda Regimental n.º12, de 17 de dezembro de 2021)

IV - Na Quarta Câmara Cível, na 3ª segunda-feira de cada mês (Inciso acrescido pela Emenda Regimental n.º 12, de 17 de dezembro de 2021)

V – a Quarta Câmara Cível, às quartas-feiras, no período da tarde; (Inciso acrescido pela Emenda Regimental n.º 13, de 12 de abril de 2022)

§ 4º Com exceção do Presidente da Câmara, a sessão de julgamento das demandas que necessitam da técnica de ampliação de julgamento, prevista no art. 942 do Código de Processo Civil, ocorrerão com a participação dos Desembargadores da seguinte forma: (Parágrafo com redação determinada pela Emenda Regimental n.º12, de 17 de dezembro de 2021)

I – Os Desembargadores integrantes da Primeira Câmara Cível participarão das sessões da Terceira Câmara Cível, cabendo aos Desembargadores da Terceira Câmara Cível participarem das sessões da Primeira Câmara Cível; (Inciso acrescido pela Emenda Regimental n.º12, de 17 de dezembro de 2021)

II - Os Desembargadores integrantes da Segunda Câmara Cível participarão das sessões da Quarta Câmara Cível, cabendo aos Desembargadores da Quarta Câmara Cível participarem das sessões da Segunda Câmara Cível; (Inciso acrescido pela Emenda Regimental n.º12, de 17 de dezembro de 2021)

III – O Presidente da Câmara atuará apenas quando da impossibilidade de participação de Desembargador de sua respectiva câmara. (Inciso acrescido pela Emenda Regimental n.º12, de 17 de dezembro de 2021)

§ 5º Na impossibilidade de participação do Presidente da Câmara conforme previsto no inciso III do § 4º pode haver sorteio entre os Desembargadores da Câmara Criminal.

§ 6º O Desembargador Presidente e o Corregedor-Geral somente poderão ser sorteados se não houver outro Desembargador que possa participar do julgamento.

§ 7º O Desembargador, uma vez sorteado, somente poderá participar de novo sorteio após esgotados todos os nomes dos demais Desembargadores, e não poderá figurar, simultaneamente, em escalas de julgamento na técnica de ampliação de Câmaras distintas. (Incluído pela Emenda Regimental n.º 01/2016, disponibilizada no DJE em 12 de julho de 2016, fls. 33/34).

Art. 132. Em caso de acúmulo de processos pendentes de julgamento, poderá ser designada a continuidade da sessão para o dia livre subsequente, considerando-se intimados os interessados, mediante o anúncio na sessão.

Parágrafo único. Sempre que, encerrada a sessão, restarem em pauta ou em mesa feitos sem julgamento, o Presidente do órgão poderá convocar uma ou mais sessões extraordinárias, destinadas ao julgamento daqueles processos.

Art. 133. As sessões e votações serão públicas, ressalvada a hipótese prevista no art. 93, inciso IX, da Constituição Federal.

Art. 134. Nas sessões secretas, somente permanecerão no recinto os Desembargadores, o representante do Ministério Público, os advogados da causa e o Secretário, ou no que couber, o Diretor-Geral do Tribunal de Justiça.

Paragrafo único. Nas sessões de que trata o caput deste artigo, servirá como secretário o Desembargador mais moderno do órgão julgador, se delas não for permitida a participação de servidores.

Art. 135. Na mesa das sessões do Plenário, o Presidente tem assento na parte central, o Desembargador mais antigo ocupará a cadeira da bancada, à direita, e seu imediato, a da bancada, à esquerda, e, assim, sucessivamente, em ordem decrescente de antiguidade.

Parágrafo único. O Juiz de Direito que for convocado ocupará o lugar reservado ao Desembargador substituído.

Art. 136. O membro do Ministério Público ocupará a direita e o Secretário do órgão à esquerda do respectivo Presidente.

Parágrafo único. Nos órgãos de julgamento poderá funcionar um Procurador de Justiça, que deixará de se manifestar oralmente, se assim desejar, nas hipóteses onde já constar Parecer escrito nos autos.

Art. 137. Os advogados da causa que for submetida a julgamento ocuparão a primeira fila de cadeiras destinadas ao público.

Art. 138. Além das sessões ordinárias e extraordinárias, o Tribunal Pleno poderá realizar sessões solenes pelos motivos a seguir expostos:

I – dar posse ao Presidente, ao Vice-Presidente, ao Corregedor-Geral da Justiça e aos membros do Conselho da Magistratura;

II – conferir posse a Desembargador;

III – em razão de acontecimento de relevância, quando convocado por deliberação plenária em sessão administrativa.

Parágrafo único. O cerimonial das sessões solenes será regulado por ato do Presidente.

Art. 139. As sessões serão, obrigatoriamente, gravadas em áudio.

§ 1º As sessões de que trata o caput serão registradas em áudio, e o conteúdo será disponibilizado no respectivo sítio eletrônico oficial no prazo de 5 (cinco) dias, e em ata, a ser disponibilizada no sítio eletrônico oficial no prazo de 2 (dois) dias, contados da data de sua aprovação.

§ 2º Não será fornecido o áudio dos julgamentos que tramitam em segredo de justiça, ressalvado o fornecimento às partes e seus advogados.

SEÇÃO II
DAS AUDIÊNCIAS

Art. 140. As audiências serão públicas, salvo nos casos previstos em lei ou quando o interesse da Justiça determinar o contrário.

Parágrafo único. O áudio das audiências será gravado e fornecido nos moldes do artigo imediatamente anterior.

Art. 141. Ao Presidente da audiência caberá manter a disciplina dos trabalhos com os poderes previstos nas leis processuais e neste Regimento.

Art. 142. O Secretário da audiência lavrará o termo, do qual fará constar o que nela tiver ocorrido que, depois de lido e achado conforme pelos presentes, será assinado eletronicamente pelo Desembargador que presidiu o ato.

CAPÍTULO III
DO JULGAMENTO PELOS ÓRGÃOS COLEGIADOS

SEÇÃO I
DAS DISPOSIÇÕES GERAIS

Art. 143. O Procurador-Geral de Justiça poderá credenciar Procuradores de Justiça para funcionar junto ao Plenário e aos órgãos fracionários do Tribunal.

Art. 144. A Câmara Criminal funcionará com, no mínimo, três de seus membros e as Câmaras Cíveis somente com a totalidade deles.

Parágrafo único. Presentes os quatro membros da Câmara Criminal, as deliberações serão tomadas pela maioria de votos, observando-se, quando houver empate, o contido neste Regimento.

Art. 145. Não havendo quórum na hora regimental ou nos quinze minutos seguintes, no Plenário, na Seção Especializada Cível ou nas Câmaras Isoladas, ou por outro motivo relevante, o Presidente, ou quem o substituir, declarará que deixa de haver sessão, fazendo mencionar seus motivos e circunstâncias por meio de Nota Declaratória a ser disponibilizada no Diário da Justiça Eletrônico – DJe.

§ 1º Em havendo quórum e decorridos 15 (quinze) minutos sem a presença do Presidente do Tribunal de Justiça nas sessões de julgamento do Plenário, presidirá os trabalhos o Desembargador Vice-Presidente e, estando também este ausente, presidirá os trabalhos o Desembargador mais antigo que se encontrar presente na referida sessão.

§ 2º Em havendo quórum e decorridos 15 (quinze) minutos sem a presença do Presidente da Seção Especializada Cível nas sessões de julgamento do órgão, presidirá os trabalhos o Desembargador mais antigo que se encontrar presente na referida sessão.

Art. 146. Havendo quórum no Plenário, na Seção Especializada Cível, ou nas Câmaras isoladas, o Presidente declarará aberta a sessão e obedecerá, nos trabalhos, a ordem seguinte:

I – aprovação da ata da sessão anterior;

II – relatórios, debates e decisões dos processos incluídos na pauta;

III – os processos que independem de pauta;

IV – decisões e deliberações administrativas;

V – indicação e propostas:

Art. 147. Ausente o Presidente que iniciou o julgamento, este prosseguirá sob a presidência de seu substituto, sem que haja a incidência dos impedimentos do cargo que ocupa.

Art. 148. Não participarão do julgamento os julgadores que não tenham assistido ao relatório ou aos debates, salvo quando se derem por esclarecidos. Nesse caso, a renovação da sustentação oral dependerá da iniciativa da parte (Artigo acrescido pela Emenda Regimental n.º 14, de 14 de junho de 2022) .

Art. 149. Demonstrada a necessidade do pronunciamento de julgador nas hipóteses do artigo imediatamente anterior, para efeito de quórum ou desempate na votação, haverá renovação do relatório; e, os votos anteriormente proferidos serão computados. Mas, a renovação da sustentação oral dependerá de pedido da parte (Artigo acrescido pela Emenda Regimental n.º 14, de 14 de junho de 2022) .

Art. 150. O julgamento, uma vez iniciado, ultimar-se-á na mesma sessão, ainda que excedida a hora regimental, exceto nas hipóteses previstas neste Regimento.

Art. 151. Na sessão de julgamento, terão prioridade:

I – os habeas corpus;

II – as causas criminais e, dentre estas, as de réus presos;

III – os conflitos de competência e os de atribuições;

IV – os mandados de segurança.

§ 1º Observado o disposto no caput deste artigo, os processos de cada classe serão chamados pela ordem de antiguidade decrescente dos respectivos Relatores.

§ 2º Em cada classe, o Relator seguirá o critério da ordem crescente de autuação dos feitos.

§ 3º Preferirá aos demais, na sua classe, o processo em mesa, cujo julgamento tenha sido iniciado.

Art. 152. Na Câmara Criminal, os recursos em sentido estrito serão julgados antes das apelações, e, nas Câmaras Cíveis, os agravos de instrumento terão preferência em relação às apelações.

Art. 153. Os processos apresentados em mesa de julgamento serão inscritos por classes, independentes de despacho.

Parágrafo único. A inscrição conterá o número de ordem e a classe processual, os nomes das partes, de seus procuradores, do Relator, bem como a data de julgamento.

Art. 154. Poderão as partes ou o Desembargador Relator propor preferência para o julgamento de determinado feito, observando-se as preferências legais estabelecidas na legislação processual.

Art. 155. Será admitido, mediante implantação e disciplinamento por Resolução específica, o julgamento em ambiente eletrônico pelos órgãos julgadores colegiados do Poder Judiciário do Estado de Alagoas, inclusive por meio de videoconferência.

Art. 155-A. Será admitida a dispensa da leitura dos relatórios durante as sessões de julgamento desde que estes tenham sido previamente publicados no Diário da Justiça Eletrônico – Dje (Artigo acrescido pela Emenda Regimental nº 11, de 17 de agosto de 2021).

Parágrafo único. A dispensa de leitura de que trata o caput deste artigo não se aplica às hipóteses em que houver eventual alteração no teor do relatório e esta não tenha sido publicada com antecedência no DJe.

SEÇÃO II
DA SUSTENTAÇÃO ORAL

Art. 156. Os representantes das partes que desejarem proferir sustentação oral nos processos judiciais e administrativos em que cabível o ato, deverão formular requerimento em até 48 (quarenta e oito) horas antes do início da sessão. (NR).
Parágrafo Único. Em situações excepcionais devidamente justificadas, nas sessões presenciais, o Órgão julgador, por maioria simples, poderá autorizar a realização de sustentações orais cujos requerimentos sejam formulados até a abertura da sessão (AC) (Artigo com redação dada pela Emenda Regimental n.º 09, de 21 de abril de 2020).

Art. 156-A. Será admitido, mediante implantação e disciplinamento por Resolução específica, o julgamento em ambiente eletrônico pelos órgãos julgadores colegiados do Poder Judiciário do Estado de Alagoas, inclusive por meio de videoconferência. (Incluído pela Emenda Regimental n.º 01-A/2016, disponibilizada no DJE em 02 de março de 2016, fl. 41).

Art. 157. Haverá sustentação oral no julgamento de recurso de apelação, na ação rescisória, no mandado de segurança, na reclamação, na ação direta de inconstitucionalidade, na declaração incidental de inconstitucionalidade, na ação penal originária, inclusive no recebimento da denúncia, no incidente de resolução de demandas repetitivas, no agravo de instrumento interposto contra decisões interlocutórias que versem sobre tutelas provisórias de urgência ou da evidência, no agravo em execução penal, no agravo interno ajuizado contra decisão que nega provimento ou dá provimento a recurso em haja direito à sustentação oral, no agravo interno ajuizado contra decisão que julgar o incidente de desconsideração da personalidade jurídica e no agravo interno interposto contra decisão de Relator que extinga ação rescisória, mandado de segurança e reclamação que sejam de competência originária do Tribunal. (Redação dada pela Emenda Regimental n.º 01/2016, disponibilizada no DJE em 12 de julho de 2016, fls. 33/34).

§ 1º o Presidente do Tribunal, da Seção Especializada Cível e das Câmaras isoladas dará a palavra, sucessivamente, ao autor, ao recorrente, ao peticionário ou ao impetrante, e ao réu, ao recorrido ou ao impetrado, para a sustentação de suas alegações, pelo prazo máximo de quinze minutos.

§ 2º O representante do Ministério Público terá prazo igual ao das partes, salvo disposição legal em contrário.

§ 3º Se houver litisconsortes representados por advogados de escritórios de advocacia distintos, o prazo será contado em dobro e dividido igualmente entre os do mesmo grupo.

§ 4º Intervindo terceiro, para excluir autor e réu, terá prazo próprio, igual ao das partes.

Art. 158. Nos feitos criminais, a sistemática da sustentação oral seguirá a disciplina das Leis Processuais específicas, observando-se o prazo de antecedência do requerimento previsto no art. 156 desse Regimento. (NR) Parágrafo Único. Em situações excepcionais devidamente justificadas, nas sessões presenciais, o Órgão julgador, por maioria simples, poderá autorizar a realização de sustentações orais cujos requerimentos sejam formulados até a abertura da sessão (Artigo com redação dada pela Emenda Regimental n.º 09, de 21 de abril de 2020).

Art. 159. Nas sessões administrativas do pleno, o Presidente da Associação Alagoana de Magistrados - ALMAGIS poderá usar da palavra, por quinze minutos, quando a matéria for relacionada à defesa das prerrogativas dos magistrados e da instituição, salvo disposição legal em contrário.

Parágrafo único. Aplica-se o caput deste artigo aos Presidentes das representações sindicais dos Servidores do Poder Judiciário do Estado de Alagoas, quando o Plenário tratar de matéria relacionada aos servidores da justiça, dividindo-se entre eles o prazo de 15 minutos.

SEÇÃO III
DAS VOTAÇÕES

Art. 160. Concluído o debate oral, o Presidente dará a palavra ao Relator, para proferir seu voto, e, em seguida, ao Revisor, se houver, seguindo-se os votos dos demais Desembargadores, na ordem decrescente de antiguidade.

§ 1º Os Presidentes das Câmaras Cíveis e Criminal terão sempre direito a voto

§ 2º Os juízes de direito convocados votarão após os Desembargadores.

§ 3º Após o início do voto do Desembargador Relator, o membro do Ministério Público e o advogado somente poderão intervir para esclarecer situação de fato.

§ 4º Cada Desembargador poderá falar duas vezes sobre o assunto em discussão e mais uma vez, se for o caso, para explicar a modificação do voto. Nenhum falará sem autorização do Presidente do órgão, nem interromperá a quem estiver usando a palavra, salvo para apartes, quando solicitados e concedidos.

Art. 161. Havendo a designação de Desembargador Revisor em demanda criminal no momento da sessão de julgamento, poderá o designado analisar, em mesa, o feito e concordar com o relatório produzido pelo Relator, seguindo-se com a apreciação da demanda pelo órgão colegiado, sem a necessidade de retirada de pauta ou adiamento do julgamento.

Art. 162. A questão preliminar suscitada no julgamento será decidida antes do mérito, deste não se conhecendo caso seja incompatível com a decisão.

Art. 163. Se durante os debates surgir alguma matéria a respeito da qual não se tenha dado às partes oportunidade de se manifestar, ainda que se trate de matéria sobre a qual deva decidir de ofício, será o julgamento suspenso, oportunizando-se que as partes apresentem manifestação, no prazo de 5 (cinco) dias.

§ 1º Na hipótese do caput, não será lavrado Acórdão, devendo apenas constar na certidão de Julgamento os temas surgidos nos debates para que as partes tenham conhecimento e produzam suas argumentações.

§ 2º As partes serão intimadas mediante publicação da certidão de julgamento no DJE.

§ 3º As partes poderão se manifestar na própria sessão de julgamento, cada uma pelo prazo de 15 minutos, caso estejam presentes e se sintam habilitadas a fazê-lo, hipótese em que não haverá a suspensão do julgamento.

§ 4º Decorrido o prazo estabelecido no caput, será o feito reincluído em pauta de julgamento.

§ 5º Se a constatação se der em vista dos autos, deverá o Desembargador que a solicitou encaminhá-los ao Relator, que tomará as providências previstas no caput e, em seguida, solicitará a inclusão do feito em pauta para prosseguimento do julgamento, com submissão integral da nova questão aos julgadores.

§ 6º Caso o Desembargador Relator discorde da incidência do caput do presente artigo, deverá submeter a questão ao órgão julgador, que decidirá sobre a necessidade de intimação das partes para se manifestar sobre a matéria, sendo desnecessário lavrar Acórdão se a mesma for acolhida.

Art. 164. Tendo havido interrupção do julgamento, em sessão na qual o Relator ou Revisor, quando houver, já tenham proferido os seus votos, e estando ausentes quando da retomada do julgamento, a sessão prosseguirá, computando-se os votos já proferidos, salvo em relação às questões ainda não decididas em que não tenha havido o voto do Relator ou do Revisor.

§ 1º Se o vogal que houver comparecido ao início do julgamento, e que ainda não tenha votado, estiver ausente, o seu voto será dispensado, desde que obtidos suficientes votos concordantes sobre todas as questões debatidas.

§ 2º Se durante a suspensão do julgamento houver o Desembargador deixado de integrar definitivamente o Tribunal de Justiça, serão computados os votos por ele já proferidos, e ao substituto caberá somente proferir voto nas questões que ainda não foram objeto de pronunciamento.

§ 3º Havendo antecipação de voto e posterior suspensão do julgamento, caso o julgador que já tenha votado deixe de integrar o Tribunal ou esteja afastado por qualquer motivo, não haverá a modificação do voto por ele já proferido, e seu substituto só votará nas questões subsequentes, se houver.

§ 4º Aplica-se a impossibilidade de modificação de voto prevista no § 3º deste artigo quando o julgador ausente tenha antecipado seu voto acompanhando o pronunciamento de outro julgador, e este tenha modificado seu voto

§ 5º O julgador substituto votará nas questões em que não tenha votado o Desembargador substituído, ainda que não tenha assistido aos votos já proferidos ou a sustentação oral das partes, desde que se considere habilitado para tanto.

§ 6º Não se aplica a exceção prevista no caput quando a ausência do Relator ou do Revisor, quando houver, ultrapassar 60 (sessenta) dias contados a partir de sua ausência na sessão, hipótese em que deverá haver a designação de novo Relator, mediante sorteio, ou de novo Revisor, para o seguimento do julgamento.

§ 7º Surgindo a necessidade de pronunciamento judicial urgente durante o período de suspensão do julgamento em razão da ausência do Relator, tal apreciação deverá ser feita pelo Presidente do órgão julgador, exigindo-se, para tanto, que seja observada previamente a providência prevista no art. 33 do presente Regimento.

§ 8º Surgindo a necessidade de pronunciamento judicial urgente durante o período de suspensão do julgamento em razão da ausência do Revisor, quando houver, tal apreciação deverá ser feita pelo Relator, a quem caberá avaliar, previamente, se há a urgência alegada.

Art. 165. Havendo empate no julgamento, o Presidente o desempatará, salvo nas seguintes hipóteses, em que não votará:

I – no julgamento de matéria administrativa relativa a servidor público, havendo empate na votação, o Presidente proclamará a decisão mais favorável àquele;

II – no julgamento do mérito em ação rescisória, a ação será julgada improcedente;

III – no agravo, considerar-se-á mantida a decisão recorrida;

IV – em julgamento de matéria criminal, se não participou da votação, proferirá o voto de desempate; se houver participado, prevalecerá a decisão mais favorável ao reu ou demandado, se for o caso.

Art. 166. No julgamento de embargos infringentes criminais e dos embargos de nulidade, após o voto do Relator e do Revisor, votarão, sempre que possível e desde que integrem o órgão em que se realiza o julgamento, o Relator do Acórdão recorrido e o prolator do voto vencido no julgamento anterior, seguindo-se os votos dos demais julgadores na ordem de antiguidade.

Art. 167. Rejeitada a preliminar, ou se com ela for compatível à apreciação do mérito, seguir-se-ão a discussão e o julgamento da matéria principal, pronunciando-se sobre esta todos os Desembargadores, inclusive os vencidos na preliminar, prejudicial ou quaisquer outras questões.

Art. 168. Sempre que o objeto da decisão puder ser decomposto em questões distintas, cada uma delas será votada separadamente.

Art. 169. Quando, na votação de questão indecomponível, ou de questões distintas, se formarem correntes divergentes de opinião, sem que nenhuma alcance a maioria exigida, proceder-se-á da seguinte forma:

I - tratando-se de determinação do valor ou quantidade, o resultado do julgamento será expresso pelo quociente da divisão dos diversos valores ou quantidades homogêneas, pelo número de votantes;

II - em qualquer outra hipótese de dispersão de votos, o Presidente escolherá duas opiniões divergentes, submetendo-as à deliberação por todos os membros do órgão julgador e, eliminada uma delas, a outra será votada com uma das restantes, e assim sucessivamente, até que fiquem reduzidas a duas, sobre as quais se votará definitivamente;

III - se mais de duas opiniões se formam acerca da pena criminal ou administrativa aplicável, sem que nenhuma alcance maioria, os votos dados pela aplicação da pena mais grave serão reunidos aos dados para a imediatamente inferior e, assim por diante, até constituir-se a maioria sobre a totalidade dos julgadores.

Parágrafo único. Divergindo os julgadores no tocante às razões de decidir, sem que ocorra qualquer das hipóteses previstas no caput deste artigo, mas convergindo na conclusão, caberá ao Desembargador que primeiro deduziu o fundamento determinante vencedor redigir o acórdão, assegurado aos diversos votantes o direito de declarar, em separado, as razões do seu voto.

SUBSEÇÃO IV
DA TÉCNICA DE AMPLIAÇÃO DE JULGAMENTO

Art. 170. Quando cabível a técnica de ampliação de julgamento prevista no art. 942 do Código de Processo Civil, haverá o prosseguimento, na forma prevista neste Regimento, em sessão com a presença de outros julgadores, em número suficiente para garantir a possibilidade de inversão do resultado inicial, assegurado às partes e a eventuais terceiros o direito de sustentar oralmente suas razões perante os novos julgadores, salvo se estes já estavam presentes no início do julgamento.

§ 1º Aplica-se a técnica de ampliação de julgamento na hipótese de decisão não unânime em ação rescisória pela seção especializada cível, quando o resultado for a rescisão da sentença, devendo ser suspenso o julgamento com posterior apreciação pelo Plenário, com inclusão em pauta.

§ 2º As sustentações orais relativas à fase de ampliação de julgamento somente poderão cuidar dos temas em que se deu a divergência.

Art. 171. Não haverá necessidade de lavratura de acórdão quando o julgamento for interrompido para aplicação da técnica de julgamento do art. 942 do Código de Processo Civil, devendo ser expedida certidão informando a conclusão dos votos já proferidos.

Art. 172. Na aplicação da técnica de ampliação, o julgamento será restrito ao tema que motivou a divergência, e terá prosseguimento na mesma sessão, se possível, ou em outra a ser designada, com a presença de 02 (dois) outros Desembargadores, nos termos desse Regimento.

Art. 173. Se o desembargador que participou do início do julgamento não integrar mais o órgão, não haverá a convocação de outro julgador para substituí-lo, sendo vedada a alteração do voto por ele já proferido.

§ 1º Na hipótese do caput, somente poderá ser convocado novo julgador para participar da continuidade do julgamento quando surgir matéria nova, sobre a qual não tenha havido pronunciamento do julgador substituído.

§ 2º A substituição prevista no parágrafo anterior será realizada por sorteio, exceto quando o cargo do julgador substituído estiver ocupado por outro julgador, a quem caberá participar do julgamento.

SEÇÃO V
DAS QUESTÕES DE ORDEM

Art. 174. O Desembargador, verificando a existência de questão procedimental que possa comprometer o regular andamento do feito, inclusive nas hipóteses de divergências de interpretação, entre juízes ou Órgãos do Tribunal, e sobre normas de distribuição e competência regimental, poderá propor ao órgão colegiado competente para julgar a ação ou o recurso, que se pronuncie previamente sobre o assunto, sendo lavrado o devido acórdão.

Parágrafo único. O julgamento será restrito à questão de ordem, não se adentrando no mérito do recurso ou da ação, e terá força vinculante para seu julgamento.

SEÇÃO VI
DO PEDIDO DE VISTA

Art. 175. O magistrado que não se julgar habilitado a proferir imediatamente seu voto poderá pedir vista dos autos, devendo restituí-los no prazo máximo de dez dias, contados do dia do pedido, podendo ser prorrogado por mais 10 dias mediante comunicação ao Presidente do órgão, permitindo-se a antecipação do voto àquele julgador que se manifestar apto.

§ 1º Se os autos não forem devolvidos tempestivamente ou se não for solicitada pelo juiz prorrogação de prazo de no máximo mais 10 (dez) dias, o presidente do órgão julgador os requisitará para julgamento do recurso na sessão ordinária subsequente, com publicação da pauta em que for incluído.

§ 2º O feito será reincluído em pauta para julgamento na sessão seguinte à data de sua devolução pelo julgador que pediu vista dos autos.

§ 3º A inclusão em pauta após o pedido de vista ocorrerá apenas nas hipóteses em que o feito tenha sido pautado para a sessão que iniciou sua apreciação pelo colegiado, não se aplicando aos casos em que tenha sido levado em mesa para julgamento.

§ 4º Decorrido o prazo legal e inexistindo a devolução dos autos pelo julgador que pediu vista, os autos serao requisitados pelo Presidente do órgão, sendo o julgador em mora substituído por outro integrante do próprio órgão colegiado ou, sendo necessário, convocará substituto para proferir voto, na forma estabelecida neste Regimento.

§ 5º Aplica-se a substituição prevista no parágrafo imediatamente anterior na hipótese de licença legal por prazo igual ou superior a 30 dias do Desembargador que pediu vistas, sendo inaplicável para a hipótese de gozo de férias.

§ 6º Tendo o Desembargador que solicitou vista deixado de integrar o Tribunal, sem ter apresentado seu voto, devem os autos retornar ao Relator, para continuação do julgamento, com, se necessário, a designação de novo Revisor e a participação de magistrado substituto.

§ 7º Aplica-se também a substituição prevista neste artigo quando o julgador em mora for juiz convocado que não esteja mais integrando o Tribunal, passando a participar do julgamento o desembargador substituído ou o que venha ocupar sua vaga.

Art. 176. Ao retornar os autos para julgamento, o julgador que tenha solicitado vistas dos autos deverá apresentar voto por escrito, ainda que exclusivamente para concordar com os termos de voto anteriormente proferido por outro magistrado.

SEÇÃO VII
DA CONCLUSÃO DO JULGAMENTO

Art. 177. Encerrada a votação, o Presidente proclamará a decisão, podendo os julgadores alterar seus votos até o momento da proclamação do resultado, salvo aquele já proferido por juiz afastado ou substituído, consignando-se em ata a alteração.

Parágrafo único. Havendo processo relacionado em pauta cujo julgamento não suscite maiores controvérsias e, desde que inexistentes divergências entre os julgadores, será proclamado o resultado de acordo com a orientação de voto do relator do feito, cabendo às partes interessadas, Ministério Público, Defensores Públicos, Procuradores – de Estado e dos Municípios - e Advogados, se assim o queiram, após o anúncio da decisão colegiada, e concluída a sessão de julgamento, dirigir-se à respectiva Secretaria para ter acesso ao inteiro teor do julgado. (Parágrafo único acrescido pela Emenda Regimental n.º 11, de 17 de agosto de 2021).

Art. 178. É facultado a qualquer Desembargador que haja participado do julgamento, exarar os fundamentos de seu voto.

Art. 179. Após o julgamento, a respectiva secretaria produzirá certidão, na qual constará o nome dos julgadores que participaram do julgamento, esclarecendo-se sobre a existência e a autoria de voto vencido.

Parágrafo único. Qualquer adiamento do julgamento será, por igual, certificado nos autos, especificando-se os votos já proferidos.

Art. 180. Não haverá necessidade de lavratura de acórdão quando o julgamento for convertido em diligência, caso em que o Relator, por ato nos autos, mencionará o resultado da decisão e mandará cumpri-la, no prazo estabelecido pelo colegiado.

SEÇÃO VIII
DO VOTO VENCIDO

Art. 181. Caso vencido, o julgador apresentará, por escrito ou em gravação de áudio, os fundamentos de seu voto, no prazo de 72 horas, sendo considerado parte integrante do acórdão para todos os fins legais, inclusive de pré-questionamento.

§ 1º A publicação das conclusões do Acórdão somente ocorrerá após a juntada dos fundamentos do voto vencido, salvo se decorrido o prazo estabelecido no caput deste artigo.

§ 2º Tendo deixado de integrar o Tribunal, ou diante de qualquer outra situação impeditiva, será realizada a publicação do acórdão, consignando-se em certidão o motivo da não-apresentação do voto vencido.

Art. 182. Considera-se vencido o voto que, não obstante tenha apontado o mesmo resultado do voto vencedor, divergiu do seu fundamento determinante, reputando-se vencedor o voto que inaugurou o fundamento prevalente.

SEÇÃO IX
DA LAVRATURA E DA PUBLICAÇÃO DOS ACÓRDÃOS

Art. 183. Os acórdãos deverão ser lavrados em conformidade com o disposto em Resolução do Tribunal de Justiça do Estado de Alagoas.

Parágrafo único. O acórdão e os votos deverão conter fielmente o que tenha sido decidido, por ocasião do julgamento, e, bem assim, os fundamentos invocados na oportunidade.

Art. 184. Os acórdãos serão lavrados e assinados eletronicamente pelo Relator do feito, ou, se este for vencido, pelo Desembargador designado para lavrar o Acórdão.

§ 1º Vencido o Relator na questão principal, ainda que parcialmente, ou em preliminar que, se tivesse sido acolhida, comprometeria a apreciação do mérito, o presidente do órgão julgador designará o prolator do primeiro voto vencedor para redigir o acórdão.

§ 2º Ao Desembargador Relator caberá a lavratura do Acórdão quando votar acolhendo preliminar suscitada de ofício por outro Desembargador, desde que tal pronunciamento seja acolhido pela maioria.

Art. 185. Deixando o Desembargador de integrar o Tribunal, estando no gozo de licença legal por prazo igual ou superior a 10 dias, e havendo sob sua relatoria processos julgados e sem a elaboração do correspondente acórdão, a respectiva lavratura caberá ao Desembargador em atividade que tiver proferido o primeiro voto vencedor, acompanhando o do Relator, ainda que esteja ocupando a Presidência do Tribunal ou a Corregedoria-Geral da Justiça ou tenha deixado de compor o órgão julgador.

§ 1º Não mais integrando o Tribunal de Justiça nenhum dos Desembargadores que acompanharam o voto do Relator, a lavratura caberá ao Desembargador indicado pelo Presidente do órgão julgador, utilizando-se da gravação da mídia da sessão de julgamento.

§ 2º Caso o Presidente do Tribunal ou o Corregedor-Geral da Justiça sejam designados para lavrar o acórdão de julgamento que participaram como integrantes do Plenário, a estes caberá apreciar os pedidos que lhe sejam posteriores, bem como a relatoria de eventuais recursos de embargos de declaração.

§ 3º Caso o Desembargador Relator tenha, em decisão monocrática, negado seguimento a ação ou recurso, e sendo tal decisão reformada por órgão colegiado do tribunal, caberá ao Desembargador designado para lavrar o Acórdão a Relatoria do feito, cujo seguimento havia sido negado.

§ 4º Não se aplica a modificação de lavratura prevista no caput para as hipóteses de gozo de férias.

Art. 186. Os acórdãos serão assinados exclusivamente pelo Relator que os lavrou.

Art. 187. Em caso de divergência, os votos prevalecerão em face da ementa.

Art. 188. A secretaria do respectivo órgão julgador providenciará a publicação do Acórdão no Diário da Justiça Eletrônico – DJe, no prazo máximo de dez dias, contados da data da sua assinatura.

Parágrafo único. Para fins de publicação, o acórdão deverá ser resumido, contendo, obrigatoriamente, cabeçalho, os dados identificadores dos processos, das partes e de seus advogados, ementa, conclusão, nome do Relator e data da sessão.

Art. 189. Em caso de julgamento por acórdão, considera-se, para efeito de contagem de prazo processual, a publicação das conclusões do julgado, sendo vedado, para esse fim, utilizar como parâmetro a divulgação da ata do respectivo julgamento.

§ 1º Após a publicação, a secretaria certificará a data da disponibilização e da publicação das conclusões do acórdão, para fins de contagem do prazo recursal, sendo-lhe vedado efetuar correções ou modificações nos textos que lhe forem eletronicamente enviados pelo gabinete do Relator, ressalvado o disposto neste Regimento.

§ 2º Publicadas as conclusões, os autos somente sairão da secretaria durante o prazo para interposição do recurso cabível, nos casos previstos em lei.

CAPÍTULO IV DOS FEITOS DE COMPETÊNCIA ORIGINÁRIA DO TRIBUNAL

SEÇÃO I DO PEDIDO ORIGINÁRIO DE HABEAS CORPUS

Art. 190. A impetração, sem intervenção de advogado, poderá ser realizada em meio físico, eletrônico ou de forma oral. Neste último caso, será reduzida a termo pela Diretoria Adjunta de Assuntos Judiciárias – DAAJUC, ou outra unidade que, porventura, venha a substituí-la.

Parágrafo único. Na hipótese do caput deste artigo, ficará a cargo do Tribunal de Justiça a digitalização para tramitação em meio eletrônico, nos moldes da correspondente Resolução.

Art. 191. O Relator, ou o Tribunal, se julgar necessário, poderá:

I – nomear advogado para acompanhar e defender oralmente o pedido, se o impetrante não for bacharel em Direito;

II – proceder ao interrogatório do paciente;

III – conceder medida liminar em favor do paciente até decisão final do pedido.

Art. 192. Contra a decisão liminar caberá recurso de agravo, no prazo de cinco dias, a ser apreciado pelo órgão competente para julgar a ação.

Art. 193. Instruído o processo e ouvido o Procurador-Geral de Justiça, em dois dias, o Relator levará o feito para julgamento, nos termos deste Regimento.

Art. 194. Se, pendente o processo de habeas corpus, cessar a coação, julgar-se-á prejudicado o pedido, podendo, porém, o Tribunal declarar a ilegalidade do ato e tomar as providências cabíveis para a punição do responsável.

Parágrafo único. Quando o pedido for manifestamente incabível, ou for manifesta a incompetência do Tribunal para dele tomar conhecimento originariamente, ou for reiteração de outro com os mesmos fundamentos, o Relator o indeferirá liminarmente.

Art. 195. No julgamento de habeas corpus, havendo empate na votação, o Presidente proclamará a decisão mais favorável ao paciente.

Art. 196. A decisão concessiva de habeas corpus será imediatamente comunicada, preferencialmente de forma eletrônica, às autoridades a quem couber cumpri-la, sem prejuízo da remessa de cópia autenticada do acórdão.

Parágrafo único. A comunicação mediante ofício, telegrama ou via internet, bem como o salvo-conduto, em caso de ameaça de violência ou coação, será firmada pelo Relator do Acórdão ou decisão.

Art. 197. As fianças que se tiverem de prestar perante o Tribunal, em virtude de habeas corpus, serao processadas pelo relator do feito.

SEÇÃO II DO PEDIDO ORIGINÁRIO DE MANDADO DE SEGURANÇA

Art. 198. Quando relevante o fundamento e do ato impugnado puder resultar a ineficácia da medida, o Relator determinar-lhe-á a suspensão, salvo nos casos vedados em lei.

Art. 199. Quando for deferida liminar em mandado de segurança impetrado contra ato de Relator, o processo será levado em mesa para referendo na primeira sessão plenária seguinte ao momento em que foi assinada, independentemente de pauta, sob pena de decaimento da decisão monocrática.

Art. 200. A concessão ou a denegação de segurança, na vigência de medida liminar, serão imediatamente comunicadas pelo Tribunal de Justiça à autoridade apontada como coatora, independentemente da lavratura do acórdão.

Art. 201. Recebidas as informações ou transcorrido o respectivo prazo, sem o seu oferecimento, citados eventuais litisconsortes necessários, abrir-se-á vista ao Ministério Público, independentemente de despacho, pelo prazo de dez dias.

Parágrafo único. Decorrido o prazo, com ou sem parecer, os autos serão conclusos ao Relator, que pedirá sua inclusão na pauta para julgamento.

SEÇÃO III
DO MANDADO DE INJUNÇÃO E DO HABEAS DATA

Art. 202. Ao habeas data aplicar-se-ão as disposições da Lei 9.0507/97 e ao mandado de injunção, no que couber, as da Lei n.º 12.016/2011 e do Código de Processo Civil.

SEÇÃO IV
DA AÇÃO DIRETA DE INCONSTITUCIONALIDADE

Art. 203. O Relator pedirá informações à autoridade da qual tiver emanado o ato, bem como à Assembleia Legislativa, ou à Câmara Municipal, se for o caso.

§ 1º Havendo pedido de liminar, o Relator poderá submetê-lo ao Plenário, antes de solicitar as informações.

§ 2º Se, ao receber os autos, ou no curso do processo, o Relator entender que a decisão é urgente, em face do interesse de ordem pública que envolve, poderá, com prévia ciência das partes, submetê-lo ao conhecimento do Plenário, que terá a faculdade de julgar o pedido liminar com os elementos de que dispuser.

Art. 204. Se, no julgamento do mérito da ação, não for alcançada a maioria absoluta necessária à declaração da inconstitucionalidade, estando licenciados ou ausentes Desembargadores em número que possa influir no julgamento, este será suspenso, a fim de aguardar-se o comparecimento dos não presentes.

Parágrafo único. Na hipótese de, por três sessões consecutivas, não for atingido o quórum de trata o caput deste artigo, considerar-se-á rejeitada a arguição.

SEÇÃO V
DA AÇÃO DIRETA DE INCONSTITUCIONALIDADE POR OMISSÃO

Art. 205. Declarada, pela maioria absoluta dos membros do Plenário, a inconstitucionalidade por omissão de medida necessária para tornar efetiva norma ou princípio constitucional, será dada ciência da decisão ao Poder competente para a adoção de providências necessárias, e, em se tratando de órgão administrativo, expedir-se-á ordem para fazê-lo no prazo de trinta dias.

SEÇÃO VI
DO INQUÉRITO E DA AÇÃO PENAL ORIGINÁRIA

Art. 206. O Relator, a quem o feito for distribuído, funcionará como juiz da instrução do processo, com as atribuições que a lei processual confere aos juízes singulares.

Art. 207. A ação penal não será distribuída a Desembargador que tenha votado pelo não recebimento da denúncia ou queixa.

Art. 208. Nas demandas criminais que devam tramitar originariamente no Tribunal de Justiça, é imprescindível que a produção probatória seja realizada observando as exigências decorrentes do foro por prerrogativa de função.

§ 1º O Procurador-Geral de Justiça poderá requerer ao Relator, diligências complementares ao inquérito, as quais não interromperão o prazo para oferecimento da denúncia, se o indiciado estiver preso.

§ 2º Se as diligências forem indispensáveis ao oferecimento da denúncia, o Relator determinará o relaxamento da prisão do indiciado; se não forem, mandará, depois de oferecida a denúncia, que se realizem em separado, sem prejuízo da prisão e do processo.

§ 3º Se o inquérito versar sobre a prática de crime de ação privada, o Relator determinará seja aguardada a iniciativa do ofendido ou de quem por lei esteja autorizado a oferecer queixa.

Art. 209. Concluídas as diligências deferidas, mandará o Relator dar vista às partes para alegações, pelo prazo de quinze dias, sendo comum o prazo do acusador e do assistente, bem como o dos corréus.

Art. 210. Findos os prazos do artigo anterior, e após ouvir o Procurador-Geral de Justiça na ação penal privada, pelo prazo de quinze dias, o Relator poderá ordenar diligências para sanar nulidade ou suprir falta que prejudique a apuração da verdade.

Art. 211. Observadas as normas processuais, o Relator lançará o relatório e passará os autos ao Revisor, que pedirá dia para julgamento.

§ 1º Designado dia e hora para o julgamento, serão intimadas as partes, as testemunhas e o Ministério Público.

§ 2º O gabinete remeterá cópia do relatório aos Desembargadores logo após o pedido de dia para julgamento formulado pelo Revisor.

Art. 212. Na sessão de julgamento observar-se-á o seguinte:

I – aberta a sessão, apregoadas as partes e as testemunhas, registrado o querelante que deixar de comparecer, atendendo-se ao disposto no art. 29 do Código de Processo Penal, proceder-se-á às demais diligências preliminares, salvo ocorrendo a hipótese prevista no art. 60, inciso III, do referido Código;

II – a seguir, o Relator apresentará minucioso relatório do feito, resumindo as principais peças dos autos e a prova produzida, lendo, outrossim, se houver, o aditamento ou a retificação do Revisor;

III – se algum dos Desembargadores solicitar a leitura integral dos autos ou de partes deles, o Relator poderá ordenar seja ela efetuada pelo Secretário;

IV – as testemunhas arroladas, que não tiverem sido dispensadas pelas partes, serão inquiridas pelo Relator e, facultativamente, pelos demais Desembargadores; em primeiro lugar as de acusação e, depois, as de defesa;

V – admitir-se-ão, a seguir, perguntas do Procurador-Geral de Justiça e das partes;

VI – ouvir-se-ão os peritos para esclarecimentos previamente ordenados pelo Relator, de ofício, ou a requerimento das partes ou do Procurador-Geral Justiça;

VII – findas as inquirições e efetuadas quaisquer diligências que o Tribunal houver determinado, o Presidente dará a palavra, sucessivamente, ao acusador, se houver, ao órgão do Ministério Público e ao acusado ou a seu defensor, para sustentarem oralmente a acusação e a defesa, podendo cada um ocupar a tribuna durante uma hora, prorrogável pelo Presidente;

VIII – na ação penal privada, o Procurador-Geral de Justiça falará após o autor, por quinze minutos;

IX – encerrados os debates, o Tribunal proferirá o julgamento;

X – o julgamento efetuar-se-á em uma ou mais sessões, a critério do Tribunal.

Art. 213. Nomear-se-á defensor ad hoc se o advogado constituído pelo réu ou o defensor anteriormente nomeado não comparecer à sessão de julgamento, a qual será adiada, se aquele o requerer para exame dos autos.

Art. 214. Na fixação do montante da pena a ser aplicada, em razão da procedência da acusação, não votarão os Desembargadores que tenham concluído pela rejeição da peça acusatória.

Art. 215. Verificando a extinção da punibilidade, ainda que não haja iniciativa do ofendido, o Relator, após ouvir o Procurador-Geral de Justiça, poderá julgar monocraticamente o feito.

SEÇÃO VII
DA REVISÃO CRIMINAL

Art. 216. Para o ajuizamento da revisão criminal é desnecessária a atuação de advogado, podendo a inicial ser subscrita pelo próprio interessado.

Parágrafo único. Na hipótese de requerimento pelo próprio condenado, sem intervenção de advogado, a petição poderá ser apresentada em meio físico, ficando a cargo do Tribunal de Justiça a digitalização para tramitação no sistema de processo eletrônico e a comunicação do fato à Defensoria Pública, a fim de que acompanhe a atuação do autor.

Art. 217. O pedido de revisão será sempre instruído com o inteiro teor autenticado da decisão condenatória, com a prova de haver esta passado em julgado e com os documentos comprobatórios das alegações em que se fundar, indicadas, igualmente, as provas que serão produzidas.

Parágrafo único. Se a decisão impugnada for confirmatória de outras, estas deverão, também, vir comprovadas no seu inteiro teor.

Art. 218. O Relator admitirá ou não as provas requeridas e determinará a produção de outras que entender necessárias, facultado o ajuizamento de agravo interno, no prazo de cinco dias.

Parágrafo único. A qualquer tempo, o Relator poderá solicitar informações ao juiz da execução e requisitar os autos do processo sob revisão, desde que não comprometa a execução da pena.

Art. 219. Após a solicitação de dia para julgamento pelo Revisor, a revisão criminal será julgada pelo Plenário, admitindo-se a realização de sustentação oral, nos moldes deste Regimento.

Parágrafo único. Do acórdão que julgar a revisão se juntará cópia aos processos revistos e, quando for modificativo das decisões proferidas nesses processos, dele também se remeterá cópia autenticada ao juiz da execução.

Art. 220. Anulado o processo, serão tomadas as providências devidas para sua renovação, se couber.

SEÇÃO VIII
DO DESAFORAMENTO DE JULGAMENTO

Art. 221. Distribuído o feito, o Relator requisitará informações ao juiz da Comarca, com o prazo de dez dias, se dele não tiver sido a iniciativa da solicitação de desaforamento.

Art. 222. O Procurador-Geral de Justiça, no prazo de cinco dias, emitirá parecer, nos casos em que o pedido de desaforamento não tenha sido proveniente do Ministério Público.

Parágrafo único. Tratando-se de pedido de desaforamento requerido pelo Ministério Público ou pelo juiz, será conferida a dilação de dez dias ao réu, para que possa responder às razões deduzidas.

Art. 223. O desaforamento será julgado pela Câmara Criminal e terá preferência de julgamento.

SEÇÃO IX
DA AÇÃO RESCISÓRIA

Art. 224. O julgamento da ação rescisória compete:

I – ao Plenário do Tribunal de Justiça, com relação aos seus acórdãos;

II – à Seção Especializada Cível, nas demais hipóteses.

Art. 225. Caberá ao Relator resolver quaisquer questões incidentes e realizar o julgamento monocrático do feito, desde que a pretensão seja contrária a entendimento consolidado do próprio Tribunal, do Superior Tribunal de Justiça ou do Supremo Tribunal Federal.

Parágrafo único. Caberá agravo interno das decisões monocráticas proferidas pelo Relator.

Art. 226. Após o prazo para contestação, o Relator proferirá despacho saneador e deliberará sobre as provas requeridas.

§ 1º O Juiz de Direito a quem for delegada a produção da prova, na forma do Código de Processo Civil, terá competência apenas para os atos de execução da delegação.

§ 2º Concluída a instrução, o Relator abrirá vista sucessiva às partes, por dez dias, para o oferecimento de razões e, em seguida, os autos serão conclusos ao Relator para a elaboração de Relatório, que será distribuído aos demais julgadores, procedendo-se ao julgamento pelo órgão competente.

§ 3º Não sendo necessária a produção de prova, poderá ser realizado o julgamento antecipado do feito.

Art. 227. As partes terão o prazo de quinze minutos improrrogáveis, cada uma, para a sustentação oral, observando-se, se houver litisconsortes, o que dispõe o Código de Processo Civil e este Regimento.

SEÇÃO X
DO CONFLITO DE COMPETÊNCIA E DE ATRIBUIÇÕES

Art. 228. O conflito de competência poderá ocorrer entre autoridades judiciárias; o de atribuições, entre autoridades judiciárias e administrativas.

Art. 229. O Ministério Público somente será ouvido nos conflitos de competência relativos aos processos previstos no art. 178 do Código de Processo Civil, mas terá qualidade de parte nos conflitos que suscitar.

Art. 230. O prazo para a apresentação das informações pelas partes será definido pelo Desembargador Relator.

Art. 231. Havendo conflito de atribuições envolvendo o Conselho Estadual da Magistratura, a Corregedoria-Geral da Justiça e o Plenário do Tribunal de Justiça, a relatoria caberá ao Presidente do Tribunal.

§ 1º Nas hipóteses que reputar relevante, poderá o Presidente do Tribunal de Justiça solicitar Parecer da Procuradoria Administrativa do Poder Judiciário, sendo o feito, em seguida, levado em mesa para julgamento.

§ 2º Se, após o Parecer da Procuradoria Administrativa do Poder Judiciário, um dos órgãos reconhecer sua competência, nos casos de conflito negativo, ou reconhecer sua incompetência, nos casos de conflito positivo, será extinto monocraticamente o incidente.

Art. 232. Da decisão somente cabem embargos de declaração, cumprindo ao Relator expedir imediata comunicação aos magistrados em conflito, após decorrido o prazo recursal.

SEÇÃO XI
DA SUSPENSÃO DE LIMINAR EM MANDADO DE SEGURANÇA
E DA SUSPENSÃO PROVISÓRIA DE EXECUÇÃO DE SENTENÇA

Art. 233. Após a apreciação do pedido de suspensão da execução de liminar ou de sentença, o Presidente do Tribunal comunicará a decisão ao julgador que proferiu a decisão impugnada.

§ 1º Ajuizado agravo interno contra a decisão do Presidente do Tribunal, caberá a este, no prazo de dez dias, levar em mesa o recurso para julgamento pelo Plenário.

§ 2º A Relatoria do pedido de suspensão de liminar, bem como do agravo ajuizado contra decisão monocrática, permanecerá na Presidência do Tribunal, ainda que haja sucessão de Desembargadores no cargo de Presidente bem como nas hipóteses em que outro Desembargador tenha sido designado para lavrar Acórdão.

Art. 234. A Procuradoria-Geral da Justiça deverá se manifestar nos pedidos de suspensão.

SEÇÃO XII
DA RECLAMAÇÃO

Art. 235. Caberá reclamação da parte interessada ou do Ministério Público para:

I – preservar a competência do Tribunal de Justiça;

II – garantir a autoridade das decisões do Tribunal de Justiça.

III – garantir a observância de precedente proferido em julgamento de casos repetitivos ou em incidente de assunção de competência.

IV – dirimir divergência entre acórdão de Turma Recursal e a jurisprudência do Superior Tribunal de Justiça sumulada ou consolidada em julgamento de recurso repetitivo, incidente de assunção de competência e incidente de resolução de demandas repetitivas.

§ 1º Recebida a inicial, e não sendo possível sua distribuição ao Relator do processo principal, será a mesma distribuída a um dos Desembargadores que acompanharam o voto vencedor no julgamento do processo principal, desde que ainda integre uma das Câmaras Cíveis do Tribunal.

§ 2º Não sendo possível realizar a providência prevista no parágrafo anterior, será a inicial distribuída a um dos Desembargadores que tenham participado do julgamento no processo principal, desde que ainda integre uma das Câmaras Cíveis do Tribunal.

§ 3º Persistindo a impossibilidade de se realizar a distribuição nos moldes definidos nos parágrafos anteriores, será a demanda distribuída a um Desembargador integrante de Câmara Cível.

§ 4º Será distribuída ao Presidente a reclamação que tiver como causa de pedir a usurpação da sua competência ou o descumprimento de decisão sua.

Art. 236. A reclamação contra acórdão de Turma Recursal, em matéria cível, será distribuída a um dos membros das Câmaras Cíveis.

Art. 237. Compete ao Plenário o julgamento da Reclamação, independentemente do fundamento alegado na inicial.

Art. 238. Ao despachar a reclamação, o relator:

I – indeferirá de plano a reclamação inadmissível, prejudicada ou proposta em face de decisão transitada em julgado;

II – requisitará informações da autoridade a quem for imputada a prática do ato impugnado, que as prestará no prazo de 10 (dez) dias;

III – se necessário, ordenará a suspensão do processo ou do ato impugnado para evitar dano irreparável;

IV – determinará a citação do beneficiário da decisão impugnada, que terá prazo de 15 (quinze) dias para apresentar a sua contestação.

Parágrafo único. Na reclamação contra acórdão de Turma Recursal o relator, admitido o seu processamento:

I - poderá, de ofício ou a requerimento da parte, presentes a probabilidade do direito e o fundado receio de dano de difícil reparação, suspender a tramitação dos processos nos quais tenha sido estabelecida a mesma controvérsia, oficiando aos presidentes das turmas recursais a suspensão;

II - oficiará ao presidente da turma recursal prolatora do acórdão reclamado, comunicando o processamento da reclamação e solicitando informações no prazo de 10 (dez) dias;

III - ordenará a publicação de edital no Diário da Justiça e no site do Tribunal para ciência aos interessados sobre a admissão da reclamação, a fim de que se manifestem, querendo, no prazo de 15 (quinze) dias;

IV - decidirá o que mais for necessário à instrução do procedimento.

Art. 239. Na reclamação que não houver formulado, o Ministério Público terá vista do processo por 5 (cinco) dias, após o decurso do prazo para informações e para o oferecimento da contestação pelo beneficiário do ato impugnado.

Parágrafo único. Na reclamação contra acórdão de Turma Recursal, o prazo para manifestação do Ministério Público será contado após o decurso do prazo para impugnação de interessados.

Art. 240. Julgada procedente a reclamação, será cassada a decisão exorbitante do julgado ou determinada medida adequada à solução da controvérsia.

Art. 241. Julgada procedente a reclamação por usurpação da competência, fica prevento o Relator para o processo avocado.

CAPÍTULO V DOS PROCESSOS INCIDENTES

SEÇÃO I DAS ALEGAÇÕES DE SUSPEIÇÃO E DE IMPEDIMENTO

Art. 242. As alegações de suspeição e de impedimento serão processadas e julgadas pelo Tribunal de Justiça:

I - quando opostas em feitos de competência originária do Tribunal;

II - quando os juízes de primeira instância não reconheçam a suspeição ou o impedimento alegado;

III - quando opostas em face de membro do Ministério Público, auxiliares da justiça e dos demais sujeitos do processo que atuem perante o Tribunal.

Parágrafo único. A alegação de suspeição ou de impedimento de magistrado, havendo ou não recusa, obedecerá ao procedimento previsto no Código de Processo Civil ou no Código de Processo Penal, de acordo com atividade jurisdicional exercida e no presente Regimento.

Art. 243. O Desembargador poderá afirmar, a qualquer tempo, através de despacho, nos autos, ou, verbalmente, com registro na ata da sessão de julgamento, o impedimento ou a suspeição, na forma prevista em lei.

Art. 244. A alegação de suspeição do Desembargador Relator deverá ser suscitada até quinze dias após a publicação da distribuição, quando fundada em motivo preexistente; a do Desembargador Revisor, nas demandas criminais, e dos demais Desembargadores que integram o órgão julgador, deverá ser alegada até antes do início do julgamento colegiado.

§ 1º Mesmo após o decurso do prazo para arguição de que trata o caput deste artigo, qualquer Desembargador poderá reconhecer sua suspeição.

§ 2º No caso da suspeição ou do impedimento derivar de motivo superveniente à distribuição do feito, o prazo de quinze dias será contado do fato que a ocasionou.

Art. 245. O Desembargador Relator que reconhecer, por via de despacho, a alegação de impedimento ou de suspeição, ordenará a remessa dos autos à Presidência do Tribunal para nova distribuição.

§ 1º O reconhecimento da suspeição ou do impedimento pelo Desembargador não impede que o feito seja redistribuído para o mesmo órgão fracionário.

§ 2º A afirmação de impedimento ou de suspeição, ainda que por outro fundamento, põe fim ao incidente.

Art. 246. O impedimento ou a suspeição deverá ser alegado em petição específica, dirigida ao Desembargador, assinada pela própria parte, ou procurador com poderes especiais, na qual indicará o fundamento da recusa, podendo instruí-la com documentos em que se fundar a alegação e com rol de testemunhas, se houver.

Art. 247. Distribuído e autuado o incidente, se reconhecida, preliminarmente, a relevância da arguição, o relator mandará ouvir o Desembargador recusado, que apresentará, no prazo de 15 (quinze) dias, suas razões, acompanhadas de documentos e de rol de testemunhas, se houver.

Art. 248. O relator rejeitará liminarmente a suspeição ou o impedimento manifestamente improcedente. Caso contrário, marcará dia e hora para a inquirição das testemunhas porventura arroladas e procederá à oitiva da Procuradoria-Geral de Justiça.

Art. 249. Tratando-se das hipóteses de alegação em face de membro do Ministério Público, auxiliares da justiça e dos demais sujeitos do processo que atuem perante o Tribunal, a parte interessada deverá alegar o impedimento ou a suspeição em petição fundamentada, devidamente instruída, na primeira oportunidade em que lhe couber falar nos autos.

Art. 250. O relator mandará processar o incidente em separado e ouvirá o arguido no prazo de 15 (quinze) dias, facultando-lhe a admissão de provas, quando necessária.

Art. 251. Preenchidas as formalidades dos artigos anteriores, o relator apresentará o processo, em mesa, para julgamento.

Art. 252. A arguição de suspeição ou impedimento de Desembargador será sempre individual, não ficando os demais Desembargadores impedidos de apreciá-la, ainda que também recusados.

Art. 253. O reconhecimento da suspeição ou impedimento por Desembargador, não impede que o feito seja redistribuído para o mesmo órgão fracionário.

Art. 254. Não se fornecerá, salvo ao arguente e ao arguido, certidão de qualquer peça do processo de suspeição, antes de afirmada pelo arguido ou declarada pelo Tribunal.

Parágrafo único. Da certidão constará, obrigatoriamente, o nome de quem a requereu, bem assim o desfecho que houver tido a arguição.

Art. 255. Reconhecida a procedência do incidente de impedimento ou de suspeição, o Tribunal decretará a nulidade dos atos do Desembargador recusado, quando já presente o motivo de impedimento ou de suspeição.

Parágrafo único. Se o incidente for julgado improcedente, o arguente será condenado ao pagamento das custas.

SEÇÃO II
DA HABILITAÇÃO INCIDENTE

Art. 256. A habilitação processar-se-á perante o Relator da causa e será julgada na forma prevista pelo Código de Processo Civil e neste Regimento.

Art. 257. A habilitação será julgada na própria demanda, somente devendo ser instaurado incidente se o pedido for impugnado e houver necessidade de dilação probatória diversa da documental, caso em que determinará que o pedido seja autuado em apartado e disporá sobre a instrução.

Art. 258. O julgamento do pedido de habilitação será realizado monocraticamente pelo Relator, cabendo recurso de agravo contra sua decisão, a ser apreciado pelo órgão competente para o julgamento do feito principal.

SEÇÃO III
DA DECLARAÇÃO INCIDENTAL DE INCONSTITUCIONALIDADE

Art. 259. Acolhida a instauração do incidente pelo órgão fracionário correspondente, será lavrado o acórdão e intimado o Ministério Público, as partes e as pessoas jurídicas de direito público responsáveis pela edição do ato impugnado, a fim de ser submetida a questão ao Tribunal Pleno.

Art. 260. Após a instauração pela Câmara ou pela Seção Especializada Cível, poderá a pessoa jurídica de direito público responsável pela edição do ato impugnado, se assim o requerer, manifestar-se por escrito acerca do incidente, pelo prazo de quinze dias, bem como realizar sustentação oral, por quinze minutos.

Art. 261. O Relator, que será o mesmo da causa ou recurso, mandará ouvir o Procurador-Geral de Justiça, no prazo de dez dias, após o que lançará relatório nos autos, determinando a distribuição de cópias deste, do acórdão e do parecer do Ministério Público, aos demais componentes do Plenário, com antecedência de cinco dias da sessão de julgamento.

Parágrafo único. Não haverá vista dos autos à Procuradoria-Geral de Justiça para pronunciar-se sobre a constitucionalidade de lei ou de ato normativo do poder público, quando a inconstitucionalidade houver sido arguida pelo Ministério Público.

Art. 262. No julgamento, após o relatório, facultar-se-á às partes, ao Procurador da autoridade responsável pelo ato impugnado, ao Procurador-Geral do Estado, quando intervier, e ao Procurador-Geral de Justiça, a sustentação oral de suas razões, durante quinze minutos, seguindo-se a votação. (Redação dada pela Emenda Regimental n.º 01/2016, disponibilizada no DJE em 12 de julho de 2016, fls. 33/34)

Art. 263. Somente pelo voto da maioria absoluta de seus membros, poderá o Tribunal de Justiça declarar a inconstitucionalidade de lei ou ato normativo do poder público.

§ 1º Não atingida a maioria necessária à declaração de inconstitucionalidade, estando ausentes Desembargadores em número que possam influir no julgamento, este será suspenso, a fim de serem colhidos, na sessão subsequente, os votos faltantes.

§ 2º Caso não alcançado o quorum de que trata o caput deste artigo, por três sessões consecutivas, considerar-se-á rejeitada a arguição.

SEÇÃO IV
DA IMPUGNAÇÃO AO VALOR DA CAUSA

Art. 264. Nas causas cíveis de competência originária do Tribunal de Justiça, o réu poderá impugnar, perante o Relator, no prazo da contestação, o valor atribuído pelo autor.

Parágrafo único. Da decisão do Relator caberá agravo interno à Câmara, à Seção Especializada Cível ou ao Plenário, conforme o caso.

SEÇÃO VI
DA ARGUIÇÃO DE FALSIDADE

Art. 265. A arguição de falsidade de documento, regulado pelos Códigos de Processo Civil e de Processo Penal, será processada perante o Relator do feito em que se levantou a arguição.

§ 1º Nas ações cíveis, logo que for suscitada a arguição, o Relator, se for o caso, suspenderá o processo.

§ 2º Atendidas as normas processuais de regência, o Relator levará a julgamento, em mesa, perante o órgão colegiado competente para o conhecimento do feito principal.

§ 3º No âmbito criminal, a arguição poderá ser feita enquanto o processo tiver curso no Tribunal, até o pedido de dia para julgamento.

SEÇÃO VII
DA RESTAURAÇÃO DE AUTOS

Art. 266. A restauração de autos extraviados ou destruídos, de ambas as instâncias jurisdicionais, obedecerá ao que prescrevem os Códigos de Processo Civil e de Processo Penal.

Parágrafo único. Estando a restauração em condições de ser julgada, o Relator abrirá vista dos autos à Procuradoria-Geral de Justiça, se obrigatória a intervenção do Ministério Público, para emitir parecer em dez dias; a seguir, em igual prazo, apresentará o processo em mesa para julgamento na primeira sessão.

SEÇÃO VIII
DA UNIFORMIZAÇÃO DE JURISPRUDÊNCIA

Art. 267. A uniformização de jurisprudência, nos termos da legislação processual e deste Regimento, pode resultar de um dos seguintes procedimentos:

I - pedido autônomo de edição de súmula;

II - incidente de assunção de competência;

III - incidente de resolução de demandas repetitivas.

Parágrafo único. Em qualquer caso será ouvida a Procuradoria-Geral de Justiça, no prazo de 15 (quinze) dias.

SEÇÃO IX
DO INCIDENTE DE ASSUNÇÃO DE COMPETÊNCIA

Art. 268. Compete à A Seção Especializada Cível o julgamento de recurso, de remessa necessária ou de processo de competência originária do Tribunal em que o Relator houver proposto a modificação da competência, para fins de prevenir ou compor divergência entre Câmaras, nos termos do Código de Processo Civil.

§ 1º A demanda poderá ser remetida para a Seção Especializada Cível mediante decisão monocrática do Relator, da qual não caberá recurso, salvo embargos de declaração.

§ 2º Se a proposta de deslocamento de competência for apresentada durante o julgamento pela Câmara e acolhida pela maioria dos desembargadores do órgão, será a demanda enviada para apreciação pela Seção Especializada Cível, independentemente da lavratura de Acórdão.

§ 3º Em qualquer dos casos referenciados nos parágrafos imediatamente anteriores, será ouvida a Procuradoria-Geral de Justiça, no prazo de quinze dias, salvo se o incidente foi instaurado por pedido do Ministério Público.

Art. 269. A Seção Especializada Cível, no julgamento da assunção de competência poderá, antes de analisado o mérito, rever a adequação aos requisitos legais do incidente. Averiguado não se tratar de caso de assunção, os autos serão devolvidos, sem a lavratura de Acórdão, ao órgão julgador originário para julgamento.

Art. 270. No julgamento da assunção de competência, a Seção Especializada Cível reunir-se-á com o quórum mínimo de dois terços de seus membros, cabendo-lhe a apreciação da ação ou recurso em toda a sua extensão, sendo o julgamento tomado pelo voto da maioria absoluta de seus membros.

Parágrafo único. A assunção de competência será relatada pelo mesmo Relator da ação ou recurso.

Art. 271. O que integram a Seção Especializada Cível será objeto de Súmula, cuja minuta será redigida pelo Desembargador designado para lavrar o acórdão.

Parágrafo único. A redação da Súmula de que trata o caput deste artigo deverá ser aprovada na mesma sessão ou na primeira sessão ordinária subsequente ao respectivo julgamento, sob pena de ser designado outro Desembargador para a lavratura.

SEÇÃO X
DA PROPOSTA DE EDIÇÃO, REVISÃO E CANCELAMENTO DE SÚMULA DO ENTENDIMENTO PREDOMINANTE DO TRIBUNAL DE JUSTIÇA DE ALAGOAS

Art. 272. Poderá ser objeto de Súmula qualquer matéria jurisdicional ou administrativa a cujo respeito não haja divergência na aplicação do direito ou na interpretação da lei.

§ 1º Qualquer Desembargador poderá apresentar ao Tribunal Pleno, proposta de Súmula do Entendimento Predominante sobre determinada interpretação do direito.

§ 2º A hipótese de que trata o caput deste artigo, prescinde da prévia instauração de incidente de uniformização de jurisprudência e deverá ser apresentada com o respectivo projeto de enunciado, indicando-se os precedentes em que se baseia.

§ 3º A proposta de edição, revisão ou cancelamento de enunciado de Súmula, não autoriza a suspensão dos processos em que se discuta a mesma questão.

Art. 273. A aprovação da proposta de Súmula far-se-á em sessão administrativa do Tribunal Pleno, distribuindo-se a seus componentes cópia da proposta com cinco dias de antecedência, oficiando como Relator o proponente.

Art. 274. A revisão do conteúdo das Súmulas do Tribunal de Justiça poderá ser proposta, perante os órgãos fracionários, por qualquer Desembargador.

Parágrafo único. Sendo acolhida pelo órgão a proposta, será o julgamento do feito jurisdicional suspenso, lavrando-se acórdão e, em seguida, remetendo-se os autos ao Plenário, para designação da sessão de julgamento.

Art. 275. A modificação das Súmulas poderá ser efetivada quando:

I – ocorrer mudança no entendimento jurisprudencial de alguma Corte Superior;

II – algum órgão julgador apresentar novos argumentos a respeito do mesmo tema;

III – houver alteração na composição do órgão uniformizador capaz de modificar a orientação anterior.

Parágrafo único. Ficarão vagos, com a nota correspondente, para efeito de eventual restabelecimento, os números dos enunciados que o Tribunal de Justiça cancelar ou alterar, tomando os que forem modificados novos números de série.

Art. 276. A Procuradoria-Geral de Justiça se manifestará, no prazo peremptório de quinze dias, acerca das propostas de edição, revisão ou cancelamento de Súmula do Entendimento Predominante do Tribunal de Justiça.

Art. 277. No julgamento das propostas de Súmulas de que trata esta seção, o Tribunal Pleno reunir-se-á com o quórum mínimo de dois terços de seus membros, sendo considerada aprovada aquela que alcançar a maioria absoluta de votos.

SEÇÃO XI DA PROPOSTA DE EDIÇÃO, REVISÃO E CANCELAMENTO DE ENUNCIADO DE SÚMULA VINCULANTE DO SUPREMO TRIBUNAL FEDERAL

Art. 278. Identificada a existência de controvérsia atual sobre a validade, a interpretação e a eficácia de normas determinadas, que acarrete grave insegurança jurídica e relevante multiplicação de processos sobre idêntica questão, poderá qualquer Desembargador propor que seja o tema analisado, em procedimento próprio, pelo Plenário do Tribunal de Justiça.

Parágrafo único. A proposta de edição, revisão ou cancelamento de enunciado de súmula vinculante, não autoriza a suspensão dos processos em que se discuta a mesma questão.

Art. 279. O Procedimento de que trata o artigo imediatamente anterior, terá início por iniciativa de Desembargador ou por deliberação de órgão colegiado.

§ 1º Quando proposto por Desembargador, será instaurado o procedimento por ato próprio, onde demonstrará a divergência alegada, a relevância da proposta e a solução que reputa adequada.

§ 2º Antes do julgamento da proposta será ouvida a Procuradoria-Geral da Justiça, no prazo de quinze dias.

§ 3º Será Relator do procedimento, o Desembargador que houver promovido sua instauração ou, quando instaurado por órgão colegiado, aquele que houver sugerido a medida.

Art. 280. No julgamento das propostas de que trata esta seção, o Tribunal Pleno reunir-se-á com o quórum mínimo de dois terços de seus membros.

§ 1º Entendendo o Plenário, por maioria absoluta de votos, ser necessária a edição, revisão ou cancelamento de Súmula Vinculante do Supremo Tribunal Federal, caberá ao Relator, ou quem for designado para lavrar o acórdão, expor de forma pormenorizada as razões da decisão.

§ 2º Publicado o acórdão, o Desembargador Presidente, representando o Tribunal de Justiça, apresentará no Supremo Tribunal Federal a proposta de edição, revisão e cancelamento de enunciado de súmula vinculante.

SEÇÃO XII DO INCIDENTE DE RESOLUÇÃO DE DEMANDAS REPETITIVAS

Art. 281. Quando cabível o incidente de resolução de demandas repetitivas, a competência para seu julgamento será do Pleno do Tribunal de Justiça, a quem caberá, além de fixar a tese jurídica, julgar o recurso, a remessa necessária ou o processo de competência originária de onde se originou o incidente. (Redação dada pela Emenda Regimental nº 05, de 03/10/2017. DJE p.32/33)

Art. 282. Recebido o pedido de instauração do incidente pelo Desembargador Presidente, caberá ao mesmo determinar a distribuição, nos termos do presente capítulo.

Art. 283. Caberá a relatoria do incidente ao Desembargador que o instaurar no bojo de recurso, remessa necessária ou ação de competência originária do Tribunal.

Parágrafo único. Não sendo instaurado por pedido de Desembargador em feito de sua relatoria, será o incidente distribuído por sorteio a um dos Desembargadores integrantes de uma das Câmaras Cíveis, a quem caberá a relatoria do incidente.

Art. 284. Cabe ao Pleno realizar o juízo de admissibilidade do incidente de resolução de demandas repetitivas, inclusive, fixando, desde logo, a tese jurídica a ser dirimida. (Redação dada pela Emenda Regimental nº 05, de 03/10/2017. DJE p.32/33)

Art. 285. Se o Relator do incidente houver votado pela inadmissibilidade do mesmo, e tendo sido, neste ponto, vencido no julgamento pelo Plenário, passará a ser Relator do incidente o Desembargador que houver proferido o primeiro voto divergente vencedor. (Redação dada pela Emenda Regimental nº 05, de 03/10/2017. DJE p.32/33)

Art. 286. Se for inadmitido o incidente de resolução de demandas repetitivas por ausência de qualquer de seus pressupostos de admissibilidade, poderá o incidente ser novamente suscitado, desde que satisfeito o requisito, hipótese em que haverá a prevenção do Desembargador que lavrou o Acórdão no incidente anterior.

Parágrafo único. Não sendo possível promover a distribuição nos termos do caput por já não integrar o Desembargador uma das Câmaras Cíveis, ou estando afastado da distribuição por afastamento definitivo ou temporário, a relatoria do incidente caberá a Desembargador de uma das Câmaras Cíveis e que tenha acompanhado o voto vencedor no julgamento do incidente inadmitido. (Redação dada pela Emenda Regimental nº 05, de 03/10/2017. DJE p.32/33)

Art. 287. Havendo a instauração ou o julgamento do incidente, deverá ser realizada ampla divulgação da decisão, inclusive com a comunicação aos Desembargadores do Tribunal de Justiça e ao Núcleo de Repercussão Geral e Recursos Repetitivos.

Parágrafo único. Será mantido banco eletrônico de dados atualizados com informações específicas sobre questões de direito submetidas ao incidente, inclusive para a divulgação das teses fixadas nos julgamentos, comunicando-o imediatamente ao Conselho Nacional de Justiça para inclusão no cadastro.

Art. 288. Cessada a suspensão pelo decurso do prazo previsto pelo art. 980 do Código de Processo Civil, será o Desembargador Relator do incidente notificado para que promova, no prazo de 30 dias, a apresentação do incidente para julgamento, sob pena de ser aplicar a medida prevista no art. 940, § 2º do Código de Processo Civil, com a devida substituição da relatoria.

Art. 289. Para o julgamento da admissibilidade, bem como para o julgamento do incidente, deverá haver a inclusão em pauta.

Art. 290. Ao Relator caberá definir, previamente, a forma e a participação dos interessados em realizar sustentação oral, observando-se os termos do art. 984 do Código de Processo Civil.

Art. 291. Todos os Desembargadores integrantes do Plenário desse Tribunal de Justiça poderão votar sobre a admissibilidade e o julgamento do incidente, inclusive o Presidente. (Redação dada pela Emenda Regimental nº 05, de 03/10/2017. DJE p.32/33)

Art. 292. Ao incidente de resolução de demandas repetitivas é assegurada prioridade de tramitação, de modo que deverá ser destacado, no sistema processual eletrônico, aviso quando o incidente permanecer por mais de 10 dias sem movimentação.

Art. 293. (Revogado pela Emenda Regimental nº 05, de 03/10/2017. DJE p.32/33)

CAPÍTULO VI
DOS RECURSOS PARA O TRIBUNAL DE JUSTIÇA

SEÇÃO I
DOS RECURSOS CÍVEIS

Art. 294. Os recursos cíveis serão interpostos nos casos, pela forma e nos prazos estabelecidos na legislação de regência, observado o contido neste Regimento.

SUBSEÇÃO I
DA APELAÇÃO

Art. 295. O recurso de apelação cível será distribuído ao Desembargador que tenha sido Relator em outro recurso ou incidente apresentados no mesmo processo ou em processo conexo.

Art. 296. Formulado pedido de concessão de efeito suspensivo no período anterior à remessa dos autos ao tribunal, ficará firmada a prevenção do Desembargador a quem for distribuído o pedido.

Art. 297. Não haverá Revisor nos recursos de apelação na execução fiscal.

SUBSEÇÃO II
DO AGRAVO DE INSTRUMENTO

Art. 298. A decisão liminar proferida em agravo de instrumento, acolhendo pedido de urgência, deverá ser imediatamente comunicada ao juízo de primeiro grau, independentemente de publicação da decisão.

SUBSEÇÃO III
DA REMESSA NECESSÁRIA

Art. 299. A remessa necessária, quando julgada por uma das Câmaras Cíveis, exigirá sua inclusão em pauta.

Parágrafo único. Aplica-se à remessa necessária, no que couber, o procedimento estabelecido para o recurso de apelação.

Art. 300. Verificando o Relator que a hipótese dos autos não exige o reexame pelo Tribunal, poderá, em decisão monocrática, não conhecer a remessa, determinando o retorno dos autos ao juízo de primeiro grau.

SUBSEÇÃO IV
DOS EMBARGOS DECLARATÓRIOS

Art. 301. Os embargos de declaração serão dirigidos ao Relator do acórdão, que os apresentará em mesa para julgamento na primeira sessão, sendo desnecessária a inclusão em pauta, desde que julgados na sessão subsequente ao decurso do prazo para manifestação da parte embargada.

Parágrafo único. Da decisão do Relator que indeferir, desde logo, o recurso, cabe agravo para o órgão julgador.

Art. 302. Ajuizado recurso de embargos de declaração contra decisão monocrática, poderá este ser julgado pelo Relator.

§ 1º Quando ajuizado embargos declaratórios contra Acórdão, somente o colegiado poderá julgar o recurso.

§ 2º Deixando o Relator da decisão ou Acórdão embargados de atuar no feito, caberá ao novo Relator o julgamento do recurso, ainda que não tenha participado do julgamento atacado.

Art. 303. Para efeito de recurso, constituirão uma só decisão o Acórdão que acolher os embargos de declaração e o Acórdão embargado.

Art. 304. Os embargos de declaração não possuem efeito suspensivo e interrompem o prazo para interposição de quaisquer recursos.

Parágrafo único. O relator poderá suspender a eficácia da decisão se demonstrada a probabilidade de provimento do recurso ou, sendo relevante a fundamentação, houver risco de dano grave ou de difícil reparação.

SUBSEÇÃO V
DOS AGRAVOS INTERNOS

Art. 305. Observadas as hipóteses do Código de Processo Civil, caberá agravo interno, sem efeito suspensivo, contra decisão monocrática de Desembargador que causar prejuízo ao direito da parte.

Art. 306. Ajuizado o recurso, caso o Desembargador entenda pela manutenção da decisão agravada, deverá intimar a parte recorrida para que se manifeste sobre o agravo interno.

Art. 307. O agravo, que se processa nos próprios autos, é julgado pelo órgão que tem ou teria competência para a apreciação do feito originário ou de eventual recurso na causa principal.

Art. 308. O prolator da decisão impugnada poderá reconsiderar seu entendimento, ainda que o agravo tenha sido ajuizado após o decurso do prazo recursal.

Parágrafo único. No julgamento de agravo interno, tem direito a voto o julgador que prolatou a decisão atacada, salvo se não mais integrar o órgão julgador.

Art. 309. Deixando o prolator da decisão agravada de atuar no feito, caberá ao novo Relator, após verificar a possibilidade de reconsideração, o julgamento do recurso.

SEÇÃO II
DOS RECURSOS CRIMINAIS

Art. 310. Os recursos criminais, voluntários ou de ofício, serão interpostos, processados e julgados na forma do disposto na lei processual penal.

SUBSEÇÃO I
DO RECURSO EM SENTIDO ESTRITO

Art. 311. Os recursos em sentido estrito, interpostos de decisão, despacho ou sentença proferia por magistrado de primeira instância, serão julgados pela Câmara Criminal, salvo os de inclusão ou exclusão de jurado na lista geral, os quais serão de competência do Presidente do Tribunal.

Art. 312. O recurso em sentido estrito será remetido ao Tribunal nos próprios autos ou mediante traslado, nos casos previstos no Código de Processo Penal e nas leis especiais.

Art. 313. Autuado e distribuído o recurso, os autos serão conclusos ao Relator que, se for o caso, determinará sua remessa à Procuradoria-Geral de Justiça, para oferta de parecer.

§ 1º Retornando, serão os autos conclusos ao Relator, que pedirá ou designará dia para julgamento.

§ 2º A decisão será comunicada ao Juízo de primeiro grau, pelo Secretário do órgão julgador, sendo-lhe remetida cópia do acórdão.

SUBSEÇÃO II
DA APELAÇÃO CRIMINAL

Art. 314. Autuado e distribuído o recurso, os autos serão conclusos ao Relator, que, se ultimadas as formalidades legais, determinará sua remessa à Procuradoria-Geral de Justiça para oferta de parecer.

Art. 315. Observadas as normas do Código de Processo Penal, caberá ao Relator lançar relatório nos autos e, seguidamente, remetê-los ao Revisor, que pedirá dia para o julgamento.

Art. 316. Julgada a apelação criminal relativa a réu preso, a Secretaria do correspondente órgão julgador comunicará a decisão ao juízo originário.

Parágrafo único. Não se conhecendo da apelação criminal e sendo determinado o seu processamento como recurso em sentido estrito, o Relator determinará a baixa dos autos à instância inferior para que, no prazo de dez dias, o correspondente magistrado sustente ou reforme a decisão recorrida.

SUBSEÇÃO III
DO AGRAVO EM EXECUÇÃO PENAL

Art. 317. Das decisões proferidas pelo Juiz da Execução, caberá o recurso de agravo, no prazo de cinco dias.

Art. 318. O processamento do agravo far-se-á segundo as normas que regem o recurso em sentido Estrito, previsto no Código de Processo Penal.

§ 1º O agravo em execução não terá efeito suspensivo, salvo no caso de decisão que determina a desinternação ou liberação de quem cumpre medida de segurança.

§ 2º O agravo será interposto por petição dirigida ao juiz da execução, que poderá exercer o juízo de retratação e, caso mantida a decisão, o recurso subirá ao Tribunal nos próprios autos, quando não prejudicar o andamento do processo, nos termos do Código de Processo Penal.

§ 3º No Tribunal, autuado e distribuído o recurso, os autos serão conclusos ao Relator que, se for o caso, determinará sua remessa à Procuradoria-geral de Justiça, para oferta de parecer.

§ 4º Retornando, serão eles conclusos ao Relator, que pedirá ou designará dia para julgamento.

Art. 319. A decisão proferida será comunicada ao Juízo de primeiro grau, pela secretaria da Câmara Criminal, sendo-lhe remetida cópia do acórdão.

Parágrafo único. Ocorrendo denegação do agravo ou em caso de, admitido, ter seu processamento obstado, caberá o recurso de Carta Testemunhável, previsto no Código de Processo Penal.

SUBSEÇÃO IV
DA CARTA TESTEMUNHÁVEL

Art. 320. A Carta Testemunhável será processada e julgada na forma estabelecida no Código de Processo Penal e neste Regimento, observada a forma prevista para o recurso originário.

Parágrafo único. Após a distribuição, o Relator remeterá os autos à Procuradoria- geral de Justiça para oferta de parecer.

Art. 321. Provido o recurso, o órgão julgador determinará o processamento do recurso originário ou seu seguimento para o Juízo ad quem, podendo julgar seu mérito se suficientemente instruída a Carta Testemunhável.

SUBSEÇÃO V
DOS EMBARGOS DE DECLARAÇÃO

Art. 322. As decisões nos feitos criminais são suscetíveis de embargos de declaração e serão opostos e processados na forma do Código de Processo Penal, observando-se, no que for aplicável, as normas prescritas para os embargos de declaração cíveis.

Art. 323. Os embargos serão dirigidos ao Relator do acórdão, que os apresentará em mesa para julgamento na primeira sessão, independentemente de revisão, sendo desnecessária a inclusão em pauta, desde que julgado na sessão subsequente ao seu ajuizamento.

Parágrafo único. Da decisão do Relator que indeferir, desde logo, o recurso, cabe agravo para o órgão julgador, no prazo de cinco dias.

Art. 324. Ajuizado recurso de embargos de declaração contra decisão monocrática, poderá o mesmo ser julgado pelo Relator.

Parágrafo único. Quando ajuizado contra decisão colegiada, somente o órgão poderá julgar o recurso.

Art. 325. Deixando o Relator da decisão ou acórdão embargados de atuar no feito, caberá ao novo Relator o julgamento do recurso, ainda que não tenha participado do julgamento atacado.

SUBSEÇÃO VI
DOS EMBARGOS INFRINGENTES E DE NULIDADE

Art. 326. Quando não for unânime a decisão de segunda instância, desfavorável ao réu admitem-se embargos infringentes e de nulidade, que poderão ser opostos dentro de dez dias, nos termos do Código de Processo Penal.

Parágrafo único. Se o desacordo for parcial, os embargos serão restritos à matéria objeto de divergência.

Art. 327. Interpostos os embargos, a secretária da Câmara Criminal abrirá vista ao recorrido para contrarrazões em dez dias; após, o Relator do acórdão embargado apreciará a admissibilidade do recurso.

Art. 328. Os embargos infringentes e de nulidades criminais não se sujeitam a preparo, e, após serem admitidos, devem ser redistribuídos para um novo Relator, também integrante da Câmara Criminal, a quem caberá conceder vista dos autos ao Ministério Público.

SEÇÃO III
DOS RECURSOS ADMINISTRATIVOS

Art. 329. Cabe ao Plenário do Tribunal de Justiça apreciar e julgar:

I – os embargos opostos à decisões não unânimes, proferidas pela Câmara Criminal, em processos oriundos do Conselho de Justificação da Polícia Militar do Estado e relativos a oficiais da mesma corporação;

II – os recursos de decisões proferidas, em instância originária, pelo Conselho Estadual da Magistratura, e que concluam pela imposição de penalidade.

Art. 330. Os recursos interpostos da imposição de pena disciplinar terão efeito suspensivo.

Art. 331. No julgamento dos recursos administrativos votará o prolator da decisão recorrida ou o Relator do Acórdão.

Art. 332. Os recursos administrativos serão interpostos no prazo de cinco dias, contados da publicação do ato, deliberação ou decisão, salvo disposições contrárias, fixadas neste Regimento e na legislação de regência.

CAPÍTULO VII
DA EXECUÇÃO

SEÇÃO I
DAS DISPOSIÇÕES GERAIS

Art. 333. Compete ao Tribunal de Justiça, por meio de seus órgãos jurisdicionais, a execução dos acórdãos que prolatarem nas causas definitivamente julgadas de sua competência originária, sendo a distribuição realizada na forma deste Regimento.

Art. 334. Nas ações rescisórias julgadas improcedentes ou nas quais houver extinção do processo sem apreciação do mérito, competirá ao Tribunal a execução, relativamente aos encargos da lide.

Paragrafo único. Se o novo julgamento, em caso de rescisão, comportar execução, os autos serão remetidos ao juízo de origem, para que nele tenha curso.

Art. 335. A execução de decisão condenatória criminal, em processo de competência originária do tribunal, caberá:

I – ao juiz da vara das execuções com jurisdição sobre os sentenciados recolhidos ao estabelecimento prisional, onde deverá ser cumprida a pena privativa de liberdade aplicada;

II – ao juiz da vara das execuções, onde reside ou tem domicílio o condenado, nas hipóteses de suspensão da execução da pena privativa de liberdade aplicada, de cumprimento de pena restritiva de direito, imposta no acórdão ou de concessão de livramento condicional.

Art. 336. Ressalvadas a previsões específicas deste Regimento, a execução, nos feitos e documentos submetidos ao Tribunal de Justiça, competirá:

I – ao Presidente do Tribunal, quanto aos seus despachos e ordens e nas decisões do Plenário, em matéria administrativa e jurisdicional;

II – aos Presidentes da Seção Especializada Cível ou das Câmaras isoladas, quanto aos respectivos despachos e deliberações;

III – aos Relatores, quanto aos seus despachos acautelatórios ou de instrução e direção do processo.

Art. 337. Caberá ao juízo de primeiro grau fazer cumprir os atos judiciais decorrentes dos acórdãos e das decisões liminares do Tribunal, proferidos em sede de recursos, salvo hipótese de urgência, onde o próprio Relator ou, em sua ausência, o Presidente do órgão colegiado, determinará o respectivo cumprimento.

SEÇÃO II
DA EXECUÇÃO CONTRA A FAZENDA PÚBLICA E DA REQUISIÇÃO DE PAGAMENTO

Art. 338. O Tribunal de Justiça regulará, por meio de Resolução, os procedimentos a serem adotados para a execução contra a Fazenda Púbica e para a requisição de pagamentos decorrentes, observadas as disposições do Conselho Nacional de Justiça e a legislação de regência.

TÍTULO III
DAS COMISSÕES

CAPÍTULO I
NORMAS GERAIS

Art. 339. O Tribunal contará, dentre outras, com as seguintes comissões permanentes:

I - Comissão de Organização e Atualização Regimental;

II - Comissão de Orçamento, Planejamento e Finanças;

§ 1º As comissões, permanentes ou não, atuarão no âmbito de suas atribuições, segundo suas denominações, e emitirão parecer, antes da deliberação pelo Plenário, na matéria administrativa de sua alçada.

§ 2º O prazo para oferecimento de parecer será de sessenta dias, se outro não for estabelecido por Resolução ou não houver prorrogação pelo Plenário.

§ 3º Os membros das comissões serão indicados pelo Presidente, com aprovação do Plenário.

§ 4º As comissões serão compostas por, no mínimo, 01 Desembargador e 02 servidores do Poder Judiciário de Alagoas.

§ 5º Resolução do Tribunal de Justiça disciplinará os trabalhos internos, a criação, a composição e outros aspectos relacionados ao funcionamento das Comissões.

CAPÍTULO II
DA COMISSÃO PERMANENTE DE ORGANIZAÇÃO E ATUALIZAÇÃO REGIMENTAL

Art. 340. A Comissão Permanente de Organização e Atualização Regimental será composta por um Desembargador, que a presidirá, por um juiz auxiliar da Presidência, por três servidores lotados no Tribunal de Justiça e dois suplentes, competindo-lhe:

I - opinar sobre todos os assuntos relativos à organização judiciária do segundo grau de jurisdição, que se relacionem com o Regimento Interno;

II - elaborar projetos visando a alteração do Regimento Interno;

III - emitir parecer sobre propostas de alteração do Regimento Interno do Tribunal.

Parágrafo único. Cabe ao Presidente do Tribunal de Justiça indicar os membros da Comissão de que trata o caput deste artigo, sendo o Plenário competente para aprovar os nomes indicados.

CAPÍTULO III
DA COMISSÃO DE ORÇAMENTO, PLANEJAMENTO E FINANÇAS

Art. 341. Comissão de Orçamento, Planejamento e Finanças será composta, no mínimo:

I - por um Desembargador, que a presidirá;

II - por um juiz de direito;

III - por um servidor ocupante de cargo efetivo do Tribunal de Justiça;

IV - por um servidor ocupante de cargo efetivo no primeiro grau do Poder Judiciário de Alagoas

V - pelos Presidentes dos sindicatos dos servidores e dos magistrados.

Parágrafo único. O Desembargador Presidente da Comissão designará um servidor, diverso daqueles mencionados no artigo anterior, para atuar como Secretário.

Art. 342. São competências da Comissão de Orçamento, Planejamento e Finanças:

I - opinar sobre todos os assuntos relativos à elaboração da proposta de orçamento do Poder Judiciário;

II - elaborar a minuta da proposta orçamentária do Poder Judiciário, até o mês de junho de cada ano;

III - observar as priorizações contidas no Plano Estratégico Nacional estabelecido pelo Conselho Nacional de Justiça e no Plano Estratégico estabelecido pelo Tribunal de Justiça de Alagoas, de forma a garantir os recursos necessários à sua execução;

IV - promover o acompanhamento periódico da execução orçamentária, com a publicação dos relatórios elaborados nessa atividade.

Parágrafo único. Cabe ao Presidente do Tribunal de Justiça indicar os membros da Comissão de que trata o caput deste artigo, exceto os Presidentes dos sindicatos mencionados, sendo o Plenário competente para aprovar os nomes indicados.

TÍTULO IV
DO PROCEDIMENTO REFORMADOR E DA INTERPRETAÇÃO REGIMENTAL

CAPÍTULO I
DAS EMENDAS AO REGIMENTO INTERNO

SEÇÃO I
NORMAS GERAIS

Art. 343. A qualquer Desembargador é facultada a apresentação de emendas ao Regimento Interno do Tribunal de Justiça.

§ 1º As propostas serão apresentadas por escrito à Presidência do Tribunal de Justiça e, após parecer da Comissão Permanente de Organização e Atualização Regimental, serão distribuídas, em cópia, a todos os Desembargadores, com apreciação na segunda sessão plenária subsequente a mencionada distribuição.

§ 2º Considerar-se-ão aprovadas as propostas de emendas que obtiverem o voto favorável da maioria absoluta do Tribunal.

§ 3º As emendas aprovadas serão datadas e numeradas em ordem consecutiva, acrescentando-se ao número de ordem e deste, separados por uma barra, os dois dígitos finais do ano respectivo, e entrarão em vigor na data de sua publicação no Diário da Justiça Eletrônico - DJe, salvo disposição em contrário.

SEÇÃO II
DA INTERPRETAÇÃO REGIMENTAL

Art. 344. Compete a qualquer Desembargador, antes de proferir o voto, solicitar o pronunciamento prévio do Tribunal Pleno:

I - quando houver divergência quanto à interpretação e à aplicação da norma regimental;

II - em caso de ausência de previsão normativa interna acerca de determinada matéria;

§ 1º Em qualquer das situações elencadas nos incisos imediatamente anteriores, será ouvida a Comissão Permanente de Organização e Atualização Regimental, que produzirá parecer sobre a matéria discutida.

§ 2º O quórum de deliberação sobre a matéria tratada neste artigo será de maioria absoluta.

§ 3º O julgamento ficará suspenso, até que se aprecie a questão levantada.

§ 4º O julgamento proferido nesses casos terá efeito vinculante em relação a todos os órgãos julgadores do Tribunal.

§ 5º Se o Tribunal entender conveniente baixará ato interpretativo.

CAPÍTULO II
DAS DISPOSIÇÕES FINAIS

Art. 345. Aplicar-se-á, aos casos omissos, e no que couber, o Regimento Interno do Supremo Tribunal Federal e do Superior Tribunal de Justiça, nessa ordem.

Art. 346. As referências à antiguidade existentes neste Regimento utilizam como parâmetro a ordem existente no Plenário, não havendo ordem de antiguidade em órgãos fracionados.

Art. 347. Revogam-se todas as normas regimentais anteriores a esta norma interna.

Parágrafo único. As resoluções, provimentos e portarias em vigor e que não colidem com este Regimento são por ele mantidas.

Art. 348. O presente Regimento entrará em vigor na data de sua publicação no Diário da Justiça Eletrônico - Dje.

Sala das Sessões do Tribunal de Justiça de Alagoas, em Maceió, 17 de maio de 2016.

RESOLUÇÕES

RESOLUÇÃO Nº 13/1999

DEFINE A COMPETÊNCIA DOS OFICIAIS DE REGISTRO CIVIL DAS PESSOAS NATURAIS DOS DISTRITOS JUDICIÁRIOS DA CAPITAL E DO INTERIOR PARA A PRÁTICA DE ATOS NOTARIAIS

O TRIBUNAL DE JUSTIÇA DO ESTADO DE ALAGOAS, no uso de suas atribuições, por decisão plenária adotada, à unanimidade, em sessão administrativa, realizada em 14 de novembro de 1999,

CONSIDERANDO que, com a vigência da Lei Federal nº 9.534, de 10 de dezembro de 1.997, ficou consolidada a gratuidade universal dos atos pertinentes aos registros de nascimento e aos assentos de óbitos, além dos concernentes à expedição das primeiras e subsequentes certidões;

CONSIDERANDO que os serviços públicos registrais, atualmente, são em regra desenvolvidos em caráter privado, por delegação do Poder Público, excluídos apenas os ofícios originariamente estatais, ainda assim até que se lhes sobrevenha a vacância, com o definitivo afastamento dos seus atuais titulares;

CONSIDERANDO que, mesmo tratando-se de serviços públicos delegados, porque cometidos à iniciativa privada, estão sujeitos ao controle e à fiscalização do Poder Judiciário, correndo a sua execuçao a custo e ao risco dos delegatários constituídos, donde a indispensabilidade do resguardo à equação econômico-financeira que deve ser observada, sob pena da inviabilização da adequada condução de tão nobre atividade, com inadmissíveis prejuízos para a coletividade;

CONSIDERANDO que o art. 52, da Lei Federal nº 8.935, de 18 de novembro de 1.994, ressaltou a competência dos Oficiais de Registros Civil das Pessoas Naturais para lavratura de instrumentos translatícios de direitos reais, procurações, reconhecimento de firmas e autenticações de cópias reprográficas nas unidades federativas onde já existia lei específica em vigor;

CONSIDERANDO, que a legislação estadual pretérita e atual (Leis nºs 4.804/86 – revogada e 6.020/98) recepciona a nomenclatura de Distritos, como subdivisão das Comarcas do Estado de Alagoas, com suas respectivas áreas territoriais;

CONSIDERANDO, afinal, que os Oficiais de Registro Civil das Pessoas Naturais dos Distritos Judiciários da Capital e do interior são de importância ímpar, na estrutura das Comarcas, pois a eles competem a prática dos atos elencados nos arts. 29 e seguintes, à Lei Federal nº 6.015, de 31/12/73, facilitando o acesso e tornando mais rápida a prestação desses relevantes serviços junto às comunidades mais carentes, no resguardo da cidadania, nada mais justo, que seja alargada essa competência, para que possam suportar os encargos que lhes são atribuídos com a gratuidade universal de determinados atos, até mesmo como garantia de sobrevivência, como vem ocorrendo em outros estados da federação,

RESOLVE:

Art. 1º – Compete aos Oficiais de Registros Civil das Pessoas Naturais da Capital e do interior, no âmbito das respectivas áreas territoriais, além dos atos relacionados na legislação especifica (Lei Federal nº 6.015, de 31/12/73):

I. reconhecer firmas;

II. autenticar cópias;

III. lavrar procurações e

IV. lavrar prioritariamente, instrumentos translatídos de direitos reais de valor fiscal não superior a 20 (vinte) salários mínimos, observando-se o valor atribuído pela Prefeitura Municipal de sua Jurisdição.

Art. 2º – Sobre os serviços notariais descritos no artigo antecedente incidirão as respectivas taxas, as quais deverão ser recolhidas para o Fundo Especial de Modernização do Poder Judiciário – FUNJURIS, com exceção aos atos declarados isentos, nos termos das normas em vigor.

Art. 3º – Revogam-se as disposições em contrário.

Art. 4º - Esta Resolução entrará em vigência na data de sua publicação.

Maceió, AL, 15 de dezembro de 1.999.

Des. ORLANDO MONTEIRO CAVALCANTI MANSO - Presidente Des. JOSÉ AGNALDO DE SOUZA ARAÚJO

Des. JAIRON MAIA FERNANDES

Des. JOSÉ FERNANDO LIMA SOUZA

Des. GERALDO TENÓRIO SILVEIRA

Des. ADALBERTO CORREIA DE LIMA

Des. ESTÁCIO LUIZ GAMA DE LIMA

Des. JOSÉ FERNANDES DE HOLLANDA FERREIRA

Des. WASHINGTON LUIZ DAMASCENO FREITAS

Des. AUBERINO CORREIA BARBOSA

Des. MÁRIO CASADO RAMALHO

RESOLUÇÃO Nº 19/2007

DISPÕE SOBRE A ESTRUTURA DO FUNDO ESPECIAL DE MODERNIZAÇÃO DO PODER JUDICIÁRIO – FUNJURIS, O CÁLCULO, O RECOLHIMENTO, A APLICAÇÃO, A FISCALIZAÇÃO, A INCIDÊNCIA E O CONTROLE DE SEUS RECURSOS, E ADOTA OUTRAS PROVIDÊNCIAS.

ÍNDICE

O TRIBUNAL DE JUSTIÇA DO ESTADO DE ALAGOAS, no uso de suas atribuições legais;

CONSIDERANDO a competência regulamentar atribuída ao Tribunal de Justiça pelo art. 12 da Lei Estadual nº 5.763, de 29 de dezembro de 1995, em face da alteração na destinação dos recursos oriundos da taxa judiciária, custas processuais e da criação da Taxa de Serviços Notariais e Registrais – TSNR, bem como o disposto no parágrafo único do art. 230, da Lei Estadual nº 6.564, de 5 de junho de 2005;

CONSIDERANDO que a Lei nº 5.887, de 6 de dezembro de 1996, instituiu o Fundo Especial de Modernização do Poder Judiciário – FUNJURIS, imputando-lhe competência para gerir os recursos arrecadados por meio da taxa judiciária, das custas processuais, da taxa de serviços notariais e registrais e outros especificados;

CONSIDERANDO a necessidade de conferir tratamento sistemático às receitas destinadas ao FUNJURIS e da imprescindibilidade de regulamentação dos procedimentos atinentes à incidência, arrecadação, fiscalização e controle;

CONSIDERANDO a necessidade de modificar a estrutura básica do Fundo de Modernização do Poder Judiciário; e

CONSIDERANDO, finalmente, o que decidiu o Plenário do Tribunal de Justiça em sessão administrativa realizada nesta data;

RESOLVE:

CAPÍTULO I
DO FUNJURIS

Art. 1º O FUNDO ESPECIAL DE MODERNIZAÇÃO DO PODER JUDICIÁRIO – FUNJURIS se destina ao asseguramento de condições materiais a permanentes ações de modernização e de otimização dos serviços judiciais, propiciando, especificamente:

I – a concepção, o desenvolvimento, a viabilização e a execução de planos, programas e projetos de aprimoramento e reaparelhamento dos serviços afetos ao Poder Judiciário;

II – a execução de obras e serviços direcionados à construção, restauração e reforma de prédios próprios, com vistas à adequada instalação de órgãos, unidades, serviços e utilidades em geral vinculados às atividades do Poder Judiciário;

III - a aquisição de equipamentos, mobiliário e materiais permanentes em geral, para fins de suprimento ou ressuprimento dos serviços judiciais;

IV - a implantação de tecnologias modernas nas áreas de informatização, microfilmagem e reprografia, objetivando o controle da tramitação dos feitos judiciais e a celeridade, eficiência e segurança da prestação jurisdicional;

V - implementação e operacionalização de sistemas de fiscalização de atos judiciais, notariais e registrais;

VI - a coparticipação, com entidades científicas, educacionais e culturais, públicas ou privadas, nacionais ou estrangeiras, na promoção de eventos que tenham por fim o oferecimento de oportunidades à atualização, ao aperfeiçoamento e à especialização de magistrados e servidores do Poder Judiciário; e

VII - o desenvolvimento de outras ações rigidamente direcionadas ao aperfeiçoamento dos serviços judiciais, excluídas, terminantemente, as que impliquem dispêndios com a remuneração de pessoal, a aquisição de veículos, salvo os de serviço, a concessão, a servidores, de vantagens ou indenizações pecuniárias, e o fornecimento de bilhetes de viagem.

Parágrafo único. Os bens adquiridos pelo FUNJURIS serão incorporados ao patrimônio do Poder Judiciário.

CAPÍTULO II
DA ESTRUTURA, DA COMPETÊNCIA E DAS ATRIBUIÇÕES DO FUNJURIS

SEÇÃO I
DA ESTRUTURA BÁSICA

Art. 2º A estrutura básica do FUNJURIS é constituída pelos seguintes órgãos:

I - Comissão Gestora;

II - Assessoria Jurídica;

III - Coordenação Administrativa; (Redação dada pela Resolução nº 16/2010)

IV - Departamento Financeiro (Redação dada pela Resolução nº 16/2010)

V - Departamento Contábil (Redação dada pela Resolução nº 16/2010)

VI - Departamento de Fiscalização; (Redação dada pela Resolução nº 16/2010)

VII - Departamento de Arrecadação; e (Redação dada pela Resolução nº 16/2010)

VIII - Protocolo Geral. (Redação dada pela Resolução nº 16/2010)

SEÇÃO II
DA COMPETÊNCIA E DAS ATRIBUIÇÕES

SUBSEÇÃO I
DA COMISSÃO GESTORA

Art. 3º Compete à Comissão Gestora, órgão superior de planejamento, orientação, coordenação, supervisão, controle e avaliação:

I - planejar, elaborar, orientar, coordenar, supervisionar e avaliar as atividades administrativas e operacionais do FUNJURIS, observando, no que couber, a disciplina da Lei Federal nº 4.320, de 17 de março de 1964, e da Lei Complementar Federal nº 101, de 5 de maio de 2000;

II - expedir instruções normativas com vistas à aplicação dos recursos financeiros disponíveis, adotando as providências indispensáveis às suas respectivas execuções;

III - propor ao Plenário do Tribunal de Justiça, até o dia 5 de cada mês de dezembro, o Plano Anual de Aplicação dos recursos do FUNJURIS para o exercício subseqüente;

IV - encaminhar ao Plenário do Tribunal de Justiça, até o dia 5 de cada mês de fevereiro, o relatório de atividades e as demonstrações contábeis do FUNJURIS relativos ao exercício imediatamente anterior;

V - orientar, coordenar, supervisionar, exercer o controle e avaliar as atividades da Coordenação Administrativo-Financeira;

VI - promover, através do seu Presidente, conjuntamente com o Presidente do Tribunal de Justiça, a movimentação dos recursos financeiros do Fundo, inclusive mediante a emissão dos documentos de despesa indispensáveis, guias de depósito bancário e ordens de pagamento em geral, bem como a celebração de acordos, contratos, ajustes, termos de cooperação e convênios de interesse do Fundo;

VII - ressalvado o disposto no § 6º, solicitar, sempre que reputar necessário e conveniente, a realização de inspeção e auditagem, de qualquer natureza, a ser realizada pela Diretoria-Adjunta de Controle Interno - DIACI, sem prejuízo das atribuições fiscalizatórias do Tribunal de Contas e demais órgãos, inclusive do próprio FUNJURIS. (Redação dada pela Resolução nº 16/2010)

VIII - apresentar modificações na estrutura administrativa e funcional do FUNJURIS, as quais serão submetidas à apreciação do Tribunal Pleno e convertidas em Resolução; e

IX - exercer outras atividades no âmbito de sua competência.

§ 1º A Comissão Gestora será constituída de três membros designados pelo Presidente do Tribunal de Justiça, ouvido o Plenário, dentre os quais pelo menos um Juiz de Direito, que a presidirá.

§ 2º A Comissão Gestora reunir-se-á, ordinariamente, uma vez por mês, e, extraordinariamente, quando convocada pelo seu Presidente, de tudo registrando-se anotações em ata.

§ 3º As reuniões da Comissão Gestora serão secretariadas por um secretário "ad hoc", designado pelo Presidente do Fundo, ou, na sua ausência, pelo Coordenador Administrativo- Financeiro ou quem o substituir.

§ 4º A Comissão Gestora deliberará estando presentes, no mínimo, 2 (dois) de seus membros, dentre os quais um deve ser o seu Presidente.

§ 5º Compete ao Presidente do FUNJURIS:

I - representar o FUNJURIS, em juízo ou fora dele;

II - baixar os atos da Comissão Gestora;

III - praticar atos de urgência, ad referendum da Comissão Gestora, que se pronunciará na primeira reunião que se realizar após o fato;

IV - convocar, instalar e presidir as reuniões da Comissão Gestora;

V - expedir ordens de serviço nos contratos firmados; e

VI - conceder suprimentos de fundo a servidores do Poder Judiciário.

§ 6º À DIACI caberá, em caráter permanente, com independência administrativa e funcional, realizar atividades de fiscalização, inspeção e auditagem de qualquer natureza, promovendo o controle contábil do órgão. (Parágrafo acrescido pela Resolução nº 16/2010)

SUBSEÇÃO II
DA ASSESSORIA JURÍDICA

Art. 4º Cabe à Assessoria Jurídica:

I - pronunciar-se sobre questões de cunho jurídico relacionadas às atividades do FUNJURIS; e

II - verificar a propriedade técnica e elaborar instrumentos negociais relacionados aos fins institucionais do Fundo.

SUBSEÇÃO III
DA COORDENAÇÃO ADMINISTRATIVA
(SUBSEÇÃO RENOMEADA PELA RESOLUÇÃO Nº 16/2010)

Art. 5º À Coordenação Administrativa, órgão de execução e assessoramento, cabe: (Caput com redação dada pela Resolução nº 16/2010)

I - coordenar as atividades administrativas do FUNJURIS, observando à política de gestão administrativa, às normas e às diretrizes estabelecidas;

II - auxiliar a Comissão Gestora na promoção e acompanhamento da execução do orçamento;

III - promover a execução das atividades da administração geral do FUNJURIS;

IV - auxiliar a comissão gestora na forma e cumprimento de suas atividades; e (inciso acrescido pela Resolução nº 16/2010)

V - exercer outras atividades afins e correlatas. (inciso acrescido pela Resolução nº 16/2010)

SUBSEÇÃO IV
DO DEPARTAMENTO FINANCEIRO
(SUBSEÇÃO RENOMEADA PELA RESOLUÇÃO Nº 16/2010)

Art. 6º Ao Departamento Financeiro cabe zelar pela gestão econômico-financeira do FUNJURIS e: (Artigo 6º e incisos com redação dada pela Resolução nº 16/2010)

I - informar sobre a disponibilidade de caixa para o custeio de planos, programas e projetos a serem desenvolvidos com recursos do FUNJURIS;

II - definir procedimentos para aplicação das disponibilidades financeiras do Fundo; e

III - sugerir alterações na programação financeira e orçamentária do FUNJURIS, de acordo com as prioridades estabelecidas.

SUBSEÇÃO V
DO DEPARTAMENTO CONTÁBIL
(SUBSEÇÃO RENOMEADA PELA RESOLUÇÃO Nº 16/2010)

Art. 7º Ao Departamento Contábil compete: (Artigo 7º e incisos com redação dada pela Resolução nº 16/2010)

I - efetuar a liquidação das despesas de capital e custeio do Poder Judiciário;

II- examinar, mediante requisição da Comissão Gestora, livros e demais documentos; e

III - elaborar balancetes, balanços, demonstrativos e prestações de contas anuais, ou de gestão, do FUNJURIS.

SUBSEÇÃO VI
DO DEPARTAMENTO DE FISCALIZAÇÃO
(SUBSEÇÃO RENOMEADA PELA RESOLUÇÃO Nº 16/2010)

Art. 8º Ao Departamento de Fiscalização compete:

I - acompanhar e avaliar a execução orçamentária do Fundo;

II - verificar demonstrativos financeiros e a prestação de contas do exercício e da gestão, emitindo relatório e parecer técnico sobre os balanços patrimonial, financeiro e orçamentário da FUNJURIS;

III - informar à Comissão Gestora as irregularidades verificadas, sugerindo medidas saneadoras;

IV - lavrar, em caso de irregularidades, notificações e autos de infração; e

V - acompanhar o cumprimento das diligências solicitadas pelos órgãos de controle externo.

SEÇÃO III
DA CONTABILIDADE E DO ORÇAMENTO

Art. 9º Ao Departamento de Arrecadação cabe: (art. 9º e incisos com redação dada pela Resolução nº 16/2010)

I - fiscalizar a arrecadação das receitas do FUNJURIS, inclusive quanto à estatística de concessão, pelas unidades judiciárias, do benefício da assistência judiciária; e

II - prestar esclarecimentos sobre os procedimentos de arrecadação das receitas do Fundo.

Art. 10. O FUNJURIS terá escrituração contábil própria, mediante balancetes, demonstrativos e balanços, em conformidade com a legislação federal, estadual e normas do Tribunal de Contas do Estado.

Parágrafo único. A contabilidade do FUNJURIS adotará a orientação normativa do órgão de contabilidade e finanças do Estado, inclusive o Plano de Contas.

Art. 11. O produto da arrecadação do FUNJURIS será depositado em conta específica, em banco credenciado.

Parágrafo único. Os recursos disponíveis poderão ser depositados em conta de aplicação financeira de instituição bancária oficial, sendo os rendimentos contabilizados em favor do Fundo.

Art. 12. O orçamento do FUNJURIS será aprovado pelo Pleno do Tribunal de Justiça e encaminhado juntamente com a proposta orçamentária anual para fins de consolidação do Orçamento Geral do Estado.

CAPÍTULO III
DA ORIGEM DAS RECEITAS E DA FORMA DE ARRECADAÇÃO

SEÇÃO I
DAS RECEITAS DO FUNJURIS

Art. 13. Constituem receitas do Fundo Especial de Modernização do Poder Judiciário - FUNJURIS:

I - os valores pertinentes às Custas Processuais, Taxa Judiciária e Taxa de Serviços Registrais e Notariais de que trata a Lei Estadual nº 5.763, de 29 de dezembro de 1995, respeitando- se os repasses mensais ao FUNDESMAL, no valor de 1% do total arrecadado pelo Fundo, e à Associação dos Notários e Registradores de Alagoas, no percentual de 1%, tendo por base de cálculo o valor dos emolumentos arrecadados pelos serviços extrajudiciais, conforme o art. 110, § 3º, e o art. 259, parágrafo único, ambos da Lei Estadual nº 6.564, de 5 de janeiro de 2005, respectivamente.

II - o preparo dos recursos;

III - as subvenções, doações, legados, contribuições, auxílios e similares oriundos de organismos públicos ou privados, nacionais ou estrangeiros;

IV - o produto da remuneração de aplicações financeiras;

V - os créditos que sejam consignados no orçamento estadual e em leis especiais;

VI - as transferências públicas e os créditos adicionais que lhes venham a ser atribuídos;

VII - os valores decorrentes de sanções pecuniárias judicialmente aplicadas, ou de perdimento, total ou parcial, dos recolhimentos procedidos em virtude de medidas assecuratórias, cíveis ou criminais;

VIII - as receitas decorrentes da cobrança de cópias reprográficas extraídas por unidades do Poder Judiciário;

IX - as multas contratuais aplicadas no âmbito administrativo do Poder Judiciário;

X - as custas decorrentes da aplicação dos artigos 54 e 55 da Lei Federal nº 9099, de 26 de setembro de 1995;

XI - as multas aplicadas em processos administrativos a servidores do Poder Judiciário;

XII - os depósitos judiciais inativos por mais de 5 (cinco) anos, após o trânsito em julgado da decisão;

XIII - o produto de aplicações financeiras efetuadas com base em depósitos judiciais que ultrapassem os índices de correção monetária/caderneta de poupança;

XIV - fianças arbitradas em dinheiro, observada a legislação processual penal;

XV - cobrança de valores pela prestação de informações via correio eletrônico;

XVI - as provenientes das multas impostas aos delegatários na forma do art. 32, II, da Lei Federal nº 8.935, de 18 de novembro de 1994;

XVII - outras receitas eventuais, inclusive as provenientes de quaisquer outros ingressos extra-orçamentários e da alienação de bens patrimoniais pertencentes ao Poder Judiciário; e

XVIII - saldos financeiros de exercícios anteriores.

Parágrafo único. Sem prejuízo do estabelecido neste artigo, constituir-se-á o FUNJURIS em depositário necessário dos valores recolhidos, por força de decisão judicial, a título de fiança, caução, seqüestro e outras medidas assecuratórias, até que determinados os correspondentes destinos definitivos.

Art. 14. As doações, legados e contribuições recebidas pelo FUNJURIS não poderão ser feitas a título oneroso, nem conter encargos ou ônus reais.

§ 1º As doações constarão de escritura pública ou outro documento exigido por lei.

§ 2º Os legados constarão de testamento público, escritura ou outro ato equivalente e dependerão de aceite pela Comissão Gestora do FUNJURIS, que poderá rejeitar a liberalidade, caso as despesas com sua administração impliquem ônus superiores aos benefícios.

Art. 15. As receitas asseguradas ao FUNJURIS e os valores de que depositário necessário, na forma do estatuído no art. 13 desta Resolução, serão recolhidos a conta corrente que para tal fim específico seja mantida em instituição bancária oficial, da seguinte forma:

I - o recolhimento da taxa judiciária e das custas judiciais será feita em guia própria do Sistema de Automação do Judiciário, módulo custas, (SAJ/CTS), através de ficha de compensação bancária obtida no sítio do FUNJURIS e que poderá ser paga em qualquer agência da rede bancária nacional ou agência dos correios até o vencimento; e

II - o recolhimento da Taxa de Serviços Notariais e Registrais (TSNR) será realizada por cada ato praticado pelos notários e registradores, juntamente com os emolumentos a estes destinados, sendo recolhida obrigatoriamente através de ficha de compensação bancária do SAJ/CTS, dirigindo-se o interessado a qualquer agência da rede bancária nacional ou a qualquer agência dos correios para a realização do pagamento.

§ 1º A arrecadação das receitas do FUNJURIS será realizada com o auxílio de sistema eletrônico, de onde será expedida ficha de compensação bancária com código de barras, na qual deverá ser especificado o tipo de recolhimento e os repasses a entidades que recebam estas verbas.

§ 2º As informações sobre o recolhimento das receitas do FUNJURIS serão repassadas pela instituição bancária credenciada e pelos correios, diariamente, por meio eletrônico, para o FUNJURIS, incluindo os recolhimentos efetuados pelas serventias judiciais e extrajudiciais.

§ 3º No caso do inciso I deste artigo, a ficha de compensação bancária poderá ser preenchida pelo próprio interessado, o qual deverá entregá-la juntamente com a petição inicial para efeito de distribuição.

SEÇÃO II
DA ARRECADAÇÃO

Art. 16. Os recursos destinados ao FUNJURIS serão arrecadados por estabelecimentos credenciados através de Convênios, sendo estes celebrados pelos Presidentes do Tribunal de Justiça e da Comissão Gestora do Fundo.

Parágrafo único. A arrecadação das receitas do FUNJURIS se dará com o auxílio de sistemas eletrônicos, de onde serão expedidas fichas de compensação bancária com código de barras e relatórios de acompanhamento de recolhimento.

CAPÍTULO IV
DA TAXA JUDICIÁRIA

Art. 17. A taxa judiciária é o tributo que incide sobre as causas cíveis ou comerciais processadas perante as autoridades Judiciárias do Estado.

§ 1º Consideram-se causas, para efeito da incidência do tributo, as ações cíveis em geral, mesmo acessórias, que se revistam de feição contenciosa ou voluntária.

§ 2º A Taxa Judiciária é devida ainda nos inventários, partilhas e mandados de segurança.

§ 3º A Taxa Judiciária será recolhida obrigatoriamente à rede bancária autorizada, na forma do artigo 11 desta resolução.

Art. 18. A taxa judiciária incidirá à razão de 1% (um por cento) sobre o valor da causa, ou, em caso de inventário ou partilha, sobre o montante partível, limitado o recolhimento, em qualquer hipótese, a 5% (cinco por cento) do valor máximo utilizável para pagamento das custas exigíveis em face dos atos dos Escrivães, nas causas em geral, na forma prevista na Tabela de Custas, Taxas Judiciárias e Emolumentos vigente.

Art. 19. A toda causa será atribuído um valor certo, ainda que não tenha conteúdo imediato.

Art. 20. O valor da causa constará sempre da petição inicial e será:

I – na ação de cobrança de dívida, a soma do principal, da pena e dos juros vencidos até a propositura da ação;

II – havendo cumulação de pedidos, a quantia correspondente à soma dos valores de todos eles;

III – sendo alternativos os pedidos, o de maior valor;

IV – se houver também pedido subsidiário, o valor do pedido principal;

V – quando o litígio tiver por objeto a existência, validade, cumprimento, modificação ou rescisão do negócio jurídico, o valor do contrato;

VI – na ação de alimentos, a soma de 12 (doze) prestações mensais, pedidas pelo autor;

VII – na ação de divisão, de demarcação e de reivindicação, a estimativa oficial para lançamento do imposto;

VIII – na ação de despejo, o valor da causa corresponderá a doze meses de aluguel;

IX – nas ações de embargos à execução e de embargos do devedor, o valor atribuído à causa será sempre o valor da execução embargada;

X – nas ações de inventário ou arrolamento, o valor atribuído à causa será aquele correspondente ao monte partível;

XI – quando o pedido compreender prestações vencidas e vincendas, tomar-se-á em consideração o valor global das mesmas e, se não houver limitação de tempo para as vincendas, estas serão computadas pelo período de um ano;

XII – se o objeto da ação for benefício patrimonial, o valor da causa será a quantia em dinheiro equivalente a esse benefício;

XIII – nas ações matrimoniais em que existam bens, o valor da causa será o montante total destes bens;

XIV – se o pedido não for de obrigação líquida, ou não versando o litígio sobre bens patrimoniais, o próprio autor estimar-lhe-á o valor;

XV – nas ações de execução, o valor da causa será aquele ora executado;

XVI – nas ações de despejo, consignação em pagamento de aluguel e acessórios da locação, revisionais de aluguel e renovatórias de locação o valor da causa corresponderá a doze meses de aluguel; e

XVII – na locação residencial, em havendo a retomada do imóvel nos casos de extinção do contrato de trabalho, e estando o imóvel relacionado com o emprego, o valor da causa será de três salários vigentes por ocasião de seu ajuizamento.

Parágrafo único. O valor mínimo atribuído a causa não poderá ser inferior a 1 (um) salário mínimo vigente na data da propositura da ação.

Art. 21. Compete ao Juiz, no âmbito de sua jurisdição, a observância das prescrições legais atinentes à fixação do valor da causa, procedendo, de ofício, sempre que for o caso, às alterações pertinentes, determinando, ato contínuo, ao Chefe de Secretaria que promova os cálculos das diferenças da taxa judiciária através do SAJ/CTS, emitindo ficha de compensação bancária para seu adimplemento.

Art. 22. Nos feitos em que a Taxa Judiciária for devida, o Distribuidor ou quem suas vezes fizer não fará a distribuição sem a prova do pagamento do tributo, salvo se o autor gozar de alguma das hipóteses de isenção do art. 27 desta Resolução.

Art. 23. Redistribuído o feito para outra Vara da Justiça Estadual, não haverá novo pagamento de taxa judiciária.

Art. 24. Não haverá restituição da taxa recolhida quando se declinar da competência para outro órgão jurisdicional.

Art. 25. Nenhum juízo poderá determinar o arquivamento do processo sem a prova do pagamento integral da taxa judiciária e das custas processuais, ou a comprovação da remessa ao FUNJURIS da certidão de débito.

Art. 26. Estão isentos da Taxa Judiciária:

a) a Fazenda Pública Federal, Estadual e Municipal;

b) os beneficiados pela justiça gratuita;

c) o Ministério Público; e

d) os demais órgãos que, por lei, tenham direito a referida isenção.

Parágrafo único. Vencedor na causa o beneficiário da isenção, a taxa será paga, por inteiro, pelo vencido, salvo se também gozar de isenção.

CAPÍTULO V
DAS CUSTAS PROCESSUAIS

Art. 27. As custas processuais devidas em decorrência das atividades desenvolvidas pelos órgãos jurisdicionais do Poder Judiciário Estado de Alagoas, inclusive no exercício da jurisdição federal, deverão ser recolhidas ao FUNJURIS, nos termos do art. 1º, § 1º, inciso I, da Lei Estadual nº 5.887, de 06 de dezembro de 1996, com redação determinada pelo art. 246 da Lei nº 6.564/2005.

Parágrafo único. As custas processuais serão recolhidas obrigatoriamente à rede bancária autorizada, e, de regra, no ato da distribuição, inclusive nas hipóteses de embargos à execução, ação monitória e ação penal privada.

Art. 28. As custas iniciais serão recolhidas juntamente com a taxa judiciária no momento da distribuição da petição inicial e abrangem: despesas postais imediatas, distribuição, autuação, citação, notificação ou intimação, demais atos de processamento, julgamento, registro e publicação da sentença.

Parágrafo único. Exercida a faculdade de que trata o parágrafo primeiro deste artigo, o valor remanescente será obrigatoriamente recolhido ao ensejo do pagamento das custas finais.

Art. 29. Deverá ser condenado ao pagamento das custas o autor que deixar de comparecer a qualquer audiência do processo, salvo se comprovada força maior, com base no § 2º, do art. 51, da Lei nº 9099/95, de 26 de setembro de 1995.

Art. 30. As custas ocasionais referem-se a atos não inseridos no âmbito das custas iniciais e que são devidas no decorrer do processo, devendo ser calculadas e recolhidas antes da prática de cada ato pela Secretaria da Vara, obedecidos os valores constantes na Tabela de Custas.

Parágrafo único. Serão geradas custas ocasionais quando:

I – decidida a impugnação do valor da causa e houver alteração do mesmo; e

II – o servidor responsável por apurar a diferença entre o valor devido e as custas prévias recolhidas, em razão de interpretação errônea da natureza do feito ou inclusão na faixa de valor diverso, efetuar recolhimento a menor.

Art. 31. As custas ocasionais abrangem, entre outros atos:

I - a expedição de atos processuais através dos serviços de comunicação; e

II - a expedição de carta de sentença, carta de ordem, carta precatória não citatória e formal de partilha.

Art. 32. As custas finais são aquelas apuradas antes do arquivamento do feito, nelas incluídas todos os atos praticados durante o processo e não recolhidos inicialmente ou ocasionalmente, bem como as custas iniciais em se tratando de ações isentas de prévio pagamento.

§ 1º Haverá recolhimento de custas finais nas hipóteses de abandono da causa, desistência da ação, transação que ponha fim ao processo, inclusive nas hipóteses de sentença de transação penal proferida em autos de inquérito policial, e indeferimento de assistência judiciária.

§ 2º Também haverá recolhimento de custas finais quando houver diferença entre o valor dado à causa e a importância a final apurada ou resultante da condenação definitiva.

§ 3º Deverão ser recolhidas, a final, as custas dispensadas do recolhimento prévio, por previsão legal ou autorização judicial.

§ 4º Inexistindo qualquer ato ou procedimento, além daqueles já previstos no preparo prévio, não há custas finais.

§ 5º O vencido reembolsará as custas judiciais e despesas processuais nos termos da condenação.

§ 6º As partes pagarão, proporcionalmente aos seus quinhões, as custas finais nos processos divisórios e demarcatórios.

§ 7º De conformidade com a condenação definitiva, incluem-se na conta final de custas, desde que não tenha ocorrido o pagamento intermediariamente:

I - as certidões e os instrumentos (por exemplo, formal de partilha, carta de sentença, alvará de folha corrida etc.);

II - a diligência para o arrombamento, a demolição ou a remoção de bens não recolhida previamente;

III - o reembolso de despesas com os serviços postal, telegráfico, telefônico, de transmissão por "fax" ou "fax-modem", de cópias reprográficas e do protocolo integrado, em favor do FUNJURIS;

IV - a veiculação de aviso, edital ou intimação; e

V - o reembolso das verbas indenizatórias dos Órgãos da Administração Direta, Autarquias e Fundações do Estado de Alagoas, em favor do FUNJURIS.

§ 8º Encerrado a fase de conhecimento, contam-se as custas devidas até essa fase.

§ 9º A execução de sentença ou o cumprimento de sentença, nos próprios autos ou através de carta de sentença, enseja a cobrança de novas custas, não havendo preparo prévio, somente conta final.

§ 10. No instante em que se efetivar o cálculo das custas finais, o valor da causa, quando lhe servir de base, será atualizado de acordo com a Tabela de Correção dos débitos fiscais utilizada pela Secretaria da Fazenda do Estado de Alagoas, considerando o disposto no art. 9º da Lei nº 5.763/1995, que determinou ser a Unidade Padrão Fiscal do Estado de Alagoas - UPFAL o referencial para correção dos valores das custas, taxas judiciárias e emolumentos.

Art. 33. Após o trânsito em julgado, os autos serão remetidos à Contadoria Judicial Unificada para elaboração da conta de custas finais, retornando, em seguida, a secretária da unidade judiciária para, antes do arquivamento do feito, adotar as seguintes providências: (Redação dada pela Resolução nº 16, de 28 de abril de 2020)

§ 1º Havendo custas finais a recolher, a parte devedora será intimada para efetuar o pagamento em 15 (quinze) dias.

§ 2º Inocorrendo o recolhimento de que trata o parágrafo anterior, o Chefe de Secretaria encaminhará ao FUNJURIS certidão contendo os elementos identificadores do devedor, especificando o processo originário para fins de registro e cobrança executiva.

§ 3º Extraída a certidão de débito, o FUNJURIS, por seu Presidente, poderá expedir notificação extrajudicial endereçada ao devedor, com prazo de 15 (quinze) dias para solução administrativa do débito e/ou poderá determinar o ajuizamento de ação de execução fiscal para fins de satisfação do crédito, no exercício da capacidade tributária ativa atribuída pela Lei nº 5.763/95.

§ 4º A atualização monetária dos débitos judiciais do Tribunal de Justiça do Estado de Alagoas será procedida com o uso do índice INPC-IBGE, conforme tabela prática a ser editada pela Corregedoria-Geral da Justiça.

§ 5º Fica terminantemente proibido aos servidores do Poder Judiciário o recebimento, na própria Secretaria, de valores correspondentes às custas processuais, bem como de comprovantes de pagamentos realizados após a remessa de certidões de débitos para o FUNJURIS,

§ 6º Ocorrendo o pagamento, devidamente atualizado, após a emissão da supracitada certidão de débito, deverá o interessado entregar a ficha de compensação bancária quitada na sede do FUNJURIS, que se responsabilizará pela devida baixa, além de oficiar à Secretaria de onde se originou o débito acerca do referido pagamento.

§ 7º Os Chefes de Secretaria, após o recebimento do supracitado ofício, deverão juntá- lo no processo respectivo, a fim de evitar duplicidade de cobrança.

§ 8º Recebido o comprovante de pagamento de custas finais via Central de Petições Intermediárias, caberá à Secretária verificar a existência de certidão de débitos e, em sendo constatada a sua elaboração e respectiva expedição, deverá encaminhar o referido comprovante ao FUNJURIS, no prazo de 48 (quarenta e oito) horas, certificando nos autos o ocorrido.

§ 9º Quando o registro da informação das custas finais não recolhidas for realizado em banco de dados do SAJ/Custas, permitindo a consulta da parte devedora no sistema, ficará dispensada a expedição e envio da Certidão prevista no § 2º, para os casos em que o valor for inferior a R$ 100,00 (cem reais), sem prejuízo da possibilidade de cobrança administrativa por parte do FUNJURIS. (Redação dada pela Resolução nº 15/2014)

§ 10. Prescrito o débito, o Fundo Especial de Modernização do Poder Judiciário poderá promover a baixa nos sistemas de automação do Poder Judiciário. (Parágrafo acrescido pela Resolução nº 20/2010)

§ 11. Não se aplica o disposto no *caput* aos casos em que a parte sucumbente, responsável pelo recolhimento das custas finais, for beneficiária da justiça gratuita, situação em que o cálculo poderá ser feito pela própria unidade onde tramita o feito.

Art. 34. O preparo dos recursos compreende o pagamento das custas atribuídas ao Distribuidor, ao Escrivão (20% – Tabela "F"), ao julgamento pela instância superior e o porte de remessa e retorno.

§ 1º Compete à parte interessada, na forma do art. 511 do Código de Processo Civil, efetuar o pagamento do preparo no ato de interposição do recurso, incluído o porte de remessa e retorno, sob pena de deserção.

§ 2º As despesas referentes à remessa e retorno de autos criminais decorrente de recurso interposto devem ser recolhidas quando do recebimento deste, excluídas as isenções previstas na legislação.

§ 3º No âmbito dos Juizados Especiais, havendo recurso para a Turma Recursal, por força do art. 54 da Lei Federal nº 9.099/95, devem ser recolhidos através de ficha de compensação bancária, por ocasião da interposição do recurso, o preparo do recurso, a taxa judiciária, as custas processuais e o depósito recursal.

Art. 35. Os atos da Secretaria do Tribunal de Justiça nas ações originárias e no recurso de agravo de instrumento serão cobrados no momento da apresentação da petição, nos termos da Tabela de Custas, Taxas Judiciárias e Emolumentos vigente.

Art. 36. No cumprimento de carta precatória oriunda de outro Estado da Federação, o Juiz do feito, antes de ordenar a realização do ato deprecado, determinará a confecção da conta de custas iniciais pelo Chefe de Secretaria, que se fará com inclusão das despesas postais, mandando após expedir ofício ao Juízo deprecante a fim de que a parte interessada providencie o pagamento, exceto quando o ato for requisitado através da assistência judiciária ou entidade isenta do pagamento das custas.

Parágrafo único. Decorrido o prazo de 30 (trinta) dias, sem a prova do pagamento, os autos deverão ser devolvidos ao juízo deprecante, independentemente de despacho do juízo deprecado.

Art. 37. No cumprimento de carta precatória entre as comarcas do Estado de Alagoas, as custas deverão ser calculadas e pagas no juízo deprecante, antes da realização do ato, exceto quando for requisitado através da assistência judiciária ou entidade isenta do pagamento de custas.

Art. 38. As Custas deverão ser apuradas pelo Serviço de Distribuição, Informação e Custas ou pela Chefia da Secretaria, de acordo com a estrutura de cada comarca, podendo também ser calculadas pela própria parte ou pelo advogado, através do Sítio do Tribunal de Justiça, obedecendo à estrita adequação às regras contidas nesta Resolução e aos valores insertos na Tabela de Custas, Taxas Judiciárias e Emolumentos vigente.

§ 1º Qualquer das pessoas citadas neste artigo poderá preencher as contas de custas e as fichas de compensação bancária para recolhimento das custas.

§ 2º As custas relativas aos atos dos Chefes de Secretaria em geral serão recolhidas na forma da Tabela de Custas, Taxas Judiciárias e Emolumentos vigente, obedecido o limite de 2% (dois por cento) do valor máximo fixado no item I da Tabela F.

Art. 39. Fica o Chefe de Secretaria na obrigação de só apresentar para despacho do Juiz a petição que estiver acompanhada da ficha de compensação bancária e da conta de custas iniciais, excetuando-se os casos em que o órgão subscritor goze de isenção de custas ou aquelas em que haja pedido de assistência judiciária a ser apreciado.

Parágrafo único. Os Juízes fiscalizarão, antes de qualquer despacho, a correção do valor atribuído à causa, bem como o pagamento prévio das custas iniciais e da taxa judiciária.

Art. 40. (Revogado pela Resolução nº 16, de 28 de abril de 2020).

Art. 41. Em dia em que não houver expediente bancário, ou após o seu encerramento, ou estando fechadas as agências dos correios, o Juiz de Direito ou o Relator poderá autorizar a realização de atos urgentes sem o recolhimento antecipado das custas, para evitar a prescrição da ação ou a decadência do direito.

Parágrafo único. Em ocorrendo a hipótese prevista no caput, obriga-se a parte interessada a comprovar o recolhimento no primeiro dia útil em que houver expediente bancário, sob pena de nulidade dos atos praticados.

Art. 42. As custas fixadas para a fase de conhecimento não compreendem as da fase de cumprimento de sentença ou de execução.

Art. 43. Não haverá restituição das custas recolhidas quando se declinar da competência para outro órgão jurisdicional.

Art. 44. São isentos de custas:

I - O Estado de Alagoas e seus Municípios, bem como os respectivos órgãos autárquicos e fundacionais;

II - o Ministério Público;

III - os processos, incidentes e recursos em Habeas Corpus e Habeas Data;

IV - os autores na ação civil pública e ação popular, ressalvada a hipótese de litigância de má-fé;

V - os usuários da assistência judiciária representados pela Defensoria Pública;

VI - o beneficiário da justiça gratuita que esteja representado por advogado nomeado, no caso de impossibilidade de representação pela Defensoria Pública;

VII - os atos e feitos de competência do juízo da Infância e da Juventude, ressalvada a hipótese de litigância de má-fé, na forma do § 2º do art. 141 da Lei 8.069, de 27 de setembro de 1990;

VIII - qualquer processo redistribuído dentro do Estado em que já tenha existido recolhimento ao FUNJURIS; e

XI - os atos e feitos dos Juizados Especiais Cíveis e Criminais, desde que não se relacionem às competências das Turmas Recursais.

Art. 45. Aplicar-se-ão às Ações de Alimentos, para efeito de cálculo e recolhimento de custas processuais, os mesmos critérios pertinentes às Ações Matrimoniais, observado o estabelecido pelas alíneas "b" e "c" do item V da Tabela F da Tabela de Custas, Taxas Judiciárias e Emolumentos vigente.

CAPÍTULO VI
DA CONCESSÃO DO BENEFÍCIO DA GRATUIDADE JUDICIÁRIA

Art. 46. O Juiz da causa, competente para deferir o benefício da gratuidade judiciária, poderá, a requerimento motivado do interessado e desde que reconheça a caracterização de situação excepcional, dispensar, no todo ou em parte, mediante decisão fundamentada e documentalmente comprovada, o recolhimento prévio de custas processuais e da taxa judiciária.

§ 1º Para fins de enquadramento no benefício da assistência judiciária, considera- se necessitada a pessoa cuja situação financeira não permita pagar as custas do processo e os honorários advocatícios, sem prejuízo de seu sustento e da sua família.

§ 2º O Juiz, para conhecer a caracterização de situação excepcional, deverá exigir documentação que comprove a insuficiência de recursos, em face da afirmação de pobreza gozar de presunção relativa de veracidade.

§ 3º A concessão da gratuidade judiciária pelo Juiz da causa deverá ter sua movimentação obrigatoriamente registrada no Sistema de Automação do Judiciário, de sorte a permitir a fiscalização dos benefícios concedidos.

§ 4º Indeferido o requerimento, deve a Chefia de Secretaria ou o Serviço de Contadoria que funciona junto ao Juízo expedir a competente guia, intimando o autor para recolhimento das custas iniciais, sob pena de cancelamento da Distribuição, na forma do artigo 257, do Código de Processo Civil.

§ 5º Havendo recurso do indeferimento do pedido de justiça gratuita, fica sobrestado o preparo até o trânsito em julgado da decisão.

Art. 47. Tendo o Juiz que nomear defensor, sendo a parte juridicamente necessitada, cabe-lhe diligenciar no sentido de fazer recair a nomeação em membro da Defensoria Pública, e, na sua falta, em advogado indicado pela OAB, sem prejuízo da prevalência do causídico que o interessado possa indicar (art. 5º e parágrafos, da Lei nº 1.060/50)

Art. 48. Cabe a revogação do benefício da gratuidade de justiça, de ofício e a qualquer tempo, desde que fundamentada (art. 8º, da Lei nº 1.060, de 05 de fevereiro de 1.950).

Art. 49. O beneficiário da justiça gratuita, quando vencido, observados os artigos 11, 12 e 13, da Lei nº 1.060, de 5 de fevereiro de 1950, deverá ser condenado pelo magistrado nos encargos sucumbenciais.

Art. 50. Os honorários de advogados e peritos, as custas do processo e as taxas judiciárias serão pagos pelo vencido, quando o beneficiário de assistência for vencedor na causa, salvo se a parte vencida também for beneficiária da assistência judiciária, observado o que preceitua a Lei nº 1.060, de 05 de fevereiro de 1.950.

CAPÍTULO VII DA FIANÇA CRIMINAL

Art. 51. O valor da fiança de natureza criminal, fixado pelas autoridades judiciárias, será recolhido, exclusivamente, à rede bancária credenciada por meio de ficha de compensação bancária do FUNJURIS emitida pelo SAJ custas, a qual poderá ser paga em qualquer banco até o vencimento.

Parágrafo único. Quando concedida a fiança em plantões judiciais criminais, observar- se-á o que dispõe o parágrafo único do art. 331 do Código de Processo Penal. (Parágrafo acrescido pela Resolução nº 18/2012)

Art. 52. Quebrada a fiança por força da regra do art. 341 do Código de Processo Penal - C.P.P., serão deduzidas de seu valor as custas e demais encargos a que o réu estiver obrigado, quando então a Comissão Gestora do FUNJURIS providenciará o recolhimento ao Tesouro Nacional de até a metade do valor da fiança, por meio de DARF, utilizando-se código de receita específico, conforme prescrição do art. 346 do C.P.P, devendo o restante ser recolhido à conta geral de arrecadação do FUNJURIS.

Art. 53. Nos casos de perda de fiança, depois de deduzidas de seu valor as custas e demais encargos a que o réu estiver obrigado, o saldo será recolhido ao Tesouro Nacional, em consonância com o art. 345 do C.P.P.

CAPÍTULO VIII DA TAXA DE SERVIÇOS NOTARIAIS E REGISTRAIS

Art. 54. A Taxa de Serviços Notariais e Registrais - TSNR incide sobre a prática de atos notariais e registrais realizados sob a responsabilidade dos titulares ou substitutos das Serventias Extrajudiciais, aplicando-se a alíquota de 5% (cinco por cento) sobre os valores dos emolumentos, nos termos do art. 8º da Lei nº 5.763/1995, cujo valor apurado deve ser recolhido à conta geral de arrecadação do FUNJURIS.

Art. 55. Os titulares dos serviços extrajudiciais devem efetuar o recolhimento da TSNR sobre cada ato notarial ou registral realizado por meio da ficha de compensação bancária do FUNJURIS, cujos atos serão, obrigatoriamente, discriminados de conformidade com o disposto no verso da mencionada guia.

§ 1º O recolhimento será feito por meio da Guia de Recolhimento Judicial e Extrajudicial do FUNJURIS - GIRF, na forma disciplinada no art. 65 e seguintes desta resolução.

§ 2º À TSNR será somada a importância de 1% dos emolumentos, valor este que deverá ser repassado à ANOREG.

§ 3º A emissão e o preenchimento da ficha de compensação bancária serão efetuados no sítio do Tribunal de Justiça do Estado de Alagoas, na forma do convênio de cobranças do FEBRABAN.

§ 4º Os recolhimentos de que trata este artigo deverão ser efetuados nas agências dos correios e/ou nas agências dos bancos credenciados.

§ 5º Havendo a dispensa ou redução dos emolumentos por concessão do titular da serventia, as quantias devidas ao FUNJURIS deverão ser recolhidas em conformidade com os valores previstos nas tabelas dos emolumentos, não incidindo qualquer desconto sobre o valor devido ao Fundo.

Art. 56. A Taxa de Serviços Registrais e Notariais só incidirá sobre emolumentos com valor superior a R$ 5,00 (cinco reais), cujo reajuste se dará periodicamente pelas edições da Tabela de Custas, Taxas Judiciárias e Emolumentos, que obedecerão aos índices oficiais de correção monetária.

Art. 57. Para efeito da cobrança de emolumentos nos serviços notarial e registral, se o valor arbitrado pela repartição fazendária competente divergir do valor declarado na escritura, os emolumentos serão cobrados com base no primeiro, para o caso de o valor declarado ser inferior, independente do valor dos emolumentos cobrados pelo notário ou registrador.

Parágrafo único. O valor referido no caput deste artigo será sempre atualizado na data do registro, aplicando-se os mesmos índices utilizados pelos órgãos fazendários.

Art. 58. Se o ato não possuir valor venal, a base de cálculo para cobrança dos emolumentos será o valor de mercado.

Art. 59. Excluem-se da incidência da Taxa de Serviços Registrais e Notariais:

I – a lavratura da procuração ou substabelecimento para fins de assistência e previdência social;

II – os atos praticados pelo Oficial de Registro de Pessoas Naturais;

III – os atos de averbação dos serviços notariais e registrais;

IV – os atos praticados para entidade beneficiária de imunidade tributária, na forma do que dispuser a Constituição e as leis que a complementem;

V – os atos praticados para pessoa física reconhecidamente pobre na forma da lei; e

VI – os atos de aquisição de imóvel em plano habitacional, desde que o adquirente não seja proprietário de outro prédio residencial e o imóvel adquirido possua área construída não superior a 100 m2 (cem metros quadrados).

CAPÍTULO IX
DAS OBRIGAÇÕES ACESSÓRIAS

Art. 60. Fica mantida a Guia de Recolhimento Judicial e Extrajudicial do FUNJURIS – GIRF, conforme modelo instituído por meio de Instrução Normativa lavrada pelo referido Fundo e disponível no sítio do Tribunal de Justiça do Estado de Alagoas (www.tj.al.gov.br).

Art. 61. A GIRF será utilizada para todos os recolhimentos e depósitos destinados ao FUNJURIS por força de disposição legal.

Art. 62. A GIRF, no formato de ficha de compensação bancária, será impressa em 3 (três) vias, com a seguinte destinação:

I – 1ª via BANCO/FUNJURIS;

II – 2ª via PROCESSO/DOCUMENTO, a qual será obrigatoriamente fixada ao processo e/ou ao documento; e

III – 3ª via CONTRIBUINTE.

Parágrafo único. A anexação da guia de recolhimento ao processo e/ou documento é condição indispensável para a distribuição e/ou regular tramitação dos processos, petições e documentos.

Art. 63. Deverá ser anexada à GIRF a Conta de Custas Iniciais, onde serão discriminadas as custas conforme o tipo de procedimento judicial proposto e de acordo com a Tabela de Custas, Taxas Judiciárias e Emolumentos vigente.

§ 1º A conta de custas iniciais servirá como instrumento para o Juiz e para os Funcionários verificarem a regularidade dos recolhimentos, visando a exclusão dos atos já pagos quando for o caso da confecção de custas finais.

§ 2º Deverá constar obrigatoriamente da Conta de Custas Iniciais o número de identificação do boleto bancário.

Art. 64. O demonstrativo da Conta de Custas Judiciais será processado em duas vias, com a seguinte destinação:

I - 1ª via USUÁRIO; e

II - 2ª via PROCESSO.

Art. 65. Os titulares ou responsáveis pelos serviços notariais e de registro devem manter em arquivo os comprovantes de recolhimento da TSNR e do percentual destinado à ANOREG para efeito de fiscalização.

CAPÍTULO X
DA FISCALIZAÇÃO

Art. 66. Os Juízes titulares das Comarcas e Varas do Poder Judiciário do Estado de Alagoas, bem como os Juízes substitutos devem exercer rigorosa fiscalização quanto ao pagamento da taxa judiciária, custas processuais e taxa de serviços notariais e registrais ao FUNJURIS, adotando, de ofício, as providências necessárias para o regular cumprimento da legislação atinente à espécie, dirimindo dúvidas levantadas e encaminhando as questões mais relevantes para apreciação da Comissão Gestora do FUNJURIS, sem prejuízo das atribuições da Corregedoria-Geral da Justiça.

§ 1º As comunicações verbais referentes a erros no recolhimento da taxa judiciária, custas processuais e taxa de serviços notariais e registrais deverão ser reduzidas a termo e assinadas pelo denunciante.

§ 2º É da competência do Juiz ao qual couber conhecer da ação ajuizada a verificação do correto valor da causa.

§ 3º Caso o Juiz constate valor abaixo do correto, este deverá determinar a complementação das custas recolhidas, intimando o advogado ou a parte a proceder ao pagamento do valor remanescente, com base na importância então apurada ou estabelecida na condenação definitiva, quando se tratar de custas finais.

Art. 67. A Corregedoria-Geral da Justiça, no uso de sua competência correcional, exercerá fiscalização quanto ao cumprimento pelos Juízes, Servidores da Justiça, Notários e Registradores do procedimento de recolhimento das receitas do FUNJURIS, sem prejuízo da realização de fiscalização por parte deste Fundo.

Art. 68. A Comissão Gestora do FUNJURIS poderá exercer concorrentemente a competência de fiscalizar a arrecadação das receitas do Fundo, requisitando dos Servidores do Poder Judiciário, Registradores e Notários, processos, livros, papéis, guias e quaisquer documentos suficientes para a realização de fiscalização.

Art. 69. Detectada a ocorrência de irregularidade nos recolhimentos em correição feita pelo Juiz da Comarca ou Vara, Juiz Auxiliar da Corregedoria ou por fiscalização da Comissão Gestora do FUNJURIS, coletados os documentos que comprovem a infração, o fato será comunicado, por ofício, à Corregedoria-Geral da Justiça a quem caberá impor aos Servidores da Justiça as sanções previstas no Código de Organização Judiciária.

Art. 70. Compete ao Juiz Diretor ou Superintendente do Foro da Comarca a que pertence o Serviço Notarial ou de Registro, entendido este como autoridade competente, sem prejuízo das atribuições do Corregedor-Geral da Justiça, nos termos do art. 38 da Lei Federal nº 8.935/94:

I – instaurar processo administrativo pela prática de infrações disciplinares;

II – impor-lhes, quando for o caso, a pena disciplinar prevista no art. 32 da Lei nº 8.935/94;

III – suspender preventivamente o Notário ou Oficial de Registro, nos termos da lei; e

IV – designar interventor, na hipótese do inciso anterior, para responder pelo Serviço no caso em que a imposição da pena administrativa seja a de perda da delegação.

Parágrafo único. Os recursos das decisões tomadas pelos Juízes Diretores ou Superintendentes do Foro serão dirigidos à Corregedoria-Geral da Justiça ou ao Conselho da Magistratura, nos termos da legislação estadual vigente.

Art. 71. O Juiz Diretor ou Superintendente do Foro, ou o Juiz designado pela autoridade competente fiscalizará os Serviços Extrajudiciais situados na comarca, de ofício ou atendendo à reclamação verbal ou escrita, observando a correção dos atos notariais ou registrais, a qualidade dos serviços, o respeito à tabela de custas, taxas judiciárias e emolumentos e a extração das guias, formulários e contas pertinentes, sem prejuízo da fiscalização rotineira da Corregedoria-Geral da Justiça.

Art. 72. Em caso de suspensão preventiva do titular do Serviço Extrajudicial, havendo necessidade da designação de interventor, a escolha recairá na pessoa do substituto do Notário ou do Registrador, em favor de quem será fixada remuneração adequada às peculiaridades do Serviço, de acordo com a lei.

§ 1º Quando o substituto também for acusado da falta, ou quando a medida se revelar necessária para a apuração das provas ou conveniente para os Serviços, a designação do interventor recairá em pessoa que já seja detentora da delegação para o mesmo tipo de serviço prestado pelo titular afastado, ou, na ausência desta, em pessoa com bacharelado em Direito.

§ 2º Em qualquer das hipóteses, a escolha deverá recair sobre pessoa idônea, com reconhecida capacidade na área, fixando-se remuneração atendendo às peculiaridades do Serviço e em conformidade com o disposto na Lei nº 8.935/94.

§ 3º Deduzidos os encargos com a manutenção dos Serviços e a remuneração do interventor, metade da renda líquida será entregue ao titular afastado, e a outra metade será depositada em conta bancária especial remunerada.

Art. 73. O procedimento de ação disciplinar, para verificação do cumprimento dos deveres e eventual imposição das penalidades previstas na Lei nº 8.935/94, obedecerá às regras constantes no § 4º, do art. 8º, da Lei nº 5.763/1995, na Lei Estadual nº 5.247/1991, e na Lei Estadual nº 6.564/2005.

CAPÍTULO XI
DISPOSIÇÕES GERAIS

Art. 74. Fica mantido o sistema de codificação das Serventias Judiciais e Extrajudiciais para fins de controle e arrecadação dos valores decorrentes da Taxa Judiciária, Custas Processuais, Taxa de Serviços Notariais e Registrais e outros depósitos feitos ao FUNJURIS, disponível no sítio do Tribunal de Justiça do Estado de Alagoas (www.tj.al.gov.br), sendo possibilitada ao referido Fundo a realização de alterações por meio de Instrução Normativa.

Parágrafo único. No campo especificações da GIRF deverá ser colocado o código da Comarca e da Serventia.

Art. 75. A restituição de valores pagos eventualmente a maior ao FUNJURIS será feita mediante requerimento do interessado à Presidência da Comissão Gestora do Fundo.

Art. 76. A Tabela de custas, taxas judiciárias e emolumentos a servir de parâmetro para esta resolução acompanhará à compatibilização procedida pela Corregedoria- Geral da Justiça, na forma do § 2º do art. 9º da Lei Estadual nº 5.763/1995, a qual observará o índice oficial dos créditos tributários de competência do Estado de Alagoas, na forma do art. 64-B da Lei nº 4.418/1982, com as alterações introduzidas pela Lei nº 6.454/2004.

Art. 77. O FUNJURIS, até o dia 10 de cada mês, promoverá a transferência ao FUNDESMAL e à ANOREG dos valores que lhes são assegurados por lei.

Art. 78. A Comissão Gestora do FUNJURIS, no prazo de 6 (seis) meses, deverá aprovar o Manual do Sistema de Arrecadação de suas Receitas.

Art. 79. Enquanto não disponibilizada a emissão de Ficha de Compensação Bancária no sítio do FUNJURIS, os serviços judiciais e extrajudiciais preencherão guias de recolhimento de custas judiciais, TSNR e Taxa da ANOREG nos moldes em que atualmente se procede.

Art. 80. Os casos omissos serão analisados pela Comissão Gestora do Fundo.

Art. 81. A Comissão Gestora do FUNJURIS poderá requisitar servidores do Poder Judiciário para o desempenho das atribuições relacionadas ao fundo.

Art. 82. Esta Resolução entrará em vigor na data de sua publicação.

Art. 83. Ficam revogadas as Resoluções 1/97, 4/97 e 10/97, do Tribunal de Justiça, e os Provimentos 8/97, 8/01 e 9/01, da Corregedoria Geral da Justiça.

Maceió, 11 de setembro de 2007.

Des. JOSÉ FERNANDES DE HOLLANDA FERREIRA
Presidente

Des. ORLANDO MONTEIRO CAVALCANTI MANSO

Des. ESTÁCIO LUIZ GAMA DE LIMA

Des. WASHINGTON LUIZ DAMASCENO FREITAS

Des. MÁRIO CASADO RAMALHO

Desa. ELISABETH CARVALHO NASCIMENTO

Des. ANTÔNIO SAPUCAIA DA SILVA

Des. SEBASTIÃO COSTA FILHO

Des. JUAREZ MARQUES LUZ

Des. JOSÉ CARLOS MALTA MARQUES

RESOLUÇÃO Nº 03/2008

REGULAMENTA A SISTEMÁTICA DO SELO DE AUTENTICIDADE DOS ATOS DOS SERVIÇOS NOTARIAIS E REGISTRAIS DO ESTADO DE ALAGOAS – SAS.

O TRIBUNAL DE JUSTIÇA DO ESTADO DE ALAGOAS, no uso de suas atribuições legais;

CONSIDERANDO as alterações efetuadas pela Lei Estadual nº 6.291, de 14 de janeiro de 2008;

CONSIDERANDO o disposto no Anexo Único da Lei Estadual nº 5.763, de 29 de dezembro de 1995;

CONSIDERANDO a necessidade de se adequar os atuais selos ao novo sistema instituído pelos Selos de Autenticidade dos Atos dos Serviços Notariais e Registrais do Estado de Alagoas – SAS;

CONSIDERANDO, finalmente, o que deliberou o Plenário, em Sessão Administrativa realizada nesta data,

RESOLVE:

Art. 1º Compete ao Fundo Especial para o Registro Civil – FERC a arrecadação e o gerenciamento do sistema de Selo de Autenticidade dos Atos dos Serviços Notariais e Registrais do Estado de Alagoas – SAS, regulamentado na Lei Estadual nº 5.763, de 29 de dezembro de 1995.

Art. 2º Os notários e registradores que possuam selos de autenticidade não utilizados, até a data da vigência desta Resolução, deverão se dirigir ao FERC, munidos dos mesmos, para fins de conferência e revalidação, obedecido, especialmente, o Anexo Único da Lei 5.763/95.

§ 1º O FERC, por meio de sua área técnica, efetuará o refaturamento dos selos, emitirá guia de pagamento complementar, no que pertine ao percentual do SAS que lhe seja destinado, e encaminhará os notários e registradores ao Fundo Especial de Modernização do Poder Judiciário para fins de recolhimento das parcelas destinadas a este e à ANOREG.

§ 2º O prazo para a regularização de que trata este artigo é de 30 (trinta) dias, contados da vigência desta Resolução, após o qual serão considerados nulos os selos não regularizados pelo FERC.

Art. 3º Os notários e registradores só poderão adquirir novos SAS se as guais de aquisição emitidas anteriormente se encontrarem devidamente quitadas.

Art. 4º O FERC deverá encaminhar diariamente relatório gerencial das arrecadações efetuadas com a venda dos SAS.

Parágrafo único. A instituição financeira contratada para receber e guardar os recursos arrecadados por meio do SAS deverá implementar sistema que efetue a repartição dos recursos arrecadados para o FERC, FUNJURIS e a ANOREG e que emita relatório gerencial onde conste a serventia extrajudicial adquirente, a quantidade de selos vendidos e a espécie de selo vendido.

Art. 5º O FERC utilizará o sistema de codificação das Serventias Extrajudiciais adotado pelo FUNJURIS, para fins de controle e arrecadação dos valores decorrentes da venda dos SAS.

Art. 6º Será devida multa, e cobrados juros, na forma preconizada no art. 406 do Código Civil Brasileiro, sobre o valor da guia do SAS que não for paga até o vencimento, sem prejuízo do disposto no § 2º do art. 8º da Lei 5.763/95.

Art. 7º Esta Resolução entrará em vigor na data da sua publicação.

Art. 8º Ficam revogadas as disposições em contrário.

Maceió, 29 de janeiro de 2008.

Des. JOSÉ FERNANDES DE HOLLANDA FERREIRA
Presidente

Des. ORLANDO MONTEIRO CAVALCANTI MANSO

Des. ESTÁCIO LUIZ GAMA DE LIMA

Des. WASHINGTON LUIZ DAMASCENO FREITAS

Des. MÁRIO CASADO RAMALHO

Desa. ELISABETH CARVALHO NASCIMENTO

Des. ANTÔNIO SAPUCAIA DA SILVA

Des. SEBASTIÃO COSTA FILHO

Des. JUAREZ MARQUES LUZ

Este texto não substitui o publicado no Diário Oficial do Estado de Alagoas de 14 de fevereiro de 2008.

DIVISÃO E ORGANIZAÇÃO JUDICIÁRIA

LEI Nº 6.564, DE 05 DE JANEIRO DE 2005

INSTITUI O NOVO CÓDIGO DE ORGANIZAÇÃO JUDICIÁRIA DO ESTADO DE ALAGOAS E DÁ OUTRAS PROVIDÊNCIAS

ÍNDICE

O GOVERNADOR DO ESTADO DE ALAGOAS

Faço saber que o Poder Legislativo Estadual decreta e eu sanciono a seguinte Lei:

DISPOSIÇÕES PRELIMINARES

Art. 1º Este Código estabelece a Organização e a Divisão Judiciárias do Estado de Alagoas, compreendendo:

I – a constituição, a estrutura, as atribuições e as competências do Tribunal de Justiça e dos demais órgãos de prestação jurisdicional;

II – a estrutura, as atribuições e as competências dos órgãos de direção e fiscalização do Tribunal de Justiça;

III – a organização e a disciplina da Carreira da Magistratura;

IV – a organização, a classificação, a disciplina e as atribuições dos Serviços Auxiliares da Justiça.

Art. 2º A Justiça do Estado é instituída para assegurar a defesa social e tutelar e restaurar as relações jurídicas na esfera da sua competência.

Art. 3º O Poder Judiciário, na guarda e na aplicação da Constituição da República, da Constituição Estadual e das leis, só intervirá em concreto e mediante provocação do interessado, salvo quando a lei expressamente determine procedimento de ofício.

Art. 4º Os órgãos jurisdicionais de que trata este Código têm competência exclusiva para conhecer de todas as espécies jurídicas, sobre elas decidindo, ressalvadas as limitações constitucionais e legais.

Art. 5º Os membros do Poder Judiciário, para efeito de garantia do cumprimento das ordens que expedirem e das decisões que proferirem, poderão promover o concurso da força pública, mediante requisição formalizada perante as autoridades competentes, que deverão prontamente determiná-lo, sob pena de responsabilidade, sendo-lhe vedado o exercício de qualquer juízo de valor quanto à oportunidade e à conveniência da medida.

LIVRO I
DA ORGANIZAÇÃO JUDICIÁRIA

TÍTULO I
DOS ÓRGÃOS DO PODER JUDICIÁRIO

Art. 6º São órgãos do Poder Judiciário no Estado de Alagoas:

I – Tribunal de Justiça;

II – Juízes de Direito e Juízes Substitutos; (Redação dada pela Lei Estadual nº 8.850, de 25.11.2021).

III – Tribunal do Júri;

IV – Conselhos da Justiça Militar Estadual;

V – Turmas Recursais;

VI – Juizados Especiais Cíveis e Criminais;

VII – Juízes de Paz;

VIII – Turma de Uniformização do Sistema dos Juizados Especiais. (Acrescentado pela Lei nº 7.270, de 16.08.2011)

Art. 7º São ainda órgãos integrantes da estrutura do Poder Judiciário:

I - Conselho Estadual da Magistratura;

II - Escola Superior da Magistratura do Estado de Alagoas - ESMAL.

TÍTULO II
DO TRIBUNAL DE JUSTIÇA
CAPÍTULO I
DA ESTRUTURA ORGANIZACIONAL

Art. 8º O Tribunal de Justiça do Estado de Alagoas tem a seguinte estrutura organizacional básica:

I - Órgãos Jurisdicionais:

a) Tribunal Pleno;

b) Seção Especializada Cível;

c) Primeira Câmara Cível;

d) Segunda Câmara Cível; e) Câmara Criminal

e) Terceira Câmara Cível; e (Redação dada pela Lei nº 7.004, de 12.12.2008.)

f) Quarta Câmara Cível; e (Redação dada pela Lei Estadual nº 8.850, de 25.11.2021)

g) Câmara Criminal. (Redação acrescentada pela Lei Estadual nº 8.850, de 25.11.2021).

II - Órgãos de Direção:

a) Presidência;

b) Vice-Presidência;

c) Corregedoria-Geral da Justiça.

III - Órgãos de Apoio Operacional do Tribunal de Justiça:

a) Direção Geral;

b) Secretaria Geral do Tribunal de Justiça;

c) Secretaria Especial da Presidência do Tribunal de Justiça.

IV - Órgãos de Apoio Operacional da Corregedoria-Geral da Justiça:

a) Secretaria Geral;

b) Chefia de Gabinete da Corregedoria-Geral da Justiça.

c) Ouvidoria do Poder Judiciário

CAPÍTULO II
DA COMPOSIÇÃO

Art. 9º O Tribunal de Justiça do Estado de Alagoas, órgão superior do Poder Judiciário, com sede na Capital e jurisdição continente de todo o território estadual, compõe-se de dezoito Desembargadores, providos na conformidade do que especificamente dispõem a Constituição e a Lei de Regência da Magistratura Nacional, observado o critério, a saber: (Redação dada pela Lei Estadual nº 8.850, de 25.11.2021).

I - quatro quintos (4/5) mediante acesso de Juízes da entrância mais elevada, por antigüidade ou merecimento, alternadamente;

II - um quinto (1/5) através de nomeação de membros do Ministério Público, com mais de dez anos de carreira e de Advogados de notório saber jurídico e de reputação ilibada, com mais de dez anos de efetiva atividade profissional, indicados em lista sêxtupla pelos órgãos de representação das respectivas classes.

Art. 10. Os Desembargadores, uma vez empossados, gozarão da garantia da vitaliciedade, pelo que não poderão perder os respectivos cargos, salvo nas hipóteses e nas condições especificamente estabelecidas na Constituição e na lei.

Art. 11. Apenas mediante proposição do próprio Tribunal de Justiça poderá ser alterado o número dos seus membros.

Art. 12. O aumento do número de membros do Tribunal é condicionado ao preenchimento das condições para tanto estabelecidas pela legislação federal, especialmente a Lei Orgânica da Magistratura Nacional.

Art. 13. Na hipótese de elevação do número de membros do Tribunal de Justiça, ou ainda de vacância dos cargos existentes, dar-se-á o provimento, caso existentes Desembargadores em disponibilidade, mediante aproveitamento, ressalvado impedimento legal.

Art. 14. Havendo mais de um concorrente à mesma vaga, dar-se-á preferência àquele que há mais tempo se encontre em disponibilidade. Persistindo o impasse, será aproveitado o de mais antigo provimento no cargo de Desembargador.

CAPÍTULO III
DOS ÓRGÃOS JURISDICIONAIS

Art. 15. Comporão o Tribunal Pleno todos os Membros do Tribunal de Justiça.

Art. 16. As Câmaras Isoladas Cíveis serão individualmente compostas por três Desembargadores, e a Câmara Criminal por quatro Desembargadores, todos devidamente escolhidos e designados pelo Tribunal Pleno. (Redação dada pela Lei nº 7.004, de 12.12.2008)

Art. 17. A Seção Especializada Cível será constituída pelos Membros das Câmaras Isoladas Cíveis.

Art. 18. A Presidência de cada Câmara Isolada será exercida por um dos seus membros, eleito por seus pares, com mandato de dois anos.

Art. 19. A Seção Especializada Cível será presidida pelo Vice-Presidente do Tribunal de Justiça, salvo se for ele integrante da Câmara Criminal, hipótese em que a presidência da Seção incumbirá àquele que, dela componente, for eleito pelos seus pares, para mandato de dois anos.

Art. 20. O Regimento Interno do Tribunal de Justiça, respeitado o que disciplinam a Constituição, a legislação federal e este Código, disporá:

I – sobre a organização e a competência do Tribunal Pleno, da Seção Especializada Cível e das Câmaras Isoladas Cíveis e Criminal;

II – sobre as atribuições dos Desembargadores Presidentes da Câmara Especializada Cível e das Câmaras Isoladas Cíveis e Criminal;

III – sobre as atribuições dos Desembargadores Relatores e Revisores;

IV – sobre as normas complementares para processo e julgamento dos feitos e recursos da competência originária do Tribunal Pleno, da Câmara Especializada Cível e das Câmaras Isoladas Cíveis e Criminal.

Art. 21. Serão distribuídos aos Desembargadores integrantes da Câmara Criminal os processos de mandado de segurança, quando a autoridade apontada como coatora for Juiz de Direito ou Juiz Substituto em Vara Criminal, os habeas corpus, os desaforamentos, os conflitos de competência entre Juízes Criminais, as ações penais originárias, os embargos infringentes em matéria criminal e as revisões criminais.

Art. 22. O Presidente da Seção Especializada Cível não funcionará como Relator ou revisor nos processos de competência do referido órgão, cabendo-lhe, apenas, o voto de desempate.

Art. 23. Haverá revisão nos processos relativos a ações rescisórias, a ações penais originárias e a revisões criminais.

Parágrafo único. Será Revisor o Desembargador imediatamente menos antigo àquele a quem couber a Relatoria, salvo quando Relator o Desembargador mais moderno, hipótese em que a revisão cumprirá ao Desembargador mais antigo.

Art. 24. Serão suspensos os julgamentos a cargo das Câmaras Cíveis Isoladas, bem assim da Seção Especializada Cível, quando acolhida, pelo colegiado, argüição de inconstitucionalidade de lei ou de ato normativo do poder público, até manifestação pelo Tribunal Pleno.

Art. 25. Suspender-se-ão, ainda, os julgamentos a cargo das Câmaras Isoladas Cíveis, quando sendo requerido que se pronuncie a Seção Especializada Cível, previamente, acerca de interpretação do direito, reconheça a Câmara a divergência suscitada.

Art. 26. Ocorrendo qualquer das hipóteses previstas nos arts. 24 e 25, lavrar-se-á o acórdão, remetendo-se os autos, em seguida, ao Tribunal Pleno ou à Seção Especializada Cível, conforme o caso, para fins do necessário julgamento, independentemente de nova distribuição do feito.

CAPÍTULO IV
DOS ÓRGÃOS DE DIREÇÃO

Art. 27. A direção do Tribunal de Justiça incumbe ao Presidente, ao Vice-Presidente ao Corregedor-Geral da Justiça.

§ 1º O Presidente, o Vice-Presidente e o Corregedor-Geral serão eleitos por seus pares, pela maioria dos membros efetivos do Tribunal de Justiça, mediante votação secreta, dentre os desembargadores mais antigos e desimpedidos, com mandato por dois anos, proibida a reeleição.

§ 2º Não figurarão entre os elegíveis os Desembargadores que já tenham exercido, por quatro anos, quaisquer dos cargos referidos neste artigo, até que se esgotem todos os nomes, na ordem de antigüidade.

§ 3º É obrigatória à aceitação de cargo diretivo, salvo recusa manifestada e aceita antes da eleição.

Art. 28. O Presidente do Tribunal de Justiça é o Chefe do Poder Judiciário, pelo que lhe incumbe, genericamente, representá-lo, inclusive no que concerne ao seu relacionamento com os demais

Poderes, bem assim superintender todos serviços da Justiça, velando por seu regular funcionamento e pela exação das autoridades judiciárias, ficando ainda a seu cargo a direção de todos os trabalhos do Tribunal e a Presidência da sua Corte Plenária.

Art. 29. O Vice-Presidente substituirá o Presidente em suas ausências e impedimentos eventuais, sucedendo-o na hipótese de vaga.

Art. 30. O Corregedor-Geral da Justiça exercerá a superintendência de todas as atividades de orientação técnica e de fiscalização e supervisão, inclusive disciplinar, dos serviços forenses.

Parágrafo único. Em suas faltas, ausências eventuais e impedimentos será o Corregedor- Geral da Justiça substituído pelo Desembargador que o seguir em antigüidade.

Art. 31. A eleição do Presidente e do Vice-Presidente do Tribunal de Justiça, bem assim do Corregedor-Geral da Justiça, dar-se-á, simultaneamente, no segundo ano do mandato, ocorrendo a posse dos eleitos no décimo dia útil do mês de janeiro do ano subsequente aquele em que ocorrer o pleito. (Redação dada pela Lei Estadual nº 8.362, de 23.12.2020).

Art. 32. Impedidos ou ausentes o Presidente e o Vice-Presidente, o exercício da Presidência cumprirá ao Desembargador mais antigo. Estando este também impedido ou ausente, incumbirá o desempenho ao que o seguir na antigüidade e assim sucessivamente.

Art. 33. Ocorrendo a vacância, durante o biênio, dos cargos de Presidente e Vice-Presidente, far-se-á eleição dentro do prazo de dez dias, a contar da data da abertura de cada vaga, salvo ocorra esta quando faltar menos de seis meses para o fim do mandato, hipótese em que o Vice-Presidente assumirá automaticamente a Presidência, ou será chamado o Desembargador mais antigo, no caso de vacância em ambos os cargos.

CAPÍTULO V
DO FUNCIONAMENTO

Art. 34. Os órgãos judicantes do Tribunal de Justiça funcionarão, ordinária ou extraordinariamente:

I – o Plenário com a presença de pelo menos a maioria simples de seus membros, desimpedidos, inclusive o Presidente, ressalvadas as hipóteses previstas na Constituição da República.

II – a Seção Especializada Cível com a presença mínima de cinco dos seus componentes, devidamente desimpedidos;

III – as Câmaras Isoladas com a presença dos seus respectivos integrantes, todos desimpedidos.

Parágrafo único. Serão considerados, para efeito da completação do quórum, os magistrados convocados para fins de substituição.

Art. 35. As atividades anuais do Tribunal de Justiça serão desenvolvidas nos períodos que se estendem dos dias 1º de fevereiro a 22 de junho, inclusive, e 1º de agosto a 19 de dezembro, inclusive.

Art. 36. São feriados:

I – os dias da Semana Santa, compreendidos desde a quarta-feira até o domingo de Páscoa;

II – os dias 11 de agosto e 08 de dezembro;

III – os dias de Carnaval, compreendidos entre a segunda-feira até a quarta-feira de cinzas;

IV – os demais dias assim declarados por lei federal, estadual ou municipal.

Parágrafo único. Não poderão, nesses dias, ser praticados atos forenses, exceto na conformidade do disposto no § 2º do art. 172 do Código de Processo Civil e no art. 797 do Código de Processo Penal.

Art. 37. São feriados forenses dos dias 23 de junho a 1º de julho, e 20 a 31 de dezembro.

Art. 38. Ressalvados os dias que a lei federal, estadual, municipal ou este Código declarem feriados ou recessos forenses, a suspensão das atividades dos órgãos do Poder Judiciário, em qualquer hipótese, fica condicionada a ato expresso do Presidente do Tribunal de Justiça.

Parágrafo único. Aplica-se a regra deste artigo, inclusive, na hipótese de decretação de ponto facultativo, por ato de autoridade administrativa federal, estadual ou municipal.

CAPÍTULO VI
DAS ATRIBUIÇÕES DOS ÓRGÃOS DIRETIVOS SUPERIORES

SEÇÃO I
DA PRESIDÊNCIA DO TRIBUNAL DE JUSTIÇA

Art. 39. Compete ao Presidente do Tribunal de Justiça:

I – superintender, na qualidade de Chefe do Poder Judiciário do Estado, todo o serviço da Justiça, velando pelo regular funcionamento dos seus órgãos;

II – dirigir os trabalhos do Tribunal de Justiça e presidir as sessões do Tribunal Pleno e do Conselho Estadual da Magistratura;

III – funcionar como relator, nos agravos regimentais contra seus próprios atos, nas exceções de suspeição de Desembargador e do Procurador-Geral da Justiça, nos conflitos de competência entre Câmaras e nos processos de incapacidade, remoção compulsória e disponibilidade de Magistrados;

IV – (Revogado pela Lei Estadual nº 8.065, de 21.12.2018).

V – conhecer e decidir quanto à concessão de vantagens pecuniárias aos Magistrados e Servidores da Justiça;

VI – deferir férias e licenças aos funcionários do Tribunal de Justiça, observada, no primeiro caso, a escala pertinente ao ano de fruição;

VII – representar o Tribunal de Justiça nas suas relações com os demais Poderes;

VIII – apresentar, anualmente, por ocasião da abertura dos trabalhos do Tribunal de Justiça, relatório das atividades do Poder Judiciário, durante o período imediatamente anterior, expondo as condições da Administração, suas necessidades e problemas porventura existentes quanto à regular distribuição da Justiça;

IX – ordenar pagamentos decorrentes de precatórios, observada, em sendo o caso, a ordem de apresentação, consultadas as disponibilidades das dotações orçamentárias e créditos consignados ao Poder Judiciário;

X – convocar Juízes de Direito da Comarca da Capital, sorteados pelo Tribunal Pleno, para completar o quorum de julgamento, quando, por suspeição ou impedimento dos integrantes do Tribunal, não for possível a substituição de um membro do Tribunal por outro;

XI – dar posse aos Desembargadores e expedir os atos de nomeação daqueles egressos da Carreira da Magistratura;

XII – nomear e dar posse aos Magistrados de primeiro grau e expedir os atos de aposentação dos membros da Magistratura em geral;

XIII – manter a ordem nas sessões do Tribunal Pleno, ordenando, em sendo o caso, que se retirem quantos porventura se achem a perturbar o desenvolvimento dos trabalhos;

XIV – dar conhecimento, ao Chefe do Ministério Público, de possíveis retardamentos, por membros daquela instituição, quanto à restituição de autos por eles retirados;

XV – determinar a coleta de provas para fins de verificação da prática de crime comum, ou de responsabilidade, cujo julgamento couber ao Tribunal;

XVI – nomear, exonerar, demitir e aposentar Servidores da Justiça, bem assim dar posse aos funcionários do Tribunal de Justiça;

XVII – expedir os atos convocatórios de concursos públicos para ingresso na Magistratura e para provimento de cargos da estrutura do Tribunal de Justiça, observadas instruções específicas baixadas pelo Tribunal Pleno;

XVIII – requisitar os recursos financeiros destinados ao Poder Judiciário, superintendendo- lhes a devida aplicação;

XIX – promover a publicação de editais convocatórios com vistas à investidura, em cargo de Desembargador, de egressos da Carreira do Ministério Público e da Classe dos Advogados;

XX – proceder à distribuição dos feitos da competência do Tribunal Pleno, de suas Câmaras Isoladas, da Seção Especializada Cível e do Conselho da Magistratura;

XXI – proferir voto de qualidade, quando ocorrer empate e a solução não estiver de outro modo regulada;

XXII – providenciar a elaboração anual das listas de antigüidade dos membros da Magistratura;

XXIII – decidir quanto a pedidos de provimento provisório em mandados de segurança, determinar liberdade provisória ou sustação de ordem de prisão, bem assim adotar outras medidas que reclamem urgência, durante os dias em que não houver expediente forense;

XXIV – ordenar a suspensão da eficácia de medidas liminares, bem como de sentenças concessivas de segurança, nos casos e nas condições previstos na legislação federal;

XXV - designar o Magistrado que, nas Comarcas em que existente mais de uma Vara, deverá, a cada ano, exercer as atribuições de Diretor do Foro, observado o rodízio e admitida à recondução, uma única vez;

XXVI - fazer publicar, mensalmente, os dados estatísticos expressivos do desempenho do Tribunal, referentemente ao mês imediatamente anterior;

XXVII - determinar a suspensão dos serviços judiciários, ou ainda o antecipado encerramento do expediente forense, quando motivo relevante o justifique;

XXVIII - votar nos julgamentos de matérias constitucionais;

XXIX - presidir o Conselho Estadual da Magistratura;

XXX - decretar a deserção de recursos, nos casos de não oportuno preparo;

XXXI - homologar desistências, quando manifestadas antes da distribuição do feito;

XXXII - exercer o juízo de admissibilidade quanto aos Recursos Especiais e Extraordinários interpostos contra julgados do Tribunal;

XXXIII - presidir o processamento de Recursos Ordinários Constitucionais, promovendo- lhes, afinal, o encaminhamento ao Tribunal de destino;

XXXIV - designar Relator, para fins de lavratura de acórdão, quando vencido o Desembargador que haja relatado o feito, ou tenha este deixado o Tribunal sem havê-lo lavrado;

XXXV - dirigir a Escola Superior da Magistratura do Estado de Alagoas - ESMAL, ou designar, ouvido o Plenário, o Desembargador, ativo ou inativo, que haverá de fazê-lo;

XXXVI - processar e julgar pedidos de concessão de justiça gratuita, antes da distribuição do feito ou após ultimadas as atividades do Relator;

XXXVII - delegar, ao Vice-Presidente do Tribunal de Justiça, atribuições de caráter jurisdicional e administrativo previstas neste artigo; (Redação dada pela Lei 7.984, de 27 de novembro de 2017)

XXXVIII - autorizar a instauração de procedimentos licitatórios ou reconhecer-lhes a dispensabilidade ou inexigibilidade, autorizando, em sendo o caso, a aquisição ou contratação direta;

XXXIX - exercer outras atribuições que lhe sejam cometidas por disposição constitucional, legal, regulamentar ou regimental.

Parágrafo único. O Presidente do Tribunal de Justiça, ouvido o Tribunal Pleno, poderá convocar até quatro (04) magistrados, preferentemente de terceira entrância, para auxiliá-lo no desempenho das atribuições a ele cometidas.

SEÇÃO II
DA VICE-PRESIDÊNCIA DO TRIBUNAL DE JUSTIÇA

Art. 40. Compete ao Vice-Presidente:

I - colaborar com o Presidente, quanto ao desempenho das atividades de sua competência, bem assim substituí-lo em suas faltas, ausências, suspeições e impedimentos; (Redação dada pela Lei 7.948, de 27 de novembro de 2017)

II - integrar, como membro nato, o Conselho Estadual da Magistratura;

III - presidir os concursos públicos para ingresso na Magistratura;

IV - presidir a Seção Especializada Cível, salvo se for ele integrante da Câmara Criminal;

V - executar tarefas administrativas e de representação, especialmente delegadas pelo presidente do Tribunal de Justiça; (Redação dada pela Lei 7.948, de 27 de novembro de 2017)

VI - exercer outras atribuições que lhe cometam a lei, o Regimento Interno e demais normativos de regência; (Redação dada pela Lei 7.948, de 27 de novembro de 2017)

VII - apreciar e decidir sobre pedido de livramento condicional e incidentes em processos de indulto, anistia ou graça, de apenados que detenham a prerrogativa do julgamento pelo Tribunal de Justiça;

VIII - exercer prestação jurisdicional em matérias delegadas pelo Presidente. (Redação dada pela Lei 7.948, de 27 de novembro de 2017)

SEÇÃO III
DO CORREGEDOR-GERAL DA JUSTIÇA

Art. 41. Compete ao Crregedor-Geral da Justiça dirigir, coordenar, supervisionar e avaliar as atividades da Corregedoria-Geral da Justiça, órgão de orientação, fiscalização e disciplina das atividades jurisdicionais e auxiliares da justiça, com jurisdição abrangente de todo o território estadual.

Art. 42. Incumbe, ainda, ao Corregedor-Geral da Justiça:

I - promover inspeções e correições permanentes dos serviços judiciários;

II - compor, como membro nato, o Conselho Estadual da Magistratura;

III - fazer instaurar sindicâncias administrativas com vistas à apuração da responsabilidade de Magistrados, bem assim sindicâncias e processos administrativos disciplinares destinados à apuração de faltas atribuídas a Serventuários da Justiça e a funcionários da estrutura da Corregedoria-Geral da Justiça;

IV - proceder a correições periódicas gerais;

V - promover correições gerais ou parciais extraordinárias, bem como inspeções correicionais em Comarcas, Varas, Termos e Distritos, por deliberação própria, do Tribunal de Justiça ou de seus órgãos jurisdicionais seccionais, ou ainda do Conselho Estadual da Magistratura, quando constar a prática de abusos que prejudiquem a distribuição da justiça;

VI - proceder, por determinação do Tribunal, ou de seus órgãos jurisdicionais seccionais, a correições extraordinárias em estabelecimentos prisionais, sempre que, em processo de habeas corpus, houver indícios veementes de ocultação ou remoção de detentos, ao objetivo de descumprir ordem judicial ou dificultar a sua execução;

VII - receber e processar as reclamações contra Juízes, funcionando como Relator no correspondente julgamento pelo Conselho Estadual da Magistratura;

VIII - receber e processar as reclamações contra Serventuários da Justiça, sobre elas afinal decidindo e aplicando as penalidades disciplinares pertinentes;

IX - apreciar os recursos das decisões dos Juízes de Direito que aplicarem penas em procedimento instaurado contra Serventuários da Justiça, bem como receber e processar as reclamações contra Serventuários da Justiça, julgando-as e aplicando as penalidades disciplinares pertinentes, quando competente, ou relatando-as para julgamento pelo Conselho Estadual da Magistratura;

X - delegar, a Juiz de Direito, quando estiver impedido de comparecer, poderes para proceder à correição que não versar sobre ato de Juiz de Direito de Comarca ou Vara;

XI - instaurar, de ofício ou mediante representação de qualquer autoridade judiciária, ou de membro do Ministério Público, inquérito administrativo para apuração de falta grave ou invalidez de Serventuário da Justiça, de cujas conclusões fará relatório ao Conselho Estadual da Magistratura;

XII - verificar, determinando as providências que julgar convenientes para a imediata cessação das irregularidades que encontrar:

a) se os títulos de nomeação de Juízes e Servidores da Justiça revestem-se das formalidades legais cabíveis;

b) se praticou, Juiz de Direito, falta de qualquer natureza no desempenho das funções a ele pertinentes;

c) se os Serventuários da Justiça observam o Regimento de Custas, se servem com presteza e urbanidade às partes, ou se retardam, indevidamente, atos de ofício, bem como se têm todos os livros ordenados na forma da lei e se cumprem os seus deveres funcionais com devida exação;

d) se consta a prática de erros ou abusos que devem ser emendados, evitados ou punidos, no interesse da defesa do prestígio da justiça;

e) se todos os atos relativos à posse, concessão de férias, licenças e conseqüentes substituições dos Serventuários da Justiça são regulares;

f) se os autos cíveis ou criminais findos ou pendentes apresentam erros, irregularidades ou omissões, promovendo o necessário suprimento, se possível;

g) se as contas estão calculadas corretamente, ordenando a restituição das custas cobradas indevida ou excessivamente;

XIII - adotar, de ofício ou a requerimento, as providências que entender cabíveis, quando caracterizado o retardamento na tramitação de processos;

XIV - supervisionar os cartórios quanto à organização do arquivo, às condições de higiene e à ordem dos trabalhos, dando aos Serventuários da Justiça as instruções que se mostrarem convenientes;

XV - verificar se os oficiais competentes criam dificuldades aos nubentes, impondo-lhes exigências desconformes com a lei;

XVI – rever as contas de tutores e curadores;

XVII – assinar prazo, sob pena desde logo especificada, para o fim de que:

a) seja dado tutor ou curador a menores ou interditos;

b) sejam removidos tutores e curadores inidôneos ou ilegalmente nomeados, ou que não tiverem hipoteca legalmente inscrita;

c) sejam iniciados os inventários injustificadamente ainda não instaurados ou reativados os que estiverem com seus cursos indevidamente cessados.

XVIII – averiguar e providenciar:

a) sobre o que se relaciona com os direitos de menores abandonados ou órfãos, inclusive aqueles abrigados em creches ou instituições similares, determinando, em sendo o caso, a agilização das providências indispensáveis a regularizar-lhes as situações, de modo a que se lhes faça possível sejam recebidos em adoção;

b) sobre a regularidade e presteza das medidas e procedimentos protetivos da competência dos Juízos da Infância e da Juventude, bem como quanto à ágil e adequada condução dos processos de adoção, inclusive por estrangeiros;

c) sobre a arrecadação de impostos devidos em autos, livros ou papéis submetidos à correição;

d) sobre a arrecadação e inventário de bens de ausentes e de heranças jacentes;

XIX – impor penas disciplinares;

XX – designar por escala semanal, que deverá ser publicada no Diário Oficial, os Juízes de Direito, da Comarca da Capital, que, nos dias feriados ou naqueles, em que não houver expediente no foro, conhecerão dos pedidos de habeas corpus, das representações de prisão preventiva e das comunicações de flagrante delito;

XXI – expor, perante o Conselho Estadual da Magistratura, os relatórios anuais remetidos pelos Juízes e mandar organizar as estatísticas respectivas;

XXII – baixar instruções para a realização dos concursos públicos para provimento de cargos de Serventuários da Justiça, bem como instaurar processos de abandono de cargo;

XXIII – pronunciar-se sobre pedidos de remoção ou promoção de titulares de ofícios de Justiça;

XXIV – executar diligências complementares no caso de prisão em flagrante de autoridade judiciária;

XXV – funcionar como instrutor nos processos de disponibilidade e de remoção compulsória de Juízes;

XXVI – baixar instruções com vistas à redistribuição de processo, livros ou papéis cartorários, quando necessárias;

XXVII – exercer outras atribuições que lhe sejam cometidas pela lei ou pelos Regimentos Internos do Tribunal de Justiça e da Corregedoria-Geral da Justiça.

Art. 43. O Corregedor-Geral da Justiça, em suas atividades ordinárias, sindicantes e correicionais, poderá ser auxiliado, ouvido o Plenário, por até quatro Magistrados, preferentemente de terceira entrância.

SEÇÃO IV
DAS CORREIÇÕES

Art. 44. Todos os serviços da Justiça Estadual sujeitam-se a correições preventivas e corretivas, procedidas pelo Juiz da Comarca, pelo Corregedor-Geral da Justiça ou por Juiz de Direito por este especialmente designado.

Parágrafo único. Competirá aos Juízes Auxiliares da Corregedoria-Geral, mediante delegação e sob orientação do Corregedor-Geral da Justiça, proceder correições em qualquer Comarca ou Vara, bem como promover a apuração, em processo administrativo disciplinar, de responsabilidade de serventuários e funcionários da Justiça, além da execução de outras atividades que lhes forem especialmente atribuídas pelo Corregedor-Geral.

Art. 45. As correições podem ser:

I – permanentes;

II – ordinárias;

III – extraordinárias.

Art. 46. As correições ordinárias poderão ser realizadas por qualquer Juiz, mediante delegação e sob direta orientação do Corregedor-Geral.

§ 1º Poderá o Corregedor, igualmente, cometer a Juízes a incumbência de correição extraordinária, que podem ser gerais ou parciais, ou para a apuração de responsabilidade de serventuários e funcionários de Justiça, em inquérito administrativo.

§ 2º Quando não for possível ou conveniente atribuir a delegação ao Juiz da própria Comarca, deverá à escolha recair em Juiz de Comarca próxima, preferentemente de entrância igual ou superior à daquele.

Art. 47. O Juiz designado para efetuar correição anotará todas as faltas necessárias e apresentará relatório dos seus trabalhos ao Corregedor-Geral, que baixará os provimentos necessários à correição.

Art. 48. Os juízes são obrigados a proceder correição permanente em suas Comarcas ou Varas, prestando informações à Corregedoria Geral de Justiça.

Art. 49. Tendo conhecimento de abusos ou irregularidades cometidas por funcionários da Secretaria do Tribunal de Justiça, membros ou funcionários do Ministério Público ou da Polícia Judiciária, o Corregedor fará as comunicações necessárias ao presidente do Tribunal ou ao Procurador-Geral de Justiça e à Secretaria a que estiver vinculada a polícia judiciária.

Art. 50. Durante a correição o Corregedor receberá as reclamações e queixas escritas ou verbais que lhes forem apresentadas por auxiliares da Justiça ou qualquer outra pessoa, reduzindo a termo as que forem formuladas verbalmente.

Art. 51. Durante as correições os Juízes, funcionários e auxiliares da Justiça serão obrigados a prestar todas as informações que lhes forem requisitadas verbalmente, ou por escrito, sob pena de desobediência.

Parágrafo único. Para a prestação de tais informações o Corregedor, ou Juiz designado, fixará prazo razoável.

Art. 52. Devem ser apresentados à correição:

I – todos os livros que os funcionários e auxiliares da Justiça são obrigados a ter, por exigência da lei ou regulamento;

II – todos os processos em tramitação no respectivo juízo.

Art. 53. Entendendo o Corregedor-Geral da Justiça que a Comarca ou Vara encontra-se com seus serviços atrasados, submeterá ao Plenário do Tribunal de Justiça a ocorrência do atraso nos serviços forenses, podendo, em casos especiais, ser declarada qualquer Comarca ou Vara em regime de exceção, prorrogando-se prazos pelo tempo que entender-se conveniente e designando-se, se necessário, um ou mais Juízes Substitutos para exercerem, cumulativamente com o titular, a jurisdição da Comarca ou Vara.

Art. 54. Haverá, na Corregedoria-Geral da Justiça, livro próprio para registro de queixas de qualquer do povo por abusos, erros ou omissões das autoridades judiciárias, seus auxiliares, serventuários e funcionários da Justiça.

Art. 55. A lei disporá sobre a estrutura organizacional da Corregedoria-Geral da Justiça.

Art. 56. O Regimento Interno da Corregedoria-Geral da Justiça, aprovado pelo Tribunal Pleno, detalhará as atribuições do Corregedor-Geral da Justiça, bem assim de todos os órgãos dela integrantes, observados, quanto ao processo de sindicância contra Magistrados, os seguintes procedimentos:

§ 1º Salvo os casos de impropriedade ou excesso de linguagem, o magistrado não pode ser punido ou prejudicado pelas opiniões que manifestar ou pelo teor das decisões que proferir.

§ 2º A atividade correcional é exercida com o resguardo devido à dignidade e à independência do Magistrado, sendo penas disciplinares:

I – advertência;

II – censura;

III – remoção compulsória;

IV – disponibilidade com subsídios proporcionais ao tempo de serviço;

V – aposentadoria compulsória, com subsídios proporcionais ao tempo de serviço;

VI – demissão, esta somente aplicável aos juizes substitutos, em estágio probatório.

§ 3º A pena de advertência aplicar-se-á reservadamente, por escrito, no caso de negligência no cumprimento dos deveres do cargo.

§ 4º A pena de censura aplicar-se-á em reiterada pena de advertência, ou no do procedimento incorreto, se a infração não justificar punição mais grave.

§ 5º As penas previstas nos incisos I e II do § 2º são de competência do Corregedor-Geral da Justiça.

Art. 57. O Regimento Interno do Tribunal de Justiça estabelecerá o procedimento para a apuração de faltas puníveis com remoção compulsória, disponibilidade com subsídios proporcionais ao tempo de serviço, aposentadoria compulsória, com subsídios proporcionais ao tempo de serviço e demissão, esta somente aplicável aos juizes substitutos, em estágio probatório.

Art. 58. A ação disciplinar prescreverá:

I - em 05 (cinco) anos, quanto às infrações puníveis com demissão, cassação de aposentadoria ou disponibilidade;

II - em 03 (três) anos, quanto à suspensão;

III - em 02 (dois) anos, quanto à censura;

IV - em 01 (ano), quanto à advertência.

Parágrafo único. A abertura de procedimento administrativo interrompe a prescrição.

Art. 59. Qualquer pessoa poderá representar, por escrito, ao Corregedor-Geral da Justiça, abuso, erro ou omissões de Juiz de Direito Titular, Auxiliar ou Substituto, devendo ser instaurado o competente procedimento administrativo, onde facultada a ampla defesa.

§ 1º Sendo a denúncia verbal, será reduzida a termo, subscrita pelo denunciante ou por duas testemunhas, caso não possa ou não saiba assinar, vedado o anonimato.

§ 2º A reclamação ou denúncia será liminarmente arquivada se manifestamente improcedente, em decisão fundamentada.

§ 3º Para a apuração dos fatos denunciados, será expedida Portaria, que será devidamente autuada, acompanhada de documentos, se houver, intimando-se o Juiz representado para apresentar defesa no prazo de dez dias, oportunidade em que poderá arrolar até 03 (três) testemunhas.

§ 4º No curso do procedimento administrativo, a autoridade processante poderá determinar a realização de qualquer diligência, de ofício ou a requerimento da parte interessada.

§ 5º Salvo os casos de remoção, disponibilidade, aposentadoria compulsória e demissão, cancelar-se-á a pena disciplinar dos assentamentos do faltoso, se este não vier a incorrer em nova falta, dentro de 05 anos, contados da imposição.

§ 6º Caberá recurso para o Conselho Superior da Magistratura quanto às penalidades aplicadas aos Juízes de Direito e aos Serventuários de Justiça, pelo Corregedor Geral da Justiça.

CAPÍTULO VII

SEÇÃO I
DAS ATRIBUIÇÕES DOS ÓRGÃOS DE APOIO OPERACIONAL DO PODER JUDICIÁRIO

SUBSEÇÃO I
DA DIREÇÃO GERAL DO TRIBUNAL DE JUSTIÇA

Art. 60. Cumpre à Direção Geral do Tribunal de Justiça, órgão de apoio operacional, diretamente vinculado à presidência, exercer a direção, a coordenação, a supervisão e a fiscalização dos serviços de apoio administrativo, observado o que dispuser o regimento interno e ainda respeitadas às diretrizes estabelecidas pelo presidente do Tribunal de Justiça e as deliberações do Tribunal Pleno.

§ 1º Ficam subordinadas à Direção-Geral do Tribunal de Justiça, todas as Diretorias Adjuntas de Apoio Administrativo, bem como as Coordenadorias e Programas do Poder Judiciário, com exceção das relativas à atividade jurisdicional e às atividades Político-Sociais do Presidente do Tribunal de Justiça.

§ 2º O Diretor-Geral, em suas faltas, ausências ocasionais e impedimentos, será substituído pelo Subdiretor-Geral ou por quem for designado pelo Presidente do Tribunal de Justiça.

SUBSEÇÃO II
DA SECRETARIA-GERAL DO TRIBUNAL DE JUSTIÇA

Art. 61. Cumpre à Secretaria-Geral do Tribunal de Justiça, órgão de apoio operacional, diretamente vinculado à presidência, exercer a direção, a coordenação, a supervisão e a fiscalização dos serviços de apoio judiciário, observando o que dispuser o regimento interno e ainda respeitadas às diretrizes estabelecidas pelo Presidente do Tribunal de Justiça e as deliberações do Tribunal Pleno.

§ 1º Ficam subordinadas à Secretaria-Geral do Tribunal de Justiça as Diretorias Adjuntas de Assuntos Judiciários, as Secretarias de Câmaras, inclusive, a da Seção Especializada, além dos setores afins àquelas vinculadas.

§ 2º O Secretário-Geral, em suas faltas, ausências ocasionais e impedimentos, será substituído pelo Subdiretor-Geral ou por quem for designado pelo Presidente do Tribunal de Justiça.

SUBSEÇÃO III
DA SECRETARIA ESPECIAL DA PRESIDÊNCIA DO TRIBUNAL DE JUSTIÇA

Art. 62. Cumpre à Secretaria Especial da Presidência do Tribunal de Justiça, órgão de apoio operacional diretamente vinculado à Presidência, exercer a direção, a coordenação, a supervisão e a fiscalização dos serviços de apoio Político-Social do Chefe do Poder Judiciário e do Vice-Presidente do Tribunal de Justiça, observado o que dispuser o Regimento Interno e ainda respeitadas às diretrizes estabelecidas pelo Presidente do Tribunal de Justiça e as deliberações do Tribunal Pleno.

§ 1º Ficam subordinados à Secretaria Especial da Presidência do Tribunal de Justiça a Chefia de Gabinete, a Diretoria de Comunicação Social, a Assessoria do Cerimonial, e todos os setores afins àqueles vinculados.

§ 2º O Secretário Especial da Presidência, em suas faltas, ausências ocasionais e impedimentos, será substituído pelo Chefe de Gabinete, ou por quem for designado pelo Presidente do Tribunal de Justiça.

SUBSEÇÃO IV
DO PROVIMENTO DOS CARGOS DE APOIO OPERACIONAL DO TRIBUNAL DE JUSTIÇA

Art. 63. Os cargos de Diretor-Geral, Secretário-Geral e Secretário da Presidência, de provimento em comissão, são privativos de bacharéis em direito, cabendo às nomeações ao Presidente do Tribunal de Justiça.

SEÇÃO II
DAS ATRIBUIÇÕES DOS ÓRGÃOS DE APOIO OPERACIONAL DA CORREGEDORIA-GERAL DA JUSTIÇA

SUBSEÇÃO I
DA SECRETARIA-GERAL DA CORREGEDORIA-GERAL DA JUSTIÇA

Art. 64. Cumpre à Secretaria-Geral da Corregedoria-Geral da Justiça, órgão de apoio operacional, diretamente vinculado à Corregedoria, exercer a direção, a coordenação, a supervisão e a fiscalização dos serviços de apoio judiciário e administrativo, observado o disposto nesta Lei, no regimento interno e ainda respeitadas às diretrizes estabelecidas pelo Corregedor-Geral da Justiça e as deliberações do Tribunal Pleno.

§ 1º Ficam subordinadas à Secretaria-Geral da Corregedoria-Geral todas as diretorias adjuntas de apoio administrativo, todas as coordenadorias e todos os programas vinculados ao referido órgão censor.

§ 2º O Secretário-Geral, em suas faltas, ausências e impedimentos, será substituído pelo Diretor Adjunto de Pessoal da Corregedoria, ou na impossibilidade deste, por designação do Corregedor-Geral.

SUBSEÇÃO II
DA CHEFIA DE GABINETE DO CORREGEDOR

Art. 65. Cumpre à Chefia de Gabinete do Corregedor-Geral da Justiça, órgão de apoio operacional, diretamente vinculado à Corregedoria, exercer a direção, a coordenação, a supervisão e a fiscalização dos serviços de apoio político-social do Corregedor-Geral, observado o que dispuser esta Lei, o regimento interno e ainda respeitadas às diretrizes estabelecidas pelo Corregedor-Geral e as deliberações do Tribunal Pleno.

SUBSEÇÃO III
DO PROVIMENTO DOS CARGOS DE APOIO OPERACIONAL DA CORREGEDORIA-GERAL

Art. 66. Os cargos de Secretário-Geral e Chefe de Gabinete, de provimento em comissão, são privativos de bacharéis em Direito, indicados pelo Corregedor Geral de Justiça e nomeados pelo Presidente do Tribunal de Justiça.

TÍTULO III
DOS JUÍZES DE DIREITO, JUÍZES SUBSTITUTOS E JUÍZES DE DIREITO COM ATRIBUIÇÕES DE AUXILIAR

CAPÍTULO I

SEÇÃO I
DOS JUÍZES DE DIREITO

Art. 67. Haverá, em cada Comarca, tantos Juízes de Direito quantas Varas nela existentes, distribuídas as correspondentes esferas de competência na conformidade do disposto neste Código e na legislação complementar que lhe sobrevenha.

Art. 68. Compete ao Juiz, em geral:

I - exercer as atribuições que lhe são conferidas nas leis federais e estaduais, nos regulamentos e resoluções expedidos pelos poderes competentes;

II - dar, obrigatoriamente, nos dias úteis, pelo menos uma hora de atendimento público, solucionando questões de menor complexidade, inclusive litigiosas, sem prejuízo das demais obrigações forenses, mandando o escrivão lavrar ata correspondente;

III - dar substituto aos auxiliares da justiça, no âmbito de sua jurisdição e competência, nas faltas e impedimentos ocasionais;

IV - comunicar, ao Corregedor-Geral da Justiça, a vacância das serventias judiciais e extrajudiciais;

V - conceder férias e licenças, até trinta dias, aos serventuários sob sua jurisdição;

VI - requisitar às repartições públicas as informações necessárias ao serviço de sua competência;

VII - inspecionar, periodicamente, os serviços a cargo dos cartórios da comarca para verificar, principalmente, se os livros estão regularmente escriturados e se os autos e papéis findos ou em andamento estão devidamente guardados, bem como se existem processos indevidamente paralisados;

VIII - impor penas disciplinares aos serventuários de seu juízo, e dar-lhes as instruções necessárias ao bom desempenho dos seus deveres, resolvendo qualquer dúvida sobre suas atribuições;

IX - tomar conhecimento das reclamações provocadas por atos de auxiliares do juízo, promovendo a respeito e comunicando ao Corregedor-Geral da Justiça as providências que tomar;

X - fiscalizar o exato cumprimento das disposições dos Regimentos de Custas, ordenando, ex-officio ou a requerimento, as providências necessárias à fiel observância da lei;

XI - homologar as contas de custas e fiscalizar o pagamento dos impostos e taxas, nos processos de sua competência;

XII - remeter, até o dia 31 de janeiro de cada ano, ao Corregedor-Geral, o relatório do serviço judiciário na Comarca ou Vara, concernente ao ano anterior, acompanhado dos respectivos mapas;

XIII - proceder aos exames e outras diligências ordenados pelos Tribunais Superiores, bem como cumprir as requisições legais de qualquer autoridade federal, estadual ou municipal, sobre matéria de sua competência;

XIV - enviar ao Corregedor-Geral da Justiça relatório circunstanciado, sempre que assumir Comarca ou Vara, quer em substituição, quer definitivamente;

XV - cumprir e fazer cumprir a Constituição e as leis.

SEÇÃO II
DA AÇÃO DISCIPLINAR

Art. 69. O Juiz de Direito Titular, Auxiliar ou Substituto em exercício, será competente, no âmbito da jurisdição da respectiva Comarca, Vara ou Juizado, para o processamento e julgamento de faltas, omissões, erros e insubordinações cometidos pelos serventuários da justiça ou funcionários do Poder Judiciário, quando no desempenho de suas funções, estando estes lotados ou em exercício no respectivo Juízo, onde aplicável pena de advertência, censura, multa ou suspensão de até 30 (trinta) dias.

§ 1º O poder disciplinar dos Diretores de Foro e dos Juízes de Direito restringe-se aos serventuários e funcionários do Poder Judiciário a eles diretamente subordinados, observando-se, na aplicação de pena disciplinar, o seguinte:

a) a pena de advertência aplicar-se-á, reservadamente, por escrito, no caso de negligência no cumprimento dos deveres do cargo;

b) a pena de censura aplicar-se-á, reservadamente, por escrito, no caso de reiterada negligência no cumprimento dos deveres do cargo ou no do procedimento incorreto, se a infração não justificar punição mais grave;

c) a pena de multa, que não se confunde com a de restituição, aplicar-se-á nos casos previstos em lei ou quando o serventuário da Justiça ou funcionário do Poder Judiciário receber custas indevidas ou além das previstas conforme disciplinado pelo FUNJURIS;

d) a de suspensão, quando a falta for intencional ou de natureza grave e nos casos de reincidência em falta já punida com censura; e, ainda, nos casos previstos em lei.

§ 2º Caberá recurso para a Corregedoria-Geral da Justiça quanto às penalidades aplicadas pelos Juízes.

§ 3º O recurso terá efeito suspensivo e será interposto dentro do prazo de 10 (dez) dias, contados da data em que o interessado for intimado.

§ 4º Os juízes comunicarão ao Corregedor-Geral da Justiça e ao Presidente do Tribunal de Justiça as penas impostas, para as devidas anotações nas fichas funcionais do respectivo serventuário.

Art. 70. Qualquer pessoa poderá denunciar, verbalmente ou por escrito, ao Juiz da Comarca, Vara ou Juizado Especial, abuso, erro ou omissões de serventuários ou funcionários da Justiça, lotados ou em exercício no respectivo Juízo, devendo ser instaurado o competente procedimento administrativo, onde facultado a ampla defesa.

§ 1º Sendo a denúncia verbal, será ela reduzida a termo, subscrito pelo denunciante ou por duas testemunhas, caso não possa ou não saiba assinar, vedado o anonimato.

§ 2º A reclamação ou denúncia será liminarmente arquivada se manifestamente improcedente, em decisão fundamentada.

§ 3º Sempre que os Juízes de Direito tiverem conhecimento de irregularidades ou faltas funcionais praticadas por serventuários ou funcionários da Justiça, tomarão as medidas necessárias à respectiva apuração.

§ 4º Para a apuração dos fatos denunciados, será expedida Portaria, que será devidamente autuada, acompanhada de documentos, se houver, citando-se o denunciado para apresentar defesa no prazo de dez dias, oportunidade em que poderá arrolar até 03 (três) testemunhas.

§ 5º No curso do processo, a autoridade processante poderá determinar a realização de qualquer diligência, de ofício ou a requerimento da parte interessada.

Art. 71. Durante a apuração dos fatos, em sendo imperioso para a devida instrução do procedimento administrativo, o Juiz processante poderá requerer ao Corregedor-Geral da Justiça que seja determinado o afastamento prévio do indiciado, pelo prazo máximo de 20 (vinte) dias, nos quais deverá ser concluído o processo.

§ 1º O indiciado afastado, previamente, perceberá subsídios integrais.

§ 2º O período de afastamento será computado na pena de suspensão, se esta vier a ser aplicada.

Art. 72. Findo o prazo para oferecimento da defesa, e não havendo necessidade de instrução, o Juiz processante fará minucioso relatório, aplicando a pena porventura cabível.

§ 1º Não competindo à autoridade processante a aplicação da penalidade cabível, será o processo encaminhado à autoridade ou órgão competente para a imposição.

§ 2º Em caso de arquivamento da representação, pelo Juiz de Direito, caberá, no prazo de dez dias, recurso do representante para a Corregedoria-Geral da Justiça.

Art. 73. A jurisdição, em cada Juízo, será ordinariamente exercida pelo Juiz de Direito dele titular.

Art. 74. Os cargos de Juiz de Direito são escalonados em primeira, segunda e terceira entrâncias.

Art. 75. Sendo o Juiz de Direito titular de Vara, abrangente será a sua jurisdição quanto ao território da Comarca em que tenha exercício, definindo-se a sua competência na conformidade do estabelecido em Lei ou Resolução do Tribunal de Justiça.

CAPÍTULO II
DOS JUÍZES DE DIREITO COM ATRIBUIÇÕES DE AUXILIAR

(Revogado pela Lei Estadual nº 8.550, de 25.11.2021)

Art. 76. (Revogado pela Lei Estadual nº 8.550, de 25.11.2021)

Art. 77. (Revogado pela Lei Estadual nº 8.550, de 25.11.2021)

Art. 78. (Revogado pela Lei Estadual nº 8.550, de 25.11.2021)

Art. 79. (Revogado pela Lei Estadual nº 8.550, de 25.11.2021)

Art. 80. (Revogado pela Lei Estadual nº 8.550, de 25.11.2021)

CAPÍTULO III
DOS JUÍZES SUBSTITUTOS

Art. 81. O ingresso na Carreira da Magistratura far-se-á mediante investidura em cargo de Juiz Substituto, que lhe constitui a classe inicial.

Art. 82. Compromissado e empossado o Juiz Substituto, competirá ao Presidente do Tribunal de Justiça designar-lhe a circunscrição judiciária de exercício.

Art. 83. São atribuições do Juiz Substituto:

I - substituir, mediante designação do Presidente do Tribunal de Justiça, os titulares de Juízos em Comarcas de 1ª entrância, pertencentes à circunscrição em que lotados, quando impedidos, quando em gozo de férias ou licenças e ainda quando de afastamentos outros devidamente autorizados;

II - exercer a jurisdição, temporariamente, em Comarcas de 1ª entrância, na hipótese de vacância;

III - auxiliar o Juiz titular da Comarca ou Vara, quando para tal especialmente designado pelo Presidente do Tribunal de Justiça;

IV - julgar, quando não se encontrar no exercício de substituição, processos que, respeitados os princípios regradores da jurisdição e da competência, sejam-lhe porventura redistribuídos;

V - jurisdicionar, em sendo o caso, serviços de plantão em Comarcas dotadas de mais de uma Vara;

VI - substituir, excepcionalmente, Juiz de Direito de 2ª entrância, na hipótese de absoluta inviabilidade da substituição por Juiz de Direito ou Juiz de Direito com Atribuições de Auxiliar da mesma entrância;

VII - exercer outras atribuições que lhe forem especialmente cometidas pelo Presidente do Tribunal de Justiça.

Art. 84. A remoção de Juiz Substituto, de uma para outra circunscrição judiciária, poderá ocorrer de ofício ou mediante provocação do interessado, no último caso desde que acolhida à pretensão pelo Presidente do Tribunal de Justiça.

Art. 85. A titularização de Juiz Substituto, na qualidade de Juiz de Direito titular, é condicionada à indispensável obtenção da vitaliciedade, observadas as condições e critérios definidos em lei.

Art. 86. Existindo mais de um Juiz Substituto apto a obter a titularidade, preferir-se-á aquele mais antigo na magistratura estadual. Permanecendo o empate, será titularizado aquele que tiver obtido melhor classificação no concurso público para ingresso na Magistratura, desde que ao mesmo certame seletivo tenham-se submetido ambos os concorrentes. Caso persista o impasse, titularizar-se-á o que contar maior tempo de serviço público, decidindo-se, em última hipótese, pelo mais idoso.

TÍTULO IV
DO TRIBUNAL DO JÚRI

Art. 87. Em cada sede de Comarca, com jurisdição em todo o seu território, haverá um Tribunal do Júri, cujas organização, competência e funcionamento observarão a disciplina específica instituída pela legislação processual penal imperante.

Art. 88. Os Tribunais do Júri reunir-se-ão ordinariamente, mensalmente, excetuado o mês de janeiro.

Parágrafo único. Nas Comarcas de 3ª entrância, anualmente serão orçadas pelo Tribunal de Justiça as despesas com o funcionamento e manutenção dos Tribunais do Júri.

Art. 89. Na comarca da capital haverá 03 (três) Tribunais do Júri, cabendo à destinação e utilização de suas dependências aos respectivos Juízes Presidentes.

Art. 90. Quando, por motivo de força maior, não se der a oportuna convocação do Tribunal do Júri, promover-se-á a sua reunião, compulsoriamente, no mês subseqüente àquele no qual deveria esta realizar-se.

TÍTULO V
DOS CONSELHOS DA JUSTIÇA MILITAR

Art. 91. Os Conselhos de Justiça Militar são órgãos judiciários de primeira instância da Justiça Militar Estadual, com jurisdição em todo o território do Estado de Alagoas.

§ 1º É o Tribunal de Justiça o órgão judiciário de segundo grau da Justiça Militar.

§ 2º A composição dos Conselhos de Justiça Militar, a sua organização e a sua competência definir-se-ão na conformidade da disciplina consubstanciada no Código de Processo Penal Militar e na Organização Judiciária Militar.

§ 3º Os Conselhos de Justiça Militar serão compostos por oficiais integrantes da Polícia Militar e do Corpo de Bombeiros Militar do Estado de Alagoas e presididos pelo Juiz de Direito – Auditor Militar.

Art. 92. (Revogado pela Lei nº 7.210, de 22.12.10)

Art. 93. (Revogado pela Lei nº 7.210, de 22.12.10)

TÍTULO VI
DOS JUIZADOS ESPECIAIS

Art. 94. Os Juizados Especiais Cíveis e Criminais, instituídos por este Código ou pela legislação complementar que lhe for superveniente, terão organização, competência e funcionamento com guarda da disciplina específica definida pela legislação federal pertinente.

Art. 95. A Turma Recursal, órgão de primeiro grau de jurisdição, constituído de três Juízes e respectivos suplentes, todos egressos da primeira instância, na conformidade do que dispõe o art. 41, § 1º, da Lei Federal nº 9.099, de 26 de setembro de 1995, terá seu funcionamento na conformidade do que dispuser o Regimento Interno, aprovado mediante deliberação do Tribunal Pleno e expedido mediante Resolução.

§ 1º Os integrantes das Turmas Recursais serão escolhidos pelo Tribunal Pleno e designados por ato do Presidente do Tribunal de Justiça do Estado de Alagoas, observados os critérios estabelecidos por Resolução. (Redação dada pela Lei nº 6.816, de 12.07.2007.)

§ 2º A Presidência de cada Turma Recursal incumbirá ao Juiz de Direito mais antigo, dentre aqueles de sua composição, como titulares;

§ 3º O Juiz de Direito integrante da Turma Recursal terá mandato de 2 (dois) anos, permitida uma recondução. (Redação dada pela Lei nº 6.816, de 12.07.2007.)

§ 4º A estrutura administrativa da Turma Recursal será composta de 4 (quatro) cargos de Analista Judiciário, um dos quais exercerá a Função Gratificada de Chefe de Secretaria - FGCS1. (Redação dada pela Lei nº 6.816, de 12.07.2007.)

§ 5º A Função Gratificada de Chefe de Secretaria - FGCS1 de que trata o § 4º, deste artigo, será exercida por Analista Judiciário designado pelo Presidente do Tribunal de Justiça do Estado de Alagoas, após indicação do Juiz Presidente da respectiva Turma Recursal. (Acrescentado pela Lei nº 6.816, de 12.07.2007.)

Art. 95-A. A Turma de Uniformização do Sistema dos Juizados Especiais, destinada a dirimir divergência entre decisões proferidas pelas Turmas Recursais do Sistema dos Juizados Especiais, compõe-se de 01 (um) Desembargador do Tribunal de Justiça do Estado de Alagoas e 02 (dois) Juízes de Direito que sejam integrantes de Turmas Recursais, e respectivos suplentes, todos designados pelo Presidente do Tribunal de Justiça, ouvido o Plenário. (Acrescentado pela Lei nº 7.270, de 16.08.2011)

§ 1º Os membros escolhidos cumprirão mandato de 02(dois) anos, permitida apenas 01(uma) recondução. (Acrescentado pela Lei nº 7.270, de 16.08.2011)

§ 2º A secretaria da Turma de Uniformização será composta de 03(três) Analistas Judiciários, um deles exercendo a função de Chefe de Secretaria. (Acrescentado pela Lei nº 7.270, de 16.08.2011)

TÍTULO VII
DAS VARAS DA INFÂNCIA E DA JUVENTUDE DA CAPITAL

Art. 96. As atribuições das Varas da Infância e da Juventude da Capital serão desenvolvidas pelos seguintes órgãos integrantes das suas estruturas:

I - Cartórios;

II - Unidade Técnica;

III - Unidade Administrativa;

IV - Coordenadoria de Proteção e Fiscal.

§ 1º O assessoramento dos Juízes da Infância e da Juventude da 1ª Vara e da 2ª Vara em assuntos de natureza técnica especializada será prestado através da Unidade Técnica de cada Vara.

§ 2º À Unidade Técnica, através de seus setores, cabe assessorar o Juiz da Infância e da Juventude em assuntos pertinentes a cada um dos campos de atuação profissional específico.

§ 3º Constituem a Unidade Técnica da 1ª Vara da Infância e da Juventude da Capital:

I - Setor de Serviço Social;

II - Setor de Psicologia;

III - Unidade de Apoio Operacional das Medidas Sócio-educativas em Meio Aberto.

§ 4º Constituem a Unidade Técnica da 2ª Vara da Infância e da Juventude da Capital:

I - Setor de Serviço Social;

II - Setor de Psicologia;

III - Núcleo de Adoção, Tutela e Guarda.

§ 5º As atividades das Unidades Técnicas das Varas da Infância e da Juventude da Capital serão dirigidas por Coordenadores Técnicos nomeados, em comissão, pelo Presidente do Tribunal de Justiça, incumbindo-lhes assessorar-lhes em assuntos pertinentes ao campo de atuação profissional específico.

Art. 97. À Unidade Administrativa compete coordenar, dirigir e executar as atividades de administração geral, necessárias ao funcionamento da Justiça da Infância e da Juventude.

§ 1º Integram a Unidade de Coordenação Administrativa:

I - Secretaria;

II - Setor de Transporte;

III - Setor de Serviços Gerais.

§ 2º As atividades da Unidade Administrativa serão dirigidas por um Coordenador Administrativo nomeado, em comissão, pelo Presidente do Tribunal de Justiça.

§ 3º O Juiz de Direito responsável pela administração geral da Justiça da Infância e da Juventude da Capital será escolhido entre o Juiz de Direito da 1ª Vara Criminal e o Juiz de Direito da 28ª Vara Cível, pelo Presidente do Tribunal de Justiça do Estado de Alagoas.

§ 4º Ficam instituídos os Serviços de Proteção e Fiscal do 1ª e 2ª Juizados da Infância e da Juventude da Capital, com as atribuições pertinentes a cada um dos campos de atuação operacional com regulamentação no Regimento Interno das Varas da Infância e da Juventude da Capital, aprovado pelo Tribunal de Justiça.

Art. 98. À autoridade Judiciária competirá exercer, diretamente ou por intermédio de servidor efetivo ou de voluntário credenciado, fiscalização sobre o cumprimento das decisões judiciais ou determinações administrativas que houver tomado com relação à criança ou adolescente.

§ 1º A fiscalização poderá ser desempenhada por Agentes de Proteção.

§ 2º Os Agentes de Proteção da Infância e da Juventude, em comissão, serão nomeados pelo Presidente do Tribunal de Justiça.

§ 3º O Agente de Proteção, voluntário, será nomeado pelo Juiz de Direito da Infância e da Juventude da Vara correspondente.

§ 4º As atividades dos Serviços de Proteção e Fiscal da 1ª Vara e da 2ª Vara da Infância e da Juventude serão dirigidas por Coordenadores nomeados, em comissão, pelo Presidente do Tribunal de Justiça.

§ 5º A responsabilidade de cada Coordenadoria de Proteção e Fiscal terá a sua regulamentação no Regimento Interno das Varas da Infância e da Juventude da Capital, aprovado pelo Tribunal de Justiça, no qual será definida a competência de cada setor das Unidades Técnicas respectivas.

§ 6º Fica modificado o quadro da Justiça da Infância e da Juventude da Capital, composto de cargos de provimento permanente e em comissão, cuja denominação, código e quantitativo, integram aos Anexos III, IV e V desta Lei.

TÍTULO VIII
DOS JUÍZOS DE PAZ

Art. 99. (Revogado pela Lei 8.063, de 21 de dezembro de 2018)

Art. 100. (Revogado pela Lei Estadual nº 8.063, de 21.12.2018).

Art. 101. (Revogado pela Lei Estadual nº 8.063, de 21.12.2018).

Art. 102. (Revogado pela Lei Estadual nº 8.063, de 21.12.2018).

Art. 103. (Revogado pela Lei 8.063, de 21 de dezembro de 2018)

TÍTULO IX
OUTROS ÓRGÃOS DO PODER JUDICIÁRIO

CAPÍTULO I
DO CONSELHO ESTADUAL DA MAGISTRATURA

Art. 104. O Conselho Estadual da Magistratura, com sede no Tribunal de Justiça, é o órgão superior de inspeção e disciplina das atividades judiciárias na primeira instância, bem assim de planejamento da organização da administração judiciária da primeira e da segunda instâncias.

Art. 105. O Conselho Estadual da Magistratura será constituído pelo Presidente do Tribunal de

Justiça, que o presidirá, pelo Vice-Presidente do Tribunal de Justiça e pelo Corregedor-Geral da Justiça, na qualidade de membros natos, bem como por dois outros Desembargadores, eleitos pelos seus pares, em escrutínio secreto, para mandato de dois anos.

Parágrafo único. É obrigatória a aceitação do encargo pelos Desembargadores eleitos, ressalvada a hipótese de recusa formal e motivadamente manifestada, devidamente acolhida antes do início do processo de escolha.

Art. 106. Compete ao Conselho Estadual da Magistratura:

I – julgar:

a) em última instância, os recursos interpostos contra despachos e decisões do Corregedor- Geral da Justiça;

b) as sentenças e decisões dos Juízes de Direito, ou de Juízes Substitutos, nos processos de suscitação de dúvida;

c) os embargos de declaração e infringentes de seus próprios acórdãos.

II – elaborar o seu Regimento Interno;

III – impor penas disciplinares a Juízes de Direito e a Juízes Substitutos, bem como aos serventuários judiciais e extrajudiciais, quer sejam oficializados ou não as serventias;

IV – propor ao Tribunal de Justiça quaisquer medidas que reputar úteis à boa administração da justiça;

V – conhecer de acumulação de cargos por magistrados, funcionários e serventuários da Justiça, adotando as providências cabíveis nas hipóteses de proibição legal e incompatibilidade de horário;

VI – remeter ao Procurador-Geral de Justiça inquéritos ou documentos dos quais resultem indícios de responsabilidade criminal;

VII – organizar um fichário dos Juízes e serventuários da Justiça, para efeito de registro das penas impostas e demais elementos que interessem à vida funcional, participando ao Tribunal de Justiça sempre que o apenado for candidato à promoção;

VIII – exercer quaisquer outras atribuições que lhe sejam conferidas em lei ou no Regimento Interno.

Art. 107. A atividade censória do Conselho Estadual da Magistratura é exercida com o resguardo devido à dignidade e à independência do magistrado.

Art. 108. O Regimento Interno do Conselho Estadual da Magistratura disporá sobre seu funcionamento e demais atribuições.

Art. 109. Caberá, para o Tribunal Pleno, recurso das decisões do Conselho Estadual da Magistratura, em se tratando de processo originário.

CAPÍTULO II
DA ESCOLA SUPERIOR DA MAGISTRATURA

Art. 110. A Escola Superior da Magistratura do Estado de Alagoas – ESMAL, com sede em Maceió, tem por finalidade propiciar meios para o aperfeiçoamento ético e intelectual dos magistrados, preparar, doutrinária e tecnicamente, candidatos para ingresso na Magistratura, bem assim promover atividades tendentes a excelência dos serviços afetos ao Poder Judiciário e a adequada qualificação dos recursos humanos integrados aos serviços auxiliares da Justiça.

§ 1º São, também, objetivos da Escola concorrer para o aprimoramento cultural e técnico da comunidade jurídica em geral contribuindo para aperfeiçoar os princípios e garantias de tutela e respeito à pessoa humana e às instituições democráticas.

§ 2º Órgão Auxiliar da Justiça, integrante do Poder Judiciário do Estado, a Escola terá autonomia para desenvolver suas atividades nas condições e limites estabelecidos em lei e no seu Regimento Interno.

§ 3º O Fundo de Modernização do Poder Judiciário – FUNJURIS, destinará 1% (um por cento) de sua arrecadação, mensalmente, à ESMAL.

§ 4º Os recursos provenientes da prestação de serviços da Escola (verbi gratia, cursos, seminários etc) serão destinados a própria ESMAL, em conta própria, para fazer face as despesas advindas da realização dos serviços prestados.

§ 5º O Regimento Interno da Escola estabelecerá percentual de bolsas destinadas àqueles que, comprovadamente, não tenham condições financeiras para arcar com os encargos dos cursos e demais eventos que sejam pagos.

Art. 111. Compõem a estrutura administrativa da Escola:

I – a Diretoria;

II – a Coordenadoria Geral de Cursos;

III – as Coordenadorias de Áreas Específicas;

IV – a Secretaria Executiva;

V – o Conselho Técnico-Pedagógico – CTP;

VI – os Serviços Administrativos.

§ 1º O Diretor da ESMAL será designado pelo Presidente do Tribunal de Justiça, dentre Magistrados Estaduais ativos ou inativos.

§ 2º A coordenação e a supervisão imediata de todas as atividades da ESMAL, ficarão a cargo do Diretor.

Art. 112. O Coordenador Geral de Cursos será designado pelo Presidente do Tribunal de Justiça, dentre os magistrados estaduais ativos e inativos, exercendo suas atribuições, consoante Regimento Interno, juntamente com os Coordenadores de Áreas Específicas.

Art. 113. A Coordenadoria de Áreas Específicas abrangerá:

I – a Coordenadoria de Cursos de Pós-Graduação, Atualização e Treinamento de Magistrados e Cursos de Preparação para a Magistratura;

II – a Coordenadoria de Cursos para Funcionários e Serventuários da Justiça;

III – a Coordenadoria de Projetos Especiais, em cujo âmbito funcionará a coordenação de estágio e o projeto "Justiça se Aprende na Escola".

§ 1º As Coordenadorias de Áreas Específicas serão exercidas por Juízes de Direito nomeados pelo Presidente do Tribunal de Justiça.

§ 2º É requisito mínimo para exercer a Coordenadoria de pós-graduação, atualização e treinamento de magistrados e cursos de preparação para a magistratura, título de especialista reconhecido pelo Ministério da Educação e comprovada experiência acadêmica.

§ 3º A Escola realizará, no máximo, de dois em dois anos Curso de Preparação para a Magistratura que deverá adequar-se, asseguradas às características locais, aos cursos de preparação de todo o Brasil.

§ 4º Os Cursos de Atualização (CAM), os Cursos de Aperfeiçoamento (CAPM) e os cursos de Treinamento (CTM) para Magistrados serão levados em conta, necessariamente, para promoção por merecimento na carreira, observando-se o aproveitamento do magistrado no respectivo curso.

Art. 114. O corpo docente da Escola Superior da Magistratura será constituído mediante a contratação de Magistrados e Professores de Direito, admitidos, a termo, mediante indicação do Diretor-Geral da instituição.

Art. 115. O cargo de Secretário Executivo, de investidura em Comissão, deverá ser preenchido, preferencialmente, por graduado em Direito ou Administração, cumprindo a ele dar cumprimento às diretrizes estabelecidas pelo Diretor e pelos Coordenadores da Escola. (Redação dada pela Lei nº 7.010, de 17.12.2008.)

§ 1º O Secretário Executivo será nomeado pelo Presidente do Tribunal de Justiça.

§ 2º O planejamento e a orientação superior das atividades pedagógicas incumbirão ao Conselho Técnico-Pedagógico (CTP), cabendo ao Coordenador Geral de Cursos dar cumprimento às diretrizes por ele estabelecidas.

§ 3º O Conselho Técnico-Pedagógico é composto pelo Diretor da ESMAL, que o presidirá, pelo Coordenador Geral de Cursos, pelos Coordenadores de Áreas Específicas e pelo Presidente da ALMAGIS.

§ 4º Os Serviços Administrativos são responsáveis pelas atividades-meio da ESMAL.

Art. 116. O Regimento Interno, detalhará as atribuições da Escola Superior da Magistratura, inclusive sua estrutura organizacional, bem assim os conteúdos ocupacionais dos cargos integrantes de sua estrutura funcional.

Parágrafo único. O Regimento será proposto pelo Diretor da Escola, votado e aprovado por Resolução do Tribunal de Justiça.

LIVRO II
DA DIVISÃO JUDICIÁRIA

TÍTULO I
DISPOSIÇÕES GERAIS

Art. 117. O território do Estado de Alagoas, para os fins da administração e da distribuição da Justiça, é dividido em Circunscrições, Comarcas, Termos Judiciários e Distritos Judiciários.

Art. 118. Sem prejuízo do que estabelece o artigo precedente é mantida, para efeito de fixação da jurisdição do Tribunal de Justiça, a unidade do território estadual.

Art. 119. Cada Circunscrição Judiciária será composta por grupo de Comarcas convizinhas, ou próximas e integrantes da mesma região, uma das quais lhe servirá de sede.

Art. 120. Cada Comarca, constituída de um ou mais Municípios, terá a denominação da comuna que lhe servir de sede, podendo compreender uma ou mais Varas, um ou mais Termos e um ou mais Distritos Judiciários.

Art. 121. São termos Judiciários os Municípios que, integrantes de Comarca, não lhe sirvam de sede.

Art. 122. O distrito, unidade Judiciária integrante de Comarca, terá a denominação e os limites correspondentes aos da respectiva divisão administrativa.

Art. 123. Em caso de necessidade ou relevante interesse público, mediante aprovação do Tribunal de Justiça e ato de seu Presidente, poderá ser transferida, provisoriamente, a sede da Comarca.

Art. 124. Haverá, na direção do foro de cada Comarca, um livro especial para registro de sua instalação, posse e afastamento definitivo de Juízes, bem como de outros atos relativos ao histórico da vida judiciária, de cujos lançamentos serão regularmente remetidas cópias ao Tribunal de Justiça e à Corregedoria Geral da Justiça.

TÍTULO II
DAS COMARCAS, VARAS, TERMOS E DISTRITOS

CAPÍTULO I
DA CRIAÇÃO

Art. 125. A criação de Comarca, Vara ou Distrito, que se procederá mediante lei da iniciativa do Tribunal de Justiça, depende da satisfação dos seguintes requisitos:

I – Comarca:

a) extensão territorial pelo menos equivalente a 150 Km^2;

b) população de ao menos 10.000 habitantes;

c) colégio eleitoral não inferior a 5.000 eleitores;

d) volume de serviços forenses correspondente, no mínimo, a distribuição de duzentos feitos;

e) receita tributária significativa do desenvolvimento econômico da região, não inferior, em qualquer hipótese, ao mínimo exigido para a criação de novo Município no Estado.

II – Vara:

a) seja a Comarca de 2ª ou de 3ª entrância;

b) volume de serviço forense, na única Vara ou em ao menos uma daquelas já existentes, superior a quinhentos feitos.

III – Distrito Judiciário:

a) pré-existência de Distrito Administrativo;

b) reconhecimento, mediante Resolução, pelo Tribunal Pleno, da necessidade e da conveniência da instalação da unidade judiciária.

Parágrafo único. Poderá ser dispensado, mediante decisão motivada do Tribunal Pleno, o preenchimento de qualquer dos requisitos elencados neste artigo, quando o recomendar o interesse da Justiça.

CAPÍTULO II
DA INSTALAÇÃO

Art. 126. A instalação de Comarca ou Vara será procedida em audiência pública, indispensável o satisfazimento das condições a saber:

I – Comarca:

a) existência de foro devidamente instalado;

b) estabelecimento prisional em adequado funcionamento, dotado das indispensáveis condições de segurança e de garantia de regularidade ao cumprimento de custódias provisórias;

c) preliminar preenchimento de todos os cargos indispensáveis ao devido funcionamento da unidade judiciária;

d) imóvel destinado à residência do Juiz.

II – Vara:

a) existência, no Foro da Comarca, de instalações adequadas e suficientes ao funcionamento da nova unidade judiciária;

b) prévio provimento de todos os cargos indispensáveis ao funcionamento da nova Vara.

§ 1º A instalação de Comarca, ou Vara, sem o satisfazimento às condições estabelecidas neste artigo, determinará a responsabilização administrativa da autoridade que a determinar.

§ 2º Poderá ser dispensado, mediante decisão motivada do Tribunal Pleno, o preenchimento de qualquer dos requisitos mencionados neste artigo, quando o recomendar o interesse da Justiça.

Art. 127. A instalação de nova Comarca ou Vara será procedida em audiência pública, que se realizará sob a direção do Presidente do Tribunal de Justiça ou Desembargador para tanto por ele especialmente designado.

Parágrafo único. Lavrar-se-á, do ato de instalação, o necessário termo, cujas cópias, devidamente autenticadas, serão remetidas ao Tribunal de Justiça, ao Tribunal Regional Eleitoral, ao Governo do Estado, à Assembléia Legislativa, à Procuradoria Geral de Justiça, à Procuradoria Geral do Estado e à Justiça Federal do Estado.

Art. 128. A instalação de distrito será procedida pelo Juiz de Direito titular da Comarca a que haverá de pertencer, ou Juiz de Direito outro para tanto especialmente designado pelo Presidente do Tribunal de Justiça.

CAPÍTULO III
DA ELEVAÇÃO DE COMARCA

Art. 129. São pressupostos indispensáveis à elevação de Comarcas:

I – De primeira para segunda entrância:

a) população mínima de 30.000 habitantes;

b) colégio eleitoral continente de não menos que 10.000 eleitores;

c) movimento forense não inferior ao da Comarca de 2ª entrância de menor fluxo anual de feitos.

II – De segunda para terceira entrância:

a) população mínima de 100.000 habitantes;

b) colégio eleitoral continente de não menos que 30.000 eleitores;

c) movimento forense não inferior ao da Comarca de 3ª entrância de menor fluxo anual de processos.

Parágrafo único. Poderá ser dispensado, mediante decisão motivada do Tribunal Pleno, o preenchimento de qualquer dos requisitos referidos neste artigo, desde que o recomende o interesse da Justiça.

CAPÍTULO IV
DA RECLASSIFICAÇÃO DE COMARCAS E DA EXTINÇÃO DE COMARCAS OU VARAS

Art. 130. A reclassificação de Comarca e a extinção de Comarca ou Vara processar-se-á mediante lei ordinária, da iniciativa do Tribunal de Justiça, condicionada a providência, conforme o caso, ao preenchimento ou eventual superveniente inatendimento aos requisitos de classificação ou de instalação definidos neste Código.

Art. 131. A reclassificação e a extinção de Comarca ou Vara não importarão qualquer conseqüência quanto à condição funcional dos magistrados e serventuários que nelas tenham titularidade ou lotação específica.

LIVRO III
MAGISTRATURA

TÍTULO I
DISPOSIÇÕES PRELIMINARES

Art. 132. Compõe-se a magistratura de magistrados de segundo grau e de magistrados de primeiro grau.

§ 1º São magistrados de segundo grau os Desembargadores do Tribunal de Justiça.

§ 2º São magistrados de primeiro grau os Juízes de Direito, os Juízes de Direito com Atribuições de Auxiliar e os Juízes Substitutos.

Art. 133. Aos Magistrados são asseguradas as prerrogativas e garantias outorgadas pela lei de regência da Magistratura Nacional, respeitado o que dispõe a Constituição da República.

Art. 134. Observar-se-á, quanto às incompatibilidades, impedimentos, suspeições e responsabilidade civil dos Magistrados, o que dispõe a Constituição e as leis, respeitado, no que couber, o estabelecido neste Código de Organização e Divisão Judiciária e no Regimento Interno do Tribunal de Justiça do Estado de Alagoas.

TÍTULO II
DOS DESEMBARGADORES

CAPÍTULO I
DA INVESTIDURA

Art. 135. A investidura dos Desembargadores dar-se-á:

I - por ato do Presidente do Tribunal de Justiça, à vista do que deliberar o Plenário, quando advindos, mediante acesso, da Carreira da Magistratura;

II - por ato de nomeação expedido pelo Governador do Estado, considerada lista tríplice composta pelo Tribunal de Justiça, quando egressos da Carreira do Ministério Público ou da Classe dos Advogados.

Art. 136. O Tribunal de Justiça, tratando-se de provimento mediante acesso, pelo critério da antigüidade ou do merecimento, apenas poderá recusar o Juiz mais antigo pelo voto de dois terços de seus membros, conforme procedimento próprio, repetindo-se a votação até fixar-se a indicação.

Art. 137. Ao magistrado a quem concedido, por antigüidade ou merecimento, acesso a cargo de Desembargador, é facultado renunciar ao direito à evolução funcional dele decorrente.

Art. 138. A formação das listas tríplices, para efeito de provimento de cargo de Desembargador, mediante egressos da Carreira do Ministério Público e da Classe dos Advogados, dar-se-á por escrutínio secreto, em sessão plenária.

Art. 139. Antes de assumir o exercício de seu cargo, o Desembargador, exibindo o título de nomeação devidamente legalizado, tomará posse perante o Presidente do Tribunal de Justiça, prestando o compromisso de bem cumprir os seus deveres, sendo, na ocasião, lavrado termo em livro próprio.

Art. 140. A posse no cargo de Desembargador deverá verificar-se dentro do prazo de trinta dias, contado da data da publicação do ato concessório do acesso, ou da nomeação, conforme o caso, no Diário Oficial, admitida a prorrogação por igual período, pelo Presidente do Tribunal de Justiça, ao diante de petitório devidamente fundamentado.

CAPÍTULO II
DAS SUBSTITUIÇÕES

Art. 141. A completação do quorum legal do Tribunal Pleno, na hipótese de eventual ausência ou impedimento de Desembargador, far-se-á mediante convocação de Juiz de Direito da Comarca da Capital.

Art. 142. Na hipótese de completação do quorum legal dos órgãos jurisdicionais seccionais, observar-se-ão os critérios a saber:

I - os Desembargadores componentes de qualquer das Câmaras Cíveis Isoladas por aqueles integrantes da outra, ou, caso impraticável, pelos membros da Câmara Criminal;

II - os Desembargadores componentes da Câmara Criminal por aqueles integrantes da Seção Especializada Cível;

III - os Desembargadores componentes da Seção Especializada Cível por aqueles integrantes da Câmara Criminal.

§ 1º Promover-se-á, para efeito de convocação, sorteio público, pelo Presidente do órgão em que se dará a substituição, dentre os membros do colegiado de onde deverá advir o substituto, excluído o Desembargador que tiver exercido a substituição imediatamente anterior.

§ 2º Ocorrendo, porém, que, cumprida a seqüência das substituições, reste um único Desembargador a quem não houver cabido convocação, a ele será feito o chamamento, independentemente de sorteio.

§ 3º Caso se faça inviável a completação do quorum com observância aos critérios definidos nesse artigo, dar-se-á a substituição, por decisão do Tribunal Pleno, mediante convocação de Juiz de Direito da Comarca da Capital.

Art. 143. A convocação de Juiz de Direito da Comarca da Capital, em qualquer hipótese, para exercício de substituição, proceder-se-á mediante deliberação do Tribunal Pleno.

§ 1º Tratando-se de substituição a Desembargador de Câmara Isolada Cível ou Seção Especializada Cível, a escolha do substituto dar-se-á, preferentemente, dentre os Juízes de Direito titulares que figurarem na quinta parte da lista de antiguidade da 3ª Entrância, com atuação em área cível. Sendo o caso de substituição na Câmara Criminal, serão considerados, preferentemente, apenas os juízes de Direito titulares da referida lista, com atuação na área criminal.

§ 2º O Desembargador Relator será substituído por outro Desembargador da mesma Câmara, da Seção Especializada Cível ou do Plenário, ou Juiz Convocado, nos termos do Regimento Interno, sendo os feitos redistribuídos ao substituto.

§ 3º É vedada a convocação de Juiz de Direito que, nos dois anos imediatamente anteriores, tenha sido punido com censura ou qualquer outra sanção mais grave.

Art. 144. Afastando-se o Desembargador, temporariamente, a qualquer título, do exercício das funções do cargo de que titular, proceder-se-á da forma a saber:

I – tratando-se de afastamento por período igual ou inferior a três dias, em nenhuma hipótese se lhe dará substituto;

II – na hipótese de afastamento por período igual ou superior a três dias, porém não superior a trinta dias, serão apenas redistribuídos, mediante oportuna compensação, os habeas corpus, os mandados de segurança e os feitos que, consoante fundada alegação do interessado, reclamarem solução urgente;

III – tendo-se afastado por período superior a trinta dias, os feitos a ele distribuídos, bem assim aqueles em que tenha lançado relatório, ou que tenham sido levados a mesa, para julgamento, serão redistribuídos aos demais membros, na forma do Regimento Interno.

Art. 145. Ocorrendo o afastamento após o início do julgamento de qualquer feito, terá este normal prosseguimento, ainda que o Magistrado ausente haja exercido a relatoria, computando-se os votos já proferidos.

Parágrafo único. Será dado substituto ao ausente ou impedido, contudo, na hipótese da sobrevinda de questão sobre a qual tenha o órgão julgador de se pronunciar, hipótese em que se não computará o voto porventura já proferido pelo substituído.

Art. 146. A substituição de Desembargador, nos casos de ausência ou impedimento eventual, bem assim a convocação para completar quorum de julgamento e a redistribuição de feitos, em nenhuma hipótese autorizarão a concessão de vantagem pecuniária de qualquer espécie.

Parágrafo único. Nos impedimentos ocasionais ou nos afastamentos decorrentes de licença, férias ou qualquer outra circunstância, o Presidente da Seção Especializada Cível será substituído pelo Desembargador mais antigo, o qual, todavia, não deixará de funcionar como Relator ou Revisor.

TÍTULO III
DOS MAGISTRADOS DE PRIMEIRO GRAU

Art. 147. A carreira da Magistratura, no primeiro grau, é constituída de cargos de Juiz Substituto, Juiz de Direito e de Juiz de Direito com Atribuições de Auxiliar.

Art. 148. Os cargos de Juiz de Direito são classificados como de 1ª, 2ª e 3ª entrâncias e os de Juiz de Direito com Atribuições de Auxiliar como de 2ª e 3ª entrâncias.

TÍTULO IV
DO REGIME JURÍDICO

CAPÍTULO I
DISPOSIÇÕES GERAIS

Art. 149. O Regime Jurídico dos membros da Magistratura é o definido pela Constituição da República e pela Lei Orgânica da Magistratura Nacional, sem prejuízo das disposições desta Lei.

Art. 150. Aplicar-se-ão aos Magistrados, nas hipóteses de lacunas ou omissões desta Lei, a disciplina estatutária definidora do regime jurídico dos servidores públicos civis estaduais.

CAPÍTULO II
DO INGRESSO NA MAGISTRATURA DE PRIMEIRO GRAU E DA AQUISIÇÃO DA VITALICIEDADE

SEÇÃO I
DO INGRESSO

Art. 151. O ingresso na magistratura de primeiro grau dar-se-á em cargo de Juiz Substituto, rigorosamente observada a ordem de classificação final em concurso público de provas e títulos.

Parágrafo único. O concurso público de que trata o artigo precedente será convocado por ato editalício do Presidente do Tribunal de Justiça, observadas as instruções específicas baixadas pelo Plenário, e terá participação necessária de representante da Ordem dos Advogados do Brasil.

Art. 152. Os candidatos serão submetidos à investigação relativa aos aspectos moral e social, bem assim a exame de sanidade física e mental.

Art. 153. São condições indispensáveis à posse em cargo de Juiz Substituto:

I - ser brasileiro, estar em exercício dos direitos civis e políticos, e, se do sexo masculino, quite com o serviço militar;

II - ter idade não inferior a 21 anos;

III - ser graduado em Direito;

IV - ter tido comprovados, na investigação procedida pelo Tribunal de Justiça, bons antecedentes morais e sociais, bem assim, através de laudo passado por órgão oficial, saúde física e mental.

Art. 154. O nomeado, no ato da posse, deverá apresentar declaração pública de seus bens, bem assim prestar compromisso de desempenhar, com retidão, as funções do cargo, cumprindo a Constituição e as leis.

SEÇÃO II
DA AQUISIÇÃO DA VITALIDADE

Art. 155. No primeiro grau, a vitaliciedade só será adquirida após o exercício da Magistratura pelo período previsto na Constituição Federal.

Art. 156. Durante o período a que se refere o artigo precedente, será avaliado o comportamento profissional do Juiz Substituto, e, por conseqüência, a sua aptidão ao desempenho da magistratura, considerando-se-lhe a idoneidade moral, que implica a dignidade funcional, a retidão de conduta, a probidade e a independência, bem assim a assiduidade, a disciplina e a postura convivencial.

Art. 157. A Corregedoria Geral da Justiça, durante o curso do estágio de prova, manterá prontuário individual de cada Juiz Substituto não vitalício, do qual constarão anotações permanentemente atualizadas quanto ao seu desempenho profissional.

Art. 158. A avaliação do desempenho do magistrado, ao curso do estágio de prova, será procedida pela Corregedoria Geral da Justiça, que, até sessenta dias antes do termo final do período previsto no art. 155, remeterá relatório circunstanciado e conclusivo ao Conselho Estadual da Magistratura.

Parágrafo único. O relatório de que trata este artigo será obrigatoriamente instruído com o prontuário de acompanhamento do desempenho do magistrado, bem como, facultativamente, por outros documentos que, relacionados à sua vida profissional, entenda a Corregedoria Geral da Justiça de interesse com vistas à formação do convencimento do Conselho.

Art. 159. Examinado o relatório, o Conselho deliberará e formalizará motivado parecer, conclusivo quanto à aptidão ou não do magistrado, que submeterá ao Tribunal Pleno, tudo dentro do prazo improrrogável de trinta dias, contado a partir da data do recebimento do correspondente dossiê.

Art. 160. O Tribunal de Justiça, em sessão plenária, à vista da prova consubstanciada no dossiê a ele remetido, avaliará a atuação do magistrado, decidindo pela concessão ou não da vitaliciedade.

Art. 161. A rejeição ao vitaliciamento, e, por conseqüência, a exoneração do magistrado, apenas se dará mediante deliberação do Tribunal de Justiça, adotada por pelo menos dois terços dos Desembargadores que o integram.

Art. 162. Poderá, ainda, ocorrer a qualquer tempo a cessação do estágio, mediante o compulsório afastamento do magistrado e a sua conseqüente exoneração, quando assim o decidir o Tribunal Pleno, pelos votos de pelo menos dois terços dos seus membros, desde que apurada, em processo disciplinar conduzido pela Corregedoria Geral da Justiça, a inaptidão do Juiz Substituto para o exercício da Magistratura.

§ 1º Ao Juiz Substituto, na hipótese deste artigo, assegurar-se-á pleno exercício do direito de defesa.

§ 2º O ato exoneratório será expedido pelo Presidente do Tribunal de Justiça.

SEÇÃO III
DA APURAÇÃO DA ANTIGUIDADE

Art. 163. Anualmente, no mês de julho, o Presidente do Tribunal mandará reorganizar os quadros de antigüidade dos Desembargadores e Juízes, para o fim de, feitas as inclusões e exclusões necessárias, apurar-se nova lista de antigüidade.

§ 1º Haverá três quadros de antigüidade:

a) um para os Desembargadores;

b) um para os Juízes de Direito, inclusive com atribuições de auxiliar; c) um para os Juízes Substitutos.

§ 2º Os Desembargadores serão colocados na ordem de precedência, quanto ao ingresso no Tribunal de Justiça.

Art. 164. O quadro de antigüidade dos Juízes de Direito conterá obrigatoriamente a relação de antigüidade na entrância, para efeito de promoção, remoção ou permuta.

§ 1º Por antiguidade na entrância, entende-se o tempo de efetivo exercício nela, deduzidas as interrupções legais, contando-se como de efetivo exercício:

I - o tempo de licença ou concessão remunerada;

II - o período de férias;

III - o período de convocação pelo Presidente do Tribunal;

IV - o período consecutivo de oito dias, por motivo de casamento ou de falecimento de cônjuge, filho, pai, mãe ou irmão.

§ 2º No quadro de antigüidade na entrância, os juízes de direito serão agrupados por entrância, indicando-se o tempo de efetivo exercício nela, para efeito de colocação.

Art. 165. Apresentados os quadros ao Tribunal de Justiça, na primeira sessão ordinária do mês de agosto, serão, depois de aprovados, publicados no Diário Oficial do Estado, e distribuídos entre os desembargadores e juízes.

§ 1º Os que se considerarem prejudicados poderão reclamar, no prazo de 10 (dez) dias, contados da publicação dos quadros.

§ 2º As reclamações serão julgadas pelo Tribunal de Justiça, de acordo com as seguintes regras:

I - terminado o prazo do artigo anterior serão as reclamações reunidas em um só processo, sob uma única autuação para ser distribuído na primeira sessão ordinária do Tribunal;

II - o relator mandará ouvir os juízes cuja antigüidade possa ser prejudicada, marcando-lhes prazo de 10 (dez) dias para resposta;

III - findo este prazo, com a resposta dos interessados ou sem ela, o relator mandará ouvir a Corregedoria Geral da Justiça, dentro de 05 (cinco) dias, e, em seguida, examinados os autos, pedirá dia para julgamento, devendo este realizar-se na sessão imediata;

IV - se for julgada procedente qualquer reclamação o Tribunal ordenará a retificação no quadro de antigüidade, determinando uma nova publicação.

CAPÍTULO III
DA MOVIMENTAÇÃO DOS JUÍZES

Art. 166. O juiz de direito só poderá ser movido:

I - por remoção;

II - por permuta;

III - por promoção;

IV - em virtude de interesse público reconhecido pelo voto de dois terços dos membros efetivos do Tribunal de Justiça, em decisão fundamentada.

Art. 167. Ao provimento inicial de Comarca, Vara ou Juizado Especial, e a promoção por merecimento, precederá sempre a remoção.

Art. 168. Ocorrida à vaga, será o fato imediatamente noticiado, mediante Edital, abrindo-se inscrição, pelo prazo de 10 (dez) dias, aos Magistrados de igual entrância que tenham interesse em preencher o claro mediante remoção.

Art. 169. Findo o prazo de que trata o artigo precedente, decidirá o Tribunal Pleno quanto ao Magistrado, dentre os inscritos, que deverá ser removido, ouvindo-se, previamente, a Corregedoria Geral da Justiça, que deverá se manifestar no prazo de 48 (quarenta e oito) horas.

§ 1º Não poderão concorrer à remoção os magistrados que, nos dois anos imediatamente anteriores, tenham sido punidos com censura ou sanção mais grave.

§ 2º Inocorrentes inscrições, ou inaptos todos os inscritos à remoção, será oportunizado, mediante novo Edital, inscrição pelo prazo de dez dias, aos Magistrados que tenham interesse em concorrer à promoção pelo critério de merecimento.

§ 3º Terão prioridade a remoção os Juízes de Direito de igual entrância para a qual se der a vaga, ainda que em exercício em Comarcas de entrâncias diferentes, em virtude de elevação ou rebaixamento da referida Comarca.

§ 4º Ocorrendo vaga decorrente de remoção, destinar-se-á, obrigatoriamente, ao provimento por promoção.

DIVISÃO E ORGANIZAÇÃO JUDICIÁRIA

Art. 170. Facultar-se-á a permuta entre Juízes de Direito, de igual entrância, desde que, em o requerendo conjuntamente, conclua o Tribunal de Justiça, ouvida a Corregedoria Geral da Justiça, pela conveniência e pela oportunidade da medida.

§ 1º A permuta entre juízes de mesma entrância só poderá ser recusada por 2/3 dos votos do Tribunal de Justiça, por decisão devidamente fundamentada.

§ 2º Apenas poderão pleitear permuta Juízes de Direito que estejam há, pelo menos, um ano em efetivo exercício no respectivo Juízo.

§ 3º Na permuta serão guardados, no que couber, os mesmos princípios e procedimentos referentes à remoção.

CAPÍTULO IV
DA PROMOÇÃO

Art. 171. As promoções dos Juízes de Direito dar-se-ão de entrância para entrância, observados os critérios de antigüidade e merecimento, alternadamente, e dependerá sempre, em qualquer hipótese, de prévia inscrição dos Magistrados interessados.

Art. 172. Nos casos de promoção, por antiguidade ou merecimento, o Presidente do Tribunal de Justiça fará publicar edital, abrindo-se inscrição, pelo prazo de 10 (dez) dias, notificando os juízes de entrância imediatamente inferior, especificando o critério a ser atendido no preenchimento da respectiva vaga.

§ 1º A promoção do juiz mais antigo só poderá ser recusada por 2/3 (dois terços) dos votos devidamente fundamentados do tribunal a que estiver vinculado, convertendo-se, se for o caso, em processo disciplinar contra o recusado.

§ 2º A recusa do juiz mais antigo suspenderá o processo de promoção até a conclusão do procedimento administrativo.

§ 3º A inscrição far-se-á por meio de requerimento dirigido ao Presidente do Tribunal de Justiça.

Art. 173. O merecimento e a antigüidade serão apurados em cada entrância, sendo obrigatória a manifestação da Corregedoria-Geral da Justiça, no prazo de 48 (quarenta e oito) horas, em todos os procedimentos de promoção.

Art. 174. Verificado empate, na apuração da antiguidade, dar-se-á a precedência ao magistrado mais antigo na carreira. Permanecendo o impasse, promover-se-á aquele que tiver maior tempo de serviço público, ou, sucessivamente, o mais idoso.

Art. 175. A promoção por merecimento pressupõe dois anos de efetivo exercício na entrância, bem como integrar o magistrado a primeira quinta parte da lista de antigüidade a esta correspondente, salvo se não houver, preenchendo tais requisitos, quem aceite o lugar vago.

§ 1º Não havendo inscrição de magistrado integrante da primeira quinta parte da respectiva lista de Antigüidade, o Presidente do Tribunal fará publicar novo Edital, abrindo-se nova inscrição, pelo prazo de 05 (cinco) dias, podendo concorrer todos os demais juízes, integrantes da quinta parte subseqüente da respectiva lista de Antiguidade.

§ 2º Considerar-se-á precluso o direito de inscrição da primeira quinta parte, não exercido no prazo previsto no art. 168.

§ 3º Havendo empate na promoção por merecimento entre mais de um juiz, adotará o tribunal o critério de desempate na seguinte forma:

I – o mais antigo na respectiva entrância;

II – o de mais tempo na magistratura;

III – o que já tenha sido votado em outras vezes no mesmo critério de promoção;

IV – o de mais tempo de serviço público;

V – o mais idoso.

Art. 176. A aferição do merecimento processar-se-á pelos critérios da presteza e da segurança no exercício da jurisdição e pela freqüência e aproveitamento em cursos reconhecidos de aperfeiçoamento para Magistrados.

Art. 177. É obrigatória a promoção do Juiz que figure por três vezes consecutivas ou cinco alternadas em lista de merecimento.

Art. 178. Não poderá ser promovido o Magistrado que, durante o ano imediatamente anterior à abertura da vaga, houver sido punido com a aplicação de censura ou outra sanção mais grave.

CAPÍTULO V
DO ACESSO AO TRIBUNAL DE JUSTIÇA

Art. 179. O acesso ao Tribunal de Justiça, por integrante da Carreira da Magistratura, far-se-á por antigüidade e merecimento, alternadamente, apurados na última entrância, respeitadas as normas pertinentes estabelecidas na Constituição do Brasil e legislação a esta complementar.

CAPÍTULO VI
DA REMUNERAÇÃO

Art. 180. Os subsídios dos Magistrados são irredutíveis, observado o que dispõem as Constituições Federal e Estadual.

Art. 181. Os subsídios dos Desembargadores importam em noventa inteiros e vinte e cinco centésimos por cento (90,25%) do subsídio mensal, em espécie, assegurado aos Ministros do Supremo Tribunal Federal.

Art. 182. Os Juízes de Direito, inclusive aqueles com atribuições de auxiliar, têm seus subsídios fixados com diferença não excedente a cinco por cento, de uma para outra entrância, atribuindo-se aos da entrância mais elevada noventa e cinco por cento dos subsídios assegurados aos Desembargadores. (Redação dada pela Lei nº 7.595, de 02 de abril de 2014).

§ 1º O Juiz de Direito, quando acumular o exercício de outra Comarca ou Vara, perceberá a diferença do subsídio em que se verificar a substituição.

§ 2º O Juiz de Direito em exercício em Comarca, Vara ou Juizado Especial, que tiver sido elevada de entrância, enquanto não for promovido, receberá a título de substituição.

§ 3º A redução de que trata o caput ocorrerá de modo fracionado em um ponto per-centual ao ano, até alcançar o limite de 5%. (Acrescentado pela Lei nº 7.595, de 02 de abril de 2014).

§ 4º Havendo disponibilidade orçamentária e financeira, poderá o Tribunal de Justiça de Alagoas antecipar a redução. (Acrescentado pela Lei nº 7.595, de 02 de abril de 2014).

Art. 183. O subsídio do cargo de Juiz Substituto corresponderá àquele atribuído ao de Juiz de Direito de primeira entrância.

Art. 184. Os subsídios dos Magistrados, relativamente a cada mês de atividades, serão pagos, obrigatoriamente, até o décimo dia útil do mês imediatamente subseqüente.

Art. 185. Além dos subsídios, os Magistrados farão jus às seguintes vantagens pecuniárias:

I - ajuda de custo, aos Juízes de primeiro grau, para despesas de transporte e mudança, desde que devidamente comprovadas;

II - diárias;

III - representação em virtude do exercício de cargo ou função temporários, inclusive como auxiliar da Presidência do Tribunal, ou da Corregedoria Geral da Justiça, ou membro de Turma Recursal, ou da Turma de Uniformização, correspondente a 10% (dez por cento) do seu subsídio; (Redação dada pela Lei nº 7.270, de 16.08.2011.)

IV - gratificação pela prestação de serviço à Justiça Eleitoral;

V - remuneração específica por aulas proferidas em cursos de preparação e aperfeiçoamento de Magistrados, ministrados pela Escola Superior da Magistratura do Estado de Alagoas - ESMAL;

VI - outras vantagens previstas na Lei de regência da Magistratura Nacional.

Art. 186. Ao Presidente e ao Vice-Presidente do Tribunal de Justiça, bem assim ao Corregedor-Geral da Justiça, são asseguradas gratificações de representação em valores correspondentes a trinta por cento, quanto ao primeiro, e a vinte e cinco por cento, quanto aos demais, percentuais estes incidentes sobre os respectivos subsídios.

Art. 187. O Juiz de Direito, inclusive aquele com atribuições de auxiliar, quando no exercício de substituição em entrância superior àquela a que pertença, fará jus à diferença apurada entre o vencimento do cargo ocupado e aquele de que titular o substituído, com referência, estritamente, ao período em que se der a efetiva substituição, sem prejuízo, em sendo o caso, do auferimento das vantagens pecuniárias pertinentes a diárias.

Art. 188. Será assegurada a percepção de diárias ao Juiz de Direito, inclusive com atribuições de auxiliar, quando houver deslocamento, independentemente da Circunscrição Judiciária daquela em que servir.

Art. 189. O Juiz Substituto, quando no exercício de substituição, não fará jus a qualquer vantagem pecuniária, ressalvada a hipótese de exercício, cumulativo, em mais de uma Comarca, quando lhe será assegurado o auferimento de diárias.

Art. 190. O Tribunal Pleno, mediante Resolução, poderá expedir normas ordinárias complementares com vistas à concessão das vantagens pecuniárias de que trata esta lei.

CAPÍTULO VII
DAS LICENÇAS

Art. 191. Os Magistrados terão direito a licenças:

I - para tratamento da própria saúde;

II - por motivo de doença em pessoa da família;

III - para repouso à gestante;

IV - licença-paternidade.

§ 1º As licenças de que tratam os incisos II, III e IV são condicionadas a prévia autorização formal por ato do Presidente do Tribunal de Justiça, sob pena de caracterização de falta disciplinar.

§ 2º Denegado pedido de licença para trato da própria saúde, em razão da não configuração dos pressupostos legais indispensáveis à concessão, computar-se-ão como de faltas ao trabalho os dias de afastamento desautorizado.

Art. 192. A licença para tratamento da própria saúde, por prazo superior a trinta dias, bem como as prorrogações que importem em licença por período ininterrupto, também superior a trinta dias, dependem de inspeção por junta médica.

Art. 193. O Magistrado licenciado não pode exercer qualquer das suas funções jurisdicionais ou administrativas, nem exercitar qualquer função pública ou particular.

§ 1º Os períodos de licenças concedidos aos Magistrados não terão limites inferiores aos reconhecidos por lei ao funcionalismo da mesma pessoa de direito público.

§ 2º Salvo contra-indicação médica, o Magistrado licenciado poderá proferir decisões em processos que, antes da licença, lhe hajam sido conclusos, para julgamento, ou tenham recebido seu visto como Relator ou Revisor.

Art. 194. O Magistrado que, por dois anos consecutivos, tiver registrados, ao todo, afastamentos por seis meses ou mais, em virtude de licenciamento da própria saúde, deverá submeter-se, ao requerer nova licença para igual fim, dentro de dois anos, a exame para verificação de invalidez.

Parágrafo único. Concluindo o Tribunal pela incapacidade definitiva do Magistrados, promoverá a sua transferência para a inatividade remunerada.

CAPÍTULO VIII
DAS CONCESSÕES

Art. 195. Sem prejuízo do vencimento, remuneração ou de qualquer direito ou vantagem legal, o Magistrado poderá afastar-se de suas funções, até oito dias consecutivos, por motivo de:

I - casamento;

II - falecimento de cônjuge, ascendente, descendente ou irmão.

Art. 196. Conceder-se-á, ainda, afastamento ao Magistrado, sem prejuízo de seus subsídios e vantagens:

I - para fins de freqüência a cursos ou seminários de aperfeiçoamento e estudos, a critério do Tribunal, pelo prazo máximo de dois anos;

II - para a prestação de serviço, exclusivamente, à Justiça Eleitoral;

III - para exercício da Presidência de associação de classe.

Art. 197. Em qualquer das hipóteses de que tratam os artigos precedentes, salvo o que prevê o art. 196, inciso II, são os afastamentos condicionados à prévia autorização por ato do Presidente do Tribunal de Justiça.

Parágrafo único. Tratando-se de ausência em virtude de falecimento de membro da família, na forma e nos casos definidos neste Código, deverá o Magistrado, dentro do prazo de três dias, justificar documentalmente o seu afastamento.

CAPÍTULO IX
DAS FÉRIAS

Art. 198. Os Magistrados terão direito a sessenta dias de férias anuais, que serão usufruídas individualmente.

Art. 199. Os Desembargadores gozarão férias na forma estabelecida na Lei de Regência da Magistratura Nacional, obedecido o disposto na Constituição Federal.

Art. 200. O Presidente e o Vice-Presidente do Tribunal de Justiça, bem assim o Corregedor- Geral da Justiça, gozarão férias individuais, por períodos correspondentes a trinta dias por semestre, fixadas as oportunidades de desfrute observadas as necessidades e as conveniências do serviço.

Parágrafo único. As férias individuais serão obrigatoriamente desfrutadas ao correr do correspondente período de fruição, vedado o fracionamento por espaços de tempo inferiores a trinta dias.

Art. 201. Durante as férias dos Desembargadores, serão convocados para substituição, Juízes de Direito de terceira entrância, na forma estabelecida no art. 143, § 1º, deste Código.

Art. 202. Poderá o Presidente do Tribunal de Justiça, ou seu substituto legal, durante as férias do Relator, e até a efetivação da substituição, decidir sobre pedidos de liminar em mandado de segurança, determinar liberdade provisória ou sustação de ordem de prisão, bem assim praticar outros atos de manifesta urgência, nos feitos a ele destinados.

Art. 203. Os membros da Magistratura de primeiro grau gozarão férias individuais, observada escala anualmente elaborada e aprovada pelo Corregedor-Geral da Justiça. (Redação dada pela Lei 8.065, de 21 de dezembro de 2018)

§ 1º As escalas de férias serão organizadas até o dia 30 (trinta) do mês de novembro de cada ano e só poderão ser modificadas por motivo justo, atendendo sempre à regularidade das substituições, mediante deliberação do Corregedor-Geral da Justiça. (Redação dada pela Lei 8.065, de 21 de dezembro de 2018)

§ 2º As férias individuais não podem fracionar-se em períodos inferiores a trinta dias e somente podem acumular-se por imperiosa necessidade de serviço e pelo máximo de dois anos.

§ 3º A promoção, remoção ou permuta não interrompe o gozo de férias.

§ 4º O início e o término das férias individuais dos Juízes de Primeiro Grau serão comunicadas à Presidência e à Corregedoria-Geral da Justiça. (Acrescentado pela Lei 8.065, de 21 de dezembro de 2018)

§ 5º As férias deverão ser cumpridas obrigatoriamente no respectivo ano, para o qual estabelecidas, salvo motivo superior de interesse de Justiça, ou, da Administração. (Acrescentado pela Lei 8.065, de 21 de dezembro de 2018)

Art. 204. (Revogado pela Lei Estadual nº 8.065, de 21.12.2018).

Art. 205. Apenas excepcionalmente, em face de petição formal devidamente motivada pelo magistrado de primeiro grau e protocolada com antecedência mínima de 30 (trinta) dias ao termo inicial previsto ao desfrute de suas férias regulamentares, poderá o Corregedor-Geral da Justiça conceder o adiamento do repouso, uma única vez, hipótese em que desde logo designará a oportunidade em que deverá ocorrer. (Redação dada pela Lei 8.065, de 21 de dezembro de 2018)

Art. 206. Configurarão faltas disciplinares:

I – o começo do gozo de férias, ou sua permanência, sem observância aos termos inicial e final fixados na escala correspondente;

II – a não fruição de férias no período previamente fixado, conforme escala pertinente, salvo anterior adiamento devidamente concedido pelo Corregedor-Geral da Justiça. (Redação dada pela Lei 8.065, de 21 de dezembro de 2018)

Art. 207. Na primeira instância, durante as férias, poderão ser praticados e não se suspenderão, pela superveniência delas, os seguintes atos:

I – a produção antecipada de provas (art. 846 do Código de Processo Civil);

II – a citação, a fim de evitar o perecimento de direitos, e bem assim o arresto, o seqüestro, a penhora, a arrecadação, a busca e apreensão, o depósito, a prisão, a separação de corpos, a abertura de testamento, os embargos de terceiro, a nunciação de obra nova e outros atos análogos;

III – os atos de jurisdição voluntária bem como os necessários à conservação de direitos, quando possam ser prejudicados pelo adiamento;

IV – as causas de alimentos provisionais, de dação ou remoção de tutores e curadores;

V – todas as causas que a lei federal determinar;

VI – as ações prescritíveis até três meses;

VII – o cumprimento de cartas de ordem, precatórias e rogatórias;

VIII – o habeas corpus, os recursos criminais em geral, bem como os processos e julgamentos de réus presos ou na iminência de prescrição, e os pedidos de prisão preventiva;

IX – as medidas de proteção aos menores abandonados;

X – quaisquer outras ações ou processos regulados em lei especial, onde ressalvada a produção de tutela de urgência.

CAPÍTULO X
DAS SUBSTITUIÇÕES NAS COMARCAS

Art. 208. As substituições dos Juízes de Direito de 1º entrância dar-se-á por Juiz Substituto com lotação na circunscrição a que integrante a Comarca de que seja titular o substituído.

Art. 209. Os Juízes de Direito de 2ª e de 3ª entrâncias serão substituídos por Juízes de Direito com Atribuições de Auxiliar, das mesmas entrâncias e circunscrições.

Art. 210. O Tribunal Pleno, mediante proposição da Corregedoria Geral da Justiça, estabelecerá, através de Resolução, no mês de dezembro de cada ano, tabela de substituições para vigência durante o período subseqüente.

Art. 211. Excepcionalmente, quando se demonstre inviável se processe a substituição de Juiz de Direito na conformidade do disposto nos artigos precedentes, será o substituto escolhido e designado pelo Presidente do Tribunal de Justiça, inclusive, em sendo o caso, mediante mobilização de magistrado lotado em outra circunscrição.

Art. 212. Nas hipóteses de impedimento ou suspeição, ou ainda quando o interesse do serviço o determinar, as substituições poderão ser exercidas por Juiz de Direito, Juiz de Direito com Atribuições de Auxiliar ou Juiz Substituto, mediante designação do Presidente do Tribunal de Justiça, ouvido o Plenário.

LIVRO IV
DOS SERVIÇOS AUXILIARES DA JUSTIÇA

TÍTULO I
DOS ÓRGÃOS DE APOIO ADMINISTRATIVO E JUDICIÁRIO

CAPÍTULO I
DO TRIBUNAL DE JUSTIÇA E DA CORREGEDORIA GERAL DA JUSTIÇA

Art. 213. A lei disporá sobre estrutura dos órgãos de apoio administrativo do Tribunal de Justiça e da Corregedoria Geral da Justiça, definindo os cargos de provimento efetivo e comissionado dela integrantes, estabelecendo-lhes os quantitativos e os conteúdos ocupacionais e fixando os respectivos padrões retributórios.

Art. 214. O Tribunal de Justiça, para efeito de específico suprimento de carência em unidades administrativas e judiciárias, levantadas à vista das respectivas lotações numéricas legalmente estabelecidas e desde que demonstradas de preenchimento imediato inviável mediante provimento efetivo, poderá promover a contratação a termo de pessoal de apoio administrativo ou auxiliar da justiça, conforme o caso, sempre por período nunca superior a um ano, admitida a renovação, uma única vez, sob critério de seleção simplificada com prova de títulos.

Parágrafo único. As carências relativas a serviços gerais de conservação e limpeza poderão ser supridas mediante terceirização.

CAPÍTULO II
DOS ÓRGÃOS AUXILIARES DOS JUÍZES DE PRIMEIRO GRAU

Art. 215. Os serviços auxiliares dos Juízos de primeiro grau serão realizados pelas respectivas escrivanias.

Art. 216. A criação de cada Juízo implicará a automática instituição da correspondente escrivania, cuja estrutura de cargos é a definida por este Código.

TÍTULO II
DOS SERVIDORES DA JUSTIÇA

CAPÍTULO I
DISPOSIÇÕES GERAIS

Art. 217. São Servidores da Justiça os Funcionários do Tribunal de Justiça e os Serventuários da Justiça.

Art. 218. O regime jurídico aplicável aos Funcionários do Tribunal de Justiça é aquele aplicável aos servidores públicos civis estaduais de vínculo estatutário.

Art. 219. Aos Serventuários da Justiça aplicar-se-á o regime jurídico pertinente aos servidores públicos civis estaduais de vínculo estatutário, respeitadas as disposições deste Código.

CAPÍTULO II
DOS SERVENTUÁRIOS DA JUSTIÇA

SEÇÃO I
DO INGRESSO

Art. 220. Os cargos de Serventuário da Justiça são organizados em carreiras, na conformidade do que estabelece este Código.

Art. 221. O provimento como Serventuário da Justiça dar-se-á na classe inicial da carreira, independentemente da entrância em que venha a ser lotado e a ter exercício, observada a cautela de prévia habilitação em concurso público de provas ou de provas e títulos, respeitada a correspondente ordem classificatória final.

Parágrafo único. O ato convocatório de cada certame seletivo indicará, precisamente, os cargos vagos existentes e as unidades judiciárias a que correspondentes, de forma a que possa o interessado, no ato da inscrição, indicar a categoria funcional e a Comarca para que concorre.

SEÇÃO II
DA REMOÇÃO

Art. 222. Abrindo-se, em qualquer juízo, vaga em cargo de Serventuário da Justiça, expedir- se-á edital convocatório dos integrantes da categoria, fixando-lhes prazo de dez dias para o fim de que, em o querendo, manifestem possível interesse em se verem mobilizados, mediante remoção, para a unidade judiciária em que se deva dar o preenchimento.

Parágrafo único. Apenas poderão ser removidos Serventuários da Justiça que contem com pelo menos dois anos de efetivo exercício na carreira, bem como não tenham sofrido, no biênio imediatamente precedente, a imposição de censura ou outra sanção mais grave.

Art. 223. Na hipótese da manifestação de interesse por mais de um Serventuário da Justiça, dar-se-á preferência ao mais antigo na carreira. Ocorrendo empate, remover-se-á aquele que contar com maior tempo de serviço público. Dando-se que persista o impasse, será removido o mais idoso.

Art. 224. Em nenhuma hipótese será aberto concurso público, para efeito de provimento de cargo específico de Serventuário da Justiça, antes de oportunizado o preenchimento mediante remoção.

SEÇÃO III
DAS PERMUTAS

Art. 225. Facultar-se-á a permuta de Serventuários da Justiça, desde que, em o requerendo conjuntamente ambos os interessados, conclua a Corregedoria-Geral da Justiça pela conveniência e pela oportunidade da medida.

Art. 226. Apenas poderão pleitear permuta Serventuários da Justiça que já contem com pelo menos dois anos de efetivo exercício na carreira.

SEÇÃO IV
DAS PROMOÇÕES

Arts. 227 e 228. (Revogados pela Lei nº 6.797, de 08.01.2007).

SEÇÃO V
DAS SUBSTITUIÇÕES

Art. 229. Os Serventuários da Justiça, em suas faltas, ausências eventuais, férias, licenças e impedimentos serão substituídos, mediante designação pelo Juiz Titular:

I – o Escrivão por Escrevente;

II – o Escrevente por outro Escrevente, ou ainda, excepcionalmente, por Oficial de Justiça;

III – o Oficial de Justiça por outro Oficial de Justiça, ou ainda, extraordinariamente, por Porteiro de Auditórios ou Escrevente;

IV – o Porteiro de Auditórios por Oficial de Justiça;

V – o Distribuidor por Escrevente;

VI – o Depositário Público por Oficial de Justiça ou Escrevente.

LIVRO V
DAS DISPOSIÇÕES ESPECIAIS

TÍTULO I
DO FUNDO ESPECIAL DE MODERNIZAÇÃO DO PODER JUDICIÁRIO – FUNJURIS

Art. 230. O Fundo Especial de Modernização do Poder Judiciário – FUNJURIS, instituído pela Lei nº 5.887, de 06 de dezembro de 1996, terá as suas atividades orientadas, coordenadas e supervisionadas pelo Presidente do Tribunal de Justiça.

Parágrafo único. Resolução do Tribunal de Justiça disporá sobre o funcionamento do fundo especial de que trata este artigo.

TÍTULO II
DOS SERVIÇOS REGISTRAIS E NOTARIAIS

Art. 231. As atividades registrais e notariais serão exercidas sob fiscalização judiciária e observarão a disciplina específica estabelecida em legislação federal.

Parágrafo único. Facultar-se-á a permuta de registradores e notários, desde que, em o requerendo conjuntamente ambos os interessados, conclua a Corregedoria-Geral da Justiça pela conveniência e pela oportunidade da medida.

Art. 232. Os atos de concessão de serviços registrais e notariais serão expedidos pelo Presidente do Tribunal de Justiça, após cumpridas as formalidades legais de estilo, ouvido o Plenário.

Art. 233. Lei especial estadual disporá sobre as normas e os critérios a serem observados nos concursos para provimento e remoção de oficiais registrais e notários.

LIVRO VI
DISPOSIÇÕES GERAIS, TRANSITÓRIAS E FINAIS

TÍTULO I
DISPOSIÇÕES GERAIS

Art. 234. O Tribunal de Justiça, mediante resoluções disporá:

I – sobre o horário de funcionamento das Comarcas, Varas Judiciárias e dos Juizados Especiais do Estado de Alagoas;

II – sobre o detalhamento das atribuições dos órgãos integrantes do Poder Judiciário, bem assim dos ocupantes de cargos e funções de suas respectivas estruturas;

III – sobre as instruções que se façam necessárias com vistas à aplicação das normas componentes da disciplina deste Código.

IV – anualmente, no mês de agosto, sobre a quantidade de servidores a serem lotados nos órgãos do Poder Judiciário, podendo ser excepcionado o parâmetro do Anexo VIII a que se refere o caput do art. 245 desta Lei, na hipótese de necessidade do serviço devidamente fundamentada pelo Corregedor-Geral da Justiça, com dados estatísticos que demonstrem a relação entre a demanda de processos e o número de servidores; e (Acrescentado pela Lei nº 6.816, de 12.07.2007)

V – sobre os valores e o modo de concessão de diárias para os Desembargadores, Juízes e Servidores. (Acrescentado pela Lei nº 6.816, de 12.07.2007)

Parágrafo único. O Corregedor-Geral da Justiça solicitará ao Magistrado Titular, ou àquele que esteja respondendo pela unidade jurisdicional, que indique os servidores para nova lotação, na forma disciplinada no inciso IV desta Lei, devendo ser respeitados a comarca e o termo judiciário nos quais os mesmos estiverem anteriormente lotados. (Acrescentado pela Lei nº 6.816, de 12.07.2007)

Art. 235. A Assessoria Militar do Tribunal de Justiça tem a estrutura organizacional a saber:

I – Órgão Superior de Coordenação e Supervisão:

a) Gabinete do Assessor-Chefe;

b) Assessoria Adjunta;

c) Ajudância.

II – Órgão Operacional:

a) Seção de Segurança;

b) Grupo de Comando (GP CMDO);

c) Pelotão de Segurança (PEL SEG).

Art. 236. Na Comarca em que inexistente Juizado Especial Cível e Criminal devidamente instalado, a competência que a este seria em princípio afeta será exercida pelo único Juízo que houver, ou, no caso da existência de mais de um, àquele a que corresponder a 2ª Vara.

Art. 237. Nas Comarcas do interior, onde existentes duas ou mais Varas devidamente instaladas, os processos e procedimentos regulados pelo Estatuto da Criança e do Adolescente serão da competência privativa da 1ª Vara.

Art. 238. Haverá, em cada Comarca de terceira e de segunda entrâncias, um Serviço de Distribuição, Informações e Custas – SERDIC.

§ 1º As atividades de cada Serviço de que trata este artigo serão coordenadas e dirigidas por um Chefe de Serviço, Símbolo DI-1, de provimento em comissão.

§ 2º A estrutura de apoio administrativo compreenderá um cargo de Auxiliar Técnico, Símbolo DI-1, de provimento em comissão, salvo nas Comarcas de Arapiraca e da Capital, que terão lotações numéricas de dois e cinco cargos de igual natureza.

Art. 239. Fica criada a Diretoria de Comunicação Social, subordinada à Secretaria Especial da Presidência do Tribunal de Justiça, que tem a seguinte composição:

I - Gabinete do Diretor;

II - Departamento de Divulgação Institucional e Jurisdicional;

§ 1º A Diretoria de Comunicação Social é exercida por um ocupante de cargo de provimento em comissão de Diretor de Comunicação, símbolo DS1.

§ 2º O Departamento de Divulgação Institucional e Jurisdicional é dirigido por diretor adjunto, com cargo de provimento em comissão, símbolo DS2 - que, na ausência do diretor, exercerá sua função, sendo composta ainda de 01 (um) redator, 01 (um) repórter e 01 (um) repórter fotográfico, todos com cargos de provimento em comissão, AS2.

§ 3º Todos os cargos da Diretoria de Comunicação Social são privativos de jornalistas profissionais, nos termos do Decreto-Lei nº 83.284, de 13 de março de 1979.

§ 4º As atribuições da Diretoria de Comunicação serão definidas em Resolução do Tribunal de Justiça, aprovada pelo Pleno.

TÍTULO II
DISPOSIÇÕES TRANSITÓRIAS

Art. 240. São reestruturadas, nas Comarcas da Capital e de Arapiraca, as Varas Judiciárias existentes em suas ordenações genéricas, com as esferas de competência e jurisdição, na conformidade dos Anexos I e II desta Lei.

§ 1º A Corregedoria-Geral da Justiça promoverá em, no máximo sessenta dias, os atos necessários à adequação dos procedimentos administrativos nos setores de distribuição das respectivas comarcas, relativamente as eventuais alterações nas competências das varas judiciais.

§ 2º Em nenhuma hipótese haverá redistribuição dos processos em tramitação, em face de eventual alteração decorrente desta Lei, nas competências das respectivas varas.

Art. 241. O Tribunal de Justiça promoverá, dentro do prazo de um ano, a adaptação do seu Regimento Interno às disposições deste Código.

Art. 242. Somente mediante lei específica, de autoria do Poder Judiciário, poderá ser alterada, ampliada ou reduzida a competência em razão da matéria de Vara ou Juizado Especial. (Redação dada pela Lei nº 6.816, de 12.07.2007.)

Parágrafo único. A competência em razão do território poderá ser fixada por Resolução do Tribunal de Justiça. (Acrescentado pela Lei nº 6.816, de 12.07.2007.)

Art. 243. Aos Serventuários da Justiça ativos e inativos, inclusive notários e oficiais registrais, ocupantes de cargos públicos de provimento efetivo não previstos no Anexo III, do art. 217 da Lei nº 6.020, de 02 de junho de 1998, ou ainda estáveis no serviço público, fica preservado o tratamento jurídico que lhes fora assegurado pela legislação anterior.

Art. 244. O Regimento Interno da ESMAL será proposto pelo Diretor da Escola, e submetido ao Tribunal Pleno, no prazo máximo de cento e vinte dias da aprovação desta Lei.

Parágrafo único. Fica criado um cargo de investidura em comissão - AS-2, de Coordenador Pedagógico, a ser preenchido, preferencialmente, por pós-graduado em Pedagogia. (Redação dada pela Lei nº 7.010, de 17.12.2008.)

TÍTULO III
DISPOSIÇÕES FINAIS

Art. 245. São mantidos os Anexos I a VIII, estabelecidos no art. 217 da Lei nº 6.020, de 02 de junho de 1998.

Parágrafo único. São Anexos integrantes deste Código:

I - Anexo I - Classificação e Competências das Varas Judiciárias da Comarca da Capital;

II - Anexo II - Classificação e Competências das Varas Judiciárias da Comarca de Arapiraca;

III - Anexo III - Quadro de Cargos de Provimento Permanentes e Comissionados das Varas da Infância e da Juventude da Comarca da Capital;

IV - Anexo IV - Quadro de Pessoal das Varas da Infância e da Juventude da Comarca da Capital. - Cargos Permanentes;

V - Anexo V - Quadro de Pessoal das Varas da Infância e da Juventude da Comarca da Capital. - Cargos Comissionados.

Art. 246. Os arts. 1º e 2º da Lei nº 5.887, de 06 de dezembro de 1996, passam a viger com as redações com que ora imperam os arts. 622 e 623 da Lei nº 4.804, de 09 de setembro de 1986.

Parágrafo único. Fica mantido o repasse da taxa da ANOREG.

Art. 247. A criação de cada Juízo, conforme o caso, implicará a criação automática, além do cargo de Juiz Titular correspondente, daqueles de apoio indispensáveis ao seu funcionamento, na forma desta Lei.

Art. 248. É mantida a divisão ora vigente do território estadual, em Comarcas, Varas, Termos e Distritos, com as alterações previstas na Lei nº 6.020, de 02 de junho de 1998.

Art. 249. As reclassificações de Comarcas, decorrentes de disposições desta Lei, não importarão qualquer conseqüência quanto à condição funcional dos Magistrados ou Serventuários da Justiça nelas com titularidade ou lotação específica, respectivamente.

Art. 250. As lacunas e omissões porventura existentes nas disposições deste Código serão supridas mediante aplicação subsidiária das disciplinas da Lei de Regência da Magistratura Nacional, do Código de Processo Civil, do Código de Processo Penal, da legislação estatutária dos servidores públicos estaduais e demais leis federais e estaduais pertinentes.

Art. 251. Os efeitos desta Lei são extensivos aos Magistrados, Serventuários da Justiça e Funcionários inativos.

Art. 252. Ficam criados os Cargos de Secretário-Geral do Tribunal de Justiça e Secretário Especial da Presidência do Tribunal de Justiça, com as atribuições e natureza jurídica dispostas nos arts. 61 e 62, desta Lei, aos quais são assegurados a remuneração prevista no § 2º do art. 8º da Lei Estadual nº 6.019, de 02 de junho de 1998.

Parágrafo único. Igual remuneração será assegurada ao Secretário-Geral da Corregedoria- Geral da Justiça.

Art. 253. As despesas decorrentes da execução desta Lei correrão à conta de dotações próprias consignadas na Lei de Meios.

Art. 254. A regra do art. 31 não se aplica aos sucessores dos Desembargadores que atualmente ocupam a Presidência do Tribunal e a Corregedoria-Geral de Justiça, cuja sucessão será regulada pelo disposto na Lei nº 6.020, de 02 de junho de 1998.

Art. 255. Sobre as custas processuais, que serão destinadas exclusivamente ao custeio dos serviços afetos às atividades específicas da Justiça, não poderá incidir qualquer percentual, independentemente de sua destinação.

Art. 256. O art. 7º da Lei nº 5.811, de 27 fevereiro de 1996, passa a viger com a seguinte redação:

"Art. 7º Os conciliadores, auxiliares da Justiça, serão preferentemente recrutados dentre bacharéis em Direito, designados pelo Presidente do Tribunal de Justiça, ouvido o Plenário, para cumprimento da função pelo prazo de até dois anos, prorrogável por igual período, uma única vez." (NR)

Art. 257. O inciso I do art. 2º da Lei nº 5.887, de 06 de dezembro de 1996, passa a viger com a seguinte redação:

"Art. 2º (...)

I - Comissão Gestora, órgão superior de Planejamento, orientação, coordenação, supervisão, controle e avaliação, constituída de três membros, entre os quais pelo menos um Juiz de Direito, que a presidirá, designados pelo Presidente do Tribunal de Justiça, ouvido o Plenário." (NR)

Art. 258. Os arts. 9º e 10 da Lei nº 5.494, de 10 de maio de 1993, passam a viger com as seguintes redações:

"Art. 9º Os Comissários de Vigilância, ocupantes de cargos em comissão, serão nomeados pelo Presidente do Tribunal de Justiça, ouvido o Plenário." (NR)

Art. 10. As atividades da Unidade de Coordenação Administrativa-Fiscal serão dirigidas por um Coordenador Administrativo-Fiscal, nomeado pelo Presidente do Tribunal de Justiça, ouvido o Plenário." (NR)

Art. 259. Revogam-se o art. 3º da Lei nº 5.887, de 06 de dezembro de 1996, e os arts. 7º, e seu parágrafo único, e 8º, e seus §§ 1º e 2º, todos da Lei nº 6.019, de 02 de junho de 1998.

Parágrafo único. (Revogado pela Lei nº 6.921, de 14.01.2008.)

Art. 260. Ficam instituídos os Cartórios de Registro Civil dos Municípios de Canapi, Feliz Deserto, Inhapi e Jequiá da Praia.

Art. 261. Fica criada a Ouvidoria do Poder Judiciário Alagoano, que funcionará junto a Corregedoria-Geral de Justiça, exercida por um Ouvidor Judiciário, ocupante de cargo de provimento em comissão DS-1, privativo de bacharel em direito, indicado pelo Corregedor-Geral de Justiça e nomeado pelo Presidente do Tribunal de Justiça, cujas atribuições serão detalhadas em Resolução aprovada pelo Plenário.

Art. 262. Serão mantidas, na forma do art. 171 da Lei nº 6.020/98, as férias do mês de janeiro de 2005, em virtude da falta de regulamentação do disposto no art. 93, XII da Constituição Federal.

Parágrafo único. Ao final das férias de janeiro de 2005, o Tribunal baixará normas disciplinando o seu funcionamento ininterrupto.

Art. 263. Esta Lei entra em vigor na data de sua publicação, revogando-se as disposições em contrário.

PALÁCIO MARECHAL FLORIANO PEIXOTO, em Maceió, 05 de janeiro de 2005, 117º da República.

RONALDO LESSA

Governador

Este texto não substitui o publicado no DOE do dia 06.01.2005.

Republicado no DOE do dia 07.01.2005.

ANEXO I
COMARCA DA CAPITAL

CLASSIFICAÇÃO DAS VARAS JUDICIÁRIAS E RESPECTIVAS COMPETÊNCIAS VARAS CÍVEIS		
NOVA NOMENCLATURA	**NOMENCLATURA ATUAL**	**COMPETÊNCIA**
1ª Vara Cível da Capital	1ª Vara Cível de Feitos Não Privativos	Cível Residual - Feitos Cíveis para que inexiste Vara especializada.
2ª Vara Cível da Capital	2ª Vara Cível de Feitos Não Privativos	Cível Residual - Feitos Cíveis para que inexiste Vara especializada.
3ª Vara Cível da Capital	3ª Vara Cível de Feitos Não Privativos	Cível Residual - Feitos Cíveis para que inexiste Vara especializada.
4ª Vara Cível da Capital	4ª Vara Cível de Feitos Não Privativos	Cível Residual - Feitos Cíveis para que inexiste Vara especializada.
5ª Vara Cível da Capital	5ª Vara Cível de Feitos Não Privativos	Cível Residual - Feitos Cíveis para que inexiste Vara especializada.

CLASSIFICAÇÃO DAS VARAS JUDICIÁRIAS E RESPECTIVAS COMPETÊNCIAS VARAS CÍVEIS		
NOVA NOMENCLATURA	**NOMENCLATURA ATUAL**	**COMPETÊNCIA**
6ª Vara Cível da Capital	6ª Vara Cível de Feitos Não Privativos	Cível Residual - Feitos Cíveis para que inexiste Vara especializada.
7ª Vara Cível da Capital	7ª Vara Cível de Feitos Não Privativos	Cível Residual - Feitos Cíveis para que inexiste Vara especializada.
8ª Vara Cível da Capital	Vara Cível Única de Cumprimentos de Requisitórios de Atos Processuais.	Cível Residual - Feitos Cíveis para que inexiste Vara especializada.
9ª Vara Cível da Capital	1ª Vara das Execuções Por Títulos Extrajudiciais.	Cível Residual - Feitos Cíveis para que inexiste Vara especializada.
10ª Vara Cível da Capital	2ª Vara das Execuções Por Títulos Extrajudiciais	Cível Residual - Feitos Cíveis para que inexiste Vara especializada.
11ª Vara Cível da Capital	3ª Vara das Execuções Por Títulos Extrajudiciais	Cível Residual - Feitos Cíveis para que inexiste Vara especializada.
12ª Vara Cível da Capital	1ª Vara Cível de Competência Mista.	Cível Residual, Feitos Cíveis para que inexiste Vara especializada.
13ª Vara Cível da Capital	2ª Vara Cível de Competência Mista.	Cível Residual - Feitos Cíveis para que inexiste Vara especializada.
14ª Vara Cível da Capital - Fazenda Municipal	1ª Vara da Fazenda Municipal.	Feitos em que interessado o Município de Maceió, os entes de sua administração indireta e os delegatários dos serviços públicos que conceder ou permitir.
15ª Vara Cível da Capital - Fazenda Municipal	2ª Vara da Fazenda Municipal.	Executivos Fiscais em que interessado o Município de Maceió, os entes de sua administração indireta e os delegatários dos serviços públicos que conceder ou permitir.

CLASSIFICAÇÃO DAS VARAS JUDICIÁRIAS E RESPECTIVAS COMPETÊNCIAS VARAS CÍVEIS		
NOVA NOMENCLATURA	**NOMENCLATURA ATUAL**	**COMPETÊNCIA**
16ª Vara Cível da Capital – Fazenda Estadual	1ª Vara da Fazenda Estadual.	Feitos em que interessado o Estado de Alagoas, os entes de sua administração indireta e os delegatários dos serviços públicos que conceder ou permitir.
17ª Vara Cível da Capital – Fazenda Estadual	2ª Vara da Fazenda Estadual.	Feitos em que interessado o Estado de Alagoas, os entes de sua administração indireta e os delegatários dos serviços públicos que conceder ou permitir.
18 ª Vara Cível da Capital – Fazenda Estadual	3ª Vara da Fazenda Estadual.	Feitos em que interessado o Estado de Alagoas, os entes de sua administração indireta e os delegatários dos serviços públicos que conceder ou permitir.
19ª Vara Cível da Capital – Fazenda Estadual	4ª Vara da Fazenda Estadual – Executivos Fiscais	Executivos Fiscais em que interessado o Estado de Alagoas, os entes de sua administração indi- reta e os delegatários dos serviços públicos que conceder ou permitir.
20ª Vara Cível da Capital – Sucessões	1ª Vara das Sucessões.	Feitos de Sucessões, Órfãos e Ausentes.
21ª Vara Cível da Capital – Sucessões	2ª Vara das Sucessões.	Feitos de Sucessões, Órfãos, Ausentes.
22ª Vara Cível da Capital – Família	1ª Vara de Família.	Feitos de Família e Interditos.
23ª Vara Cível da Capital – Família	2ª Vara de Família.	Feitos de Família e Interditos.
24ª Vara Cível da Capital – Família	3ª Vara de Família.	Feitos de Família e Interditos.
25ª Vara Cível da Capital – Família	4ª Vara de Família.	Feitos de Família e Interditos.
26ª Vara Cível da Capital – Família	5ª Vara de Família.	Feitos de Família e Interditos.

CLASSIFICAÇÃO DAS VARAS JUDICIÁRIAS E RESPECTIVAS COMPETÊNCIAS VARAS CÍVEIS		
NOVA NOMENCLATURA	**NOMENCLATURA ATUAL**	**COMPETÊNCIA**
27ª Vara Cível da Capital – Família	6ª Vara de Família.	Feitos de Família e Interditos.
28ª Vara Cível da Capital – Infância e Juventude	2ª Vara da Infância e da Juventude – Proteção Jurídico-Social.	Ações e procedimentos de defesa aos interesses individuais, difusos ou coletivos, afetos à infância e à Juventude, salvo aqueles de competência da 1ª Vara Criminal da Capital, inclusive o cumprimento de requisitórios de atos processuais pertinentes a processos daqueles que lhe são da competência.

VARAS CRIMINAIS		
NOVA NOMENCLATURA	**NOMENCLATURA ATUAL**	**COMPETÊNCIA**
1ª Vara Criminal da Capital – Infância e Juventude	1ª Vara da Infância e da Juventude – Atos Infracionais.	Feitos relativos à apuração de atos infracionais, atribuídos a adolescente, de irregularidades pratica- das por entidade de atendimento à infância e à Juventude, e ainda de infrações administrativas tipificadas pelo Estatuto da Criança e do Adolescente, bem como o cumprimento de requisitórios de atos processuais pertinentes a processos daqueles que lhe são da competência.
2ª Vara Criminal da Capital	1ª Vara Criminal de Competência Não Privativa.	Criminal Residual – Feitos Criminais a que não corresponda Vara Privativa.
3ª Vara Criminal da Capital	2ª Vara Criminal de Competência Não Privativa	Criminal Residual – Feitos Criminais a que não corresponda Vara Privativa.
4ª Vara Criminal da Capital	3ª Vara Criminal de Competência Não Privativa.	Criminal Residual – Feitos Criminais a que não corresponda Vara Privativa.

VARAS CRIMINAIS		
NOVA NOMENCLATURA	**NOMENCLATURA ATUAL**	**COMPETÊNCIA**
5ª Vara Criminal da Capital	4ª Vara Criminal de Competência Não Privativa.	Criminal Residual - Feitos Criminais a que não corresponda Vara Privativa.
6ª Vara Criminal da Capital	5ª Vara Criminal de Competência Não Privativa.	Criminal Residual - Feitos Criminais a que não corresponda Vara Privativa.
7ª Vara Criminal da Capital Tribunal do Júri	1ª Vara Especial Criminal - Crimes Dolosos Contra a Vida	Feitos relativos aos crimes dolosos contra a vida e aos que lhes sejam conexos, além da organização e presidência do Tribunal do Júri.
8ª Vara Criminal da Capital Tribunal do Júri	2ª Vara Especial Criminal - Crimes Dolosos Contra a Vida	Feitos relativos aos crimes dolosos contra a vida e aos que lhes sejam conexos, além da organização e presidência do Tribunal do Júri.
9ª Vara Criminal da Capital Tribunal do Júri	3ª Vara Especial Criminal - Crimes Dolosos Contra a Vida.	Feitos relativos aos crimes dolosos contra a vida e aos que lhes sejam conexos, além da organização e presidência do Tribunal do Júri.
10ª Vara Criminal da Capital	4ª Vara Especial Criminal - Cumprimento de Requisitórios de Atos Processuais.	Criminal Residual - Feitos Criminais a que não corresponda Vara Privativa.
11ª Vara Criminal da Capital	4ª Vara Criminal de Competência Mista - Entorpecentes, Crimes Contra a Ad. Pública e a Incolumidade Pública.	Criminal Residual - Feitos Criminais a que não corresponda Vara Privativa.
12ª Vara Criminal da Capital	2ª Vara Criminal de Competência Mista	Criminal Residual - Feitos Criminais a que não corresponda Vara Privativa.
13ª Vara Criminal da Capital Auditoria Militar	1ª Vara Criminal de Competência Mista - Auditoria da Justiça Militar, Crimes de Imprensa e Crimes Contra a Honra.	Auditoria da Justiça Militar, Cumprimento de requisições judiciais relativas a Crimes Militares.
14ª Vara Criminal da Capital Trânsito	5ª Vara Especial Criminal - Infrações de Transito.	Feitos relativos às Infrações de Trânsito.

VARAS CRIMINAIS		
NOVA NOMENCLATURA	**NOMENCLATURA ATUAL**	**COMPETÊNCIA**
15ª Vara Criminal da Capital Juizado de Entorpecentes	3ª Vara Criminal de Competência Mista – Entorpecentes, Crimes Contra a Ad. Pública e a Incolumidade Pública.	Entorpecentes, Crimes Contra a Administração Pública e a Incolumidade Pública.
16ª Vara Criminal da Capital Execuções Penais	6ª Vara Especial Criminal – Execuções Penais.	Execuções Penais.

ANEXO II

(Revogado pela nº 8.227, de 07 de janeiro de 2020)

ANEXO II
(REDAÇÃO DADA PELA Nº 8.227, DE 07 DE JANEIRO DE 2020)
COMARCA DE ARAPIRACA
CLASSIFICAÇÃO DAS VARAS JUDICIÁRIAS E RESPECTIVAS COMPETÊNCIAS

NOVA NOMENCLATURA	COMPETÊNCIA
1ª Vara da Comarca de Arapiraca. Infância, Juventude e Família	Ações e procedimentos de defesa aos interesses individuais, difusos ou coletivos, afetos à Infância e à Juven- tude, inclusive os relativos à apuração de atos infracionais, atribuídos a adolescente, e às irregularidades pratica- das por entidade de atendimento à infância e à Juventude, e às infrações administrativas tipificadas pelo ECA, bem como o cumprimento das Precatórias respectivas.
2ª Vara da Comarca de Arapiraca. Cível Residual	Feitos Cíveis para que inexiste Vara Especializada.
3ª Vara da Comarca de Arapiraca Cível Residual	Feitos Cíveis para que inexiste Vara Especializada.
4ª Vara Cível da Comarca de Arapiraca. Fazenda Pública Estadual e Municipal	Feitos em que interessado o Estado de Alagoas e o Município de Arapiraca, inclusive executivo fiscais.
5ª Vara da Comarca de Arapiraca. Criminal	Feitos Criminais, inclusive os relati- vos aos crimes dolosos contra a vida, organização e presidência do Tribunal do Júri.
6ª Vara da Comarca de Arapiraca. Cível Residual	Feitos Cíveis para que inexiste Vara Especializada.

NOVA NOMENCLATURA	COMPETÊNCIA
7ª Vara da Comarca de Arapiraca. Família e Sucessões	Feitos de Família, Sucessões, Órfãos, Ausentes e Interditos.
8ª Vara da Comarca de Arapiraca. Criminal	Feitos Criminais, inclusive os relativos aos crimes dolosos contra a vida, organização e presidência do Tribunal do Júri e Execuções Penais.
9ª Vara da Comarca de Arapiraca. Criminal e Execuções Penais	Ações de execução penal. Feitos criminais, exceto os relativos aos crimes dolosos contra a vida, organização e presidência do Tribunal do Júri. Cartas de ordem e Precatórias destinadas ao Presídio do Agreste.
10ª Vara de Arapiraca. Família e Sucessões	Feitos de família, sucessões, órfãos, ausentes e interditos.

ANEXO III
QUADRO DE CARGOS DE PROVIMENTOS PERMANENTES E COMISSIONADOS DAS VARAS DA INFÂNCIA E DA JUVENTUDE DA COMARCA DA CAPITAL

1a VARA		2a VARA	
I. Unidade Técnica		I. Unidade Técnica	
Coordenador	01	Coordenador	01
Assistente Social	04	Assistente Social	04
Psicólogo	02	Psicólogo	02
II. Coordenadoria de Proteção e Fiscal		II. Coordenadoria de Proteção e Fiscal	

ANEXO IV
JUIZADOS ESPECIAIS CÍVEIS E CRIMINAIS DA CAPITAL (REDAÇÃO DADA PELA LEI Nº 6.900, DE 19.12.2007)

JUIZADO	COMPETÊNCIA
1º	Cível e Criminal
2º	Cível e Criminal
3º	Cível e Criminal
4º	Cível e Criminal – Violência Doméstica e Familiar contra a Mulher

JUIZADO	COMPETÊNCIA
5º	Cível e Criminal
6º	Cível e Criminal
7º	Cível e Criminal
8º	Cível e Criminal
9º	Cível e Criminal
10º	Cível e Criminal
11º	Cível e Criminal
12º	Cível e Criminal - Trânsito

REDAÇÃO ORIGINAL:

ANEXO IV
QUADRO DE PESSOAL DA JUSTIÇA DA INFÂNCIA E DA JUVENTUDE DA CAPITAL

CARGOS DE PROVIMENTO PERMANENTE			
DENOMINAÇÃO	CÓDIGO	SÍMBOLO	QUANTITATIVO
ASSISTENTE SOCIAL	PJ-17-OPE	SPJ-F	08
PSICÓLOGO	PJ-17-OPE	SPJ-F	04

ANEXO V
QUADRO DE PESSOAL DA JUSTIÇA DA INFÂNCIA E DA JUVENTUDE DA CAPITAL

CARGOS DE PROVIMENTO EM COMISSÃO		
TÍTULO	SÍMBOLO	QUANTITATIVO
COORDENADOR DA UNIDADE ADMINISTRATIVA	DS-2	01
COORDENADOR DA UNIDADE TÉCNICA	DS-2	02
COORDENADOR FISCAL	DS-3	02
AGENTE DE PROTEÇÃO	DI-1	15
OFICIAL DE TRANSPORTE	DI-1	06
TELEFONISTA	DI-3	01
ASSESSOR ADMINISTRATIVO	DS-4	01

ANEXO VI
FÓRUM REGIONAL DO BENEDITO BENTES
(ACRESCENTADO PELA LEI Nº 6.876, DE 17.10.2007)

Nova Nomenclatura	Nomenclatura Atual	Competência em razão da matéria
10º Juizado Especial Cível e Criminal	10º Juizado Especial Cível e Criminal	Cível e Criminal
25ª Vara Cível da Capital – Regional	25ª Vara Cível da Capital	Feitos de família, sucessões, além de registro civil de pessoa natural, retificação, justificação e expedição de alvarás.
5ª Vara Criminal da Capital – Regional	5ª Vara Criminal da Capital	Criminal Residual – feitos criminais a que não corresponda Vara privativa.

ANEXO VII
FÓRUM REGIONAL DA UNIVERSIDADE FEDERAL DE ALAGOAS
(ACRESCENTADO PELA LEI Nº 6.876, DE 17.10.2007)

Nova Nomenclatura	Nomenclatura Atual	Competência em razão da matéria
8º Juizado Especial Cível e Criminal	8º Juizado Especial Cível e Criminal	Cível e Criminal
26ª Vara Cível da Capital – Regional	26ª Vara Cível da Capital – Família	Feitos de família, sucessões, além de registro civil de pessoa natural, retificação, justificação e expedição de alvarás.
16ª Vara Criminal – Execuções Penais	16ª Vara Criminal – Execuções Penais	Execuções Penais.

ANEXO VIII
ESTRUTURA BÁSICA DOS SERVIÇOS AUXILIARES
JUÍZOS DE PRIMEIRA INSTÂNCIA E VARAS JUDICIÁRIAS

	QUANTIDADES		
CARGO/FUNÇÃO	**1.ª Entrância**	**2.ª Entrância**	**3.ª Entrância**
Escrivão / Chefe de Secretaria	01	01	01
Analista Judiciário	05	03	04
Oficial de Justiça	02	02	02

REGIME DE CUSTAS E EMOLUMENTOS

LEI Nº 3.185, DE 01 DE DEZEMBRO DE 1971

DISPÕE SOBRE O CÓDIGO DE CUSTAS JUDICIAIS E DÁ OUTRAS PROVIDÊNCIAS.

ÍNDICE

O Governador do Estado de Alagoas

Faço saber que o poder legislativo decreta e eu sanciono a seguinte lei:

CAPÍTULO I

Art. 1º As custas e emolumentos pelos atos forenses, judiciais e extrajudiciais, serão contados e cobrados de acordo com esta Lei e tabelas anexas, interpretadas restritivamente.

Art. 2º Considerar-se-ão gratuitos os atos previstos em lei ou decorrentes das normas do foro, não taxados nas tabelas anexas.

Art. 3º Ressalvado o disposto no art. 18 desta Lei, não constitui obrigação dos tabeliães e escrivães efetuar diligências, registros ou extração de certidões fora dos respectivos cartórios.

CAPÍTULO II
DA CONTAGEM DAS CUSTAS

Art. 4º Na conta dos autos serão incluídas, além das custas, as despesas de condução, devidamente comprovadas, de publicação de editais e avisos, de documentos e quaisquer outras despesas processuais.

Art. 5º Para os atos que se houverem de praticar fora do auditório ou cartório, competirá a parte que tiver requerido ou promovido a diligência, fornecer a condução aos juízes. Membros do Ministério Público. Serventuários e demais auxiliares da Justiça.

§ 1º - Quando a parte não fornecer a condução, cobrar-se-á a respectiva despesa, cujo recibo será anexado aos autos.

§ 2º - Se a diligência se realizar fora da sede da Comarca e se prolongar por mais de um dia, serão também pagas, desde que devidamente comprovadas, as despesas de estada das pessoas integrantes do juízo, que dela participarem, até 80% (oitenta por cento) do valor de referência, "Per capita".

§ 3° - Quando não couber à parte fornecer a condução, o juiz ou membro do Ministério Público poderá requisitá-la às autoridades locais.

Art. 6º Quando se efetuar no mesmo lugar, seguidamente, mais de um ato ou diligência, relativos a feitos diversos, as despesas de condução e estada das pessoas integrantes do juízo serão divididas pelos mesmos feitos, em partes iguais.

Art. 7º Nas certidões, alvará, ofícios, cartas de sentença e outras perras extraídas de autos, livros ou documentos em que as custas e emolumentos sejam obrigados, por folha ou páginas, a primeira página deverá ter, no mínimo, vinte e cinco linhas e as páginas seguintes, trinta e três (33) linhas.

§ 1° - As linhas datilografadas deverão conter cinqüenta (50) letras e as manuscritas quarenta (40), no mínimo.

§ 2° - Serão devidas as custas e emolumentos pela primeira folha e última página, ainda que tenham sido utilizadas somente em parte.

CAPÍTULO III
DAS RECLAMAÇÕES E RECURSOS

Art. 8º Quanto à cobrança de custas, emolumentos e despesas indevidas, poderá o interessado reclamar, por petição, ao juiz do feito.

§ 1° - Ouvido o serventuário no prazo de quarenta e oito (48) horas, o juiz, em seguida e com igual prazo, proferirá decisão.

§ 2° - Dessa decisão cabe recurso, no prazo de cinco dias, para o corregedor-geral da Justiça.

Art. 9º As dúvidas suscitadas sobre a aplicação das tabelas que acompanham esta lei, bem como sobre o arbitramento de que trata o artigo 12, serão resolvidas pelo juiz do feito, cabendo recurso para o corregedor-geral da Justiça.

Art. 10. A apreciação e julgamento das infrações a esta lei imputadas ao juiz e ao corregedor-geral da Justiça serão competência originária do Tribunal de Justiça.

Parágrafo único. No que tange a infrações imputadas aos membros do Ministério Público, aplicar-se-á o disposto na Lei Orgânica do Ministério Público.

CAPÍTULO IV
DO PAGAMENTO DAS CUSTAS

Art. 11. As custas relativas aos atos taxados nesta lei, salvo disposição em contrário, serão exigíveis logo após a realização de cada um deles.

Art. 12. Sempre que algum interessado o exigir, far-se-á depósito prévio em mãos do escrivão, da importância necessária para garantia das despesas de qualquer diligência ou publicação, conforme arbitrar o juiz do feito.

§ 1º - A parte que promover ação, excetuado o Ministério Público, depositará em cartório, antes do despacho inicial as custas mínimas estabelecidas na Tabela "G" e nos itens III e m da Tabela "H", destinadas estas ao pagamento do serventuário tão logo comprove o cumprimento da diligência.

§ 2º - Os serventuários poderão exigir depósito de metade das custas e emolumentos estimados e relativos às cartas de sentença, formais de partilha, traslados, certidões, públicas formas e várias peças que lhes forem solicitadas, fornecendo aos interessados o respectivo recibo.

Art. 13. Independente de cota nos autos, os serventuários darão recibos às partes, discriminando as parcelas correspondentes às importâncias recebidas para pagamento de custas, emolumentos e despesas.

Parágrafo único. Além dos recibos fornecidos os serventuários certificarão nos autos o pagamento das custas judiciais, mencionando quem o efetuou.

Art. 14. Os juízes, membros do Ministério Público, funcionários e serventuários da Justiça, no ato do recebimento da quantia que a cada um couber, rubricarão a conta constante dos autos, o que importará em prova de pagamento.

Parágrafo único. O feito somente prosseguirá após a distribuição das custas, devidamente comprovadas pelas rubricas ou mediante recibo.

Art. 15. Excepcionalmente, quando o pagamento se fizer em prestações, se o feito for abandonado pelas partes ou paralisado por mais de noventa dias, o autor será responsável pela prestação correspondente à fase em que se verificar o abandono.

Art. 16. As custas de hasta pública, inclusive as percentagens do porteiro dos auditórios, serão pagas depois de decorrido o prazo para o embargo.

Art. 17. As custas representadas por valores percentuais destinados à Ordem dos Advogados do Brasil, à Associação dos Magistrados, à Associação dos Serventuários da Justiça e à Caixa de Assistência dos Advogados serão arrecadados pelos escrivães e secretário do tribunal de justiça e depositadas a crédito de cada uma destas instituições:

A) Banco do Estado de Alagoas s/a, na capital e nas cidades onde este tiver agência;

B) outro estabelecimento bancário, ou, na sua falta, as coletorias estaduais, nas cidades onde não houver agência do Banco do Estado de Alagoas s/a.

Parágrafo único. O recolhimento a que se refere esta artigo deverá ser efetuado tão logo o serventuário receba as custas, sob pena de responsabilidade de quem retiver o recolhimento.

Art. 18. O escrivão juntará sempre aos autos comprovante do recolhimento mencionado nos itens do artigo anterior, não prosseguindo o feito sem o cumprimento dessa formalidade.

CAPÍTULO V
DA FISCALIZAÇÃO RELATIVA ÀS CUSTAS E DAS PENALIDADES

Art. 19. É dever do juiz do feito, do Ministério Público e do corregedor velar pela fiel execução desta lei.

Parágrafo único. A requerimento dos interessados ou ex-oficio, o juiz, verificando qualquer infração, procederá contra os infratores na forma aqui estatuída.

Artigo, alíneas e parágrafo único com redação modificada pela Lei nº 4.410, de 16 de dezembro de 1982.

Ver art. 1º da Lei nº 5.312, de 19 de dezembro de 1991.

Art. 20. Sem prejuízo de outras penalidades disciplinares previstas em lei, os serventuários e outros auxiliares da justiça que receberem custas e emolumentos indevidos ou excessivos ou indevidamente.

CAPÍTULO VI
DAS ISENÇÕES

Art. 21. São isentos de custas:

I – os processos de reclamações referentes a custas em primeira instância e as reclamações, representações, ações populares, revisões em processos de menores, consultas, recursos respectivos e, em geral, os processos de competência do corregedor;

A – as habilitações de casamentos de pessoas comprovadamente pobres;

III – Os atos e processos referentes a menores sujeitos às medidas de proteção e assistência contidas no código de menores, bem como os relativos à licença para trabalho de menor;

IV – Os processos e alvarás de levantamento de depósitos em nome de órfãos ou interditos, de valor inferior a 8 VR (oito valor de referência);

V – Os processos de arrolamento de valor inferior a 16 VR (dezesseis valores de referência);

VI – Os atos das autoridades, serventuários, auxiliares ou funcionários da Justiça, que importem em fornecimento ou autenticação de papel ou documento que deva instruir pedido ou processo de benefícios de Justiça gratuita, assim como aqueles expressamente declarados gratuitos por Lei federal ou estadual, uma vez consignado no respectivo texto o fim a que se destinam;

VII – Os assentos de nascimento, casamento e óbitos, de pessoas reconhecidamente pobres, à vista de atestado de pobreza, devidamente autenticado, fornecido pela autoridade policial competente, ou juiz de direito da Comarca, ficando o mesmo arquivado em cartório;

VIII – As reclamações trabalhistas, desde que o salário do obreiro seja inferior ao dobro do mínimo estabelecido para a Região, inclusive as isenções estabelecidas pelo § 7º do art. 789, da Consolidação das Leis do Trabalho;

IX – os processos de autorização de abertura de assentamento no registro civil de nascimentos dos maiores de 18 anos, nos 90 dias anteriores ao encerramento do prazo para inscrição eleitoral.

Hoje Estatuto da Criança e do Adolescente, Lei nacional n° 8.069, de 13 de julho de 1990.

Redação dada pela Lei n° 4.410, de 16 de dezembro de 1982.

X – os registros, averbações e demais atos cartorários inerentes a transmissão causa mortis ou doação de bem imóvel localizado em área do município de Maceió atingida por desastre reconhecido pelo Governo Estadual por meio de ato de declaração de calamidade pública; e (Redação acrescentada pela Lei Estadual nº 8.481, de 31.07.2021)

XI – os registros, averbações e demais atos cartorários inerentes a transmissão causa mortis ou doação de bem imóvel localizado no território do Estado de Alagoas atingido por desastre reconhecido pelo Governo Estadual por meio de ato de declaração de calamidade pública. (Redação acrescentada pela Lei Estadual nº 8.481, de 31.07.2021)

Parágrafo único. O benefício previsto nos incisos X e XI do caput deste artigo limitam-se aos serviços cartorários relacionados a transmissão causa mortis ou doação ocorrida durante o período de vigência do decreto de declaração de calamidade pública correspondente. (Redação acrescentada pela Lei Estadual nº 8.481, de 31.07.2021)

CAPÍTULO VII
DISPOSIÇÕES GERAIS

Art. 22. Se for inestimável o valor da causa, atribuir-se-á, para efeito de cálculo, o de 16 VR (dezesseis valores de referência).

Art. 23. Para os efeitos desta Lei, quando se tratar de venda ou arrematação de bens de menores e incapazes, prevalecerá o preço obtido em praça ou leilão.

CAPÍTULO VIII
DISPOSIÇÕES TRANSITÓRIAS

Art. 24. Os serventuários afixarão em Cartório em lugar bem visível e franqueado ao público, a respectiva tabela de custas e emolumentos.

Art. 25. A presente Lei incidirá sobre os processos judiciais em andamento, e os atos extrajudiciais não concluídos na data de sua publicação.

Parágrafo único. As quantias porventura pagas ou adiantadas em tais feitos, a título de custas e emolumentos, serão descontadas na aplicação das tabelas anexas.

Art. 26. Sempre que sejam decretados os novos níveis de salário mínimo para o Estado de Alagoas, as tabelas constantes do presente regimento de custas serão majoradas nas mesmas bases, dentro de 30 (trinta) dias, por ato do chefe do Poder Executivo.

Parágrafo único. A majoração prevista neste artigo não incidirá sobre os emolumentos representados em percentuais.

Art. 27. Fica revogada a Lei nº 2.695, de 18 de novembro de 1964 e o artigo 5° da Lei nº 2.763, de 22 de julho de 1966.

Art. 28. Esta Lei entrará em vigor 15 (quinze) dias após a data de sua publicação, revogadas as disposições em contrário.

Palácio Marechal Floriano, em Maceió, 01 de dezembro de 1971, 83° da República.

Afrânio Lages

Wanda Cleto Marsíglia

Redação conforme a Lei nº 4.410, de 16 de dezembro de 1982.

TABELA "A"
ATOS DOS TABELIÃES

ATOS	PERCENTUAL
I. ESCRITURA	
ATÉ O VALOR DE 1 VR	20,0% DO VR
ATÉ O VALOR DE 2 VR	30,0% DO VR
ATÉ O VALOR DE 6 VR	50,0% DO VR
ATÉ O VALOR DE 15 VR	70,0% DO VR
ATÉ O VALOR DE 25 VR	90,0% DO VR
ATÉ O VALOR DE 75 VR	1,5 VR
ATÉ O VALOR DE 150 VR	2,0 VR
ATÉ O VALOR DE 300 VR	3,0 VR

ATOS	PERCENTUAL
ATÉ O VALOR DE 400 VR	4,0 VR
ATÉ O VALOR DE 500 VR	5,0 VR
PELO QUE EXCEDER DE 500 VR CADA 200 VR OU FRAÇÃO ATÉ O VALOR MÁXIMO DE 20.500 VR, SEM QUALQUER OUTRO ACRÉSCIMO DESSE VALOR EM DIANTE	40,0% DO VR
II. PROCURAÇÕES E SUBSTABELECIMENTOS COM UM OUTORGANTE, INCLUINDO TRASLADO.	10,0% DO VR
PARA CADA OUTORGANTE A MAIS	2,0% DO VR
EM CAUSA PRÓPRIA, MESMO VALOR DAS CUSTAS DAS ESCRITURAS.	
III. RECONHECIMENTO DE FIRMAS. POR FIRMA	0,6% DO VR
IV. AUTENTICAÇÃO DE DOCUMENTOS REPROGRÁFICOS. POR FOLHA	1,0% DO VR
V. ESCRITURAS SEM VALOR DECLARADO, INCLUSIVE DECLARAÇÃO EM NOTAS.	60,0% DO VR
VI. ESCRITURA DE TESTAMENTO, SEM REVOGAÇÃO E APROVAÇÃO DE TESTAMENTO.	4,0 VR
VII. ESCRITURA DE CONVENÇÃO OU ESPECIFICAÇÃO DE CONDOMÍNIO EM PLANOS HORIZONTAIS OU SUAS MODIFICAÇÕES.	
PELA CONVENÇÃO	50,0% DO VR
PELA UNIDADE AUTÔNOMA	50,0% DO VR
VIII. CÓPIAS REPROGRÁFICAS DE DOCUMENTOS ARQUIVADO NO CARTÓRIO	1,0% DO VR
IX. PÚBLICA FORMA, POR FOLHA	2,5% DO VR

OBSERVACÕES:

A) SE A ESCRITURA CONTIVER MAIS DE UM ATO AINDA QUE ENTRE AS MESMAS PARTES, ALÉM DO PREÇO INTEGRAL DO CONTRATO DE MAIOR VALOR, SERÁ COBRADO A QUARTA PARTE DO PREÇO DOS DEMAIS CONTRATOS, OBSERVANDO-SE SEMPRE O DISPOSTO NA LETRA "C".

B) NA PERMUTA CONTAM-SE AS CUSTAS SOBRE A SOMA DOS VALORES.

TABELAS INSTITUÍDAS PELA LEI 11.4.410/82. DE ACORDO COM O ARTIGO 9. DA LEI 11. 5. 763/95. OS VALORES DAR CUSTAR, TAXAS JUDICIÁRIAS E EMOLUMENTOS PASSAM A SER EXPRESSOS TOMANDO-SE POR REFERENCIAL A UNIDADE PADRÃO FISCAL DO ESTADO DE ALAGOAS – UPFAL DE SORTE QUE NESSAS TABELAS, ONDE HÁ "VR ", DEVE-SE CONSIDERAR AGORA COMO UPFAL.

C) AS BUSCAS E AS CERTIDÕES SERÃO COBRADAS PELA TABELA COMUM A TODOS OS SERVENTUÁRIOS.

D) QUANDO O VALOR TRIBUTADO, ARBITRADO PELA REPARTIÇÃO FAZENDÁRIA COMPETENTE, DIVERGIR DO VALOR DECLARADO NA ESCRITURA, AS CUSTAS SERÃO CALCULADAS COM BASE NESTE ÚLTIMO, SE O VALOR DECLARADO NA ESCRITURA FOR INFERIOR A ESTE.

E) DOS ADITIVOS EM ESCRITURAS COM OU SEM VALOR DECLARADO, 50,0% DAS CUSTAS CORRESPONDENTES ESTA TABELA.

F) OS ATOS PRATICADOS DEPOIS DO HORÁRIO NORMAL OU FORA DO CARTÓRIO 50,0%.

TABELA "B"
ATOS DOS OFICIAIS DOS REGISTROS DE IMÓVEIS

ATOS	PERCENTUAL
I. AVERBAÇÃO:	
A) COM VALOR DECLARADO E CONSTRUÇÃO,	50,0% DAS CUSTAS DO REGISTRO – ITEM VI DESTA TABELA.
B) SEM VALOR DECLARADO.	60,0% DO VR

ATOS	PERCENTUAL
OBSERVACÕES: DOS ADITIVOS DE CONTRATOS COM OU SEM VALOR DECLARADO, 50,0% DAS CUSTAS DAS LETRAS "A" E "B" RESPECTIVAMENTE.	
II. COMUNICAÇÃO. OBRIGATÓRIA ENTRE AUTORIDADES, REPARTIÇÕES PÚBLICAS E CARTÓRIO	1,0% VR
III. DÚVIDA. QUANDO O TÍTULO NÃO ESTIVER REVESTIDO DAS FORMALIDADES LEGAIS.	30,0% DO VR
IV. EDITAIS. QUALQUER QUE SEJA O SEU FIM, POR GRUPO DE QUATRO VIAS OU FRAÇÃO.	2,0% DO VR
V. ABERTURA DE MATRÍCULA	8,0% DO VR
VI. REGISTROS:	
A) ATÉ O VALOR DE 1 VR	10,0% DO VR
B) ATÉ O VALOR DE 2 VR	15,0% DO VR
C) ATÉ O VALOR DE 6 VR	25,0% DO VR
D) ATÉ O VALOR DE 15 VR	40,0% DO VR
E) ATÉ O VALOR DE 25 VR	60,0% DO VR
F) ATÉ O VALOR DE 75 VR	80,0% DO VR
G) ATÉ O VALOR DE 150 VR	L,0 VR
H) ATÉ O VALOR DE 300 VR	2,0 VR
I) ATÉ O VALOR DE 400 VR	2,5 VR
J) ATÉ O VALOR DE 500 VR	3,0 VR
ACIMA DE 500 VR CADA 200 VR OU FRAÇÃO ATÉ O VALOR MÁXIMO DE 20.500 VR SEM QUALQUER OUTRO ACRÉSCIMO DESSE VALOR EM DIANTE	30,0% DO VR
NOTA: QUANDO O VALOR TRIBUTADO, ARBITRADO PELA REPARTIÇÃO FAZENDÁRIA COMPETENTE, DIVERGIR DO VALOR DECLARADO NA ESCRITURA, AS CUSTAS SERÃO CALCULADAS COM BASE NESTE ÚLTIMO SE O VALOR DECLARADO NA ESCRITURA FOR INFERIOR A ESTE.	

ATOS	PERCENTUAL
VII. LOTEAMENTO, DESMEMBRAMENTO, INSTITUIÇÃO E INCORPORAÇÃO EM CONDOMÍNIO.	
A) REGISTRO DE LOTEAMENTO OU DESMEMBRAMENTO URBANO OU RURAL, ALÉM DAS DESPESAS DE PUBLICAÇÃO PELA IMPRENSA. POR LOTE OU GLEBA	7,0% DO VR
B) REGISTRO DE INCORPORAÇÃO IMOBILIÁRIA OU ESPECIFICAÇÃO E INSTITUIÇÃO DE CONDOMÍNIO; CALCULADO SOBRE O VALOR DO TERRENO E O CUSTO GLOBAL (LEI FEDERAL Nº 4.5912, DE 16/12/64, ART. 32, "H"), (SEM RESTRIÇÃO DO TETO), REDUZINDO-SE, NO ENTANTO, EM 70,0% PELO QUE EXCEDER AO VALOR DE 20.500 VR.	
C) REGISTRO DA CONVENÇÃO DE CONDOMÍNIO. POR UNIDADE	10,0% DO VR
NOTA: EMOLUMENTOS MÍNIMO = 60,0% DO VR	
VIII. AS BUSCAS PARA FORNECIMENTO DE CERTIDÃO SERÃO COBRADOS À RAZÃO DE 10,0% DO VR POR IMÓVEL, ALÉM DA CERTIDÃO, APLICANDO-SE AS DISPOSIÇÕES DA TABELA "O" AOS DEMAIS ATOS NÃO ESPECIFICADOS.	
IX. REGISTRO DE EMISSÃO DE DEBÊNTURES 20% DO VALOR FIXADO NO ITEM VI.	
X. REGISTRO, NO LIVRO Nº 3, DE CÉDULA DE CRÉDITO RURAL (DEC.-LEI FEDERAL Nº 1673, DE 14 DE FEVEREIRO DE 1967, ARTIGO 34, PARÁGRAFO ÚNICO), CÉDULA DE CRÉDITO INDUSTRIAL DEC.-LEI FEDERAL Nº 413,09 DE JANEIRO DE 19694, ART. 34, § 1°), DE CÉDULA DE CRÉDITO À EXPORTAÇÃO (LEI FEDERAL Nº 6.313, 16 DE DEZEMBRO DE 19755, ART. 3°) E DE CÉDULA DE CRÉDITO COMERCIAL (LEI FEDERAL Nº 6.840, DE 03 DE NOVEMBRO DE 19806, ART. 5°):	
ATÉ CR$ 200,00	0,10%
DE CR$ 200,01 A 500,00	0,20%
DE CR$ 500,01 A 1.000,00	0,30%

ATOS	PERCENTUAL
DE CR$ 1.000,01 A 1.500,00	0,40%
ACIMA DE CR$ 1.500,00	0,50%
ATÉ O MÁXIMO DE 1/4 DO VALOR DE REFERÊNCIA CONFORME A LEI N° 6.205, DE 29 DE ABRIL DE 1975.7	
XI. REGISTRO, NO LIVRO Nº2, DE HIPOTECA CEDULAR:	
A) DE CÉDULA DE CRÉDITO RURAL:	O MESMO VALOR PREVISTO NO ITEM X PARA O REGISTRO DA HIPOTECA DE CADA IMÓVEL.
B) DAS DEMAIS CÉDULAS MENCIONADA NO ITEM X:	O MESMO VALOR DO ITEM VI.
LEI N° 4.591, 16/12/64 – DISPÕE SOBRE O CONDOMÍNIO MODIFICAÇÕES E AS INCORPORAÇÕES.	
DECRETO – LEI N° 167. 14/02/67 – DISPÕE SOBRE TÍTULOS DE CRÉDITO RURAL E DÁ OUTRAS PROVIDÊNCIAS.	
DECRETO LEI Nº 13, 09/01/69 – DISPÕE SOBRE TÍTULOS DE CRÉDITO INDUSTRIAL E DÁ OUTRAS PROVIDÊNCIAS. 5 LEI N° 6.313, 16/12/75 – DISPÕE SOBRE TÍTULOS DE CRÉDITO À EXPORTAÇÃO E DÁ OUTRAS PROVIDÊNCIAS. 6 LEI Nº 6.8"0, 03/11/80 – DISPÕE SOBRE TÍTULOS DE CRÉDITO COMERCIAL E DÁ OUTRAS PROVIDÊNCIAS.	
LEI N° 6.205, 29/MN5 _ ESTABELECE A DESCARACTERIZAÇÃO DO SALÁRIO MÍNIMO COMO FATOR DE CORREÇÃO MONETÁRIA E ACRESCENTA PARÁGRAFO ÚNICO AO ART. 1° DA LEI N° 6. 1-17, DE 29 DE DEZEMBRO DE 197-1.	
XII. AVERBAÇÃO, EM REGISTRO DE CÉDULA MENCIONADA NO ITEM X: 10% DO PREÇO FIXADO NO ITEM CITADO, ATÉ O MÁXIMO DE 1/4 DO VALOR DA REFERÊNCIA.	

ATOS	PERCENTUAL
NOTA: NO CASO DE REGISTRO DE CÉDULA DE CRÉDITO INDUSTRIAL, COMERCIAL OU À EXPORTAÇÃO, 50% DOS EMOLUMENTOS DEVIDOS PELO REGISTRO NO LIVRO Nº3, CABERÃO AO OFICIAL, DEVENDO OS RESTANTES 50% SEREM RECOLHIDOS PELO SERVENTUÁRIO AO BANCO DO BRASIL S.A, A CRÉDITO DO TESOURO NACIONAL (DEC.-LEI FEDERAL Nº413, DE 9 DE JANEIRO DE 1969, ART. 34, § 2°; LEI Nº 6.313, DE 16 DE DEZEMBRO DE 1975, ART. 3° E LEI Nº6.840, DE 3 DE NOVEMBRO DE 1980, ART. 5°). OS EMOLUMENTOS DEVIDOS PELAS AVERBAÇÕES PREVISTAS NO ITEM XII SERÃO INTEGRALMENTE PERCEBIDOS PELO OFICIAL.	
XIII. VIA EXCEDENTE DE DOCUMENTO REGISTRADO (LEI N° 6.015, DE 31 DE DEZEMBRO DE 19738, ALTERADA PELA LEI N° 6.216 DE 30 DE JUNHO DE 1975, ART. 211) 8,0% DO VR.	
XVI. MICROFILMAGEM, DE DOCUMENTO REFERIDO NESTA TABELA:	
POR GRUPO DE 5 PÁGINAS	6,0% DO VR
XV. RECEBIMENTO DE PRESTAÇÃO PREVISTO NO DEC.-LEI Nº 58, DE 10 DE DEZEMBRO DE 19379, E NA LEI N° 6.766, DE 20 DE DEZEMBRO DE 197910:	
A) PELA ABERTURA DE CONTA E RECEBIMENTO DA PRIMEIRA PRESTAÇÃO	15,0% DO VR
B) PELO RECEBIMENTO SEM ABERTURA DE CONTA:	AO OFICIAL % DO VALOR DEPOSITADO.
NOTAS: 1º) OS VALORES PREVISTOS NESTE ITEM SERÃO PRESTAMISTAS. 2º) OS EMOLUMENTOS DEVIDOS PELOS ATOS EM QUE SÃO PARTES AS AUTARQUIAS, EMPRESAS PÚBLICAS E SOCIEDADES DE ECONOMIA MISTA NAS QUAIS A UNIÃO, O ESTADO E O MUNICÍPIO SEJAM ACIONISTAS MAJORITÁRIOS, SERÃO REDUZIDOS EM 50,0%.	

ATOS	PERCENTUAL
XVI. SISTEMA DE PROCESSAMENTO DE DADOS (COMPUTADOR) DE DOCUMENTO REFERIDO NESTA TABELA, QUALQUER QUE SEJA O NÚMERO DE PÁGINAS	6,0% DO VR

TABELA "C"
ATOS DOS OFICIAIS DE PROTESTOS DE LETRAS E TÍTULOS

ATOS	PERCENTUAL
I. APONTAMENTO E PROTESTO (EXCLUÍDA DESPESA DE EDITAL E CONDUÇÃO)	
A) ATÉ O VALOR DE 6 VR	20,0% DO VR
B) ATÉ O VALOR DE 10 VR	25,0% DO VR
C) ATÉ O VALOR DE 20 VR	40,0% DO VR
D) ATÉ O VALOR DE 40 VR	60,0% DO VR
PELO QUE EXCEDER DE 40 VR CADA 100 VR OU NAÇÃO ATÉ O VALOR MÁXIMO DE 500 VR, SEM QUALQUER OUTRO ACRÉSCIMO DESSE VALOR EM DIANTE	20,0% DO VR
II. AVERBAÇÃO DE PAGAMENTO E CANCELAMENTO, INCLUSIVE PROCESSADO EM CARTÓRIO. 10,0% DO VR	
LEI Nº 6.015, 31/12N3 – DISPÕE SOBRE OS REGISTROS PÚBLICOS E DÁ OUTRAS PROVIDÊNCIAS.	
DECRETO-L.I Nº 58, 10/12/37 _ DISPÕE SOBRE O LOTEAMENTO E A VENDA DE TERRENOS PARA PAGAMENTO EM PRESTAÇÕES. 10 LEI Nº 6. 766, 19/12N9 – DISPÕE SOBRE O PARCELAMENTO DO SOLO URBANO E DÁ OUTRAS PROVIDÊNCIAS.	
III. CERTIDÃO	
CERTIDÃO NEGATIVA OU POSITIVA DE PROTESTO, FOI PESSOS(SIC) AINDA COM MAIS DE UM NOME:	

ATOS	PERCENTUAL
1) ATÉ CINCO ANOS	4,0% DO VR
2) ACIMA DE CINCO ANOS	5,0% DO VR
IV. MICROFILMAGEM DO DOCUMENTO REFERIDO NESTA TABELA.	6,0% DO VR
V. SISTEMA DE PROCESSAMENTO DE DADOS (COMPUTADOR), E DOCUMENTO REFERIDO NESTA TABELA QUALQUER QUE SEJA O NÚMERO DE PÁGINAS	6,0% DO VR

TABELA "D"
ATOS DOS OFICIAIS DO REGISTRO DE TÍTULO E DOCUMENTO E DE REGISTRO DE PESSOAS JURÍDICAS

ATOS	PERCENTUAL
I. ARQUIVAMENTO DE CONTRATOS E ATOS CONSTITUTIVOS DE SOCIEDADES CIVIS, COMPROMISSOS REFERENTES A SOCIEDADES, ESTATUTOS DE ASSOCIAÇÕES E FUNDAÇÕES.	30,0% DO VR
II. AVERBAÇÃO DE TÍTULOS, DOCUMENTOS OU OUTROS QUAISQUER PAPÉIS.	10,0% DO VR
III. BUSCAS.	
AS MESMAS CUSTAS DA TABELA COMUM A TODOS OS SERVENTUÁRIOS.	
IV. CERTIDÕES.	
AS MESMAS CUSTAS DA TABELA COMUM A TODOS OS SERVENTUÁRIOS.	
V. DILIGÊNCIA.	
PELOS ATOS PRATICADOS FORA DO CARTÓRIO, QUALQUER QUE SEJA O VALOR DO DOCUMENTO	10,0% DO VR

ATOS	PERCENTUAL
PELOS ATOS NÃO CONCLUÍDOS NO MESMO DIA, MAIS 50010 DO VR, POR DIA DE SERVIÇO, ATÉ O MÁXIMO DE CINCO (05) DIAS.	
VI. REGISTRO	
TRANSCRIÇÃO INTEGRAL, EXTRATO DE DOCUMENTO COM VALOR DETERMINADO:	
ATÉ O VALOR DE 2VR	5,0% DO VR
ATÉ O VALOR DE 6 VR	10,0% DO VR
ATÉ O VALOR DE 15 VR	30,0% DO VR
ATÉ O VALOR DE 25 VR	60,0% DO VR
ATÉ O VALOR DE 75 VR	70,0% DO VR
ATÉ O VALOR DE 150 VR	80,0% DO VR
ATÉ O VALOR DE 300 VR	1,0 VR
ACIMA DE 400 VR	2,0 VR
VII. REGISTRO DE DOCUMENTO SEM VALOR DECLARADO. POR FOLHA	5,0% DO VR
VIII. XEROCÓPIA OU FOTOCÓPIA DO DOCUMENTO LAVRADO OU ARQUIVADO NO CARTÓRIO.	2,0% DO VR
IX. MICROFILMAGEM DE DOCUMENTO REFERIDO NESTA TABELA.	
POR GRUPO DE 5 PÁGINAS	6,0% DO VR
X. SISTEMA DE PROCESSAMENTO DE DADOS, DE DOCUMENTO REFERIDO NESTA TABELA.	
POR DOCUMENTO	C1,5% DO VR
XI. AUTENTICAÇÃO PROCEDIDA DE ACORDO COM A LEI FEDERAL Nº 5.433, DE 8 DE MARÇO DE 196811, REGULAMENTADA PELO DECRETO Nº 64.393, DE 24 DE ABRIL DE 1969:	
A) DE MICROFILMAGEM POR ROLO DE 16 MM.	6,0% DO VR
B) DE MICROFILMAGEM POR ROLO DE 35 MM.	10,0% DO VR

TABELA "E"
ATOS DOS OFICIAIS DO REGISTRO CIVIL DAS PESSOAS NATURAIS

ATOS	PERCENTUAL
I. CASAMENTO	
A) HABILITAÇÃO, COMPREENDENDO TODO O PROCESSO, INCLUSIVE A CERTIDÃO DE HABILITAÇÃO E DO REGISTRO DO CASAMENTO	40,0% DO VR
B) TRANSCRIÇÃO DE SENTENÇA DECLARATÓRIA DE CASAMENTO, DESQUITE OU DIVÓRCIO EM PROCESSO JUDICIAL	15,0% DO VR
II. REGISTRO DE NASCIMENTO E ÓBITO	
A) NO PRAZO LEGAL	8,0 % DO VR
B) FORA DO PRAZO, ALÉM DA MULTA	10,0% DO VR
C) FORA DO PRAZO, DEPOIS DE 10 ANOS E DIA	15,0% DO VR
III. RETIFICAÇÃO DE CASAMENTO, NASCIMENTO E ÓBITO, QUANDO O ERRO NÃO FOR IMPETRÁVEL AO OFICIAL:	
A) MEDIANTE PROVA DOCUMENTAL	15,0% DO VR
B) MEDIANTE JUSTIFICAÇÃO NO JUÍZO DO REGISTRO, COM OU SEM PROVA COMPLEMENTAR.	20,0% DO VR
IV. BUSCAS E OUTROS ATOS	
AS MESMAS CUSTAS DA TABELA COMUM A TODOS OS SERVENTUÁRIOS.	
LEI Nº 5.433, 08/05/68 – REGULA A MICROFILMAGEM DE DOCUMENTOS OFICIAIS E DÁ OUTRAS PROVIDÊNCIAS.	

TABELA "F"
ATOS DOS ESCRIVÃES EM GERAL

ATOS	PERCENTUAL
I. DAS CAUSAS EM GERAL:	
A) ATÉ O VALOR DE 1 VR	10,0% DO VR
B) ATÉ O VALOR DE 5 VR	40,0% DO VR
C) ATÉ O VALOR DE 15 VR.	60,0% DO VR
D) ATÉ O VALOR DE 25 VR	80,0% DO VR
E) ATÉ O VALOR DE 75 VR	1,0 VR
F) ATÉ O VALOR DE 150 VR	1,5 VR
G) ATÉ O VALOR DE 300 VR	2,5 VR
H) ATÉ O VALOR DE 400 VR	3,0 VR
I) ATÉ O VALOR DE 500 VR.	4,0 VR
NAS CAUSAS DE VALOR SUPERIOR A 500 VR, MAIS 40,0% DO VR EM CADA 200 VR QUE EXCEDER, ATÉ O MÁXIMO DE 20.500 VR	
NOTAS:	
1 – AS CUSTAS DEVIDAS EM HIPÓTESE ALGUMA SERÃO INFERIORES A 20% DO VR.	
2 – SE O PROCESSO É EXTINTO ANTES DA AUDIÊNCIA DE INSTRUÇÃO E JULGAMENTO, AS CUSTAS DESTE ITEM SERÃO REDUZIDAS NAS SEGUINTES PROPORÇÕES:	
A) ANTES DO SANEADOR	60%
B) DEPOIS DO SANEADO	30%
3 – NAS AÇÕES E PROCESSOS ESPECIAIS EM QUE HAJA INSTRUÇÃO SUMÁRIA, TAIS COMO VENDA DE IMÓVEIS A PRESTAÇÕES, VENDA DE QUINHÃO DE COISA COMUM, NOMEAÇÃO, REMOÇÃO E DESTITUIÇÃO DE TUTOR OU CURADOR, DISSOLUÇÃO E LIQUIDAÇÃO DE SOCIEDADE, ARBITRAMENTO DE ALUGUÉIS, AS CUSTAS SERÃO DEVIDAS À RAZÃO DE 50% DO VALOR ATRIBUÍDO NESTE ITEM, NÃO PODENDO SER SUPERIOR A 2 VR.	
4- HAVENDO RECONVENÇÃO, AS CUSTAS MAJORADAS DE 1/3 (UM TERÇO). O PAGAMENTO DESSA MAJORAÇÃO SERÁ EFETUADO PELO RECONVINTE, PELO MODO DETERMINADO PARA O PAGAMENTO DAS CUSTAS, MAS A RESPONSABILIDADE FINAL DOS LITIGANTES SERÁ FIXADA NO JULGAMENTO.	
5- HAVENDO IMPUGNAÇÃO DO VALOR DA CAUSA, AS CUSTAS SERÃO ACRESCIDAS DE 20% DO VR, SENDO A RESPONSABILIDADE DO PAGAMENTO ESTABELECIDA EM RAZÃO DA SUCUMBÊNCIA NO INCIDENTE, CONSIDERANDO-SE VENCIDO O AUTOR SEMPRE QUE O JUIZ MODIFICAR O VALOR DA CAUSA.	
II. MANDADOS DE SEGURANÇA, COM OU SEM VALOR DETERMINADO OU DE VALOR INESTIMÁVEL E HABEAS- CORPUS	40,0% DO VR
III. EXECUÇÕES COMUNS E FISCAIS	
AS CUSTAS DO Nº I DESTA TABELA SERÃO REDUZIDOS:	
A) DE 70% SE O DEVEDOR PAGAR A DÍVIDA ANTES DA PENHORA, OU ENTREGAR A COISA OU CUMPRIR O JULGADO NO PRAZO DA LEI.	
B) DE 50% SE O PAGAMENTO DA DÍVIDA FOR EFETUADO ANTES DO JULGAMENTO DOS EMBARGOS.	
C) DE 20% SE NÃO FOREM OFERECIDOS EMBARGOS À EXECUÇÃO.	
NOTA: NAS EXECUÇÕES DE SENTENÇA ILÍQUIDA AS CUSTAS PREVISTAS NESTE ITEM SERÃO ACRESCIDAS DE 20% DO SEU VALOR.	
IV. INVENTÁRIOS, ARROLAMENTOS, ARRECADAÇÃO DE HERANÇA JACENTE E BENS DE AUSENTES VAGOS, SOBRE O VALOR DO MONTE-MOR OU DOS BENS ARRECADADOS	0,6%
ATÉ O MÁXIMO DE	5VR

ATOS	PERCENTUAL
AS CERTIDÕES DE HERANÇA E FORMAIS DE PARTILHA, SERÃO COBRADOS SOBRE O VALOR DO QUINHÃO NA BASE DE	0,2%
ATÉ O MÁXIMO DE	1,5 VR
NOTAS:	
1 - NAS CARTAS PRECATÓRIAS PARA AVALIAÇÃO DE BENS COM O PAGAMENTO OU NÃO DO IMPOSTO DE TRANSMISSÃO "CAUSA-MORTIS", AS CUSTAS SERÃO CALCULADAS SOBRE O VALOR DOS BENS, COBRADOS EM 1/3 DO TAXADO NO ITEM VI, OBSERVA DO, PORÉM, O EMOLUMENTO MÁXIMO DE	1,5 VR
2 - SE O PASSIVO ABSORVER 80% OU MAIS DO VALOR DO ATIVO, AS CUSTAS SERÃO COBRADAS PELA METADE, OBSERVADO O MÍNIMO.	
3 - NOS INVENTÁRIOS NEGATIVOS12 AS CUSTAS SERÃO DE	20,0% DO VR
4 - NOS PROCESSOS DE HABILITAÇÃO DE CRÉDITO EM INVENTÁRIO, APLICAM-SE AS LETRAS "A" E "B" DO ITEM VI.	
V. AÇÕES MATRIMONIAIS	
A) SEPARAÇÃO JUDICIAL CONSENSUAL	50,0% DO VR
B) SEPARAÇÃO JUDICIAL NÃO CONSENSUAL	75,0% DO VR
C) SEPARAÇÃO JUDICIAL, ANULAÇÃO E NULIDADE DE CASAMENTO, QUANDO CONTESTADA, MAIS 50% SOBRE O ITEM ANTERIOR (LETRA "B").	
D) HAVENDO INVENTÁRIO AMIGÁVEL, OU JUDICIAL, O MESMO TAXADO NO ITEM VI.	
E) CONVERSÃO DE SEPARAÇÃO OU DESQUITE EM DIVÓRCIO, AS MESMAS CUSTAS DOS ITENS ANTERIORES.	

ATOS	PERCENTUAL
VI. FALÊNCIAS E CONCORDATAS PREVENTIVAS, SOBRE O VALOR DO ATIVO, SERÃO DEVIDAS AS CUSTAS DO ITEM I.	
A) PROCESSO DE HABILITAÇÃO DE CRÉDITO E DE RESTITUIÇÃO DE MERCADORIA EM FALÊNCIA E CONCORDATA SOBRE O VALOR DO CRÉDITO OU DA MERCADORIA	2%
ATÉ O MÁXIMO DE	1 VR
B) QUANDO HOUVER IMPUGNAÇÃO DE CRÉDITO, AS CUSTAS DA HABILITAÇÃO SERÃO ACRESCIDAS DE 50%, INCLUSIVE SOBRE OS EMOLUMENTOS MÁXIMOS.	
VII. AÇÕES DE VALOR INESTIMÁVEL	
A) NÃO CONTESTADAS	40,0% DO VR
B) QUANDO CONTESTADAS	70,0% DO VR
VIII. MEDIDAS CAUTELARES	
A) NOTIFICAÇÃO, PROTESTO E INTERPELAÇÃO SEM VALOR DECLARADO	40,0% DO VR
É DE SE OBSERVAR A INEXISTÊNCIA DE TALA AÇÃO, POIS SENDO O INVENTÁRIO A RELAÇÃO DOS BENS DEIXADOS POR ALGUÉM QUE MORREU, NÃO HÁ COMO	
RELACIONAR O QUE NÃO EXISTE.	
B) OUTRAS MEDIDAS CAUTELARES	
B.A) QUANDO NÃO CONTESTADO	60,0% DO VR
B.B) QUANDO CONTESTADO, 50% DAS CUSTAS PREVISTAS PARA O PROCESSO PRINCIPAL.	
C) JUSTIFICAÇÃO, INCLUSIVE EM PROCESSO PREVIDENCIÁRIO	40,0% DO VR
IX. PROCESSOS DE NATURALIZAÇÃO	20,0% DO VR

ATOS	PERCENTUAL
X. PROCESSOS DE REGISTRO DE TESTAMENTO	40,0% DO VR
XI. CARTAS PRECATÓRIAS, ROGATÓRIAS E DE ORDEM RECEBIDAS PELO ESCRIVÃO PARA CUMPRIMENTO, SALVO AS PREVISTAS NA NOTA 1º DO ITEM IV.	40,0% DO VR
EXCEÇÕES PROCESSADAS EM AUTOS APARTADOS, INCLUSIVE CONFLITO DE COMPETÊNCIA QUANDO SUSCITADO PELA PARTE	40,0% DO VR
XII. OPOSIÇÃO E, EMBARGOS DE TERCEIROS:	
A) NÃO CONTESTADOS, 20% DAS CUSTAS PREVISTAS NO ITENS I E VII, CONSIDERADOS OS VALORES DOS BENS OU DIREITOS OBJETO DA OPOSIÇÃO OU DO EMBARGO;	
B) QUANDO CONTESTADOS, AS CUSTAS DEVIDAS SERÃO PAGAS EM DOBRO.	
XIV. RECURSOS EM GERAL	
A) RECURSOS EM CARTAS TESTEMUNHÁVEIS CRIMINAIS, ALÉM DAS DESPESAS COM TRASLADO QUANDO FOR O CASO	40,0% DO VR
B) AGRAVOS DE INSTRUMENTOS, ALÉM DAS DESPESAS COM O TRASLADO, QUANDO FOR O CASO	30,0% DO VR
C) RECURSOS DE TERCEIRO PREJUDICADO	30,0% DO VR
XV. PROCESSO CRIMINAIS	40,00% DO VR

TABELA "G"
ATOS DOS AVALIADORES E PARTIDORES DO FORO

ATOS	PERCENTUAL
I. AVALIAÇÃO	
A) BENS AVALIADOS ATÉ 5 VR	30,0% DO VR
B) BENS AVALIADOS ATÉ 10 VR	50,0% DO VR
C) BENS AVALIADOS EM MAIS DE 10 VR	2% DO VALOR DOS BENS, ATÉ O MÁXIMO DE 3,0VR
II. PARTILHA	
CADA PARTIDOR RECEBERÁ NAS PARTILHAS E SOBRE PARTILHAS PROCEDIDAS EM ARROLAMENTOS, INVENTÁRIOS E LIQUIDAÇÕES COMERCIAIS, SOBRE O BRUTO APURADO:	
A) ATÉ 5 VR.	15,0% DO VR
B) DE MAIS DE 5 VR EM DIANTE, MAIS 0,5% E NO MÁXIMO	3,0 VR

TABELA "H"
ATOS DO DISTRIBUIDOR E CONTADOR DO FORO

ATOS	PERCENTUAL
I. AVERBAÇÃO.	
NOTIFICAÇÃO, CANCELAMENTO OU ANOTAÇÃO NO ATO DE DISTRIBUIÇÃO	0,3% DO VR
II. BUSCA.	
AS MESMAS CUSTAS DA TABELA COMUM A TODOS OS SERVENTUÁRIOS.	
III. CÁLCULO.	
PARA PAGAMENTO DE IMPOSTO DE TRANSMISSÃO NOS ARROLAMENTOS, INVENTÁRIOS, ARRECADAÇÕES, ADJUDICAÇÕES, VINTENAS, COMISSÕES, ARREMATAÇÕES, INDENIZAÇÕES, PERCENTAGENS DE HONORÁRIOS ADVOCATÍCIOS E DE JUROS:	
A) ATÉ O VALOR DE 1 VR	7,0% DO VR
B) PELO QUE EXCEDER ATÉ O VALOR DE 3 VR	8,0% DO VR
C) DE 3 VR EM DIANTE, PELO QUE EXCEDER, MAIS 0,5% DO VR ATÉ O MÁXIMO 2,0 VR	

ATOS	PERCENTUAL
IV. CERTIDÃO.	
AS MESMAS CUSTAS DA TABELA COMUM A TODOS OS SERVENTUÁRIOS.	
V. CONTA DE CUSTAS:	
A) ATÉ 1 VR	7,0% DO VR
B) PELO QUE EXCEDER ATÉ 3 VR MAIS	8,0% DO VR
C) DE 3 VR EM DIANTE, MAIS 0,5% SOBRE O QUE EXCEDER, ATÉ O MÁXIMO DE 2,0 VR	
VI. DISTRIBUIÇÕES:	
A) DE FEITOS	50,0% DO VR
B) OUTRAS DE QUALQUER NATUREZA	1,0% DO VR

TABELA "I"
ATOS DOS OFICIAIS DE JUSTIÇA

ATOS	PERCENTUAL
I. DAS DILIGÊNCIAS.	
AS CUSTAS REFERENTES A CITAÇÃO, INTIMAÇÃO E NOTIFICAÇÃO, TÊM OS SEGUINTES VALORES	
A) EM ZONA URBANA	10,0% DO VR
B) EM ZONA SUBURBANA	15,0% DO VR
C) EM ZONA RURAL	20,0% DO VR
D) EM LOCAL DE DIFÍCIL ACESSO	50,0% DO VR
E) EM LOCAL RURAL FLUVIAL	60,0% DO VR
PELA DILIGÊNCIA DE PENHORA, ARRESTO, SEQÜESTRO, DESPEJO, ARROLAMENTO, LEVANTAMENTO, BUSCAS E APREENSÃO, ARROMBAMENTO, IMISSÃO DE POSSE, REINTEGRAÇÃO DE POSSE É COBRADO 0,5% DO VALOR DA CAUSA COM UM MÍNIMO DE 20% SOBRE I VR E O MÁXIMO DE 2 VR.	

TABELA "J"
ATOS DO PORTEIRO DOS AUDITÓRIOS

ATOS	PERCENTUAL
I. ATÉ O VALOR DE 3 VR	7,0% DO VR
ARREMATAÇÃO:	
A) DE 3 VR A 10 VR, MAIS	10,0% DO VR
B) ACIMA DE 10 VR, MAIS 0,5% SOBRE O VALOR ATÉ O MÁXIMO DE	3,0 VR
II. CERTIDÃO.	
AS MESMAS CUSTAS PREVISTAS NA TABELA COMUM A TODOS OS SERVENTUÁRIOS.	
III. PREGÃO.	
EM AUDIÊNCIA, QUER DE ABERTURA, QUER DE ENCERRAMENTO, CADA PREGÃO	3,0% DO VR

TABELA "L"
ATOS DO DEPOSITÁRIO PÚBLICO

ATOS	PERCENTUAL
O DEPOSITÁRIO PÚBLICO RECEBERÁ PELA GUARDA 2% SOBRE O VALOR DOS BENS DEPOSITADOS, COM O MÍNIMO DE 20% DO VR E O MÁXIMO DE 3 VR.	

TABELA "M"
ATOS DOS PERITOS

ATOS	PERCENTUAL
EXAMES PERICIAIS E VISTORIAS.	
O VALOR MÍNIMO ARBITRADO PELO JUIZ, SERÁ DE	30,0% DO VR
O VALOR MÁXIMO, SERÁ DE	3,0 VR

TABELA "N"
DOS TRADUTORES E INTÉRPRETES

ATOS	PERCENTUAL
I. EXAMES PARA VERIFICAÇÃO DE EXATIDÃO DE TRADUÇÃO.	50,0% DO VR
SE O EXAME EXIGIR A PRESENÇA DO PERITO POR MAIS DE UM DIA PERANTE O JUIZ, ESTE AO TÉRMINO DO ATO FIXARÁ UMA DIÁRIA CORRESPONDENTE A	20,0% DO VR
NÃO PODENDO O MONTANTE ULTRAPASSAR A.	2,0 VR
II. INTERVENÇÃO EM DEPOIMENTO OU OUTRO ATO JUDICIAL: EM CADA ATO	50,0% DO VR
III. TRADUÇÃO DE DOCUMENTO:	
A) PELA PRIMEIRA FOLHA DATILOGRAFADA	30,0% DO VR
B) PELA SEGUNDA OU MAIS VIAS DE TRADUÇÃO DEVIDAMENTE AUTENTICADA E ASSINADA POR VIA OU FOLHA	20,0% DO VR

TABELA "O"
COMUM A TODOS OS SERVENTUÁRIOS

ATOS	PERCENTUAL
I. BUSCA EM PROCESSO, LIVROS DE CARTÓRIOS OU PAPÉIS ARQUIVADOS, QUALQUER QUE SEJA O NÚMERO DE LIVROS NELE COMPREENDIDO OU DE PAPÉIS ARQUIVADOS, RELATIVOS AO MESMO ASSUNTO, AÇÃO OU NOME:	
ATÉ DEZ (10) ANOS	3,0% DO VR
DEPOIS DE DEZ (10) ANOS POR CADA 5 (CINCO) ANOS A MAIS	5,0% DO VR
E NO MÁXIMO, ATÉ	50,0% DO VR
II. CERTIDÃO DE ASSENTAMENTOS, DE PAPÉIS ARQUIVADOS DE AUTOS, PROCESSOS, LIVROS, REGISTROS, OU DE FATO CONHECIDO EM RAZÃO DO OFICIO, TRASLADOS, FOTOCÓPIAS OU QUALQUER OUTRA REPRODUÇÃO DE DOCUMENTOS OU ATOS DE PROCESSO, MANDADOS DE CITAÇÃO, EDITAIS, CARTAS DE SENTENÇA, DE ARREMATAÇÃO, ADJUDICAÇÃO, REMIÇÃO, PRECATÓRIAS E ROGATÓRIAS.	
POR FOLHA	5,0% DO VR
III. QUANDO A CERTIDÃO OU TRASLADO FOREM EXECUTADOS ATRAVÉS DE CÓPIAS PRODUZIDAS POR EQUIPAMENTOS DE REPRODUÇÃO MECÂNICA, ALÉM DAS CUSTAS DO ITEM 11, SERÃO COBRADOS POR FOLHA MAIS	0,8% DO VR
OBSERVAÇÕES:	
1- OS ATOS LAVRADOS DEPOIS DO HORÁRIO NORMAL DO EXPEDIENTE, OU FORA DO CARTÓRIO, TERÃO AS CUSTAS COBRADAS EM DOBRO, DESDE QUE SOLICITADAS POR ESCRITO PELA PARTE INTERESSADA.	
2- NAS DILIGÊNCIAS, QUANDO A PARTE INTERESSADA NÃO OFERECER CONDUÇÃO, O VALOR DAS CUSTAS SERÁ ACRESCIDO DE	25,0% DO VR

ANEXOS[1]
TABELA "A"
ATOS DOS TABELIÃES

ATOS	PERCENTUAL
I. ESCRITURA	

1. Estas tabelas, expressas em Real, fazem parte do Provimento nº 01/96 (§ 2º, do artigo 9º da Lei nº 5. 763/95). A publicação de "tabelas de conversão " está a cargo da Corregedoria Geral da Justiça, consoante o disposto no artigo 2º, § 1º, da Lei nº

ATOS	PERCENTUAL
ATÉ O VALOR DE R$ 6,40	R$ 5,49
ATÉ O VALOR DE R$ 12,80	R$ 8,22
ATÉ O VALOR DE R$ 38,39	R$ 13,71
ATÉ O VALOR DE R$ 95,96	R$ 19,13
ATÉ O VALOR DE R$ 159,93	R$ 24,57
ATÉ O VALOR DE R$ 479,78	R$ 41,10
ATÉ O VALOR DE R$ 959,56	R$ 54,79
ATÉ O VALOR DE R$ 1.919,11	R$ 82,19
ATÉ O VALOR DE R$ 2.558,81	R$ 109,57
ATÉ O VALOR DE R$ 3.191,51	R$ 136,96
PELO QUE EXCEDER DE R$ 3.191,51 CADA R$ 1.279,41 OU FRAÇÃO ATÉ O VALOR MÁXIMO DE R$ 131.138,90, SEM QUALQUER OUTRO ACRÉSCIMO DESSE VALOR EM DIANTE	R$ 10,99
II. PROCURAÇÕES E SUBSTABELECIMENTOS COM UM OUTORGANTE, INCLUINDO TRASLADO	R$ 8,60
PARA CADA OUTORGANTE A MAIS	R$ 0,56
OBS.: EM CAUSA PRÓPRIA, MESMO VALOR DO ITEM I DESTA TABELA.	
I. RECONHECIMENTO DE FIRMAS. POR FIRMA	R$ 1,21
IV. AUTENTICAÇÃO DE DOCUMENTOS REPROGRÁFICOS. POR FOLHA	R$1,21

4.4/0/82. Assim é que, com o início do "Plano Real ", foi publicado as tabelas de custas em URV (Provimento n° 02/94) e, pelo que pude deduzir, o parâmetro utilizado foi de IVR = 6,3975 URV, que foi arredondada para 6,40 URV.

ATOS	PERCENTUAL
ESCRITURAS SEM VALOR DECLARADO, INCLUSIVE DECLARAÇÃO EM NOTAS	R$16,41
VI. ESCRITURA DE TESTAMENTO, SEM REVOGAÇÃO E APROVAÇÃO DE TESTAMENTO	R$ 109,57
VII. ESCRITURA DE CONVENÇÃO OU ESPECIFICAÇÃO DE CONDOMÍNIO EM PLANOS HORIZONTAIS OU SUAS MODIFICAÇÕES.	
PELA CONVENÇÃO	R$ 13,71
PELA UNIDADE AUTÔNOMA	R$ 1,38
VIII. CÓPIAS REPROGRÁFICAS DE DOCUMENTOS ARQUIVADO NO CARTÓRIO	R$ 0,29
IX. PÚBLICA FORMA, POR FOLHA	R$ 0,70
OBSERVAÇÕES:	
A) SE A ESCRITURA CONTIVER MAIS DE UM ATO AINDA QUE ENTRE AS MESMAS PARTES, ALÉM DO PREÇO INTEGRAL DO CONTRATO DE MAIOR VALOR, SERÁ COBRADO A QUARTA PARTE DO PREÇO DOS DEMAIS CONTRATOS, OBSERVANDO-SE SEMPRE O DISPOSTO NA LETRA "E".	
B) NA PERMUTA CONTAM-SE AS CUSTAS SOBRE A SOMA DOS VALORES.	
C) AS BUSCAS E AS CERTIDÕES SERÃO COBRADAS PELA TABELA COMUM A TODOS OS SERVENTUÁRIOS, NOTÁRIOS REGISTRADORES.	
D) DOS ADITIVOS EM ESCRITURAS COM OU SEM VALOR DECLARADO, 50% DAS CUSTAS CORRESPONDENTES DESTA TABELA.[2]	
E) OS ATOS PRATICADOS DEPOIS DO HORÁRIO NORMAL OU FORA DO CARTÓRIO	R$ 5,44

2. Foi suprimida a letra "d" da tabela original.

TABELA "B"
ATOS DOS OFICIAIS DOS REGISTROS DE IMÓVEIS

ATOS	PERCENTUAL
I. AVERBAÇÃO:	
A) COM VALOR DECLARADO E CONSTRUÇÃO, 50% DOS EMOLUMENTOS DO REGISTRO - ITEM VI DESTA TABELA.	
B) SEM VALOR DECLARADO OU PRENOTAÇÃO	R$16,41
OBSERVAÇÕES: DOS ADITIVOS DE CONTRATOS COM OU SEM VALOR DECLARADO, 50% DAS CUSTAS DAS LETRAS "A" E "B" RESPECTIVAMENTE.	
II. COMUNICAÇÃO. OBRIGATÓRIA ENTRE AUTORIDADES, REPARTIÇÕES PÚBLICAS E CARTÓRIOS	R$ 0,29
III. DÚVIDA. QUANDO O TÍTULO NÃO ESTIVER REVESTIDO DAS FORMALIDADES LEGAIS	R$ 8,22
IV. EDITAIS. QUALQUER QUE SEJA O SEU FIM, POR GRUPO DE QUATRO VIAS OU FRAÇÃO	R$0,56
V. ABERTURA DE MATRÍCULA	R$ 2,19
VI. REGISTROS:	
A) ATÉ O VALOR DE R$ 6,40	R$ 6,86
B) ATÉ O VALOR DE R$ 12,80	R$ 10,99
C) ATÉ O VALOR DE R$ 38,39	R$ 16,41
D) ATÉ O VALOR DE R$ 95,96	R$ 21,97
E) ATÉ O VALOR DE R$ 159,93	R$ 27,40
F) ATÉ O VALOR DE R$ 479,78	R$ 38,04
G) ATÉ O VALOR DE R$ 959,56	R$ 48,91
H) ATÉ O VALOR DE R$ 1.919,11	R$ 59,79
I) ATÉ O VALOR DE R$ 2.558,81	R$ 68,49
J) ATÉ O VALOR DE R$ 3.198,51	R$ 82,18
ACIMA DE R$ 3.198,51 CADA R$ 1.279,41 OU FRAÇÃO ATÉ O VALOR MÁXIMO DE R$ 131.138,90 SEM QUALQUER OUTRO ACRÉSCIMO DESSE VALOR EM DIANTE	R$8,22
VII. LOTEAMENTO, DESMEMBRAMENTO, INSTITUIÇÃO E INCORPORAÇÃO EM CONDOMÍNIO.	
A) REGISTRO DE 1OTEAMENTO OU DESMEMBRAMENTO URBANO OU RURAL, ALÉM DAS DESPESAS DE PUBLICAÇÃO PELA IMPRENSA. POR LOTE OU GLEBA	R$ 1,99
B) REGISTRO DE INCORPORAÇÃO IMOBILIÁRIA OU ESPECIFICAÇÃO E INSTITUIÇÃO DE CONDOMÍNIO; CALCULADO SOBRE O VALOR DO TERRENO E O CUSTO GLOBAL (LEI FEDERAL Nº 4.591, DE 16/12/64, ART. 32, "H"), (SEM RESTRIÇÃO DO TETO), REDUZINDO-SE, NO ENTANTO, EM 70% PELO QUE EXCEDER AO VALOR DE	R$ 131.138,90
C) REGISTRO DA CONVENÇÃO DE CONDOMÍNIO. POR UNIDADE.	R$ 2,82
NOTA: EMOLUMENTOS MÍNIMO	R$ 16,91
VIII. AS BUSCAS PARA FORNECIMENTO DE CERTIDÃO SERÃO COBRADOS À RAZÃO DE R$ 2,82 POR IMÓVEL, ALÉM DA CERTIDÃO, APLICANDO-SE AS DISPOSIÇÕES DA TABELA "O" AOS DEMAIS ATOS NÃO ESPECIFICADOS.	
IX. REGISTRO DE EMISSÃO DE DEBÊNTURES 20% DO VALOR FIXADO NO ITEM VI.	
X. REGISTRO DE CÉDULA DO LIVRO 2 E DO LIVRO 3 AUXILIAR O MESMO VALOR PREVISTO NO ITEM VI.[3]	

3. Item com redação diferente da tabela original.

ATOS	PERCENTUAL
XI. VIA EXCEDENTE DE DOCUMENTOS REGISTRADO.[4]	R$ 2,19
(LEI Nº 6.015, DE 31 DE DEZEMBRO DE 1973, ALTERADA PELA LEI Nº 6.216, DE 30 DE JUNHO DE 1975, ART. 211).	
XII. MICROFILMAGEM, DE DOCUMENTO REFERIDO NESTA TABELAS.[5]	
POR GRUPO DE 5 PÁGINAS	R$1,65
XIII. RECEBIMENTO DE PRESTAÇÃO PREVISTO NO DEC.-LEI Nº 58, DE 10 DE DEZEMBRO DE 1937, E NA LEI Nº 6.766, DE 20 DE DEZEMBRO DE 1979:[6]	
A) PELA ABERTURA DE CONTA E RECEBIMENTO DA PRIMEIRA PRESTAÇÃO	R$ 4,11
B) PELO RECEBIMENTO SEM ABERTURA DE CONTA: AO OFICIAL, 1% DO VALOR DEPOSITADO.	
NOTA: 1º) OS VALORES PREVISTOS NESTE ITEM SERÃO PRESTAMISTAS.	
2º) OS EMO1UMENTOS DEVIDOS PELOS ATOS EM QUE SÃO PARTES AS AUTARQUIAS, EMPRESAS PÚBLICAS E SOCIEDADES DE ECONOMIA MISTA NAS QUAIS A UNIÃO, O ESTADO E O MUNICÍPIO SEJAM ACIONISTAS MAJORITÁRIOS SERÃO REDUZIDOS EM 50%.	
XIII. SISTEMAS DE PROCESSAMENTO DE DADOS (COMPUTADOR) DE DOCUMENTO REFERIDO NESTA TABELA, QUALQUER QUE SEJA O Nº DE PÁGINAS7	R$ 1,65

TABELA "C"
ATOS DOS OFICIAIS DE PROTESTOS DE LETRAS E TÍTULOS

ATOS	PERCENTUAL
I. APONTAMENTO E PROTESTO (EXCLUÍDA DESPESA DE EDITAL E CONDUÇÃO)	
A) ATÉ O VALOR DE R$ 38,39	R$ 5,49
B) ATÉ O VALOR DE R$ 63,98	R$ 6,86
C) ATÉ O VALOR DE R$ 127,95	R$13,59
D) ATÉ O VALOR DE R$ 255,89	R$ 22,29
PELO QUE EXCEDER DE R$ 255,89 CADA R$ 639,71 OU TRAÇÃO ATÉ O VALOR MÁXIMO DE R$3.198,51, SEM QUALQUER OUTRO ACRÉSCIMO DESSE VALOR EM DIANTE	R$ 9,79
II. AVERBAÇÃO DE PAGAMENTO E CANCELAMENTO, INCLUSIVE PROCESSADO EM CARTÓRIO	R$ 3,60
III. CERTIDÃO[8]	
CERTIDÃO NEGATIVA OU POSITIVA DE PROTESTO, POR PESSOA:	
1) ATÉ CINCO ANOS	R$ 3,60
2) ACIMA DE CINCO ANOS	R$ 4,50
IV. MICROFILMAGEM DO DOCUMENTO REFERIDO NESTA TABELA.	R$ 1,65
V. SISTEMA DE PROCESSAMENTO DE DADOS (COMPUTADOR), E DOCUMENTO REFERIDO NESTA TABELA QUALQUER QUE SEJA O NÚMERO DE PÁGINAS	R$ 1,65

4. Item com redação diferente da tabela original.
5. Item com redação diferente da tabela original.
6. Item com redação diferente da tabela original.
7. Item com redação diferente da tabela original.
8. Item com redação diferente da tabela original.

TABELA "D"
ATOS DOS OFICIAIS DO REGISTRO DE TÍTULO E DOCUMENTO E DE REGISTRO DE PESSOAS JURÍDICAS

ATOS	PERCENTUAL
I. ARQUIVAMENTO DE CONTRATOS E ATOS CONSTITUTIVOS DE SOCIEDADES CIVIS, COMPROMISSOS REFERENTES A SOCIEDADES DE ESTATUTOS DE ASSOCIAÇÕES E FUNDAÇÃO	R$ 8,22
II. AVERBAÇÃO DE TÍTULOS, DOCUMENTOS OU OUTROS QUAISQUER PAPÉIS	R$ 2,75
III. BUSCAS.[9]	
AS MESMAS CUSTAS DA TABELA COMUM A TODOS OS SERVENTUÁRIOS, NOTÁRIOS E REGISTRADORES.	
IV. CERTIDÕES.	
AS MESMAS CUSTAS DA TABELA COMUM A TODOS OS SERVENTUÁRIOS, NOTÁRIOS E REGISTRADORES.	
V. DILIGÊNCIA.	
PELOS ATOS PRATICADOS FORA DO CARTÓRIO, QUALQUER QUE SEJA O VALOR DO DOCUMENTO.	R$2,75
PELOS ATOS NÃO CONCLUÍDOS NO MESMO DIA, MAIS R$ 5,44 POR DIA DE SERVIÇO, ATÉ O MÁXIMO DE CINCO (05) DIAS.	
VI. REGISTRO	
TRANSCRIÇÃO INTEGRAL, EXTRATO DE DOCUMENTO COM VALOR DETERMINADO:	
A) ATÉ O VALOR DE R$ 6,40	R$ 6,86
B) ATÉ O VALOR DE R$ L2,80	R$ 10,99
C) ATÉ O VALOR DE R$ 38,39	R$ 16,41
D) ATÉ O VALOR DE R$ 95,96	R$ 21,97
E) ATÉ O VALOR DE R$ 159,93	R$ 27,40
F) ATÉ O VALOR DE R$ 479,78	R$ 38,04
G) ATÉ O VALOR DE R$ 959,56	R$ 48,91
H) ATÉ O VALOR DE R$ 1.919,1L	R$ 59,79
I) ATÉ O VALOR DE R$ 2.558,81	R$ 68,49
O VALOR MÁXIMO DE R$ 131.138,90 SEM QUALQUER OUTRO ACRÉSCIMO DESSE VALOR EM DIANTE	R$ 8,22
VII. REGISTRO DE DOCUMENTO SEM VALOR DECLARADO. POR FOLHA	R$ 1,38
VIII. XEROCÓPIA OU FOTOCÓPIA DO DOCUMENTO LAVRADO OU ARQUIVADO NO CARTÓRIO.	R$ 0,56
IX. MICROFILMAGEM DE DOCUMENTO REFERIDO NESTA TABELA POR GRUPO DE, 5 PÁGINAS	R$ 1,65
X. SISTEMA DE PROCESSAMENTO DE DADOS, DE DOCUMENTO REFERIDO NESTA TABELA POR DOCUMENTO	R$ 0,42
XI. AUTENTICAÇÃO PROCEDIDA DE ACORDO COM A LEI FEDERAL Nº 5.433, DE 8 DE MARÇO DE 1968, REGULAMENTADA PELO DECRETO Nº 64.393, DE 24 DE ABRIL DE 1969:	
A) DE MICROFILMAGEM POR ROLO DE 16 MM.	R$ 1,65
B) DE MICROFILMAGEM POR ROLO DE 35 MM.	R$ 2,75

9. Item com redação diferente da tabela original.

TABELA "E"
ATOS DOS OFICIAIS DO REGISTRO CIVIL DAS PESSOAS NATURAIS

ATOS	PERCENTUAL
I. CASAMENTO	
A) HABILITAÇÃO, COMPREENDENDO TODO O PROCESSO, INCLUSIVE A CERTIDÃO DE HABILITAÇÃO E DO REGISTRO DO CASAMENTO	R$ 26,20
B) TRANSCRIÇÃO DE SENTENÇA DECLARATÓRIA DE CASAMENTO, DESQUITE OU DIVÓRCIO EM PROCESSO JUDICIAL	R$ 13,17
II. REGISTRO DE NASCIMENTO E ÓBITO	
A) NO PRAZO LEGAL	R$ 6,64
B) FORA DO PRAZO, ALÉM DA MULTA	R$ 6,64
C) FORA DO PRAZO, DEPOIS DE 10 ANOS E DIA	R$ 10,55
III. RETIFICAÇÃO DE CASAMENTO, NASCIMENTO E ÓBITO, QUANDO O ERRO NÃO FOR IMPETRÁVEL AO OFICIAL:	
A) MEDIANTE PROVA DOCUMENTAL	R$ 10,55
B) MEDIANTE JUSTIFICAÇÃO NO JUÍZO DO REGISTRO,COM OU SEM PROVA COMPLEMENTAR.	R$ 10,55
IV. BUSCAS E OUTROS ATOS. AS MESMAS CUSTAS DA TABELA COMUM A TODOS OS SERVENTUÁRIOS.	

TABELA "F"
ATOS DOS ESCRIVÃES EM GERAL

ATOS	PERCENTUAL
I. DAS CAUSAS EM GERAL:	
A) ATÉ O VALOR DE R$ 6,40	R$ 2,75
B) ATÉ O VALOR DE R$ 31,99	R$ 10,99
C) ATÉ O VALOR DE R$ 95,96	R$ 16,41
D) ATÉ O VALOR DE R$ 159,93	R$ 21,85
E) ATÉ O VALOR DE R$ 479.78	R$ 27,40
F) ATÉ O VALOR DE R$ 959,56	R$ 41,10
G) ATÉ O VALOR DE R$ 1.919,11	R$ 68,49
H) ATÉ O VALOR DE R$ 2.558,81	R$ 82,18
I) ATÉ O VALOR DE R$ 3.198,51	R$ 109,57
NAS CAUSAS DE VALOR SUPERIOR A R$ 3.198,51, MAIS R$ 4,35 EM CADA 1.279,41(SIC) QUE EXCEDER, ATÉ O MÁXIMO DE R$ 131.138,90.	
NOTAS:	
1- AS CUSTAS DEVIDAS EM HIPÓTESE ALGUMA SERÃO INFERIORES A R$ 2,17	
2- SE O PROCESSO É EXTINTO ANTES DA AUDIÊNCIA DE INSTRUÇÃO E JULGAMENTO, AS CUSTAS DESTE ITEM SERÃO REDUZIDAS NAS SEGUINTES PROPORÇÕES:	
A) ANTES DO SANEADOR	R$ 16,41
B) DEPOIS DO SANEADO	R$0,08
NAS AÇÕES E PROCESSOS ESPECIAIS EM QUE HAJA INSTRUÇÃO SUMÁRIA, TAIS COMO VENDA DE IMÓVEIS A PRESTAÇÕES, VENDA DE QUINHÃO DE COISA COMUM, NOMEAÇÃO, REMOÇÃO E DESTITUIÇÃO DE TUTOR OU CURADOR, DISSOLUÇÃO E LIQUIDAÇÃO DE SOCIEDADE, ARBITRAMENTO DE ALUGUÉIS, AS CUSTAS SERÃO DEVIDAS À RAZÃO DE 50% DO VALOR ATRIBUÍDO NESTE ITEM, NÃO PODENDO SER SUPERIOR A R$ 21,97.	
3 – NAS AÇÕES E PROCESSOS ESPECIAIS EM QUE HAJA INSTRUÇÃO SUMÁRIA, TAIS COMO VENDA DE IMÓVEIS A PRESTAÇÕES, VENDA DE QUINHÃO DE COISA COMUM, NOMEAÇÃO, REMOÇÃO E DESTITUIÇÃO DE TUTOR OU CURADOR, DISSOLUÇÃO E LIQUIDAÇÃO DE SOCIEDADE, ARBITRAMENTO DE ALUGUÉIS, AS CUSTAS SERÃO DEVIDAS À RAZÃO DE 50% DO VALOR ATRIBUÍDO NESTE ITEM, NÃO PODENDO SER SUPERIOR A R$ 21,97	

ATOS	PERCENTUAL
4 – HAVENDO RECONVENÇÃO, AS CUSTAS MAJORADAS DE 1/3 (UM TERÇO). O PAGAMENTO DESSA MAJORAÇÃO SERÁ EFETUADO PELO RECONVINTE, PELO MODO DETERMINADO PARA O PAGAMENTO DAS CUSTAS, MAS A RESPONSABILIDADE FINAL DOS LITIGANTES SERÁ FIXADA NO JULGAMENTO.	
5 – HAVENDO IMPUGNAÇÃO DO VALOR DA CAUSA, AS CUSTAS SERÃO ACRESCIDAS DE 20% DO VR, SENDO A RESPONSABILIDADE DO PAGAMENTO ESTABELECIDA EM RAZÃO DA SUCUMBÊNCIA NO INCIDENTE, CONSIDERANDO-SE VENCIDO O AUTOR SEMPRE QUE O JUIZ MODIFICAR O VALOR DA CAUSA.	
II. MANDADOS DE SEGURANÇA, COM OU SEM VALOR DETERMINADO OU DE VALOR INESTIMÁVEL E HABEAS- CORPUS	R$ 10,99
III. EXECUÇÕES COMUNS E FISCAIS	
AS CUSTAS DO Nº I DESTA TABELA SERÃO REDUZIDOS:	
A) DE 70% SE O DEVEDOR PAGAR A DÍVIDA ANTES DA PENHORA, OU ENTREGAR A COISA OU CUMPRIR O JULGADO NO PRAZO DA LEI.	
B) DE 50% SE O PAGAMENTO DA DÍVIDA FOR EFETUADO ANTES DO JULGAMENTO DOS EMBARGOS.	
C) DE 20% SE NÃO FOREM OFERECIDOS EMBARGOS À EXECUÇÃO.	
IV. INVENTÁRIOS, ARROLAMENTOS, ARRECADAÇÃO DE HERANÇA JACENTE E BENS DE AUSENTES VAGOS, SOBRE O VALOR DO MONTE-MOR OU DOS BENS ARRECADADOS	R$ 0,17
ATÉ O MÁXIMO DE	R$ 1366,96
AS CERTIDÕES DE HERANÇA E FORMAIS DE PARTILHA, SERÃO COBRADOS PELO VALOR DO QUINHÃO NA BASE DE	R$ 0,17

ATOS	PERCENTUAL
ATÉ O MÁXIMO DE	R$ 41,10
NOTAS:	
1- NAS CARTAS PRECATÓRIAS PARA AVALIAÇÃO DE BENS COM O PAGAMENTO OU NÃO DO IMPOSTO DE TRANSMISSÃO "CAUSA-MORTIS", AS CUSTAS SERÃO CALCULADAS SOBRE O VALOR DOS BENS, COBRADOS EM 113 DO TAXADO NO ITEM VI, OBSERVADO, PORÉM, O EMOLUMENTO MÁXIMO DE	R$ 41,10
2- SE O PASSIVO ABSORVER 80% OU MAIS DO VALOR DO ATIVO, AS CUSTAS SERÃO COBRADAS PELA METADE, OBSERVADO O MÍNIMO.	
3- NOS INVENTÁRIOS NEGATIVOS10 AS CUSTAS SERÃO DE	R$ 5,44
4- NOS PROCESSOS DE HABILITAÇÃO DE CRÉDITO EM INVENTÁRIO, APLICAM-SE AS LETRAS "A" E "B" DO ITEM VI.	
V. AÇÕES MATRIMONIAIS	
A) SEPARAÇÃO JUDICIAL CONSENSUAL	R$ 13,71
B) SEPARAÇÃO JUDICIAL NÃO CONSENSUAL	R$ 20,56
C) SEPARAÇÃO JUDICIAL, ANULAÇÃO E NULIDADE DE CASAMENTO, QUANDO CONTESTADA, MAIS 50% SOBRE O ITEM ANTERIOR (LETRA "B").	
D) HAVENDO INVENTÁRIO AMIGÁVEL, OU JUDICIAL, O MESMO TAXADO NO ITEM VI.	
E) CONVERSÃO DE SEPARAÇÃO OU DESQUITE EM DIVÓRCIO, AS MESMAS CUSTAS DOS ITENS ANTERIORES.	

10. É de se observar a inexistência de tal ação, pois, sendo o inventário a relação dos bens deixados por alguém que morreu, não há como relacionar o que não existe.

ATOS	PERCENTUAL
VI. FALÊNCIAS E CONCORDATAS PREVENTIVAS, SOBRE O VALOR DO ATIVO, SERÃO DEVIDAS AS CUSTAS DO ITEM I.	
A) PROCESSO DE HABILITAÇÃO DE CRÉDITO E DE RESTITUIÇÃO DE MERCADORIA EM FALÊNCIA E CONCORDATA SOBRE O VALOR DO CRÉDITO OU DA MERCADORIA	R$ 0,56
ATÉ O MÁXIMO DE	R$27,40
B) QUANDO HOUVER IMPUGNAÇÃO DE CRÉDITO, AS CUSTAS DA HABILITAÇÃO SERÃO ACRESCIDAS DE 50%, INCLUSIVE SOBRE OS EMOLUMENTOS MÁXIMOS.	
VII. AÇÕES DE VALOR INESTIMÁVEL11	
A) NÃO CONTESTADAS	R$ 10,99
B) QUANDO CONTESTADAS	R$ 19,13
VIII. MEDIDAS CAUTELARES	
A) NOTIFICAÇÃO, PROTESTO E INTERPELAÇÃO SEM VALOR DECLARADO	R$10,99
B) OUTRAS MEDIDAS CAUTELARES	
B.A) QUANDO NÃO CONTESTADO	R$ 16,41
B.B) QUANDO CONTESTADO, 50% DAS CUSTAS PREVISTAS PARA O PROCESSO PRINCIPAL.	
C) JUSTIFICAÇÃO, INCLUSIVE EM PROCESSO PREVIDENCIÁRIO	R$ 10,99
IX. PROCESSOS DE NATURALIZAÇÃO	R$ 5,44
X. PROCESSOS DE REGISTRO DE TESTAMENTO	R$ 10,99
XI. CARTAS PRECATÓRIAS, ROGATÓRIAS E DE ORDEM RECEBIDAS PELO ESCRIVÃO PARA CUMPRIMENTO, SALVO AS PREVISTAS NA NOTA IA DO ITEM IV	R$ 10,99
XII. EXCEÇÕES PROCESSADAS EM AUTOS APARTADOS, INCLUSIVE CONFLITO DE COMPETÊNCIA QUANDO SUSCITADO PELA PARTE	R$ 10,99
XIII. OPOSIÇÃO E, EMBARGOS DE TERCEIROS:	
A) NÃO CONTESTADOS, 20% DAS CUSTAS PREVISTAS NO ITENS I E VII, CONSIDERADOS OS VALORES DOS BENS OU DIREITOS OBJETO DA OPOSIÇÃO OU DO EMBARGO;	
B) QUANDO CONTESTADOS, AS CUSTAS DEVIDAS SERÃO PAGAS EM DOBRO.	
XVI. RECURSOS EM GERAL	
A) RECURSOS EM CARTAS TESTEMUNHÁVEIS CRIMINAIS, ALÉM DAS DESPESAS COM TRASLADO QUANDO FOR O CASO	R$ 10,99
B) AGRAVOS DE INSTRUMENTOS, ALÉM DAS DESPESAS COM O TRASLADO, QUANDO FOR O CASO	R$8,27
C) RECURSOS DE TERCEIRO PREJUDICADO	R$ 8,27
XV. PROCESSO CRIMINAIS	R$ 10,99

11. As causas de valor inestimável têm como base de cálculo o equivalente a 16 VR (art. 22 do Código de Custas); no Provimento Lei 02194. Item 4º: 10236 URV (6.3975 X 16); o Provimento 11.01196 não traz a conversão desse valor.

TABELA "G"
ATOS DOS AVALIADORES E PARTIDORES DO FORO

ATOS	PERCENTUAL
I. AVALIAÇÃO	
A) BENS AVALIADOS ATÉ R$ 31,99	R$ 8,27

ATOS	PERCENTUAL
B) BENS AVALIADOS ATÉ R$ 63,98	R$13,71
C) BENS AVALIADOS EM MAIS DE 63,982% DO VALOR DOS BENS, ATÉ O MÁXIMO DE	R$ 82,18
II. PARTILHA	
CADA PARTIDOR RECEBERÁ NAS PARTILHAS E SOBRE PARTILHAS PROCEDIDAS EM ARROLAMENTOS, INVENTÁRIOS E LIQUIDAÇÕES COMERCIAIS, SOBRE O BRUTO APURADO:	
A) ATÉ R$ 31,99	R$4,15
B) DE MAIS DE R$ 31,99 EM DIANTE, MAIS 0,5% EM NO MÁXIMO	R$ 82,18

TABELA "H"
ATOS DO DISTRIBUIDOR E CONTADOR DO FORO PERCENTUAL

ATOS	PERCENTUAL
I. AVERBAÇÃO	
NOTIFICAÇÃO, CANCELAMENTO OU ANOTAÇÃO NO ATO DE DISTRIBUIÇÃO	R$ 0,08
II. BUSCA	
AS MESMAS CUSTAS DA TABELA COMUM A TODOS OS SERVENTUÁRIOS.	
III. CÁLCULO	
PARA PAGAMENTO DE IMPOSTO DE TRANSMISSÃO NOS ARROLAMENTOS, INVENTÁRIOS, ARRECADAÇÕES, ADJUDICAÇÕES, VINTENAS, COMISSÕES, ARREMATAÇÕES, INDENIZAÇÕES, PERCENTAGENS DE HONORÁRIOS ADVOCATÍCIOS E DE JUROS:	
A) ATÉ O VALOR DE R$ 6,40	R$ 1,92
B) PELO QUE EXCEDER ATÉ O VALOR DE R$ 19,20	R$2,19
C) DE R$ 19,20 EM DIANTE, PELO QUE EXCEDER, MAIS 0,5% DO VR ATÉ O MÁXIMO DE R$ 54,79	
IV. CERTIDÃO	
AS MESMAS CUSTAS DA TABELA COMUM A TODOS OS SERVENTUÁRIOS.	
V. CONTA DE CUSTAS	
A) ATÉ R$ 6,40	R$ 1,92
B) PELO QUE EXCEDER ATÉ R$ 19,20 MAIS	R$ 2,19
C) DE R$ 19,20 EM DIANTE, MAIS 0,5% SOBRE O QUE EXCEDER, ATÉ O MÁXIMO DE	R$ 54,96
VI. DISTRIBUIÇÕES	
A) DE FEITOS	R$ 13,71
B) OUTRAS DE QUALQUER NATUREZA	R$ 27,40

TABELA "I"
ATOS DOS OFICIAIS DE JUSTIÇA

ATOS	PERCENTUAL
I. DAS DILIGÊNCIAS	
AS CUSTAS REFERENTES A CITAÇÃO, INTIMAÇÃO E NOTIFICAÇÃO, TÊM OS SEGUINTES VALORES:	
A) EM ZONA URBANA	R$ 2,75
B) EM ZONA SUBURBANA	R$4,11
C) EM ZONA RURAL	R$ 5,49
D) EM LOCAL DE DIFÍCIL ACESSO	R$ 13,71
E) EM LOCAL RURAL FLUVIAL	R$ 16,41
PELA DILIGÊNCIA DE PENHORA, ARRESTO, SEQÜESTRO, DESPEJO, ARROLAMENTO, LEVANTAMENTO, BUSCAS E APREENSÃO, ARROMBAMENTO, IMISSÃO DE POSSE, REINTEGRAÇÃO DE POSSE É COBRADO 0,5% DO VALOR DA CAUSA COM UM MÍNIMO DE 20% SOBRE R$ 10,87 E O MÁXIMO DE R$21,75.	

TABELA "J"
ATOS DO PORTEIRO DOS AUDITÓRIOS

ATOS	PERCENTUAL
ARREMATAÇÃO	
A) DE R$ 19,20 A R$ 63,98, MAIS.	R$ 2,75
B) ACIMA DE R$ 63,98, MAIS 0,5% SOBRE O VALOR ATÉ O MÁXIMO DE	R$ 82,18
II. CERTIDÃO	
AS MESMAS CUSTAS PREVISTAS NA TABELA COMUM A TODOS OS SERVENTUÁRIOS.	
III. PREGÃO	
EM AUDIÊNCIA, QUER DE ABERTURA, QUER DE ENCERRAMENTO, CADA PREGÃO.	R$0,83

TABELA "L"
ATOS DO DEPOSITÁRIO PÚBLICO

ATOS	PERCENTUAL
O DEPOSITÁRIO PÚBLICO RECEBERÁ PELA GUARDA 2% SOBRE O VALOR DOS BENS DEPOSITADOS, COM O MÍNIMO DE R$ 2,17 E O MÁXIMO DE R$ 32,62.	

TABELA "M"
ATOS DOS PERITOS PERCENTUAL

ATOS	PERCENTUAL
EXAMES PERICIAIS E VISTORIAS.	
O VALOR MÍNIMO ARBITRADO PELO JUIZ, SERÁ DE	R$ 8,22
O VALOR MÁXIMO, SERÁ DE	R$ 82,18

TABELA "N"
DOS TRADUTORES E INTÉRPRETES

ATOS	PERCENTUAL
I. EXAMES PARA VERIFICAÇÃO DE EXATIDÃO DE TRADUÇÃO	R$ 13,71
SE O EXAME EXIGIR A PRESENÇA DO PERITO POR MAIS DE UM DIA PERANTE O JUIZ, ESTE AO TÉRMINO DO ATO FIXARÁ UMA DIÁRIA CORRESPONDENTE A	R$ 5,44
NÃO PODENDO O MONTANTE ULTRAPASSAR A	R$ 54,79

TABELA "O"
COMUM A TODOS OS SERVENTUÁRIOS

ATOS	PERCENTUAL
I. BUSCA EM PROCESSO, LIVROS DE CARTÓRIOS OU PAPÉIS ARQUIVADOS, QUALQUER QUE SEJA O NÚMERO DE LIVROS NELE COMPREENDIDO OU DE PAPÉIS ARQUIVADOS, RELATIVOS AO MESMO ASSUNTO, AÇÃO OU NOME:	
ATÉ DEZ (10) ANOS	R$ 0,83
DEPOIS DE DEZ (10) ANOS POR CADA 5 (CINCO) ANOS A MAIS.	R$ 1,38
E NO MÁXIMO, ATÉ	R$13,71
II. CERTIDÃO DE ASSENTAMENTOS, DE PAPÉIS ARQUIVADOS DE AUTOS, PROCESSOS, LIVROS, REGISTROS, OU DE FATO CONHECIDO EM RAZÃO DO OFICIO, TRASLADOS, FOTOCÓPIAS OU QUALQUER OUTRA REPRODUÇÃO DE DOCUMENTOS OU ATOS DE PROCESSO, MANDADOS DE CITAÇÃO, EDITAIS, CARTAS DE SENTENÇA, DE ARREMATAÇÃO, ADJUDICAÇÃO, REMIÇÃO, PRECATÓRIAS E ROGATÓRIAS.	
POR FOLHA	R$ 1,38
III. QUANDO A CERTIDÃO OU TRASLADO FOREM EXECUTADOS ATRAVÉS DE CÓPIAS PRODUZIDAS POR EQUIPAMENTOS DE REPRODUÇÃO MECÂNICA, ALÉM DAS CUSTAS DO ITEM II, SERÃO COBRADOS POR FOLHA MAIS	R$0,22
IV. A TAXA DE SERVIÇO NOTARIAL E REGISTRAL – TSNR SÓ TERÁ A SUA INCIDÊNCIA NO EMOLUMENTO ACIMA DE[12]	R$ 12,00

12. Item não integrante da tabela original.

ATOS	PERCENTUAL
V. PARA EFEITO DE COBRANÇA DE EMOLUMENTOS NOS SERVIÇOS NOTARIAL E REGISTRA I O VALOR ARBITRADO PELA REPARTIÇÃO FAZENDÁRIA COMPETENTE, SE DIVERGIR DO VALOR DECLARADO NA ESCRITURA, OS EMOLUMENTOS SERÃO CALCULADOS COM BASE NO PRIMEIRO. SE O VALOR DECLARADO FOR INFERIOR.[13]	
A) O VALOR REFERIDO ACIMA SERÁ SEMPRE ATUALIZADO A DATA DO REGISTRO, APLICANDO-SE O MESMO ÍNDICE UTILIZADO PELOS ÓRGÃOS FAZENDÁRIOS.[14]	
OBSERVAÇÕES:	
1- OS ATOS LAVRADOS DEPOIS DO HORÁRIO NORMAL DO EXPEDIENTE, OU FORA DO CARTÓRIO, TERÃO AS CUSTAS COBRADAS EM DOBRO, DESDE QUE SOLICITADAS POR ESCRITO PELA PARTE INTERESSADA.	
2- NAS DILIGÊNCIAS, QUANDO A PARTE INTERESSADA NÃO OFERECER CONDUÇÃO, O VALOR DAS CUSTAS SERÁ ACRESCIDO DE.	R$10,87

TABELA "P"
ATOS DA SECRETARIA DO TRIBUNAL DE JUSTIÇA15

ATOS	PERCENTUAL
I. JULGAMENTO CÍVEIS E CRIMINAIS ORIGINÁRIOS OU NÃO	R$ 5,44
II. APLICAM-SE OS ATOS PRATICADOS PELA SECRETARIA DO TRIBUNAL DE JUSTIÇA, OS VALORES CONSTANTES DAS RESPECTIVAS TABELAS ANEXAS A ESTE CÓDIGO.	

SECRETARIA DA CORREGEDORIA GERAL DA JUSTIÇA, EM MACEIÓ, 02 DE JANEIRO DE 1996.

CERTIFICO, PARA OS FINS DEVIDOS QUE A PRESENTE TABELA DE CUSTAS SE ENCONTRA AFIXADA NO MURAL DESTA CORREGEDORIA.

MACEIÓ, 02 DE JANEIRO DE 1996

BELª NIELZE TAVARES BRITO

DIRETORA DA CORREGEDORIA

13. Item semelhante estava previsto na observação "D" da Tabela "A"; com uma diferença naquela, as custas eram cobradas com base no valor declarado na escritura se inferior ao da repartição fazendária. Ver também "Nota" ao item VI da Tabela B.

14. Item não integrante da tabela original.

15. Tabela não existente dentre as instituídas pela Lei nº 4.410/82.

LEI Nº 5.763, DE 29 DE DEZEMBRO DE 1995

DISPÕE SOBRE A REVISÃO DOS VALORES DAS CUSTAS PROCESSUAIS, TAXAS JUDICIÁRIAS E EMOLUMENTOS FIXADOS PELO CÓDIGO DE CUSTAS JUDICIAIS DO ESTADO DE ALAGOAS E ADOTA OUTRAS PROVIDÊNCIAS.

O GOVERNADOR DO ESTADO DE ALAGOAS

Faço saber que o Poder Legislativo decreta e eu sanciono a seguinte Lei:

Art. 1º Fica o Tribunal de Justiça do Estado de Alagoas, mediante deliberação do Plenário, à vista de proposta motivada da Corregedoria-Geral da Justiça, autorizado a promover, periodicamente a revisão de valores das custas processuais, taxas judiciárias e emolumentos, fixados pelo Código de Custas Judiciais do Estado de Alagoas, respeitados os índices oficiais indicadores da desvalorização da moeda.

Arts. 2º a 4º. (Revogado pela Lei nº 5.887, de 06 de dezembro de 1996).

Art. 5º Aos delegatários dos serviços registrais de pessoas naturais é assegurada ajuda de custo de valor mensal correspondente a 50% (cinquenta por cento) da remuneração atribuída ao titular do cargo de Oficial de Registro Civil, sem prejuizo de convênios que venham a ser celebrados com entidades ou órgãos públicos, objetivando a racionalização e agilização dos serviços, compensatória pelos serviços gratuitos prestados aos carentes na forma da lei, na conformidade do disposto pelo art. 45 da Lei Federal nº 8.935, de 18 de novembro de 1994.

Art. 6º Os titulares de serviços notariais e registrais em comarcas de 1ª, 2ª e 3ª entrâncias, que preencham as condições estabelecidas pelos arts. 47 e 51 da Lei Federal nº 8.935, de 18 de novembro de 1994, quando transferidos à inatividade, terão proventos calculados com base nos padrões remuneratórios atribuídos aos Símbolos SPJ-D, SPJ-E e SPJ-F, respectivamente.

Art. 7º Os Cargos de Distribuidor de 1ª, 2ª e 3ª entrâncias ficam classificados nos Símbolos SPJ-A, SPJ-B e SPJ-C, respectivamente.

Art. 8º A Taxa de Serviços Notariais e Registrais – TSNR incidente sobre a prática, inclusive mediante delegação do Poder Público, de todos os atos notariais e registrais, será devida na forma detalhada nesta Lei. (Redação dada pela Lei nº 6.921, de 14.01.2008).

§ 1º Excluem-se da incidência da Taxa de Serviços Notariais e Registrais – TSNER:

I – a lavratura da procuração ou substabelecimento para fins de assistência e previdência social;

II – os atos praticados pelo oficial de registro civil das pessoas naturais;

III – a entidade beneficiária de imunidade tributária, na forma do que dispuser a Constituição e a lei; (Redação dada pela Lei nº 6.921, de 14.01.2008).

IV – a pessoa física reconhecidamente pobre na forma da Lei; (Redação dada pela Lei nº 6.921, de 14.01.2008).

V – demais isenções previstas em lei. (Redação dada pela Lei nº 6.921, de 14.01.2008).

VI – adquirente de imóvel em plano habitacional, desde que não seja proprietário de outro prédio residencial e aquele adquirido possua área construída não superior a 100m² (cem metros quadrados).

§ 2º A inobservância das normas deste artigo sujeita o notário ou registrador faltoso à aplicação progressivamente das penalidades a saber, assegurando amplo direito de defesa: (Redação dada pela Lei nº 6.921, de 14.01.2008).

I – advertência ou repreensão por ato formal publicado no Diário Oficial do Estado, conforme se trate de ocupante de cargo permanente ou de delegatário do serviço público, respectivamente; e (Redação dada pela Lei nº 6.921, de 14.01.2008).

II – suspensão, pelo período de até 30 (trinta) dias, do exercício da função delegada ou do desempenho das atribuições do cargo ocupado, admitida, a pedido do infrator, a conversão em multa correspondente a 10 (dez) vezes o valor corrigido da taxa devida. (Redação dada pela Lei nº 6.921, de 14.01.2008).

Art. 8º-A. O recolhimento da TSNR e do percentual destinado à manutenção do Fundo Especial para o registro Civil – FERC serão efetuados quando da aquisição do Selo de Autenticidade dos Atos dos Serviços Notarias e Registrais do Estado de Alagoas – SAS, obedecido o disposto no Anexo Único desta Lei. (Redação acrescentada pela Lei nº 6.921, de 14.01.2008).

§ 1º Os valores do SAS serão reajustados anualmente e conjuntamente com a tabela dois serviços notariais e registrais vigentes com base no INPC, ou qualquer outro índice que venha a substituí-lo. (Redação acrescentada pela Lei nº 6.921, de 14.01.2008).

§ 2º Nas hipóteses em que não houver a incidência da TSNR, somente será devido o percentual a ser destinado ao FERC, o qual será convertido em dinheiro. (Redação acrescentada pela Lei nº 6.921, de 14.01.2008).

§ 3º Os Serviços Notariais e Registrais adquirirão o SAS antecipadamente, mediante pagamento, no prazo máximo de 15 (quinze) dias, em guia própria, no qual estarão discriminados os selos comprados. (Redação acrescentada pela Lei nº 6.921, de 14.01.2008).

§ 4º O Tribunal de Justiça editará resoluções complementares para regulamentar a sistemática do SAS. (Redação acrescentada pela Lei nº 6.921, de 14.01.2008).

Art. 9º Os valores das custas, taxas judiciárias e emolumentos passam a ser expressos tomando-se por referencial a Unidade Padrão Fiscal do Estado de Alagoas – UFPAL.

§ 1º A conversão de que trata este artigo tomará por parâmetros os valores das custas, taxas judiciárias e emolumentos, bem assim da Unidade Padrão Fiscal do Estado de Alagoas – UPFAL, vigentes em 02 de março de 1994.

§ 2º A Corregedoria-Geral da Justiça promoverá a compatibilização da Tabela de Custas, Taxas Judiciárias e Emolumentos às disposições deste artigo, fazendo-a publicar, mediante ato próprio, até o dia 31 de dezembro de 1995.

Art. 10. Para efeito de cobrança de emolumentos nos serviços notarial e registral o valor arbitrado pela repartição fazendária competente, se divergir do valor declarado na escritura, os emolumentos serão calculados com base no primeiro, se o valor declarado inferior.

Parágrafo único. O valor referido neste artigo será sempre atualizado a data do registro, aplicando-se os mesmos índices utilizados pelos órgãos fazendários.

Art. 11. As despesas decorrentes da execução desta Lei correrão à conta de dotação orçamentária própria.

Art. 12. A presente Lei será regulamentada pelo Tribunal de Justiça, no prazo de 90 (noventa) dias, através de Resolução.

Art. 13. Esta Lei entrará em vigor na data de sua publicação e seus efeitos produzidos a partir de 1º de janeiro de 1996, revogadas as disposições em contrário.

PALÁCIO MARECHAL FLORIANO, em Maceió, 29 de dezembro de 1995, 107º da República.

DIVALDO SURUAGY DJALMA FALCÃO

Este texto não substitui o publicado no DOE do dia 30.12.1995.

ANEXO ÚNICO
(REDAÇÃO ACRESCENTADA PELA LEI Nº 6.921, DE 14.01.2008).

Tipo/Cor	Valor do SAS (R$)	Percentual destinado ao FERC sobre o valor do SAS.	Percentual da TSNR destinada ao FUNJURIS.	Percentual da ANOREG sobre o valor do SAS.
Isento/cinza	-	-	-	-
Autenticação, reconhecimento de firma e distribuição/azul	R$ 0,70	72%	24%	4%
Registral/ Vermelho	R$ 15,00	33%	56%	11%
Notarial/Verde	R$ 16,25	39%	51%	10%
Certidão e Averbação / Marrom	R$ 4,00	40%	50%	10%
Registro de Imóveis e Escrituras/ Roxo	R$ 112,50	12%	74%	14%

LEI Nº 5.887, DE 6 DE DEZEMBRO DE 1996

ALTERA O CÓDIGO DE ORGANIZAÇÃO E DIVISÃO JUDICIÁRIAS DO ESTADO DE ALAGOAS - LEI Nº 4.804, DE 9 DE SETEMBRO DE 1986, QUE INSTITUI O FUNDO ESPECIAL DE MODERNIZAÇÃO DO PODER JUDICIÁRIO - FUNJURIS E ADOTA PROVIDÊNCIAS CORRELATAS.

ÍNDICE

O GOVERNADOR DO ESTADO DE ALAGOAS

Faço saber que o Poder Legislativo decreta e eu sanciono a seguinte Lei:

SEÇÃO I
DAS ATRIBUIÇÕES E RECEITAS

Art. 1º É instituído o FUNDO ESPECIAL DE MODERNIZAÇÃO DO PODER JUDICIÁRIO - FUNJURIS, que se destinará ao asseguramento de condições materiais a permanentes ações de modernização e otimização do Poder Judiciário de Alagoas, propiciando: (Redação dada pela Lei nº 7.690, de 17 de março de 2015).

I - a concepção, o desenvolvimento, a viabilização e a execução de planos, programas e projetos de aprimoramento e reaparelhamento dos serviços afetos ao Poder Judiciário; (Redação dada pela Lei nº 6.564, de 5 de janeiro de 2005).

II - a captação e o investimento de recursos para aquisição de terrenos e edificações, elaboração de projetos e execução de obras e serviços, realização das correspondentes fiscalizações, vistorias e inspeções, confecção de laudos, pareceres, levantamentos e outros documentos e ações afins direcionados à construção, ampliação, restauração, reforma, recuperação, adaptação, demolição, conserto, montagem, reparação, conservação e manutenção de quaisquer prédios utilizados pelo Poder Judiciário, visando à adequada instalação de órgãos, unidades e serviços vinculados às atividades, meio e fim, do Judiciário Alagoano; (Redação dada pela Lei nº 7.690, de 17 de março de 2015).

III - a aquisição de equipamentos, mobiliários, maquinários e materiais permanentes, para fins de suprimento ou ressuprimento dos serviços judiciais e administrativos, e de consumo, estes, estritamente vinculados às áreas de engenharia, arquitetura e tecnologia da informação; (Redação dada pela Lei nº 7.690, de 17 de março de 2015).

IV - a implantação e a necessária manutenção de tecnologias modernas nas áreas de informatização, transmissão de dados, comunicação postal, microfilmagens, reprografia e outras afins; (Redação dada pela Lei nº 7.690, de 17 de março de 2015).

V - a promoção, com entidades científicas, educacionais e culturais, públicas ou privadas, nacionais ou estrangeiras, de eventos que tenham por fim o oferecimento de oportunidades à atualização, ao aperfeiçoamento, ao aprimoramento do nível intelectual e à especialização de magistrados e servidores; (Redação dada pela Lei nº 7.690, de 17 de março de 2015).

VI - a atividade de consultoria e a prestação de serviços terceirizados, visando à melhoria dos serviços judiciais e administrativos; (Redação dada pela Lei nº 7.909, de 15 de agosto de 2017).

VII - a aquisição e a locação de veículos para a frota do Poder Judiciário, bem como a locação de bens imóveis e outros bens móveis, para suprimento de necessidades em ambos os graus de jurisdição; (Redação dada pela Lei nº 7.909, de 15 de agosto de 2017).

VIII – a produção, veiculação e divulgação de matérias oficiais de interesse do Poder Judiciário no tocante às ações de comunicação social e divulgação das atividades judiciárias; (Redação acrescentada pela Lei nº 7.690, de 17 de março de 2015).

IX – a aquisição de livros e publicações técnicas, inclusive em formato digital, necessárias à execução dos serviços administrativos e jurisdicionais afetos ao Poder Judiciário; e (Redação acrescentada pela Lei nº 7.690, de 17 de março de 2015).

X – o desenvolvimento de outras ações rigidamente direcionadas à modernização, à otimização e ao aperfeiçoamento dos serviços judiciais, excluídas, terminantemente, as que impliquem dispêndios com a remuneração de pessoal, inclusive os respectivos encargos. (Redação acrescentada pela Lei nº 7.690, de 17 de março de 2015).

§ 1º Constituem-se receitas do FUNDO ESPECIAL DE MODERNIZAÇÃO DO PODER JUDICIÁRIO – FUNJURIS: (Redação dada pela Lei nº 6.564, de 5 de janeiro de 2005).

I – os valores pertinentes às custas processuais, taxas e emolumentos de que trata a Lei nº 5.763, de 29 de dezembro de 1995, excluídas as parcelas nela reservadas a instituições representativas de classes, que a estas serão diretamente transferidas. (Redação dada pela Lei nº 6.564, de 5 de janeiro de 2005).

II – o preparo dos recursos; (Redação dada pela Lei nº 6.921, de 14 de janeiro de 2008).

III – as subvenções, doações, legados, contribuições, auxílios e similares oriundos de organismos públicos ou privados, nacionais ou estrangeiros; (Redação dada pela Lei nº 6.921, de 14 de janeiro de 2008).

IV – o produto da remuneração de aplicações financeiras; (Redação dada pela Lei nº 6.921, de 14 de janeiro de 2008).

V – os créditos que sejam consignados no orçamento estadual e em leis especiais; (Redação dada pela Lei nº 6.921, de 14 de janeiro de 2008).

VI – as transferências públicas e os créditos adicionais que lhes venham a ser atribuídos; (Redação dada pela Lei nº 6.921, de 14 de janeiro de 2008).

VII – os valores decorrentes de sanções pecuniárias judicialmente aplicadas, ou de perdimento, total ou parcial, dos recolhimentos procedidos em virtude de medidas assecuratórias, cíveis ou criminais; (Redação dada pela Lei nº 6.921, de 14 de janeiro de 2008).

VIII – as receitas decorrentes da cobrança de cópias reprográficas extraídas por unidades do Poder Judiciário; (Redação dada pela Lei nº 6.921, de 14 de janeiro de 2008).

IX – as multas contratuais aplicadas no âmbito administrativo do Poder Judiciário; (Redação acrescentada pela Lei nº 6.921, de 14 de janeiro de 2008).

X – as custas decorrentes da aplicação dos arts. 54 e 55 da Lei Federal nº 9.099, de 26 de setembro de 1995; (Redação acrescentada pela Lei nº 6.921, de 14 de janeiro de 2008).

XI – as multas aplicadas em processos administrativos a servidores do Poder Judiciário; (Redação acrescentada pela Lei nº 6.921, de 14 de janeiro de 2008).

XII – os depósitos judiciais de processos transitados em julgado, sem levantamento de depósitos há mais de 02 (dois) anos, bem como os depósitos judiciais que não possuem as informações necessárias às identificações dos processos, independente de prazo; (Redação dada pela Lei nº 8.255, de 15 de abril de 2020).

XIII – os rendimentos financeiros a maior dos depósitos judiciais, aplicações financeiras e precatórios resultantes da diferença verificada entre os índices fixados por Lei para remuneração de cada sub-conta e os obtidos para remuneração da Conta Única de Depósitos sob Aviso à Disposição da Justiça; (Redação acrescentada pela Lei nº 6.921, de 14 de janeiro de 2008).

XIV – fianças arbitradas em dinheiro, observada a legislação processual penal; (Redação acrescentada pela Lei nº 6.921, de 14 de janeiro de 2008).

XV – cobrança de valores pela prestação de informações via correio eletrônico; (Redação acrescentada pela Lei nº 6.921, de 14 de janeiro de 2008).

XVI – as provenientes das multas impostas aos delegatários na forma do art. 32, II, da Lei Federal nº 8.935, de 18 de novembro de 1994; (Redação acrescentada pela Lei nº 6.921, de 14 de janeiro de 2008).

XVII – outras receitas eventuais, inclusive as provenientes de quaisquer outros ingressos extra-orçamentários e da alienação de bens patrimoniais pertencentes ao Poder Judiciário; e (Redação acrescentada pela Lei nº 6.921, de 14 de janeiro de 2008).

XVIII – saldos financeiros de exercícios anteriores. (Redação acrescentada pela Lei nº 6.921, de 14 de janeiro de 2008).

§ 2º Sem prejuízo do estabelecido no parágrafo precedente, constituir-se-á o FUNJURIS em depositário necessário dos valores recolhidos, por força de decisão judicial, a título de fiança, caução, sequestro e outras medidas assecuratórias, até que determinados os correspondentes destinos definitivos. (Redação dada pela Lei nº 6.564, de 05 de janeiro de 2005).

§ 3º As receitas asseguradas ao FUNJURIS e os valores de que depositário necessário, na forma do estatuído neste artigo, serão recolhidas à instituição bancária oficial, por intermédio de Guia de Recolhimento Judicial Resumida – GRJR, disponibilizada no sítio eletrônico do Tribunal de Justiça do Estado de Alagoas. (Redação dada pela Lei nº 7.690, de 17 de março de 2015).

§ 4º Os bens adquiridos pelo FUNJURIS serão incorporados ao patrimônio do Poder Judiciário. (Redação acrescentada pela Lei nº 7.690, de 17 de março de 2015).

§ 5º É vedada a construção em imóveis locados ou não próprios, exceto, neste último caso, no que tange àqueles disponibilizados ao Poder Judiciário com fins específicos, sendo permitida a ampliação somente na hipótese de locação, cuja duração seja igual ou superior a cinco anos, obedecidas as normas de regência previstas no Código Civil e na Lei de Locações. (Redação acrescentada pela Lei nº 7.690, de 17 de março de 2015).

SEÇÃO II
DA ESTRUTURA

Art. 2º São órgãos de administração do FUNDO ESPECIAL DE MODERNIZAÇÃO DO PODER JUDICIÁRIO – FUNJURIS: (Redação dada pela Lei nº 6.564, de 5 de janeiro de 2005).

I – Comissão Gestora, órgão superior de administração, de planejamento, orientação, coordenação, supervisão, controle e avaliação das atividades estritamente ligadas ao fundo especial de que trata esta Lei, vinculado à presidência do Tribunal, constituída de três membros, entre os quais pelo menos um magistrado, que a presidirá, preferencialmente com prejuízo de suas funções jurisdicionais, designados pelo Presidente do Tribunal de Justiça, ouvido o Plenário; (Redação dada pela Lei nº 7.690, de 17 de março de 2015).

II – Assessoria Administrativa, órgão de execução e assessoramento administrativo, cabendo-lhe: (Redação dada pela Lei nº 7.690, de 17 de março de 2015).

a) executar as atividades administrativas do FUNJURIS, observando a sua política de gestão, as normas e as diretrizes estabelecidas; (Redação acrescentada pela Lei nº 7.690, de 17 de março de 2015).

b) auxiliar a Comissão Gestora no tocante ao planejamento, orientação, coordenação, supervisão e avaliação das atividades administrativas e operacionais do FUNJURIS; (Redação acrescentada pela Lei nº 7.690, de 17 de março de 2015).

c) expedir ofícios, memorandos e demais atos para cumprimento de possíveis diligências determinadas; (Redação acrescentada pela Lei nº 7.690, de 17 de março de 2015).

d) encaminhar os autos ao respectivo departamento responsável pelo cumprimento das determinações; (Redação acrescentada pela Lei nº 7.690, de 17 de março de 2015).

e) solicitar à Assessoria Jurídica do FUNJURIS parecer técnico, que deverá ser aprovado pelo Procurador-Geral do Poder Judiciário, quando entender necessário ou quando lhe for determinado; (Redação acrescentada pela Lei nº 7.690, de 17 de março de 2015).

f) cumprir demais atos de mero expediente que se tornarem necessários para o bom andamento do processo administrativo, zelando por sua legalidade e eficiência; e (Redação acrescentada pela Lei nº 7.690, de 17 de março de 2015).

g) exercer outras atividades afins e correlatas. (Redação acrescentada pela Lei nº 7.690, de 17 de março de 2015).

III – Assessoria Jurídica, órgão de execução e assessoramento jurídico, cabendo-lhe: (Redação acrescentada pela Lei nº 7.690, de 17 de março de 2015).

a) executar as atividades jurídicas do FUNJURIS, observando a política de contratações públicas, suas normas e diretrizes estabelecidas; (Redação acrescentada pela Lei nº 7.690, de 17 de março de 2015).

b) auxiliar a Comissão Gestora na elaboração dos despachos, das atas de sessão, das decisões acerca de devolução de custas processuais, dos pareceres técnicos jurídico- administrativos; (Redação acrescentada pela Lei nº 7.690, de 17 de março de 2015).

c) auxiliar a Comissão Gestora na forma e cumprimento das normas de direito administrativo; e (Redação acrescentada pela Lei nº 7.690, de 17 de março de 2015).

d) exercer outras atividades afins e correlatas. (Redação acrescentada pela Lei nº 7.690, de 17 de março de 2015).

IV - Departamento Contábil - DECONT, órgão de execução e assessoramento contábil, cabendo-lhe: (Redação acrescentada pela Lei nº 7.690, de 17 de março de 2015).

a) efetuar o empenho e a liquidação das despesas do Poder Judiciário atinentes ao FUNJURIS; (Redação acrescentada pela Lei nº 7.690, de 17 de março de 2015).

b) elaborar balancetes, balanços e demonstrativos contábeis, prestação de contas anuais e/ou de gestão; (Redação acrescentada pela Lei nº 7.690, de 17 de março de 2015).

c) executar os serviços de escrituração contábil no SIAFEM; (Redação acrescentada pela Lei nº 7.690, de 17 de março de 2015).

d) examinar, livros e demais documentos contábeis; e (Redação acrescentada pela Lei nº 7.690, de 17 de março de 2015).

e) exercer outras atividades afins e correlatas. (Redação acrescentada pela Lei nº 7.690, de 17 de março de 2015).

V - Departamento Financeiro - DEFIN, órgão de execução e assessoramento financeiro-orçamentário, cabendo-lhe: (Redação acrescentada pela Lei nº 7.690, de 17 de março de 2015).

a) efetuar o pagamento das despesas e informar sobre a disponibilidade de caixa para o custeio de planos, programas e projetos a serem desenvolvidos com recursos do FUNJURIS; (Redação acrescentada pela Lei nº 7.690, de 17 de março de 2015).

b) definir procedimentos para aplicação das disponibilidades financeiras do FUNJURIS; (Redação acrescentada pela Lei nº 7.690, de 17 de março de 2015).

c) auxiliar a Comissão Gestora na elaboração da peça orçamentária anual do Fundo; (Redação acrescentada pela Lei nº 7.690, de 17 de março de 2015).

d) sugerir alterações na programação financeira e orçamentária do FUNJURIS, de acordo com as prioridades estabelecidas; e (Redação acrescentada pela Lei nº 7.690, de 17 de março de 2015).

e) exercer outras atividades afins e correlatas. (Redação acrescentada pela Lei nº 7.690, de 17 de março de 2015).

VI - Departamento de Arrecadação - DEAR, órgão de fiscalização da arrecadação das receitas do FUNJURIS, cabendo-lhe: (Redação acrescentada pela Lei nº 7.690, de 17 de março de 2015).

a) fiscalizar a arrecadação das receitas do FUNJURIS, inclusive quanto à estatística de concessão, pelas unidades judiciárias, do benefício da assistência judiciária; (Redação acrescentada pela Lei nº 7.690, de 17 de março de 2015).

b) orientar e fiscalizar as serventias judiciais e extrajudiciais, no tocante ao cumprimento do regimento de Custas do Poder; (Redação acrescentada pela Lei nº 7.690, de 17 de março de 2015).

c) ofertar treinamento aos servidores responsáveis pela elaboração das custas em suas respectivas comarcas; (Redação acrescentada pela Lei nº 7.690, de 17 de março de 2015).

d) lavrar, em caso de irregularidades no procedimento de arrecadação, notificações e autos de infração; (Redação acrescentada pela Lei nº 7.690, de 17 de março de 2015).

e) informar à Comissão Gestora as anomalias verificadas, sugerindo medidas saneadoras; e (Redação acrescentada pela Lei nº 7.690, de 17 de março de 2015).

f) exercer outras atividades afins e correlatas. (Redação acrescentada pela Lei nº 7.690, de 17 de março de 2015).

§ 1º Compete especificamente à Comissão Gestora: (Redação dada pela Lei nº 6.564, de 05 de janeiro de 2005).

I – planejar, orientar, coordenar, supervisionar, avaliar, exercer o controle e as atividades administrativas, jurídicas, financeiras e operacionais do FUNJURIS, observando, no que couber, a disciplina da Lei Federal nº 4.320, de 17 de março de 1964; (Redação dada pela Lei nº 7.690, de 17 de março de 2015).

II – expedir instruções normativas com vistas ao aperfeiçoamento dos procedimentos administrativos e a aplicação dos recursos financeiros disponíveis no FUNJURIS, adotando as providências indispensáveis às suas respectivas execuções; (Redação dada pela Lei nº 7.690, de 17 de março de 2015).

III – propor ao Plenário do Tribunal de Justiça, até o dia 5 de cada mês de dezembro, o Plano Anual de Aplicação do FUNJURIS para o exercício subsequente; (Redação dada pela Lei nº 6.564, de 5 de janeiro de 2005).

IV – encaminhar ao Plenário do Tribunal de Justiça até o dia 5 de cada mês de fevereiro, o relatório de atividades e as demonstrações contábeis do FUNJURIS, relativos ao exercício imediatamente anterior; (Redação dada pela Lei nº 6.564, de 5 de janeiro de 2005).

V – (Revogado pela Lei nº 7.690, de 17 de março de 2015).

VI – promover, através do seu Presidente, conjuntamente com o Presidente do Tribunal de Justiça, a movimentação dos recursos financeiros do Fundo, inclusive mediante a emissão dos documentos de despesa indispensáveis, guias de depósito bancário e ordens de pagamento em geral, bem como a celebração de acordos, contratos, ajustes e convênios de interesse do Fundo; (Redação dada pela Lei nº 6.564, de 5 de janeiro de 2005).

VII – solicitar a lotação de servidor do quadro de pessoal do Poder Judiciário ou a este cedido, bem assim terceirizados, no que couber, para o desempenho das atribuições relacionadas à estrutura administrativo-organizacional básica do FUNJURIS; e (Redação dada pela Lei nº 7.690, de 17 de março de 2015).

VIII – autoriza o parcelamento de débito oriundo de custas processuais e Taxa de Serviço Notorial e Registral – TSNR. (Redação dada pela Lei nº 7.867, de 17 de janeiro de 2017).

§ 2º O FUNJURIS sujeitar-se-á à fiscalização do Poder Legislativo, com auxílio do Tribunal de Contas do Estado, sem prejuízo do sistema de auditoria e controle interno do Poder Judiciário. (Redação acrescentada pela Lei nº 7.690, de 17 de março de 2015).

Art. 3º (Revogado pela Lei nº 6.564, de 5 de janeiro de 2005).

Parágrafo único. As parcelas por ventura devidas às instituições de que trata este artigo e contidas nos valores a que se refere o art. 2º desta Lei, ser-lhes-ão imediatamente repassadas pelo FUNJURIS, tão logo procedida a transferência a cargo do Tribunal de Justiça.

Art. 4º O mandato da primeira Comissão Gestora a ser constituída terá início no dia 1º de março de 1997.

Parágrafo único. As providências de implantação do FUNJURIS incumbirão a Comissão Especial a ser composta mediante designação do Presidente do Tribunal de Justiça, dentro do prazo de cinco (5) dias, contado a partir da data da publicação desta Lei, a que cumprirá o desempenho de todas as atribuições em princípio afetas à Comissão Gestora, até o dia 28 de fevereiro de 1997, inclusive.

SEÇÃO III
DA CONTA ÚNICA DE DEPÓSITOS SOB AVISO À DISPOSIÇÃO DA JUSTIÇA

Art. 4º-A Fica instituído o Sistema Financeiro de Conta Única de Depósitos sob Aviso à Disposição da Justiça – SISDJUS, no âmbito do Poder Judiciário do Estado de Alagoas, compreendendo os recursos provenientes de depósitos sob aviso à disposição da Justiça em geral, aplicações financeiras e precatórios. (Redação acrescentada pela Lei nº 6.921, de 14 de janeiro de 2008).

§ 1º Enquanto não autorizado o pagamento ao interessado pelo juízo competente, os recursos serão centralizados e constituirão conta gráfica a ser mantida e movimentada em instituição financeira pelo Presidente do Tribunal de Justiça em conjunto com o Presidente do FUNJURIS, sob a denominação 'Poder Judiciário/Fundo de Recursos a Utilizar'. (Redação acrescentada pela Lei nº 6.921, de 14 de janeiro de 2008).

§ 2º Os recursos provenientes de depósitos judiciais e extrajudiciais, em dinheiro, correspondentes aos valores referentes a processos litigiosos ou administrativos em que a Fazenda do Estado e dos Municípios seja parte, se não adotadas as disposições das Leis Federais nº 11.429, de 26 de dezembro de 2006, e nº 10.819, de 16 de dezembro de 2003, continuarão sobre a coordenação, supervisão e controle do SISDJUS. (Redação acrescentada pela Lei nº 6.921, de 14 de janeiro de 2008).

Art. 4º-B As contas bancárias de depósitos judiciais, inclusive as atualmente existentes, adequar-se-ão à sistemática instituída por esta Lei, transformando-se em sub- contas da Conta Única de Depósitos sob Aviso à Disposição da Justiça, devendo cada uma delas receber o título genérico Comarcas/Depósitos Judiciais e demais elementos que a identifiquem em relação ao feito. (Redação acrescentada pela Lei nº 6.921, de 14 de janeiro de 2008).

Art. 4º-C Os saldos de todas as sub-contas relativas a feitos arquivados sem o levantamento do depósito correspondente e movimentação há mais de cinco anos, compreendendo o principal e os rendimentos financeiros, serão transferidos permanentemente para o SISDJUS, podendo ser aplicados pelo Poder Judiciário, de conformidade com a sua previsão, para o pagamento das despesas previstas no art. 1º desta Lei. (Redação acrescentada pela Lei nº 6.921, de 14 de janeiro de 2008).

Parágrafo único. As quantias de quaisquer das contas mencionadas no caput deste artigo, se eventualmente reclamadas após sua aplicação e havendo determinação judicial para o seu pagamento à parte interessada, serão levados à débito da Conta Única de Depósitos sob Aviso à Disposição da Justiça e pagas na forma da Lei, devidamente corrigidas. (Redação acrescentada pela Lei nº 6.921, de 14 de janeiro de 2008).

Art. 4º-D Os responsáveis pela arrecadação, incluídos agentes, órgãos e instituições financeiras intervenientes, ficam proibidos de efetuar, a qualquer título, retenções, compensações, deduções ou aplicações com o produto dos recursos arrecadados, cujo montante deverá ser transferido para a conta "Poder Judiciário/Fundo de Recursos a Utilizar", observando-se a sistemática estabelecida nesta Lei. (Redação acrescentada pela Lei nº 6.921, de 14 de janeiro de 2008).

Art. 4º-F Os rendimentos financeiros a maior dos depósitos judiciais, resultantes da diferença verificada entre os índices fixados por Lei para remuneração de cada sub-conta e os obtidos para remuneração da Conta Única de Depósitos sob Aviso à Disposição da Justiça, constituirão receita pública própria do Fundo Especial de Modernização do Poder Judiciário, podendo ser aplicados em conformidade com a sua previsão orçamentária, para pagamento de despesas relacionadas ao art. 1º desta Lei. (Redação acrescentada pela Lei nº 6.921, de 14 de janeiro de 2008).

§ 1º Os rendimentos financeiros a maior dos depósitos judiciais serão repassados diariamente pela instituição financeira, para pagamento de despesas devidamente formalizadas, não sendo permitido o saque para conta diversa, bem como depósito a prazo fixo ou aplicação financeira de qualquer natureza, pelos juízos responsáveis pelas sub-contas. (Redação acrescentada pela Lei nº 6.921, de 14 de janeiro de 2008).

§ 2º Os pagamentos serão feitos pela instituição financeira depositária, exclusivamente, mediante ordem de pagamento, ou cheque cruzado em preto, nos casos em que o credor não disponha de conta no banco. (Redação acrescentada pela Lei nº 6.921, de 14 de janeiro de 2008).

Art. 4º-G Ao Poder Judiciário cabe movimentar 'suprimentos e transferências' com o objetivo de manter disponibilidade financeira, em nível capaz de possibilitar os saques, dentro dos parâmetros judicialmente estabelecidos. (Redação acrescentada pela Lei nº 6.921, de 14 de janeiro de 2008).

Art. 4º-H Poderão ser celebrados convênios objetivando a interveniência de instituições financeiras na execução de serviços para o cumprimento do disposto nesta Lei. (Redação acrescentada pela Lei nº 6.921, de 14 de janeiro de 2008).

Art. 4º-I O Presidente do Tribunal de Justiça poderá, mediante ato, expedir normas gerais a serem observadas relativamente a esses depósitos, para a fiel execução da presente Lei. (Redação acrescentada pela Lei nº 6.921, de 14 de janeiro de 2008).

SEÇÃO IV
DISPOSIÇÕES FINAIS

Art. 5º Fica o Poder Executivo autorizado a promover a abertura, ao Orçamento vigente de Crédito Especial no importe de R$ 1.000.000,00 (um milhão de reais), destinado ao atendimento, pelo Fundo Especial de Modernização do Poder Judiciário – FUNJURIS, das suas finalidades institucionais, ao correr do fluente exercício.

Parágrafo único. A cobertura das despesas decorrentes da abertura do crédito adicional de que trata este artigo serão atendidas à conta dos recursos financeiros de que trata a Lei nº 5.763, de 29 de dezembro de 1995, já recolhidos ou de recolhimento previsto durante o presente exercício.

Art. 6º Esta Lei entrará em vigor na data de sua publicação, revogadas as disposições em contrário, especialmente os arts. 2º, 3º e 4º da Lei nº 5.763, de 29 de dezembro de 1995.

PALÁCIO MARECHAL FLORIANO, em Maceió, 6 de dezembro de 1996, 108º da República.

DIVALDO SURUAGY

JOSÉ CLAYTON DE ALBUQUERQUE SAMPAIO

Este texto não substitui o publicado no DOE do dia 07.12.1996.

LEI N. 8.401, DE 9 DE ABRIL DE 2021

REESTRUTURA E AMPLIA O FUNDO ESPECIAL DE REGISTRO CIVIL, PASSANDO A DENOMINÁ-LO FUNDO ESPECIAL NOTARIAL E REGISTRAL (FUNOREG), DESTINADO A FINANCIAR A GRATUIDADE DE ATOS NOTARIAIS E REGISTRAIS E ADOTA PROVIDÊNCIAS CORRELATAS.

Indexação

FUNDO ESPECIAL REGISTRO CIVIL (FERC), FUNDO ESPECIAL NOTARIAL REGISTRAL (FUNOREG)

Observação

Proposição de Autoria do Poder Judiciário, publicada com veto parcial ao art. 16. publicado no DOE Suplementar do dia 12.04.2021

VETO PARCIAL REJEITADO EM 08/06/2021 E PROMULGADO PELO PRESIDENTE DA ASSEMBLEIA O ARTIGO 16 DA LEI Nº 8.401, DE 09/04/2021 E PUBLICADO NO DO-ALE DE 17/06/2021.

O GOVERNADOR DO ESTADO DE ALAGOAS

Faço saber que o Poder Legislativo Estadual decreta e eu sanciono a seguinte Lei:

CAPÍTULO I
DA NOMENCLATURA, DAS FINALIDADES E DA NATUREZA JURÍDICA

Art. 1º Fica **transformado** o Fundo Especial para o Registro Civil – FERC, criado pela Lei Estadual nº 6.284, de 21 de janeiro de 2002, em Fundo Especial Notarial e Registral – **FUNOREG,** cujas atribuições, funcionamento e organização são estabelecidas na presente Lei.

§ 1º O FUNOREG tem por **finalidade** principal subsidiar financeiramente os Cartórios de Registro Civil na prestação gratuita dos serviços indicados na Lei Federal nº 9.534, de 10 de dezembro de 1997, garantindo-lhes o pagamento de uma renda mínima mensal, conforme estabelecido nesta Lei.

§ 2º Havendo disponibilidade financeira, e somente após ser garantido o ressarcimento dos atos gratuitos de nascimento e óbito e garantido, também, o pagamento da renda mínima aos Registradores deficitários, os recursos do FUNOREG poderão ser destinados a subsidiar atos gratuitos praticados pelos demais serviços de Notas e de Registro do Estado de Alagoas, conforme parâmetros e limites estabelecidos mediante deliberação do Conselho Diretor do Fundo, por meio de Resolução.

§ 3º Ocorrendo sobra de receita, poderá a mesma ser empregada em campanhas educativas destinadas a incentivar os pais a registrarem seus filhos logo após o nascimento, na informatização dos Cartórios de Registros e Notas, ou para subsidiar programas sociais ou Fundos sociais geridos pelo Tribunal de Justiça do Estado de Alagoas – TJ/AL.

Art. 2º O FUNOREG tem **natureza jurídica pública**, sendo regido pelas normas do Direito Financeiro e Orçamentário para elaboração e controle de seu orçamento e balanço.

Parágrafo único. Os recursos destinados à composição de receita do FUNOREG integram a proposta orçamentária do Poder Judiciário e serão recolhidos em contas próprias, movimentadas pelo Conselho Diretor, na pessoa de seu Presidente ou de seu substituto legal, sob a fiscalização do TJ/AL.

CAPÍTULO II
DA ORGANIZAÇÃO ADMINISTRATIVA

Art. 3º São **órgãos de administração** do FUNOREG:

I – Conselho Diretor, composto na forma do art. 4º desta Lei;

II– Assessoria Administrativa, órgão de execução e assessoramento administrativo;

III – Departamento Contábil e Financeiro, órgão de execução e assessoramento contábil, financeiro e orçamentário; e

IV – Departamento de Arrecadação, órgão de fiscalização da utilização e adequação dos selos e arrecadação das receitas.

Art. 4º O **Conselho Diretor** do FUNOREG é composto da seguinte forma:

I – 1 (um) Juiz de Direito designado pelo Presidente do Tribunal de Justiça, que o presidirá;

II – 1 (um) representante efetivo e 1 (um) suplente, do Poder Judiciário, indicados pelo Presidente do Tribunal de Justiça;

III – 1 (um) representante efetivo e 1 (um) suplente, do Poder Judiciário, indicados pelo Corregedor-Geral da Justiça;

IV – 1 (um) representante efetivo e 1 (um) suplente, dos Notários e Registrado – RES, indicados pela Associação dos Notários e Registradores de Alagoas – ANOREG – AL; e

V – 1 (um) representante efetivo e 1 (um) suplente, dos Registradores de Pessoas Naturais, indicados pela Associação dos Registradores de Pessoas Naturais – ARPEN/AL.

Parágrafo único. As funções exercidas pelos membros efetivos e seus suplentes, do Conselho Diretor do FUNOREG, não serão remunerados e possuirão mandato de 2 (dois) anos, permitida a recondução.

Art. 5º Os atos e deliberações do Conselho Diretor do FUNOREG seguirão os trâmites internos dos órgãos que compõem a estrutura administrativa do TJ/AL e serão fiscalizados pela Diretoria Adjunta de Controle Interno do TJ/AL – DIACI e pelo Tribunal de Contas do Estado de Alagoas – TCE/AL.

Parágrafo único. O Conselho Diretor do FUNOREG enviará até o dia 20 (vinte) de cada mês relatório detalhado de suas atividades no mês anterior ao TCE/AL.

Art. 6º Ao **Conselho Diretor compete**, mediante voto da maioria dos seus membros, tomar as seguintes providências:

I – gerir, planejar, elaborar, orientar, coordenar, supervisionar, exercer controle e avaliar as atividades administrativas e operacionais do FUNOREG, sob a fiscalização do TJ/AL, observando a disciplina da Lei Federal nº 4.320, de 17 de março de 1964 e da Lei Complementar Federal nº 101, de 5 de maio de 2000;

II – aprovar seu Regimento Interno, dispondo sobre suas atribuições e implementação das suas atividades;

III – expedir instruções normativas com vistas à aplicação dos recursos financeiros disponíveis, adotando as providências indispensáveis às suas respectivas execuções;

IV – propor ao Plenário do Tribunal de Justiça, até o dia 5 (cinco) de cada mês de dezembro, o Plano Anual de Aplicação do FUNOREG, para o exercício subsequente;

V – encaminhar ao Plenário do Tribunal de Justiça, até o dia 5 (cinco) de cada mês de fevereiro, o relatório de atividades e as demonstrações contábeis do FUNOREG, relativos ao exercício imediatamente anterior;

VI – orientar, coordenar, supervisionar, exercer o controle e avaliar as atividades de sua estrutura administrativa;

VII – promover, por meio do seu Presidente, sob a fiscalização do TJ/AL, a movimentação dos recursos financeiros do Fundo, inclusive mediante a emissão dos documentos de despesa indispensáveis, guias de depósito bancário e ordens de pagamento em geral, bem como a celebração de acordos, contratos, ajustes e convênios de interesse do Fundo;

VIII – determinar a realização de inspeção e auditagens, de qualquer natureza, escolhendo e destituindo auditores, comunicando os resultados, quando for o caso, para a Corregedoria-Geral da Justiça;

IX – sugerir, ou apresentar parecer quando solicitado pela Corregedoria-Geral da Justiça, sobre a acumulação, a desacumulação, a extinção e a criação de Serviços Registrais e Notariais do Estado de Alagoas;

X – solicitar aos órgãos e entidades da Administração Pública e entidades privadas de informações estudos e pareceres sobre matérias do seu interesse; e

XI – eleger o seu Secretário e exercer outras atividades no âmbito de sua competência.

§ 1º As Resoluções aprovadas pelo Conselho Diretor, atas e demais atos por ele editados serão publicados no Diário de Justiça Eletrônico, no prazo 5 (cinco) dias úteis.

§ 2º A regulamentação acerca da utilização ou criação dos Selos de Autenticidade dos Atos dos Serviços Notariais e Registrais do Estado de Alagoas – SAS é de competência exclusiva do Pleno do Tribunal de Justiça do Estado de Alagoas, sendo vedado ao FUNOREG dispor sobre tal matéria.

§ 3º Resolução do Conselho Diretor poderá regulamentar formas de deliberação e tomadas de decisão por via eletrônica, observando-se, em todos os casos, os princípios da publicidade e eficiência.

CAPÍTULO III
DAS RECEITAS

Art. 7º Constituem **receitas do FUNOREG**, vinculadas à finalidade social que lhe atribui esta Lei:
I – percentual da receita obtida com o produto da venda dos Selos de Autenticidade dos Atos dos Serviços Notariais e Registrais do Estado de Alagoas, na forma estabelecida em Lei;

II – o resultado da aplicação financeira dos recursos do Fundo;

III – as decorrentes de convênios ou contratos firmados com entidades de direito público ou privado, mediante prévia autorização do TJ/AL;

IV – as subvenções, doações, legados, auxílios e similares oriundos de organismos públicos ou privados, nacionais ou estrangeiros; e

V– outras receitas previstas em Lei.

CAPÍTULO IV
DA DESTINAÇÃO DOS RECURSOS

Art. 8º Compete ao Conselho Diretor, mediante Resolução, fixar o número de atos a serem pagos a cada Serviço Notarial e de Registro, bem como seu valor unitário geral, assegurado, em qualquer hipótese e prioritariamente, o pagamento de uma renda mínima mensal aos responsáveis pelos serviços de Registro Civil de Pessoas Naturais cujos atos gratuitos praticados durante o mês não atinjam o valor da renda mínima.

§ 1º O número máximo de atos a serem pagos a cada Cartório, bem como o seu valor unitário geral poderá ser aumentado, desde que haja receita suficiente, por aprovação do Conselho Diretor.

§ 2º Os parâmetros para o ressarcimento de que cuida o caput deste artigo devem ser revisados anualmente, tendo como indicadores a arrecadação do FUNOREG e o quantitativo de atos praticados, o que não impede a revisão dos parâmetros para ressarcimento de que cuida este artigo em interstício inferior a 1 (um) ano, desde que devidamente justificado.

§ 3º A **renda mínima** para ressarcimento/complementação dos Serviços de Registro de Pessoas Naturais deficitários serão majorados por deliberação do Conselho do FUNOREG.

§ 4º Se a disponibilidade financeira do FUNOREG for insuficiente ao custeio dos atos gratuitos praticados no mês de referência, far-se-á o repasse proporcional à arrecadação efetivamente realizada, transportando-se o saldo residual credor para o mês seguinte, garantindo-se, em todo caso, a renda mínima aos Registradores.

§ 5º Sem prejuízo da fiscalização pelos órgãos competentes, o Conselho Diretor do FUNOREG poderá inspecionar, a qualquer tempo, os livros e arquivos das serventias extrajudiciais, a fim de averiguar a regularidade dos atos gratuitos praticados ou pendentes de registro ou averbações, conforme informações repassadas aos Fundo pelos Registradores.

Art. 9º O **TJ/AL, mediante Resolução**, poderá estabelecer índices ou padrões de qualidade e eficiência que deverão ser atendidos pelos Serviços de Registro Civil de Pessoas Naturais como requisito para recebimento da renda mínima mensal prevista no art. 8º desta Lei.

§ 1º Poderão ser previstas faixas de pagamento da renda mínima mensal conforme o percentual de atendimento dos padrões estabelecidos conforme o caput deste artigo.

§ 2º Caberá à Corregedoria-Geral da Justiça, órgão fiscalizador das Serventias Extrajudiciais, auferir o atendimento aos índices e padrões fixados, informando ao FUNOREG para fins de observância quando do pagamento mensal.

§ 3º A Serventia que não atingir os índices e padrões estabelecidos poderá recuperar os valores retidos, caso atinja os índices e padrões fixados em periodicidade a ser indicada na Resolução do TJ/AL.

Art. 10. Fica estabelecido o **limite de 15% (quinze por cento)** da receita total do FUNOREG para pagamentos de remuneração de pessoal administrativo e custeio de suas atividades, obedecida à vedação constante do parágrafo único do art. 4º desta Lei.

Art. 11. A Associação dos Notários e Registradores do Estado de Alagoas – ANOREG/AL, mediante convênio celebrado com o Poder Judiciário, poderá, para fins de recolhimento e repasse da contribuição voluntária de seus associados, utilizar-se do sistema do **Selo de Autenticidade dos Atos dos Serviços Notariais e Registrais do Estado de Alagoas - SAS.**

§ 1º Caso haja problemas ou inviabilidade técnica do sistema informatizado, caberá ao FUNOREG, em observância ao convênio firmado com o Poder Judiciário, proceder à retenção e repasse à ANOREG/AL da contribuição referida no caput deste artigo.

§ 2º A contribuição da ANOREG/AL é paga, exclusivamente, por seus associados, não sendo decorrente do repasse de qualquer verba/receita pública.

CAPÍTULO V
DAS DISPOSIÇÕES FINAIS E TRANSITÓRIAS

Art. 12. Fica mantida a **Reserva Técnica do Fundo Especial Notarial e Registral - FUNOREG,** a qual corresponderá ao percentual de **85% (oitenta e cinco por cento)** incidente sobre o somatório da média de arrecadação de 2 (dois) meses.

§ 1º Para o fim de apurar a média de arrecadação de que trata o caput deste artigo, será efetuada a média ponderada das arrecadações mensais do FUNOREG nos últimos 24 (vinte e quatro) meses.

§ 2º O Conselho Diretor do FUNOREG editará resoluções para disciplinar o disposto neste artigo.

Art. 13. Os **recursos do extinto FERC** ficam incorporados ao atual FUNOREG, integrando, nos termos do art. 2º desta Lei, o orçamento do Poder Judiciário do Estado de Alagoas.

Parágrafo único. Todos os bens adquiridos pelo FERC até a edição desta Lei passarão, de igual sorte, a integrar o patrimônio afetado ao Poder Judiciário de Alagoas.

Art. 14. O Presidente do Conselho Diretor do FUNOREG poderá solicitar a lotação de servidores do quadro de pessoal do Poder Judiciário de Alagoas ou a este cedidos, bem assim terceirizados, no que couber, para o desempenho das atribuições relacionadas à sua estrutura administrativa.

Art. 15. As despesas decorrentes da edição desta Lei correrão por conta dos recursos próprios consignados no Orçamento do Estado de Alagoas e destinados ao Poder Judiciário e pela arrecadação decorrente da parcela devida ao FUNOREG como resultado da venda do Selo de Autenticidade dos Atos dos Serviços Notariais e Registrais do Estado de Alagoas - SAS.

Art. 16. (VETADO).

ATENÇÃO! PARTE VETADA PELO GOVERNADOR DO ESTADO E MANTIDA PELA ASSEMBLEIA LEGISLATIVA ESTADUAL, DA LEI Nº 8.401, DE 09 DE ABRIL DE 2021, ESPECIFICAMENTE O ART. 16, PUBLICADA NO DIÁRIO OFICIAL DO ESTADO DE 12/04/2021, REFERENTE AO PROJETO DE LEI Nº 350/2020, DE AUTORIA DO TRIBUNAL DE JUSTIÇA, QUE REESTRUTURA E AMPLIA O FUNDO ESPECIAL DO REGISTRO CIVIL (FERC), PASSANDO A DENOMINÁLO FUNDO ESPECIAL NOTARIAL E REGISTRAL (FUNOREG), DESTINADO A FINANCIAR A GRATUIDADE DE ATOS NOTARIAIS E REGISTRAIS E ADOTA PROVIDÊNCIAS CORRELATAS.

Art. 16. O 2º Cartório de Registro de Títulos e Documentos de Maceió também exercerá a competência de tabelionato de notas em equiparação ao 1º Cartório de Registro de Títulos e Documentos de Maceió.

Art. 17. Esta Lei entra em vigor na data de sua publicação.

Art. 18. Revogam-se as disposições em contrário, em especial a Lei Estadual nº 6.284, de 21 de janeiro de 2002.

PALÁCIO REPÚBLICA DOS PALMARES, em Maceió, 9 de abril de 2021, 205º da Emancipação Política e 133º da República.

JOSÉ RENAN VASCONCELOS CALHEIROS FILHO

Governador

DOE Suplementar do dia 12.04.2021.

TABELA DE EMOLUMENTOS 2023

ÍNDICE

TABELA "A" ATOS DOS TABELIÃES

ATOS PRATICADOS	EMOLUMENTOS
I. Escrituras:	
Até o valor de R$ 6,40	R$ 14,32
Até o valor de R$ 1 2,80	R$ 21,44
Até o valor de R$ 3 8,40	R$ 35,75
Até o valor de R$ 9 6,00	R$ 49,89
Até o valor de R$ 160,00	R$ 64,08
Até o valor de R$ 480,00	R$ 107,19
Até o valor de R$ 960,00	R$ 142,89
Até o valor de R$ 1.920,00	R$ 214,35
Até o valor de R$ 2.560,00	R$ 285,76
Até o valor de R$ 3.200,00	R$ 357,20
Pelo que exceder de R$ 3.200,00 , cada 1.280,00 ou fração até o valor máximo de UPFAL 10.820,0412 R$ 175.392,87 sem qualquer outro acréscimo **desse valor em diante**	R$ 28,66
II. Procurações e substabelecimentos com:	
Um outorgante, incluindo traslado	R$ 22,43
Para cada outorgante a mais	R$ 1,46

Obs.: Em causa própria, mesmo valor do item I desta tabela.

III. Reconhecimento de firmas:

Por firma R$ 3,15

IV. Autenticação de documentos reprográficos:

Por folha R$ 3,15

V. Escrituras sem valor declarado, inclusive declarações em notas R$ 42,80

VI. Escritura de testamento, sua revogação e aprovação de testamento R$ 285,76

VII. Escritura de Convenção ou Especificação de Condomínio em planos horizontais ou suas modificações:

Pela convenção R$ 35,75

Pela unidade autônoma R$ 3,60

VIII. Cópia reprográfica de documento arquivado no cartório R$ 0,76

IX. Pública forma, por folha R$ 1,82

OBSERVAÇÕES:

a) Se a escritura contiver mais de um ato, ainda que entre as mesmas partes, além do preço integral do contrato de maior valor, será cobrado a Quarta parte do preço dos demais contratos, observando- se sempre o dispositivo na letra "e".

b) Na permuta contam-se as custas sobre a soma dos valores.

c) As buscas e as certidões serão cobradas pela tabela comum a todos os serventuários, notários registradores.

d) Dos aditivos em escrituras com ou sem valor declarado, 50% das custas correspondentes desta tabela.

e) Os atos praticados depois do horário normal ou fora do cartório R$ 14,19

LEGISLAÇÃO TABELA "B"
ATOS DOS OFICIAIS DOS REGISTROS DE IMÓVEIS

ATOS PRATICADOS EMOLUMENTOS

I. Averbação:

a) Com valor declarado e construção, 50% dos emolumentos da registro item VI desta tabela.

b) Sem valor declarado ou prenotação R$ 42,80

OBSERVAÇÕES:

Dos aditivos de contratos com ou sem valor declarado, 50% das custas das letras "a" e "b", respectivamente.

II. Comunicação:

Obrigatória entre autoridades, repartições públicas e cartórios R$ 5,97

III. Dúvida:

Quando o título não estiver revestido das formalidades legais R$ 21,44

IV. Editais:

Qualquer que seja o seu fim, por grupo de quatro vias ou fração R$ 1,46

V. Abertura de matrícula R$ 5,72

VI.Registros:

Até o valor de R$ 6,40 R$ 17,89

Até o valor de R$ 12,80 R$ 28,66

Até o valor de R$ 38,40	R$ 42,80
Até o valor de R$ 96,00	R$ 57,30
Até o valor de R$ 160,00	R$ 71,46
Até o valor de R$ 480,00	R$ 99,21
Até o valor de R$ 960,00	R$ 127,56
Até o valor de R$ 1.920,00	R$ 155,93
Até o valor de R$ 2.560,00	R$ 178,62
Até o valor de R$ 3.200,00	R$ 214,33

Acima de R$ 3.200,00, cada 1.280,00 ou fração até o valor máximo de UPFAL 10.820,0412 R$ 175.392,87 sem qualquer outro acréscimo desse valor em diante. R$ 21,44

VII. Loteamento , desmembramento, instituição e incorporação em condomínio:

a) Registro de loteamento ou desmembramento urbano ou rural, além das despesas de publicação pela imprensa.

Por lote gleba R$ 5,19

b) Registro de incorporação imobiliária ou especificação e instituição de condomínio, calculando sobre o valor do terreno e o custo global (Lei Federal 4591, de 16.12.64, art. 32h)(sem restrição do teto) reduzindo-se, no entanto em 70% pelo que exceder ao valor de UPFAL 10.820,0412 R$ 175.392,87 .

c) Registro da Convenção de Condomínio.

Por unidade R$ 7,35

NOTA:

Emolumento mínimo R$ 44,10

VIII. As buscas para fornecimento de certidão serão cobrados a razão de R$ 7,35 **por imóvel, além da certidão, aplicando-se as disposições da Tabela "O" aos demais atos não especificados.**

IX. Registro de Emissão de Debêntures, 20% do valor fixado no item VI.

X. O registro de cédula do livro 2 e do livro 3 auxiliar o mesmo valor previsto no item VI.

XI. Via excedente de documentos registrados R$ 5,71

(Lei 6.015, de 31 de dezembro de 1973, alterada pela Lei 6.216 de 30 de junho de 1995, art. 211)

XII. Microfilmagem de documento referido nesta tabela:

Por grupo de 5 páginas R$ 4,30

XIII. Recebimento de prestação previsto no Dec. Lei 58, de 10 de dezembro de 1937, e na Lei 6.766, de 20 de dezembro de 1979:

a) Pela abertura de conta e recebimento da primeira prestação R$ 10,72

b) Pelo recebimento sem abertura de conta: ao oficial, 1% do valor depositado.

NOTAS:

1ª Os valores previstos neste item serão prestamistas.

2ª Os emolumentos devidos pelos atos em que são partes autarquias, empresas públicas e sociedades de economia mista nas quais a União, o Estado e o Município sejam acionistas majoritários serão reduzidos em 50%.

XIV. Sistemas de Processamento de Dados (computador) de documento referido nesta Tabela, qualquer que seja o nº de páginas R$ 4,30

TABELA"C"
ATOS DOS TABELIÃES DE PROTESTOS DE TÍTULOS

ATOS PRATICADOS	EMOLUMENTOS
I. Apontamento e Protesto (excluída despesa de edital e condução):	
Até o valor de R$ 38,39	R$ 14,32
Até o valordeR$ 63,98	R$ 17,89
Até o valordeR$ 127,95	R$ 35,44
Até o valordeR$ 255,89	R$ 58,13
Pelo que exceder de R$ 255,89, cada 639,71 ou fração até o valor máximo de UPFAL 263,9034 R$ 4.277,87 sem qualquer outro acréscimo	
desse valor em diante	R$ 25,53
II. Averbação de pagamento e cancelamento,	
inclusive processa do em cartório	R$ 9,39
III. Certidão Negativa ou Positiva de protesto, por pessoa:	
a) Até cinco anos	R$ 9,39
b) Acima de cinco anos	R$ 11,73
IV. Micro filmagem do documento referido nesta tabela	R$ 4,30
V. Sistema de processamento de dados (computador), de documento referido nesta tabela qualquer que seja o nº de páginas	R$ 4,30

TABELA "D"
ATOS DOS OFICIAIS DO REGISTRO DE TÍTULO E DOCUMENTO E DE REGISTRO DE PESSOAS JURÍDICAS

ATOS PRATICADOS	EMOLUMENTOS
I. Arquivamento:	
De contratos e atos constituídos de Sociedade Civis, compromissos referentes a Sociedade de Estatutos de Associações e Fundação	R$ 21,44
II. Averbação:	
De títulos, documentos ou outros quaisquer papéis	R$ 21,44
III. Buscas:	
As mesmas custas da Tabela comum a todos os serventuários, notários e registradores.	
IV. Certidões:	
As mesmas custas da Tabela comum a todos os serventuários, notários e registradores.	
V. Diligência:	
Pelos atos praticados fora do cartório qualquer que seja o valor do documento	R$ 7,17
Pelos atos não concluídos no mesmo dia, mais por dia de serviço, até o máximo de cinco (05) dias.	R$ 14,19

VI. Registro:

Transcrição integral, extrato de documento com valor determinado.

Até o valor de R$ 6,40	R$ 17,89
Até o valor de R$ 12,80	R$ 28,66
Até o valor de R$ 38,40	R$ 42,80
Até o valor de R$ 96,00	R$ 57,30
Até o valor de R$ 160,00	R$ 71,46
Até o valor de R$ 480,00	R$ 99,21
Até o valor de R$ 960,00	R$ 1 27,56
Até o valor de R$ 1.920,00	R$ 1 55,93
Até o valor de R$ 2.560,00	R$ 1 78,62
Até o valor de R$ 3.200,00	R$ 2 14,33
Acima de R$ 3.200,00, cada 1.280,00 ou fração até o valor máximo de UPFAL 10.820,0412 R$ 175.392,87 sem qualquer outro acréscimo desse valor em diante	R$ 21,44
VII. Registro de documento sem valor declarado por folha	R$ 3,60
VIII. Xerocópia ou fotocópia de documento lavrado ou arquivado no cartório	R$ 1,46
IX. Microfilmagem de documento referido nesta tabela por grupo de 5 páginas	R$ 4,30
X. Sistema de processamento de dados de documento referido desta Tabela por documento	R$ 1,09

XI. Autenticação procedida de acordo com a Lei Federal nº 5.433 de 08 de março de 1968, regulamentada pelo Decreto nº 64.393 de 24 de abril de 1969:

a) De microfilmagem por rolo de 16 mm	R$ 4,30
b) De microfilmagem por rolo de 35 mm R$ 7,17	

TABELA "E"
ATOS DOS OFICIAIS DE REGISTRO CIVIL DAS PESSOAS NATURAIS

ATOS PRATICADOS	EMOLUMENTOS
I. Casamento:	
a) Habilitação compreendendo todo o processo, inclusive a certidão de habilitação e do registro do casamento	R$ 68,33
b) Transcrição de sentença declaratória de casamento, desquite ou divórcio em processo judicial	R$ 34,35
II. Registro de Nascimento e Óbito:	
a) No prazo legal	R$ 17,32
b) Fora do prazo legal, além de multa	R$ 17,32
c) Fora do prazo legal, depois de 10 anos e dia	R$ 27,51

III. Retificação de Casamento, Nascimento e Óbito, quando o erro não for impetrável ao Oficial:

a) Mediante prova documental R$ 27,51

b) Mediante justificação no juízo do registro, com ou sem prova complementar R$ 27,51

IV. Buscas e outros atos. As mesmas custas da Tabela comum a todos os serventuários.

TABELA "F"
ATOS DOS ESCRIVÃES EM GERAL

ATOS PRATICADOS	EMOLUMENTOS
I. Das causas em geral:	
Até o valor de R$ 6,40	R$ 5,52
Até o valor de R$ 32,00	R$ 22,05
Até o valor de R$ 96,00	R$ 32,93
Até o valor de R$ 160,00	R$ 43,83
Até o valor de R$ 480,00	R$ 54,98
Até o valor de R$ 960,00	R$ 82,45
Até o valor de R$ 1.920,00	R$ 137,40
Até o valor de R$ 2.560,00	R$ 164,87
Até o valor de R$ 3.200,00	R$ 219,81

Nas causas de valor superior a R$ 3 .200,00 mais R$ 4,35, em cada 1.280,00 que exceder, até no máximo de 2% sobre UPFAL 10.820,0412 R$ 175.392,87.

NOTAS:

1ª - As custas devidas em hipótese alguma serão inferiores a R$ 4,35

2ª - Se o processo é extinto antes da audiência de instrução e julgamento, as custas deste item serão reduzidas nas seguintes proporções:

a) Antes do saneador R$ 32,92

b) Depois do saneador R$ 0,16

3ª - Nas ações e processos especiais em que haja instrução sumária, tais como venda de imóveis a prestações, venda de quinhão de coisa comum, nomeação, remoção e destituição do tutor ou curador, dissolução e liquidação de sociedade, arbitramento de aluguéis neste item não podendo ser superior a R$ 44,08

4ª - Havendo reconvenção, as custas, serão majoradas de 1/3 (um terço). O pagamento dessa majoração será efetuado pelo reconvite, pelo modo determinado para o pagamento das custas, mas a responsabilidade final dos litigantes será fixada no julgamento.

5ª - Havendo impugnação do valor da causa, as custas serão acrescidas de .... R$ 4,35 sendo a responsabilidade do pagamento estabelecida em razão da sucumbência no incidente, considerando-se vencido o autor sempre que o juiz modificar o valor da causa.

II. Mandados de segurança, com ou sem valor determinado ou de valor inestimável e Hábeas Corpus R$ 22,05

III. Execuções comuns e fiscais:

As custas do nº I desta Tabela serão reduzidas:

a) De 70% se o devedor pagar a dívida antes da penhora ou entregar a coisa ou cumprir o julgado no prazo da lei.

b) De 50% se o pagamento da dívida for efetuado antes do julgamento dos embargos.

c) De 20% se não forem oferecidos embargos à execução.

NOTA:

Nas execuções de sentença ilíquida as custas previstas neste item serão acrescidas de 20% do seu valor.

IV. Inventários, arrolamentos, arrecadação de herança jacente e bens de ausentes vagos, cobrar 0,6% sobre o valor do monte mor ou dos bens arrecadados, sendo:

No mínimo de	R$ 0,34
Até o máximo de	R$ 274,77

a) As certidões de herança e formais de partilha serão cobradas pelo valor do quinhão na base de 0,6 %, sendo:

No mínimo de	R$ 0,14
Até o máximo de	R$ 82,45

NOTAS:

1ª - Nas cartas precatórias para avaliação de bens com o pagamento ou não de imposto de transmissão Causa-Mortis, as custas serão calculadas sobre o valor dos bens cobrados em 1/3 do taxado no item IV observado, porém o emolumento máximo de R$ 82,45

2ª - Se o passivo absorver 80% ou mais do valor do ativo, as custas serão cobradas pela metade, observado o mínimo.

3ª - Nos inventários negativos as custas serão de R$ 10,91

4ª - Nos processos de habilitação de crédito em inventário, aplicam-se as letras "a" e "b" do item VI.

V. Ações Matrimoniais:

a) separação judicial consensual	R$ 27,50
b) separação judicial não contestada	R$ 41,25

c) separação judicial, anulação e nulidade de casamento, quando contestada, mais 50% sobre o item anterior (letra "b").

d) Havendo inventário amigável, ou judicial, o mesmo taxado no item IV.

e) Conversão de separação ou desquite em divórcio as mesmas custas dos itens anteriores.

VI. Falências e concordatas preventivas, sobre o valor do ativo, serão devidas as custas do item I:

a) processo de habilitação de crédito e de restituição de mercadoria em falência ou concordata sobre o valor do crédito ou da mercadoria	R$ 1,12
Até o máximo de	R$ 54,97

b) quando houver impugnação de crédito, as custas de habilitação serão acrescidas de 50%, inclusive sobre os emolumentos máximos.

VII. Ações de valor inestimável:

a) não contestadas	R$ 22,05
b) quando contestadas	R$ 38,38

VIII. Medidas cautelares:

a) notificação, protesto e interpelação sem valor declarado	R$ 22,05

b) outras medidas cautelares:

b.a.) quando não contestado R$ 32,92

b.b.) quando contestado, 50% das custas previstas para o processo principal.

c) justificação, inclusive em processo previdenciário R$ 22,05

IX. Processos de naturalização R$ 10,91

X. Processos de registro de testamento R$ 22,05

XI. Cartas precatórias, rogatórias e de ordem recebidas pelo Escrivão para cumprimento, salvo as previstas

na nota 1ª do item IV R$ 22,05

XII. Execuções processadas em autos apartados, inclusive conflito de competência quando suscita-dospela parte R$ 22,05

XIII. Oposição e, embargos de terceiros:

a) não contestados, 20% das custas previstas nos itens I e VII, considerados os valores dos bens ou direitos objeto da oposição e do embargo.

b) quando contestados, as custas devidas serão pagas em dobro.

XIV. Recursos em geral:

a) recursos e cartas testemunháveis criminais, além das despesas com traslado, quando for o caso R$ 22,05

b) agravos de instrumento, além das despesas com traslado, quando for o caso R$ 16,59

c) recursos de terceiro prejudicado R$ 16,59

XV. Processos criminais R$ 22,05

TABELA "G"
ATOS DOS AVALIADORES E PARTIDORES DO FORO

ATOS PRATICADOS EMOLUMENTOS

I. Avaliação:

Bens avaliados até R$ 32,00 R$ 16,59

Bens avaliados até R$ 64,00 R$ 27,50

Bens avaliados até R$ 64,00 , em diante, pelo que exceder, mais 2% do valor dos bens, até no máximo de R$ 164,87

II. Partilha:

Cada partidor receberá nas partilhas e sobre as partilhas procedidas em arrolamento, inventários e liquidações comerciais, sobre o bruto apurado:

a) Até R$ 32,00 R$ 8,33

b) De R$ 32,00 e mediante, pelo que exceder, mais 0,5% até no máximo de R$ 164,87

TABELA "H"
ATOS DO DISTRIBUIDOR E CONTADOR DO FORO

ATOS PRATICADOS	EMOLUMENTOS
I. Averbação:	
Notificação, cancelamento ou anotação no ato de distribuição	R$ 0,16
II. Busca:	
As mesmas custas da Tabela comum a todos os serventuários.	
III. Cálculo:	
Para pagamento de impostos de tramitação nos arrolamentos, inventários, arrecadações, adjudicações, vintenas, comissões, arrematações, indenizações, percentagens de honorários Advocatícios e de juros:	
a) Até o valor de R$ 6,40	R$ 3,85
b) Pelo que exceder até o valor de R$ 19,20 mais	R$ 4,39
c) De R$ 19,20 em diante, pelo que exceder, mais 5% até no máximo de	R$ 109,92
IV. Certidão:	
As mesmas custas da Tabela comum a todos os serventuários.	
V. Contas de Custas:	
a) Até R$ 6,40	R$ 3,85
b) Pelo que exceder até R$ 19,20 mais	R$ 4,39
c) De R$ 19,20 em diante, pelo que exceder, mais 5% até no máximo de	R$ 110,26
VI. Distribuições:	
a) De feitos	R$ 27,50
b) Outras de qualquer natureza	R$ 71,46

TABELA "I"
ATOS DOS OFICIAIS DE JUSTIÇA

ATOS PRATICADOS	EMOLUMENTOS
I. Das diligências:	
As custas referentes a citação, intimação e notificação, têm os seguintes valores:	
a) Em zona urbana	R$ 5,51
b) Em zona suburbana	R$ 8,25
c) Em zona rural	R$ 11,01
d) Em zona de difícil acesso	R$ 27,50
e) Em local fluvial	R$ 32,92
Pela diligência de penhora, arresto, seqüestro, despejo, arrolamento, emissão de posse, reintegração de posse é cobrado 0,5% do valor da causa com um mínimo de 20% sobre	R$ 21,81
e no máximo.	R$ 43,63

TABELA "J"
ATOS DO PORTEIRO DE AUDITÓRIOS

ATOS PRATICADOS	EMOLUMENTOS
I. Arrematação:	
Até R$ 19,20	R$ 3,85
a) De R$ 19,20 a R$ 63,98, mais	R$ 5,51
b) Acima de R$ 63,98, mais 0,5% sobre o valor, até no máximo de	R$ 164,87
II. Certidão	
As mesmas custas, previstas na Tabela comum a todos os serventuários.	
III. Pregão	
Em audiência, quer de abertura, quer de encerramento, cada pregão	R$ 1,66

TABELA "L"
ATOS DO DEPOSITÁRIO PÚBLICO

ATOS PRATICADOS	EMOLUMENTOS
O depositário público receberá pela guarda 2% sobre o valor dos bens depositados, com o mínimo de	R$ 4,35
e o máximo de	R$ 65,44

TABELA "M" ATOS DOS PERITOS

ATOS PRATICADOS	EMOLUMENTOS
Exames periciais e vistoriais:	
O valor mínimo arbitrado pelo juiz, será de	R$ 16,49
O valor máximo, será de	R$ 164,87

TABELA "N"
ATOS DOS TRADUTORES E INTÉRPRETES

ATOS PRATICADOS	EMOLUMENTOS
I. Exames para verificação de exatidão de tradução	R$ 27,50
a) se o exame exigir a presença do perito por mais de um dia perante o Juiz, este ao término do ato	
fixará uma diária correspondente	R$ 10,91
Não podendo o montante ultrapassar a	R$ 109,92
II. Intervenção em depoimento ou outro ato judicial:	
Em cada ato	R$ 27,50
III. Tradução de documento:	
a) pela primeira folha datilografada	R$ 16,49
b) pela Segunda ou mais vias de tradução devidamente autenticada e assinada por via ou folha	R$ 10,91

TABELA "O"
COMUM A TODOS OS SERVENTUÁRIOS NOTÁRIOS E REGISTRADORES

ATOS PRATICADOS	EMOLUMENTOS
I. Busca em processo, livros de cartórios ou papéis arquivados, qualquer que seja o número de livros nele compreendido ou de papéis arquivados, relativos ao mesmo assunto, ação ou nome:	
Até dez (10) anos	R$ 2,16
Depois de dez (10) anos por cada cinco (5) anos ou mais	R$ 3,60
E no máximo até	R$ 35,75
II. Certidão de assentamento, de papéis e arquivados de autos, processos, livros, registros, ou de fato conhecido em razão do ofício, traslados, fotocópias ou qualquer outra reprodução de documentos ou atos de processo, mandados de citação, editais, cartas de sentença, de arrematação, adjudicação, remissão, precatórias e rogatórias: Por folha	R$ 3,60
III. Quando a certidão ou traslado forem executadas através de cópias produzidas por equipamentos de reprodução mecânica, além das custas do item II, serão cobrados por folha mais	R$ 0,57
IV. A taxa de serviço notarial e registral TSNR, só terá a sua incidência no emolumento acima de	R$ 31,29

V. Para efeito de cobrança de emolumentos nos serviços notarial e registral o valor arbitrado pela repartição fazendária competente, se divergir do valor declarado na escritura, os emolumentos serão calculados com base no primeiro, se o valor declarado for inferior.

a) O valor referido acima será sempre atualizado a data do registro, aplicando-se o mesmo índice utilizado pelos órgãos fazendários.

OBSERVAÇÕES:

a) Os atos lavrados depois do horário normal de expediente, ou fora do cartório, terão as custas cobradas em dobro desde que solicitados por escrito pela parte interessada.

b) Nas diligências, quando a parte interessada não oferecer condução, o valor das custas será acrescido de	R$ 28,35

TABELA "P"
ATOS DA SECRETARIA DO TRIBUNAL DE JUSTIÇA

ATOS PRATICADOS	EMOLUMENTOS
I. Julgamento cíveis e criminais originários ou não	R$ 10,91

II. Aplicam-se os atos praticados pela Secretaria do Tribunal de Justiça, os valores constantes das respectivas Tabelas anexas a este código.

REGIME DE CUSTAS E EMOLUMENTOS

LEGISLAÇÃO TRIBUTÁRIA

LEI Nº 5.077, DE 12 DE JUNHO DE 1989

DISPÕE SOBRE AS NORMAS RELATIVAS AOS TRIBUTOS DE COMPETÊNCIA DO ESTADO.

ÍNDICE

O GOVERNADOR DO ESTADO DE ALAGOAS

Faço saber que o Poder Legislativo decreta e eu sanciono a seguinte Lei:

Art. 1º (VETADO).

TÍTULO I
DO SISTEMA TRIBUTÁRIO DO ESTADO

CAPÍTULO I
DOS TRIBUTOS DE COMPETÊNCIA DO ESTADO

Art. 1º A competência tributária do Estado de Alagoas, disciplinada por este Código, compreende:

I - imposto sobre:

a) operações relativas à circulação de mercadorias e sobre as prestações de serviços de transporte interestadual e intermunicipal e de comunicação - ICMS;

b) transmissão causa mortis e doação de quaisquer bens ou direitos;

c) propriedade de veículos automotores;

II - taxas, em razão do exercício do poder de polícia ou pela utilização efetiva ou potencial de serviços públicos específicos e divisíveis, prestados ao contribuinte ou postos à sua disposição;

III - contribuição de melhoria decorrentes de obras públicas;

IV - adicional de 5% (cinco por cento) do que for pago à União por pessoas físicas ou jurídicas domiciliadas no território deste Estado, a título do Imposto sobre a Renda e Proventos de Qualquer Natureza, incidente sobre lucros, ganhos e rendimentos de capital;

V - contribuição cobrada dos servidores estaduais para custeio, em benefício destes, do sistema de previdência e assistência social.

Parágrafo único. Para conferir efetividade aos objetivos de pessoalidade dos impostos e da sua graduação segundo a capacidade econômica do contribuinte, fica facultado à administração tributária, sempre que possível e respeitados os direitos individuais e as prescrições deste Código, identificar o patrimônio, os rendimentos e as atividades econômicas do sujeito passivo da obrigação.

CAPÍTULO II
DAS LIMITAÇÕES DA COMPETÊNCIA TRIBUTÁRIA

Art. 2º É vedada à Administração Tributária:

I - exigir tributo não previsto neste Código;

II - aumentar tributos sem que a lei o estabeleça;

III - cobrar tributos:

a) relativos a fatos geradores ocorridos antes do início da vigência deste Código ou de outra lei que os instituir ou aumentar;

b) no mesmo exercício financeiro em que haja sido publicada a lei que os instituiu ou aumentou;

IV - estabelecer diferença tributária entre bens e serviços de qualquer natureza, em razão de sua procedência ou destino.

CAPÍTULO III
DAS IMUNIDADES GENÉRICAS

Art. 3º São imunes dos impostos estaduais:

I - o patrimônio, a renda ou os serviços da União, dos Estados, do Distrito Federal e dos Municípios;

II - os templos de qualquer culto;

III - o patrimônio, a renda ou os serviços dos partidos políticos, inclusive suas fundações, das entidades sindicais dos trabalhadores, das instituições de educação e de assistência social, sem fins lucrativos, atendidos os requisitos deste e do Código Tributário Nacional;

IV - os livros, os jornais e periódicos e o papel destinado à sua impressão.

§ 1º A imunidade prevista no inciso I, é extensiva às autarquias e às fundações instituídas e mantidas pelo Poder Público, no que se refere ao patrimônio, à renda e aos serviços, vinculados às suas finalidades essenciais ou às delas decorrentes.

§ 2º As imunidades referidas no inciso I e no parágrafo anterior não se aplicam ao patrimônio, à renda e aos serviços relacionados com a exploração de atividades econômicas regidas pelas normas aplicáveis a empreendimentos privados, em que haja contraprestação ou pagamento de preços ou tarifas pelo usuário.

§ 3º As imunidades expressas nos incisos II e III compreendem somente o patrimônio, a renda e os serviços relacionados com as finalidades essenciais das entidades neles mencionadas.

§ 4º O reconhecimento da imunidade de que trata o inciso III é subordinado à efetiva observância dos seguintes requisitos pelas entidades nele referidas:

a) não distribuírem qualquer parcela de seu patrimônio ou de suas rendas, a título de lucro ou participação no seu resultado;

b) aplicarem integralmente, no país, seus recursos na manutenção dos seus objetivos institucionais;

c) manterem escrituração de suas receitas e despesas em livros revestidos de formalidades capazes de assegurar sua exatidão;

d) fim público sem qualquer discriminação quanto aos beneficiados;

e) ausência de remuneração para seus dirigentes e conselheiros.

§ 5º O disposto neste artigo não exclui a atribuição, às entidades nele referidas, da condição de responsáveis pelos tributos que lhes caiba reter na fonte e não as dispensa da prática de atos, previstos neste Código ou na Legislação Tributária, asseguratórios do cumprimento de obrigações tributárias por terceiros.

TÍTULO II
DO IMPOSTO SOBRE OPERAÇÕES RELATIVAS À CIRCULAÇÃO DE MERCADORIAS E SOBRE PRESTAÇÕES DE SERVIÇOS DE TRANSPORTE INSTERESTADUAL E INTERMUNICIPAL E DE COMUNICAÇÃO

Arts. 4º a 155 (Revogados pela Lei nº 5.900, de 27.12.1996).

Art. 156. (VETADO).

Art. 157. (Revogado pela Lei nº 5.109, de 28.12.1989).

Art. 158. (VETADO).

Art. 159. (Revogado pela Lei nº 5.109, de 28.12.1989).

Arts. 160 e 161. (VETADOS).

TÍTULO III
DO IMPOSTO SOBRE TRANSMISSÃO CAUSA MORTIS E DOAÇÃO DE QUAISQUER BENS OU DIREITOS

CAPÍTULO I
DO FATO GERADOR E DA SUA OCORRÊNCIA

Art. 162. O Imposto sobre Transmissão Causa Mortis e Doação de Quaisquer Bens ou Direitos (ITCD), incide sobre as aquisições desses bens ou direitos por títulos de sucessão legítima ou testamentária ou por doação.

§ 1º Ainda que gravadas, as legítimas dos herdeiros sujeitam-se ao imposto.

§ 2º No caso de sucessão provisória é exigível o imposto, ressalvada a restituição com o aparecimento do ausente.

§ 3º Para os efeitos deste artigo, considera-se doação o ato ou fato em que o doador, por liberalidade, transmitir bem, vantagem ou direito de seu patrimônio ao donatário, que o aceitará expressa, tácita ou presumidamente, incluindo a doação efetuada com encargo ou ônus e o adiantamento da legítima. (Acrescentado pela Lei nº 7.861, de 30.12.2016).

Art. 163. Considera-se ocorrido o fato gerador:

I - nas transmissões causa mortis, no último dia do mês posterior ao do falecimento do de cujus;

II - nas doações, na data em que o donatário receber a posse ou direito sobre a coisa doada.

Parágrafo único. Havendo impossibilidade de se estabelecer a data exata para a fixação da ocorrência do fato gerador, tomar-se-á como válida aquela que:

I - nas transmissões causa mortis corresponder à abertura sucessória;

II - nas doações, corresponder ao primeiro dia do ano civil em que o donatário recebeu a posse ou o direito sobre a coisa doada.

Art. 164. Ocorrem tantos fatos geradores distintos quantos forem os herdeiros, legatários ou donatários, mesmo que o bem ou direito, objeto da tributação, seja indivisível.

Art. 165. Para os efeitos deste imposto, entendem-se como bens: os imóveis, os semoventes, os móveis, as mercadorias e qualquer parcela do patrimônio que for passível de mecânica ou de transmissões a terceiros, mesmo que representados por títulos, ações, quotas, certificados, registros ou qualquer outro documento.

CAPÍTULO II
DAS ISENÇÕES

Art. 166. São isentos do imposto:

I - os proventos e pensões atribuídos aos herdeiros;

II - as doações e legados de peças e de obras de arte a museus e instituições de fins culturais, situados neste Estado;

III - as doações às entidades beneficentes;

IV - as doações e legados às fundações instituídas e mantidas pelo Poder Público.

V - a doação de bem imóvel destinado à moradia, vinculado a programa de assistência social e habitação, para pessoas carentes ou de baixa renda. (Redação acrescentada pela Lei nº 7.722, de 24.08.2015).

VI - (VETADO); (Acrescentado pela Lei nº 7.861, de 30.12.2016).

VII - a transmissão por doação de bem imóvel por pessoa jurídica de direito público, empresa pública ou sociedade de economia mista em decorrência de calamidade pública. (Acrescentado pela Lei nº 7.861, de 30.12.2016).

Art. 166-A. Ficam extintos os créditos tributários relativos ao Imposto sobre Transmissão Causa Mortis e Doação de quaisquer bens ou direitos - ITCD, lançados ou não, decorrentes de fatos geradores ocorridos até o dia da publicação desta Lei, relacionados a doação de bem imóvel destinados à moradia, vinculado a programa de assistência social e habitação, para pessoas carentes ou de baixa renda. (Redação acrescentada Lei nº 7.863, de 30.12.2016).

Parágrafo único. A extinção do crédito tributário nos termos do caput deste artigo, não implica, em qualquer hipótese, em compensação ou restituição dos valores eventualmente pagos até a data da publicação desta Lei. (Redação acrescentada Lei nº 7.863, de 30.12.2016).

CAPÍTULO III
DA BASE DE CÁLCULO

Art. 167. A base de cálculo do imposto é o valor venal ou comercial dos bens ou direitos transmitidos ou doados.

§ 1º Nas transmissões *causa mortis*, o imposto será calculado sobre o valor atribuído pelo inventariante e, após a avaliação administrativa, sobre a parcela que resultar a maior.

§ 2º Nas doações, o imposto será calculado sobre o valor declarado pelo doador ou pelo donatário e, após a avaliação administrativa, sobre parcela que resultar a maior.

§ 3º As avaliações administrativas de que tratam os parágrafos precedentes serão expressadas pelos índices oficiais que venham a ser instituídos pelo Governo Federal.

CAPÍTULO IV
DA ALÍQUOTA

Art. 168. As alíquotas do imposto são: (Redação dada pela Lei nº 7.861, de 30.12.2016).

I - 4,0 (quatro por cento) nas transmissões causa mortis; e (Redação dada pela Lei nº 7.861, de 30.12.2016).

II - 2,0 (dois por cento) nas transmissões por doação. (Redação dada pela Lei nº 7.861, de 30.12.2016).

CAPÍTULO V
DO CONTRIBUINTE

Art. 169. São contribuintes do Imposto as pessoas físicas ou jurídicas que se revestirem da qualidade de:

I - herdeiros ou legatários e donatários;

II - beneficiados pela desistência de quinhão ou de direitos por herdeiros ou legatários.

CAPÍTULO VI
DO LOCAL, FORMA E PRAZO PARA RECOLHIMENTO

Art. 170. Para efeito de recolhimento do Imposto, considera-se ocorrido o fato gerador no Estado de Alagoas relativamente aos:

I - bens imóveis aqui localizados e respectivos direitos;

II - bens móveis, títulos e créditos, se neste Estado:

a) tiver domicílio o doador;

b) se processar o inventário ou arrolamento.

Parágrafo único. Se o doador tiver domicílio ou residência no exterior, ou aí o de cujus possuía bens, era residente ou domiciliado ou teve o seu inventário processado, a competência para exigir o tributo observará o que for estabelecido em Lei Complementar Nacional (Constituição Federal, art. 155, § 1º, III).

Art. 171. O tributo será recolhido em guia padronizada pela Secretaria da Fazenda, em órgãos autorizados e entidades bancárias credenciadas.

Parágrafo único. O regulamento poderá vincular o local do recolhimento ao Município em que ocorrer o fato gerador.

Art. 172. O pagamento do imposto será feito: (Redação dada pela Lei nº 6.550, de 30.12.2004).

I - tratando-se de transmissão decorrente de doação: (Redação dada pela Lei nº 6.550, de 30.12.2004).

a) na data da lavratura do respectivo instrumento, se lavrado no Estado de Alagoas; (Redação dada pela Lei nº 6.550, de 30.12.2004).

b) no prazo de até 10 (dez) dias, contados da lavratura do respectivo instrumento, se lavrado fora do Estado de Alagoas; (Redação dada pela Lei nº 6.550, de 30.12.2004).

c) no prazo de até 10 (dez) dias, contados da tradição, em se tratando de bens móveis, títulos e créditos não sujeitos a transcrição; (Redação dada pela Lei nº 6.550, de 30.12.2004).

II - tratando-se de transmissão causa mortis, antes da sentença homologatória da partilha; (Redação dada pela Lei nº 6.550, de 30.12.2004).

III - tratando-se de extinção de usufruto por morte do usufrutuário, no prazo de até 30 (trinta) dias, contados do falecimento; ou (Redação dada pela Lei nº 6.550, de 30.12.2004).

IV - tratando-se de transmissão decorrente de sentença judicial, no prazo de até 30 (trinta) dias, contados de seu trânsito em julgado. (Redação dada pela Lei nº 6.550, de 30.12.2004).

Art. 172-A. O pagamento do imposto poderá ser parcelado em até 12 (doze) parcelas, conforme dispuser Decreto do Poder Executivo (Redação dada pela Lei nº 7.863, de 30.12.2016).

CAPÍTULO VII
DAS DISPOSIÇÕES ESPECIAIS

Art. 173. Quando o objeto de transmissão for bem imóvel, o Cartório de Registro de Imóveis é obrigado a fazer a transcrição, de inteiro teor dos dizeres contidos na guia de recolhimento do imposto ou do ato de recolhimento de isenção ou de imunidade, conforme o caso.

Art. 174. São solidariamente responsáveis pela regularidade do recolhimento do imposto, o que deverá ser previamente comprovado:

I - os cartórios de registro de títulos e documentos;

II - os cartórios de registro de imóveis;

III - os tabeliães e demais serventuários da justiça;

IV - os titulares, administradores e servidores das demais entidades de direito público ou privado, onde se processarem os registros, anotações ou averbações de doações, transmissão de bens móveis ou imóveis e respectivos direitos e ações;

V - o doador, pelo imposto devido pelo donatário inadimplente.

Art. 175. A fiscalização do imposto compete aos Procuradores do Estado, aos membros do Ministério Público, aos Servidores Fiscais da Fazenda Estadual e aos Servidores da Justiça que, no desempenho de suas atividades e atribuições conhecerem a questão.

CAPÍTULO VIII
DOS ACRÉSCIMOS E PENALIDADES

Art. 176. A falta de recolhimento do imposto, no todo ou em parte, ou o seu atraso acarretará:

I - a exigência de juros moratórios até o recolhimento;

II - a aplicação de penalidade pecuniária.

Art. 177. Ficam sujeitos às multas de:

I - 300% (trezentos por cento) do imposto devido, os que deixarem de mencionar os frutos pendentes e outros bens transmitidos juntamente com a propriedade e os que sonegarem bens em inventários ou arrolamentos, mesmo que hajam recolhido o imposto nos prazos legais;

II - 0,33% (trinta e três centésimos por cento) por dia de atraso, limitado a 20% (vinte por cento) do imposto devido, quem o recolher espontaneamente após os prazos estabelecidos na legislação. (Redação dada pela Lei nº 7.861, de 30.12.2016).

III - 100% (cem por cento) do valor do imposto devido, no caso de ação fiscal, observadas as seguintes reduções: (Acrescentado pela Lei nº 7.861, de 30.12.2016).

a) em 70% (setenta por cento), se o crédito tributário for pago de uma só vez no prazo de 30 (trinta) dias a contar da data da ciência da exigência; (Acrescentado pela Lei nº 7.861, de 30.12.2016).

b) em 42% (quarenta e dois por cento), se o crédito tributário for pago de uma só vez, quando decorridos mais de 30 (trinta) dias da data da ciência da exigência e antes da: (Acrescentado pela Lei nº 7.861, de 30.12.2016).

1. decisão de primeira instância administrativa; ou (Acrescentado pela Lei nº 7.861, de 30.12.2016).

2. inscrição em dívida ativa, no caso de não impugnação da exigência. (Acrescentado pela Lei nº 7.861, de 30.12.2016).

c) em 28% (vinte e oito por cento), se o crédito tributário for pago de uma só vez no prazo de 30 (trinta) dias a contar da ciência da decisão de primeira instância administrativa; e (Acrescentado pela Lei nº 7.861, de 30.12.2016).

d) em 10% (dez por cento), se o crédito tributário for pago de uma só vez no prazo de 30 (trinta) dias a contar da ciência da decisão do Conselho Tributário Estadual. (Acrescentado pela Lei nº 7.861, de 30.12.2016).

§ 1º Quando o processo de inventário e de partilha for requerido depois de 02 (dois) meses, a contar da abertura da sucessão, o imposto será acrescido de multa de 20% (vinte por cento), mesmo se recolhido no prazo previsto neste Título. (Redação dada pela Lei nº 7.861, de 30.12.2016).

§ 2º A sonegação de bens em inventários ou arrolamentos só poderá ser arguida depois de encerrada a descrição dos bens com a "declaração" de não existirem outros a inventariar.

§ 3º A Fazenda Estadual, por seu representante, como credora da herança pelos tributos não pagos, requererá a ação de sonegados, de acordo com os arts. 1.782 e 1.784 do Código Civil, se outros interessados não o fizerem.

Art. 178. A falta ou inexatidão de declaração relativa a elementos que possam influir no cálculo do imposto, com evidente intuito de sonegação, sujeitará o contribuinte à multa de 3 (três) vezes o valor do imposto sonegado.

Parágrafo único. Igual penalidade será aplicada a qualquer pessoa, inclusive, serventuário ou funcionário que intervenha no negócio jurídico ou na declaração e seja conivente ou auxiliar na inexatidão ou omissão praticada.

Art. 179. As penalidades constantes deste Capítulo, serão aplicadas sem prejuízo do processo criminal ou administrativo cabível.

Parágrafo único. O serventuário ou funcionário que não observar os dispositivos legais e regulamentares relativos ao imposto, concorrendo de qualquer modo para o seu não pagamento, ficará sujeito às mesmas penalidades estabelecidas para os contribuintes, devendo ser notificado para o recolhimento da multa pecuniária.

CAPÍTULO IX
DAS RECLAMAÇÕES E RECURSOS

Art. 180. O contribuinte que não concordar com o valor previamente fixado, poderá apresentar reclamação contra a avaliação administrativa fiscal, dentro do prazo de 30 (trinta) dias.

Parágrafo único. A reclamação não terá efeito suspensivo e deverá ser instruída com a prova do pagamento do imposto.

Art. 181. As reclamações e recursos serão julgados em primeira instância, pelos órgãos competentes da Secretaria da Fazenda, observadas as normas pertinentes ao Contencioso Administrativo-Fiscal.

Art. 182. Da decisão proferida na reclamação apresentada, caberá recurso, no prazo de 30 (trinta) dias, ao Conselho Tributário Estadual.

Art. 183. Reduzida a avaliação fiscal, proceder-se-á a restituição devida.

TÍTULO III

CAPÍTULO I
DISPOSIÇÕES FINAIS

Art. 184. Ficam:

I - revogadas as disposições em contrário a este Código, especialmente, as contidas nos arts. 189 a 355 e 358, da Lei nº 4.418, de 27 de dezembro de 1982, e alterações ulteriores;

II - mantidas em vigor as demais disposições de leis e editadas pelo Estado, que disponham sobre matéria tributária, inclusive, as que disciplinam o Contencioso Administrativo-Fiscal no que forem compatíveis com as normas estatuídas por este Código, por Lei Complementar nacional sobre normas tributárias e pela Constituição Federal.

Parágrafo único. As disposições dos arts. 2º e 3º, desta Lei aplicam-se a todos os tributos de competência do Estado.

Art. 185. Quando cabíveis, entendem-se também como relativas às prestações de serviços de transporte interestadual e intermunicipal e de comunicação, as referências feitas às operações relativas à circulação de mercadorias no texto não revogado ou não expressamente alterado da Legislação Tributária Estadual vigente até a data da eficácia desta Lei.

Art. 186. São imunes de taxas estaduais:

I - as petições aos Poderes Públicos, para defesa de direitos contra ilegalidade ou abuso de poder;

II - o fornecimento de certidões por qualquer repartição, para comprovada defesa de direitos e esclarecimento de situações de interesse pessoal do requerente;

III - as ações relativas ao habeas corpus e habeas data.

Art. 187. Do produto da arrecadação do imposto referido no Inciso I do art. 2º, 25% (vinte e cinco por cento) serão repassados aos Municípios deste Estado, na forma da legislação aplicável.

Art. 188. Nos termos do disposto no inciso I do art. 157 da Constituição Federal, será recolhido ao Tesouro do Estado o produto da arrecadação do Imposto da União sobre a Renda e Proventos de qualquer Natureza, incidente na fonte, sobre rendimentos pagos, a qualquer título:

I - por todos os órgãos públicos, de qualquer Poder Estadual;

II - pelas autarquias estaduais;

III - pelas fundações instituídas e mantidas pelo Estado de Alagoas.

Art. 189. Até a edição da lei a que se refere a alínea g do inciso XII do art. 155 da Constituição Federal, as isenções do imposto previsto no inciso I do art. 2º obedecerão ao disposto na legislação vigente.

Art. 190. Enquanto não forem instituídos e regulamentados pelo Poder Executivo os documentos e livros fiscais utilizados por pessoas que realizam prestações de serviços de transporte interestadual e intermunicipal e de comunicação, deverão estas continuar utilizando os exigidos pela União.

Art. 191. As penalidades previstas nesta Lei aplicam-se, no que couber, aos casos de descumprimento de obrigações principal e acessórias relativas ao imposto incidente sobre prestações de serviços de transporte interestadual e intermunicipal e de comunicação, assim como as denúncias espontâneas não cumpridas e aos parcelamentos total ou parcialmente descumpridos.

Art. 192. O disposto no inciso III, alínea b, do art. 2º deste Código, não se aplica, até 31 de dezembro de 1989, na forma do disposto no § 6º do art. 34 do Ato das Disposições Transitórias da Constituição Federal:

I - ao Imposto sobre Operações Relativas à Circulação de Mercadorias e sobre Prestação de Serviços de Transportes Interestadual e Intermunicipal e de Comunicação (ICMS);

II - ao Imposto sobre Transmissão Causa Mortis e Doação de Quaisquer Bens ou Direitos.

Art. 193. Aplica-se a legislação vigente aos fatos geradores já ocorridos ou a ocorrerem até 28 de fevereiro de 1989, mesmo que o lançamento venha a ser efetivado após aquela data.

Parágrafo único. Excetua-se do disposto neste artigo a aplicação de penalidade mais benéfica com base em lei superveniente.

Art. 194. O Poder Executivo, através de decreto específico, poderá exigir que a forma de pagamento da Taxa de Fiscalização e Serviços Diversos seja efetuada por meio de tabela própria, tendo como base de cálculo valores expressos nos índices oficiais instituídos pelo Governo Federal.

Art. 195. Ficam remidos os débitos dos contribuintes inscritos sob o regime de "MICROEMPRESA", constituídos ou não, ajuizados ou não, até a data da vigência desta Lei, na forma do que dispõe o art. 86, III, da Lei nº 4.418, de 27 de dezembro de 1982, combinado com a Lei nº 5.172, de 25 de outubro de 1966 (Código Tributário Nacional).

Parágrafo único. A Secretaria da Fazenda, pelo seu titular, fica autorizada a executar expressamente o que determina este artigo.

Art. 196. Através de Mensagem circunstanciada, o Poder Executivo poderá propor à Assembléia Legislativa alterações julgadas indispensáveis ao aperfeiçoamento do Sistema Tributário Estadual e, no prazo de 60 (sessenta) dias, expedirá decreto, consolidando e disciplinando normas contidas no presente Código.

Art. 197. Esta Lei entrará em vigor na data de sua publicação, produzindo eficácia a partir do 30º (trigésimo) dia contado da mesma e revogadas as disposições em contrário.

PALÁCIO MARECHAL FLORIANO, em Maceió, 12 de junho de 1989, 101º da República.

MOACIR LOPES DE ANDRADE

Luiz Dantas Lima

Este texto não substitui o publicado no DOE do dia 13.06.1989.

DECRETO Nº 10.306, DE 24 DE FEVEREIRO DE 2011

APROVA O REGULAMENTO DO IMPOSTO SOBRE TRANSMISSÃO CAUSA MORTIS E DOAÇÃO DE QUAISQUER BENS OU DIREITOS – ITCD, DE QUE TRATAM OS ARTS. 162 A 183 DA LEI Nº 5.077, DE 12 DE JUNHO DE 1989.

ÍNDICE

O GOVERNADOR DO ESTADO DE ALAGOAS, no uso das atribuições que lhe confere o inciso IV do art. 107 da Constituição Estadual, e tendo em vista o que consta do Processo Administrativo nº 1500-33925/2010;

Considerando a necessidade de disciplinar os procedimentos relativos ao Imposto sobre Transmissão Causa Mortis e Doação de Quaisquer Bens ou Direitos – ITCD, conforme dispõem os arts. 162 a 183, da Lei nº 5.077, de 12 de junho de 1989,

DECRETA:

Art. 1º Fica aprovado na forma do Anexo a este Decreto o Regulamento do Imposto sobre Transmissão Causa Mortis e Doação de Quaisquer Bens ou Direitos – ITCD.

Art. 2º Este Decreto entra em vigor na data de sua publicação.

PALÁCIO REPÚBLICA DOS PALMARES, Maceió, 24 de fevereiro de 2011, 195º da Emancipação Política e 123º da República.

JOSÉ THOMAZ NONÔ

Vice-Governador no exercício do cargo de Governador do Estado

Este texto não substitui o publicado no DOE do dia 25.02.2011.

ANEXO
REGULAMENTO DO IMPOSTO SOBRE TRANSMISSÃO CAUSA MORTIS E DOAÇÃO DE QUAISQUER BENS OU DIREITOS – ITCD.

CAPÍTULO I
DA INCIDÊNCIA

Art. 1º O ITCD incide sobre:

I – transmissão, de quaisquer bens ou direitos, havidos por sucessão legítima ou testamentária, inclusive por sucessão decorrente de morte presumida e por sucessão provisória; e

II – doação de quaisquer bens ou direitos.

§ 1º Ocorrem tantos fatos geradores distintos quantos forem os herdeiros, legatários ou donatários, ainda que o bem ou direito seja indivisível.

§ 2º Entende-se por doação o ato ou fato em que o doador, por liberalidade, transmitir bem, vantagem ou direito de seu patrimônio ao donatário, que o aceitará expressa, tácita ou presumidamente, incluindo a doação efetuada com encargo ou ônus e o adiantamento da legítima. (Redação dada pelo Decreto nº 53.609, de 1º06.2017)

§ 3º São hipóteses de incidência do ITCD, a título de doação, dentre outras:

I - a transmissão a título de antecipação de herança de bens ou direitos, inclusive valores;

II - a transmissão de bens ou direitos que, na divisão de patrimônio comum, na partilha ou na adjudicação, forem atribuídos a um dos cônjuges, a um dos companheiros, ou a qualquer herdeiro, acima do valor da meação ou do respectivo quinhão;

III - a renúncia, a cessão não onerosa e a desistência de herança, com determinação do beneficiário; e

IV - a retratação do contrato de doação que já houver sido lavrado e transcrito.

Art. 2º São bens ou direitos sujeitos ao ITCD na transmissão causa mortis ou doação:

I - bem imóvel ou os direitos a ele relativos; e

II - bem móvel, mesmo que representado por título, crédito, certificado ou registro, inclusive:

a) semovente, jóia, obra de arte e mercadoria;

b) qualquer título ou direito representativo do patrimônio ou capital de sociedade e companhia, tal como ação, quota, quinhão, participação civil ou comercial, nacional ou estrangeira, direito societário, debênture, dividendo e crédito de qualquer natureza;

c) dinheiro, em moeda nacional ou estrangeira, depósito bancário, título que represente o crédito, em conta corrente, em caderneta de poupança ou a prazo fixo, quota ou participação em fundo mútuo de ações, de renda fixa, de curto prazo, ou qualquer outra aplicação financeira e de risco, seja qual for o prazo e a forma de garantia; e

d) bem incorpóreo em geral, inclusive título ou crédito que os represente, direitos autorais ou qualquer direito ou ação que deva ser exercido.

CAPÍTULO II
DA NÃO-INCIDÊNCIA

Art. 3º O imposto não incide sobre a transmissão causa mortis ou doação em que figurem como herdeiros, legatários ou donatários:

I - a União, os Estados, o Distrito Federal e os Municípios;

II - autarquia e fundação instituída e mantida pelo Poder Público;

III - partido político, inclusive suas fundações;

IV - templo de qualquer culto; e

V - entidade sindical de trabalhadores, instituição de educação e de assistência social, sem fins lucrativos.

§ 1º O imposto não incide, também, sobre a transmissão em que o herdeiro ou legatário renuncie à herança ou legado, somente quando feita sem ressalva ou condição, em benefício do monte, configurando renúncia pura e simples e que não tenha o renunciante praticado qualquer ato que demonstre aceitação da herança ou legado.

§ 2º As hipóteses de não-incidência previstas para as entidades mencionadas no inciso II do *caput* aplicam-se às transmissões de bens ou direitos vinculados a suas finalidades essenciais ou às delas decorrentes.

§ 3º A não-incidência de que tratam os incisos III, IV e V do caput compreende somente bens e direitos relacionados às finalidades essenciais das entidades ali mencionadas.

§ 4º A não-incidência de que tratam os incisos III e V condiciona-se à observância dos seguintes requisitos pelas entidades nelas referidas:

I - não distribuam qualquer parcela de seu patrimônio ou de suas rendas, a qualquer título;

II - apliquem integralmente, no País, os seus recursos na manutenção dos objetivos institucionais, previstos nos respectivos estatutos ou atos constitutivos;

III - mantenham escrituração de suas receitas e despesas em livros revestidos de formalidades capazes de assegurar sua exatidão;

IV - fim público sem qualquer discriminação quanto aos beneficiados; e V - ausência de remuneração para seus dirigentes e conselheiros.

§ 5º O disposto neste artigo não dispensa o cumprimento das obrigações acessórias previstas na legislação.

CAPÍTULO III
DA ISENÇÃO

Art. 4º É isenta do ITCD a transmissão de:

I – proventos e pensões atribuídos aos herdeiros; (Redação dada pelo Decreto nº 53.609, de 1º06.2017)

II – bens por doação ou legado de peças e obras de arte a museus e instituições de fins culturais, sem fins lucrativos, situados neste Estado, observado o disposto no art. 3º, § 3º, deste Decreto; (Redação dada pelo Decreto nº 53.609, de 1º06.2017)

III – bens e direitos por doação às entidades beneficentes de assistência social, observado o disposto no art. 3º, § 3º, deste Decreto; (Redação acrescentada pelo Decreto nº 53.609, de 1º06.2017)

IV – bens e direitos, por doação ou legado, às fundações instituídas e mantidas pelo Poder Público (Redação acrescentada pelo Decreto nº 53.609, de 1º06.2017)

V – bem imóvel destinado à moradia, vinculado a programa de assistência social e habitação, para pessoas carentes ou de baixa renda; e ; (Redação acrescentada pelo Decreto nº 53.609, de 1º06.2017)

VI – bem imóvel por pessoa jurídica de direito público, empresa pública ou sociedade de economia mista em decorrência de calamidade pública. ; (Redação acrescentada pelo Decreto nº 53.609, de 1º06.2017)

CAPÍTULO IV
DO RECONHECIMENTO DA NÃO-INCIDÊNCIA E DA ISENÇÃO

Art. 5º As hipóteses de não-incidência previstas nos incisos II a V do art. 3º e as de isenção previstas no **art. 4º** , ficam condicionadas ao reconhecimento pela Secretaria de Estado da Fazenda, que expedirá instruções relativas às obrigações a serem cumpridas pelo interessado para este fim.

CAPÍTULO V
DO FATO GERADOR

Art. 6º Considera-se ocorrido o fato gerador:

I – nas transmissões causa mortis, no último dia do mês posterior ao do falecimento do de cujus; e

II – nas doações, na data em que o donatário receber a posse ou direito sobre a coisa doada.

Parágrafo único. Havendo impossibilidade de se estabelecer a data exata para a fixação da ocorrência do fato gerador, tomar-se-á como válida aquela que:

I – nas transmissões causa mortis corresponder a abertura sucessória; e

II – nas doações, corresponder ao primeiro dia do ano civil em que o donatário recebeu a posse ou o direito sobre a coisa doada.

CAPÍTULO VI
DO LOCAL DA OPERAÇÃO

Art. 7º O ITCD é devido a Alagoas:

I – tratando-se de bens imóveis e respectivos direitos, quando a transmissão ou doação se referir a imóvel situado neste Estado, ainda que:

a) o inventário, o arrolamento, a separação, o divórcio ou a dissolução de união estável, seja processado em outro Estado, no Distrito Federal ou exterior;

b) a escritura pública de partilha amigável de bens seja lavrada em outro Estado ou no Distrito Federal; e

c) o doador, o donatário, o cedente ou o cessionário não tenham domicílio ou residência neste Estado.

II – tratando-se de bens móveis, títulos e créditos, inclusive os que se encontrem em outro Estado ou no Distrito Federal, quando neste Estado:

a) o inventário ou arrolamento se processar; ou

b) tiver domicílio o doador;

III – tratando-se de doador com domicílio ou residência no exterior ou de cujus que possuía bens, era residente ou domiciliado ou teve o seu inventário processado no exterior:

a) no caso de bens imóveis e respectivos direitos, quando o imóvel se situar:

1. neste Estado; ou

2. no exterior e o herdeiro, legatário ou donatário tiver domicílio neste Estado, ainda que o arrolamento ou inventário seja processado em outro Estado.

b) no caso de bens móveis, títulos e créditos, quando o herdeiro, legatário ou donatário tiver domicílio neste Estado.

CAPÍTULO VII
DO CÁLCULO E DO LANÇAMENTO DO IMPOSTO

SEÇÃO I
DA BASE DE CÁLCULO

Art. 8º A base de cálculo do ITCD é o valor venal ou comercial dos bens ou direitos transmitidos ou doados, expresso em moeda corrente nacional e em seu equivalente em Unidade Padrão Fiscal do Estado de Alagoas – UPFAL.

§ 1º Considera-se valor venal o valor de mercado do bem ou direito na data da ocorrência do fato gerador.

§ 2º Na impossibilidade de se apurar o valor de mercado do bem ou direito na data a que se refere o § 1º, será considerado o valor de mercado apurado na data da avaliação e o seu correspondente em UPFAL vigente na mesma data.

§ 3º O valor da base de cálculo será atualizado segundo a variação da UPFAL ocorrida até a data prevista neste Regulamento para o recolhimento do imposto.

§ 4º Na hipótese em que a universalidade do patrimônio da sociedade conjugal ou da união estável for composta de bens e direitos situados em mais de uma unidade da Federação, a tributação do excedente de meação será proporcional ao valor:

I – dos bens móveis, em relação ao valor da universalidade do patrimônio comum, se o doador for domiciliado neste Estado; e

II – dos bens imóveis situados neste Estado, em relação ao valor da universalidade do patrimônio comum.

Art. 9º Tratando-se de ações representativas do capital de sociedade, a base de cálculo é determinada por sua cotação média na Bolsa de Valores na data da transmissão, ou na imediatamente anterior quando não houver pregão ou quando essas não tiverem sido negociadas naquele dia, regredindo-se, se for o caso, até o máximo de 180 (cento e oitenta) dias.

§ 1º No caso em que a ação, quota, participação ou qualquer título representativo do capital de sociedade não seja objeto de negociação ou não tiver sido negociado nos últimos 180 (cento e oitenta) dias, a base de cálculo será o seu valor patrimonial na data da transmissão, observado o disposto nos §§ 2º a 4º

§ 2º O valor patrimonial da ação, quota, participação ou qualquer título representativo do capital de sociedade será obtido do balanço patrimonial e da respectiva declaração do imposto de renda da pessoa jurídica entregue à Secretaria da Receita Federal, relativos ao período de apuração mais próximo da data de transmissão, observado o disposto no § 4º, facultado ao Fisco efetuar o levantamento de bens, direitos e obrigações.

§ 3º O valor patrimonial apurado na forma do § 2º será atualizado segundo a variação da UPFAL, da data do balanço patrimonial até a data prevista na legislação tributária para o recolhimento do imposto.

§ 4º Na hipótese em que o capital da sociedade a que se refere o § 1º tenha sido integralizado em prazo inferior a 5 (cinco) anos, mediante incorporação de bens imóveis ou de direitos a eles relativos, a base de cálculo do imposto não será inferior ao valor venal atualizado dos referidos bens imóveis ou direitos.

Art. 10. O valor da base de cálculo não será inferior ao:

I – fixado para o lançamento do Imposto sobre a Propriedade Predial e Territorial Urbana – IPTU, tratando-se de imóvel urbano ou de direito a ele relativo; e

II – valor total do imóvel informado pelo contribuinte para efeito do lançamento do Imposto sobre a Propriedade Territorial Rural – ITR, tratando-se de imóvel rural ou de direito a ele relativo.

Parágrafo único. Constatado que o valor utilizado para lançamento do IPTU ou do ITR é notoriamente inferior ao de mercado, deverá ser adotado, para efeito de apuração da base de cálculo, os seguintes critérios:

I – o valor médio do aluguel praticado na região, hipótese em que o valor da avaliação corresponderá a 100 (cem) vezes os referidos valores; ou

II – outro meio ao seu alcance, tais como:

a) o valor de outros imóveis vizinhos e de igual natureza;

b) a proximidade de centros urbanos, de escolas, hospitais, mercados, centros recreativos, parques, vias de transporte etc.;

c) a localização em ruas calçadas ou pavimentadas;

d) a natureza e produtividade do solo;

e) o tipo de construção;

f) o valor das culturas existentes e do número de plantas quando se tratar de cultura permanente; e

g) valor de jazidas radioativas, térmicas, minerais e outros acessões naturais que valorizem o imóvel.

Art. 11. Os bens, títulos ou créditos, bem como os direitos a eles relativos, serão reavaliados sempre que o pagamento do ITCD não se tenha efetivado no prazo de 1 (um) ano, contado da data da aprovação do valor venal pela Fazenda Pública Estadual.

Parágrafo único. Poderão, ainda, ser reavaliados os bens e os direitos a ele relativos, de ofício ou a requerimento do interessado, quando fato superveniente venha a prejudicar a avaliação e desde que não tenha sido pago o ITCD ou constituído o respectivo crédito tributário.

Art. 12. No caso de bem móvel ou direito não abrangido pelo disposto nos arts. 8º e 9º, a base de cálculo é o valor corrente do mercado na data da transmissão ou do ato translativo.

Parágrafo único. À falta do valor de que trata este artigo, admitir-se-á o que for declarado pelo interessado, ressalvada a revisão do lançamento pela autoridade competente.

Art. 13. As disposições desta Seção aplicam-se, no que couber, às demais partilhas ou divisões de bens sujeitas a processo judicial das quais resultem atos tributáveis.

SEÇÃO II
DOS PROCEDIMENTOS DE AVALIAÇÃO E DO LANÇAMENTO

Art. 14. O valor venal é apurado mediante avaliação judicial ou avaliação procedida pela Fazenda Pública Estadual.

Parágrafo único. Na hipótese de apuração do valor venal mediante avaliação judicial, a Fazenda Pública Estadual deve ser intimada a se manifestar sobre o valor atribuído aos bens ou direitos e sobre o cálculo do imposto, nos termos da lei processual civil e desta regulamentação.

Art. 15. O contribuinte ou responsável deverá apresentar à Secretaria de Estado da Fazenda Declaração do ITCD, conforme modelo a ser instituído por ato normativo da Secretaria de Estado da Fazenda, contendo todas as informações necessárias à apuração e lançamento do ITCD, nos seguintes prazos:

I - no caso de arrolamento, em 30 (trinta) dias a contar da intimação da homologação da partilha ou da adjudicação, instruída também com as respectivas guias comprobatórias do seu recolhimento;

II - no caso de inventário, em 15 (quinze) dias a contar da apresentação das primeiras declarações em juízo;

III - no caso da realização de inventário, partilha, separação consensual e divórcio consensual por via administrativa, nos termos dos artigos 982 e 1.124-A do Código de Processo Civil, antes da lavratura da respectiva escritura pública ou do registro de qualquer instrumento; e

IV - no caso de doação, antes da lavratura da respectiva escritura, do contrato ou de documento equivalente.

Parágrafo único. Ocorrendo, após a Declaração do ITCD, qualquer variação patrimonial decorrente de emenda, aditamento ou inclusão de novos bens, ou modificação na partilha, deverá o interessado comunicar ao Fisco, mediante a apresentação de "Declaração Retificadora" acompanhada dos documentos relativos aos bens que a ensejaram.

Art. 16. Caso a Fazenda Pública concorde com os valores declarados pelo contribuinte, serão adotados os seguintes procedimentos:

I - a Procuradoria Geral do Estado, no prazo de 30 (trinta) dias, a contar da apresentação da declaração prevista no art. 15, deverá encaminhar ao juízo competente petição, manifestando-se da seguinte forma:

a) no arrolamento, para requerer expedição de formal de partilha, auto de adjudicação ou alvará, desde que haja comprovação do recolhimento integral do imposto, instruída com o procedimento administrativo originado pela referida declaração;

b) no inventário, para requerer a remessa dos autos à Contadoria Judicial para elaboração dos cálculos do imposto;

II - no caso da realização de inventário, partilha, separação consensual e divórcio consensual, por via administrativa, ou de doação, a concordância com os valores declarados e com o recolhimento do ITCD, ou o reconhecimento da isenção ou da não-incidência, serão manifestados em Certidão de Regularidade do ITCD, emitida pela Fazenda Estadual.

Parágrafo único. Em se tratando de arrolamento, verificado que o imposto não foi recolhido, a Fazenda Pública notificará o devedor para efetuar o recolhimento, no prazo de 10 (dez) dias, remetendo o procedimento a Procuradoria Geral do Estado para adoção das providências concernentes à cobrança do imposto, no caso de inadimplemento.

Art. 17. Caso a Fazenda Pública não concorde com os valores declarados pelo contribuinte, no mesmo prazo fixado no art. 16 serão adotados os seguintes procedimentos:

I - na hipótese de arrolamento:

a) a Fazenda Pública intimará o contribuinte para, no prazo de 30 (trinta) dias, efetuar o recolhimento da diferença de imposto apurada ou apresentar impugnação; e

b) o Procurador do Estado, mediante petição, discordará expressamente da expedição de alvará, formal de partilha ou carta de adjudicação, enquanto o débito não for liquidado.

II - na hipótese de inventário:

a) a Fazenda Pública intimará o contribuinte sobre a discordância com os valores por ele declarados, facultando-lhe a apresentação de impugnação, no prazo de 30 (trinta) dias; e

b) a Procuradoria Geral do Estado comunicará ao juízo a expressa discordância relativa aos valores declarados pelo contribuinte, requerendo a sua intimação para manifestar- se (Código de Processo Civil, arts. 1.007 e 1.008).

III - na hipótese da realização de inventário, partilha, separação consensual e divórcio consensual, por via administrativa, ou de doação, a Fazenda Pública intimará o contribuinte para, no prazo de 30 (trinta) dias, efetuar o recolhimento da diferença de imposto apurada ou apresentar impugnação.

Art. 18. A impugnação será apresentada ao Grupo de Trabalho ITCD - GT ITCD ou à repartição fazendária onde tiver sido entregue a declaração a que se refere o art. 15, instruída com elementos suficientes à revisão da avaliação, podendo juntar laudo assinado por técnico habilitado, incumbindo-lhe, neste caso, o pagamento das despesas.

§ 1º Na hipótese de acolhimento da impugnação apresentada pelo contribuinte, observar-se-á o que dispõe o art. 16.

§ 2º Indeferida a impugnação:

I - quando se tratar de arrolamento ou na hipótese do inciso III do art. 17, será enviada para o endereço indicado pelo contribuinte a notificação de lançamento do imposto para recolhimento no prazo de 30 (trinta) dias, contado da data da ciência da remessa postal ou, quando não localizado no endereço por ele indicado, da publicação da decisão no Diário Oficial do Estado; e

II - quando se tratar de inventário, a Procuradoria Geral do Estado deverá comunicar ao juízo sobre a decisão definitiva verificada no âmbito administrativo, acerca do valor venal dos bens inventariados.

Art. 19. Na hipótese do art. 17, verificado que o contribuinte deixou de recolher a diferença de imposto apurada ou de apresentar impugnação da avaliação, a Fazenda Pública deverá promover o lançamento do imposto.

§ 1º O contribuinte será intimado do lançamento por meio de AR, ou, quando não localizado no endereço por ele indicado, de edital publicado no Diário Oficial do Estado.

§ 2º o contencioso administrativo do ITCD obedecerá às disposições relativas ao contencioso relativo ao ICMS.

§ 3º A impugnação somente será recebida com a prova de pagamento do ITCD calculado de acordo com o valor declarado pelo contribuinte ou responsável.

Art. 20. Em se tratando de inventário, quando cientificada do decurso do prazo sem o recolhimento integral do imposto, compete a Procuradoria Geral do Estado adotar as medidas concernentes à cobrança do saldo apurado.

Parágrafo único. Para a inscrição do débito na dívida ativa, o procedimento administrativo deverá ser instruído com as cópias do cálculo, da decisão homologatória do cálculo e da certidão da sua intimação no Diário Oficial.

Art. 21. Na hipótese de doação realizada no âmbito judicial, o contribuinte, no prazo de 15 (quinze) dias a contar do trânsito em julgado da sentença, fica obrigado a apresentar declaração, na forma e para os fins indicados nos arts. 15 a 17, instruída com a guia comprobatória do recolhimento do imposto.

Art. 22. Poderá a Secretaria de Estado da Fazenda:

I - excepcionalmente, em razão da necessidade de diligência ou da complexidade da avaliação, dilatar o prazo previsto no art. 16;

II - estabelecer forma diversa para cumprimento das obrigações e verificação da regularidade do recolhimento do imposto, previstas nos arts. 15 a 20.

Art. 23. Para fins de cobrança do ITCD não vencido deverá ser utilizado Auto de Lançamento do ITCD, na configuração constante do Anexo único, que conterá, no mínimo:

I - a identificação do sujeito passivo;

II - o valor da base de cálculo e da alíquota;

III - o valor do imposto devido;

IV - a data para recolhimento do imposto;

V - a intimação para cumprimento ou impugnação da exigência; e

VI - a indicação do órgão e da autoridade administrativa que o emitiu.

§ 1º O Auto de Lançamento do ITCD será expedido pelo órgão que administra o tributo e conterá, obrigatoriamente, o nome do chefe do órgão expedidor ou de outro servidor do Fisco autorizado, com a indicação do cargo ou função e número da matrícula funcional.

§ 2º A notificação expedida por processo eletrônico prescinde de assinatura do notificante.

§ 3º O documento de arrecadaçao, para fins de recolhimento do ITCD, poderá ser conjugado ao Auto de Lançamento de ITCD, conforme disciplina da Secretaria de Estado da Fazenda.

§ 4º Na hipótese de sobrepartilha, na forma prevista no Código de Processo Civil, o Auto de Lançamento de ITCD e o documento de arrecadação devem fazer referência a este fato e ao Auto de Lançamento de ITCD e documento de arrecadação emitidos quando da partilha inicial dos bens e direitos.

SEÇÃO III
DAS ALÍQUOTAS

Art. 24. As alíquotas do ITCD são as seguintes:

I - de 4% (quatro por cento), nas transmissões causa mortis; e (Redação dada pelo Decreto nº 53.609, de 1º06.2017)

II - de 2% (dois por cento), nas transmissões por doação. (Redação dada pelo Decreto nº 53.609, de 1º06.2017)

Art. 25. A alíquota do ITCD é a vigente ao tempo da ocorrência do fato gerador.

CAPÍTULO VIII
DA SUJEIÇÃO PASSIVA

SEÇÃO I
DOS CONTRIBUINTES

Art. 26. São contribuintes do ITCD:

I - na transmissão causa mortis, o herdeiro ou o legatário, inclusive:

a) o beneficiário:

1. na desistência de quinhão ou de direito, por herdeiro ou legatário;

2. na instituição de direito real;

b) o fiduciário, na instituição do fideicomisso; e

c) o fideicomissário, na substituição do fideicomisso.

II - na doação, o donatário, inclusive o cessionário, na cessão de herança ou de bem ou direito a título não oneroso.

Parágrafo único. Em caso de doação de bem móvel, título ou crédito, bem como dos direitos a ele relativos, se o donatário não residir nem for domiciliado no Estado, o contribuinte é o doador.

SEÇÃO II
DA SOLIDARIEDADE

Art. 27. São solidariamente obrigados pelo pagamento do ITCD:

I - os cartórios de registro de títulos e documentos;

II - os cartórios de registro de imóveis;

III - os tabeliães e demais serventuários de justiça;

IV - os titulares, administradores e servidores das demais entidades de direito Público ou privado, onde se processarem os registros, anotações ou averbações de doações, transmissões de bens móveis ou imóveis e respectivos direitos e ações; e

V - o doador, pelo imposto devido pelo donatário inadimplente.

SEÇÃO III
DA RESPONSABILIDADE DOS SUCESSORES

Art. 28. São pessoalmente responsáveis:

I - o espólio, quanto ao tributo devido pelo de cujus, até a data da abertura da sucessão; e

II - o sucessor a qualquer título e o cônjuge meeiro, quanto ao tributo devido pelo de cujus, até a data da partilha ou adjudicação, limitada esta responsabilidade ao montante do quinhão, do legado ou da meação.

CAPÍTULO IX
DO PAGAMENTO

SEÇÃO I
DO PRAZO DE PAGAMENTO

Art. 29. O pagamento do ITCD deve ser efetuado mediante utilização dos documentos de arrecadação previstos na legislação.

Art. 30. O ITCD deve ser pago:

I - no caso de transmissão causa mortis, antes da sentença homologatória da partilha;

II - no caso de extinção de usufruto por morte do usufrutuário, no prazo de até 30 (trinta) dias, contados do falecimento, salvo se já pago o imposto quando da transmissão da nua-propriedade;

III - no caso de transmissão decorrente de sentença judicial, no prazo de até 30 (trinta) dias, contados de seu trânsito em julgado; e

IV - no caso de doação:

a) na data da lavratura do respectivo instrumento, se lavrado no Estado de Alagoas;

b) no prazo de até 10 (dez) dias, contados da lavratura do respectivo instrumento, se lavrado fora do Estado de Alagoas; e

c) no prazo de até 10 (dez) dias, contados da tradição, em se tratando de bens móveis, títulos e créditos não sujeitos a transcrição.

§ 1º O ITCD deve ser pago antes da lavratura da escritura pública e antes do registro de qualquer instrumento, inclusive:

I - na hipótese de transmissão causa mortis que se processe através de escritura pública, como previsto no art. 982 do Código de Processo Civil, com a redação dada pela Lei nº 11.441, de 4 de janeiro de 2007; e

II - na dissolução da sociedade conjugal, como previsto no art. 1.124-A do Código de Processo Civil, com a redação dada pela Lei nº 11.441, de 4 de janeiro de 2007.

§ 2º Será concedido desconto de 5% (cinco por cento) sobre o valor do imposto devido, desde que o pagamento ocorra no prazo de até 90 (noventa) dias a contar da data da abertura da sucessão.

SEÇÃO II
DO PAGAMENTO PARCELADO

Art. 31. O débito de ITCD constituído ou não, inscrito ou não na Dívida Ativa, ajuizado ou não a sua cobrança, pode ser parcelado em até 12 (doze) parcelas equivalentes, mensais e sucessivas. (Redação dada pelo Decreto nº 53.609, de 1º06.2017)

§ 1º Para fins do parcelamento, cada parcela não poderá ser inferior a 10 (dez) UPFAL. (Redação dada pelo Decreto nº 53.609, de 1º06.2017)

I - o valor do ITCD deve ser convertido em Unidade Padrão Fiscal do Estado de Alagoas - UPFAL, vigente no mês em que ocorrer o fato gerador; e

II - cada parcela deve corresponder ao número de UPFAL multiplicado pelo valor vigente na data do pagamento.

§ 2º O parcelamento somente alcançará débitos com exigibilidade suspensa por força dos incisos III a V do art. 151 da Lei nº 5.172, de 25 de outubro de 1966 - Código Tributário Nacional (CTN), no caso de o sujeito passivo desistir expressamente e de forma irrevogável da impugnação ou do recurso interposto, ou da ação judicial proposta, e cumulativamente renunciar a quaisquer alegações de direito sobre as quais se fundam os referidos processos administrativos e ações judiciais.

§ 3º A inclusão, no parcelamento, dos débitos para os quais se encontrem presentes as hipóteses dos incisos IV ou V do art. 151 do CTN, fica condicionada à comprovação de que o sujeito passivo protocolou requerimento de extinção do processo com julgamento do mérito, nos termos do inciso V do art. 269 da Lei nº 5.869, de 11 de janeiro de 1973 - Código de Processo Civil (CPC).

§ 4º A opção pelo parcelamento importa confissão de dívida irrevogável e irretratável, configura confissão extrajudicial nos termos dos arts. 348, 353 e 354 do CPC e sujeita o sujeito passivo à aceitação plena e irretratável de todas as condições estabelecidas.

§ 5º Na hipótese deste artigo, o contribuinte deverá apresentar o comprovante de quitação do imposto ao cartório perante o qual deva ser lavrado o instrumento relacionado com a transmissão ou efetuado o registro.

§ 6º O procedimento para o parcelamento do ITCD deve obedecer às disposições relativas ao parcelamento do ICMS, no que couber.

CAPÍTULO X
DOS ACRÉSCIMOS E PENALIDADES

Art. 32. A falta de recolhimento do imposto, no todo ou em parte, ou o seu atraso, acarretará:

I - a exigência de juros moratórios até o recolhimento; e

II - a aplicação de penalidade pecuniária.

Art. 33. O débito de ITCD não recolhido até a data do respectivo vencimento, inclusive aquele objeto de parcelamento, será acrescido, na via administrativa ou judicial, de juros de mora incidentes sobre o valor atualizado do débito, obedecido o seguinte:

I - à razão de 1% (um por cento) relativamente ao mês de vencimento e 1% (um por cento) relativamente ao mês de pagamento;

II equivalente à taxa referencial do Sistema Especial de Liquidação e de Custódia - SELIC, para títulos federais, em se tratando dos meses intermediários.

Parágrafo único. Os acréscimos moratórios de que trata este artigo, sem prejuízo das penalidades cabíveis em cada caso, aplicam-se tanto aos créditos tributários recolhidos espontaneamente quanto aos constituídos mediante lançamento de ofício.

Art. 34. A infração à legislação do ITCD é punida com multa de:

I - 300% (trezentos por cento) do valor do imposto devido, mesmo que recolhido o imposto nos prazos legais:

a) aos que deixarem de mencionar os frutos pendentes e outros bens ou direitos transmitidos juntamente com a propriedade; e

b) aos que sonegarem bens em inventário ou arrolamentos.

II - 0,33% (trinta e três centésimos por cento) por dia de atraso, limitado a 20% (vinte por cento) do imposto devido, quem o recolher espontaneamente após os prazos estabelecidos na legislação.

III - 100% (cem por cento) do valor do imposto devido, no caso de ação fiscal, observadas as seguintes reduções: (Redação acrescentada pelo Decreto nº 53.609, de 1º06.2017)

a) em 70% (setenta por cento), se o crédito tributário for pago de uma só vez no prazo de 30 (trinta) dias a contar da data da ciência da exigência; (Redação acrescentada pelo Decreto nº 53.609, de 1º06.2017)

b) em 42% (quarenta e dois por cento), se o crédito tributário for pago de uma só vez, quando decorridos mais de 30 (trinta) dias da data da ciência da exigência e antes da: (Redação acrescentada pelo Decreto nº 53.609, de 1º06.2017)

1. decisão de primeira instância administrativa; ou (Redação acrescentada pelo Decreto nº 53.609, de 1º06.2017)

2. inscrição em dívida ativa, no caso de não impugnação da exigência. (Redação acrescentada pelo Decreto nº 53.609, de 1º06.2017)

c) em 28% (vinte e oito por cento), se o crédito tributário for pago de uma só vez no prazo de 30 (trinta) dias a contar da ciência da decisão de primeira instância administrativa; e (Redação acrescentada pelo Decreto nº 53.609, de 1º06.2017)

d) em 10% (dez por cento), se o crédito tributário for pago de uma só vez no prazo de 30 (trinta) dias a contar da ciência da decisão do Conselho Tributário Estadual. (Redação acrescentada pelo Decreto nº 53.609, de 1º06.2017)

§ 1º Quando o processo de inventário e de partilha for requerido depois de 02 (dois) meses, a contar da abertura da sucessão, o imposto será acrescido de multa de 20% (vinte por cento), mesmo se recolhido no prazo previsto. (Redação dada pelo Decreto nº 53.609, de 1º06.2017)

§ 2º A sonegação de bens em inventários ou arrolamentos só poderá ser arguida depois de encerrada a descrição dos bens com a declaração de não existirem outros a inventariar.

§ 3º A Fazenda Estadual, por seu representante, como credora da herança pelos tributos não pagos, requererá a ação de sonegados, de acordo com o art. 1.994 do Código Civil, se outros interessados não o fizerem.

§ 4º Não se aplica a multa do inciso I do caput deste artigo ao sujeito passivo que espontaneamente declarar os bens.

Art. 35. A falta ou inexatidão de declaração relativa a elementos que possam influir no cálculo do imposto, com evidente intuito de sonegação, sujeitará o contribuinte a multa de 3 (três) vezes o valor do imposto sonegado.

Parágrafo único. Igual penalidade será aplicada a qualquer pessoa, inclusive, serventuário ou servidor que intervenha no negócio jurídico ou na declaração e seja conivente ou auxiliar na inexatidão ou omissão praticada.

Art. 36. As penalidades constantes deste Capítulo serão aplicadas sem prejuízo do processo criminal ou administrativo cabível.

Parágrafo único. O serventuário ou servidor que não observar os dispositivos legais e regulamentares relativos ao imposto, concorrendo de qualquer modo para o seu não pagamento, ficará sujeito as mesmas penalidades estabelecidas para os contribuintes, devendo ser notificado para o recolhimento da multa pecuniária.

CAPÍTULO XI
DA ADMINISTRAÇÃO TRIBUTÁRIA

Art. 37. Aplica-se, no que couber, ao procedimento decorrente do lançamento, a disciplina processual estabelecida na legislação do Imposto sobre Operações Relativas à Circulação de Mercadorias e Sobre Prestação de Serviços de Transporte Interestadual e Intermunicipal e de Comunicação – ICMS.

Art. 38. O oficial do Registro Civil remeterá, mensalmente, à repartição fazendária competente da sede da comarca, relação completa, em forma de mapa, de todos os óbitos registrados no cartório, com a declaração da existência ou não de bens a inventariar.

Parágrafo único. A Secretaria de Estado da Fazenda poderá estabelecer forma diversa para cumprimento da obrigação prevista no caput.

Art. 39. Compete à Secretaria de Estado da Fazenda, por meio de seus Fiscais de Tributos Estaduais, a fiscalização, arrecadação, análise dos processos de inventários e arrolamentos e avaliação dos bens, para a consecução da cobrança do ITCD.

Parágrafo único. Compete à Procuradoria Geral do Estado intervir e ser ouvida nos inventários, arrolamentos e outros feitos judiciais processados neste Estado, no interesse da arrecadação do imposto de que trata este Regulamento.

Art. 40. Os notários, registradores, escrivães e os demais servidores do Poder Judiciário são obrigados a facultar aos encarregados da fiscalização, em cartório, o exame de livros, autos e papéis que interessem à arrecadação e fiscalização do ITCD.

Parágrafo único. Poderá a Secretaria de Estado da Fazenda estabelecer forma diversa para cumprimento da obrigação prevista no caput.

Art. 41. O registro de formal de partilha, de carta de adjudicação judicial expedida em autos de inventário ou de arrolamento, de sentença em ação de separação judicial, divórcio ou de partilha de bens na união estável, bem como a escritura pública de doação de bem imóvel ou o inventário e a partilha por escritura pública, será precedido da comprovação do pagamento integral do ITCD, mediante Certidão de Regularidade do ITCD, conforme modelo a ser expedido pela Secretaria de Estado da Fazenda.

Art. 42. Os servidores do Poder Judiciário são obrigados a remeter à Secretaria de Estado da Fazenda, para exame e lançamento, os processos de testamento, inventário, arrolamento, instituição ou extinção de cláusulas, precatórias, rogatórias e quaisquer outros feitos judiciais que envolvam transmissão tributável causa mortis.

Art. 43. A Junta Comercial do Estado de Alagoas (JUCEAL) deverá comunicar, imediatamente, à repartição fazendária competente a entrada de qualquer instrumento de alteração contratual.

Art. 44. Nenhuma carta rogatória ou precatória, oriunda de outra Unidade da Federação, para avaliação de bens, títulos e créditos, alcançados pela incidência do ITCD, será devolvida ao juízo deprecante ou rogante sem o pronunciamento da Fazenda Pública Estadual e sem o pagamento do ITCD respectivo, sob pena de responsabilidade do serventuário ou servidor pelo ITCD devido e acréscimos legais.

CAPÍTULO XII
DAS DISPOSIÇÕES FINAIS

Art. 45. A Secretaria de Estado da Fazenda poderá celebrar protocolo com a Corregedoria-Geral do Tribunal de Justiça do Estado de Alagoas, com vistas à fiscalização conjunta das serventias do foro judicial e dos serviços notariais e de registro, oficializados ou não pelo Poder Público, relativamente ao pagamento do ITCD.

Art. 46. Nenhuma sociedade anônima, com sede neste Estado, averbará transferência de ações sem a prova do pagamento do imposto, se devido.

Art. 47. No inventário ou arrolamento por morte de sócio de sociedade de fins lucrativos, a pessoa jurídica fica obrigada a por à disposição da Secretaria de Estado da Fazenda os haveres apurados do sócio ou acionista falecido.

Art. 48. Além das obrigações específicas previstas neste Regulamento, poderá a Secretaria de Estado da Fazenda, no interesse da fiscalização e da arrecadação do imposto, estabelecer outras acessórias de natureza geral ou particular.

LEI MUNICIPAL Nº 6.685, DE 18 DE AGOSTO DE 2017

INSTITUI O CÓDIGO TRIBUTÁRIO DO MUNICÍPIO DE MACEIÓ E DÁ OUTRAS PROVIDÊNCIAS[1]

ÍNDICE

16. Foram suprimidos os anexos I a XV.

O PREFEITO DA CIDADE DE MACEIÓ faz saber que a Câmara Municipal de Maceió decreta e eu sanciono a seguinte Lei:

TÍTULO I
DO SISTEMA TRIBUTÁRIO DO MUNICÍPIO
DISPOSIÇÃO PRELIMINAR

Art. 1º . Esta lei estabelece as normas tributárias do Município de Maceió, com fundamento na Constituição Federal, na Constituição do Estado de Alagoas, na Lei Orgânica do Município de Maceió e na Legislação Tributária Nacional.

CAPÍTULO I
DOS TRIBUTOS

Art. 2º . As definições e conceitos dos tributos instituídos neste Código observam os constantes na Legislação Tributária Nacional, notadamente na Lei nº. 5.172, de 25 de outubro de 1966. (Código Tributário Nacional)

Art. 3º . Os tributos componentes do Código Tributário Municipal são:

I - Impostos:

a) sobre Serviços de Qualquer Natureza;

b) sobre Propriedade Predial e Territorial Urbana;

c) de Transmissão Inter Vivos, a qualquer título, por ato oneroso, de bens imóveis, por natureza ou acessão física, e de direitos reais sobre imóveis, exceto os de garantia, bem como cessão de direitos a sua aquisição.

II - Taxas:

a) pelo exercício regular do Poder de Polícia;

1. Taxa de Licença para Instalação; (Redação dada pela Lei nº 6.829, de 27 de dezembro de 2018)

2. Taxa de Licença para Funcionamento; (Redação dada pela Lei nº 6.829, de 27 de dezembro de 2018)

3. Taxa de Licença para Publicidade;

4. Taxa de Licença para Construção de Obras Particulares, Arruamentos, Loteamentos e "Habite-se";

5. Taxa de Licença para Ocupação do Solo nas Vias e Logradouros Público;

6. Taxa de Licença para o Comércio Eventual ou Ambulante;

7. Taxa de Vigilância Sanitária;

8. Taxas Ambientais.

b) pela utilização efetiva ou potencial de serviços públicos prestados ao contribuinte ou postos à sua disposição:

1. Taxa de Coleta, Transporte e/ou Destinação de Resíduos Sólidos Domiciliares Urbanos;

2. Taxa de Serviços de Cemitério;

3. Taxa Referentes à Apreensão de Mercadorias e Equipamentos

III - Contribuições municipais:

a) de Melhoria, decorrente de obras públicas;

b) para o custeio de Iluminação Pública.

Art. 4º . A Legislação Tributária Municipal compreende as leis, os decretos e as normas complementares que versem, no todo ou em parte, sobre tributos da competência municipal.

Parágrafo único. São normas complementares das leis e dos decretos:

I - as portarias, instruções, avisos, ordens de serviço e outros atos normativos expedidos pelas autoridades administrativas;

II - as decisões dos órgãos componentes das instâncias administrativas julgadoras;

III - os convênios que o Município celebre com as entidades da administração direta ou indireta da União, dos Estados ou dos Municípios.

CAPÍTULO II
DAS LIMITAÇÕES DA COMPETÊNCIA TRIBUTÁRIA

Art. 5º . Ao Município é vedado:

I - exigir ou aumentar tributo sem lei que o estabeleça;

II – instituir tratamento desigual entre contribuintes que se encontrem em situações equivalentes;

III – exigir tributos:

a) em relação a fatos geradores ocorridos antes do início da vigência da lei que os houver instituído ou aumentado;

b) no mesmo exercício financeiro em que haja sido publicada a lei que os instituiu ou aumentou;

IV – utilizar tributos com efeito de confisco.

V – estabelecer limitações ao tráfego de pessoas ou bens, por meio de tributos municipais, ressalvada a cobrança de pedágio pela utilização e vias conservadas pelo Poder Público Municipal.

Art. 6º . Por força de disposições constitucionais, são imunes aos impostos municipais:

I – o patrimônio, a renda ou os serviços da União, dos Estados, do Distrito Federal e dos Municípios;

II – os templos de qualquer culto;

III – o patrimônio, a renda ou os serviços dos partidos políticos, inclusive suas fundações, das entidades sindicais dos trabalhadores, das instituições de educação e de assistência social, sem fins lucrativos, atendidos os requisitos do **art. 7º** .

IV – O livro, o jornal e os periódicos, assim como o papel destinado à sua impressão.

§ 1º O disposto no inciso I deste artigo é extensivo às autarquias no que se refere ao patrimônio, à renda e aos serviços vinculados às suas finalidades essenciais ou dela decorrentes, mas não se estende:

a) aos serviços relacionados com a exploração de atividades econômicas;

b) às situações em que haja contraprestação ou pagamento de preços ou tarifas pelo usuário;

c) aos serviços públicos concedidos;

d) ao promitente-comprador relativamente à obrigação de pagar imposto que incida sobre o imóvel objeto de promessa de compra e venda.

§ 2º A imunidade de que trata os incisos II e III do caput deste artigo compreende somente o patrimônio e a renda dos serviços relacionados com as finalidades essenciais das entidades referidas nos citados incisos.

§ 3º O disposto no presente artigo não exclui a atribuição às entidades nele referidas, da condição de responsáveis pelos tributos e não as dispensam da prática de atos assecuratórios do cumprimento de obrigações tributárias por terceiros.

§ 4º A imunidade de bens imóveis dos templos compreende:

a) a igreja, a sinagoga ou o edifício principal onde se celebra a cerimônia pública;

b) o convento, a escola paroquial, a escola dominical, os anexos, por força de compreensão, inclusive a casa ou residência especial do pároco ou pastor, pertencente à comunidade religiosa.

§ 5º Cessa o privilégio da imunidade para pessoas de direito privado ou público, quanto aos imóveis prometidos à venda, desde o momento em que se constituir o ato.

§ 6º Nos casos de transferência de domínio ou posse de imóvel, pertencente às entidades referidas no parágrafo anterior, a imposição recairá sobre o promitente-comprador, enfiteuta, fiduciário, usuário, usufrutuário, comodatário, concessionário ou possuidor a qualquer título.

§ 7º A imunidade não abrangerá as Taxas e Contribuições, devidas a qualquer título.

§ 8º O reconhecimento da imunidade tributária, ato meramente declaratório, de que trata os incisos II, III e IV do caput deste artigo deverá ser requerida a Secretaria Municipal de Economia, que a receberá e processará nos termos do definido em Portaria.

Art. 7º Para efeito do disposto no art. 150, VI, "c", da Constituição Federal e no art. 6º, III, desta Lei, considera-se imune a instituição de educação e de assistência social sem fins lucrativos que preste os serviços para os quais houver sido instituída e os coloque à disposição da população em geral, em caráter complementar às atividades do Estado e que atendam aos seguintes requisitos:

a) não distribuir qualquer parcela do seu patrimônio ou de suas rendas, a título de lucro ou participação no seu resultado;

b) aplicar integralmente, no país, seus recursos na manutenção e desenvolvimento dos seus objetivos sociais;

c) manter escrituração completa de suas receitas e despesas em livros revestidos das formalidades que assegurem a respectiva exatidão;

d) conservar em boa ordem, pelo prazo de cinco anos, contados da data da emissão, os documentos que comprovem a origem de suas receitas e a efetivação das despesas, bem assim a realização de quaisquer outros atos ou operações que venham a modificar a sua situação patrimonial;

e) Revogado; (Redação dada pela Lei nº 6.829, de 27 de dezembro de 2018)

f) recolher os tributos retidos sobre serviços prestados por terceiros, na forma da lei;

g) Revogado. (Redação dada pela Lei nº 6.829, de 27 de dezembro de 2018)

§ 1º Na falta de cumprimento do disposto neste artigo ou no § 2° do art. 6º, o benefício poderá ser suspenso nos termos da Portaria prevista no § 8º do art. 6º. (Redação dada pela Lei nº 6.829, de 27 de dezembro de 2018)

§ 2º Os serviços a que se refere o inciso III do art. 6º são exclusivamente os diretamente relacionados com os objetivos institucionais das entidades nele referidas, previstos nos respectivos estatutos ou atos constitutivos.

§ 3º Considera-se entidade sem fins lucrativos a que não apresente superávit em suas contas ou, caso o apresente em determinado exercício, destine o referido resultado, integralmente à manutenção e ao desenvolvimento dos seus objetivos sociais.

TÍTULO II
DOS IMPOSTOS

CAPÍTULO I
DO IMPOSTO SOBRE SERVIÇOS DE QUALQUER NATUREZA - ISS

SEÇÃO I
DA INCIDÊNCIA E FATO GERADOR

Art. 8º O Imposto Sobre Serviços de Qualquer Natureza tem como fato gerador a prestação de serviços constantes da seguinte lista:

1 - Serviços de informática e congêneres.

1.01 - Análise e desenvolvimento de sistemas.

1.02 - Programação.

1.03 - Processamento, armazenamento ou hospedagem de dados, textos, imagens, vídeos, páginas eletrônicas, aplicativos e sistemas de informação, entre outros formatos, e congêneres.

1.04 - Elaboração de programas de computadores, inclusive de jogos eletrônicos, independentemente da arquitetura construtiva da máquina em que o programa será executado, incluindo tablets, smartphones e congêneres.

1.05 - Licenciamento ou cessão de direito de uso de programas de computação.

1.06 - Assessoria e consultoria em informática.

1.07 - Suporte técnico em informática, inclusive instalação, configuração e manutenção de programas de computação e bancos de dados.

1.08 - Planejamento, confecção, manutenção e atualização de páginas eletrônicas.

1.09 -Disponibilização, sem cessão definitiva, de conteúdo de aúdio, vídeo, imagem e texto por meio da internet, respeitada a imunidade de livros, jornais e periódicos (exceto a distribuição de conteúdos pelas prestadores de Serviço de Acesso Condicionado, de que trata a Lei nº 12.485. de 12 de setembro de 2011, sujeita ao ICMS).

2 - Serviços de pesquisas e desenvolvimento de qualquer natureza.

2.01 - Serviços de pesquisas e desenvolvimento de qualquer natureza.

3 - Serviços prestados mediante locação, cessão de direito de uso e congêneres.

3.01 - (VETADO - Lei complementar nº 116, de 31 de julho de 2003)

3.02 Cessão de direito de uso de marcas e de sinais de propaganda.

3.03 - Exploração de salões de festas, centro de convenções, escritórios virtuais, stands, quadras esportivas, estádios, ginásios, auditórios, casas de espetáculos, parques de diversões, canchas e congêneres, para realização de eventos ou negócios de qualquer natureza.

3.04 - Locação, sublocação, arrendamento, direito de passagem ou permissão de uso, compartilhado ou não, de ferrovia, rodovia, postes, cabos, dutos e condutos de qualquer natureza.

3.05 - Cessão de andaimes, palcos, coberturas e outras estruturas de uso temporário.

4 - Serviços de saúde, assistência médica e congêneres.

4.01 - Medicina e biomedicina.

4.02 - Análises clínicas, patologia, eletricidade médica, radioterapia, quimioterapia, ultrassonografia, ressonância magnética, radiologia, tomografia e congêneres.

4.03 - Hospitais, clínicas, laboratórios, sanatórios, manicômios, casas de saúde, prontos- socorros, ambulatórios e congêneres.

4.04 - Instrumentação cirúrgica.

4.05 - Acupuntura.

4.06 - Enfermagem, inclusive serviços auxiliares.

4.07 - Serviços farmacêuticos.

4.08 - Terapia ocupacional, fisioterapia e fonoaudiologia.

4.09 - Terapias de qualquer espécie destinadas ao tratamento físico, orgânico e mental.

4.10 - Nutrição.

4.11 - Obstetrícia.

4.12 - Odontologia.

4.13 - Ortóptica.

4.14 - Próteses sob encomenda.

4.15 - Psicanálise.

4.16 - Psicologia.

4.17 - Casas de repouso e de recuperação, creches, asilos e congêneres.

4.18 - Inseminação artificial, fertilização in vitro e congêneres.

4.19 - Bancos de sangue, leite, pele, olhos, óvulos, sêmen e congêneres.

4.20 - Coleta de sangue, leite, tecidos, sêmen, órgãos e materiais biológicos de qualquer espécie.

4.21 - Unidade de atendimento, assistência ou tratamento móvel e congêneres.

4.22 - Planos de medicina de grupo ou individual e convênios para prestação de assistência médica, hospitalar, odontológica e congêneres.

4.23 - Outros planos de saúde que se cumpram através de serviços de terceiros contratados, credenciados, cooperados ou apenas pagos pelo operador do plano mediante indicação do beneficiário.

5 - Serviços de medicina e assistência veterinária e congêneres.

5.01 - Medicina veterinária e zootecnia.

5.02 - Hospitais, clínicas, ambulatórios, prontos-socorros e congêneres, na área veterinária.

5.03 - Laboratórios de análise na área veterinária.

5.04 - Inseminação artificial, fertilização in vitro e congêneres.

5.05 - Bancos de sangue e de órgãos e congêneres.

5.06 - Coleta de sangue, leite, tecidos, sêmen, órgãos e materiais biológicos de qualquer espécie.

5.07 - Unidade de atendimento, assistência ou tratamento móvel e congêneres.

5.08 - Guarda, tratamento, amestramento, embelezamento, alojamento e congêneres.

5.09 - Planos de atendimento e assistência médico-veterinária.

6 - Serviços de cuidados pessoais, estética, atividades físicas e congêneres.

6.01 - Barbearia, cabeleireiros, manicuros, pedicuros e congêneres.

6.02 - Esteticistas, tratamento de pele, depilação e congêneres.

6.03 - Banhos, duchas, sauna, massagens e congêneres.

6.04 - Ginástica, dança, esportes, natação, artes marciais e demais atividades físicas.

6.05 - Centros de emagrecimento, SPA e congêneres.

6.06 - Aplicação de tatuagens, piercings e congêneres.

7 - Serviços relativos a engenharia, arquitetura, geologia, urbanismo, construção civil, manutenção, limpeza, meio ambiente, saneamento e congêneres.

7.01 - Engenharia, agronomia, agrimensura, arquitetura, geologia, urbanismo, paisagismo e congêneres.

7.02 - Execução, por administração, empreitada ou subempreitada, de obras de construção civil, hidráulica ou elétrica e de outras obras semelhantes, inclusive sondagem, perfuração de poços, escavação, drenagem e irrigação, terraplanagem, pavimentação, concretagem e a instalação e montagem de produtos, peças e equipamentos (exceto o fornecimento de mercadorias produzidas pelo prestador de serviços fora do local da prestação dos serviços, que fica sujeito ao ICMS).

7.03 – Elaboração de planos diretores, estudos de viabilidade, estudos organizacionais e outros, relacionados com obras e serviços de engenharia; elaboração de anteprojetos, projetos básicos e projetos executivos para trabalhos de engenharia.

7.04 – Demolição.

7.05 – Reparação, conservação e reforma de edifícios, estradas, pontes, portos e congêneres (exceto o fornecimento de mercadorias produzidas pelo prestador dos serviços, fora do local da prestação dos serviços, que fica sujeito ao ICMS).

7.06 – Colocação e instalação de tapetes, carpetes, assoalhos, cortinas, revestimentos de parede, vidros, divisórias, placas de gesso e congêneres, com material fornecido pelo tomador do serviço.

7.07 – Recuperação, raspagem, polimento e lustração de pisos e congêneres.

7.08 – Calafetação.

7.09 – Varrição, coleta, remoção, incineração, tratamento, reciclagem, separação e destinação final de lixo, rejeitos e outros resíduos quaisquer.

7.10 – Limpeza, manutenção e conservação de vias e logradouros públicos, imóveis, chaminés, piscinas, parques, jardins e congêneres.

7.11 – Decoração e jardinagem, inclusive corte e poda de árvores.

7.12 – Controle e tratamento de efluentes de qualquer natureza e de agentes físicos, químicos e biológicos.

7.13 – Dedetização, desinfecção, desinsetização, imunização, higienização, desratização, pulverização e congêneres.

7.14 – (VETADO – Lei complementar nº 116, de 31 de julho de 2003)

7.15 – (VETADO – Lei complementar nº 116, de 31 de julho de 2003)

7.16 – Florestamento, reflorestamento, semeadura, adubação, reparação de solo, plantio, silagem, colheita, corte e descascamento de arvores, silvicultura, exploração florestal e dos serviços congêneres indissociáveis da formação, manutenção e colheita de florestas, para quaisquer fins ou meios.

7.17 – Escoramento, contenção de encostas e serviços congêneres.

7.18 – Limpeza e dragagem de rios, portos, canais, baías, lagos, lagoas, represas, açudes e congêneres.

7.19 – Acompanhamento e fiscalização da execução de obras de engenharia, arquitetura e urbanismo.

7.20 – Aerofotogrametria (inclusive interpretação), cartografia, mapeamento, levantamentos topográficos, batimétricos, geográficos, geodésicos, geológicos, geofísicos e congêneres.

7.21 – Pesquisa, perfuração, cimentação, mergulho, perfilagem, concretação, testemunhagem, pescaria, estimulação e outros serviços relacionados com a exploração e exploração de petróleo, gás natural e de outros recursos minerais.

7.22 – Nucleação e bombardeamento de nuvens e congêneres.

8 – Serviços de educação, ensino, orientação pedagógica e educacional, instrução, treinamento e avaliação pessoal de qualquer grau ou natureza.

8.01 – Ensino regular pré-escolar, fundamental, médio e superior.

8.02 – Instrução, treinamento, orientação pedagógica e educacional, avaliação de conhecimentos de qualquer natureza.

9 – Serviços relativos a hospedagem, turismo, viagens e congêneres.

9.01 – Hospedagem de qualquer natureza em hotéis, apart-service condominiais, flat, apart- hotéis, hotéis residência, residence-service, suíte service, hotelaria marítima, motéis, pensões e congêneres; ocupação por temporada com fornecimento de serviço (o valor da alimentação e gorjeta, quando incluído no preço da diária, fica sujeito ao Imposto Sobre Serviços).

9.02 – Agenciamento, organização, promoção, intermediação e execução de programas de turismo, passeios, viagens, excursões, hospedagens e congêneres.

9.03 – Guias de turismo.

10 – Serviços de intermediação e congêneres.

10.01 – Agenciamento, corretagem ou intermediação de câmbio, de seguros, de cartões de crédito, de planos de saúde e de planos de previdência privada.

10.02 - Agenciamento, corretagem ou intermediação de títulos em geral, valores mobiliários e contratos quaisquer.

10.03 - Agenciamento, corretagem ou intermediação de direitos de propriedade industrial, artística ou literária.

10.04 - Agenciamento, corretagem ou intermediação de contratos de arrendamento mercantil (leasing), de franquia (franchising) e de faturização (factoring).

10.05 - Agenciamento, corretagem ou intermediação de bens móveis ou imóveis, não abrangidos em outros itens ou subitens, inclusive aqueles realizados no âmbito de Bolsas de Mercadorias e Futuros, por quaisquer meios.

10.06 - Agenciamento marítimo.

10.07 - Agenciamento de notícias.

10.08 - Agenciamento de publicidade e propaganda, inclusive o agenciamento de veiculação por quaisquer meios.

10.09 - Representação de qualquer natureza, inclusive comercial.

10.10 - Distribuição de bens de terceiros.

11 - Serviços de guarda, estacionamento, armazenamento, vigilância e congêneres.

11.01 - Guarda e estacionamento de veículos terrestres automotores, de aeronaves e de embarcações.

11.02 - Vigilância, segurança ou monitoramento de bens, pessoas e semoventes.

11.03 - Escolta, inclusive de veículos e cargas.

11.04 - Armazenamento, depósito, carga, descarga, arrumação e guarda de bens de qualquer espécie.

12 - Serviços de diversões, lazer, entretenimento e congêneres.

12.01 - Espetáculos teatrais.

12.02 - Exibições cinematográficas.

12.03 - Espetáculos circenses.

12.04 - Programas de auditório.

12.05 - Parques de diversões, centros de lazer e congêneres.

12.06 - Boates, taxi-dancing e congêneres.

12.07 - Shows, ballet, danças, desfiles, bailes, óperas, concertos, recitais, festivais e congêneres.

12.08 - Feiras, exposições, congressos e congêneres.

12.09 - Bilhares, boliches e diversões eletrônicas ou não.

12.10 - Corridas e competições de animais.

12.11 - Competições esportivas ou de destreza física ou intelectual, com ou sem a participação do espectador.

12.12 - Execução de música.

12.13 - Produção, mediante ou sem encomenda prévia, de eventos, espetáculos, entrevistas, shows, ballet, danças, desfiles, bailes, teatros, óperas, concertos, recitais, festivais e congêneres.

12.14 - Fornecimento de música para ambientes fechados ou não, mediante transmissão por qualquer processo.

12.15 - Desfiles de blocos carnavalescos ou folclóricos, trios elétricos e congêneres.

12.16 - Exibição de filmes, entrevistas, musicais, espetáculos, shows, concertos, desfiles, óperas, competições esportivas, de destreza intelectual ou congêneres.

12.17 - Recreação e animação, inclusive em festas e eventos de qualquer natureza.

13 - Serviços relativos a fonografia, fotografia, cinematografia e reprografia.

13.01 - (VETADO - Lei complementar nº 116, de 31 de julho de 2003)

13.02 - Fonografia ou gravação de sons, inclusive trucagem, dublagem, mixagem e congêneres.

13.03 - Fotografia e cinematografia, inclusive revelação, ampliação, cópia, reprodução, trucagem e congêneres.

13.04 - Reprografia, microfilmagem e digitalização.

13.05 - Composição gráfica, inclusive confecção de impressos gráficos, fotocomposição, clicheria, zincografia, litografia, fotolitografia, exceto de destinados a posterior operação de comercialização e industrialização, ainda que incorporados, de qualquer forma, a outra mercadoria que deva ser objeto de posterior circulação, tais como bulas, rótulos, etiquetas, caixas, cartuchos embalagens e manuais técnicos e de instrução, quando ficarão sujeitos ao ICMS.

14 - Serviços relativos a bens de terceiros.

14.01 - Lubrificação, limpeza, lustração, revisão, carga e recarga, conserto, restauração, blindagem, manutenção e conservação de máquinas, veículos, aparelhos, equipamentos, motores, elevadores ou de qualquer objeto (exceto peças e partes empregadas, que ficam sujeitas ao ICMS).

14.02 - Assistência técnica.

14.03 - Recondicionamento de motores (exceto peças e partes empregadas, que ficam sujeitas ao ICMS).

14.04 - Recauchutagem ou regeneração de pneus.

14.05 - Restauração, recondicionamento, acondicionamento, pintura, beneficiamento, lavagem, secagem, tingimento, galvanoplastia, anodização, corte, recorte, polimento, plastificação, costura, acabamento, polimento e congêneres de objetos quaisquer.

14.06 - Instalação e montagem de aparelhos, máquinas e equipamentos, inclusive montagem industrial, prestados ao usuário final, exclusivamente com material por ele fornecido.

14.07 - Colocação de molduras e congêneres.

14.08 - Encadernação, gravação e douração de livros, revistas e congêneres.

14.09 - Alfaiataria e costura, quando o material for fornecido pelo usuário final, exceto aviamento.

14.10 - Tinturaria e lavanderia.

14.11 - Tapeçaria e reforma de estofamentos em geral.

14.12 - Funilaria e lanternagem.

14.13 - Carpintaria e serralheria.

14.14 - Guincho intramunicipal, guindaste e içamento.

15 - Serviços relacionados ao setor bancário ou financeiro, inclusive aqueles prestados por instituições financeiras autorizadas a funcionar pela União ou por quem de direito.

15.01 - Administração de fundos quaisquer, de consórcio, de cartão de crédito ou débito e congêneres, de carteira de clientes, de cheques pré-datados e congêneres.

15.02 - Abertura de contas em geral, inclusive conta corrente, conta de investimentos e aplicação e caderneta de poupança, no País e no exterior, bem como a manutenção das referidas contas ativas e inativas.

15.03 - Locação e manutenção de cofres particulares, de terminais eletrônicos, de terminais de atendimento e de bens e equipamentos em geral.

15.04 - Fornecimento ou emissão de atestados em geral, inclusive atestado de idoneidade, atestado de capacidade financeira e congêneres.

15.05 - Cadastro, elaboração de ficha cadastral, renovação cadastral e congêneres, inclusão ou exclusão no Cadastro de Emitentes de Cheques sem Fundos - CCF ou em quaisquer outros bancos cadastrais.

15.06 - Emissão, reemissão e fornecimento de avisos, comprovantes e documentos em geral; abono de firmas; coleta e entrega de documentos, bens e valores; comunicação com outra agência ou com a administração central; licenciamento eletrônico de veículos; transferência de veículos; agenciamento fiduciário ou depositário; devolução de bens em custódia.

15.07 - Acesso, movimentação, atendimento e consulta a contas em geral, por qualquer meio ou processo, inclusive por telefone, fac-símile, Internet e telex, acesso a terminais de atendimento, inclusive vinte e quatro horas; acesso a outro banco e a rede compartilhada; fornecimento de saldo, extrato e demais informações relativas a contas em geral, por qualquer meio ou processo.

15.08 - Emissão, reemissão, alteração, cessão, substituição, cancelamento e registro de contrato de crédito; estudo, análise e avaliação de operações de crédito; emissão, concessão, alteração ou contratação de aval, fiança, anuência e congêneres; serviços relativos à abertura de crédito, para quaisquer fins.

15.09 - Arrendamento mercantil (leasing) de quaisquer bens, inclusive cessão de direitos e obrigações, substituição de garantia, alteração, cancelamento e registro de contrato, e demais serviços relacionados ao arrendamento mercantil (leasing).

15.10 - Serviços relacionados a cobranças, recebimentos ou pagamentos em geral, de títulos quaisquer, de contas ou carnês, de câmbio, de tributos e por conta de terceiros, inclusive os efetuados por meio eletrônico, automático ou por máquinas de atendimento; fornecimento de posição de cobrança, recebimento ou pagamento; emissão de carnês, fichas de compensação, impressos e documentos em geral.

15.11 - Devolução de títulos, protesto de títulos, sustação de protesto, manutenção de títulos, reapresentação de títulos, e demais serviços a eles relacionados.

15.12 - Custódia em geral, inclusive de títulos e valores mobiliários.

15.13 - Serviços relacionados a operações de câmbio em geral, edição, alteração, prorrogação, cancelamento e baixa de contrato de câmbio; emissão de registro de exportação ou de crédito; cobrança ou depósito no exterior; emissão, fornecimento e cancelamento de cheques de viagem; fornecimento, transferência, cancelamento e demais serviços relativos à carta de crédito de importação, exportação e garantias recebidas; envio e recebimento de mensagens em geral relacionadas a operações de câmbio.

15.14 - Fornecimento, emissão, reemissão, renovação e manutenção de cartão magnético, cartão de crédito, cartão de débito, cartão salário e congêneres.

15.15 - Compensação de cheques e títulos quaisquer; serviços relacionados a depósito, inclusive depósito identificado, a saque de contas quaisquer, por qualquer meio ou processo, inclusive em terminais eletrônicos e de atendimento.

15.16 - Emissão, reemissão, liquidação, alteração, cancelamento e baixa de ordens de pagamento, ordens de crédito e similares, por qualquer meio ou processo; serviços relacionados à transferência de valores, dados, fundos, pagamentos e similares, inclusive entre contas em geral.

15.17 - Emissão, fornecimento, devolução, sustação, cancelamento e oposição de cheques quaisquer, avulso ou por talão.

15.18 - Serviços relacionados a crédito imobiliário, avaliação e vistoria de imóvel ou obra, análise técnica e jurídica, emissão, reemissão, alteração, transferência e renegociação de contrato, emissão e reemissão do termo de quitação e demais serviços relacionados a crédito imobiliário.

16 - Serviços de transporte de natureza municipal.

16.01 - Serviços de transporte coletivo municipal rodoviário, metroviário, ferroviário e aquaviário de passageiros.

16.02 - Outros serviços de transporte de natureza municipal.

17 - Serviços de apoio técnico, administrativo, jurídico, contábil, comercial e congêneres.

17.01 - Assessoria ou consultoria de qualquer natureza, não contida em outros itens desta lista; análise, exame, pesquisa, coleta, compilação e fornecimento de dados e informações de qualquer natureza, inclusive cadastro e similares.

17.02 - Datilografia, digitação, estenografia, expediente, secretaria em geral, resposta audível, redação, edição, interpretação, revisão, tradução, apoio e infraestrutura administrativa e congêneres.

17.03 - Planejamento, coordenação, programação ou organização técnica, financeira ou administrativa.

17.04 - Recrutamento, agenciamento, seleção e colocação de mão-de-obra.

17.05 - Fornecimento de mão-de-obra, mesmo em caráter temporário, inclusive de empregados ou trabalhadores, avulsos ou temporários, contratados pelo prestador de serviço.

17.06 - Propaganda e publicidade, inclusive promoção de vendas, planejamento de campanhas ou sistemas de publicidade, elaboração de desenhos, textos e demais materiais publicitários.

17.07 - (VETADO - Lei complementar nº 116, de 31 de julho de 2003)

17.08 - Franquia (franchising).

17.09 - Perícias, laudos, exames técnicos e análises técnicas.

17.10 - Planejamento, organização e administração de feiras, exposições, congressos e congêneres.

17.11 - Organização de festas e recepções; bufê (exceto o fornecimento de alimentação e bebidas, que fica sujeito ao ICMS).

17.12 - Administração em geral, inclusive de bens e negócios de terceiros.

17.13 - Leilão e congêneres.

17.14 - Advocacia.

17.15 - Arbitragem de qualquer espécie, inclusive jurídica.

17.16 - Auditoria.

17.17 - Análise de Organização e Métodos.

17.18 - Atuária e cálculos técnicos de qualquer natureza.

17.19 - Contabilidade, inclusive serviços técnicos e auxiliares.

17.20 - Consultoria e assessoria econômica ou financeira.

17.21 - Estatística.

17.22 - Cobrança em geral.

17.23 - Assessoria, análise, avaliação, atendimento, consulta, cadastro, seleção, gerenciamento de informações, administração de contas a receber ou a pagar e em geral, relacionados a operações de faturização (factoring).

17.24 - Apresentação de palestras, conferências, seminários e congêneres.

17.25 - Inserção de textos, desenhos e outros materiais de propaganda e publicidade, em qualquer meio (exceto em livros, jornais, periódicos e nas modalidades de serviços e de sons e imagens de recepção livre e gratuita).

18 - Serviços de regulação de sinistros vinculados a contratos de seguros; inspeção e avaliação de riscos para cobertura de contratos de seguros; prevenção e gerência de riscos seguráveis e congêneres.

18.01 - Serviços de regulação de sinistros vinculados a contratos de seguros; inspeção e avaliação de riscos para cobertura de contratos de seguros; prevenção e gerência de riscos seguráveis e congêneres.

19 - Serviços de distribuição e venda de bilhetes e demais produtos de loteria, bingos, cartões, pules ou cupons de apostas, sorteios, prêmios, inclusive os decorrentes de títulos de capitalização e congêneres.

19.01 - Serviços de distribuição e venda de bilhetes e demais produtos de loteria, bingos, cartões, pules ou cupons de apostas, sorteios, prêmios, inclusive os decorrentes de títulos de capitalização e congêneres.

20 - Serviços portuários, aeroportuários, ferroportuários, de terminais rodoviários, ferroviários e metroviários.

20.01 - Serviços portuários, ferroportuários, utilização de porto, movimentação de passageiros, reboque de embarcações, rebocador escoteiro, atracação, desatracação, serviços de praticagem, capatazia, armazenagem de qualquer natureza, serviços acessórios, movimentação de mercadorias, serviços de apoio marítimo, de movimentação ao largo, serviços de armadores, estiva, conferência, logística e congêneres.

20.02 - Serviços aeroportuários, utilização de aeroporto, movimentação de passageiros, armazenagem de qualquer natureza, capatazia, movimentação de aeronaves, serviços de apoio aeroportuários, serviços acessórios, movimentação de mercadorias, logística e congêneres.

20.03 - Serviços de terminais rodoviários, ferroviários, metroviários, movimentação de passageiros, mercadorias, inclusive suas operações, logística e congêneres.

21 - Serviços de registros públicos, cartorários e notariais.

21.01 - Serviços de registros públicos, cartorários e notariais.

22 - Serviços de exploração de rodovia.

22.01 - Serviços de exploração de rodovia mediante cobrança de preço ou pedágio dos usuários, envolvendo execução de serviços de conservação, manutenção, melhoramentos para adequação de capacidade e segurança de trânsito, operação, monitoração, assistência aos usuários e outros serviços definidos em contratos, atos de concessão ou de permissão ou em normas oficiais.

23 - Serviços de programação e comunicação visual, desenho industrial e congêneres.

23.01 - Serviços de programação e comunicação visual, desenho industrial e congêneres.

24 - Serviços de chaveiros, confecção de carimbos, placas, sinalização visual, banners, adesivos e congêneres.

24.01 - Serviços de chaveiros, confecção de carimbos, placas, sinalização visual, banners, adesivos e congêneres.

25 - Serviços funerários.

25.01 - Funerais, inclusive fornecimento de caixão, urna ou esquifes; aluguel de capela; transporte do corpo cadavérico; fornecimento de flores, coroas e outros paramentos; desembaraço de certidão de óbito; fornecimento de véu, essa e outros adornos; embalsamento, embelezamento, conservação ou restauração de cadáveres.

25.02 - Translado intramunicipal e cremação de corpos e partes de corpos cadavéricos.

25.03 - Planos ou convênio funerários.

25.04 - Manutenção e conservação de jazigos e cemitérios.

25.05 - Cessão de uso de espaços em cemitérios para sepultamento.

26 - Serviços de coleta, remessa ou entrega de correspondências, documentos, objetos, bens ou valores, inclusive pelos correios e suas agências franqueadas; courriere congêneres.

26.01 - Serviços de coleta, remessa ou entrega de correspondências, documentos, objetos, bens ou valores, inclusive pelos correios e suas agências franqueadas; courriere congêneres.

27 - Serviços de assistência social.

27.01 - Serviços de assistência social.

28 - Serviços de avaliação de bens e serviços de qualquer natureza.

28.01 - Serviços de avaliação de bens e serviços de qualquer natureza.

29 - Serviços de biblioteconomia.

29.01 - Serviços de biblioteconomia.

30 - Serviços de biologia, biotecnologia e química.

30.01 - Serviços de biologia, biotecnologia e química.

31 - Serviços técnicos em edificações, eletrônica, eletrotécnica, mecânica, telecomunicações e congêneres.

31.01 - Serviços técnicos em edificações, eletrônica, eletrotécnica, mecânica, telecomunicações e congêneres.

32 - Serviços de desenhos técnicos.

32.01 - Serviços de desenhos técnicos.

33 - Serviços de desembaraço aduaneiro, comissários, despachantes e congêneres.

33.01 - Serviços de desembaraço aduaneiro, comissários, despachantes e congêneres.

34 - Serviços de investigações particulares, detetives e congêneres.

34.01 - Serviços de investigações particulares, detetives e congêneres.

35 - Serviços de reportagem, assessoria de imprensa, jornalismo e relações públicas.

35.01 - Serviços de reportagem, assessoria de imprensa, jornalismo e relações públicas.

36 - Serviços de meteorologia.

36.01 - Serviços de meteorologia.

37 - Serviços de artistas, atletas, modelos e manequins.

37.01 - Serviços de artistas, atletas, modelos e manequins.

38 - Serviços de museologia.

38.01 - Serviços de museologia.

39 - Serviços de ourivesaria e lapidação.

39.01 - Serviços de ourivesaria e lapidação (quando o material for fornecido pelo tomador do serviço).

40 - Serviços relativos a obras de arte sob encomenda.

40.01 - Obras de arte sob encomenda.

§ 1º O Imposto Sobre Serviços de Qualquer Natureza - ISS tem como fato gerador a prestação, por pessoa física ou jurídica, de serviços relacionados na Lista de Serviços, relacionados no caput deste artigo, ainda que esses serviços:

I - não se constituam como atividade preponderante do prestador; ou

II - envolvam fornecimento de mercadorias, salvo as exceções expressas na própria Lista.

§ 2º O imposto incide também sobre o serviço proveniente do exterior do País ou cuja prestação se tenha iniciado no exterior do País.

§ 3º Ressalvadas as exceções expressas na lista constante do caput deste artigo, os serviços nela mencionados não ficam sujeitos ao Imposto Sobre Operações Relativas à Circulação de Mercadorias e Prestações de Serviços de Transporte Interestadual e Intermunicipal e de Comunicação - ICMS, ainda que sua prestação envolva a utilização de equipamentos, instalações ou insumos, bem como o fornecimento de mercadorias.

§ 4º O imposto incide também sobre os serviços prestados mediante a utilização de bens e serviços públicos explorados economicamente mediante autorização, permissão ou concessão, com o pagamento de tarifa, preço ou pedágio pelo usuário final do serviço.

§ 5º A incidência do imposto independe:

I – da denominação dada ao serviço prestado;

II – da existência de estabelecimento fixo;

III – de o serviço ser prestado em caráter permanente ou eventual;

IV – do cumprimento de quaisquer exigências legais, regulamentares ou administrativas, relativas às atividades, sem prejuízo das cominações cabíveis;

V – do resultado financeiro obtido com a prestação de serviços;

VI – da destinação dos serviços, e

VII – do pagamento ou recebimento do preço dos serviços prestados ou de qualquer outra condição relativa à forma de sua remuneração.

§ 6º O fato gerador do imposto ocorre no momento da entrega do serviço prestado, sendo irrelevantes para caracterizá-lo:

I – a natureza jurídica da operação de prestação do serviço;

II – a validade jurídica do ato praticado, e

III – os efeitos dos fatos efetivamente ocorridos.

§ 7º Quando se tratar de profissional autônomo ou sociedade uniprofissional considera-se ocorrido o fato gerador:

I – a 1º de janeiro de cada exercício civil, para os contribuintes já inscritos;

II – na data do início da atividade, para os contribuintes que se inscreverem no curso do exercício civil.

§ 8º Incluem-se entre os sorteios referidos no item 19 do caput deste artigo, aqueles efetuados mediante inscrição automática por qualquer meio, desde que a captação de inscrições alcance participantes no Município.

§ 9º Considera-se serviço de locação a cessão pura ou o fornecimento, em caráter temporário, de veículo, máquina, equipamento ou qualquer bem, sem que, para tanto, haja a prestação de qualquer tipo de serviço vinculada ao bem locado.

§ 10. Não se considera serviço de locação o fornecimento de veículo, máquina, equipamento ou qualquer bem, em que conjuntamente seja fornecido motorista ou operador para fins de execução do serviço, ou serviço de monitoramento, ainda que remoto ou eletrônico, mediante o pagamento de quantia certa e previamente estipulada ao usuário, cujo serviço será executado sob a responsabilidade do prestador.

§ 11. Consideram-se obras hidráulicas e de construção civil:

I – construção ou reparação de prédios e outras edificações; (Redação dada pela Lei nº 6.829, de 27 de dezembro de 2018)

II – construção e reparação de estradas de ferro e rodagem, inclusive os trabalhos concernentes às estruturas inferior e superior de estradas e obras de arte;

III – construção ou reparação de pontes, viadutos, logradouros públicos e outras obras de urbanização;

IV – construção ou reparação de sistemas de abastecimento d'água e saneamento;

V – Revogado; (Redação dada pela Lei nº 6.829, de 27 de dezembro de 2018)

VI – execução de obras hidrelétricas; (Redação dada pela Lei nº 6.829, de 27 de dezembro de 2018)

VII – execução de obras de montagem, construção, manutenção e reparos de estruturas em geral.

§ 12. Os serviços de construção civil compreendem ainda:

I – serviços auxiliares de preparação de canteiros de obra. (Redação dada pela Lei nº 6.829, de 27 de dezembro de 2018)

a) Revogado; (Redação dada pela Lei nº 6.829, de 27 de dezembro de 2018)

b) Revogado; (Redação dada pela Lei nº 6.829, de 27 de dezembro de 2018)

c) Revogado. (Redação dada pela Lei nº 6.829, de 27 de dezembro de 2018)

II - Os serviços complementares: construção de portões, muros, além dos complementares propriamente ditos tais como: equipamentos, obras de embelezamento constantes do projeto. (Redação dada pela Lei nº 6.829, de 27 de dezembro de 2018)

§ 13. Para fins de determinação de incidência do ISS deverá ser levada em conta a essência do objeto da prestação de serviço.

§ 14. Para efeito de enquadramento na lista de serviços disposta no caput deste artigo, quando diversos serviços concorrerem para a execução de um principal, o objeto da contratação, todos serão considerados como integrantes deste.

§ 15. O fracionamento das atividades com o consequente enquadramento em itens diversos da lista de serviços, disposta no caput deste artigo, só será admitido se o objeto da prestação consistir em serviços distintos, autônomos e que não se caracterizem como atividades-meio para a satisfação do objeto da prestação de serviço.

§ 16. Em hipótese alguma será admitido o fracionamento da atividade-fim prestada pelo sujeito passivo em atividades-meio, interdependentes entre si, com o objetivo de desenquadrar tais atividades do campo de incidência do ISS e assim eximir-se da tributação.

§ 17. Nas situações previstas nos §§ 15 e 16 deste artigo, a autoridade fiscal poderá desconsiderar os atos praticados pelo sujeito passivo com a finalidade de dissimular a ocorrência do fato gerador do tributo ou a natureza dos elementos constitutivos da obrigação tributária, na conformidade do disposto nos arts. 286 e 287 desta Lei e no art. 116, parágrafo único do Código Tributário Nacional.

SEÇÃO II
DA NÃO INCIDÊNCIA

Art. 9º O imposto não incide sobre:

I - as exportações de serviços para o exterior do País, quando os resultados do serviço se verificam em território estrangeiro e houver ingresso de divisas no Pais;

II - a prestação de serviços em relação de emprego, dos trabalhadores avulsos, dos diretores e membros de conselho consultivo ou de conselho fiscal de sociedades e fundações, bem como dos sócios-gerentes e dos gerentes-delegados;

III - o valor intermediado no mercado de títulos e valores mobiliários, o valor dos depósitos bancários, o principal, juros e acréscimos moratórios relativos a operações de crédito realizadas por instituições financeiras.

§ 1º Para fins do disposto no inciso I, o local onde os resultados do serviço são verificados independe do local onde o serviço é realizado.

§ 2º A não-incidência do imposto não desobriga o contribuinte do cumprimento das obrigações acessórias previstas nesta Lei.

SEÇÃO III
DOS CONTRIBUINTES E DOS RESPONSÁVEIS

Art. 10. O Sujeito passivo da obrigação tributária principal é a pessoa física ou jurídica, conforme definido na legislação tributária municipal, obrigada ao pagamento de tributo ou da penalidade pecuniária.

§ 1º O sujeito passivo da obrigação principal diz-se:

I - contribuinte, quando tenha relação pessoal e direta com a situação que constitua o respectivo fato gerador;

II - responsável, quando, sem revestir a condição de contribuinte, sua obrigação decorra de disposição expressa em lei.

§ 2º Sujeito passivo da obrigação acessória é a pessoa física ou a empresa, conforme definido na legislação tributária municipal, obrigada à prática ou à abstenção de atos discriminados na legislação tributária do Município, que não configurem obrigação principal de tributo ou penalidade pecuniária, ou ainda, a pessoa física ou a empresa, que esteja vinculada, de qualquer forma ao fato gerador de tributo da competência do município de Maceió.

I - o sujeito passivo, caso convocado, fica obrigado a prestar as declarações solicitadas pela autoridade administrativa que, quando julgá-las insuficientes ou imprecisas, poderá exigir que sejam completadas ou esclarecidas.

II - a convocação do sujeito passivo será feita por quaisquer dos meios previstos nesta Lei.

III - feita a convocação do sujeito passivo, terá ele o prazo de até 20 (vinte) dias úteis, a cargo da administração, para prestar os esclarecimentos solicitados, sob pena de que se proceda ao lançamento de ofício, sem prejuízo da aplicação das demais sanções cabíveis, a contar da intimação.

§ 3º São solidariamente responsáveis pelo pagamento do Imposto Sobre Serviços de Qualquer Natureza:

I - os proprietários ou locatários, pessoa física ou jurídica, de ginásios, estádios, teatros, salões e assemelhados, que permitirem a exploração de atividades tributáveis pelo imposto Sobre Serviços de Qualquer Natureza, sem que o prestador do serviço tenha recolhido o imposto devido;

II - o empresário, produtor ou contratante de artistas ou serviços de diversões, lazer, entretenimento e congêneres.

III - os locadores de máquinas, aparelhos e equipamentos instalados, pelo imposto devido pelos locatários estabelecidos no Município e relativo à exploração desses bens;

IV - os titulares dos estabelecimentos onde se instalarem máquinas aparelhos e equipamentos, pelo imposto devido pelos respectivos proprietários não estabelecidos no Município, e relativo à exploração desses bens;

V - os que permitirem em seus estabelecimentos ou domicílios exploração de atividade tributável sem estar o prestador do serviço inscrito no órgão fiscal competente, pelo imposto devido sobre esta atividade;

VI - os que efetuarem pagamento de serviços a terceiros não identificados, pelo imposto cabível nas operações;

§ 6º A solidariedade não comporta benefício de ordem.

§ 7º O pagamento realizado por um dos obrigados aproveita aos demais.

§ 8º A responsabilidade solidária prevista no § 3º deste artigo alcança todas as pessoas naturais ou jurídicas estabelecidas ou domiciliadas no município, ainda que beneficiadas por imunidade, isenção ou outro benefício fiscal.

§ 9º Responde, ainda, supletivamente pela obrigação tributária, o prestador do serviço que der causa à falta de retenção do imposto ou retenção com insuficiência, pelo substituto, quando:

I - omitir ou prestar declarações falsas;

II - falsificar ou alterar quaisquer documentos relativos à operação tributável;

III - estiver amparado por liminar em processo judicial que impeça a retenção do imposto na fonte;

IV - induzir, de alguma outra forma, o substituto tributário, a não retenção total ou parcial do imposto.

§ 10. São pessoalmente responsáveis pelos créditos correspondentes à obrigação tributária resultante de atos praticados com excesso de poder ou infração de lei, contrato social ou estatuto:

I - os diretores, administradores, sócios gerentes ou representantes de pessoas jurídicas de direito privado;

II - os mandatários, prepostos e empregados.

§ 11. Para os efeitos de incidência do Imposto Sobre Serviços de Qualquer Natureza entende- se:

I - Por pessoa física, aquela que realiza trabalho pessoal, sem vínculo empregatício.

II - Por empresa, toda e qualquer pessoa jurídica que exercer a atividade de prestadora de serviços, assim como, para os efeitos desta lei, as sociedades não-personalizadas, as sociedades de fato, aquelas sem personalidade jurídica ou ainda, aquelas pessoas físicas não enquadradas no inciso anterior.

Art. 11. São responsáveis pela retenção na fonte e pelo recolhimento do ISS devido os seguintes tomadores de serviço:

I - Os órgãos da administração direta da União, dos Estados, do Distrito Federal e dos Municípios, bem como suas autarquias, empresas públicas, sociedades de economia mista e as fundações instituídas e mantidas pelo Poder Público, em relação aos serviços por eles tomados ou intermediados;

II - as pessoas jurídicas, ainda que imunes ou isentas, e os condomínios edilícios residenciais ou comerciais, quando tomarem ou intermediarem os serviços:

a) descritos nos subitens 3.04, 3.05, 7.02, 7.04, 7.05, 7.09, 7.10, 7.11, 7.12, 7.13, 7.16, 7.17, 7.18, 7.19, 11.02, 11.04, 12, exceto 12.13, 14.14, 16.01, 17.05, 17.10 e 20, da lista do caput do art. 8º, a eles prestados dentro do território do Município de Maceió, por prestadores de serviços fora do Município de Maceió, ou mesmo que intermediados; (Redação dada pela Lei nº 6.829, de 27 de dezembro de 2018)

b) constantes da lista do caput do art.8º a elas prestados dentro do território do Município de Maceió por prestadores deserviços estabelecidos no Município de Maceió, na forma, condições e cronograma definidos pela Secretaria Municipal de Economia.

c) ou, em havendo intermediação, o intermediário, de serviço proveniente do exterior do País ou cuja prestação se tenha iniciado no exterior do País;

d) prestados por profissional liberal ou autônomo que não faça prova de sua inscrição cadastral no Município;

III – Os concessionários e permissionários de serviços públicos, as instituições financeiras e assemelhadas, os condomínios e administradoras de shoppings centers, em relação aos serviços por eles tomados ou intermediados;

IV – as sociedades seguradoras, quando tomarem ou intermediarem serviços a eles prestados. (Redação dada pela Lei nº 6.829, de 27 de dezembro de 2018)

a) Revogado; (Redação dada pela Lei nº 6.829, de 27 de dezembro de 2018)

b) Revogado; (Redação dada pela Lei nº 6.829, de 27 de dezembro de 2018)

V – as empresas que explorem planos de medicina de grupo ou individual e convênios para prestação de assistência médica, hospitalar, odontológica e congêneres, as empresas de seguro saúde e as cooperativas médicas, todas em relação aos serviços previstos no item 4, exceto os subitens 4.22 e 4.23, e no subitem 10.01 da lista de serviços do caput do art. 8º.

VI – os hospitais, clínicas e prontos-socorros, quando tomarem ou intermediarem os serviços, a eles prestados por prestadores de serviços estabelecidos no Município de Maceió;

VII – os hotéis e motéis, quando tomarem ou intermediarem serviços a eles prestados. (Redação dada pela Lei nº 6.829, de 27 de dezembro de 2018)

VIII – as incorporadoras e construtoras, em relação às comissões pagas pelas corretagens de imóveis;

IX – as empresas que prestam os serviços referidos nos subitens 7.02 e 7.05 da lista de serviços docaput do art. 8º desta Lei, em relação aos serviços subempreitados, bem como os descritos nos subitens 3.05, 7.10, 11.02, 11.03, 11.04, 14.01, 14.05, 14.06, 14.13 e 17.05;

X – As empresas prestadoras de propaganda e publicidade em relação aos serviços de produção externa prestados por terceiros, estabelecidos no município de Maceió;

XI – outras pessoas jurídicas, tomadoras de serviços, definidas em regulamento.

§ 1º O tomador do serviço deverá exigir Nota Fiscal de Serviços Eletrônica, Cupom Fiscal Eletrônico ou outro documento exigido pela Secretaria Municipal de Economia, cuja utilização esteja prevista em Regulamento ou autorizada por regime especial.

§ 2º O tomador do serviço é responsável pelo Imposto Sobre Serviços de Qualquer Natureza – ISS e deve reter e recolher o seu montante quando o prestador:

I – obrigado à emissão de Nota Fiscal de Serviços Eletrônica, Cupom Fiscal Eletrônico ou outro documento exigido pela Secretaria Municipal de Economia, não o fizerou quando desobrigadas da emissão destes, não façam prova de sua inscrição no Cadastro Mercantil de Contribuintes – CMC.

II – desobrigado da emissão de Nota Fiscal de Serviços Eletrônica, Cupom Fiscal Eletrônico ou outro documento exigido pela Secretaria Municipal de Economia, não fornecer recibo de que conste, no mínimo, o nome do contribuinte, o número de sua inscrição no Cadastro Mercantil de Contribuintes – CMC, seu endereço, a descrição do serviço prestado, o nome e o número de inscrição no Cadastro de Pessoa Física – CPF ou no Cadastro Nacional da Pessoa Jurídica – CNPJ do tomador e o valor do serviço.

§ 3º Os responsáveis mencionados neste artigo também são obrigados, na forma do regulamento, a emitirem a Nota Fiscal de Tomador de Serviços (NFTS-e) ou, até sua implantação, a entregarem ao prestador do serviço, o recibo de retenção do imposto e, ainda, ao cumprimento das demais obrigações acessórias estabelecidas na legislação.

§ 4º A Secretaria Municipal de Economia definirá a forma, condições, cronograma e critérios para identificação, por atividade ou individualmente, dos tomadores de serviço sujeitos à retenção e recolhimento de que trata este artigo.

Art. 12. Os responsáveis a que se refere o art. 11 desta Lei estão obrigados ao recolhimento integral do imposto devido, multa e acréscimos legais, independentemente de ter efetuado sua retenção na fonte.

§ 1º A obrigatoriedade prevista no caput deste artigo será dispensada, sem prejuízo da aplicação das penalidades legais cabíveis, se o responsável tributário comprovar que o prestador do serviço efetuou o recolhimento do imposto devido relativo ao serviço tomado ou intermediado.

§ 2º Quando o prestador de serviço for profissional autônomo e, estando obrigado, não for inscrito no Cadastro Mercantil de Contribuintes – CMC ou, quando inscrito, não apresentar o comprovante de quitação do imposto referente ao semestre relativo ao pagamento do serviço, o imposto será descontado na fonte, à razão de 5% (cinco por cento) do preço do serviço.

§ 3º A responsabilidade não é elidida por imunidade ou por isenção tributária;

§ 4º Fica atribuída ao prestador do serviço a responsabilidade subsidiária do pagamento total ou parcial do imposto não retido.

§ 5º Quando da emissão da Nota Fiscal de Serviços Eletrônica – NFS-e, o tomador responsável tributário será notificado pela Administração Tributária da obrigatoriedade do aceite na forma do § 6º deste artigo.

§ 6º O tomador de serviços quando responsável tributário, ao efetuar a retenção do imposto, é obrigado a fornecer, ao contribuinte, comprovante da retenção individualizado ou efetuar o aceite no sistema da Nota Fiscal de Serviços Eletrônica, e, na falta deste, a Administração Tributária considerará o aceite tácito na forma, condições e prazos estabelecidos em regulamento.

§ 7º O prestador do serviço que sofrer retenção do imposto sobre serviços na fonte deverá exigir o registro do aceite no sistema da Nota Fiscal de Serviços Eletrônica ou o comprovante de retenção do imposto e, neste caso, guardá-lo para apresentação ao Fisco municipal, quando solicitado.

Art. 13. O prestador de serviços que emitir nota fiscal ou outro documento fiscal equivalente autorizado por outro Município ou pelo Distrito Federal, para tomador estabelecido no Município de Maceió, referente aos serviços descritos nos itens 1, 2, 3 (exceto o subitem 3.05), 4 a 6, 8, 10, 13 a 15, 17 (exceto os subitens 17.05 e 17.10), 18, 19 e 21 a 40, bem como nos subitens 7.01, 7.03, 7.06, 7.07, 7.08, 7.13, 7.20, 7.21, 7.22, 9.02, 9.03, 11.03 e 12.13, todos constantes da Lista de Serviços constante do caput do art. 8º, fica obrigado a proceder à sua inscrição em cadastro da Secretaria Municipal de Economia, conforme dispuser o Regulamento.

§ 1º Excetuam-se do disposto no caput deste artigo os serviços provenientes do exterior do País ou cuja prestação tenha se iniciado no exterior do País.

§ 2º As pessoas jurídicas estabelecidas no Município de Maceió, ainda que imunes ou isentas, e os condomínios edilícios residenciais ou comerciais são responsáveis pelo pagamento do Imposto sobre Serviços de Qualquer Natureza – ISS, devendo reter na fonte o seu valor, quando tomarem ou intermediarem os serviços, nos termos do caput deste artigo, executados por prestadores de serviços não inscritos no Cadastro da Secretaria Municipal de Economia.

§ 3º A Secretaria Municipal de Economia poderá dispensar da inscrição no Cadastro os prestadores de serviços a que se refere o artigo:

I – por atividade;

II – por atividade, quando preposto ou representante de pessoa jurídica estabelecida no Município de Maceió tomar, em trânsito, serviço relacionado a tal atividade.

§ 4º A Secretaria Municipal de Economia poderá permitir que os tomadores de serviços sejam responsáveis pela inscrição, em Cadastro Simplificado, dos prestadores de serviços tratados neste artigo. (Redação dada pela Lei nº 6.829, de 27 de dezembro de 2018)

§ 5º Em relação aos serviços a que se referem os itens 10 e 15 da Lista de Serviços constante do caput do art. 8º, poderá ser exigida a inscrição no Cadastro da Secretaria Municipal de Economia, mesmo quando os prestadores de serviços estiverem dispensados da emissão da Nota Fiscal de Serviços Eletrônica – NFS-e, ou outro documento fiscal equivalente autorizado por outro Município ou pelo Distrito Federal, conforme dispuser o Regulamento.

Art. 14. A inscrição no cadastro de que trata o art. 13 não será objeto de qualquer ônus, especialmente taxas e preços públicos.

Art. 15. Também são responsáveis pelo pagamento do Imposto sobre Serviços de Qualquer Natureza – ISS, devendo reter na fonte o seu valor, as pessoas jurídicas, estabelecidas no Município de Maceió, ainda que imunes ou isentas, quando tomarem ou intermediarem os serviços prestados dentro do território do Município de Maceió por prestadores estabelecidos neste Município em situação de inadimplência contumaz, na forma, prazo, condições e cronograma estabelecidos pela Secretaria Municipal de Economia;

Parágrafo único. O imposto retido na fonte, para recolhimento no prazo legal ou regulamentar, deverá ser calculado mediante a aplicação da alíquota determinada no art. 49 desta Lei, sobre a base de cálculo prevista na legislação vigente. (Redação dada pela Lei nº 6.829, de 27 de dezembro de 2018)

Art. 16. Para fins do disposto nesta Lei, considera-se inadimplente contumaz em relação ao recolhimento do ISS o contribuinte que deixar de recolher o ISS devido por 4 (quatro) meses de incidência consecutivos ou 6 (seis) meses de incidência alternados, dentro de um período de 12 (doze) meses.

Parágrafo único. Não se considera inadimplência os casos em que os créditos tributários tiverem a sua exigibilidade suspensa.

Art. 17. Sem prejuízo do disposto no § 2º do art. 11, os responsáveis tributários ficam desobrigados da retenção e do pagamento do imposto, em relação aos serviços tomados ou intermediados, quando o prestador de serviços:

I – for profissional autônomo, nos termos do art. 23, estabelecido no Município de Maceió, observado o disposto no § 2º deste artigo;

II – se tratar de sociedade de profissionais, na forma do art. 24, desde que emita Nota Fiscal de Serviços Eletrônica – NFS-e;

III – gozar de isenção, desde que estabelecido neste Município;

IV – gozar de imunidade;

V – for Microempreendedor Individual – MEI optante pelo Sistema de Recolhimento em Valores Fixos Mensais dos Tributos abrangidos pelo Simples Nacional – SIMEI;

VI – efetuar o recolhimento pelo regime de estimativa da base de cálculo do imposto, nos termos do art. 43.

VII – possuir medida liminar ou tutela antecipada dispensando-os do pagamento do imposto ou autorizando o depósito judicial do mesmo.

§ 1º Para os fins do disposto neste artigo, o responsável tributário deverá exigir que o prestador de serviços comprove seu enquadramento em uma das condições previstas nos incisos do caput deste artigo, na conformidade do regulamento.

§ 2º A dispensa da retenção na fonte mencionada no inciso I deste artigo não se aplica aos serviços prestados por profissional autônomo inscrito em outro município, quando o imposto for devido no Município de Maceió, na forma do art. 19, ainda que o profissional atenda as exigências previstas no parágrafo anterior.

Art. 18. A legitimidade para requerer a restituição do indébito, na hipótese de retenção indevida ou maior que a devida de imposto na fonte recolhido à Fazenda Municipal, pertence ao responsável tributário.

SEÇÃO IV
DO LOCAL DA PRESTAÇÃO DE SERVIÇO

Art. 19. O serviço considera-se prestado e o imposto devido no local do estabelecimento prestador ou, na falta do estabelecimento, no local do domicílio do prestador, exceto nas hipóteses previstas nos incisos I ao XXV a seguir relacionados, quando o imposto será devido no local:

I – do estabelecimento do tomador ou intermediário do serviço ou, na falta de estabelecimento, onde ele estiver domiciliado, na hipótese do § 2º do art. 8º desta Lei;

II – da instalação de andaimes, palcos, coberturas e outras estruturas, no caso dos serviços descritos no subitem 3.05 da lista de serviços;

III – da execução da obra, no caso dos serviços descritos no subitem 7.02 e 7.19 da lista de serviços;

IV – da demolição, no caso dos serviços descritos no subitem 7.04 da lista de serviços;

V – de edificações em geral, estradas, pontes, portos e congêneres, no caso dos serviços descritos no subitem 7.05 da lista de serviços;

VI - da execução de varrição, coleta, remoção, incineração, tratamento, reciclagem, separação e destinação final de lixo, rejeitos e outros resíduos quaisquer, no caso dos serviços descritos no subitem 7.09 da lista de serviços;

VII - da execução de limpeza, manutenção e conservação de vias e logradouros públicos, imóveis, chaminés, piscinas, parques, jardins e congêneres, no caso dos serviços descritos no subitem 7.10 da lista de serviços;

VIII - da execução de decoração e jardinagem, de corte e poda de árvores, no caso dos serviços descritos no subitem 7.11 da lista de serviços;

IX - do controle e tratamento do efluente de qualquer natureza e de agentes físicos, químicos e biológicos, no caso dos serviços descritos no subitem 7.12 da lista de serviços;

X - (VETADO)

XI - (VETADO)

XII - do florestamento, reflorestamento, semeadura, adubação reparação de solo, plantio, silagem, colheita, corte, descascamento de árvores, silvicultura, exploração florestal e dos serviços congêneres indissociáveis da formação, manutenção e colheita de florestas para quaisquer fins e por quaisquer meios;

XIII - da execução dos serviços de escoramento, contenção de encostas e congêneres, no caso dos serviços descritos no subitem 7.17 da lista de serviços;

XIV - da limpeza e dragagem, no caso dos serviços descritos no subitem 7.18 da lista de serviços;

XV - da guarda ou estacionamento de bem, no caso dos serviços descritos no subitem 11.01 da lista de serviços;

XVI - dos bens, semoventes ou do domicílio das pessoas vigiados, segurados ou monitorados, no caso dos serviços descritos no subitem 11.02 da lista de serviços;

XVII - do armazenamento, depósito, carga, descarga, arrumação e guarde de bem, no caso do serviços descritos no subitem 11.04 da lista de serviços;

XVIII - da execução dos serviços de diversão, lazer, entretenimento e congêneres, no caso dos serviços descritos nos subitens do item 12, exceto o 12.13, da lista de serviços;

XIX - da execução de transporte, no caso dos serviços descritos pelo item 16 da lista de serviços;

XX - do estabelecimento do tomador da mão-de-obra ou, na falta de estabelecimento, onde ele estiver domiciliado, no caso dos serviços descritos pelo subitem 17.05 da lista de serviços;

XXI - da feira, exposição, congresso ou congênere a que se referir o planejamento, organização e administração, no caso dos serviços descritos pelo subitem 17.10 da lista de serviços;

XXII - da execução dos serviços portuários, aeroportuários, ferroportuários, de terminais, rodoviários, ferroviários e metroviários descritos pelo item 20 da lista de serviços;

XXIII- do domicílio do tomador dos serviços dos subitens 4.22, 4.23 e 5.09;

XXIV - do domicílio do tomador do serviço no caso de serviços prestados pelas administradoras de cartão de crédito ou débito e demais descritos no subitem 15.01;

XXV - do domicílio do tomador dos serviços dos subitens 10.04 e 15.09.

§ 1º No caso dos serviços a que se refere o subitem 3.04 da lista de serviços, considera-se ocorrido o fato gerador e devido o imposto neste Município, quando em seu território haja extensão de ferrovia, rodovia, postes, cabos, dutos e condutos de qualquer natureza, objetos de locação, sublocação, arrendamento, direito de passagem ou permissão de uso, compartilhado ou não.

§ 2º No caso dos serviços a que se refere o subitem 22.01 da lista de serviços, considera-se ocorrido o fato gerador e devido o imposto neste Município, quando em seu território haja extensão de rodovia explorada.

§ 3º Considera-se ocorrido o fato gerador do imposto no local do estabelecimento prestador nos serviços executados em águas marítimas, excetuados os serviços descritos no subitem 20.01 da lista de serviços.

§ 4º No caso dos serviços descritos nos subitens 10.04 e 15.09, o valor do imposto é devido ao município de Maceió sempre que declarado como domicilio tributário da pessoa jurídica ou física tomadora do serviço, conforme informação prestada por este.

§ 5º Na hipótese de ocorrência de alíquota mínima menor de 2% (dois por cento) no município sede do prestador de serviço, o ISS será devido ao município de Maceió, sempre que nele se configurar o estabelecimento do tomador ou intermediário do serviço ou, na falta de estabelecimento, onde ele estiver domiciliado.

§ 6º No caso dos serviços prestados pelas administradoras de cartão de crédito e débito, descritos no subitem 15.01, os terminais eletrônicos ou máquinas das operações efetivadas deverão ser registrados no local domicílio do tomador de serviços.

Art. 20. Considera-se estabelecimento prestador o local onde o contribuinte desenvolva a atividade de prestar serviços, de modo permanente ou temporário, e que configure unidade econômica ou profissional, sendo irrelevantes para caracterizá-lo as denominações de sede, filial, agência, posto de atendimento, sucursal, escritório de representação ou contato ou quaisquer outras que venham a ser utilizadas.

§ 1º Considera-se unidade econômica de prestação de serviços o local distinto da sede ou domicílio do contribuinte, onde seja desenvolvida atividade de prestação de serviços, de modo permanente ou temporário:

I – com auferimento de receita própria.

II – cuja receita seja atribuída a sua matriz, filial, sede ou domicílio.

§ 2º Para fins de caracterização da unidade econômica ou profissional de prestação de serviços, será considerada a existência de local próprio, alugado ou cedido ao contribuinte e os seguintes elementos, isolados ou conjuntamente: (Redação dada pela Lei nº 6.829, de 27 de dezembro de 2018)

I – a manutenção de pessoas, material, máquinas, instrumentos e equipamentos necessários à execução dos serviços pertencentes ao contribuinte ou colocado a sua disposição;

II – a existência de estrutura organizacional ou administrativa;

III – a existência de inscrição ou registro em órgãos públicos competentes;

IV – a indicação como domicílio para efeitos tributários de correspondências;

V – a permanência ou ânimo de permanecer no local, para exploração econômica de atividade de prestação de serviços, exteriorizada através da indicação do endereço em impressos, formulários, correspondências, listas telefônicas, folder, banner ou qualquer outro meio de propaganda ou publicidade, contrato de locação do imóvel, contas de telefone, de energia elétrica, de água, de gás, de provedor de Internet, em nome do prestador, seu representante ou preposto.

§ 3º São também considerados estabelecimentos prestadores os locais onde forem exercidas as atividades de prestação de serviços de diversões, lazer, entretenimento e congêneres, de natureza itinerante.

SEÇÃO V
DA BASE DE CÁLCULO DO IMPOSTO

Art. 21. A base de cálculo do imposto é o preço do serviço.

§ 1º Incluem-se na base de cálculo todas as importâncias, despesas acessórias, juros, acréscimos, bonificações ou outras vantagens a qualquer título recebidas pelo contribuinte e que integrem o preço do serviço, excluídos os descontos ou abatimentos incondicionalmente concedidos.

§ 2º Também considera-se preço tudo que for cobrado em virtude da prestação do serviço, em dinheiro, bens, serviços ou direitos, seja na conta ou não, inclusive a título de reembolso, reajustamento ou dispêndio de qualquer natureza.

§ 3º As parcelas relativas a fretes e carretos são consideradas partes integrantes do preço referido neste artigo.

§ 4º Os descontos ou abatimentos sob condição integram o preço do serviço.

§ 5º Incluem-se na base de cálculo as vantagens financeiras decorrentes da prestação de serviços, inclusive as relacionadas com a retenção periódica dos valores recebidos.

§ 6º Nos serviços contratados em moeda estrangeira, o preço será o valor resultante da sua conversão em moeda nacional, ao câmbio do dia da ocorrência do fato gerador.

§ 7º Na falta de preço, será tomado como base de cálculo o valor cobrado dos usuários ou contratantes de serviços similares na praça.

§ 8º Inexistindo preço corrente na praça, será ele fixado:

I – Pela repartição fiscal, mediante estimativa dos elementos conhecidos ou apurados;

II – Pela aplicação do preço indireto, estimado em função do proveito, utilização ou colocação do objeto da prestação do serviço.

§ 9º Não integram a base de cálculo do ISS, o valor destacado a título de deságio na aquisição de direitos creditórios, na atividade de fomento comercial, incluída no subitem 10.04 da Lista de Serviços descrita no art. 8º desta Lei.

Art. 22. O valor mínimo da prestação de serviços poderá ser fixado em pauta que reflita o preço corrente na praça expedida pela Secretaria Municipal de Economia, sujeita a modificações a qualquer tempo.

Parágrafo único. Havendo discordância em relação ao preço fixado em pauta, caberá ao prestador do serviço comprovar a exatidão do valor por ele declarado.

Art. 23. Quando se tratar de prestação de serviços sob a forma de trabalho pessoal do próprio contribuinte, o imposto será calculado por meio de alíquota aplicada sobre um valor de receita presumida, conforme a seguir especificado, não se considerando, para tal efeito, a importância recebida a título de remuneração do próprio trabalho.

I – Profissional liberal: R$ 1.200,00 por mês;

II – Profissional de nível não superior: R$ 320,00 por mês

III – Artesão, artífice e artista: Isento

§ 1º Para fins do disposto neste artigo, entende-se como trabalho pessoal executado por profissional liberal ou autônomo aquele em que:

I – a pessoa natural que execute pessoalmente prestação de serviço inerente a sua categoria profissional e que não tenha a seu serviço empregados ou terceiros, para auxiliá-lo no desempenho de suas atividades;

II – a pessoa natural que, executando pessoalmente prestação de serviço inerente a sua categoria profissional, possua até 02 (dois) empregados para auxiliá-lo no desempenho de suas atividades.

§ 2º Para efeito deste artigo, considera-se prestação pessoal de serviços aquela exercida sob a forma de trabalho pessoal em que todas as etapas de elaboração e execução de seu objeto sejam efetuadas pelo próprio contribuinte.

§ 3º Os prestadores de serviços não enquadrados no § 1º deste artigo equiparam-se à pessoa jurídica, para fins de tributação do imposto.

§ 4º O profissional liberal ou autônomo que exercer sua atividade em estabelecimento próprio está sujeito à Taxa de Licença para Instalação e à Taxa de Licença para Funcionamento.

§ 5º Os contribuintes equiparados à pessoa jurídica, na condição de pessoa física, ficam obrigados ao cumprimento das obrigações acessórias.

§ 6º Para os prestadores de serviços de que trata este artigo, o imposto deverá ser calculado mediante a aplicação da alíquota determinada no art.49, sobre as importâncias estabelecidas neste artigo

§ 7º A tributação favorecida prevista neste artigo poderá ser revista de ofício pela autoridade fiscal a qualquer momento, sempre que se comprovar que o contribuinte não esteja atendendo as condições estabelecidas para o gozo do benefício.

§ 8º A forma para o recolhimento dos valores de que trata este artigo será definido em Portaria do Secretário Municipal de Economia.

Art. 24. Quando se tratar de sociedade de profissionais, nos termos da legislação civil, prestadora dos serviços a que se referem os subitens 4.01, 4.02, 4.06, 4.08, 4.11, 4.12, 4.13, 4.14, 4.16, 5.01, 5.02, 7.01, 10.03, 17.14, 17.16, 17.19 e 17.20 o imposto será calculado por meio de alíquota aplicada sobre um valor de receita presumida, conforme a seguir especificado, não se considerando para tal efeito a importância recebida a título de remuneração do próprio trabalho.

I – até 3 profissionais: R$ 4.000,00 por mês e por profissional

II – de 4 a 6 profissionais: R$ 6.000,00 por mês e por profissional

III – de 7 a 10 profissionais: R$ 10.000,00 por mês e por profissional

IV – mais de 10 profissionais: R$ 12.000,00 por mês e por profissional

§ 1º O disposto neste artigo aplica-se às sociedades de profissionais que atendam aos seguintes requisitos:

LEGISLAÇÃO

I - constituam-se como sociedades civis de trabalho profissional, sem cunho empresarial;

II - não sejam constituídas sob forma de sociedade anônima, limitada ou de outras sociedades empresárias ou a elas equiparadas;

III - explorem uma única atividade de prestação de serviços, para a qual os sócios pessoas físicas estejam habilitados profissionalmente e que corresponda ao objeto social da empresa;

IV - não possuam pessoa jurídica como sócio;

V - não sejam sócias de outra sociedade;

VI - não tenham sócios que delas participe tão somente para aportar capital ou administrar;

VII - não terceirizem ou não repassem a terceiros os serviços relacionados à atividade da sociedade;

VIII - não sejam filiais, sucursais, agências, escritórios de representação ou contato, ou qualquer outro estabelecimento descentralizado ou relacionado à sociedade sediada no exterior;

IX - prestem serviços a que se referem os subitens 4.01, 4.02, 4.06, 4.08, 4.11, 4.12, 4.13, 4.14, 4.16, 5.01, 5.02, 7.01, 10.03, 17.14, 17.16, 17.19 e 17.20 do caput do art. 8º

§ 2º Os prestadores de serviço de que trata este artigo são obrigados à emissão da Nota Fiscal de Serviços Eletrônica ou outro documento exigido pela Secretaria Municipal de Economia.

§ 3º Para fins do disposto no inciso II do § 1º, são consideradas sociedades empresárias aquelas que tenham por objeto o exercício de atividade própria de empresário sujeito à inscrição no Registro Público das Empresas Mercantis, nos termos dos artigos 966 e 982 do Código Civil.

§ 4º Equiparam-se às sociedades empresárias, para fins do disposto no inciso II do § 1º, aquelas que, embora constituídas como sociedade simples, assumam caráter empresarial, em função de sua estrutura ou da forma da prestação dos serviços.

§ 5º As sociedades de que trata este artigo são aquelas cujos profissionais (sócios, empregados ou não) são habilitados ao exercício da mesma atividade e prestam serviços de forma pessoal, em nome da sociedade, assumindo responsabilidade pessoal, nos termos da legislação específica.

§ 6º Para os prestadores de serviços de que trata este artigo, o imposto deverá ser calculado mediante a aplicação da alíquota determinada no art.49, sobre as importâncias estabelecidas neste artigo.

§ 7º Aplicam-se aos prestadores de serviços de que trata este artigo, no que couber, as demais normas da legislação municipal do Imposto Sobre Serviços de Qualquer Natureza - ISS.

§ 8º O valor fixo previsto no § 22-A do art. 18 da LC 123/06, para a atividade 17.19 elencada no art. 8º será o calculado na forma do caput, desde que preencha os requisitos exigidos no § 1º deste artigo, não preenchido os requisitos será tributado na forma da regra geral do Simples Nacional. (Redação acrescida pela Lei nº 6.829, de 27 de dezembro de 2018)

Art. 25. Para fins do disposto nos arts. 23 e 24, não se considera serviço pessoal do próprio contribuinte o serviço prestado por sociedade por responsabilidade limitada e que apresente caráter empresarial ou firma individual.

Art. 26. O ISS relativo aos serviços descritos no subitem 21.01 da Lista de Serviços do caput do art. 8º poderá ser deduzido do valor resultante da aplicação da alíquota incidente sobre os seguintes repasses: (Redação dada pela Lei nº 6.715, de 14 de dezembro de 2017)

I - à receita do Estado, em decorrência do processamento da arrecadação e respectiva fiscalização;

II - ao valor da compensação dos atos gratuitos do registro civil das pessoas naturais e à complementação da receita mínima das serventias deficitárias;

III - ao valor destinado ao Fundo Especial de Despesa do Tribunal de Justiça, em decorrência da fiscalização dos serviços.

Parágrafo único. Revogado. (Redação dada pela Lei nº 6.715, de 14 de dezembro de 2017)

Art. 27. Na prestação dos serviços a que se referem os subitens 7.02 e7.05 do caput do art. 8º o imposto será calculado deduzindo-se do preço as parcelas correspondentes o valor dos materiais fornecidos pelo prestador do serviço e incorporados à obra, desde que:

I - comprovados pelas respectivas Notas Fiscais de Serviços Eletrônicas ou Nota Fiscal do Tomador/Intermediário de Serviços Eletrônica; e.

II - o ISS devido sobre o serviço tomado/intermediado seja retido e recolhido à Fazenda Municipal de Maceió.

§ 1º Não incide, ainda, o valor de subempreitadas de construção civil já tributadas pelo imposto.

§ 2º A redução da base de cálculo de que trata este artigo não se aplica às empresas que tenham optado pela tributação na forma disposta no art. 49, inciso II.

§ 3º O disposto neste artigo será objeto de regulamentação pelo Secretário Municipal de Economia.

§ 4º Para fins de interpretação na aplicação da norma prevista no caput desde artigo, o valor dos materiais fornecidos pelo prestador dos serviços previstos nos subitens 7.02 e 7.05 da lista de serviços, abrange inclusive o valor dos materiais adquiridos de terceiros e empregados em obras de construção civil pelo prestador dos serviços.

Art. 28. Quando os serviços descritos nos subitens 3.04, 7.05e 22.01 do caput do art. 8º forem prestados no território deste Município, bem como em território de outros municípios, a base de cálculo será proporcional à extensão da ferrovia, da rodovia, das pontes, dos túneis, dos dutos e dos condutos de qualquer natureza, dos cabos de qualquer natureza, ou ao número de postes, existentes neste Município.

Art. 29. Na prestação dos serviços a que se refere o subitem 17.06 da Lista de Serviços, do caput do art. 8º desta Lei, não comporá a base de cálculo do imposto o valor relativo aos gastos com serviços de produção externa prestados por terceiros, desde que:

I - comprovados pelas respectivas Notas Fiscais de Serviços Eletrônicas ou Nota Fiscal do Tomador/Intermediário de Serviços Eletrônica; e.

II - o ISS devido sobre o serviço tomado/intermediado seja retido e recolhido à Fazenda Municipal de Maceió.

Parágrafo único. O disposto neste artigo será objeto de regulamentação pelo Secretário Municipal de Economia.

Art. 30. Nos serviços contratados por administração, a base de cálculo compreende os honorários, os dispêndios com mão de obra e encargos sociais, as despesas gerais de administração e outras realizadas direta ou indiretamente pelo prestador.

Art. 31. Relativamente à prestação dos serviços a que se referem os subitens 4.22 e 4.23 do caput do **art. 8º** , a base de cálculo corresponderá à diferença entre os valores cobrados do usuário e os valores pagos com as coberturas na área de saúde, em entidades públicas ou privadas, previstas no contrato ou na legislação que regulamenta os planos de assistência à saúde e desde que:

I – comprovados pelas respectivas Notas Fiscais de Serviços Eletrônicas ou Nota Fiscal do Tomador/Intermediário de Serviços Eletrônica; e.

II – o ISS devido sobre o serviço tomado/intermediado seja retido e recolhido à Fazenda Municipal de Maceió.

Parágrafo único: O disposto neste artigo:

I – aplica-se às cooperativas médicas;

II – será objeto de regulamentação pelo Secretário Municipal de Economia;

Art. 32. No agenciamento de serviços de revelação de filmes, a base de cálculo será a diferença entre o valor cobrado do usuário e o valor pago ao laboratório, desde que:

I – comprovados pelas respectivas Notas Fiscais de Serviços Eletrônicas ou Nota Fiscal do Tomador/Intermediário de Serviços Eletrônica; e

II – o ISS devido sobre o serviço tomado seja retido e recolhido à Fazenda Municipal de Maceió.

Parágrafo único. O disposto neste artigo será objeto de regulamentação pelo Secretário Municipal de Economia.

Art. 33. Na prestação dos serviços a que se referem o subitem 19.01 do caput do art. 8º o imposto será calculado sobre o preço do serviço, deduzidas as parcelas repassadas, obrigatoriamente, excetuando-se os tributos, para a União, para os Estados, para o DF, para os Municípios, para as entidades esportivas e para empresas públicas, quando se tratar da prestação de serviços de jogos, de forma permanente ou eventual, sob a modalidade de bingos, executada na forma prevista em Lei.

Art. 34. Quando se tratar de prestação de serviços executados por empresas de rádio-táxi, concernentes à exploração de transporte por táxi realizados para pessoas jurídicas sob forma contratual expressa serão abatidos dos valores por elas recebidos dos tomadores de serviços, para fins de apuração da base de cálculo do imposto, as quantias efetivamente repassadas aos taxistas, devidamente comprovadas, conforme regulamentação estabelecida pela Secretaria Municipal de Economia.

Art. 35. Da base de cálculo dos serviços descritos no item 17.05 da lista de serviços do caput do art. 8º, serão excluídas as importâncias relativas ao efetivo pagamento de salários e encargos sociais dos trabalhadores, inclusive impostos federais, conforme disposto em regulamento.

Art. 36. A base de cálculo do imposto sobre jogos e diversões públicas é o preço do ingresso, entrada, admissão ou participação, cobrado do usuário, seja através da emissão de bilhete de ingresso ou entrada, inclusive fichas ou formas assemelhadas, cartões de posse de mesa, convites, cartões de contradança, tabelas ou cartelas, taxas de consumação ou "couvert", seja por qualquer outro meio gerador do tributo.

§ 1º Os empresários, proprietários, arrendatários ou quem quer que seja responsável, individual ou coletivamente, por qualquer casa de divertimento público, acessível mediante pagamento, são obrigados a dar bilhete de ingresso ou entrada individual ou coletiva aos usuários, sem exceção;

§ 2º Os estabelecimentos de diversões, onde não for exigido pagamento prévio pela mera admissão ou ingresso a casa, emitirão documento fiscal, segundo as disposições desta lei;

§ 3º Nos serviços de diversões públicos consistentes na cessão de aparelhos ou equipamentos aos usuários, o valor de cessão integra o preço do ingresso, entrada ou participação, devendo ser incluído, no caso os estabelecimentos descritos no parágrafo anterior, no documento fiscal.

§ 4º Sem prejuízo de outras indicações julgadas indispensáveis pelo contribuinte, devem constar, obrigatoriamente, dos bilhetes de ingresso, os seguintes dados:

I - denominação "Bilhete de Diversão Pública",

II - número de ordem do bilhete;

III - evento a que se destina e indicação da localidade a ser ocupada;

IV - preço respectivo;

V - nome ou razão social do promovente e respectivo endereço, número de inscrição no Cadastro Mercantil de Contribuintes - C.M.C.;

VI - a (s) data (s) a que se refere(m).

§ 6º Exceto as indicações do preço e da data do evento que podem ser apostas por carimbo, as demais serão impressas tipograficamente.

§ 7º Havendo mais de um promovente, o bilhete pode apenas indicar um deles.

§ 8º Quando no preço do ingresso estiver incluído, total ou parcialmente, o valor da cessão de aparelhos ou equipamentos aos usuários, o bilhete conterá perfeita discriminação dos itens por ele cobertos.

§ 9º No caso dos valores referidos no § 8º serem cobrados em separado, será emitida, ainda, documento fiscal, segundo disposições desta lei.

§ 10. A Secretaria Municipal de Economia estimará a receita dos prestadores de serviços de diversões públicas não estabelecidos neste Município ou que não possuam inscrição no Cadastro Mercantil de Contribuintes - C.M.C.

Art. 37. O montante do imposto é considerado parte integrante e indissociável do preço do serviço, constituindo o respectivo destaque nos documentos fiscais mera indicação de controle.

Art. 38. Considera-se preço do serviço, para efeito de cálculo do imposto, a receita bruta mensal resultante da prestação de serviços, mesmo que não tenha sido recebida.

§ 1° Constituem parte integrante do preço:

I - os valores acrescidos e os encargos de qualquer natureza, ainda que de responsabilidade de terceiros;

II - os ônus relativos à concessão de crédito, ainda que cobrados em separado, na hipótese de prestação de serviços a prazo, sob qualquer modalidade.

§ 2° Quando a contraprestação se verificar através da troca de serviços ou o seu pagamento for realizado mediante o fornecimento de mercadorias ou bens de qualquer natureza, o preço dos serviços, para base de cálculo do imposto, será o preço corrente no Município.

Art. 39. Caracteriza-se como omissão de receita tributável pelo ISS, ressalvada ao sujeito passivo a prova da improcedência da presunção, a ocorrência, dentre outras, de qualquer das seguintes hipóteses, consideradas isolada ou conjuntamente:

I – a aferição de receita sem a devida comprovação contábil da sua origem;

II – a escrituração de suprimentos sem a respectiva documentação comprobatória, com datas, valores, bem como as importâncias entregues pelo supridor, comprovada, em todo o caso, a disponibilidade financeira do mesmo;

III – a ocorrência de saldo credor nas contas da escrita contábil relativas ao ativo circulante ou realizável;

IV – manutenção, nas contas contábeis do passivo, de obrigações já pagas ou cuja exigibilidade não seja comprovada;

V – a falta de escrituração de pagamentos efetuados;

VII – a não conciliação entre a movimentação lançada na escrita fiscal e/ou contábil da pessoa jurídica e a movimentação financeira de suas contas de depósito ou de investimento, no que se refere a valores creditados e respectivas datas;

VIII – a diferença a maior entre o valor da receita de prestação de serviços escriturada nos livros contábeis e os declarados ou escriturados nos livros fiscais

IX – a efetivação de pagamento sem a correspondente disponibilidade financeira;

X – a adulteração de livros ou de documentos fiscais, bem como a falsificação destes;

XI – a emissão de documento fiscal consignando preço inferior ao valor real da operação;

XII – a prestação de serviços sem a correspondente emissão de documento fiscal e sem o respectivo lançamento na escrita fiscal e/ou comercial; ou

XIII – quando o contribuinte efetuar a prestação de serviços, comprovadamente, sem a determinação do preço ou sob a premissa de que tenha sido a título de cortesia;

XIV – quando houver fundada suspeita de que os elementos constantes dos documentos fiscais não refletem o preço real dos serviços prestados;

XV – quando o sujeito passivo praticar, comprovadamente, subfaturamento ou contratação de serviços por valores abaixo dos preços praticados no Município de Maceió;

XVI – quando o preço do serviço declarado ou informado pelo contribuinte for notoriamente inferior ao preço corrente praticado no Município de Maceió;

XVII – o exercício de qualquer atividade sujeita à tributação pelo ISS, sem que o prestador de serviço esteja devidamente inscrito no Cadastro Mercantil de Contribuintes – CMC da Secretaria Municipal de Economia de Maceió.

Parágrafo único. A recomposição do caixa poderá basear-se na documentação referente aos atos negociais de que a pessoa jurídica tenha participado, caso esteja a mesma dispensada de escrituração contábil nos termos da legislação vigente.

Art. 40. Caracteriza-se também como omissão de receita tributável pelo ISS a existência de valores creditados em conta de depósito ou de investimento mantida junto à instituição financeira, em relação aos quais o titular, pessoa física ou jurídica, prestador de serviços, regularmente intimado, não comprove, mediante documentação hábil e idônea, a origem dos recursos utilizados nessas operações.

§ 1º O valor das receitas omitido será considerado auferido ou recebido no mês do crédito efetuado pela instituição financeira.

§ 2º Tratando-se de prestador de serviços pessoa física, não inscrito ou baixado no Cadastro Mercantil de Contribuintes – CMC à época da percepção das receitas, tributar-se-ão as receitas omitidas na forma estabelecida no art. 49, no mês em que tenham sido creditadas em conta-corrente pela instituição financeira.

§ 3º Os valores cuja origem houver sido comprovada, que não houverem sido computados na base de cálculo do imposto a que estiverem sujeitos, submeter-se-ão às normas de tributação previstas na legislação vigente à época em que auferidos ou recebidos.

§ 4º Para efeito de determinação da receita omitida, os créditos serão analisados individualizadamente, observado que não serão considerados os decorrentes de transferências de outras contas da própria pessoa física ou jurídica, seja da mesma ou de outra instituição financeira.

Art. 41. Verificada a omissão de receita, a autoridade fiscal determinará o valor do imposto a ser lançado, considerando-se como base de cálculo o valor da receita omitida.

Art. 42. Verificada por indícios a omissão de receita, o Agente Fiscal poderá, para efeito de determinação da base de cálculo sujeita à incidência do imposto:

I - arbitrar a receita do contribuinte, tomando por base os critérios relacionados no art. 48;

II - utilizar o valor da receita omitida, obtido a partir das informações a que se refere o art. 40;

III - utilizar outros métodos de determinação da receita quando constatado qualquer artifício utilizado pelo contribuinte visando a frustrar a apuração da receita efetiva do seu estabelecimento.

Parágrafo único. A diferença positiva entre a receita arbitrada e a escriturada no mês, se houver, será considerada na determinação da base de cálculo do imposto.

SEÇÃO VI
DO REGIME DE ESTIMATIVA

Art. 43. Quando o volume ou modalidade da prestação do serviço aconselhar tratamento fiscal mais adequado, o imposto poderá ser calculado por estimativa, observado o disposto neste artigo, na forma e condições estabelecidas em regulamento.

§ 1º O enquadramento do sujeito passivo no regime de estimativa poderá, a critério do Fisco Municipal, ser feito individualmente por categorias de contribuintes ou por grupos de atividades econômicas.

§ 2º Também se sujeitam ao regime de estimativa as atividades exercidas em caráter provisório, assim consideradas aquelas cujo exercício seja de natureza temporária e esteja vinculada a fatores ou acontecimentos ocasionais ou excepcionais;

§ 3º Na fixação do valor do imposto por estimativa, levar-se-ão em conta os seguintes elementos:

I - o preço corrente de serviços;

II - o volume e a rotatividade do serviço no período considerado;

III - os fatores de produção usados na execução do serviço;

IV - o tempo despendido na elaboração do serviço e a natureza específica da atividade;

V - a margem de lucro praticada; e

VI - as peculiaridades do serviço prestado por cada contribuinte, durante o período considerado para cálculo da estimativa.

§ 4º A Secretaria Municipal de Economia poderá, a qualquer tempo e a seu critério:

I - suspender a aplicação do regime de estimativa, de modo geral, individualmente, ou quanto a qualquer atividade ou grupo de atividades;

II - notificar os contribuintes do enquadramento no regime de estimativa, do montante do imposto respectivo e da data de pagamento, na forma regulamentar;

III - exigir, antecipadamente, o pagamento do imposto.

§ 5º As impugnações e os recursos relativos ao regime de estimativa não terão efeito suspensivo.

§ 6º Os dispositivos que regulem os critérios para aplicação do regime de estimativa da base de cálculo entrarão em vigor 90 (noventa) dias após sua publicação, exceto nas situações enquadradas no § 2º

§ 7º Na impossibilidade de aplicação do disposto no § 3º deste artigo, o cálculo do valor do imposto por estimativa poderá, alternativamente, ser parametrizado nas disposições constantes no art. 48.

Art. 44. A Administração Tributária, mediante requerimento do interessado, poderá autorizar a apuração do imposto pelo regime normal de tributação desde que o contribuinte sujeito ao regime de estimativa apresente os meios de controle mínimos estabelecidos em Regulamento.

Parágrafo único. Dentre os meios de controles referidos no caput, poderão ser exigidos do contribuinte:

I - controles mecânicos e/ou digitais de acesso;

II - acesso separado para entrada, reentrada e saída do estabelecimento;

III - instalação de câmaras de filmagem nos locais indicados pela fiscalização;

IV - utilização de ingressos numerados, ou qualquer outra forma de controle de acesso previamente autorizada;

V - uso de aplicativo informatizado para controle da prestação dos serviços.

Art. 45. Os valores estimados poderão ser revisados a qualquer tempo, por iniciativa do Fisco Municipal ou a requerimento do contribuinte.

Parágrafo único. A revisão da estimativa por solicitação de contribuinte somente será feita quando comprovada a existência de elementos suficientes que a justifique ou quando da superveniência de fatores que modifiquem a situação fiscal do contribuinte.

Art. 46. Os contribuintes sujeitos ao regime de estimativa poderão, a critério da autoridade competente, ficar desobrigados da emissão e escrituração da documentação fiscal.

Art. 46-A. O Município de Maceió, no âmbito de sua respectiva competência, independentemente da receita bruta auferida no mês pelo contribuinte, fica autorizado a adotar valores fixos mensais, inclusive por meio de regime de estimativa fiscal ou arbitramento, para o recolhimento do ISS devido por ME que tenha auferido receita bruta total acumulada, nos mercados interno e externo, no ano-calendário anterior, de até R$ 360.000,00 (trezentos e sessenta mil reais), observado o disposto em Regulamento. (Incluído pela Lei nº 6.715, de 14 de dezembro de 2017)

SEÇÃO VII
DO ARBITRAMENTO

Art. 47. A base de cálculo será arbitrada pelo Fisco Municipal, na forma prevista em regulamento, sem prejuízo das penalidades cabíveis, quando da ocorrência das seguintes situações, isolada ou conjuntamente:

I – o contribuinte não possuir ou não colocar à disposição do Fisco Municipal os elementos necessários à comprovação do preço, incluídos os casos de perda, extravio ou inutilização de livros ou documentos fiscais;

II – o contribuinte for omisso ou, pela inobservância de formalidades intrínsecas ou extrínsecas, não merecer fé os livros ou documentos exibidos;

III – houver fundada suspeita de atos qualificados em lei como crimes ou contravenções ou que, mesmo sem essa qualificação, sejam praticados com dolo, fraude ou simulação, atos esses evidenciados pelo exame de livros e documentos do contribuinte, ou apurados por quaisquer meios diretos ou indiretos;

IV – houver fundada suspeita de que os valores lançados nos documentos fiscais não reflitam o preço real da prestação dos serviços;

V – os valores declarados nos documentos fiscais forem notoriamente inferiores ao preço corrente dos serviços prestados;

VI – não prestar, o contribuinte, após regularmente notificado e intimado, os esclarecimentos exigidos pela autoridade fiscal ou prestar esclarecimentos insuficientes ou que não mereçam fé;

VII – os serviços sejam prestados sem a determinação do preço ou a título de cortesia.

VIII – exercendo atividade sujeita à tributação pelo ISS, o prestador de serviços não estiver inscrito no Cadastro Mercantil de Contribuintes – CMC da Secretaria Municipal de Economia de Maceió;

IX – constatada omissão de receita tributável, nos termos desta Lei;

X – o sujeito passivo fraudar ou sonegar dados ou documentos indispensáveis ao lançamento do ISS;

XI – o sujeito passivo utilizar equipamento autenticador e transmissor de documentos fiscais eletrônicos que não atenda aos requisitos da legislação tributária;

XII – o contribuinte obstaculizar a fiscalização in loco ou quando não atender às exigências previstas no art. 44.

§ 1º O arbitramento previsto neste artigo não obsta a cominação das penalidades estabelecidas nesta Lei.

§ 2º O arbitramento referir-se-á, exclusivamente, aos fatos ocorridos no período em que se verificarem os pressupostos mencionados nos incisos deste artigo.

Art. 48. O arbitramento do preço do serviço será realizado com base nos preços praticados no mercado por outros contribuintes do mesmo ramo de atividade econômica ou de atividades assemelhadas, que tenham o mesmo porte daquele em relação ao qual estiver sendo feito o arbitramento.

§ 1º Inexistindo preço corrente no mercado, o arbitramento do preço será ele fixado com base, no mínimo, no somatório dos seguintes elementos, apurados mensalmente, acrescido da margem de lucro de 30% (trinta por cento):

I – folha de salários pagos adicionada de honorários de diretores, retiradas de proprietários, sócios ou gerentes e outras formas de remuneração;

II – 2% do valor de mercado do imóvel, se alugado ou 0,4%, se próprio;

III – 1,5% do valor de mercado ou de custo dos móveis, das máquinas e equipamentos utilizados na prestação do serviço;

IV – despesas gerais e os demais encargos obrigatórios do contribuinte;

§ 2º No caso da prestação dos serviços referentes aos itens 7.02 e 7.05 da lista de serviços constante do caput do art. 8ºpoderão ser utilizados índices nacionais ou regionais de construção civil, que indiquem custo de mão de obra e de materiais.

§ 3º Para a fixação da base imponível do imposto a ser lançado por arbitramento, nos casos previstos neste artigo, poderá ser adotada, ainda, a média aritmética dos valores apurados em períodos anteriores ou posteriores àquele a ser arbitrado, devidamente corrigida pelo IPCA/IBGE, ou outro índice que vier substituí-lo.

§ 4º O conflito entre informações fornecidas pelo próprio sujeito passivo, ou entre estas e aquelas fornecidas por outras fontes fidedignas, é motivo fundado e suficiente para a realização do arbitramento.

§ 5º Havendo discordância em relação ao preço arbitrado, caberá ao prestador do serviço comprovar a exatidão do valor por ele apresentado, que prevalecerá como base de cálculo.

§ 6° Na hipótese de arbitramento será obrigatória a lavratura de termo de fiscalização circunstanciado em que a autoridade fiscal indicará, de modo claro e preciso, os critérios que adotou para arbitrar a base de cálculo do tributo, observado o disposto em Regulamento.

§ 7° Do total arbitrado para cada período ou exercício, serão deduzidas as parcelas sobre as quais se tenha lançado o tributo.

SEÇÃO VIII
DA ALÍQUOTA

Art. 49. O valor do imposto será calculado aplicando-se à base de cálculo a alíquota de:

I – 2% (dois por cento) para os serviços relacionados no item 1, e item 17.19 do caput do art. 8º. (Redação dada pela Lei nº 6.715 de 14 de dezembro de 2017)

II – 2,5% (dois e meio por cento) para os serviços constantes dos itens 7.02 e 7.05 do caput do art. 8º desta Lei, incidente sobre o total bruto do faturamento, vedadas quaisquer espécies de deduções na base de cálculo, por exclusiva opção do respectivo contribuinte como forma de simplificação na apuração do valor devido do imposto.

III – 3% (três por cento) para os serviços relacionados nos itens 4.01 a 4.21: (Redação dada pela Lei nº 6.715 de 14 de dezembro de 2017)

a) Revogado. (Redação dada pela Lei nº 6.715 de 14 de dezembro de 2017)

IV – 4% (quatro por cento) para os seguintes itens: (Redação dada pela Lei nº 6.715 de 14 de dezembro de 2017)

a) no item 09;

b) no item 12;

c) prestados por profissionais liberais e autônomos, bem como pelas sociedades de profissionais

V – 5% (cinco por cento) para os serviços:

a) constantes dos demais itens do caput do art. 8º;

b) constantes dos itens 7.02 e 7.05, na hipótese de redução da base de cálculo conforme disposto no art. 27;

c) constantes dos itens 4.22 e 4.23, na hipótese de redução da base de cálculo conforme disposto no art. 31;

VI – 2.0% (dois por cento) para os contribuintes que prestam serviços de concretagem. (Redação acrescida pela Lei nº 6.829, de 27 de dezembro de 2018)

§ 1º Na hipótese em que um mesmo contribuinte efetuar prestação de serviços enquadráveis em mais de um dos itens a que se refere a lista de serviços constante do caput do art. 8º o ISS será calculado mediante utilização das alíquotas correspondentes a cada um dos referidos itens, aplicadas sobre o respectivo preço de cada serviço prestado.

§ 2º O contribuinte do Imposto Sobre Serviços de Qualquer Natureza – ISS que aderir ao Regime Especial instituído pela Lei Complementar n° 123, de 14 de dezembro de 2006, não poderá gozar de nenhuma isenção, redução de base de cálculo ou qualquer outro tipo de benefício fiscal referente ao aludido imposto e será tributado pela alíquota aplicável conforme regras previstas na referida Lei Complementar e não pela disciplinada nesta Lei. (Redação dada pela Lei nº 6.715 de 14 de dezembro de 2017)

§ 3º Revogado. (Redação dada pela Lei nº 6.715 de 14 de dezembro de 2017).

§ 4º Sob nenhuma hipótese, as reduções de base de cálculo, as concessões de isenções, incentivos e benefícios tributários ou financeiros, ou qualquer outra forma podem implicar, ainda que indiretamente, em carga tributária menor que a decorrente da aplicação de alíquota mínima de 2% (dois por cento), exceto para, quando for o caso, os serviços a que se referem os subitens 7.02, 7.05 e 16.01 da lista constante do art. 8º desta Lei.

§ 5º Os optantes pelo Regime do Simples Nacional poderão optar pela redução prevista no art. 27 ou por exclusiva opção do contribuinte reduzir a respectiva base de cálculo em 50% regulamentada por Portaria. (Redação acrescida pela Lei nº 6.829, de 27 de dezembro de 2018)

SEÇÃO IX
DO LANÇAMENTO

Art. 50. O lançamento do imposto, privativo de Auditor Fiscal de Tributos Municipais, é:

I - mensal e efetuado por homologação, de acordo com critérios e normas previstos na legislação tributária.

II - por arbitramento, observado o disposto no art. 47;

III - de ofício:

a) no caso de imposto calculado na forma do art. 43;

b) quando se tratar de profissionais liberais ou autônomos observado o disposto no art. 23;

c) mediante auto de infração ou notificação de lançamento, quando o contribuinte ou responsável não efetuar o recolhimento integral do imposto na forma e prazo estabelecidos.

§ 1º O cálculo e o recolhimento do imposto, na forma do inciso I, devido por pessoa jurídica ou pessoa a esta equiparada será feito pelo próprio contribuinte e considerar-se-á como base de cálculo o somatório dos preços dos serviços prestados durante o mês de competência.

§ 2º A constituição do crédito e seu lançamento, na forma prevista nos incisos II e III, "a" e "b", será feita pelo Fisco Municipal na forma do regulamento.

§ 3º O lançamento de ofício do crédito tributário a que alude o inciso III, alínea "c", será realizado por meio de notificação de lançamento ou por auto de infração, conforme estabelecido em regulamento.

§ 4º O imposto devido na forma do art. 23, correspondente ao exercício em que ocorrer a abertura ou cancelamento de inscrição, bem como a exercícios anteriores à abertura, deve ser recolhido pelo contribuinte no ato da inscrição ou do cancelamento no Cadastro Mercantil de Contribuintes - CMC, em tantos meses quantos forem aqueles de atividade no ano da inscrição, cancelamento ou exercícios anteriores, considerando-se mês qualquer fração, ainda que 1 (um) dia.

§ 5º O imposto devido na forma do art. 24 será lançado de ofício ou por homologação, conforme Portaria a ser estabelecida pela Secretaria Municipal de Economia. (Redação dada pela Lei nº 6.829, de 27 de dezembro de 2018)

Art. 51. Fica vedada a concessão de habite-se sem que a Secretaria Municipal de Economia ateste a regularidade do recolhimento do ISS incidente sobre os serviços de execução de obra de construção civil.

Art. 52. O Imposto Sobre Serviços de Qualquer Natureza - ISS não pago ou pago a menor, relativo as Nota Fiscais de Serviços Eletrônicas - NFS-e, às Notas Fiscais de Tomador de Serviços NFTS-e ou da Declaração Mensal de Serviços - DMS-e será enviado para inscrição em dívida ativa do Município com os acréscimos legais devidos, na forma do regulamento.

§ 1º O disposto no caput deste artigo aplica-se também ao ISS não pago ou pago a menor pelo responsável tributário.

Art. 53. A Administração Tributária poderá efetuar cobrança amigável do valor apurado, previamente à inscrição em dívida ativa do Município.

SEÇÃO X
DOS REGIMES DE PAGAMENTO DO IMPOSTO

Art. 54. A forma, condições e os prazos para recolhimento do imposto previsto neste Capítulo serão fixados em regulamento.

Parágrafo único. A Secretaria Municipal de Economia poderá a seu critério estabelecer atividades e prestadores sujeitos ao recolhimento antecipado do tributo.

Art. 55. Quando ocorrer o pagamento a maior do imposto, no regime de apuração mensal, este poderá ser compensado nos recolhimentos subsequentes, na forma que dispuser o regulamento.

Art. 56. A Secretaria Municipal de Economia estabelecerá regime especial de recolhimento do imposto a ser aplicado aos contribuintes profissionais liberais ou autônomos, bem como às sociedades uniprofissionais.

Art. 57. O valor do imposto a recolher pelo estabelecimento enquadrado no regime de estimativa será determinado por ato do Auditor Fiscal responsável. (Redação dada pela Lei nº 6.829, de 27 de dezembro de 2018)

Art. 58. Cada estabelecimento do contribuinte é considerado autônomo para efeito de escrituração e manutenção de livros e documentos fiscais e para o recolhimento do imposto relativo aos serviços nele prestados, respondendo a empresa pelos débitos, inclusive multas e acréscimos, referentes a quaisquer deles.

Parágrafo Único. O titular, sócio ou diretores de empresa são responsáveis pelo cumprimento de todas as obrigações, principais e acessórias, que esta Lei atribui a mesma.

SEÇÃO XI
DAS OBRIGAÇÕES ACESSÓRIAS

Art. 59. Os contribuintes do imposto ficam obrigados a manter em uso, escrita fiscal e contábil, destinada ao registro dos serviços prestados, ainda que não tributados.

Art. 60. Ficam instituídos a Nota Fiscal de Serviços Eletrônica – NFS-e; a Nota Fiscal do Tomador/Intermediário de Serviços Eletrônica – NFTS-e; o Cupom Fiscal Eletrônico; o Cupom Fiscal de Estacionamento; o Cupom Fiscal de Eventos; a Declaração Mensal de Serviços Eletrônica – DMS-e e a Declaração Mensal de Serviços de Instituições Financeiras – DMS-IF, cujos modelos serão definidos em Portaria do Secretário Municipal de Economia. (Redação dada pela Lei nº 6.829, de 27 de dezembro de 2018)

§ 1º A Secretaria Municipal de Economia poderá instituir outros documentos fiscais para controle da atividade do contribuinte, do substituto tributário e de qualquer tomador de serviço. (Redação dada pela Lei nº 6.829, de 27 de dezembro de 2018)

§ 2º A obrigação da entrega da Declaração Mensal de Serviços Eletrônica – DMS-e se estende ao não prestador de serviços conforme disposto em Regulamento.

§ 3º A Nota Fiscal do Tomador/Intermediário de Serviços Eletrônica deverá ser emitida pelas pessoas jurídicas e pelos condomínios edilícios residenciais ou comerciais por ocasião da contratação de serviços, sem a emissão da Nota Fiscal de Serviços Eletrônica – NFS-e, ainda que não haja obrigatoriedade de retenção na fonte do Imposto Sobre Serviços de Qualquer Natureza – ISS, assim como outras hipóteses a serem definidas no regulamento contido no § 4º deste artigo.

§ 4º Caberá ao Regulamento disciplinar a emissão da Nota Fiscal do Tomador/Intermediário de Serviços Eletrônica, definindo, em especial, os tomadores e os intermediários sujeitos à sua emissão.

§ 5º Por ocasião da prestação de cada serviço deverá ser emitida Nota Fiscal de Serviços Eletrônica, Cupom Fiscal Eletrônico, Cupom de Estacionamento, o Cupom Fiscal de Eventos ou outro documento exigido pela Administração, cuja utilização esteja prevista em Regulamento ou autorizada por regime especial.

§ 6º O Secretário Municipal de Economia poderá dispensar a seu critério as obrigações de que trata este artigo, inclusive nos casos de contribuintes sujeitos ao regime de estimativa.

§ 7º A critério da Administração Tributária, com a implantação da Nota Fiscal do Tomador/Intermediário de Serviços Eletrônica – NFTS-e poderá ser extinta a Declaração Mensal de Serviços Eletrônica – DMS-e, nos termos do Regulamento.

Art. 61. Além dos Cupons Fiscais de Eventos, os bilhetes, os ingressos ou as entradas utilizados pelos contribuintes do Imposto, para permitir o acesso do público ao local do evento, inclusive os gratuitos, de emissão obrigatória pelos prestadores de serviços de diversões públicas, são considerados documentos fiscais para os efeitos da legislação tributária do Município, e somente poderão ser comercializados ou distribuídos se autorizados previamente pela Secretaria Municipal de Economia, conforme dispuser o Regulamento.

Parágrafo único. A comercialização ou distribuição de cupons fiscais, de bilhetes, ingressos ou entradas, sem a prévia autorização, equivale à não emissão de documentos fiscais, sujeitando o infrator às disposições sobre infrações e penalidades previstas na legislação tributária do Município

Art. 62. Em hipótese alguma será permitido ao prestador de serviços emitir ou preencher Notas Fiscais de Serviço, ou documentos fiscais equivalentes:

I – destinados a uma única pessoa jurídica, englobando serviços que tiverem sido prestados para um ou em mais de um de seus estabelecimentos ou filiais; (Redação dada pela Lei nº 6.829, de 27 de dezembro de 2018)

II – destinados a pessoa jurídica com número de inscrição no Cadastro Nacional de Pessoas Jurídicas – CNPJ diverso daquela na qual ou para a qual foi efetivamente prestado o serviço.

Parágrafo único. A vedação imposta no inciso II deste artigo aplica-se, inclusive, nos casos de matriz e filial ou de filiais da mesma pessoa jurídica.

Art. 63. Toda e qualquer pessoa jurídica, empresário, sociedade empresária ou sociedade simples, nos termos da Lei Civil, sujeito passivo do Imposto Sobre Serviços de Qualquer Natureza ISS, fica obrigada a escriturar e manter, em cada um de seus estabelecimentos sujeitos à inscrição no Cadastro Mercantil de Contribuintes – CMC, escrita contábil destinada ao registro de suas operações, na conformidade do que for exigido pela legislação federal.

§ 1º As pessoas jurídicas mencionadas no caput, que mantenham filial no território do Município de Maceió, são obrigadas a manter contabilidade descentralizada para cada unidade ou centro de custo localizado neste município, de forma que se permita diferenciar as receitas e/ou despesas específicas das atividades de prestação e/ou aquisição de serviços, se e quando estas existirem e, ainda, que se permita diferenciar os valores de ISS recolhidos, a recolher e/ou retidos na fonte.

§ 2º As instituições bancárias, bancos comerciais e cooperativas de crédito deverão manter arquivados, em cada agência localizada no território do Município de Maceió, pelo prazo decadencial, os balancetes analíticos mensais padronizados pelo Banco Central do Brasil e o plano de contas analítico descritivo da instituição, ambos em meio impresso e em meio magnético, para exibição aos agentes do Fisco Municipal quando solicitados.

Art. 64. Os livros fiscais, notas fiscais e os documentos representativos ou indicativos de fatos geradores de obrigação tributária não poderão ser retirados do estabelecimento, sob nenhum pretexto, excetuados os casos em que estejam sob responsabilidade de profissional encarregado da contabilidade ou hajam sido solicitados, apreendidos pelo Fisco de qualquer nível de Governo, presumindo-se fora do estabelecimento, o livro que não for exibido, quando solicitado pelo Agente Fazendário Municipal, em prazo não inferior a 48 (quarenta e oito) horas.

Parágrafo único. Os Agentes do Fisco Municipal apreenderão mediante expedição do respectivo termo, todos os livros fiscais, notas fiscais e os documentos representativos ou indicativos de fatos geradores de obrigação, tributária encontrados fora do estabelecimento, e os devolverão ao contribuinte, após a lavratura do Auto de Infração cabível.

Art. 65. Revogado. (Redação dada pela Lei nº 6.829, de 27 de dezembro de 2018)

Parágrafo único. Revogado. (Redação dada pela Lei nº 6.829, de 27 de dezembro de 2018)

Art. 66. Os livros fiscais e comerciais, de qualquer natureza, assim como notas fiscais ou qualquer documento que de algum modo se refira ou esteja relacionado a fato (s) gerador (es) de obrigação tributária são de exibição obrigatória ao fisco, devendo ser conservados, pelo prazo de 05 (cinco) anos, por quem tiver feito uso, contados da comunicação oficial do encerramento da atividade econômica.

§ 1º Para os efeitos deste artigo, não têm aplicação quaisquer disposições legais, excludentes ou limitativas dos direitos do Fisco, de examinar livros, arquivos, documentos, papéis e feitos comerciais e fiscais.

§ 2º Os livros fiscais e comerciais, notas fiscais e documentos citados no "caput" deste artigo poderão ser examinados, pelos agentes do fisco municipal, fora do estabelecimento do sujeito passivo, desde que lavrado termo escrito de retenção pela autoridade fiscal, em que se especifiquem a quantidade, espécie, natureza e condições dos livros e documentos retidos.

§ 3º Constituindo os livros fiscais, notas fiscais ou documentos supramencionados prova da prática de ilícito tributário, o Auditor Fiscal extrairá cópias dos respectivos originais. (Redação dada pela Lei nº 6.829, de 27 de dezembro de 2018)

§ 4º Revogado. (Redação dada pela Lei nº 6.829, de 27 de dezembro de 2018)

§ 5º O sujeito passivo que utiliza sistema de processamento eletrônico de dados para registrar negócios e atividades econômicas ou financeiras, escriturar livros ou elaborar documentos de natureza contábil ou fiscal, fica obrigado a manter, à disposição da Fazenda Municipal, os respectivos arquivos digitais e sistemas, além da documentação técnica que a eles se refiram, pelo prazo previsto no caput, e sem prejuízo da sua emissão gráfica, quando solicitada.

§ 6º Revogado. (Redação dada pela Lei nº 6.829, de 27 de dezembro de 2018)

§ 7° Em caso de perda, extravio, furto ou roubo de documentos fiscais, o sujeito passivo fica obrigado a comunicar o fato à Administração Tributária, no prazo de até 20 (vinte) dias úteis, apresentando as provas necessárias, conforme definido pela Secretaria Municipal de Economia.

Art. 67. A Administração Tributária poderá exigir das administradoras de cartões de crédito ou débito declaração de operações de cartões de crédito ou débito em estabelecimentos credenciados, prestadores de serviços ou não, localizados no Município de Maceió.

§ 1º As administradoras de cartões de crédito ou débito prestarão informações sobre as operações efetuadas com cartões de crédito ou débito, compreendendo os montantes globais por estabelecimento prestador credenciado, ficando proibida, quando for o caso, a identificação do tomador de serviço, salvo por decisão judicial, quando se tratar de pessoas físicas.

§ 2º Para os efeitos desta Lei, considera-se administradora de cartões de crédito ou débito, em relação aos estabelecimentos prestadores credenciados, a pessoa jurídica responsável pela administração da rede de estabelecimentos, bem assim pela captura e transmissão das transações dos cartões de crédito ou débito.

§ 3º Caberá ao Regulamento disciplinar a forma, os prazos e demais condições necessárias ao cumprimento da obrigação de que trata este artigo.

SEÇÃO XII
DA NOTA FISCAL ELETRÔNICA E DO PROGRAMA DE EDUCAÇÃO FISCAL DE ESTIMULO A EMISSÃO DE NOTA FISCAL

SUBSEÇÃO I
DA NOTA FISCAL ELETRÔNICA

Art. 68. Caberá ao regulamento disciplinar a emissão da Nota Fiscal de Serviços Eletrônica, definindo, em especial, os contribuintes sujeitos à sua utilização, por atividade e por faixa de receita bruta.

SUBSEÇÃO II
DO PROGRAMA DE ESTÍMULO A AMISSÃO DA NOTA FISCAL

Art. 69. O Poder executivo poderá instituir o programa de estímulo a emissão de nota fiscal que será regido pelas disposições desta Subseção.

Art. 70. Caberá ao Regulamento:

I – definir o cronograma de implantação e os serviços passíveis de geração de créditos tributários para os tomadores de serviços;

II – definir os percentuais de que trata o § 1º do art. 71.

III – definir o nome a ser utilizado pelo programa de estímulo a emissão de nota fiscal.

Art. 71. O tomador de serviços poderá utilizar como crédito, para fins do disposto no art. 72, parcela do Imposto Sobre Serviços de Qualquer Natureza – ISS, devidamente recolhido, relativo às Notas Fiscais de Serviços Eletrônicas passíveis de geração de crédito.

§ 1º O tomador de serviços fará jus ao crédito de que trata o caput deste artigo nos seguintes percentuais, a serem definidos pelo Regulamento, em conformidade com o disposto no inciso II do art. 70aplicados sobre o valor do ISS:

I - de até 30% (trinta por cento) para pessoas físicas, observado o disposto no § 3º deste artigo;

II - de até 10% (dez por cento) para Microempresas - ME e empresas optantes pelo Regime Especial Unificado de Arrecadação de Tributos e Contribuições - Simples Nacional, de que trata a Lei Complementar Federal nº 123, de 14 de dezembro de 2006, observado o disposto no inciso IV deste parágrafo e nos §§ 2º e 3º deste artigo;

III - de até 10% (dez por cento) para condomínios edilícios residenciais ou comerciais localizados no Município de Maceió, observado o disposto no § 3º deste artigo;

IV - de até 5% (cinco por cento) para as pessoas jurídicas responsáveis pelo recolhimento do ISS, nos termos do art. 11, observado o disposto no § 2º deste artigo.

§ 2º Não farão jus ao crédito de que trata o caput deste artigo:

I - os órgãos da administração pública direta da União, dos Estados e do Município de Maceió, bem como suas autarquias, fundações, empresas públicas, sociedades de economia mista e demais entidades controladas direta ou indiretamente pela União, pelos Estados ou pelo Município;

II - as pessoas jurídicas estabelecidas fora do território do Município de Maceió;

III - as empresas concessionárias, autorizatárias e permissionárias de serviços públicos de qualquer natureza, concedidos, autorizados ou permitidos por qualquer das esferas de governo;

IV - as instituições financeiras e assemelhadas.

§ 3º No caso de o prestador de serviços ser optante do Simples Nacional, será considerada, para cálculo do crédito a que se refere o caput deste artigo, a alíquota será aquela descrita no respectivo documento fiscal. (Redação dada pela Lei nº 6.715 de 14 de dezembro de 2017).

Art. 72. O tomador de serviços que receber os créditos a que se refere os arts. 71e 74 poderá utilizá-los para:

I - abatimento do valor do Imposto sobre a Propriedade Predial e Territorial Urbana (IPTU) a pagar de exercícios subsequentes, referente a imóvel localizado no território do Município de Maceió, indicado pelo tomador, na conformidade do que dispuser o Regulamento;

II - solicitação do depósito dos créditos em conta corrente mantida em instituição do Sistema Financeiro Nacional;

III - outras finalidades, na conformidade do que dispuser o Regulamento.

§ 1º Na hipótese prevista no inciso I do caput deste artigo:

I - não será exigido nenhum vínculo legal do tomador do serviço com a inscrição imobiliária por ele indicada;

II - os créditos só poderão ser utilizados em imóvel sobre o qual não recaia débito em atraso;

III - os créditos não poderão ser utilizados em imóvel cujo proprietário, titular do seu domínio útil, ou possuidor a qualquer título, esteja inadimplente em relação a obrigações pecuniárias, de natureza tributária ou não, perante o Município de Maceió.

§ 2º O depósito dos créditos a que se refere o inciso II do caput deste artigo somente poderá ser efetuado se o valor a ser creditado corresponder a, no mínimo, R$ 25,00 (vinte e cinco reais), desde que o beneficiário não tenha débitos, de natureza tributária ou não, com a Fazenda Municipal.

§ 3º A utilização dos créditos ocorrerá conforme cronograma a ser estabelecido pela Secretaria Municipal de Economia.

§ 4º A validade dos créditos será de 12 (doze) meses contados da data de disponibilização do crédito para utilização no extrato do Programa de estímulo à emissão de nota fiscal.

§ 5º Não se aplica o disposto nos incisos II e III do § 1º e no § 2º quando o débito, de natureza tributária ou não, estiver com sua exigibilidade suspensa, na forma prevista no art. 151 do Código Tributário Nacional - CTN.

Art. 73. Os créditos de que trata o art. 71, bem como os recursos destinados ao sorteio de prêmios previsto no inciso I do art. 74, serão contabilizados à conta da receita do ISS.

Art. 74. A Secretaria Municipal de Economia poderá, atendidas as demais condições previstas nesta Lei:

I - instituir sistema de sorteio de prêmios, observando-se, no que couber, o disposto na legislação

LEGISLAÇÃO

federal, para consumidor final que seja pessoa física, condomínio edilício e pessoa enquadrada no inciso II deste artigo, identificado no Documento Fiscal Eletrônico relativo à aquisição;

II - nas hipóteses em que a Nota Fiscal de Serviços Eletrônica - NFS-e não indicar o nome do consumidor, permitir que sejam indicadas, como favorecidas pelo crédito previsto no art. 71desta Lei, entidades estabelecidas no Município de Maceió, desde que, não tenham fins lucrativos e atuem nas seguintes áreas:

a) assistência social;

b) saúde;

c) cultural ou desportiva;

d) meio ambiente;

e) pessoa com deficiência; e

f) defesa e proteção animal;

III - disciplinar a execução do Programa.

Art. 75. À Secretaria Municipal de Economia compete fiscalizar os atos relativos à concessão e utilização dos créditos previstos no arts. 71 e 74, bem como à realização do sorteio de que trata o inciso I do art. 74, com o objetivo de assegurar o cumprimento da legislação que disciplina a matéria e a proteção ao erário, podendo, dentre outras providências:

I - suspender a concessão e utilização dos créditos previstos nos arts. 71 e 74, bem como a participação no sorteio de que trata o inciso I do art. 74, quando houver indícios de ocorrência de irregularidades;

II - cancelar os benefícios referidos no inciso I deste artigo, se a ocorrência de irregularidades for confirmada em regular processo administrativo, conforme disciplina a ser estabelecida pela Secretaria Municipal de Economia.

Parágrafo único. Na hipótese de, ao final do processo administrativo, não se confirmar a ocorrência de irregularidades, serão restabelecidos os benefícios referidos no inciso I deste artigo, salvo a participação no sorteio, que ficará prejudicada caso o certame já tenha encerrado.

Art. 76. O Poder Executivo promoverá campanhas de educação fiscal com o objetivo de informar, esclarecer e orientar a população sobre:

I - o direito do tomador de serviços de receber o documento fiscal referente às prestações de serviços e o dever do prestador de cumprir suas obrigações tributárias e emitir documento fiscal válido a cada prestação;

II - o exercício do direito de que trata o art. 71 desta Lei;

III - a verificação da geração do crédito relativo à determinada prestação de serviços e do seu saldo de créditos.

Art. 77. A Secretaria Municipal de Economia poderá divulgar e disponibilizar, por meio da Internet, estatísticas referentes ao Programa, incluindo as relativas à quantidade de reclamações e denúncias registradas em seu âmbito.

§ 1º As estatísticas de que trata o caput deste artigo poderão ser segregadas por atividade econômica preponderante e por prestadores de serviços, inclusive com a indicação do nome empresarial, Cadastro Nacional da Pessoa Jurídica - CNPJ e endereço.

§ 2º Sem prejuízo do disposto no § 1º deste artigo, quando se tratar de reclamações e denúncias, as estatísticas versarão sobre apontamentos e registros objetivos do respectivo banco de dados, sem a realização de qualquer juízo de valor sobre as práticas ou condutas comerciais dos prestadores de serviços nele catalogados, e não poderão conter informações negativas referentes a período superior a 5 (cinco) anos.

Art. 78. O estabelecimento prestador do serviço deverá informar ao tomador do serviço a possibilidade de solicitar a indicação do número de seu Cadastro de Pessoas Físicas - CPF ou Cadastro Nacional da Pessoa Jurídica -CNPJ no documento fiscal relativo à operação.

Parágrafo único. O estabelecimento indicado no caput deste artigo deverá afixar em pontos de ampla visibilidade a logomarca do Programa na forma definida em Regulamento.

SEÇÃO XIII
DA INSCRIÇÃO

Art. 79. Todas as pessoas jurídicas ou equiparadas estabelecidas, ou que venham a se estabelecer, no Município de Maceió para o exercício de atividade econômica e/ou sociais, contribuintes ou não do ISS, inclusive os condomínios edilícios, os consórcios, os serviços notariais, os órgãos, empresas e entidades da Administração Pública Direta e Indireta de quaisquer dos poderes da União, dos Estados, do Distrito Federal e dos Municípios são obrigados a inscreverem-se no Cadastro Mercantil de Contribuintes - CMC, mantido pela Secretaria Municipal de Economia.

§ 1º A inscrição no CMC tem efeito único e exclusivo de registro fiscal do contribuinte e suas respectivas atividades para fim de controle da administração tributária, não estando sujeita a qualquer modificação por ocorrências de ordem não tributária.

§ 2º As pessoas naturais que exerçam, ou venham a exercer, atividades sujeitas aos tributos municipais também são obrigadas a inscreverem-se no CMC.

§ 3º A inscrição é obrigatória inclusive no caso em que as pessoas gozem de imunidade, isenção ou qualquer outro benefício fiscal concedido, em caráter permanente ou provisório.

§ 4º A inscrição no cadastro de que trata este artigo deve ser feita em até 30 (trinta) dias contados da inscrição no Cadastro Nacional de Pessoa Jurídica (CNPJ). (Inserido pela Lei nº 6.715, de 14 de dezembro de 2017).

Art. 80. As declarações e informações prestadas no ato da inscrição ou da atualização dos dados cadastrais não implicam sua aceitação pelo Fisco Municipal, que poderá revê-las de ofício a qualquer tempo, independentemente de prévia comunicação.

Art. 81. As alterações dos dados cadastrais ocorridas posteriormente à inscrição inicial e o encerramento de atividades do estabelecimento, deverão ser informadas à Secretaria Municipal de Economia a partir da data da ocorrência, nos termos do regulamento.

Parágrafo único. A inscrição no CMC poderá ser enquadrada como suspensa, conforme o caso, nos termos previstos em regulamento, o qual conterá entre outras possibilidades o interesse da administração fazendária e a interrupção temporária de suas atividades, desde que declarada tal situação ao órgão de registro e com prazo definido.

Art. 82. Cada estabelecimento, seja matriz ou filial, deverá ter um único número de inscrição no CMC, independente dos tributos mobiliários incidentes.

Art. 83. Compete à Secretaria Municipal de Economia, em caso de omissão do contribuinte e sempre que julgado necessário, promover, de ofício, inscrições, alterações de dados cadastrais e cancelamento de inscrições.

Art. 84. Com relação à inscrição mobiliária, serão estabelecidos em regulamento:

I - os procedimentos referentes à inscrição, classificação, suspensão e cancelamento das pessoas físicas e jurídicas no cadastro, bem como à atualização de dados e informações cadastrais;

II - os dados dos sujeitos passivos que deverão constar no cadastro;

III - as codificações a serem adotadas para a classificação das pessoas naturais e jurídicas obrigadas ao cadastramento;

IV - os prazos e a forma do cumprimento das obrigações constantes desta Seção;

V - outros elementos necessários ao regular funcionamento do cadastro.

Parágrafo Único. O Regulamento poderá dispor ainda sobre a simplificação dos procedimentos da inscrição no CMC.

Art. 85. A suspensão ou a baixa de inscrição cadastral, de ofício ou a pedido do sujeito passivo, não implica em quitação de qualquer débito de sua responsabilidade existente ou que venha a ser apurado.

Art. 86. As pessoas jurídicas ou equiparadas obrigadas a realizar inscrição cadastral também são obrigadas a atenderem a convocação da Secretaria Municipal de Economia para realizarem o recadastramento dos seus dados junto ao CMC.

Parágrafo único. Para os fins do disposto neste artigo, a Secretaria Municipal de Economia fica autorizada a realizar sempre que necessário o recadastramento dos sujeitos passivos, nas formas e prazos estabelecidos.

Art. 87. O não atendimento, por parte do sujeito passivo, ao disposto no art. 86, além da sujeição às sanções previstas em Lei, implicará em suspensão ou cancelamento da sua inscrição cadastral, na forma estabelecida pela Secretaria Municipal de Economia.

SEÇÃO XIV
INFRAÇÕES E PENALIDADES

Art. 88. As infrações às normas relativas ao imposto sujeitam o infrator às seguintes penalidades:

I - infrações relativas à inscrição cadastral: multa de R$ 5.000,00 (cinco mil reais) aos que deixarem de efetuar, na conformidade do regulamento, ou a realizar com informações falsas, a inscrição inicial em Cadastro Mercantil de Contribuintes - CMC. (Redação dada pela Lei nº 6.829, de 27 de dezembro de 2018)

II - infrações relativas a alterações cadastrais ou ao não atendimento de solicitação de recadastramento: multa de R$ 3.000,00 (três mil reais) aos que deixarem de efetuar, na conformidade do regulamento, ou a realizar com informações falsas, bem como efetuarem, sem causa, as alterações de dados cadastrais ou o encerramento de atividade, no Cadastro Mercantil de Contribuintes - CMC. (Redação dada pela Lei nº 6.829, de 27 de dezembro de 2018)

III - Revogado. (Redação dada pela Lei nº 6.829, de 27 de dezembro de 2018)

IV - Revogado. (Redação dada pela Lei nº 6.829, de 27 de dezembro de 2018)

V - infrações relativas a escrituração fiscal, em desconformidade do regulamento: multa de R$ 1.000,00 (mil reais), por infração; (Redação dada pela Lei nº 6.829, de 27 de dezembro de 2018)

VI - infrações relativas aos documentos fiscais:

a) multa equivalente a 50% (cinquenta por cento) do valor do imposto devido, observada a imposição mínima de R$ 5.000,00 (cinco mil reais), aos que deixarem de emitir ou o fizerem com importância diversa do valor dos serviços, com dados inexatos ou em desacordo com o estabelecido no art. 62,nota fiscal de serviços eletrônica ou outro documento previsto em regulamento, exceto quando ocorrer a situação prevista na alínea "i" deste inciso;

b) multa equivalente a 50% (cinquenta por cento) do valor do imposto devido, observada a imposição mínima de R$ 5.000,00 (cinco mil reais), aos que cancelarem documento fiscal ou promoverem deduções da base de cálculo não comprovadas por documentos fiscais hábeis, em desacordo com o que preceitua a legislação tributária municipal;

c) multa equivalente a 100% (cem por cento) do valor do imposto devido, observada a imposição mínima de R$ 10.000,00 (dez mil reais), aos que adulterarem ou fraudarem nota fiscal de serviços eletrônica ou outro documento previsto em regulamento;

d) multa equivalente a 50% (cinquenta por cento) do valor do imposto devido, observada a imposição mínima de R$ 5.000,00 (cinco mil reais), aos que, não tendo efetuado o pagamento do imposto correspondente, emitirem, para operações tributáveis, documento fiscal referente a serviços não tributáveis ou isentos e aos que, em proveito próprio ou alheio, se utilizarem desses documentos para a produção de qualquer efeito fiscal;

e) multa equivalente a 50% (cinquenta por cento) do valor do imposto devido, observada a imposição mínima de R$ 1.000,00 (mil reais), aos tomadores de serviços responsáveis pelo pagamento do imposto que deixarem de emitir ou o fizerem com importância diversa do valor dos serviços ou com dados inexatos, nota fiscal eletrônica do tomador/intermediário de serviço sou outro documento previsto em regulamento;

f) multa de R$ 200,00 (duzentos reais), por documento, aos tomadores de serviços não obrigados à retenção e recolhimento do imposto que deixarem de emitir ou o fizerem com importância diversa do valor dos serviços ou com dados inexatos, nota fiscal eletrônica do tomador/intermediário de serviços ou outro documento previsto em regulamento;

g) multa de R$ 5.000,00 (cinco mil reais) por recusa inválida de documento fiscal;

h) multa de R$ 600,00 (seiscentos reais) por veículo, aos prestadores de serviços de estacionamento ou de manobra e guarda de veículos ("valetservice"), ou aos estabelecimentos que disponibilizarem o "valetservice" para seus clientes, que deixarem de afixar o cupom de estacionamento em veículo usuário do serviço;

i) multa de R$ 1.200,00 (mil e duzentos reais) por veículo, aos prestadores de serviços de estacionamento ou de manobra e guarda de veículos ("valetservice"), ou aos estabelecimentos que disponibilizarem o "valetservice" para seus clientes, que adulterarem, fraudarem ou emitirem com dados inexatos o cupom de estacionamento afixado em veículo usuário do serviço;

j) multa equivalente a 20% (vinte por cento) do valor do imposto devido, observada a imposição mínima de R$ 1.000,00 (mil reais), aos que, tendo efetuado o pagamento integral do imposto, utilizarem bilhetes de ingresso não autorizados na conformidade do regulamento;

VII – infrações relativas à ação fiscal: multa de R$ 5.000,00 (cinco mil reais) aos que embaraçarem a ação fiscal, recusarem ou sonegarem a exibição de livros, documentos, impressos, papéis, declarações de dados, programas e arquivos magnéticos ou eletrônicos, armazenados por qualquer meio, que se relacionem à apuração do imposto devido;

VIII – infrações relativas à apresentação das declarações que devam conter os dados referentes aos serviços prestados ou tomados de terceiros, ou o valor do imposto:

a) multa de R$ 1.500,00 (mil e quinhentos reais), por declaração, aos que a apresentarem fora do prazo estabelecido em regulamento;

b) multa de R$ 3.000,00 (três mil reais), por declaração, aos que deixarem de apresentá-la;

IX – infrações relativas às declarações que devam conter os dados referentes aos serviços prestados ou tomados de terceiros, ou o valor do imposto:

a) nos casos em que não houver sido recolhido integralmente o imposto correspondente ao período da declaração: multa equivalente a 50% (cinquenta por cento) do valor do imposto devido, referente aos serviços não declarados ou declarados com dados inexatos ou incompletos, na conformidade do regulamento, observada a imposição mínima de R$ 2.000,00 (dois mil reais), por declaração;

b) nos casos em que houver sido recolhido integralmente o imposto correspondente ao período da declaração: multa equivalente a 20% (vinte por cento) do valor do imposto devido, referente aos serviços não declarados ou declarados com dados inexatos ou incompletos, na conformidade do regulamento, observada a imposição mínima de R$ 1.500,00 (mil e quinhentos reais), por declaração;

c) nos casos em que não houver imposto a ser recolhido, correspondente ao período da declaração: multa equivalente a R$ 1.500,00 (mil e quinhentos reais), por declaração, referente aos serviços não declarados ou declarados com dados inexatos ou incompletos, na conformidade do regulamento.

X – infração relativa às declarações destinadas à apuração do imposto estimado: multa de R$ 3.000,00 (três mil reais), por declaração, aos que deixarem de apresentá-la ou aos que a apresentarem fora do prazo estabelecido em regulamento ou o fizerem com dados inexatos ou omitirem elementos indispensáveis à apuração do imposto devido;

XI – Revogado. (Redação dada pela Lei nº 6.829, de 27 de dezembro de 2018)

XII – infrações relativas à utilização de equipamento autenticador e transmissor de documentos fiscais eletrônicos:

a) multa de R$ 5.000,00 (cinco mil reais), por equipamento, aos que utilizarem equipamento autenticador e transmissor de documentos fiscais eletrônicos, sem a correspondente autorização da Administração Tributária;

b) multa de R$ 200,00 (duzentos reais), por equipamento, por mês ou fração de mês, aos que emitirem cupom fiscal eletrônico ou documento fiscal equivalente sem as indicações estabelecidas na legislação;

c) multa de R$ 200,00 (duzentos reais), por equipamento, por mês ou fração de mês, aos que utilizarem equipamento autenticador e transmissor de documentos fiscais eletrônicos, em desacordo com as normas estabelecidas na legislação, para o qual não haja penalidade específica prevista na legislação do imposto;

d) multa de R$ 5.000,00 (cinco mil reais), por equipamento, aos que mantiverem, no estabelecimento, equipamento autenticador e transmissor de documentos fiscais eletrônicos com lacre violado ou colocado de forma que não atenda às exigências da legislação;

XIII – infrações relativas à apresentação das declarações de instituições financeiras e assemelhadas que devam conter os dados referentes aos serviços prestados, às informações relativas às contas contábeis e à natureza das operações realizadas e ao valor do imposto:

a) multa de R$ 5.000,00 (cinco mil reais), por declaração, aos que a apresentarem fora do prazo estabelecido em regulamento; (Redação dada pela Lei nº 6.829, de 27 de dezembro de 2018)

b) multa de R$ 12.000,00 (doze mil reais), por declaração, aos que deixarem de apresentá-la; (Redação dada pela Lei nº 6.829, de 27 de dezembro de 2018)

XIV – infrações relativas à Nota Fiscal de Serviços Eletrônica – NFS-e:

a) aos prestadores de serviços que substituírem RPS por NFS-e após o prazo regulamentar, multa de 20% (vinte por cento) do valor do imposto devido, observada a imposição mínima de R$ 200,00 (duzentos reais), por documento substituído fora do prazo;

b) aos prestadores de serviços que, em determinado mês, substituírem um ou mais RPS por NFS-e após o prazo regulamentar, multa de R$ 200,00 (duzentos reais) no respectivo mês, nos casos em que não houver imposto a ser recolhido;

c) aos prestadores de serviços que, em determinado mês, substituírem um ou mais RPS por NFS-e após o prazo regulamentar, multa de R$ 200,00 (duzentos reais) por documento, nos casos em que não houver imposto a ser recolhido; (Redação dada pela Lei nº 6.829, de 27 de dezembro de 2018)

d) multa equivalente a 50% (cinquenta por cento) do valor do imposto devido, observada a imposição mínima de R$ 5.000,00 (cinco mil reais), aos que deixarem de substituir RPS por NFS-e; (Redação dada pela Lei nº 6.829, de 27 de dezembro de 2018)

e) multa equivalente a 50% (cinquenta por cento) do valor do imposto devido, observada a imposição mínima de R$ 5.000,00 (cinco mil reais), aos prestadores de serviços que, obrigados à emissão de Nota Fiscal de Serviços Eletrônica, emitirem documento fiscal que não seja hábil ou adequado à respectiva prestação de serviço. (Redação acrescida pela Lei nº 6.829, de 27 de dezembro de 2018)

XV – infrações relativas ao Programa de Estimulo à emissão de nota fiscal: multa de R$ 2.000,00 (dois mil reais), por infração, para o prestador de serviços que praticar as seguintes condutas:

a) dificultar ao tomador de serviços o exercício dos direitos previstos na Lei que instituiu o Programa de Estimulo à emissão de nota fiscal, inclusive por meio de omissão de informações ou pela criação de obstáculos procedimentais;

b) induzir, por qualquer meio, o tomador de serviços a não exercer os direitos previstos no Programa de Estimulo à Emissão de Nota Fiscal;

c) deixar de afixar em pontos de ampla visibilidade a logomarca do Programa de Estimulo à Emissão de Nota Fiscal, na forma definida em regulamento;

d) deixar de informar ao tomador de serviço a possibilidade de solicitar a indicação do número de seu Cadastro de Pessoas Físicas – CPF ou Cadastro Nacional de Pessoas Jurídicas – CNPJ no documento fiscal relativo à operação.

XVI – infrações relativas ao fornecimento de informações referentes à utilização de cartões de crédito ou débito e congêneres em estabelecimentos localizados no Município de Maceió: (Redação dada pela Lei nº 6.829, de 27 de dezembro de 2018)

a) multa de R$ 20.000,00 (vinte mil reais), por mês, às pessoas jurídicas administradoras de cartão de crédito ou débito e congêneres que deixarem de apresentar, na conformidade do regulamento, as informações relativas à utilização de cartões de crédito ou débito e congêneres em estabelecimentos localizados no Município de Maceió; (Redação dada pela Lei nº 6.829, de 27 de dezembro de 2018)

b) multa de R$ 10.000,00 (dez mil reais), por mês, às pessoas jurídicas administradoras de cartão de crédito ou débito e congêneres que apresentarem fora do prazo estabelecido em regulamento, ou o fizerem com dados inexatos ou incompletos, as informações relativas à utilização de cartões de crédito ou débito e congêneres em estabelecimentos localizados no Município de Maceió. (Redação dada pela Lei nº 6.829, de 27 de dezembro de 2018)

XVII – infrações para as quais não haja penalidade específica prevista na legislação do tributo: multa de R$ 1.000,00 (mil reais).

§ 1º As importâncias, em valores fixos, previstas neste artigo, atualizadas para o exercício de 2017:

I – serão corrigidas anualmente, a partir de 1º de janeiro de cada exercício financeiro, pela variação acumulada do IPCA de novembro do ano anterior a outubro do ano em curso, ou de outro índice que vier a substituir. (Redação dada pela Lei nº 6.829, de 27 de dezembro de 2018)

II – terão os seguintes descontos:

a) 80% (oitenta por cento) para Microempreendedor Individual – MEI;

b) 50% (cinquenta por cento) para empresas optantes do Simples Nacional.

III – Sem prejuízo do disposto no inciso anterior, as multas de que trata este artigo poderão ser pagas com desconto de:

a) 60% (sessenta por cento) se o autuado reconhecer a procedência do Auto de Infração, efetuando o pagamento das importâncias exigidas, dentro do prazo para apresentação da defesa; e

b) 30% (trinta por cento) se o autuado reconhecer a procedência do Auto de Infração, efetuando o pagamento das importâncias exigidas, no curso da análise da defesa, ou no prazo para apresentação de recurso voluntário.

§ 2º O disposto no inciso I do caput deste artigo aplica-se também aos prestadores de serviços de construção civil que não efetuarem o cadastro de obra junto à Prefeitura de Maceió ou o fizerem após o prazo estabelecido.

§ 3º Aplica-se o disposto no inciso VII do caput deste artigo às declarações apresentadas pelas instituições financeiras e assemelhadas.

§ 4º As infrações e penalidades constantes deste artigo não elidem as demais previstas na legislação tributária específica.

§ 5º As multas de que trata este artigo não poderão ser dispensadas, nem poderão deixar de ser lançadas pelo agente fiscal, em hipótese alguma.

Art. 89. Sem prejuízo das medidas administrativas e judiciais cabíveis, aplica-se o disposto no art. 292 ao imposto não integralmente pago no vencimento ou decorrente de notificação de lançamento ou auto de infração.

Art. 90. Iniciado o procedimento fiscal, a falta de recolhimento ou o recolhimento a menor do Imposto Sobre Serviços de Qualquer Natureza – ISS, pelo prestador do serviço ou responsável, nos prazos previstos em lei ou regulamento, implicará a aplicação, de ofício, das seguintes multas.

I –50 % (cinquenta por cento) do valor do imposto devido e não recolhido, ou recolhido a menor, nos prazos previstos em lei ou regulamento, pelo prestador do serviço ou pelo responsável tributário, excetuadas as hipóteses previstas nos incisos II e III deste artigo;

II – 80 % (oitenta por cento) do valor do imposto devido e não recolhido, nos prazos previstos em lei ou regulamento, ou recolhido a menor, pelo prestador do serviço que:

a) simular que os serviços prestados por estabelecimento localizado no Município de Maceió, inscrito ou não no Cadastro Mercantil de Contribuintes – CMC, tenham sido realizados por estabelecimento de outro município;

b) obrigado à inscrição no Cadastro Mercantil de Contribuintes – CMC, prestar serviço sem a devida inscrição municipal;

c) omitir receitas tributáveis pelo ISS, nos termos definidos nos arts. 39 e 40 desta Lei;

d) praticar atos que caracterizem sonegação fiscal, fraude ou conluio, como definidos respectivamente nos arts. 336 a 338 desta Lei;

III – 100 % (cem por cento) do valor do imposto retido e não recolhido, ou recolhido a menor, pelo responsável tributário.

Art. 91. Revogado. (Redação dada pela Lei nº 6.829, de 27 de dezembro de 2018)

Parágrafo único. Revogado. (Redação dada pela Lei nº 6.829, de 27 de dezembro de 2018)

Art. 92. Pode o notificado, por descumprimento de obrigação principal, pagar a multa de ofício, com desconto previsto no art. 433 desta Lei.

Parágrafo único. Considerar-se-á feita a intimação na forma prevista no art. 269. (Redaçao dada pela Lei nº 6.829, de 27 de dezembro de 2018)

SEÇÃO XV
ISENÇÕES

Art. 93. São isentos do imposto de que trata este Capítulo:

I – Concertos, recitais, "shows", exibições cinematográficas, quermesses e espetáculos similares, quando realizados para fins assistenciais e educacionais, por entidades regularmente constituídas;

II – Os pequenos artífices, assim considerados os que, em seu próprio domicílio, sem porta aberta para a via pública e sem propaganda de qualquer espécie, prestem serviços por conta própria, sem empregados, não se entendendo como tais cônjuge ou filhos do contribuinte;

III – Os prestadores de serviço de transporte por táxi ou caminhão, desde que possuam, no máximo um único veículo e executem, eles próprios, os serviços.;

IV – A intermediação de serviços pela Associação dos Municípios Alagoanos.

§ 1º Os contribuintes isentos do imposto, na forma deste artigo, ficam dispensados da emissão de Notas Fiscais ou Faturas de Serviços e respectiva escrituração.

§ 2º A isenção prevista no inciso I deste artigo deve ser requerida antecipadamente, não dispensando os responsáveis pelo evento da emissão de bilhete de ingresso, na forma do art. 36.

§ 3º Os beneficiários da isenção referida no inciso III deste artigo ficam obrigados a comprovar, anualmente, junto à Secretaria Municipal de Economia, a quantidade de veículos de sua propriedade.

Art. 94. Os prestadores de serviços alcançados por benefício de isenção ou imunidade são obrigados, na prestação de serviços, a fornecerem aos responsáveis tributários, cópia do documento exarado pela autoridade municipal competente, que reconhece ou concede o benefício fiscal.

CAPÍTULO II
DO IMPOSTO TERRITORIAL E PREDIAL URBANO – IPTU

SEÇÃO I
DA INCIDÊNCIA E FATO GERADOR

Art. 95. O Imposto sobre a Propriedade Predial e Territorial Urbana – IPTU tem como fato gerador a propriedade, o domínio útil ou a posse de bem imóvel, por natureza ou por acessão física, como definido na lei civil, localizado na zona urbana do Município.

Art. 96. Para os efeitos deste imposto, entende-se como zona urbana a definida em lei municipal, observando o requisito mínimo da existência de pelo menos dois dos seguintes melhoramentos, construídos ou mantidos pelo Poder Público:

a) meio fio ou calçamento, com canalização de águas pluviais;

b) abastecimento de água;

c) sistema de esgoto sanitário;

d) rede de iluminação pública, com ou sem posteamento para distribuição domiciliar;

e) escola primária ou posto de saúde, a uma distância máxima de 3 (três) quilômetros do imóvel considerado.

Parágrafo único. São também consideradas zonas urbanas, para fins de incidência do imposto, as áreas urbanizáveis ou de expansão urbana, constantes de loteamento, destinadas à habitação, indústria, comércio, recreação ou lazer.

Art. 97. Para os efeitos deste Imposto, considera-se:

I – construído todo o imóvel no qual exista edificação que possa servir para habitação ou para o exercício de quaisquer atividades;

II – não construídos os imóveis:

a) em que não existir edificação como definida no inciso anterior;

b) em que houver obra paralisada ou em andamento, edificações condenadas ou em ruínas; telheiros e semelhantes destinados a estacionamento ou guarda de máquinas, veículos e similares, salvo se no imóvel existir edificação de natureza permanente;

c) ocupados por construção de qualquer espécie, inadequada à sua situação, dimensões, destino ou utilidade, a critério da administração.

Art. 98. A incidência do imposto alcança:

I – quaisquer imóveis localizados na zona urbana do Município, independentemente de sua forma, estrutura, superfície, destinação ou utilização;

II – as edificações contínuas das povoações e as suas áreas adjacentes, bem como os sítios e chácaras de recreio ou lazer.

III – os terrenos arruados ou não, sem edificação ou em que houver edificação interditada, paralisada, condenada, em ruínas ou em demolição;

Art. 99. Para fins da incidência do Imposto sobre a Propriedade Predial e Territorial Urbana – IPTU:

I – as edificações presumem-se concluídas ou modificadas na mais antiga das seguintes datas:

a) aquela informada pelo profissional responsável pela execução do serviço de execução de obras de construção civil, demolição, reparação, conservação e reforma de edifícios, ou pelo sujeito passivo do IPTU, como sendo a data de finalização da obra;

b) aquela informada pelo sujeito passivo do IPTU como sendo a data de conclusão ou modificação da edificação, na declaração de atualização de dados do imóvel, conforme o art. 128 desta Lei;

c) aquela em que se tornar possível a sua potencial utilização, para os fins a que se destina;

d) aquela em que se verificar qualquer efetiva utilização, desde que a título não precário;

II – os terrenos presumem-se constituídos na mais antiga das seguintes datas:

a) aquela da abertura de novas matrículas, no Cartório de Registro de Imóveis;

b) aquela reconhecida judicialmente como a do início da posse que ensejou a ação referente à sentença de usucapião que declarou nova área ou novos limites de confrontação do imóvel;

c) aquela referente à aquisição de posse, com ***animus domini***, relativa à fração de área de imóvel;

III – o excesso de área presume-se constituído na mesma data considerada como a de conclusão ou modificação da edificação, desdobro, englobamento, remembramento ou outro evento que o ensejou;

IV – os condomínios edilícios presumem-se constituídos na data do registro de sua especificação no Cartório de Registro de Imóveis.

Art. 100. O fato gerador do IPTU considera-se ocorrido em 1º de janeiro de cada exercício civil.

Parágrafo único. Para a unidade imobiliária construída ou alterada no ano em curso, o lançamento ou a revisão do valor do imposto será proporcional ao número de meses que faltar para completar o exercício, quando da conclusão da obra ou da alteração.

Art. 101. O Imposto não incide nas hipóteses de imunidade previstas na Constituição Federal, observado disposto nos arts. 6º e 7º

Art. 102. A incidência do imposto independe:

I – da legitimidade do título de aquisição ou posse do bem imóvel; II – do resultado econômico da exploração do bem imóvel;

III – do cumprimento de quaisquer exigências legais, regulamentares e administrativas relativas ao bem imóvel, sem prejuízo das cominações cabíveis.

Art. 103. O imposto constitui gravame que acompanha o imóvel em todos os casos de transferências de propriedade ou de direitos a ele relativos.

SEÇÃO II
DO CONTRIBUINTE E RESPONSÁVEL

Art. 104. Contribuinte do Imposto é o proprietário do imóvel, o titular do seu domínio útil, ou o seu possuidor a qualquer título.

Parágrafo Único. São também contribuintes os promitentes compradores imitidos na posse, os posseiros, ocupantes ou comodatários de imóveis pertencentes à União, Estados ou Municípios, ou quaisquer outras pessoas isentas do imposto ou a ele imunes.

Art. 105. O Imposto é devido, a critério da repartição competente:

I – por quem exerça a posse direta do imóvel, sem prejuízo da responsabilidade solidária dos possuidores indiretos;

II – por qualquer dos possuidores indiretos, sem prejuízo da responsabilidade dos demais e do possuidor direto.

§ 1º O disposto neste artigo aplica-se ao espólio das pessoas nele referidas.

§ 2º A massa falida é responsável pelo pagamento do imposto relativo aos imóveis de propriedade do falido.

Art. 106. Responde, solidariamente com o contribuinte, pelo crédito tributário contra este constituído, quem o suceda na propriedade, domínio útil ou posse do imóvel, ainda que realizada a sucessão depois de verificado o fato tributário imponível.

§ 1º São solidariamente responsáveis pelo crédito tributário incidente sobre o imóvel o proprietário e o compromissário comprador; admitindo-se como:

I – proprietário: todo aquele que possuir título de propriedade plena e exclusiva, mediante registro do título aquisitivo ou translativo no Registro de Imóveis;

II – compromissário comprador: todo titular de instrumento público ou particular de promessa de compra e venda ou de cessão e promessa de cessão deste registrados no Registro de Imóveis, bem como todo aquele que possuir escritura de compra e venda ou contrato de compromisso de compra e venda, suas cessões ou promessas de cessões, desde que celebrados por instrumento público ou contrato particular que a lei confira tal caráter e não submetidos ao Registro de Imóveis.

Art. 107. São pessoalmente responsáveis:

I - o adquirente do imóvel, pelos débitos do alienante existentes a data do título de transferências, salvo quando consta desta prova de quitação, limitada esta responsabilidade nos casos de arrematação em hasta pública, no montante do respectivo preço;

II - o espólio, pelos débitos do de cujus, existentes à data da abertura de sucessão;

III - o sucessor a qualquer título e o cônjuge meeiro, pelos débitos do espólio existentes à data da adjudicação, limitada esta responsabilidade ao montante do quinhão legado ou meação;

IV - a pessoa jurídica resultante de fusão, transformação ou incorporação, pelos débitos das sociedades fusionadas, transformadas ou incorporadas, existentes à data daqueles atos.

Parágrafo único. O disposto no inciso IV aplica-se aos casos de extinção de pessoas jurídicas de direito privado, quando a exploração da respectiva atividade seja continuada por qualquer sócio remanescente ou seu espólio, sob a mesma ou outra razão social ou sob firma individual.

Art. 108. A pessoa natural ou jurídica de direito privado que adquirir de outra, por qualquer título, fundo de comércio ou estabelecimento comercial, industrial, profissional, ou similar e continuar a respectiva exploração, sob a mesma ou outra razão social, ou sob firma ou nome individual, responde pelos tributos, relativos ao fundo ou estabelecimento adquirido, devidos até a data do ato:

I - integralmente, se o alienante cessar a exploração do comércio, indústria ou atividade;

II - subsidiariamente com o alienante, se este prosseguir na exploração ou iniciar, dentro de seis meses a contar da data da alienação, nova atividade no mesmo ou em outro ramo de comércio, indústria ou profissão.

Art. 109. Respondem solidariamente com o contribuinte, nos casos em que não se possa exigir deste o pagamento, dos tributos nos atos em que intervirem ou pelas omissões por que forem responsáveis:

I - os pais, pelos débitos dos filhos menores;

II - os tutores e curadores, pelos débitos dos seus tutelados ou curatelados;

III - os administradores de bens de terceiros, pelos débitos destes;

IV - o inventariante, pelos débitos do espólio;

V - o síndico e o comissário, pelos débitos da massa falida ou do concordatário;

VI - os sócios, no caso de liquidação de sociedades de pessoas, pelos débitos destas.

SEÇÃO III
DA BASE DE CÁLCULO

Art. 110. A base de cálculo do imposto é o valor venal da unidade imobiliária, consoante parâmetros fixados na Planta Genérica de Valores de Terrenos - PGVT e na Tabela de Preços de Construção, assim entendido o valor que este alcançaria para compra e venda à vista, segundo as condições do mercado.

§ 1º - A Planta Genérica de Valores de Terrenos, para efeito de estabelecer o valor do metro quadrado de terreno, para cada zona fiscal em que estiver dividido o município, considerará os seguintes elementos:

I - área geográfica onde estiver situado o logradouro;

II - os serviços públicos ou de utilidade pública existentes no logradouro;

III - índice de valorização do logradouro, tendo em vista o mercado imobiliário;

IV - outros dados relacionados com o logradouro.

§ 2º - A Tabela de Preços de Construção estabelecerá o valor do metro quadrado (m2) de construção, com base nos seguintes elementos:

I - tipo de construção;

II - qualidade de construção;

III - outros dados relacionados com a construção do imóvel.

§ 3º - O Valor Venal do Imóvel é determinado:

I - Quando se tratar de imóvel territorial, pela Planta Genérica de Valores de Terrenos - PGVT, área do terreno e fatores de correção;

II – Quando se tratar de imóvel predial, pela Tabela de Preços de Construção, área construída, fatores de correção e valor do terreno, calculado conforme inciso I.

§ 4º – Entende-se por área construída a obtida através de:

I – Contornos externos das paredes ou pilares, computando-se também superfície de:

a – varandas, sacadas e terrenos, cobertos e descobertos, de cada pavimento;

b – jiraus e mezaninos;

c – garagens ou vagas, cobertas quando no nível do solo ou subsolo, cobertas ou descobertas nos demais pavimentos;

d – áreas edificadas destinadas a lazer e demais partes comuns na proporção das respectivas frações ideais quando se tratar de condomínio e loteamento, na forma do art.112 (Redação dada pela Lei nº 6.715 de 14 de dezembro de 2017)

II – 25 % (vinte e cinco por cento) dos contornos internos das paredes, quando se tratar de piscinas.

III – no caso de imóvel onde se realize a revenda de combustíveis lubrificantes, a área a ser levada em consideração será a efetivamente construída, acrescida de 50 % (cinqüenta por cento) da área de coberta das bombas.

§ 5º Os critérios para o enquadramento dos padrões construtivos das unidades imobiliárias a partir de elementos da construção são estabelecidos nos Anexos XIV e XV desta lei, ressalvado o disposto no parágrafo 9° deste artigo e no artigo 116 desta Lei. (Redação dada pela Lei nº 6.715, de 14 de dezembro de 2017)

§ 6º Os padrões definidos nos Anexos XIV e XV desta lei substituirá os estabelecidos pelo art. 2º da Lei nº 4.674 de 26 de dezembro de 1997, apurado conforme o Anexo I do Dec. 7.259 de 30 de junho de 2011.

§ 7º Os padrões construtivos e respectivos fatores considerados para a determinação da base de cálculo do imposto obedecerão a seguinte classificação, admitida correspondência para equiparação com modelo definido pelo Anexo I do Dec. 7.259 de 30 de junho de 2011:

I – Padrão A, equivalente ao padrão Super Luxo – 2,2;

II – Padrão B, equivalente ao padrão Luxo – 2,0;

III – Padrão C, equivalente ao padrão Alto – 1,5;

IV – Padrão D, equivalente ao padrão Médio Alto – 1,2;

V – Padrão E, equivalente ao padrão Médio – 1,0;

VI – Padrão F, equivalente ao padrão Médio Baixo – 0,8;

VII – Padrão G, equivalente ao padrão Popular – 0,6;

VIII – Padrão H, equivalente ao padrão Baixo – 0,2;

§ 8º A equiparação estabelecida no parágrafo anterior poderá ser aplicada sempre quando algum dispositivo legal remeter a classificação de padrão definida pelo Anexo I do Dec. 7.259 de 30 de junho de 2011.

§ 9º Os critérios para o enquadramento dos padrões construtivos das unidades imobiliárias a partir de elementos externos estabelecidos nos Anexos XIV e XV desta Lei poderão ser considerados para determinação da base de cálculo sempre que detectadas alterações ou construções irregulares, nos termos da legislação de ordenamento urbanístico e de edificações do Município. (Redação dada pela Lei nº 6.715, de 14 de dezembro de 2017)

§ 10. Fica garantido o direito à contestação dos parâmetros aplicados com base nos elementos externos, aplicando-se o formulário do anexo XIV somente mediante a regularização da construção perante os órgãos municipais competentes.

§ 11. Os percentuais de desconto estabelecidos pelo art. 3º da Lei nº 4.674 de 26 de dezembro de 1997, no que se refere as alíneas "b", "c" e "d" passam a vigorar com os seguintes descontos:

a) Padrão Construtivo – A, B e C – até 30% (trinta por cento)

b) Padrão Construtivo – D, E e F – até 40 % (quarenta por cento)

c) Padrão Construtivo – G e H – até 50 % (cinquenta por cento)

d) Planta Genérica de valores de terrenos – até 40 % (quarenta por cento)

§ 12. Para definição do padrão dos imóveis adquiridos, reformados ou requalificados através de programas de habitação de interesse social, nos termos da legislação municipal, serão desconsiderados os quadros 12 – Complementar para cons-

LEGISLAÇÃO

trução horizontal e 13 – Complementar para Condomínios – dos anexos XIV desta Lei, facultado a decreto municipal estabelecer outros critérios objetivos de enquadramento. (Redação dada pela Lei nº 6.715, de 14 de dezembro de 2017)

§ 13. Será admitida a utilização de coeficientes médios para obtenção de áreas equivalentes para o cálculo da Taxa de Licença para Construção de Obras Particulares, Arruamentos, Loteamentos e "Habite-se" referente aos imóveis Verticais (acima de 4 pavimentos), utilizando-se o pavimento padrão do projeto como referência.

§ 14. A área equivalente, nos termos do parágrafo anterior, será calculada observando-se os seguintes coeficientes médios:

a) Garagem (subsolo): 0,60;

b) Garagem pilotis coberto: 0,75

c) Garagem pilotis descoberto: 0,60;

d) Estacionamento sobre terreno descoberto: 0,25;

e) Estacionamento sobre terreno coberto: 0,50;

f) Pavimento da unidade autônoma padrão: 1,00;

g) Varandas e áreas descobertas sobre laje: 0,60;

h) Barrilete: 0,60;

i) Caixa d'água: 0,60;

j) Casa de máquinas: 0,60;

k) Pilotis descoberto: 0,60;

l) Pilotis coberto – projeção da torre: 1,00;

m) Piscinas: 1,00;

n) Espelho d´água: 0,50;

o) Deck: 0,25;

p) Pergolado: 0,50;

q) Quintal / jardim / grama: 0,25;

r) Pavimentação: 0,25.

Art. 111. Os logradouros ou trechos de logradouros que não constarem da Listagem de Valores integrantes da Planta Genérica de Valores de Terrenos, e que vierem a ser criados por novos loteamentos, terão os valores venais atribuídos pelos valores dos trechos de logradouros mais próximos ou de loteamentos com características semelhantes.

Art. 112. No cômputo da área construída em edificações cuja propriedade seja condominial, acrescentar-se-á, à área privativa de cada condômino ou proprietário, aquela que lhe for imputável das áreas comuns em função da quota parte a ele pertencente.

Parágrafo único. A metodologia prevista no caput deste artigo aplica-se, também, aos casos em que a propriedade se dê no âmbito dos loteamentos fechados.

Art. 113. No cômputo da área territorial tributável em condomínios, acrescentar-se-á, à área privativa de cada condômino ou proprietário, aquela que lhe for imputável das áreas comuns em função da cota parte a ele pertencente.

§ 1º A metodologia prevista no caput deste artigo aplica-se, também, aos casos em que a propriedade se dê no âmbito dos loteamentos fechados.

Art. 114. Considera-se gleba, para os efeitos deste Código, o terreno com área igual ou superior a dez mil metros quadrados, não edificados, para as quais adotar-se-á a metodologia normatizada pela Planta Genérica de Valores de Terrenos – PGVT

Art. 115. Fica o Poder Executivo Municipal autorizado a atualizar anualmente os valores expressos na Planta Genérica de Valores de Terrenos e na Tabela de Preços de Construção, observado o disposto no art. 456. (Redação dada pela Lei nº 6.715, de 14 de dezembro de 2017)

§ 1º – Não se constitui aumento de tributo a atualização monetária a que se refere o caput deste artigo.

§ 2º – Excetuam-se do disposto neste artigo as atualizações, da Planta Genérica de Valores de Terrenos e da Tabela de Preços de Construção, ocorridas acima do índice mencionado, hipótese na qual deverão, necessariamente, ser submetidas à apreciação do Poder Legislativo do Município de Maceió.

SUBSEÇÃO I
DO ARBITRAMENTO

Art. 116. Aplica-se o critério do arbitramento para a determinação do valor venal, quando:

I – o contribuinte impedir ou dificultar o levantamento dos elementos necessários à apuração do valor venal;

II – os imóveis se encontrem fechados e o contribuinte não for localizado.

§ 1º - Facultada à Administração, a aplicação alternativa do disposto no parágrafo 9º do artigo 110 desta Lei, o arbitramento do valor venal do imóvel poderá ser realizado com base nos seguintes critérios:

I - por pavimento, a área construída a ser considerada será igual a 70% da área do terreno;

II - padrão de construção B;

III - estado de conservação bom.

§ 2º - O arbitramento a que se refere este artigo será realizado sem prejuízo da aplicação das penalidades previstas no art. 140 desta Lei

SEÇÃO IV
DA ALÍQUOTA

Art. 117. O valor do Imposto é encontrado aplicando-se à base de cálculo as seguintes alíquotas:

I - Imóvel Predial: 1% (um por cento);

II - Imóvel Territorial: 2% (dois por cento).

Art. 118. Quando se tratar de imóvel que não esteja atendendo a função social, conforme definido no Plano Diretor Municipal, o valor da alíquota dobrará a cada exercício, até o limite de 15% (quinze por cento).

§ 1º Será mantida a cobrança do imposto pela alíquota majorada até que se cumpra a obrigação de parcelar, edificar, utilizar o imóvel ou que ocorra a sua desapropriação.

§ 2º É vedada a concessão de isenções, anistias, incentivos ou benefícios fiscais relativos aos imóveis de que trata este artigo.

§ 3º Comprovado o cumprimento da obrigação de parcelar, edificar ou utilizar o imóvel, ocorrerá o lançamento do IPTU sem a aplicação das alíquotas previstas nesta lei no exercício seguinte.

§ 4º Aplica-se ao caput deste artigo o imóveis em que houver edificação interditada, paralisada, condenada, em ruínas ou em demolição

SEÇÃO V
DO LANÇAMENTO

Art. 119. O lançamento do imposto, competência privativa do Auditor Fiscal de Tributos Municipais - AFTM, será anual e distinto, levando-se em conta sua situação à época da ocorrência do fato gerador, e reger-se-á pela lei vigente, ainda que posteriormente modificada ou revogada.

§ 1º No lançamento ou retificação de lançamento decorrente de ação fiscal, é obrigatória a identificação do imóvel com o preenchimento correto dos elementos cadastrais e juntada das provas que se fizerem necessária.

§ 2º O lançamento será feito, um para cada unidade, no nome do sujeito passivo, na conformidade do disposto no art. 104.

§ 3º O lançamento do imposto não presume a regularidade do imóvel e não se presta a fins não tributários.

Art. 120. O lançamento é efetuado em nome do proprietário, do titular do domínio útil ou do possuidor do imóvel e, ainda, do espólio ou da massa falida.

§ 1° Nos imóveis, sob promessa de compra e venda, desde que registrada ou for dado conhecimento a autoridade fazendária, o lançamento deve ser efetuado em nome do compromissário comprador, sem prejuízo da responsabilidade solidária do promitente vendedor.

§ 2° Os imóveis, objeto de enfiteuse, usufruto ou fideicomisso serão lançados em nome do enfiteuta, do usufrutuário ou do fiduciário, constando o nome do proprietário no cadastro imobiliário.

§ 3° Para os imóveis, sob condomínio, o lançamento será efetuado:

I - quando "pro-diviso", em nome do proprietário, do titular do domínio útil ou do possuidor da unidade autônoma, um lançamento para cada imóvel, ainda que contíguos ou vizinhos e pertencentes ao mesmo contribuinte;

II - quando "pro-indiviso", em nome de um, de alguns ou de todos os condôminos, sem prejuízo, nas duas primeiras situações, da responsabilidade solidária dos demais.

§ 4º Quando o adquirente da posse, domínio útil ou propriedade de bem imóvel, cujo imposto já tenha sido lançado, for pessoa imune ou isenta, vencer-se-ão, antecipadamente, as prestações vincendas relativas ao tributo, respondendo por elas o alienante.

Art. 121. Discordando do valor venal previsto pela Planta Genérica de Valores - PGV, o contribuinte poderá apresentar, a qualquer tempo, reclamação fundamentada, sendo-lhe facultado juntar, às suas expensas, laudo de avaliação elaborado por profissional habilitado, à analise da Fazenda Municipal.

Parágrafo único. A Fazenda Municipal emitirá parecer fundamentado sobre os critérios adotados para a manutenção do valor venal ou eventual revisão fiscal com efeitos a partir do exercício da propositura da reclamação, podendo retroagir conforme art. 123 deste Código.

Art. 122. Discordando das características cadastrais do imóvel, o contribuinte poderá solicitar revisão justificando o motivo e anexando sempre que possível planta baixa de localização e situação da construção, com foto atualizada da fachada da construção, em arquivos digitais.

§ 1º A Fazenda Municipal emitirá parecer fundamentado sobre os critérios adotados para a manutenção ou eventual revisão cadastral, cujos efeitos serão aplicados:

I – a partir do exercício da propositura da reclamação, se solicitado no prazo de 180 dias contados a partir da data do lançamento. (Redação dada pela Lei nº 6.829, de 27 de dezembro de 2018)

II – a partir do exercício seguinte da propositura da reclamação, se solicitada acima do prazo de até 180 dias contados a partir da data do lançamento.

§ 2º Os efeitos da revisão cadastral deverão ser aplicados conforme o art. 124 deste Código sempre que ficar comprovado que as características revistas reportavam-se aos exercícios anteriores ao da solicitação.

Art. 123. Obedecido o prazo decadencial, a Fazenda Municipal, por meio de seus agentes fiscais, poderá efetuar lançamentos omitidos por quaisquer circunstâncias nas épocas próprias, promover lançamentos aditivos ou substitutivos e retificar as falhas sanáveis dos lançamentos de IPTU existentes.

Parágrafo único. O débito decorrente do lançamento anterior, quando quitado, será considerado como pagamento parcial do crédito resultante do lançamento complementar.

Art. 124. A notificação de lançamento será feita por edital, publicado no Diário Oficial do Município.

§ 1º O edital poderá ser feito globalmente para todos os imóveis;

§ 2º Considera-se feita a notificação por edital 05 (cinco) dias após a sua publicação em Diário Oficial do Município.

§ 3º Do lançamento considera-se, também, regularmente notificado o sujeito passivo com o envio do carnê de pagamento ou boleto de pagamento ou por via postal, no seu domicílio, ou eletrônica, observadas as disposições de Regulamento. (Redação dada pela Lei nº 6.829, de 27 de dezembro de 2018)

Art. 125. O imposto predial e territorial urbano, a taxa de coleta, transporte e/ou destinação de resíduos sólidos domiciliares urbanos e a contribuição para custeio da iluminação pública, poderão ser lançados e cobrados em conjunto ou separadamente, sendo arrecadados na forma prevista nesta lei, considerado sempre a quantidade máxima o número de prestações estabelecido.

SEÇÃO VI
DO PAGAMENTO

Art. 126. O pagamento do imposto poderá ser efetuado de uma só vez ou em até 10 (dez) prestações, iguais, mensais e sucessivas, na forma e prazo regulamentares, respeitado o limite mínimo, por prestação, de R$ 30,00 (trinta reais), ficando facultado ao contribuinte o pagamento simultâneo de diversas prestações.

§ 1º O recolhimento do imposto não importa em presunção, por parte da Prefeitura, para quaisquer fins, do direito de propriedade, do domínio útil ou da posse do imóvel.

§ 2º Do valor do imposto integral, ou do valor das prestações em que se decomponha, poderão ser desprezadas as frações de moeda.

§ 3º Será concedido desconto de até 30% (trinta por cento) sobre o imposto que for pago de uma só vez, até o vencimento normal da primeira prestação, nos termos a serem a definidos em portaria expedida pela Secretaria Municipal de Economia. (Redação dada pela Lei nº 6.715, de 14 de novembro de 2017)

§ 4º O tributo lançado em exercício posterior ao do fato gerador terá o seu valor corrigido, na forma estabelecida no art. 292, IV, do mês do fato gerador até o mês da constituição do crédito tributário.

§ 5º O limite mínimo estabelecido no caput deste artigo será atualizado anualmente pela variação do IPCA.

SEÇÃO VII DO CADASTRO IMOBILIÁRIO

Art. 127. Serão obrigatoriamente inscritas no cadastro imobiliário todas as unidades imobiliárias e os condomínios edilícios existentes neste Município, mesmo imunes, isentas ou quando não incidente o Imposto Sobre a Propriedade Predial e Territorial Urbana – IPTU.

§ 1º Para a caracterização da unidade imobiliária, deverá ser considerada a situação de fato do imóvel, coincidindo ou não com a descrita no respectivo título de propriedade, domínio ou posse, ou no cadastro.

§ 2º Para efeito de inscrição no cadastro, consideram-se autônomas as unidades imobiliárias que, podendo ser desmembradas, tenham autonomia de uso.

§ 3º Entende-se unidade autônoma que pode ser desmembrada aquela delimitada que permite uma ocupação ou utilização privativa e tenha acesso independente, mesmo quando o acesso principal seja por meio de áreas de circulação comum a todos.

§ 4º A Administração Tributária poderá promover, de ofício, o desmembramento de unidade imobiliária considerada autônoma.

§ 5º Entende-se por condomínio edilício as edificações ou conjuntos de edificações, de um ou mais pavimentos, construídos sob a forma de unidades isoladas entre si, com partes que são propriedade exclusiva e partes que são propriedade comum dos condôminos, destinados a fins residenciais ou não residenciais.

Art. 128. A inscrição ou alteração de dados da unidade imobiliária e do condomínio edilício será requerida pelo contribuinte, responsável ou síndico em petição constando:

I – em relação à unidade imobiliária, as áreas do terreno e da edificação, o uso, as plantas de situação e localização, o título de propriedade, domínio ou posse e outros documentos que sejam necessários, definidos em ato do Poder Executivo.

II – em relação ao condomínio edilício, os documentos que sejam necessários, definidos em ato do Poder Executivo.

§ 1º O contribuinte, o responsável e o sindico terão o prazo de 20 (vinte) dias úteis para efetuar a inscrição ou alteração de dados no cadastro imobiliário, contados do ato ou fato que lhe deu origem.

§ 2º A inscrição ou alteração será efetuada de ofício se constatada qualquer infração à legislação, aplicando-se ao infrator as penalidades correspondentes.

§ 3º Quando necessária visita ao imóvel, para a revisão ou alteração de dados cadastrais, sendo a pedido do contribuinte, responsável ou o síndico, deverá ser paga Taxa de Visita conforme Tabela III do Anexo 12 antecipadamente a visita ao imóvel. (Redação acrescida pela Lei nº 6.829, de 27 de dezembro de 2018)

Art. 129. No caso de loteamento ou edificação em condomínio, as inscrições desmembradas guardarão vinculação à inscrição que lhes deu origem.

Art. 130. Quando o terreno e a edificação pertencerem a pessoas diferentes, far-se-á, sempre, a inscrição em nome do proprietário da edificação, anotando-se o nome do proprietário do terreno.

§ 1º Não sendo conhecido o proprietário do imóvel, promover-se-á a inscrição em nome de quem esteja no uso e gozo do mesmo.

§ 2º Quando ocorrer o desaparecimento da edificação, o terreno será inscrito em nome do seu proprietário, conservando-se para a área correspondente o mesmo número de inscrição.

§ 3º Para os efeitos deste artigo, poderão ser utilizadas, além das provas comuns de propriedade, domínio útil ou posse do imóvel, Alvará de Licença para construção, comprovante de fornecimento de serviços ou outros documentos especificados em Regulamento.

Art. 131. Mesmo as edificações que não obedeçam às normas vigentes serão inscritas no cadastro imobiliário, para efeito de incidência do imposto, não gerando, entretanto, quaisquer direitos ao proprietário, titular do domínio útil ou possuidor a qualquer título.

§ 1º Para os efeitos do disposto neste artigo, a apuração das áreas edificadas e suas ampliações, assim como os respectivos períodos de vigência e execução, serão aqueles constantes do lançamento de ofício.

§ 2º Se houver impugnação do lançamento de ofício, caberá ao contribuinte a comprovação da metragem das áreas edificadas e suas ampliações e os respectivos períodos de execução e conclusão das obras.

Art. 132. O valor venal do terreno, para a unidade imobiliária constituída, cuja limitação ou acesso seja por mais de um logradouro, será calculado utilizando o valor de m2 mais valorizado, independente do seu logradouro de acesso. (Redação dada pela Lei nº 6.829, de 27 de dezembro de 2018)

§ 1º Para as unidades imobiliárias encravadas, entendidas como aquelas que não se comunicam com a via pública, exceto por servidão de passagem ou por outro imóvel, será utilizado o valor do m2 do logradouro utilizado para acesso a unidade. (Redação acrescida pela Lei nº 6.829, de 27 de dezembro de 2018)

§ 2º Havendo edificação no terreno, a tributação será feita pelo logradouro de maior valorização. (Redação acrescida pela Lei nº 6.829, de 27 de dezembro de 2018)

Art. 133. Em nenhuma hipótese poderá ser efetuado parcelamento de solo sem que todos os lotes ou glebas resultantes tenham acesso direto a, pelo menos, um logradouro ou servidão, esta última desde que formalmente instituída.

Art. 134. O contribuinte do imposto e o sindico ficam obrigados a realizar atualização cadastral periódica da unidade imobiliária ou do condomínio edilício, na forma, prazo e condições estabelecidas pela Secretaria Municipal de Economia.

§ 1º O Poder Executivo poderá oferecer aos contribuintes do Imposto Predial e Territorial Urbano - IPTU opções de:

I - data de vencimento;

II - endereço de entrega do carnê ou boleto de pagamento;

III - pagamento mediante Débito Automático.

§ 2º A opção de que trata o § 1º deste artigo deverá ser efetuada até o dia 31 de outubro de cada ano, gerando efeitos para o exercício seguinte.

§ 3º Fica o Poder Executivo autorizado a conceder o desconto de até 10% (dez por cento) do imposto devido, por até 2 (dois) anos consecutivos, ao contribuinte que fizer atualização cadastral da unidade imobiliária.

§ 4º A concessão e a manutenção de quaisquer isenções relativas ao IPTU ficam condicionadas à realização periódica de atualização cadastral da inscrição imobiliária de que trata o caput deste artigo.

Art. 135. As concessionárias de serviço público deverão enviar à Secretaria Municipal de Economia os dados cadastrais dos seus usuários constantes nas Notas Fiscais Fatura de Serviços, localizados no Município de Maceió, por meio magnético ou eletrônico, nos termos do Regulamento.

Art. 136. Consideram-se sonegados à inscrição os imóveis cuja inscrição e respectivas atualizações não forem promovidas na forma desta Seção e aqueles cujas informações prestadas para inscrição apresentem falsidade, erro ou omissão quanto a qualquer elemento de declaração obrigatória, ou complementar, quando expressamente exigido.

Parágrafo único. Na hipótese prevista neste artigo, o lançamento dos tributos imobiliários será efetivado com base nos elementos de que dispõe a Administração.

Art. 137. O cancelamento da inscrição cadastral da unidade imobiliária dar-se-á de ofício ou a requerimento do contribuinte, nas seguintes situações:

I - erro de lançamento que justifique o cancelamento;

II - remembramento de lotes em loteamento já aprovado e inscrito, após despacho do órgão competente;

III - remembramento de unidades imobiliárias autônomas inscritas, após despacho do órgão competente;

IV - alteração de unidades imobiliárias autônomas que justifique o cancelamento, após despacho do órgão competente;

V - alteração promovida na unidade imobiliária pela incorporação ou construção, de que resultem novas unidades imobiliárias autônomas.

Art. 138. Quando ocorrer demolição, incêndio ou qualquer causa que importe em desaparecimento da benfeitoria, sempre será mantido o mesmo número da inscrição, bem como nos casos de extinção de aforamento, arrendamento ou qualquer ato ou fato que tenha motivado o desmembramento do terreno.

Art. 139. Ato do Secretário Municipal de Economia regulamentará os procedimentos relativos ao cadastro imobiliário.

SEÇÃO VIII
DAS INFRAÇÕES E PENALIDADES

Art. 140. São infrações as situações a seguir indicadas, passíveis de aplicação, de ofício, das seguintes penalidades:

I – no valor de 60% (sessenta por cento) do tributo não recolhido:

a) não comunicar a ocorrência de qualquer fato ou a existência de qualquer circunstância que afete a incidência ou o cálculo do imposto;

b) a falta de informações para fins de lançamento, quando apurado em ação fiscal;

c) o gozo indevido de isenção, total ou parcial, no caso de dolo;

d) o gozo indevido de imunidade, no caso de dolo;

II – no valor de 100% (cem por cento) do tributo não recolhido, no caso de reincidência;

III – no valor de 0,3% do valor venal do imóvel:

a) a falta de declaração do término de reformas, ampliações, modificações no uso do imóvel que implique em mudança na base de cálculo ou nas alíquotas;

b) a omissão de dados para fins de registro;

c) a falta de declaraçao de aquisição de propriedade, de domínio útil ou de posse de imóvel;

d) a falta de declaração do domicílio tributário para os proprietários de terrenos sem construção;

e) a falta de recadastramento do imóvel e dos dados cadastrais do sujeito passivo, no cadastro imobiliário, na forma e prazo previstos em Regulamento.

f) Revogado. Redação dada pela Lei nº 6.829, de 27 de dezembro de 2018)

IV – multa de R$ 1.000,00 (mil reais) pela falta de cadastramento e recadastramento do condomínio edilício no cadastro imobiliário, a ser aplicada em face do respectivo condomínio, na forma e prazo previstos em Regulamento. (Redação acrescida pela Lei nº 6.829, de 27 de dezembro de 2018)

V – multa de R$ 1.000,00 (mil reais) pela recusa a exibição de documentos ou o fornecimento de informações necessárias à apuração de dados do imóvel; impedir a realização de vistorias ou o levantamento de dados e informações relacionados a imóvel, necessários à apuração do seu valor venal; embaraçar, iludir, impedir ou, de qualquer maneira, dificultar a ação fiscal relacionada a tributos imobiliários ou não atender às convocações ou intimações efetuadas pela Administração Tributária, nos prazos por ela fixados. (Redação acrescida pela Lei nº 6.829, de 27 de dezembro de 2018)

Parágrafo único. As multas previstas neste artigo terão as seguintes reduções:

a) 80% (oitenta por cento) para Microempreendedor Individual – MEI e pessoa física;

b) 50% (cinquenta por cento) para empresas optantes do Simples Nacional.

Art. 141. O contribuinte que deixar de apresentar a Declaração Municipal de Atividade Imobiliária – DMAI – no prazo previsto em regulamento, que apresentá-la após o prazo ou que apresentá-la com omissões ou ainda contendo informações, elementos e/ou dados inverídicos, inexatos ou incompletos, sujeitar-se-á às seguintes multas:

I – deixar de apresentar, de entregar, de enviar ou de remeter, em sendo obrigado a fazê-lo, declaração exigida pela legislação tributária em vigor, por declaração: multa de R$ 2.500,00 (dois mil e quinhentos reais)

II – apresentar, entregar, enviar ou remeter declaração após o prazo previsto na legislação tributária, por declaração: R$ 1.500,00 (mil e quinhentos reais)

III – apresentar, entregar, enviar ou remeter declaração, relativa a bens e/ou atividades sujeitos à tributação pela Secretaria Municipal de Economia de Maceió, com omissões ou contendo informações, elementos e/ou dados inverídicos, inexatos ou incompletos, por declaração: R$ 1.500,00 (mil e quinhentos reais)

IV – apresentar, entregar, enviar ou remeter declaração, livro ou documento, relativos a bens e/ou atividades sujeitos à tributação pela Secretaria Municipal de Economia de Maceió, com omissões ou contendo informações, elementos e/ou dados inverídicos, inexatos ou incompletos, com evidente intuito de suprimir ou reduzir o crédito tributário efetivamente devido ou de evitar ou diferir imposição tributária, por declaração, documento ou livro: R$ 10.000,00 (dez mil reais).

V – Recusar a exibição de documentos ou o fornecimento de informações necessárias à apuração de dados e informações; embaraçar, iludir, impedir ou, de qualquer maneira, dificultar a ação fiscal ou não atender às convocações ou intimações efetuadas pela Administração Tributária, nos prazos por ela fixados. Multa de R$:1.500,00 (mil e quinhentos reais). (Redação acrescida pela Lei nº 6.829, de 27 de dezembro de 2018)

§ 1º As multas a que se referem os incisos I e II do caput têm, por termo inicial, o primeiro dia subsequente ao fixado para entrega da declaração e, por termo final, o dia da apresentação da DMAI ou, no caso de não apresentação, a data da lavratura do auto de infração.

§ 2º As multas previstas neste artigo terão as seguintes reduções:

c) 80% (oitenta por cento) para Microempreendedor Individual – MEI e pessoa física;

d) 50% (cinquenta por cento) para empresas optantes do Simples Nacional.

Art. 142. A omissão de informações ou a prestação de informações falsas na DMAI configura hipótese de crime contra a ordem tributária prevista no art. 2º da Lei nº 8.137, de 27 de dezembro de 1990, sem prejuízo das demais sanções cabíveis.

Art. 143. Aplica-se o disposto no art. 292 ao imposto não integralmente pago no vencimento ou decorrente de notificação de lançamento ou auto de infração.

Art. 144. Revogado. (Redação dada pela Lei nº6.715 de 14 de dezembro de 2017)

Parágrafo único. (Redação dada pela Lei nº6.715 de 14 de dezembro de 2017)

SEÇÃO IX
DAS OBRIGAÇÕES ACESSÓRIAS

Art. 145. Fica instituída a Declaração Municipal de Atividades Imobiliárias (DMAI) de apresentação obrigatória para as pessoas jurídicas e aquelas à estas equiparadas:

I – que comercializarem imóveis que houverem construído, loteado, ou incorporado para esse fim;

II – que intermediarem aquisição, alienação ou aluguel de imóveis próprios ou de terceiros;

III – que comercializaram imóveis adquiridos de terceiros.

§ 1º Poderá ser exigido de pessoas físicas que comercializem imóveis, ainda que não habitualmente, a declaração de informação de venda de respectivo imóvel, nos termos do regulamento, aplicável, no que couber, o disposto nos arts. 140 e 141 deste Código.

§ 2º A Declaração de que trata este artigo será regulamentada em Decreto Municipal.

Art. 146. A DMAI deverá ser apresentada por todos os estabelecimentos da pessoa jurídica e aquelas à esta equiparadas situadas no Município de Maceió, com as informações sobre: (Redação dada pela Lei nº6.715 de 14 de dezembro de 2017)

I – as operações de construção, incorporação, loteamentos e intermediação de aquisições/alienações, no mês em que foram contratadas;

II – o valor da transação e/ou valor da intermediação;

III – os pagamentos efetuados no mês, decorrentes de locação, sublocação e intermediação de locação;

IV – o endereço completo do imóvel;

V – Revogado. (Redação dada pela Lei nº 6.715 de 14 de dezembro de 2017);

VI – a inscrição imobiliária no cadastro municipal;

VII – o nome completo, número do CPF e endereço de correspondência do adquirente.

Art. 147. A DMAI será entregue, por intermédio do programa gerador da DMAI disponível na internet, que será disponibilizado no site da Prefeitura de Maceió, nos prazos e condições estipulados em Portaria do Secretário Municipal de Economia. (Redação dada pela Lei nº 6.829, de 27 de dezembro de 2018)

§ 1º O recibo de entrega será disponibilizado após a transmissão, devendo ser mantido pelo período de 5 (cinco) anos, para ser exibido à autoridade fiscal, quando solicitado.

§ 2º Os sujeitos passivos previstos no art. 145 que não tenham realizado operações imobiliárias no período de referência deverão informar, na DMAI, a ausência de movimentação econômica, através de declaração "Sem Movimento". (Redação dada pela Lei nº 6.829, de 27 de dezembro de 2018)

Art. 148. Revogado. (Redação dada pela Lei nº 6.829, de 27 de dezembro de 2018)

Art. 149. Os tabeliães, os notários, os oficiais de registro deverão informar as operações imobiliárias anotadas, averbadas, lavradas, matriculadas ou registradas nos Cartórios de Notas ou de Registro de Imóveis, Títulos e Documentos sob sua responsabilidade, nos termos estabelecidos pela Secretaria Municipal de Economia. (Redação dada pela Lei nº6.715 de 14 de dezembro de 2017)

§ 1º As informações deverão ser prestadas até o último dia útil do mês subsequente ao da anotação, averbação, lavratura, matrícula ou registro da respectiva operação.

§ 2º Revogado. (Redação dada pela Lei nº 6.829, de 27 de dezembro de 2018)

§ 3º A falta de apresentação, ou apresentação após o prazo fixado, das informações de que trata o § 1º deste artigo sujeita o responsável à multa de 0,1% (um décimo por cento) ao mês- calendário ou fração, sobre o valor da operação, limitada a 1% (um por cento). (Redação dada pela Lei nº 6.829, de 27 de dezembro de 2018)

Art. 150. Não será deferido pela autoridade administrativa nenhum pedido de loteamento, desmembramento, remembramento, ou Alvará de "Habite-se", sem que o requerente comprove a quitação plena de débitos de tributos incidentes sobre a unidade imobiliária. (Redação dada pela Lei nº 6.829, de 27 de dezembro de 2018)

Parágrafo único. O servidor público que deixar de cumprir o estabelecido no caput, estará sujeito a reposição ao erário do valor equivalente ao tributo que deixou de ser recolhido, independente das medidas administrativas, cíveis e penais adotadas. (Redação acrescida pela Lei nº 6.829, de 27 de dezembro de 2018)

Art. 151. Na hipótese de lançamento de unidade imobiliária, edificada ou não, decorrente de loteamento ou desmembramento, os adquirentes das respectivas frações ideais respondem proporcionalmente pelo débito porventura existente, ou que venha a ser administrativamente apurado, na forma do regulamento. (Redação dada pela Lei nº 6.829, de 27 de dezembro de 2018)

Parágrafo único. Caberá à Secretaria Municipal de Economia regulamentar a forma, prazos e condições para atendimento ao disposto neste artigo. (Redação dada pela Lei nº 6.829, de 27 de dezembro de 2018)

SEÇÃO X
DAS ISENÇÕES

Art. 152. São isentos do Imposto Sobre a Propriedade Predial e Territorial Urbana:

I – O imóvel cedido gratuitamente para a instalação e funcionamento de quaisquer serviços públicos municipais, relativamente às partes cedidas e enquanto durar a prestação de serviço municipal;

II – a única propriedade imóvel, no município de Maceió, com padrão construtivo G e H e que sua área construída não exceda a 120m² (cento e vinte metros quadrados) e que este seja o domicílio do contribuinte do IPTU. (Redação dada pela Lei nº6.715 de 14 de dezembro de 2017)

a) Caso o tipo de construção seja casa, a área do terreno não poderá ser superior a 250m2. (Redação dada pela Lei nº 6.829, de 27 de dezembro de 2018)

b) No caso de co-titularidade, a propriedade imóvel deve ser a única de todos co-titulares e deve ser utilizado por pelo menos um deles como moradia.

III – a única propriedade imóvel de ex-combatentes brasileiros, que tenham tomado parte ativa na Segunda Guerra Mundial, desde que e enquanto utilizado por ele ou seu cônjuge supérstite como moradia;

IV – cujo o valor venal de único imóvel residencial seja igual ou inferior a R$ 30.000,00 (trinta mil reais) e com padrão construtivo G ou H. (Redação dada pela Lei nº 6.829, de 27 de dezembro de 2018)

V – o imóvel destinado ao Programa de Arrendamento Residencial – PAR – até a realização dos contratos de arrendamento residencial firmados por seus arrendatários. (Incluído pela Lei nº 6.715, de 14 de dezembro d 2017)

§ 1º As isenções de que tratam os incisos I e III deste artigo condicionam-se ao seu reconhecimento pela Secretaria Municipal de Economia e devem ser requeridas até 30 de abril de cada ano.

§ 2º O sujeito passivo responsável pelo imóvel beneficiário das isenções dispostas neste artigo é obrigado a comunicar a Secretaria Municipal de Economia qualquer alteração nos pressupostos legais que autorizaram a concessão do benefício;

§ 3º Independente de penalidades legais, proceder-se-á a cassação ex-officio dos benefícios concedidos uma vez constatada não mais existirem os pressupostos legais que autorizaram sua concessão;

§ 4º No caso do inciso III o imposto é devido a partir do exercício seguinte a aquele que ocorreu o desenquadramento aos requisitos exigidos para a concessão do benefício.

§ 5º Os pedidos de isenção deverão ser instruídos com os seguintes documentos:

I – título de propriedade;

II – estatutos sociais, se pessoa jurídica, no caso do inciso I deste artigo;

III – declaração, do próprio contribuinte, sob as penas da Lei, de que possui um único imóvel e nele reside.

§ 6º Implica o cancelamento das isenções prevista neste artigo o não pagamento, no exercício, das Taxas devidas na conformidade desta Lei.

§ 7º A isenção prevista no inciso II somente será concedida a um único imóvel por contribuinte e não se aplica para as unidades autônomas de condomínio tributadas como garagem e para os estacionamentos comerciais

Art. 153. Fica suspensa a cobrança do Imposto Predial e Territorial Urbano – IPTU, relativo ao imóvel declarado de utilidade pública para fins de desapropriação, cujos fatos geradores ocorrerem a partir da data do Decreto exarado por quaisquer dos entes públicos até a imissão definitiva na posse. (Redação dada pela Lei nº 6.829, de 27 de dezembro de 2018)

§ 1º Se caducar ou for revogado o decreto de desapropriação, ficará restabelecido o direito da Fazenda Municipal à cobrança do tributo cuja exigibilidade ficou suspensa a partir da data da suspensão, sem incidência dos acréscimos legais, se pago dentro de 30 (trinta) dias contados da data em que for feita a notificação ratificando o lançamento. (Redação dada pela Lei nº 6.829, de 27 de dezembro de 2018)

§ 2º Imitido o ente público na posse, serão definitivamente cancelados os créditos fiscais, cuja exigibilidade tenha sido suspensa, de acordo com este artigo.

Art. 154. Fica isento dos tributos incidentes sobre o imóvel, durante o período de execução da obra, o imóvel no qual sejam realizadas edificações vinculadas a programas habitacionais de interesse social, destinadas a famílias com renda de até 03 (três) salários mínimos. (Redação dada pela Lei nº 6.715 de 14 de dezembro de 2017).

§ 1º A aplicação da isenção prevista neste artigo fica condicionada à apresentação de comprovante emitido pela Secretaria Municipal de Habitação, de que o imóvel vincula-se ao Programa, sem prejuízo de outras exigências estabelecidas em regulamento específico.

§ 2º Ao término da obra deverá ser obrigatoriamente apresentada a Certidão de Baixa e Habite-se cuja data de expedição será considerada o marco determinante do final do benefício previsto neste artigo.

§ 3º A isenção de que trata este artigo aplica-se aos empreendimentos já em construção, retroagindo seus efeitos ao momento do registro do imóvel em cartório competente em nome do Fundo de Arrendamento Residencial – FAR ou o que vier a substituir.

CAPÍTULO III
DO IMPOSTO SOBRE A TRANSMISSÃO ONEROSA INTER VIVOS DE BENS IMÓVEIS – ITBI

SEÇÃO I
DA INCIDÊNCIA E FATO GERADOR

Art. 155. O Imposto sobre a Transmissão Inter Vivos de Bens Imóveis e de direitos reais sobre eles tem como fato gerador:

I – a transmissão inter vivos, a qualquer título, da propriedade ou domínio útil, por ato oneroso, de bens imóveis, por natureza ou acessão física e de direitos reais sobre bens imóveis, exceto os de garantia;

II – a cessão, por ato oneroso, de direitos relativos à aquisição de bens imóveis.

Parágrafo único. Estão sujeitos à incidência do ITBI os atos e contratos relativos a bens imóveis situados no território do Município de Maceió, ainda que o título translativo tenha sido lavrado em qualquer outro Município e que a mutação patrimonial ou a cessão dos direitos respectivos decorram de ato ou contrato celebrado fora da circunscrição territorial deste Município, mesmo que no estrangeiro.

Art. 156. A incidência do Imposto alcança as seguintes mutações patrimoniais:

I - compra e venda pura ou condicional e atos equivalentes;

II - dação em pagamento;

III - permuta;

IV - arrematação ou adjudicação em leilão, hasta pública ou praça e remição;

V - incorporação ao patrimônio de pessoa jurídica, ressalvados os casos previstos no art. 173;

VI - transferência do patrimônio de pessoa jurídica para o de qualquer de seus sócios, acionistas ou respectivos sucessores;

VII - tornas ou reposição que ocorram:

a) nas partilhas efetuadas em virtude de dissoluçao da sociedade conjugal, quando o cônjuge receber, dos Imóveis situados no Município, quota-parte cujo valor seja maior do que o da parcela que lhe caberia na totalidade desses Imóveis;

b) nas divisões para extinção de condomínio de Imóvel, quando for recebida por qualquer condô mino quota-parte material cujo valor seja maior do que o de sua quota-parte ideal;

VIII - Revogado. (Redação dada pela Lei nº 6.715 de 14 de dezembro de 2017);

IX - Revoado. (Redação dada pela Lei nº 6.715 de 14 de dezembro de 2017);

X - enfiteuse e subenfiteuse;

XI - concessão real de uso;

XII - cessão de direitos de usufruto;

XIII - cessão de direitos do arrematante ou adjudicante, depois de assinado o auto de arrematação ou adjudicação;

XIV - cessão de promessas de venda ou cessão de promessa de cessão;

XV - acessão física quando houver pagamentos de indenização;

XVI - cessão de direitos sobre permuta de bens Imóveis;

XVII - a instituição e a extinção do direito de superfície;

XVIII - qualquer ato judicial ou extrajudicial inter vivos não especificados neste artigo que importe ou se resolva em transmissão, a título oneroso, de bens imóveis por natureza ou acessão física, ou de direitos reais sobre imóveis, exceto os de garantia;

XIX - cessão de direitos relativos aos atos mencionados no inciso anterior.

§ 1º Será devido novo imposto:

I - quando o vendedor exercer o direito de prelação; (Redação dada pela Lei nº 6.715 de 14 de dezembro de 2017)

I - no pacto de melhor comprador;

III - na retrocessão;

IV - na retrovenda.

§ 2º Equipara-se ao contrato de compra e venda para efeitos tributários:

I - a permuta de bens imóveis por bens e direitos de outra natureza, inclusive nos casos em que a copropriedade se tenha estabelecido pelo mesmo título aquisitivo ou em bens contíguos;

II - a permuta de bens imóveis por outros quaisquer bens situados fora do território do Município;

III - a transação em que seja reconhecido direito que implique transmissão de imóvel ou de direitos a ele relativos.

§ 3º Na concretização do negócio objeto da promessa ou da procuração, com o promitente comprador ou com o outorgado, não haverá nova incidência do imposto.

SEÇÃO II
DO CONTRIBUINTE E DO RESPONSÁVEL

Art. 157. São contribuintes do imposto os adquirentes dos bens ou direitos reais transmitidos; Parágrafo único. São também contribuintes do imposto:

I - o cessionário, no caso de cessão de direitos

II - os transmitentes, nas transmissões exclusivamente de direitos à aquisição de bens imóveis, quando o adquirente tiver como atividade preponderante a compra e venda desses bens ou direitos, a sua locação ou arrendamento mercantil;

III - os superficiários e os cedentes, nas instituições e nas cessões do direito de superfície;

IV - cada um dos permutantes, nas permutas.

Art. 158. São pessoalmente responsáveis e respondem solidariamente pelo pagamento do ITBI, em razão das transações efetuadas sem o pagamento do imposto correspondente:

I - na transmissão de bens ou de direitos: o transmitente, em relação ao adquirente do bem ou do direito transmitido;

II - na cessão de bens ou de direitos: o cedente, em relação ao cessionário do bem ou do direito cedido;

III - os oficiais dos Cartórios de Registro de Imóveis e seus responsáveis.

§ 1º - A responsabilidade pelo crédito tributário será satisfeita mediante o pagamento integral do imposto devido.

§ 2º - Os responsáveis tributários a que se refere este artigo estão obrigados ao recolhimento integral do imposto devido, multa e acréscimos legais.

§ 3º Revogado. (Redação dada pela Lei nº 6.715 de 14 de dezembro de 2017)

§ 4º - O Poder Executivo Municipal poderá disciplinar, mediante Decreto, formas complementares de controle e operacionalidade do disposto neste artigo, inclusive a suspensão da responsabilidade tributária para sujeitos passivos determinados.

SEÇÃO III
BASE DE CÁLCULO

Art. 159. A base de cálculo do imposto é o valor atual de mercado do imóvel ou dos direitos a ele relativos, transmitidos ou cedidos, com base nos elementos que dispuser, devendo ser estabelecida através de:

I - avaliação fiscal efetuada com base em elementos aferidos no mercado imobiliário do Município de Maceió;

II - valor declarado pelo próprio sujeito passivo ou por procurador legalmente constituído para tal fim específico.

III - na arrematação judicial ou administrativa, adjudicação, remição ou leilão, do maior lance, ressalvada a hipótese prevista no § 4º deste artigo.

§ 1º Prevalecerá, entre os incisos I e II deste artigo, para fins de apuração e cobrança do imposto, o que resulta de maior valor.

§ 2º Não serão abatidas do valor venal quaisquer dívidas que onerem o imóvel transmitido.

§ 3º a avaliação fiscal, de que trata o inciso I deste artigo, poderá ser definida por meio de regras de cálculo que serão inseridas nos sistemas informatizados da Secretaria Municipal de Economia e cuja apuração será privativa de Auditor Fiscal de Tributos Municipais - AFTM

§ 4º Na arrematação judicial ou administrativa, bem como nas hipóteses de adjudicação, remição ou leilão, a base de cálculo do ITBI não poderá ser inferior ao valor da avaliação judicial, e, em não havendo esta, aplica-se o disposto no § 1º deste artigo.

Art. 160. Discordando da base de cálculo apurada pela Administração Tributária, o contribuinte poderá apresentar, até a data de vencimento da guia de recolhimento do ITBI, reclamação fundamentada, sendo-lhe facultado juntar, às suas expensas, laudo de avaliação elaborado por profissional habilitado, à Fiscalização da Fazenda Municipal, que procederá a uma revisão fiscal. (Redação dada pela Lei nº 6.829, de 27 de dezembro de 2018)

§ 1º A Fazenda Municipal emitirá parecer fundamentado sobre os critérios adotados para a manutenção da base de cálculo apurada ou eventual revisão fiscal. (Redação dada pela Lei nº 6.829, de 27 de dezembro de 2018)

§ 2º A reclamação deverá ser elaborada na forma prevista em ato da Secretaria Municipal de Economia, que poderá, inclusive, viabilizar a formulação do pedido por meio eletrônico.

Art. 161. O valor da base de cálculo será reduzido:

I - na instituição de usufruto e uso, para 1/3 (um terço);

II - na transmissão de nua propriedade, para 2/3 (dois terços);

Parágrafo único. Consolidada a propriedade plena na pessoa do proprietário, o imposto será calculado sobre o valor do usufruto, uso ou enfiteuse.

SEÇÃO IV
DA ALÍQUOTA

Art. 162. O imposto será calculado aplicando-se sobre o valor estabelecido como base de cálculo, a alíquota de 3,0% (três por cento).

SEÇÃO V
DO PAGAMENTO

Art. 163. O imposto será pago mediante documento próprio de arrecadação, na forma regulamentar.

Parágrafo único. Os notários, oficiais de Registro de Imóveis, ou seus prepostos, ficam obrigados a verificar a exatidão dos elementos de identificação do contribuinte e do imóvel transacionado no documento de arrecadação, nos atos em que intervierem.

Art. 164. O imposto será pago em prazo definido, em Portaria, pela Administração Tributária.

§ 1º Caso solicitada a guia para pagamento do ITBI em até 30 dias da lavratura do instrumento que servir de base à transmissão da propriedade, do domínio útil ou da cessão de direitos relativos a bens imóveis ou da data da decisão transitada em julgado se o título de transmissão for decorrente de sentença judicial será concedido desconto equivalente a 1/3 do imposto devido.

§ 2º Caso o imóvel adquirido seja financiado pelo Sistema Financeiro de Habitação será concedido redução de 2/3 (dois terços) do imposto devido, sendo aplicável apenas na parte financiada.

§ 3º As reduções previstas nos §§ 1º e 2º deste artigo serão consideradas cumulativamente quando ocorrerem no caso concreto as hipóteses ali previstas. (Incluído pela Lei nº 6.715 de 14 de dezembro de 2017)

Art. 165. O imposto será restituído, no todo ou em parte, na forma que dispuser o Regulamento, nas seguintes hipóteses:

I – quando não se realizar o ato ou contrato em virtude do qual houver sido pago;

II – quando declarada a nulidade, por decisão judicial passada em julgado, do ato em virtude do qual o imposto houver sido pago;

III – quando for reconhecido posteriormente ao pagamento do imposto, o direito à isenção ou imunidade;

IV – quando o imposto houver sido pago a maior.

Parágrafo único. O sujeito passivo é obrigado a apresentar à Secretaria Municipal de Economia, quando solicitado, os documentos e informações necessários à verificação do cálculo do imposto.

SEÇÃO VI
DAS OBRIGAÇÕES DOS NOTÁRIOS E OFICIAIS DE REGISTRO DE IMÓVEIS

Art. 166. Para lavratura, registro, inscrição, averbação e demais atos relacionados à transmissão de imóveis ou de direitos a eles relativos, ficam obrigados os notários, oficiais de Registro de Imóveis ou seus prepostos a:

I – verificar a existência da prova do recolhimento do imposto ou do reconhecimento administrativo da não incidência, da imunidade ou da concessão de isenção;

II – verificar, por meio de certidão emitida pela Administração Tributária:

a) a inexistência de débitos referentes ao imóvel transacionados até a data da operação. (Redação dada pela Lei nº 6.829, de 27 de dezembro de 2018)

b) realização de recadastramento da unidade imobiliária perante a Secretaria Municipal de Economia.

Parágrafo único. Serão transcritos nos instrumentos públicos, quando ocorrer a obrigação de pagar o imposto antes de sua lavratura, elementos que comprovem esse pagamento ou reconhecimento da não incidência ou isenção.

Art. 167. Os notários, oficiais de Registro de Imóveis ou seus prepostos ficam obrigados:

I – a disponibilizar aos Auditores Fiscais o exame em cartório dos livros, autos e papéis que interessem à arrecadação do imposto; (Redação dada pela Lei nº 6.829, de 27 de dezembro de 2018)

II – a fornecer aos Auditores Fiscais, quando solicitada, certidão dos atos lavrados ou registrados, concernente a imóveis ou direitos a eles relativos; (Redação dada pela Lei nº 6.829, de 27 de dezembro de 2018)

III – a fornecer, na forma regulamentar, dados relativos às guias de recolhimento;

IV – a prestar informações relativas aos imóveis para os quais houve lavratura de ato, registro ou averbação, na forma, condições e prazos regulamentares.

Art. 168. Os oficiais de Registro de Imóveis, tabeliães, notários, ou seus prepostos, deverão ainda verificar e informar ao Fisco sobre:

I – a ocultação da existência de frutos pendentes e outros bens ou direitos tributáveis, transmitidos juntamente com a propriedade;

II – a falsidade em documentos, no todo ou em parte, quando verificada que a pessoa jurídica gozou indevidamente do benefício destinado a quem desenvolve atividade preponderante de compra e venda, locação de bens imóveis ou arrendamento mercantil, bem como cessão de direitos relativos à sua aquisição; e

III – a falsidade de documento que instruiu a dispensa do pagamento do ITBI, seja pelo reconhecimento de imunidade, isenção ou não incidência.

Art. 169. Na hipótese de inexistência de lançamento de IPTU, os atos translativos somente serão celebrados após o cadastramento do imóvel, ou, se o mesmo estiver situado na zona rural do município, depois de apresentada certidão dessa circunstância, expedida pelo Fisco Municipal.

SEÇÃO VII
DAS INFRAÇÕES E PENALIDADES

Art. 170. Comprovada, a qualquer tempo, pela fiscalização, a omissão de dados ou a falsidade das declarações consignadas nas escrituras ou instrumentos particulares de transmissão ou cessão, o imposto ou sua diferença serão exigidos com o acréscimo da multa de 100% (cem por cento), calculada sobre o montante do débito apurado, sem prejuízo dos acréscimos devidos em razão de outras infrações eventualmente praticadas.

§ 1º Pela infração prevista no caput deste artigo respondem, solidariamente com o contribuinte, o alienante, o cedente, os notários e os oficiais de Registro de Imóveis, assim como os seus prepostos, pelas omissões de que forem responsáveis, em razão de seu ofício.

§ 2º Caso o contribuinte ou o autuado reconheça a procedência do lançamento, efetuando o pagamento das importâncias exigidas, dentro do prazo para apresentação de defesa, o valor da multa será reduzido em 50% (cinquenta por cento).

Art. 171. Aplica-se o disposto no art. 292 ao imposto não integralmente pago no vencimento ou decorrente de notificação de lançamento ou auto de infração.

Art. 172. Os notários, oficiais de Registro de Imóveis, ou seus prepostos ficam sujeitos à multa de:

I – R$ 200,00 (duzentos reais), por item descumprido, pela infração ao disposto no parágrafo único do art. 163 desta Lei;

II – 100% do imposto devido por item descumprido, pela infração ao disposto nos arts.166 e 167 desta Lei.

Parágrafo único. Os valores expressos em Reais neste artigo serão atualizados anualmente, a partir de 1º de janeiro de cada exercício financeiro, pela variação acumulada do IPCA de novembro do ano anterior a outubro do ano em curso, ou de outro índice que vier a substituir. (Redação dada pela Lei nº 6.829, de 27 de dezembro de 2018)

SEÇÃO VIII
DA IMUNIDADE, DAS ISENÇÕES E DA NÃO INCIDÊNCIA

Art. 173. São isentas do imposto:

I – Revogado. (Redação dada pela Lei nº 6.715, de 14 de dezembro de 2017)

II – as transferências de imóveis desapropriados para fins de reforma agrária;

III – a primeira transmissão para o adquirente de habitação popular destinada a sua moradia, desde que outra não possua em seu nome.

§ 1º Para fins do disposto no inciso III, considera-se habitação popular, o imóvel que atenda concomitantemente aos seguintes requisitos:

I – ter área construída total não superior a 60 m2 (sessenta metros quadrados);

II – ter padrão construtivo G ou H, conforme Anexo XIV desta lei. (Redação dada pela Lei nº 6.715, de 14 de dezembro de 2017)

Art. 174. São imunes do imposto a transmissão de bens imóveis ou direitos a eles relativos quando:

I – incorporação ao patrimônio de pessoa jurídica em realização de capital, e sobre os decorrentes de fusão, incorporação, cisão ou extinção de pessoas jurídicas, salvo se, nesses casos, a atividade preponderante do adquirente for a compra e venda desses bens e direitos, locação de bens imóveis ou arrendamento mercantil;

II – o adquirente for a União, o Estado, O Distrito Federal, um Município e respectivas autarquias ou fundações, quando transacionarem imóveis para atendimento de suas finalidades essenciais ou as delas decorrentes;

III – o adquirente for partido político, inclusive suas fundações, entidade sindical dos trabalhadores, instituição de educação e de assistência social sem fins lucrativos, templo de qualquer culto, para atendimento de suas finalidades essenciais ou delas decorrentes, observado o disposto nos arts. 6º e 7º

§ 1º As imunidades de que tratam este artigo deverão ser previamente reconhecidas pela Prefeitura Municipal, para cada caso, mediante requerimento do interessado à Secretaria Municipal de Economia instruído com documentos comprobatórios.

§ 2º O disposto no inciso I não se aplica quando a pessoa jurídica adquirente tiver como atividade preponderante a compra e venda de bens imóveis e seus direitos reais, a locação de bens imóveis ou o arrendamento mercantil.

§ 3º Considera-se caracterizada a atividade preponderante quando mais de 50% (cinquenta por cento) da receita operacional da pessoa jurídica adquirente, nos 2 (dois) anos anteriores e nos 2 (dois) anos subsequentes à aquisição, decorrer das transações mencionadas.

§ 4º Se a pessoa jurídica adquirente iniciar suas atividades após a aquisição, ou menos de 2 (dois) anos antes dela, a preponderância referida será apurada levando-se em conta os 3 (três) primeiros anos seguintes à data da aquisição.

§ 5º Verificada a preponderância, tornar-se-á devido o imposto, corrigido na forma estabelecida no art. 292, IV.

§ 6º A imunidade de que trata o inciso I do caput deste artigo alcança apenas o valor de bens ou direitos incorporados ao patrimônio de pessoas jurídicas em realização de capital, devendo o valor excedente, se houver que constituir crédito do subscritor ou de terceiros, ser oferecido à tributação.

Art. 175. O imposto não incide:

I – sobre a indenização de benfeitorias pelo proprietário ao locatário consideradas aquelas de acordo com a lei civil;

II – no substabelecimento de procuração em causa própria ou com poderes equivalentes que se fizer para o efeito de receber o mandatário a escritura definitiva do imóvel;

III – na retrovenda, preempção ou retrocessão, bem como nas transmissões clausuladas com pacto de melhor comprador ou comissário, quando voltem os bens ao domínio do alienante, por força de estipulação contratual ou falta de destinação do imóvel desapropriado, não se restituindo o imposto pago;

IV – sobre a constituição e resolução da propriedade fiduciária de coisa imóvel, prevista na Lei federal nº 9.514, de 20 de novembro de 1997.

TÍTULO III
DAS TAXAS E CONTRIBUIÇÕES

CAPÍTULO I
TAXA DE LICENÇA PARA INSTALAÇÃO E TAXA DE LICENÇA PARA FUNCIONAMENTO

SEÇÃO I
DA INCIDÊNCIA E DO FATO GERADOR

Art. 176. A Taxa de Licença para Instalação é devida pela atividade municipal de verificação do cumprimento da legislação disciplinadora do uso e ocupação do solo urbano, a que se submete qualquer pessoa, física ou jurídica, em razão da localização e instalação de quaisquer atividades no Município.

Art. 177. A Taxa de Licença para Funcionamento tem como fato gerador a fiscalização, o controle permanente, efetivo ou potencial, de quaisquer atividades, licenciadas ou não, decorrentes do exercício do poder de polícia do Município.

Art. 178. A incidência e o pagamento das taxas independem:

I – do cumprimento de quaisquer exigências legais, regulamentares ou administrativas;

II – de licença, autorização, permissão ou concessão, outorgadas pela União, Estado ou Município;

III – de estabelecimento fixo ou de exclusividade, no local onde é exercida a atividade;

IV – da finalidade ou do resultado econômico da atividade, ou da exploração dos locais;

V - do efetivo funcionamento da atividade ou da efetiva utilização dos locais;

VI - do caráter permanente, eventual ou transitório da atividade.

Art. 179. Considera-se estabelecimento, para os efeitos deste Capítulo, o local, público ou privado, edificado ou não, próprio ou de terceiros, onde são exercidas, de modo permanente ou temporário, as atividades:

I - de comércio, indústria, agropecuária ou prestação de serviços em geral;

II - desenvolvidas por entidades, sociedades ou associações civis, desportivas, culturais ou religiosas;

III - decorrentes do exercício de profissão, arte ou ofício.

§ 1º São, também, considerados estabelecimentos:

I - a residência de pessoa física, quando de acesso ao público em razão do exercício de atividade profissional;

II - o local onde forem exercidas atividades de diversões públicas de natureza itinerante;

III - o veículo, de propriedade de pessoa física, utilizado no transporte de pessoas ou cargas, no comércio ou serviço ambulante.

§ 2º São irrelevantes para a caracterização do estabelecimento as denominações de sede, filial, agência, sucursal, escritório de representação ou contato, depósito, caixa eletrônica, cabina, quiosque, barraca, banca, "stand", "outlet", ou quaisquer outras que venham a ser utilizadas.

§ 3º A circunstância de a atividade, por sua natureza, ser exercida, habitual ou eventualmente, fora do estabelecimento, não o descaracteriza como estabelecimento para fins de incidência da Taxa.

§ 4º Os estabelecimentos de pequeno comércio, indústria, profissão, arte ou oficio, tais como: barracas, balcões, boxes nos mercados, além das taxas previstas nesta Seção estão sujeitos à taxa de licença para ocupação do solo em vias e logradouros públicos, quando localizados nestas áreas.

Art. 180. A existência de cada estabelecimento é indicada pela conjugação, parcial ou total, dos seguintes elementos:

I - manutenção de pessoal, material, mercadorias, veículos, máquinas, instrumentos ou equipamentos;

II - estrutura organizacional ou administrativa;

III - inscrição nos órgãos previdenciários;

IV - indicação como domicílio fiscal para efeito de outros tributos;

V - permanência ou ânimo de permanecer no local para o exercício da atividade, exteriorizada através da indicação do endereço em impresso, formulário, correspondência, "site" na "internet", propaganda ou publicidade, contrato de locação do imóvel, ou em comprovante de despesa com telefone, energia elétrica, água ou gás.

Art. 181. Considera-se autônomo cada estabelecimento do mesmo titular.

§ 1º Para efeito de incidência das Taxas, consideram-se estabelecimentos distintos:

I - os que, embora no mesmo local e com idêntico ramo de atividade, ou não, sejam explorados por diferentes pessoas físicas ou jurídicas;

II - os que, embora com idêntico ramo de atividade e sob a mesma responsabilidade, estejam situados em locais distintos, ainda que na mesma via, logradouro, área ou edificação;

§ 2º Desde que a atividade não seja exercida concomitantemente em locais distintos, considerar-se-á estabelecimento único os locais utilizados pelos que atuam no segmento do comércio ambulante, exceto veículos, bem como pelos permissionários que exercem atividades em feiras livres ou feiras de arte e artesanato.

SEÇÃO II
DO SUJEITO PASSIVO

Art. 182. O contribuinte das Taxas de Licença para Instalação e Funcionamento é a pessoa física ou jurídica que der causa ao exercício ou à prática de atos do poder público municipal em razão de localização, instalação ou funcionamento.

SEÇÃO III
DO CÁLCULO

Art. 183. As Taxas de Licença para Instalação e a para Funcionamento serão calculadas em função da natureza da atividade, da área ocupada e pelo período indicado, com base nas tabelas constantes dos Anexos III e IV desta lei, levando em conta os períodos e critérios nelas indicados.

Art. 183-A. Havendo mais de uma atividade econômica enquadrável nos anexos III e IV, o calculo que trata a Taxa deste capítulo será considerado maior valor aplicável. (Redação acrescida pela Lei nº 6.829, de 27 de dezembro de 2018)

Art. 183-B. Os contribuintes sujeitos a Taxa de que trata este capítulo que comprovem ter auferido receita de até o valor de R$ 36.000,00(trinta e seis mil reais) ao ano, no exercício anterior terão redução de 50% (cinqüenta por cento) no valor da taxa devida. (Redação acrescida pela Lei nº 6.829, de 27 de dezembro de 2018)

SEÇÃO IV
DA INSCRIÇÃO

Art. 184. Ao requerer licença para instalação e funcionamento, o sujeito passivo fornecerá os elementos necessários à sua perfeita identificação, localização e caracterização da atividade a ser exercida, conforme disciplina a ser estabelecida pela Secretaria Municipal de Economia.

Art. 184-A. As empresas de telefonia devem indicar, no prazo previsto em portaria, em seus cadastrados os locais de localização das respectivas torres de telefonia, sob pena de todas as inscrições municipais serem consideradas como tal. (Redação acrescida pela Lei nº 6.829, de 27 de dezembro de 2018)

Parágrafo único. Os documentos relativos à inscrição no Cadastro Mercantil de Contribuintes - CMC, bem como os documentos de arrecadação das Taxas referidas neste Capítulo, devem ser mantidos no estabelecimento, para apresentação ao Fisco quando solicitados

SEÇÃO V
DO LANÇAMENTO E PAGAMENTO

Art. 185. O lançamento da Taxa de Licença para Instalação será feito com base na declaração do contribuinte e deverá ser paga previamente ao ato da concessão da licença.

Parágrafo único. Será exigida a licença sempre que ocorrer mudança de ramo de atividade, modificações nas características do estabelecimento ou transferência de local.

Art. 186. A Taxa de Licença para Funcionamento será lançada anualmente, com base nos dados constantes do cadastro municipal e será paga na forma e prazos estabelecidos pela Secretaria Municipal de Economia.

§ 1º Quando a concessão da licença para instalação ou a baixa ocorrer ao longo do exercício, terá seu valor calculado proporcionalmente ao número de meses restantes para o término do ano fiscal, incluindo-se, no cálculo, o mês da concessão ou alteração. (Redação dada pela Lei nº 6.829, de 27 de dezembro de 2018)

§ 2º O fisco municipal poderá efetuar o lançamento da taxa de que trata o caput em conjunto ou separadamente com o de outras taxas ou do Imposto Sobre Serviços de Qualquer Natureza.

Art. 187. Sem prejuízo das medidas administrativas e judiciais cabíveis, aplica-se o disposto no art. 292 ao tributo não integralmente pago no vencimento ou decorrente de notificação de lançamento ou auto de infração. (Redação dada pela Lei nº 6.829, de 27 de dezembro de 2018)

Art. 188. Tendo o Fisco Municipal apurado a ocorrência de infração às disposições contidas neste Capítulo, serão adotados os seguintes procedimentos, de forma sucessiva:

I - Notificação ao infrator, cientificando-o da necessidade de regularização de sua situação, sob pena de autuação;

II - Perdurando a infração, autuação e notificação, cientificando da sujeição a nova autuação, em dobro, caso não regularize a situação;

III - Ainda perdurando a infração, autuação e notificação, cientificando da necessidade de encerramento das atividades, sob pena de lacração do estabelecimento;

Parágrafo único. Não será iniciado novo procedimento antes de quinze dias contados da ação anterior, sendo este o prazo de recurso contra a ação fiscal levada a efeito.

SEÇÃO VI
DAS ISENÇÕES E REDUÇÕES

Art. 189. São isentos das taxas:

I - as entidades de assistência social, filantrópicas ou beneficentes, desde que legalmente constituídas e reconhecidas de utilidade pública pelas leis municipais;

II - as pessoas com deficiência, pelo exercício de pequeno comércio, arte ou ofício;

III – Os entes da União, Estados e Municípios, no que se refere a administração direta e suas respectivas autarquias.

IV – a pessoa física, conforme disposto no § 11 do art. 10; (Redação dada pela Lei nº 6.829, de 27 de dezembro de 2018)

V – o condomínio ainda que não composto apenas por unidades residenciais, exceto os condomínios administradores de shopping centers;

VI – o Microempreendedor Individual – MEI, por dois exercícios contados de sua primeira adesão ao regime tributário de que trata a Lei Complementar Federal nº 123, de 14 de dezembro de 2006; (Redação dada pela Lei nº 6.829, de 27 de dezembro de 2018)

VII – As associações desportivas legalmente constituídas;

VIII – As associações comunitárias legalmente constituídas;

IX – os museus.

CAPÍTULO II
DA TAXA DE AUTORIZAÇÃO DE PUBLICIDADE

SEÇÃO I
DA INCIDÊNCIA

Art. 190. A Taxa de Autorização de Publicidade, fundada no poder de polícia do Município, tem como fato gerador a atividade municipal de fiscalização do cumprimento da legislação disciplinadora da ordenação, exploração ou utilização, por qualquer meio ou processo, de anúncios nas vias e nos logradouros públicos, ou em locais deles visíveis ou audíveis ou, ainda, em quaisquer recintos de acesso ao público.

§ 1º Para efeito da incidência da Taxa de Autorização de Publicidade, consideram-se anúncios, quaisquer instrumentos ou formas de comunicação visual ou audiovisual de mensagens, inclusive aqueles que contiverem apenas dizeres, desenhos, siglas, dísticos ou logotipos indicativos ou representativos de nomes, produtos, locais ou atividades, mesmo aqueles fixados em veículos de transporte de qualquer natureza.

§ 2º Quaisquer alterações procedidas quanto ao tipo, características ou tamanho do anúncio, assim como a sua transferência de local, acarretarão nova incidência da taxa.

§ 3º Quando a remoção do engenho publicitário for feita por imposição ou concordância da justificativa pelo órgão competente, não será exigida nova tributação, enquanto durar o prazo de validade inicialmente fixado.

Art. 191. A incidência e o pagamento da taxa independem:

I – do cumprimento de quaisquer exigências legais, regulamentares ou administrativas, relativas ao anúncio;

II – da licença, autorização, permissão ou concessão, outorgados pela União, Estado ou Município;

III – do pagamento de preços, emolumentos e quaisquer importâncias eventualmente exigidas, inclusive para expedição de alvará ou vistorias.

SEÇÃO II
DO SUJEITO PASSIVO

Art. 192. Contribuinte da Taxa de Autorização de Publicidade é a pessoa física ou jurídica:

I – que faça qualquer espécie de publicidade e/ou anúncio;

II – que explore ou utilize, com objetivos comerciais, divulgação de publicidade e/ou anúncios de terceiros.

Art. 193. São solidariamente obrigados pelo pagamento da taxa:

I – aquele a quem o anúncio aproveitar, quanto ao anunciante ou ao objeto anunciado;

II – o proprietário, o locador ou o cedente de espaço de bem imóvel ou de veículos. (Redação dada pela Lei nº 6.715, de 14 de dezembro de 2017).

SEÇÃO III
DO CÁLCULO

Art. 194. A taxa será calculada em função da natureza da publicidade com base na tabela constante do Anexo V desta lei, levando em conta os períodos, critérios e valores nela indicadas.

Parágrafo único. Não havendo especificação própria para a publicidade, a taxa deverá ser paga pelo valor estipulado no item que guardar maior identidade com o tipo de publicidade a ser explorado.

SEÇÃO IV
DA INSCRIÇÃO

Art. 195. Ao requerer autorização para publicidade, o sujeito passivo fornecerá os elementos necessários à sua perfeita identificação, localização e caracterização, além de outras informações que venham a ser solicitadas.

Art. 196. O sujeito passivo deverá promover tantas inscrições quantas forem necessárias, a critério da repartição fiscal competente.

Art. 197. A inscrição será efetuada no prazo estabelecido por regulamento e alterada pelo sujeito passivo dentro do mesmo prazo, contado a partir da data da ocorrência de fatos ou circunstâncias que impliquem sua modificação.

Parágrafo único. O poder público municipal poderá promover, de ofício, inscrição ou alterações cadastrais sem prejuízo da aplicação das penalidades cabíveis, quando não efetuadas pelo sujeito passivo ou, em tendo sido, apresentarem erro, omissão ou falsidade.

SEÇÃO V
DO LANÇAMENTO E PAGAMENTO

Art. 198. O lançamento da Taxa de Autorização de Publicidade será feito com base na declaração do contribuinte e deverá ser paga na forma e prazos estabelecidos pela Secretaria Municipal de Economia.

§ 1º Por ato de autoridade competente, a taxa de que trata este artigo será também lançada de ofício sempre que se constatar a utilização de engenho publicitário sem prévia solicitação de autorização. (Redação dada pela Lei nº 6.715, de 14 de dezembro de 2017)

§ 2º A Fazenda Municipal poderá efetuar o lançamento da taxa de que trata o caput em conjunto ou separadamente com o de outras taxas, do Imposto Sobre Serviços de Qualquer Natureza ou do Imposto Predial e Territorial Urbano. (Incluído pela Lei nº 6.715, de 14 de dezembro de 2017)

Art. 199. As infrações às normas relativas à taxa sujeitam o infrator às seguintes penalidades:

a) multa de 100% sobre o valor da taxa aos que exibirem publicidade sem a devida autorização:

b) multa de R$ 100,00 (cem reais), por dia de infração, aos que exibirem publicidade: i) em desacordo com as características aprovadas; ii) fora dos prazos constantes na autorização; iii) em mau estado de conservação;

c) multa de R$ 1.000,00 (mil reais), por dia de infração, aos que não retirarem o anúncio quando a autoridade determinar;

d) multa de R$ 500,00 (quinhentos reais), por unidade, aos que: i) afixarem faixas ou cartazes em locais inadequados; ii) infringirem outros dispositivos da lei nº 4.954, de 6 de janeiro de 2000

§ 1º A aplicação da multa não exime o infrator do pagamento do tributo devido, bem como da taxa de uso de área pública, pela ocupação indevida do espaço durante o período da infração.

§ 2º Os valores expressos em Reais neste artigo serão atualizados anualmente, a partir de 1º de janeiro de cada exercício financeiro, pela variação acumulada do IPCA de novembro do ano anterior a outubro do ano em curso, ou de outro índice que vier a substituir. (Redação dada pela Lei nº 6.829, de 27 de dezembro de 2018)

§ 3º Decorridos 30 (trinta) dias da notificação que determina a remoção da propaganda, de que trata o inciso II deste artigo, sem que seja atendida, fica o Município autorizado a remover o equipamento, sem prejuízo de outras sanções cabíveis.

Art. 200. Sem prejuízo das medidas administrativas e judiciais cabíveis, aplica-se o disposto no art. 292 ao tributo não integralmente pago no vencimento ou decorrente de notificação de lançamento ou auto de infração. (Redação dada pela Lei nº 6.829, de 27 de dezembro de 2018)

SEÇÃO VI
DAS ISENÇÕES

Art. 201. São isentos da taxa:

I – os anúncios destinados a fins patrióticos e à propaganda dos partidos políticos ou de seus candidatos, na forma prevista na legislação eleitoral;

II – os anúncios no interior de estabelecimentos, divulgando artigos ou serviços nele negociados ou explorados;

III – os anúncios publicitários de utilidade pública, assim reconhecida pelo órgão competente;

IV - os anúncios publicitários de patrocinadores de eventos de caráter educativo, de saúde pública, turístico, artístico, cultural, de lazer ou outros de interesse público;

V - as placas ou letreiros de identificação de prédios, de avisos técnicos elucidativos do emprego ou finalidade da coisa, de orientação do público, de oferta de emprego, de colocação obrigatória decorrente de disposição legal ou regulamentar desde que sem qualquer legenda, dístico ou desenho de valor publicitário.

VI - Anúncios indicativos e as placas de profissionais liberais, autônomos ou assemelhados com dimensão igual ou inferior 3,0m² (Três metros quadrados), ou que ocupe até 30% (trinta por cento) de cada face de edificação (fachada, laterais e fundos), quando colocadas nos respectivos estabelecimentos, residências ou locais de trabalho. (Redação dada pela Lei nº 6.829, de 27 de dezembro de 2018)

VII - Revogado. (Incluído pela Lei nº 6.715, de 14 de dezembro de 2017)

CAPÍTULO III
DA TAXA DE LICENÇA PARA CONSTRUÇÃO DE OBRAS PARTICULARES, ARRUAMENTOS, LOTEAMENTOS E "HABITE-SE"

SEÇÃO I
DA INCIDÊNCIA E DO FATO GERADOR

Art. 202. A Taxa de Licença para Construção de Obras, Arruamentos, Loteamentos, Desmembramentos e "Habite-se" é devida em todos os casos de construção, reconstrução, reforma, acréscimo, reparação, demolição de prédios, muros, calçadas, a certificação de habitabilidade e tapumes, desde que, neste caso, importe em ocupação temporária do passeio público. (Redação dada pela Lei nº 6.715, de 14 de dezembro de 2017)

Art. 203. A taxa de que trata este Capítulo é exigível quando da concessão da Licença para execução de obras civis, arruamentos de terrenos particulares, loteamentos e condomínios pela permissão outorgada pela Fazenda Municipal, na forma da Lei e mediante prévia aprovação dos respectivos planos ou projetos para construção, arruamento ou loteamento de terrenos particulares segundo o zoneamento urbano em vigor no Município. (Redação dada pela Lei nº 6.715, de 14 de dezembro de 2017)

Art. 204. O Poder Executivo Municipal regulamentará os procedimentos para obtenção dos documentos previstos neste Capítulo.

SEÇÃO II
DOS CONTRIBUINTES E RESPONSÁVEIS

Art. 205. Contribuinte da Taxa é o proprietário do imóvel, o titular do seu domínio útil ou o possuidor, a qualquer título, de imóvel beneficiado pela execução de obra particular.

Parágrafo único. São solidariamente responsáveis pelo pagamento da Taxa a pessoa física ou jurídica responsável pela execução da obra.

SEÇÃO III
DA INSCRIÇÃO

Art. 206. Ao requerer licença para execução de obras, o sujeito passivo fornecerá os elementos necessários à sua perfeita identificação, localização e caracterização da atividade a ser exercida, conforme disposto em regulamento.

SEÇÃO IV
DO CÁLCULO

Art. 207. A taxa será calculada com base nas tabelas constantes do Anexo VI desta lei, levando em conta os critérios e valores nelas indicadas. (Redação dada pela Lei nº 6.715, de 14 de dezembro de 2017).

SEÇÃO V
DO LANÇAMENTO E PAGAMENTO

Art. 208. O lançamento da Taxa de Licença para Construção de Obras Particulares, Arruamentos, Loteamentos e "Habite-se" será feito com base na declaração do contribuinte e será paga na forma e prazos estabelecidos pela Secretaria Municipal de Economia.

Parágrafo único. A ocupação do prédio antes da concessão do "Habite-se" sujeitará o contribuinte a multa equivalente a 100% (cem por cento) do valor da taxa. (Incluído pela Lei nº 6.715, de 14 de dezembro de 2017).

Art. 209. Sem prejuízo das medidas administrativas e judiciais cabíveis, aplica-se o disposto no art. 292 ao tributo não integralmente pago no vencimento ou decorrente de notificação de lançamento ou auto de infração. (Redação dada pela Lei nº 6.829, de 27 de dezembro de 2018).

Art. 210. O Poder Executivo Municipal poderá conceder desconto de até 80% (oitenta por cento) sobre a Taxa para Construção de Obras, ao imóvel no qual sejam realizadas edificações vinculadas a programa habitacionais de interesse popular, destinados a família de até 06 (seis) salários mínimos. (Redação dada pela Lei nº 6.715, de 14 de dezembro de 2017).

§ 1º Para fins deste artigo, consideram-se programas habitacionais de interesse popular aqueles destinados à produção e aquisição de novas unidades habitacionais ou de requalificação de imóveis urbanos e produção ou reforma de habitações rurais, para as quais as União conceda subvenção econômica ao beneficiário pessoa física no ato da contratação de financiamento habitacional. (Redação dada pela Lei nº 6.715, de 14 de dezembro de 2017).

§ 2º A aplicação do benefício previsto neste artigo fica condicionado à apresentação de comprovante emitido pela Secretaria Municipal de Habitação, de que o imóvel vincula-se ao Programa, sem prejuízo de outras exigências estabelecidas em regulamento específico. (Redação dada pela Lei nº 6.715, de 14 de dezembro de 2017).

SEÇÃO VI
DAS ISENÇÕES

Art. 211. São isentos da Taxa para execução de obras particulares de:

I – Revogado. (Redação dada pela Lei nº 6.715, de 14 de dezembro de 2017).

II – Revogado. (Redação dada pela Lei nº 6.715, de 14 de dezembro de 2017).

III – construção de barracões destinados a guarda de material para obras já devidamente licenciadas.

CAPÍTULO IV
DA TAXA DE LICENÇA PARA OCUPAÇÃO DO SOLO NAS VIAS E LOGRADOUROS PÚBLICOS

SEÇÃO I
DA INCIDÊNCIA E DO FATO GERADOR

Art. 212. Entende-se por ocupação do solo nas vias e logradouros públicos aquela feita mediante instalação provisória ou a título precário de balcão, barraca, mesa, tabuleiro, quiosque, estacionamento privativo de veículo e fechamento de ruas e avenidas, em locais permitidos. (Redação dada pela Lei nº 6.715, de 14 de dezembro de 2017).

SEÇÃO II
DOS CONTRIBUINTES

Art. 213. Contribuinte da Taxa é qualquer pessoa física ou jurídica que, mesmo provisoriamente, utilizar as vias ou logradouros públicos para a instalação de qualquer bem, material, objeto, equipamento ou prestação de serviços de estacionamento.

SEÇÃO III
DA INSCRIÇÃO

Art. 214. Ao requerer licença para ocupação do solo nas vias e logradouros públicos o sujeito passivo fornecerá os elementos necessários à sua perfeita identificação, localização e caracterização da atividade a ser exercida, conforme disposto em regulamento.

SEÇÃO IV
DO CÁLCULO

Art. 215. A Taxa de Licença para Ocupação do Solo nas Vias e Logradouros Públicos será calculada por estabelecimento, permissionário ou a quem a administração pública autorize, com base na tabela constante do Anexo VII desta lei, levando em conta os períodos, critérios e valores nela indicadas. (Redação dada pela Lei nº 6.715, de 14 de dezembro de 2017).

Parágrafo Único. Dispensar-se-á o pagamento do tributo, quando a ocupação do solo tiver fim patriótico, político, religioso, cultural ou de assistência social, desde que não haja qualquer espécie de cobrança de ingresso. (Redação dada pela Lei nº 6.715, de 14 de dezembro de 2017).

SEÇÃO V
DO LANÇAMENTO E PAGAMENTO

Art. 216. O lançamento da Taxa de Licença para Ocupação do Solo nas Vias e Logradouros Públicos será feito com base na declaração do contribuinte e deverá ser paga na forma e prazos estabelecidos pela Secretaria Municipal de Economia.

Art. 217. Sem prejuízo das medidas administrativas e judiciais cabíveis, aplica-se o disposto no art. 292 ao tributo não integralmente pago no vencimento ou decorrente de notificação de lançamento ou auto de infração. (Redação dada pela Lei nº 6.829, de 27 de dezembro de 2018)

CAPÍTULO V
DA TAXA DE LICENÇA PARA O COMÉRCIO EVENTUAL OU AMBULANTE

SEÇÃO I
DA INCIDÊNCIA E DO FATO GERADOR

Art. 218. Considera-se como comércio ambulante:

I - o eventualmente realizado em determinadas épocas, notadamente as de festejos populares;

II - o eventualmente realizado em instalações de caráter provisório;

III - o realizado individualmente, sem estabelecimento, instalação ou localização fixa.

Parágrafo único. O comércio eventual ou ambulante poderá ser licenciado, desde que não inconvenientemente nem prejudicial ao comércio estabelecido no Município.

SEÇÃO II
DOS CONTRIBUINTES

Art. 219. Contribuinte da Taxa é qualquer pessoa física ou jurídica que, mesmo provisoriamente, exercer as atividades descritas no **art. 218.**

SEÇÃO III
DA INSCRIÇÃO

Art. 220. Ao requerer licença para realização do comércio eventual ou ambulante, o sujeito passivo fornecerá os elementos necessários à sua perfeita identificação, localização e caracterização da atividade a ser exercida, conforme disposto em regulamento.

SEÇÃO IV
DO CÁLCULO

Art. 221. A Taxa de Autorização para o Comércio Eventual ou Ambulante será cobrada antecipadamente à concessão da autorização e calculada com base nas tabelas constantes do Anexo VIII desta lei, levando em conta os períodos e valores nelas indicadas. (Redação dada pela Lei nº 6.715, de 14 de dezembro de 2017).

§ 1º Quando o comércio de que se trata este artigo se referir a 02 (duas) ou mais modalidades elencadas no Anexo VIII, o tributo será calculado pela taxação mais elevada, acrescendo-se 10% (dez por cento) sobre a taxação referente a cada uma das restantes modalidades. (Redação dada pela Lei nº 6.715, de 14 de dezembro de 2017).

§ 2º Não se eximem do pagamento da taxa de autorização para comércio ambulante, os que embora sujeitos ao pagamento da taxa de autorização para ocupação do solo em vias e logradouros públicos, praticarem atos de comércio na modalidade prevista no Anexo VIII. (Redação dada pela Lei nº 6.715, de 14 de dezembro de 2017).

§ 3º A forma de pagamento antecipada prevista no caput deste artigo não se aplica ao ambulante que, embora móvel, não exerça sua atividade ligada a festejos, laborando de forma perene, ficando a forma de recolhimento determinada em Regulamento. (Incluído pela Lei nº 6.715, de 14 de dezembro de 2017).

SEÇÃO V
DO LANÇAMENTO E PAGAMENTO

Art. 222. O lançamento da Taxa de Autorização para o Comércio Eventual ou Ambulante será feito com base na declaração do contribuinte e deverá ser paga na forma e prazos estabelecidos pela Secretaria Municipal de Economia. (Redação dada pela Lei nº 6.715, de 14 de dezembro de 2017).

Art. 223. Sem prejuízo das medidas administrativas e judiciais cabíveis, aplica-se o disposto no art. 292 ao tributo não integralmente pago no vencimento ou decorrente de notificação de lançamento ou auto de infração. (Redação dada pela Lei nº 6.715, de 14 de dezembro de 2017).

SEÇÃO VI
DAS ISENÇÕES

Art. 224. São isentos do pagamento da taxa:

I - Os deficientes físicos que exerçam o comércio ambulante, nos termos do regulamento; (Redação dada pela Lei nº 6.715, de 14 de dezembro de 2017)

II - os comerciantes ambulantes de jornais, revistas e livros.

CAPÍTULO VI
DA TAXA DE COLETA, TRANSPORTE E/OU DESTINAÇÃO DE RESÍDUOS SÓLIDOS DOMICILIARES URBANOS

SEÇÃO I
DA INCIDÊNCIA

Art. 225. A Taxa de Coleta, Transporte e/ou Destinação de Resíduos Sólidos Domiciliares Urbanos é devida pelos serviços, potenciais ou efetivos, de Coleta, Transporte e Destinação de Resíduos Domiciliares Urbanos.

§ 1º A Taxa de Coleta, Transporte e/ou Destinação de Resíduos Sólidos Domiciliares Urbanos tem como fato gerador a utilização efetiva ou a possibilidade de utilização, pelo contribuinte, de serviços de coleta, remoção e destinação final do lixo, respeitado o limite de quantidade previsto na legislação municipal.

§ 2°.Os Resíduos Sólidos Domiciliares Urbanos de que trata essa Lei são exclusivamente, o lixo domiciliar ou doméstico produzido em habitação unifamiliar ou multifamiliar, ou ainda em unidades empresariais, mas com características que nao causem risco à saúde pública ou ao meio-ambiente.

SEÇÃO II
DOS CONTRIBUINTES

Art. 226. O contribuinte da taxa é o proprietário, o titular do domínio útil ou o possuidor a qualquer título de imóveis prediais e/ou territoriais situados em logradouros públicos ou particulares onde o Município mantenha quaisquer dos serviços a que alude o artigo antecedente.

SEÇÃO III
DO CÁLCULO

Art. 227. A base de cálculo da Taxa de Coleta, Transporte e/ou Destinação de Resíduos Sólidos Domiciliares Urbanos será, no máximo, o custo estimado do serviço para o exercício (Ano), apurado com base nos montantes despendidos no exercício (Ano) imediatamente anterior para custear essa prestação de serviço, devidamente atualizado pelo Índice Nacional de Preços ao Consumidor Amplo – IPCA acumulado do ano anterior.

§ 1º O custo estimado do serviço para o exercício, que trata o caput deste artigo, deverá constar no Edital de Lançamento Anual, da Taxa de Coleta, Transporte e/ou Destinação de Resíduos Sólidos Domiciliares Urbanos, que regularmente notifica o contribuinte para o seu pagamento e determina suas condições

§ 2º O valor individualizado da Taxa de Coleta, Transporte e/ou Destinação de Resíduos Sólidos Domiciliares Urbanos será obtido pelo rateio do custo da prestação dos serviços, entre os contribuintes passiveis de tributação, de acordo com critérios específicos disciplinados nesta Lei e em regulamento.

§ 3º O cálculo do valor individualizado, da referida Taxa, deverá levar em conta: o Valor Total despendido no ano anterior às empresas que prestam o serviço de Coleta, Transporte e/ou Destinação de Resíduos Sólidos Domiciliares Urbanos, devidamente corrigido pelo IPCA ou qualquer outro índice que venha a substitui-lo a ser dividido pelo número total de imóveis prediais tributados e/ou quantidade de empresas cadastradas dentro do município de Maceió, do ano anterior ao do lançamento da Taxa, deste resultado será aplicado um fator de uso, o qual determinará o lançamento da taxa.

§ 4º O fator de utilização será baseado nos critérios determinados no anexo IX, que podem ser utilizados em conjunto ou isoladamente e cuja utilização será definida anualmente por meio de decreto municipal, sendo divulgado e publicado na mesma data do Edital de Lançamento Anual, da Taxa de Coleta, Transporte e/ou Destinação de Resíduos Sólidos Domiciliares Urbanos.

I – Uso;

II – Padrão Construtivo;

III – Atividade Econômica

IV – Área Construída

V – Unidade Econômica (Para os efeitos desta Lei considera-se unidade econômica, o núcleo familiar, atividade econômica ou institucional, distinta em um mesmo imóvel)

VI – Quantidade de passadas do serviço de coleta de lixo

§ 5º Poderão ser concedidos descontos ou subsídios, de até 100% (cem por cento), no valor individualizado da Taxa de Coleta, Transporte e/ou Destinação de Resíduos Sólidos Domiciliares Urba-

LEGISLAÇÃO

nos, utilizando para aplicação desses descontos ou subsídios, os mesmos fatores que serviram para o cálculo original da referida Taxa, bem como a adoção de coleta seletiva de resíduos de sólidos, na forma do regulamento.

SEÇÃO IV
DO LANÇAMENTO E PAGAMENTO

Art. 228. A Taxa de Coleta, Transporte e/ou Destinação de Resíduos Sólidos Domiciliares Urbanos poderá ser lançada isoladamente ou em conjunto com outros tributos, sendo que sempre constarão dos documentos recebidos pelos contribuintes, os elementos distintivos de cada tributo.

Art. 229. O pagamento da Taxa de Coleta, Transporte e/ou Destinação de Resíduos Sólidos Domiciliares Urbanos será feito na forma e nos prazos regulamentares.

Parágrafo Único. A taxa referida no caput será paga de uma só vez ou parceladamente, na forma e nos prazos regulamentares.

Art. 230. Sem prejuízo das medidas administrativas e judiciais cabíveis, aplica-se o disposto no art. 292 ao imposto não integralmente pago no vencimento ou decorrente de notificação de lançamento ou auto de infração.

SEÇÃO V
DA ISENÇÃO

Art. 231. São isentos da Taxa de Coleta, Transporte e/ou Destinação de Resíduos Sólidos Domiciliares Urbanos:

I – os imóveis pertencentes aos órgãos municipais da administração direta e suas respectivas autarquias;

II – os imóveis destinados ao Programa de Arrendamento Residencial – PAR – até a realização dos contratos de arrendamento residencial firmados por seus arrendatários; (Incluído pela Lei nº 6.715, de 14 de dezembro de 2017)

III – cujo o valor venal de único imóvel residencial seja igual ou inferior a R$ 30.000,00 (trinta mil reais) e com padrão construtivo G ou H. (Redação dada pela Lei nº 6.829, de 27 de dezembro de 2018).

Art. 231-A. Fica suspensa a cobrança da taxa de coleta, transporte e/ou destinação de resíduos sólidos domiciliares urbanos relativo ao imóvel declarado de utilidade pública para fins de desapropriação, cujos fatos geradores ocorrerem a partir da data do Decreto exarado por quaisquer dos entes públicos até a imissão definitiva na posse. (Redação acrescida pela Lei nº 6.829, de 27 de dezembro de 2018)

Parágrafo Único. Se caducar ou for revogado o decreto de desapropriação, ficará restabelecido o direito da Fazenda Municipal à cobrança do tributo cuja exigibilidade ficou suspensa a partir da data da suspensão, sem incidência dos acréscimos legais, se pago dentro de 30 (trinta) dias contados da data em que for feita a notificação ratificando o lançamento. (Redação acrescida pela Lei nº 6.829, de 27 de dezembro de 2018)

CAPÍTULO VII
DA TAXA DE VIGILÂNCIA SANITÁRIA

SEÇÃO I
DA INCIDÊNCIA E DO FATO GERADOR

Art. 232. A Taxa de Vigilância Sanitária incide em razão do exercício do poder de polícia municipal quanto à observância da legislação sanitária, em relação às atividades sujeitas à fiscalização sanitária, ou ainda pela prestação, efetiva ou potencial, de serviços públicos relacionados à vigilância sanitária.

Parágrafo único. A incidência da taxa e seu respectivo pagamento independem do efetivo cumprimento das exigências legais, regulamentares ou administrativa relativas à atividade exercida ou ao local onde praticada, tampouco implicando reconhecimento administrativo de sua regularidade perante os órgãos da Administração Pública.

SEÇÃO II
DOS CONTRIBUINTES

Art. 233. Contribuinte da Taxa é qualquer pessoa física ou jurídica que, mesmo provisoriamente, exercer as atividades descritas na Tabela 1 do Anexo X, bem como explorar comercialmente os equipamentos relacionados na Tabela 3 do Anexo X.

SEÇÃO III
DO CÁLCULO

Art. 234. As Taxas de Vigilância Sanitária serão calculadas em função da natureza da atividade e do porte da empresa com base nas tabelas constantes do Anexo X desta lei, levando em conta os critérios nelas indicados.

§ 1º Não havendo na tabela especificações precisas da atividade do contribuinte, calcula-se a taxa pelo item que contiver maior identidade de especificações com a atividade considerada.

§ 2º Enquadrando-se a atividade em mais de um item da tabela referida no "caput", prevalece o enquadramento no item que conduza à taxa unitária de maior valor.

§ 3º A constatação de prática de atividades não previstas em contrato social ou estatuto, impõe ao sujeito passivo, além da interdição do estabelecimento, a cominação de multa por infração no valor de 200% (duzentos por cento) da maior taxa declarada. (Redação dada pela Lei nº 6.715, de 14 de dezembro de 2017)

§ 4º Revogado. (Redação dada pela Lei nº 6.715, de 14 de dezembro de 2017)

SEÇÃO IV
DO LANÇAMENTO E PAGAMENTO

Art. 235. O lançamento da Taxa de Vigilância Sanitária será feito com base na declaração do contribuinte quando da inscrição no Cadastro Mercantil de Contribuintes - CMC e deverá ser paga previamente ao ato da concessão da licença.

§ 1º A taxa inicial é devida quando do início da atividade do contribuinte, e a taxa de periodicidade anual é devida a partir do ano seguinte ao do início da atividade.

§ 2º Revogado. (Redação dada pela Lei nº 6.715, de 14 de dezembro de 2017)

Art. 236. A Taxa de Vigilância Sanitária será lançada anualmente, com base nos dados constantes do Cadastro Mercantil de Contribuintes - CMC e será paga na forma e prazos estabelecidos pela Secretaria Municipal de Economia.

§ 1º Considera-se ocorrido o fato imponível da taxa, para todos os efeitos legais, em 1º de janeiro de cada ano civil.

§ 2º Quando a concessão da licença para instalação ocorrer ao longo do exercício, terá seu valor calculado proporcionalmente ao número de meses restantes para o término do ano fiscal, incluindo-se, no cálculo, o mês da concessão ou alteração.

§ 3º O lançamento da taxa de que trata o caput será efetuado em conjunto ou separadamente com o de outras taxas ou do Imposto Sobre Serviços de Qualquer Natureza. (Redação dada pela Lei nº 6.715, de 14 de dezembro de 2017)

§ 4º Na hipótese do parágrafo anterior, discriminar-se-ão os tributos, de forma a permitir a identificação de cada um deles.

§ 5º O eventual cancelamento ou suspensão da exigibilidade de algum deles não aproveita aos demais, cabendo ao contribuinte a iniciativa de efetuar-lhes o pagamento.

Art. 237. Sem prejuízo das medidas administrativas e judiciais cabíveis, aplica-se o disposto no art. 292 ao tributo não integralmente pago no vencimento ou decorrente de notificação de lançamento ou auto de infração. (Redação dada pela Lei nº 6.829, de 27 de dezembro de 2018).

Art. 238. O produto da arrecadação da taxa será integralmente revertido ao Fundo Municipal de Saúde de Maceió.

SEÇÃO V
DA ISENÇÃO

Art. 239. São isentos da Taxa de Vigilância Sanitária:

I - órgãos da administração direta, autarquias e fundações instituídas e mantidas pelo Poder Público Municipal; (Redação dada pela Lei nº 6.715, de 14 de dezembro de 2017)

II - entidades de caráter beneficente, filantrópico, caritativo ou religioso que não remunerem seus dirigentes, nos termos do regulamento. (Redação dada pela Lei nº 6.715, de 14 de dezembro de 2017)

Parágrafo único. A isenção da Taxa de Vigilância Sanitária não dispensa a obrigatoriedade do cumprimento das exigências contidas nas normas legais e regulamentares referentes a vigilância sanitária.

CAPÍTULO VIII
DA TAXA DE SERVIÇOS DE DIVERSOS

SEÇÃO I
DA INCIDÊNCIA E DO FATO GERADOR

Art. 240. A Taxa de Serviços de diversos tem como fato gerador a execução dos serviços referidos no Anexo XI e XII.

LEGISLAÇÃO

SEÇÃO II
DOS CONTRIBUINTES

Art. 241. Contribuinte da Taxa é qualquer pessoa física ou jurídica que solicitar a execução dos serviços referidos no Anexo XI e XII.

SEÇÃO III
DO CÁLCULO

Art. 242. A Taxa de Serviços de Diversos será calculada com base na tabela constante do Anexo XI e XII, levando em conta os períodos, critérios e valores nela indicadas.

SEÇÃO IV
DO LANÇAMENTO E PAGAMENTO

Art. 243. O lançamento da Taxa de Serviços Diversos será feito com base na solicitação do contribuinte e deverá ser paga na forma e prazos estabelecidos pela Secretaria Municipal de Economia.

Art. 244. Sem prejuízo das medidas administrativas e judiciais cabíveis, aplica-se o disposto no art. 292 ao tributo não integralmente pago no vencimento ou decorrente de notificação de lançamento ou auto de infração. (Redação dada pela Lei nº 6.829, de 27 de dezembro de 2018)

CAPÍTULO X
DA CONTRIBUIÇÃO PARA CUSTEIO DA ILUMINAÇÃO PÚBLICA

SEÇÃO I
DA INCIDÊNCIA E DO FATO GERADOR

Art. 245. A contribuição tem por fato gerador a disponibilização e a utilização efetiva ou potencial dos serviços de iluminação pública, nele compreendida a iluminação de vias, logradouros e demais bens públicos de uso comum, a instalação, manutenção, melhoramento e expansão do parque de iluminação pública municipal, assim como a gestão dos serviços e eficiência energética.

Art. 246. Consideram-se beneficiados por iluminação pública para efeito de incidência desta Contribuição, os imóveis com ligação regular de energia elétrica, bem como, os imóveis não edificados, localizados:

I – em ambos os lados das vias públicas de caixa única, mesmo que as luminárias estejam instaladas em apenas um dos lados;

II – em ambos os lados das vias públicas de caixa dupla quando a iluminação for central;

III – no lado em que estejam instaladas as luminárias no caso de vias públicas de caixa dupla, com largura superior a 10 (dez) metros;

IV – em todo o perímetro das praças públicas, independentemente da forma de distribuição das luminárias;

V – em escadarias ou ladeiras, independentemente da forma de distribuição das luminárias.

SEÇÃO II
DOS CONTRIBUINTES

Art. 247. Contribuinte da COSIP é o proprietário, o titular do domínio útil ou possuidor a qualquer título de imóveis, edificados ou não, situados no Município de Maceió, desde que beneficiados por serviços de iluminação pública descritos no art. 238.

§ 1º São sujeitos passivos solidários da COSIP, o locatário, o comodatário ou possuidor indireto, a qualquer título, de imóvel edificado ou terreno situado no território do Município de Maceió e que possua ou não ligação privada e regular de energia elétrica.

§ 2º O lançamento da contribuição poderá ser feito indicando como obrigado qualquer dos sujeitos solidários.

SEÇÃO III
DO CÁLCULO

Art. 248. Ficam estabelecidos os seguintes valores e alíquotas da COSIP:

I – para contribuintes proprietários, titulares do domínio útil ou possuidores de imóveis não edificados no Município os valores constantes da Tabela 1 do Anexo XIII.

II – para contribuintes proprietários, titulares do domínio útil, possuidores, a título precário ou não, de imóveis edificados e que tenham ligação regular e privada de energia elétrica no Município, os valores serão obtidos através da multiplicação da Tarifa de Iluminação Pública pelos fatores constantes da Tabela 2 do Anexo XIII, conforme a quantidade de consumo por classe.

§ 1º A determinação da classe/categoria de consumidor observará as normas da Agência Nacional de Energia Elétrica – ANEEL – ou órgão regulador que vier a substituí-la.

§ 2º Os valores expressos em Reais constantes da tabela do inciso I deste artigo serão atualizados anualmente, a partir de 1º de janeiro de cada exercício financeiro, pelo IPCA do IBGE, ou outro índice que vier substituí-lo.

§ 3º Caso seja, por norma nacional, admitida a correção monetária de débitos fiscais por período inferior a um ano civil, o valor da COSIP devido mensalmente passará a ser atualizada em periodicidade mensal, a partir do mês subsequente ao da previsão normativa nacional.

SEÇÃO IV
DO LANÇAMENTO E PAGAMENTO

SUBSEÇÃO I
DOS IMÓVEIS NÃO EDIFICADOS

Art. 249. A COSIP devida pelos proprietários, titulares do domínio útil ou possuidores de imóveis não edificados será realizado pelo Município de Maceió, anualmente, juntamente com o IPTU ou não, na forma disposta em regulamento, o qual deverá estabelecer, inclusive, o prazo de pagamento da contribuição.

SUBSEÇÃO II
DOS IMÓVEIS EDIFICADOS

Art. 250. A COSIP devida pelos proprietários, titulares do domínio útil, possuidores, a título precário ou não, e que tenham ligação regular e privada de energia elétrica será lançada mensalmente na fatura de energia elétrica e o seu pagamento em conjunto com o seu consumo em código de barra único, conforme Art. 149-A, Parágrafo único da Constituição da República Federativa do Brasil e pela Portaria da ANEEL de nº 969, de 01 de julho de 2008, que aprovou a Súmula nº 007/2008, que será operacionalizado na forma de convênio ou contrato a ser firmado entre o Município de Maceió e a empresa concessionária de energia elétrica, titular da concessão para distribuição de energia elétrica no território do Município.

§ 1º O convênio a que se refere este artigo deverá, obrigatoriamente, prever repasse integral e imediato do valor arrecadado pela concessionária para a conta bancária do Município, destinada à Iluminação Pública, até o 15º (décimo quinto) dia útil de cada mês, não admitindo a retenção dos valores, nem mesmo os valores para o custeio das faturas de iluminação pública ou a taxa de administração/arrecadação da referida contribuição.

§ 2º O montante devido e não pago da COSIP a que se refere o caput deste artigo, será inscrito em dívida ativa, por parte da autoridade competente, no ano seguinte à verificação da inadimplência, servindo como título hábil para a inscrição, a comunicação de inadimplência efetuada pela Distribuidora de energia elétrica acompanhada de duplicata da fatura de energia elétrica não paga, ou de outro documento que contenha os elementos previstos no art. 202 e incisos do Código Tributário Nacional.

§ 3º O valor da COSIP não pago na data de vencimento da fatura de energia elétrica implicará em multa de 2% (dois por cento), acrescido de juros e correção monetária, que serão incluídos na próxima fatura de energia elétrica.

§ 4º O valor arrecadado e não repassado à Prefeitura Municipal previsto no parágrafo primeiro deste artigo será acrescido de multa de 2% (dois por cento), além de juros e correção monetária até a data do efetivo repasse.

SUBSEÇÃO III
DA DISPOSIÇÃO GERAL

Art. 251. A Secretaria Municipal de Economia regulamentará o disposto nesta Seção, inclusive o convênio ou contrato a ser firmado entre o Município e a Concessionária de energia elétrica, a permissionária ou a empresa autorizada a explorar os serviços públicos de energia elétrica na área do município.

SEÇÃO V
DA ISENÇÃO

Art. 252. Estão isentos da contribuição, os consumidores da classe:

I – Poder Público Municipal;

II – Poder Público Estadual;

III – Poder Público Federal;

IV – Destinados ao consumo próprio de energia;

V – Possuidores de imóveis rurais;

VI – Possuidores de imóveis residenciais com consumo de energia de até 60 KWh/mês.

Art. 252-A. Fica suspensa a cobrança da Contribuição para Custeio da Iluminação Pública – COSIP, relativa ao imóvel declarado de utilidade pública para fins de desapropriação, cujos fatos geradores ocorrerem a partir da data do Decreto exarado por quaisquer dos entes públicos até a imissão definitiva na posse. (Redação dada pela Lei nº 6.829, de 27 de dezembro de 2018)

§ 1º Se caducar ou for revogado o decreto de desapropriação, ficará restabelecido o direito da Fazenda Municipal à cobrança do tributo cuja exigibilidade ficou suspensa a partir da data da suspensão, sem incidência dos acréscimos legais, se pago dentro de 30 (trinta) dias contados da data em que for feita a notificação ratificando o lançamento. (Redação dada pela Lei nº 6.829, de 27 de dezembro de 2018)

CAPÍTULO X
DA CONTRIBUIÇÃO DE MELHORIA

SEÇÃO I
DA INCIDÊNCIA

Art. 253. A Contribuição de Melhoria tem como fato gerador a valorização de bem imóvel, resultante da execução de obra pública.

Art. 254. Para efeito da incidência de Contribuição de Melhoria serão considerados, especialmente, os seguintes casos:

I – abertura, alargamento, pavimentação, iluminação, arborização, esgotos pluviais e outros melhoramentos de praças e vias públicas;

II – construção e ampliação de parques, campos de desportos, pontes, túneis e viadutos;

III – construção ou ampliação de sistemas de trânsito rápido, inclusive todas as obras e edificações necessárias ao funcionamento do sistema;

IV – serviços e obras de abastecimento de água potável, esgotos, instalações de redes elétricas, telefônicas, de transportes e comunicações em geral ou de suprimento de gás, funiculares, ascensores e instalações de comodidade pública;

V – serviços e obras de proteção contra secas, inundações, erosão, ressacas e de saneamento e drenagem em geral, diques, cais, desobstrução de barras, portos e canais, retificação e regularização de cursos d'água e irrigação;

VI – aterros e realizações de embelezamento em geral, inclusive desapropriação em desenvolvimento de plano de aspecto paisagístico.

SEÇÃO II
DA NÃO INCIDÊNCIA

Art. 255. A Contribuição de Melhoria não incidirá nos casos de:

I – simples reparação ou manutenção das obras mencionadas no artigo antecedente;

II – alteração do traçado geométrico de vias e logradouros públicos;

III – colocação de guias e sarjetas;

IV – obras de pavimentação executadas na zona rural do Município;

V – adesão a Plano de Pavimentação Comunitária.

Parágrafo único. É considerado simples reparação o recapeamento asfáltico.

SEÇÃO III
DOS CONTRIBUINTES E RESPONSÁVEIS

Art. 256. Contribuinte do tributo é o proprietário do imóvel, o titular do seu domínio útil ou o possuidor, a qualquer título, de imóvel beneficiado pela execução de obra pública, ao tempo do lançamento.

§ 1º A responsabilidade pelo pagamento do tributo transmite-se aos adquirentes do imóvel ou aos sucessores a qualquer título.

§ 2º Responderá pelo pagamento o incorporador ou organizador do loteamento não edificado ou em fase de venda, ainda que parcialmente edificado, que vier a ser beneficiado em razão da execução de obra pública.

SEÇÃO IV
DA BASE DE CÁLCULO

Art. 257. A base de cálculo da Contribuição de Melhoria é o custo da obra.

Art. 258. A Contribuição de Melhoria será calculada mediante o rateio do custo da obra entre os imóveis beneficiados, considerada a sua localização em relação à obra, e proporcionalmente à área construída ou testada fictícia e ao valor venal de cada imóvel, observada, como limite total, a despesa realizada.

Parágrafo único. O valor do tributo será proporcional à valorização do imóvel e por esta será dimensionado.

Art. 259. O custo da obra terá sua expressão monetária atualizada, à época do lançamento, pela variação do IPCA.

Art. 260. No custo da obra serão computadas as despesas com estudos, projetos, fiscalização, desapropriação, administração, execução, financiamento e demais gastos necessários à realização da obra.

SEÇÃO V
DO LANÇAMENTO

Art. 261. Antes de iniciada a obra e como medida preparatória do lançamento, o órgão responsável pela execução da obra publicará edital em jornal de grande circulação, onde constarão os seguintes elementos:

I - memorial descritivo do projeto;

II - orçamento do custo da obra;

III - determinação da parcela do custo da obra a ser financiada pela Contribuição de Melhoria;

IV - delimitação da zona beneficiada;

V - determinação dos índices de participação dos imóveis para o rateio da despesa, aplicáveis a toda a zona beneficiada ou a cada área diferenciada nela contida.

Art. 262. O lançamento do tributo deverá ser feito:

I - quando do início das obras, com base em cálculos estimativos;

II - complementarmente, quando for o caso, imediatamente após a conclusão da obra.

§ 1º O contribuinte será notificado do montante da Contribuição de Melhoria, da forma de pagamento e do prazo de vencimento.

§ 2º Quando, no término da obra for verificado que o lançamento por estimativa foi superior ao efetivamente apurado, caberá restituição da diferença paga a maior.

§ 3º Não será objeto do lançamento a contribuição inferior a R$ 500,00 (quinhentos reais) à data do lançamento.

§ 4º Ficam isentos do pagamento do tributo os contribuintes que, sob a forma contratual, participarem do custeio das obras.

SEÇÃO VI
DO PAGAMENTO

Art. 263. O recolhimento da Contribuição de Melhoria será efetuado na forma definida pelo Poder Executivo.

Art. 264. O Poder Executivo, por intermédio do Secretário Municipal de Economia, poderá:

I - conceder o desconto de até 20% (vinte por cento) do tributo, para pagamento antecipado;

II - determinar os prazos de recolhimento por obras realizadas;

III - a requerimento do contribuinte, conceder parcelamento para o recolhimento do tributo.

Art. 265. As parcelas mensais da Contribuição de Melhoria serão atualizadas, de acordo com o disposto no art. 292, IV.

Parágrafo único. O não pagamento de 03 (três) parcelas sucessivas acarretará o vencimento de todo o débito.

Art. 266. Sem prejuízo das medidas administrativas e judiciais cabíveis, aplica-se o disposto no art. 292 ao imposto não integralmente pago no vencimento ou decorrente de notificação de lançamento ou auto de infração.

TÍTULO V
DA ADMINISTRAÇÃO TRIBUTÁRIA

CAPÍTULO I
DA LEGISLAÇÃO TRIBUTÁRIA

Art. 267. A administração dos tributos e contribuições municipais e as relações jurídicas a eles pertinentes far-se-ão na forma da legislação tributária municipal, conforme definida no art. 4º e na Lei Federal nº 5.172, de 25 de outubro de 1966 - Código Tributário Nacional.

Parágrafo único. O silêncio, a omissão ou obscuridade da legislação tributária, não constituirá motivo bastante para que as autoridades deixem de aplicá-la ou se escusem de despachar, decidir ou sentenciar, em casos de sua competência.

CAPÍTULO II
DO CRÉDITO TRIBUTÁRIO

SEÇÃO I
DA CONSTITUIÇÃO DO CRÉDITO TRIBUTÁRIO

Art. 268. Compete à autoridade administrativa constituir o crédito tributário pelo lançamento, assim entendido o procedimento administrativo tendente a verificar a ocorrência do fato gerador da obrigação correspondente, determinar a matéria tributável, calcular o montante do tributo devido, identificar o sujeito passivo e, sendo o caso, propor a aplicação da penalidade cabível.

Parágrafo único. A atividade administrativa de lançamento é vinculada e obrigatória, sob pena de responsabilidade funcional.

Art. 269. O sujeito passivo será cientificado do lançamento por um dos seguintes meios:

I – pessoalmente ou a seu representante, mandatário ou preposto, contra assinatura-recibo datada. (Redação dada pela Lei nº 6.829, de 27 de dezembro de 2018)

II – por via postal, no domicílio tributário eleito pelo sujeito passivo, com aviso de recebimento datado, firmado e devolvido pelo destinatário, por pessoa de seu domicílio, por seu representante, mandatário ou preposto;

III – por meio eletrônico, em portal da Secretaria Municipal de Economia ou, a critério do fisco, em endereço eletrônico indicado pelo sujeito passivo ou por seu representante legal;

IV – por publicação única em edital no Diário Oficial do Município, de forma resumida, quando frustrados qualquer dos meios anteriormente previstos.

§ 1.º Os meios de cientificação previstos nos incisos I, II e III deste artigo não estão sujeitos a ordem de preferência.

§ 2.º No caso da cientificação pessoal, de que trata o inciso I deste artigo, em que haja recusa de recebimento, o auditor fiscal atestará o fato e buscará a cientificação por outro meio previsto neste artigo.

§ 3.º Para fins de cientificação, considera-se domicílio tributário do sujeito passivo o endereço postal por ele fornecido para fins cadastrais ou o endereço eletrônico a ele atribuído pela administração tributária.

§ 4.º Consideram-se válidos, para fins de cientificação, os endereços fornecidos pelo sujeito passivo ou por seu representante legalmente constituído, cabendo a esses mantê-los atualizados.

§ 5.º Quando o volume de emissão ou a característica do lançamento justificar, a autoridade administrativa poderá determinar a ciência do lançamento por edital publicado no Diário Oficial do Município, sem a precedência da intimação prevista nos incisos I, II e III.

SEÇÃO II
DA FISCALIZAÇÃO

Art. 270. As atividades da Secretaria Municipal de Economia, dentro de sua área de competência e atuação, terão precedência sobre os demais setores da Administração Pública.

Art. 271. A fiscalização dos tributos municipais relativos à constituição do crédito tributário compete privativamente aos integrantes do Grupo Ocupacional Tributação, lotados na Secretaria Municipal de Economia, ressalvadas as competências legais atribuídas a outros servidores no exercício de suas atividades. (Redação dada pela Lei nº 6.715, 14 de dezembro de 2017)

Parágrafo único. A fiscalização será extensiva às pessoas naturais, às pessoas jurídicas e às entidades sem personalidade jurídica, sujeitos passivos de tributos municipais ou não, inclusive às que gozarem de imunidade tributária ou isenção de tributos municipais.

Art. 272. Sempre que necessário, os servidores encarregados da fiscalização de tributos requisitarão, através da autoridade da administração tributária, o auxílio e garantias necessárias ao pleno e inviolável exercício das atribuições do Auditor Fiscal de Tributos Municipais e à execução das tarefas que lhe são cometidas, bem como à realização das diligências indispensáveis à aplicação da legislação tributária.

Art. 273. Sem prejuízo da estrita aplicação da lei e do desempenho de suas atividades, os servidores fiscais têm o dever de, mediante solicitação, assistir os sujeitos passivos da obrigação tributária, prestando-lhes os esclarecimentos e orientando-os sobre a correta aplicação da legislação tributária municipal.

Art. 274. Mediante intimação escrita, são obrigados a prestar à autoridade administrativa todas as informações de que disponham com relação aos bens, negócios ou atividades de terceiros:

I - os funcionários e servidores públicos de qualquer esfera de governo;

II - os serventuários da justiça;

III - os tabeliães e escrivães, oficiais de registro de imóveis e demais serventuários de ofícios públicos;

IV - as instituições financeiras;

V - as empresas de administração de bens;

VI - os corretores, leiloeiros e despachantes oficiais;

VII - os síndicos, comissários e liquidatários;

VIII- os inventariantes, tutores e curadores;

IX - as bolsas de valores e de mercadorias;

X - os armazéns gerais, depósitos, trapiches e congêneres;

XI - as empresas de transportes e os transportadores autônomos;

XII - as companhias de seguros;

XIII - os síndicos ou responsáveis por condomínios residenciais ou comerciais.

XIV - as empresas concessionárias, permissionárias e autorizatárias de serviços públicos.

XV - os órgãos da Administração Pública Municipal direta, assim como suas entidades autárquicas, fundações, empresas públicas e sociedades de economia mista;

XVI - os responsáveis tributários e os tomadores de serviço em geral;

§ 1º As pessoas citadas nos incisos do caput deste artigo ficam obrigadas a prestar as informações solicitadas pelo fisco, importando a recusa em embaraço à ação fiscal.

§ 2º Às entidades, pessoas e empresas mencionadas neste artigo, que deixarem de fornecer, nos prazos marcados, as informações ou esclarecimentos solicitados será aplicada a multa de R$ 2.500,00 (dois mil e quinhentos reais), sem prejuízo de outras sanções legais que couberem, na forma do regulamento. (Redação dada pela Lei nº 6.829, de 27 de dezembro de 2018)

§ 3º A divulgação das informações obtidas no exame fiscal e em diligências efetuadas constitui falta grave, punível na forma do disposto em legislação própria.

§ 4º Quando as informações de que trata o inciso I deste artigo tiverem que ser extraídas de processos judiciais, a autoridade administrativa deve solicitar a Procuradoria Geral do Município o respectivo acesso, ficando o Auditor Fiscal, na posse dos respectivos dados, obrigado a resguardar eventuais sigilos, sob pena de punição disciplinar. (Redação acrescida pela Lei nº 6.829, de 27 de dezembro de 2018)

Art. 275. São de exibição obrigatória ao Fisco, os livros, documentos e papéis de efeitos comerciais ou fiscais.

Parágrafo único. É inoponível à determinação contida neste artigo qualquer restrição excludente ou limitativa. (Redação dada pela Lei nº 6.829, de 27 de dezembro de 2018)

Art. 276. Os livros de escrituração fiscal instituídos pela legislação tributária, e os comprovantes dos lançamentos neles efetuados, serão conservados até que ocorra a prescrição dos créditos tributários decorrentes das operações a que se refiram.

Art. 277. As pessoas inscritas ou obrigadas à inscrição nos cadastros mobiliário ou imobiliário, bem como as que tomem parte nas operações ou prestações sujeitas aos tributos municipais não podem embaraçar a ação fiscalizadora e, mediante notificação escrita, são obrigados a exibir os impressos, os documentos, os livros, os programas e os arquivos magnéticos relacionados com o tributo e a prestar informações solicitadas pelo fisco.

Parágrafo único. Quando o livro, documento, impresso, papel, programa e arquivo magnético devam permanecer retidos, a autoridade responsável pode determinar, a pedido do interessado, que deles se extraia total ou parcialmente, cópia autenticada para entrega ao contribuinte, retendo os originais.

Art. 278. No caso de recusa de apresentação de livros e documentos fiscais e/ou contábeis ou de quaisquer outros documentos previstos em lei, ou de qualquer embaraço ao exame dos mesmos, será requerido, por meio da Procuradoria Geral do Município, que se faça a exibição judicial, sem prejuízo da lavratura de Auto de Infração.

Art. 279. O exame de livros e documentos fiscais e/ou contábeis e demais medidas e procedimentos de fiscalização, assim como o lançamento do crédito tributário, poderão ser revistos ou repetidos a qualquer momento, em relação a um mesmo fato ou período de tempo, enquanto não transcorrido o prazo decadencial do direito da Fazenda Pública constituir o crédito tributário.

§ 1º A decadência a que se refere o caput deste artigo não prevalecerá nos casos de dolo, fraude ou simulação.

§ 2º O disposto no caput deste artigo aplica-se, inclusive, aos casos em que o tributo correspondente tenha sido lançado e arrecadado.

Art. 280. Em nenhuma hipótese a Secretaria Municipal de Economia poderá suspender o curso da ação fiscalizatória. (Redação dada pela Lei nº 6.829, de 27 de dezembro de 2018)

§ 1º É vedado à autoridade de qualquer hierarquia paralisar, impedir, obstruir ou inibir a fiscalização efetuada pelos Auditores Fiscais de Tributos Municipais da Secretaria Municipal de Economia no exercício de sua competência.

§ 2º O descumprimento do disposto no § 1º deste artigo constitui delito funcional de natureza grave, sujeito às sanções disciplinares previstas na legislação em vigor.

§ 3º São ineficazes os atos normativos de autoridades administrativas que contrariem as disposições do caput deste artigo e de seu § 1º

§ 4º Fica o Poder Executivo autorizado, por meio de decreto, instituir fiscalização tributária orientadora, desde que o prazo concedido para recolhimento espontâneo do tributo não seja superior há 30 dias.

Art. 281. De todos os exames e diligências fiscais se lavrará, sob assinatura do respectivo Agente Fiscal, termo circunstanciado do apurado, dele constando, além do que for julgado conveniente, as datas inicial e final do período fiscalizado, e a relação dos livros e documentos examinados.

Parágrafo único. Revogado. (Redação dada pela Lei nº 6.829, de 27 de dezembro de 2018)

SEÇÃO III
DOS SERVIDORES FISCAIS

Art. 282. Aos servidores fiscais no exercício de suas funções, será permitido o livre acesso ao estabelecimento do contribuinte de tributos municipais.

§ 1º A recusa ou impedimento ao exercício da faculdade prevista neste artigo importa embaraço à ação fiscalizatória e desacato à autoridade, sujeitando o infrator às penalidades cabíveis. (Redação dada pela Lei nº 6.829, de 27 de dezembro de 2018)

§ 2º O servidor fiscal, diretamente ou por intermédio da autoridade da administração fiscal a que estiver subordinado, poderá requisitar auxílio de Força Pública Federal, Estadual ou Municipal, quando vítima de embaraço ou desacato no exercício de suas funções fiscais.

§ 3º O servidor fiscal se identificará mediante apresentação de documento de identidade funcional.

Art. 283. Além da competência para notificar, representar, autuar e apreender bens, livros e documentos, poderá a Fazenda Municipal, por seus Agentes, com a finalidade de obter elementos que lhes permitam verificar a exatidão das declarações apresentadas pelos contribuintes e responsáveis e de determinar com precisão a natureza e o montante dos créditos tributários:

I - exigir a qualquer tempo, a exibição de livros e comprovantes dos atos e operações que possam constituir fato gerador de obrigação tributária;

II - fazer inspeção nos locais e estabelecimentos onde se exercem as atividades sujeitas à obrigação tributária, ou nos bens ou serviços que constituam matéria tributária;

III - exigir informações e comunicações escritas ou verbais;

IV - notificar o contribuinte ou responsável para comparecer às repartições fazendárias;

V - requisitar auxílio de força pública estadual ou federal, quando forem os Agentes Fiscais vítimas de embaraço ou desacato no exercício de suas funções, ou quando seja necessária à efetivação de medidas previstas na Legislação Tributária, ainda que não se configure fato definido em lei como crime ou contravenção.

Art. 284. Sem prejuízo da estrita aplicação da lei e do desempenho de suas atividades, os servidores encarregados da fiscalização de tributos têm o dever de, mediante solicitação, assistir os sujeitos passivos da obrigação tributária, administrando-lhes esclarecimentos e orientando-os sobre a correta aplicação da legislação tributária municipal.

Art. 285. São os agentes fiscais impedidos de promover ações fiscais e diligências, de efetuar o lançamento de créditos tributários ou sua revisão e de lavrar Notificações e Autos de Infração, quando:

I – forem sócios, cotistas ou acionistas do sujeito passivo;

II – possuam cônjuge ou parente seu, consanguíneo ou afim, em linha reta ou em linha colateral até o 3º (terceiro) grau, que seja empregado, sócio, cotista, acionista, diretor ou membro de Conselho Fiscal do sujeito passivo;

III – tenham interesse econômico ou financeiro, direto ou indireto, mediato ou imediato, por si, por seu cônjuge ou por parente consanguíneo ou afim, em linha reta ou na colateral até o 3º (terceiro) grau;

IV – tenham vínculo, como sócio, com a sociedade de advogados, contabilistas ou economistas, ou com empresa de assessoria fiscal ou tributária, a que esteja vinculado o mandatário constituído por quem figure como parte no processo.

§ 1º O servidor fiscal deverá declarar-se, de ofício ou a requerimento, impedido de realizar os procedimentos a que se refere o caput deste artigo, em que se verifique qualquer uma das situações nele previstas.

§ 2º A arguição do impedimento deverá se dar em petição devidamente fundamentada e instruída, assim que o servidor fiscal tomar conhecimento da situação que o impeça de iniciar ou realizar o procedimento.

§ 3º O servidor fiscal que houver iniciado ou participado de procedimento em relação ao qual tenha se declarado impedido legalmente será substituído por outro servidor fiscal, a fim de evitar o retardamento no curso do procedimento.

§ 4º A omissão do dever de comunicar o impedimento constitui falta grave, para fins disciplinares, que deverá ser apurada na forma da legislação vigente, sem prejuízo da responsabilização civil e criminal que no caso couber.

§ 5º Sem prejuízo do que dispõe o § 4º deste artigo, são nulos os procedimentos a que se refere o caput deste artigo, assim como os atos deles decorrentes, quando realizados por servidor fiscal legalmente impedido na forma prevista neste artigo.

SEÇÃO IV
DA DESCONSIDERAÇÃO DO ATO OU NEGÓCIO JURÍDICO

Art. 286. Em conformidade com o disposto no art. 116, parágrafo único da Lei nº 5.172/66 – Código Tributário Nacional, são passíveis de desconsideração os atos ou negócios jurídicos que visem a reduzir o valor de tributo, a evitar ou a postergar o seu pagamento ou a ocultar os verdadeiros aspectos do fato gerador ou a real natureza dos elementos constitutivos da obrigação tributária.

§ 1º Para a desconsideração de ato ou negócio jurídico dever-se-á levar em conta, entre outras, a ocorrência de:

I – falta de propósito negocial; ou

II – abuso de forma jurídica.

§ 2º Para o efeito do disposto no inciso I do parágrafo anterior, considera-se indicativo de falta de propósito negocial a opção pela forma mais complexa ou mais onerosa, para os envolvidos, entre duas ou mais formas para a prática de determinado ato.

§ 3º Para o efeito do disposto no inciso II do § 1º deste artigo, considera-se abuso de forma jurídica a prática de ato ou negócio jurídico indireto que produza o mesmo resultado econômico do ato ou negócio jurídico dissimulado.

§ 4º A desconsideração será efetuada após a instauração de procedimento de fiscalização, mediante ato do Diretor de Administração Tributária ou autoridade administrativa a quem este delegar.

§ 5º O ato de desconsideração deverá ser devidamente fundamentado, com base nas informações e documentos colhidos pela autoridade responsável pelo lançamento, com descrição clara e precisa do ato ou negócio desconsiderado e referência a todas as circunstâncias pertinentes, conforme dispuser o regulamento.

Art. 287. O ato de desconsideração será precedido de representação do servidor competente para efetuar o lançamento do tributo à autoridade administrativa de que trata o § 4º do art. 286.

§ 1º Antes de formalizar a representação, o servidor expedirá notificação fiscal ao sujeito passivo, na qual relatará os fatos e documentos que justificam a desconsideração.

§ 2º O sujeito passivo poderá apresentar, no prazo de 30 (trinta) dias, os esclarecimentos e provas que julgar necessários.

§ 3º A representação de que trata este artigo:

I - deverá conter relatório circunstanciado do ato ou negócio praticado e a descrição dos atos ou negócios equivalentes ao praticado;

II - será instruída com os elementos de prova colhidos pela autoridade fiscal, no curso do procedimento de fiscalização, até a data da formalização da representação e os esclarecimentos e provas apresentados pelo sujeito passivo.

§ 4º A autoridade referida no § 4º do art. 286 decidirá, em despacho fundamentado, sobre a desconsideração dos atos ou negócios jurídicos praticados.

§ 5º Caso conclua pela desconsideração, o despacho a que se refere o caput deste artigo deverá conter, além da fundamentação:

I - a descrição dos atos ou negócios praticados;

II - a discriminação dos elementos ou fatos caracterizadores de que os atos ou negócios jurídicos foram praticados com a finalidade de dissimular a ocorrência de fato gerador de tributo ou a natureza dos elementos constitutivos da obrigação tributária;

III - a descrição dos atos ou negócios equivalentes aos praticados, com as respectivas normas de incidência dos tributos;

IV - o resultado tributário produzido pela adoção dos atos ou negócios equivalentes referidos no inciso III, com especificação, por tributo, da base de cálculo, da alíquota incidente e dos encargos moratórios.

§ 6º O sujeito passivo terá o prazo de 30 (trinta) dias, contado da data que for cientificado do despacho, para efetuar o pagamento do tributo devido, acrescidos de multa moratória ou de ofício e juros de mora, ou efetuar a contestação que lhe couber. (Redação dada pela Lei nº 6.829, de 27 de dezembro de 2018)

§ 7º A falta de pagamento dos tributos e encargos moratórios no prazo a que se refere o parágrafo anterior ensejará o lançamento do respectivo crédito tributário, mediante lavratura de Auto de Infração, com aplicação da multa de lançamento de ofício prevista no art. 90 desta Lei, conforme for o caso, sem prejuízo da cominação das penalidades aplicáveis ao caso.

§ 8º A contestação do despacho de desconsideração dos atos ou negócios jurídicos e a impugnação do lançamento serão reunidas em um único processo, para serem decididas simultaneamente, em processo contencioso administrativo. (Redação dada pela Lei nº 6.829, de 27 de dezembro de 2018)

§ 9º Ao lançamento efetuado nos termos deste artigo aplicam-se as demais normas reguladoras do processo de determinação e exigência de crédito tributário.

SEÇÃO V
DO PAGAMENTO

Art. 288. A imposição de penalidade não elide o pagamento integral do crédito tributário. Art. 289. O pagamento de um crédito não importa em presunção de pagamento:

I - quando parcial, das prestações em que se decomponha;

II - quando total, de outros créditos referentes ao mesmo ou a outros tributos.

Art. 290. Quando não houver o prazo fixado na legislação tributária para pagamento, o vencimento do crédito ocorre 30 (trinta) dias após a data em que se considera o sujeito passivo notificado do lançamento.

Art. 291. Portaria do Secretário Municipal de Economia disciplinará a forma de pagamento dos tributos municipais e o calendário fiscal do Município. (Redação dada pela Lei nº 6.829, de 27 de dezembro de 2018)

Parágrafo único. Uma vez constituído definitivamente o crédito tributário e formalizada sua inscrição em Dívida Ativa, caberá a Procuradoria Geral do Município inscrever o contribuinte devedor nos órgãos de proteção ao crédito e protestar o referido título. (Redação dada pela Lei nº 6.829, de 27 de dezembro de 2018)

Art. 292. O crédito não integralmente pago no vencimento ou decorrente de notificação de lançamento ou auto de infração, ficará sujeito aos seguintes acréscimos legais:

I – multa de mora equivalente a 0,33% (trinta e três centésimos por cento), por dia de atraso, sobre o valor do imposto devido, até o limite de 20% (vinte por cento), para débitos não pagos nos prazos previstos; ou

II – multas de lançamento de ofício;

III – multas por infração à legislação tributária.

IV – juros de mora equivalentes à variação da taxa referencial do Sistema Especial de Liquidação e Custódia – SELIC para títulos federais, acumulada mensalmente, a partir do primeiro dia do mês subsequente ao vencimento do prazo até o mês anterior ao do pagamento e de 1% (um por cento) no mês em que o débito for pago.

§ 1º A multa a que se refere o inciso I será calculada a partir do primeiro dia subsequente ao do vencimento até o dia em que ocorrer o efetivo recolhimento.

§ 2° As multas de lançamento de ofício ou por infração à legislação tributária serão aplicadas quando for apurada ação ou omissão do contribuinte que importe em inobservância do disposto na legislação tributária.

§ 3º Os juros de mora incidirão sobre o valor integral do crédito tributário, assim considerado o imposto devido acrescido da respectiva multa, conforme o caso.

§ 4º O percentual dos juros a ser aplicado a cada mês tomará por base a taxa SELIC do mês precedente.

§ 5º Não afeta a incidência de juros a apresentação de:

a) consulta ou pedido de reconhecimento de imunidade, isenção ou não incidência, desde que realizados antes do vencimento do crédito tributário; (Redação dada pela Lei nº 6.829, de 27 de dezembro de 2018)

b) defesa ou recurso de processo fiscal.

§ 6º O débito vencido será encaminhado para cobrança, com inscrição na Dívida Ativa.

§ 7º Inscrita ou ajuizada a dívida serão devidas custas, honorários e demais despesas, na forma regulamentar e da legislação.

Art. 293. Ao sujeito passivo que efetuar o recolhimento espontâneo do tributo será dispensada a multa de que trata o inciso II do art. 292.

Parágrafo único. Não se considera espontâneo o recolhimento efetuado após o início de qualquer procedimento administrativo fiscal.

SEÇÃO VI
DO PAGAMENTO INDEVIDO E DA RESTITUIÇÃO DO TRIBUTO

Art. 294. O sujeito passivo tem direito à restituição total ou parcial do tributo, nos seguintes casos:

I – cobrança ou pagamento espontâneo de tributo indevido ou maior que o devido em face da legislação tributária aplicável, ou da natureza ou circunstâncias materiais do fato gerador efetivamente ocorrido;

II – erro na identificação do sujeito passivo, na determinação da alíquota aplicável, no cálculo do montante do débito ou na elaboração ou conferência de qualquer documento relativo ao pagamento;

III – reforma, anulação, revogação ou rescisão de decisão condenatória;

IV – quando for declarada a imunidade, e a entidade fizer a prova de que ao tempo do fato gerador ela já preenchia os pressupostos para gozar do benefício.

§ 1º Quando for comprovado, em processo administrativo, que o pagamento foi, por qualquer razão, imputado a contribuinte ou a tributo diverso daquele pretendido, poderá ser autorizada a transferência do crédito para o contribuinte ou tributo correto, observado o disposto em Regulamento. (Redação dada pela Lei nº 6.829, de 27 de dezembro de 2018)

§ 2º A restituição total ou parcial de tributos será feita pelo seu valor corrigido de acordo com os índices oficiais adotados para atualização dos débitos fiscais, na forma estabelecida no art. 292, IV, calculada entre o mês do recolhimento e até a regular intimação do interessado para receber a importância a ser restituída.

§ 3º Ficam proibidos de receber créditos e restituição de indébitos, os sujeitos passivos que possuírem débitos de qualquer natureza com a Fazenda Municipal, momento em que será determinada a compensação dos respectivos valores.

§ 4º Indeferido o pedido de restituição, nos casos desse artigo, cabe recurso à primeira instância do contencioso administrativo, cuja decisão será terminativa.

§ 5º A restituição de tributos que comportem, por sua natureza, transferência do respectivo encargo financeiro somente será feita a quem prove haver assumido o referido encargo, ou, no caso de tê-lo transferido a terceiro, estar por este expressamente autorizado a recebê-la.

Art. 295. O direito de requerer restituição decai com o decurso do prazo de 05 (cinco) anos, contados da data do recolhimento da quantia paga indevidamente.

SEÇÃO VII
DA COMPENSAÇÃO

Art. 296. Quando o crédito a compensar resultar de pagamento a maior de tributos municipais, o contribuinte poderá efetuar a compensação desse valor no recolhimento do mesmo tributo correspondente a períodos subsequentes, observado o disposto em Regulamento.

Parágrafo único. Não obstante o disposto no caput, é facultado ao contribuinte optar pelo pedido de restituição do tributo na forma prevista na Seção VI deste Capítulo.

Art. 297. É vedada a compensação mediante o aproveitamento de tributo, objeto de contestação judicial pelo sujeito passivo, antes do trânsito em julgado da respectiva decisão judicial.

Da Compensação com Créditos Judiciais e Precatórios da Compensação Por Créditos Líquidos e Certos Contra a Fazenda Pública

Art. 298. O Poder Executivo Municipal fica autorizado a compensar créditos tributários e não tributários, com créditos líquidos e certos, vencidos ou vincendos, do sujeito passivo contra a Fazenda Pública, nas condições e sob as garantias estipuladas em cada caso. (Redação dada pela Lei nº 6.829, de 27 de dezembro de 2018)

Parágrafo Único. Os créditos tributários e não tributários a que se refere o caput deste artigo abrangem, além do valor original do crédito devido, os respectivos encargos, atualização monetária, multas e juros de mora decorrentes de seu inadimplemento, bem como os honorários advocatícios devidos pela Fazenda Pública, quando for o caso." (Redação dada pela Lei nº 6.829, de 27 de dezembro de 2018)

Art. 299. A compensação de que trata o artigo anterior:

I - Importa confissão irretratável da dívida e da responsabilidade tributária;

II - extingue o crédito tributário, parcial ou integralmente, até o limite efetivamente compensado; e

III - alcança o valor devido pelo sujeito passivo relativo ao crédito tributário.

Art. 300. O pedido de compensação não suspende a exigibilidade do crédito tributário nem a fluência dos juros de mora e dos demais acréscimos legais.

Art. 301. O Poder Executivo regulamentará como será comprovada a certeza, liquidez e exigibilidade, quando se tratar de crédito do sujeito passivo de natureza não tributária, observando-se os seguintes parâmetros:

I - quando se tratar de crédito de fornecedor de produtos ou prestador de serviços, faz-se imprescindível a prévia liquidação do crédito, nos moldes do artigo 63 da Lei nº 4.320/1964, atestando a respectiva liquidez e certeza;

II - quando se tratar de crédito reconhecido por decisão judicial, faz-se necessário o respectivo trânsito em julgado.

Art. 302. O crédito do sujeito passivo que tenha sido objeto de impugnação administrativa ou contestação judicial não poderá ser utilizado para fins de compensação antes de sua decisão definitiva na esfera administrativa ou trânsito em julgado na esfera judicial.

Art. 303. Os créditos tributários e não tributários ajuizados apenas poderão ser objeto de compensação após parecer favorável da Procuradoria da Fazenda Municipal. (Redação dada pela Lei nº 6.829, de 27 de dezembro de 2018)

Art. 304. Em caso de compensação de crédito tributário inscrito em Dívida Ativa, com ou sem o ajuizamento da execução fiscal, deverão ser incluídos os respectivos honorários advocatícios, os quais serão repassados ao Fundo Especial da Procuradoria-Geral do Município.

Parágrafo único. Os honorários devidos ao advogado do contribuinte somente podem ser compensados se houver expressa solicitação do contribuinte com anuência de seu advogado, ou pedido de compensação do próprio advogado credor para compensação com eventual débito seu perante o Fisco Municipal. (Redação acrescida pela Lei nº 6.829, de 27 de dezembro de 2018)

Da compensação com precatórios

Art. 305. A compensação de créditos tributários e não tributários com precatórios judiciais é condicionada, cumulativamente, aos seguintes requisitos: (Redação dada pela Lei nº 6.829, de 27 de dezembro de 2018)

I – o precatório:

a) esteja incluído no orçamento do Município;

b) não seja objeto de impugnação, de recurso judicial, de ação rescisória, ou qualquer outro questionamento administrativo ou judicial pertinente à sua origem, inclusive quanto ao respectivo valor, ou em sendo questionado pelo beneficiário, haja expressa e irrevogável renúncia

c) pertencer ao respectivo titular, do sucessor ou do cessionário a qualquer título. (Redação dada pela Lei nº 6.829, de 27 de dezembro de 2018)

II – o crédito tributário a ser compensado não seja objeto, na esfera administrativa ou judicial, de qualquer impugnação ou recurso, ou, em sendo, haja a expressa renúncia;

III – o pedido de compensação seja submetido à análise prévia:

a) da Secretaria Municipal de Economia, sobre o valor do crédito tributário;

b) da Procuradoria Geral do Município, sobre a legalidade da compensação;

§ 1º Em caso de precatório expedido contra as suas autarquias e fundações:

I – o Município de Maceió somente assumirá o valor devido exclusivamente para fins de compensação de que trata esta seção;

II – estas entidades fornecerão todas as informações relativas ao processo respectivo;

§ 2º O valor do precatório e o do crédito tributário deverão ser apurados até a data do parecer da Procuradoria-Geral do Município, observada a respectiva legislação.

§ 3º Em caso de compensação de crédito tributário inscrito em Dívida Ativa, com ou sem ajuizamento, deverão ser incluídos os respectivos honorários advocatícios, os quais serão repassados ao Fundo Especial da Procuradoria-Geral do Município.

Art. 306. O pedido de compensação será dirigido ao Secretário Municipal de Economia com a identificação do valor do crédito tributário, do crédito não tributário e do precatório a serem compensados. (Redação dada pela Lei nº 6.829, de 27 de dezembro de 2018)

Parágrafo Único. Sem prejuízo de outros requisitos previstos em decreto regulamentar, o requerimento de que trata este artigo deve vir acompanhado de:

I – instrumento público, lavrado no cartório de títulos e documentos, quando o precatório a ser compensado tiver sido objeto de cessão;

II – certidão do setor de precatórios do Tribunal competente, atestando que o precatório a ser compensado não foi liquidado na data pertinente, conforme disposto no artigo 100 da Constituição Federal.

Art. 307. A compensação será deferida mediante ato do Secretário Municipal de Economia, após parecer da Procuradoria-Geral do Município, com manifestação favorável ao negócio jurídico, reconhecendo a extinção das obrigações recíprocas, na sua totalidade ou parcialmente, conforme seja o caso.

Art. 308. As disposições referentes ao procedimento a ser realizado para a extinção do crédito tributário por compensação serão regulamentados por meio de Lei e Regulamento.

LEGISLAÇÃO

SEÇÃO VIII
DA EXCLUSÃO DO CRÉDITO TRIBUTÁRIO

SUBSEÇÃO I
DAS DISPOSIÇÕES GERAIS

Art. 309. Excluem o crédito tributário:

I – a isenção;

II – a anistia.

Parágrafo único. As isenções e imunidades de que trata esta lei não eximem os beneficiários da inscrição e atualização de seus dados no Cadastro Mercantil de Contribuintes – CMC e do cumprimento das demais obrigações acessórias.

SUBSEÇÃO II
DA ISENÇÃO

Art. 310. A isenção de tributos municipais é sempre decorrente do disposto nesta Lei, e em disposições legais específicas, que definirão as condições e requisitos exigidos para a sua concessão, os tributos a que se aplica e, sendo caso, o prazo de sua duração.

Parágrafo único: A isenção pode ser restrita a determinada região do território do Município, em função de condições a ele peculiares. (Redação acrescida pela Lei nº 6.829, de 27 de dezembro de 2018)

Art. 310-A. A concessão ou ampliação de incentivo ou benefício de natureza tributária da qual decorra renúncia de receita deverá estar acompanhada de estimativa do impacto orçamentário- financeiro no exercício em que deva iniciar sua vigência e nos dois seguintes, atender ao disposto na lei de diretrizes orçamentárias e a pelo menos uma das seguintes condições: (Redação acrescida pela Lei nº 6.829, de 27 de dezembro de 2018)

I – demonstração pelo proponente de que a renúncia foi considerada na estimativa de receita da lei orçamentária, na forma prevista em legislação específica, e de que não afetará as metas de resultados fiscais previstas no anexo próprio da lei de diretrizes orçamentárias; (Redação acrescida pela Lei nº 6.829, de 27 de dezembro de 2018)

II – estar acompanhada de medidas de compensação, no período mencionado no caput, por meio do aumento de receita, proveniente da elevação de alíquotas, ampliação da base de cálculo, majoração ou criação de tributo ou contribuição. (Redação acrescida pela Lei nº 6.829, de 27 de dezembro de 2018)

§ 1º A renúncia compreende anistia, remissão, subsídio, crédito presumido, concessão de isenção em caráter não geral, alteração de alíquota ou modificação de base de cálculo que implique redução discriminada de tributos ou contribuições, e outros benefícios que correspondam a tratamento diferenciado. (Redação acrescida pela Lei nº 6.829, de 27 de dezembro de 2018)

§ 2º Se o ato de concessão ou ampliação do incentivo ou benefício de que trata o caput deste artigo decorrer da condição contida no inciso II, o benefício só entrará em vigor quando implementadas as medidas referidas no mencionado inciso. (Redação acrescida pela Lei nº 6.829, de 27 de dezembro de 2018)

§ 3º O disposto neste artigo não se aplica ao cancelamento de débito cujo montante seja inferior ao dos respectivos custos de cobrança. (Redação acrescida pela Lei nº 6.829, de 27 de dezembro de 2018)

Art. 311. Salvo disposição de lei em contrário, a isenção não é extensiva:

I – aos tributos instituídos posteriormente à sua concessão;

II – às taxas e às contribuições.

Art. 312. A isenção pode ser revogada ou modificada por lei, a qualquer tempo, observado o disposto no § 2º do art. 310.

Parágrafo único. Os dispositivos de lei que extingam ou reduzam isenção entram em vigor no primeiro dia do exercício seguinte àquele em que ocorra sua publicação, salvo se a lei dispuser de maneira mais favorável ao contribuinte.

Art. 313. A isenção a prazo certo se extingue, automaticamente, independente de ato administrativo.

Art. 314. A isenção, quando não concedida em caráter geral, é efetivada, em cada caso, por despacho da Autoridade Fiscal competente, em requerimento, com o qual o interessado faça prova do preenchimento das condições e do cumprimento dos requisitos previstos em lei ou contrato para concessão. (Redação dada pela Lei nº 6.829, de 27 de dezembro de 2018)

Parágrafo único. Tratando-se de tributo lançado por período certo de tempo, o despacho referido neste artigo será renovado antes da expiração de cada período, cessando automaticamente os seus efeitos a partir do primeiro dia do período para o qual o interessado deixar de promover a continuidade do reconhecimento da isenção.

Art. 315. O despacho concessivo de isenção, quando não concedida em caráter geral, será publicado no Diário Oficial do Município, ou em local indicado neste, salvo disposições específicas contidas nesta Lei. (Redação dada pela Lei nº 6.829, de 27 de dezembro de 2018)

Parágrafo único. O despacho do ato declaratório concessivo da Isenção deverá conter: (Redação dada pela Lei nº 6.829, de 27 de dezembro de 2018)

I - nome do beneficiário;

II - natureza do tributo;

III - fundamento legal que justifique sua concessão;

IV - prazo da isenção.

Art. 316. Compete ao Poder Executivo a iniciativa de leis para concessão ou ampliação de isenções, redução de alíquotas, anistia, remissão, alteração da base imponível que implique redução discriminada de tributos, adoção de incentivos ou benefícios fiscais de quaisquer dos tributos de competência do Município.

Art. 317. Não será concedida em qualquer hipótese, fora dos casos previstos neste Código, isenção:

I - que não vise o interesse público e social da comunidade;

II - em caráter pessoal;

III - sem que seja fixado prazo, que não poderá ser superior a 10 (dez) anos.

Art. 318. Nenhuma pessoa física ou jurídica poderá gozar de favor fiscal senão em virtude de lei fundada em razão de ordem pública ou de interesse do Município e desde que não esteja em débito com a Fazenda Municipal.

Art. 319. Proceder-se-á, de ofício, à revogação da isenção, quando:

I - obtida mediante fraude ou simulação do beneficiário ou de terceiros;

II - houver relaxamento no cumprimento das exigências de lei ou regulamento e não forem obedecidas as condições neles estabelecidas.

§ 1º A revogação total ou parcial da isenção será determinada pelo Secretário Municipal de Economia, a partir do ato ou fato que a motivou.

§ 2º Quando os fatos que justifiquem a revogação forem apurados em auto de infração, o processo administrativo relativo à notificação fiscal de lançamento ficará suspenso, por até, 90 (noventa) dias, prazo em que deverá ser revogado o favor fiscal, na forma do parágrafo anterior.

SUBSEÇÃO III
DA ANISTIA

Art. 320. A anistia concedida pelo Município abrange exclusivamente as infrações cometidas anteriormente à vigência da lei que a conceder, podendo ser:

I - em caráter geral;

II - limitadamente:

a) às infrações da legislação relativa a determinado tributo;

b) às infrações punidas com penalidades pecuniárias até determinado montante, conjugadas ou não com penalidades de outra natureza;

c) a determinada região do município, em função de condições a ela peculiares;

d) sob condição do pagamento de tributo no prazo fixado pela lei que a conceder, ou cuja fixação seja atribuída pela mesma lei à autoridade administrativa.

Art. 321. A anistia, quando não concedida em caráter geral, é efetivada, em cada caso, por despacho do Secretário Municipal de Economia, em requerimento no qual o interessado faça prova do preenchimento das condições e do cumprimento dos requisitos previstos em lei para sua concessão.

SEÇÃO IX
DA EXTINÇÃO DO CRÉDITO TRIBUTÁRIO

Art. 322. Fica a Secretaria Municipal de Economia autorizada a extinguir administrativamente os créditos tributários:

I - prescritos, desde que não inscritos em dívida ativa. (Redação dada pela Lei nº 6.829, de 27 de dezembro de 2018)

II - que por seu ínfimo valor, tornem a cobrança ou execução notoriamente antieconômica.

§ 1º Fica dispensada a propositura da respectiva execução fiscal os débitos que, por seu ínfimo valor, tornem a cobrança ou execução notoriamente antieconômica. (Redação dada pela Lei nº 6.829, de 27 de dezembro de 2018)

§ 2º Para fins deste artigo, considera-se de ínfimo valor o crédito tributário ou não tributário vencido há mais de 05(cinco) anos que, calculados na forma estabelecida no art. 292, resultar em valor igual ou inferior a R$ 200,00(duzentos reais). (Redação dada pela Lei nº 6.829, de 27 de dezembro de 2018)

§ 3º Com relação aos débitos tributários e não tributários inscritos na Dívida Ativa, a competência de que trata este artigo será da Procuradoria Geral do Município. (Redação dada pela Lei nº 6.829, de 27 de dezembro de 2018)

§ 4º Os débitos de ínfimo valor de que trata este artigo, que não forem extintos, devem ser inscritos em dívida ativa. (Redação acrescida pela Lei nº 6.829, de 27 de dezembro de 2018)

SEÇÃO X
DA PRESCRIÇÃO E DECADÊNCIA

Art. 323. O direito de a Fazenda Municipal constituir o crédito tributário extingue-se após 5 (cinco) anos, contados:

I - do primeiro dia do exercício seguinte àquele em que o lançamento poderia ter sido efetuado;

II - da data em que se tornar definitiva a decisão que houver anulado, por vício formal, o lançamento anteriormente efetuado.

Parágrafo único. O direito a que se refere este artigo extingue-se definitivamente com o decurso do prazo nele previsto, contado da data em que tenha sido iniciada a constituição do crédito tributário pela notificação, ao sujeito passivo, de qualquer medida preparatória indispensável ao lançamento.

Art. 324. A ação para a cobrança do crédito tributário prescreve em cinco anos, contados da data da sua constituição definitiva.

Parágrafo único. A prescrição se interrompe:

I - pelo despacho do juiz que ordenar a citação em execução fiscal;

II - pelo protesto judicial;

III - por qualquer ato judicial que constitua em mora o devedor;

IV - por qualquer ato inequívoco ainda que extrajudicial, que importe em reconhecimento do débito pelo devedor.

V - pela citação pessoal feita ao devedor.

CAPÍTULO III
DAS INFRAÇÕES E DAS PENALIDADES

SEÇÃO I
DAS DISPOSIÇÕES GERAIS

Art. 325. Nenhuma ação ou omissão poderá ser punida como infração da legislação tributária sem que esteja definida como tal por lei vigente à data de sua prática, nem lhe poderá ser cominada penalidade não prevista em lei, nas mesmas condições.

Art. 326. As normas tributárias que definem as infrações, ou lhe cominem penalidades, aplicam-se a fatos anteriores à sua vigência quando:

I - exclua a definição de determinado fato como infração, cessando, à data da sua entrada em vigor, a punibilidade dos fatos ainda não definitivamente julgados e os efeitos das penalidades impostas por decisão definitiva;

II - comine penalidade menos severa que a anteriormente prevista para fato ainda não definitivamente julgado.

SEÇÃO II
DA RESPONSABILIDADE POR INFRAÇÃO

Art. 327. A responsabilidade é excluída pela denúncia espontânea da infração, acompanhada, se for o caso, do pagamento do tributo devido e dos encargos legais, ou do depósito da importância arbitrada pela autoridade administrativa, quando o montante do tributo dependa de apuração.

Art. 328. Não se considera espontânea a denúncia apresentada após o início de qualquer procedimento administrativo ou medida de fiscalização, relacionados com a infração.

SEÇÃO III
DAS INFRAÇÕES

Art. 329. Constitui infração toda ação ou omissão contrária às disposições da legislação tributária municipal.

Art. 330. Será considerado infrator todo aquele que cometer, mandar, constranger ou auxiliar alguém na prática da infração e, ainda, os agentes públicos municipais encarregados da execução das leis que, tendo conhecimento da infração, deixarem de denunciar, ou no exercício da atividade fiscalizadora, deixarem de notificar o infrator, ressalvada a cobrança de crédito tributário considerado antieconômico, nos termos da legislação municipal.

Parágrafo único. Se a infração resultar de cumprimento de ordem recebida de superior hierárquico, ficará este, solidariamente, responsável com o infrator.

Art. 331. Os servidores fiscais, quando da apuração de obrigação tributária ou infração, sempre que constatarem situação que, em tese, possa indicar, também, crime contra a ordem tributária definido no artigo 1º ou 2º da Lei Federal nº 8.137, de 27 de dezembro de 1990, deverão formalizar representação fiscal para fins penais, na forma a ser estabelecida em regulamento.

§ 1º Para os crimes definidos no artigo 1º da Lei Federal nº 8.137, de 1990, o envio da representação fiscal dependerá da constituição definitiva do crédito tributário e do não pagamento integral.

§ 2º Para os demais crimes contra a ordem tributária, a comunicação ao Ministério Público será imediata.

Art. 332. Constituem circunstâncias agravantes da infração a falta ou insuficiência no recolhimento do tributo, assim como as situações previstas no art. 334, § 2º desta Lei.

SEÇÃO IV
DAS PENALIDADES

Art. 333. São penalidades tributárias passíveis de aplicação cumulativa, sem prejuízo das cominadas para o mesmo fato, nas Leis Federais nº 4.729, de 14 de julho de 1965, e nº 8.137, de 27 de dezembro de 1990:

I - proibição de contratar com repartições e entes da Administração Pública Municipal;

II -sujeição a regime especial de fiscalização;

III - cancelamento de regimes ou controles especiais estabelecidos em benefício de contribuinte;

IV - cancelamento de isenção de tributos municipais;

V - suspensão de licença;

VI - multas;

VII - rescisão da concessão ou permissão para prestação de serviços públicos ou para uso de bem público.

SUBSEÇÃO I
DA APLICAÇÃO DE GRADUAÇÃO

Art. 333. São competentes para aplicar penalidade:

I - os integrantes do Grupo Ocupacional Tributação, quanto às referidas no inciso VI do artigo antecedente;

II - o Diretor de Administração Tributária quanto às referidas nos incisos II e III do artigo anterior;

III - o Secretário Municipal de Economia quanto às referidas no inciso I e V do artigo anterior;

IV - o Prefeito Municipal, quanto à referida nos incisos IV e VII no artigo anterior desta Lei.

Parágrafo único. O Secretário Municipal de Economia proporá ao Chefe do Poder Executivo, no próprio processo administrativo ou judicial, a aplicação de penas que digam respeito ao cancelamento de isenções de tributos municipais.

Art. 334. A determinação da pena ou das penas aplicáveis, bem como a fixação, dentro dos limites legais, da quantidade da pena aplicável, considerará as circunstâncias agravantes e/ou atenuantes justificadamente aplicáveis a cada caso concreto.

§ 1º São circunstâncias agravantes:

I - a sonegação a fraude e o conluio;

II - a constância ou repetição dos fatos;

III - o fato do tributo não lançado ou lançado a menor referir-se à operação cuja tributação já tenha sido objeto de decisão proferida em consulta formulada pelo sujeito passivo ou a inobservância a instruções escritas, editadas pela Secretaria Municipal de Economia;

IV - a clandestinidade do ato, operação ou estabelecimento, a inexistência de escrita fiscal e comercial e a falta de emissão de documentos fiscais quando exigidos.

§ 2º São circunstâncias atenuantes:

I - o lançamento regular das operações tributárias nos livros fiscais e comerciais, com base em documentos legalmente reconhecidos;

II - a comprovada ignorância ou incompreensão da legislação fiscal;

III - ter o infrator, antes do procedimento fiscal, procurado de maneira inequívoca e eficiente, anular ou reduzir os efeitos da infração, prejudiciais ao Fisco;

IV - qualquer outra atitude que faça presumir, inequivocamente, ter o infrator agido de boa-fé.

Art. 335. Não se computarão, para efeito de graduação da pena, as penalidades de qualquer natureza previstas quanto ao mesmo fato pela lei criminal.

Parágrafo único. Aplica-se o disposto neste artigo, por igual, as penalidades de qualquer natureza, impostas em razão do mesmo fato, por outra pessoa de direito público.

Art. 336. Reincidência é a pratica de nova infração à legislação tributária, cometida pelo mesmo infrator, ou pelos sucessores nas hipóteses de fusão, transformação ou incorporação de outra ou em outra em que são responsáveis pelos tributos devidos, até a data do ato, as pessoas jurídicas de direito privado fusionadas, transformadas ou incorporadas, dentro de 05 (cinco) anos da data em que passar em julgado, administrativamente, a decisão condenatória referente a infração anterior.

Parágrafo único. A reincidência, conforme definida no caput do artigo, acrescerá ao valor das multas aplicáveis ou aplicadas, o percentual de 100% (cem por cento), aplicado cumulativamente.

Art. 337. Sonegação é toda ação ou omissão dolosa tendente a impedir ou diferir o conhecimento por parte da autoridade fazendária:

I - da ocorrência do fato gerador da obrigação principal, da natureza ou circunstância materiais;

II - das condições pessoais do contribuinte, suscetíveis de afetar a obrigação tributária principal ou a crédito tributário correspondente.

Art. 338. Fraude é toda ação ou omissão dolosa tendente a impedir ou diferir, total ou parcialmente, a ocorrência do fato gerador da obrigação tributária principal, ou a excluir ou modificar as suas características essenciais, de modo a reduzir o montante do tributo devido, ou a evitar ou retardar o seu pagamento.

Art. 339. Conluio é o ajuste doloso entre duas ou mais pessoas naturais ou jurídicas, visando a qualquer dos efeitos referidos nos arts. 337 e 338.

Art. 340. Apurando-se no mesmo processo a prática de 02 (duas) ou mais infrações pela mesma pessoa natural ou jurídica, aplicam-se, cumulativamente, no grau correspondente, as penas a elas cominadas, se as infrações não forem idênticas.

§ 1º Se idênticas as infrações, e sujeitas à pena de multa, aplica-se, no grau correspondente a pena cominada para uma delas, aumentada de 10% (dez por cento) para cada repetição de falta, consideradas, em conjunto, as circunstâncias atenuantes e agravantes, como se de uma só infração se tratasse.

§ 2º Se a pena cominada for proporcional ao valor do tributo, a sua aplicação incidirá sobre o total do tributo a que se referem as infrações, consideradas, em conjunto as circunstâncias atenuantes e agravantes, como se de uma única infração se tratasse.

§ 3º Quando se tratar de infração continuada, em relação à qual tenham sido lavradas diversas notificações, representações em autos de infrações, serão eles reunidos em um só processo, para imposição da pena.

§ 4º Não se considera infração continuada, a repetição de falta já arrolada em processo fiscal de cujo início o infrator tenha sido cientificado.

§ 5º Para os efeitos deste artigo, considera-se como única infração, sujeita à penalidade mais grave dentre as previstas para ela, as faltas cometidas na prestação positiva ou negativa de uma mesma obrigação acessória, não podendo as consistentes em omissão, salvo quando praticadas com artifício doloso, importar em pena mais elevada que a cominada para o não cumprimento da obrigação.

SUBSEÇÃO II
DA PROIBIÇÃO DE CONTRATAR COM O PODER PÚBLICO

Art. 341. Os contribuintes que estiverem em débito para com a Fazenda Municipal são proibidos de contratar, a qualquer título, com as repartições públicas municipais.

§ 1º A proibição de transacionar compreende: (Redação dada pela Lei nº 6.829, de 27 de dezembro de 2018)

I – o recebimento de quaisquer quantias ou créditos que os devedores tiverem com o Município;

II – a participação em processo licitatório seja qual for a modalidade;

III – a celebração de contratos de qualquer natureza e quaisquer outros atos que importem em transação.

§ 2º Fica o Secretário Municipal de Economia autorizado a expedir as normas complementares necessárias à implementação deste artigo. (Redação acrescida pela Lei nº 6.829, de 27 de dezembro de 2018)

Art. 342. O disposto no art. 341 desta Lei não constituirá impedimento para que a autoridade competente firme contrato com pessoas jurídicas que exerçam atividades sob o regime de monopólio ou sob regime de concessão em que haja exclusividade na prestação de serviços, bem como, autorize os pagamentos decorrentes, desde que estes serviços sejam imprescindíveis para o Município e que o fato seja devidamente justificado no respectivo processo administrativo.

SUBSEÇÃO III
DA SUJEIÇÃO A REGIME ESPECIAL DE FISCALIZAÇÃO

Art. 343. O Diretor de Administração Tributária poderá determinar que o sujeito passivo seja submetido a regime especial de fiscalização, nas seguintes hipóteses: (Redação dada pela Lei nº 6.829, de 27 de dezembro de 2018)

I – embaraço à fiscalização, caracterizado pela negativa não justificada de exibição de livros e documentos em que se assente a escrituração das atividades do sujeito passivo, bem como pelo não fornecimento de informações sobre bens, movimentação financeira, negócio ou atividade, próprios ou de terceiros, quando intimado, e demais hipóteses que autorizam a requisição do auxílio da força pública, nos termos do art. 200 da Lei Federal nº 5.172, de 25 de outubro de 1966 atendidos, ainda, o disposto nesta Lei.

II – resistência à fiscalização, caracterizada pela negativa de acesso ao estabelecimento, ao domicílio fiscal ou a qualquer outro local onde se desenvolvam as atividades do sujeito passivo, ou se encontrem bens de sua posse ou propriedade;

III – evidências de que a pessoa jurídica esteja constituída por interpostas pessoas que não sejam os verdadeiros sócios ou acionistas, ou o verdadeiro titular, no caso de empresário;

IV – realização de operações sujeitas à incidência tributária, sem a devida inscrição no Cadastro Mercantil de Contribuintes – CMC;

V – quando tiver sido suspensa ou cancelada a isenção ou a licença municipal;

VI – prática reiterada de infração à legislação tributária;

VII – incidência em conduta que enseje representação criminal, nos termos da legislação que rege os crimes contra a ordem tributária;

VIII – quando houver dúvida ou fundada suspeita quanto à veracidade ou à autenticidade dos documentos e registros referentes às prestações de serviço realizadas.

Art. 344. O regime especial de fiscalização poderá consistir, inclusive, em:

I – manutenção ininterrupta de agente (s) fiscal (is), inclusive sob a forma de rodízio, no estabelecimento do sujeito passivo ou fora dele, para acompanhamento de todas as suas operações, atividades, prestações ou negócios;

II – redução, à metade, dos períodos de apuração e dos prazos de recolhimento dos tributos;

III – utilização compulsória de controle eletrônico das operações realizadas e recolhimento diário do ISS;

IV – exigência de comprovação sistemática do cumprimento das obrigações tributárias;

V – controle especial da impressão e emissão de documentos comerciais e fiscais e da movimentação financeira.

LEGISLAÇÃO

§ 1º As medidas previstas neste artigo poderão ser aplicadas isolada ou cumulativamente, por tempo suficiente à normalização do cumprimento das obrigações tributárias, a critério exclusivo do Fisco Municipal.

§ 2º A imposição do regime especial não elide a aplicação de penalidades previstas na legislação tributária.

§ 3º Às infrações cometidas pelo sujeito passivo durante o período em que estiver submetido a regime especial de fiscalização serão cominadas as multas de que trata o art. 88 desta Lei, duplicando-se o seu valor ou o percentual a ser aplicado.

Art. 345. A Administração Tributária, no próprio ato que impuser a penalidade prevista nesta Subseção, estabelecerá as obrigações acessórias a serem verificadas durante a vigência do regime especial de fiscalização, sem prejuízo de outras medidas administrativas cabíveis, listadas a seguir:

I - execução fiscal, pelo órgão competente, em caráter prioritário, de todos os débitos tributários do sujeito passivo;

II - propositura de cancelamento, temporário ou em definitivo, de todos os benefícios fiscais dos quais porventura goze o sujeito passivo.

SUBSEÇÃO IV
DO CANCELAMENTO DE REGIMES OU CONTROLES ESPECIAIS ESTABELECIDOS EM BENEFÍCIO DO CONTRIBUINTE

Art. 346. Os regimes ou controles especiais, estabelecidos com fundamento na legislação tributária, em benefício do contribuinte, serão cancelados sempre que por eles cometida infração revestida de circunstâncias agravantes, ou recusada a prestação de esclarecimentos solicitados pelo Fisco, ou ainda, embaraçada, iludida, dificultada ou impedida a ação dos Agentes do Fisco.

Parágrafo único. O ato que cancelar o benefício fixará prazo para o cumprimento normal das obrigações cuja prestação for dispensada.

SUBSEÇÃO V
DO CANCELAMENTO DE ISENÇÃO

Art. 347. Será definitivamente cancelada a isenção concedida quando o contribuinte infringir qualquer das disposições contidas na Legislação Tributária ou quando verificada a inobservância das condições e requisitos para a concessão ou o desaparecimento dos mesmos.

SUBSEÇÃO VI
DA SUSPENSÃO DE LICENÇA

Art. 348. As licenças concedidas pelo Município, no exercício de atividade de seu poder de polícia, poderão ser suspensas:

I - pela falta de pagamento da taxa devida pela concessão:

II - pela recusa em fornecer ao Fisco os esclarecimentos por ele solicitados, ou embaraço, ilusão ou impedimento à ação dos Agentes do Fisco;

III - pela prática de ato, estado de fato, ou situação de direito, que configure infração à legislação tributária, revestida de qualquer das circunstâncias agravantes de que trata o § 1º do art. 334.

Art. 349. Considerar-se-ão como clandestinos, os atos praticados e as operações realizadas, enquanto vigentes os efeitos da suspensão, por contribuinte cuja licença tenha sido cassada, assim como os veículos e objetos cujo tráfego e posse dependam de licenciamento.

SEÇÃO V
DAS MULTAS

SUBSEÇÃO I
DA CLASSIFICAÇÃO

Art. 350. As multas se classificam em:

I - multa moratória;

II - multas de lançamento de ofício;

III - multas por infração à legislação tributária.

Parágrafo único. A aplicação de multas e a sua satisfação não dispensam, em caso algum, o pagamento do tributo devido e dos acréscimos legais, nem prejudicam a aplicação das penas cominadas para o mesmo fato pela legislação criminal, e vice versa.

SUBSEÇÃO II
DA MULTA MORATÓRIA

Art. 351. Multa moratória é a penalidade imposta ao infrator para ressarcir o Município pelo retardamento do cumprimento da obrigação tributária principal, nos termos desta Lei.

§ 1º As multas moratórias serão computadas sobre:

I - tributos cujo lançamento seja realizado de ofício, calculada a partir do termo final do prazo concedido para o atendimento ao lançamento;

II - tributos cujo lançamento seja realizado por homologação, quando o pagamento tenha sido realizado após o vencimento do prazo previsto para o seu recolhimento e desde que não iniciado o procedimento fiscal.

§ 2º A multa moratória será exigida:

I - juntamente com o tributo devido, por ocasião do recolhimento deste após o prazo fixado em lei ou em regulamento;

II - isoladamente, podendo inclusive ser lançada de ofício, quando o tributo devido houver sido recolhido, parcial ou integralmente, após o prazo fixado em lei ou em regulamento, sem o recolhimento da mesma.

§ 3º A multa moratória não poderá ser dispensada, ou ter seu valor reduzido, salvo disposição expressa em lei. (Redação dada pela Lei nº 6.829, de 27 de dezembro de 2018)

Art. 352. Responde civil, penal e administrativamente o servidor público, efetivo ou comissionado, que autorizar ou realizar a dispensa, ou der causa à redução de multa moratória, de lançamento de ofício ou de infração à legislação tributária, sem o atendimento aos pressupostos legalmente previstos, ou ainda, que deixar de lançá-la em Notificação ou Auto de Infração.

Art. 353. Na hipótese de aplicação de ofício das multas de que trata o art. 354, não poderá haver exigência concomitantemente de multa moratória, tendo em vista que esta incide somente sobre os recolhimentos efetuados espontaneamente pelo sujeito passivo, ou seja, antes de iniciado qualquer procedimento fiscal.

SUBSEÇÃO II
DAS MULTAS DE LANÇAMENTO DE OFÍCIO

Art. 354. Independentemente das medidas administrativas e judiciais cabíveis, iniciado o procedimento fiscal, a falta de recolhimento ou o recolhimento a menor de tributos da competência do Município de Maceió, nos prazos previstos em lei ou em regulamento, implicará a aplicação, de ofício, das seguintes multas:

I - no caso do Imposto Sobre Serviços de Qualquer Natureza - ISS, as previstas no art. 90;

II - no caso do Imposto Territorial e Predial Urbano - IPTU, as previstas nos arts. 140 e 141;

III - no caso do Imposto sobre a Transmissão inter vivos de Bens Imóveis - ITBI:

a) multa de 75 % (setenta e cinco por cento) do valor do tributo devido e não recolhido, ou recolhido a menor, pelo contribuinte ou pelo responsável tributário;

b) multa de 100% (cem por cento) nas hipóteses previstas no art. 170.

IV - dos demais tributos e contribuições: multa de 75 % (setenta e cinco por cento) do valor do tributo devido e não recolhido, ou recolhido a menor, pelo contribuinte ou pelo responsável tributário.

Art. 355. As multas de lançamento de ofício serão exigidas:

I - juntamente com o tributo devido, quando este não houver sido anteriormente recolhido, ou houver sido recolhido a menor;

II - isoladamente, quando o tributo devido houver sido recolhido, parcial ou integralmente, após o início do procedimento fiscal, independentemente do recolhimento da multa moratória.

Parágrafo único. No caso do inciso II do caput, o valor que porventura houver sido recolhido a título de multa moratória será deduzido do valor da multa de lançamento de ofício, cabível em cada caso.

Art. 356. As multas de que trata esta Subseção não poderão ser dispensadas, nem poderão deixar de ser lançadas pelo agente fiscal, em hipótese alguma.

Parágrafo único. Responde civil, penal e administrativamente o servidor público, efetivo ou comissionado, que autorizar ou realizar a dispensa das multas de que trata esta Subseção ou, ainda, que deixar de lançá-la em Notificação ou Auto de Infração, mesmo que isoladamente.

Art. 357. A redução do valor das multas de que trata esta Subseção somente será admissível quando atendidos os pressupostos legalmente previstos.

SUBSEÇÃO III
DAS MULTAS POR INFRAÇÃO À LEGISLAÇÃO TRIBUTÁRIA

Art. 358. As multas por infração serão aplicadas por descumprimento a dispositivos da legislação tributária referentes às obrigações acessórias e apuradas por meio de procedimento fiscal.

Parágrafo único. A imunidade ou isenção tributária não elidem a aplicação das multas previstas nesta Subseção.

CAPÍTULO IV
DO PROCESSO FISCAL

SEÇÃO I
DO AUTO DE INFRAÇÃO

Art. 359. Constatada omissão de pagamento de tributos, ou infração a dispositivos regulamentares da Legislação Tributária, será expedida contra o infrator, Auto de Infração para que regularize a situação ou ingresse com defesa administrativa, no prazo de 20(vinte) dias úteis, contados da ciência da autuação.

Parágrafo único. No caso de MEI e das empresas optantes pelo Simples Nacional, o prazo de que trata este artigo será de 30 (trinta) dias úteis.

Art. 360. O Auto Infração de modelo a ser fixado pela Secretaria Municipal de Economia, será emitida em 04(quatro) vias, de idêntico teor e conteúdo, e ainda, conterá, além de outros dados julgados necessários, os seguintes elementos:

I - nome do notificado e, em sendo o caso, número de inscrição no Cadastro Mercantil, Cadastro Imobiliário ou Cadastro Geral de Contribuintes;

II - local e dia da lavratura;

III - descrição do fato que a motivou e indicação dos dispositivos legais infringidos;

IV - identificação do tributo e seu montante;

V - montante das multas cabíveis e dos dispositivos que as cominem;

VI - assinatura do notificante, do notificado e nome das testemunhas, se houver.

Art. 361. As 04 (quatro) vias do Auto de Infração terão o seguinte destino:

I - a primeira via, para o Órgão Fazendário em que deve ser efetuado o recolhimento;

II - a segunda, para o notificado;

III - a terceira, para o relatório do notificante;

IV - a quarta, presa ao bloco para arquivamento na Secretaria Municipal de Economia.

Art. 362. Além da forma e composição instituída nos arts.359 e 360, o Auto de Infração pode ser emitido por Sistema Eletrônico de Processamento de Dados - SEPD, em 02 (duas) vias de igual teor e conteúdo, observar as seguintes disposições, características e elementos:

I - manter residentes todos os dados nele inseridos;

II - gera, automaticamente, quando da inserção dos dados, número de controle para cada Auto de Infração emitido;

III - permite a geração de anexos destinados à identificação de eventuais sujeitos passivos corresponsáveis pela obrigação tributária;

IV - registra quaisquer alterações inseridas após a geração do número de controle, mantendo residentes, no mínimo, os dados alterados, a data, o local e a matrícula base do funcionário que as realizou;

V - possibilita a baixa do Auto de Infração por iniciativa da autoridade fiscal, quando esta verificar a necessidade de cancelar o lançamento;

VI - nome do notificado e, sendo o caso, número de inscrição no Cadastro Mercantil, Cadastro Imobiliário ou Cadastro Geral de Contribuintes;

VII - local e dia da lavratura;

VIII - Identificação do tributo e seu montante;

IX - multas cabíveis e dispositivos que as cominem;

X - nome do servidor e matrícula;

XI - ciência do notificado, dada através da assinatura do notificado ou, por qualquer funcionário próprio ou terceirizado do contribuinte através do aviso de recebimento - AR, expedido pelo correio.

§ 1º A inserção de dados para emissão do Auto de Infração no SEPD é de responsabilidade da autoridade lançadora, podendo conforme o caso, ser utilizadas informações constantes de banco de dados específicos da Secretaria Municipal de Economia.

§ 2º No cancelamento do Auto de Infração devem ser inseridos no SEPD os motivos ocasionadores do cancelamento.

§ 3º A assinatura do infrator na 1ª via da Notificação Fiscal - Auto de Infração e Apreensão, não constitui formalidade essencial à validade do ato, não implica em confissão, nem sua recusa agravará a pena, devendo, entretanto, este fato constar como observação no Auto.

§ 4º Recusando-se o infrator a receber cópia do Auto, nos termos do "caput" deste artigo, o prazo para defesa começa a contar da data de lavratura do mesmo, não podendo o infrator alegar a não intimação para eximir-se do pagamento, ou para dilatar o prazo.

§ 5º Considera-se intimado o infrator, para efeito de contagem do prazo para defesa, sem ordem de preferência: (Redação dada pela Lei nº 6.829, de 27 de dezembro de 2018)

I - pessoalmente, sempre que possível, a contar da data da entrega de cópia da Notificação Fiscal ao infrator, ao seu representante ou preposto, contra recibo datado no original;

II - por carta acompanhada de cópia da Notificação, com aviso de recebimento (AR) datado e firmado pelo destinatário ou quem quer que a receba em seu domicílio;

III - por edital com prazo de 30(trinta) dias, se desconhecido o domicílio fiscal do infrator.

§ 6º Quando a intimação for feita por carta, nos termos do inciso II do parágrafo § 5º deste artigo, se por qualquer motivo não constar do AR a data da intimação, considerar-se-á como feita 15 (quinze) dias após a entrega da carta no correio, e, por edital, na data de sua publicação.

Art. 363. As 02 (duas) vias do Auto de Infração emitidas pelo Sistema Eletrônico de Processamento de Dados - SEPD terão o seguinte destino:

I - a primeira via, para o notificado;

II - a segunda via, junto com o aviso de recebimento (AR), ficará para arquivo na Secretaria Municipal de Economia.

Parágrafo único. Sempre que, por qualquer motivo, não assinado o Auto de Infração pelo notificado, a ele se dará ciência da ação fiscal, por edital publicado no Diário Oficial, ou por Domicílio Eletrônico do Contribuinte. (Redação acrescida pela Lei nº 6.829, de 27 de dezembro de 2018)

Art. 364. São competentes para notificar os integrantes do "Grupo Ocupacional Tributação", quando no efetivo exercício das funções inerentes ao cargo.

Art. 365. Vencido o prazo fixado no Auto de Infração sem que o contribuinte tenha cumprido a exigência fiscal, ou contra ela tenha interposto reclamação ou sem que tenha recorrido da decisão de primeira instância, será o valor do crédito tributário inscrito em Dívida Ativa para os fins devidos.

§ 1º As omissões ou incorreções do auto não acarretam sua nulidade, quando do processo constarem elementos suficientes para determinação da infração e do infrator, podendo, a critério da Autoridade Fiscal, ser lavrado Termo Aditivo.

§ 2º A falta ou a recusa, por qualquer motivo, de assinatura em Auto de Infração, por parte do sujeito passivo ou de seu representante legal, mandatário ou preposto, não acarretará o agravamento dos valores contidos no referido documento, nem o tornará nulo.

§ 3º Se o infrator ou quem o represente não puder ou não quiser assinar o Auto de Infração, far-se-á menção desta circunstância.

Art. 366. A Secretaria de Economia poderá estabelecer normas complementares ao disposto nesta Seção.

SEÇÃO II
DO PROCESSO CONTENCIOSO

SUBSEÇÃO I
DAS DISPOSIÇÕES GERAIS

Art. 367. Considera-se processo contencioso, todo aquele que versar sobre a aplicação da legislação tributária municipal.

§ 1º As falhas do processo não constituirão motivo de nulidade sempre que existam, no mesmo, elementos que permitam supri-las, sem cerceamento do direito de defesa do interessado.

§ 2º A apresentação de processo à autoridade incompetente não induzirá caducidade ou perempção, devendo a petição ser encaminhada de ofício, à autoridade competente.

§ 3º Não se tomará conhecimento de postulações ou petições daqueles que não tenham legitimidade para fazê-lo.

Art. 368. Os processos contenciosos serão organizados na forma de autos forenses, e sob essa forma serão instruídos e julgados.

Art. 369. Formam o processo contencioso:

I - as defesas;

II - os recursos.

Parágrafo único. Os recursos administrativos mencionados nos incisos I e II do artigo só serão considerados se interpostos nos prazos fixados neste Capítulo.

Art. 370. Serão canceladas do processo, por qualquer funcionário que participar de sua instrução, as expressões por ele consideradas descorteses ou injuriosas.

Parágrafo único. O processo contencioso se constituirá, obrigatoriamente, na repartição do domicílio tributário do seu autor.

SUBSEÇÃO II
DAS DEFESAS

Art. 371. É lícito ao sujeito passivo da obrigação tributária apresentar defesa à Auto de Infração e, bem assim lançamento contra ele lavrado ou expedido.

§ 1º A defesa será dirigida, em petição, à autoridade julgadora de primeira instância, no prazo de 30 (trinta) dias corridos, contados da data em que for formalizada o Auto de Infração e ou lançamento. (Redação dada pela Lei nº 6.829, de 27 de dezembro de 2018)

§ 2º Revogado. (Redação dada pela Lei nº 6.829, de 27 de dezembro de 2018)

§ 3º Os prazos serão contínuos, excluindo-se na contagem o dia do início e incluindo-se o do vencimento, não se reconhecendo defesa apresentada intempestivamente.

§ 4º Findo o prazo constante deste artigo sem que o autuado apresente sua defesa, será considerado revel, sendo lavrado o Termo de Revelia pelo setor competente.

Art. 372. Na defesa o requerente alegará toda a matéria que entender útil, indicará e requererá todas as provas que pretenda produzir, juntará de logo as que constarem de documentos e, sendo o caso, arrolará testemunhas.

Parágrafo único. Conhecida a defesa, terá o autuante, sob pena de perda do prêmio de produtividade fiscal correspondente, 20 (vinte) dias úteis para impugná-la, apresentando os fundamentos legais que sustentaram seu feito.

SUBSEÇÃO III
DOS RECURSOS

Art. 373. Das decisões de primeira instância, quando contrárias ao sujeito passivo da obrigação, caberá recurso ao Conselho Tributário Municipal.

Art. 374. O prazo para apresentação de recurso voluntário ou pagamento da obrigação tributária será de 30 (trinta) dias corridos, contados da data do recebimento da decisão de primeira instância. (Redação dada pela Lei nº 6.829, de 27 de dezembro de 2018)

Parágrafo único. Os prazos serão contínuos, excluindo-se na contagem o dia do início e incluindo-se o do vencimento, não se reconhecendo defesa apresentada intempestivamente. (Redação dada pela Lei nº 6.829, de 27 de dezembro de 2018)

Art. 375. O recurso voluntário será protocolado na repartição em que se constituiu o processo fiscal original, e por ela encaminhado à destinação respectiva.

Art. 376. É vedado reunir em uma só petição recursos referentes a mais de uma decisão, ainda que versando sobre assunto da mesma natureza, ou referindo-se ao mesmo contribuinte.

Art. 377. Os recursos voluntários interpostos depois de esgotado o prazo previsto no art.374, serão encaminhados ao Conselho Tributário Municipal, que deles poderá tomar conhecimento, excepcionalmente, determinando o levantamento de perempção, nos casos em que tenha ocorrido por motivo alheio à vontade dos interessados.

Art. 378. Das decisões de Primeira Instância contrárias, no todo ou em parte, à Fazenda Municipal, inclusive por desclassificação de infração, será obrigatoriamente interposto recurso de ofício ao Conselho Tributário Municipal, com efeito suspensivo, sempre que a importância deduzida do valor total da autuação exceder o valor de R$ 5.000,00 (cinco mil reais).

Parágrafo único. O valor a que se refere o caput deste artigo será atualizado periodicamente, segundo os índices definidos em Lei para atualização dos tributos municipais.

Art. 379. Será facultado o recurso de ofício independentemente do valor fixado no artigo anterior, quando a autoridade julgadora de Primeira Instância, justificadamente, considerar decorrer do mérito do feito, maior interesse para a Fazenda Municipal.

SEÇÃO III
DA CONSULTA

Art. 380. Ao contribuinte ou responsável é assegurado o direito de consulta sobre interpretação e aplicação da legislação tributária, desde que protocolada antes da ação fiscal e em obediência às normas vigentes.

Art. 381. A consulta será dirigida a Coordenação de Auditoria Fiscal com apresentação clara e precisa do caso concreto e de todos os elementos indispensáveis ao atendimento da situação de fato, indicando a fundamentação legal e instruída, se necessário, com documentos.

Art. 382. Nenhum procedimento tributário ou ação fiscal serão iniciados contra o sujeito passivo, em relação à espécie consultada, durante a tramitação da consulta.

Art. 383. Os efeitos legais do artigo anterior não se produzirão em relação às consultas:

I - meramente protelatórias, assim entendidas as que versem sobre dispositivos claros da legislação tributária, ou sobre tese de direito já resolvida por decisão administrativa ou judicial definitiva ou passada em julgado;

II - que não descrevam completa e exatamente a situação de fato;

III - formuladas por consulentes que, a data de sua apresentação, estejam sob ação fiscal, notificados de lançamentos, intimados de auto de infração ou termo de apreensão ou citados para ação judicial ou natureza tributária, relativamente à matéria consultada.

Art. 384. Na hipótese de mudança de orientação local, a nova regra atingirá a todos os casos, ressalvando o direito daqueles que procederam de acordo com a regra vigente, até a data da alteração ocorrida.

Art. 385. A autoridade administrativa dará solução à consulta no prazo de 90 (noventa) dias, contados da data da sua apresentação.

Parágrafo único. Do despacho proferido em processo de consulta não caberá recurso nem pedido de reconsideração.

CAPÍTULO V
DO PROCESSO ADMINISTRATIVO FISCAL

SEÇÃO I
DAS DISPOSIÇÕES GERAIS

Art. 386. Os litígios fiscais suscitados pela aplicação da legislação tributária serão decididos, administrativamente, em 02 (duas) instâncias, a saber:

I - em primeira instância, decide a Coordenação Auditoria Fiscal - CAF;

II - em segunda instância, o Conselho Tributário Municipal - CTM, órgão colegiado;

§ 1º Fica instituída, no âmbito do Município de Maceió, a Coordenação de Auditoria Fiscal, órgão integrante da estrutura básica da Secretaria Municipal de Economia, cuja competência e organização serão definidas em regulamento.

§ 2º A Coordenação de Auditoria Fiscal será composta de 06 (seis) membros, assim agrupados: 1 (um) Coordenador, e 5 (cinco) membros, todos designados pelo Chefe do Poder Executivo, por indicação do Secretário Municipal de Economia, sendo estes integrantes do Grupo Ocupacional Tributação, graduados em Direito, Ciências Contábeis, Administração, Economia ou que tenham especialização em Direito Tributário, com pelo menos 360 (trezentos e sessenta) horas, em cursos reconhecidos pelo Ministério da Educação.

§ 3º Ao contribuinte responsável ou interessado, será garantida ampla defesa, sendo-lhe facultado o uso de todos os meios de prova admitidos em direito.

§ 4º Integrará a estrutura da Coordenação de Auditoria Fiscal, serviço de apoio administrativo.

Art. 387. Nas decisões administrativas não se poderá questionar sobre a existência, a capitulação legal, a autoria, as circunstâncias materiais e a natureza e a extensão dos efeitos de fato já apreciados sob esses aspectos por decisão judicial definitiva, sem prejuízo, porém, da apreciação dos fatos conexos ou consequentes.

Art. 388. As decisões administrativas serão incompetentes para:

I - declarar a inconstitucionalidade da legislação tributária em vigor:

II - dispensar, por equidade, o cumprimento de obrigação tributária principal.

SEÇÃO II
DO JULGAMENTO DE PRIMEIRA INSTÂNCIA

Art. 389. A Coordenação de Auditoria Fiscal proferirá decisão de primeira instância, devidamente fundamentada e, quando cabível, aplicará as penalidades fixadas pela legislação tributária vigente neste Município.

§ 1º A decisão deverá ser proferida em prazo não superior a 30 (trinta) dias úteis, contados da data do recebimento do processo concluso.

§ 2º Interrompe-se o prazo citado no parágrafo anterior, sempre que determinada a conversão do processo em diligência.

§ 3º Ao interessado se comunicará a decisão proferida em Primeira Instância:

I - pessoalmente, por aposição do "ciente" no Processo;

II - pelo correio, com aviso de recebimento (A.R.);

III - por edital, publicado no Diário Oficial - D.O. ou;

IV - pelo Domicílio Eletrônico do Cidadão.

§ 4º A comunicação indicará, obrigatoriamente, o prazo para interposição de recurso voluntário na instância superior.

Art. 390. São os membros da Coordenação de Auditoria Fiscal, impedidos de julgar:

I - quando houverem participado diretamente da ação administrativa que originou o litígio;

II - quando forem sócios, cotistas ou acionistas do notificado ou autuado;

III - quando estiverem envolvidos no processo interesses de parentes até terceiro grau.

Art. 391. São consideradas definitivas e irrecorríveis as decisões proferidas em primeira instância após transitadas em julgado.

SEÇÃO III
DO JULGAMENTO DE SEGUNDA INSTÂNCIA

SUBSEÇÃO I
DO CONSELHO TRIBUTÁRIO MUNICIPAL

Art. 392. As decisões de Segunda Instância, definitivas e irrecorríveis, serão proferidas exclusivamente pelo Conselho Tributário Municipal, observados os prazos e demais normas previstos nesta Lei e legislação complementar.

Art. 393. O Conselho Tributário Municipal será composto de 07 (sete) membros, sendo 03 (três) representantes da Fazenda Municipal e 03 (três) representantes dos contribuintes, sendo 01 (um) representante do Conselho Regional de Contabilidade, 01 (um) representante da Federação da Industria do Estado de Alagoas e 01 (um) representante da Federação do Comércio do Estado de Alagoas, escolhidos em listas tríplices, sendo presidido pelo Secretário Municipal de Economia, o qual votará apenas em caso de empate, todos nomeados pelo Prefeito Municipal, com mandato de 02 (dois) anos, que poderá ser renovado uma única vez, observado o disposto no regulamento.

Parágrafo único. Da mesma forma serão nomeados um Suplente para cada Conselheiro, convocados para servirem nas faltas ou impedimentos dos titulares.

Art. 394. A posse dos membros do Conselho Tributário Municipal realizar-se-á perante o Prefeito Municipal, mediante termo lavrado em livro próprio, ao instalar este ou posteriormente, quando ocorrer a substituição de algum deles, perante seu presidente.

Art. 395. Perde o mandato o Conselheiro que deixar de comparecer a 03 (três) sessões consecutivas ou a 06 (seis) alternadas, sem motivo justificado.

Art. 396. Para atender aos serviços administrativos e executar os trabalhos de expediente em geral, o conselho terá um (a) Secretário (a) Executivo (a) remunerado (a) mensalmente conforme dispuser o regimento.

Art. 397. Nos Trabalhos do Conselho Tributário Municipal, a Fazenda se fará representar pelo Procurador Geral, ou por quem suas vezes fizer, ao qual se aplicará o pagamento das mesmas verbas percebidas pelos membros do Conselho.

Parágrafo único. A ausência do Representante da Procuradoria não impede que o Conselho delibere.

Art. 398. O funcionamento e a ordem dos trabalhos do Conselho Tributário Municipal reger-se-á pelo disposto nesta Lei e no Regimento Interno a ser baixado pelo Conselho, após aprovado pelo Chefe do Poder Executivo.

SUBSEÇÃO II
DAS DECISÕES DE SEGUNDA INSTÂNCIA

Art. 399. O Conselho Tributário Municipal só poderá deliberar quando presente a maioria absoluta de seus membros.

Parágrafo único. As decisões serão tomadas por maioria de votos cabendo ao Presidente o voto de qualidade.

Art. 400. Deverão declarar-se impedidos de participar de julgamento, os Conselheiros que:

I - hajam participado, a qualquer título no processo;

II - sejam sócios, cotistas, acionistas ou interessados do recorrente, como da direção ou do Conselho Fiscal;

III - sejam parentes de recorrente, até terceiro grau.

Art. 401. Os processos de recursos serão distribuídos aos Conselheiros mediante sorteio, garantida a igualdade numérica.

§ 1º O relator restituirá, no prazo de 15 (quinze) dias úteis, os processos que lhe forem distribuídos, com o relatório ou parecer.

§ 2º Quando, a requerimento do relator, for realizada qualquer diligência, terá este novo prazo de 15 (quinze) dias úteis, para completar o estudo, contados da data em que receber o processo com a diligência cumprida.

Art. 402. O Conselho poderá converter em diligência qualquer julgamento, neste caso, o relator lançará a decisão no processo, com o visto do Presidente, prosseguindo-se a tramitação de praxe.

Art. 403. Enquanto o processo estiver em diligência, ou em estudo com o relator, poderá o recorrente requerer ao Presidente a juntada de documentos, a bem de seus interesses, desde que isso não protele o andamento do processo.

Art. 404. Será facultada a sustentação oral do recurso.

Art. 405. Após o julgamento do processo, o relator lavrará o acórdão, que será assinado na sessão seguinte pelos conselheiros presentes ao julgamento e aposto o visto do representante da Procuradoria Geral, quando presente a respectiva sessão em que se realizou o julgamento.

Art. 406. Se o relator for voto vencido, o presidente designará, para redigir o voto vencedor, dentro do mesmo prazo do art. 401, o Conselheiro vencedor no acórdão. (Redação dada pela Lei nº 6.829, de 27 de dezembro de 2018)

§ 1º Os votos vencidos serão lançados em seguida à decisão.

§ 2º As decisões serão reunidas em volumes, para distribuição aos interessados.

Art. 407. O Presidente mandará organizar e publicar em edital, até a véspera do dia da reunião, a pauta dos processos de acordo com os seguintes critérios preferenciais:

I - data de entrada no protocolo do Conselho.

II - data do julgamento em Primeira Instância e, finalmente;

III - maior valor, se coincidirem os 02 (dois) elementos anteriores de precedência.

Art. 408. Após proferida a decisão definitiva, o Conselho encaminhará comunicação da mesma à Secretaria Municipal de Economia, para as providências necessárias.

Parágrafo único. Ficarão arquivadas no Conselho, a petição do recurso e todas as peças que lhe disserem respeito.

Art. 409. É facultado ao Conselho Tributário Municipal:

I - comunicar irregularidade ou falta funcional verificada no processo, na instância inferior;

II - propor medidas que julgar necessárias à melhor organização nos processos;

III - sugerir providências de interesse público, em assuntos submetidos a sua deliberação.

Art. 410. O Conselho mandará cancelar, nos processos submetidos a julgamento, as expressões descorteses ou injuriosas, proferidas por qualquer das partes.

Art. 411. A decisão do Conselho Tributário Municipal será comunicada ao recorrente, de acordo com o disposto no § 3º do art. 389 fazendo menção ao prazo estipulado no art. 412, inciso II.

CAPÍTULO VI
DA EXECUÇÃO DAS DECISÕES DEFINITIVAS

Art. 412. As decisões definitivas serão cumpridas:

I – pela conversão do valor do depósito em renda ordinária;

II – pela intimação do contribuinte para, no prazo de 10 (dez) dias úteis satisfazer o pagamento da obrigação tributária principal referida na condenação;

III – pelo encaminhamento do crédito fiscal para inscrição Dívida Ativa.

CAPÍTULO VII
DA DÍVIDA ATIVA

SEÇÃO I
DAS DISPOSIÇÕES GERAIS

Art. 413. A dívida ativa municipal é constituída por créditos tributários e não tributários da Fazenda Municipal.

§ 1º Os créditos de que trata este artigo, exigíveis pelo transcurso do prazo para pagamento, serão inscritos, na forma estabelecida na Seção seguinte, como dívida ativa, em registro próprio.

§ 2º Considera-se dívida ativa de natureza tributária o crédito proveniente de obrigação tributária, incluindo seus acréscimos;

§ 3º Considera-se dívida ativa de natureza não tributária os demais créditos municipais, dentre os quais multas de qualquer origem ou natureza, exceto as tributárias, foros, laudêmios, aluguéis, custas processuais, preços de serviços prestados por estabelecimentos públicos, indenizações, reposições, restituições, fiança, aval ou outra garantia, dívidas de contratos em geral ou de outras obrigações legais não tributárias.

SEÇÃO II
DA INSCRIÇÃO EM DÍVIDA ATIVA

Art. 414. A inscrição do débito em dívida ativa será realizada pela Procuradoria Geral do Município de Maceió, a quem compete apurar a liquidez, certeza e exigibilidade do crédito, bem como exercer controle de legalidade.

Art. 415. A inscrição do débito em dívida ativa far-se-á até o último dia do mês de junho de cada exercício relativamente a fatos geradores ocorridos no ano anterior, na forma do Regulamento.

Parágrafo único. Enquanto não inscrito em dívida ativa, a Secretaria Municipal de Economia intentará cobrança amigável.

Art. 416. O termo de inscrição da dívida ativa deverá conter:

I – o nome do devedor e dos corresponsáveis e, sempre que conhecidos o domicílio ou residência de um e de outros, bem como o CPF ou CNPJ, conforme o caso;

II – o valor da dívida bem como o termo inicial e a forma de calcular os juros de mora e demais encargos previstos em lei ou contrato;

III – a origem, a natureza e o fundamento legal ou contratual da dívida;

IV – a indicação, nos casos em que couber, de estar a dívida sujeita aos acréscimos legais previstos no art. 292, bem como o respectivo fundamento legal e o termo inicial para cálculo;

V – a data, o número e a folha da inscrição no Livro de Registro da Dívida Ativa;

VI – sempre que possível o número do processo administrativo ou do Auto de Infração, se nele estiver apurado o valor da dívida.

§ 1º A certidão de dívida ativa conterá os mesmos elementos do termo de inscrição e será assinada pelo Procurador-Geral ou Procurador-Chefe da Procuradoria Especializada da Fazenda Municipal

§ 2º O termo de inscrição e a certidão de dívida ativa poderão ser preparados e numerados por processamento eletrônico, manual ou mecânico, em substituição ao estabelecido no inciso V do caput deste artigo.

§ 3º A omissão de qualquer dos requisitos previstos nos incisos deste artigo ou o erro a eles relativos são causas de nulidade da inscrição e do processo de cobrança dela decorrente, mas a nulidade poderá ser sanada até decisão de primeira instância, mediante substituição da certidão irregularmente emitida.

§ 4º Sanada a nulidade com a substituição da certidão, será devolvido ao sujeito passivo, acusado ou interessado o prazo para defesa, que somente poderá versar sobre a parte modificada da certidão.

Art. 417. A inscrição em dívida ativa ensejará a cobrança de honorários advocatícios de 10% (dez por cento) sobre o montante atualizado da dívida tributária ou não tributária, os quais serão repassados diretamente ao Fundo Especial da Procuradoria-Geral do Município.

Art. 418. A dívida regularmente inscrita goza da presunção de certeza e liquidez e tem efeito de prova pré-constituída.

Parágrafo único. A presunção a que se refere este artigo é relativa e pode ser ilidida por prova inequívoca, a cargo do sujeito passivo ou do terceiro a quem aproveite.

Art. 419. A competência da Secretaria Municipal de Economia para a cobrança e a gestão do débito cessa com a inscrição dos débitos em divida ativa (CDA) de competência da Procuradoria Geral do Município. (Redação dada pela Lei nº 6.829, de 27 de dezembro de 2018)

§ 1º A inscrição em dívida ativa não afasta as competências da Secretaria Municipal de Economia relativas a fiscalização, cadastro imobiliário, cadastro mercantil e demais matérias de ordem administrativa. (Redação dada pela Lei nº 6.829, de 27 de dezembro de 2018)

§ 2º O exercício das competências de que trata o parágrafo anterior não implicará em alteração ou baixa dos créditos inscritos em Certidão de Dívida Ativa, ressalvados os casos que impliquem em revisão de lançamentos tributários, devidamente autorizados pela PGM. (Redação dada pela Lei nº 6.829, de 27 de dezembro de 2018)

SEÇÃO III
DA GESTÃO E COBRANÇA DA DÍVIDA ATIVA

Art. 420. Cabe à Procuradoria Geral do Município gerir e promover a cobrança judicial e extrajudicial da Dívida Ativa do Município.

Art. 421. A Procuradoria-Geral está dispensada de propor execução fiscal de créditos:

I - de diminuto valor e onerosa cobrança, assim considerados aqueles com valor consolidado igual ou inferior a R$ 3.000,00 (três mil reais); e

II - considerados inidôneos ou em desacordo com a jurisprudência predominante, mediante parecer devidamente fundamentado e aprovado pelo Procurador-Geral ou pelo Procurador- Chefe da Procuradoria Especializada da Fazenda Municipal.

§ 1º O valor consolidado a que se refere o caput deste artigo é o resultante da atualização do respectivo crédito originário com os acréscimos legais ou contratuais, inclusive honorários, vencidos até a data da apuração;

§ 2º Na hipótese de créditos de diminuto valor de um mesmo devedor, a Procuradoria deverá, sempre que viável e conveniente, adotar as medidas necessárias ao ajuizamento de uma única execução fiscal, cujo total ultrapasse o limite fixado no caput deste artigo;

§ 3º A Procuradoria-Geral poderá requerer a suspensão, desistência ou arquivamento das execuções fiscais que envolvam valores atualizados inferiores àqueles previstos no inciso I. (Redação dada pela Lei nº 6.715, de 14 de dezembro de 2017)

§ 4º O valor previsto neste artigo deverá ser atualizado conforme o disposto no art. 456.

Art. 422. A Procuradoria-Geral deverá efetuar a cobrança dos créditos de diminuto valor e onerosa cobrança preferencialmente de modo extrajudicial, inclusive com o uso do protesto extrajudicial e inscrição do devedor em cadastros de inadimplência.

Parágrafo único. Para efeitos deste artigo, entende-se por crédito de diminuto valor e onerosa cobrança aquele estipulado no art. 421 desta Lei.

Art. 423. Nos 180 (cento e oitenta) dias subsequentes à inscrição do crédito tributário em Dívida Ativa, a Procuradoria Geral intentará, sempre que possível, cobrança amigável e extrajudicial, nos termos do Regulamento.

Art. 424. Os créditos de natureza não tributária terão a sua certeza e liquidez apuradas pelo órgão ou ente de origem, mediante regular procedimento administrativo, assegurada a ampla defesa e a notificação do devedor para pagamento, no prazo de 30 (trinta) dias, observadas as disposições dispostas em regulamento, sem prejuízo de ulterior controle de legalidade pela Procuradoria-Geral.

Do Pagamento da Dívida Ativa

Art. 425. O pagamento da dívida ativa será feito em estabelecimentos bancários indicados pelo Secretário Municipal de Economia.

Art. 426. É vedado ao estabelecimento arrecadador receber pagamento do débito já inscrito em Dívida Ativa, sem o respectivo Documento de Arrecadação Municipal – DAM.

§ 1° A inobservância deste artigo acarretará a responsabilidade do servidor e do estabelecimento que, direta ou indiretamente, concorrer para o recebimento da dívida, respondendo ainda pelos prejuízos que advirem à Fazenda Municipal.

§ 2º Nenhum débito inscrito poderá ser recolhido sem que o devedor pague, ao mesmo tempo, os acréscimos previstos no art. 292, assim como os honorários previstos no art. 417, todos desta Lei, contados até a data do pagamento do débito. (Redação dada pela Lei nº 6.715, de 14 de dezembro de 2017)

Art. 427. Sempre que passar em julgado qualquer sentença considerando improcedente a ação executiva fiscal, o Procurador responsável pela execução providenciará a baixa da inscrição do débito na Dívida Ativa.

CAPÍTULO VIII
DAS CERTIDÕES NEGATIVAS

Art. 428. A prova de quitação de tributo municipal, quando exigida, será feita por certidão negativa, à vista de requerimento do interessado.

§ 1º O requerimento a que se refere o caput deste artigo deverá conter todas as informações necessárias à identificação do sujeito passivo ou seu representante devidamente constituído.

§ 2º A certidão será fornecida dentro de 5 (cinco) dias úteis da data de entrada do requerimento no órgão competente da Secretaria Municipal de Economia, desde que cumpridos todos os requisitos legais para a sua expedição, lhe sendo dado prazo de validade máximo de 90 (noventa) dias.

§ 3° As certidões fornecidas não excluem o direito da Fazenda Municipal cobrar, em qualquer tempo, os débitos que venham a ser apurados pela autoridade administrativa.

§ 4º O disposto neste artigo será objeto de Regulamento específico a ser expedido pelo Poder Executivo.

Art. 429. Têm os mesmos efeitos previstos no artigo anterior a certidão em que constar a existência de créditos não vencidos, em curso de cobrança executiva, em que tenha sido efetivada a penhora ou cuja exigibilidade esteja suspensa.

Art. 430. A Certidão Negativa ou Positiva com efeitos Negativos expedida com dolo ou fraude, que contenha erro contra a Fazenda Pública, responsabiliza solidariamente o servidor que a expedir, pelo crédito tributário e juros de mora acrescidos.

Parágrafo único. O disposto neste artigo não exclui a responsabilidade criminal e funcional que no caso couber.

CAPÍTULO IX
DO PARCELAMENTO ADMINISTRATIVO DE DÉBITOS TRIBUTÁRIOS – PAT

Art. 431. O Parcelamento Administrativo de Débitos Tributários – PAT destina-se ao pagamento de débitos tributários, constituídos ou não, inclusive inscritos na dívida ativa, ajuizados ou a ajuizar, relativos aos tributos administrados pela Secretaria Municipal de Economia ou pela Procuradoria Geral do Município, observadas as competências legais.

§ 1º Podem ser incluídos no PAT os débitos tributários:

I – espontaneamente confessados ou declarados pelo sujeito passivo;

II – originários de Notificação de Lançamento ou de Auto de Infração.

§ 2º Os débitos relativos ao Imposto Sobre a Transmissão inter vivos de Bens Imóveis – ITBI, somente poderão ser incluídos no PAT quando constituídos pela Administração Tributária.

Art. 432. O pedido de ingresso no PAT dar-se-á por opção do sujeito passivo, mediante requerimento, conforme dispuser o Regulamento.

§ 1º Os débitos tributários incluídos no parcelamento serão consolidados e atualizados na forma da legislação vigente, tendo por base a data de formalização do pedido de ingresso no PAT.

§ 2º Os débitos tributários não constituídos, incluídos no parcelamento por opção do sujeito passivo, serão declarados na data de formalização do pedido de ingresso no PAT.

§ 3º O ingresso no PAT impõe ao sujeito passivo, ainda, a autorização para débito automático das parcelas em conta corrente mantida por aquele em instituição bancária cadastrada pelo Município, na forma do Regulamento.

§ 4º Excepcionalmente, no caso de sujeitos passivos que não mantenham, justificadamente, conta corrente em instituição bancária cadastrada pelo Município, a Secretaria Municipal de Economia poderá afastar a exigência prevista no § 3º deste artigo.

§ 5º O PAT não configura a novação prevista no art. 360, inciso I, do Código Civil.

§ 6º O pedido para celebração de acordo para pagamento sob parcelamento somente será autorizado se efetuado pelo sujeito passivo da obrigação ou seu representante devidamente constituído e implicam em suspensão da exigibilidade dos créditos neles contidos nos termos do Artigo 151, VI, do Código Tributário Nacional.

Art. 433. Caso o sujeito passivo formalize o pedido de ingresso no PAT, reconhecendo a procedência do Auto de Infração e renunciando a eventuais impugnações e recursos, o valor da multa de ofício será reduzido de:

I - 60 % (sessenta por cento) se a formalização ocorrer no prazo para apresentação da defesa; ou

II - 35% (trinta e cinco por cento) se a formalização ocorrer no curso da análise da defesa ou no prazo para apresentação do recurso ordinário; ou

III - 20% (vinte por cento), se a formalização ocorrer até o prazo de 30 (trinta) dias contados da intimação do julgamento do recurso.

§ 1º Na hipótese de pagamento nos termos dos incisos I e II deste artigo, o prazo neles previsto não deve ser computado para efeito de incidência da Taxa SELIC.

§ 2º Equipara-se à não apresentação de defesa ou recurso a sua apresentação e desistência antes do julgamento, conforme o caso.

§ 3º As reduções previstas neste artigo não são cumulativas com nenhuma outra redução prevista nesta Lei. (Redação dada pela lei nº 6.715, de 14 de dezembro de 2017)

Art. 434. Quando o sujeito passivo formalizar o pedido de ingresso no PAT reconhecendo a procedência do Auto de Infração por descumprimento de obrigação acessória, o valor da multa será reduzido em:

I - 60 % (sessenta por cento) se a formalização ocorrer no prazo para apresentação da defesa; ou

II - 35% (trinta e cinco por cento) se a formalização ocorrer no curso da análise da defesa ou no prazo para apresentação do recurso ordinário; ou

III - 20% (vinte por cento), se a formalização ocorrer até o prazo de 30 (trinta) dias contados da intimação do julgamento do recurso.

Parágrafo único. As reduções previstas neste artigo não são cumulativas com qualquer outra prevista nesta Lei. (Incluído pela lei nº 6.715, de 14 de dezembro de 2017)

Art. 435. Sem prejuízo do constante neste capítulo, fica o Município de Maceió autorizado a conceder descontos, conforme disposto em Regulamento, observados os seguintes limites:

I - pagamento à vista: desconto de 60% (sessenta por cento) das multas de mora e juros de mora;

II - parcelado em até 12 (doze) meses: desconto de 50% (cinquenta por cento) das multas de mora e juros de mora;

III - parcelado de 13 (treze) até 24 (vinte e quatro) meses: desconto de 40% (quarenta por cento) das multas de mora e juros de mora;

IV - parcelado de 25 (vinte e cinco) até 36 (trinta e seis) meses: desconto de 30% (trinta por cento) das multas de mora e juros de mora;

V - parcelado de 37 (trinta e sete) até 48 (quarenta e oito) meses: desconto de 20% (vinte por cento) das multas de mora e juros de mora;

VI - parcelado de 49 (quarenta e nove) até 60 (sessenta) meses: desconto de 10% (dez por cento) das multas de mora e juros de mora.

Art. 436. O pedido de parcelamento relativamente ao débito consolidado impõe ao sujeito passivo a aceitação plena e irretratável de todas as condições estabelecidas neste Capítulo e:

I - constitui confissão irrevogável e irretratável da dívida relativa aos débitos tributários nele incluídos, com reconhecimento expresso da certeza e liquidez do crédito correspondente, produzindo os efeitos previstos no artigo 174, parágrafo único, do

Código Tributário Nacional e no artigo 202, inciso VI, do Código Civil:

II- implica renúncia a qualquer defesa ou recurso administrativo ou judicial, bem como desistência dos já interpostos.

§ 1º A desistência e a renúncia das ações judiciais deverá ser comprovada, no prazo de 20 (vinte) dias úteis contados da data do recolhimento da primeira parcela, mediante apresentação de cópia das petições devidamente protocolizadas.

§ 2º Na desistência de ação judicial, deverá o sujeito passivo da obrigação suportar os ônus da sucumbência.

§ 3º O recolhimento efetuado, integral ou parcial, embora autorizado pela Administração Tributária, não importa em presunção de correção dos cálculos efetuados, ficando resguardado o direito da Administração Tributária de exigir eventuais diferenças apuradas posteriormente.

§ 4º Tratando-se de débito igual ou superior a R$ 200.000,00 (duzentos mil reais), o contribuinte poderá se valer dos descontos integrais a serem definidos no Regulamento de que trata o art. 435 desta Lei. (Redação dada pela Lei nº 6.715, de 14 de dezembro de 2017)

Art. 437. Poderá ocorrer interrupção do acordo para pagamento:

I – inobservância de quaisquer das exigências estabelecidas no presente Capítulo;

II – no caso de pagamento à vista, com o não pagamento da respectiva guia na data de seu vencimento;

III – no caso de acordo para pagamento sob parcelamento, quando uma parcela estiver vencida há mais de 90 (noventa) dias;

IV – ingresso de qualquer medida judicial que tenha por objeto os créditos municipais cujo acordo foi celebrado tendo como sujeito passivo da ação o sujeito passivo da obrigação ou a própria Prefeitura Municipal de Maceió; e

V – não comprovação da desistência de medidas judiciais anteriores ao acordo ou o seu prosseguimento por parte do sujeito passivo da obrigação.

§ 1º A interrupção do acordo de pagamento sob parcelamento, quando existirem parcelas pagas, implica o imediato cancelamento dos benefícios previstos nos arts. 433 e 434, reincorporando-se integralmente ao débito tributário objeto do benefício os valores reduzidos e tornando o débito imediatamente exigível, com os acréscimos legais previstos na legislação;

§ 2º Revogado. (Redação dada pela lei nº 6.715, de 14 de dezembro de 2017)

Art. 438. O parcelamento previsto nesta Lei será considerado:

I – celebrado, com o recolhimento da primeira parcela no prazo fixado no art. 440;

II – rompido, na hipótese de:

a) inobservância de qualquer das condições estabelecidas nesta Lei;

b) atraso superior a 90 (noventa) dias do vencimento de qualquer das parcelas.

§ 1º O parcelamento rompido:

II – acarretará a inscrição e o ajuizamento da execução fiscal. (Redação conforme publicação oficial)

§ 2º A exclusão do PAT, pela ocorrência das hipóteses previstas no inciso II do caput deste artigo, não implicará a restituição das quantias pagas, que serão consideradas para amortizar débito que foi objeto de parcelamento.

Art. 439. O número de parcelas, mensais e consecutivas, que serão no máximo de até 120 (cento e vinte), os valores mínimos de cada parcela e demais critérios, em qualquer caso, serão definidos por Decreto do Poder Executivo.

§ 1º As hipóteses de parcelamentos efetuados entre 61 (sessenta e um) a 120 (cento e vinte) meses serão detalhadas em decreto. (Redação dada pela lei nº 6.715, de 14 de dezembro de 2017)

§ 2º O sujeito passivo procederá ao pagamento dos débitos tributários incluídos no PAT em parcelas mensais, iguais e sucessivas, sendo que o valor de cada parcela, por ocasião do seu pagamento, será acrescido de juros equivalentes à taxa referencial do Sistema Especial de Liquidação e de Custódia – SELIC, mensalmente acumulada, calculados a partir do mês subsequente ao da formalização até o mês anterior ao do pagamento, e de 1% (um por cento) no mês em que o pagamento estiver sendo efetuado.

Art. 440. O vencimento das parcelas dar-se-á na forma e prazos previstos em ato da Secretaria Municipal de Economia.

§ 1º Caso o sujeito passivo queira antecipar o recolhimento de parcela vincenda, deverá fazê- lo na ordem decrescente das parcelas ainda remanescentes.

§ 2º O pagamento da parcela fora do prazo legal implicará cobrança da multa moratória de 0,33% (trinta e três centésimos por cento), por dia de atraso, sobre o valor da parcela devida e não paga, até o limite de 20% (vinte por cento), sem prejuízo do disposto no Parágrafo único do art. 439.

Art. 441. Revogado. (Redação dada pela Lei nº 6.829, de 27 de dezembro de 2018)

Art. 442. Para os débitos tributários parcelados na forma desta Lei, superiores ao valor a ser fixado pelo Secretário Municipal de Economia, será exigida garantia bancária ou hipotecária que corresponda, no mínimo, ao valor do débito tributário consolidado, conforme dispuser o Regulamento.

§ 1º Só poderá ser oferecido como garantia hipotecária imóvel localizado no Estado de Alagoas, que ficará sujeito à avaliação, conforme dispuser o Regulamento, exceto quando localizado no Município de Maceió, hipótese em que a garantia poderá, a critério da administração tributária, corresponder ao valor constante tabela de referência dos valores venais atualizados, de que trata esta Lei.

§ 2º A garantia bancária deverá ser oferecida por instituição com estabelecimento no Município de Maceió.

Art. 442-A. Sem prejuízo do disposto neste Capítulo, quando o débito a ser parcelado estiver devidamente inscrito em dívida ativa, o parcelamento de que trata este Capítulo deverá ser realizado pela Procuradoria Geral do Município, a qual fará incidir os respectivos honorários advocatícios devidos pelo contribuinte. (Redação acrescida pela Lei nº 6.829, de 27 de dezembro de 2018)

CAPÍTULO X
DOMICÍLIO ELETRÔNICO DO CONTRIBUINTE – DEC

Art. 443. Fica instituída a comunicação eletrônica entre a Secretaria Municipal de Economia e o sujeito passivo dos tributos municipais por meio do Domicílio Eletrônico do Contribuinte – DEC, sendo obrigatório o credenciamento para as pessoas jurídicas, observada a forma, condições e prazos previstos em Regulamento.

§ 1º Para os fins deste Capítulo, considera-se:

I – Domicílio Eletrônico do Contribuinte – DEC: portal de serviços e comunicações eletrônicas da Secretaria Municipal de Economia, disponível na rede mundial de computadores;

II – Meio Eletrônico: qualquer forma de armazenamento ou tráfego de documentos e arquivos digitais;

III – Transmissão Eletrônica: toda forma de comunicação à distância com a utilização de redes de comunicação, preferencialmente a rede mundial de computadores;

IV – Assinatura Eletrônica: aquela que possibilite a identificação inequívoca do signatário e utilize certificado digital emitido por Autoridade Certificadora, credenciada pela Infraestrutura de Chaves Públicas Brasileira – ICP Brasil, nos termos da Lei Federal específica, na seguinte conformidade:

a) o certificado digital deverá ser do tipo A1, A3 ou A4 e conter o número de inscrição no Cadastro Nacional da Pessoa Jurídica – CNPJ ou o número de inscrição no Cadastro de Pessoas Físicas – CPF de seu proprietário;

b) será exigido um certificado digital para cada raiz do número de inscrição no Cadastro Nacional da Pessoa Jurídica – CNPJ.

V – sujeito passivo: o sujeito eleito pela legislação para o cumprimento da obrigação tributária, podendo ser o próprio contribuinte ou terceiro responsável pelo cumprimento da obrigação tributária.

§ 2º A comunicação entre a Secretaria Municipal de Economia e o terceiro a quem o sujeito passivo tenha outorgado poderes para representá-lo poderá ser feita na forma prevista por este capítulo.

Art. 444. A Secretaria Municipal de Economia poderá utilizar a comunicação eletrônica para, dentre outras finalidades:

I – cientificar o sujeito passivo de quaisquer tipos de atos administrativos;

II – encaminhar notificações e intimações;

III - expedir avisos em geral.

Parágrafo único. A expedição de avisos por meio do DEC a que se refere o inciso III do caput deste artigo não exclui a espontaneidade da denúncia nos termos do art. 138 do Código Tributário Nacional.

Art. 445. O recebimento de comunicação eletrônica pelo sujeito passivo dar-se-á após seu credenciamento na Secretaria Municipal de Economia, na forma prevista em Regulamento.

Parágrafo único. Ao credenciado serão atribuídos registro e acesso ao sistema eletrônico da Secretaria Municipal de Economia, com tecnologia que preserve o sigilo, a identificação, a autenticidade e a integridade de suas comunicações.

Art. 446. Uma vez realizado o credenciamento nos termos do art. 445 desta Lei, as comunicações da Secretaria Municipal de Economia ao sujeito passivo serão feitas por meio eletrônico, em portal próprio, denominado DEC, dispensando-se a sua publicação no Diário Oficial do Município, a notificação ou intimação pessoal, ou o envio por via postal.

§ 1º A comunicação feita na forma prevista no caput deste artigo será considerada pessoal para todos os efeitos legais.

§ 2º Considerar-se-á realizada a comunicação no dia em que o sujeito passivo efetivar a consulta eletrônica ao teor da comunicação.

§ 3º Na hipótese do § 2º deste artigo, nos casos em que a consulta se dê em dia não útil, a comunicação será considerada como realizada no primeiro dia útil seguinte.

§ 4º A consulta referida nos §§ 2º e 3º deste artigo deverá ser feita em até 10 (dez) dias contados da data do envio da comunicação, sob pena de ser considerada automaticamente realizada na data do término desse prazo.

§ 5º No interesse da Administração Pública, a comunicação poderá ser realizada mediante outras formas previstas na legislação.

Art. 447. As comunicações que transitem entre órgãos da Secretaria Municipal de Economia serão feitas preferencialmente por meio eletrônico.

Parágrafo único. Para acessar o DEC, onde estão disponíveis as comunicações entre a Secretaria Municipal de Economia e o sujeito passivo, e para assinar documentos eletrônicos, o servidor público deverá utilizar certificado digital emitido por Autoridade Certificadora credenciada pela ICP-Brasil.

Art. 448. Ao sujeito passivo que se credenciar nos termos deste Capítulo também será possibilitada a utilização de serviços eletrônicos disponibilizados pela Secretaria Municipal de Economia no DEC.

Parágrafo único. Poderão ser realizados por meio do DEC, mediante uso de assinatura eletrônica:

I - consulta a pagamentos efetuados, situação cadastral, notificações fiscais, autos de infração, entre outros;

II - remessa de declarações e de documentos eletrônicos, inclusive em substituição dos originais, para fins de saneamento espontâneo de irregularidade tributária;

III - apresentação de petições, defesa, contestação, recurso, contrarrazões e consulta tributária;

IV - recebimento de notificações, intimações e avisos em geral;

V - outros serviços disponibilizados pela Secretaria Municipal de Economia ou por outros órgãos públicos conveniados.

Art. 449. O documento eletrônico transmitido na forma estabelecida neste Capítulo, com garantia de autoria, autenticidade e integridade, será considerado original para todos os efeitos legais.

§ 1º Os extratos digitais e os documentos digitalizados e transmitidos na forma estabelecida neste Capítulo têm a mesma força probante dos originais, ressalvada a alegação motivada e fundamentada de adulteração antes ou durante o processo de digitalização.

§ 2º Os originais dos documentos digitalizados a que se refere o § 1º deste artigo deverão ser preservados pelo seu detentor durante o prazo decadencial previsto na legislação tributária.

Art. 450. Considera-se entregue o documento transmitido por meio eletrônico no dia e hora do seu envio ao sistema da Secretaria Municipal de Economia, devendo ser disponibilizado protocolo eletrônico ao sujeito passivo.

Parágrafo único. Quando o documento for transmitido eletronicamente para atender prazo, serão considerados tempestivos aqueles transmitidos até as 24 (vinte e quatro) horas do último dia do prazo previsto na comunicação.

Art. 451. A comunicação eletrônica efetuada conforme previsto neste Capítulo, observado o disposto em Regulamento, aplica-se também às comunicações entre:

I - a Administração Pública e os prestadores de serviço no âmbito do Programa de Estimulo a Emissão de Nota Fiscal.

II - a Administração Pública Municipal, Direta e Indireta, e as pessoas credenciadas na Secretaria Municipal de Economia, nos termos do art. 445.

Parágrafo único. A Secretaria Municipal de Economia poderá disponibilizar a utilização do DEC a outros órgãos e a entidades da Administração Direta e Indireta do Município, na forma do Regulamento.

CAPÍTULO XI
DAS DISPOSIÇÕES GERAIS

Art. 452. A. Fica recepcionada por esta Lei a legislação federal que dispõe ou vier a dispor sobre normas relativas ao tratamento diferenciado e favorecido dispensado às Microempresas (ME) e Empresas de Pequeno Porte (EPP), no que se refere ao Regime Especial Unificado de Arrecadação de Tributos e Contribuições devidos pelas Microempresas e Empresa de Pequeno Porte - Simples Nacional.

Art. 453. Revogado. (Redação dada pela Lei nº 6.716, de 14 de dezembro de 2017)

§ 1º Revogado. (Redação dada pela Lei nº 6.716, de 14 de dezembro de 2017)

§ 2º Revogado. (Redação dada pela Lei nº 6.716, de 14 de dezembro de 2017)

§ 3º Revogado. (Redação dada pela Lei nº 6.716, de 14 de dezembro de 2017)

§ 4º Revogado. (Redação dada pela Lei nº 6.716, de 14 de dezembro de 2017)

§ 5º Revogado. (Redação dada pela Lei nº 6.716, de 14 de dezembro de 2017

Art. 454. O Município de Maceió, no âmbito de sua respectiva competência, independentemente da receita bruta auferida no mês pelo contribuinte, autorizado a adotar valores fixos mensais, inclusive por meio de regime de estimativa fiscal ou arbitramento, para o recolhimento do ISS devido por ME que tenha auferido receita bruta total acumulada, nos mercados interno e externo, no ano-calendário anterior, de até R$ 360.000,00 (trezentos e sessenta mil reais), observado o disposto em Regulamento.

Art. 455. Para as infrações de qualquer obrigação acessória não prevista em capítulo próprio, será aplicada a penalidade de até R$ 3.750,00 (três mil, setecentos e cinquenta reais), conforme disposto em Regulamento.

Art. 456. Os valores referentes a tributos, rendas, multas e outros acréscimos legais, estabelecidos em quantia fixa, deverão ser atualizados com base na variação do Índice de Preços ao Consumidor Amplo - IPCA apurado pelo Instituto Brasileiro de Geografia e Estatística - IBGE ou outro índice que vier a substituir, na forma e periodicidade estabelecidas em regulamento.

Art. 457. Quando o término do prazo de recolhimento de tributos municipais recair em dia que não seja útil ou em que não haja expediente bancário, o referido recolhimento deverá ocorrer no dia útil imediatamente subsequente.

Art. 458. Fica o Município de Maceió autorizado a promover o protesto, na forma e para fins previstos na Lei Federal nº 9.492, de 10 de setembro de 1997, dos créditos tributários ou não tributários por falta de pagamento, conforme disposto em Regulamento.

§ 1° As providências constantes no caput não obstam a execução dos créditos inscritos na Dívida Ativa, nos termos da Lei Federal nº 6.830, de 22 de setembro de 1980, nem as garantias previstas nos artigos 183 a 193 da Lei Federal nº 5.172/1966 (CTN).

§ 2° Para fins do art. 105, IX, da Lei Delegada nº 2/04, incidirá o percentual de 10% (dez por cento), a partir da inscrição em dívida ativa.

Art. 459. Fica o Município de Maceió autorizado a criar sistema unificado de arrecadação das taxas municipais, ainda que não regulamentadas nessa lei, conforme disposto em Regulamento.

TÍTULO VI
DOS PREÇOS PÚBLICOS

Art. 460. Fica o Poder Executivo autorizado a fixar tabelas de preços públicos a serem cobradas:

(Redação dada pela Lei nº 6.829, de 27 de dezembro de 2018)

I - pelos serviços de natureza industrial, comercial e civil, prestados pelo Município em caráter de empresa e passíveis de serem explorados por empresas privadas;

II - pela prestação de serviços técnicos de demarcação e marcação de áreas de terreno, de análise de processos para licenciamento ambiental de empreendimentos e atividades efetivas ou potencialmente degradadoras, avaliação de propriedade imobiliária e prestação de serviços diversos;

III - pelo uso de bens do domínio municipal e de logradouros públicos, inclusive do espaço aéreo e do subsolo;

IV - pela exploração de serviço público municipal sob o regime de concessão ou permissão;

V - Obras de construção e recuperação de calçadas, muros ou cercanias.

§ 1° São serviços municipais compreendidos no inciso I:

I - transporte coletivo;

II - mercados e entrepostos;

III - matadouros;

IV - fornecimento de energia;

V - coleta, remoção, destinação de resíduos não contemplados pela Taxa de Remoção de Lixo;

VI - Limpeza e poda de arvores;

§ 2° Ficam compreendidos no inciso II:

I - fornecimento de cadernetas, placas, carteiras, chapas, plantas fotográficas, heliográficas e semelhantes;

II - prestação de serviços técnicos de demarcação e marcação de áreas de terrenos, avaliação de propriedade imobiliária e prestação de serviços diversos;

III - prestação dos serviços de expediente;

IV - produtos e serviços decorrentes da base de dados geográficos em meio analógico e digital;

V - outros serviços.

§ 3° Pelo uso de bem público, ficam sujeitos à tabela de preços, como permissionário, os que:

I - ocuparem a qualquer título ou arrendarem áreas pertencentes ao patrimônio do Município;

II - utilizarem área de domínio público.

§ 4° A enumeração referida nos parágrafos anteriores é meramente exemplificativa, podendo ser incluídos no sistema de preços serviços de natureza semelhante prestados pelo Município.

Art. 461. A fixação dos preços para os serviços prestados exclusivamente pelo Município terá por base o custo unitário.

Parágrafo único. Caberá à Secretaria Municipal de Economia coordenar a elaboração e consolidar as propostas referentes aos Preços Públicos.

Art. 462. Quando não for possível a obtenção do custo unitário, para a fixação do preço será considerado o custo total do serviço verificado no último exercício, a flutuação nos preços de aquisição dos fatores de produção do serviço e o volume de serviço prestado e a prestar.

§ 1° O volume do serviço será medido, conforme o caso, pelo número de utilidades produzidas ou fornecidas, pela média de usuários atendidos e outros elementos pelos quais se possa apurá-lo.

§ 2° O custo total compreenderá o custo de produção, manutenção e administração do serviço e bem assim as reservas para recuperação do equipamento e expansão do serviço.

Art. 463. Os serviços públicos municipais sejam de que natureza for, quando sob regime de concessão, e a exploração de serviços de utilidade pública, conforme disposto em Lei Municipal, terão a tarifa e preço fixados por Ato do Poder Executivo, na forma desta Lei.

Art. 464. O não pagamento dos débitos resultantes do fornecimento de utilidades produzidas ou do uso das instalações e bens públicos, acarretará, decorridos os prazos regulamentares, o corte do fornecimento ou a suspensão do uso.

Parágrafo único. O corte de fornecimento ou a suspensão do uso de que trata este artigo é aplicável também, nos casos de outras infrações praticadas pelos consumidores ou usuários, previstas em Regulamento específico.

Art. 465. Aplicam-se aos preços públicos os dispositivos da presente Lei, no que couber.

TÍTULO VII
DAS DISPOSIÇÕES FINAIS E TRANSITÓRIAS

Art. 466. Revogado. (Redação dada pela Lei nº 6.829, de 27 de dezembro de 2018)

Art. 467. Enquanto não forem baixados os atos administrativos regulamentares, permanecem em vigor aqueles que disponham sobre a matéria ou assunto tratado nesta Lei, desde que com esta não conflitem.

Art. 468. A Secretaria Municipal de Economia orientará a aplicação da presente Lei expedindo as necessárias instruções por meio de Instrução Normativa.

Art. 469. O disposto nesta lei aplica-se, no que couber, às taxas ambientais previstas em leis específicas.

Parágrafo único. A taxa de Autorização ambiental para exercício de atividade ou execução de empreendimento será calculada pela classificação do empreendimento e de acordo com os valores constantes no Anexo XVI desta lei. (Incluído pela Lei nº6.715, de 14 de dezembro de 2017)

Art. 470. Os mandatos dos atuais membros do Conselho Tributário Municipal serão encerrados 30 (trinta) dias após a publicação desta lei devendo o Poder executivo proceder a nomeação dos novos membros observado o disposto no art. 393.

Art. 471. Esta Lei entra em vigor na data da sua publicação, respeitado o prazo para produção dos efeitos decorrentes das alterações introduzidas pela Lei Complementar nº 157/2016.

Parágrafo único. Os dispositivos contidos nessa Lei que promovam aumento de tributo entram vigor no dia 1º de janeiro de 2018, ressalvadas as disposições relativas ao cálculo das taxas de localização e funcionamento e de toda a regulamentação da taxa de coleta de lixo que terão vigência a partir de janeiro de 2019. (Redação dada pela Lei nº 6.715, de 14 de dezembro de 2017)

Art. 472. Os dispositivos contidos nessa Lei que promovam aumento de tributo entram em vigor no dia 1º de janeiro de 2018, ressalvadas as disposições relativas aos cálculos das taxa de localização e funcionamento dispostos nos anexos III e IV, que terão vigência a partir de janeiro de 2020 e as disposições relativas aos cálculos da taxa de coleta e destinação de resíduos sólidos domiciliares, que terão vigência a partir de janeiro de 2019. (Redação dada pela Lei nº 6.829, de 27 de dezembro de 2018)

Art. 473. Sem prejuízo da respectiva inscrição em dívida ativa, fica a Secretaria Municipal de Economia dispensada de efetuar a cobrança amigável sempre que o débito foi igual ou inferior a R$ 200,00. (Redação dada pela Lei nº 6.829, de 27 de dezembro de 2018)

Art. 474. Nos primeiros 90 (noventa) dias de vigência deste Código, os contribuintes em débito com a Taxa de Licença para Ocupação de Solo nas Vias e Logradouros Públicos, de fatos geradores ocorridos entre 01 de abril de 2016 até a publicação desta Lei, poderão parcelar seus débitos em até 120 parcelas, mensais e sucessivas, obedecidos os valores mínimos vigentes para a realização de parcelamento previstos na legislação municipal.

Parágrafo único. A adesão ao benefício de que trata este artigo implicará em redução de 100% (cem por cento) nos juros de mora e na multa de mora.

Art. 474-A. A esta Lei aplica-se subsidiariamente os conceitos previstos na Lei nº 13.105, de 16 de março de 2015, o Código de Processo Civil. (Redação acrescida pela Lei nº 6.829, de 27 de dezembro de 2018)

Art. 475. Ficam revogadas as seguintes leis e dispositivos legais, conforme o caso, especialmente:

I – Lei nº 3.959, de 29 de dezembro de 1989 – Dispõe sobre o Código Tributário do Município de Maceió e dá outras providências;

II – Lei nº 4.089, de 12 de dezembro de 1991 – Concede isenção de Taxa Municipais a Entidades Filantrópicas e dá outras providências;

III – Lei nº 4.288 de 29 de dezembro de 1993 – Modifica a redação do artigo 125, da Lei nº 4.227, de 29 de julho de 1993 e dá outras providências. (Taxa de Vigilância Sanitária);

IV – Art. 32 da Lei nº 4.305 de 04 de maio de 1994 – Dispõe sobre a supressão, a poda, o replantio e o uso adequado e planejado das áreas revestidas de vegetação do porte arbóreo e dá outras providências.

V – Lei nº 4.339, de 11 de julho de 1994 – Concede isenção às entidades sem fins lucrativos e dá outras providências;

LEGISLAÇÃO

VI - Lei 4486, de 28 de fevereiro de 1996 - Dispõe sobre o Código Tributário do Município de Maceió e dá outras providencias, com exceção das disposições relativas aos cálculos taxas de localização e funcionamento que permanecem vigentes até dezembro de 2019 e às relativas taxa de coleta e destinação de resíduos sólidos domiciliares, que permanecem vigentes até dezembro de 2018. (Redação dada pela Lei nº 6.829, de 27 de dezembro de 2018)

VII - Lei nº 4.527, de 4 de julho de 1996 - Altera o Código Tributário Municipal, disposto pela Lei Municipal nº 4.486, de 28 de fevereiro de 1996 e dá outras providências;

VIII - Lei nº 4.657, de 23 de dezembro de 1997 - Dispõe sobre incentivo fiscal para realização de projetos culturais, no âmbito do Município de Maceió e dá outras providências;

IX - Lei nº 4.663, de 23 de dezembro de 1997 - institui incentivo fiscal para a construção de Edifício Garagem na Cidade de Maceió;

X - Lei nº 4.708, de 24 de abril de 1998 - Redefine a tramitação de processos em que são solicitadas inscrições fiscais no âmbito do município de Maceió e dá outras providências;

XI - Lei nº 4.847, de 2 de julho de 1999 - Cria a Contribuição de Conservação e Manutenção de vias públicas e dá outras providências;

XII - Lei nº 4.869, de 11 de outubro de 1999 - Dispõe sobre a outorga de isenção tributária a instituições culturais qualificadas na conformidade de pré-condições que estabelece e adota providências correlatas;

XIII - Lei nº 4.929, de 6 de janeiro de 2000 - Dispõe sobre a criação do Programa de Incentivo ao Esporte Amador reconhecido pelo Comitê Olímpico Brasileiro - COB;

XIV - Arts. 58 a 66 da Lei nº 4.954, de 6 de janeiro de 2000 - Dispõe sobre a veiculação de propaganda nos logradouros públicos, ao ar livre ou em locais com visibilidade dos espaços públicos;

XV - Lei nº 4.975, de 5 de abril de 2000 - Concede estímulos fiscais à implementação e desenvolvimento do programa de Arrendamento Residencial - PAR, a ser instituído no âmbito do Município de Maceió;

XVI - Lei nº 5.114, de 31 de dezembro de 2000 - Institui procedimento para atualização de créditos do município de Maceió e dá outras providências;

XVII - Lei nº 5.116, de 31 de dezembro de 2000 - Dispõe sobre isenção dos créditos tributários que menciona e dá outras providências;

XVIII - Lei nº 5.142, de 28 de agosto de 2001 - Modifica e acresce de dispositivos da Lei 4.486/96 - Código Tributário do Município de Maceió e dá outras providências;

XIX - Lei nº 5.252, de 27 de novembro de 2002 - Dispõe sobre a aplicação do Anexo VI da Lei Municipal nº 4.486, de 28 de fevereiro de 1996.

XX - Lei nº 5.256, de 17 de dezembro de 2002 - Concede Isenção do Imposto Predial Urbano, uso residencial e de taxas, consoante se menciona e dá providências correlatas;

XXI - Lei nº 5.260, de 30 de dezembro de 2002 - Altera dispositivo da Lei nº 4.486/96 - Código Tributário Municipal e dá providências correlatas;

XXII - Lei nº 5.329, de 4 de dezembro de 2003 - Altera dispositivo da Lei nº 4.486/96 Código Tributário Municipal e dá providências correlatas;

XXIII - Lei nº 5.335, de 22 de dezembro de 2003 - Fica o Poder Executivo Municipal autorizado a conceder remissão aos contribuintes que especifica;

XXIV - Lei nº 5.339, de 23 de dezembro de 2003 - Altera e revoga dispositivos da Lei nº 4.486, de 28 de fevereiro de 1996 - Código Tributário Municipal;

XXV - Lei nº 5.340, de 23 de dezembro de 2003 - Altera e revoga dispositivos da Lei nº 4.486, de 28 de fevereiro de 1996 - Código Tributário Municipal;

XXVI - Lei nº 5.345, de 29 de dezembro de 2003 - Fica o Poder Executivo autorizado a conceder remissão aos contribuintes que especifica;

XXVII - Lei nº 5.349, de 29 de dezembro de 2003 - Altera e revoga dispositivos da Lei nº 4.486, de 28 de fevereiro de 1996 - Código Tributário Municipal;

XXVIII - Lei nº 5.350, de 30 de dezembro de 2003. Retifica o caput do art. 4º da Lei nº 5.262, de 30 de dezembro de 2002, que institui a contribuição de iluminação pública;

XXIX - Lei nº 5.352, de 30 de dezembro de 2003 - Altera e revoga dispositivos da Lei nº 4.486/96, de 28 de fevereiro de 1996 - Código Tributário Municipal;

XXX - Lei nº 5.353, de 30 de dezembro de 2003 - Dá nova redação a § Único do art. 114 da Lei 4.486/96, e a artigo da Lei nº 5.339/03 e de seu Anexo III, referente a Lei 4.486/96 - Código Tributário Municipal;

XXXI - Lei nº 5.378, de 2 de julho de 2004 - Fica instituída a Campanha de Recuperação Fiscal, destinada a promover a regularização de débitos dos contribuintes perante o Município e dá providências correlatas;

XXXII - Lei nº 5.647, de 22 de novembro de 2007 - Dispõe sobre a isenção e remissão do Imposto Predial e Territorial Urbano - IPTU e do Imposto Transmissão de Bens Inter Vivos - ITBI, para os imóveis localizados em assentamentos precários incluídos em programas e projetos de regularização fundiária na cidade de Maceió, e dá outras providências;

XXXIII - Lei nº 5.677 de 11 de janeiro de 2008 - Altera e revoga dispositivos da Lei nº 4.486, de 28 de fevereiro de 1996, e da Lei no 3.959, de 29 de dezembro de 1989;

XXXIV - Lei nº 5.697, de 14 de maio de 2008 - Autoriza o Poder Executivo a conceder isenção do IPTU aos portadores de doenças graves, incapacitantes e aos doentes em estágio terminal e dá outras providências.

XXXV - Arts. 1º e 2º da Lei nº 5.837, de 16 de outubro de 2009 - Altera e revoga dispositivos da legislação tributária municipal, em especial da Lei nº 4.486, de 28 de fevereiro de 1996 e Lei nº 4.674, de 26 de dezembro de 1997;

XXXVI - Lei nº 5.869, de 23 de dezembro de 2009 - Altera e revoga dispositivos da Lei nº 4.486, de 28 de fevereiro de 1996;

XXXVII - Lei nº 5.909 de 22 de julho de 2010 - Dispõe sobre isenção do pagamento da Taxa de Licença e Fiscalização para Localização, Instalação e Funcionamento - TLFLIF ao Microempresário Individual, no ano em que haja sido efetivado seu enquadramento, fixa o valor da TLFLIF para os anos subsequentes e altera dispositivos do Código Tributário Municipal;

XXXVIII - Lei nº 6.282 de 29 de novembro de 2013 - Altera a Lei 4.486/1996, Código Tributário de Maceió, no que dispõe sobre o valor mínimo para recurso à segunda instância em sede de processo contencioso tributário;

XXXIX - Lei nº 6.293 de 27 de dezembro de 2013 - Altera as disposições da Lei nº 5.262 de 30 de dezembro de 2002 que instituiu no município de Maceió a Contribuição para custeio da Iluminação Pública - COSIP, prevista no artigo 149-a da Constituição da República Federativa do Brasil de 1988, e da Lei nº 5.350, de 30 de dezembro de 2003;

XL - Lei nº 6.302, de 5 de fevereiro de 2014 - Altera e revoga dispositivos da Lei nº 4.486, de 28 de fevereiro de 1996, e dá outras providências;

XLI - Lei nº 6.467, de 10 de setembro de 2015 - Institui o Programa "Maceió Nota 10" que visa o estímulo à cidadania fiscal do Município de Maceió dispondo sobre premiações para tomadores de serviços, nos termos que especifica e dá outras providências;

XLII - Lei nº 6.468, de 10 de setembro de 2015 - Altera o art. 195 da lei nº 4.486, - Redução no valor de multas e juros;

XLIII - Lei nº 6.512, de 15 de dezembro de 2015 - Altera os Anexos VII, VIII e XIII do Código Tributário Municipal (Lei nº 4.486, de 28 de fevereiro de 1996) e dá outras providências;

XLIV - Lei nº 6.515, de 15 de dezembro de 2015 - Altera o Anexo II da Lei nº 4.486, de 28 de fevereiro de 1996, e dá outras providências;

XLV - Lei nº 6.528, de 30 de dezembro de 2015 - Altera o anexo VII, do Código Tributário Municipal (Lei nº 4.486, de 28 de fevereiro de 1996) e dá outras providências.

Anexos I a XV não incluídos.

SERVIDORES PÚBLICOS

LEI Nº 5.247, DE 26 DE JULHO DE 1991

INSTITUI O REGIME JURÍDICO ÚNICO DOS SERVIDORES PÚBLICOS CIVIS DO ESTADO DE ALAGOAS, DAS AUTARQUIAS E DAS FUNDAÇÕES PÚBLICAS ESTADUAIS.

O GOVERNADOR DO ESTADO DE ALAGOAS

Faço saber que o Poder Legislativo decreta e eu sanciono a seguinte Lei:

TÍTULO I
DISPOSIÇÕES PRELIMINARES

Art. 1º Esta Lei institui o Regime Jurídico Único dos Servidores Públicos Civis do Estado de Alagoas, das Autarquias e das Fundações Públicas Estaduais.

Art. 2º Adotar-se-ão, para efeitos desta lei, as definições a saber:

I – Função é o conjunto de atribuições e responsabilidades cometíveis a uma categoria funcional ou individualmente a determinado agente da Administração, em caráter permanente ou transitório;

II – Cargo é um centro unitário e indivisível de competências, criado por lei, com determinação própria e em número certo, hierarquicamente localizado na estrutura organizacional do serviço público;

III – Servidor Público Civil é quem, legalmente investido em cargo público civil da administração direta, autárquica e fundacional pública, mantém com o ente estatal relação de trabalho de natureza profissional, sob vínculo de dependência hierárquica;

IV – Regime Jurídico Único é o conjunto de normas que disciplinam as relações de trabalho dos servidores público civis da administração direta, autárquica e fundacional pública, definindo-lhes os direitos, responsabilidades e deveres.

Art. 3º Os cargos públicos civis são acessíveis a todos os brasileiros, observadas as condições de investidura estabelecidas na lei.

Art. 4º É vedado a prestação de serviços gratuitos, salvo nos casos expressamente previstos na lei.

TÍTULO II
DO REGIME FUNCIONAL

CAPÍTULO I
DO INGRESSO

SEÇÃO I
DISPOSIÇÕES GERAIS

Art. 5º São requisitos básicos para ingresso no serviço público:

I – a nacionalidade brasileira;

II – o gozo dos direitos políticos;

III – a quitação com as obrigações militares e eleitorais;

IV – o nível de escolaridade exigido para o exercício do cargo;

V – a idade mínima de 18 (dezoito) anos;

VI – aptidão física e mental.

- *O inciso I do art. 37 da CF/88, com redação dada pela EC 19/98, estende aos estrangeiros o direito de ingresso em cargos públicos, na forma da lei.*

§ 1º A natureza das atribuições de cargo determinado pode justificar a exigência de outros requisitos específicos, desde que estabelecidos em lei.

§ 2º Às pessoas portadoras de deficiência é assegurado o direito de inscrição a concurso público para provimento de cargo cujas atribuições estejam aptas a exercer, sendo- lhes reservadas até 20% (vinte por cento) das vagas oferecidas.

Art. 6º O provimento inicial dos cargos públicos far-se-á mediante ato de autoridade competente de cada Poder, completando-se a investidura com a posse.

Art. 7º A nomeação é a forma originária de provimento dos cargos públicos.

Art. 8º São formas derivadas de provimento de cargo público:

I - promoção;

II - ascensão;

III - transferência;

IV - readaptação;

V - reversão;

VI - reintegração;

VII - recondução;

VIII - aproveitamento.

- *Vide art. 5º da Lei Estadual nº 5.599, de 07.01.94, que dispõe sobre ascensão.*

SEÇÃO II
DA NOMEAÇÃO

Art. 9º A nomeação far-se-á:

I - em caráter efetivo, quando se tratar de cargo isolado de provimento efetivo ou de carreira;

II - em comissão, para cargo de confiança, de livre provimento e exoneração.

- *Vide inciso V, do art.37 da CF/88, com redação dada pela EC 19/98.*

Art. 10. A nomeação para cargo de carreira ou cargo isolado de provimento efetivo depende de prévia habilitação em concurso público de provas ou de provas de títulos, obedecidos a ordem de classificação e o prazo de sua validade.

- Vide inciso II, do art. 37 da CF/88, com relação dada pela EC 19/98.

Parágrafo Único. Os demais requisitos para o ingresso serão estabelecidos pela lei que fixar as diretrizes do sistema de carreira da administração pública estadual e seus regulamentos.

SEÇÃO III
DO CONCURSO PÚBLICO

Art. 11. O concurso será de provas ou de provas e títulos, podendo ser realizado em duas etapas, conforme dispõem a lei e o regulamento do respectivo plano de carreira.

Art. 12. O concurso público terá validade de até 02 (dois) anos, podendo ser prorrogado, uma única vez por igual período.

§ 1º O prazo de validade do concurso e as condições de sua realização serão fixados em edital, que será publicado no Diário Oficial do Estado e em jornal diário de grande circulação.

§ 2º Não se abrirá novo concurso enquanto houver candidato aprovado em concurso anterior com prazo de validade não expirado.

- *Vide art. 10 da Lei Estadual nº 5.538, de 15.09.93.*

SEÇÃO IV
DA POSSE

Art. 13. A posse dar-se-á pela assinatura do respectivo termo, no qual deverão constar as atribuições, os deveres, as responsabilidades e os direitos inerentes ao cargo ocupado que não poderão ser alterados unilateralmente, por qualquer das partes, ressalvados os atos de ofício previstos em lei.

§ 1º Apenas haverá posse nos casos de provimento de cargo por nomeação, acesso e ascensão.

§ 2º A posse ocorrerá dentro do prazo de 30 (trinta) dias contados da publicação do ato de provimento, prorrogável por mais 30 (trinta) dias, a requerimento do interessado.

§ 3º A inocorrência oportuna da posse determinará a deseficacização do ato de provimento.

§ 4º Em se tratando de servidor em licença, ou afastado por qualquer outro motivo legal, o prazo será contado do término do impedimento.

§ 5º No ato da posse o servidor apresentará declaração dos bens e valores que constituem seu patrimônio e do exercício ou não de outro cargo, emprego ou função pública.

§ 6º A posse através de procurador fica condicionada à apresentação de instrumento público de mandato, com outorga de poderes especiais para tal fim.

Art. 14. A posse dependerá de prévia inspeção médica oficial, em que se comprove a aptidão física e mental do candidato para o exercício do cargo.

CAPÍTULO II
DO PROVIMENTO DERIVADO

SEÇÃO I
DA PROMOÇÃO E DA ASCENSÃO

Art. 15. O desenvolvimento do servidor na carreira proceder-se-á mediante promoção e ascensão.

Art. 16. A lei que fixar as diretrizes do sistema de carreira funcional na administração estadual estabelecerá as condições de promoção, ascensão e acesso, definindo os procedimentos através dos quais se procederão.

SEÇÃO II
DA TRANSFERÊNCIA

Art. 17. Transferência é a transposição do servidor estável de um cargo efetivo para outro de igual denominação, pertencente a quadro de pessoal diverso, de órgão ou instituição do mesmo Poder.

§ 1º A transferência ocorrerá de ofício ou a pedido do servidor atendido o interesse do serviço, em qualquer hipótese condicionada à exigência de vaga.

§ 2º Será admitida a transferência de servidor ocupante de cargo de quadro em extinção para igual situação em quadro de outro órgão ou entidade.

SEÇÃO III
DA READAPTAÇÃO

Art. 18. Readaptação é a investidura do servidor em cargo de atribuições e responsabilidades compatíveis com a limitação que tenha sofrido em sua capacidade física ou mental, verifica em inspeção médico-oficial.

§ 1º Se julgado incapaz para o serviço público, o readaptando será aposentado.

§ 2º A readaptação será efetivada em cargo de atribuições afins, respeitada a habilitação exigida e condicionada à existência de vaga.

SEÇÃO IV
DA REVERSÃO

Art. 19. Reversão é o retorno à atividade de servidor aposentado por invalidez, quando, por junta médica oficial, forem declarados insubsistentes os motivos da aposentadoria.

Art. 20. A reversão far-se-á no mesmo cargo ou no cargo resultante de sua transformação.

Parágrafo Único. Encontrando-se provido o cargo, o servidor exercerá suas atribuições como excedente, até a ocorrência de vaga.

Art. 21. Não poderá reverter o aposentado que já tiver completado 70 (setenta) anos de idade.

SEÇÃO V
DA REINTEGRAÇÃO

Art. 22. A reintegração é a reinvestidura do servidor estável no cargo anteriormente ocupado, ou no cargo resultante de sua transformação, quando invalidada a sua demissão por decisão administrativa ou judicial com ressarcimento de todas as vantagens.

§ 1º Dando-se que tenha sido extinto o cargo anteriormente ocupado, o servidor ficará em disponibilidade.

§ 2º Encontrando-se provido o cargo, o seu eventual ocupante será reconduzido ao cargo de origem, sem direito a indenização, aproveitado em outro cargo, ou, ainda, posto em disponibilidade respeitado o interesse do serviço público.

SEÇÃO VI
DA RECONDUÇÃO

Art. 23. Recondução é o retorno do servidor estável ao cargo anteriormente ocupado.

§ 1º Dar-se-á a recondução:

I – quando apurada, ao curso de estágio probatório, a inaptidão do servidor ao exercício de cargo em que derivadamente provido;

II – quando reintegrado, no cargo que esteja a exercer, o seu anterior ocupante.

§ 2º Encontrando-se provido o cargo de origem, será o servidor provido em outro, de vencimento e atribuições compatíveis com o anteriormente ocupado.

- Vide art. 32 deste Regime.

SEÇÃO VII
DO APROVEITAMENTO

Art. 24. Aproveitamento é o retorno obrigatório ao trabalho de servidor que se achava em disponibilidade, ocorrendo em cargo de atribuições e vencimentos compatíveis com o anteriormente ocupado.

Art. 25. O Órgão Central do Sistema de Pessoal Civil determinará o imediato aproveitamento de servidor em disponibilidade em vaga que vier a ocorrer nos órgãos ou entidades da administração pública estadual.

Art. 26. Será tornado sem efeito o aproveitamento e cassada a disponibilidade se o servidor não entrar em exercício no prazo legal, salvo doença comprovada por junta médica oficial.

CAPÍTULO III
DO EXERCÍCIO

Art. 27. Exercício é o efetivo desempenho das atribuições do cargo.

§ 1º É de 30 (trinta) dias o prazo para o servidor entrar em exercício, contando da data da posse.

§ 2º Escoado o prazo estabelecido no parágrafo precedente, sem o início do exercício, será o ato de nomeação revogado.

§ 3º A autoridade competente do órgão ou entidade para onde for designado o servidor compete dar-lhe exercício.

Art. 28. O início, a suspensão, a interrupção e o reinício do exercício serão registrados no assentamento individual do servidor.

Parágrafo Único. O servidor, ao entrar em exercício, apresentará ao órgão competente os elementos necessários à abertura do seu assentamento individual.

Art. 29. A promoção ou a ascensão não interrompe o tempo de exercício, que é contado no novo posicionamento na carreira, a partir da data da publicação do ato que promover ou conceder a ascensão funcional ao servidor.

Art. 30. O servidor transferido, removido, redistribuído, requisitado ou cedido, que deva ter exercício em outra localidade, terá 30 (trinta) dias de prazo para entrar em exercício, incluído nesse período o tempo necessário ao deslocamento para a nova sede.

Parágrafo Único. Na hipótese de o servidor encontrar-se afastado legalmente, o prazo a que se refere este artigo será contado a partir do término do afastamento autorizado.

Art. 31. O ocupante de cargo público civil fica sujeito a 40 (quarenta) horas semanais de trabalho, salvo quando a lei estabelecer duração diversa.

Parágrafo Único. Ao ocupante de cargo de provimento em comissão é ainda exigida dedicação integral ao serviço, pelo que poderá ser convocado sempre que houver interesse da administração.

Art. 32. O servidor investido em cargo de provimento efetivo ao iniciar o exercício, ficará sujeito a estágio probatório por período de 24 (vinte e quatro) meses, durante o qual a sua aptidão e capacidade para o desempenho do cargo serão objeto de avaliação, observados os fatores a saber:

I - assiduidade;

II - disciplina;

III - capacidade de iniciativa;

IV - produtividade;

V - responsabilidade.

- A EC 19/98 ao alterar o art. 41 da CF/88 estende o período do estágio probatório para 03 (três) anos, além de condicionar a aquisição de estabilidade a uma avaliação especial de desempenho, realizada por comissão instituída para este fim.
- Vide art. 28 da EC 19/98.

§ 1º Concluído o período de prova, será o resultado da avaliação homologado dentro do prazo máximo de 15 (quinze) dias, contados a partir do dia imediato ao termo final, inclusive.

§ 2° O servidor não aprovado no estágio probatório será exonerado ou, se estável, reconduzido ao cargo anteriormente ocupado, observado o disposto no § 2º do art. 23.

§ 3° É vedado o desvio de função.

CAPÍTULO IV
DA LOTAÇÃO, DA REMOÇÃO, DA REDISTRIBUIÇÃO E DO ACESSO

SEÇÃO I
DA LOTAÇÃO

Art. 33. Lotação genérica é a quantidade dos cargos vinculados e necessários ao desenvolvimento das atividades de órgãos ou entidades da administração pública.

Art. 34. Lotação específica é a designação de servidor para ter exercício em unidade administrativa setorial do ente público a que serve.

Parágrafo Único. Nenhum servidor poderá servir fora da unidade onde tenha lotação específica, ressalvadas as hipóteses de provimento em cargo comissionado ou cessão segundo as condições e limites estabelecidos nesta lei.

SEÇÃO II
DA REMOÇÃO

Art. 35. Remoção é o deslocamento do servidor, a pedido ou de ofício, de uma para outra localidade de trabalho, com ou sem mudança de sede, no âmbito da unidade setorial em que for especificamente lotado.

Parágrafo Único. Dar-se-á a remoção, a pedido, para outra localidade, independentemente de vaga, para acompanhar cônjuge ou companheiro ou dependente enfermo, condicionada à comprovação, por junta médica, da indispensabilidade da providência.

SEÇÃO III
DA REDISTRIBUIÇÃO

Art. 36. Redistribuição é o deslocamento do servidor, com o respectivo cargo, para quadro de pessoal de outro órgão ou entidade do mesmo Poder, cujos planos de cargos e vencimentos sejam idênticos, observado sempre o interesse da administração.

§ 1º A redistribuição dar-se-á exclusivamente para ajustamento de quadro de pessoal às necessidades dos serviços, inclusive nos casos de reorganização, extinção ou criação de órgãos ou entidades.

§ 2º Nos casos de extinção de órgão ou entidade, os servidores estáveis que não puderem ser redistribuídos, na forma deste artigo, serão colocados em disponibilidade, até seu aproveitamento.

SEÇÃO IV
DO ACESSO

Art. 37. Acesso é a designação de servidor de carreira para exercer função de direção, chefia ou assessoramento.

CAPÍTULO V
DA ESTABILIDADE

Art. 38. O servidor habilitado em concurso público e empossado em cargo de provimento efetivo adquirirá estabilidade no serviço público ao completar 02 (dois) anos de efetivo exercício.

- *O prazo para aquisição da estabilidade passo a ser de 03 três anos. Ver nota do art. 32.*

Art. 39. O servidor estável só perderá o cargo em virtude de sentença judicial transitada em julgado ou de processo administrativo disciplinar no qual lhe seja assegurada ampla defesa.

- *Vide nota do art. 41.*

CAPÍTULO VI
DA VACÂNCIA

Art. 40. Determinarão a vacância do cargo público:

I - a exoneração;

II - a demissão;

III - a promoção;

IV - a ascensão;

V - a transferência;

VI - a readaptação;

VII - a aposentadoria;

VIII - a posse em outro cargo inacumulável;

IX - o falecimento.

Art. 41. A exoneração de cargo efetivo dar-se-á a pedido do servidor, ou ainda de ofício, neste caso quando resultar apurada, em estágio probatório, sua inaptidão ao exercício do cargo.

- *Além das hipóteses de exoneração previstas neste artigo, temos as inovações trazidas pela EC 19/98. O art. 41 da CF/88 em seu § 1º indica três hipóteses de perda do cargo pelo servidor estável, trazendo a inovação da avaliação periódica de desempenho (inciso III). O art. 16, § 4°, por sua vez, prevê a possibilidade de exoneração de servidor estável quando as despesas com pessoal extrapolarem os limites fixados em Lei Complementar (hoje Lei Complementar nº 96, de 31.05.99).*
- *Vide art. 247 e § 5º do art. 169, ambos da CF/88, com redação dada pela EC 19/98.*
- *Considera-se servidor não estável para fins do § 3º, II do art. 169 da CF/88 aqueles admitidos sem concurso público após o dia 05 de outubro de 1983 (Art. 33 da EC 19/98).*
- *Vide art. 32 deste Regime.*

Art. 42. A exoneração de cargo em comissão ocorrerá:

I - a juízo da autoridade competente;

II - a pedido do próprio servidor.

Parágrafo Único. O afastamento do servidor de função de direção, chefia e assessoramento dar-se-á:

I - a pedido;

II - mediante dispensa, nos casos de:

a) promoção;

b) cumprimento de prazo exigido para rotatividade na função;

c) por falta de exação no exercício de suas atribuições, segundo o resultado do processo de avaliação, conforme estabelecido em lei e regulamento;

d) afastamento para exercício de mandato classista.

CAPÍTULO VII
DA SUBSTITUIÇÃO

Art. 43. Os servidores investidos em cargo ou função de direção ou chefia e os ocupantes de cargos em comissão terão substitutos indicados no regime interno ou, em caso de omissão, previamente designados pela autoridade competente.

§ 1º O substituto assumirá automática e cumulativamente, sem prejuízo do cargo que ocupa, o exercício do cargo ou função de direção ou chefia nos afastamentos ou impedimentos legais ou regulamentares do titular.

§ 2º O substituto fará jus a gratificação pelo exercício do cargo ou função de direção ou chefia nos casos de afastamento ou impedimento legais do titular, superiores a trinta dias, paga na proporção dos dias de efetiva substituição.

- *Redação dada pelo art. 1º da Lei Estadual nº 6.003, de 13.04.98.*
- Redação anterior:

  "Art. 43. Os servidores investidos em função de direção ou chefia e os ocupantes de cargos em comissão terão substitutos indicados no regimento interno ou, no caso de omissão, previamente designados pela autoridade competente.
- § 1º O substituto *assumirá automaticamente o exercício do cargo ou função de direção ou chefia nos afastamentos ou impedimentos regulamentares do titular.*
- *§ 2º O substituto fará jus à gratificação pelo exercício da função de direção ou chefia, paga na proporção dos dias de efetiva substituição."*

Art. 44. O disposto no artigo anterior aplica-se aos titulares de unidades administrativas organizadas em nível de assessoria.

TÍTULO III
DOS DIREITOS E VANTAGENS

CAPÍTULO I
DO VENCIMENTO E REMUNERAÇÃO

- *Vide art. 39 da CF/88, notadamente os §§ 1º e 8º, com redação dada pela EC 19/98.*
- *Vide art. 29 da EC 19/98.*
- *Vide incisos X, XI e XIII do art. 37 da CF/88, com redação pela EC 19/98.*

Art. 45. Vencimento é a retribuição pecuniária pelo exercício do cargo público, com valor fixado em lei.

Parágrafo Único. Nenhum servidor receberá, a título de vencimento, importância inferior ao salário mínimo.

Art. 46. Remuneração é o vencimento do cargo efetivo, acrescido das vantagens pecuniárias permanentes estabelecidas em lei.

§ 1° A remuneração do servidor investido em função ou cargo em comissão será paga na forma prevista no art. 67.

- *Vide art. 19, Parágrafo Único, da Lei Estadual n° 4.579/84, que dispõe sobre a remuneração de servidor ocupante de cargo ou emprego público, investido em cargo de provimento em comissão.*
- *Vide nota do art. 67 deste Regime.*

§ 2° O vencimento do cargo efetivo, acrescido das vantagens de caráter permanente, é irredutível.

- *Vide inciso XV do art. 37 da CF/88, com redação dada pela EC/98.*

§ 3° É assegurada a isonomia de vencimentos para cargos de atribuições iguais ou assemelhados do mesmo Poder, ou entre servidores dos três Poderes, ressalvadas as vantagens de caráter individual e as relativas à natureza ou ao local de trabalho.

Art. 47. Nenhum servidor poderá perceber, mensalmente, a título de remuneração, importância superior à soma dos valores percebidos como remuneração, em espécie, a qualquer título, no âmbito dos respectivos Poderes, pelos Secretários de Estado, pelos Desembargadores e pelos Deputados Estaduais.

Parágrafo Único. V E T A D O

Art. 48. A menor remuneração atribuída aos cargos de carreira não será inferior a 1/40 (um quarenta avos) do teto de remuneração fixado no artigo anterior.

Art. 49. O servidor perderá:

I - a remuneração dos dias em que faltar ao serviço;

II - a parcela de remuneração diária, proporcional aos atrasos, ausências e saídas antecipadas, iguais ou superiores a 60 (sessenta) minutos;

III - metade da remuneração, na hipótese prevista no § 2° do art. 132.

Art. 50. Salvo por imposição legal ou mandado judicial, nenhum desconto incidirá sobre a remuneração ou provento.

Parágrafo Único. Mediante autorização do servidor, poderá haver consignação em folha de pagamento a favor de terceiros, a critério da administração e com reposição de custos na forma definida em regulamento.

- *Vide Decreto Estadual n°* 356, de 15/10/2001, com as alterações introduzidas pelo Decreto Estadual nº 1.216, de 30 de abril de 2003.
- *Vide art. 234 deste Regime.*

Art. 51. As reposições e indenizações ao erário serão descontadas em parcelas mensais não excedentes à décima parte da remuneração ou provento, em valores atualizados.

Art. 52. O servidor em débito com o erário, que for demitido, exonerado, ou que tiver sua aposentadoria ou disponibilidade cassada, terá prazo de 60 (sessenta) dias para quitar o débito.

Parágrafo Único. A não quitação do débito no prazo previsto implicará sua inscrição em dívida ativa.

Art. 53. O vencimento, a remuneração e o provento não serão objetos de arresto, seqüestro ou penhora, exceto nos casos de prestação de alimento resultantes de decisão judicial.

CAPÍTULO II
DAS VANTAGENS

Art. 54. Além do vencimento, poderão ser pagas ao servidor as seguintes vantagens:

I - indenizações;

II - gratificações;

III - adicionais.

§ 1º As indenizações não se incorporam ao vencimento ou provento para qualquer efeito.

§ 2º As gratificações e os adicionais incorporam-se ao vencimento ou provento, nos casos e condições indicados em lei.

Art. 55. As vantagens pecuniárias não serão computadas, nem acumuladas, para efeito de concessão de quaisquer outros acréscimos pecuniários ulteriores sob o mesmo título ou idêntico fundamento.

- *O Inciso XIV do art. 37 da CF/88, com redação dada pela EC 19/98, suprimiu a expressão "sob o mesmo título ou idêntico fundamento", ficando ampliada as restrições à concessão de parcelas ou adicionais de remuneração com incidência cumulativa.*

SEÇÃO I
DAS INDENIZAÇÕES

Art. 56. Constituem indenizações ao servidor:

I - ajuda de custo;

II - diárias;

III - transportes.

Art. 57. Os valores das indenizações, assim como as condições para a sua concessão serão estabelecidos em regulamento.

SUBSEÇÃO I
DA AJUDA DE CUSTO

Art. 58. A ajuda de custo destina-se a compensar as despesas de instalação do servidor que, no interesse do serviço, passar a ter exercício em nova sede, com mudança de domicílio em caráter permanente.

§ 1º Correm por conta da administração as despesas de transporte do servidor e de sua família, compreendendo passagem, bagagem e bens pessoais.

§ 2º À família do servidor que falecer na nova sede são assegurados ajuda de custo e transportes para a localidade de origem, dentro do prazo de 01 (um) ano, contado do óbito.

Art. 59. A ajuda de custo é calculada sobre a remuneração do servidor, conforme dispuser o regulamento, não podendo exceder a importância correspondente a 03 (três) meses.

Art. 60. Será concedida ajuda de custo ao servidor que se afastar do cargo, ou reassumi-lo, em virtude de mandato eletivo, desde que implique mudança de domicílio.

Art. 61. Será concedida ajuda de custo àquele que, não sendo servidor do Estado, for nomeado para cargo em comissão, com mudança de domicílio.

Parágrafo Único. Na hipótese de afastamento para exercício de cargo em comissão ou função de confiança, a ajuda de custo será paga pelo órgão cessionário, quando cabível.

Art. 62. O servidor ficará obrigado a restituir a ajuda de custo quando, injustificadamente, não se apresentar na nova sede no prazo de 30 (trinta) dias.

SUBSEÇÃO II
DAS DIÁRIAS

Art. 63. O servidor que, a serviço, se afastar da sede em caráter eventual ou transitório, para outro ponto do território nacional ou para o exterior, fará jus a diárias, para cobrir despesas de pousada, alimentação e locomoção urbana.

- Caput com nova redação dada pelo art. 1º da Lei Estadual nº 6.548, de 27/12/2004.
- Redação anterior: *"Art. 63. O servidor que, a serviço, se afastar da sede em caráter eventual ou transitório, para outro ponto do território nacional, fará jus a passagens e diárias, para cobrir as despesas de pousada, alimentação e locomoção urbana."*

§ 1º A diária será concedida por dia de afastamento, sendo devida pela metade quando o deslocamento não exigir pernoite fora da sede.

§ 2º Nos casos em que o deslocamento da sede constituir exigência permanente do cargo, o servidor não fará jus a diárias.

§ 3º As demais disposições sobre diárias não previstas nesta Lei, incluindo os valores e cálculo, serão regulamentadas mediante decreto.

- § 3º com nova redação dada pelo art. 1º da Lei Estadual nº 6.548, de 27/12/2004.
- Redação anterior: *"§ 3º O regulamento disporá sobre o cálculo das diárias."*
- *Vide Decreto Estadual nº 2.391, de 12/01/2005, que regulamenta a concessão de diárias.*

Art. 64. O servidor que receber diárias e não se afastar da sede, por qualquer motivo, fica obrigado a restituí-las integralmente, no prazo de 05 (cinco) dias.

Parágrafo Único. Na hipótese de o servidor retornar à sede em prazo menor do que o previsto para o seu afastamento, restituirá as diárias recebidas em excesso, no prazo previsto no caput.

SUBSEÇÃO III
DA INDENIZAÇÃO DE TRANSPORTE

Art. 65. Conceder-se-á indenização de transporte ao servidor que realizar despesas com a utilização de meio próprio de locomoção para a execução de serviços externos, por força das atribuições próprias do cargo, conforme se dispuser em regulamento.

SEÇÃO II
DAS GRATIFICAÇÕES E ADICIONAIS

Art. 66. Além do vencimento e das vantagens previstas nesta lei, serão deferidos aos servidores as seguintes gratificações e adicionais:

I - gratificação pelo exercício de função de direção, chefia e assessoramento;

II - gratificação natalina;

III - adicional por tempo de serviço;

IV - adicional pelo exercício de atividades insalubres, perigosas ou penosas;

V - adicional pela prestação de serviço extraordinário;

VI - adicional noturno;

VII - adicional de férias;

VIII - outros, relativos ao local ou à natureza do trabalho.

SUBSEÇÃO I
GRATIFICAÇÃO PELO EXERCÍCIO DE FUNÇÃO DE DIREÇÃO, CHEFIA OU ASSESSORAMENTO

Art. 67. REVOGADO.

- Artigo revogado pela Lei Estadual nº 5.538, de 15 de setembro de 1993.
- Redação anterior:

"Art. 67. Ao servidor investido em função de direção, chefia ou assessoramento é devida uma gratificação pelo seu exercício.

§ 1º Os percentuais de gratificação serão estabelecidos em lei, em ordem decrescente, respeitado, em qualquer hipótese, o teto remuneratório incidente.

§ 2º A gratificação prevista neste artigo incorpora-se à remuneração do servidor e integra o provento da aposentadoria, na proporção de 1/5 (um quinto) por ano de exercício na função de direção, chefia ou assessoramento, até o limite, superior de 05 (cinco) quintos.

§ 3º Quando mais de uma função houver sido desempenhada no período de 01 (um) ano, a importância a ser incorporada terá como base de cálculo a função exercida por maior tempo.

§ 4º Ocorrendo o exercício de função de nível mais elevado, por período de 12 (doze) meses, após a incorporação da fração de 5/5 (cinco quintos), poderá haver a atualização progressiva das parcelas já incorporadas, observado o disposto no parágrafo anterior.

§ 5º Lei específica estabelecerá a remuneração dos cargos de provimento em comissão."

SUBSEÇÃO II
DA GRATIFICAÇÃO NATALINA

Art. 68. A gratificação natalina corresponde a 1/12 (um doze avos) da remuneração a que o servidor fizer jus no mês de dezembro, por mês de exercício no respectivo ano.

Parágrafo Único. A fração igual ou superior a 15 (quinze) dias será considerada como mês integral.

- *Vide Decreto Estadual nº 3.036, de 28/12/2005, que dispõe sobre o pagamento do 13º salário no mês de aniversário natalício aos servidores públicos do Poder Executivo Estadual, de suas autarquias e fundações, ocupantes de cargo efetivo, e aos empregados públicos com vínculo permanente com as empresas públicas e sociedades de economia mista, cujas despesas de pessoal sejam custeadas pelo Tesouro estadual.".*

Art. 69. A gratificação será paga até o dia 20 (vinte) do mês de dezembro de cada ano.

Art. 70. O servidor exonerado perceberá sua gratificação natalina, proporcionalmente aos meses de exercício, calculada sobre a remuneração do mês da exoneração.

Art. 71. A gratificação natalina não será considerada para cálculo de qualquer vantagem pecuniária.

SUBSEÇÃO III
DO ADICIONAL POR TEMPO DE SERVIÇO

Art. 72. O adicional por tempo de serviço, devido ao servidor provido em cargo efetivo, será pago à razão de 5% (cinco por cento) por qüinqüênio de serviço público, inciden- tes sobre o vencimento do cargo ocupado, até o limite de 35% (trinta e cinco por cento), nele incluídos os anuênios incorporados.

§ 1º Considerar-se-á integrante do vencimento, para os efeitos da regra deste artigo, a gratificação de representação porventura auferida pelo servidor.

§ 2º O servidor fará jus ao adicional a partir do mês em que completar o qüinqüênio, considerado como termo inicial da contagem o dia imediato ao em que haja completado o último anuênio.

- Artigo com redação dada pela Lei Estadual nº 5.698, de 02 de junho de 1995.
- Redação anterior:

"Art. 72. O adicional por tempo de serviço é devido à razão de 1% (um por cento) por ano de serviço público efetivo, incidente sobre o vencimento do cargo ocupado.

§ 1º Considerar-se-á integrante do vencimento, para os efeitos da regra deste artigo, a gratificação de representação por ventura auferida pelo servidor.

§ 2º O servidor fará jus ao adicional a partir do mês em que completar o anuênio."

SUBSEÇÃO IV
DOS ADICIONAIS DE INSALUBRIDADE, PERICULOSIDADE OU ATIVIDADES PENOSAS

Art. 73. Os servidores que trabalham com habitualidade em locais insalubres ou em contato permanente com substâncias tóxicas radioativas, biológicas, ou com risco de vida, fazem jus a um adicional sobre o vencimento do cargo efetivo.

§ 1º O servidor que fizer jus aos adicionais de insalubridade e de periculosidade deverá optar por um deles.

§ 2º O direito ao adicional de insalubridade ou periculosidade cessa com a eliminação das condições ou dos riscos que deram causa a sua concessão.

- *Ver artigos 4º e 5º, inciso I, da Lei Estadual nº 5.335, de 05 de maio de 1992; art. 7º da Lei Estadual nº 5.538, de 15 de setembro de 1993; e Lei Estadual nº 5.464, de 25 de janeiro de 1993.*

Art. 74. Haverá permanente controle da atividade de servidores em operação ou locais considerados penosos, insalubres ou perigosos.

Parágrafo Único. A servidora gestante ou lactante será afastada, enquanto durar a gestação e a lactação, das operações e locais previstos neste artigo, exercendo suas atividades em local salubre e em serviço não penoso e não perigoso.

Art. 75. Na concessão dos adicionais de atividades penosas, de insalubridade e de periculosidade, serão observadas as situações estabelecidas em legislação específica.

Art. 76. O adicional de atividade penosa será devido aos servidores em exercício em localidades cujas condições de vida o justifiquem, nos termos, condições e limites designados em regulamento.

Art. 77. Os locais de trabalho e os servidores que operam com Raio X ou substâncias radioativas serão mantidos sob controle permanente, de modo que as doses de radiação ionizante não ultrapassem o nível máximo previsto na legislação própria.

Parágrafo único. Os servidores a que se refere este artigo serão submetidos a exames médicos a cada 06 (seis) meses.

SUBSEÇÃO V
DO ADICIONAL POR SERVIÇO EXTRAORDINÁRIO

Art. 78. O serviço extraordinário será remunerado com acréscimo de 50% (cinqüenta por cento) em relação à hora normal de trabalho.

- *O art. 3º da Lei Estadual nº 5.251, de 10 de setembro de 1991, dispõe: "A convocação de servidores públicos civis para a prestação de serviços extraordinários, na conformidade do que prevêem os artigos 78 e seguintes, da Lei nº 5.247, de 26 de julho de 1991, sujeitar-se-á ao que for estabelecido em regulamento a ser expedido pelo Chefe do Executivo Estadual, dentro do prazo de 30 (trinta) dias a contar da data da publicação."*
- *Este artigo foi regulamentado pelo Decreto Estadual nº 35.126, de 02 de julho de 1998; Decreto Estadual nº 508, de 13 de dezembro de 2001; e Decreto Estadual nº 3.332, de 04 de agosto de 2006.*

SUBSEÇÃO VI
DO ADICIONAL NOTURNO

Art. 79. O serviço noturno prestado em horário compreendido entre 22 (vinte e duas) horas de um e 05 (cinco) horas do dia seguinte, terá o valor-hora acrescido de 50% (cinqüenta por cento), correspondendo cada hora de trabalho a cinqüenta e dois minutos e trinta segundos.

SUBSEÇÃO VII
DO ADICIONAL DE FÉRIAS

Art. 80. Independentemente de solicitação, será pago ao servidor, por ocasião das férias, um adicional correspondente a 1/3 (um terço) da remuneração do período de férias.

Parágrafo Único. No caso de o servidor exercer função de direção, chefia ou assessoramento, ou ocupar cargo em comissão, a respectiva vantagem será considerada no cálculo do adicional de que trata este artigo.

CAPÍTULO III
DAS FÉRIAS

Art. 81. O servidor fará jus a 30 (trinta) dias consecutivos de férias, que podem ser acumulados até o máximo de 02 (dois) períodos, no caso de necessidade do serviço, ressalvadas as hipóteses em que haja legislação específica.

§ 1º O primeiro período aquisitivo de férias completar-se-á ao final dos 12 (doze) primeiros meses de exercício.

§ 2º É vedado levar à conta de férias qualquer falta ao serviço.

Art. 82. O pagamento da remuneração das férias será efetuado até 02 (dois) dias antes do início do respectivo período.

§ 1º REVOGADO.

§ 2º REVOGADO.

- Artigo com a redação dada pela Lei Estadual nº 5.308, de 19 de dezembro de 1991.
- Redação anterior:

"Art. 82. O pagamento da remuneração das férias será efetuado até 02 (dois) dias antes do início do respectivo período, observando-se o disposto no parágrafo primeiro deste artigo.

§ 1º É facultado ao servidor converter 1/3 (um terço) das férias em abono pecuniário, desde que o requeira com pelo menos 60 (sessenta) dias de antecedência.

§ 2º No cálculo do abono pecuniário será considerado o valor do adicional de férias."

Art. 83. O servidor que opera direta e permanentemente com Raios-X ou substâncias radioativas gozará 20 (vinte) dias consecutivos de férias, por semestre de atividade profissional, proibida em qualquer hipótese a acumulação.

Parágrafo único. O servidor referido neste artigo não fará jus ao abono pecuniário de que trata o artigo anterior.

Art. 84. As férias somente poderão ser interrompidas por motivo de calamidade pública, comoção interna, convocação para júri, serviço militar ou eleitoral ou por motivo de superior interesse público.

CAPÍTULO IV
DAS LICENÇAS

SEÇÃO I
DISPOSIÇÕES GERAIS

Art. 85. Conceder-se-á ao servidor licença:

I – por motivo de doença em pessoa da família;

II – por motivo de afastamento do cônjuge ou companheiro;

III – para serviço militar;

IV – para atividade política;

V – para capacitação profissional;

- Inciso V com redação dada pela Lei Estadual nº 6.043, de 02 de julho de 1998.
- Redação anterior: "prêmio por assiduidade".

VI – para tratar de interesses particulares;

VII – para desempenho de mandato classista.

§ 1º A licença prevista no inciso I será precedida de exame por médico ou junta médica oficial.

§ 2º O servidor não poderá permanecer em licença da mesma espécie por período superior a 24 (vinte e quatro) meses, salvo nos casos dos incisos II, III, IV e VII.

§ 3º É vedado o exercício de atividade remunerada durante o período de licença prevista no inciso I deste artigo.

Art. 86. A licença concedida dentro de 60 (sessenta) dias do término de outra da mesma espécie será considerada como prorrogação.

SEÇÃO II
LICENÇA POR MOTIVO DE DOENÇA EM PESSOA DA FAMÍLIA

Art. 87. Poderá ser concedida licença ao servidor por motivo de doença do cônjuge ou companheiro, padrasto ou madrasta, ascendente, descendente, enteado e colateral consangüíneo ou afim até o segundo grau civil, mediante comprovação por junta médica oficial.

§ 1º A licença somente será deferida se a assistência direta do servidor for indispensável e não puder ser prestada simultaneamente com o exercício do cargo.

§ 2º A licença será concedida sem prejuízo da remuneração do cargo efetivo, até 90 (noventa) dias, podendo ser prorrogada por até 90 (noventa) dias, mediante parecer de junta médica, e, excedendo estes prazos, sem remuneração.

SEÇÃO III
DA LICENÇA POR MOTIVO DE AFASTAMENTO DO CÔNJUGE

Art. 88. Poderá ser concedida licença ao servidor para acompanhar cônjuge ou companheiro que foi deslocado para outro ponto do território nacional, para o exterior ou para o exercício de mandato eletivo dos Poderes Legislativo Estadual e Municipal, e para o Congresso Nacional.

§ 1º A licença será por prazo indeterminado e sem remuneração.

§ 2º Na hipótese do deslocamento de que trata este artigo, o servidor poderá ser cedido, provisoriamente, em repartição da Administração Federal Direta, Autárquica ou Fundacional, desde que para o exercício de atividade compatível com o seu cargo.

SEÇÃO IV
DA LICENÇA PARA O SERVIÇO MILITAR

Art. 89. Ao servidor convocado para o serviço militar será concedida licença na forma e condições previstas na legislação específica.

Parágrafo Único. Concluído o serviço militar, o servidor terá até 30 (trinta) dias sem remuneração para reassumir o exercício do cargo.

SEÇÃO V
DA LICENÇA PARA ATIVIDADE POLÍTICA

Art. 90. O servidor terá direito a licença, sem remuneração, durante o período que mediar entre a sua escolha em convenção partidária, como candidato a cargo eletivo, e a véspera do registro de sua candidatura perante a Justiça Eleitoral.

§ 1º O servidor candidato a cargo eletivo na localidade onde desempenha suas funções e que exerça cargo de direção, chefia, assessoramento, arrecadação ou fiscalização, será afastado, a partir do dia imediato ao do registro de sua candidatura perante a Justiça Eleitoral, assim permanecendo até o 15º (décimo quinto) dia seguinte à data da votação.

§ 2º A partir do registro da candidatura e até o 15º (décimo quinto) dia seguinte ao da eleição, o servidor fará jus a licença como se em efetivo exercício estivesse.

SEÇÃO VI
DA LICENÇA PRÊMIO POR ASSIDUIDADE

Art. 91. Após cada qüinqüênio de efetivo exercício, o servidor público estável poderá, no interesse da Administração, afastar-se do exercício do cargo efetivo, com a respectiva remuneração, por até 03 (três) meses, para participar de curso de capacitação profissional.

Parágrafo Único. Os períodos de licença de que trata o caput, não são acumuláveis.

- Redação dada pela Lei Estadual nº 6.043, de 02 de julho de 1998.
- Redação anterior:

"Após cada qüinqüênio ininterrupto de exercício, o servidor fará jus a 03 (três) meses de licença, a título de prêmio por assiduidade, com a remuneração do cargo efetivo.

Parágrafo Único. VETADO."

Art. 92. REVOGADO.

- Artigo revogado pela Lei Estadual nº 6.043, de 02 de julho de 1998.
- Redação anterior:

"Não se concederá licença prêmio ao servidor que, no período aquisitivo:

I – sofrer penalidade disciplinar de suspensão;

II – afastar-se do cargo em virtude de:

a) licença por motivo de doença em pessoa da família, sem remuneração;

b) licença para tratar de interesses particulares;

c) condenação à pena privativa de liberdade, por sentença definitiva;

d) afastamento para acompanhar cônjuge ou companheiro.

Parágrafo Único. As faltas injustificadas ao serviço retardarão a concessão da licença prevista neste artigo, na proporção de 01 (um) mês para cada falta."

Art. 93. O número de servidores em gozo simultâneo de licença para capacitação profissional não poderá ser superior a 1/3 (hum terço) da lotação da respectiva unidade administrativa do órgão ou entidade.

- Artigo com redação pela Lei Estadual nº 6.043, de 02 de julho de 1998.
- Redação anterior: *"O número de servidores em gozo simultâneo de licença prêmio não poderá ser superior a 1/3 (hum terço) da lotação da respectiva unidade administrativa do órgão ou entidade."*

SEÇÃO VII
DA LICENÇA PARA TRATAR DE INTERESSES PARTICULARES

Art. 94. A critério da Administração, poderá ser concedida ao servidor estável licença para o trato de assuntos particulares, pelo prazo de 02 (dois) anos consecutivos, sem remuneração.

§ 1º A licença poderá ser interrompida, a qualquer tempo, a pedido do servidor ou no interesse do serviço.

§ 2º Não se concederá nova licença antes de decorridos 02 (dois) anos do término da anterior.

§ 3º Não se concederá a licença a servidores nomeados, removidos, redistribuídos ou transferidos, antes de completarem 02 (dois) anos de exercício.

SEÇÃO VIII
DA LICENÇA PARA O DESEMPENHO DE MANDATO CLASSISTA

Art. 95. É assegurado ao servidor o direito a licença para o desempenho de mandato em confederação, federação, associação de classe de âmbito nacional, sindicato representativo da categoria ou entidade fiscalizadora da profissão a que pertença em função do cargo ocupado, sem prejuízo de sua remuneração.

§ 1º Somente poderão ser licenciados servidores eleitos para cargos de direção ou representação nas referidas entidades, até o máximo de 03 (três), por entidade.

§ 2º A licença terá duração igual à do mandato, podendo ser prorrogada no caso de reeleição.

CAPÍTULO V
DOS AFASTAMENTOS

SEÇÃO I
DA CESSÃO

Art. 96. O servidor poderá ser cedido para ter exercício em outro órgão ou entidade dos poderes da União, dos Estados ou do Distrito Federal e dos Municípios, nas seguintes hipóteses:

I - para exercício de cargo em comissão ou função de confiança;

II - em casos previstos em leis específicas.

§ 1º Na hipótese do inciso I, o ônus da remuneração será do órgão ou entidade cessionária.

§ 2º No caso de o servidor cedido a empresa pública ou sociedade de economia mista, nos termos das respectivas normas, optar pela remuneração do cargo efetivo, a entidade cessionária efetuará o reembolso das despesas realizadas pelo órgão ou entidade de origem.

§ 3º A cessão far-se-á mediante portaria publicada no Diário Oficial do Estado.

§ 4º O servidor do Poder Executivo poderá ter exercício em outro órgão ou entidade dos Poderes da União, dos Estados, do Distrito Federal e dos Municípios, ou em órgão da Administração centralizada, ou em entidade autárquica ou fundacional pública do Poder Executivo Estadual, para fim determinado e por prazo certo, mediante autorização expressa do Governador do Estado.

§ 5º Dar-se-á a cessão, ainda, mediante convênio com entidade privada sem fins lucrativos, de objetivos culturais, educativos, assistenciais ou filantrópicos, desde que para o desenvolvimento de ações de interesse comum à cessionária e ao Estado de Alagoas.

- Artigo com redação dada pela Lei Estadual nº 5.700, de 16.06.95. Redação anterior:

"Art. 96. O servidor poderá ser cedido para ter exercício em outro órgão ou entidade dos poderes da União, dos Estados ou do Distrito Federal e dos Municípios, nas seguintes hipóteses:

I - para exercício de cargo em comissão ou função de confiança;

II - em casos previstos em leis específicas.

§ 1º Na hipótese do inciso I deste artigo, o ônus da remuneração será do órgão ou entidade cessionária.

§ 2º A cessão far-se-á mediante Portaria publicada no Diário Oficial do Estado.

§ 3º Mediante autorização expressa do Chefe do Poder Executivo, o servidor do Poder Executivo poderá ter exercício em outro órgão da Administração Estadual Direta, que não tenha quadro próprio de pessoal, para fim determinado e por prazo certo.

§ 4º Dar-se-á a cessão, ainda, mediante convênio com entidade privada, sem fins lucrativos, de objetivos culturais, assistenciais e filantrópicos, desde que para o desenvolvimento de ações de interesse comum à cessionária e ao Estado de Alagoas."

- *Vide Lei Estadual nº 6.003, de 13.04.98 - Dispõe sobre a vedação de adicionais ou gratificações a empregados de Empresas Públicas e Sociedades de Economia Mista.*
- *Vide Decreto Estadual nº 36.618, de 24.07.95 - Dispõe sobre cessão e estabelece critérios para os empregados de Empresa Pública e Sociedade de Economia Mista.*

SEÇÃO II
DO AFASTAMENTO PARA EXERCÍCIO DE MANDATO ELETIVO

Art. 97. Ao servidor investido em mandato eletivo aplicam-se as seguintes disposições:

I – tratando-se de mandato federal, estadual ou distrital, ficará afastado do cargo;

II - investido no mandato de Prefeito, será afastado do cargo, sendo-lhe faculdade optar pela sua remuneração;

III - investido no mandato de vereador:

a) havendo compatibilidade de horário, perceberá as vantagens de seu cargo, sem prejuízo da remuneração do cargo eletivo;

b) não havendo compatibilidade de horários será afastado do cargo, sendo-lhe facultado optar pela remuneração.

§ 1º No caso de afastamento do cargo, o servidor contribuirá para a seguridade social como se em exercício estivesse.

§ 2º O servidor investido em mandato eletivo ou classista não poderá ser removido ou redistribuído de ofício para a localidade diversa daquela onde exerce o mandato.

SEÇÃO III
DO AFASTAMENTO PARA ESTUDO OU MISSÃO NO EXTERIOR

Art. 98. O servidor não poderá ausentar-se do país para estudo ou missão, em caráter oficial, sem autorização do Chefe do Poder a que esteja vinculado, e seu afastamento dar-se-á sem prejuízo de sua remuneração.

§ 1º A ausência não excederá a 04 (quatro) anos, e finda a missão ou estudo, somente decorrido igual período será permitido nova ausência.

§ 2º Ao servidor beneficiado pelo disposto neste artigo não será concedida exoneração ou licença para tratar de interesse particular, antes de decorrido período igual ao do afastamento, ressalvada a hipótese de ressarcimento da despesa havida com seu afastamento.

CAPÍTULO VI
DAS CONCESSÕES

Art. 99. Poderá o servidor ausentar-se do serviço, sem prejuízo da remuneração:

I – por 1 (um) dia, a cada mês, para a doação de sangue;

II – por 2 (dois) dias, para se alistar como eleitor;

III – por 8 (oito) dias consecutivos em razão de:

a) casamento;

b) falecimento do cônjuge, companheiro, pais, madrasta ou padrasto, filhos, enteados, menor sob guarda ou tutela e irmãos.

Art. 100. Será concedido horário especial ao servidor estudante, quando comprovada a incompatibilidade entre o horário escolar e o da repartição sem prejuízo do exercício do cargo.

Parágrafo Único. Para efeito do disposto neste artigo, será exigida a compensação de horário na repartição, respeitada a duração semanal do trabalho.

- *Artigo regulamentado pelo Decreto Estadual nº 36.635, de 11.08.95.*

Art. 101. Ao servidor estudante que mudar de sede no interesse da administração é assegurada, na localidade da nova residência ou na mais próxima, matrícula em instituição de ensino congênere, em qualquer época, independente de vaga, desde que permaneça no território estadual.

Parágrafo Único. O disposto neste artigo estende-se ao cônjuge ou companheiro, aos filhos, ou enteados do servidor que vivam na sua companhia, bem como aos menores sob sua guarda com autorização judicial

CAPÍTULO VII
DO TEMPO DE SERVIÇO

(Vide art. 40 da CF/88, com redação dada pela EC 20/98, que instituiu o Regime de Previdência de caráter contributivo)

Art. 102. É contado para todos os efeitos o tempo de serviço público estadual.

Art. 103. A apuração do tempo de serviço será feita em dias, que serão convertidos em anos, considerado o ano como de 365 (trezentos e sessenta e cinco) dias.

Parágrafo Único. Feita à conversão, os dias restantes, até 182 (cento e oitenta e dois), não serão computados, arredondando-se para um ano quando excederem este número, para efeito de aposentadoria.

Art. 104. Além das ausências ao serviço previsto no art. 100, são considerados como de efetivo exercício os afastamentos em virtude de:

- O art. 104 comete erro ao fazer remissão ao art. 100. Na realidade, as ausências ao serviço que o artigo faz referência são aquelas elencadas no art. 99.

I - férias;

II - exercício de cargo em comissão ou equivalente, em órgão ou entidade dos Poderes da União, dos Estados, Municípios e Distrito Federal;

III - exercício de cargo ou função do governo ou administração, em qualquer parte do território nacional, por nomeação do Presidente da República, Governador e Prefeitos;

IV - participação em programa de treinamento regularmente instituído;

V - desempenho de mandato eletivo federal, estadual, municipal, exceto para a promoção por merecimento;

VI - júri e outros serviços obrigatórios por lei;

VII - missão ou estudo no exterior, quando autorizado o afastamento;

VIII - licenças:

a) à gestante, à adotante e à paternidade;

b) para tratamento da própria saúde, até 02 (dois) anos;

c) para o desempenho de mandato classista, exceto para efeito de promoção por merecimento;

d) por motivo de acidente em serviço ou doença profissional;

e) prêmio por assiduidade ; (*)

f) por convocação para o serviço militar;

IX - deslocamento para nova sede;

X - participação em competição desportiva nacional ou convocação para integrar representação desportiva nacional, no país ou no exterior, conforme disposto em lei específica.

- *Vide § 10 do art. 40 da CF/88, com redação dada pela EC 20/98.*
- *(*) Vide Lei Estadual nº 6.043, de 02.07.98 e Inciso V, do art. 85 deste Regime.*

Art. 105. Contar-se-á apenas para efeito de aposentadoria:

I - o tempo de serviço prestado à União, aos Estados, Municípios e Distrito Federal;

- *Vide § 9.º do art. 40 da CF/88, com redação dada pela EC 20/98, em que o tempo de contribuição federal, estadual ou municipal será contado para efeito de aposentadoria e o tempo de serviço correspondente para efeito de disponibilidade.*

II - a licença para tratamento de saúde de pessoa da família do servidor, com remuneração;

III - a licença para atividade política, no caso do Art. 90, § 2º;

IV - o tempo correspondente ao desempenho de mandato eletivo federal, estadual, municipal, anterior ao ingresso no serviço público estadual;

V - o tempo de serviço em atividade privada;

VI - o tempo de serviço relativo a Tiro de Guerra.

§ 1º O tempo em que o servidor esteve aposentado será contado apenas para nova aposentadoria.

§ 2º Será contado em dobro o tempo de serviço prestado às Forças Armadas em operação de guerra.

§ 3º É vedada a contagem cumulativa de tempo de serviço prestado concomitantemente em mais de um cargo ou função de órgão ou entidade dos Poderes da União, Estados, Distrito Federal e Municípios, Autarquias, Fundação Pública, Sociedade de Economia Mista e Empresa Pública.

§ 4º V E T A D O.

CAPÍTULO VIII
DO DIREITO DE PETIÇÃO

Art. 106. É assegurado ao servidor o direito de requerer aos Poderes Públicos, em defesa de direito ou interesse legítimo.

Art. 107. O requerimento será dirigido à autoridade competente para decidi-lo e encaminhado por intermédio daquela a que estiver imediatamente subordinado o requerente.

Art. 108. Cabe pedido de reconsideração à autoridade que houver expedido o ato ou proferido a primeira decisão, não podendo ser renovado.

Parágrafo Único. O requerimento e o pedido de reconsideração de que tratam os artigos anteriores deverão ser despachados num prazo de 05 (cinco) dias e decididos dentro de 30 (trinta) dias.

Art. 109. Caberá recurso:

I - do indeferimento do pedido de reconsideração;

II - das decisões sobre os recursos sucessivamente interpostos.

§ 1º O recurso será dirigido à autoridade imediatamente superior à que tiver expedido o ato ou proferido a decisão e, sucessivamente, em escala ascendente, às demais autoridades.

§ 2º O recurso será encaminhado por intermédio da autoridade a que estiver imediatamente subordinado o requerente.

Art. 110. O prazo para interposição de pedido de reconsideração ou de recurso é de 30 (trinta) dias a contar da publicação ou da ciência, pelo interessado, da decisão recorrida.

Art. 111. O recurso poderá ser recebido com efeito suspensivo, a juízo da autoridade competente.

Parágrafo Único. Em caso de provimento do pedido de reconsideração ou do recurso, os efeitos da decisão retroagirão à data do ato impugnado.

Art. 112. O direito de requerer prescreve:

I - em 05 (cinco) anos, quanto aos atos de demissão e de cassação de aposentadoria ou disponibilidade, ou que afetem interesse patrimonial e créditos resultantes das relações de trabalho;

II - em 120 (cento e vinte) dias nos demais casos, salvo quando outro prazo for fixado em lei.

Parágrafo Único. O prazo de prescrição será contado da data da publicação do ato impugnado ou da data da ciência pelo interessado, quando o ato não for publicado.

Art. 113. O pedido de reconsideração e o recurso, quando cabíveis, interrompem a prescrição.

Art. 114. A prescrição é de ordem pública, não podendo ser relevada pela administração.

Art. 115. Para o exercício do direito de petição é assegurada vista do processo ou documento, na repartição, ao servidor ou a procurador por ele constituído.

Art. 116. A administração deverá rever seus atos, a qualquer tempo, quando eivados de ilegalidade, revogando-os quando inoportunos ou inconvenientes ao interesse público.

Art. 117. São fatais e improrrogáveis os prazos estabelecidos neste Capítulo, salvo motivo de força maior.

TÍTULO IV
DO REGIME DISCIPLINAR

CAPÍTULO I
DOS DEVERES

Art. 118. São deveres do Servidor:

I - exercer com zelo e dedicação as atribuições do cargo;

II - ser leal às instituições a que servir;

III - observar as normas legais e regulamentares;

IV - cumprir as ordens superiores, exceto quando manifestamente ilegais;

V - atender com presteza:

a) ao público em geral, prestando as informações requeridas, reservadas as protegidas pelo sigilo;

b) à expedição de certidões requeridas para a defesa de direito ou esclarecimento de situações de interesse pessoal;

c) às requisições para a defesa da Fazenda Pública;

VI - levar ao conhecimento da autoridade superior as irregularidades de que tiver ciência em razão do cargo;

VII - zelar pela economia do material e a conservação do patrimônio público;

VIII - guardar sigilo sobre assunto da repartição;

IX - manter conduta compatível com a moralidade administrativa;

X - ser assíduo e pontual ao serviço;

XI - tratar com urbanidade as pessoas;

XII - representar contra ilegalidade, omissão ou abuso do poder.

Parágrafo Único. A representação de que trata o inciso XII será encaminhada pela via hierárquica e apreciada pela autoridade superior àquela contra a qual é formulada, assegurando-se ao representado ampla defesa.

CAPÍTULO II
DAS PROIBIÇÕES

Art. 119. Ao servidor é proibido:

I – ausentar-se do serviço durante o expediente, sem prévia autorização do chefe imediato;

II - retirar, sem prévia anuência da autoridade competente, qualquer documento ou objeto da repartição;

III - recusar fé a documentos públicos;

IV - opor resistência injustificada ao andamento de documento e processo ou execução de serviço;

V - promover manifestação de apreço ou desapreço no recinto da repartição;

VI - cometer à pessoa estranha à repartição, fora dos casos previstos em lei, o desempenho de atribuição que seja de sua responsabilidade ou de seu subordinado;

VII - coagir ou aliciar subordinados no sentido de filiarem-se a associação profissional ou sindical, ou a partido político;

VIII - valer-se do cargo para lograr proveito pessoal ou de outrem em detrimento da dignidade da função pública;

IX - participar de gerência ou administração de empresa privada, de sociedade civil, ou exercer o comércio, exceto na qualidade de acionista quotista ou comanditário;

X - atuar, como procurador ou intermediário, junto a repartições públicas, salvo quando se trata de benefícios previdenciários ou assistenciais de parentes até o segundo grau e de cônjuge ou companheiro;

XI - receber propina, comissão, presente ou vantagem de qualquer espécie, em razão de suas atribuições;

XII - aceitar comissão, emprego ou pensão de estado estrangeiro;

XIII - praticar usura sob qualquer de suas formas;

XIV - proceder de forma desidiosa;

XV - utilizar pessoal ou recursos materiais da repartição em serviço ou atividades particulares;

XVI - cometer a outro servidor atribuições estranha ao cargo que ocupa, exceto em situações de emergência e transitória;

XVII - exercer quaisquer atividades que sejam incompatíveis com o exercício do cargo ou função e com o horário de trabalho;

XVIII - desempenhar atribuições diversas daquela do cargo permanente ocupado, salvo na hipótese de investidura em cargo de provimento em comissão.

CAPÍTULO III
DA ACUMULAÇÃO

Art. 120. Ressalvados os cargos previstos na Constituição, é vedada a acumulação remunerada de cargos públicos.

- *Vide Decreto Estadual nº 34.980/91, que dispõe sobre acumulação remunerada de cargos, funções e empregos públicos.*
- *Vide Inciso XVI, do art. 37 da CF/88, com redação dada pela EC 19/98.*
- *Vide § 10 do art. 37 da CF/88, com redação dada pela EC 20/98.*

§ 1º A proibição de acumular estende-se a cargos, empregos e funções em Autarquias, Empresas Públicas e Sociedades de Economia Mista da União, do Distrito Federal, dos Estados, dos Territórios* e dos Municípios.

- *Vide arts. 14 e 15 ADCT da Constituição Federal.*
- *O Inciso XVII, do Art. 37 da CF/88, com redação dada pela EC 19/98, estende a proibição de acumular às subsidiárias das empresas públicas e sociedades de economia mista além das sociedades controladas direta ou indiretamente, pelo Poder Público. Vale ressaltar que a proibição às Fundações Públicas, embora não conste do texto desde RJ, já se encontrava expressa na CF/88 desde a redação anterior à EC 19/98.*

§ 2º A acumulação de cargos, ainda que lícita, fica condicionada à comprovação da compatibilidade de horários.

§ 3º Considera-se acumulação proibida a percepção de vencimento de cargo ou emprego público efetivo com proventos da inatividade, salvo quando os cargos de que decorram essas remunerações forem acumuláveis na atividade.

- *§ 3º acrescentado pelo art. 1º da Lei Estadual nº 6.003, de 13/04/98.*
- *Os direitos adquiridos concernentes à percepção simultânea ou "acumulação" de proventos com remuneração foram assegurados aos membros de Poder e aos inativos, servidores e militares, que, até 16/12/98, tenham ingressado novamente no serviço público por con-*

curso público e pelas demais formas previstas na Constituição, observada em todo caso, o limite constitucional do §11 do Art. 40 da CF/88, com redação dada pela EC 20/98. Na hipótese de percepção de mais de uma aposentadoria será facultado ao servidor inativo a opção por um dos proventos de aposentadoria (Art. 11 da EC 20/98).

Art. 121. O servidor não poderá exercer mais de 01 (um) cargo de provimento em comissão, nem ser remunerado pela participação em mais de 01 (um) órgão de deliberação coletiva.

- Artigo com redação dada pela Lei Estadual nº 5.308, de 19/12/91.

Redação anterior: "Art. 121. O servidor não poderá exercer mais de um cargo em comissão, nem ser remunerado pela participação em órgão de deliberação coletiva".

- *Vide Decreto Estadual nº 36.503, de 24/04/95.*

Art. 122. O servidor vinculado ao regime desta lei, que acumular licitamente 02 (dois) cargos efetivos, ficará afastado de ambos os cargos efetivos, quando investido em cargo de provimento em comissão.

CAPÍTULO IV
DAS RESPONSABILIDADES

Art. 123. O servidor responde civil, penal e administrativamente pelo exercício irregular de suas atribuições.

Art. 124. A responsabilidade civil decorre de ato omisso ou comissivo, doloso ou culposo, que resulta em prejuízo ao erário ou a terceiros.

§ 1º A indenização de prejuízo dolosamente causado ao erário somente será liquidada na forma prevista no art. 51, na falta de outros bens que assegurem a execução do débito pela via judicial.

§ 2º Tratando-se de danos causados a terceiros, responderá o servidor perante à Fazenda Pública, em ação regressiva.

§ 3º A obrigação de reparar o dano estende-se aos sucessores e contra eles será executada, até o limite do valor da herança recebida.

Art. 125. A responsabilidade penal abrange os crimes e contravenções imputadas ao servidor, nessa qualidade.

Art. 126. A responsabilidade civil administrativa resulta de ato omissivo ou comissivo praticado no desempenho do cargo ou função.

Art. 127. As sanções civis, penais e administrativas poderão cumular-se, sendo independentes entre si.

Art. 128. A responsabilidade administrativa do servidor será afastada no caso de absolvição criminal que negue a existência do fato ou sua autoria.

Art. 129. São penalidades disciplinares:

I - advertência;

II - suspensão;

III - demissão;

IV - cassação de aposentadoria ou disponibilidade;

V - destituição de função comissionada.

Art. 130. Na aplicação das penalidades serão consideradas a natureza e a gravidade da infração cometida, os danos que dela provierem para o serviço público, as circunstâncias agravantes ou atenuantes e os antecedentes funcionais.

Art. 131. A advertência será aplicada por escrito, nos casos de violação de proibição constante do art. 119, incisos I a VIII, e de inobservância de dever funcional previsto em lei, regulamentação ou norma interna, que não justifique imposição de penalidade mais grave.

Art. 132. A suspensão será aplicada em caso de reincidência nas faltas punidas com advertência e de violação das demais proibições que não tipifiquem infração sujeita a penalidade de demissão, não podendo exceder de 90 (noventa) dias.

§ 1º Será punido com suspensão de até 15 (quinze) dias o servidor que, injustificadamente, recusar-se a ser submetido a inspeção médica determinada pela autoridade competente, cessando os efeitos da penalidade uma vez cumprida a determinação.

§ 2º Quando houver conveniência para o serviço, a penalidade de suspensão poderá ser convertida em multa, na base de 50% (cinqüenta por cento) por dia de vencimento ou remuneração, ficando o servidor obrigado a permanecer em serviço.

- Vide inciso III do art. 49 deste Regime.

Art. 133. As penalidades de advertência e de suspensão terão seus registros cancelados, após o decurso de 03 (três) e 05 (cinco) anos de efetivo exercício, respectivamente, se o servidor não houver, nesse período, praticado nova infração disciplinar.

Parágrafo Único. O cancelamento da penalidade não surtirá efeitos retroativos.

Art. 134. A demissão será aplicada nos seguintes casos:

I – crime contra a administração pública;

II – abandono de cargo;

III – inassiduidade habitual;

IV – improbidade administrativa;

V – incontinência pública e conduta escandalosa na repartição;

VI – insubordinação grave em serviço;

VII – ofensa física, em serviço, a servidor ou a particular, salvo em legítima defesa própria ou de outrem;

VIII – aplicação irregular de dinheiros públicos;

IX – revelação de segredo do qual se tomou ciência em razão do cargo;

X – lesão aos cofres públicos e dilapidação do patrimônio estadual;

XI – corrupção;

XII – acumulação ilegal de cargos, empregos ou funções públicas;

XIII – transgressão dos incisos VIII a XV do art. 119

Art. 135. Verificada em processo disciplinar acumulação proibida e provada a boa-fé, o servidor optará por um dos cargos.

§ 1º Provada a má-fé, perderá também o cargo que exerce há mais tempo e restituirá o que tiver percebido indevidamente.

§ 2º Na hipótese do parágrafo anterior, sendo um dos cargos, emprego ou função exercido em outro órgão ou entidade, a demissão lhe será comunicada.

Art. 136. Será cassada a aposentadoria ou disponibilidade do inativo que houver praticado, na atividade, falta punível com a demissão.

Art. 137. A destituição de cargo em comissão exercido por não ocupante de cargo efetivo será aplicada nos casos de infração sujeita às penalidades de suspensão e de demissão.

Art. 138. A demissão ou a destituição de cargo em comissão, nos casos dos incisos IV, VIII, X e XI do art. 134, implica a indisponibilidade dos bens e o ressarcimento ao erário, sem prejuízo da ação penal cabível.

Art. 139. A demissão ou a destituição de cargo em comissão por infringência do art. 119, incisos VIII e X, incompatibiliza o ex-servidor para nova investidura em cargo público estadual, pelo prazo de 05 (cinco) anos.

Parágrafo Único. Não poderá retornar ao serviço público estadual o servidor que for demitido ou destituído do cargo em comissão por infringência ao art. 134, incisos I, IV, VIII, X e XI.

Art. 140. Configura abandono de cargo a ausência intencional do servidor ao serviço por mais de 15 (quinze) dias consecutivos.

- Artigo com a redação dada pela Lei Estadual nº 5.878, de 22/11/1996.
- **Redação anterior:** *"Art. 140. Configura abandono de cargo a ausência intencional do servidor ao serviço por mais de 30 (trinta) dias consecutivos".*

Art. 141. Entende-se por inassiduidade habitual a falta ao serviço sem causa justificada, por 30 (trinta) dias, interpoladamente, durante o período de 12 (doze) meses.

- Artigo com a redação dada pela Lei Estadual nº 5.878, de 22/11/1996.
- **Redação anterior:** *"Art. 141. Entende-se por inassiduidade habitual a falta ao serviço, sem causa justificada por 60 (sessenta) dias, interpoladamente, durante o período de 12 (doze) meses".*

Art. 142. O ato de imposição de penalidade mencionará sempre o fundamento legal e a causa da sanção disciplinar.

Art. 143. As penalidades disciplinares serão aplicadas:

I – pela autoridade competente para proceder ao provimento do cargo ocupado, ou que tiver concedido a aposentadoria ou ordenado a disponibilidade;

II – pelas autoridades administrativas de hierarquia imediatamente inferior àquela mencionadas no inciso anterior, quando se tratar de suspensão superior a 30 (trinta) dias;

III - pelo chefe da repartição de outras autoridades na forma dos respectivos regimentos ou regulamentos, nos casos de advertência ou de suspensão de ate 30 (trinta) dias.

Art. 144. A ação disciplinar prescreverá:

I - em 05 (cinco) anos, quanto às infrações puníveis com demissão, cassação de aposentadoria ou disponibilidade e destituição de cargo em comissão;

II - em 02 (dois) anos, quanto à suspensão;

III - em 180 (cento e oitenta) dias, quanto à advertência.

§ 1º O prazo de prescrição começa a correr da data em que o fato se tomou conhecimento.

§ 2º Os prazos de prescrição previstos na lei penal aplicam-se às infrações disciplinares capituladas também como crime.

§ 3º A abertura de sindicância ou a instauração de processo disciplinar interrompe a prescrição, até a decisão final proferida por autoridade competente.

§ 4º Interrompido o curso da prescrição, o prazo começará a correr a partir do dia em que cessar a interrupção.

TÍTULO V
DA AÇÃO DISCIPLINAR

Art. 145. A autoridade que tiver ciência de irregularidade no serviço público é obrigada a promover a sua apuração imediata, mediante sindicância ou processo administrativo disciplinar, assegurada ao acusado ampla defesa.

Art. 146. As denúncias sobre irregularidades serão objeto de apuração, desde que contenham a identificação do denunciante e sejam formuladas por escrito ou ainda reduzidas a termo, se oferecidas verbalmente.

Parágrafo Único. No caso de redução a termo, deverá este ser firmado pelo representante e pela autoridade perante a qual for a representação oferecida.

Art. 147. Quando o fato narrado não configurar evidente infração disciplinar ou ilícito penal, a denúncia será arquivada por falta de objeto.

Art. 148. Nos casos passíveis de aplicação das penas de advertência, censura ou suspensão, quando confessada a falta, documentalmente provada ou manifestamente evidente, a infringência da sanção, a critério da autoridade competente, independerá de previa sindicância ou inquérito administrativo.

Art. 149. Tratando-se de irregularidade punível com suspensão por mais de 30 (trinta) dias, demissão, destituição de função ou cassação de aposentadoria e disponibilidade, dispensar-se-á a cautela da investigação sindicante como medida preliminar ao processo administrativo disciplinar, sempre que não pairar qualquer dúvida sobre a identidade do infrator.

SEÇÃO II
DA SINDICÂNCIA ADMINISTRATIVA

Art. 150. Será procedida a instauração de sindicância administrativa, na esfera do serviço público estadual, sempre que, havendo notícia de ato ou fato que represente irregularidade de certa ou ponderável gravidade, inexista certeza ou forte probabilidade de sua ocorrência ou não haja segurança quanto à autoria.

Parágrafo Único. A sindicância poderá ser realizada em caráter sigiloso, a critério da autoridade que determinar sua abertura.

Art. 151. É competente para determinar a abertura de sindicância administrativa, sem prejuízo da faculdade que para tal fica aos seus superiores hierárquicos conferida, o Chefe do estabelecimento de ensino ou órgão onde a irregularidade se registrar.

Art. 152. Do ato determinativo da instauração da sindicância, constará a designação dos membros da competente comissão, nunca inferior a 03 (três), bem assim do respectivo presidente, além da descrição sucinta do fato a ser apurado.

Parágrafo Único. Tratando-se de sindicância sigilosa, fica dispensada a publicação da portaria que a determinar.

Art. 153. Na realização da sindicância observar-se-á o seguinte procedimento:

I - instalação da comissão;

II - inquirição do autor da representação, havendo, e das testemunhas do fato;

III – exame dos documentos que possam esclarecer a informação;

IV – ouvida do indiciado;

V – assinação de prazo de 05 (cinco) dias ao indiciado para arrolar testemunhas e apresentar provas documentais;

VI – oferecimento de relatório circunstanciado e conclusivo à autoridade responsável pela instauração da sindicância.

Art. 154. Instaurada a sindicância e indiciado o servidor chamado a acompanhar o procedimento, mediante notificação pessoal.

§ 1º Estando o indiciado em lugar incerto e não sabido a convocação será feita pelo Diário Oficial do Estado.

§ 2º Não atendida a convocação, a comissão designar-lhe-á defensor.

Art. 155. Em qualquer fase da sindicância poderá o colegiado apurador, havendo necessidade, promover as diligências e perícias indispensáveis à elucidação da ocorrência.

Parágrafo Único. É admitida a argüição de suspeição, inclusive de peritos, mediante petição fundamentada do indiciado.

Art. 156. A sindicância será concluída em 30 (trinta) dias improrrogáveis.

Art. 157. Da sindicância poderá resultar:

I – arquivamento do processo;

II – aplicação de penalidade e advertência, ou a suspensão até 30 (trinta) dias;

III – instauração de processo disciplinar

CAPÍTULO III
DO PROCESSO DISCIPLINAR

Art. 158. O processo disciplinar é o instrumento destinado a apurar responsabilidade de servidor por infração praticada no exercício de suas atribuições, ou que tenha relação com as atribuições do cargo em que se encontre investido.

Art. 159. O processo disciplinar será conduzido por comissão composta de 03 (três) servidores estáveis, designado pela autoridade competente, que indicará, dentre eles, o seu presidente.

§ 1º A comissão terá como secretário servidor designado por seu presidente, podendo a indicação recair em um de seus membros.

§ 2º Não poderá participar da comissão de sindicância ou de inquérito cônjuge ou companheiro do denunciado ou parente consangüíneo ou afim, em linha reta ou colateral, até o terceiro grau.

Art. 160. A comissão exercerá suas atividades com independência e imparcialidade, assegurando o sigilo necessário à elucidação do fato ou exigido pelo interesse da administração.

Art. 161. O processo disciplinar compreenderá as fases, a saber:

I – instauração, com publicação do ato que constituir a comissão;

II – inquérito administrativo, que compreende instrução, defesa e relatório final e conclusivo;

III – julgamento.

Art. 162. O prazo para a conclusão do processo administrativo disciplinar não excederá 60 (sessenta) dias, contados da data da publicação do ato da instalação do trabalho da comissão, admitida a sua prorrogação por igual prazo, quando as circunstâncias o exigirem.

§ 1º Sempre que necessário a comissão dedicará tempo integral aos seus trabalhos, ficando seus membros dispensados do ponto, até a entrega do relatório final.

§ 2º As reuniões da comissão serão registradas em atas que deverão detalhar todos os fatos ocorridos e deliberações adotadas.

SEÇÃO I
DO INQUÉRITO

Art. 163. O inquérito administrativo obedecerá ao princípio do contraditório, assegurada ao acusado ampla defesa, com a utilização dos meios e recursos admitidos em direito.

Art. 164. Os autos da sindicância integrarão o processo disciplinar, como peça informativa da instrução.

Parágrafo Único. Na hipótese de o relatório da sindicância concluir que a infração está capitulada como ilícito penal, a autoridade competente encaminhará cópia dos autos ao Ministério Público, independentemente da imediata instauração do processo disciplinar.

Art. 165. Na fase do inquérito a comissão promoverá a tomada de depoimentos e promoverá acareações, investigações e diligências cabíveis, objetivando a coleta de prova, recorrendo, quando necessário, a técnica e peritos, de modo a permitir a completa elucidação dos fatos.

Art. 166. É assegurado ao servidor o direito de acompanhar o processo pessoalmente ou por intermédio de procurador, arrolar e reinquirir testemunhas, produzir provas e contraprovas e ainda formular quesitos, quando se tratar de prova pericial.

§ 1º O presidente da comissão poderá denegar pedidos considerados impertinentes, meramente protelatórios, ou de nenhum interesse para o esclarecimento dos fatos.

§ 2º Será indeferido o pedido de prova pericial, quando a comprovação do fato independer de conhecimento especial de perito.

Art. 167. As testemunhas serão intimadas a depor mediante mandado expedido pelo presidente da comissão, devendo a segunda via, com o ciente do interessado, ser anexado aos autos.

Parágrafo Único. Se a testemunha for o servidor público, a expedição do mandado será imediatamente comunicada ao chefe da repartição onde serve, com a indicação do dia e hora marcados para a inquirição.

Art. 168. O depoimento será prestado oralmente e reduzido a termo, não sendo lícito à testemunha trazê-lo por escrito.

§ 1º As testemunhas serão inquiridas separadamente.

§ 2º Na hipótese de depoimentos contraditórios ou que se infirmem, proceder-se-á a acareação entre os depoentes.

Art. 169. Concluída a inquirição das testemunhas, a comissão promoverá o interrogatório do acusado, observados os procedimentos previstos nos arts. 167 e 168.

§ 1º No caso de mais de um acusado, cada um deles será ouvido separadamente, e, sempre que divergirem em suas declarações sobre fatos ou circunstâncias, será promovida a acareação entre eles.

§ 2º O procurador do acusado poderá assistir ao interrogatório, bem como à inquirição das testemunhas, facultando-se-lhe reinquiri-las, por intermédio do presidente da comissão, sendo-lhe vedada, porém, interferência nas perguntas e respostas.

Art. 170. Quando houver dúvida sobre a sanidade metal do acusado a comissão proporá à autoridade competente que ele seja submetido a exame por junta médica oficial da qual participe pelo menos um médico psiquiatra.

Parágrafo Único. O incidente de sanidade mental será processado em auto apartado e apenso ao processo principal, após a expedição do laudo pericial.

Art. 171. O servidor será indiciado com a especificação dos fatos a ele imputados e das respectivas provas, bem como indicação do ilícito por que indiciado.

§ 1º Instaurado o processo, o indiciado será citado, por mandado expedido pelo presidente da comissão, para apresentar defesa escrita no prazo de 10 (dez) dias, assegurando- se-lhe vistas do processo da repartição.

§ 2º Havendo dois ou mais indiciados, o prazo será de 20 (vinte) dias.

§ 3º O prazo de defesa poderá ser prorrogado pelo dobro, para diligências reputadas indispensáveis.

§ 4º No caso de recusa do indiciado em apor o ciente na cópia da citação, o prazo para defesa contar-se-á da data declarada em termo próprio, pelo membro da comissão que fez a citação, com assinatura de 02 (duas) testemunhas.

Art. 172. O indiciado que mudar de residência fica obrigado a comunicar à comissão o lugar onde poderá ser encontrado.

Art. 173. Achando-se o indiciado em lugar incerto e não sabido, será citado por edital, publicado no Diário Oficial do Estado e em jornal de grande circulação na localidade do último domicílio conhecido, para apresentar defesa.

Parágrafo Único. Na hipótese desse artigo, o prazo para a defesa será de 15 (quinze) dias, a partir da última publicação do edital.

Art. 174. Considerar-se-á revel o indiciado que, regularmente citado, não apresentar defesa no prazo legal.

§ 1º A revelia será declarada, por termo, nos autos do processo e devolverá o prazo para a defesa.

§ 2º A autoridade instauradora do processo designará, como defensor dativo, sendo ocupante de cargo de nível igual ou superior ao do indiciado.

- *A redação do §2º é obscura por não indicar quem seria o defensor dativo. Devendo ser entendido que seja o servidor ocupante de cargo de nível igual ou superior ao do indiciado.*

Art. 175. Apreciada a defesa, a comissão elaborará relatório minucioso onde resumirá as peças principais dos autos e mencionará as provas em que se baseou para formar a sua convicção.

§ 1º O relatório será sempre conclusivo quanto à inocência ou a responsabilidade do servidor.

§ 2º Reconhecida a responsabilidade do servidor, a comissão indicará o dispositivo legal ou regulamentar transgredido, bem como as circunstâncias agravantes ou atenuantes.

Art. 176. O processo disciplinar, com relatório final da comissão, será remetido à autoridade que determinou a sua instauração, para julgamento.

SEÇÃO II
DO JULGAMENTO

Art. 177. O julgamento será procedido pela autoridade que determinou a instauração do processo, dentro do prazo de 20 (vinte) dias, contados do recebimento dos autos com relatório final da comissão processante.

§ 1º Se a penalidade a ser aplicada exceder a alçada da autoridade instauradora do processo, será este encaminhado à autoridade competente, que decidirá em igual prazo.

§ 2º Havendo mais de um indiciado e diversidade de sanções, o julgamento caberá à autoridade competente para a imposição de pena mais grave.

§ 3º Se a penalidade prevista for a demissão ou a cassação de aposentadoria ou disponibilidade, o julgamento caberá às autoridades de que trata o inciso I do art. 143.

Art. 178. O julgamento louvar-se-á no relatório da comissão, salvo quando o contrário às provas dos autos.

Parágrafo Único. Quando o relatório da comissão contrariar as provas dos autos, a autoridade julgadora poderá, motivadamente, agravar a penalidade proposta, abranda-la ou isentar o servidor de responsabilidade.

Art. 179. Verificada a existência de vício insanável a autoridade julgadora declarará a nulidade ocorrente e ordenará a reconstituição total ou parcial do processo conforme o caso.

§ 1º Na hipótese de invalidez total, reconstituição será procedida por nova comissão processante.

§ 2º O julgamento fora do prazo legal não implica nulidade do processo.

§ 3º A autoridade julgadora que der causa à prescrição de que trata o art. 144, § 2º, será responsabilizada na forma do Capítulo IV, do Título IV.

Art. 180. Extinta a punibilidade pela prescrição, a autoridade julgadora determinará o registro do fato nos assentamentos individuais do servidor.

Art. 181. Quando a infração tiver capitulada como crime, o processo disciplinar será remetido ao Ministério Público, para a instauração da ação penal, ficando transladado na repartição.

Art. 182. O servidor que responder a processo disciplinar só poderá ser exonerado a pedido, ou aposentado voluntariamente, após a conclusão do processo e cumprimento da penalidade, caso aplicada, sem o que será a exoneração convertida em demissão.

Art. 183. Serão assegurados transporte e diárias:

I – ao servidor convocado para prestar depoimento fora da sede de sua repartição, na condição de testemunha, denunciado ou indiciado;

II – aos membros da comissão e ao secretário, quando obrigados a se deslocarem da sede dos trabalhos para a realização de missão essencial ao esclarecimento dos fatos.

SEÇÃO III
DA REVISÃO DO PROCESSO

Art. 184. O processo disciplinar poderá ser revisto, a qualquer tempo, a pedido ou de ofício, quando se aduzirem fatos novos ou circunstanciais suscetíveis de justificar a inocência do punido ou inadequação da penalidade aplicada.

§ 1º Em caso de falecimento, ausência ou desaparecimento do servidor, qualquer pessoa da família poderá requerer a revisão do processo.

§ 2º Na petição inicial, o requerente pedirá dia e hora para a produção de provas e inquirição das testemunhas que arrolar.

§ 3º No caso de incapacidade mental do servidor a revisão será requerida por seu curador.

Art. 185. No processo revisional o ônus da prova cabe ao requerente.

Art. 186. A simples alegação de injustiça da penalidade não constitui fundamento para a revisão.

Art. 187. O requerimento da revisão de processo será dirigido ao Secretário de Estado ou autoridade equivalente e apenas será conhecido quando compreender a indicação de elementos não apreciados no feito original e suscetíveis de determinar a reforma da decisão atacada.

§ 1º Autorizada a revisão, será o pedido encaminhado ao dirigente do órgão ou entidade onde se originou o processo disciplinar.

§ 2º Deferida a petição, a autoridade competente providenciará a constituição de comissão, na forma do art. 159.

Art. 188. A revisão correrá em apenso ao processo originário.

Art. 189. A comissão revisora terá 60 (sessenta) dias para a conclusão dos trabalhos.

Art. 190. Aplicam-se aos trabalhos da comissão revisora, no que couber, as normas e procedimentos próprios da comissão do processo disciplinar.

Art. 191. O julgamento caberá à autoridade que aplicou a penalidade.

Parágrafo Único. O prazo para julgamento para 20 (vinte) dias, contados do recebimento do processo, no curso do qual a autoridade julgadora poderá determinar diligências.

Art. 192. Julgada procedente a revisão, será declarada sem efeito a penalidade aplicada, restabelecendo-se todos os direitos do servidor, exceto em relação à destituição de cargo em comissão, que será convertida em exoneração.

Parágrafo Único. Da revisão do processo não poderá resultar agravamento de penalidade.

CAPÍTULO II
DO AFASTAMENTO PREVENTIVO

Art. 193. Como medida cautelar e a fim de que o servidor não venha a influir na apuração da irregularidade motivadora do processo disciplinar poderá a autoridade determinar o seu afastamento do exercício do cargo, pelo prazo de até 60 (sessenta) dias, sem prejuízo da remuneração.

Parágrafo Único. O afastamento poderá ser prorrogado, por igual prazo, findo o qual cessarão os seus efeitos, ainda que não concluído o processo.

TÍTULO VI
DA SEGURIDADE SOCIAL DO SERVIDOR

CAPÍTULO I
DISPOSIÇÕES GERAIS

Vide art. 29 da EC 19/98.

Art. 194. O Estado manterá Plano de Seguridade Social para os seus servidores e suas famílias.

Art. 195. O Plano de Seguridade Social visa a dar cobertura aos riscos a que estão sujeitos o servidor e sua família, e compreende um conjunto de benefícios e ações que atendam às seguintes finalidades:

I - garantir meios de subsistência nos eventos de doença, invalidez, velhice, acidente em serviço, inatividade, falecimento e reclusão;

II - pensão por morte do segurado homem ou mulher, do cônjuge ou companheiro e dependentes;

- *Vide § 7.º do Art. 40 da CF/88, com redação dada pela EC 20/98.*

III - assistência financeira, habitacional, médica, hospitalar, farmacêutica e odontológica;

IV - auxílio à manutenção dos dependentes de segurados de baixa renda.

Parágrafo único. Os benefícios serão concedidos nos termos e condições definidos em regulamento, observadas as disposições desta lei.

Art. 196. Os benefícios do Plano de Seguridade Social do servidor compreendem: I - quanto ao servidor:

a) aposentadoria;

b) salário-família;

c) licença para tratamento de saúde;

d) licença à gestante, à adotante e licença paternidade;

e) licença por acidente em serviço;

f) assistência à saúde;

g) auxílio natalidade;

h) assistência financeira;

i) assistência habitacional.

- *Ficam suspensas as concessões das alíneas "f", "h" e "i", conforme a redação do art. 1º do Decreto Estadual nº 395/2001.*

II - quanto ao dependente:

a) auxílio-reclusão;

b) pensão vitalícia e temporária;

c) assistência à saúde;

d) auxílio funeral.

- *Ficam suspensas as concessões das alíneas "c" e "d", conforme a redação do art. 1º do Decreto Estadual nº 395/2001.*

§ 1º As aposentadorias serão concedidas e mantidas pelos órgãos ou entidades aos quais se encontram vinculados os servidores.

§ 2º Os benefícios de que tratam as alíneas "f", "g", "h" e "i", do inciso I, bem como as alíneas "b", "c" e "d", do inciso II, ambos deste artigo, serão assegurados pelo Instituto de Previdência e Assistência dos Servidores do Estado de Alagoas – IPASEAL.

§ 3º O recebimento indevido de benefícios havidos por fraude, dolo ou má-fé, implicará devolução ao erário do total auferido sem prejuízo da ação penal cabível.

Art. 197. Serão ainda asseguradas ao servidor condições individuais e ambientais do trabalho satisfatórias.

Art. 198. É vedado o desconto de contribuição ao Instituto de Previdência e Assistência dos Servidores do Estado de Alagoas – IPASEAL – na remuneração atribuída pelo exercício de cargo em comissão.

CAPÍTULO II
DOS BENEFÍCIOS

SEÇÃO I
DA APOSENTADORIA

Vide: Art. 7º da Lei Estadual nº 6.003, de 13.04.98; art. 2º da Lei Estadual nº 5.624, de 26.05.94; Decreto Estadual n.º 38.084, de 19.07.99, que regulamenta os procedimentos para averbação de tempo de serviço, aposentadorias e licença para capacitação profissional; art. 29 da EC 19/98; § 10 do art. 37 da CF/88, introduzido pela EC 20/98, que veda a percepção simultânea de proventos de aposentadoria com a remuneração de cargo, emprego ou função pública, ressalvadas as exceções (vide nota do art. 120 deste Regime); §§ 2º e 11 do art. 40 da CF/88, com redação dada pela EC 20/98; e § 6º do art. 40 da CF/88, com redação dada pela EC 20/98, concernente a acumulação de aposentadorias.

- *Aos servidores ocupantes, exclusivamente, de cargo em comissão declarado em lei, de livre nomeação e exoneração, cargo temporário ou emprego público, aplica-se o Regime Geral de Previdência Social (§ 13 do art. 40 da CF/88, com redação dada pela EC 20/98).*
- *São assegurados os direitos adquiridos pelos servidores públicos, bem como aos seus dependentes (Art. 3.º, caput e §§ 2.º e 3.º da EC 20/98).*
- *Vide § 1.º do Art. 3.º da EC 20/98, que assegura a isenção de contribuição para o servidor que tenha cumprido os requisitos para aposentadoria integral, conforme os critérios vigentes até 16.12.98 e tenham optado por permanecer em atividade.*
- *O tempo de serviço para efeito de aposentadoria até 16.12.98 será considerado como tempo de contribuição, exceto o fictício; como por exemplo: licença prêmio por assiduidade não gozada contado em dobro (Art. 4.º da EC 20/98).*
- *Vide art. 8º da EC 20/98, que estabelece as regras de transição aos servidores que tenham ingressado regularmente em cargo efetivo na Administração Pública direta, autárquica e fundacional até 16.12.98.*

Art. 199. O servidor será aposentado:

I - por invalidez permanente, sendo os proventos integrais quando decorrente de acidente em serviço, moléstia profissional ou doença grave, contagiosa ou incurável, especificada em lei, e proporcionais nos demais casos;

II - compulsoriamente, aos 70 (setenta) anos de idade, com proventos proporcionais ao tempo de serviço;

- *A proporcionalidade indicada nos Incisos I e II, passou a ser em relação ao tempo de contribuição e não mais em relação ao tempo de serviço (Art. 40, § 1.º, I e II da CF/88, com redação dada pela EC 20/98).*

III - voluntariamente:

- *Passa a ser exigido, do servidor, 10 (dez) anos de efetivo exercício no serviço público e pelo menos 05 (cinco) anos no cargo efetivo em que se dará sua aposentadoria (Art. 40, §1.º, III da CF/88, com redação dada pela EC 20/98).*

a) aos 35 (trinta e cinco) anos de serviço, se homem, e aos 30 (trinta), se mulher, com proventos integrais;

- *Passa a ser de 60 (sessenta) anos de idade e 35 (trinta e cinco) de contribuição, se homem, e 55 (cinqüenta e cinco) anos de idade e 30 (trinta) de contribuição, se mulher (Art. 40, § 1.º, III da CF/88, com redação dada pela EC 20/98).*

b) aos 30 (trinta) aos de efetivo exercício em função de magistério, se professor, e 25 (vinte e cinco) se professora, com proventos integrais;

- *O Art. 40, § 5º da CF/88, introduzido pela EC 20/98, põe fim a aposentadoria especial para o professor de ensino superior. Limita, portanto, a concessão da aposentadoria especial às funções de magistério na educação infantil e nos ensinos fundamental e médio, passando a exigir: 55 (cinqüenta e cinco) anos de idade e 30 (trinta) de contribuição, se homem, e 50 (cinqüenta) anos de idade e 25 (vinte e cinco) anos de contribuição, se mulher.*

c) aos 30 (trinta) anos de serviço, se homem, e aos 25 (vinte e cinco), se mulher, com proventos proporcionais a esse tempo;

- *Vide § 1.º do Art. 8.º da EC 20/98.*

d) aos 65 (sessenta e cinco) anos de idade, se homem, e aos 60 (sessenta), se mulher, com proventos proporcionais ao tempo de serviço.

- *A proporcionalidade passa a ser com relação ao tempo de contribuição e não mais em relação ao tempo de serviço (Art. 40, § 1.º, III, "b" da CF/88, com redação dada pela EC 20/98).*

§ 1º Consideram-se doenças graves, contagiosas ou incuráveis, a que se refere o inciso I deste artigo, tuberculose ativa, alienação mental, esclerose múltipla, neoplasia maligna, cegueira posterior ao ingresso no serviço público, que impossibilite o desempenho do exercício profissional, hanseníase, cardiopatia grave, doença de Parkinson, paralisia irreversível e incapacitante, espondiloatrose anquilosante, nefropatia grave, estados avançados do mal de Paget (osteíte deformante), Síndrome da Imunodeficiência Adquirida – AIDS, e outras que a lei indicar, com base na medicina especializada.

§ 2º Nos casos de exercício de atividades consideradas insalubres ou perigosas, bem como nas hipóteses previstas no art. 76, a aposentadoria de que trata o inciso III, "a" e "c", observará o disposto em lei específica.

§ 3º O servidor que contar tempo de serviço para aposentadoria com provento integral será aposentado:

I - com remuneração do padrão da classe imediatamente superior àquela, em que se encontra posicionado;

II - quando ocupante da última classe de carreira, com a remuneração do padrão correspondente, acrescida da diferença entre esse e o padrão da classe imediatamente anterior; III - quando ocupante de cargo isolado com proventos aumentados em 10% (dez por cento).

- § 3º com redação dada pelo art. 1º, III da Lei Estadual nº 5.308, de 19.12.91.

Redação anterior: *"§ 3º O servidor que contar tempo de serviço para a aposentadoria com provento integral será aposentado com provento correspondente à remuneração da classe imediatamente superior ou com provento aumentado em vinte por cento, quando ocupante da ultima classe ou ocupante de cargo isolado."*

Art. 200. A aposentadoria compulsória será automática, e declarada por ato, com vigência a partir do dia imediato àquele em que o servidor atingir e idade-limite de permanência por serviço ativo.

Art. 201. A aposentadoria voluntária ou por invalidez vigorará a partir da data da publicação do respectivo ato.

§ 1º A aposentadoria por invalidez será precedida de licença para tratamento de saúde, por período não excedente a 24 (vinte e quatro) meses.

§ 2º Expirado o período de licença e não estando em condições de reassumir o cargo ou de ser readaptado, o servidor será aposentado.

§ 3º O lapso de tempo compreendido entre o término da licença e a publicação do ato de aposentadoria será considerado como prorrogação da licença.

§ 4º Desde que permaneça inalterada a situação já constituída, é facultado, ao servidor inativo, desaverbar, para que produza efeitos noutra situação funcional, se for o caso, o período que indicar, dia a dia, e que corresponda ao que exceder ao mínimo exigível do tempo necessário à sua aposentadoria.

Art. 202. O provento da aposentadoria será calculado com a observância do disposto no § 3º do Art. 46, e revisto na mesma data e proporção, sempre que se modificar a remuneração dos servidores em atividade.

- *Vide §§ 4.º e 8.º da CF/88, com redação dada pela EC 20/98.*

§ 1º O servidor que tiver exercido função de direção, chefia, assessoramento, assistência ou cargo em comissão, por 04 (quatro) anos consecutivo ou 08 (oito) anos alternados, terá os proventos calculados, com base na gratificação de função ou remuneração do cargo em comissão da que, integrante da estrutura do Poder a que sirva, corresponder maior remuneração, sem prejuízo das vantagens de natureza pessoal, desde que haja desempenhado suas funçoes por pelo menos 01(um) ano.

§ 2º V E T A D O.

3º R E V O G A D O.

- § 3º revogado pela Lei Estadual nº 5.538, de 15/07/93.

Redação Anterior: "*§ 3º A aplicação do disposto no § 1º exclui as vantagens previstas no Art. 199, § 3º, bem como a incorporação de que trata o art. 67, ressalvado o direito de opção*".

§ 4º Os prazos de que trata o § 1º serão reduzidos pela metade, caso tenha o servidor prestado relevantes serviços ao Estado, conforme o declare ato expedido pelo Chefe de qualquer dos Poderes do Estado.

§ 5º São estendidos aos inativos quaisquer benefícios ou vantagens posteriormente concedidas aos servidores em atividade, inclusive quando decorrente de transformação ou reclassificação do cargo ou função em que se deu a aposentadoria.

Art. 203. O servidor aposentado com provento proporcional ao tempo de serviço, se acometido de qualquer das moléstias especificadas no Art. 199, § 1º, passará a perceber provento integral.

- *Vide § 3º do art. 40 da CF/88, com redação dada pela EC 20/98.*

Art. 204. Quando proporcional ao tempo de serviço, o provento não será inferior a 1/3 (um terço) da remuneração da atividade.

- *Vide § 3º do art. 40 da CF/88, com redação dada pela EC 20/98.*

Art. 205. Ao servidor aposentado será paga a gratificação natalina, até o dia 20 (vinte) do mês de dezembro, em valor equivalente ao respectivo provento, deduzido o adiantamento recebido.

Art. 206. Ao ex-combatente que tenha, efetivamente, participado de operações bélicas, durante a Segunda Guerra Mundial, nos termos da Lei nº 5.315, de 12 de setembro de 1967, será concedida aposentadoria com provento integral, aos 25 (vinte e cinco) anos de serviço efetivo.

Art. 207. Os inativos que se aposentaram com as vantagens de cargo em comissão perceberão, automaticamente, os proventos calculados sobre o cargo efetivo sempre que resultarem superiores aos calculados com base no cargo em comissão.

SEÇÃO II
DO SALÁRIO-FAMÍLIA

Art. 208. O salário-família é devido ao servidor ativo ou ao inativo, por dependente econômico.

Parágrafo Único. V E T A D O

- *Vide art. 7.º, XII da CF/88, com redação dada pela EC 20/98, que inclui a exigência de ser trabalhador de baixa redá, nos termos da lei, para percepção de Salário-Família.*
- *Até a edição de lei, somente os servidores, segurados e seus dependentes que recebem até R$ 360,00 (trezentos e sessenta reais) de*

redá bruta mensal farão jus ao Salário-Família (Art. 13 da EC 20/98).

Art. 209. Consideram-se dependentes econômicos, para efeito de percepção do salário-família:

I - o cônjuge ou companheiro e os filhos, inclusive os enteados até 21 (vinte e um) anos de idade ou, se estudante, até 24 (vinte e quatro) anos de idade ou, se inválido, de qualquer idade;

II - o menor de 21 (vinte e um) anos que, mediante autorização judicial, vive na companhia e às expensas do servidor, ou do inativo;

III - a mãe e o pai sem economia própria.

Art. 210. Não se configura a dependência econômica quando o beneficiário do salário-família perceber rendimento do trabalho ou de qualquer outra fonte, inclusive pensão ou provento de aposentadoria, em valor igual ou superior ao salário mínimo.

Art. 211. Quando o pai e mãe forem servidores públicos e viverem em comum, o salário-família será pago a um deles; quando separados, será pago a um e outro, de acordo com a distribuição dos dependentes.

Parágrafo Único. Ao pai e à mãe equiparam-se o padrasto, madrasta e, na falta destes, os representantes legais dos incapazes.

Art. 212. O salário-família não está sujeito a qualquer tributo, nem servirá de base para qualquer contribuição, inclusive para a Previdência Social.

Art. 213. O afastamento do cargo efetivo, sem remuneração, não acarreta a suspensão do pagamento do salário-família.

SEÇÃO III
DA LICENÇA PARA TRATAMENTO DE SAÚDE

Art. 214. Será concedida ao servidor licença para tratamento de saúde, a pedido ou de ofício, com base em perícia médica, sem prejuízo da remuneração a que fizer jus.

Art. 215. Para licença até 30 (trinta) dias, a inspeção será feita por médico do setor de assistência do órgão de pessoal e, se por prazo superior, por junta médica oficial.

Parágrafo Único. Sempre que necessário, a inspeção médica será realizada na residência do servidor ou no estabelecimento hospitalar onde se encontrar internado.

SEÇÃO IV
DA LICENÇA À GESTANTE E À ADOTANTE E DA LICENÇA PATERNIDADE

Art. 216. Será concedida à servidora gestante, por 120 (cento e vinte) dias consecutivos, sem prejuízo da remuneração, a contar da data do parto.

- *Na construção da frase do art. 216 falta o termo "licença", o que reduz sua clareza. Fica, portanto, a sugestão de que sua leitura seja feita do seguinte modo: "Será concedida à servidora gestante licença, por 120 (cento e vinte) dias...".*

§ 1º A licença poderá ter início no primeiro dia do oitavo mês de gestação, salvo antecipação por prescrição médica.

§ 2º No caso de nascimento prematuro, a licença terá início a partir do parto.

§ 3º No caso do natimorto, decorridos 30 (trinta) dias do evento, a servidora será submetida a exame médico, e, se julgada apta, reassumirá o exercício.

§ 4º No caso de aborto, atestado por médico oficial, a servidora terá direito a 30 (trinta) dias de repouso remunerado.

Art. 217. Pelo nascimento ou adoção de filhos, o servidor terá direito à licença paternidade de 05 (cinco) dias consecutivos.

Art. 218. Para amamentar o próprio filho, até a idade de 06 (seis) meses, a servidora lactante terá direito, durante a jornada de trabalho, a 01 (uma) hora de descanso, que poderá ser parcelada em dois períodos de meia hora.

Art. 219. A servidora que adotar ou obtiver guarda judicial da criança de idade inferior a 30 (trinta) dias, fará igualmente jus a licença na forma do que dispõe o art. 216.

SEÇÃO
DA LICENÇA POR ACIDENTE EM SERVIÇO SERVIÇO.

Art. 220. Será licenciado, com remuneração integral, o servidor acidentado com servço.

Art. 221. Configura acidente em serviço o dano físico ou mental sorrido pelo servidor, que se relacione, mediata ou imediatamente, com as atribuições do cargo exercido.

Parágrafo Único. Equipara-se ao acidente em serviço o dano:

I - decorrente da agressão sofrida e não provocada pelo servidor no exercício do cargo;

II - sofrido no percurso da residência para o trabalho e vice-versa.

Art. 222. O servidor acidentado em serviço, desde que necessite de tratamento especializado, poderá ser tratado em instituição privada, à conta de recursos públicos.

Parágrafo Único. O tratamento recomendado por junta médica oficial constitui medida de exceção e somente será admissível quando inexistirem meios e recursos adequados em instituição pública.

Art. 223. A prova do acidente será feita no prazo de 10 (dez) dias, prorrogável quando as circunstâncias o exigirem.

SEÇÃO VI DO AUXÍLIO-RECLUSÃO

Art. 224. À família do servidor ativo é devido o auxílio-reclusão, nos seguintes valores:

I - 2/3 (dois terços) da remuneração, quando afastado por motivo de prisão, em flagrante ou preventiva, determinada pela autoridade competente, enquanto perdurar a prisão; II - metade da remuneração, durante o afastamento, em virtude de condenação, por sentença definitiva, a pena que não determine a perda do cargo.

§ 1º Nos casos previstos no inciso I deste artigo, o servidor terá direito à indenização da remuneração, desde que absolvido.

§ 2º O pagamento do auxílio-reclusão cessará a partir do dia imediato àquele em que o servidor for posto em liberdade, ainda que condicional.

- *Vide art. 13 da EC 20/98.*

CAPÍTULO III DO CUSTEIO

Art. 225. A lei disporá sobre o custeio dos benefícios assegurados pelo Instituto de Previdência e Assistência dos Servidores do Estado de Alagoas – IPASEAL.

TÍTULO VII CAPÍTULO ÚNICO DA CONTRATAÇÃO TEMPORÁRIA DE EXCEPCIONAL INTERESSE PÚBLICO

(Vide Lei Estadual nº 6.018, de 01.06.98, que dispõe sobre a contratação temporária de excepcional interesse público e art. 11, da Lei Estadual nº 5.538, de 15.09.93.)

Art. 226. Para atender a necessidade temporária de excepcional interesse público, poderão ser efetuadas contratações de pessoal, por tempo determinado, mediante contrato de locação de serviços.

Art. 227. Consideram-se como de necessidade temporária de excepcional interesse público as contratações que visem a:

I - combater surto epidêmico;

II - fazer recenseamento;

III - atender a situação de calamidade pública;

IV – substituir professor ou admitir professor visitante, inclusive estrangeiro, em unidade de ensino superior, exceto em caso de greve; ocorrendo vacância, fica obrigada a realização de concurso público para seu preenchimento, no prazo máximo de 06 (seis) meses;

V - permitir a execução de serviço por profissional de notória especialização, inclusive estrangeiro, nas áreas de pesquisa científica e tecnológica;

VI - atender a outras situações de urgência que vierem a ser definidas em lei;

VII – operacionalizar as ações da Loteria Social do Estado de Alagoas;

- *Inciso VII acrescentado pelo art. 16 da Lei Estadual nº 6.225, de 15/01/2001.*

VIII – serviços de guarda e segurança de presídios, manicômios e custódia de menores infratores.

- *Inciso VIII acrescentado pelo art. 1º da Lei Estadual nº 6.265, de 20/09/2001.*

IX – serviços de controle e inspeção de produtos de origem agropecuária, promoção e execução da defesa sanitária animal e vegetal.

- *Inciso IX acrescentado pelo art. 1º da Lei Estadual nº 6.738, de 16/06/2006.*

§ 1º As contradições de que trata este artigo terão dotação específica e obedecerão aos seguintes prazos:

I – na hipótese dos incisos I, III, IV e IX, 6 (seis) meses;

- *Inciso I com nova redação dada pelo art. 1º da Lei Estadual nº 6.738, de 16/06/2006.*
- Redação anterior: *"I - nas hipóteses dos incisos I, II e IV, 06 (seis) meses;"*

II - na hipótese do inciso II, 12 (doze) meses;

III – na hipótese do inciso V, até 48 (quarenta e oito) meses;

IV - na hipótese do inciso VIII, 18 (dezoito) meses.

- *Inciso IV acrescentado pelo art. 1º da Lei Estadual nº 6.265, de 20/09/2001.*

§ 2º Os prazos de que trata o parágrafo anterior são improrrogáveis.

§ 3º O recrutamento será feito mediante processo seletivo simplificado, sujeito a ampla divulgação em jornal de grande circulação, exceto nas hipóteses dos incisos III e IV.

Art. 228. É vedado o desvio de função de pessoa contratada na forma deste título, bem como sua recontratação, sob pena de nulidade do contrato e responsabilidade administrativa e civil da autoridade contratante.

Art. 229. Nas contratações por tempo determinado, serão observados os padrões de vencimentos dos planos de carreira do órgão da entidade contratante, exceto na hipótese do inciso V do art. 227, quando serão observados os valores do mercado do trabalho.

TITULO VIII
DISPOSIÇÕES GERAIS, TRANSITÓRIAS E FINAIS

CAPÍTULO I
DAS DISPOSIÇÕES GERAIS

Art. 230. O Dia do Servidor Público será comemorado a 28 (vinte e oito) de outubro.

Art. 231. Poderão ser instituídos, no âmbito dos Poderes Executivo, Legislativo e Judiciário, os seguintes incentivos funcionais, atém daqueles já previstos nos respectivos planos de carreiras:

I - prêmio pela apresentação de idéias, inventos ou trabalhos que favoreçam o aumento da produtividade a redução dos custos operacionais;

II - concessão de medalha, diplomas de honra ao mérito, condecoração e elogio.

Art. 232. Os prazos previstos nesta lei serão contados em dias corridos, excluindo-se o dia do começo e incluindo-se o do vencimento, ficando prorrogado, para o primeiro dia útil seguinte, o prazo vencido em dia em que não haja expediente.

Art. 233. Por motivo de crença religiosa ou de convicção filosófica ou política, o servidor não poderá ser privado de quaisquer dos seus direitos, sofrer discriminação em sua vida funcional, nem eximir-se do cumprimento de seus deveres.

Art. 234. Ao servidor público civil é assegurado, nos termos da Constituição Federal, o direito à livre associação sindical e os seguintes direitos, entre outros, dela decorrentes:

a) de ser representado pelo sindicato, inclusive como substituto processual;

b) de inamovibilidade do dirigente sindical, até 01 (um) ano após o final do mandato, exceto se a pedido;

c) de descontar em folha, sem ônus para a entidade sindical a que for filiado, o valor das mensalidades e contribuições definidas em assembléia geral da categoria.

Art. 235. Consideram-se da família do servidor, além do cônjuge e filhos, quaisquer outras pessoas que vivam às suas expensas e constem do seu assentamento individual.

Parágrafo Único. Equipara-se ao cônjuge a companheira ou companheiro, que comprove união estável como entidade familiar.

Art. 236. Para os fins desta lei, considera-se sede o município onde a repartição estiver instalada e onde o servidor tiver exercício, em caráter permanente.

Art. 237. Todo ato de provimento de cargo público obrigatoriamente indicará a origem da vaga a ser preenchida, precisando, em sendo o caso, a causa do desprovimento do seu anterior titular.

Art. 238. O regime jurídico ora instituído é ainda extensivo, no que couber, aos Serventuários da Justiça remunerados pelos cofres estaduais.

Art. 239. Os magistrados, bem assim os componentes das carreiras funcionais a que correspondem funções essenciais à Justiça, subordinar-se-ão a regimes jurídicos especiais, consoante definidos em leis complementares federais e estaduais.

Art. 240. V E T A D O

CAPÍTULO II
DISPOSIÇÕES TRANSITÓRIAS

Art. 241. Ficam submetidos ao regime jurídico instituído nesta lei, na qualidade de servidores públicos, os servidores dos Poderes do Estado, inclusive das autarquias, mesmo as sujeitas a regime especial, e das fundações públicas, estaduais e celetistas, exceto os contratados por prazo determinado, cujos contratos não poderão ter prorrogados os respectivos prazos de validade e eficácia.

§ 1º Os empregos ocupados pelos servidores incluídos no regime estabelecido nesta lei ficam transformados em cargos, a partir da data de sua publicação.

§ 2º São mantidas as denominações, os conteúdos ocupacionais e os níveis remuneratórios dos cargos resultantes da transformação de que trata este artigo.

Art. 242. Os adicionais por tempo de serviço já concedidos aos servidores públicos estaduais, inclusive os não abrangidos por esta lei, ficam transformados em anuênio.

- *Vide arts. 2º e 3º da Lei Estadual n.º 6.003, de 13.04.98.*

Art. 243. A licença especial fica transformada em licença-prêmio por assiduidade, respeitadas as disposições desta lei.

Art. 244. Todos os servidores que, na data da publicação desta lei, encontrem-se desempenhando atribuições diversas daquelas integradas ao conteúdo ocupacional dos cargos que ocupam, salvo se providos em outro cargo, de provimento em comissão, retornarão, automaticamente, ao desempenho das funções originárias.

Art. 245. O Poder Executivo, dentro do prazo improrrogável de 60 (sessenta) dias, aprovará, por decreto, as lotações numéricas de todos os órgãos e entidades dele integrantes.

§ 1º Definida a lotação numérica de cada órgão e entidade, serão procedidas, nos 30 (trinta) dias seguintes, as lotações específicas com os quantitativos preestabelecidos.

§ 2º Feitas as lotações específicas os servidores excedentes serão encaminhados à Secretaria de Administração, que lhes determinará novo órgão de exercício, ou, em sedo impossível, proporá a extinção dos cargos desnecessários e a disponibilidade dos seus respectivos ocupantes.

§ 3º Será considerada falta grave o retardamento, pele titular de qualquer órgão ou entidade, quanto à promoção das providências de que trata este artigo.

Art. 246. Os Poderes Legislativo e Judiciário promoverão, nos âmbitos de suas competências, as medidas de que trata o artigo anterior, observados os mesmos prazos ali estabelecidos, mediante atos próprios que farão publicar no Diário Oficial do Estado.

Art. 247. Atos declaratórios, publicados no Diário Oficial do Estado relacionarão os servidores que, em cada Poder do Estado, venham a obter lotação específica.

Art. 248. O Poder Executivo, dentro do prazo de 75 (setenta e cinco) dias, contados da data de publicação desta lei, proporá o Plano de Cargos e Vencimentos de seus servidores.

CAPÍTULO III
DISPOSIÇÕES FINAIS

Art. 249. Esta lei entrará em vigor da data de sua publicação e seus efeitos financeiros se produzirão a partir de 1º de julho de 1.991.

Art. 250. Ficam revogadas a Lei nº 1806, de 18 de setembro de 1.954, respectiva legislação complementar e disposições regulamentares pertinentes, bem como as demais disposições em contrário.

PALÁCIO MARECHAL FLORIANO, em Maceió, 26 de julho de 1.991, 103º da República.

GERALDO BULHÕES

Cyridião Durval Peixoto

Carlos Barros Mero

LEI Nº 6.797, DE 8 DE JANEIRO DE 2007

INSTITUI O PLANO DE CARGOS, CARREIRAS E SUBSÍDIOS DOS SERVIDORES DO PODER JUDICIÁRIO DO ESTADO DE ALAGOAS E DÁ OUTRAS PROVIDÊNCIAS.

O PRESIDENTE DA ASSEMBLÉIA LEGISLATIVA DO ESTADO DE ALAGOAS, no uso das atribuições que lhe confere o parágrafo 6º do artigo 89 da Constituição Estadual, promulga a seguinte Lei:

A ASSEMBLÉIA LEGISLATIVA DO ESTADO DE ALAGOAS decreta:

TÍTULO I
DAS DISPOSIÇÕES PRELIMINARES

Art. 1º Fica instituído o Plano de Cargos, Carreiras e Subsídios dos Servidores do Grupo de Cargos de Provimento Efetivo do Poder Judiciário do Estado de Alagoas, o qual fixa as diretrizes básicas da política de pessoal do órgão, a estruturação e os seus respectivos cargos, os princípios sobre a qualificação profissional, habilitação para ingresso e o regime de subsídios pelo exercício dos referidos cargos.

Art. 2º A carreira de Servidores Efetivos do Poder Judiciário do Estado de Alagoas de primeira e segunda instância é constituída dos seguintes cargos de provimento efetivo:

I - Assistente Judiciário;

II - Analista Judiciário;

III - Oficial de Justiça; e

IV - Oficial Técnico Judiciário.

Art. 3º Para efeito desta Lei são adotadas as seguintes terminologias com os respectivos conceitos:

I - atribuições, o conjunto de atividades necessárias à execução de determinado serviço;

II - cargo, o lugar instituído na organização do serviço público, com denominação própria, atribuições, responsabilidades específicas e subsídio correspondente, para ser provido e exercido por um titular, na forma estabelecida em Lei;

III - cargo de carreira, o que se escalona em classes, para acesso privativo de seus titulares, até o da mais alta hierarquia profissional;

IV - carreira, o agrupamento de classes da mesma profissão ou atividade, escalonadas segundo a hierarquia do serviço, para acesso privativo aos titulares dos cargos que a integram;

V - categoria funcional, o conjunto de cargos da mesma profissão ou atividade, diversificados entre si pelas atribuições e responsabilidades, segundo sua complexidade e grau hierárquico;

VI - classe, o agrupamento de cargos da mesma profissão, com idênticas atribuições, responsabilidades e subsídios, que constitui os degraus de acesso na carreira;

VII - função, a atribuição ou o conjunto de atribuições que a Administração confere a cada categoria profissional ou comete individualmente a determinados servidores para a execução de serviços eventuais;

VIII - grupo ocupacional, o agrupamento de categorias funcionais, com atividades profissionais afins ou que guardem relação entre si, seja pela natureza do trabalho, seja pelos objetivos finais a serem alcançados e pela escolaridade;

IX - quadro, o conjunto de carreiras, cargos isolados e funções gratificadas de um mesmo serviço, órgão ou Poder.

Art. 4º Entende-se por Servidores do Quadro de Cargos de Provimento Efetivo do Poder Judiciário do Estado de Alagoas o conjunto daqueles ocupantes de cargos do quadro de pessoal do referido Poder, que desempenham atividades afins, dentro das áreas de formulação, coordenação, organização, supervisão, avaliação e execução das ações e serviços judiciais.

Parágrafo único. Fica modificada a atual nomenclatura dos cargos do Quadro de Provimento Efetivo do Poder Judiciário do Estado de Alagoas de primeira e segunda instância na forma dos Anexos I e II desta Lei, os quais serão distribuídos em 03 (três) Classes A, B e C.

Art. 5º Integram o Plano de Cargos, Carreira e Subsídios dos Servidores do Poder Judiciário do Estado de Alagoas:

I - Quadro dos Cargos de Provimento Efetivo dos Servidores de Primeira Instância (Anexo I);

II - Quadro dos Cargos de Provimento Efetivo dos Servidores de Segunda Instância (Anexo II);

III - Atribuições dos Cargos de Provimento Efetivo dos Servidores de Primeira e Segunda Instância (Anexo III);

IV - Tabela de Subsídios e dos Percentuais de Vagas em cada Classe dos Cargos de Provimento Efetivo do Poder Judiciário do Estado de Alagoas (Anexo IV); e

V – Tabela de Funções Gratificadas (Anexo V).

TÍTULO II
DOS CARGOS EFETIVOS

Art. 6º O Quadro de Cargos de Provimento Efetivo do Poder Judiciário do Estado de Alagoas de primeira e segunda instância é estruturado em classes, de acordo com a natureza, grau de complexidade e responsabilidade das respectivas atividades e qualificações exigidas para o seu desempenho, os quais estão relacionados nos Anexos I, II e III desta Lei.

Art. 7º Os cargos que integram o Quadro dos Cargos de Provimento Efetivo do Poder Judiciário do Estado de Alagoas de primeira instância têm por fim principal a área judiciária que se relaciona com as atividades fins de nível superior que tenham relação direta com o trato jurisdicional do Poder Judiciário do Estado de Alagoas.

Art. 8º O servidor pertencente ao Quadro de Cargos de Provimento Efetivo do Poder Judiciário do Estado de Alagoas, nomeado para cargo de provimento em comissão, optará pelo recebimento do subsídio do cargo em comissão, ou, do subsídio de seu cargo efetivo acrescido de 55% (cinqüenta e cinco) por cento do valor do subsídio do cargo em comissão.

TÍTULO III
DAS CHEFIAS DE SECRETARIA

Art. 9º Cada Vara será dotada de uma Secretaria, dirigida por um Chefe de Secretaria, que será indicado pelo Juiz de Direito dentre os ocupantes do cargo de Analista Judiciário, desde que sejam bacharéis em Direito, com designação feita pelo Presidente do Tribunal de Justiça do Estado de Alagoas.

§ 1º Fica assegurado aos atuais ocupantes do cargo de Escrivão o direito de exercerem a Chefia de Secretaria até a data de sua aposentação, remoção, cessão ou desligamento do Poder Judiciário do Estado de Alagoas, vedada à percepção da função FGCS1.

§ 2º As Centrais de Mandados serão dotadas de uma Secretaria dirigida por um Chefe de Secretaria, bacharel em Direito, que será indicado pelo Corregedor-Geral da Justiça, escolhido dentre os ocupantes do cargo de Oficial de Justiça, com designação realizada pelo Presidente do Tribunal de Justiça do Estado de Alagoas.

§ 3º As Centrais de Inquéritos e Petições serão dotadas de uma Secretaria dirigida por um Chefe de Secretaria, bacharel em Direito, que será indicado pelo Corregedor-Geral da Justiça, escolhido dentre os ocupantes dos cargos de Escrivão ou Analista Judiciário, com designação efetivada pelo Presidente do Tribunal de Justiça do Estado de Alagoas.

Art. 10. Ficam criadas na primeira instância as Funções Gratificadas discriminadas na tabela constante no Anexo V desta Lei.

§ 1º A Função Gratificada FGCS1, discriminada no Anexo V desta Lei, será devida somente ao Analista Judiciário que for designado para a função de Chefe de Secretaria, na forma disposta no art. 9º desta Lei.

§ 2º A Função Gratificada FGCS2, discriminada no Anexo V desta Lei, será devida somente ao Oficial de Justiça que for designado para a função de Chefe de Secretaria, na forma disposta no § 2º, do art. 9º desta Lei

§ 3º Nas licenças e afastamentos temporários do Chefe de Secretaria das Varas Judiciais, o Juiz de Direito indicará, atendido o disposto no artigo 9º desta Lei, Servidor do Quadro de Cargos de Provimento Efetivo do Poder Judiciário para substituí-

-lo, cuja designação será feita pelo Presidente do Tribunal de Justiça.

§ 4º Nas substituições da função de Chefe de Secretaria, o servidor designado terá direito ao pagamento da gratificação em valor proporcional ao período de substituição.

§ 5º Ao Oficial de Justiça que ocupar o cargo de Chefe de Secretaria de que trata o art. 9º deste título, não será devida a indenização de transporte a que reporta o art. 19 desta Lei.

TÍTULO IV
DO INGRESSO E INVESTIDURA NOS CARGOS DE PROVIMENTO EFETIVO

Art. 11. Para ingresso nos Cargos de Provimento Efetivo do Poder Judiciário do Estado de Alagoas exigir-se-á concurso público, obedecendo ao disposto no artigo 37, II, da Constituição Federal.

Art. 12. O concurso público para provimento dos Cargos Efetivos de que trata esta Lei reger-se-á, em todas as suas fases, pelas normas estabelecidas na legislação que orienta os concursos públicos e ainda por seu correspondente Edital.

Parágrafo único. A comissão do concurso público a que se refere o *caput* deste artigo terá em sua composição a participação de membro da entidade sindical representante dos Servidores do Poder Judiciário do Estado de Alagoas, desde a elaboração do Edital até o desenvolvimento de todas as etapas do certame.

Art. 13. A investidura nos Cargos de Provimento Efetivo do Poder Judiciário do Estado de Alagoas dar-se-á na Classe A dos respectivos grupos ocupacionais, observando-se a correspondente categoria funcional, nos termos dos Anexos I, II e III desta Lei.

Parágrafo único. Depois de investido no cargo, o servidor, obrigatoriamente, se submeterá a curso de formação, a ser ministrado pela Escola Superior da Magistratura do Estado de Alagoas, observando-se as respectivas categorias funcionais.

TÍTULO V
DA PROGRESSÃO FUNCIONAL

Art. 14. O enquadramento inicial dos Servidores integrantes do Quadro dos Cargos de Provimento Efetivo do Poder Judiciário do Estado de Alagoas de primeira e segunda instância dar-se-á na Classe em que estiver o servidor, observados os novos grupos ocupacionais decorrentes da transformação da nomenclatura dos Cargos existentes, na forma constante nos Anexos I e II desta Lei.

Art. 15. A série de Classes dos Cargos que compõem o Quadro de Cargos de Provimento Efetivo do Poder Judiciário do Estado de Alagoas, de primeira e segunda instância, estrutura-se em linha horizontal de acesso por progressão, disposta de conformidade com o critério de merecimento, representado pelo resultado de avaliação de desempenho, pela participação em cursos e desenvolvimento de atividades correlatas aos fins do Poder Judiciário do Estado de Alagoas, somado ao interstício de cinco anos de uma classe para outra, contados a partir do último posicionamento na classe imediatamente anterior no respectivo cargo.

§ 1º O acesso por progressão também se dará mediante o critério de antiguidade, observada a habilitação em curso de nível superior, a avaliação de desempenho e a reserva de 20% (vinte) por cento das vagas nas Classes B e C, dos respectivos cargos.

§ 2º Na hipótese do parágrafo anterior, não havendo habilitação de servidor para acesso à progressão por antiguidade, a vaga será preenchida pelo critério de merecimento.

§ 3º Além dos requisitos trazidos no *caput* deste artigo, representam critérios mínimos para o enquadramento nas Classes que compõe a Carreira dos Cargos de Provimento Efetivo do Poder Judiciário do Estado de Alagoas:

I - CARGOS DE ASSISTENTE JUDICIÁRIO, ESCRIVÃO E OFICIAL DE JUSTIÇA:

a) Classe A - habilitação em nível de grau superior, em área específica, de acordo com o perfil profissional exigido para ingresso no cargo;

b) Classe B – habilitação em curso de nível superior, em área específica, mais cursos de aperfeiçoamento e capacitação que totalizem carga horária mínima de 360 (trezentos e sessenta) horas, todos oferecidos ou reconhecidos pelo Poder Judiciário do Estado de Alagoas e/ou pela Escola Superior de Magistratura;

c) Classe C – habilitação em curso de nível superior, em área específica, mais cursos de aperfeiçoamento e capacitação que totalizem carga horária mínima de 420 (quatrocentos e vinte) horas, todos oferecidos ou reconhecidos pelo Poder Judiciário do Estado de Alagoas e/ou pela Escola Superior de Magistratura.

II – CARGO DE ANALISTA JUDICIÁRIO:

a) Classe A - habilitação em nível de grau superior;

b) Classe B – habilitação em curso de nível superior, em área específica, mais cursos de aperfeiçoamento e capacitação que totalizem carga horária mínima de 360 (trezentos e sessenta) horas, todos oferecidos ou reconhecidos pelo Poder Judiciário do Estado de Alagoas e/ou pela Escola Superior de Magistratura;

c) Classe C – habilitação em curso de nível superior, em área específica, mais cursos de aperfeiçoamento e capacitação que totalizem carga horária mínima de 420 (quatrocentos e vinte) horas, todos oferecidos ou reconhecidos pelo Poder Judiciário do Estado de Alagoas e/ou pela Escola Superior de Magistratura.

III – CARGO DE OFICIAL TÉCNICO JUDICIÁRIO:

a) Classe A - habilitação em ensino médio, ou técnico profissionalizante em área específica, de acordo com o perfil profissional exigido para ingresso no cargo;

b) Classe B – habilitação em ensino médio ou profissionalizante em área específica, mais 170 (cento e setenta) horas de cursos de capacitação profissional, oferecidos ou reconhecidos pelo Poder Judiciário do Estado de Alagoas e/ou pela Escola Superior de Magistratura;

c) Classe C – habilitação em ensino médio ou técnico profissionalizante em área específica, mais 240 (duzentos e quarenta) horas de cursos de capacitação profissional, oferecidos ou reconhecidos pelo Poder Judiciário do Estado de Alagoas e/ou pela Escola Superior de Magistratura.

§ 4º Os critérios objetivos que regularão o merecimento dos servidores ocupantes dos Cargos de Provimento Efetivo da Carreira dos Profissionais do Poder Judiciário do Estado de Alagoas serão disciplinados por Resolução do Tribunal de Justiça do Estado de Alagoas, observado o disposto neste artigo.

§ 5º As Classes que compõem a Carreira dos Cargos de Provimento Efetivo do Poder Judiciário do Estado de Alagoas, de primeira e segunda instância, estruturam-se na forma disposta nos Anexos I e II desta Lei.

TÍTULO VI
DO REGIME DE TRABALHO

Art. 16. O ocupante de cargo de provimento efetivo do Poder Judiciário do Estado de Alagoas fica sujeito a um regime de trabalho de 40 (quarenta) horas semanais.

Art. 17. Os servidores do Quadro dos Cargos de Provimento Efetivo do Poder Judiciário do Estado de Alagoas investidos em cargo em comissão ou função gratificada, bem como os Escrivães e os Chefes de Secretaria poderão ser convocados sempre que houver interesse da Administração.

TÍTULO VII
DA POLÍTICA SALARIAL

Art. 18. Os Cargos de Provimento Efetivo do Poder Judiciário do Estado de Alagoas serão remunerados por subsídios, de acordo com a Tabela de que trata o Anexo IV desta Lei.

§ 1º A escala de Subsídios das Classes de cada carreira será determinada pelo acréscimo de 10% (dez por cento) incidente na progressão da Classe A para a Classe B e de 10% (dez por cento) na progressão da Classe B para a Classe C.

§ 2º O subsídio de que trata o *caput* deste artigo poderá ser revisto anualmente no dia 1º de junho ou no primeiro dia útil subseqüente, mediante Lei.

Art. 19. Fica criada a indenização de transporte, que será devida mensalmente ao servidor ocupante do cargo de Oficial de Justiça, cujo valor corresponderá a 12% (doze por cento) do subsídio da Classe em que o servidor estiver enquadrado.

Parágrafo único. O percentual mencionado no *caput* deste artigo é irredutível, não podendo ser escalonado para outros fins.

Art. 20. O subsídio de que trata o art. 18 desta Lei é fixado em parcela única, vedado o acréscimo de qualquer gratificação, adicional, abono, prêmio, verba de representação, ou qualquer espécie remuneratória, ressalvadas as hipóteses previstas na Constituição Federal, as verbas de caráter indenizatório, as gratificações de funções de confiança dos servidores em atividade, os cargos ocupados em comissão, demais verbas de caráter eventual, temporário e a remuneração do serviço extraordinário, nos termos do § 3º do art. 39 da Constituição Federal.

TÍTULO VIII
DA POLÍTICA DE VALORIZAÇÃO PROFISSIONAL

Art. 21. Cabe à Escola Superior da Magistratura do Estado de Alagoas planejar, organizar, propor e executar cursos de capacitação em conjunto com o Departamento de Recursos Humanos do Tribunal e a Direção de Pessoal da Corregedoria-Geral da Justiça, que farão levantamento das necessidades nas diversas áreas do Poder Judiciário, possibilitando a valorização profissional do servidor.

Art. 22. Fica assegurada aos Servidores, lotados no Quadro dos Cargos de Provimento Efetivo do Poder Judiciário do Estado de Alagoas, a realização de cursos, visando o seu aperfeiçoamento para um melhor desempenho de suas atividades funcionais.

TÍTULO XI
DAS DISPOSIÇÕES TRANSITÓRIAS E FINAIS

Art. 23. Os servidores efetivos em exercício no Poder Judiciário serão enquadrados na classe correspondente àquela em que se encontrem atualmente no respectivo cargo, observadas as transformações de denominação operadas nesta Lei, podendo progredir na carreira desde que atendidos os critérios estabelecidos no art. 14 desta Lei.

Parágrafo único. Para os efeitos desta Lei, os servidores estáveis (art. 19 do Ato das Disposições Constitucionais Transitórias, da Constituição Federal) serão enquadrados em categoria especial, sem prejuízo da remuneração em que se deu a estabilidade.

Art. 24. Ficam transformados em cargos de Analista Judiciário, à medida que vagarem, os cargos de Escrivão.

Art. 25. Ficam extintos os cargos de enfermeiro previstos no quadro dos servidores de segunda instância.

Art. 26. Os subsídios referentes aos cargos de Procurador do Tribunal de Justiça são os fixados no Anexo VI desta Lei.

§ 1º Ficam transformados 8 cargos de Procurador de 1ª Classe, SJPJ – A e 4 cargos de Procurador de 2ª Classe SJPJ – B, em Analista Judiciário da Comarca da Capital.

§ 2º Os reajustes que posteriormente sejam concedidos aos Procuradores em atividade serão extensivos aos inativos.

Art. 27. A disciplina desta Lei aplica-se aos aposentados e pensionistas do Poder Judiciário do Estado de Alagoas, cujos proventos e pensões serão transformados em subsídios.

Art. 28. Nenhuma redução remuneratória poderá advir em conseqüência desta Lei, sendo assegurado ao Servidor pertencente ao Quadro dos Cargos de Provimento Efetivo do Poder Judiciário do Estado de Alagoas o direito à percepção ao valor da diferença entre a remuneração legalmente percebida na data da publicação desta Lei e o subsídio correspondente, como complemento constitucional, sendo absorvido pelos posteriores reajustes, ficando extintas todas as vantagens, gratificações, adicionais, abonos, verbas de representação e outras espécies remuneratórias legalmente incorporadas.

Art. 29. O procedimento para progressão de que cuida o art. 15 somente será instaurado quando completados 02 (dois) anos da entrada em vigor desta Lei.

Art. 30. Fica o Poder Judiciário do Estado de Alagoas autorizado, mediante Resoluçao, a regulamentar os critérios e normas para a execução da presente Lei.

Art. 31. Os atuais cargos de Assistente Social e Psicólogo da estrutura da segunda instância passam a integrar a carreira de Analista Judiciário de primeira instância.

Art. 32. Os percentuais especificados no Anexo IV podem ser excedidos, transitoriamente, por força do enquadramento dos servidores na classe do respectivo cargo que ocupem quando da publicação desta Lei.

Art. 33. A verba concernente ao serviço extraordinário será de no mínimo 50% (cinqüenta) por cento, incidente sobre a remuneração do servidor, fixada em ato do Presidente do Tribunal.

Art. 34. Aplicam-se subsidiariamente aos Servidores do Poder Judiciário as disposições da Lei Estadual nº 5.247, de 26 de julho de 1991, que instituiu o Regime Jurídico Único dos Servidores Civis do Estado de Alagoas, no que não contrariarem as disposições da presente Lei.

Art. 35. Os recursos para a implantação desta Lei decorrerão das dotações consignadas no Orçamento do Poder Judiciário do Estado de Alagoas.

Art. 36. Esta Lei entra em vigor a partir da sua publicação, produzindo efeitos financeiros a partir de 1º de janeiro de 2007.

Art. 37. Ficam revogadas as disposições em contrário, em especial os artigos 227 e 228 do Código de Organização Judiciária do Estado de Alagoas, Lei nº 6.564, de 5 de janeiro de 2005.

SALA DAS SESSÕES DA ASSEMBLÉIA LEGISLATIVA DO ESTADO DE

ALAGOAS, em Maceió, 8 de janeiro de 2007.

PUBLICADO NA SECRETARIA DA ASSEMBLÉIA LEGISLATIVA

ESTADUAL, em Maceió, 8 de janeiro de 2007.

CELSO LUIZ

Presidente

JOTA DUARTE

Diretor Geral

Este texto não substitui o publicado no DOE de 9.01.2007.

LEI Nº 6.797, DE 8 DE JANEIRO DE 2007.

ANEXO I

QUADRO DE CARGOS DE PROVIMENTO EFETIVO DOS SERVIDORES DE PRIMEIRA INSTÂNCIA

<table>
<tr><th>NOMENCLATURA ANTERIOR</th><th>TOTAIS</th><th>NOMENCLATURA ATUAL DOS CARGOS</th><th>TOTAIS</th><th>CLASSES</th></tr>
<tr><td>Escrivão</td><td>156</td><td>Escrivão</td><td>156</td><td rowspan="9">A, B e C</td></tr>
<tr><td>Oficial de Justiça</td><td>312</td><td>Oficial de Justiça</td><td>312</td></tr>
<tr><td>Escrevente
Psicólogo Assistente Social</td><td>427
14
18</td><td rowspan="7">Analista Judiciário</td><td rowspan="7">594</td></tr>
<tr><td>Porteiro de Auditório</td><td>41</td></tr>
<tr><td>Distribuidor</td><td>41</td></tr>
<tr><td>Depositário Público</td><td>41</td></tr>
<tr><td>Procurador de 1ª Classe</td><td>8</td></tr>
<tr><td>Procurador de 2ª Classe</td><td>4</td></tr>
</table>

LEI Nº 6.797, DE 8 DE JANEIRO DE 2007.

ANEXO II

QUADRO DE CARGOS DE PROVIMENTO EFETIVO DOS SERVIDORES DE SEGUNDA INSTÂNCIA

NOMENCLATURA ANTERIOR	SÍMBOLO	TOTAIS	NOMENCLATURA ATUAL	TOTAIS	CLASSES
Coordenador Técnico Judiciário C	SJPJ-C	15	Assistente Judiciário	289	A, B e C
Coordenador Técnico Judiciário B	SJPJ-B	18			
Coordenador Técnico Judiciário A	SJPJ-A	21			
Assistente Técnico Judiciário C	SJP-H	62			
Assistente Técnico Judiciário B	SJP-G	72			
Assistente Técnico Judiciário A	SJP-F	96			
Analista de Sistema	SPJ-H	02			
Programador	SPJ-F	03			
Operador de Computação	SPJ-F	10	Oficial Técnico Judiciário	53	A, B e C
Oficial Técnico Judiciário B	SPJ-G	08			
Oficial Técnico Judiciário A	SPJ-F	14			
Telefonista	Símbolo 19	06			
Agente de Proteção	Símbolo 18	10			
Assistente Administrativo	Símbolo 18	02			
Auxiliar Administrativo	Símbolo 16	03			

LEI Nº 6.797, DE 8 DE JANEIRO DE 2007.
ANEXO III
ATRIBUIÇÕES CARGOS DE PROVIMENTO EFETIVO DOS SERVIDORES DE SEGUNDA INSTÂNCIA

CATEGORIA FUNCIONAL	ESCOLARIDADE	CARGOS	ATRIBUIÇÕES
Judiciária	Nível Superior em Qualquer Área	Assistente Judiciário	Atividades de apoio técnico judiciário de nível superior, incluindo o planejamento, a orientação, a direção, a supervisão e a execução de serviços de administração judiciária junto aos órgãos do Tribunal de Justiça, além de outras atribuições compatíveis. Atividades típicas no campo de formação profissional específica, compreendendo a execução de ações técnico-especializadas em determinado campo do conhecimento.
	Nível Superior em Direito	Escrivão	Realizar atividades de nível superior relacionadas à orientação, direção, coordenação, supervisão e controle do desenvolvimento das atividades inerentes à Secretaria do Juízo; funcionar em audiências designadas pelo titular do juízo; lançar termos processuais e formalizar ofícios, mandados, precatórios, certidões, cartas de sentença, alvarás e outros instrumentos típicos; expedir guias de recolhimento de despesas processuais; desempenhar atividades de assessoria do juízo; efetuar a prática de atos ordinatórios indispensáveis à celeridade e produtividade da Assessoria Judicial; proceder a estudos e pesquisas sobre temas relativos ao desempenho das atribuições da Vara; elaborar informações, relatórios, projetos e pareceres de natureza jurídica e administrativa, fundamentados em legislação e normas técnicas; prestar informações sobre processos; ter sob a sua guarda livros, autos, processos e outros papéis em curso ou a que se dê ingresso na Secretaria; elaborar informações, relatórios, projetos e pareceres de natureza jurídica e administrativa, fundamentados em legislação e normas técnicas responder, perante o titular do juízo, pelo regular desenvolvimento de todas as atividades da secretaria; exercer outras tarefas, no âmbito de suas atribuições.

CATEGORIA FUNCIONAL	ESCOLARIDADE	CARGOS	ATRIBUIÇÕES
	Nível Superior em Direito	Oficial de Justiça	Dar cumprimento aos mandados judiciais que lhe forem dados à execução; realizar, pessoalmente, citações, intimações, notificações, prisões e demais diligências que lhe forem ordenadas; proceder a penhoras, seqüestro, arrestos e buscas e apreensões, solicitando, em sendo o caso, o auxílio da força pública; lavrar, no processo, certidões dos atos de que tratam as atribuições anteriores e autos de penhora, de depósito, de resistência ou de arrombamento, nos casos previstos em lei; convocar pessoas idôneas para o fim de testemunharem atos por ele praticados, na hipótese de formalidade legalmente prevista; proceder, mediante ordem judicial, à avaliação de bens móveis, imóveis e semoventes, bem assim descrevê-los individualizadamente, e, em sendo o caso, apurar-lhes os rendimentos; emitir correspondentes laudos de avaliação, para fins de instrução dos feitos a que referentes; exercer as funções de Porteiro de Auditórios e do Tribunal do Júri; comparecer diariamente ao expediente do foro, na Central de Mandados ou Vara perante a qual servir; solicitar o auxílio da força pública para o cumprimento dos atos de ofício, quando necessário, mediante a prévia autorização do juiz; executar outras tarefas correlatas mediante determinação superior.
	Nível Superior em qualquer Área	Analista Judiciário	Executar, sob supervisão, atividades inerentes à confecção de expedientes e formalização de atos processuais; efetuar, sob supervisão, a prática de atos ordinatórios com vistas a propiciar uma maior celeridade no desempenho das atribuições da Secretaria e do Juízo; proceder à pesquisa jurisprudencial e a estudos dirigidos, tudo com vistas a auxiliar no desempenho das atribuições acometidas ao juízo; desempenhar atividades de Assessoria do Juízo; exercer, mediante designação do titular do juízo, a coordenação e o controle das atividades da secretaria, nas faltas, ausências e

CATEGORIA FUNCIONAL	ESCOLARIDADE	CARGOS	ATRIBUIÇÕES
			impedimentos do seu titular, ou ainda no caso de vacância; comparecer e funcionar em audiências e em outros atos processuais cíveis e criminais; movimentar, guardar e arquivar processos e expedientes de natureza variada; prestar informações ao público; auxiliar na elaboração de instrumentos de controle e da política desenvolvida na instituição; elaborar esboços de partilhas e sobrepartilhas, bem como calcular contas judiciais, mediante designação do juiz; exercer outras atribuições correlatas; promover a distribuição de feitos e outros papéis; manter o registro de feitos e documentos com a indicação de sua natureza, interessados e magistrados ou serventuários a quem distribuídos; fazer as necessárias anotações sobre apensamentos, aditamentos, baixas e outros incidentes pertinentes aos feitos e papéis em tramitação; executar tarefas correlata; elaborar esboços de partilhas e sobrepartilhas em processos de inventário e em outros em que não sobrevenha acordo; supervisionar o acesso às dependências do juízo; receber e distribuir correspondências; apregoar praças e leilões; afixar editais e lavrar certidões dos pregões; receber e guardar bens em depósito por ordem judicial, arrecadando frutos e rendimentos, bem como procedendo, em livro próprio, ao necessário registro; prestar contas ao juízo das atividades cumpridas; executar outras tarefas correlatas pertinentes à função. Atividades típicas no campo de formação profissional específica, compreendendo a execução de ações técnico-especializadas em determinado campo do conhecimento.

CATEGORIA FUNCIONAL	ESCOLARIDADE	CARGOS	ATRIBUIÇÕES
	Nível Médio ou Equivalente	Oficial Técnico Judiciário	Atividades de administrativas supervisionadas de nível médio, compreendendo a coordenação de atividades de gabinetes, o agendamento de compromissos, o controle de audiências, o atendimento e a orientação ao público em geral, além do desempenho de outras atribuições compatíveis. Atividade de operação de centrais telefônicas, além de outras atribuições correlatas. Atividades típicas de apoio administrativo, compreendendo a preparação de documentos e processos administrativos. Atividades protetivas a crianças e adolescentes, mediante a fiscalização de estabelecimentos e locais de acesso público. Atividade de operação de computação, além de outras atribuições correlatas. Atividades de fiscalização externa de infratores sujeitos a penas e medidas alternativas, inclusive nos estabelecimentos em que os mesmos prestem serviços.

LEI Nº 6.797, DE 8 DE JANEIRO DE 2007.
ANEXO IV
(REDAÇÃO DADA PELA LEI Nº 6.947, DE 27.06.2008)
TABELA DE SUBSÍDIOS DOS CARGOS DE PROVIMENTO EFETIVO DO PODER JUDICIÁRIO DO ESTADO DE ALAGOAS

	CLASSES		
CARGOS	A	B	C
	Percentual máximo de progressão	Percentual máximo de progressão	Percentual máximo de progressão
	100% (cem por cento) dos servidores ocupantes de cargos efetivos.	50% (cinqüenta por cento) dos servidores ocupantes de cargos efetivos.	30% (trinta por cento) dos servidores ocupantes de cargos efetivos.
Assistente Judiciário	R$ 4.819,50	R$ 5.301,45	R$ 5.831,59
Escrivão	R$ 4.016,25	R$ 4.417,87	R$ 4.859,66
Oficial de Justiça	R$ 3.534,30	R$ 3.887,73	R$ 4.276,50
Analista Judiciário	R$ 3.177,30	R$ 3.495,03	R$ 3.844,53
Oficial Técnico Judiciário	R$ 1.050,00	R$ 1.155,00	R$ 1.270,50

CARGOS	*CLASSES*		
	A	*B*	*C*
	Percentual máximo de progressão	*Percentual máximo de progressão*	*Percentual máximo de progressão*
	De 100 (cem) por cento dos servidores ocupantes de cargos efetivos	*50 (quarenta) por cento dos servidores ocupantes de cargos efetivos.*	*30 (vinte e cinco) por cento dos servidores ocupantes de cargos efetivos.*
Assistente Judiciário	*R$ 4.590,00*	*R$ 5.049,00*	*R$ 5.553,90*
Escrivão	*R$ 3.825,00*	*R$ 4.207,50*	*R$ 4.628.25*
Oficial de Justiça	*R$ 3.366,00*	*R$ 3.702,60*	*R$ 4.072,86*
Analista Judiciário	*R$ 3.026,00*	*R$ 3.328,50*	*R$ 3.661,46*
Oficial Técnico Judiciário	*R$ 1.000,00*	*R$ 1.100,00*	*R$ 1.210,00"*

LEI Nº 6.797, DE 8 DE JANEIRO DE 2007.
ANEXO V
TABELA DE FUNÇÕES GRATIFICADAS

FUNÇÃO	ATRIBUIÇÕES	VALOR (R$)
FGCS1	Direção da Secretaria Judicial. Desempenho da prática de atos ordinatórios de maior complexidade e apoio à Assessoria do Juiz. Coordenação das atividades da Secretaria. Exercício de tarefas determinadas pelo Juiz de Direito. Coordenação das atividades das Centrais de Petições e Inquéritos.	800,00
FGCS2	Coordenação das atividades das Centrais de Mandados.	460,00

LEI Nº 6.797, DE 8 DE JANEIRO DE 2007.
ANEXO VI
(REDAÇÃO DADA PELA LEI Nº 6.947, DE 27.06.2008)
TABELA DE SUBSÍDIOS DOS CARGOS DE PROVIMENTO EFETIVO DE PROCURADORES DO PODER JUDICIÁRIO DO ESTADO DE ALAGOAS
CLASSE SUBSÍDIO

CLASSE	SUBSÍDIO
D	R$ 12.630,09
C	R$ 11.735,70
B	R$ 10.923,72
A	R$ 10.159,02

CLASSE	SUBSÍDIO
D	*R$ 12.028,66*
C	*R$ 11.176,86*
B	*R$ 10.403,55*
A	*R$ 9.657,26*

EDITORA
*Jus*PODIVM
www.editorajuspodivm.com.br

Impresso por:

Docuprint
CNPJ 01.036.332/0001-99

JUS3001